LAIRD KOENIG

2

LAIRD

KOENIG

2

Présentation d'Alexandre Fillon

LABYRINTH HOTEL

LE DISCIPLE

LA MAISON AU BOUT DE LA MER

SOLEIL LEVANT

PRÉSENTATION
par

Alexandre Fillon

En 1979, juste avant *Les îles du refuge* qui clôturait le premier volume, Laird Koenig écrit le scénario de *Blood Line* (en français *Lien de sang*) de Terence Young, d'après un roman de l'auteur de bestsellers le plus adapté par Hollywood, Sydney Sheldon. Avec au générique, excusez du peu, James Mason, Audrey Hepburn, Omar Sharif et Romy Schneider. Un an plus tard paraissait dans le n° 17 de la revue Enigmatika de Jacques Baudou, l'une des rares interviews de notre homme qui plus est accompagnée d'une photographie de lui. A l'époque, Laird Koenig ressemblait à s'y méprendre au comédien Robert Wagner, période *Pour l'amour du risque*. Nous y apprenons qu'il est né en 1927, qu'il a vécu enfant dans le Pudget Sound, que *Les îles du refuge* a été publié en France avant les États-Unis. Aux questions de Michel Guibert, il donne quelques clés essentielles à la compréhension de ses romans. « Je ne suis pas un angoissé. Je n'entretiens un climat de peur dans mes romans que parce que la peur est un révélateur des profondeurs de l'être (...) En Amérique on déteste les vieux et je crois qu'on n'aime pas tellement les enfants (...) Ce que je trouve passionnant c'est l'individu ». On ne pourrait pas mieux résumer les quatres derniers livres de Laird Koenig.

Comme *La Porte en face*, *Labyrinth Hotel* se déroule à New York. À quelques jours de Noël, dans le froid, Susannah Bartok et Laddie, son fils de deux ans, s'installent dans une petite chambre d'hôtel de Times Square à 38 dollars la nuit. Ils viennent de Californie et doivent prendre un car le lendemain. New York ne devait être qu'une étape imprévue... La Californie, Susannah ne veut plus y penser. Cela lui rappelle trop son mariage raté avec un ancien surfeur. Un certain Scott, l'archétype même du californien, tout en muscles et en bronzage. Laird Koenig leur prête au passage un mode de vie pas particulièrement politiquement correct. « Pendant leurs deux premières années de mariage, ils avaient beaucoup ri, fumé du hasch avec des copains, bu trop de vin et passé tous leurs week-ends à faire du surf ». Il faut toujours se méfier d'un homme dont les mots favoris sont « génial » et « décontracté ». En attendant leur départ, Susannah se décide à aller faire quelques courses pour les fêtes. Mais dans la foule, Laddie disparaît en deux temps trois mouvements. Susannah, avec l'aide de la police, va se mettre à la recherche de son fils. En trois jours, elle découvrira bien malgré elle les bas-fonds de la ville.

En 1983, Laird Koenig change légèrement de registre et glisse du roman policier vers le fantastique. Le personnage principal du *Disciple*, Marc-Anthony Cragin, s'apprête à passer des vacances d'été comme les autres. Il a le bras gauche dans le plâtre après une chute en planche à roulettes et les activités saines d'un garçon de son âge. Son père lui a pourtant interdit d'aller aux Willows, « au méandre de la rivière ». Marc-Anthony veut se rendre sur la tombe de Marcy, sa sœur jumelle morte dans sa sixième année. Là-bas, il fera de drôles de rencontres. Un prédicateur du nom de Donald Leaf veut lui faire croire que Marcy est avec le Saint-Esprit. Marc-Anthony a la naïveté de l'adolescence, il tombe dans le panneau à pieds joints, suivi par tous les habitants des environs de Marble Hill. Frère Leaf roule à moto, n'appartient à aucune église mais il fait rapidement des émules. Son message a tout du truisme mais il fait mouche. « Soyez simples » dit-il à ceux qui attendent des miracles. Marc-Anthony veut simplement voir en lui un ami, une sorte de modèle moins rigide que son père. Il deviendra son disciple...

La Maison au bout de la mer, son avant-dernier roman, est dédié à Michelle DeBroca et à Jean-Claude Ibert, qui fut le premier à faire imposer Laird Koenig en France. Stacey et Johnny Haines viennent tout juste de se marier. D'elle, nous savons presque tout. Elle était actrice sous le pseudonyme de Stacey Manning alors que son vrai nom était Sarah Mandel. Elle lisait Thomas Wolfe, avait un agent français. C'est le passé. A présent, elle n'a pas l'intention de quitter son beau brun de mari d'une semelle. Sur le bateau de Johnny, son cœur bat la chamade. « La mer, qui lui inspirait une peur mortelle, était maintenant toute sa vie ». Il n'empêche qu'elle n'est pas des plus rassurées. « Ce qu'elle éprouvait, en vérité, c'était une terreur irrépressible ». Johnny a quatre ans de moins qu'elle. Il a déjà un enfant. Il donnerait sa chemise pour la mer et les bateaux. La vie à Seagate ressemble à la vie de province. Stacey a du mal à s'y faire. « En moins d'une heure, il n'y aurait pas une seule femme à Seagate pour ignorer que la nouvelle Mrs Johnny Haines avait changé la couleur de ses cheveux ». L'existence de Stacey prend soudain un virage qu'elle n'arrive guère à contrôler...

Soleil levant a d'abord paru aux éditions de la Table Ronde sous une couverture un peu kitsch. Le roman est dédié à Nicolas Gessner, le réalisateur de *La Petite Fille au bout du chemin*. Il marque une incursion dans le roman historique puisque l'action se situe en 1941, pendant la Seconde Guerre mondiale. Catherine Lynch-Willis et sa fille Anne ont le mal du pays. La guerre avec le Japon semble poindre à l'horizon. Il était grand temps de quitter Hong Kong. Sur le *Kungsholm II*, elles ont l'impression de revivre. *Soleil levant*, le plus atypique des romans de Laird Koenig, avec son apparente légèreté se rapproche parfois d'une version de *La Croisière s'amuse* en mer de Chine. Koenig pastiche les romans sentimentaux avec nettement moins de réussite que lorsqu'il écrit un thriller ! Laird Koenig parvient à l'efficacité maximale grâce à des livres rapides et bien menés, avec une pointe de psychologie. La touche Koenig...

1981

LABYRINTH HOTEL

Traduit de l'anglais
par Claude Yelnick

Ce roman a paru sous le titre original :

ROCKABYE

1

21 décembre, 20 h 15

— C'est notre chambre la moins chère, dit l'employé de l'hôtel. Trente-huit dollars.

L'imperméable léger de la jeune femme était trempé. Les cheveux blonds de son bébé de deux ans lui ruisselaient sur le visage. Ils avaient couru, sous la pluie glaciale, depuis le terminus de l'autocar jusqu'à cet hôtel dans le quartier de Times Square, à New York. De ses mains tremblantes et toutes rouges de froid, elle s'efforçait d'essuyer les cheveux trempés du petit garçon.

— Vous n'avez rien de moins cher ?

Le teint blafard, les cheveux teints en noir, l'employé avait l'air de n'avoir jamais connu le soleil. Il boutonna son polo gris et regarda un bureau derrière lui où la télévision faisait sonner joyeusement des clochettes de traîneau.

Il avait dit 38 dollars. À prendre ou à laisser. Au-dessus des casiers pour les clefs des chambres, une couronne de Noël en branches de sapin de plastique, provenant d'un Prisunic, entourait les lettres découpées dans du papier argenté : « Meilleurs vœux ».

— Il nous suffit d'une nuit.

— Le petit lit de l'enfant fera 3 dollars de supplément.

— Il n'a que 2 ans. Il pourrait dormir avec moi.

L'employé se pencha par-dessus le comptoir, non pas pour regarder ce petit garçon si blond, si extraordinairement beau et séduisant qu'il ne manquait jamais d'attirer un sourire et un mot gentil de tous les inconnus. L'homme au visage blafard fronça le sourcil. Ce qu'il cherchait des yeux, c'étaient les bagages.

— J'ai laissé nos affaires au terminus des autocars.

La mère et le fils attendaient. Elle n'avait jamais pris toute seule une chambre dans un hôtel. Elle ne comprenait pas pourquoi l'autre ne lui donnait pas tout de suite à signer le registre des entrées, puisqu'elle lui avait dit qu'elle prenait la chambre. Maintenant, elle aurait voulu monter le petit le plus vite possible dans une pièce bien chaude et lui enlever ses Adidas trempées, le mettre dans la baignoire et lui sécher les cheveux avec une serviette éponge bien épaisse. Pourquoi l'homme les faisait-il attendre ?

Il se retourna vers la télévision toujours bruissante de clochettes et de gros rires :

— Il me faut une carte de crédit.

— Je paie comptant.

Elle tira son portefeuille de la poche de son imperméable et en sortit soigneusement un billet de 20, un de 10, un de 5 et trois de 1 dollar.

— Plus la taxe, dit l'employé. Et il y a une surtaxe municipale d'un dollar, à New York.

Sans arracher son regard du petit écran si joyeux, il glissa une fiche sur le comptoir. Elle lui demanda un crayon pour signer : Susannah Bartok. Elle ajouta : *et son fils.* À la rubrique « adresse », elle hésita. Elle avait encore le teint coloré et le visage couvert de taches de rousseur, et son petit gardait le bronzage du soleil de Californie, mais elle inscrivit un numéro de boîte postale dans le nord de l'État de New York.

L'employé jeta une clef sur le comptoir, d'un geste qui montrait à l'évidence que personne ne les conduirait à leur chambre. Cela ne gênait pas Susannah. Elle n'avait pas de bagages à porter et, si elle montait toute seule, elle économiserait un pourboire. Comme elle prenait la clef, et avant que l'employé n'ait détourné la tête, elle le vit regarder sa main. Est-ce qu'il avait remarqué qu'elle ne portait pas d'alliance ? Cela aussi, c'était nouveau dans sa vie : plus d'alliance.

Elle prit le petit garçon par l'épaule mais elle s'arrêta, et dut appeler deux fois l'employé qui était retourné à sa télévision. Elle lui demanda jusqu'à quelle heure les magasins restaient ouverts ce soir-là. Un homme de haute taille, tout voûté dans son imperméable trempé, traversa le hall en serrant sur son cœur un petit sac d'épicerie. Il lança un regard à la jeune femme et à son fils, mais elle évita ses yeux rouges.

— Dix heures, répéta-t-elle au petit en traversant le hall miteux.

Elle essaya d'ignorer les meubles de plastique et la brûlure qui trouait l'abat-jour.

— Ça ne nous laisse pas beaucoup de temps.

Elle évita de prendre l'ascenseur avec l'homme à l'imperméable. Ils attendirent. Enfin seule dans la cabine avec son fils, Susannah fut bien aise que Laddie ne sache pas lire, à cause des graffiti gravés profondément dans les parois.

À leur étage, le plancher sentait la vieille fumée de cigarette. Dans la pénombre, on entendait encore tinter les cloches venues d'une quelconque télévision. Une porte claqua.

Une unique ampoule de faible puissance luttait en vain contre la pénombre qui régnait dans le long couloir. Avant que Susannah et Laddie arrivent à leur porte, des pas craquèrent derrière eux sur la moquette râpée. Elle sentit son cœur battre, le temps de mettre la clef dans la serrure. Une fois dans la chambre, elle claqua la porte, ferma à clef, et mit la chaîne de sûreté.

Alors elle enleva à Laddie ses tennis mouillées et les posa sur le radiateur. Elle prit la plus grosse serviette dans la salle de bains et lui frotta les cheveux. Avant de l'appuyer contre les oreillers dressés, elle enleva un couvre-lit rose couvert de taches et le jeta dans un coin. Elle s'affala à côté de Laddie et, tout en téléphonant d'une main dans le nord de l'État de New York, elle sécha les cheveux du petit garçon. Elle laissa sonner neuf fois. Son père devait regarder la télévision — sans doute le même programme de Noël, avec les cloches de traîneaux — et le téléphone était dans la cuisine. À son âge, il marchait lentement.

Elle mit trop de gaîté forcée dans sa voix pour lui dire qu'ils ne pourraient pas arriver à la maison le soir. Ils étaient à New York, dans un hôtel de Times Square, près du terminus des autocars. Leur avion avait eu du retard.

Son père s'inquiéta. À New York, on n'était jamais en sûreté, et il lui recommanda d'être prudente. Elle lui dit de ne pas se faire de mauvais sang : ils n'y restaient qu'une nuit, ils prendraient le car le lendemain matin.

Un silence. Était-il encore au bout du fil ?

Elle aurait eu bien besoin d'un mot d'encouragement, un rien, même le simple ton de sa voix, pour lui dire qu'elle lui manquait autant qu'il lui manquait à elle. Elle adorait son père et elle était sûre qu'il l'aimait aussi, mais il n'avait jamais été homme à manifester ses sentiments. Il n'avait encore jamais vu son petit-fils et Susannah espérait que ce serait l'occasion de faire fondre enfin sa réserve. Le vieil homme, debout dans la cuisine de la vieille maison grise au fond du jardin planté de pommiers, n'était pas un maniaque du téléphone. Il était de la génération qui reste gênée de dépenser de l'argent en communications sur l'inter. Pendant les neuf années que Susannah avait passées en Californie, elle l'avait appelé une fois par semaine et elle ne se rappelait pas que leur conversation ait duré, ne serait-ce qu'une douzaine de fois, plus de trois minutes. Ce soir, elle avait tellement besoin de parler. Il lui fallait à tout prix quelqu'un pour l'aider à oublier New York, la pluie glaciale et l'enseigne de l'hôtel devant la fenêtre, avec ses lettres de néon cassées.

Elle continuait à s'efforcer de paraître gaie.

— Tu as reçu les dernières photos ? Laddie a hâte de faire la connaissance de son grand-père.

Elle cala le téléphone contre son épaule et se mit à frotter les cheveux blonds de son fils jusqu'à ce qu'ils luisent sous la lampe. Il était sagement assis, tournant gravement les pages du petit livre à colorier qu'on lui avait donné dans l'avion.

Le père de Susannah ne conduisait plus et il se demandait à quel voisin il pourrait s'adresser pour aller les chercher le lendemain matin. Il posa le téléphone, le temps d'aller consulter l'indicateur des autocars.

Susannah fourra son menton dans les cheveux blonds de Laddie. Elle l'embrassa dans le cou, qui gardait le hâle du soleil de Californie. Elle sourit. Son retour chez son père, après ces neuf années en Californie, aurait pu avoir un goût de défaite. Heureusement, elle ramenait Laddie avec elle.

Son père ne trouvait pas l'indicateur et elle lui dit de ne pas déranger les voisins pour venir la chercher. Elle ne voulait pas qu'il fasse appel à ses anciens amis. À part deux d'entre eux, elle avait perdu tout contact avec les autres, et elle ne pensait pas qu'il restait encore un seul de ses camarades de classe dans la petite ville. En réalité, elle n'avait envie de voir personne. Pas encore. Ils passeraient Noël tous les trois ensemble, c'était l'essentiel. Il s'excusa de ne pas pouvoir aller acheter un petit cadeau pour le petit. Susannah promit de trouver ici, à New York, quelque chose que son père pourrait donner à Laddie, et des bricoles pour la chaussette qu'il pendrait dans la cheminée, Elle lui répéta que l'essentiel était qu'elle revenait chez lui, et qu'il allait voir son petit-fils. Elle se chargeait de tout. Ils allaient avoir tout le temps, elle lui raconterait toute l'histoire de la Californie et ce qui s'était passé avec Scott, le champion de surf blond que son père avait vu une seule fois cinq ans plus tôt. Après le Jour de l'An, elle se mettrait à voir des gens. Elle trouverait du travail. N'importe quoi, d'abord. Elle allait mettre de l'ordre dans sa vie. À 27 ans, ce n'était pas trop tard pour recommencer.

Son père lui dit qu'elle allait en avoir pour une fortune en téléphone mais quand il apprit qu'elle prendrait un taxi en arrivant à la gare routière pour se rendre chez lui, il ne dit plus rien. Les taxis, comme l'inter, ne faisaient pas partie de sa vie, qui ne tenait qu'à un fil : celui de sa pension de retraite. Susannah raccrocha et se demanda si l'appentis où ils faisaient du cidre à l'automne, derrière la maison, sentait toujours la pomme.

Ce coup de téléphone ne lui avait pas beaucoup remonté le moral. L'avenir restait trop incertain, et la sensation de vide glacé qu'elle avait au creux de l'estomac depuis trois semaines n'avait pas cédé aux deux vodkas qu'elle avait prises dans l'avion. Elle essaya de se réconforter en imaginant la joie de son père en voyant Laddie. Le livre à colorier glissa des mains du petit et celui-ci se blottit contre elle.

— Tu vas voir ton grand-père, demain.

Du T-shirt du petit, elle détacha les ailes de pilote en plastique dont les pointes risquaient de l'égratigner.

Elle sourit.

Elle n'avait pas beaucoup souri, ces derniers temps. Seul Laddie la faisait encore sourire et elle s'émerveillait souvent, comme à l'instant même, de sa chance de l'avoir. Et, souvent, il lui suffisait de le regarder pour avoir chaud au cœur, des larmes lui montaient alors aux yeux. Laddie : son seul bonheur. Sans doute n'était-il pas parfait. Pendant des heures, dans l'avion, il avait donné des coups de pied dans son fauteuil ; il avait réussi à renverser de la sauce de salade du haut en bas de son T-shirt ; il avait mouillé sa culotte avant qu'elle ait eu le temps de le conduire aux toilettes ; et il s'était fourré les ailes de pilote dans la bouche.

Elle s'appuya contre la tête du lit, à l'endroit noirci par des années de lotion capillaire. Elle regardait le petit, essayant de le voir comme son grand-père le verrait le lendemain. Si blond.

Personne dans la famille n'avait jamais été si blond. Il tenait de Scott. Les cheveux blonds, les yeux gris-bleu et la peau si lisse, qui devenait presque noisette après un seul après-midi au soleil. Oui, de ses années de Californie, elle ramenait au moins Laddie. Aucune des amies qu'elle avait laissées dans l'État de New York n'avait un fils comme lui, elle en était absolument certaine. Mon Dieu, quel merveilleux petit garçon ! Le parfait petit garçon californien, blond aux yeux bleus, bronzé, éclatant de santé.

Elle n'avait jamais été sensible à la magie de la Californie. Non, absolument pas. Elle avait raté sa Californie. Il y avait neuf ans, elle était arrivée à Los Angeles. Elle avait trouvé un job dans un cabinet d'assurances sur Wilshire Boulevard ; elle avait suivi des cours du soir et consacré ses rares moments de liberté à essayer, de toutes ses forces, de ressembler à ces ravissantes créatures que l'on voit dans la publicité à la télé et sur les boîtes de décolorant pour les cheveux : grandes et minces, radieuses, avec des cheveux blonds scintillants qui flottent au vent, et des dents d'un blanc éclatant. Elle n'avait pas cessé de travailler son corps. Mais il avait bien fallu se rendre à l'évidence : elle ne serait jamais aussi grande que les mannequins. De taille moyenne, Susannah avait peur d'être moyenne à bien des égards mais, à force de régimes sans relâche — elle essayait tous ceux qui se présentaient —, elle avait réussi, par moments, à avoir un corps mince et sexy. Il fallait le payer d'une vigilance de tous les instants contre les calories. Elle prenait rarement un vrai repas et en arrivait à picorer des salades, des yaourts, des petits morceaux de poisson maigre. Jusqu'aux deux vodkas d'aujourd'hui, elle buvait rarement plus d'un verre de vin blanc. En vivant au bord de la famine, et en ne cessant jamais sa gymnastique, elle avait aminci ses cuisses et gardé des seins hauts, jeunes et pointus comme ceux de toutes les starlettes. À la fin d'une aventure, ou quand elle n'avait personne, ou bien quand elle changeait de job, ou encore quand tout avait l'air d'aller mal, elle se mettait à engloutir tout un paquet de chips ou un sac de mauvais bonbons à deux sous. Ces fiestas, suivies de remords et de pénitence, l'amenaient à d'autres mouvements de gymnastique plus durs, à des cours de danse et des séances de yoga. Elle n'avait pas un vilain corps, c'était du moins ce qu'elle se disait.

Mais ses cheveux étaient une vraie catastrophe. Pendant sa

première semaine en Californie, elle avait commencé par les éclaircir, du châtain au blond clair. Le temps passant, elle avait eu beau se payer les coiffeurs les plus chers et essayer toutes les nuances de blond, sa tête n'avait jamais atteint l'éclat orgueilleux des filles dorées de Californie ornant les produits de beauté. Pas une seule fois ils n'avaient été longs, lustrés, faciles à coiffer et pleins de reflets. Elle les trouvait raides, rares et ternes. Scott disait qu'elle pensait trop à ses cheveux. Mais quand elle les coupait court, il disait qu'elle avait l'air d'une gouine.

Ah, tant pis pour les cheveux ! Maintenant qu'elle quittait la Californie pour de bon, elle les laisserait repousser, de leur couleur naturelle.

Quand elle avait quitté l'État de New York, elle avait une jolie peau douce mais, en Californie, au lieu de bronzer, elle s'était desséchée, son teint s'était brouillé, elle avait rougi au soleil et pris des taches de son. Elle avait fini par se rendre compte qu'elle n'aurait jamais de sa vie un vrai bronzage bien chaud. Mais elle avait tout de même réussi quelque chose. Elle avait fait redresser ses dents par un orthodontiste très cher, qu'elle avait payé en travaillant de nuit. Elle était fière de ses dents. Elles lui avaient coûté les yeux de la tête, mais c'était de l'argent bien placé. Jusqu'à l'année précédente, elle avait adoré sourire.

Scott Bartok avait appartenu au même cabinet d'assurances. Pendant leurs deux premières années de mariage, ils avaient beaucoup ri, fumé du hasch avec des copains, bu trop de vin et passé tous leurs week-ends à faire du surf. Du moins, Scott, lui, faisait du surf. Susannah, elle, s'enduisait de toutes les crèmes à bronzer qu'elle pouvait trouver pour ne pas peler, et s'abritait du grand soleil. Elle riait beaucoup. Elle parlait des vedettes du rock et du cinéma, et des droits de la femme, et elle continuait à lire, une habitude qu'elle n'avait jamais réussi à perdre même en Californie : c'était une affaire qui ne regardait qu'elle, elle planquait des livres de poche dans un coin de sa chambre.

Pendant toute la durée de leur mariage, elle ne se rappelait avoir vu Scott lire qu'un seul livre : *Les Dents de la Mer*. Lire, ce n'était pas génial. À cette époque, le mot habituel de Scott était « génial ». « Génial », et « décontracté ». Pendant neuf ans, Susannah avait fait de grands efforts pour mener la vie géniale et décontractée de gens qui se foutaient totalement des livres, et de la musique classique, et qui lisaient rarement, même un journal. La plupart des amis de Scott n'avaient jamais vu un film étranger. Parler de choses qu'on ne voyait pas à la télé commerciale, ou dont on ne parlait pas à la plage ou dans les restaurants bon marché où les surfeurs travaillaient comme serveurs, c'était du snobisme : ces beaux corps aux visages sans caractère disaient que c'était « New York ». Susannah avait beau venir d'un village, d'une maison dans la campagne couverte de neige en hiver et de fleurs de pommiers au printemps, cela n'y changeait rien. Pour ces gens de Californie, New York était la ville pleine de gens qui parlaient vite, toujours pleins d'idées insolites et pas du tout géniales.

Pendant neuf ans, elle avait fait semblant d'être aussi décontractée que les autres. Décontractée et géniale.

Elle se cachait pour lire et n'écoutait de la musique classique que seule, dans la Triumph qu'elle s'était payée de ses propres deniers.

Scott avait lâché les assurances, il avait essayé d'être comédien à la télé et vendeur de voitures de sport d'occasion. Chaque fois qu'ils avaient un peu d'argent de côté, ils prenaient l'avion pour Hawaii, où il faisait du surf sur la vague géante qu'on appelle « le Pipeline ». Il devenait un surfeur moins jeune, qui fumait de plus en plus de hasch. Elle portait des chapeaux de plus en plus larges et elle s'était mise à lire des livres ouvertement.

Tout d'abord, elle avait éprouvé de la rage contre cet univers où Scott pouvait sécher à la file ses six boîtes de bière, ou une cruche de tequila, ou s'enfourner un paquet de chips, des hamburgers au kilo, et une montagne de frites avec une bouteille de vin rouge suivis de deux litres d'ice-cream pour ensuite, en se déshabillant, exhiber un corps aussi musclé et impeccablement bronzé que celui du capitaine de l'équipe de volley. Mais il est vrai que Scott était né à Santa Monica. Elle venait, elle, d'un pays qui cultive la pomme. Elle serait toujours une étrangère. Une immigrée. Pas une Californienne. Elle se dit que tout était dans ces putains de gènes. Pour finir, tous les régimes, les cheveux blonds — longs ou courts, peu importe — et les dents redressées n'avaient pas retenu Scott. Il était parti tranquillement, en l'abandonnant dans la petite bicoque au bord de la mer près de Laguna, pour prendre l'avion de Hawaii avec une fille de 19 ans du nom de Sharon, au corps impeccable et parfaitement bronzé. Quand il lui avait téléphoné de Haliewa, là-bas, elle s'était enfermée dans la salle de bains pour pleurer jusqu'à ce qu'il soit l'heure de sortir pour faire le dîner de Laddie. Puis elle était retournée dans la salle de bains, elle avait pleuré encore une heure, s'était lavé la figure à l'eau froide et, comme elle ne se sentait pas le courage de passer Noël dans cette maison, elle s'était hâtée de finir de tapisser la chambre à coucher, de nettoyer le poêle, et d'emmener, enfin, Laddie en taxi à la gare routière de l'aéroport. Le seul argent qui lui restait était le prix de la vente de sa Triumph. Et elle avait pris l'avion de New York.

La Californie l'avait recalée mais il lui restait Laddie. Elle frotta sa joue contre ses cheveux soyeux. Il ressemblait à son père. Ses yeux bleu clair étaient plus bleus que ceux de Scott, ses cheveux plus blonds et plus raides. Le petit nez retroussé — son seul trait un peu imparfait —, il le tenait d'elle, bien sûr.

Finie la Californie pour eux. Maintenant, c'était l'État de New York. Et même, un jour, la ville même, si elle en avait le courage. La neige et le gel l'hiver, la chaleur poisseuse l'été. Fini le surf. Elle ferait ce qu'il faut pour que Laddie ait une vie mieux remplie. En grandissant, il lirait, il écouterait de la bonne musique, il irait fourrer son nez dans les musées, et il parlerait d'autres choses que de surf sur les vagues à Haliewa et à Sunset Beach. Elle était prête à tout pour lui. Il lui fallait un père. Elle y penserait plus tard, peut-être même à se remarier. Au moins, pour l'instant, il aurait un grand-père qui lui apprendrait à tailler le bois au couteau, à presser les pommes à cidre, à grimper aux arbres et à jouer aux échecs. Soudain, elle s'arrêta. Est-ce qu'il y avait toujours des gens — même dans le nord de l'État de New York — qui taillaient encore le bois ? Et qui jouaient aux échecs ?

À la fenêtre, elle tira le rideau pour regarder au-delà de l'enseigne au néon détraquée. Le ciel était rouge sur la ville. La pluie avait cessé. Elle résista d'abord à l'envie d'enfiler à Laddie ses tennis, qui étaient sans doute encore mouillées, pour le sortir de cette pièce trop chaude. Et puis quoi, bon Dieu, c'était sa dernière occasion de faire des achats de Noël. Et elle ne pouvait pas laisser le petit tout seul.

Ses souliers de cuir fin à elle étaient encore trempés. Son pantalon beige à pattes d'éléphant, mouillé aussi et maculé de boue, pendait lamentablement. Sa légère veste de tweed, sa chemise blanche et sa petite chaîne d'or avaient une allure folle en Californie.

Sur le trottoir, sous le reflet des lumières éclatantes, le vent de décembre, coupant comme un rasoir, transperçait leurs vêtements légers de Californie. La mère et le fils s'arrêtèrent, paralysés par le froid. Susannah prit la main tremblante du petit et le tira contre elle. Et ils plongèrent ensemble dans le vent. Après toutes ces années en Californie, elle avait oublié l'hiver. Elle remonta le col de l'anorak bleu de Laddie sur ses oreilles. Il allait falloir lui acheter des vêtements chauds. Cela voulait dire dépenser encore de l'argent, de l'argent qu'elle n'avait pas.

Au coin de la rue, le vent glacé venu de l'Atlantique hurlait en remontant le cañon taillé dans le béton et il était si fort qu'il les fit reculer. Un journal déchiré tourbillonna dans le vent et gifla Laddie en pleine figure. D'abord stupéfait, il cligna des yeux, puis éclata de rire.

Les phares des autos brillaient. Les avertisseurs cornaient. Un taxi passa si près que Susannah eut juste le temps de rattraper Laddie, et son pantalon beige et son imperméable furent éclaboussés.

Immobiles sur le trottoir, ils tremblaient de froid. Laddie sentit qu'elle était découragée et il leva vers elle des yeux pleins de chagrin. Il fallait qu'elle se décide. Noël et les petits cadeaux qu'elle pourrait acheter ici, en ville, et non au village à la descente du car, cela valait-il tout ce trajet ?

— Ça n'est pas très loin, dit-elle en prenant Laddie par l'épaule. Et le Père Noël sera au magasin.

— Le Père Noël ?

Le visage du petit rayonna comme un lever de soleil au printemps. Il se pencha contre le vent et s'engagea le premier pour traverser la rue, presque sans hésiter au bord d'une bouche d'égout fermée d'où sortaient des bouffées de vapeur fiévreuses. Il trébucha dans un trou mais se rattrapa à temps pour ne pas tomber sur la chaussée détrempée. Il tenait ce sens de l'équilibre de Scott. Le sol trembla. Un métro passait en dessous.

— Il fera chaud quand on sera dans le magasin. OK. ?

Il claquait des dents mais sa main tirait sur celle de sa mère. « OK ». Il l'avait dit exactement sur le même ton que son père quand il revenait du surf en courant, bleu de froid.

Susannah aurait voulu pouvoir le prendre dans ses bras et courir jusqu'au chaud, mais Laddie pesait plus de 12 kilos.

— La première chose qu'on achète, c'est des moufles de laine bien chaudes. Ça te plaît, des moufles bien chaudes, en laine ?

Laddie, grelottant, fit un clin d'œil qui voulait dire oui.

— Tu sais ce que c'est, des moufles ?

De la tête, il fit signe que non.

— Viens, tu vas voir. Allez, on court.

Ils foncèrent, tous les deux, parmi une foule de formes noires, des gens bien plus nombreux qu'elle ne l'aurait cru, dehors dans cette nuit glaciale.

— On t'achète d'abord des moufles, et puis on trouve un joli sweater bien chaud pour ton grand-père.

À un carrefour, les lumières étaient plus brillantes et le vent glacé apportait une odeur âcre d'oignons frits, venue d'un snack. Un haut-parleur hurlait des chants de Noël. Des cloches sonnaient dans l'air froid.

La foule se pressait dans toutes les directions. La petite main de Laddie serrait de plus en plus fort celle de sa mère, qui tremblait de froid et se recroquevillait parmi la foule. Il levait vers elle un regard solennel et stupéfait. Ce petit garçon tout bronzé n'avait jamais vu tant de gens, ni entendu tant de bruit, ni enduré un tel froid.

En arrivant devant le plus grand magasin du monde, Laddie serrait si fort la main de Susannah que celle ci s'arrêta. Les yeux écarquillés, il lui montra un Père Noël qui faisait sonner une petite cloche, et Susannah ne réussit à le faire avancer qu'en lui promettant qu'ils reviendraient parler au Père Noël aussitôt qu'ils auraient fini leurs achats.

Il faisait chaud dans l'énorme magasin, comme elle l'avait dit. Et il y avait plein de lumière et de musique et de gens qui se bousculaient, des gens en pardessus épais, les bras chargés de gros paquets.

Elle commença par acheter au petit un bonnet de laine rouge qu'il s'enfonça sur les oreilles en gloussant de rire. Elle ne résista pas à une paire de moufles rouges assorties. Elle lui apprit à y fourrer ses mains glacées. Il n'avait jamais vu de moufles, et il cherchait des yeux ses doigts disparus. Il les sortit, les rentra. Regarda la laine rouge sur ses mains et, tout fier, se mit à gambader à droite et à gauche en se cognant aux gens.

Susannah trouva le sweater moelleux et chaud qu'elle voulait pour son père, mais l'écarta. Il était trop cher pour elle. En s'éloignant du comptoir, elle changea d'avis, ouvrit son portefeuille sur ses quelques derniers dollars. Elle avait payé les billets d'autocar du lendemain et mis de côté l'argent du taxi. Elle calcula qu'il lui resterait assez pour le sandwich de Laddie et un jus d'orange après le Père Noël, si elle se contentait, elle, d'un café. La seule chose qui lui coûterait encore de l'argent avant de prendre l'autocar serait le petit déjeuner.

Laddie s'approcha lentement du Père Noël. Il finit par surmonter sa timidité pour apercevoir le visage rouge sous l'épaisseur des favoris blancs, et lui jurer solennellement qu'il avait été sage. Le Père Noël fit un sourire à la maman du petit, si rayonnant et si bronzé ! Susannah sentit de nouveau les yeux lui piquer, pleins de larmes de fierté et d'amour, et d'une bouffée soudaine de bonheur. Et elle fut gênée de ne jeter qu'une pièce de 25 cents dans le pot du Père Noël.

Une bande de gosses des rues en pardessus trop grands, avec des chapeaux mous rabattus sur des lunettes noires, les bousculèrent en passant. Les lunettes noires étincelaient. Oui, des lunettes noires par une pluie glaciale et noire comme celle-là, en plein Manhattan ! Susannah hocha la tête. Elle ne comprenait pas pourquoi on pouvait s'habiller comme ça.

Dans le vent glacé, elle se pencha pour rentrer les cheveux blonds de Laddie sous le bonnet de laine.

— Tu as envie d'un sandwich ?

Sans lever la tête vers sa mère, il regardait ses moufles rouges, fascinantes pour un enfant qui avait toujours vécu au soleil. Il fit oui de la tête. Il mangerait, mais les moufles l'intéressaient plus que le sandwich. Susannah se releva et vit un snack de l'autre côté de la rue. Au carrefour, ils attendirent le feu vert. La foule coulait à flots. Des gens se rapprochèrent d'eux. Des lunettes noires étincelaient. Étaient-ce les mêmes gosses qu'elle avait vus auparavant, avec leurs cheveux fous, leurs pardessus flottants et leurs chapeaux mous ?

Soudain, le souffle lui manqua. Un nuage humide, plus froid encore que le vent glacial, avait piqué ses yeux de mille aiguilles. Elle laissa tomber le sweater de son père. Ses mains se pressèrent d'elles-mêmes sur son visage brûlant. Aveuglée par la douleur, elle trébucha. Dans le noir, elle chercha désespérément son fils, le bras tendu.

D'une voix rauque, qui étouffait encore sa terreur panique, elle appela :

— Laddie !

Le souffle coupé par le brouillard corrosif, elle frotta d'une main ses yeux pleins de larmes, et de l'autre tâtonna sans rien voir à la recherche de son enfant. Elle titubait, essayait désespérément de retrouver son équilibre. Impuissante, aveugle, la main sur son visage, elle tournait en rond en trébuchant, cherchant le petit de l'autre main. Sa main qui voulait rattraper Laddie se referma sur le vide.

2

21 décembre, 22 h 03

— Laddie !

Elle avait tourné son visage ruisselant de larmes face au vent glacial et hurlait, d'un cri de peur animale, les mains cherchant à l'aveugle.

— Laddie !

Les acheteurs de Noël, serrant leurs paquets, s'écartaient de cette femme en imperméable, déchaînée, qui fonçait parmi eux, comme une joueuse de colin maillard qui touche à tout ce qu'elle rencontre. Mais ce n'était pas un jeu. Elle hurlait d'horreur et les yeux des acheteurs de Noël qu'elle croisait en disaient long sur leur inquiétude. La folie. La folie des villes. Occupe-toi de tes affaires et écarte-toi de la folie, la première réaction dans une ville de drogués, d'alcooliques et de vieilles qui fouillent dans les sacs, d'hommes et de femmes aux yeux vides qui se parlent à eux-mêmes, d'âmes perdues qui se mettent soudain à crier, de gosses avec l'écouteur de leur transistor dans l'oreille et qui n'écoutent rien que leur propre musique, marchant sur un rythme de bop déchaîné, le couteau à cran d'arrêt prêt à jaillir. Les fous. Tout le monde dans la ville savait qu'il faut se garer des dingues.

La femme aveuglée restait sur place en vacillant d'avant en arrière, hurlant sa douleur.

— Laddie !

Le plus tenté de s'écarter de cette femme en délire — et surtout le plus incapable de traiter cette forme de folie — était un jeune flic dont les cheveux bruns crépus jaillissaient de sa casquette bleue. C'était encore presque un enfant, avec son teint brouillé et ses grands yeux noirs. Il en faisait trop, roulant les épaules en marchant vers elle. Maintenant que quelqu'un avait pris la responsabilité de faire face à la femme, les passants commencèrent à marcher moins vite. Il la laissa hurler, ramassa un paquet tombé par terre — un geste qu'il pouvait faire, qui avait un sens, qui était un moyen de prendre contact avec elle. Il prit le chandail dans le sac et attendit qu'elle cesse un instant de hurler pour reprendre son souffle, qu'il y eût un moment de silence. Puis il commença à parler d'une voix que le vent emportait.

— Madame... Madame... je suis de la police...

— Mon fils !

Susannah s'était jetée, de tout son corps, dans la direction de la voix d'homme. De la main, elle griffa, giffla, gratta l'air sans atteindre le jeune homme affolé. Puis la main le frappa en pleine figure.

— Madame, il faut qu'on vous emmène pour vous laver les yeux. Espérons que c'est du macis [1] ou de l'ammoniaque. Ça arrive. Des marginaux...

Il essaya de la prendre par le bras, mais l'aveugle se dégagea brutalement. De la main, elle l'écarta. Elle signifiait que personne ne l'arracherait à ce trottoir froid et rugueux.

— Madame, dit le policier, d'une voix devenue forte, presque autoritaire, avant tout, il faut vous laver les yeux.

— Mon fils ! Il est parti ! On m'a volé mon fils !

Le policier était là debout, indécis, balançant le paquet au bout de son bras. Il essaya, d'un geste rapide, de la prendre par le bras mais cette fois, elle fit un moulinet violent, le geste d'un animal qui a perdu son petit. Elle le repoussa brutalement. Elle refusait de bouger.

Un jeune géant noir, très mince, avec un long visage triste sous un bonnet de laine violet retroussé, et trop légèrement vêtu, dans cette nuit d'hiver, d'une veste et d'un pantalon de jeans, s'approcha du policier en jouant des coudes parmi la foule :

— Sers-toi de ta radio, bonhomme. Appelle une ambulance, moi, je vais chercher de l'eau.

1. Sorte de poudre aveuglante corrosive à base de noix de muscade. *(N.d.T.)*

— D'ac.

Le jeune flic, perdu comme un enfant, acquiesça vigoureusement, plein de bonne volonté et visiblement soulagé qu'on lui dise ce qu'il avait à faire. Il décrocha l'émetteur de sa ceinture tandis que le Noir s'éloignait en zigzag, comme un joueur de base-ball qui esquive, pour traverser la circulation jusqu'au snack de l'autre côté de la rue.

Un car de police secours bleu et blanc avec son clignotant allumé s'arrêta au bord du trottoir en faisant crisser ses pneus. La porte s'ouvrit et on entendit une radio pleine d'appels de police. Un policier plus âgé, en ciré gris, descendit et fendit la foule jusqu'au jeune flic, qui put dès lors se contenter d'empêcher la femme déchaînée de cogner sur les curieux. Le jeune homme jeta sur le gradé un regard plein d'un énorme soulagement et réussit à se retenir de lui parler avant que l'autre n'arrive jusqu'à lui.

— Ils lui ont jeté quelque chose dans les yeux. Elle dit qu'on lui a volé son enfant.

— Si ses yeux sont atteints, elle ne devrait pas être ici. Il faut qu'elle se fasse soigner d'urgence.

— Elle ne veut pas s'en aller d'ici.

Susannah tâtonnait en direction des deux voix d'hommes. Son visage luisant de larmes expliquait :

— Il a tout juste 2 ans. Il est blond... avec un béret de laine rouge tout neuf et des moufles rouges. Je vous en prie...

Elle attendait, penchée vers eux de tout son corps, l'oreille tendue.

Le grand policier attira le plus jeune à quelques pas de distance pour que la femme ne puisse pas entendre :

— Vous êtes sûr qu'elle n'est pas dingue ?

Le grand Noir au teint presque bleu marine sous son bonnet de laine violet fendit la foule, portant un seau de plastique débordant d'eau. Dans l'autre main, il tenait des serviettes de papier. Les flics le regardèrent en plonger une poignée dans l'eau. Lorsque ses yeux furent mouillés, Susannah se reprit. Elle serra dans sa main d'autres serviettes mouillées qu'on lui tendait.

— C'est de l'eau, simplement, dit le Noir. Lavez-vous les yeux.

Comme elle ne réagissait pas assez vite, il trempa encore des serviettes dans le seau pour lui essuyer les yeux.

Susannah était absolument immobile. Le Noir se pencha vers elle :

— Il y en a qui font ça. Sans doute de l'ammoniaque. J'en ai reçu, une fois. Il faut bien tout laver. Ça va piquer un moment, mais une fois que ce sera parti, ça ira mieux.

Elle dit, haletante, à cet homme penché vers elle :

— Ils m'ont pris mon petit...

Les lumières du grand magasin baissaient. Le Noir tendit le seau à une grosse dame étonnée et posa une deuxième compresse d'eau fraîche sur les yeux de Susannah. Le gradé de la police traversa lentement le trottoir en direction de la femme et du Noir en faisant signe au gardien chevelu d'écarter les curieux.

— Je suis officier de police, madame.

— Je vous en prie... mon fils...

— Nous ferons le maximum.

Le gradé tourna un visage gris, fatigué, vers le Noir. Il surveillait sa voix, pour qu'elle ne trahisse pas sa crainte de passer pour un amateur :

— Vous avez vu ce qui s'est passé ?

Ignorant le policier, le Noir dit à Susannah :

— Restez tranquille.

— Tu as vu quelqu'un prendre l'enfant ?

Le Noir continua d'ignorer le policier, sinon qu'il fit un signe négatif, de sa tête ornée du bonnet violet.

— Bon, dit le policier en s'approchant d'un pas. Merci de t'être rendu utile. Et maintenant, circule.

Tout en lavant les yeux de Susannah, le Noir regardait son visage :

— Vous pouvez ouvrir les yeux ? Oui, c'est ça. Vous y voyez ?

Les badauds se rapprochaient. Le policier plus âgé, le Noir avec sa serviette dégoulinante, la foule et le jeune flic gardèrent longtemps le silence en attendant que Susannah réponde. Elle fit signe que oui. Il y eut un murmure général. Elle tendit la main pour prendre le paquet que tenait le jeune flic, déchira le papier et s'essuya le visage avec le sweater. Ses yeux croisèrent ceux du Noir et elle dit :

— Merci.

Le policier le plus âgé manifesta l'intention de prendre la suite en main :

— Ça ira comme ça, dit-il au Noir d'un ton uni. Circule.

Le Noir reprit le seau à la grosse dame, vida ce qui restait d'eau sur le trottoir en éclaboussant les souliers du gradé. Puis il se perdit dans la foule. Susannah lui tendit la main pour tenter de le retenir. Trop tard. Il avait disparu. Elle voulut s'écarter des autres et fit demi-tour. Les deux policiers restèrent, mais les badauds s'éloignèrent mollement, tandis qu'elle courait parmi eux pour regarder le trottoir. Dans la lumière déclinante des vitrines du grand magasin, il était presque désert. Il ne restait que quelques ombres qui bougeaient un peu dans la lumière. Susannah s'arrêta, fit demi-tour, se frotta les yeux et regarda dans l'autre direction. Le plus âgé des policiers s'approcha du car de patrouille qui attendait le long du trottoir, avec son clignotant toujours allumé. Il ouvrit la portière :

— Vous allez venir avec nous, madame. Il faut montrer vos yeux à un médecin.

Susannah était debout au milieu du trottoir où ne passaient plus que quelques personnes pressées. Le magasin baissa encore d'un degré ses lumières. Les haut-parleurs ne diffusaient plus de carillons. Les cloches s'étaient tues.

— Allons, venez, madame. On s'en va.

Susannah serrait le sweater dans une main. De l'autre, elle fit signe aux policiers de s'en aller :

— Je ne partirai pas avant de l'avoir retrouvé.

— Au commissariat, on mettra des enquêteurs sur l'affaire.

Dans la lumière, les policiers et ce qui restait de curieux la voyaient trembler de froid.

— Il fait chaud dans la voiture, madame.

Le plus âgé voulut lui prendre la main. Elle refusa d'un signe :

— Et s'il revenait, et que je ne sois pas là ?

Susannah se tourna vers la lumière, s'essuya le visage avec le sweater. Elle releva ses cheveux mouillés qui tombaient sur ses yeux brillants. Le jeune policier se rapprocha d'elle, pour se poster sur le trottoir juste à l'endroit où elle se trouvait d'abord.

Il resterait là. En réponse à un signe du gradé dans le car, le jeune homme mit le contact de sa radio portative qui commença à crachoter.

— Nous resterons en contact radio, dit le policier dans le car.

Susannah regarda le plus âgé, puis le plus jeune :

— Il ne va pas s'en aller ?

— Non, madame. Il reste ici, sur place.

Soudain, Susannah courut à l'homme à la radio et lui prit le bras. Il ne pouvait rester indifférent à ce qu'elle exprimait : une question de vie ou de mort, tout de suite. Elle dit :

— Il n'a que 2 ans. Blond. Des cheveux raides, blonds, presque blancs. Il est encore tout bronzé par le soleil de la Californie.

Elle fit un pas vers le car de police secours, mais s'arrêta :

— Il porte un anorak bleu, un bonnet rouge et des moufles rouges.

Les policiers attendaient. Elle leur dit, en formant bien ses mots comme s'ils pouvaient n'avoir jamais entendu un nom de ce genre :

— Laddie. Il s'appelle Laddie Bartok.

Poussée par les policiers, Susannah se retrouva sur la banquette du car de police secours où il faisait chaud. Le plus âgé claqua la porte. Elle alla aussitôt à l'une des glaces du véhicule et, essuyant la buée sur un coin de la vitre, regarda, derrière le car, le policier en faction sur le trottoir.

3

21 décembre, 22 h 53

Susannah tremblait. Ses yeux brûlés pleuraient. Le bruit et la chaleur de tant de gens la firent reculer, des gens qui piétinaient dans une salle de brique et de béton. Dans un brouillard, elle suivit le gradé à travers la foule — des jeunes pour la plupart, noirs, blancs et bruns — presque tous vêtus trop légèrement par cette nuit glaciale. Autour d'elle, certains affichaient une arrogance fanfaronne et maussade. La plupart avaient l'air abruti, perdu, avec un regard qui trahissait une peur muette.

Une fille maigre, avec des bras nus squelettiques, grattait sa tignasse noire en sanglotant. Un garçon d'une quinzaine d'années à peine, en blouson de cuir décoré de têtes de mort SS et de croix gammées, le front marqué d'une balafre sanglante, faisait des gestes obscènes et hurlait des injures à la face du monde.

Susannah, de ses yeux mouillés, aperçut des éclairs de couleur au moment où elle allait se cogner à un arbre de Noël illuminé.

Au deuxième étage, on lui fit parcourir un long couloir sur lequel donnaient des bureaux où des enfants silencieux somnolaient dans des fauteuils. Un homme et une femme sortirent brusquement d'une porte, tout emmêlés, se giflant et se griffant tout en criant en espagnol. Un bébé pleurait.

Susannah essaya de se débattre alors qu'on la poussait dans une salle d'eau où deux femmes de la police lui lavèrent les yeux. Elles insistèrent pour qu'elle aille voir un médecin, mais elle s'arracha à elles en criant qu'elle perdait du temps, que chaque seconde l'éloignait de son fils. L'une des deux femmes la conduisit dans un bureau où un inspecteur, la trentaine un peu dépassée, posait une cafetière sur son bureau. Puis il enleva son duffel-coat. Il prenait son service pour la nuit. Avec son visage rose et ses cheveux roux coupés court, il avait l'air cent pour cent américain comme certains astronautes, avec un sourire timide qui n'avait pas peu contribué à son avancement, depuis la rue où il avait commencé comme simple gardien de la paix jusqu'à ce bureau. Pour le moment, il retenait son sourire. Il y avait là une femme qui avait des ennuis. Il avait l'air grave. Plein de sympathie, mais grave. Avec des manières un peu à l'ancienne mode, il se présenta d'une voix douce et calme :

— Inspecteur Ernest Foy. Vous devriez enlever votre imperméable, Mrs Bartok.

Susannah refusa. Elle avait l'impression qu'en ôtant son imper, elle prolongerait son séjour dans le bureau. Elle avait hâte de retrouver la rue. Tout son instinct la poussait à ressortir dans la nuit glaciale pour rechercher son fils.

Foy traîna une chaise de plastique à côté de son bureau et fit signe à Susannah de s'asseoir. Elle hésita. Il tira un stylo d'argent à mine de la poche intérieure de son blouson de sport en imitation daim. Il rectifia le col roulé de son sweater marron. Elle s'assit. Lui aussi.

Au bout d'une heure, le stylo d'argent continuait à remplir les formulaires du « Rapport de Disparition » et du « Rapport de Disparition d'un enfant de moins de 10 ans ou d'un handicapé mental ».

Foy envoya chercher encore du café.

Pour Susannah, cet interrogatoire n'était qu'un interminable supplice. L'inspecteur ne se laissait pas bousculer. Chaque question exigeait une réponse aussi nette que son stylo d'argent, avec sa pointe bien posée où il fallait et qui traçait soigneusement des caractères bien moulés.

Foy expliqua qu'il diffusait un appel général par télétype et par téléphone, un signalement détaillé de Laddie qui toucherait la totalité de la police. Cependant, assura-t-il à Susannah, une recherche systématique dans tout le quartier avait commencé immédiatement. Comme elle était domiciliée en Californie du Sud, il avait envoyé à la police locale un message par télétype et il attendait la réponse.

La Californie ? Il ne la croyait donc pas ?

Il lui montra le formulaire de « Recherches d'un enfant de moins de 10 ans ou d'un handicapé mental » et la liste des organismes officiels auprès desquels il allait faire un contrôle, entre autres le Centre d'Accueil des Enfants, l'Assistance publique de New York, la Brigade des Mineurs...

Elle interrompit l'énumération. Elle avait peine à se retenir de hurler tant elle était exaspérée. Mais enfin, qu'est-ce qu'ils faisaient là tous les deux, assis l'un à côté de l'autre, alors que chaque seconde qui passait l'éloignait un peu plus de son fils ?

Foy écrivait toujours.

Et le FBI ? Est-ce qu'il n'intervenait pas toujours en matière de kidnapping ?

Foy lui expliqua que son fils était une « personne disparue », un « enfant disparu ». Elle s'efforçait de comprendre. Le kidnapping n'était pas encore prouvé. Elle n'avait pas de témoin qui ait vu concrètement qu'on lui arrachait son fils. Alors, il n'allait pas alerter le FBI ?

Non. Pas le FBI Pas pour l'instant. Foy parlait de présomptions, de l'emploi de la force, de disparition d'enfant dans des circonstances insolites. Des mots, des formules qui ne disaient rien à Susannah.

Pas le FBI.

Les secondes passaient, et les minutes. Une heure. L'inspecteur Foy mit, pour la quatrième fois, une dose de saccharine dans son café. Susannah refusa de toucher au sien. Cette saloperie de café leur donnait encore un prétexte pour rester là.

L'inspecteur Foy posa la pointe de son stylo sur le formulaire à l'endroit précis qu'il fallait et se remit à écrire lentement, méthodiquement. Susannah pria pour que ce soit la fin des questions. Elle était à bout.

Il fronçait le sourcil. Il réfléchissait. Susannah ferma les yeux et se retint de hurler. Mon Dieu, faites qu'on ne reste pas là, assis ! Pourquoi ne l'aidait-il pas à retrouver son fils ? Il ne valait pas mieux que l'employé de l'hôtel qui avait continué de se méfier d'elle, même quand elle avait payé sa chambre en espèces. Une pensée la glaça soudain.

Non. Il ne me croit pas. Il n'est même pas certain que j'aie un enfant !

Elle lui avait montré une photo de Laddie, un polaroïd en couleurs qu'elle avait exigé qu'on photocopie pour la lui rendre.

Elle osa le dire, d'une voix faible :

— On dirait presque que vous ne me croyez pas.

— Ce qui compte, pour l'instant, c'est de bien noter tous les détails, dit-il sans la regarder. Au bout du compte, on gagne du temps.

Il s'adossa à son fauteuil et le tourna pour regarder un pot de poinsettias rouges posé au coin de son bureau. Entre deux doigts, il enleva une feuille morte. Susannah pensait à sa maison. À Laguna, contre leur garage, il y avait des massifs de ces mêmes fleurs rouges, aussi hautes qu'elle. Ici, à New York, elles poussaient dans des petits pots.

L'inspecteur était aussi méthodique que son brillant stylo. Il interrogea Susannah sur son mari. Depuis combien de temps s'étaient-ils séparés, y avait-il un risque que le père ait l'impression d'avoir été injustement privé de son enfant, était-il capable d'un geste désespéré ? Susannah mit un terme à l'interrogatoire. Scott Bartok faisait du surf à Hawaii et il se fichait pas mal d'elle et de son enfant.

— On perd du temps !

Elle fut surprise elle-même de sa voix aiguë, et se le reprocha. Si elle voulait que l'autre l'aide, il fallait avoir l'air de jouer le jeu.

— Pardon... Je sais bien ce que vous pensez. Vous croyez que vous avez besoin de tout ça pour essayer d'y mettre un petit peu de logique. D'accord. Bon, j'ai répondu à toutes vos questions...

Elle respira profondément :

— Je vous ai dit que je n'avais pas l'intention de rester à New York. Même pas une nuit. L'avion est arrivé en retard.

Personne, absolument personne ne savait que nous arrivions. Sauf mon père. Il n'y a que lui et l'employé de l'hôtel qui savent que nous sommes ici. Donc, personne n'aurait pu faire ça en vue d'une rançon. Et, je vous l'ai déjà dit, je n'ai que 3 dollars à mon compte.

Elle se pencha en avant et s'efforça d'obliger l'autre à la regarder.

Foy contemplait son étincelant stylo à bille.

— Alors, s'il vous plaît, ne recommençons pas sans arrêt. Tout le temps que nous passons dans ce bureau, au lieu d'être dehors pour retrouver mon fils, est du temps perdu.

— Je comprends bien que ça puisse être votre impression.

— Enfin, bon Dieu ! Chaque seconde est une question de vie ou de mort. Laddie est dehors, et nous ici !

Foy se repencha sur son rapport.

— Écoutez-moi, dit Susannah en s'efforçant d'avoir l'air raisonnable. Je vous en prie.

Le travail de bureau et la vie avec Scott lui avaient appris à connaître les hommes. Elle savait qu'elle ne devait jamais leur donner le moindre prétexte pour qu'ils l'accusent d'être hystérique. Mais, mon Dieu, qui ne sombrerait pas dans l'hystérie, à sa place ? Elle se contint, alors qu'elle était sur le point d'éclater. Elle espérait avoir l'air pondéré :

— C'est un kidnapping. Puisque vous ne voulez pas alerter le FBI, au moins mettons-nous en route.

Les yeux clairs d'astronaute croisèrent les siens. Elle le supplia :

— Commencez à faire des recherches.

— Je vous ai déjà dit que nous cherchions.

— Non. Je veux dire vous. Moi.

— Où ça ?

Susannah ne parvint pas à réprimer un sursaut. Elle regardait fixement la main, avec son léger duvet roux, qui reprenait le stylo à bille pour revenir au rapport.

— Je n'ai pas besoin de vous dire, Mrs Bartok, que New York est une grande ville.

— Bon Dieu...

Stupéfaite, Susannah se sentit soudain incapable de faire le moindre geste. Elle se mit à trembler de tous ses membres. Elle avait tellement mal au ventre qu'elle manqua se plier en deux :

— Bon Dieu, c'est tout ce que vous trouvez à me dire ?

Foy ne répondit pas.

Elle repoussa sa chaise et se leva. Elle remit son imperméable, encore lourd d'humidité, et s'en enveloppa.

— Mon fils est là-bas, dehors !

Elle avait crié si fort qu'un policier qui passait devant le bureau s'arrêta brusquement. À la porte, une femme aux cheveux noirs hirsutes ralentit et jeta un regard circulaire. Puis ses yeux noirs de gitane allèrent de Susannah à Foy, tandis qu'elle fouillait dans un sac de cuir qu'elle portait en bandoulière sur son manteau de peau de mouton dont la fourrure blanche n'apparaissait qu'au col et aux manches. Foy regarda la porte. Son regard disait clairement qu'il connaissait cette femme. Et ses sourcils froncés disaient non moins clairement qu'il ne voulait pas la voir rester là.

La voix de Foy était toujours aussi calme :

— Asseyez-vous, Mrs Bartok, je vous prie.

— Pour continuer à perdre du temps à répondre à vos satanées questions ? Alors que vous ne fichez strictement rien ? Je vous en prie, si vous ne pouvez pas m'aider à retrouver mon fils, ou si vous ne le voulez pas, alors, pour l'amour de Dieu, dites-le tout de suite, pour que je trouve quelqu'un qui puisse !...

— Mrs Bartok, je vous en prie, asseyez-vous.

Elle refusa de la tête. Ses poings serrés s'enfonçaient dans les poches de son imperméable. Elle retenait ses larmes. Pour éviter de la regarder, Foy revint à son stylo d'argent :

— Je ne voudrais pas trop vous décourager, Mrs Bartok, mais vous n'avez pas l'air de vous rendre compte de ce que nous avons contre nous.

Ses yeux ne quittaient pas son stylo :

— Vous ne connaissez pas New York. Vous n'avez pas la moindre idée de ce qui se passe là, dehors.

D'une secousse de sa tête orange, il montra la porte du commissariat.

La femme aux cheveux noirs attendait toujours à la porte et le fixait droit dans les yeux.

— Là, dehors, dans la rue, c'est... c'est bien pire que tout ce que vous pouvez imaginer.

Il attendit. Avait-elle compris ? Elle s'efforça de parler, de demander ce qu'elle avait eu trop peur de formuler à haute voix jusqu'à cet instant précis, la terrible question qu'elle arrivait à peine à se forcer à poser :

— Qu'est-ce qu'ils lui veulent ?

Elle refoula ses larmes, avant de poursuivre :

— Je n'ai pas d'argent. Alors, pourquoi me l'avoir pris ?

Sa détresse était si profonde qu'elle semblait venir de la nuit des temps :

— Pourquoi moi ?

— Nous posons une quantité de questions et nous allons vous aider à retrouver votre fils, mais il faut nous laisser mener l'affaire à notre façon.

Il fouilla dans son blouson de simili-daim et en sortit un portefeuille d'où il tira deux polaroïd. Il examina les deux photos, aux vives couleurs de l'été. Un petit garçon roux souriait jusqu'aux oreilles, une fille rousse aux yeux bleus souriait du sourire même de son père.

— Pour que vous sachiez. J'ai deux enfants aussi. Croyez-moi, je sais ce que vous éprouvez...

Sans sortir ses mains de ses poches, Susannah tourna le dos aux photos :

— Non. Vous ne savez pas.

Sa voix était plus sombre que la nuit au-dehors :

— Les vôtres sont bien au chaud à la maison. Mon fils, à moi, il est dehors dans le noir et sous la pluie glaciale, avec Dieu sait qui, et vous, vous êtes encore là bien assis, en train de remplir des formulaires et de boire du café...

Elle refoula ses larmes. Dans son imperméable humide, elle eut un frisson, releva la tête, la rejeta en arrière et cria sa souffrance dans un stupéfiant hurlement de bête sauvage.

Avant que Foy ait pu se lever pour courir après elle, Susannah avait écarté la femme qui épiait à la porte du bureau, couru d'un trait dans le couloir en fendant la foule jusqu'à la porte d'entrée. Face au choc de la pluie glaciale, elle baissa la tête et se lança dans la nuit.

4

22 décembre, 0 h 12

La lueur des vitrines du grand magasin faisait scintiller des rideaux de pluie. Au bord du trottoir, un taxi démarra juste à l'endroit où Susannah, les épaules courbées sous son imperméable, se raidissait, face au vent déchaîné. Elle reprit sur le pavé la place où elle avait étreint le vide en criant le nom de son fils.

Le jeune policier avec sa radio avait disparu. Elle n'en fut pas surprise. Elle pensa qu'il avait dû s'en aller peu après le départ du car de police secours, car elle sentait maintenant que la police ne faisait qu'estomper, étouffer un crime de plus qu'elle savait insoluble. Ce gosse de flic avec sa radio ? Pourquoi aurait-il attendu dans ce froid glacial ? Ce n'était pas son fils à lui qu'on avait volé. Et l'inspecteur avec son café et ses quatre doses de saccharine et son sacré stylo à bille ? Ses enfants à lui étaient bien au chaud, bien à l'abri à la maison. Qu'est-ce qu'il avait fait ? Il avait gaspillé le temps de Susannah. Il lui avait dit que New York était une grande ville et pire que ce qu'elle pouvait imaginer. Qu'est-ce qu'ils pouvaient faire ?

Et elle-même, qu'est-ce qu'elle pouvait faire ?

Elle regardait d'un bout à l'autre de la rue, presque déserte maintenant. Une clocharde se traînait avec d'énormes sacs dans la lumière de la vitrine du magasin. Un ivrogne, son manteau ouvert claquant au vent, passa en titubant. Trois jeunes Noirs, le transistor collé à l'oreille, pliés en deux et courant contre le vent, emplirent la nuit de disco. Susannah serra la mâchoire pour s'empêcher de claquer des dents et tapa ses pieds, mouillés et glacés dans ses chaussures légères achetées en Californie. La pluie glaciale la cingla, la repoussant le dos contre la vitrine illuminée.

C'était ici même qu'elle avait tenu la main de Laddie pour la dernière fois. Que pouvait-elle faire ?

Instinctivement, elle se mit à accomplir quelques gestes rituels. Elle pria Dieu pour qu'il l'aide. Elle ferma les yeux et voulut, de toutes ses forces, que, lorsqu'elle les rouvrirait, Laddie soit devant elle, agitant ses moufles en riant. Elle psalmodia son nom, sans interruption, sans relâche.

Entendant des pas, elle se tut, immobile. Elle écoutait. Un

homme portant un long pardessus avançait lentement en demi-cercle, dans la lumière, traversant le trottoir vers elle. Aucun doute : chaque pas le rapprochait d'elle. Elle ferma les yeux et retint son souffle. Les pas de l'homme ralentirent. Elle entendit son cœur battre à tout rompre dans ses oreilles. Un regard de côté lui montra un visage sous un chapeau à larges bords et des yeux brillants. Ses pas crissants étaient assez proches maintenant pour qu'elle entende un souffle rauque. Elle sentait le froid de la vitre contre son dos.

D'autres pas, se hâtant vers elle, résonnèrent de plus en plus fort.

— Mrs Bartok !

C'était une voix de femme.

En l'entendant, l'homme se retourna. Une femme en manteau de mouton brandissait un sac au bout de sa courroie et fonçait droit sur l'homme.

— *Cabron* ! Lâche ! Taille-toi de là, compris ?

L'homme, avec son visage en pleine lumière, trahit sa stupéfaction par son regard, par sa grande bouche humide soudain béante. Susannah fit un moulinet du bras, mais l'homme se baissa et recula, se cognant contre la vitrine avec un bruit sourd. Attaqué par les deux femmes à la fois, il feinta pour retrouver son équilibre et fonça entre les deux, son long manteau flottant derrière lui.

Elles écoutèrent, debout dans la lumière, côte à côte, le bruit des pas de l'homme s'éloigner sur le trottoir glacé. La femme en manteau de mouton remit son sac à son épaule. Dans la lumière, son teint paraissait foncé. Espagnole, se dit Susannah. Elle avait un visage aux traits accusés, qui ne souriait pas, des sourcils noirs épais, et de grands yeux presque entièrement mangés par les pupilles éclairées par la vitrine illuminée.

— C'est fini, dit-elle. N'ayez plus peur.

Elle n'avait aucun accent. Susannah chercha, pour répondre, sa propre voix. Elle n'était même pas sûre de la retrouver. Elle réussit tout de même à bégayer :

— Vous êtes de la police ?

La femme écarta des boucles de cheveux noirs qui tombaient dans ses yeux encore plus noirs, qui ne regardaient qu'elle, Susannah. Elle ne dit rien.

— Si vous n'êtes pas de la police, comment savez-vous mon nom ?

— Là-bas. Au commissariat. Dans le bureau de l'inspecteur Foy. J'étais à la porte. Quand vous vous êtes sauvée en courant, j'ai essayé de vous arrêter. Je vous ai appelée. Vous n'avez pas entendu ?

Susannah ne se rappelait pas.

— Comme je n'ai pas pu vous arrêter, je suis allée lire son rapport. Je me suis mise à votre place. Si j'étais vous, je me suis dit... où irais-je d'abord ?

Susannah regardait, derrière l'inconnue, ce coin de rue où la vitrine illuminait le trottoir désert. Maintenant qu'elle était là, elle se rendait compte que son retour sur les lieux du crime paraissait bien futile. Mais futile ou non, que pouvait-elle faire d'autre ?

— Vous avez besoin qu'on vous aide, dit la femme d'une voix posée.

— Mais puisque vous n'êtes pas de la police ?

— Les policiers vous aident-ils ?

La voix sarcastique de cette femme qui récusait la police était la voix même de New York.

— Non. Pourquoi ?

— Ils vont essayer. Ils feront ce qu'ils pourront. Mais Foy a raison, New York est une grande ville.

Les yeux noirs s'écartèrent de Susannah assez longtemps pour regarder de l'autre côté de la rue luisante d'humidité, où les pneus d'un taxi crissaient devant la cafétéria éclairée.

— Venez. Je vous paie un café bien chaud.

Susannah ne bougea pas.

Les yeux noirs revinrent se poser sur elle. La femme lui tendait la main :

— Je m'appelle Victoria Cruz.

— Vous êtes journaliste ?

— J'écris un peu.

— Reporter, dit Susannah d'un ton accusateur.

— Je pourrais faire bien pire. Allons, venez.

Susannah fit signe que non, se tassa dans son imperméable et s'adossa à la vitrine.

Sous la pâleur fantomatique du néon de la cafétéria, Victoria Cruz avait attendu. Elle savait que l'autre finirait bien par s'abriter du froid.

Victoria ouvrit sa peau de mouton sur un sweater de laine noire à col roulé. On étouffait, avec le chauffage des vitrines, à cet endroit balayé par les phares des voitures. Elle buvait une boisson fraîche dans un gobelet de carton.

— À la télé et au cinéma, les reporters boivent toujours de l'alcool.

Victoria était la seule à parler.

La tasse de café bouillant qu'elle avait commandée pour Susannah restait intacte sur le comptoir. Susannah, avec son imperméable toujours boutonné, était écroulée sur le tabouret du bout, face au mur.

— Vous voudrez bien constater que je ne bois pas. Excepté des *pina coladas*. Des pina coladas et quelquefois de la bière importée de Chine communiste.

Elle posa son gobelet, le temps de fouiller au fond de son sac de cuir, d'où elle finit par tirer un étui à cigarettes « art déco » noir et argent, en métal émaillé. Elle l'ouvrit d'un déclic.

— Mais je fume, dit-elle. Vous fumez ? De l'or colombien [1]. Formidable.

Elle tendit l'étui ouvert à Susannah, qui lui tournait le dos. Elle n'attendait pas de conversation. Ni que Susannah se retourne.

— Non ? Alors montrez-moi un peu cette photo.

Susannah avait-elle fait un signe de la tête ?

— Vous avez donné la photo aux flics, mais vous avez demandé qu'ils en fassent une photocopie et qu'ils vous la rendent. Vous n'avez pas l'air de leur faire confiance.

Elle tira de son sac une boîte d'allumettes de cuisine ancien modèle et en frotta une sur le grattoir. Elle alluma son joint et aspira une longue bouffée, qu'elle ne rejeta pas :

— Vous n'avez confiance en personne, ou bien c'est seulement les flics ?

Elle parlait sans expirer la fumée. Comme Susannah ne répondait pas, elle poursuivit tranquillement :

— Et qu'est-ce que vous aviez l'intention de faire, là-bas, de l'autre côté de la rue ? Rester sous la pluie glaciale jusqu'à ce que vous vous fassiez agresser, ou violer ou, au minimum, jusqu'à ce que vous attrapiez une double pneumonie ?

Alors seulement elle laissa un mince filet de fumée onduler devant ses yeux noirs brillants.

1. Variété de haschisch. *(N.d.T.)*

— Si vous tombez malade, ça n'arrangera pas les affaires de votre petit.

Susannah se retourna sur son tabouret. Son visage mouillé luisait :

— La police ne fait rien. Pourquoi ?

Victoria garda la fumée jusqu'à ce que le moment soit venu de la lâcher. C'était son tour maintenant de ne pas répondre.

Susannah retenait ses larmes :

— Cet abruti de flic s'en fiche.

— Ernest C. Foy ? Le petit inspecteur ? *El carajo* [1] ?

Susannah rejeta en arrière ses cheveux humides qui tombaient dans ses yeux mouillés.

— Vous avez dit que vous nous aviez vus dans le bureau. Alors, dites-moi pourquoi il m'a traitée comme ça ?

Victoria proposa encore un joint à Susannah, qui le refusa. D'un claquement sec elle referma son étui et en caressa tendrement les angles avec des doigts aux ongles rongés jusqu'au sang. Le motif du dessin de l'étui, datant des années trente, la faisait penser au Chrysler Building :

— Vous ne savez pas ? dit-elle enfin.

Susannah scruta le visage de l'autre femme.

— Il vous a traitée comme ça parce qu'il ne peut rien pour vous. Comprenez-moi bien. Je n'aime pas les flics mais là, dans ce cas, croyez-le ou pas, il a sûrement bonne conscience.

Elle aspira une bouffée :

— Devant une gentille petite dame comme vous, Ernest C. Foy ne veut pas passer pour une ordure.

Susannah attendait. Elle savait que la journaliste allait s'expliquer.

— Qu'est-ce que vous voulez qu'il vous dise, avec deux mille homicides par an, deux cent mille agressions, cinq mille viols ? New York est en état de siège. Il perd la bataille et il le sait encore mieux que vous et moi. Il est encerclé par une ville truffée de tueurs, de drogués, de voleurs, de maquereaux, de détraqués, de tout ce que vous voudrez, tout l'échantillonnage des délinquants et des tordus. Et vous vous amenez avec l'histoire de votre petit garçon. Qu'est-ce que vous croyez ? C'est un cas parmi Dieu sait combien, à chaque nuit de garde

1. Le con. *(N.d.T.)*

qu'il prend. Même s'il veut vraiment vous aider, il sait qu'il a toutes les chances contre lui.

Elle haussa les épaules pour illustrer l'impuissance de l'inspecteur :

— Ce qu'il peut faire ? Pas grand-chose.

— Mais tout ce temps qu'il a perdu à rédiger son rapport.

— Vous auriez préféré qu'il vous dise quelles sont vraiment les chances de ne pas retrouver votre petit ?

Susannah s'aperçut que l'autre faisait glisser le café le long du comptoir. Un petit rien à quoi se raccrocher, pendant qu'elle entendait des choses auxquelles une mère n'ose jamais penser.

— Vous auriez mieux aimé qu'il vous sorte sa pile de photos et qu'il vous demande, une par une, si vous n'avez pas déjà vu une des figures de sa galerie d'individus louches déjà fichés par la police, qui grouillent dans les rues par ici ? Bon Dieu, rien qu'à leur allure, vous auriez été paniquée à mort. Vous auriez préféré qu'il vous demande de deviner lequel pourrait avoir voulu un petit garçon, et pour lui faire quoi ?

Cette seule pensée, apparemment, glaçait même la journaliste, visiblement si fière d'être une dure de New York. Elle se tut, le temps de boire une gorgée. Susannah ne touchait pas à son café.

— Vous auriez vraiment préféré qu'il vous parle des sectes dont les rites exigent du sang d'enfant ?

La main qui tenait le joint allumé fit signe qu'elle avait encore quelque chose à dire :

— Il est vrai qu'on n'a jamais encore démontré l'existence de ces cultes mais c'est ce qu'on en dit dans la rue.

Elle aspira une bouffée.

— Ça vaudrait peut-être mieux que les détraqués sexuels, qui font bien pire.

Victoria se tut. Son regard croisa celui de Susannah. La maman du petit voulait-elle en entendre davantage ?

— En vous voyant, il se demandait si vous étiez capable de regarder en face les femmes dingues qui ont perdu leurs propres gosses. Ou, encore pire, celles qui se sont mis dans leur tête dérangée l'idée qu'elles ont perdu des gosses qu'elles n'ont jamais eus, de sorte qu'elles sont obligées d'aller voler celui d'une autre. Vous auriez aimé voir leurs têtes ?

Victoria regardait Susannah qui serrait son imperméable de ses mains rouges.

— Vous ne vous êtes pas demandé si votre petit n'était pas enfermé dans un des sacs que traînent ces vieilles sorcières que vous voyez autour de vous ? Ou s'il n'était pas déjà enfoui dans une poubelle ? Ou bien s'il ne flottait pas parmi les blocs de glace dans le fleuve, avec les chats et les chiens crevés ?

— Non !

Susannah recula son visage constellé de taches de rousseur, et qui semblait blafard dans la lumière. Elle tendit ses mains tremblantes devant elle, pour mettre de l'espace entre elle et l'autre femme.

— Foy ne vous a rien dit de tout ça. Les « Feds », ceux du FBI, ne vous en parleront pas non plus. Et, pour l'instant, vous m'en voulez bien plus à moi qu'à eux qui ne font rien. Je vous dis, moi, que si vous vous contentez de rester ici à ce coin de rue, il va falloir que vous pensiez un peu à ceux à qui vous avez affaire. Parce que, croyez-moi, Mrs Bartok, quand on en arrive à penser à ceux à qui vous avez affaire, ce que je peux imaginer de plus abject n'arrive pas à la cheville de ce qui se passe en ce moment dans les rues de ce quartier.

— La ferme ! C'est fini, oui ?

Susannah, après avoir crié son mépris, essaya de s'en aller en écartant l'autre femme.

— Qu'est-ce que vous allez faire ? Où voulez-vous aller ?

Coincée, sans force pour se débattre, Susannah se tourna contre le mur.

— Vous parlez de perdre du temps. Vous allez retourner à ce coin de rue et attendre dans le noir ? Allez plutôt vous mettre au chaud et demandez-vous pourquoi un de ces dingues de par ici vous a pris, cette nuit, votre fils. Réfléchissez bien, parce que c'est la seule chose utile que vous puissiez faire pour vous et votre enfant.

Elle se tut un moment, puis tendit la main, mais s'arrêta avant de toucher Susannah.

— À moins que vous n'ayez plein d'amis à travers la ville, mais j'ai l'impression que vous êtes toute seule, perdue dans New York.

— Laissez-moi passer.

Susannah tourna autour de la journaliste et la frappa de toutes ses forces, mais Victoria avait senti le coup venir et elle le bloqua. Piégée, Susannah détourna son regard et appuya son front contre le mur.

— Ce que je vous dis, c'est ce que les flics et les Feds ne vous disent pas.

Elle aspira une bouffée.

— Courage, Mrs Bartok. Il se trouve que j'ai commencé par ce qui peut arriver de pire. Il se pourrait que je puisse vous aider. Quand je m'occupe d'une affaire, je me mets à la place de la victime comme à celle du criminel. Lisez ce que j'écris. Vous verrez, je sais ce que je fais. D'ailleurs, je vous ai retrouvée, à ce coin de rue, non ?

Elle aspira encore une bouffée :

— Quand je me mets au travail, je ne m'arrête jamais avant d'avoir trouvé un fil conducteur... La raison pour laquelle vous et tous les autres se sont croisés aujourd'hui dans la nuit noire.

Les vitrines embuées ruisselaient de lumière :

— Il faut qu'il y ait une raison. En tout cas, priez pour qu'il y en ait une, parce que si c'est l'œuvre d'un maniaque...

Susannah enfouit son visage dans ses mains rougies :

— Fermez ça !

Victoria saisit une de ces mains rouges qui couvraient le visage de Susannah et la fit tourner en la prenant par l'épaule :

— Regardez-moi.

Susannah se dégagea.

— Je peux vous aider.

— Pour pouvoir faire un article ?

— Oui.

— Allez vous faire voir !

— Je prends cette affaire tout à fait au sérieux. Tout autant que vous. Bon, d'accord, dit-elle. Presque autant. L'important, c'est que je peux vous aider.

Elle ne voyait pas le visage de Susannah. Avait-elle réussi à la toucher ?

— Je ne connais même pas votre adresse. Sauf en allant au commissariat, comment voulez-vous que je garde le contact avec vous ?

Susannah trouva la force d'écarter la femme au manteau de mouton. Victoria griffonna quelque chose sur un carnet :

— Voilà. C'est mon adresse.

Elle arracha la page, rattrapa Susannah à la porte et lui fourra la feuille de papier dans la poche de son imperméable.

5

22 décembre, 0 h 47

La pluie avait cessé mais le vent soufflait toujours, un vent plus violent, plus glacial encore, qui avait chassé tout le monde du trottoir, sauf Susannah. Laddie l'avait arrêtée ici, dès qu'il avait entendu le Père Noël sonner sa clochette aux oreilles des passants pressés.

Depuis, trois heures à peine s'étaient écoulées. Trois horribles heures. Trois heures où chaque seconde qui passait l'éloignait de son fils d'un battement de l'horloge de l'éternité.

— Laddie ?

Le vent emportait sa voix.

Tout ce qu'elle avait pris de chaleur à la cafétéria s'était dissipé. Elle rentra la tête dans les épaules, fourra ses mains nues dans ses poches, serra les dents pour qu'elles ne claquent pas et regarda la rue d'un bout à l'autre. Elle en voulait à la journaliste d'avoir eu le cynisme de lui dire qu'elle était seule à New York. Seule. Mais elle se rendit compte qu'elle n'était pas tout à fait seule. Cette sacrée journaliste était encore là, sa silhouette découpée à contre-jour par la lumière de la cafétéria. Elle regardait Susannah, lui reprochant de perdre du temps, là, dans le noir.

Et qu'elle aille se faire voir, la journaliste. Susannah avait ses raisons de rester là, à ce coin de rue. Il fallait qu'elle garde le contact avec le dernier moment de sa vie où, trois heures plus tôt, elle avait tenu la main de Laddie. Son univers avait été jusqu'alors cohérent, avant que cette horrible angoisse ne la coupe du reste du monde. Ce coin de rue était son dernier contact. Susannah inspectait le trottoir. Si elle pouvait trouver la moindre trace de son passage avec Laddie, elle aurait quelque chose à quoi se raccrocher, en plus de sa mémoire.

Le sweater ? Où donc était le sweater ? N'apportait-il pas la preuve qu'elle était entrée dans le grand magasin avec Laddie ? Elle se souvenait de l'avoir pressé sur ses yeux mouillés.

Le trottoir balayé par le vent ne montrait rien.

Debout à contre-jour, la journaliste fumait. Susannah courut au bord du trottoir, où l'eau de pluie noire luisait par flaques qui commençaient à être figées par le gel. Alors seulement, elle remarqua une tache rouge. Une moufle à moitié prise dans une plaque de glace.

Dans sa main, la moufle de Laddie craquait, givrée. Elle la réchauffa contre sa joue et une bouffée d'espoir la réchauffa à son tour contre la nuit. Laddie ! Laddie avait été là. Il existait. Il existait et était passé par là. Il avait perdu sa moufle, il ne pouvait pas avoir disparu comme ça. Il se trouvait quelque part dans New York. L'hôtel. Elle fut soudain attirée par l'hôtel. Laddie était à l'hôtel !

La moufle faisait toute la différence entre le désespoir et l'espérance. Elle allait courir à l'hôtel. Elle évita de justesse les phares d'un taxi, qui freina en catastrophe, et courut par les rues noires, certaine, absolument certaine non seulement que son fils était vivant, mais aussi qu'il l'attendait à l'hôtel. La police l'avait retrouvé, par miracle, et l'avait ramené là-bas.

Oui, il était là-bas en ce moment. C'était cela que lui disait une voix irrésistible. Elle allait se précipiter dans le hall, avec son abat-jour brûlé, et Laddie serait là, assis sur cet horrible canapé de plastique, il serait là tout rose et tout bronzé, avec ses cheveux dorés si éclatants. Il l'attendait, il riait et il se jetterait vers elle en tendant les bras.

Elle courait. Elle volait comme les journaux déchirés emportés par le vent. Ses pas faisaient résonner les grilles de fer sur le trottoir, par où montaient des bouffées d'air chaud venues du métro qui grondait tout en bas dans son univers souterrain de ciment et d'acier.

Son cœur battait à grands coups. L'air glacé lui brûlait les poumons mais elle courait. Ses cheveux mouillés lui fouettaient les yeux. Elle suffoquait. Elle chancelait. Lorsqu'elle aperçut l'hôtel avec son enseigne au néon cassée, elle réussit à courir encore plus vite.

Laddie !

Laddie devait l'attendre là, à l'hôtel. D'une main elle serrait la moufle, et de l'autre battait l'air glacé. Et si Laddie ne se précipitait pas vers elle dans le hall, elle trouverait sûrement un message de la police pour lui dire qu'il l'attendait au commissariat. Ce n'était plus très loin maintenant. Les bars miteux, les boutiques pleines d'appareils photo, les porno-shops luisaient dans le vent et la pluie. Elle trébucha en poussant la porte de l'hôtel.

Sur le canapé de plastique, elle ne trouva pas un petit garçon tout doré mais un vieux bonhomme, qui lisait un journal. À bout de souffle, elle se précipita sur le comptoir, à peine capable de demander à l'employé au teint plombé de s'arracher à sa télévision hurlante.

Son cœur se serra. Avant que l'employé ne quitte les rafales de mitraillettes crépitant dans le récepteur, elle avait regardé le casier derrière le comptoir. 307. Sa chambre. Vide. Rien dedans. Pas de papier plié. Pas de message. Mais l'employé allait lui annoncer la bonne nouvelle.

Le bonhomme se tenait debout à l'entrée du bureau. Le cœur de Susannah battait. Elle cherchait désespérément son souffle. Elle se força à demander :

— 307. Bartok. Rien pour moi ?

À la télé, des chevaux hennissaient et piaffaient. Il fit non de la tête.

— S'il vous plaît. Vous voulez bien regarder ?

Avec un soupir de martyr, l'employé mit ses lunettes sans monture et regarda les casiers, puis un comptoir sous la pancarte qui disait « Bonnes Fêtes ». Il prit un paquet. Il examina une grande enveloppe. Il fit un signe de la tête. Non.

Pourquoi évitait-il le regard de Susannah ? Avait-il la même attitude avec tout le monde, ou bien une raison particulière l'incitait-il à n'avoir avec elle que le moins de rapports possible ?

— C'est vous qui avez la clef de la chambre, dit-il d'un ton accusateur.

Pourquoi le dérangeait-elle ? Susannah cherchait toujours son souffle. Aucun message. Et Laddie n'était pas dans le hall. La moquette rouge râpée, le sol même se dérobaient sous elle. D'une main tremblante, elle saisit la clef dans sa poche et se traîna jusqu'à un siège de plastique. Elle se cacha les yeux, avec ses mains qui tenaient la moufle et la clef.

Et maintenant ? Ressortir dans la nuit affreuse ? Pour faire quoi ? Aller au commissariat, bien sûr. Mais elle pouvait l'appeler de sa chambre. Alors, elle se leva d'un bond. Oui. Sa chambre. Un nouvel élan d'espoir la poussait. Aucun doute, Laddie était chez les policiers.

Dans l'ascenseur poussif, elle acheva de se convaincre que Laddie était au commissariat. C'étaient les policiers qui avaient le petit. Foy, tout heureux, allait lui dire que le petit garçon aux cheveux dorés était près de lui, en train de manger un cornet de glace. Vous voyez bien qu'il n'y avait pas de raison de s'en faire. Elle pourrait enfin fermer les yeux. Elle pourrait rire. Le cauchemar serait fini.

Elle maugréa contre la lenteur de l'ascenseur.

Une pensée la faisait trembler. On lui avait projeté quelque chose dans les yeux pour lui arracher son fils. Qui donc pouvait voler un enfant ? Et ceux qui l'avaient pris, pourquoi le rendraient-ils ? Cet horrible bonhomme, derrière son comptoir, évitait-il Susannah parce qu'il était mêlé à tout ça ? Peut-être était-ce lui qui avait repéré le petit et prévenu les autres ? Il ne fallait pas y penser maintenant. Il fallait penser à autre chose. À n'importe quoi.

Trois heures et demie plus tôt, elle avait pris le même ascenseur avec Laddie. Elle se souvenait d'avoir été contente qu'il ne puisse rien comprendre aux graffiti tracés sur les cloisons de la cabine. Des mots orduriers. Des dessins de sexes dégoulinants. Une silhouette de femme avec d'énormes mamelles. Qui étaient-ils, ces obsédés qui faisaient tout ça ? Qui étaient-ils, les gens qui volaient les enfants ?

On fait des kidnappings pour de l'argent. Il y a là, au moins, un mobile. C'est cruel, c'est terrible mais cela peut s'expliquer. Mais on ne pouvait pas avoir enlevé Laddie pour de l'argent. Cette idée la fit trembler d'angoisse.

Elle retint sa respiration en attendant que l'inspecteur réponde au téléphone. La peur commençait à la saisir, quand on lui dit que Foy était de repos et qu'elle parlait à un certain brigadier Braverman. La peur la baigna d'une sueur glacée lorsqu'elle comprit qu'il n'avait pas de message pour elle. Tremblant de tous ses membres, il lui fallut un effort pour respirer à fond avant de demander s'il y avait du nouveau.

L'homme prétendait, comme Foy avant lui, que la police avait l'affaire en main, qu'elle était mobilisée pour remuer ciel et terre, qu'elle faisait tout ce qui était humainement possible pour retrouver le petit.

Il continuait de parler.

Mais il n'y avait pas de message.

Victoria Cruz avait eu raison. Comme Foy, l'autre mentait parce qu'il pensait que c'était plus aimable de mentir. Il l'amadouait. Mais Susannah ne voulait pas être amadouée. Elle s'aperçut alors qu'elle criait :

— Vous ne pouvez donc vraiment rien faire ?

Elle violait la règle du jeu. L'autre répondit à son cri par le silence. Elle était censée mentir comme tout le monde et s'excuser d'avoir élevé le ton. Elle ne pouvait pas. Elle ne s'excuserait pas. Le brigadier Braverman parlait du ton professionnel des policiers dans les cas désespérés. Il lui dit de garder espoir, de l'appeler aussi souvent qu'elle le voudrait. Il ajouta que le fait que l'inspecteur Foy ne soit pas là ne voulait pas dire qu'il se désintéressait de l'affaire. Au contraire. Et c'était vrai pour le service tout entier. Tout le monde s'occupait de cette affaire. On la tiendrait au courant.

Elle raccrocha brutalement mais le combiné ne se remit pas en place. Pendant une bonne minute, elle fut incapable de faire un mouvement. Elle regardait le combiné dans sa main. Et si elle appelait son père ? Mais que pourrait-il faire pour elle ? Appeler Scott, là-bas, à Hawaii, au bout du monde ? Il faisait du surf. Il glissait sur l'eau et il courait sous le soleil avec Sharon.

De ses deux mains tremblantes, elle réussit à remettre soigneusement le combiné à sa place.

Ses chaussures étaient trempées mais elle ne les enleva pas. Ses pieds glacés lui faisaient mal. Mais ôter ses chaussures, c'était décider de ne plus sortir, et ne plus sortir, c'était renoncer à chercher Laddie. Qu'est-ce qu'elle pouvait faire, ici ?

La chambre trop chauffée n'avait pas changé.

Le dessus-de-lit était toujours dans le coin où elle l'avait jeté. Dehors, l'enseigne au néon cassée continuait de clignoter. La pluie glacée giflait la fenêtre. Elle prit la serviette avec laquelle elle avait essuyé les cheveux de Laddie et se mit à pleurer. Puisqu'elle ne pouvait pas serrer son fils dans ses bras, elle allait s'envelopper dans la serviette, se glisser dans le lit, tirer les couvertures au-dessus de sa tête et se retirer du monde jusqu'à ce que le téléphone sonne ou qu'on cogne à la porte pour lui dire que Laddie allait bien, que Laddie était revenu.

Cramponnée à la grande serviette comme un enfant qui pleure de peur, elle passa dans la salle de bains. Elle se regarda dans le miroir. La lumière crue la fit cligner des yeux. Cette terreur glacée, cette panique qui lui tordait le ventre, ne se voyait pas dans la glace. Cette nuit avait bouleversé sa vie. Comment se faisait-il qu'elle garde le visage qu'elle avait toujours connu ? Elle se rapprocha pour mieux voir. Comment cette figure pouvait-elle lui renvoyer son regard et regarder le monde sans révéler sa torture ?

Ses genoux s'entrechoquaient. Elle se cramponna au lavabo. Ses jambes se dérobèrent et, avec un hurlement de douleur, elle s'effondra sur le carrelage où elle sentit ce même visage glisser le long de la porcelaine froide du lavabo.

Elle pleura pendant une heure.

Elle pria.

Avant la fin des heures noires de la nuit, elle réussit à se hisser jusqu'au téléphone et à appeler trois fois la police.

Une chose, et une seule, la sauva du désespoir total. La colère. Une puissance furieuse la retint de se mettre au lit pour rejeter le monde extérieur. Rien ne comptait plus pour elle que le besoin féroce de retrouver son fils. Que la police aille se faire voir avec sa fausse compassion. Tout ce qu'ils voulaient, c'était se débarrasser d'elle. Et cette sacrée journaliste, qu'elle aille se faire voir elle aussi, pour le plaisir avide qu'elle prenait à dire à Susannah tout ce qui pouvait lui arriver de pire. Cette femme-là se moquait bien d'elle. Tout ce qu'elle cherchait, c'était à faire un bon reportage.

Susannah, elle, cherchait son fils. Personne au monde ne cherchait rien autant que Susannah son fils.

Toujours tremblante de terreur, étranglée de larmes, elle fit couler l'eau froide du robinet pour se laver la figure. Elle essuya ses yeux avec la serviette.

Elle courut à la fenêtre et regarda dehors les immeubles noirs. Le ciel était rouge du côté de Times Square.

Les lumières électriques ? Ou l'aube ? Non. La nuit ne cédait pas encore. À l'est, le ciel était toujours noir. Peu importe, se dit-elle, la nuit finirait bien par céder. Le plus important était d'économiser ses larmes. Tout le monde à New York se fichait bien de ses larmes. De ses yeux brûlants, elle regardait les gratte-ciel. Son fils était quelque part là-dedans. Les larmes ne le feraient pas revenir. Si elle voulait retrouver son fils, il fallait qu'elle aille le chercher dans la ville — le retrouver toute seule.

6

22 décembre, 7 h 30

L'aube.

Un soleil brillant et glacé, qui jetait des ombres allongées dans les rues en damier, faisait cligner des yeux Susannah tandis qu'elle se hâtait vers le commissariat. Pendant les dernières heures de la nuit, elle avait été hantée par ce que la journaliste lui avait dit. Trouver une idée directrice, un fil conducteur.

L'inspecteur Foy, tout en buvant son café, proposa à Susannah un morceau de gâteau danois aux pruneaux. En ce qui concernait l'idée directrice, il était d'accord, il fallait commencer par là. Il assura Mrs Bartok que la police le faisait déjà. Sans doute n'avait-elle encore rien trouvé de tangible, mais Mrs Bartok aurait tort de désespérer.

Susannah n'avait pas pris de breakfast, mais elle refusa la pâtisserie. Elle comprenait que ce que la journaliste lui avait dit de l'inspecteur Foy était vrai. Il ne l'aidait pas. Il la dorlotait, il était gentil. Elle ne fut pas surprise qu'il lui conseille de s'adresser à une assistante sociale. Celle-ci pourrait lui être utile. Ou bien au Service d'Assistance aux voyageurs. Susannah se retint de lui jeter à la figure qu'elle comprenait très bien sa manœuvre. À sa façon aimable, courtoise, il refusait encore d'avouer son impuissance.

Susannah ne cria pas. Elle dit seulement qu'en consultant les archives d'un journal on pourrait peut-être trouver des crimes du même genre qui permettraient de se faire une idée générale. Est-ce qu'il pensait que ça valait la peine d'y aller voir ?

Il le pensait en effet. Il dit qu'il pousserait les choses si Susannah voulait commencer ses recherches elle-même. Il sourit, même. Il savait qu'il était en train de se débarrasser d'elle. Elle acquiesça d'un signe. Elle allait commencer. Elle regardait son vis-à-vis manger sa tarte danoise aux pruneaux et boire son café et elle espérait que ses quatre doses de saccharine lui donneraient le cancer.

À quelques rues de là, la grande porte du *New York Times* était fermée aux visiteurs. Un gardien avec un fort accent espagnol lui dit qu'elle n'avait pas le droit d'entrer pour consulter les collections reliées des anciens numéros du journal, lorsqu'une femme de son âge, passant la porte, s'arrêta. Elle avait des cheveux bruns coupés court et Susannah lui trouva l'air très « côte est ». Elle était sans doute sortie d'une université cotée et elle lui demanda pourquoi elle avait besoin des journaux. Susannah ne parla pas de sa raison impérieuse mais quand elle expliqua ce qu'elle cherchait, l'inconnue dut être frappée par la tension dans la voix de Susannah. Elle lui dit qu'il y avait des archives de journaux à la Bibliothèque municipale de New York, mais elle ajouta, assez brutalement, que Susannah perdrait son temps à chercher dans le *Times,* car ce journal, où elle travaillait, ne publiait pas les histoires de ce genre en détails :

— Ce n'est pas comme le *News* ou le *Post* ou la *Press.* Ceux-là donnent beaucoup plus de détails sur les gens. Nous, nous sommes complets mais, par rapport à eux, nous sommes à peu près aussi vivants que le Journal Officiel. Ne répétez jamais ce que je vous ai dit !

Elle lui nota sur un papier les adresses des journaux. Elle donna même à Susannah le nom d'une amie, documentaliste dans un quotidien, qui, si elle en avait le temps, l'aiderait de toute sa compétence. De toute façon, des recherches d'anciens articles dans les archives prendraient des jours.

Dans un drugstore de Times Square, Susannah courut à un téléphone et tira de la poche de son imperméable un bout de papier portant un numéro.

Victoria Cruz ne répondit pas. À la surprise de Susannah, le répondeur automatique s'adressa à elle personnellement.

— Mrs Bartok ? Susannah ? Je suis sortie. Vous me trouverez au *Café Marlène* jusqu'à 10 h 30.

Et le contact fut coupé.

Susannah raccrocha violemment :

— Bon Dieu ! Pourquoi était-elle si sûre que je l'appellerais ?

Sous le soleil glacial de l'aube, Susannah se hâta, dans Greenwich Village où l'on traînait, où l'on cognait les poubelles. Elle aperçut enfin l'enseigne argentée, CAFÉ MARLÈNE, dans le même style « Art Déco » étincelant que l'étui à cigarettes de la journaliste.

Dans le café, parmi les plantes vertes, des miroirs reflétaient d'immenses photos en noir et blanc de Marlène Dietrich. Devant les tables de verre, dans les fauteuils d'osier, des femmes, dont beaucoup avaient la beauté irréprochablement professionnelle des mannequins, mangeaient des salades de fruits ou des omelettes, tout en fumant.

Une serveuse, d'une beauté extraordinaire, gracieuse comme un jeune faon parmi toute cette verdure, portait ses cheveux noirs luisants en chignon serré. Elle ajusta un nœud papillon blanc devant sa veste blanche en passant près de Susannah avec un plateau de Bloody Mary.

— Je cherche Victoria Cruz.

La serveuse fit à Susannah un grand sourire qui montra des dents parfaites, aussi blanches que son nœud papillon, et elle désigna, de la tête, un coin de la salle derrière elle. Susannah remercia d'un signe indiquant qu'elle trouverait bien toute seule.

Un poster de Marlène en cravate blanche la contemplait à travers une tombée de fougères. Sur un autre, elle avait les yeux mi-clos et ses lèvres humides laissaient passer un filet de fumée.

Susannah ralentit le pas.

Les amants sur le point de rompre laissent transparaître leurs intentions si clairement qu'on les perçoit d'un bout d'une salle à l'autre. Susannah ne s'y trompa pas. Victoria, aux cheveux de jais, décortiquait une fine cigarette brune sur une tranche de pastèque. Une blonde aussi éblouissante que celles des publicités pour les produits capillaires repoussa sa chaise et se leva. Victoria la retint par le poignet. L'autre s'arrêta, détournant les yeux de celle qui était assise. Soudain, une expression de haine sans mélange déforma son beau visage et elle murmura quelques mots que Susannah n'entendit pas. Elle se dégagea, ramassa un manteau de fourrure synthétique beige posé sur un fauteuil, prit un porte-documents et, traversant les plantes vertes, sortit dans le soleil du matin.

Il était trop tard pour que Susannah batte en retraite, pour qu'elle fasse semblant de ne pas avoir vu la scène. Du reste, Victoria la fixait. Elle montra d'un signe le fauteuil vide, invitant Susannah à s'asseoir. Susannah, qui ne tenait pas à prendre place à la table, restait debout, indécise. Victoria portait le même col roulé noir avec la grande lettre grecque « Lambda » en bois sculpté. Elle avait un pantalon de ski coûteux, coupé peut-être sur mesure, fourré dans des bottillons noirs vernis. Elle tira un Kleenex de son sac.

— Accordez-moi une seconde, dit-elle.

Elle se moucha, se regarda dans le miroir de son poudrier. Elle fronça le sourcil. Son visage lui paraissait-il marqué ? Elle passa ses doigts dans la masse de ses cheveux noirs. Susannah restait debout, immobile.

— Même quand on s'y attend, c'est toujours dur.

Elle prit son étui à cigarettes noir et argent :

— C'est elle qui me l'avait donné.

Victoria alluma une cigarette, cette fois, mince et foncée.

— Vous vous disputez comme ça, avec son père ?

Les mains dans les poches de son imperméable, Susannah attendait.

— Dans votre jolie petite maison quelque part du côté de Disneyland, vous vous disputiez ?

Susannah regardait les yeux provocants de Marlène Dietrich au-dessus d'une épaule veloutée enveloppée de fourrure blanche.

— Vous n'avez pas répondu à ma question.

— C'est pour votre journal ?

— Je voudrais savoir.

— Si on se disputait ?

— Oui. Vous vous disputiez, oui ou non ?

— Oui. On se disputait.

Susannah regardait, de haut, cette femme assise qui attendait qu'elle parle. Elle n'aurait pas dû s'étonner, pensait-elle, qu'on puisse parler des sentiments des autres à un moment comme celui-là. Après tout, pour être un bon reporter, il faut savoir découvrir ce que les gens éprouvent.

— Vous aimiez le *cabron* ?

— Oui.

— Et maintenant ?

Susannah n'était pas reporter et elle en avait assez de ce genre de conversation. Elle restait là, debout, dans son imperméable. Si cette femme s'intéressait aux sentiments des autres, elle devait savoir que Susannah se fichait éperdument des histoires d'amour et des cœurs brisés. Il fallait qu'elle retrouve son fils.

— Je l'aime toujours.

Victoria leva son verre de jus d'orange.

— Joyeux Noël !

Elle ne buvait pas.

— Bon. C'est vrai. Je suis homo.

Elle jouait avec la grosse lettre de bois, le Lambda pendu à un lacet de cuir sur son col roulé.

— Homo. Gouine.

Elle montra de sa cigarette le siège en face d'elle :

— Enfin, quoi, asseyez-vous.

— Je n'ai pas le temps.

— Bon. Restez debout.

Victoria écarta la tranche de pastèque du bout de son mégot :

— Vous êtes retournée au commissariat ce matin la première heure, non ?

— Oui.

— Besoin de sympathie ? Besoin de caresses. Ces *cabrones* vous ont conseillé une assistante sociale gentille ? Ou l'aide aux voyageurs ?

Susannah sentit les larmes lui piquer les yeux. La journaliste était tombée juste, pour les flics. Elle acquiesça :

— Quels sales types !

Puis elle raconta qu'elle était allée dans les journaux pour demander à voir les archives.

— C'est astucieux, dit Victoria.

Elle réclama l'addition et mit quelques billets dans l'assiette. Elle repoussa son siège et enfila sa peau de mouton.

— Allons. Venez.

7

22 décembre, 10 h 41

Dans la rue, Susannah fut obligée de courir pour ne pas se laisser distancer par Victoria.

Les bureaux du journal étaient là, dans le Village [1]. Elles accrochèrent leurs manteaux et Victoria fit passer Susannah par une salle où des hommes et des femmes, penchés sur leurs téléphones, tenaient des conversations importantes et urgentes. D'autres, silencieux, regardaient des chiffres verts sur l'écran des ordinateurs. Au service de documentation du journal, les

1. Greenwich Village, le quartier des artistes à New York *(N.d.T.)*.

quotidiens étaient exposés sur des tables, en même temps que les épais volumes reliés des anciens numéros. Victoria cria avec violence :

— Jeffrey !

Marchant avec des béquilles d'aluminium, un jeune homme très mince poussa une porte. Il était là, penché, grand et blond, avec un cou décharné et une pomme d'Adam proéminente qu'il cherchait en vain à dissimuler sous une barbe timide. Il portait une calotte de tricot noire et blanche qui cachait à peine le sommet de son crâne et qui était maintenue par des barrettes.

— Donne-lui les dossiers kidnappings, dit Victoria. Les enfants. Et les disparus aussi. Nos papiers, et ceux des autres journaux aussi.

Soudain, elle présenta le garçon et la jeune femme, à la porte, d'un mouvement de sa cigarette :

— Susannah Bartok... Jeffrey Mendelsohn.

Ils se firent un signe de tête. Jeffrey assura son équilibre sur ses béquilles :

— Vous voulez que je remonte jusqu'à quand ?

— Deux ans, dit Victoria en le renvoyant du geste.

Elle tourna les pages d'un journal concurrent :

— Et magne-toi le cul.

— Occupe-toi du tien.

Jeffrey sourit à Susannah dans sa barbe et s'en alla, au bruit de ses béquilles.

Victoria déclara qu'elle lisait chaque jour tous les journaux de New York. À voir ses yeux courir de haut en bas des pages, il était clair que rien ne lui échappait.

— Jeffrey est remarquable, dit-elle. Il va revenir avec tout ce que les journaux ont donné là-dessus. D'ici dix minutes. J'en suis sûre. J'ai débuté dans son boulot. La seule différence, c'est que moi je serais revenue au bout de cinq minutes.

Victoria écarta un journal et s'attaqua à la « une » d'un autre. Elle avait précisé dix minutes, mais Susannah eut l'impression que c'était plus long. Enfin, Jeffrey apparut avec de gros dossiers en équilibre sur ses béquilles. Il les lâcha sur la table.

— Tout en même temps ? demanda-t-il.

— On te le dira, dit Victoria, toujours penchée sur un journal.

Le jeune homme quitta la salle, toujours accompagné par le bruit de ses béquilles.

— Commencez avec ceux-là, dit Victoria. Je reviens tout de suite.

Susannah s'assit à la table. Elle prit la première coupure, où, sur une photo floue, une petite fille de 3 ans, avec des cheveux blond pâle en queue de cheval attachée avec un ruban, souriait à tout hasard. Susannah connaissait le genre de photo, prise dans la rue pour attirer la maman dans un magasin. Le titre, en gros caractères, disait :

LA PETITE FILLE EST RETROUVÉE MORTE.

Susannah retourna rapidement la coupure. Puis elle respira très fort et s'obligea à la retourner encore pour lire l'article.

Dans un bureau à vastes baies, avec pour seul ameublement une table recouverte de formica blanc, un ficus dans un pot blanc et des rayons de dossiers sur les murs blancs, Victoria était assise sur une chaise de plastique moulé. Un homme d'une trentaine d'années, portant une barbe bien soignée et vêtu d'un complet trois pièces de chez un bon faiseur, remuait le contenu d'un potage instantané dans une tasse blanche pleine d'eau bouillante. La seule note de couleur de la pièce couvrait tout un mur. D'énormes lettres jaunes : « NO FUMAR. NO SMOKING. »

L'homme goûta sa soupe avec une cuiller de plastique blanche et s'essuya soigneusement la bouche avec une serviette de papier blanc.

Victoria s'adossa à sa chaise, craqua une allumette de cuisine et approcha la flamme de sa cigarette.

L'homme assis au bureau prit cinq feuilles de papier dactylographiées attachées par un trombone. Tout en lisant, il buvait son bouillon.

Victoria fumait.

L'homme finit de lire et posa les feuillets exactement au milieu de son large bureau vide :

— Ça me plaît beaucoup. Quel est le problème ?

— C'est un premier jet, dit Victoria. Juste une idée sur la façon de sortir l'affaire. J'ai fait ça hier soir. Je ne le donnerai pas avant d'avoir travaillé sur ce qu'elle va me dire ce matin.

— Vous avez une photo du gosse ?

— J'en aurai une.

Le jeune directeur-rédacteur en chef dont le nom figurait sur la porte, Donald F. Donald, hocha la tête, impressionné et amusé à la fois.

— Vous avez même réussi à mettre le Père Noël dans le coup.

Il but encore une gorgée de potage :

— Il ne manque qu'une chose. Le gosse n'a pas de chien ?

— J'ai encore le temps d'en inventer un.

Elle ne souriait pas. Elle fumait. Donald F. Donald était de ces gens qui ne s'attendent jamais à ce que les choses se passent facilement. Il regarda le premier feuillet :

— Cette Susannah Bartok, vous êtes sûre de pouvoir l'avoir en exclusivité ?

— Elle est ici, dans les bureaux.

Victoria souffla sa fumée avec ostentation :

— Mais ça sera cher.

— Elle demande de l'argent ?

— Non. C'est moi.

— Vous venez d'être augmentée.

— Je ne parle pas de salaire. Je veux de l'argent pour réussir cette affaire.

— C'est ce que je dis. Où est le problème ? Faites une note de frais.

— Je ne suis pas venue vous demander la permission de raconter cette histoire, ni la permission de dépenser quatre sous, connard. C'est vous le directeur. Pour cette affaire, il faut de l'argent.

Rares sont les reporters qui traitent leur rédacteur en chef de connard, à plus forte raison leur directeur. Victoria démontrait à son patron qu'elle réussissait si bien dans son métier qu'elle pouvait se permettre de le traiter de connard. Et il lui prouvait, lui, qu'il avait beau porter un complet trois pièces, il restait journaliste et que les gros mots ne le choquaient pas :

— Pour les vacances, j'emmène la famille à Aspen. Avant de décoller, je vais dire à la caisse de vous donner de quoi payer vos taxis, vos téléphones, quelques déjeuners... D'accord, dans un bon restaurant. Des frais raisonnables.

Victoria écrasa sa cigarette dans un cendrier qu'elle serrait dans sa main.

— Ne faites pas le *coño*, Donald. Ne me donnez pas de la petite monnaie. Il y a tout pour en faire une histoire formidable. Bien meilleure que toutes celles que nous avons sorties depuis des mois. Mais je ne vais pas me mettre à genoux pour quelques misérables dollars.

Elle le regarda boire son potage :

— Pas question. Pas pour une histoire aussi juteuse.

— Vous ne l'avez pas encore.

— Vous m'avez, moi. Vous l'avez, elle, dans le bureau à côté.

Elle ouvrit, avec un bruit sec, son étui à cigarettes noir et blanc étincelant.

— Elle est venue me voir. Elle a la trouille et elle est fauchée. Elle sait que la police et le F.B.I. ne vont pas l'aider beaucoup. Et elle ne connaît personne.

— Elle vous connaît, vous.

— Je voudrais mettre un médium dans le coup.

— Ça plaît aux lecteurs, les voyants.

— Alors, vous me donnez le fric ?

— Vous ai-je déjà laissé tomber ?

Donald F. Donald contempla cette femme qui fumait avec les mêmes gestes apprêtés que Bette Davis dans les vieux films. Il sourit.

— Dites, connard, qu'est-ce qu'il y a de si drôle ?

— Il y a que je me rappelle votre lettre de demande d'engagement, il y a sept ans, Rosalia Victoria Alicia Ampara Consuelo Infante y Cruz...

— Sept ans, trois mois et huit jours.

— Je n'ai jamais rencontré de Cubain plus ambitieux depuis que j'ai interviewé Fidel Castro à Harvard. Vous disiez que vous auriez le Prix Pulitzer [1], avant vos 30 ans.

— Il me reste un an.

Donald F. Donald reprit les cinq feuillets pour lui montrer qu'il réfléchissait à sa demande mais que, tout de même, les bons directeurs ne jettent pas l'argent par les fenêtres.

— La « une ». Combien de temps ?

— Tant que les lecteurs s'y intéresseront. Aujourd'hui, l'enquête commence. On suit la mère pas à pas. Je veux le grand jeu, Donald. Je veux mettre un voyant célèbre dans le coup.

Le directeur remua son bouillon et y sentit un morceau de quelque chose. Du bœuf ?

— Et la mère, qu'est-ce qu'elle en pense ?

— Elle pense à retrouver son gosse.

1. Le « Goncourt » des journalistes américains. (N.d.T.)

— Et vous, vous y croyez, aux voyants ?

— Vous venez de me dire que les lecteurs y croient.

Le directeur se dit que, décidément, c'était un morceau de bœuf. Il reposa son potage et s'essuya la bouche :

— Dites à votre voyant, homme ou femme, qu'on lui donnera des pages de publicité gratuites et bien meilleures que tout ce qui se paie. Les meilleures pages, les plus lues.

Victoria cracha un long filet de fumée. Comme un instituteur qui s'adresse à un élève pas très brillant, elle s'expliqua avec une lenteur exagérée :

— Je ne parle pas d'un type du genre mystique de bas étage, connard. Je veux dire un Cayce, ou un Hurkos, ou un Zellner. C'est ça. Je parle d'une superstar comme Zellner. Quant à savoir combien il coûte, il sait, lui, qu'il fait vendre les journaux.

— Et ses livres. Il passe sans arrêt à la télé, même en Australie.

— C'est lui que je veux et il sera cher.

Donald F. Donald se retourna pour regarder par la fenêtre la lumière froide du soleil de décembre, reflétée par un immeuble de verre de l'autre côté de la rue.

— Vous êtes absolument sûre que vous avez la mère en exclusivité ?

— Je l'aurai.

— Et le voyant ?

— Notre papier d'abord. Bien entendu, il demandera des droits de reproduction.

— La mère ne peut pas le payer ?

— Elle a tout juste 3 dollars.

— Elle est intéressante ?

— La Californienne pavillonnaire, pain blanc et légumes en conserves. Une Américaine moyenne, stupéfiante, formidable, sensationnelle à force d'être dans la moyenne.

— Nous ne sommes pas un grand journal.

— Si vous continuez à le dire, on ne le sera jamais.

Victoria craqua une de ses allumettes de cuisine et alluma une autre cigarette. Elle referma son sac et se leva :

— Pensez à tout ça comme s'il s'agissait de l'intérêt public.

Mais elle avait donné à Donald F. Donald le temps de réfléchir :

— Vous savez ce qui vous manque, connard ? Vous n'avez pas le sens du public. Vous êtes riche, mais vous n'en avez pas honte.

8

22 décembre, 13 h 20

Susannah lisait un reportage sur un bébé kidnappé dans un hôpital. Un autre journal avait donné plus de détails. Elle mit soigneusement les deux coupures de côté. Elle avait déjà parcouru des articles comme ceux-là, elle avait vu des mères pleurer à la télé. Mais maintenant, ces histoires la faisaient frémir.

Elle n'entendit pas Victoria entrer dans la pièce, mais elle sentit l'odeur de sa cigarette. Victoria s'était arrêtée à la porte pour la regarder. Susannah avait levé les yeux de sa pile de coupures, un regard plein de douleur. Elle frissonna et posa ses mains sur le dossier.

— Bon Dieu...

Elle fit un effort pour rompre le charme, s'assit bien droit et s'obligea à parler avec sang-froid :

— Il y en a qu'on retrouve vivants.

Victoria s'approcha de la table, fit glisser le dossier de sous les mains de Susannah et prit une coupure :

— Un fil conducteur ?

— Pas encore.

Victoria posa sa main sur l'épaule de Susannah :

— On le retrouvera.

Elle tira une chaise et s'assit près de Susannah. Pendant quelques minutes, elles lurent côte à côte en silence. Soudain, Susannah se leva :

— La police. J'ai l'impression qu'ils savent quelque chose. Et ils ne savent pas où me joindre.

Elle évitait le regard de Victoria. Elle ne voulait pas, même par un geste, laisser cette femme lui dire que ce qu'elle s'apprêtait à faire était une perte de temps.

Victoria s'était déjà levée :

— Il vaut mieux y aller que téléphoner. On va prendre un taxi.

Elle décrocha leurs manteaux. Susannah mit un signet de papier dans le dossier et dit :

— Mais je n'ai pratiquement plus le sou.

— C'est moi qui paie, dit Victoria.

Et elle se mit à crier :

— Jeffrey !

Le jeune homme aux béquilles apparut aussitôt à la porte et Victoria poussa la pile de dossiers vers lui.

— Tu me les classes par mobiles. Les parents, une rançon, les dingues, etc.

Une fois dans le taxi, Victoria alluma une de ses cigarettes brunes et se tourna vers Susannah, qui regardait par la vitre la foule sur le trottoir.

— Vous continuez à vous dire qu'il est quelque part là-dedans, c'est ça ? Et que là-dedans il y a quelqu'un qui sait où il est ?

Susannah ne se détourna pas de la vitre et des gens qui passaient par vagues.

— C'est un si bon petit. Comment ne pourrait-on pas être gentil avec lui ?

Le taxi fut ralenti par un encombrement. Un ivrogne tituba jusqu'à la voiture, cogna dessus et lorgna par la vitre. Un visage lépreux avec des yeux rouges inquisiteurs.

— Mon Dieu, dit Susannah en détournant la tête, il y en a qui sont vraiment affreux !

— On prétend qu'il y a un vieux par ici qui se promène avec une tête coupée dans un carton à chapeau.

Pourquoi Victoria lui racontait-elle ces horreurs ? C'était sans doute pour se prouver qu'elle était une dure, que rien dans la grande ville ne pouvait l'atteindre.

— Voyons sa photo.

Susannah tira son portefeuille, l'ouvrit et sortit soigneusement une photo d'une enveloppe de plastique. De sa main qui serrait la cigarette, Victoria prit le petit garçon blond aux yeux bleus, l'air très solennel en plein soleil.

— Il a l'air d'un chérubin.

Elle tira un carnet de son sac de cuir et se mit à écrire.

Susannah ne quittait pas des yeux la photo que tenait Victoria.

— Son grand-père ne l'a jamais vu, dit-elle. Ah !...

Elle se mit la main sur la bouche comme on fait quand on se rappelle soudain qu'on a oublié quelque chose d'important :

— Il faut que je l'appelle... Je devrais être arrivée, à cette heure-ci.

Victoria se pencha vers le chauffeur, protégé par une grille d'acier :

— Arrêtez. Arrêtez ici.

Le taxi ralentit et elle indiqua à Susannah :

— Voilà le commissariat. Allez au drugstore du coin. De là, vous pourrez appeler votre père.

Elle lui mit un billet de 5 dollars dans la main :

— Vous me les rendrez plus tard.

Elle glissa dans son sac la photo du petit garçon au visage ensoleillé :

— Pendant que vous téléphonez, je vais faire une photocopie.

L'inspecteur Foy et un autre jeune policier, un Noir, cessèrent brusquement de rire. Les deux femmes étaient arrivées sans préavis et avaient trouvé les deux hommes penchés sur leur table et occupés à faire marcher un train électrique miniature en pleine accélération dans un virage. Foy stoppa le convoi en l'envoyant tamponner un wagon de marchandises décroché.

— Un cadeau de Nord, dit le jeune policier noir.

Il avait l'air plutôt sympathique avec son pantalon bien serré et son chandail tricoté à la main.

— C'est son fils qui va être content, dit-il encore. Il a tout juste 5 ans.

Et le policier noir s'esquiva après avoir marmonné quelques mots à Foy, laissant seul le propriétaire du petit train face aux deux femmes qui ne souriaient pas.

Foy débarrassa les boîtes des wagons vides sur une des deux chaises devant son bureau, mais il laissa sur l'autre un sac rempli de jouets empaquetés dans du papier multicolore. Les deux femmes restèrent debout l'une à côté de l'autre. Il ne fit aucun effort pour dissimuler le peu d'intérêt qu'il portait à la journaliste. Au contraire, chacun de ses gestes montrait clairement que toute sa sympathie, tous ses égards étaient réservés à Mrs Bartok. Il lui désigna la chaise, mais Susannah ne bougea pas :

— Je suis désolé, Mrs Bartok. Rien de nouveau pour l'instant.

Victoria gratta une de ses allumettes de cuisine. Elle ramassa le wagon de marchandises, qui était tombé.

— Qu'est-ce qui vous fait croire, Inspecteur Foy, que Mrs Bartok pourrait penser que les meilleurs policiers de New York ne mettent pas tout en œuvre ?

Foy lui reprit le petit wagon :

— Vous êtes l'avocat de Mrs Bartok ?

— Vous savez parfaitement que je suis journaliste.

— Tout ce que je sais, c'est que je vous vois traîner par ici tout le temps.

Victoria tira sa carte de presse de son sac. L'inspecteur refusa d'y jeter même un regard. Susannah et Foy la virent sortir aussi de son sac un petit magnétophone. Elle y injecta une cassette, mit le contact et poussa un bouton.

— Dans l'affaire du fils de Mrs Bartok, inspecteur, voulez-vous dire à mes lecteurs où en sont exactement vos recherches ?

La mâchoire de l'inspecteur rouquin se crispa. Un muscle se noua sur sa joue. Il prit des papiers attachés ensemble et les jeta sur la voie du petit chemin de fer :

— Voyez vous-même.

Victoria laissa les papiers devant lui :

— Ça nous dira quoi ? Que vous avez vu les suspects habituels ?

Le muscle de sa mâchoire se crispa. Foy contenait sa colère. D'un signe de la tête, il montra le magnétophone :

— Coupez ce machin-là, dit-il.

— Inutile, inspecteur. J'ai aussi ma mémoire.

Foy ne prétendait plus ne s'adresser qu'à Susannah :

— Ce que nous faisons, Mrs Bartok ? Nous suivons d'autres affaires, nous cherchons un fil conducteur...

— Une idée directrice ? demanda Susannah.

— Exactement.

Foy appréciait la bonne volonté de la jeune femme. Elle s'efforçait de se mettre à sa place. Le ton restait officiel, mais en moins froid.

— Croyez-moi. Dès que nous aurons quelque chose, nous vous le ferons savoir.

— Vous avez été voir à la morgue ? demanda Victoria en le regardant bien en face.

Foy fit signe que oui.

— Et alors ?

Foy ne s'adressa cette fois qu'à Susannah, qui attendait, les yeux fermés, retenant son souffle.

— Rien qui corresponde au signalement de votre fils.

Il reprit son rapport :

— Vous êtes toujours à l'*Almanac Hotel ?*

— Oui. Si je le quitte, je vous dirai où me joindre.

— N'oubliez pas.

Susannah rejeta ses cheveux en arrière, puis glissa ses mains dans les poches de son imperméable. Foy sourit :

— Nous gardons le contact.

Victoria parla, d'un ton qui n'avait jamais été aussi tranchant :

— Et c'est tout ? C'est ça toutes les bonnes paroles qu'on donne à la dame pour aujourd'hui ?

Foy posa les papiers sur un classeur et se mit à enlever les wagons des petits rails. Victoria brandit son magnétophone :

— Inspecteur !

— C'est tout pour le moment, Mrs Bartok, malheureusement. Bien entendu, nous ne relâchons pas un instant nos efforts. Tout le service est mobilisé.

Victoria arrêta le magnétophone.

— Pardonnez-nous de vous avoir dérangé, inspecteur. Maintenant, vous pouvez recommencer à faire joujou avec votre petit train.

Victoria rangea le magnétophone dans son sac, en tira un appareil photographique et prit plusieurs clichés. Puis elle saisit Susannah par le bras pour la faire sortir.

— Mrs Bartok ?

Susannah ralentit le pas.

— Pourrais-je vous voir une minute... seule ?

Susannah regarda Victoria, qui eut un sourire acide pour signifier qu'elle attendrait dans le couloir.

L'inspecteur ferma la porte et revint à son bureau, où il se mit à démonter les rails incurvés.

Miss Cruz est allée vous trouver hier soir ?

— Oui.

— Elle vous a promis de vous aider ?

— Elle a déjà commencé. Elle m'a ouvert les archives de son journal et elle a demandé à quelqu'un de faire des recherches.

Vous avez dit vous-même que c'était une bonne méthode, de chercher un fil conducteur.

— Nous aussi, nous travaillons, Mrs Bartok. Vous avez peut-être remarqué que nous avons l'habitude de ne pas faire, aux gens qui sont dans l'ennui, des promesses que nous ne pouvons pas tenir.

— Elle ne m'a pas fait de promesses non plus.

— Elle laisse tout tomber pour vous aider à retrouver votre fils ?

Susannah tenta d'éluder d'un haussement d'épaules.

— Pourquoi ?

— Pour faire un article, je suppose.

— Et vous êtes d'accord ?

— J'ai besoin que chacun m'aide. Vous. Elle. Le FBI. Tous ceux qui peuvent m'aider à retrouver mon fils.

— Je vous comprends.

— Mais vous, vous ne l'aimez pas, ou, du moins, vous êtes prévenu contre elle. Est-ce une raison suffisante pour me déconseiller de la voir ?

Il leva les yeux de son chemin de fer. C'était exactement ce qu'il voulait dire. Il laissa tomber les rails dans une boîte :

— Vous ne savez rien de cette femme.

— Je sais qu'elle est lesbienne. Ça vous dérange ?

— À notre époque de laisser-faire, de laisser-aller, oui, ça me dérange encore. Mais ce qui me dérange le plus, c'est qu'elle ment. Vous l'avez vue arriver ici. Elle s'introduit, dans tout New York, partout où elle flaire des histoires. Une fois dans le coup, elle piétine tout ce qui est humain, la dignité, le secret de la vie privée, pourvu qu'elle puisse publier un article avec un gros titre.

Il ramassait les derniers rails :

— Ses parents sont des Cubains en exil. Riches. Elle les déteste. Vers la fin des années soixante, elle a fait partie des étudiants qui ont essayé d'incendier l'Université de Columbia. Elle était toujours au premier rang de toutes les manifs. La vraie journaliste gauchiste, déchaînée. Certains de ses amis se sont calmés. Pas elle. Quand il n'y a pas d'affaires troubles, elle en crée. Elle est pleine de haine. Elle déteste en particulier les flics. Parlez-lui de moi. Elle vous en contera de belles. Un jour, à la suite d'un de ses reportages, elle a voulu me faire révoquer. La commission d'enquête de la police m'a mis hors de cause, mais elle a tout fait pour me casser les reins. Et vous vous demandez pourquoi je n'aime pas la voir traîner ici, écrire des mensonges, des saloperies... faire du mal aux gens ?

— Elle dit que vous avez peur de me dire la vérité.

— Que je ne retrouverai pas votre fils ?

— Vous me devez 4 dollars pour ne pas avoir laissé votre clef, dit l'employé au visage blafard.

Victoria posa son appareil photo et son sac sur le comptoir, la tête de pont de son invasion :

— Écoute, salopard. Son fils a été kidnappé. Je suis son avocat. Je vais porter plainte contre cet hôtel pour complicité d'enlèvement.

— S'il vous plaît, dit Susannah à l'employé. J'ai donné cette adresse à la police pour qu'elle puisse me joindre...

— Je n'ai rien à voir avec tout ça. Nous, on a un règlement.

— Mon fils avait des choses, des jouets...

— Toutes vos affaires sont sous clef.

— Mrs Bartok est bien en règle jusqu'à présent ?

— Pas tant qu'elle n'aura pas rendu sa clef.

— Commencez par rendre ses affaires à Mrs Bartok.

— Voyez le bagagiste.

— Appelle-le, connard.

L'homme au teint plombé décrocha le téléphone et, trente secondes plus tard, un vieux boiteux arriva par une porte derrière l'ascenseur. Il portait un sac de papier. Victoria le lui arracha des mains et le remit à Susannah :

— Regardez si tout y est.

Susannah regarda dans le sac. Un album à colorier. Des ailes de pilote...

— Tout y est ? demanda Victoria.

— Je crois, dit Susannah.

Victoria lança la clef sur le comptoir, où elle rebondit avant de tomber par terre.

— Maintenant, j'ai besoin de votre téléphone.

— Le taxiphone est là-bas.

Victoria passa derrière le comptoir, écarta l'employé et décrocha le téléphone de service. L'autre la regardait, stupéfait, puis il se baissa pour ramasser la clef.

— La police, lui dit Victoria, doit rester en contact avec Mrs Bartok. Je vais leur indiquer où ils pourront la joindre.

Elle griffonna quelques lignes sur un bloc et arracha la feuille :

— Voilà mon nom, mon adresse, mon téléphone. Si la police ou n'importe qui d'autre essaie de joindre Mrs Bartok, elle sera chez moi. J'ai un répondeur.

C'était le début de l'après-midi et le soleil était totalement caché par une épaisse couche de nuages. Un peu de neige se mit à tomber lorsque les deux femmes approchèrent de Times Square. À grands coups d'avertisseur, les voitures cherchaient à se frayer un chemin parmi la foule des acheteurs de cadeaux qui traversaient le carrefour. Dès qu'un taxi apparaissait, des dizaines de bras, de cris s'élevaient. Debout à un coin de rue en compagnie de Victoria, Susannah serrait contre elle le sac avec les jouets de Laddie, désespérant, dans cette marée humaine, d'arriver à trouver un taxi. Victoria, qui connaissait New York, regardait de tous côtés, étudiant le problème, préparant son attaque. Susannah, regardant Victoria, ne remarqua pas un garçon de haute taille, vêtu de cuir noir, le regard vide, avec des cheveux flottant autour d'un visage décomposé couvert de boutons rouges. Il se cogna sur elle, insensible, inconscient, titubant à travers la foule.

— Il est drogué ?

— Probablement.

Victoria fronça le sourcil, sans détourner son regard du fleuve de voitures et de piétons en crue sur la 7e Avenue, avec son petit courant de taxis jaunes.

Un gros Noir, aveugle, frappa Susannah en faisant des moulinets avec sa canne blanche. Affrontant tête haute la neige qui tombait sur son visage noir, il chantait un blues à tue-tête. Courbée sous le poids des ans, une clocharde, vêtue d'un manteau qui traînait jusqu'à terre, tirait des sacs graisseux, pleins d'ordures. Susannah se recroquevilla pour éviter son contact.

Les visages qui la croisaient lui coupaient le souffle.

Horrifiée, elle se serra dans son imperméable. Tout à l'heure, dans le taxi, elle avait redouté ces visages. Maintenant, ils la terrifiaient. Dans cette foule, ces visages — de toutes les couleurs, de toutes les races, de toutes les dimensions et de toutes les formes, de tous les âges, poussés par tous les besoins, toutes les passions, tous les motifs qui les faisaient surgir à ce carrefour — avaient-ils toujours eu cet air désespéré, si évidemment au bord de la folie furieuse qu'ils semblaient prêts à exploser ?

— Il y en a tellement, murmura Susannah, qui ont l'air dangereux.

— Des dingues. New York est bourré de dingues.

Peut-être est-ce l'un d'eux qui a enlevé Laddie ? pensa Susannah. Mais elle ne le dit pas.

— Ils ne vous paniquent pas ? dit-elle.

Victoria s'occupait de trouver un taxi, ignorant tous ces visages.

— S'ils te font peur, ne les regarde pas.

— C'est vous qui m'avez dit de regarder la réalité en face.

— Ne les laisse pas croiser ton regard. Ne leur donne aucune chance de te remarquer dans la foule. Tu ne te rends pas compte de ce que tu risques.

9

22 décembre, 15 heures

L'appartement de Victoria ressemblait à une librairie. À l'exception d'une fenêtre, par derrière, qui donnait sur un jardin où la neige tombait entre les branches d'un arbre nu, les murs, du plancher au plafond, étaient couverts de rayons bourrés de livres serrés. Le living était encore plus encombré que la petite entrée, où chaque centimètre était tapissé de photos de presse luisantes, de diplômes, de coupures de presse froissées. Un poster de ballets cubains se partageait la vedette avec Alicia Alonzo. Susannah n'eut pas le temps de regarder de près, mais Victoria était sur toutes les autres photos, assise ou debout, à côté de célébrités allant du rock à la politique.

Dans le living, Victoria ôta son manteau de mouton et le lança sur un canapé en simili-cuir déjà encombré de livres et de sweaters. Elle tendit la main pour prendre l'imperméable de Susannah, qu'elle jeta sur son manteau. Elle débarrassa une chaise d'un revers de main. Des journaux, des livres de poche, des bouteilles de bière chinoise dégringolèrent sur un tapis de grosse laine rustique déjà recouvert de quantités de saletés.

— Assieds-toi.

Susannah resta debout.

Au bas d'un mur, encastrée parmi les rayons, il y avait une cheminée de métal noir.

— C'est agréable une vraie cheminée, dit Susannah, cherchant quelque chose d'aimable à dire de l'appartement d'une autre femme.

— On ne peut même pas y brûler des lettres d'amour.

Au pied du canapé, Victoria dégagea le répondeur téléphonique, enfoui sous des pages détachées du *New York Times.* Susannah regarda un rayon chargé de livres, reliés ou brochés, tous usés, tous visiblement lus et relus à maintes reprises. Il y en avait beaucoup en espagnol. Borges. Neruda. Marquez. Susannah avait jadis commencé une traduction en anglais de *Cent Ans de Solitude,* de Marquez, mais elle l'avait trouvée horriblement difficile. Chaque fois qu'elle y pensait, elle se sentait coupable de l'avoir abandonnée en route.

Assise à côté du répondeur, Victoria leva la tête :

— Tu lis ?

— De temps en temps.

— Je vois. Tu ne lis pas. Tu viens de Californie. Et tu es une mère au foyer.

Victoria brancha le répondeur. Susannah pensa que ce qu'elle avait lu étonnerait la journaliste, mais elle n'éprouvait pas le besoin de se défendre.

Sur le répondeur, Victoria n'entendit que sa propre voix disant à Susannah de la rejoindre au *Café Marlène.*

Elle se leva :

— Je vais nous faire une tasse de thé.

— Je vous remercie beaucoup de ce que vous faites pour moi, dit Susannah. Mais je n'ai pas le temps.

— Bon Dieu, détends-toi un peu.

— On croirait entendre l'inspecteur Foy.

— Moi, je pense ce que je dis. Tu n'as pas fermé l'œil de la nuit. Tu dois être crevée.

Tandis que Victoria mettait l'eau à bouillir, Susannah se fraya un chemin parmi le fouillis jusqu'à la fenêtre. Le ciel était froid. La neige tombait, toute blanche, parmi les branches noires en râteau. Elle serra ses bras sur sa veste marron trop légère.

— Il n'avait qu'un anorak et des moufles rouges, dit-elle en retenant ses larmes. Une seule moufle rouge.

— Assieds-toi.

C'était la deuxième fois que Victoria disait à Susannah de s'asseoir et il était évident qu'elle avait l'habitude qu'on lui obéisse. Mais Susannah restait à la fenêtre, regardant tomber la neige légère. Victoria traversa la petite pièce pour la rejoindre et sentit que Susannah allait se dérober. Et Susannah, elle-même, avait perçu cette impression.

— Je te fais peur ?

— Non.

— Si. Tu ne connais pas beaucoup de lesbiennes.

— Pas à Laguna, je suppose. En tout cas, on n'en rencontre pas dans les pavillons.

— Si, même dans les pavillons. Ne t'inquiète pas. Tu risques moins de te faire violer ici que dans ton hôtel pouilleux.

— Je ne peux pas rester ici.

— Je t'ai dit : détends-toi.

Un oiseau marron voleta parmi les branches. Un oiseau froid dans un jour froid.

— Enfin, Susannah, il faut voir les choses en face. Tu n'as nulle part où aller. Reste ici. On va travailler ensemble. On ne perdra pas une minute.

— Je perds du temps en ce moment.

La lumière d'hiver commençait à baisser. La pièce devenait sombre derrière elles. Susannah tourna le dos à la fenêtre :

— Je ne peux pas rester ici, assise, à boire du thé. Je deviendrais dingue. Il faut que je cherche. Peut-être que si je retourne dans ce magasin...

— Pour faire quoi ?

— Voir.

— Il y a quelque chose qu'on peut faire tout de suite. Franchement, je ne t'en ai pas encore parlé parce que je ne savais pas ce que tu en penserais.

Victoria alla chercher dans un rayon un livre neuf, qu'elle ne montra pas tout de suite à Susannah :

— Qu'est-ce que tu penserais de faire appel à un médium ?

— La parapsychologie ?

Victoria acquiesça d'un signe. Elle revint à côté de Susannah en apportant le livre :

— J'ai interviewé le type. Il a vraiment réussi à retrouver des choses... des gens.

— Est-ce qu'il nous recevrait ?

— Toi, tu veux bien ?

— Le plus tôt sera le mieux.

— Tu as entendu parler de lui ?

Le nom sur la couverture était plus gros que le titre : ALOIS ZELLNER.

Susannah ouvrait de grands yeux :

— Je l'ai vu souvent à la télé. J'ai lu des choses sur lui. Si seulement il voulait bien m'aider. Mais il est célèbre. Il va sans doute demander beaucoup d'argent.

— Ne t'occupe pas de ça. La question, c'est qu'il va peut-être remuer en toi des tas de sentiments dont tu ne tiens pas à prendre conscience. Ça peut devenir très dur. Tu acceptes de prendre le risque ?

— Je viens de vous le dire. Le plus tôt sera le mieux.

Victoria tendit le livre à Susannah, une façon de dire que, désormais, elles pouvaient partager Zellner :

— Je l'ai déjà appelé.

Susannah ne l'avait pratiquement pas quittée. Quand avait-elle pu téléphoner ?

— Pendant que tu appelais ton père, expliqua Victoria.

Dans la nuit tombante, Susannah regardait Victoria, attendant la suite.

— Il ne peut nous donner que quelques minutes.

— Aujourd'hui ?

— Oui.

— C'est formidable, dit Susannah en prenant son imperméable.

— Du calme. Il ne peut pas nous recevoir avant 5 heures.

— Quelle heure est-il ?

— 3 heures.

Susannah allait et venait dans la pièce en désordre :

— Bon Dieu ! Encore deux heures !

Elle s'arrêta et regarda, dans l'entrée, le poster des ballets cubains. Victoria alluma une cigarette :

— Nous avons rendez-vous avec Zellner à 5 heures. Ça ne nous empêche pas de suivre d'autres pistes en même temps.

Dans la cuisine, Victoria ôta de la petite table un cadeau de Noël enveloppé dans un papier brillant noir et blanc, et une bouteille de champagne. Elle déroula un poster des ballets, le côté blanc dessus. Avec un gros marqueur noir, elle s'apprêta à dresser le plan de leur offensive.

— On appelle ça LE COMPTE À REBOURS, ça te va ?

Victoria écrivait déjà, en gros caractères, en haut de la grande feuille. Susannah ne touchait pas à sa tasse de thé mais, au bout de quelques minutes, sous la lumière crue de la cuisine, les deux femmes avaient mis leur plan au point. Le poster était couvert d'une liste en grandes lettres épaisses.

POLICE
FBI
RECHERCHES
VOYANTS
BUREAUX D'ADOPTION (Marché noir des bébés)
ASSISTANTES SOCIALES
PASSANTS
NOTRE INTUITION
ET RESTER DISPONIBLES !

Victoria souligna deux fois la dernière ligne. C'était elle qui avait eu la plupart des idées, mais Susannah était d'accord sur tous les points. Elles revirent leur plan d'action. Elles avaient déjà vu la police. Victoria allait essayer de mettre le FBI, sur l'affaire. Susannah avait commencé les recherches au journal.

— Jeffrey connaît son boulot, dit Victoria. Je vais l'appeler et le maintenir au travail pendant que nous suivons d'autres pistes. Le seul problème, c'est ce bon Dieu de Noël, ou plutôt, dans son cas, Hanoucca [1]. Enfin, les fêtes. Le journal sera ouvert, mais lui n'y sera pas.

Les journaux leur donneraient des informations sur les enlèvements et les vols d'enfants précédents. Quant à tout ce dont on ne parle jamais dans les journaux, les bureaux d'adoption et les assistantes sociales pourraient leur fournir une masse de renseignements sur ce qui avait trait aux enfants à New York. De fait, Victoria commença à dire qu'elle avait bien connu une assistante sociale, mais elle sortit de la cuisine pour téléphoner. Son amie n'était pas à son bureau et Victoria laissa un message :

1. La fête juive des Lumières, un peu avant Noël (N.d.T.)

— Dites-lui que c'est urgent. Plus on peut mettre de choses en route, mieux c'est. C'est comme de travailler pour un article. On procède par triangulation. On vise dans tous les angles.

Les passants, Victoria les avait inscrits parce qu'elle avait écrit récemment un article sur les prostitués mâles qui racolaient dans les environs de Times Square, ces jeunes gens que Susannah avait vus, trop légèrement habillés par ce froid coupant, et qui étaient postés aux coins des rues ou dans l'encoignure des portes cochères.

— Ils savent tout sur ce qui se passe dans la rue.

Notre intuition. Les deux femmes y croyaient vraiment. Elles restaient ouvertes à toutes les idées, même aux plus absurdes. Elles suivraient le moindre indice. Rester disponibles signifiait qu'elles seraient constamment en alerte et qu'elles ne tiendraient rien pour acquis. Elles interrogeraient sans relâche l'hôtel, la police, le FBI, et même l'assistante sociale que Victoria venait d'appeler. Elles ne laisseraient rien au hasard.

Au bas de la liste, Susannah ajouta petites annonces. Victoria écrivit en gros, car elle était bien d'avis que si quelqu'un voulait contacter Susannah, il le ferait par le canal des petites annonces. Il y avait des milliers d'utilisateurs.

Victoria agrafa le poster sur le mur et Susannah contempla leur travail. Elle était nouée par l'angoisse mais, face à cette impression de vide dévorant et glacial qui ne cessait de la faire frémir, leur travail avait allumé une petite lueur d'espoir. Et surtout, comme avait dit Victoria, elles pourraient agir simultanément dans plusieurs directions.

Victoria avait dit aussi que si Susannah restait chez elle, elles ne perdraient pas leur temps à se maintenir en contact. Elle revint de la salle de bains avec un flacon de pilules :

— Ça n'est pas fort. Tu as deux heures pour te reposer avant qu'on aille chez Zellner.

Susannah refusa les pilules mais laissa Victoria la conduire dans sa chambre.

— Tu couches ici. Moi, je prendrai le canapé dans le living.

— Toutes mes affaires sont encore dans un casier à la consigne de la gare routière.

— J'ai tout ce qu'il te faut.

Susannah pensa à la jolie fille qu'elle avait vu s'enfuir en courant du *Café Marlène*. Avait-elle couché dans cette chambre ?

— Repose-toi, dit Victoria. Moi, maintenant, j'ai du boulot.

Mais Susannah ferma la porte de la chambre, retourna dans le living et prit son imperméable sur le canapé. Victoria la suivait des yeux, attendant une explication.

— Les petites annonces. Je vais acheter tous les journaux.

— Attends.

Victoria courut aux toilettes et revint avec un manteau de peau de mouton pareil au sien. Elle le tendit à Susannah, qui l'enfila avec peine. Victoria sourit en boutonnant la peau par devant jusqu'au menton de son amie. Susannah se sentait bien au chaud, bien à l'abri. Elle fouilla dans la poche de son imperméable et en tira la moufle rouge.

— Attends.

Victoria chercha dans un tiroir, trouva une trousse de couture et des épingles de sûreté, et elle attacha la moufle rouge au manteau.

Susannah, debout dans l'embrasure de la porte ouverte, sentit Victoria lui poser un baiser léger sur la joue lorsque quelqu'un la poussa sur le palier, et elle se rattrapa de justesse à la rampe pour ne pas dégringoler l'escalier. De la porte du dessus, le mannequin blond qu'elle avait aperçu si rapidement au *Café Marlène* lançait des mots durs, amers, à Victoria. Puis les injures se transformèrent en sanglots. Debout à sa porte, le mannequin suppliait Victoria de la reprendre. D'une voix étranglée par les larmes, elle lui avoua qu'elle ne se sentait pas la force de passer Noël sans elle.

Susannah ferma les yeux, retint son souffle. Elle avait tellement besoin de Victoria ! Sa seule alliée dans cette ville glaciale en plein hiver allait-elle l'abandonner ? Son cœur se crispa : « Elle va la reprendre et elles vont me mettre à la porte. Elle n'aura plus une minute à consacrer à mon histoire. »

Elle serra la rampe et s'attendit au pire. D'où elle était, elle ne voyait pas les deux femmes et elles non plus ne pouvaient la voir. Elles ne parlaient pas. Pourquoi ? Étaient-elles déjà réconciliées, prêtes à tomber dans les bras l'une de l'autre ?

— Elle portait mon manteau, cria le mannequin. Celui que tu m'avais donné !

Victoria répondit-elle ? Susannah ne l'entendit pas.

— Qui est-ce ?

— Personne. En tout cas, pas ce que tu crois.

— Tu ne m'avais jamais encore menti.

— Je ne te mens pas.
— Mets-la dehors.
— Je tiens une bonne histoire.
— Mais c'est Noël.

En silence, Susannah pria pour que les deux femmes sur le palier du dessus n'entendent pas sa respiration haletante.

— Je t'en supplie. Laisse-moi entrer.

Susannah tendait l'oreille :

— Je bosse. Je n'ai pas le temps.
— Je ne te dérangerai pas.
— Tu sais bien que si...
— Juste pour Noël !
— J'ai un cadeau pour toi. Attends ici. Non. Dehors.

Susannah entendit la porte se refermer. Elle se mit à descendre l'escalier à toute vitesse, en faisant le moins de bruit possible.

10

22 décembre, 16 h 45

Il faisait nuit quand elles quittèrent l'appartement, et il n'était pas 5 heures. Il tombait quelques flocons de neige. Les lumières de la ville scintillaient dans la nuit froide. Les deux femmes en peau de mouton se rendaient à pied chez Zellner, à Gramercy Park, pour pouvoir passer par le journal et encourager Jeffrey Mendelsohn. Elles le trouvèrent en plein travail, classant des coupures dans des dossiers tout en se grattant la barbe. Victoria prit le papier qu'elle avait écrit sur Zellner et conseilla à Susannah de le lire avant leur visite.

D'après l'article à sensation de Victoria, le médium multipliait les miracles. Ses voyances stupéfiaient les grands de la politique et les vedettes du show business. La façon dont il retrouvait les personnes disparues grâce à ses dons surnaturels laissait la police sans voix.

Susannah lisait en marchant, essuyant les flocons de neige sur le papier :

— Tout ce que vous avez écrit là n'est pas croyable.

Elles arrivèrent à Gramercy Park, devant un immeuble du siècle dernier, en pierre grise avec des bas-reliefs. Par certaines fenêtres, on voyait briller les décorations de Noël. Susannah replia l'article :

— Et c'est vrai, tout ça ?

— C'est une enquête sérieuse. Bon Dieu, on gèle !

— Avoir vu la petite Italienne dans le cimetière des vieux tacots... Vous êtes sûre que c'est vraiment arrivé ?

Frissonnant, Victoria rentra les épaules.

— Tu viens de le lire, non ?

— Ce que je vous demande, c'est si vous y croyez, vous. Vous croyez qu'il peut vraiment faire tout ça ?

À mi-hauteur du perron, Susannah s'arrêta :

— Vous lui avez dit que je ne pouvais pas le payer ?

Victoria prit Susannah par le bras et la poussa vers la porte :

— Je t'ai déjà dit que je m'occupais de tout.

Elle appuya sur le bouton d'une petite plaque de cuivre bien astiquée portant un nom gravé. La lourde porte s'ouvrit sur une lumière tamisée ; une guirlande de Noël avec de petites ampoules bleues se reflétait sur des panneaux de bois anciens et des dalles de marbre. Un épais tapis d'Orient les conduisit à un ascenseur dont elles claquèrent derrière elles la porte de fer forgé. La cabine dont la grille laissait voir la cage de l'escalier les hissa dans la pénombre.

Susannah tortillait nerveusement la moufle rouge.

— Il va probablement vouloir travailler avec, dit Victoria.

Susannah acquiesça.

— Tu as peur ?

— Horriblement.

Au bout d'un hall garni de moquette, elles trouvèrent une porte d'acajou sculptée de bas-reliefs et portant une plaque de bronze : FONDATION ALOIS ZELLNER. Le bouton fit tinter au loin une clochette.

Les doigts de Susannah s'agrippaient à la moufle rouge.

La porte s'ouvrit sur Zellner en personne, un petit homme aux yeux gris clair dans un visage aux bonnes joues rouges, qu'on aurait dit sorti d'une peinture flamande, tout dodu au bout de longues années de bien manger et bien boire. Un yorkshire-terrier se précipita sur les deux femmes en jappant et en sautant, tout excité, jusqu'à ce que Zellner le prenne d'une main potelée alourdie d'une énorme bague : une croix d'or éclatante noyée dans des rubis. Il serra le chien, qui se débattait, contre son complet de velours rouge épais et le col de sa chemise de soie rouge, ouverte sur de la peau bien rose et de l'or bien clinquant.

Il pressa sa figure contre le chien toujours excité :

— Chut, Madame ! dit-il.

Puis le visage rose se tourna, tout épanoui, vers Victoria, qu'il embrassa. La main qui tenait « Madame » étendit un doigt vers Susannah, qui le serra non sans hésitation.

— Mrs Bartok..., dit-il avec un accent venu d'Europe.

Il ne manquait que des favoris à cette figure si ronde pour être plus joviale que celle du Père Noël. Pourtant, elle exprima soudain une gravité très étudiée. Il ferma les yeux en signe de compassion puis s'adressa directement à Susannah, d'une voix plus basse :

— Nous sommes profondément émus par l'histoire de votre petit garçon. Prenez courage, chère madame. Nous allons vous aider.

Un jeune homme mince en chemise blanche, nœud papillon noir et pantalon noir très ajusté, apparut sans bruit et vint prendre les manteaux de peau de mouton. Il était aussi blond que Laddie.

Susannah profita du moment pour jeter un coup d'œil sur les murs de l'entrée, recouverts de photographies encadrées montrant Zellner, grassouillet, tout sourire, en compagnie de trois présidents des États-Unis, d'un Premier ministre britannique et de toute une galerie de dirigeants de divers pays, de chanteurs d'opéra et de chefs d'orchestre célèbres. Elle ne reconnut qu'une seule vedette de cinéma, mais c'était une superstar, le plus grand nom de l'industrie du septième art. Cependant, cet homme si souvent photographié écrivait sur une page du livre qu'elle avait déjà vu chez Victoria.

— Vous mettez un « h » à Susannah ?

— Oui, dit Susannah.

Il finit d'écrire et posa le livre sur la table dans l'entrée.

— Nous allons le laisser ici pour que vous ne l'oubliiez pas.

— Merci.

Il avait un fort accent. Susannah pensa qu'il devait être hollandais.

D'un geste gracieux de sa main rose, Zellner les introduisit dans une sorte de cave encombrée de meubles lourds et capitonnés, un véritable magasin d'antiquités tout empli de statuettes de faïence et de porcelaine. Des casiers, de bois poli et de verre, contenaient des assiettes peintes reflétant les lumières d'un arbre de Noël qui attendait encore ses décorations. Des boîtes entières de fragiles ornements anciens attendaient d'être suspendus aux branches du sapin.

— Nous prendrons le thé, Kurt.

Sans leur jeter un regard, le jeune homme blond prit le yorkshire tout agité des bras de son maître et se retira aussi silencieusement qu'il était entré. Zellner releva son pantalon jusqu'aux genoux et s'enfonça dans un fauteuil à oreillettes tout près d'une cheminée d'où un feu de bois envoyait des bouffées de lumière joyeuse. Susannah s'assit timidement sur une chaise de velours flanquée de chaque côté de guéridons portant de fragiles porcelaines.

— Du Meissen, dit Zellner avec un sourire en regardant sa pièce remplie de figurines.

Victoria sortit son magnétophone et son Nikon de son sac de cuir. Zellner y voyait-il un inconvénient ? Il n'en voyait pas le moindre. Son visage s'épanouit :

— La première fois que notre chère Victoria est venue ici, dit-il, tourné vers ses visiteuses, elle m'a demandé si son magnétophone à cassettes et son appareil photographique me dérangeaient. Rien ne me dérange, lui ai-je dit.

Il toussa :

— Excepté ma toux. Il doit y avoir quelque chose par ici. Quantité de gens toussent à fendre l'âme du côté de Bloomingdales. N'importe. Kurt va nous apporter une bonne tasse de thé dans une minute.

Le visage jovial se composa un air de sérieux très étudié et Zellner se pencha pour saisir les deux mains froides de Susannah dans sa chair grasse et tiède.

— J'ai prié *le bon Dieu,* dit-il en employant l'expression française, qu'il me permette d'être utile.

Cette fois, il eut un sourire plus triste qui signifiait que, s'il avait sans doute l'air jovial et bien nourri, il ne connaissait que trop la souffrance et les douleurs inexprimables de la vie.

— Victoria ne m'a pas dit grand-chose de vous, Mrs Bartok. Vous permettez que je vous appelle Susannah ?

Elle acquiesça.

— Vous n'habitez pas New York, Susannah ?

— Non. La Californie. Enfin, j'y habitais.

— Et vous êtes partie à cause du feu ?

— Le feu ?

Susannah regarda Victoria. Quel feu ? Puis elle se souvint des terribles feux de broussailles qui avaient ravagé les montagnes en octobre. Elle ne le dit pas au voyant mais, à la vérité, les incendies avaient fait rage assez loin de chez elle.

— Ces arbres... comme des torches enflammées. La montagne... tout entière en feu. Terrible... Votre mari n'était pas avec vous.

— Non...

— De l'eau.

Il haussa les épaules, comme pour se reprocher d'avoir négligé l'essentiel.

— Votre mari s'entoure d'eau.

Munie de son appareil, Victoria se déplaçait entre les meubles pour les photographier tous deux sous différents angles avec sa pellicule ultra-rapide. Le témoin du magnétophone était allumé, aussi brillant que les ampoules de l'arbre de Noël.

Zellner toussa.

— Je vous prie de m'excuser.

Il se leva et quitta la pièce en louvoyant avec une rapidité surprenante entre les meubles et les faïences. Susannah l'entendit tousser encore une fois. Puis une porte se referma.

Susannah se pencha vers Victoria, qui réglait l'ouverture de son objectif :

— C'était vrai, ce qu'il a dit de l'incendie. Je veux dire, il a vu que Scott... mon mari, n'était pas là. Et qu'il était entouré d'eau...

Elle interrompit son chuchotement : Zellner revenait, toujours aussi habile à éviter les meubles de valeur et les Meissen. Il toussa, et se moucha avec un Kleenex rose.

Kurt entra sans bruit, apportant le thé sur un plateau d'argent. Sur une assiette décorée de houx, il y avait des gâteaux ronds saupoudrés de sucre.

— Il est vraiment gentil, Kurt, dit Zellner en souriant à ses hôtes. Il n'a pas oublié les *pfeffernuss*.

Kurt sortit.

Avant de servir le thé, Zellner tendit l'assiette de gâteaux qu'il considérait comme spécialement destinés à Susannah :

— C'est pour Noël. Vous connaissez les *pfeffernuss* ?

— Non.
— Victoria ?
Il lui tendit l'assiette. Elle signifia clairement qu'elle était trop occupée avec ses photos pour prendre un des gâteaux saupoudrés de blanc.
— Prenez donc un *pfeffernuss*.
— Je suis cubaine, dit Victoria en collant son œil sur le viseur de son appareil. Et ça, c'est hollandais ?
— Allemand. J'en fais tous les ans. J'en donne à mes amis. Tous les Présidents des États-Unis depuis Roosevelt ont adoré mes *pfeffernuss*. La Callas en était folle. Avant de partir, rappelez-moi de vous en mettre dans un sac.
Susannah, qui n'avait rien mangé depuis l'avion, comprit qu'elle n'éviterait pas de mordre dans le petit gâteau dur qui sentait l'anis et le poivre : Zellner la surveillait. Puis il ferma les yeux. Apparemment, il avait oublié de servir le thé. Soudain, il se leva et alla dans l'entrée chercher les deux peaux de mouton. Il avait trouvé la moufle rouge et ouvrait l'épingle qui l'attachait à la poche lorsque Susannah le rejoignit et sortit son portefeuille de la poche :
— J'ai sa photo, dit-elle.
Zellner la repoussa d'un geste.
Devant la cheminée, Susannah posa le reste de son gâteau à côté d'une statuette de porcelaine représentant une bergère.
— Elle est neuve ? demanda Zellner en frottant la moufle entre ses mains.
— Oui, dit vivement Susannah. Ça ne change rien, au moins ?
Elle sentit qu'il ne voulait pas qu'elle parle, sauf quand il l'interrogeait directement. Elle essuya le sucre de ses mains, l'une contre l'autre.
Zellner promena ses doigts sur la laine rouge pendant une longue minute. Victoria le photographiait, mais il avait l'air en communion avec la moufle comme s'il était absolument seul dans la pièce. Il se leva pour aller à l'arbre de Noël, où il accrocha à une branche un ornement ancien et compliqué. Son silence se prolongeait tellement que Susannah eut l'impression qu'il ne parlerait plus jamais.
— Des cheveux d'or, dit-il soudain.
Il fouilla, presque frénétiquement, dans un carton plein

d'étoffes jusqu'à ce qu'il en retire un ornement enveloppé dans du coton :

— Dorés comme les cheveux de ce petit ange.

Il n'avait rien demandé à Susannah, mais elle se mit à approuver de la tête, vigoureusement. Les cheveux d'or bouclés luisaient dans la lumière.

— Le père du petit.

Zellner tournait le dos à Susannah, qui faisait face à l'arbre :

— Des cheveux d'or aussi.

Susannah approuva de la tête, puis elle se rendit compte qu'il ne la voyait pas et elle dit vivement :

— Oui.

Victoria s'accroupit près d'une chaise et prit une photo.

— De l'or, dit Zellner, d'une voix qui paraissait venir de loin. À cause du soleil. Et souvent mouillés par la mer. Le père. L'eau. L'eau froide... mais le petit n'aime pas l'eau froide. Le petit adore la mer chaude... le soleil chaud.

Il regarda le petit ange qu'il tenait dans ses mains :

— Maintenant, je le vois très loin de la mer chaude... du soleil chaud. Plus loin encore de son père...

Susannah se tourna vers Victoria en ouvrant de grands yeux, pour lui demander comment cet homme pouvait bien connaître tant de choses. Elles attendaient la suite.

— Je vois encore un autre père. Un homme plus âgé qui attend le petit.

Les épaules de Zellner eurent un sursaut et il toussa.

— Ça doit être son grand-père, dit Susannah.

Zellner l'avait-il entendue ? Il ne se retourna pas :

— C'est un vieil homme qui vit dans un espace... avec des arbres, beaucoup d'arbres. Pas dans une ville.

— C'est dans le nord de l'État de New York !

Zellner reposa soigneusement le petit ange dans son coton et se retourna vers les deux femmes. Il frottait la laine rouge dans sa main. Il fronça le sourcil en promenant alentour un regard furieux :

— Le petit garçon... Pourquoi le garçon n'a-t-il pas de nom ?

Était-ce une question ? Susannah attendait la réaction de Victoria. Fallait-il répondre ? Zellner leva la main avec la bague de rubis pour imposer le silence :

— Vous l'appelez « Garçon » ?

— Laddie.

— Ce n'est pas un nom.

Zellner retourna à sa chaise, mais il continua à aller et venir, trop nerveux pour s'asseoir. Il toussa. Il hocha la tête avec colère :

— Pas de nom. Mais je vois le petit.

Il fit claquer ses doigts en direction de Susannah. Ses belles manières de l'ancien temps avaient disparu. Il obéissait maintenant à une force plus puissante :

— Sa photo. Vous avez dit que vous aviez une photo. Vite !

Susannah ouvrit son portefeuille et lui apporta la photo du petit garçon sous le soleil. Zellner mit des lunettes. Au premier coup d'œil, il eut un mouvement de recul comme si Susannah l'avait giflé. Il ferma les yeux mais des larmes coulaient sur ses joues rouges. Il se pencha, l'air douloureux, en se couvrant le visage. Il gémissait en se balançant dans son fauteuil.

Susannah étouffa un cri. Ses genoux tremblaient et elle dut se cramponner à une chaise pour se maintenir sur ses jambes.

Zellner se moucha. S'accrochant aux bras de son fauteuil, il réussit à se remettre debout :

— Mrs Bartok, je vais vous demander de passer dans la pièce à côté. S'il vous plaît. Laissez-nous seuls une minute.

Elle hocha la tête et, d'une voix faible, elle finit par lui demander :

— Vous ne voulez pas me le dire ?

Zellner lui tourna le dos et, de ses yeux mouillés, regarda le feu. Susannah se cramponna plus fort au dossier de sa chaise.

— Dites, je vous en prie, dit-elle.

Toute joie de vivre avait disparu du visage rougeaud de Zellner. Dans son grand fauteuil, il paraissait tout petit, rabougri, sa figure rose de bébé était pleine d'angoisse. Il se laissa retomber. Ses doigts tripotaient la moufle rouge.

— Froid... Si loin du chaud soleil. Si froid, maintenant... (Sa voix s'estompa, puis reprit :) Dans une boîte. Une boîte qui bouge. Je ne sais pas. Un tiroir. Une boîte comme un tiroir dans un endroit où il fait toujours froid...

Personne ne parlait. Le feu crépitait dans la cheminée.

Susannah ne vit pas Victoria lever son appareil et prendre une photo avant de sentir qu'un bras autour de son corps venait la soutenir. Elle ferma les yeux pour essayer de voir ce que Zellner voyait. Laddie, dans un tiroir, froid. Mort. Après un long silence où l'on n'entendit que les bûches craquer, elle parvint à dire, d'une voix sèche venue de très loin :

— La morgue ?

Victoria regarda le vieil homme.

— Je suis désolé, Mrs Bartok, dit-il.

Susannah écarta le bras de Victoria. Elle était debout, très loin de cet homme, de ce qu'il disait, de cette femme et de ce qu'elle croyait. D'une voix à peine audible, elle murmura :

— Non.

Zellner regardait la petite moufle rouge de l'enfant dans sa main.

— Non, dit encore Susannah, d'une voix plus ferme et tranchante.

Elle arracha la moufle à Zellner, qui s'efforçait de se lever de son siège.

— Non !

Le cri de Susannah était si fort qu'il fit trembler les statuettes de porcelaine et les assiettes de faïence dans leurs vitrines.

Zellner était enfin debout. L'entrevue était terminée. Épuisé, vidé après sa voyance, le médium toussa. Il se traîna hors de la pièce.

— Non ! cria encore Susannah dans le dos du vieil homme chancelant. Non, il n'est pas là-bas !

11

22 décembre, 18 h 30

En sortant de chez Zellner, sur le perron verglacé, les deux femmes remontèrent leur col pour se protéger du vent. Ni l'une ni l'autre ne disait mot.

Victoria trouva un téléphone dans une cafétéria sur la 2e Avenue et, pendant que Susannah attendait dans un coin de la salle, elle appela la morgue. Son visage, à peine la communication établie, exprima ce que Susannah craignait le plus d'entendre.

Victoria revint s'asseoir auprès d'elle, qui épluchait la laine de la moufle rouge. Oui. Il y avait bien à la morgue le corps d'un enfant de 2 ans. De sexe masculin. De race blanche. Et blond.

Victoria alluma une cigarette et réussit à écarter la serveuse qui attendait vaguement la commande. Le corps était arrivé le matin même. Tôt ou tard, c'était inévitable, il faudrait bien qu'elles aillent à la morgue, dans le centre de la ville.

Sur le trottoir, Susannah rejeta en arrière ses cheveux blonds. Elle chassa un flocon de neige collé à un cil.

— Je ne crois pas ce bonhomme, dit-elle tranquillement. Et je ne crois pas non plus ces gens à qui vous avez parlé au téléphone. Laddie n'est pas mort.

Victoria arrêta un taxi. Sur la banquette, elle regarda Susannah se détourner d'elle et poser son front contre la vitre froide. La journaliste ne pouvait qu'essayer de deviner ce que cette femme tremblante éprouvait. Avant de quitter l'appartement, Susannah avait lu l'article sur Zellner. Elle s'était montrée sceptique. Elle avait interrogé Victoria : croyait-elle vraiment en lui ? Mais la conversation, bien sûr, avait été purement abstraite. Face à face avec Zellner, devant sa cheminée, Susannah, en refusant de croire que cet homme avait vu son fils à la morgue, faisait parler, du plus profond de son âme, la voix d'une mère qui refusait d'admettre le pire.

Et Victoria ? S'était-elle au moins demandé ce qu'elle pensait vraiment, elle, de Zellner ? Elle haussa les épaules. Elle tapa une cigarette sur son briquet noir et argent et l'alluma. Zellner ? Elle rejeta un long filet de fumée. Ce qu'elle croyait n'avait aucune importance. Ses lecteurs, eux, croyaient en lui.

Elles tournèrent vers l'Est dans la 30e Rue et, en approchant du fleuve, elles aperçurent le *Bellevue Hospital*, massif et illuminé. Encore quelques minutes et Susannah saurait la vérité.

Elles s'arrêtèrent au coin d'un bâtiment moderne recouvert de carreaux bleus : la CITY OF NEW YORK OFFICE OF THE CHIEF MEDICAL EXAMINER. Victoria sonna et un gardien vint ouvrir la porte vitrée.

Susannah n'était jamais entrée dans une morgue. Elle retint son souffle. Le premier étage avait l'air rassurant de n'importe quel immeuble à usage de bureaux. Ses mains s'enfoncèrent dans les poches de la peau de mouton. Elle marchait vite pour suivre Victoria. Leurs pas résonnaient à l'unisson.

Le sous-sol était pavé de carreaux bleus luisants. Elles évitèrent un chariot de métal, que Victoria appela une voiture

« à viande froide ». Dans un bureau où des cartes de vœux étaient suspendues à une guirlande d'argent, on entonnait en chœur un chant de Noël. On riait. Un jacassement heureux parmi le personnel : leur petite fête de Noël après les heures de service.

De la salle, un médecin légiste, un jeune Noir, beau comme un dieu, se hâta vers la femme qui enfilait une blouse blanche. Il s'arrêta à un tiroir, sortit un atomiseur de désodorisant, le vaporisa dans sa bouche et se présenta aux deux visiteuses. Victoria expliqua que c'était elle qui avait téléphoné au sujet du petit garçon de 2 ans. Avec une gravité professionnelle qui contrastait avec les rires en fond sonore, le jeune homme fit un signe de tête et prit un dossier. Il répéta son geste pour inviter les deux femmes à passer dans le couloir carrelé de bleu.

Ils marchèrent tous les trois jusqu'à une salle où Victoria, avant d'entrer, arrêta Susannah :

— Tu veux que j'y aille à ta place ?

Susannah, qui n'avait rien dit depuis qu'elles avaient quitté la cafétéria, fit face à la porte. Elle voulait entrer.

La salle carrelée luisait sous la lumière blanche. Les deux rangées de tiroirs d'acier inoxydable dont le médecin s'approcha avaient l'air de classeurs de bureau ordinaires. Il regardait les étiquettes sur chacun des tiroirs. Il ralentit, attendant que les deux femmes le rejoignent. Susannah respira à fond, rejetant le plus possible les épaules en arrière pour se donner du courage. Ses genoux tremblaient. Soudain, alors que ses jambes allaient presque se dérober, Victoria la prit par le bras et la maintint debout.

Le médecin regarda Victoria. Étaient-elles prêtes ? Elle fit signe que oui, l'invitant à ouvrir le tiroir.

Le tiroir glissa bruyamment hors de son casier réfrigéré, vers Susannah, qui se raidit, se préparant à voir des pieds nus et un drap. Mais le tiroir parut d'abord vide. Ce qu'elle vit ensuite lui noua l'estomac. Les vêtements d'un petit garçon. Des moufles. Non pas rouges, mais des moufles touchantes d'usure, et bleues. Son cœur battait à se rompre. Elle s'attendait à voir des pieds mais ce fut la tête qui apparut la première, puis le corps nu d'un petit garçon, tout petit et horriblement blanc et gris. Il n'était pas raide. Il était flasque. On aurait dit qu'il dormait. Les cheveux ternes du petit mort étaient plutôt bruns. D'un seul coup d'œil elle avait tout détaillé. Les cheveux n'étaient pas dorés, ni brillants. Pas même blonds. Susannah ferma les yeux et remercia le ciel que cette petite chose toute nue, avec ses vêtements en tapon à ses pieds, couché tout seul dans le tiroir, ne fût pas son fils.

Susannah se mit à courir sous la neige, dans la nuit noire, à perdre haleine. Victoria se lança à sa poursuite dans le vent glacé. Au carrefour, Susannah se retourna et repoussa ses cheveux blonds en arrière. Ses yeux brillants étaient chargés de rancune. Victoria essaya de lui prendre le bras, mais elle se dégagea d'une secousse.

— C'est fini de ce côté-là, dit Victoria. On s'était trompées, Susannah. Dieu soit loué. Je suis tellement contente !...

Susannah hocha la tête et recula. Cette fois, Victoria lui prit le bras avant qu'elle puisse s'échapper.

— Il ne faut pas en vouloir à Zellner. Il y avait bien un petit garçon. Avec des moufles ! Il avait vu ça, tu dois le reconnaître.

— Ce misérable a dit que cette... chose était Laddie.

Elle respirait agressivement, à pleins poumons, l'air glacé.

— Qu'il aille au diable, ce vieux charlatan !

Le vent les coupait en deux, emmêlant les longs cheveux de Victoria. La journaliste avait des choses à dire mais ce n'était pas l'endroit où crier dans le vent. Elle cherchait un taxi dans la 1re Avenue.

— Il est vivant !

Suzannah ne criait plus. Le vent emportait ses paroles mais elle ne criait pas.

— Il n'est pas mort. Allez vous faire voir, tous ! Je savais bien que j'avais raison ! Désormais, je n'écoute plus personne. Et je vous jure que je vais le retrouver, même s'il faut que je fasse tout moi-même !

12

22 décembre, 20 h 25

Dans le taxi, Victoria avait proposé un restaurant grec, mais Susannah ne voulait pas entendre parler de s'arrêter.

— Mais tu n'as rien mangé depuis que tu as débarqué de l'avion !

Susannah se pencha en avant et tapa sur l'épaisse cloison de plastique transparent qui protège les chauffeurs de taxi new-yorkais de leurs éventuels clients assassins :

— Vous ne pouvez pas aller plus vite ?

Le taxi traversa un carrefour en faisant crisser ses pneus.

— Tu as l'estomac vide et tu n'as pas fermé l'œil depuis que tu es partie de Los Angeles.

— J'aurai tout le reste de ma vie pour dormir. Quand je l'aurai retrouvé.

Jusqu'à leur visite à la morgue, c'était Victoria qui avait eu presque toutes les initiatives et qui avait réfléchi pour deux. Maintenant que Susannah avait démenti le voyant et réussi à saper la confiance que Victoria avait en lui, elle n'hésitait plus à donner des ordres. Victoria avait dit au chauffeur de les conduire à l'appartement de Commerce Street. Susannah voulait, au contraire, aller directement aux bureaux du journal.

— J'appellerai la police de là-bas.

— Tu veux que je t'aide dans tes recherches ?

— Je veux que vous rentriez chez vous pour écouter le répondeur téléphonique, et que vous m'appeliez s'il y a quelque chose d'important.

— Bien, madame.

Mais Victoria sentait que son ironie se perdait avec cette femme résolue. À la vérité, elle n'était pas mécontente d'être un peu seule. Elle avait encore des choses à écrire. Le taxi ralentit devant le journal.

— Tu en as pour longtemps ?

— Aussi longtemps que ça sera nécessaire.

Susannah sauta du taxi et claqua la portière.

Dans un magasin mi-charcuterie, mi-épicerie, à quelque distance à l'ouest des plus vives lumières de Times Square, une jeune femme vêtue d'un long manteau d'hiver souleva ses lunettes noires sous un chapeau mou pour regarder un rayon de petits pots d'aliments pour bébés. Bien qu'ils fussent couverts de poussière, elle en prit une poignée. Puis, d'un étal réfrigéré, elle tira deux cartons de lait et se dirigea vers le comptoir où une autre jeune femme au teint cadavéreux attendait en serrant contre son manteau des biscuits fourrés et un cake aux fruits enveloppés dans de la cellophane. Ses mains pâles tremblaient si fort qu'elle laissa tomber le cake.

— Le cake ne figure pas sur sa liste, dit la femme aux lunettes noires.

— J'ai pensé que... enfin, que c'était Noël...

Derrière la caisse enregistreuse, une vieille Grecque en chandail noir fronçait le sourcil sous l'effort pour taper les différents prix. La jeune femme détourna la tête, et ses lunettes noires jetèrent un éclat lorsqu'elle se mit à inspecter la boutique par-dessus son épaule. Ne voyant pas ce qu'elle cherchait, elle leva les yeux sur un miroir dans le coin, espion brillant qui réfléchissait tout le magasin pour détecter les voleurs. Elle aperçut alors un homme jeune, démesurément grand et d'une maigreur extrême. Vêtu seulement d'un complet noir luisant, et portant au cou une écharpe flottante, il bourra ses poches de bonbons avant de disparaître dans la nuit.

La vieille femme fit sonner le tiroir de sa caisse pour enregistrer le deuxième sac d'épicerie, tandis que la femme aux lunettes vérifiait une liste d'achats tapée à la machine :

— Et deux cartouches de Marlboro.

Dehors, dans la nuit glacée, les longs cheveux noirs de l'homme si grand et si maigre ondoyaient dans le vent. Il croquait une tablette de chocolat et appuyait sa figure en lame de couteau sur la vitre embuée. Il regarda les deux femmes payer l'épicerie et prendre leurs sacs. De ses poches bourrées de bonbons en réclame, il déballa encore une tablette de chocolat dont il froissa l'enveloppe avant de l'envoyer rouler sur le trottoir. Il s'approcha des deux femmes qui venaient de franchir la porte du magasin.

— Vous êtes sûres de n'avoir rien oublié ?

— Sharon ne se sent pas bien, dit la femme aux lunettes. Il faut qu'elle rentre.

— Vous êtes sûres de bien tout avoir ? La Chienne ne vous pardonnerait pas d'avoir oublié quelque chose.

— Nous aurions dû aller dans un Supermarché. Les boites pour bébés étaient couvertes de poussière. Comme s'il ne s'en était pas vendu depuis vingt ans.

— Tu sais pourquoi ? dit l'homme en suçant son chocolat entre ses dents.

— Ouais, je sais. Il suffit de regarder. Les bébés sont plutôt rares dans ce quartier pourri.

L'autre femme se mit à trembler si violemment qu'elle aurait lâché son sac si l'homme ne l'avait rattrapé avant qu'elle se penche sur le trottoir pour vomir.

L'homme croquait toujours son chocolat.

La femme aux lunettes attendait.

— C'est ce que je disais. Il faut qu'elle rentre.

La femme qui avait vomi tourna vers eux un visage blême et s'essuya la bouche sur la manche de son manteau :

— Vous dites ?

— Ça va pas ? demanda l'homme au chocolat.

— Ça va mal.

À un carrefour, dans la 8e Avenue, éclairé par le néon d'une cafétéria, un jeune type au teint foncé, coiffé d'un chapeau mou et vêtu d'un long manteau d'hiver, se débattait avec une radio. En apercevant le trio, il se tourna avec impatience :

— Dis donc, bonhomme. Je me les gèle ici. Dis à Shelley que c'est son tour, merde.

Il avait un accent arabe rauque, qui contrastait avec son visage doux, enfantin.

— Candyman, j'en ai marre d'être ici.

— Appelle la Chienne, dit le grand maigre. Tout de suite.

De ses yeux noirs le jeune type frileux inspecta le carrefour et la rue transversale avant de déployer l'antenne télescopique de sa radio. Il sortit alors un micro et mit le contact sur émission.

— Dis-lui qu'on lui renvoie Sharon, dit le grand maigre.

Susannah téléphona au commissariat où elle apprit que l'inspecteur Foy n'était pas de service. Le policier qui lui répondit débordait d'optimisme professionnel. Il reconnut que la police n'avait rien de neuf. Mais, lui assura-t-il, ce n'était pas nécessairement mauvais signe. Dans une affaire de ce genre, pas de nouvelles signifiait en général bonnes nouvelles.

Susannah raccrocha en réprimant son envie de dire au flic d'aller se faire voir. Elle lui avait simplement indiqué où l'on pouvait la joindre, et qu'elle le rappellerait avant trois heures.

Quand Susannah retrouva Jeffrey, il avait recouvert de coupures la table du service de documentation. Il était assis devant et grattait furieusement sa barbe naissante. Susannah se pencha. Il avait classé les articles sous des fiches soigneusement répertoriées au marqueur. *Rançon. Mère divorcée* ou *séparée.*

Père divorcé ou *séparé. Psychotiques. Perversions sexuelles. Sectes.*

— Un fil conducteur ?

— Ce n'est pas à un documentaliste qu'il faut demander ça. Je ne suis censé fournir que les faits. Pour l'inspiration, vous devez vous adresser à la reine des reporters. Elle sait tout. Mais elle a aussi un côté terriblement chiant.

Il lui tendit une coupure :

— Lisez ça. Non. Ne le lisez pas. C'est horrible.

Il cacha la coupure dans la liasse des *Psychotiques* :

— Il y en a une encore pire dans les *Sectes.* Au Brésil, ils sacrifient des gosses, le culte du sang. Ce que nous pouvons espérer de mieux, c'est la trace d'une organisation qui agirait selon un plan minutieux. Ce n'est pas la première fois qu'on aveugle des gens avec du macis. Espérons toutefois qu'un pervers ou une dingue ne vont pas appliquer jusqu'au bout le plan si soigneusement mis au point.

Susannah lisait un article à propos d'un enfant mort-né qui avait été mis de force dans les bras d'une mère à qui l'on avait arraché son bébé vivant. Jeffrey hocha la tête :

— Il va falloir que j'ouvre un nouveau dossier : *Hôpitaux.* Cette affaire-là se passe à Los Angeles.

Il prit ses béquilles pour chercher le dernier dossier :

— Les gens... des sauvages, non ?

Une demi-heure plus tard, Jeffrey revint des archives :

— Il faut que je rentre à la maison. J'ai déjà raté l'essentiel de la fête. Sinon, ma mère va m'arracher les yeux. J'ai déniché de bons tuyaux sur les adoptions illégales et le marché noir des bébés...

Il trouva Susannah, la tête dans les bras, écroulée sur la table. Il savait qu'elle était morte de fatigue. Est-ce qu'elle dormait ? En bas, dans la rue, des ivrognes chantaient :

« Il est né le Divin Enfant. »

Il vit que ses épaules tremblaient. Elle pleurait.

Il était minuit quand Victoria finit de taper. Elle appela le journal pour demander un coursier, un petit gars à lunettes qu'elle fit asseoir et qui lut quelques pages de Faulkner pendant qu'elle relisait son papier et faisait quelques corrections. Puis elle glissa les feuillets dans une enveloppe. Le coursier remit son livre dans son blouson molletonné et s'en retourna. Victoria bâilla et se massa les épaules avant d'éteindre la lumière.

13

23 décembre, 3 h 05

— Éteins cette lumière, bon Dieu !

Susannah brandissait une enveloppe format commercial devant Victoria, enfouie sous les couvertures sur le canapé du living.

— C'est tout ce que Jeffrey a pu trouver sur les adoptions illégales.

Susannah avait la figure rouge et brûlante d'avoir couru dans le froid. Elle donna un coup de pied dans un tas de magazines et poussa l'enveloppe dans le cocon où grognait la journaliste.

— Victoria ?

L'autre secoua la tête pour écarter ses cheveux noirs de son visage et frotta ses yeux bouffis.

— Les adoptions illégales, dit Susannah d'un ton autoritaire. C'est tout ce qu'on a pu trouver.

Les yeux toujours fermés, Victoria bâilla :

— C'est parce que c'est illégal, justement. Les gens ne tiennent pas d'archives...

— Vous savez des choses, là-dessus ?

Victoria se retint de bâiller :

— Pas grand-chose.

— Mais ça se pratique toujours, non ?

— C'est ce qu'on dit.

Victoria n'avait pas quitté son sweater noir. Elle rejeta les couvertures, posa les pieds par terre et s'assit.

— On dit aussi que ça rapporte gros. Vous croyez qu'on tient là une piste ?

— Pour découvrir comment ils trouvent les gosses ?

— Ne me regardez pas comme ça.

Victoria prit une cigarette. Susannah était toujours aussi agitée, aussi résolue qu'elle l'avait été dans le taxi, au retour de la morgue. Sans le secours d'une cigarette, Victoria ne pouvait tenir tête à une Susannah aussi déterminée.

— Sérieusement, dit Susannah en lui passant le dossier, où est-ce qu'ils trouvent les gosses ?

Victoria avala la fumée et jeta la boîte d'allumettes de cuisine par terre :

— Il y a des mères qui ne veulent pas de gosses.

Elle haussa les épaules

— Elles ne se font pas toutes avorter... mais elles ne veulent pas élever leur gosse toute seule. Tout de même, je ne suis pas la meilleure spécialiste du monde.

— Les lesbiennes ont des bébés.

— Pas moi.

— Vous m'avez dit que vous connaissiez une assistante sociale.

— Je l'ai appelée. Tu te souviens ? Elle n'a jamais rappelé.

— Rappelez-la maintenant.

— Bon Dieu, mais il est 3 heures et demie du matin !

— Merde, dit Susannah en se laissant tomber dans un fauteuil. Appelez-la quand même.

— Pourquoi ne la laisserait-on pas dormir jusqu'à 8 heures ? Tu n'as peut-être pas besoin de sommeil mais les assistantes sociales et les journalistes, si.

Elle s'aperçut que Susannah continuait à lui tendre le dossier :

— J'ai apporté ça pour travailler dessus ici. Vous voulez voir ?

— Tout à l'heure.

Susannah sauta sur ses pieds, courut dans la chambre et claqua la porte. Victoria éteignit la lumière. L'obscurité revint dans le living, à l'exception d'un rai de lumière qui filtrait sous la porte. Elle entendit Susannah aller et venir, s'arrêter pour lire, plus résolue que jamais.

Au bout de trois cigarettes, Victoria passa dans la cuisine et fit chauffer du lait. Susannah en prit un bol sans la remercier. Victoria était assise dans le noir, éclairée seulement par le bout rouge de sa cigarette, quand le téléphone retentit dans le silence. Avant qu'elle ait pu atteindre l'appareil, Susannah avait ouvert la porte avec fracas et décroché à la deuxième sonnerie.

— C'est sûrement la police !

Susannah, en écoutant, se raidit et Victoria s'aperçut qu'elle était toute glacée. Elle ne disait rien.

— Qui est-ce ?

Susannah tendit l'écouteur à Victoria pour qu'elle puisse entendre. La voix était pressante, avec un fort accent hollandais :

— Votre fils, Mrs Bartok. Cette fois, c'est très net.

Il toussa :

— Tout près d'ici. Il faut que je vous voie.

— C'est Zellner ?

Susannah écarta le récepteur pour n'être entendue que de Victoria :

— Je ne veux pas le voir.

La tension nerveuse de l'homme au bout du fil se manifesta par une quinte de toux :

— Victoria ? dit-il.

Elle prit l'appareil :

— Bonjour, Mr Zellner. Oui. Très bien. Oui, je comprends.

— Je ne veux pas que vous lui parliez ! s'écria Susannah en se cramponnant à l'appareil, mais Victoria le lui arracha.

— Dites-lui de ma part que c'est un vieux charlatan pourri, et qu'il crève !

Victoria couvrit le micro de sa main, puis elle parla si adroitement que Zellner ne se douta sans doute jamais que Susannah lui criait des injures dans la même pièce.

— Parfait, dit-elle. 9 heures. Au carrefour. Nous y serons.

— Pas question !

Victoria écarta Susannah pour remettre le téléphone à sa place, sur le bureau.

— Regardez-moi bien dans les yeux, Victoria ! Je vous dis merde ! Mais regardez-moi donc !

Victoria pivota pour faire face à Susannah.

— Dès qu'on est entrées chez lui et qu'il s'est mis à dédicacer sa saloperie de livre, comme si j'étais une de ses admiratrices, j'ai tout compris. Et tous ces noms qu'il a cités, toutes ses histoires avec la Maison Blanche ! Et la Callas ! Vous l'avez vu, non ? C'est un escroc, un pédé pourri ! Il se sert des gens. Il veut seulement se servir de Laddie et de moi pour sa publicité.

Victoria regarda Susannah droit dans les yeux à travers la fumée de sa cigarette. Elle haussa les épaules.

— Ça, dit-elle, c'est sans doute parfaitement vrai.

— Et vous voulez qu'on le laisse faire ?

Victoria continuait de fumer. Susannah eut l'impression horrible, poignante, que c'était, en effet, ce que Victoria voulait. Elle sentit ses épaules se voûter. Désemparée, elle dit :

— Est-ce que vous ne faites jamais rien, à New York, si ça ne vous profite pas ?

— Et après, s'il a trouvé une piste ?

— Impossible. C'est un charlatan.

— Il a tout de même vu qu'il y avait un petit garçon avec des moufles à la morgue.

— C'est encore trop d'appeler ça une coïncidence. Vous dites vous-même qu'on y entrepose trente mille cadavres par an. Non, merde, je ne lui fais pas confiance. Je le déteste, lui et ses vibrations à la con.

Victoria se leva et se tourna vers la cuisine :

— Tu veux un petit déjeuner ?

— Il a affirmé que Laddie était mort.

— Tu peux sauter n'importe quel repas, mais il faut prendre un bon petit déjeuner le matin.

— Il n'y aura donc personne pour comprendre ce que j'éprouve ?

Victoria s'était arrêtée à la porte de la cuisine

— Pour l'instant, tu t'apitoies sur toi-même. C'est de l'énergie gaspillée. Quant à Zellner, il n'a pas dit que Laddie était mort. Il a dit qu'il l'avait vu. C'est nous, toi et moi, qui avons tiré des conclusions sur le corps à la morgue.

— C'est vous seule, bon Dieu ! Moi, je n'y ai pas cru un instant.

— Je reconnais mes torts, dit Victoria avec une feinte humilité. Ceci posé, tu ne m'as pas dit ce que tu voulais pour ton petit déjeuner.

— Comment pouvez-vous prendre son parti ? Vous l'avez vu s'emparer de la moufle et prétendre qu'il voyait Laddie. Des bottes. Des tiroirs. Le froid. La morgue. Mais il ne voyait rien. Tout ça, c'était de la frime.

Victoria passa dans la cuisine et remplit la cafetière. Dans la rue, une voiture corna.

— Je vous en supplie. Appelez l'assistante sociale tout de suite.

14

23 décembre, 8 heures

Il y avait trente-sept heures que Susannah était à New York. Pour gagner le bureau de l'assistante sociale, elles durent suivre un couloir déjà encombré de bébés bruyants et de mères désemparées qui attendaient. Susannah avait vu des gens malheureux au commissariat. Ici, c'étaient des pauvres. Il lui parut que les malheureux et les pauvres passaient presque toute leur vie à attendre.

Victoria frappa à la porte et l'ouvrit sans attendre de réponse. Assise à un bureau, sous un tableau où étaient punaisées des cartes de Noël et des photos d'enfants, une Noire mince, d'une beauté saisissante, grignotait une pâtisserie devant une tasse de café brûlant.

— Rica Talmer..., dit vivement Victoria. Susannah Bartok.

Rica répondit par un signe de la tête en montrant qu'elle avait la bouche pleine. Elle se leva et tendit une main fine par-dessus son bureau, pour serrer celle de Susannah. Ses yeux — fendus comme ceux des Égyptiennes de l'Antiquité — croisèrent ceux de Victoria. Un silence pesant emplit la pièce. Elle était si belle, si parfaite, si élégante, sa silhouette si élancée, si aristocratique que Susannah n'arrivait pas à l'imaginer grimpant les escaliers dans les H.L.M., ni visitant les prisons ou conseillant les femmes enceintes. On ne voyait de telles créatures que dans les magazines de mode. Ses mains étaient faites pour jouer avec des bagues d'émeraude et des rangs de perles, et non pour tenir des gobelets de carton remplis de café. Pourtant, c'était elle qui regardait Victoria, en léchant le reste de crème pâtissière qui lui collait au bout des doigts. Sa combinaison de jogging, d'un blanc immaculé, avec le foulard jaune vif noué dans l'ouverture du col, montrait qu'elle n'était au bureau que pour quelques minutes. Elle allait partir pour les fêtes. Le silence se prolongeant, ce fut Victoria qui le rompit en s'approchant du bureau :

— Un gâteau et du café ? Jamais le temps de faire un repas convenable ?

Rica avala, s'essuya la bouche avec une petite serviette.

— Pardon, dit-elle à Susannah avec un sourire gracieux.

Puis elle dit à Victoria, avec beaucoup moins de chaleur :

— Je t'ai prévenue. Je ne fais que passer. Je pars à l'instant même.

Susannah aperçut une valise blanche dans un coin. Dans un placard, un manteau de fourrure synthétique était accroché.

— Je t'ai toujours dit, Rica, qu'il faut prendre un vrai petit déjeuner.

Rica sourit de nouveau à Susannah. Victoria se tourna vers le tableau et s'en approcha pour examiner les signatures figurant sur les cartes de Noël :

— Il y en a de l'ancienne équipe ?

— Vous voyez, dit Rica à Susannah, nous sommes de vieilles connaissances.

— Intimes, dit Victoria à l'intention de Susannah.

Susannah commençait à comprendre pourquoi Victoria avait tant hésité à téléphoner à cette ravissante créature, et les raisons de ce long silence lorsqu'elles s'étaient trouvées face à face.

Victoria continuait ses explications :

— J'ai aidé Rica à s'affranchir.

— Et maintenant je te serais reconnaissante de sortir de mon bureau. Je ne sais pas jusqu'à quel point vous connaissez Victoria, Mrs Bartok, mais elle adore scandaliser. Son seul bonheur est de gagner de l'argent en écrivant des articles à sensation.

Victoria s'approcha d'une chaise.

— Ne t'assois pas, dit Rica. Je suis vraiment horriblement pressée.

— Millie ?

— Oui.

— Elle t'attend ?

— Sans doute en double file.

Et elle regarda sa petite montre-bracelet.

Victoria fit son sourire le plus acide et ouvrit son sac de cuir.

— Tu vas où, pour Noël ?

Au lieu de répondre, Rica déblaya son bureau.

— Où étions-nous toutes les deux l'année dernière ?

D'un regard de ses yeux noirs égyptiens, Rica désigna la troisième femme :

— Il faut vraiment parler de tout ça ?

— Mrs Bartok n'est pas homo.

— Il y a une chose, Mrs Bartok, qui n'est pas tellement agréable dans le fait d'être homosexuel. Les jours de fête. Sans famille. Vous ne retournez pas dans une famille avec laquelle vous avez rompu, vous allez dans une station quelconque, hors-saison, pour réveillonner dans un bar ou une chambre d'hôtel. Le jour de Noël, vous vous réunissez avec d'autres homos qui traînent dans les environs et vous riez trop fort, et vous jurez que vous ne voudriez pas être ailleurs pour un empire. De toute façon, je déteste les fêtes. Ça déprime. Professionnellement, je peux vous dire que c'est la pire époque pour tout le monde. Pas seulement pour les homos. Les gens boivent davantage... ils disent des choses qu'ils ne diraient jamais... ils se suicident... ils tuent davantage... ils battent leurs enfants. Victoria, tu devrais faire un papier sur les jours de fête.

— Je l'ai fait, dit Victoria.

Elle posa son magnétophone sur le bureau et mit le contact.

— Et maintenant, tu fais un papier sur les adoptions illégales ?

— Je ne sais pas encore.

Susannah vit que Rica regardait ostensiblement sa montre.

— C'est vrai, dit Victoria de sa voix la plus acide, Millie t'attend.

— Oui, Millie m'attend.

— Eh bien, qu'elle attende !

Victoria s'assit :

— En plein centre de New York, dans les quartiers chics, on a aveuglé Mrs Bartok pour lui arracher son fils de 2 ans.

— Mon Dieu. Je suis désolée...

Victoria tendit la photo de Laddie à Rica par-dessus le bureau.

— Oui ou non, est-ce que ce n'est pas le petit garçon blond aux yeux bleus idéal, celui que tous tes visiteurs rêvent d'adopter ?

Visiblement émue, Rica regardait la photo. Elle fit signe à Susannah de s'asseoir. Victoria retrouvait le sens de sa mission, elle reprenait toute son agressivité.

— Combien vaudrait-il, au marché noir ?

— Écoute, Vic, tu crois qu'il faut vraiment dire...

— Oui. Il le faut. Susannah est prête à tout entendre.

Victoria craqua une de ses allumettes sur la boîte et alluma une cigarette :

— On sait que ton administration ne fait rien payer. Aucun

organisme officiel. Mais ailleurs ? Combien, les cheveux blonds et les yeux bleus ? 60 000 dollars ? 100 000 ?

— Vous croyez que c'est ce qui s'est passé, Mrs Bartok ?

Susannah se tourna vers Victoria. C'était à la journaliste de parler.

— C'est une des pistes que nous suivons, dit Victoria en aspirant la fumée dont elle avait l'air d'être privée. J'ai raison, pour le prix ? Ça peut aller jusqu'à 100 000 ?

— C'est de cet ordre-là, d'après ce qu'on dit.

— C'est beaucoup. Pourquoi les gens sont-ils prêts à payer si cher ?

— Tu n'avais pas besoin de venir ici pour me le demander. Tu circules dans le monde, non ?

— J'aimerais que ce soit toi qui en parles à Susannah, pour commencer.

— Je ne suis pas reporter, Vic. J'attache beaucoup d'importance à la vérité.

— Bon. Allons-y. Tu m'arrêtes si je me trompe.

Elle aspira une longue bouffée :

— Ici, nous sommes dans un service d'adoption officiel. Disons que Susannah est un homme. Banquier. Ou publicitaire. Ou acheteur pour un grand magasin. Moi, je suis sa gentille petite épouse. Autrement dit, nous formons un couple d'Américains cent pour cent, un vrai, pas de ceux qui vivent seulement ensemble, non. Mariés, avec toutes les cartes de crédit et une petite maison avec une clôture peinte en blanc, une pelouse et un petit coin avec une balançoire. Il n'y a qu'une ombre au tableau. Pas de gosse pour se balancer sur la balançoire. Nous sommes venus ici demander un enfant. Ça va être long pour en avoir un ?

Rica tira un dossier d'un classeur, en sortit des photos de bébés et de petits enfants, en majorité noirs :

— Nous avons justement beaucoup d'enfants qui manquent terriblement d'un foyer. Ils supplient...

— Tu n'as pas compris. Ceux-là sont des marginaux. De tous les genres et de toutes les couleurs. Nous sommes, nous, le papa et la maman parfaits. Il nous faut un petit bébé parfait, rose et blanc, blond aux yeux bleus. Ça sera long ?

Rica ferma son dossier :

— Quatre ou cinq ans.

— Vous nous garantissez qu'il sera blond aux yeux bleus ?

— Non.

— Autrement dit, si nous faisons les choses régulièrement, légalement, nous n'avons aucune chance ?

Susannah et Rica réussirent à éviter que leurs regards se croisent.

— Maintenant, supposons que nous venions ici sans être le couple papa-maman américain idéal. Supposons que je sois divorcée. Ou célibataire. Je ne suis pas non plus américaine. Je suis connue pour me droguer. Ou bien je suis homosexuelle.

— Tu connais toutes les réponses, Vic. Pourquoi me demander ?

— D'accord. Arrête-moi seulement si je me trompe. OK ?

Victoria tapa sur le genou de Susannah :

— OK ?

Susannah acquiesça. Victoria s'amusait énormément.

— Mettons que j'aie les 100 000 dollars. Je veux un gosse exactement comme celui de la photo. Comment dois-je m'y prendre ?

— Tu habites où ?

— Euh... j'habite dans la banlieue chic de Washington. Ou bien peut-être en Europe. Je pourrais même être arabe.

Rica ne faisait plus du tout de charme. Elle avait pris un air sérieux et Susannah l'imaginait bien, maintenant, montant les escaliers des HLM, et faisant les corvées salissantes qui devaient faire partie de son travail.

— Vous trouvez une femme — en général, une fille jeune attendant un bébé — qui, pour une raison ou pour une autre, est disposée à l'abandonner.

— Comme tu as fait.

— Il y a longtemps.

Rica regarda le magnétophone :

— Tu veux bien couper ce machin-là ?

— Tu ne préfères pas que je te cite sans erreur ?

Rica poussa un soupir de contrariété. Elle aurait voulu que Victoria s'en aille mais elle était prise au piège de la sympathie que lui inspirait Susannah.

— Bien sûr, tu n'as pas du tout besoin de venir nous voir si tu connais quelqu'un de sa famille, un parent, ou un ami.

— Disons que je ne connais personne. Je cherche, mais je n'arrive pas à mettre la main sur la fille.

— En général, tu n'es pas aussi lente au démarrage, Vic.

— Il faut te rappeler, Rica, que Mrs Bartok ici présente n'est au courant de rien. Et que je ne suis pas ta putain de mère modèle standard.

— Tu commences par t'informer autour de toi.

— Pas moi. Je veux que la recherche de ce gosse reste mon affaire à moi toute seule. Ainsi, pourquoi n'irais-je pas voir directement un médecin accoucheur ? Pourquoi pas ? C'est ce qu'il y a de plus simple. Va lui demander s'il — ou si elle — connaît une fille qui veut abandonner son enfant.

Susannah prit la parole pour la première fois :

— Mais est-ce que ce médecin, homme ou femme, reconnaîtra qu'il fait le trafic des bébés ?

— Jamais. Pour ses archives, il vous demandera de laisser votre numéro de téléphone à son infirmière. Ensuite, un avocat vous contactera. Il aura entendu dire que vous souhaitez adopter un enfant. Il vous proposera de s'occuper du côté légal de l'affaire. Il demandera de l'argent. Vous lui ferez un premier versement. Vous attendrez. Vous n'entendrez plus parler de lui jusqu'au jour où il aura le bébé et les papiers. Vous avez l'argent. Il vous remet le bébé.

— Et pratiquement aucun risque pour le médecin.

— La loi fédérale ne l'interdit pas. Rien que des législations particulières à certains États, qui interdisent de prendre part à l'échange d'un être humain contre de l'argent. Ça vise l'esclavage.

— Autre question, dit Victoria. Dis-moi qui il faudrait que je sois.

— Tu m'as déjà dit que tu habites la banlieue chic de Washington.

— Ou en Europe. Ou en Amérique du Sud. Si je suis aussi riche, je peux prendre l'avion pour venir de n'importe où. Bon. Je vais à New York. J'écarte, ça va de soi, les petites villes. J'arrive donc à New York mais j'évite de descendre chez des amis. Moins il y aura de gens qui sauront comment j'ai eu le bébé, mieux ça vaudra. Je descends dans un hôtel de luxe. Je cherche d'abord les obstétriciens dans l'annuaire des professions. Je commence par leur téléphoner. Je leur dis tout ce qu'un enfant représente pour moi. Bien entendu, ils ne prennent pas le risque de me répondre directement. Mais je laisse un numéro en leur demandant de me rappeler, au cas où. Bien sûr, comme tu dis, ce ne sera pas le médecin qui me rappellera, mais un avocat.

Quel mal à ça ? Et pourquoi est-ce que ça ne marcherait pas ? Je suis sûre qu'il y a des gens qui l'ont fait. Enfin, quoi, appelons vingt médecins, je suis sûre qu'il y en aura bien deux ou trois qui me rappelleront par personne interposée.

— Ça ne rendra pas son fils à Mrs Bartok.

— Non. Pas du premier coup. Mais ça nous mettra en rapport avec ceux qui se livrent au marché noir des bébés. Si on les trouve, on se sera bien rapprochés de lui. Ça pourra être la piste n° 1.

— Alors, pourquoi ne pas s'installer dans un hôtel bidon et commencer à téléphoner aux médecins ?

— Mrs Bartok et moi, nous n'avons pas le temps de nous atteler à ça à plein temps. Ce n'est qu'une piste, une seule. Nous en avons d'autres à suivre.

— Tu parles sérieusement ?

— Enfin, Rica, tu as déjà vu quelqu'un de plus sérieux que moi ?

— Millie a une amie qui est standardiste au *Plaza*. Elles pourraient transmettre les appels ici. Personne ne saurait que vous n'habitez pas l'hôtel.

Tout excitée, Susannah bondit sur ses pieds :

— Je vous en prie, faisons ça. Tout de suite.

— Bien sûr, dit Rica, le moment venu de rencontrer l'avocat, il faudra que vous ayez l'allure d'une femme qui dispose de 100 000 dollars.

Susannah et Rica virent Victoria sourire.

— À voir ton air, Vic, je parie que tu viens encore d'avoir une de tes idées géniales.

— Enfin, quoi, n'importe quel acteur, n'importe quelle actrice en chômage adorerait jouer ce rôle-là. Et tous les acteurs que je connais sont sans emploi.

Rica s'adressa directement à Susannah :

— Avant de quitter New York, je vais demander à mon amie d'arranger ça à l'hôtel.

Elle décrocha son manteau de fourrure blanc. Victoria l'aida à l'enfiler :

— Merci, Rica. Tu nous rends vraiment un grand service.

Victoria coupa le contact du magnétophone :

— L'argent est toujours un bon mobile. Si le petit n'a pas été enlevé par une secte, ou par un détraqué sexuel, il faut bien que ça soit pour de l'argent.

Rica prit son sac, sans rien dire.

— Tu n'es pas d'accord ?

Rica hésita :

— Il y a une minute, tu disais que tu n'avais rien d'une mère. Il faut que je te prévienne, et tu peux me croire sur parole : New York est plein de femmes dingues qui feraient n'importe quoi pour avoir un enfant.

— On va suivre toutes les pistes possibles. Avant de prendre ton avion, sois gentille, dis à Millie qu'elle appelle sa copine. Susannah et moi, on a cinq minutes avant notre prochain rendez-vous. On va en profiter pour se servir de ton téléphone et appeler les médecins. Et les acteurs. Pour le nom du couple qui cherche un enfant, disons Raimondo Luis Olmas, de Caracas, tu crois que ça fait vrai ?

Rica serra la main de Susannah :

— Je prierai pour vous.

15

23 décembre, 8 h 59

Au coin du grand magasin, une rafale de vent glacial fit voler les cheveux blancs du vieil homme. Kurt, en livrée de chauffeur, aidait Zellner à sortir de sa Rolls Royce noire par la portière arrière. Le médium s'agrippa à lui. Kurt conseilla à son patron, fiévreux, de rentrer dans la voiture mais le vieil homme, cramponné à sa canne, s'enfonça dans la foule.

Les passants se pressaient pour faire leurs achats de Noël. Les haut-parleurs diffusaient de la musique de circonstance. Le Père Noël tapait du pied pour se réchauffer tout en agitant sa cloche.

Susannah, qui se hâtait vers le même carrefour, fut la première à apercevoir Zellner. Elle ralentit le pas. Il était là, lui, debout sur le trottoir, à l'endroit même où, pour elle, avait commencé la nuit terrible. Il laissa Kurt lui envelopper les épaules d'une étole de fourrure noire. Il tourna son visage écarlate face au vent. À son côté, Susannah sentit que Victoria s'arrêtait. La journaliste, avec son appareil, prenait photo sur photo.

Lorsque les deux femmes s'approchèrent de lui, Zellner se pencha, cassé en deux par une quinte de toux déchirante.

— Il est brûlant de fièvre, dit Kurt en resserrant la fourrure autour du vieil homme. Il devrait être dans son lit.

Susannah détestait Zellner. Le voir là ne faisait qu'accroître la méfiance que lui inspirait le voyant. Ignorant Kurt, elle se tourna vers Victoria :

— Comment a-t-il su que c'est ici que j'ai vu Laddie pour la dernière fois ? C'est vous qui le lui avez dit ?

Victoria écarta des mèches de cheveux que le vent lui plaquait sur le visage :

— Je ne me rappelle pas.

— Si, vous vous rappelez, bon Dieu ! Il n'a pas eu tout seul l'idée de venir ici. C'est vous qui le lui avez dit.

— Apparemment, il a trouvé.

— Quoi ?

— Regarde !

Zellner se plia en deux. La fourrure glissa par terre. Il fit une grimace.

— Mon Dieu, murmura Victoria. Il a vraiment trouvé quelque chose.

— C'est du cinéma. Il se sert de nous.

— Alors, servons-nous de lui. Car ce n'est pas du cinéma. Tu devrais au moins garder l'esprit ouvert.

— Je vais de ce pas au commissariat voir Foy.

Comme Susannah s'éloignait, Kurt essaya d'envelopper les épaules de Zellner. Une main arrêta Susannah :

— La moufle du petit, Mrs Bartok, dit la voix rauque de Zellner. Vite ! La moufle rouge !

Susannah, qui détestait cet homme, qui avait décidé de ne plus avoir affaire avec lui, détacha la moufle de son manteau et la mit, malgré elle, dans sa main grasse brûlante. Au milieu du trottoir, Zellner tournait sur lui-même, faisait des cercles, attendait, regardait de ses yeux clos. Regardait quoi ? Aucun des passants ne le regardait, lui. Ils le contournaient, comme une île immobile sur le trottoir encombré. Sa bouche s'ouvrait et se refermait. Aucun bruit n'en sortait. Soudain, il se mit à bégayer :

— Pourquoi ne voulez-vous pas me voir ?

Des mots étranglés emportés dans le vent. Aussi soudainement qu'il avait parlé, il se retourna, ouvrit des yeux rougis par le vent, qui cillèrent face à Susannah. Une sueur froide, luisante, perlait sur son visage. Il hocha la tête, se recroquevilla à la vue de Susannah.

— Hier, dit-il en brandissant la moufle rouge dans son poing serré, hier, vous me résistiez. Oui, c'est vrai.

— Vous disiez que mon fils était mort.

— Non. Pas mort.

Il tourna son visage dans le vent. Ses cheveux étaient trempés de sueur.

— Pas loin d'ici.

Susannah eut un coup au cœur. Si c'était du cinéma, il y avait peu de choses dans toute sa vie qui l'avaient émue davantage. Elle scrutait le visage rouge. Elle attendait qu'il parle de nouveau.

Victoria aperçut la première les caméras de télévision. Mini-caméras en main et traînant des câbles, les journalistes sautaient d'un camion garé à quelques mètres de la Rolls. Au moment où Susannah les vit, ils fonçaient déjà vers eux comme une meute de chiens sauvages.

Victoria chargea contre l'équipe d'opérateurs :

— Foutez le camp d'ici !

Son cri de rage avait été si aigu, si violent que les gens de la télé furent cloués sur place. Sur le trottoir, les badauds reculaient, stupéfaits. La clochette du Père Noël tintait toujours. Victoria cria encore :

— Kurt, emmenez votre patron d'ici ! Susannah, monte dans la voiture !

Victoria poussa Kurt et, dans la confusion, Zellner se serait écroulé si Kurt et Susannah ne l'avaient soutenu. Le chauffeur le fit monter en voiture en hâte.

Un reporter se précipita sur Susannah :

— Mrs Bartok, Zellner vous a-t-il dit que votre fils était en vie ?

— Monte dans la voiture ! hurla Victoria.

Elle poussa Susannah dans la voiture, la fit glisser sur le cuir épais du siège à côté de Zellner affalé, suant et tremblant, que Kurt s'efforçait d'envelopper dans sa fourrure noire.

Susannah cria :

— La moufle !

De l'autre côté de la portière, Victoria ramassa la moufle de laine rouge tombée sur le trottoir et la lança à Susannah. Puis elle claqua la lourde portière et fit face aux caméras :

— C'est mon histoire à moi, nom de Dieu ! J'ai une exclusivité avec Mrs Bartok.

— Ce n'est pas ce que dit Zellner !

— C'est lui qui nous a alertés ! cria une femme.

Les caméras se rapprochaient, mais Victoria entendit la voiture démarrer et elle sauta sur le siège avant au moment où Kurt accélérait en direction de la 7e Avenue. Elle ferma la glace de séparation, et fit retomber toute son amertume sur Kurt.

— Merci beaucoup pour ce cinéma, sale petit *coño.*

Kurt gardait les yeux fixés sur la rue.

— Qu'est-ce que tu cherchais ? Un petit coup de publicité pour ton patron, à mes dépens ? C'est ça ? Tu sais bien, nom de Dieu, que c'est mon histoire à moi !

Derrière elle, une main cogna à la vitre. Zellner faisait signe à Kurt de quitter le centre de la ville mais, quelques minutes après, il se mit à frapper si fort que Kurt ralentit et s'arrêta. Zellner toussa et s'effondra sur les épais coussins : son visage avait pris une couleur violacée inquiétante et ruisselait d'une sueur fiévreuse. Susannah saisit la poignée de la portière. Elle détestait Zellner. Son instinct, depuis leur première rencontre, lui disait de ne pas lui faire confiance. Un instant, là-bas, sur le trottoir, elle avait hésité. Puis les gens de la télévision étaient arrivés, et c'était lui qui les avait appelés pour être sûr qu'on parle de lui. Elle avait la certitude absolue que pour retrouver Laddie il fallait qu'elle se sauve le plus loin possible de ce vieux charlatan malfaisant.

La main brûlante et moite de Zellner s'agrippa aux siennes.

— Restez, dit-il d'une voix qui était presque un murmure. Il est tout près d'ici.

Susannah se dégagea d'une secousse. Il gémit :

— Ne me soyez pas hostile. Aidez-moi, plutôt.

Il se traîna vers Susannah, son visage épais tourné vers elle :

— Il est là !

Susannah retenait son souffle. Elle s'aperçut que Victoria et Kurt faisaient glisser la vitre de séparation pour mieux la voir. Est-ce qu'ils croyaient ce que Zellner lui disait ?

Elle regarda au-dehors. De l'autre côté de la rue, à une trentaine de mètres devant la voiture, l'enseigne au néon d'un hôtel brillait, avec une lettre cassée. C'était leur hôtel, celui où elle et Laddie avaient occupé une chambre. Là encore, elle s'aperçut que Victoria et Kurt l'observaient curieusement.

— C'est vous qui le lui avez dit, jeta-t-elle à Victoria.

Elle se retourna pour accuser le vieil homme, mais il s'était effondré contre le dossier, le souffle court, les yeux fermés. Était-il en transe ? Ou bien faisait-il semblant ? Était-il mort ?

— Lad-die...

Il avait parlé d'une voix tellement plaintive, perdue, qu'elle frissonna jusqu'à la moelle des os.

— Lad-die !...

Ses paupières tremblèrent, puis s'entrouvrirent.

— Hier... Hier, j'ai dit... dans une boîte. C'était peut-être une petite pièce. Oui. Des centaines de petites pièces... Un labyrinthe.

— Peut-être un hôtel ?

Victoria, du siège avant, tendait désespérément l'oreille pour être sûre de ne pas perdre le moindre mot. Elle chercha la main de Susannah :

— Écoute-le bien !

Jamais Susannah n'avait entendu une voix aussi rauque. Victoria croyait-elle Zellner, elle, la fille de la grande ville ? Susannah était convaincue du contraire. Victoria jouait la comédie, exactement comme le vieil homme.

Zellner ferma les yeux et se recroquevilla dans sa fourrure noire comme un enfant malade. Victoria et Kurt paraissaient attendre sans impatience.

— Ça va durer longtemps cette comédie ? dit Susannah d'une voix dure, amère.

Il n'y eut pas de réponse.

— Ça va durer longtemps, Kurt ? répéta Susannah.

Kurt haussa les épaules.

— Alors, on reste là comme ça ? dit Susannah en s'approchant de la portière. On perd du temps, ici ! ajouta-t-elle, la main sur la poignée.

Susannah cria :

— Laddie !

Et avant d'avoir fini de prononcer le nom de son fils, elle avait bondi hors de la voiture. Victoria sauta à son tour du siège avant et poursuivit Susannah, qui criait en courant sur le trottoir, derrière une femme en manteau bleu. Celle-ci marchait calmement en tenant la main d'un petit garçon blond en veste bleue.

— Laddie !

L'enfant se retourna, étonné. Il serra bien fort la main de sa mère. C'était un petit garçon très laid, avec une figure toute plate, un petit garçon de 6 ans peut-être, mais petit pour son âge. Il avait un regard hargneux. Susannah ralentit sa course et s'arrêta, mais la mère avait eu le temps de se retourner, elle aussi. Elle était aussi laide que son fils et de ses yeux débordait une haine sauvage.

16

23 décembre, 10 h 15

Susannah courait.

Pour la rejoindre, Victoria traversa précipitamment la rue sans voir un camion qui, dans un grand fracas d'avertisseur, freina en catastrophe. À bout de souffle, Susannah s'appuyait à la palissade de bois qui entourait le gratte-ciel d'un hôtel désert. Penchée contre les planches recouvertes des affiches de spectacles de Broadway, de groupes de rock et de divers mouvements d'illuminés, elle était encore toute tremblante. Elle ne s'écarta pas lorsque Victoria s'approcha d'elle.

— C'est vous qui lui avez parlé du grand magasin et de l'hôtel ?

— Non. Maintenant, il peut très bien l'avoir lu dans les journaux.

— Il avait prévenu la télé qu'il viendrait ici.

— Tu peux remercier le bon petit Kurt pour ça. Le *coño* a évidemment pensé que ça serait une bonne publicité pour son patron.

Susannah contourna Victoria et, longeant la palissade, elle reprit sa course au milieu des ordures, des cailloux et des tessons de bouteilles qui jonchaient le sol.

— New York est immonde, dit Susannah. Et les gens sont ignobles.

Victoria la prit par le bras :

— Du calme. Avant d'aller voir Foy, il faut que j'appelle pour savoir si les copines de Millie ont reçu des messages de médecins ou d'avocats. Entrons dans cette cafétéria. Tu pourras prendre un petit déjeuner pendant que je téléphonerai.

— Merde pour le petit déjeuner !

Elles en vinrent aux mains. Susannah se cogna dans un jeune homme vêtu d'un long manteau et plié en deux sur une radio. Un jeune couple portant des lunettes noires, qui sortait de la cafétéria, y rentra aussitôt.

Quand Susannah apparut dans le couloir, l'inspecteur Foy se précipita à sa porte pour l'accueillir. Son visage juvénile viola toutes les règles professionnelles en arborant un sourire d'astronaute. Susannah apportait peut-être de bonnes nouvelles. En la regardant, il cessa de sourire. Il la prit par le bras pour la faire entrer dans son bureau. Son menton bien rasé se durcit et ses lèvres se serrèrent lorsqu'il aperçut Victoria :

— Vous voulez la mêler à tout ça ?

Susannah n'eut même pas le temps d'acquiescer : Victoria s'était précipitée dans le bureau derrière eux. Foy déplaça son fauteuil pour prendre un dossier. Victoria brancha son magnétophone.

— Voilà un cas, dit-il, presque exactement semblable au vôtre. Il remonte à deux mois. Il s'agit d'une petite fille, plus jeune que votre fils de quelques mois. Mais l'important, c'est qu'elle a été enlevée dans la rue.

— Le coup du macis ?

— Ou de l'ammoniac.

— Du gaz lacrymogène, intervint Victoria.

Susannah rejeta la tête en arrière et respira à fond. De joie. Malgré la présence de Victoria, Foy ne put retenir un sourire satisfait.

— Dans les parages de Times Square.

Il se tourna vers un plan de New York épinglé au mur.

— Du gaz lacrymogène. Comme pour vous. C'est peut-être un indice.

— Est-ce que je peux appeler les parents ?

— Je l'ai déjà fait. Ils doivent avoir quitté New York pour Noël. Ils sont riches. Ils habitent du côté de la 60ᵉ Rue Est.

— Une rançon ? demanda la voix froide de Victoria.

— Non, reconnut Foy.

— Mais, cela peut mener à une piste, dit Susannah qui, comme Foy, commençait à reprendre espoir.

Victoria, au contraire, avait croisé les bras sur sa peau de mouton. Elle ne partageait pas leur enthousiasme. Sa voix restait froide :

— Vous avez retrouvé l'enfant ?

— Pas encore, dit Foy en évitant le regard accusateur de Victoria.

D'une cabine publique dans la rue, Victoria appela son propre numéro. Son répondeur n'avait rien enregistré :

— Il est encore trop tôt pour avoir une réponse des médecins.

Susannah était pressée :

— Où cours-tu si vite ?

— À Times Square !

— Non. Tu retournes au journal pour travailler sur les coupures.

— Plus maintenant. Nous tenons notre première vraie piste. Tout confirme l'hypothèse du marché noir...

— Rentre chez moi et repose-toi un peu. Tu ne tiens plus sur tes jambes.

— Je vais à Times Square !

— C'est moi qui vais y aller. Toi, tu rentres chez moi !

— Alors quoi, je n'ai pas le droit de me balader à Times Square ?

— Je vais parler avec des minables plutôt bizarres.

Victoria tendit le bras pour relever le col de mouton sur le visage glacé de Susannah. Elle passa son bras sous le sien et elles marchèrent ainsi ensemble, dans leurs manteaux jumeaux.

— J'ai écrit un papier, il y a à peu près deux mois, sur un mec qui racolait dans la rue.

— Bravo. C'est pour ça que nous avons mis PASSANTS sur notre compte à rebours.

— Le mec en question vivait avec une fille. Un autre l'a engrossée. Elle a dit alors qu'elle allait vendre le bébé. Aucun doute, elle l'a fait à l'heure qu'il est.

— Au marché noir ?

— Elle avait l'air d'avoir bien besoin de fric.

— Allons la voir.

— D'abord, je ne suis pas sûre de la retrouver. Ensuite, elle fréquente des gens que tu n'as certainement pas envie de rencontrer.

La 42e Rue paraissait presque entièrement éclairée par les enseignes des cinémas. La graisse chaude et grésillante, les oignons frits et les hamburgers pimentaient l'air glacé. Sur le trottoir, les passants étaient rares : deux flics, un grand Noir vêtu de toile d'emballage et coiffé d'un sac de papier, ainsi qu'un garçon pâle portant un chapeau de cow-boy et qui se trémoussait en écoutant un transistor à pleine puissance. Dans l'encoignure de quelques portes cochères, des jeunes gens en veste de cuir, jeans râpés et bottines fumaient en grelottant lamentablement et en surveillant du regard le trottoir.

— Ils ont quelquefois des clients ? murmura Susannah.

— Il y en a qui se font 100 ou 200 dollars par jour.

Victoria cherchait à l'entrée des immeubles le type dont elle avait parlé. Susannah détourna vivement son regard d'un garçon au visage angélique et creusé d'ombres bleues. Passant devant un magasin de matériel photo d'occasion, Victoria ralentit le pas. Il y avait là un garçon d'une maigreur squelettique, à qui Susannah donnait à peine 18 ans. Vêtu d'un blouson de Levis bleu, d'un jean assorti et de bottillons noirs, plié en deux, le souffle rauque, tordu de douleur, il levait la tête en aspirant de grandes bouffées d'air glacé.

— Roy ?

Les yeux noirs se tournèrent dans la direction de Victoria et cillèrent imperceptiblement.

— Ça va ?

— Mal aux dents. Terrible.

— J'ai de l'herbe. De la bonne. Ça te ferait du bien.

Il approuva vigoureusement. Victoria et Susannah se rapprochèrent de lui. Victoria demanda :

— Tu te souviens de moi ? C'est moi qui ai fait l'article sur Dennis dans *The Press*.

Le nommé Roy acquiesça de la tête. Soudain, il écarta les deux filles pour se montrer à un homme au teint blafard, le front dégarni, emmitouflé dans un pardessus imitation fourrure, qui se passait la main dans des cheveux clairsemés. Leurs regards se croisèrent mais, après un coup d'œil aux deux filles, l'homme s'éloigna.

— Conasses. Vous lui avez foutu les jetons.

Il se massa la mâchoire, d'une main blanche sillonnée de veines bleues et marquée d'un tatouage en forme d'étoile, encore plus bleu :

— C'est déjà chiant d'être bloqué en ville pour Noël avec

une rage de dents. Mais, en plus, le premier pigeon que je vois depuis une heure, vous le faites foutre le camp !

Son corps tout maigre se crispa de douleur. Il frissonna et se mit à claquer des dents dans l'air glacé.

— Tu as vu Dennis ?

— J'en ai rien à foutre.

Il inspecta le trottoir et ne vit pas l'ombre d'un client :

— Tu disais que tu avais de l'herbe ?

Victoria sortit son étui à cigarettes noir et blanc étincelant et l'ouvrit d'un coup sec. La main blanche de Roy piqua trois joints avant que Victoria ait eu le temps de refermer l'étui.

— Si tu as lu le papier que j'ai fait sur Dennis, tu devrais savoir que je ne suis pas ici pour te faire perdre ton temps.

Le visage de Roy vacilla dans la flamme de son briquet de plastique. Il aspira profondément la fumée :

— Tu veux faire un papier sur moi ? dit-il de sa voix râpeuse, étouffée.

— Quand j'aurai vu Dennis, on reparlera de toi.

Saisi d'un violent frisson, Roy ferma les yeux et se gorgea les poumons de fumée.

— Il faut absolument que je voie Dennis tout de suite.

Susannah se demandait s'il allait finir par expirer la fumée. Celle-ci s'échappa enfin de ses lèvres bleues tremblantes :

— San Francisco, souffla-t-il en s'éloignant.

Les deux femmes le suivirent, passant devant la vitrine d'une librairie porno drapée d'étoffes et d'une pancarte voyante : « BONNES FÊTES ».

— Il est parti à San Francisco ?

— Comme tout le monde, non ? Pendant que je me gèle les fesses ici dans la Cité du Plaisir.

Il ralentit, aspira la fumée et regarda Victoria en plissant les yeux :

— Ce papier que tu veux faire sur moi... il y aura des photos ?

Victoria sortit son appareil. Roy voulut s'en emparer mais Victoria le remit dans son sac :

— Dennis avait une copine. Michelle. Exact ? Ils vivaient ensemble. Elle attendait un enfant et elle disait qu'elle allait le vendre. Elle est allée à San Francisco, elle aussi ?

Roy gloussa. Une pensée le traversait, si exaltante qu'il s'arrêta au beau milieu du trottoir, saisi d'un rire silencieux.

Deux flics passèrent. Roy eut un sourire complaisant en pensant à la fille :

— Cette brave Michelle est trop givrée pour aller se faire rafraîchir les idées quelque part...

Il cessa de rire pour aspirer une bouffée :

— Elle est complètement givrée.

— Tu sais où elle est ?

Roy cligna des yeux. L'image de Michelle avait disparu. Le sourire complaisant s'était effacé de son visage blanc. Il pensait maintenant à autre chose, il réfléchissait à des idées confuses.

— Cette connerie d'article avait fait de Dennis une espèce de vedette. Une sorte de superstar, ce con.

— Dis-moi où est Michelle et tu auras ton nom dans le journal.

Un homme passa. Roy se retourna pour le voir, et l'autre l'imita.

— Déconne pas. Mon nom dans le journal ?

— Je ne déconne pas.

— Soho, dit Roy.

Victoria expliqua rapidement à Susannah ce qu'était Soho. Des peintres et des sculpteurs s'étaient installés dans les greniers des entrepôts de ce quartier. Les portes des rez-de-chaussée s'ouvraient sur des galeries d'art. C'était, dit-elle, ce que Paris avait été à une époque, la capitale de l'art. Roy les avait conduites à une porte dans un escalier sombre et étroit. Serrant dans son poing le billet de 20 dollars que Victoria lui avait donné, il lui fit promettre à trois reprises qu'elle mettrait son nom dans le journal. Enfin satisfait, mais seulement lorsqu'elle eut pris une photo de lui, il s'éloigna.

La pièce obscure était pourtant vaste et haute comme une salle de basket, mais elle débordait d'une musique de rock pleine de percussions, rivalisant avec le son d'un poste de télévision. Tout l'ameublement de ses occupants tenait dans une sorte d'îlot, à côté d'un évier scellé au mur. Un divan défoncé sur un tapis déchiré, une pile de coussins semée de boîtes d'aliments pour animaux, ouvertes, et peuplée de chats nonchalants, faisaient face à un réfrigérateur et à un écran sur lequel la télévision projetait une image de 2 mètres. Au-delà de ce nid habité, à une trentaine de mètres dans la pénombre du crépuscule, le chalumeau à acétylène d'un sculpteur crachait des étincelles sur des fers tordus hauts de 6 mètres.

Susannah marcha sur un chat qui cria. Victoria s'approcha du divan, ouvrit son étui à cigarettes devant une fille toute maigre vêtue d'un caftan crasseux qui avait peut-être été blanc. Une main en sortit, qui refusa le joint et rejeta en arrière une mèche rousse en friche. Elle cria pour couvrir le double vacarme du rock et de la télé :

— Je ne veux pas parler de Dennis. Je regarde le Pape qui, du Vatican, souhaite la bonne année au monde. Écoutez-le.

Les lamentations et les craquements du rock couvraient les cris de la foule et le discours en italien. Michelle parlait, mais Susannah et Victoria ne percevaient pas le moindre mot. Victoria fit des gestes pour demander à Michelle la permission de baisser la stéréo, et la voix de Michelle n'eut plus à rivaliser qu'avec celle du Pape.

— Et pourquoi tout le monde fait-il tant d'histoires quand on vend un gosse ? Il y a bien des gens qui vendent leur sang.

Elle but une gorgée de vin dans un grand verre :

— Il y en a qui vendent leurs bébés.

Elle regarda Susannah par-dessus son verre de vin :

— Qui c'est ? Une assistante sociale ?

— Elle est journaliste aussi. On fait le reportage ensemble.

Les yeux se plissèrent par-dessus le verre :

— Elle est gouine, aussi ?

— Elle a un petit garçon.

— Il y a des tas de gouines qui ont des gosses.

— Alors, tu as eu ton bébé ?

— Sûr. Je suis catholique. J'adore ce Pape polonais.

Elle demanda à Susannah :

— Vous l'aimez, ce Pape polonais ?

Susannah acquiesça : elle adorait ce Pape polonais.

— Je suis contre l'avortement. Je suis pour le droit à la vie. Tu peux mettre ça dans ton canard quand tu voudras.

— C'est toi qui t'es occupée des formalités ?

Michelle se recroquevilla sur le divan pour bien montrer à la journaliste que le mot la choquait. Elle répéta, en détachant les syllabes :

— Les for-ma-li-tés ?

— Comment tu as fait, pour la vente du bébé ?

— Pas cher.

— Un avocat ?

— Catholique. Il m'a donné 500 dollars du bébé. Combien tu me donnes si je te dis qui s'est occupé des... for-ma-li-tés ?

— Comment l'idée t'est-elle venue ? C'est le médecin ?

La voix du sculpteur retentit dans l'immense salle vide :

— Remettez la stéréo, putain !

— Encore une minute, lança Victoria dans la pénombre.

Puis elle se retourna vers Michelle :

— Le médecin avait une clinique à lui. C'est bien ça ? Il t'a demandé si tu voulais garder le bébé, parce que, sinon, il connaissait des gens très bien qui ne pouvaient pas en avoir.

— C'étaient des gens très bien. Il m'a dit qu'ils habitaient une très belle maison, dans le New Jersey. Un jour, j'ai livré le bébé et il m'a donné 500 dollars.

— Qui ça, « il » ? L'avocat ?

Michelle but une gorgée de vin rouge. Victoria insista :

— Comment s'appelle-t-il ?

— Minute, dit Michelle.

Elle se dressa sur le divan et se mit à masser ses chevilles, noires de crasse. Elle regarda d'abord Victoria, puis Susannah :

— Qu'est-ce que c'est que cette salade ? Vous deux, les gouines, vous arrivez ici et vous me faites votre numéro : pourquoi j'ai vendu mon petit et combien j'ai touché. Tout ça pour votre canard. Et moi, je touche quoi ?

— Tu ne connais pas le nom de l'avocat ?

Brusquement, Michelle prit un air de petite fille qui a envie de jouer :

— À toi de demander. Moi, je sais.

Susannah chuchota à Victoria :

— Pourquoi l'avocat lui aurait-il dit son nom s'il n'y était pas forcé ?

— Il fallait sans doute qu'il soit témoin pour les papiers.

— Pas de messes basses, protesta l'autre, sur le divan.

— Bon. Alors, Michelle, comment s'appelait le médecin ?

Sur le divan, Michelle continuait son petit jeu puéril. Cette fois, elle se taisait. Elle but un peu de vin. Elle attendait.

— 50 dollars, dit Victoria.

— Fais voir.

Victoria ouvrit son sac. Michelle tendit la main mais Victoria gardait l'argent serré dans la sienne.

— Dr Vincent Robusti.

— Où ça ?

— Où ça quoi ?

— Son adresse.

— 36 Bleecker Street.

Elle fit un geste rapide vers le billet, mais Victoria le retira, hors d'atteinte.

— Donne-moi mon pognon !

— Il faut voir si ton histoire tient debout. Tu as un annuaire ?

— Mon fric !

— Espèce de menteuse ! Montre-moi l'annuaire, ou une ordonnance du docteur. Je veux une preuve.

Victoria fit un signe de tête en direction de la porte. Susannah comprit et fit mine de s'en aller. Michelle s'extirpa du divan. Victoria remit le billet dans son sac :

— Joyeux Noël, Michelle.

— Ah ! merde pour ton joyeux Noël !

— Tu mens, Michelle.

Victoria et Susannah se dirigèrent vers la porte.

— Sales gouines !

Dans l'escalier étroit, leurs poumons retrouvèrent un air frais, sans odeur de pipi de chat ni relent de mangeaille rance. Susannah boutonna son manteau :

— Mon Dieu, quel trou à rats ! Je dirais presque qu'elle a bien fait de ne pas garder son bébé.

— C'était pénible, la façon qu'elle avait de dire : « Des gens très bien. Une très belle maison ». Alors qu'on sait parfaitement qu'il n'y a pas de gens « très bien » dans tout l'État du New Jersey.

Victoria posa sa main sur l'épaule de Susannah :

— Je dis ça pour rire. Tu ne peux pas comprendre. Tu viens de Californie. Mais si ces gens-là tenaient assez au bébé pour le payer, c'est possible qu'ils aient eu une « très belle » maison.

— Mais c'est illégal.

— C'est la mère qui décide.

— N'empêche, c'est illégal.

— Tu ne t'es pas encore aperçue, à ton âge, que presque tout ce que les gens veulent vraiment dans la vie est illégal ?

Elles descendaient l'escalier.

— Je m'aperçois que je m'instruis, dit Susannah, Vous croyez qu'elle a donné un faux nom, pour le médecin ?

Derrière elles, des pas lourds dévalaient l'escalier. Elles levèrent les yeux et aperçurent le sculpteur barbu qui emplissait tout l'espace. Elles eurent toutes deux la même réaction, purement instinctive : elles se précipitèrent vers le palier. D'un bond, l'homme les rattrapa, leur bloqua le passage et projeta Victoria dans un coin :

— Donne-lui l'argent !

Susannah l'agrippa, cherchant à le tirer en arrière. Il se retourna, la gifla en pleine figure, puis la saisit par le poignet. Victoria réussit à se dégager. Fouillant dans son sac, elle en sortit un couteau dont la lame jaillit avec un bruit métallique. Voyant le couteau, l'homme, qui allait se ruer sur elle, s'écarta, entraînant Susannah dans son mouvement de repli.

Victoria cria à Susannah :

— Sauve-toi !

Susannah se dégagea à son tour, tira elle aussi un couteau de sa poche, chercha une courte seconde le déclic et, à sa grande surprise, une méchante lame jaillit. Face aux couteaux des deux femmes, l'homme, reculant, tomba à la renverse sur les marches. Il se ramassa et remonta lourdement l'escalier.

Susannah et Victoria dégringolèrent le dernier étage et claquèrent bruyamment la porte derrière elles.

Retrouvant le trottoir dans la lumière crue et froide du soleil, elles titubèrent en silence, muettes, incapables de reprendre leur souffle. Enfin, Victoria aspira assez d'air pour demander :

— D'où il vient, ton couteau ?

Susannah lui fit signe d'attendre qu'elle retrouve la parole.

— Juste avant de vous... de te rencontrer au *Café Marlène.*

Elle s'emplit enfin les poumons, puis :

— Je suis allée dans une quincaillerie. Je n'avais pas assez d'argent, alors, je l'ai volé.

— C'est vrai ?

Elle fit signe que oui :

— J'ai eu aussi peur que tout à l'heure, là, dans l'escalier, quand je m'en suis servi.

Elles se faisaient face, riant en silence d'abord. Puis des bulles de rire victorieux éclatèrent, et les deux femmes tombèrent spontanément dans les bras l'une de l'autre. Elles se serrèrent l'une contre l'autre, se balançant d'avant en arrière, riant toujours sous le soleil glacé.

Susannah s'écarta enfin de son amie pour hocher la tête, consternée. Comment avait-elle pu rire ? Elle avait encore des larmes de joie qui lui coulaient des yeux. Elle avait l'air si étonnée, si confuse d'avoir connu même un instant de détente, délivrée des griffes de l'angoisse et de ses craintes pour Laddie, que Victoria, malgré elle, ne put s'empêcher de sourire, et de tendre la main pour caresser le visage stupéfait de Susannah.

Le 36 Bleecker Street, loin d'être l'adresse d'un médecin, était celle du Globe Storage and Moving C°, déménagements et garde-meubles... Susannah dut reconnaître que Victoria avait vu juste : Michelle avait menti. Elles vérifièrent encore l'adresse. Susannah donna à son amie une tape sur l'épaule pour la féliciter de n'avoir pas payé la menteuse. Mais Victoria n'était pas satisfaite :

— Je me suis mal débrouillée.

— Avec le type dans l'escalier ? Tu as été formidable.

— Non. Je veux dire avec la fille. Si on savait qui est le médecin, ça changerait tout.

— Tu veux qu'on y retourne ?

— Pour nous retrouver nez à nez avec ce type ?

— Tu sais, si tu crois que c'est si important...

— Pas maintenant, en tout cas.

Dans la salle des archives du journal, elles mangeaient leurs deux sandwiches au fromage, à la crème et aux noisettes tout en buvant le café qu'elles avaient commandé au bar le plus proche. Il y avait exactement quarante et une heures, depuis son arrivée à New York, que Susannah n'avait pris aucune nourriture, si ce n'est le *Pfeffernuss* chez Zellner.

Susannah lisait un message téléphoné de Jeff. Celui-ci se souvenait d'avoir lu un article de l'UNESCO, sur le marché noir des bébés, dans un magazine, *Commentary* ou *New Republic.* Il y avait de cela à peu près six mois.

Victoria appela le *Plaza* où leur contact, Elaine, leur apprit seulement que le Señor et la Señora Raimond Luis Olmas, de Caracas, Venezuela, n'avaient reçu aucun appel de médecins. Victoria dit à Elaine qu'elle pouvait les toucher au journal pendant encore une heure. Elle appela aussi les jeunes comédiens, qui jouaient leur rôle de mari et femme sud-américains aussi sérieusement que s'ils avaient fait de la figuration dans une pièce de Broadway.

Victoria montra à Susannah où elle trouverait les collections de *Commentary* et de *New Republic* et, pendant qu'elle suivait la piste de Jeff, Victoria entra chez le directeur-rédacteur en chef sans être annoncée.

— Je vous ai eu ! s'écria-t-elle, triomphante.

Donald F. Donald, qui regardait sa première page, ne chercha même pas à dissimuler sa mauvaise humeur. La manchette, énorme, disait :

« OÙ EST LADDIE ? »

La grande photo du petit garçon blond, avec ses grands yeux, avait pour légende :

« *L'ange perdu de l'arbre de Noël de New York.* »

Une autre photo, plus petite, montrait Susannah en larmes. L'article était si direct, tellement plein de détails bouleversants sur la quête de la mère, que les mots semblaient arrachés du propre cœur de Susannah.

— La photo de Zellner est bonne. La télé et toutes les agences veulent l'histoire.

— Je vous avais bien dit qu'elle vous plairait.

Elle prit un journal dans une pile sur le bureau de son patron et le fourra dans son sac en bandoulière.

Donald F. Donald sentit qu'il lui fallait au moins tenter de jouer le rôle du patron qui garde la tête froide, et il fit un petit effort. Il se dirigea vers un mur et entama des exercices d'assouplissement des chevilles pour être fin prêt à chausser ses skis à Aspen.

— Ce n'est pas Watergate, dit-il.

— Si, dit Victoria en craquant une allumette qu'elle approcha de sa cigarette. Mais pour que ça marche, connard, il me faut du fric. C'est comme ça. Et ne m'emmerdez pas. Avant d'emmener votre famille à la con à Aspen, vous allez me faire un chèque, au plus tard cet après-midi car les banques ferment pendant les fêtes.

Tandis que Donald F. Donald musclait ses cuisses, Victoria lui expliqua l'histoire de l'appel aux médecins et du couple bidon de Caracas qui attendait à l'hôtel *Plaza*. Tout était prêt, on n'attendait plus que le démarrage.

— Ça ne rendra pas forcément son fils à Mrs Bartok.

— Non. Pas forcément ce coup-ci. Les kidnappers ont pris Laddie pour exécuter une commande antérieure. Cette nouvelle commande va les amener à chercher un autre gosse. On ira au rendez-vous de l'avocat avec les candidats parents adoptifs, on les suivra et on trouvera la filière.

— Il sera peut-être trop tard pour récupérer le petit Bartok.

— En tout cas, on aura la filière. On sera drôlement plus près de lui qu'avant.
— Ça serait bien, si vous retrouviez le petit.
— N'allez pas skier et donnez-moi l'argent. Au moins 5 000 dollars.
Donald F. Donald sursauta. C'était une somme. Victoria lui montra la page une de son journal.
— 2 500, dit-il.
— Cinq mille, connard. Et dépêchez-vous avant que la banque ferme.
Donald F. Donald grogna, prit derrière lui un porte-documents, l'ouvrit et en sortit un carnet de chèques.

17

23 décembre, 14 h 30

On entendait respirer très fort et marcher dans le noir. Deux hommes montaient, éclairés par une lanterne à piles.
— Bon Dieu, je déteste ces escaliers...
Le plus grand ouvrit une porte à la volée et entra, tenant sa lanterne devant lui, dans un couloir aussi obscur que l'escalier.
— Putain d'escalier...
Une porte s'ouvrit et la silhouette d'une femme apparut, à contre-jour dans une lumière vive, vêtue d'une blouse blanche de médecin. Elle leva la main pour imposer le silence :
— Chut ! Il vient juste de s'endormir.
Elle avait une voix grave, professionnellement dépourvue de sentiment, mais assez autoritaire pour que les deux hommes entrent sans autre bruit que celui de leur souffle court. Se protégeant les yeux, ils se détournèrent de la lumière.
— Vous nous faites courir bien tard.
La doctoresse se déplaça et la silhouette en contre-jour devint une femme en blanc portant des lunettes noires, une femme calme, robuste, avec des cheveux gris fer qui lui tombaient sur les épaules, des cheveux de chanteuse folk, de paysanne de jadis, pas du tout des cheveux de doctoresse new-yorkaise. Une infirmière, portant elle aussi des lunettes noires et une tenue

blanche amidonnée de frais, se tenait debout derrière elle dans la lumière éclatante.

La doctoresse remit un stylo d'argent dans la poche de sa blouse immaculée et tendit un graphique à l'infirmière. Son visage aux traits fins, réguliers, bronzé, ne trahissait pas plus d'émotion que sa voix.

— J'appelle la rue depuis une demi-heure.

— C'est vrai, je suis en retard. Et alors ?

Les mains tremblantes de Candyman déchirèrent le papier enveloppant une tablette de chocolat.

— Il ne nous reste pas beaucoup de temps. Vous livrez à 3 heures.

— Ils voulaient le passeport, non ?

— Faites voir.

— Il est parfait.

L'homme lécha le chocolat sur ses doigts et, écartant son foulard, fouilla dans son pardessus d'où il tira un petit livret bleu foncé qu'il tendit à la femme.

La doctoresse tourna le dos à la lumière éblouissante et leva ses lunettes noires pour examiner le document. Elle regarda les pages de près et approuva. C'était du bon travail.

Ahmed sourit :

— Mon frère est le meilleur pour ce travail-là.

— On peut faire confiance au photographe ?

— J'ai pris la photo moi-même, docteur, dit Ahmed avec un sourire encore plus large. Avec un polaroïd. Une photo vraiment très bonne, hein ?

La doctoresse rendit le passeport à Candyman et remit soigneusement ses lunettes noires :

— Ils partent ce soir ?

— Au Brésil, dit Candyman.

— Je vais lui donner quelque chose de plus fort pour qu'il dorme jusqu'au décollage.

La doctoresse revint dans la lumière.

— Moi d'abord, docteur, dit Candyman.

— Et moi ? dit Ahmed avec un sourire avide.

— Après.

La doctoresse avait tiré de sa poche une feuille de papier pliée :

— C'est du service des abonnés absents. Je veux que vous l'appeliez immédiatement.

— J'appellerai quand je descendrai...

— Non. Appelez tout de suite.

— Je viens de grimper cette saloperie d'escalier. Vous auriez pu au moins me contacter par radio dans la rue. J'aurais pu téléphoner d'une cabine en bas.

La doctoresse ne prit pas la peine de rappeler à Candyman qu'elle essayait de le joindre depuis une demi-heure.

— Les abonnés absents disent qu'ils avaient l'accent espagnol. Le numéro est celui du *Plaza Hotel.*

— Un garçon ou une fille ?

— Un garçon. Pour Noël.

— Impossible.

La doctoresse alluma une cigarette Marlboro :

— Appelez-les pour leur dire que vous pouvez les rencontrer aussitôt après la livraison prévue.

— Je ne pourrai pas tenir aussi longtemps.

— Il le faudra bien.

— Alors, il faut vous occuper de moi, docteur. Tout de suite.

Les lunettes se posèrent sur le bonhomme :

— Vous savez à quoi vous ressemblez, Candyman ?

— Je sais.

— Vous êtes écœurant. Vous êtes répugnant. Il y a combien de temps que vous ne vous êtes pas lavé la tête ? Et regardez un peu vos ongles. Ils sont noirs de crasse. Allez vous laver. Nous allons préparer le petit.

Candyman ne bougeait pas. La doctoresse fit demi-tour dans la lumière aveuglante et sortit de la pièce :

— Bon. Venez dans mon bureau.

18

23 décembre, 14 h 30

— Victoria !

La voix de Susannah, tout excitée, retentit à travers les bureaux du journal. La journaliste accourut. Susannah lui tendait le téléphone :

— C'est l'hôtel ! Voilà le numéro à contacter. Il faut que tu appelles tout de suite !

Victoria regarda le numéro. Elle le composa avec soin, prit la main de Susannah et la serra :

— Porte-moi chance !

Susannah lui serra la main à son tour.

Victoria prit l'accent espagnol. Elle regarda Susannah et, du bout des lèvres, forma le mot « avocat ». Susannah ferma les yeux pour écouter Victoria comme le faisait l'avocat à l'autre bout du fil. Victoria parlait sans détour, comme une femme jouant le tout pour le tout, venue à New York avec son mari parce que des amis diplomates — dont elle ne pouvait révéler le nom — leur avaient dit qu'il pouvait se produire des miracles dans la grande ville. Le plus grand des miracles serait qu'elle eût un fils pour Noël. Elle attendait à côté du téléphone avec son mari. Ils avaient de l'argent. Oui, tout prêt, en liquide. Ils pourraient l'apporter et rencontrer quelqu'un, n'importe où, à n'importe quelle heure.

Victoria écoutait attentivement. Puis, avec un soupir, elle s'affala sur une chaise. Vaincue.

Susannah, le cœur chaviré, suivait le moindre de ses gestes.

— Je vous en prie. Pour Noël... Comment ? Pas avant ?

Victoria se battait avec l'énergie du désespoir. Avant tout, il ne fallait pas perdre le contact :

— Nous pouvons vous remettre une partie de l'argent tout de suite. Nous allons venir vous voir, avec mon mari. Combien faut-il apporter ?... Dites-nous seulement où...

Brusquement, la communication fut coupée à l'autre bout du fil, et Victoria tendit l'écouteur à Susannah :

— Au moins trois semaines, dit-elle.

Susannah n'avait jamais vu Victoria si découragée mais, pour sa part, elle ne partageait pas son désespoir. Au contraire, son moral remontait :

— Bon. Notre premier interlocuteur ne peut pas faire la livraison du jour au lendemain. N'empêche : c'est un contact. C'est la preuve qu'on est sur la bonne voie. Ces gens-là attendent qu'on les appelle et ils sont prêts à répondre à la demande. Nous savons maintenant qu'il y a au moins un gang qui se livre au trafic des bébés. Peut-être un autre ne tardera-t-il pas à se manifester ?

— Il nous faut celui qui a pris Laddie, fit Victoria.

Avant de rentrer chez elle, Victoria passa à sa banque tandis que Susannah faisait quelques courses.

Victoria brancha son répondeur, ouvrit le réfrigérateur d'où elle tira deux bouteilles de bière importées de Chine. Susannah se laissa glisser par terre, sur le tapis de laine. Le répondeur diffusa la voix de l'inspecteur Foy :

— Je serai chez moi pendant toutes les fêtes, Mrs Bartok, mais l'inspecteur Braverman est au courant de toute l'affaire. S'il se passe quoi que ce soit, Mrs Bartok, n'hésitez pas à m'appeler.

— Joyeux Noël de l'inspecteur Foy. *Cabron* ! dit amèrement Victoria en ouvrant une bouteille de bière qu'elle tendit à Susannah.

— Ici Kurt, dit ensuite une voix au ton neutre.

— On dirait qu'il passe une audition pour décrocher un rôle, dit Victoria, qui n'avait guère de sympathie pour Kurt.

— Zellner est sous traitement médical, Mrs Bartok, mais il tient à ce que vous sachiez que son esprit est avec vous et votre fils.

La cassette continuait à tourner, mais il n'y avait plus de messages.

— C'est tout ? demanda Susannah.

Victoria coupa le contact :

— C'est tout.

— Il reste encore dix-neuf médecins qui peuvent nous appeler, dit Susannah, plutôt pour s'encourager elle-même.

On frappa à la porte. Victoria passa dans l'entrée. C'était le garçon du dessus et sa petite amie. Ils portaient des valises. Ils partaient pour les fêtes et demandaient à Victoria de jeter un coup d'œil sur leur appartement.

— Entendu.

— Joyeux Noël,

— C'est ça. Joyeux Noël,

Des bruits de pas et des rires résonnèrent dans l'escalier. Puis la porte de l'immeuble claqua. Victoria revint à Susannah et leva sa bouteille de bière.

— Joyeux Noël. Tout le monde quitte New York. Les rats abandonnent la ville qui coule.

— Un seul coup de fil nous suffit.

Victoria regarda un long moment Susannah étendue sur le tapis :

— Tu ne tiens plus debout. Tu devrais dormir un peu. Je suis là, si quelqu'un téléphone.

Susannah se leva :

— Qu'est-ce que Zellner a voulu dire quand il a dit qu'il n'était pas loin d'ici ?

— Qu'il n'était pas loin d'ici. Mais tu n'as pas confiance en Zellner.

— Pas en Zellner. Mais en nous. J'ai vraiment le sentiment qu'on est sur le point d'aboutir. Tu n'as pas la même impression ?

— Absolument.

Victoria avait répondu trop vite. Susannah l'avait-elle senti ?

— Écoute, dit-elle encore. Repose-toi un peu. Je te répète que je suis là si quelqu'un appelle. Tu as fait le maximum pour l'instant.

Susannah quitta le living et passa dans la cuisine pour consulter leur plan de travail agrafé au mur. Elle entendit Victoria s'approcher d'elle.

— C'est formidable, ce que nous avons fait. Grâce à toi.

— Je ne vois pas ce que nous avons pu oublier. Et toi ?

— Reste ici, dit Susannah.

Elle courut au living et revint en tenant un petit paquet noir et blanc noué d'un ruban rouge. S'arrêtant devant leur plan de travail, elle glissa un bras autour de Victoria et lui remit le petit cadeau.

— Quand donc as-tu trouvé le temps d'acheter ça ?

— Pendant que tu étais à la banque. Ça n'est pas grand-chose, vraiment...

— Avec tout ce que tu as dans la tête, tu as pris le temps de...

En un instant, il n'y eut plus rien de dur en Victoria, plus rien du cynisme des rues de New York. Elle souriait, touchée, heureuse comme un enfant.

— Je peux l'ouvrir tout de suite ?

— Le plus tôt sera le mieux. Tu vas voir pourquoi.

Il y avait une carte. Victoria lut :

« À la meilleure amie dont on puisse rêver. Avec toute ma reconnaissance et encore davantage. Je t'aime. Susannah. »

Elles tombèrent dans les bras l'une de l'autre.

Victoria s'efforçait de défaire le ruban.

— C'est vrai, dit Susannah. Je ne sais pas comment je pourrai jamais te remercier.

Incapable de le dénouer, Victoria arracha le ruban.

— Attends qu'on retrouve ton fils.

— Je veux seulement que tu saches que ce que j'ai écrit, je le pense vraiment, dit Susannah.

Victoria découvrit un fume-cigarette de plastique noir, bon marché.

— C'est un filtre, expliqua Susannah. Assorti à ton étui.

— Tu sais que je fume trop et que je ne peux pas me rationner ?

— C'est ça, dit Susannah.

— Et tu as trouvé encore le temps de t'occuper de moi ?

— Je te l'ai dit. Je t'aime.

Victoria embrassa Susannah sur la joue :

— Merci.

— Comment aurais-je fait si je ne t'avais pas trouvée ?

— C'est moi qui t'ai trouvée, rappelle-toi.

Elle hésita :

— Reste là.

Elle prit son sac et le posa sur la table de la cuisine. Susannah s'attendait à voir Victoria ouvrir son étui, mettre une cigarette dans le fume-cigarette tout neuf et craquer une allumette. Mais elle revint avec un journal plié :

— Il fallait bien que tu voies ça tôt ou tard.

Susannah déplia le journal.

Ce qui se passa fut pire que ce que craignait Victoria. Susannah regarda fixement l'énorme titre noir, avec la photo de Laddie qui s'étalait sur presque toute la première page, la photo qu'elle gardait si précieusement dans son portefeuille. Dans un encadré, elle reconnut son propre visage bouleversé : c'était la photo que Victoria avait prise à l'hôtel. Ainsi, son désespoir intime, ses yeux pleins de larmes, tout New York, le monde entier allait s'en repaître.

Victoria restait immobile. Susannah étouffa un sanglot. Des yeux agrandis sous le choc, des yeux qui ne cillaient pas, incrédules, dévisageaient Victoria. Des yeux qui disaient tout. L'amour, la confiance, l'amitié détruits à jamais. Des yeux trahis. Un cœur brisé. Il ne lui restait plus qu'à tenter de survivre, à prendre la fuite. Elle s'écarta de Victoria, passa dans le living et prit la peau de mouton. Elle détacha alors la moufle rouge et laissa tomber par terre le manteau qui appartenait à l'ennemi. Dans l'entrée, elle décrocha son léger imperméable.

Victoria courut après elle, bloqua la porte et saisit la poignée. Susannah ne voulait plus la regarder.

— Où vas-tu, comme ça ?

Susannah retourna en courant à la cuisine et arracha du mur le poster du compte à rebours.

Victoria la coinça dans la porte de la cuisine :

— Tu savais bien que j'étais journaliste.

Susannah fonça de tout son poids sur Victoria, qui recula sous le choc.

— Laisse-moi sortir !

Elle avait poussé un hurlement sauvage.

— Tu vas aller où ?

— Laisse-moi passer !

— Pour aller où ? répéta Victoria, en agrippant l'imperméable. Avec ça sur le dos ? Ça arrangera tout, pour ton fils, quand tu auras attrapé la crève.

Susannah lui fit lâcher prise.

— Où vas-tu ? cria Victoria.

— Je t'emmerde !

Victoria parlait d'une voix volontairement grave, unie :

— Tu ne vas pas partir. Tu n'as nulle part où aller. Tous tes contacts sont ici. Retrouve ton fils d'abord. Tu partiras après.

— Tu t'en fous, que je le retrouve ou pas. Tu t'en fous pas mal, de lui et de moi. Tout ce que tu veux, c'est vendre ton journal.

— Je ne t'ai jamais menti.

— Tout ce qui t'intéresse, c'est ta saloperie d'article.

— Assieds-toi.

— Ta putain d'histoire dans le journal, pleine de mensonges, et tant pis si ça fait mal aux gens...

— La ferme. Assieds-toi. Tu vis sur les nerfs. Tu ne peux pas continuer. Tu vas craquer d'un moment à l'autre.

Victoria arracha Susannah de la porte — grave erreur, car Susannah éclata :

— Va te faire foutre !

Folle de rage, elle sauta sur Victoria, toutes griffes dehors, criant, pleurant, sanglotant.

— Espèce de salope sans cœur ! Tu t'en fous parce que tu ne peux pas te mettre à ma place. N'importe quelle femme comprendrait, n'importe quelle vraie femme. Mais toi, jamais, parce que tu es une tordue. Une rien du tout. Tu n'existes pas. Ta vie, c'est ta merde. Tu vis du malheur des autres.

Susannah continuait de griffer et de se débattre, mais sa rage était passée et elle se mit bientôt à trembler si fort qu'il ne lui resta plus que des larmes et des bredouillements haletants, au point que Victoria n'eut plus besoin de la maîtriser. Susannah avait tenu pendant trois jours et trois nuits sans sommeil et sans repos, mais maintenant elle craquait. Elle s'écroula dans le fauteuil, tremblante et pleurant en silence.

19

23 décembre, 15 h 10

L'inquiétude et la peur qui la rongeaient depuis deux jours et deux nuits sans sommeil, l'angoisse permanente laissaient Susannah trop faible pour résister à la tasse de thé bouillant et aux deux pilules de somnifère de Victoria.

Dans la chambre, Victoria lui ôta son imperméable et l'aida à s'allonger sur le lit. Puis elle se précipita dans le living, enfila sa peau de mouton et passa la porte en hâte.

Aussitôt descendue d'un taxi, elle poussa la porte du grenier de Soho et fit face à l'escalier de l'atelier. Ses mains tremblantes étaient trempées de sueur. Elle fouilla dans son sac, en tira une enveloppe.

En haut de l'escalier, le rock de la stéréo luttait contre le vacarme de la télévision. Dans la pénombre, le chalumeau à acétylène du sculpteur jetait son éclat bleu. Victoria trébucha sur un chat et se retrouva presque à côté du divan où Michelle buvait du vin rouge devant l'écran de 2 mètres. Victoria lui tendit l'enveloppe :

— Cette fois-ci, il y a 100 dollars dedans. Je t'en prie. Je sais que ton mec peut me taper dessus pour les prendre. Mais il me faut le nom de ce docteur.

Elle vit le chalumeau à acétylène s'éteindre. Le sculpteur traversa l'atelier pour venir à elle.

— Je ne suis pas une menteuse, dit Michelle.

Victoria lui tendit l'enveloppe. La fille allongée sur le divan leva le bras pour la prendre et regarda à l'intérieur :

— OK, dit-elle. La vérité du Bon Dieu. Et je ne rigole pas, parce que je viens de voir le Pape en Italie. Quand vous m'avez demandé le nom du docteur, j'avais vraiment besoin de ces 50 dollars. Mais la vérité, c'est qu'il n'y avait pas de docteur. J'ai fait le gosse toute seule.

Le sculpteur était dans l'obscurité, en dehors de l'îlot éclairé par l'écran de télévision.

— Ce fumier de Dennis ne m'a même pas aidée.

Victoria savait qu'il suffirait d'un mot de la fille sur le divan pour que le colosse fasse les quelques pas qui les séparaient et finisse ce qu'il avait commencé dans l'escalier.

— Alors, comme je n'avais pas eu de docteur, je vous ai donné le premier nom qui m'est passé par la tête.

— Il n'y avait peut-être pas de docteur, mais il fallait bien un avocat. Son nom ?

— Pas d'avocat. Des mecs de la rue. C'est eux qui s'en sont occupés.

— Il a bien fallu signer des papiers pour que ça soit légal.

— J'ai signé tout ce qu'ils m'ont demandé, je ne sais pas quoi. Je leur ai donné le bébé, ils m'ont donné les 500 dollars.

— Tu les as revus, depuis ?

— Jamais.

Victoria s'éloigna de l'écran de télévision pour s'obliger à réfléchir :

— Quand le bébé allait naître, il a bien fallu que tu téléphones. Au moins à un répondeur. Tu dois avoir le numéro dans ton carnet d'adresses.

— Je n'en ai pas.

Victoria tira de son sac sa liste d'obstétriciens avec leurs numéros de téléphone. C'était sans grand espoir, mais il fallait le faire.

— Il y a des noms, là-dessus. Ils te disent quelque chose ?

— Tu rigoles ? Si tu crois que je vais me rappeler...

Le sculpteur s'approcha de la lumière tremblotante de la télévision. Que tenait-il à la main ?

— La dame vous a répondu, dit-il.

Il s'approcha du divan, prit d'une main l'enveloppe et regarda dedans. De l'autre, il tenait un marteau de ciseleur.

Victoria fut sur le point de s'enfuir, mais elle ne bougea pas.

Elle demanda à Michelle de lui rendre sa liste de médecins. Le sculpteur était si près d'elle qu'elle sentait sa sueur. Il cria :

— Foutez-moi le camp d'ici !

Victoria resta immobile assez longtemps pour lui montrer qu'elle n'avait pas peur de lui, ni de son marteau. Puis elle fit demi-tour et s'éloigna de lui.

L'homme prit le téléphone et, traînant le long fil derrière lui, le porta à Michelle :

— Appelle-les.

— Comment ?

— Elle les cherche et elle est prête à payer. Il y a du fric à se faire. Beaucoup.

— J'ai pas de carnet d'adresses. Je te jure. Et puis j'ai jamais eu leur téléphone. Alors comment est-ce qu'elle va les trouver ?

Elle regardait l'homme avec une moue de petite fille suppliante :

— Mets la télé. S'il te plaît.

— Trouve leur adresse d'abord.

— Et comment je vais la trouver ? S'ils n'ont pas changé d'endroit, ils doivent traîner quelque part dans Times Square. Et tu vas trouver quelqu'un dans tout ce bordel ?

— Il y avait un avocat ?

— Je crois. Mais comment saurais-je ? Il y avait un mec qui disait qu'il était avocat. La dernière fois que je l'ai vu, c'est quand il m'a donné les 500 dollars fourrés dans une cartouche de cigarettes.

Dehors, Victoria enfonça ses mains tremblantes dans les poches de sa peau de mouton. Elle avait risqué sa vie et perdu 100 dollars. Et elle se retrouvait les mains vides, sans un seul nom de médecins ou d'avocat, sans rien. Elle chercha des yeux une cabine téléphonique d'un bout à l'autre de la rue. Comme avait dit Susannah, il y avait encore dix-neuf médecins qui pouvaient les appeler à tout moment.

Qui pouvaient. Le mot clef était là : ils *pouvaient.*

Contrairement à sa visite à l'atelier, la prochaine étape ne présentait aucun danger. Elle ne coûterait que le prix d'un coup de téléphone au *Plaza Hotel.*

Elaine, la téléphoniste, était tout excitée. Elle avait quelque chose de tellement important à dire à Victoria qu'elle quitta son standard pour aller lui parler d'un endroit plus tranquille :

— On a essayé sans arrêt de te joindre. Ton répondeur est débranché. Tu le sais ?

Victoria s'aperçut alors qu'elle n'avait pas remis le contact, et que la sonnerie du téléphone ne réveillerait pas Susannah avec les cachets de somnifère qu'elle lui avait donnés.

— On a reçu un appel. Ç'avait l'air important, ils voulaient voir le couple sud-américain tout de suite.

— Bon Dieu !

Victoria s'en voulait à mort d'avoir laissé passer cette chance. Mais Elaine était toujours aussi excitée :

— J'ai le numéro et j'ai pris sur moi d'appeler les comédiens.

— Bravo !

Victoria attendait, sans respirer.

— J'ai noté exactement ce que ton ami Eugenio, l'acteur, m'a dit. Il a appelé le numéro et il leur a dit ce que tu lui avais dit de dire. J'ai noté son message. Il dit qu'il leur a fait un grand numéro.

— Est-ce qu'il a pu prendre un rendez-vous ?

— À 4 heures.

— Aujourd'hui ?

— Dans vingt minutes.

— Nom de Dieu !

— Il paraît qu'ils ne lui ont pas laissé le choix.

Victoria regarda sa montre :

— Bon Dieu ! Elle a raison ! Il est juste 4 heures moins vingt. Ça ne fait rien. Où est-ce qu'ils se rencontrent ?

— Tu ferais mieux de noter sur un papier.

— J'y suis.

— À l'angle sud-est de Central Park. À côté de la station des fiacres. À 4 heures.

— Je répète. Angle sud-est de Central Park. À côté de la station des fiacres.

— Exact. J'espère qu'on a fait ce qu'il fallait faire.

— Absolument. Mais Eugenio n'a pas l'argent.

— Il s'est dit qu'il valait mieux aller les rencontrer, même si on ne te touchait pas et même s'il fallait qu'il y aille sans l'argent. Il a dit qu'il essaierait de gagner du temps en gardant le contact avec eux.

— Appelle Eugenio et dis-lui que je le retrouve là-bas. J'aurai l'argent ! Avant 4 heures. Je pars tout de suite !

Un homme et une femme, vêtus du même tweed luxueux, sortirent d'une galerie de Prince Street et traversèrent le trottoir pour prendre un taxi en station. Victoria les devança, sauta par la portière ouverte et la claqua au nez du couple stupéfait.

Le chauffeur noir avait un crâne chauve luisant. Il se retourna, de l'autre côté de la vitre de séparation, et lança un regard mauvais à la femme qui avait pris place dans son taxi. Sur le siège avant à côté de lui, un gros teckel eut un grognement hostile.

— Dehors ! jeta le chauffeur.

Le couple cognait à la glace. Victoria se pencha sur la grille d'acier à côté de la cloison de plastique rayé, tira son journal de son sac et posa sa carte de presse à côté de sa signature imprimée. Le chauffeur voulait ignorer ses coups de poing sur le plastique, mais il ne put s'empêcher de jeter un regard en coin.

— Je ne vous raconte pas d'histoires, dit-elle avec autorité. Si vous m'amenez à Central Park South en moins d'un quart d'heure, vous sauvez une vie.

Le chauffeur se retourna tout à fait pour regarder sa passagère.

— Je n'ai pas le temps de vous expliquer, dit-elle. Vous lirez tout dans le journal.

Elle regarda le nom du chauffeur sur le compteur :

— Je parlerai de vous dans mon papier, Henry Harris.

Dans un crissement de pneus, le taxi démarra. Le chien aboya.

Henry Harris conduisait avec brio, sans souci des cris et des avertisseurs indignés des autres voitures.

Dans une rue transversale, il monta même sur le trottoir pendant une cinquantaine de mètres. Le chien jappait d'enthousiasme.

S'appuyant au dossier, Victoria s'obligeait à fermer les yeux et à fumer.

En arrivant en vue des arbres nus du parc, le chauffeur avait fini par se prendre au jeu et il faisait vraiment l'impossible. Il amena son taxi au coin sud-est du parc à 4 heures moins trois. Cherchant des yeux le couple, il fut le premier à reconnaître le monsieur latin distingué, marchant lentement avec son élégante jeune femme en manteau de vison noir. Victoria avait tout lieu de féliciter les acteurs. Ils avaient vraiment l'air d'être le couple le plus riche d'Amérique du Sud.

Le taxi ralentit suffisamment pour permettre à Victoria de se pencher à la vitre et de tendre une enveloppe à l'homme. Elle lui fit signe qu'elle attendrait dans le taxi, à portée de vue.

Le taxi s'était mis en stationnement interdit et Victoria regardait, par la cloison de plastique et le pare-brise, une file de fiacres et de chevaux. Elle avait sorti son magnétophone et décrivait les chevaux fumants qui grognaient dans le froid, et les lumières de la ville qui n'avaient jamais paru plus brillantes que dans le crépuscule.

— Je ne peux pas rester ici, dit le chauffeur.

— Encore une minute seulement.

— Pas même une minute. Vous avez vu le flic, là-bas ?

— Je vous ai vu à l'œuvre. Je suis sûre que vous pouvez faire n'importe quoi.

— Ouais. On est arrivés ici entiers.

Sans quitter le policier des yeux, il dit encore :

— Mais vous ne m'aviez pas dit, là-bas, en montant, à Soho, qu'il allait falloir que je suive je ne sais qui, ceux qui vont rencontrer ce gigolo latin.

— Je vais vous rendre célèbre, Henry Harris.

— Payez seulement ce qu'il y a au compteur.

Il prit son chien et le gratta derrière les oreilles :

— C'est dur, de suivre. D'autant plus que les gars peuvent être venus à pied ou avoir pris le métro.

— Je compte sur vous. Quoi qu'il arrive, il ne faut pas les lâcher.

— Ouais. Bon.

Il jeta encore un coup d'œil sur le flic, se retourna vers son chien :

— C'est comme dans les vieux films à la télé. Les mecs sautent dans la bagnole et crient : « Suivez ce taxi ».

Victoria enregistrait sur son magnétophone. Le chauffeur et son chien surveillaient le carrefour. Le chauffeur murmura :

— Regardez !

Victoria regarda à travers la cloison de plastique rayé.

— Vous avez vu ?

Le chauffeur ne se retourna pas vers Victoria. Il avait pris un ton de conspirateur.

Et elle vit un homme jeune, grand, squelettique, en complet noir. Il ne portait pas de manteau, et sa longue écharpe volait au vent comme ses cheveux, qui lui descendaient jusqu'aux épaules. Il traversa la rue en courant, en dehors des passages piétons et en pleine circulation, arriva sur le trottoir et marcha jusqu'au coin de la rue. En apercevant le couple de riches Sud-Américains, elle en fourrure, lui en poil de chameau, il ralentit.

— Ça doit être le contact, dit le chauffeur à son chien. Il ressemble à Abraham Lincoln. En plus miteux.

Victoria murmura une description de l'homme dans son magnétophone, se penchant pour le regarder à travers le pare-brise, tout comme le faisait le chauffeur. Le grand type arrangea son foulard autour de son cou et fit le tour du couple élégant. Au bout d'un moment, ils engagèrent la conversation tous les trois. Un instant plus tard, l'homme qui paraissait riche tira quelque chose de son manteau et le glissa dans la main de l'homme au foulard, qui en compta le contenu, approuva de la tête et détala soudain dans la rue animée.

— Allons-y, dit Victoria, pressante.

Le taxi démarrait déjà pour suivre l'homme qui traversait en courant la 59e Rue.

— Il a pris un taxi !

Le grand gaillard avait sauté dans un taxi jaune qui roulait vers le centre-ville par la 5e Avenue.

Victoria cria presque :

— Ils tournent !

— J'ai vu.

— Il ne faut pas les perdre !

Le chauffeur repoussa son chien qui sautait dans tous les sens en regardant à travers le pare-brise.

— N'approchez pas trop ! cria Victoria.

La chienne avait senti la tension et appuyait son museau sur le pare-brise en gémissant.

— Vous êtes trop près ! Ils vont voir qu'on les suit !

— Ils ne peuvent pas voir.

— On est trop près, je vous dis !

— Vous voulez le volant ?

Le chauffeur donna un coup d'accélérateur si violent que le taxi fit une embardée, passa dans un nid-de-poule et Victoria se retrouva écrasée sur son siège. Elle craqua une allumette, l'approcha de sa cigarette, aspira avidement une bouffée, mais se remit aussitôt à se pencher vers le chauffeur.

— Qu'est-ce qu'il y a comme circulation !

— Ça va pas être du gâteau comme dans les filatures au cinéma, sûr. Maintenant, s'agit pas de se faire semer.

Les deux taxis quittèrent la 5e Avenue, vers l'ouest, et un quart d'heure plus tard, ils roulaient au pas dans les lumières étincelantes de Broadway.

— Bon Dieu, grogna le chauffeur. Ce con-là ne va tout de même pas descendre Broadway !

— Il ne tourne pas.

— Bon.

Le chauffeur tendit la main pour gratter les oreilles de sa chienne.

Au carrefour suivant, ils tournèrent vers le nord, dans la 8e Avenue, où la circulation devint tout à coup plus fluide.

— Attention !

— Je fais attention.

— Il est en train de nous semer !

— Mais non, mais non !

— Il est bien trop loin devant. Tenez ! Il nous lâche !

Victoria cognait sur la cloison de plastique en criant. La chienne devenait comme folle.

— Je le tiens ! Là, juste devant.

— Prenez l'autre file ! L'autre file, connard !

— Ta gueule !

Victoria s'appuya de nouveau contre le dossier.

— D'ailleurs, dit calmement le chauffeur, il s'arrête.

Le premier taxi ralentissait, devant une boutique porno. Victoria glissa un gros billet au chauffeur, qui lui rendit un gros sourire.

— Je ne vous oublierai pas, Henry Harris, dit-elle.

Le grand type efflanqué sauta de son taxi. Victoria, sur le trottoir, évita une vieille en peignoir de bain qui marmonnait toute seule. Elle regarda devant elle. Le grand type ? Où était-il passé ? Elle sentit une sueur froide lui couler dans le dos. Elle le repéra, juste au moment où il entrait dans une cafétéria, au coin de la rue.

Elle se précipita mais, voyant deux voyous à la figure de papier mâché qui se passaient un joint à la porte de la cafétéria, elle ralentit le pas. L'un d'eux tenait un émetteur-récepteur, antenne sortie. Elle faillit s'arrêter. Elle sentait que ces deux-là étaient en rapport avec le grand type.

Elle hésita à entrer dans la cafétéria, mais elle ne pouvait rien voir par les vitres embuées. Elle tourna le coin et fit quelques pas vers une rue emplie de théâtres. À chaque pas, elle s'efforçait de trouver le courage de faire demi-tour pour repasser devant les deux hommes à la porte de la cafétéria. À chaque pas, elle était de plus en plus convaincue, non seulement qu'ils étaient en liaison avec le grand type entré dans la cafétéria, mais qu'ils étaient là en sentinelles, en contact radio avec d'autres individus dans leur genre quelque part dans New York.

Maintenant, elle en avait la preuve. Elle était absolument convaincue que les deux à la porte, et celui ou ceux, n'importe, avec qui le grand type était actuellement à l'intérieur, se livraient au trafic des enfants, appartenaient à un gang faisant le marché noir des bébés. Elle sentait aussi qu'ils étaient probablement impliqués dans des opérations encore plus sordides, comme le kidnapping. Et le plus grave, pensait-elle, c'était sans doute, non, c'était sûrement, sans l'ombre d'un doute, que si ces gens sans scrupule découvraient qu'elle leur avait tendu un piège, qu'elle les avait vus mordre à l'appât, ils n'hésiteraient pas à la tuer.

20

23 décembre, 16 h 45

Dans son métier, Victoria avait rencontré toutes sortes de gens sans scrupule. Alors, pourquoi était-elle toute tremblante, avec cette sueur glacée qui lui ruisselait dans le dos ? Le grand type n'avait pas remarqué qu'elle le suivait. Et aucun de ses compagnons ne pouvait savoir pourquoi elle était là.

Elle rassembla tout son courage et s'obligea à aller droit à la porte et à passer entre les deux gardes. À l'intérieur, l'atmosphère était étouffante, emplie d'une odeur de tabac refroidi mêlée à des effluves de graisse fondue. Sans un regard alentour, elle alla directement au comptoir, s'assit et commanda un café noir. Avant que Victoria ait osé jeter un coup d'œil de côté à la table du coin, la serveuse avait rempli sa tasse.

Le grand type avait accroché son foulard au mur, et ses

cheveux noirs flottèrent sur son visage taillé à la serpe quand il vida tout un sucrier dans sa tasse. Tout en tournant le sucre, il lisait un journal. Même à distance, Victoria vit que c'était *The Press*. À côté du grand type, une fille au visage rond, d'une vingtaine d'années peut-être, les lèvres pleines, fumait en caressant un bébé qu'elle serrait contre son épaule. Elle lissait ses fins cheveux bruns. Une femme qui portait des lunettes noires beurrait des toasts. Elle était coiffée d'un bonnet de laine enfoncé sur ses cheveux bouclés, un bonnet de laine exactement de la couleur de la moufle de Laddie.

Ces trois-là n'étaient qu'à quelques mètres de Victoria. Elle n'osait les regarder que de loin en loin. Le reporter en elle maudissait les circonstances qui l'obligeaient à laisser son appareil-photo et son magnétophone dans son sac de cuir. Elle récapitulait les idées qu'elle mettrait sur cassette aussitôt qu'elle serait hors de leur vue.

Qui était le grand type, qui buvait le café plein de sucre et qu'elle avait suivi ?

Elle le vit relever la manche de son chandail marron au col roulé pour regarder sa montre, une grosse montre d'argent à plusieurs cadrans, un chronomètre de valeur. Elle aurait voulu voir ses chaussures. Les chaussures lui en disaient toujours beaucoup sur les gens. Les ongles aussi sont révélateurs. Mais elle était trop éloignée pour discerner ces détails. Le type lisait à voix basse l'article de Victoria sans en perdre un mot. Pensait-il qu'on y parlait de lui ?

Qui étaient les autres ? Impassibles, ils l'écoutaient.

Quels étaient leurs rapports ?

La fille passa le bébé sur son autre épaule. Elle dit quelque chose, qu'approuva d'un signe la femme au bonnet de laine rouge.

— Bon Dieu, se dit Victoria. Si seulement je pouvais entendre ce qu'ils se disent !

Quelles relations y avait-il entre ces trois-là assis à la table, et les deux autres qui attendaient dehors, à l'entrée ?

Ils étaient cinq, et d'autres encore, évidemment, à l'écoute de la radio, qui travaillaient ensemble.

Quel était leur lien commun ?

Ils faisaient un travail bien payé, mais dangereux.

Le secret était essentiel. La première chose qu'ils devaient partager était donc la confiance mutuelle. Et cette confiance, d'où pouvait-elle venir ? De l'argent qu'ils gagnaient ? Victoria en doutait. D'après ce qu'elle avait vu, l'argent, au lieu d'unir les gens, les divisait le plus souvent. Non, ce n'était pas l'argent qui les unissait. Le sexe ? Depuis quand les relations sexuelles — quelle qu'en soit la nature — unissaient-elles deux êtres, sans même parler de cinq ? Le bébé sur l'épaule de la fille se mit à pleurer. Celle-ci le berça pour le faire taire. Les enfants ? Ont-ils tous des enfants à eux, des enfants sur lesquels d'autres font pression ? Sont-ils tous des espèces d'otages ? Victoria devait s'avouer qu'elle n'était guère experte en matière d'amour parental, mais elle venait de voir une mère remuer ciel et terre pour retrouver son enfant. Et pourtant, d'autres, comme la nommée Michelle, la givrée, donnaient ou vendaient la chair de leur chair. Des enfants retenus en otages ? C'était une possibilité. Ou bien tout cela émanait-il d'une secte ? Dans ce domaine, dans le genre lavage de cerveau comme chez les dingues de la bande à Manson, tout était possible. Oui, il fallait penser à cette éventualité. La drogue ? Elle était à peu près certaine que la drogue jouait un rôle. La drogue jouait de plus en plus un rôle, et de plus en plus grand, dans tous les domaines, et expliquait souvent les brusques explosions de violence criminelle à New York.

Elle regardait le grand type tourner son café sirupeux. Son besoin de sucre pouvait certainement s'expliquer par la drogue.

Elle se raidit. La fille au bébé se tenait debout à côté d'elle, et même penchée sur elle. Elle avait interpellé la serveuse et commandé trois cafés à emporter. Les deux autres, qui étaient assis à la table, repoussèrent leurs chaises et se dirigèrent vers la caisse, où la femme au bonnet rouge débarrassa la mère des cafés qu'elle avait mis dans un carton à gâteaux. Le grand type prit une tasse et se mit à boire en marchant. Il suivit les femmes qui sortaient.

Victoria aperçut un instant le visage blafard d'un des deux hommes de garde à la porte, sous la pluie. Si les trois qui sortaient échangèrent un signal avec lui, elle ne le vit pas. Elle posa un billet d'un dollar froissé sur la table, prit son sac de cuir, résistant à l'envie pressante de courir, s'obligeant au contraire à marcher lentement.

À la porte, elle trouva le garde penché sur sa radio cachée. Merde. Si seulement elle pouvait s'approcher pour entendre ce qu'il murmurait ! Elle continua de marcher.

Les trois traversèrent la rue. Sous son manteau, la fille abritait le bébé de la pluie.

Victoria évita soigneusement de les suivre directement et fit quelques pas en arrière vers les lumières brillantes des théâtres de Broadway. Elle se cacha dans l'ombre d'une porte. De là, le garde ne pouvait pas la voir, et elle ne risquait pas de perdre de vue les trois autres.

Sous la pluie, avec le bébé et les cafés à porter, les trois marchaient lentement. Victoria pensait qu'il valait mieux procéder ainsi plutôt que de suivre le grand type en taxi. Il est vrai qu'elle était désormais seule et que, quoi qu'il arrive, elle ne devait pas les laisser soupçonner qu'elle les suivait. Elle devait rester hors de leur vue mais, s'ils échappaient à la sienne, elle risquait de ne plus jamais les retrouver.

Les trois atteignaient le carrefour de l'autre côté de la rue.

Elle se lança sous la pluie. Un taxi, passant à toute vitesse, l'éclaboussa.

Sur le trottoir, en face de la cafétéria, elle retrouva la palissade de l'hôtel qu'elle avait longée le matin même avec Susannah. C'était Zellner qui les avait conduites. Une bande de jeunes gars bruyants et brandissant des boîtes de bière s'arrêtèrent à sa hauteur. Victoria se plaqua contre la palissade. Comme ils ne bougeaient pas, elle s'avança un peu pour jeter un coup d'œil au carrefour à travers la pluie. Où donc les autres étaient-ils passés ?

Elle courut jusqu'au coin de l'hôtel. Son cœur se serra. Elle regarda partout, le souffle coupé. Des hommes et des femmes marchaient d'un pas pressé. Mais bon Dieu, qu'étaient devenus les trois complices ? Pendant les quelques secondes écoulées depuis qu'elle les avait vus atteindre le carrefour, avec ses feux tricolores qui perçaient la nuit, ils ne pouvaient pas avoir traversé la 8e Avenue où la circulation était particulièrement dense. La seule direction qu'ils avaient pu prendre était le sud et, avec le bébé et les cafés, ils ne pouvaient pas courir. Victoria revint, sur le trottoir, le long de l'hôtel où les affiches détrempées se décollaient de la palissade.

Disparus.

Elle se retourna pour regarder de l'autre côté.

Évanouis.

Résolue à ne pas s'affoler, elle s'arrêta au beau milieu du

trottoir. Elle releva ses cheveux emmêlés qui lui tombaient dans les yeux.

« Pas de panique ! Réfléchis ! »

Dans son métier de journaliste, Victoria s'était montrée capable de poser clairement les problèmes et, en général, de leur trouver des solutions étonnamment simples. Elle avait appliqué à la lettre un conseil d'Einstein. N'avait-il pas écrit quelque part que si vous avez cinq minutes pour résoudre un problème, vous commencez par en consacrer quatre à bien vous assurer que vous comprenez la question ? Bon. Elle se força à retrouver son calme. Debout dans la pluie, elle se dit :

— OK. Quel est le problème ? Ils ne peuvent pas avoir disparu. Alors, où peuvent-ils être passés ?

Elle commença par s'assurer que les trois complices n'avaient pas longé la palissade plus rapidement qu'elle, et elle se mit à courir jusqu'au carrefour suivant. C'était un surcroît de précaution : ils ne pouvaient pas être arrivés aussi loin. Pas sans courir, et elle s'était déjà dit qu'on ne courait pas lorsqu'on portait trois cafés et un bébé. Elle était sûre qu'ils n'étaient pas par là. Alors, elle revint, toujours en courant sous la pluie, jusqu'au carrefour pour surveiller la cafétéria. L'un des gardes poussait la porte pour entrer. L'autre attendait. Elle avait déjà observé attentivement le carrefour. S'ils étaient revenus à la cafétéria, elle les aurait vus. Elle en était certaine.

Elle s'était déjà assurée que les trois ne s'étaient pas aventurés parmi les voitures qui descendaient à vive allure la 8e Avenue. Mais ils n'étaient pas à ce carrefour. Ils n'étaient pas revenus au café et ils n'avaient pas traversé la 8e Avenue.

Alors, comment avaient-ils pu quitter ce carrefour si subitement ? Et s'ils avaient arrêté un taxi et disparu à toute vitesse sous la pluie ? C'était peu probable. Très peu probable. Même à supposer qu'ils aient trouvé un taxi, les trois cafés prouvaient qu'ils ne l'auraient pas pris. Il y a des tas d'endroits à Manhattan où l'on peut emporter un café. On ne commande pas du café bouillant pour l'emmener refroidir dans un taxi. On va prendre un café après être descendu du taxi. Du moins, c'est ainsi que Victoria raisonnait. C'était son espoir.

Ils ne s'étaient tout de même pas volatilisés ! Et pourtant, ils n'étaient plus là.

Elle boutonna le haut de son manteau. Le vent était glacial.

— Où peuvent-ils bien être passés, bon Dieu ?

Là était la question, évidemment. Avait-elle pris le temps d'épuiser toutes les réponses possibles ? Toutes, sauf une. Ils n'étaient allés nulle part. Ou, du moins, pas à plus de quelques pas de là.

Elle se retourna et regarda l'hôtel désert, qui dressait dans le ciel nocturne, ses trente-et-un étages obscurs et ses fenêtres aux reflets froids.

Elle toucha la palissade derrière elle. Du contre-plaqué.

Y avait-il une porte, dans cette palissade, parmi les affiches ? Elle longea le trottoir jonché d'ordures et de bouteilles cassées. Sur quelques mètres, le trottoir semblait avoir été balayé. C'était bizarre. Elle regarda de plus près. Un panneau de contre-plaqué était un peu de travers. Son premier mouvement fut de le tirer à elle car c'était manifestement devant lui qu'on avait balayé le trottoir. Elle s'immobilisa. Elle jeta un coup d'œil au garde, de l'autre côté de la rue. Personne ne devait voir ce qu'elle allait faire maintenant.

Le panneau s'ouvrit. Les vitres sombres de la porte de l'hôtel reluirent dans l'obscurité. Elle remit le panneau en place, derrière elle, et fit un pas vers la porte. Elle était fermée. Rien d'étonnant. Elle appuya son visage contre la vitre, mais elle ne voyait pas loin dans le hall obscur. À une trentaine de centimètres de l'autre côté de la porte, il y avait un gobelet de carton vide dans une petite flaque de café.

Les trois n'avaient pas disparu. Ils étaient passés par le panneau de la palissade et avaient ouvert la porte vitrée. Ils étaient là, quelque part dans l'obscurité de l'hôtel.

21

23 décembre, 17 h 10

Victoria était plus préoccupée de voir quelqu'un la surprendre en entrant par le panneau de la palissade que de trouver la clef de la porte. La serrure lui semblait un problème négligeable. Elle se disait que si, à tout moment, des gens passent par une porte qui est tenue fermée, il faut que la clef soit cachée dans un endroit commode, à proximité.

Elle examina la porte vitrée en se demandant où cette clef pouvait se trouver.

— Ah !

Elle faillit renverser la tête en arrière pour rire à gorge déployée. N'était-elle pas géniale ? Après une seule tentative infructueuse, n'avait-elle pas trouvé la clef, pendue à un crochet au bas d'une plaque de bronze poussiéreuse indiquant : *Manhattan Hotel* ? La clef allait bien dans la serrure.

Victoria se retint pour ne pas pousser la porte. Serrant la clef dans sa main, elle ressortit par le panneau de bois en regardant prudemment de l'autre côté de la rue pour s'assurer que le garde ne la voyait pas. Elle referma le panneau et se mit à courir sous la pluie.

Tout près de là, dans une petite quincaillerie poussiéreuse de la 8e Avenue, Victoria attendit avec impatience que l'unique vendeur et un prêtre rougeaud aient fini de brancher deux guirlandes d'ampoules d'arbre de Noël et d'en comparer les mérites respectifs.

Bon Dieu, est-ce qu'ils allaient continuer éternellement leur joyeux babil de jour de fête ? Ils tentèrent même de lui faire partager leur joie. Enfin, ce fut son tour, et il ne fallut qu'une minute au vendeur pour lui faire deux doubles de la clef. Sur le ticket de caisse, il rajouta le prix d'une longue torche à piles.

D'une épicerie, Victoria essaya à plusieurs reprises de téléphoner à Susannah, chez elle. Chaque fois, cela sonnait occupé. Bizarre. Pourquoi Susannah téléphonait-elle ? Était-il possible que les deux pilules de somnifère n'aient pas agi ?

À *l'Almanac Hotel,* assise sur une chaise de plastique sous l'abat-jour cassé, Victoria, parlant dans son magnétophone, mettait à jour son article en relatant les événements de ces deux dernières heures, depuis qu'elle avait quitté Susannah : sa seconde visite à Michelle la givrée, la course folle en taxi jusqu'à Central Park, le moment où elle avait vu le grand type et ses comédiens prendre contact, la façon dont elle avait suivi ce grand type à la cafétéria et la découverte de la porte dans la palissade. Le tout en deux heures. Au lieu d'être épuisée, Victoria avait le moral à bloc et se sentait capable de faire face à n'importe quoi. Elle coupa le magnétophone et essaya encore d'appeler Susannah.

La dernière fois, elle avait reçu le signal « occupé ». Maintenant, ça sonnait. Interminablement. Un énorme bonhomme en chemise hawaiienne, marchant à petits pas comme si ses pieds disproportionnés le faisaient souffrir, traversa le hall et écrasa sa lourde masse contre le mur, près du téléphone, avec un bruit mat. Il respirait bruyamment en suçant son cigare humide, laissant clairement entendre qu'il attendait impatiemment le téléphone.

Victoria murmura :

— Susannah, pour l'amour de Dieu, réveille-toi !

Le gros homme respirait de plus en plus fort, de plus en plus douloureusement. Il avait besoin du téléphone. Tout de suite.

— Susannah..., s'il te plaît !

Victoria imaginait son petit appartement où le téléphone sonnait. Elle voyait Susannah qui dormait dans son lit. Elle s'en voulait de lui avoir donné ces deux pilules de somnifère. Mais, tout de même, comment pouvait-elle dormir si profondément ? Elle avait certainement téléphoné quelques minutes plus tôt, sinon, ça n'aurait pas sonné occupé.

De ses doigts courts, le gros homme tambourinait sur le mur. Victoria se retourna et lança :

— Vous, foutez le camp d'ici !

L'agressivité et la brusquerie de l'attaque lui coupa le souffle. Il roula son cigare mouillé entre ses lèvres épaisses et s'éloigna en clopinant sur ses petits pieds.

Victoria se remit à cracher des mots dans le téléphone :

— Susannah, enfin quoi ? Il faut que tu sois là ! Lève-toi, nom de Dieu, réponds-moi ! Réveille-toi ! Tout de suite !

Elle attendit, ferma les yeux, bouillant intérieurement. Elle raccrocha brutalement et appela un autre numéro. Le standard du *Plaza Hotel,* se dit-elle, devait être encombré car il ne répondit qu'au bout de la cinquième sonnerie.

— Elaine, dis donc...

— C'est Victoria ? Victoria Cruz ?

Victoria ne reconnaissait pas la voix

— C'est moi, oui, dit-elle. Qui est à l'appareil ?

— Laura. Elaine est allée faire ses achats de Noël. Je suis bien contente que tu sois enfin rentrée chez toi.

— Je t'appelle d'une cabine téléphonique.

— Ça fait deux heures qu'on essaie de te joindre chez toi. On sonne sans arrêt.

Cela expliquait au moins pourquoi Victoria n'avait pu obtenir sa communication. Elle comprit que Laura était au courant de toute l'opération.

— Le contact est pris, dit Laura. L'argent a changé de mains.

— Je sais. J'ai tout vu. Merci. Merci à vous toutes. Maintenant, il faut téléphoner chez moi. Question de vie ou de mort. Moi, je n'ai pas le temps de chercher Susannah en taxi. Il faut donc que tu la joignes par téléphone. Elle a pris un somnifère. Non, pas pour ça. Non. Deux pilules seulement. Mais elle a l'air d'être complètement dans les vapes. Il faut que tu continues de l'appeler sans arrêt jusqu'à ce qu'elle réponde. C'est vraiment une question de vie ou de mort.

Victoria reprit son souffle. Elle criait, les mots se bousculaient. Si elle voulait se faire comprendre, il fallait qu'elle parle moins vite :

— Quand tu l'auras au bout du fil, dis-lui que je lui ai laissé mon magnétophone à son hôtel de Times Square. L'*Almanac*. Dès qu'elle sera réveillée, qu'elle prenne un taxi et qu'elle aille à l'hôtel le plus vite possible, et qu'elle réclame un paquet à son nom. Il y a de l'argent pour elle. La cassette lui expliquera tout ce qui s'est passé jusqu'à maintenant. Tu as bien tout compris ?

— *Almanac Hotel.* Prendre le magnétophone. Il y aura de l'argent et des explications pour elle. Compris.

— Je ne vais pas t'expliquer pourquoi c'est si urgent que tu la joignes. Il n'y a personne d'autre qu'on puisse atteindre. Tous mes voisins sont en vacances. Continue à appeler. Continue jusqu'à ce qu'elle réponde.

Victoria se tut. D'un poste de télévision, les voix et la musique d'un dessin animé parvenaient jusque dans le hall.

— Tu es toujours là ? demanda Laura.

— Il faut que je me dépêche.

— Tu es sûre que tu ne veux pas que j'appelle la police ?

— Pas le temps.

Victoria raccrocha et brancha son magnétophone :

« Susannah, c'est mon dernier message jusqu'à ce que je te revoie. Je n'ai pas le temps d'aller rameuter les flics avec toutes leurs conneries administratives. Il est 5 h 21. Je pars d'ici. Je retourne à l'hôtel vide. »

Victoria passa derrière le comptoir et trouva une grande enveloppe, où elle mit l'enregistreur et la cassette. À l'intérieur d'une enveloppe plus petite, elle plaça l'une des nouvelles clefs ainsi qu'une liasse épaisse de billets de 100 dollars. Elle marqua sur la petite enveloppe ce que celle-ci contenait, et la glissa dans la grande, sur laquelle elle écrivit, en gros caractères : SUSANNAH BARTOK. Puis, d'un coup de poing, elle écrasa la sonnette du comptoir.

Le temps que l'employé au visage blafard s'arrache à sa télévision tonitruante, Victoria était repassée de l'autre côté du comptoir. Elle éleva la voix pour couvrir la télé :

— Vous vous souvenez de Mrs Bartok ? La dame avec le petit garçon blond ? Elle est passée hier.

L'autre essuya ses lunettes sur son chandail tout en continuant de regarder la télévision dans la pièce de derrière.

— Bon Dieu, fermez cette télé !

L'autre se figea mais ne détourna pas la tête. Elle cria...

— Mrs Bartok !

— Elle est pas là.

— Elle est venue ici. Hier. Écoutez... Je laisse ce paquet. C'est pour elle.

Victoria montrait le paquet comme une maîtresse d'école explique à un enfant débile quelque chose d'essentiel qu'il doit retenir.

— Elle passera le prendre. C'est important. Très, très important. Une question de vie ou de mort.

Il regarda ses papiers

— Bartok. Une nuit. Payée en espèces.

Elle lui tendit le paquet :

— Gardez-le, c'est pour elle. Je vous le répète, c'est une question de vie ou de mort. Tout dépend de ce paquet. Il faut qu'elle l'ait. Vous comprenez ?

L'employé se contenta d'acquiescer d'un vague signe de tête et prit le paquet. En sortant, Victoria se retourna et vit l'employé jeter la grande enveloppe sur le comptoir, sous les casiers, avant de regagner sa télévision.

Victoria boutonna son manteau qui flottait dans le vent et se hâta dans la direction de l'hôtel désert. Elle regrettait d'avoir perdu une demi-heure à attendre chez le quincaillier, à appeler le *Plaza,* à essayer en vain de téléphoner chez elle, finalement à préparer le paquet pour Susannah. Elle avait dit la vérité à Laura : elle n'avait pas le temps d'aller trouver la police. Elle n'osait plus perdre une seconde avec ces hommes en qui elle n'avait guère confiance. Leur scepticisme, la lenteur de leurs méthodes bureaucratiques et leur formalisme lui coûteraient des heures précieuses. D'ici là, le grand type et ses deux complices se seraient sans doute envolés. En outre, elle ne voulait pas que les policiers enfoncent la palissade et se mettent à envahir l'hôtel à la manière des marines qui avaient débarqué à Iwo Jima pendant la guerre. S'ils intervenaient brutalement, le trio et le reste de la bande se planqueraient encore mieux et on ne les retrouverait jamais. Non. Il fallait qu'elle garde son secret. Elle irait seule dans cet hôtel vide. Elle avait beau mourir de peur, elle saurait chercher sans être vue. Elle trouverait ce que Susannah et elle avaient besoin de savoir. C'était une enquête qu'un reporter — et un reporter de sa classe — pouvait mener mieux que la police.

22

23 décembre, 17 h 50

Sans une fenêtre éclairée, les trente-et-un étages de l'hôtel dressaient leur ombre sur le ciel nocturne, tout rougeoyant des lumières de Times Square.

En approchant du carrefour, Victoria avait ralenti le pas. Elle frissonnait. Elle claquait des dents. Elle avait froid, elle avait peur, elle se sentait immensément seule. Tous ces gens dans la rue, emmitouflés dans leurs manteaux d'hiver, passaient à côté d'elle sans se soucier de la palissade qu'ils longeaient, sans un regard pour le bâtiment sombre et apparemment désert, indifférents à ce qui pouvait s'y cacher. Elle jeta un coup d'œil de l'autre côté de la rue. Un taxi lui masquait la cafétéria mais, soudain, il démarra. Pour le moment, aucun individu suspect ne faisait le guet.

Franchissant le trottoir défoncé, elle se hâta vers la palissade. Après s'être assurée que personne ne la voyait, elle ouvrit le panneau. Elle se glissa à l'intérieur, en refermant soigneusement le panneau derrière elle. Elle tenait deux clefs dans sa main moite, l'originale et un double tout neuf. Devait-elle remettre dans sa cachette, sous la plaque de bronze, la clef qu'elle avait volée ? Était-ce judicieux ? Si quelqu'un essayait d'entrer, une fois qu'elle serait à l'intérieur, il lui faudrait cogner sur la vitre jusqu'à ce qu'on vienne lui ouvrir. Cogner à la porte, ou appeler par radio. Dans les deux cas, elle serait alertée. À l'intérieur, l'ombre était épaisse, l'endroit idéal pour se cacher et surveiller la porte.

Elle tourna la clef dans la serrure. Elle appuya sur la vitre. La porte ne bougea pas. Bon Dieu ! Était-ce la clef qui n'allait pas ? Non. La clef tournait. De l'épaule, elle pesa sur le battant, et la porte s'ouvrit.

De l'autre côté de la rue, l'un des gardes sortit de la cafétéria. Il portait un café fumant. Il en but une gorgée et inspecta la rue d'un bout à l'autre. Son regard s'attarda sur la palissade qui s'élevait jusqu'au premier étage de l'hôtel obscur.

Victoria trouva le froid encore plus mordant à l'intérieur du sombre bâtiment qu'au-dehors sous la pluie nocturne. Elle s'introduisit sur la pointe des pieds dans le hall dallé de marbre, puis elle s'arrêta dans le noir pour écouter, pendant cinq minutes qui lui parurent durer des heures. Des journaux craquèrent sous ses pieds, s'éparpillèrent dans tout le hall. Ses yeux s'habituant à l'obscurité, elle finit par distinguer le bord de la 8e Avenue et l'entrée principale, condamnée par des planches clouées. Un immense mur percé de fenêtres s'élevait sur trois étages. Certaines étaient brisées. D'autres reflétaient les lumières des voitures qui passaient et les feux tricolores.

Au-dessus d'elle, sous l'effet d'un courant d'air, quelque chose cliquetait. Ayant la certitude qu'elle était bien toute seule à attendre dans le noir, Victoria, rassurée, alluma sa torche. Le pinceau lumineux balaya le dallage de marbre, puis s'estompa avant d'atteindre un balcon en mezzanine qui, partant d'un escalier pour faire le tour du hall, semblait flotter dans les ténèbres. Dirigeant sa torche vers le cliquetis au-dessus d'elle, elle découvrit un énorme lustre. Des morceaux de guirlandes de verre taillé dansaient et se balançaient dans le vent glacé qui s'engouffrait par la fenêtre ouverte du côté de la rue.

Dans la lumière de sa torche, elle aperçut alors le comptoir de la réception et un long mur couvert de casiers à clefs. En regardant de plus près, elle vit qu'il y en avait plus de sept cents. Exactement 723.

Elle éteignit sa torche et tendit l'oreille. Dans le noir, les morceaux de verre continuaient à cliqueter. Dehors, la circulation bourdonnait, ponctuée d'avertisseurs.

Face au comptoir de l'hôtel, elle réfléchit aux 723 chambres. Par où devait-elle commencer ses recherches ?

Elle s'aventura dans le hall en s'efforçant de faire le moins de bruit possible, contourna un canapé défoncé et une lampe renversée. Même sur la pointe des pieds, ses pas claquaient dans le vide comme des coups de fusil. Le hall désert amplifiait l'étrange tintement du verre, la rumeur de la rue, le froissement des journaux, le moindre bruit.

« Tant mieux, se dit-elle. Comme ça, je les entendrai avant qu'ils ne m'entendent. »

Victoria, qui était toujours fière de son plan, n'était pourtant pas très sûre de ce qu'elle allait faire maintenant. Elle songeait à l'énormité décourageante des recherches qui l'attendaient. D'abord, il faudrait qu'elles soient systématiques. Oui, systématiques. C'est-à-dire qu'elle devrait monter tout en haut de l'hôtel et parcourir les couloirs où elle pourrait écouter, même si les portes se trouvaient fermées. Dans cette immense boîte vide de sept cent vingt-trois boîtes plus petites, elle était certaine que le moindre bruit serait perçu. Elle s'encouragea :

« OK. Et maintenant, on grimpe tout en haut de l'hôtel. »

Pour cela, il lui fallait trouver l'escalier.

Sur la pointe des pieds, elle se hâta de traverser le hall, jusqu'à trois portes qu'avec sa torche elle avait vues ouvertes. Des arcades, qui donnaient très probablement sur des salons. Elle s'engagea sous l'une d'elles. Était-ce un changement dans l'écho de ses pas, malgré tout bruyants, qui l'alerta ? Une altération des vibrations ? L'instinct de conservation, sans doute, l'immobilisa et la poussa soudain à s'accrocher au mur dans l'embrasure. Devant elle, il n'y avait plus de sol. Rien que le vide. Un pas de plus et c'était la chute. Elle se pencha : un trou noir, la cage d'un ascenseur. Elle s'appuya contre l'embrasure de la porte et ravala sa terreur. Sa torche s'inclina, lui montrant, trois étages plus bas, le toit d'une cabine. Un pas de plus et elle plongeait dans le vide. Un fort coup de vent dispersa les journaux sur le sol.

Tremblante de peur, Victoria se déplaça en redoublant de prudence. Longeant un mur jonché de journaux déployés, elle trouva une porte de fer dont elle tourna le bouton tout doucement, attentive à ne faire aucun bruit. Elle maintint la porte ouverte et braqua sa torche devant elle. Oui, c'était un escalier métallique. Elle s'assura, plutôt deux fois qu'une, que la porte ne se verrouillerait pas en claquant derrière elle.

Cette serrure lui rappela qu'elle ne devait négliger aucun détail. Une erreur, comme la cage de l'ascenseur, ou une porte qui l'enfermerait, serait la dernière. Le moindre bruit, ou une lumière imprudente, pouvaient lui être fatales.

Dans le noir absolu de la cage métallique, sa torche lui montra des marches conduisant à un petit palier qui débouchait sur un second escalier et une porte. Le deuxième escalier montait en tournant autour d'une cage étroite. Trente-et-un étages.

Elle décida de ne pas allumer sa torche dans l'escalier. Elle n'avait aucune raison de penser qu'elle risquait d'être vue tout le long des trente-et-un étages, mais c'était possible. C'était vrai aussi des quatre étages en dessous. La plus faible lumière visible d'en haut ou d'en bas pouvait trahir sa présence dans ce puits obscur. Elle tendit l'oreille. Le bruit d'un pas sur le métal retentirait du haut en bas de l'escalier de fer. Elle n'entendit rien.

Sa torche braquée sur les marches et les murs, Victoria montait. Soudain, elle saisit la rampe et s'y cramponna, le cœur battant, comme si sa vie en dépendait. Au-dessus d'elle, une porte avait claqué, et le bruit retentit longuement comme l'écho de la fin du monde. Elle éteignit sa torche, se colla au mur et attendit. Elle serra les bras pour se protéger du froid. Elle écouta : aucun bruit de pas ne lui parvint de l'escalier. Elle s'assit sur une marche, patienta, l'oreille tendue. Jamais, de toute sa vie, elle n'avait claqué des dents si fort dans le froid, jamais elle n'avait été prisonnière d'une obscurité aussi totale. Affolée, elle commençait à douter d'avoir vraiment entendu la porte claquer. Peut-être était-ce simplement son propre cœur ? Non. Là encore, elle se secoua impitoyablement. Il fallait lutter contre la tendance à ramener ce qui s'était passé aux dimensions d'un fantasme ou d'un rêve. Elle n'avait pas rêvé. Il faisait beaucoup trop froid pour rêver.

Toujours assise, elle ôta ses bottillons et les fourra dans son sac de cuir. En chaussettes, elle grimperait plus silencieusement encore. Mais au premier contact avec le métal glacé, elle étouffa un cri de douleur. Elle cligna des yeux. Elle se força à monter en se disant qu'elle pourrait s'asseoir, se reposer de temps en temps, et masser ses pieds gelés pour les réchauffer.

S'éclairant avec précaution, elle grimpait en silence, marche après marche. Sans ascenseur, c'était le seul moyen d'accéder aux étages. Les individus qu'elle avait vus à la cafétéria suivraient le même chemin. Elle essaya de les imaginer grimpant le même escalier. Les deux hommes aideraient-ils la fille à porter le bébé ? Ils avaient probablement une lampe quelque part. Bien sûr, ils n'enlèveraient pas leurs chaussures. Ils n'avaient aucune raison sérieuse de marcher dans un silence total.

Elle avait atteint la porte du premier niveau : MEZZANINE.

« Ouvre lentement... lentement. Très lentement. Doucement. Ne fais surtout pas de bruit. Bon. Maintenant, tiens-la ouverte et penche-toi au-dessus du hall. Écoute... »

L'obscurité, à ce premier étage, était moins dense que dans l'escalier. Victoria sentit une moquette sous ses pieds. Debout dans l'embrasure de la porte, retenant son souffle pour mieux écouter, elle n'entendit que le froissement des journaux, le cliquetis du lustre suspendu dans l'obscurité immense au milieu du hall. Puis il y eut comme un cri.

Elle fit un premier pas. Et elle fut paralysée d'horreur.

Elle les sentit avant même de les entendre, ces griffes pointues, ces poils frottant sur ses chaussettes. Affolé par la lumière, un rat s'était jeté dans ses jambes en la griffant. Prise dans la lumière de la torche, l'énorme bête grise et grasse s'enfuit en se faufilant parmi les débris de meubles.

Elle s'arrêta, le cœur battant.

« OK, OK, se dit-elle plus rudement encore que tout à l'heure. Des rats, tu en as déjà vu. Oublie-les. »

À la vérité, elle détestait les rats. Elle en avait une peur panique. La vue d'un cadavre à la morgue ne l'impressionnait pas, mais un rat lui glaçait le sang.

Elle referma doucement la porte.

Elle monta.

Elle arriva à la porte suivante : 1er ÉTAGE.

« Encore heureux qu'ils indiquent le numéro des étages à l'intérieur ! Sinon, comment m'y retrouverais-je ? »

À l'idée de se perdre dans le noir, elle serra sa torche plus fort.

Elle sortit de l'escalier et marcha sur la moquette du premier étage. Des rats ?

Au bout du couloir, une fenêtre reflétait les lumières mouvantes de la rue emplie de théâtres. Elle retint son souffle pour écouter. Au-dehors, les rumeurs de la ville. À l'intérieur de l'hôtel vide, rien. Pas un bruit. Et pas la moindre lueur.

Elle avait repris son ascension. Elle avait refermé derrière elle la porte du quatrième étage. Pour la quatrième fois consécutive, elle s'était livrée aux mêmes investigations. Elle allait moins vite. À chaque marche qu'elle gravissait, elle hésitait davantage. Était-ce l'obscurité ? Le froid ? Non. Ce qui la freinait était encore plus fort, le sentiment qu'il y avait, là-haut, quelqu'un de l'autre côté de la porte.

Elle allait atteindre les dernières marches. Elle se fiait de plus en plus à son instinct et n'avait plus aucun doute : lorsqu'elle serait parvenue là-haut et qu'elle se trouverait dans le couloir, elle les entendrait. Ils se cachaient au cinquième étage. Elle n'avait jamais éprouvé pareille certitude. Était-ce cela que ressentait Zellner lorsqu'il avait une de ses visions ?

Zellner. Pour Susannah, c'était un charlatan, et elle avait probablement raison. Elle ralentit. Zellner avait parlé de boîtes. Beaucoup de boîtes. Elle en avait aussitôt conclu qu'il faisait allusion aux tiroirs de la morgue. Et s'il avait évoqué des chambres, des boîtes dans cette gigantesque boîte ? Mais ne forçait-elle pas la vérité ? Et puis merde pour Zellner ! Pour l'instant, c'était de Susannah qu'elle s'inquiétait. Elle brûlait d'envie de regarder sa montre mais elle n'osait pas l'éclairer. Elle pensait qu'il devait être 6 heures passées. 6 heures par une froide journée d'hiver. Là où elle se trouvait, le temps ne signifiait plus rien. Les filles du standard avaient-elles réussi à réveiller Susannah ? À cette heure-ci, était-elle déjà partie pour prendre le magnétophone à l'hôtel ? Si Susannah arrivait avant elle à l'hôtel, elle ne manquerait pas d'apporter le magnétophone à la police. Peut-être même étaient-ils tous en train d'écouter la cassette ? Du moins l'espérait-elle. Cela lui ferait gagner du temps quand elle retrouverait Susannah et la police, pour leur parler du cinquième étage de cet hôtel de trente-et-un étages qui avait l'air complètement abandonné en plein centre de Manhattan.

Que leur dirait-elle ? Qu'allait-elle découvrir ?

Elle arriva au haut de l'escalier et chercha à tâtons le bouton de métal glacé de la porte. Jamais son pressentiment n'avait été aussi fort. Avant de s'aventurer dans le couloir, elle attendit à la porte, l'oreille aux aguets. Elle se dit, elle se répéta qu'elle devait redoubler de prudence. Elle regarda dans le couloir. Tout noir. Tournant la tête vers la fenêtre donnant sur la rue et qui, aux autres étages, reflétait les lumières du dehors, elle ne vit rien. Tout était noir. La fenêtre, ici, était occultée.

En marchant sur la moquette, elle sentit, à travers ses chaussettes, quelque chose comme une corde. Elle s'accroupit.

Non, ce n'était pas une corde. Au toucher, on aurait dit du caoutchouc. Elle se risqua à allumer un instant sa torche. C'était un câble électrique qui, d'une chambre extérieure, courait le long du couloir.

Une porte claqua à l'autre extrémité.

Victoria se plaqua contre la porte d'une des chambres. De la main, elle actionna le bouton. Verrouillé. Elle retint sa respiration et pria pour que, si la porte au bout du couloir s'ouvrait en répandant un flot de lumière, le renfoncement où elle s'était blottie fût assez obscur pour la cacher.

Elle attendait.

Elle écoutait.

Des pas. Mais d'où venaient-ils ? Ce n'étaient pas ceux de quelqu'un qui marchait sur la moquette, et ils résonnaient trop lourdement pour provenir d'une pièce fermée. Comme des bottes sur du métal. La gorge serrée, elle comprit que ces pas, dont le bruit s'accentuait, montaient l'escalier.

Par la porte mi-close de la cage, elle aperçut la lueur vacillante d'une lanterne qui, à chaque pas, devenait de plus en plus brillante. Une ombre obstrua la porte : c'était l'un des gardes de la cafétéria.

À l'étage, le vestibule fut brusquement inondé de lumière, comme par un jour d'été radieux. Victoria fut éblouie. Une porte s'était ouverte. Un homme bougea dans ce miroitement et vint se placer à contre-jour au milieu du vestibule. C'était le grand type.

D'un coup de poing, le garde poussa la porte de l'escalier :

— C'est toi, l'avocat ?

— Oui.

— Pourquoi cette pute m'a-t-elle fait monter jusqu'ici ? Je lui dirai par radio, dès qu'Ahmed se montrera...

Il s'interrompit au milieu de sa phrase. Victoria se recula, clouée contre la porte par la lanterne de l'homme.

Elle aurait tout donné pour pouvoir courir, pour pouvoir seulement remuer.

Le grand type s'avança dans le vestibule pour voir ce que l'autre regardait. Pendant une fraction de seconde, personne ne fit un mouvement : ni le garde, ni le grand type, ni Victoria.

Étouffant un cri, Victoria bondit hors du renfoncement et, comme le garde bloquait l'escalier, elle s'élança dans le vestibule, fuyant la lumière. Les deux hommes ne se précipitèrent pas derrière elle. Le grand type rejoignit le garde, et ils la suivirent tous deux sans se presser. Victoria, en courant, trébucha sur le câble électrique. Elle reprit pied, trouva assez de souffle pour murmurer :

— Bon sang, pourvu qu'il y ait un autre escalier...

Elle vit une porte ouverte. Trois portes ouvertes.

Elle regarda derrière elle. Les deux hommes qui marchaient dans le vestibule grandissaient à chaque pas. Elle se glissa vers la porte ouverte mais s'arrêta à temps. Comme dans le hall, la porte ouvrait sur le vide, sur le vertigineux abîme d'une cage d'ascenseur toute noire.

Elle entendit le garde.

— Il faut la liquider. Je ne peux pas dire à la Chienne qu'elle est arrivée jusqu'ici. Tu me dois bien ça, l'avocat !

Le grand type écarta le garde d'une bourrade et se dirigea lentement vers la femme qui se recroquevillait au bord de la cage d'ascenseur. Il leva le bras pour frapper.

23

23 décembre, 18 h 10

La porte de l'appartement de Victoria vola en éclats. Trois gonds tenaient encore. Deux policiers enfoncèrent ce qui restait du panneau et entrèrent.

À la porte de la chambre, Susannah ouvrit de grands yeux, mais elle n'eut pas peur. Elle avait rêvé qu'elle entendait des bruits sourds à la porte. Quelque chose en elle lui disait que ce qui se passait était parfaitement normal.

— Mrs Bartok ?

Un inspecteur aux larges épaules, vêtu d'une veste de sport à carreaux gris et blancs, passa dans l'entrée son visage grêlé.

Insinuant sa masse entre les morceaux de bois brisés, il avait l'air tout à fait comique, et il avait encore plus l'allure d'un flic, habillé en civil, que les deux hommes en uniforme qui se frayaient un chemin parmi le bois cassé dans le couloir.

— Mrs Bartok ?

Susannah fit un geste suffisant pour montrer aux représentants de l'ordre qu'ils avaient enfoncé la bonne porte. Ils avaient trouvé la femme qu'ils cherchaient.

— Vous n'avez rien ?

Elle fit signe que non. Mais elle sentit qu'il fallait en dire davantage et elle ajouta :

— Je crois...

Les policiers l'observèrent attentivement, puis échangèrent un regard. Cette femme n'avait-elle vraiment rien, ou bien faisait-elle simplement une réponse aussi banale que leur question ? Le policier en civil avança prudemment dans la petite pièce encombrée. Il cherchait quelque chose. Il souleva un journal déplié et découvrit dessous le téléphone, comme si l'appareil expliquait les événements qui l'avaient amené à enfoncer la porte.

— Votre téléphone.

De ses deux poings, Susannah se frotta les yeux, comme Laddie l'aurait fait, pour en chasser le sommeil. Elle aurait bien voulu pouvoir se passer la figure à l'eau froide. Elle secoua la tête pour s'éclaircir les idées et s'efforça de bien regarder les trois policiers. Elle se passa la main dans les cheveux. Elle vit le policier en civil décrocher le téléphone. Comme les autres en uniforme, elle entendit la tonalité. L'homme en civil s'approcha du répondeur automatique.

— C'est vous qui l'avez débranché ?

— Quoi ?

— Vous avez coupé le répondeur ?

— Sais pas.

— Il est coupé.

— Ah ?

Elle avait l'impression de ne dire que des bêtises.

— Votre amie à l'hôtel savait que vous étiez là. Elle n'arrivait pas à vous joindre. Elle a essayé pendant des heures. Alors, elle s'est inquiétée et elle nous a appelés.

— Excusez, pour la porte, dit le plus grand des flics en tenue.

— L'essentiel, dit le policier en civil, c'est que vous n'ayez rien.

— C'est vrai. Je n'ai rien.

— On a commencé par cogner à la porte, dit le plus grand des flics, cherchant toujours à s'excuser.

— Vous n'avez rien entendu ? demanda celui en veston de sport.

Susannah fit non de la tête. Elle ne comprenait toujours pas pourquoi la police était venue. Qu'est-ce qu'ils voulaient ? Où était Victoria ? Elle fixa des yeux celui qui lui tendait le récepteur. Il composait un numéro. Elle prit le téléphone.

— Votre amie, dit le policier. À l'hôtel.

— Elaine ?

Pourquoi n'était-ce pas Elaine mais une nommée Laura qui répondait ?

— Laura ? Oui. Ils sont là en ce moment. Ils ont enfoncé la porte. Je n'ai rien. Je devais dormir à poings fermés. Victoria a dû me donner quelque chose pour me faire dormir... Oui, oui, j'ai compris. L'hôtel dans Times Square ? Tout de suite. Où est Victoria ? Je vois.

Mais les hommes dans la chambre la surveillaient. Que voyait-elle ? Qu'avait-elle compris ?

— Merci, Laura.

La voiture de police secours noire et blanche se gara au bord du trottoir devant l'*Almanac Hotel.* Susannah se précipita la première. L'inspecteur en civil traversa le trottoir et fonça dans le hall miteux. Il avait bien la démarche d'un flic.

Derrière le comptoir, l'employé au teint plombé retira ses lunettes à monture d'or et fouilla sur une étagère pleine de lettres et de paquets derrière une bouteille de whisky enveloppée dans du papier cadeau de Noël. Il examina un paquet ficelé et l'écarta. Enfin, il trouva la grande enveloppe :

— Mrs Bartok, dit-il, en lisant le nom avec soin.

Et sans même un coup d'œil, il lui passa l'enveloppe sur le comptoir.

Susannah la prit dans ses mains tremblantes et la porta sous la lampe où le policier en veste de sport regarda la jeune femme l'ouvrir sous ses yeux. Elle posa soigneusement le magnétophone sur la chaise de plastique. Elle déchira une enveloppe qui contenait plus de billets de 100 dollars qu'elle n'en avait jamais eu en main. Elle ramassa une clef étincelante, qui était tombée sur le tapis.

Ils allèrent tout droit au bureau de l'inspecteur Foy, où ils attendirent dix minutes avant que le policier, qui était chez lui, de repos, arrive à toute vitesse, un journal à la main. L'inspecteur, d'ordinaire si courtois, ne cacha pas sa rancœur, ni son indignation. Il était fou furieux. Comme s'il accusait Susannah d'un crime, il lui jeta au nez le journal où s'étalaient la manchette et la photo :

— Le papier de votre copine !

Susannah, qui serrait contre elle le magnétophone, manifesta clairement qu'elle ne voulait pas parler du journal :

— Nous vous avons attendu avant d'écouter ça.

Foy fit claquer le journal sur son bureau :

— Des mensonges. Votre gouine de copine nous fait passer pour des cons...

Il se reprit :

— Pour des andouilles.

Susannah ne voulait parler que de la cassette et Foy renvoya les autres.

En écoutant cette voix qu'il détestait, Foy serra les dents sans quitter des yeux la manchette du journal. Il recompta les trente-cinq billets de 100 dollars, qu'il mit en pile. Il approcha la clef de la lumière pour en examiner l'éclat. Susannah, désormais bien réveillée, buvait sa troisième tasse de café. Pas une seule fois, tandis qu'ils écoutaient Victoria décrire ses faits et gestes depuis qu'elle avait quitté Susannah, quelques minutes après 3 heures, Foy et Susannah ne se risquèrent à échanger un regard.

La voix de Victoria termina son récit, puis, presque comme un journaliste qui passe du reportage à l'éditorial, elle se fit plus confidentielle :

— Ne dépense pas un sou de cet argent à moins d'y être forcée. Garde-le pour qu'Eugenio et la comédienne puisse faire le prochain versement. Susannah, c'est mon dernier message jusqu'à ce que je te revoie. Je n'ai pas le temps d'aller rameuter les flics avec toutes leurs conneries administratives. Il est 5 h 21.

Susannah sentit les larmes lui piquer les yeux. Elle regarda sa montre, et Foy l'imita. Il était 7 h 03. Après une pause, la voix reprit :

« Je pars d'ici. Je retourne à l'hôtel vide. »

La voix de Victoria se tut. Victoria était partie. Foy fit une pile bien régulière des billets de 100 dollars. Son visage d'astronaute, d'habitude si souriant, était crispé par la colère. En écoutant la voix de Victoria, sa rage contenue s'était encore accrue, sa vieille haine pour elle. Il feuilleta du pouce la liasse de billets et la tendit à Susannah, en lui disant avec amertume :

— C'est pour l'article. J'espère qu'elle vous paie assez.

Susannah prit l'argent

— Vous l'avez entendue comme moi. C'est pour le prochain versement.

— D'où croyez-vous qu'elle a tiré tout cet argent ?

Le regard de Foy se fit perçant. Susannah avait devant elle un homme capable de s'occuper du plus dur, du plus violent des criminels. Le regard accusateur suffisait. Elle évita de le soutenir.

— C'est l'argent du journal. Ce sont eux qui payent, dit-il.

Il appuya sur la touche de rebobinage et écouta de nouveau des passages, vers le milieu de la cassette.

La voix était exaltée :

— *Il n'y a plus l'ombre d'un doute maintenant. Ils sont dans l'hôtel désaffecté. C'est bizarre. Zellner l'avait pressenti. Tu te rappelles qu'il avait parlé de boîtes ? Nous avions pensé — moi, en tout cas — qu'il voulait dire la morgue. Avec cet hôtel, on a trois mille boîtes. Et ce matin dans la voiture, nous étions juste devant l'hôtel...*

Ce n'était pas le passage que Foy souhaitait réentendre. Son impatience soulignait l'inconvénient des cassettes. On n'y retrouve jamais ce qu'on cherche. Il appuya deux fois sur la touche :

— *Question. Qu'est-ce qui les unit ? Quel est le lien entre ces traîne-savates et ce qui se passe dans cet hôtel apparemment privé de lumière ?*

Découragé, il coupa le contact :

— J'essayais de retrouver le passage sur l'éditeur.

Il repoussa le magnétophone.

— Tout ça est très théâtral.

Susannah glissa l'argent dans sa poche à côté de la moufle rouge. Elle se leva :

— Alors, on y va ?

Foy lui fit clairement comprendre que ce n'était pas dans ses intentions. Il s'adossa à son fauteuil tout en contemplant le magnétophone.

— Vous croyez tout ce que vous venez d'entendre ?

Elle se tenait à la porte, prête à sortir.

— Rappelez-vous la deuxième fois que vous êtes venue ici. Vous étiez avec elle et j'ai demandé à vous voir seule. Je vous ai mise en garde contre Victoria Cruz. Je vous ai dit que tout ce qu'elle racontait n'était qu'un tissu de mensonges.

— Elle donne son point de vue.

— Vous êtes extrêmement indulgente. Soit. Dites-moi alors quel est votre point de vue à vous. Préférez-vous vendre des journaux ou connaître la vérité ?

— Tout ce que je veux, c'est retrouver mon fils !

— Alors, pourquoi perdre du temps ?

Il déplia le journal :

— Lire ces sornettes ou écouter cette cassette, c'est perdre son temps. Vous voulez vraiment que je prenne ses bobards au sérieux et que je les croie capables de mener à une piste ?

— Oui.

— Et que je passe Dieu sait combien d'heures à suivre cette piste ?

D'un geste, il balaya le journal incriminé.

— Il n'y a pas l'ombre de piste là-dedans, Mrs Bartok, parce qu'il n'y a pas un mot de vrai. C'est du baratin pour faire vendre le journal.

Il tourna la tête d'un air indigné

— Comment pouvez-vous, vous, avaler toutes ces ordures ?

— Je ne les ai pas lues.

De surprise, les sourcils pâles de Foy se haussèrent malgré lui :

— Non ? Vous n'avez pas lu ce que tout le monde lit sur vous ? Je vous garantis que vous ne vous reconnaîtrez pas. Ni votre fils.

Du doigt, il suivit une colonne jusqu'à ce qu'il ait trouvé la ligne qu'il cherchait :

— Je cite. « Le petit ange de Noël aux cheveux d'or perdu par une nuit noire d'hiver. » C'est sur votre fils qu'elle écrit ça, Mrs Bartok. Et ça ? « Secouée de sanglots convulsifs, le cœur déjà brisé par son mari qui l'a abandonnée avec son petit enfant à la veille de Noël, la mère étouffe à peine ses larmes pour supplier tous les New-Yorkais de prendre quelques minutes sur le temps de leurs vacances pour l'aider dans ses recherches désespérées... », etc.

— Donnez-moi la clef de l'hôtel, dit fermement Susannah.

— Je ne crois pas que votre idée soit la bonne.

— Vous voulez m'aider, oui ou non ?

— Je ne veux pas mobiliser mes hommes sur la foi d'un article de journal écrit par une sale petite menteuse.

— Alors, vous ne bougez pas d'ici ?

Foy fit semblant d'examiner la clef.

— Laddie est dans cet hôtel.

— Si l'on en croit votre Mrs Cruz...

Il avait dit « Mrs » d'un ton sarcastique.

— ... ou votre cher médium ?

— C'est moi qui l'affirme.

— Et vous voulez que je consacre tout mon temps et celui de mes hommes à fouiller 723 chambres vides ?

Elle répondit sur le ton dur, autoritaire, qui était celui de Victoria :

— Oui. Et sans plus attendre.

— Ça nous prendrait jusque bien après Noël.

— Si vous ne voulez pas, décrochez le téléphone et appelez le F.B.I.

— Le Bureau n'aime pas non plus perdre son temps.

— Je vous ai demandé la clef.

Foy se frotta des deux mains le visage :

— Mrs Bartok... euh, Susannah. Si j'écoutais seulement une petite partie de ce que ces dingues de reporters collent dans leurs journaux...

— Elle en a fait plus que vous et que tout votre service à la noix.

— C'est sûr. Mais avez-vous réfléchi que si cette dingue de gouine a raison et qu'on se trouve effectivement en présence d'une bande organisée, d'un gang, il faut alors la remercier de leur avoir fait peur pour leur permettre de se cacher encore mieux, en nous rendant ainsi la tâche encore plus impossible !

— Elle est avec eux, en ce moment.

— On parie ? À cette heure, elle doit taper le prochain épisode de son feuilleton. Vous voulez que j'appelle le journal ? Vous pariez combien ?

— Elle n'y est pas. Je sais, je suis absolument sûre qu'elle est avec eux.

— Vous avez trop fréquenté Zellner, dit-il en hochant la tête. Avez-vous le moindre commencement de preuve à l'appui de ce que vous dites ?

— Pourquoi aurait-elle laissé la cassette et le magnétophone si elle n'avait craint qu'il puisse lui arriver quelque chose ? Et vous prétendez que ça, l'argent, et la clef de l'hôtel ne sont pas des preuves ?

Foy regarda le journal, la seule preuve qu'il lui fallait pour renforcer encore la vieille haine qu'il nourrissait à l'égard de la journaliste.

— Écoutez, dit Susannah d'un ton pressant, je dis seulement que s'ils tiennent Victoria, ils connaissent le piège que nous leur avons tendu avec les coups de téléphone et le contact pour le premier versement. Ils savent donc que nous sommes sur leurs traces. D'accord ? Alors, bon Dieu, qu'est-ce qu'on fait ici sans bouger ?

Foy sortit la cassette et la retourna avant de la remettre dans le magnétophone.

— J'aimerais l'écouter encore une fois.

— Vous l'écouterez dans la voiture !

Susannah boutonna le manteau que Victoria lui avait prêté :

— Mon fils est là-bas, bon Dieu ! Et nous perdons du temps !

Foy repoussa son fauteuil :

— Je vais chercher un mandat de perquisition.

— Pour perdre encore un peu plus de temps ?

24

23 décembre, 19 h 05

Dans la voiture de police, Foy fit une dernière tentative pour persuader Susannah de retourner à l'appartement. Elle aurait pu lui dire qu'elle avait peur d'y rester, en plein New York, avec une porte qui ne fermait plus. Mais elle n'avait ni le temps, ni le goût de chercher des réponses fallacieuses de ce genre. Elle était déjà dans la voiture. Quand ils arrivèrent à la cafétéria, il pleuvait.

— Quand nous serons au carrefour, dit-elle au chauffeur, soyez prudent. Vous voyez ce garde, à la porte ? Il a une radio.

Le policier au volant attendait les ordres de l'inspecteur Foy, qui continuait à montrer qu'il ne faisait cette visite que pour calmer une mère bouleversée.

— Faites ce que dit la dame. Garez-vous hors de vue.

Il envoya un petit flic maigrelet à la cafétéria pour interroger le garde, le harceler à propos de drogue pour l'éloigner de la porte.

Susannah et Foy, accompagnés d'un gros flic en uniforme, suivaient la palissade. Ils poussèrent plusieurs planches avant d'en trouver une qui s'ouvre. À la surprise de Foy, la clef entra dans la serrure de la porte vitrée, et ils braquèrent tous les deux leurs torches, prêts à entrer.

— Il fait drôlement sombre là-dedans, Mrs Bartok, dit Foy, faisant une dernière tentative. Vous ne préférez pas nous attendre dehors ?

Susannah le pressa d'ouvrir la porte.

Le hall était certes plus sombre que Foy ne l'avait prédit. Plus encore que dans la nuit du dehors, le froid pénétrait jusqu'aux os. Susannah frissonna. Puisqu'elle avait insisté pour les suivre dans cette recherche engagée avec réticence, Foy lui demanda par où elle voulait commencer.

— Ne parlez pas si fort, murmura-t-elle. Ils vont nous entendre.

— Pardon.

Elle serra les bras contre son corps pour se protéger du froid et regarda dans le noir sans rien distinguer. Au-dessus d'eux, le lustre tintait dans le courant d'air glacé.

— Est-ce que votre cher voyant vous a dit par où commencer nos recherches ?

Sa question sarcastique ne demandait pas de réponse. Il suivit le pinceau lumineux de sa torche jusqu'au comptoir de la réception, avec son mur couvert de casiers. Il glissa un doigt dans l'un d'eux, où sa lampe lui avait montré de la poussière.

— 723 chambres. Et pas une seule clef. Tout est sans doute fermé. Quelle chambre voulez-vous visiter la première, Mrs-Bartok ?

— En bas.

— D'accord. On commence en bas. Puis-je vous demander

si vous avez une raison de commencer par là ? Vos ondes magnétiques vous disent que...

— Il faut bien commencer quelque part !

Foy acquiesça. Jusqu'alors, il n'avait laissé passer aucune occasion de souligner qu'il était là à contrecœur avec un de ses hommes et qu'il considérait cette opération comme parfaitement inutile. Mais puisqu'ils étaient là, il se résignait à faire son métier. Il avait une mission à remplir et il la remplirait en professionnel.

— Bon, dit-il.

Et il ouvrit la voie au milieu des journaux éparpillés sur le dallage de marbre. Le gros flic ne faisait aucun effort pour alléger son pas.

— Essayez au moins d'être discrets, dit Susannah d'un ton rogue.

Ils passèrent devant les trois portes ouvertes de la cage de l'ascenseur et arrivèrent au mur et à une porte d'escalier que Foy poussa. Le bruit de leurs pas descendant les marches de métal fit sursauter Susannah. Ils étaient loin d'être discrets.

Pour autant qu'ils pouvaient le deviner dans le noir, le sous-sol était divisé en plusieurs magasins. Les torches montraient des rayons, des cartons, des tuyaux de chauffage le long de couloirs obscurs, et des portes ouvrant sur d'autres salles.

Le gros flic se cogna contre une étagère et une caisse tomba sur le sol de ciment. Des bouteilles vacillèrent. Les deux policiers s'immobilisèrent et attendirent, chacun écoutant le souffle de l'autre.

Foy fit signe d'être plus silencieux encore. Il avait été le seul à entendre quelque chose. Il parla si bas que les autres perçurent à peine ses paroles :

— Il y a quelqu'un ici.

Oui. Derrière l'une des portes donnant sur le couloir où ils s'étaient engagés, il y avait quelque chose. Foy tira son pistolet de son étui et s'approcha d'une porte. Il l'ouvrit d'un coup et des douzaines de rats se mirent à grouiller dans tous les sens avant de se disperser en poussant des cris perçants.

Susannah se figea, horrifiée, les poings serrés. Elle ne proféra pas un son, mais au bout d'un long moment elle sursauta : quelque chose l'avait frôlée. Foy chuchota que les rats étaient partis.

Ils se dirigèrent vers la fosse des trois cages d'ascenseurs.

Foy balaya de sa torche la première cabine vide. Ils regardèrent à l'intérieur. Sa lampe éclaira la cabine sans toit et la cage au-dessus. Ils passèrent rapidement devant les deux autres cabines. Dans la dernière, ils ne remarquèrent pas qu'un corps disloqué était coincé dans l'ouverture du toit, ni qu'un sac de cuir y était tombé, éparpillant son contenu sur le plancher. Personne ne vit le léger reflet des torches passant sur un étui à cigarettes noir et argent.

25

23 décembre, 19 h 15

Le verre taillé tintait. Susannah leva les yeux sur le lustre cassé qui se balançait, étincelant, à la lumière de la torche du gros policier. Foy ouvrit la porte sur la rue au petit flic qui frissonnait au-dehors. Les trois policiers et Susannah, l'haleine fumante, traversèrent le hall et grimpèrent l'escalier à l'épaisse moquette crissante de poussière qui conduisait à la mezzanine.

Ils arrivèrent à la porte de l'escalier, s'apprêtant à quitter la mezzanine. Personne n'avait rien trouvé. Rien. Pas le moindre indice.

Dans la cage de l'escalier, leurs pas faisaient résonner le métal. Susannah les arrêta :

— Je vous en supplie, faites le moins de bruit possible.

Côte à côte, Susannah et Foy précédaient les deux autres.

— Sans chauffage, dit-il sans guère se donner la peine de baisser la voix, ils ne pourront pas se cacher ici bien longtemps.

— Ils le pourraient, en aménageant quelques chambres. Pourquoi pas avec un câble qui leur apporterait la lumière et le chauffage ?

— C'est ce que nous allons essayer de vérifier, dit Foy. Mais le problème, c'est quelles chambres ? Et à quel étage ?

— Je pense toujours à Zellner. À ce qu'il a dit, en parlant de « boîtes ». Des boîtes, c'est un peu comme des chambres. Je veux dire, et s'il avait voulu parler de chambres ?

— Sept cent vingt-trois chambres, peut-être ? Pour les fouiller sérieusement, ça nous mènerait après le Nouvel An.

— La dernière fois, vous disiez Noël, observa aussitôt Susannah d'un ton amer.

— Je sais ce que j'ai dit, Mrs Bartok. J'ai dit après Noël.

— Merde, marmonna le petit flic.

Sa torche s'était éteinte. Il la secoua :

— Les piles sont mortes.

— Vous croyez en Zellner ? demanda Foy à Susannah.

— Au début, il ne m'inspirait aucune confiance.

— Qu'est-ce qui vous a fait changer d'avis ?

— Je crois en tous ceux qui veulent m'aider.

Ils continuaient leur ascension. La torche de Foy montra la porte marquée 1er ÉTAGE.

— Pour le principe, je tiens à dire que je ne crois pas en lui, dit-il. Il ne vaut guère mieux que votre amie journaliste. Il font tout pour qu'on parle d'eux. Le public en veut. Leurs livres se vendent à des millions d'exemplaires.

Foy s'arrêta devant la porte. Il éteignit sa torche. Le gros flic l'imita. Dans l'obscurité, Foy ouvrit la porte et ils s'engagèrent sur la moquette du vestibule.

Au bout du couloir, il y avait une fenêtre, un rectangle gris sur le fond noir. La vitre était éclairée par le reflet des lumières de la rue. Foy les conduisit le long du couloir jusqu'à la première porte. Il essaya la poignée.

— Ouvrez-la, dit-il au petit flic.

Susannah fut stupéfaite de la rapidité avec laquelle le policier glissa une carte de plastique entre le panneau de la porte et le chambranle, et poussa la porte, qui s'ouvrit.

— Votre bonne vieille méthode, dit le petit flic.

— En tout cas, dit Foy, ça fait gagner du temps.

Par une fenêtre ouverte, un courant d'air leur tomba sur la nuque. Des rideaux déchirés s'engouffrèrent dans la pièce et se mirent à claquer mollement. Sur le rebord de la fenêtre, des ombres bougèrent. Des pigeons battaient des ailes en maugréant.

Foy et Susannah allèrent à la fenêtre ouverte, qui donnait sur une cour. L'hôtel se dressait autour d'eux, noir, sans la moindre lueur aux fenêtres dont certaines, ouvertes comme celle-là, laissaient voir des rideaux déchirés flottant au vent.

Le gros flic essaya les interrupteurs. Rien ne fonctionnait dans la chambre mais, dans la salle de bains, le robinet toussa et cracha, puis fit couler une eau rougeâtre qui finit par s'éclaircir.

Ils revinrent dans le couloir :

— Encore 722 chambres à voir, dit simplement Foy.

Les deux policiers se tournèrent vers lui. Ils avaient l'air terriblement sérieux et, par leur silence, ils lui demandaient ce qu'il attendait d'eux.

Susannah aussi attendait.

— Essayons quelques étages au hasard, dit Foy. Un coup de chance, c'est tout ce que nous pouvons espérer.

— Pas si nous nous séparons, dit Susannah.

— Vous pensez que c'est une bonne idée ? demanda l'inspecteur, en laissant percer un rien d'agacement pour donner plus de poids à sa question.

Par les portes de la cage d'escalier, ils entrèrent dans les couloirs du deuxième et du troisième étage. Foy choisissait les chambres au hasard. Le petit flic s'occupait des serrures. Ils visitèrent des chambres obscures. Ils ne trouvèrent rien.

— On perd son temps, dit le gros flic.

Cette réflexion irrita Susannah. Elle savait bien que les trois hommes, convaincus de l'inutilité de leurs recherches, agissaient par pure complaisance à son égard. Les deux policiers revinrent rapidement à l'escalier, certains que Foy leur dirait qu'ils avaient fait tout ce qu'on pouvait attendre d'eux, qu'ils pouvaient quitter ce vide glacial et retourner à leur voiture bien chauffée.

— Encore un étage, dit Susannah.

Dans le noir, Foy la regarda. Elle ne cédait pas, sachant qu'il était à peu près impossible de rejeter sa demande.

— Au hasard, comme vous l'avez dit tout à l'heure. Mais cette fois, c'est l'étage qu'on choisit au hasard, et non les chambres. Le neuvième étage.

C'était simplement la décision du désespoir.

— Bon Dieu, gémit le flic à la torche éteinte.

Foy ne broncha pas. Au contraire, il éclaira ostensiblement sa montre, pour montrer qu'il considérait ces six étages à monter comme une perte de temps :

— Le neuvième ? C'est Zellner qui vous l'a dit ?

Au neuvième, qui était exactement semblable aux autres étages qu'ils avaient visités, Foy ne dit rien de plus, mais son attitude indiquait clairement qu'il n'irait pas plus loin. Il ne le formula pas à haute voix, mais tout dans son comportement disait :

— Alors, vous êtes satisfaite ?

Mais Susannah était loin de l'être :

— On ne va tout de même pas abandonner.

Foy regarda de nouveau sa montre, renouvelant son accusation muette :

— Combien de temps voulez-vous encore nous faire perdre ?

Il ne le dit pas. Ce qu'il dit, ce fut :

— Il y a un immeuble de l'autre côté de la 8e Avenue. Venez, j'ai une idée.

Encadrée par les trois hommes, Susannah se hâta vers la porte de l'escalier métallique. Pour descendre, Foy, muni de sa torche, passa devant Susannah, tandis que les deux autres la suivaient. Le petit flic alluma une cigarette. Était-ce sa façon à lui de lui montrer qu'il ne prenait absolument pas l'affaire au sérieux ?

« Pauvre type ! » pensa-t-elle.

Dans l'immeuble de bureaux de l'autre côté de la 8e Avenue, les quatre, accompagnés d'un gardien portoricain qui ne parlait pas anglais, traversèrent vivement le hall, qui résonna sous leurs pas aussi bruyamment que si on avait tiré à la mitrailleuse.

Les hommes s'effacèrent devant Susannah ; ils prirent tous place dans un ascenseur et montèrent trente étages en silence.

Le gardien fit jouer la serrure de la porte d'un bureau que le petit flic, qui attendait sagement, aurait pu ouvrir presque aussi vite sans la clef.

Face à la 8e Avenue, Susannah refusa de se laisser manœuvrer par Foy, qui voulait l'attirer à son côté, pour lui montrer le mur de l'hôtel avec ses fenêtres noires : la preuve, selon lui, qu'il était vide.

Il n'y avait pas un rai de lumière. L'hôtel abandonné était là dressé dans le ciel d'hiver, implacablement noir. Susannah ne s'attendait pas à ce que l'inspecteur dise :

— Aucune lumière.

Désormais, elle le connaissait suffisamment bien pour savoir que ses plus sévères accusations s'exprimaient non par des mots, mais par le silence.

— Bien sûr, dit-elle, ils ne prendraient pas le risque de laisser passer la lumière. Ils ont soigneusement masqué les fenêtres. Je suis sûre qu'ils ont de l'eau dans leurs chambres, ils pourraient avoir des lampes, et même l'électricité. Il leur suffit de faire passer un câble pour avoir le courant...

— Tout est possible, dit-il.

Cela signifiait pour lui qu'il avait fait tout ce qu'un homme raisonnable pouvait faire. Les recherches étaient terminées. Les deux policiers avaient déjà quitté le bureau, pour rejoindre le gardien qui attendait à l'ascenseur. Ils avaient fait sortir Susannah de l'hôtel et les recherches qu'elle avait demandées n'iraient pas plus loin.

Dans le hall, au rez-de-chaussée, elle prit le bras de Foy :

— Et qu'est-ce que je fais, maintenant ?

Foy ne se dégagea pas.

— Où est-elle ? Où est mon fils ? Je vous en supplie !

Foy, qui avait montré tant d'énergie, tant d'esprit de décision dans la colère, n'osait plus regarder ni Susannah, ni sa montre. Le petit flic, celui qui savait ouvrir les portes, regarda l'heure, lui, et fit la grimace. Il était tard.

Susannah se tourna brusquement vers lui et cria :

— Tout ce qui vous intéresse, c'est de partir d'ici à temps pour vos sacrés achats de Noël.

Le gardien de l'immeuble se précipita pour ouvrir la grande porte. Les deux policiers regardèrent Foy pour qu'il s'occupe de la femme.

— Nous ferons tout ce que nous pourrons...

— C'est ce que vous dites. Mais vous ne l'avez pas fait et vous ne le ferez pas !

— Mrs Bartok, il faut bien reconnaître que les intuitions journalistiques de Victoria Cruz, et aussi tout ce que votre médium vous raconte, ne nous ont menés nulle part.

Susannah passa devant le gardien et rentra dans la nuit. Le policier ne fit pas un geste pour la retenir.

26

23 décembre, 20 h 03

Ahmed, le garde à la radio, et le grand type qu'ils appelaient Candyman, suivaient les gestes de la doctoresse. Celle-ci, après avoir retroussé une manche blanche empesée, levait son bras nu sous la lumière éclatante d'une lampe de bureau. Penchée au-dessus d'un plateau couvert d'instruments chirurgicaux scintillants, elle opérait avec précision. Elle serra un tuyau de caoutchouc autour de son bras, frotta la peau avec un coton imbibé d'alcool, puis glissa l'aiguille de la seringue dans la veine bleue gonflée.

Par la porte de la pièce voisine, ils entendirent un bébé pleurer. Un autre cria. Les yeux noirs d'Ahmed trahissaient sa peur. Candyman essuya la sueur sur son visage et consulta le carnet qu'il tenait dans ses mains tremblantes, comme un avocat préparant sa plaidoirie.

— Commençons par la femme dans le sous-sol.

La voix de la doctoresse était professionnelle, aussi dépourvue de couleur et d'émotion que la manche blanche empesée ou les instruments de chirurgie stérilisés.

— À quelle heure est-elle entrée dans l'immeuble ?

— Dis-lui, dit Candyman.

— À 5... 5 heures et demie, dit Ahmed.

— Comment le savez-vous ?

— C'est à ce moment-là que je suis entré dans la cafétéria, et je n'y suis allé qu'une seule fois.

Elle l'ignora pour regarder l'avocat.

— Je vous le jure, docteur ! dit Ahmed en larmoyant.

— Je ne vous ai pas fait venir ici tous les deux pour écouter des mensonges.

Fuyant le regard de la doctoresse, Candyman fit semblant de consulter son carnet. Ahmed, les yeux fixés au sol, se tordait les mains.

— Comment s'est-elle procuré la clef ? demanda la doctoresse.

Ahmed jeta un regard à Candyman, qui ne souffla mot.

— Alors, il faut simplement se dire qu'elle l'a trouvée quelque part, dit la doctoresse.

Ahmed hocha la tête. C'était ça. La fille avait trouvé la clef.

— Une chose est certaine, c'est que vous ne l'avez pas empêchée de la trouver, ni l'un ni l'autre. C'est bien regrettable. Si cette fille a été assez futée pour découvrir la clef, elle a dû aller tout droit chez un quincaillier pour en faire faire un double.

— Je ne crois pas qu'elle en a eu le temps, dit Candyman.

— Changez la serrure, dit la doctoresse.

— Je ne sais pas si on peut...
— Immédiatement.
— Mais tout est fermé pendant les fêtes,
— Alors, mettez une chaîne et un cadenas, Et doublez les gardes.

La doctoresse se tut. Elle avait été sur le point de perdre son sang-froid professionnel, Elle posa sur Ahmed un regard dur.

— Allez, faites ce que je vous dis. Redescendez dans la rue et ne traînez pas.

Le jeune homme approuva en secouant ses cheveux noirs bouclés, trop heureux d'échapper à la doctoresse. Celle-ci garda le silence jusqu'à ce que l'avocat, debout devant son bureau, éponge de nouveau sa sueur :

— Est-elle montée jusqu'à cet étage ?

Candyman confirma d'un signe.

— Quelle heure était-il ?

Il leva les yeux de son carnet :

— Elle a fait sa chute exactement à 6 h 03.
— Le corps est-il toujours dans la cage de l'ascenseur ?

Candyman prit son écharpe, essuya son visage luisant de sueur et rejeta en arrière une mèche de cheveux.

— Oui.
— Je ne vous entends pas.
— Oui, elle est toujours en bas.
— Vous savez qui c'était ?
— Une journaliste.
— Celle qui avait écrit l'article sur le petit garçon ?

Il acquiesça d'un signe.

— Vous en êtes sûr ?
— Voilà son portefeuille.

Jamais un avocat devant un juge ne montra une pièce à conviction avec plus de soin que Candyman posant la sienne sur le bureau, dans le cercle de lumière.

La doctoresse ouvrit le portefeuille.

— Victoria Cruz.
— Cette première carte l'identifie. Elle était à *The Press.*

La doctoresse feuilletait les cartes de crédit et des photographies de femmes :

— Apparemment, elle préférait les femmes aux hommes.

Elle repoussa le portefeuille vers l'avocat, de l'autre côté du bureau :

— Débarrassez-vous de ça.

— Sans faute.

— Journaliste...

La doctoresse ferma les yeux en réfléchissant à ce qui pouvait avoir amené une journaliste ici.

L'avocat se demandait si c'était un jeu de lumière qui adoucissait le visage de la doctoresse, plus semblable à la femme qu'elle avait été avant de se réfugier dans cet hôtel vide. Candyman saisit l'occasion pour détourner la conversation :

— Et les nouveaux clients ?

Le visage ne changea pas d'expression. Pensait-elle toujours à la journaliste ?

— Ils ont l'argent.

La doctoresse ne disait toujours rien.

— Nous pouvons faire la livraison pour Noël.

— C'est une tactique qui ne marchera pas, Candyman. Je ne parle pas des nouveaux clients.

Son visage se durcit. Elle posa sur lui des yeux froids, immobiles, plus inflexibles qu'auparavant.

— Je parle des gens qui se glissent ici dans votre dos. Vous allez m'expliquer comment tout cela a pu se produire, et vous allez me l'expliquer tout de suite.

Candyman plongea une main dans sa poche bourrée de tablettes de chocolat, mais la retira vide.

— J'attends.

— Que voulez-vous que je vous dise ?

— Cette Victoria Cruz. Elle a un nom espagnol.

— La moitié des New-Yorkais aussi.

— Les clients qui partent aujourd'hui et les nouveaux ont eux aussi des noms latins.

— Ceux qui s'en vont ce soir sont brésiliens. Les nouveaux n'ont pas dit d'où ils sont. Il se trouve que je sais que la journaliste est cubaine. Elle a agi seule. Aucun lien entre eux.

— Vous pouvez prouver qu'il n'y a aucun lien ?

— Le lien n'a pas été établi.

Un instant, il avait pris le ton d'un avocat. Puis il le perdit pour dire :

— Croyez-moi, docteur, il n'y a pas de lien.

La doctoresse retira l'aiguille et essuya la petite piqûre. Elle respira profondément :

— L'ennui, dit-elle, c'est que je ne pourrai plus jamais vous croire.

Dans la pièce voisine, un bébé cria et les pas d'une infirmière se firent entendre.

— Comment la journaliste est-elle entrée en rapport avec la police et l'autre femme ?

Candyman se retint de hausser les épaules. Il réussit à remettre son foulard en place et à conserver un semblant de dignité :

— Elle devait être en rapport avec eux avant de venir ici.

— C'est évident. Elle a eu tout le temps voulu après vous avoir vu prendre contact avec eux au parc...

— Je n'ai pas été suivi !

— Bien sûr que si. Sinon, comment aurait-elle pu faire un rapprochement entre vous et les gens du *Plaza* ?

— Si ceux-là n'étaient pas les vrais clients, où voulez-vous qu'ils aient pris l'argent ?

— Ça n'est pas tellement cher pour le tuyau qu'elle a obtenu. Et vous lui avez bigrement facilité les choses. Vous avez tous été tellement négligents qu'elle est passée à côté de vous tous et qu'elle a cherché jusqu'à ce qu'elle trouve cette clef. Jusqu'à ce qu'elle en fasse un double et qu'elle entre dans cet immeuble et qu'elle monte jusqu'à cet étage...

— Je l'ai arrêtée !

— Un peu plus d'une heure après, la police est arrivée avec une autre femme. Vous n'allez tout de même pas continuer à me dire qu'elle n'avait aucun lien avec les nouveaux clients ? Ni avec la police ? Ni avec l'autre femme ?

— Je ne sais pas.

— Ça ne me suffit pas. Je veux une réponse.

— Je n'en ai pas.

— Vous feriez mieux d'en avoir une, mon bonhomme. Et vite, je veux dire. Avant d'avoir besoin de mon assistance professionnelle.

Elle laissa l'autre transpirer. Puis elle dit :

— La police et la deuxième femme ont-elles commencé leurs recherches dans cet immeuble par le sous-sol ?

— Oui.

La voix de l'avocat n'était plus guère qu'un murmure. Il plaça son carnet dans le cercle de lumière et l'étudia de près :

— Vers 7 heures et demie.

— Je ne vous entends pas.
— Il était environ 7 heures et demie.
— Pourquoi n'ont-ils pas vu le corps ?
— Il est resté accroché dans la cage de l'ascenseur, sur le haut de la cabine. Pour le voir, il faudrait vraiment le chercher.
— Et où sont-ils allés ensuite ?
— Ils sont remontés dans le hall. Ils se sont arrêtés à la mezzanine, puis au premier étage, au deuxième, au troisième et, pour finir, au neuvième.
— Au neuvième ?
À aucun moment la doctoresse n'avait élevé la voix.
— Un coup au hasard. Mais ce n'est qu'une supposition de ma part.
— Les chambres qu'ils ont ouvertes ont-elles un point commun ?
— Le hasard encore, il me semble. Je veux dire qu'ils ne pouvaient pas les visiter toutes.
— À quelle heure ont-ils quitté l'immeuble ?
— Il y a moins de dix minutes.
— Les trois policiers ? Et la femme ?
— Tous.
— Débarrassez-vous du corps.
— Je m'en occupe.
De sa forte main aux ongles coupés court, la doctoresse rangea l'aiguille et l'ampoule sur le plateau de métal :
— C'est vous qui les avez conduits ici.
Tremblant de peur, Candyman lâcha son carnet. Il le ramassa en tâtonnant par terre. Ses mains dégoulinaient de sueur.
La doctoresse ne se départait pas de son calme.
— La journaliste a appelé la police. Ils sont venus fouiller ici. La question, maintenant, est de savoir combien de temps il me reste.
L'avocat s'efforça de retrouver sa voix :
— En un sens, c'est peut-être ce qui pouvait arriver de mieux. Écoutez. Supposons que tout se soit passé comme vous l'avez dit. La journaliste a dit aux flics que ce grand hôtel n'était pas aussi désert qu'il en avait l'air. Alors, les flics et l'autre femme arrivent. Ils fouillent. Et qu'est-ce qu'ils trouvent ? Rien. Absolument rien. Pas le moindre indice. Alors, ils s'en vont. Ils sont satisfaits. Ils ont désormais la certitude que l'hôtel

est vide. S'en étant assurés par eux-mêmes, il pourra se passer des années avant qu'ils prennent la peine de revenir ici.

— Vous voulez dire qu'ils ne reviendront pas ?

— Je dis aussi qu'il faut redoubler de précautions. Je vous en prie, docteur, écoutez-moi. Je vous promets que tout ça ne se reproduira plus jamais.

La doctoresse remit en place les instruments scintillants. Candyman était désespéré :

— Je ne vous ai jamais lâchée jusqu'ici.

La main rabaissa la manche blanche dans un crissement de tissu empesé :

— Appelez la rue.

Candyman prit une radio et déploya l'antenne. Il mit le contact :

— Ahmed, tu es là ?

Il y eut des crachotements dans le poste.

— Je suis là, dit une voix.

Candyman tendit la radio à la doctoresse, qui éteignit la lampe de bureau et se recula dans l'obscurité. Dans la pièce voisine un bébé gémit, puis il y eut un bruit de pas pressés.

— Il est là.

Candyman tenait toujours la radio.

— Ils ont repris la garde. Voulez-vous lui parler ?

— Je veux que vous vous ôtiez de ma vue et que vous fassiez ce que je vous ai dit.

27

23 décembre, 20 h 17

La Rolls Royce noire de Zellner étincelait sous les lumières d'un théâtre de Broadway, où la foule se pressait pour voir une comédie musicale qui n'avait pas quitté l'affiche depuis trois ans. Un policier à cheval allait et venait dans un claquement de sabots.

À l'intérieur de la voiture, Kurt versa de l'alcool sur une serviette et la tendit derrière lui par-dessus le dossier. Susannah passa l'alcool sur le visage et les mains du vieil homme qui, sous sa couverture noire, tremblait de fièvre.

— Il n'aurait pas dû venir, dit Kurt en mouillant et en pliant une autre serviette.

Susannah rejeta en arrière les cheveux humides du vieil homme et lui essuya les sourcils.

— Au commissariat, ils ont tous écouté la cassette, mais ils ne veulent toujours pas croire ce que dit Victoria. Je leur ai dit ce que nous avions fait ce matin. Que nous avions été ici avec vous, dans cette rue-ci, pour ainsi dire à l'intérieur de l'hôtel. Ils refusent tous de nous croire.

— Vous n'aviez pas cru Zellner non plus, dit Kurt.

— Pas au début.

Le vieil homme, luisant de fièvre, tentait de se rapprocher de la vitre d'où il pourrait regarder l'hôtel obscur.

— Vous aviez dit que vous voyiez des « boîtes », dit Susannah. Est-ce que ça pourrait être... je veux dire...

Zellner renonça et s'effondra. Ses yeux fatigués clignotaient. Susannah lui rafraîchit les mains et attendit un peu avant de reprendre sa question interrompue.

— Les boîtes que vous aviez vues ne pourraient-elles pas être des chambres ?

Emmitouflé dans sa couverture, le vieil homme hocha la tête. Était-ce un non ?

— Je vous en prie..., essayez de les revoir...

Susannah n'osa pas insister. Cherchait-il à retrouver le fil de sa première vision ?

— Rien n'est clair...

Soudain, avec un claquement, sa bouche s'ouvrit tout grand. Ses paupières palpitèrent. Un son déchirant s'arracha du fond de l'homme frissonnant, un cri pour se protéger de quelque chose qui le terrifiait.

— Non !

— Je le ramène à la maison. Tout de suite.

Kurt rangea les serviettes et la bouteille d'alcool dans un sac de plastique.

Susannah se pencha sur le vieil homme :

— Des boîtes... Des chambres...

Il remua ses lèvres, toutes molles, et reprit :

— J'ai un terrible, un terrible...

— Ça suffit, maintenant !

Kurt avait crié.

— Où est Victoria ? demanda Susannah.

Les yeux se refermèrent douloureusement. Le visage cramoisi, moite de fièvre, s'enfonça sous la couverture.

— Je vous en prie... Vous voyez Victoria ?

Des larmes coulaient le long de ses joues écarlates.

— C'est affreux... affreux...

— Laddie ? Où est Laddie ?

Elle cherchait la moufle rouge dans la poche de son manteau :

— Tenez. Voilà sa moufle rouge.

Elle prit la main du vieil homme sous la couverture et referma les doigts tremblants sur la laine.

— Je vous dis, siffla Kurt, de cesser immédiatement !

Susannah insistait :

— Laddie..., dit-elle au vieil homme.

— Je... je ne vois pas le petit.

Il retomba, à bout de souffle :

— C'est la femme qui est si terrible... Elle me déchire...

— Regardez ce que vous avez fait ! dit Kurt.

Il s'efforça de relever le vieil homme sur la banquette arrière mais Zellner s'était effondré dans le coin, hors d'atteinte. Furieux, Kurt reprit le volant et mit le moteur en marche.

— Quand vous avez appelé, dit-il, j'ai essayé de lui dire qu'il était trop malade pour sortir...

Appuyant sur une commande à distance, le chauffeur ouvrit la portière du côté de Susannah. Il la congédiait, il lui ordonnait de s'en aller.

Elle se pencha sur l'homme blotti sous la fourrure, le supplia de regarder, par la vitre, l'hôtel dans toute sa hauteur.

— Là-haut... Il y a plus de 700 chambres. Si seulement vous pouviez me dire par où commencer...

La voix si faible, un souffle rauque, semblait venir de très loin :

— Rien en ce moment.

La main se leva et, soudain, agrippa celle de Susannah :

— N'allez pas... n'allez pas là-dedans...

— Laddie est là !

Il dit, d'une voix éraillée :

— Elle est entrée...

— S'ils la tiennent, ils savent que nous sommes sur leurs

traces. Ils savent que nous allons venir. Il faut que je les trouve avant qu'ils s'en aillent... avant qu'ils emportent mon fils...

Kurt était sorti de la voiture et se tenait devant la portière ouverte.

La voix de Zellner se fit encore plus lointaine. Susannah se rapprocha de lui.

— Le Minotaure.

— Quoi ?

— Allez-vous descendre, oui ou non ? cria Kurt, ses cheveux blancs flottant dans le vent.

— Le Minotaure... dans le labyrinthe. Le dédale... 700 boîtes. 700 chambres...

— Monsieur, il faut partir, dit Kurt.

— Promettez-moi, dit Zellner à bout de souffle. N'y allez pas...

Sa voix était si faible que Susannah avait peine à l'entendre, à ne pas tout perdre.

— Par où faut-il que je commence ? Y a-t-il quelque chose que vous pouvez me dire de faire ?

— Soyez... aussi ouverte que possible. Suivez votre intuition. Fiez-vous à vos sentiments. Mais n'entrez pas toute seule.

— Ça suffit ! cria Kurt.

Elle embrassa le visage fiévreux et retira la moufle rouge de la main de Zellner. Quand elle fut sur le trottoir, la portière arrière claqua derrière elle. Puis celle du chauffeur.

— Merci, dit-elle lorsque les gros pneus de la voiture chuintèrent sur la chaussée humide en s'éloignant rapidement.

Son premier geste fut de se cacher dans l'ombre d'une porte. Il ne fallait pas que l'homme qui attendait au carrefour la voie. De sa cachette, elle regarda les reflets froids des centaines de fenêtres noires.

— Le Minotaure... Le Labyrinthe... Le Dédale... 700 chambres...

Elle répétait les paroles de Zellner. Avait-il vu le labyrinthe ? Et la créature qui vivait au plus profond des ténèbres ? Si seulement il avait été en meilleure santé, il lui aurait certainement expliqué son allusion au mythe.

Elle se souvenait vaguement du mythe grec. Chaque année, une ville de la Grèce antique devait sacrifier sept jeunes gens et sept vierges tirés au sort. Un navire à voile noire les emmenait dans une île et on les envoyait dans le dédale souterrain du

Minotaure pour qu'ils y subissent leur destin. Jamais une des victimes n'avait réussi à découvrir la sortie du laryrinthe avant que le monstre l'ait atteinte. Thésée — oui, elle était sûre que c'était Thésée — osa y entrer pour surprendre et tuer le Minotaure grâce à une arme secrète, un fil qu'il déroulait au fur et à mesure qu'il s'enfonçait dans le dédale ténébreux.

Était-ce là ce que Zellner lui avait conseillé de faire ? Une fois entrée dans l'hôtel, elle devrait laisser traîner un fil derrière elle qui lui permettrait de retrouver le chemin du retour ? Était-ce cela qu'il avait voulu dire ? Il lui avait recommandé de ne pas y entrer seule, mais une idée l'incitait à ne pas écouter son conseil, une idée si folle qu'elle n'osait trop y penser, une idée qu'elle devait laisser voleter en elle comme un papillon qui s'apprêterait à se poser sur son épaule. Et cette idée, c'était qu'il y avait peut-être déjà un fil dans le labyrinthe.

« Attends, se dit-elle, ne va pas trop vite. » Mais quand elle s'était tenue à la fenêtre avec Foy, regardant les centaines de chambres obscures, c'était elle qui avait suggéré que certaines auraient pu être éclairées par un câble. Un câble électrique — un fil —, non pour trouver la sortie du labyrinthe, mais pour y entrer, pour conduire, dans cet énorme immeuble vide, au cœur secret battant au fond des ténèbres.

Debout dans la nuit, elle regardait la tour. Le vent glacé hurlait autour d'elle, des journaux claquaient contre le mur. Une pensée la réchauffait : il fallait bien qu'un câble électrique sorte de l'hôtel pour se raccrocher à une alimentation extérieure. New York n'ayant pas de poteaux télégraphiques, le branchement ne pouvait donc pas se faire sur la 8e Avenue, ni sortir des façades donnant sur les deux grandes artères de la ville. Il fallait que la ligne parte derrière l'hôtel et traverse l'espace, quel qu'il soit, le séparant des immeubles voisins.

Avant de changer de trottoir, elle jeta un coup d'œil au carrefour, à une cinquantaine de mètres. Devant la cafétéria, il y avait un garde. Il parlait avec quelqu'un. C'était une chance à ne pas manquer ! Elle courut jusqu'à la palissade et la suivit jusqu'à un espace vide entre l'hôtel et un théâtre. Pas plus large qu'une ruelle, mais bien assez pour les poubelles, un endroit où, les soirs d'été, les acteurs descendaient sans doute pour fumer une cigarette devant l'entrée des artistes.

Susannah regarda à travers la pluie, étudiant les briques sombres du mur de l'hôtel. Titubant, un ivrogne entra dans le passage en se cognant bruyamment aux poubelles. Il jura. Susannah restait immobile, silencieuse dans l'ombre. Elle entendit l'ivrogne pisser, soupirer d'aise et retourner sur le trottoir.

Finalement, après avoir parcouru deux fois le passage en regardant au-dessus d'elle, Susannah renonça. Elle était sûre qu'un seul câble devait descendre d'une de ces centaines de fenêtres là-haut et passer sur le toit du théâtre, vers sa source d'énergie secrète. La pluie et la nuit l'avaient vaincue.

Elle n'avait pas trouvé ce câble. Elle se croisa les bras pour essayer de se réchauffer. Elle ne sentait plus ses pieds, paralysés par le froid.

À la rubrique ARMURIERS, l'annuaire des professions donnait quarante-huit adresses.

Une rangée de canons de fusils luisait derrière la vitre et la grille d'acier du rideau de sécurité. Susannah s'approcha. Sous une guirlande de Noël, elle aperçut les armes de poing. Des revolvers. Des pistolets. Des automatiques. Quels que soient leurs noms, des armes. Des armes à feu et des boîtes de munitions. Elle s'approcha de la porte et, sur un écriteau, elle lut : FERMÉ.

Appuyée contre la grille d'acier glaciale, elle voyait une lumière au fond du magasin. Était-elle allumée pour tromper les cambrioleurs ? Ou bien y avait-il encore quelqu'un à l'intérieur ? Un homme traversa la lumière. Comme elle ne pouvait pas cogner à la porte derrière la grille, elle se mit à secouer celle-ci.

L'homme sortit de la lumière et s'immobilisa au milieu du magasin en faisant un geste pour indiquer que c'était fermé.

Elle tapait sur l'acier.

Il montra l'écriteau mais le vacarme de Susannah prouvait qu'elle n'avait pas l'intention de s'en aller. Il s'approcha de la vitrine. Il était jeune, avec un visage rond et des cheveux coupés court. Comme un héros de western toujours sur le qui-vive, il tenait ses mains serrées contre sa ceinture. Il cria :

— C'est fermé !

Susannah répondit en ébranlant la grille qui se mit à vibrer bruyamment.

Baissant les épaules en signe d'impuissance, l'homme se

dirigea vers l'entrée du magasin. Il poussa des verrous, tourna des clefs sur la porte, mais la grille d'acier les séparait toujours.

— Je vous en prie.

Bien que son visage fût dénué d'expression, le jeune homme avait l'air plus détendu. Et si elle était dingue ? Ou soûle ? Pourquoi voulait-elle absolument entrer dans le magasin ? Il débloqua la grille d'acier et la replia. Susannah entra. Il referma la porte derrière elle et la verrouilla. Ses mains restaient à la hauteur de sa ceinture.

— Vous avez un gros problème ? Vos derniers achats de Noël ?

Il avait un léger sourire, comme si sa propre plaisanterie l'amusait.

Susannah s'était déjà tournée vers une vitrine contenant plusieurs rangées d'armes de poing. Des yeux, elle les parcourut et désigna un revolver.

— Smith et Wesson, calibre 38, dit-il.

Mais il ne fit pas un geste pour ouvrir la vitrine et en retirer l'arme. Il attendait, les mains serrées sur le rebord du comptoir. Il croisa le regard de Susannah. Elle fit un signe d'acquiescement, c'était bien l'arme qu'elle voulait :

— C'est combien ? dit-elle.

— Vous avez le permis d'achat ?

— Voilà, dit-elle.

Elle sortit de son manteau une liasse de billets de 100 dollars. Il posa ses mains sur le comptoir et fit signe que non.

— Je vous en prie.

— Il faut un permis.

— J'en ai besoin maintenant...

Il sortit de derrière le comptoir et se dirigea vers la porte d'entrée. Il l'attendait, la main sur la poignée. Il la mettait à la porte de son magasin.

— Il faut que je...

Elle tendait les billets.

— Pas question, dit-il. Pas chez moi.

Elle se tourna vers les lumières de la rue :

— Les gens, là, ils sont tous armés.

Elle montrait de la tête les ombres qui passaient de l'autre côté de la grille :

— Vous n'allez pas me dire que tous les New-Yorkais qui portent des armes ont des permis ?

— Je ne sais pas.

— Des criminels. Des repris de justice. Où se procurent-ils leurs armes ?

— Je n'en ai pas la moindre idée.

Il fit tinter ses clefs. Il voulait qu'elle quitte le magasin.

— Je vous en prie...

— Je suis déjà en retard, dit-il.

Elle refusait de se rapprocher de la porte :

— Si vous ne voulez pas me vendre une arme, alors, dites-moi où je dois aller.

— Un conseil. Renoncez. Avec une arme, il faut savoir ce qu'on fait.

— Je n'ai pas le choix.

— Vous risquez de gros ennuis.

Susannah se retrouva dans la rue avec sa poche pleine de billets de 100 dollars, tandis que la grille de fer se refermait à grand bruit derrière elle. Sans arme.

Une demi-heure plus tard, marchant d'un pas rapide parmi les acheteurs de Noël dans le vent glacé de l'hiver, elle tenait, dans la poche de son manteau, un revolver 357 Magnum avec six balles dans le magasin, la sûreté mise.

Tout avait été parfaitement simple. D'abord, elle était retournée sur la 8e Avenue. Puis elle était entrée dans un théâtre porno, et elle avait demandé à la caissière si elle pouvait voir le directeur. Elle s'était dit que, pour protéger sa caisse, il devait posséder une arme. Elle lui avait demandé où elle pourrait en acheter une. Avait-il seulement entendu sa question, cet homme qui avait l'air d'un bibliothécaire avec ses lunettes à verres épais, son complet d'homme d'affaires luisant et sa cravate ? Il n'avait rien répondu. Il était rentré dans son bureau en claquant la porte. Derrière son guichet, la caissière, qui s'était mise à manger un hot-dog à la choucroute, lui avait dit alors que si elle ne s'en allait pas, elle appellerait un flic.

Dans une boutique de spiritueux, Susannah avait acheté un daiquiri en boîte et attendu que le caissier, un noir au long visage maigre, soit seul. Par-dessus un étalage de cacahuètes, de maïs et de chips, elle lui avait demandé où elle pourrait trouver une arme. Il avait hoché la tête. Elle lui avait montré son permis de conduire pour lui prouver qu'elle n'était pas de la police. Elle avait argumenté. Peut-être avait-il compris sa situation désespérée ? Il avait décroché un téléphone et marmonné quelque chose qu'elle n'avait pas entendu. Vingt minutes plus tard, un jeune homme qui avait l'air d'un cul-terreux, avec une barbe jaune et des cheveux cachés dans le capuchon d'une parka verte, l'attendait dans l'ombre d'un parking. Il plaça six cartouches dans le magasin d'un Magnum et lui montra comment mettre et enlever la sécurité. Elle lui donna deux de ses billets de 100 dollars et serra l'acier froid dans sa main. Il lui dit même :

— Joyeux Noël !

Elle acheta une lampe torche et téléphona à la standardiste du Plaza Hotel pour lui donner des instructions. Si elle ne rappelait pas avant minuit, il faudrait alerter la police et son père.

Et elle retourna en hâte à l'hôtel désaffecté.

La voix de Victoria sur la cassette lui avait signalé la présence du garde au carrefour de la cafétéria. Susannah elle-même avait prévenu la police que ce guetteur alerterait ses complices par radio. Elle regarda à travers la circulation grondante. Où était donc le garde ?

Elle traversa la 8ᵉ Avenue en courant et passa volontairement devant le coin de la cafétéria. À aucun moment elle ne ralentit le pas, et elle n'osa pas pousser la porte pour chercher à voir le garde.

Elle faisait semblant de se hâter vers les lumières brillantes des théâtres, et c'est seulement à mi-chemin du bloc d'immeubles qu'elle prit le temps de jeter un regard en arrière. Il n'y avait toujours pas de garde au carrefour.

De l'autre côté de la rue, la masse obscure de l'hôtel se dressait.

Elle leva les yeux et son cœur se serra. Avec toutes ces fenêtres noires brillantes qui semblaient guetter, la tour paraissait tellement immense, tellement vide ! Les policiers avaient toujours cru qu'elle était déserte. Ils n'avaient fait leurs recherches que sur son insistance. Ils s'étaient rapidement persuadés que ces 723 chambres étaient vides, obscures et froides. Les policiers s'étaient dépêché de retourner à leur voiture bien chauffée et de reprendre le chemin du commissariat. Foy était rentré chez lui pour retrouver sa famille. Le matin de Noël, son petit garçon ouvrirait le paquet contenant un train électrique et Foy prendrait une quantité de photos. Susannah était désormais seule sous la pluie glaciale qui se mêlait à ses larmes brûlantes. Les policiers avaient-ils raison ? Que les ravisseurs de Laddie se soient cachés quelque part au milieu de toutes ces ténèbres, cela lui paraissait, soudain, invraisemblable.

Mais si Laddie n'était pas là, où pouvait-il se trouver ? Elle s'interdit d'y penser. Elle voulait croire, de toute son âme, qu'il était là, à l'intérieur. Si elle était la seule à le croire, tant pis, elle serait la seule. Il n'y avait plus qu'elle pour pénétrer à l'intérieur et le retrouver. Elle allait risquer le tout pour le tout. Il fallait qu'il soit là.

Et ces individus qui se cachaient au fin fond de l'immense hôtel ? Elle se demandait ce qu'ils faisaient à cet instant précis. L'absence du garde au carrefour l'inquiétait. Elle en était venue, de plus en plus, à croire qu'ils avaient intercepté Victoria. Ils la tenaient. Avec le vacarme qu'avaient fait les policiers, et la fumée de leurs cigarettes, comment les autres auraient-ils pu ignorer leur incursion ? Ils devaient être sur le qui-vive, bien plus qu'à l'arrivée de Victoria, puisqu'ils savaient que la police avait visité les lieux.

Susannah avait une arme. Elle avait une clef. Si elle voulait un jour serrer de nouveau Laddie sur son cœur, elle ne devait plus attendre pour faire ce qu'elle avait à faire. Il fallait qu'elle ait le courage de pousser cette porte vitrée et de plonger dans l'obscurité de l'hôtel.

28

23 décembre, 20 h 45

Et il n'y avait toujours pas de garde au carrefour pour surveiller la palissade. Qu'est-ce que ça signifiait ? Susannah refusa d'y penser. Elle passa par le panneau de bois, le referma derrière elle. Pourtant, cette pensée la taraudait et son pas s'était alourdi lorsqu'elle parvint à la porte vitrée. Puisqu'ils savaient que l'hôtel avait été visité par deux fois, peut-être le garde était-il en faction dans le hall ? Peut-être guettait-il en ce moment même ? Dans le noir ? Derrière la porte ?

Elle regarda à travers la vitre mais ne vit rien.

Elle serrait la clef dans sa main. Et s'ils avaient déjà changé la serrure ? Et si la clef ne fonctionnait pas ? La clef entra dans la serrure et tourna parfaitement. Susannah poussa la porte et avança prudemment. La porte se referma et la serrure claqua.

Le bruit la fit sursauter.

Elle attendit. Quelqu'un d'autre avait-il entendu le claquement ? Seule dans le noir, elle se sentait bien petite. Le hall était-il plus vaste, plus vide maintenant qu'elle s'y retrouvait seule ? Le lustre, là-haut, se balançait en cliquetant. Sur les fenêtres du côté de la 8e Avenue, des lumières passaient. Les journaux froissés voletaient bruyamment.

Le plan de Susannah était simple. À chaque étage de la tour, sous chaque porte, elle chercherait un rai de lumière. Et si la lumière était occultée, elle chercherait un câble dans le labyrinthe, le câble qui amènerait cette lumière. Elle regarderait, sans oublier d'écouter. Elle s'arrêterait à chaque porte, guettant le bruit le plus discret, le plus léger. À chaque porte. Mais était-il possible d'inspecter chacune des chambres de ces trente-et-un étages ? Foy avait bien dit que cette recherche mènerait jusqu'au Nouvel An. Bien sûr, l'inspecteur, qui ne tenait pas à se livrer à cette investigation, avait exagéré le temps nécessaire. Tout de même, elle devait bien se dire qu'il lui faudrait de longues, de très longues heures.

Par où commencer ? Sans ascenseur, monter au trente-et-unième étage lui paraissait trop épuisant. Elle réfléchit. Si l'ascension la décourageait à ce point, ce devait être à plus forte raison le cas pour les membres du gang, qui auraient à monter et à descendre plusieurs fois par jour. Personne ne s'y résoudrait. Elle décida, sans raison particulière, qu'ils ne devaient pas monter plus haut que le quinzième étage. Donc, ils se cachaient dans l'une des 300 chambres, quelque part entre la mezzanine et le quinzième étage. Par où commencer ? Par le quinzième, en descendant étage par étage ? Ou bien était-ce plus logique de commencer par ici, au rez-de-chaussée, et de monter ensuite ? Pourquoi ne pas adopter la solution la plus simple ? Pourquoi imaginer que les kidnappeurs aimaient plus qu'elle monter les escaliers ?

Elle traversa rapidement le hall dallé de marbre jusqu'à l'escalier.

Un léger bruit lui fit ralentir le pas. Elle leva les yeux vers le lustre qui se balançait dans le courant d'air. Non, ce n'était pas du verre qu'elle entendait. C'était un bruit précis, animal.

Comme de petits cris aigus. Sans allumer sa torche, elle regarda le sol. Y avait-il des ombres mouvantes ? Des ombres qui glissaient au ras du sol ? Elle recula, trébucha, retint son souffle. Autour d'elle, des cris perçants montaient de partout. Des rats sautaient de toutes parts sur ses chaussures. Elle mit sa main sur sa bouche pour ne pas crier.

Une fois dans l'escalier, elle s'appuya contre le mur, le temps de reprendre haleine et d'ôter les légères chaussures, qu'elle avait achetées, un jour de canicule, dans un supermarché en Californie. La Californie, le soleil... Avait-elle vraiment vécu en Californie ? Avait-elle vraiment connu la chaleur et le bonheur, avait-elle pu redresser la tête et marcher à l'aise sans se recroqueviller dans le froid et trembler de peur ? Elle fourra ses chaussures dans les poches du manteau de Victoria et commença son ascension.

Les policiers avaient inspecté le rez-de-chaussée, la mezzanine et les trois premiers étages, puis ils avaient renoncé et, parce que Susannah avait insisté, ils étaient finalement montés jusqu'au neuvième. L'ennui, c'était qu'ils n'avaient opéré que par sondage. Susannah résolut d'être plus méthodique. Elle s'arrêterait à chaque porte de chaque étage.

Au premier, elle poussa lentement la porte de l'escalier et mit le pied sur la moquette. Au bout du couloir, une fenêtre se détachait en gris sur le noir absolu du couloir. Elle donnait sur la rue avec ses théâtres, et la vitre en reflétait les lumières. Elle s'efforça d'étouffer le bruit de ses pas dans le couloir. Elle saisit le bouton de la première porte. Fermée. Elle s'agenouilla, tâta le bas de la porte et sentit une fente, assez grande pour laisser passer la lumière si la pièce avait été éclairée à l'intérieur.

Elle écouta ainsi à chaque porte.

Les vingt-cinq portes du premier étage lui prirent plus de temps qu'elle n'aurait cru. Elle alluma sa torche sous son manteau pour regarder sa montre. Elle s'étonna de s'être tellement trompée dans son estimation : elle n'avait passé que onze minutes au premier étage, alors qu'elle avait cru qu'il s'était écoulé plus d'une heure.

La pensée qu'il n'y avait pas de garde à la porte l'obsédait, l'empêchant d'ouvrir la porte de l'escalier. Où était le garde ? Et si, au même moment, il montait l'escalier ? Le pire qui pût lui arriver serait de se cogner contre lui, ou contre l'un de ses complices, dans l'escalier. Elle serait dans le noir, mais les autres, eux, n'avaient aucune raison de ne pas s'éclairer. Où pourrait-elle se cacher ? Non, elle ne devait pas se laisser surprendre par eux. Elle ouvrit sans bruit la porte de l'escalier. Elle écouta. Elle n'entendit aucun pas sur les marches métalliques. Alors, déchaussée, elle posa un pied, puis l'autre, et enfin monta.

À la dernière marche avant le quatrième étage, elle fit une halte pour reprendre son souffle, puis, sur la pointe des pieds, elle passa dans le couloir. Comme elle s'y attendait, elle retrouva la fenêtre donnant sur la rue avec sa lueur pâle. À l'angle du couloir, presque tout au fond, des rafales de vent glacé dispersaient des gouttes de pluie. Une fenêtre était grande ouverte. Des rideaux déchirés flottaient dans le noir. Elle contourna une flaque d'eau sur la moquette. Au-dehors, dans la nuit, les lumières de la ville éclairaient la pluie.

Ayant passé l'angle du couloir, elle aperçut une porte ouverte du côté cour. Elle entra dans la chambre. Elle releva la fenêtre à guillotine. Dans le courant d'air, la porte claqua avec fracas. Paralysée de terreur, elle attendit, cachée, mais le vacarme n'avait alerté personne. Lorsqu'elle osa regarder au-dehors, dans la cour, elle ne vit pas plus de lumières que n'en avait vu la police. Rien que vingt-cinq étages de fenêtres noires, des centaines de fenêtres luisant dans le froid.

En retournant à l'escalier, elle trouva une porte ouverte et la poussa pour entrer dans une chambre glaciale où le vent, s'engouffrant par un carreau cassé, faisait claquer le papier déchiré sur toute la hauteur du mur. Quelque chose remua dans un coin. Elle se figea en s'efforçant de rester totalement immobile dans le noir. Un vol de pigeons bruissa devant son visage, puis battit des ailes furieusement contre elle. Luttant contre la panique, elle étouffa un hurlement de terreur. Elle sortit en chancelant et referma la porte aussi doucement que possible sur le bruit des ailes frémissantes.

Tremblant de peur, elle s'effondra sur les marches d'acier glacées. Ses jambes cotonneuses refusaient de la hisser jusqu'à l'étage au-dessus. Son cœur se serra. Jusqu'alors, elle avait évité de penser à Victoria. Victoria qui était venue là toute seule. Qu'avaient-ils fait à Victoria, ces bandits ? Susannah pressentait, au fond de son cœur, que son amie était morte. Personne n'avait besoin de le lui dire. Et elle courait le même danger. Elle se laissa aller contre le mur. D'abord, elle éprouva le besoin de s'asseoir et de pleurer. Puis elle eut envie de dégringoler l'escalier, de franchir la porte et de courir sous la pluie jusqu'à un hôtel de première catégorie, un hôtel vraiment confortable où elle serait à l'abri, enfermée dans une chambre chauffée où elle pourrait se fourrer au lit.

Mais alors, qui chercherait Laddie ?

Elle se releva et se mit à grimper les marches d'acier qui conduisaient au cinquième étage.

Dans le couloir obscur, elle chercha du regard l'endroit où aurait dû normalement se trouver la fenêtre qui découpait un rectangle gris dans le noir. Il n'y avait pas de lueur grise. Rien ne reflétait les lumières de la rue. Ici, au cinquième étage, la fenêtre avait été masquée. Pour quelle raison ?

Susannah comprit aussitôt. C'était pour empêcher la lumière d'être vue du dehors. Ils devaient donc se trouver ici, au cinquième. Dans l'obscurité totale, n'osant pas allumer sa torche, elle se dirigea vers la première porte. Elle trébucha. Son pied s'était pris dans une corde. Elle s'accroupit et, prenant soin de cacher sous son manteau sa torche qu'elle venait d'allumer, elle inspecta la moquette. Non, ce n'était pas une corde, c'était un câble électrique.

Le câble sortait d'une chambre qui faisait face aux immeubles de l'autre côté du passage. Toutes les pièces du puzzle se rassemblaient. Susannah était désormais certaine d'avoir découvert le câble branché sur le courant du théâtre. C'était ce qu'elle avait cherché dans le passage et que la pluie, dans la nuit, l'avait empêchée de trouver. Elle éteignit sa torche. Du bout du pied, elle tâta le câble et se mit à le suivre le long du couloir.

Elle s'arrêta à chaque porte, l'oreille tendue. Au-dehors, sous la pluie, un avertisseur nasilla. Ici, à l'intérieur de l'hôtel, aucun signe de vie. Le câble électrique tourna à un angle du couloir. Alors, elle entendit un cri.

Un bébé criait. Impossible de s'y tromper. Un cri qu'une mère reconnaîtrait à cent lieues. Et il venait de là, à quelques mètres seulement. Elle se plaqua contre le mur. Elle écouta. Le cri, le braillement d'un bébé, long, soutenu. Elle se glissa jusqu'à l'angle du couloir. Brusquement, un flot de lumière jaillit d'une porte qui s'ouvrait. Les cris devinrent plus aigus, à deux ou trois portes derrière l'angle du couloir. Fuyant la lumière, Susannah recula dans l'ombre.

29

23 décembre, 21 h 30

Une radio cracha des parasites. Puis une voix de femme pressante appela du bout du couloir :

— Candyman ?

Une autre voix domina les parasites :

— Je l'ai bien reçue. Ahmed et moi, on est en train de monter.

La porte se referma. L'obscurité revint dans le couloir. Une obscurité pas tout à fait totale. Derrière le coin du couloir, une faible lumière vacillait. Une lanterne ?

Susannah entendit des pas sur la moquette, et sentit une odeur de cigarette. À quelques pas de là, la femme à la radio attendait celui qu'on appelait Candyman. Et Ahmed. Elle allait et venait devant la porte de la chambre d'où la lumière avait jailli. Elle bloquait le couloir. Derrière Susannah, du côté d'où elle était venue, la porte de l'escalier ne tarderait pas à s'ouvrir. Candyman et l'autre s'engageraient alors dans le couloir. Si elle restait là, même en se collant contre la porte fermée, les deux hommes ne manqueraient pas de la voir lorsqu'ils arriveraient dans le couloir.

Elle entendit la porte de l'escalier qui s'ouvrait à grand bruit.

— Putain d'escalier !

— Candyman ?

Une infirmière en blanc, portant des lunettes noires, apparut au coin du couloir, courant vers les hommes.

Susannah se décida. Elle traversa le couloir pour se réfugier dans l'ombre. Mais celle-ci suffirait-elle à la dissimuler, le temps que les trois autres passent devant elle ?

— La Chienne est prête à vous tuer, les gars. Pendant une demi-heure, il n'y a eu personne de garde !

— Elle voulait qu'on enlève le machin de l'ascenseur, non ?

— Enfin, quoi, merde ! On ne peut pas être partout à la fois, dit la troisième voix, celle d'un homme avec un fort accent.

Susannah se demanda si c'était lui qu'on appelait Ahmed. Ils venaient vers elle, éclairés par la lumière dansante d'une lanterne ballottée. Elle regardait l'ondoiement lumineux se rapprocher de plus en plus d'elle.

— Qui est de garde en ce moment ?

— Shelley. Je lui ai demandé d'appeler la Chienne et de lui dire qu'on est couverts.

— Elle ne marchera pas. Vous l'avez tellement baisée, les gars, que vous l'avez rendue vachement parano.

— La Chienne est plus dingue que jamais. Je vais m'en occuper.

Les trois, avec leur lumière, passèrent devant Susannah, puis ils tournèrent le coin du couloir en marchant d'un pas ferme.

— Attendez. N'entrez pas tout de suite, chuchota l'infirmière. Pas avant de vous être calmés.

— Tu crois qu'elle se montrerait reconnaissante ! dit Candyman. Cet après-midi, j'ai conclu une affaire de 100 000 dollars et j'en ai mis une autre en route, et elle s'apprête à nous liquider. Merde !

— Attendez ici, dit l'infirmière. Dès que j'aurai la confirmation, par radio, que Shelley est en bas, je vous appelle.

Un instant, le couloir fut illuminé. Puis la porte se referma. On entendit des pas dans le noir. Susannah retint sa respiration.

— T'as une cigarette ? demanda la voix à l'accent.

— J'ai mieux que ça si j'arrive à ouvrir ce putain d'étui.

— Tu crois que la Chienne va te laisser continuer ?

— Tu ne vas pas la quitter.

— Je veux dire...

— T'en fais pas. La Chienne a besoin de moi. Comme des 200 000 dollars de cet après-midi. Putain, si je ne croyais pas qu'elle a besoin de moi, je ne serais pas ici à me faire chier. La Poisse, il a essayé de s'en aller. Et tu sais ce qui lui est arrivé.

— Tu veux dire que c'est elle qui a fait le coup à la Poisse ? dit Ahmed d'une voix sourde, effrayée, mais aussi pleine de respect.

Susannah entendit les deux hommes marcher au bout du couloir.

— Pour la Poisse, bonhomme, t'en es sûr ?

Les pas approchaient du coin du couloir. Susannah priait pour qu'ils fassent demi-tour. Mais s'ils ne tournaient pas ? Faudrait-il qu'elle s'enfuie ? Non ! Le moindre mouvement, le moindre bruit la trahiraient.

— Bon Dieu, dit Ahmed, à voix encore plus basse. C'est toi qui as liquidé la Poisse.

Les pas, à 3 mètres, s'arrêtèrent. Les deux hommes ne bougeaient plus.

— Je ne savais pas.

— Maintenant, tu sais.

— C'est vrai, je ne savais pas. Eh ben !

— Tiens, essaie ça.

— Quoi ?

— Ce que je t'ai dit. C'est meilleur que tes Winston.

Les pas tournèrent et arrivèrent tout près du coin du couloir. Susannah sentit son cœur battre si fort que chaque coup lui parut résonner comme un roulement de tambour d'un bout à l'autre du couloir. Ils n'étaient plus qu'à quelques mètres de l'autre côté du coin. Entendaient-ils les battements de son cœur ? Et sa respiration ? Avaient-ils senti quelque chose ? Elle se tassa dans l'ombre.

Une allumette craqua. Une flamme orange dansa dans l'obscurité. Susannah vit le plus grand allumer la cigarette de l'autre, puis la sienne. Ils aspirèrent une longue bouffée. Le plus petit parla, de cette voix retenue et rauque des fumeurs de hasch qui gardent la fumée :

— C'est du bon.

— Le meilleur.

— Hawaii ?

— Colombie.

— T'as du pot de l'avoir trouvé.

Un déclic métallique se fit entendre.

— Chouette étui. Fais voir ?

Susannah vit Ahmed sortir un briquet et l'allumer pour examiner l'émail noir et le métal brillant d'un étui à cigarettes.

— Superbe.

Ils s'éloignèrent tous deux du coin du couloir. La fumée âcre arriva jusqu'à Susannah.

La porte s'ouvrit. La lumière, plus crue que celle d'un éclairage ordinaire, illumina le couloir. Une femme, en blouse d'infirmière d'un blanc éclatant et portant des lunettes de soleil noires, apparut dans la porte :

— Candyman. Toi seul.

L'infirmière s'engagea dans le couloir :

— À cause de vous, elle veut que je descende contrôler, dit-elle d'un ton amer. Ahmed, tu viens avec moi.

— Merde ! Je viens de me taper tout l'escalier pour monter !

— Donne-moi la radio, dit Candyman en éteignant avec soin sa cigarette contre le mur avant de glisser le mégot dans sa poche.

L'infirmière et Ahmed passèrent rapidement devant Susannah.

Dans la chambre ouverte, violemment éclairée, un bébé gazouillait. Susannah courut en rasant le mur. Candyman, debout dans la lumière de la porte, se figea. Il sentit le canon d'une arme pressé contre son dos.

— Continuez à marcher, dit Susannah.

Le bébé gazouillait gaiement. Susannah murmura :

— Et ne faites pas de bruit.

30

23 décembre, 21 h 35

Une lumière aussi forte que le soleil d'été lui brûla les yeux. Larmoyant, elle battit des paupières et les frotta du dos de sa main. Pourquoi cette chambre était-elle plus chaude et plus claire qu'un jour d'été ?

Des projecteurs ? Tout miroitait comme sous l'éclat du soleil. Elle entendait le gazouillis de bébés qu'elle ne voyait pas. L'un d'eux s'étrangla et se mit à crier. Un autre pleurnicha. L'avocat se retourna. Susannah lui fit signe de poser la radio sur un classeur, mais l'avocat la lança dans une corbeille pleine de couches et de flacons où elle atterrit avec un bruit retentissant.

Un bébé se mit à hurler.

Un long moment, les yeux blessés par cette lumière éclatante, Susannah maintint l'homme immobile tandis qu'elle s'efforçait d'accommoder sa vue sur la rangée de berceaux, dans cette grande pièce qui avait été le salon d'une suite de l'hôtel.

Laddie était-il là ?

Une voix, calme et pleine d'autorité, demanda :

— Candyman ?

L'avocat, qui ne quittait pas des yeux la main armée de Susannah, ne répondit pas. Susannah appuya le canon du pistolet contre les côtes de l'avocat.

— Répondez-lui.
— Oui, docteur ?
— Toi et Ahmed, vous vous êtes débarrassés du corps ?
— Oui, docteur.
— Tout s'est bien passé ?
— Oui, docteur.

Le cri d'un des bébés se transforma en un gémissement pressant. L'avocat regarda Susannah, qui prit, elle, une seconde pour regarder les berceaux. Il lui sembla que son cœur s'arrêtait et ne repartirait plus. Laddie était-il là ?

La voix si calme se fit encore entendre du bureau :

— Encore une bavure et il faudra s'en aller d'ici. Je veux que tous les postes de sécurité soient contrôlés.

Susannah fit signe à l'homme de répondre :

— OK, dit-il.
— Pourquoi crier d'une pièce à l'autre ?

On entendit un siège bouger :

— Qu'est-ce qui se passe ? demanda la doctoresse.
— Restez là, docteur. J'arrive.

Candyman n'avait pas alerté la doctoresse qui apparut dans l'encadrement de la porte, pleine d'aplomb, dans sa blouse blanche, la doctoresse aux longs cheveux gris, calme et énergique. Ses lunettes noires se tournèrent vers l'avocat et la jeune femme au pistolet. Susannah espérait que sa main ne tremblerait pas trop, pas au point de la trahir.

Personne ne parlait.

Le bébé hurlait horriblement. Dans un autre berceau, un nourrisson prit le relais. Susannah braqua son arme sur la femme, en priant désespérément pour que sa main ne tremble pas.

— Où est mon fils ?

La doctoresse ne manifesta pas la moindre peur. Sous la menace du pistolet, elle parla encore plus posément :

— Vous n'avez aucune connaissance des armes. Vous tremblez. Posez ce machin avant que quelqu'un ne soit blessé.
— Rendez-moi mon fils. Laddie. Il a 2 ans. Blond aux yeux bleus.
— Candyman, dit la doctoresse calmement. Dites-le-lui.
— Il n'y a rien qui lui ressemble ici.

Le pistolet hésita entre deux cibles, la femme en blanc ou le grand type.

— Pas de garçon de 2 ans. Voyez vous-même, dit la doctoresse. Si vous ne mettez pas de lunettes, vous feriez mieux d'éteindre les lampes solaires.

— Faites-le vous-même.

Les lampes s'éteignirent, et la pièce passa du midi brûlant au crépuscule tiède. La doctoresse s'approcha du bébé qui criait :

— Vous permettez que je m'occupe de l'enfant ?

— Ne faites aucun geste brusque, dit Susannah.

Puis, se tournant vers l'avocat :

— Passez là, à côté d'elle.

— Vous voyez qu'ils sont parfaitement soignés, dit la doctoresse.

Elle berçait le bébé qui s'agitait dans ses bras. Était-ce de l'amour, qu'elle lui manifestait ainsi ? Susannah jeta un coup d'œil aux cinq berceaux. À côté du bébé qui criait, un autre pleurait. Un troisième, indifférent, dormait paisiblement. Cinq berceaux. Dont deux vides. Trois nourrissons tout roses, aveugles comme des taupes avec leurs lunettes de plastique nouées autour de leurs gros crânes de bébés.

— Vous voyez ? dit l'avocat. Pas d'enfant de 2 ans ici.

— Et quand vous ne pouvez pas les acheter à de pauvres filles perdues, vous prenez tout de même les commandes. Et qu'est-ce que vous faites ? Vous guettez jusqu'au moment où vous trouvez exactement l'enfant que vos acheteurs réclament ?

— Nous les appelons nos clients. Nous travaillons seuls, dit l'avocat. Nous n'acceptons pas les tuyaux qui ne viennent pas de notre groupe. Trop dangereux. Quelquefois, nous cherchons pendant des jours. Cette nuit-là, avec vous, nous avons eu de la chance. Il nous fallait un garçon blond aux yeux bleus d'environ 2 ans. C'est moi qui l'ai repéré. C'est moi qui ai eu l'idée d'aller voir le Père Noël du grand magasin. Je me suis dit que c'est là qu'on trouverait les gosses.

Susannah regarda la porte du bureau.

— Il est là, dans cette pièce !

— Voyez vous-même.

La doctoresse remit le bébé qui pleurait dans son berceau avec une douceur surprenante.

Susannah craignait, si elle franchissait la porte du bureau, de ne pouvoir braquer son arme à la fois sur l'homme et la femme. Elle recula :

— Tous les deux, passez devant. À l'intérieur. Vite !

Les lunettes noires de la doctoresse firent face à la main tremblante de Susannah. Laissant les bébés continuer leur concert, ils entrèrent tous les trois dans le bureau, qui avait été primitivement la chambre à coucher de l'appartement. À côté d'une armoire vitrée remplie de flacons, de bouteilles et d'instruments étincelants, la porte ouvrait sur une autre pièce, obscure. Susannah fit entrer ses otages dans la deuxième pièce et son cœur se serra. À l'exception d'un lit et d'une commode d'hôpital, elle était vide. Ils retournèrent tous les trois dans l'autre pièce. Susannah remarqua alors, sur un plateau en acier inoxydable, une seringue, un tuyau de caoutchouc et quelques ampoules. La réponse était là : le lien qui unissait les membres du gang. La doctoresse se droguait. Tout comme ceux qui gardaient l'immeuble en bas dans la rue, sans compter les autres que Susannah ignorait. Tous des drogués.

— Et vous êtes médecin ! dit-elle. Vous leur fournissez la drogue et ils vous paient en vous fournissant les gosses.

— Elle vous sous-estime, docteur, dit l'avocat.

D'un classeur ouvert sur le bureau devant une pendule, Susannah tira une feuille de papier portant des numéros de téléphone, mais pas de noms. Elle éparpilla une pile de reçus provenant de pharmacies. Elle ne trouva pas de fiches sur des cas précis, ni de photos polaroïd de bébés ou d'enfants. Elle balaya du bureau les papiers, puis ouvrit brutalement un tiroir dont elle renversa le contenu sur le sol.

— Où sont les fiches ?

— Pas de fiches, dit la doctoresse. Pas d'archives.

— Vous mentez.

La doctoresse, qui portait toujours ses lunettes noires, haussa les épaules. Son air impassible montrait qu'elle avait l'intention d'attendre que la jeune mère se calme. L'intruse ferait un faux pas, et les deux autres agiraient. Telle était leur idée. Mais, bon sang, se dit Susannah, elle avait son plan, elle aussi. Elle jeta à l'avocat :

— Vous, tournez-vous, le nez au mur !

Il obéit. Seule la doctoresse et ses lunettes brillantes lui faisaient encore face.

— Ôtez ces lunettes.

Ses yeux, d'un bleu clair surprenant dans un visage si hâlé, n'exprimaient rien, pas la moindre émotion, lui donnant cet air figé propre aux épouses des hommes politiques que l'on voit à la télévision.

— Je sais qu'il est ici. La journaliste que vous venez de tuer a vu un de vos hommes coiffé de son bonnet de laine rouge.

— Il n'y a pas eu de journaliste ici, dit la doctoresse d'une voix qui ne souffrait pas la contradiction.

— Ni de policiers non plus, riposta Susannah.

— Regardez. Voyez vous-même. Les enfants sont parfaitement soignés...

— ... Et que leurs mères aillent se faire voir ?

La doctoresse se contentait d'attendre. Ils étaient deux contre cette femme, qui tremblait avec son pistolet. La doctoresse était sûre d'elle : elle avait le temps pour elle.

— Je sais ce que vous faites. Je sais comment vous procédez. Les policiers le savent aussi.

— Alors, pourquoi ne les avez-vous pas amenés avec vous ?

— Ça suffit ! Rendez-moi mon fils !

Le pistolet était braqué sur la pochette de la blouse blanche :

— Je jure devant Dieu que je vais vous tuer, vous d'abord, lui ensuite, et puis tous ceux de votre bande, un par un, jusqu'à ce que quelqu'un me dise où se trouve mon fils !

Susannah agrippa la femme par la manche et la tira vers elle. Elle appuya le canon du pistolet sur les cheveux gris de la doctoresse. Elle se rappelait soudain cette photographie de la guerre du Viêt-nam, montrant un colonel faisant sauter la cervelle d'un prisonnier ligoté. Serait-elle capable d'en faire autant ?

— Où est-il ?

Le canon du pistolet posé sur sa tempe ne paraissait avoir changé en rien l'état d'esprit de la doctoresse. Susannah regarda son visage. Pas la moindre goutte de transpiration, pas d'agressivité dans le regard. Ses mains ? Robustes, bronzées, elles pendaient le long de son corps, sans trembler. Rien n'entamait le calme ahurissant de cette femme, son sang-froid absolu. La doctoresse parlait sans emphase, mais avec une assurance qui disait que les choses sont ce qu'elles sont et que cette fille, avec son pistolet, n'était guère capable de mettre ses menaces à exécution.

— Même si vous me tuez, même si vous réussissez à le tuer lui aussi, les autres ne vous laisseront pas vous en tirer.

— Où est mon fils ?

La doctoresse s'adressa à l'avocat :

— Allez-y. Dites-le à cette jeune personne. Dites-lui la vérité.

— Il est parti pour l'étranger, dit l'homme en tournant la tête.

— Regardez le mur, j'ai dit ! Compris ?

Susannah agita le bout du canon contre le crâne de la femme, sous la masse de cheveux gris :

— Je veux que vous disiez à ce fumier d'avocat que je ne le laisserai pas vous regarder.

— On peut penser qu'il vous a entendue, dit la doctoresse.

Si elle manifestait le moindre sentiment, c'était l'ennui.

Susannah se mit à trembler si violemment qu'elle dut tenir son pistolet à deux mains.

— Ça veut dire quoi, « à l'étranger » ?

— Ce sont des Sud-Américains, dit l'avocat face au mur.

— Arrêtez-les.

— C'est trop tard.

— Vous mentez ! Vous mentez tous !

Susannah ne voulait pas, elle ne pouvait pas le croire. Zellner s'était trompé en voyant Laddie mort. Victoria, elle aussi, s'était trompée en pensant à la morgue. La police avait cru que l'hôtel était vide. Non. Elle ne voulait pas, elle ne pouvait pas croire l'avocat. Elle ne devait se fier qu'à son propre instinct.

— J'ai fait la livraison aujourd'hui, dit l'avocat. Quelle heure est-il maintenant ?

— 9 heures et demie passées, dit la doctoresse.

— Il est dans une voiture qui le conduit à l'aéroport Kennedy.

— Appelez l'aéroport ! La police !

— Il n'y a pas le téléphone ici.

— Par la radio, alors. Vous avez une radio...

— Pas sur leur fréquence.

L'avocat avait réponse à tout. La doctoresse esquissa-t-elle un léger sourire ?

— On ne peut pas leur demander de transmettre nos appels.

— Leurs noms ?

— Le docteur vient de vous le dire. Pas de fiches. Pas d'archives.

— L'argent... c'était par chèque ?

— Comptant. Aucune trace.

— Il a bien fallu qu'ils donnent leur nom à l'hôtel.

— Ils étaient descendus chez des amis.

— Encore des mensonges ! Il a bien fallu que vous leur téléphoniez.

— Je me rappelle maintenant. Wiedemeyer. Un faux nom. Ils sont brésiliens, mais d'origine allemande ou autrichienne. Ils sont partis. Avec votre petit garçon. Je vous ai tout dit, ma petite dame.

— Nom de Dieu, vous avez fini de me mentir ?

Le pistolet toussa. Du plâtre tomba du mur, avec un petit nuage de poussière, tout près de l'avocat :

— Vous voulez que je vous prouve que je peux tirer plus près ?

Un bébé cria. Pas une seule fois les yeux bleus de la doctoresse n'avaient cillé, mais les mains de l'avocat se crispèrent si violemment qu'il dut faire un effort pour les maintenir serrées l'une contre l'autre derrière son dos.

— Ou bien vous rappelez ces gens-là et vous me ramenez mon fils, ou bien je vous jure qu'aucun de vous ne sortira d'ici vivant !

— Docteur..., dit l'avocat, d'une voix blanche.

— Faites ce qu'elle demande. Elle ne peut plus les arrêter, maintenant.

— Brésiliens. Mais d'origine européenne. Riches comme Crésus. Il fallait qu'ils aient le gosse ce matin de bonne heure pour pouvoir faire des achats et prendre l'avion de ce soir.

— Quel avion ?

— Pan American, pour São Paulo.

— Prouvez-le.

— Comment ?

— Je ne veux pas le savoir. Prouvez-moi que ce vol existe.

— Merde. Je vous ai dit la vérité.

— Il y a une radio dans la pièce à côté. Dites à un de vos hommes d'aller téléphoner à la Pan American pour savoir le numéro du vol pour São Paulo et l'heure du décollage.

Du bout de son pistolet, Susannah les fit entrer tous les deux dans la nursery, où les bébés poussaient des cris nasillards. Il fallut de précieuses minutes pour communiquer par radio avec le garde dans la rue et envoyer Ahmed téléphoner. Enfin, un crachotis parvint à la nursery et une voix métallique toute proche annonça que le vol 211 de la Pan American partait de l'aéroport Kennedy pour São Paulo à 22 h 45.

Susannah arracha la radio à l'homme et la lança de plein fouet à travers la vitre occultée. Rien de ce qu'elle avait fait auparavant ne consterna autant l'avocat. Il était là, comme un insecte nocturne enfoui dans l'ombre, et dont le nid était soudain exposé au jour. Même le coup de feu n'avait pas fait ciller la doctoresse. Et, pour la première fois, celle-ci, le sourcil froncé, se demandait ce que cette femme déchaînée allait faire ensuite. Crier par la fenêtre ? Crier dans le noir ? Ameuter tout New York ? Appeler la police ? Non. Il n'était plus temps d'appeler au secours.

— 22 h 45, acquiesça l'avocat. Je me rappelle, maintenant. Ils ont dit que ce vol les ramènerait chez eux pour le réveillon de Noël.

Sur le bureau, la pendule digitale fit entendre un déclic et marqua 9. 48. Susannah lutta contre le désespoir. L'avion allait décoller de l'aéroport Kennedy dans moins d'une heure.

— Cinquante-huit minutes. C'est trop tard. Vous n'y arriverez jamais.

— Moins de cinquante-sept minutes maintenant, dit la doctoresse.

— Vous allez venir avec moi ! dit Susannah en frappant la doctoresse du bout de son pistolet.

— Prenez plutôt l'avocat, dit la doctoresse froidement. C'est lui qui les a vus quand il a touché l'argent. Il vous conduira tout droit à eux...

— Putain ! Salope !

L'avocat laissa éclater sa haine contre cette femme qui jouait avec sa vie.

— Vous êtes des salopes toutes les deux ! Tout le monde s'en fout pas mal, de vos mômes qui gueulent !

Éperdu de rage, il crachait les mots à la face de la doctoresse :

— Vous ne récupérerez jamais le vôtre, et c'est trop tard pour le sien !

— Maîtrisez-vous, dit la doctoresse.

Sa voix était tranchante comme un bistouri, mais les paroles de l'homme avaient frappé si profondément Susannah qu'elle mit un moment à comprendre que c'était vers elle que l'avocat déversait maintenant sa rage :

— Depuis qu'on lui a volé son enfant à elle, à la clinique,

elle se came. Elle a été prise dans l'engrenage. Elle vous déteste toutes, vous qui avez encore votre môme. Elle en veut à la terre entière, et se venge à sa façon. Nous, on est bien forcés d'y passer, mais elle ne le fait pas pour l'argent.

— Emmenez-le d'ici, dit la doctoresse à Susannah. Et vite.

— Quant à vous et votre môme, cria l'homme, qu'est-ce qu'on en a à foutre ?

Il se jeta sur Susannah. Elle tira. Candyman parut stupéfait, sa bouche s'ouvrit tout grand, il porta sa main à sa poitrine percée d'un petit trou sanglant, puis s'écroula. Les deux femmes, enjambant le cadavre, entendirent les bébés pleurer dans la pièce à côté.

— Allons-nous-en, dit Susannah en pointant son arme.

— Et eux ? dit la doctoresse en désignant la nursery.

— Vous pouvez prévenir en bas par radio et demander que quelqu'un monte s'occuper d'eux.

Susannah attrapa la radio mais la doctoresse risqua le tout pour le tout, courut à son bureau et fit glisser la seringue et plusieurs ampoules dans un porte-documents de cuir noir..

— Allez, vite, cria Susannah.

Pistolet au poing, Susannah poussa la doctoresse par la porte du bureau et lui fit traverser la pièce où les bébés pleurnichaient.

31

23 décembre, 21 h 58

— Pas de problème, Shelley, dit la doctoresse de sa voix égale qui résonnait dans le hall obscur. Cette jeune femme est avec moi. Vous pouvez nous laisser passer.

Le garde avait émergé des ombres noires sous la mezzanine. Debout dans l'obscurité, perplexe, il braquait sa torche d'un blanc fantomatique sur les deux femmes qui traversaient le dallage de marbre en direction de la porte vitrée.

— Docteur..., dites, vous voulez que je prévienne là-haut par radio ?

— C'est ça, Shelley. Faites-le.

La doctoresse arrivait à la porte :

— Il faut toujours tout contrôler. Dites-leur que je suis bien arrivée dans la rue.

Susannah poussa la doctoresse, par le panneau de la palissade, sur le trottoir détrempé par la pluie diluvienne. Elles marchèrent côte à côte jusqu'au coin de la 8e Avenue. Susannah, cherchant des yeux un taxi de passage, se heurta à une grosse bonne femme empaquetée dans des couvertures dégoulinant d'eau. Sous la laine humide, deux yeux rouges luisaient. Une haleine fétide lança des injures. La femme emmaillotée ramassa un énorme ballot graisseux qui était tombé et recommença à se traîner.

Malgré sa surprise quand elle s'était cognée dans la vieille femme, Susannah ne s'était pas écartée de la doctoresse, et son pistolet caché sous son manteau de mouton n'avait pas relâché sa pression sur les côtes de son otage. D'autres silhouettes ténébreuses se hâtaient, courbées sous la pluie glaciale.

Susannah pria pour qu'un taxi libre surgisse parmi les voitures sombres. Les phares qui les croisaient illuminaient la pluie d'éclairs d'argent.

Le vent et la pluie décoiffaient la doctoresse. Sans manteau, elle serrait son porte-documents noir sur sa poitrine et rentrait le cou dans sa blouse blanche. Elle regarda sa montre et dit :

— Il vous reste exactement quarante-sept minutes.

Susannah fit de grands gestes pour appeler un taxi libre qui cahotait dans la file du milieu. Il passa sans s'arrêter.

— Exactement quarante-six minutes.

Un autre taxi, son signal « LIBRE » allumé, ralentit au carrefour. Oui ! Il se dirigeait vers elles ! Un homme portant un parapluie surgit d'on ne sait où. Susannah lui barra le passage et, tout en descendant du trottoir, elle poussa la doctoresse sur le côté pour bousculer l'intrus. On n'allait pas lui prendre *son* taxi !

— Si vous montez dans ce taxi, dit la doctoresse, vous ne pourrez pas téléphoner. Ni à la police... ni à l'aéroport.

Le taxi faillit les renverser, et, dans un crissement de pneus, freina pour s'arrêter au bord du trottoir. Susannah poussa la doctoresse devant elle :

— Un mot de trop au chauffeur et je vous fais sauter la cervelle !

Le pistolet dans les reins, la doctoresse monta dans la voiture et se tassa sur le siège arrière. Susannah la suivit et tira la portière derrière elle. La doctoresse essora ses cheveux trempés, puis serra contre elle son porte-documents. Le canon du pistolet la repoussa dans le coin.

Le chauffeur, un Noir qui portait une croix d'or en boucle d'oreille, écoutait avec un air rêveur une musique que les deux femmes ne pouvaient entendre à travers la cloison de plastique et la grille métallique qui le séparaient de ses passagères. Ses yeux mi-clos les observaient dans le rétroviseur. Une pancarte bien visible, noire et jaune, était vissée sur la cloison : NO SMOKING. NO FUMAR.

Le chauffeur, les yeux toujours fixés sur elles, prit un briquet dans la boîte à gants et alluma une cigarette. À travers la fumée, il observait les deux femmes en attendant que l'une des deux parle. Alors seulement il collerait son oreille ornée de la croix étincelante contre la grille métallique.

— À l'aéroport Kennedy.

— Où ça ?

Crépitant sur la voiture, la pluie noyait les voix, les questions et les réponses échangées à travers le plastique épais.

Susannah, menaçant toujours de son arme la doctoresse, se pencha vers la cloison et, cette fois, cria :

— À l'aéroport Kennedy ! Le plus vite possible.

— Kennedy ?

— Vite !

Il grogna :

— Kennedy ? Dans toute cette merde ?

— Vite, bon Dieu !

Il allongea le cou pour mieux voir à travers la pluie que les essuie-glaces balayaient sur le pare-brise.

— Eh ben, merde !

— Qu'attendez-vous ?

— À quelle heure, votre avion ?

Assourdie par le treillis d'acier et le plastique épais, sa question semblait venir de loin.

Cette cloison, qui séparait les gens comme un mur, symbolisait bien toute la méfiance, la peur, la violence de New York.

— 10 h 45.

Le chauffeur appuya son crâne sur la cloison, aspira une longue bouffée et referma son briquet.

— Pas question.

Il fit non de la tête et la croix se balança au bout de son oreille.

— Pas question. L'autoroute est bourrée de gens qui reviennent de faire leurs achats. Ça roule très mal.

— C'est une question de vie ou de mort.

— Ouais, on connaît la chanson.

Susannah cogna sur le plastique :

— Regardez !

— Je vous ai déjà dit que c'était hors de question.

— Mais regardez donc !

L'air ennuyé, le chauffeur jeta un coup d'œil dans son rétroviseur, à travers la fumée de sa cigarette, puis se retourna et vit que cette femme entêtée avait déplié un billet contre la cloison de plastique. Un billet de 100 dollars.

Il écrasa sa cigarette et secoua son ennui :

— Ça dépend. Si on réussit à passer le tunnel, peut-être. Après, je connais un itinéraire. Vous voulez que j'essaie ?

— Je veux que vous m'ameniez là-bas avant que l'avion décolle.

— 100 dollars ?

Après un regard à ses deux passagères, et sur un signe affirmatif de celle qui était vêtue d'un manteau de mouton, le chauffeur démarra en trombe. Susannah se cramponna pour résister à la secousse et se pencha vers la cloison :

— Vous avez la radio dans votre taxi ?

— Oui. Là.

— Vous pouvez appeler la police ?

Le chauffeur leva le pied :

— Si vous voulez la police, descendez.

— Continuez. Je veux seulement savoir si vous pouvez toucher la police.

Les yeux dans le rétroviseur se plissèrent de nouveau, au point d'être réduits à deux simples fentes :

— Et pourquoi vous voulez appeler la police ?

— Vous pouvez les joindre, oui ou non ?

Il continua de rouler. Les essuie-glaces fonctionnaient à plein régime. Susannah se demandait s'il finirait par répondre :

— Je peux essayer. C'est pas facile. Surtout quand ils sont sur les dents comme ce soir. Enfin, merde, si vous vouliez appeler la police, fallait le faire d'une cabine.

— Trop pressée. Le plus important, c'est que j'arrive à temps à l'aéroport. Tout en roulant, appelez la police. Commissariat de Midtown South. Demandez l'inspecteur Foy.

Le chauffeur tourna la tête et jeta un regard inquiet par-dessus son épaule. Qui étaient ces femmes ? Et si c'étaient deux folles ? Ça arrive, dans le métier.

— Je vous ai demandé s'il y a quelque chose qui ne va pas ? dit-il.

— Je vous en prie. Appelez seulement la police. Midtown South. L'inspecteur Foy.

Susannah vit le chauffeur tendre sa main noire pour décrocher son micro et parler, mais la cloison de plastique et la pluie battante lui ôtaient toute chance d'entendre ce qu'il disait.

Dans son coin, les paupières closes, la doctoresse avait posé ses mains robustes sur son porte-documents noir pour le maintenir sur ses genoux. Qu'elle aille se faire voir, avec sa tranquille assurance si parfaitement étudiée.

« La Chienne », c'est ainsi que les hommes l'avaient appelée dans le hall. Aurait-elle toujours le même air supérieur si on lui retirait des mains ce porte-documents, sa bouée de sauvetage ?

Susannah aurait voulu lui arracher son masque pour découvrir son vrai visage. Son apparente impassibilité ne la trompait pas. Comme si, plongée dans une fumeuse méditation transcendantale, elle niait la réalité même de ce qui se passait autour d'elle.

Et pourtant, bon Dieu, tout était bien réel ! Elle posa sa main sur le siège déchiré. Ce taxi brinquebalant sous la pluie diluvienne, ce pistolet qu'elle serrait dans sa main moite, cette femme avec ses cheveux gris emmêlés et ses yeux fermés, assise à côté d'elle, avec un vague sourire aux lèvres, tout cela n'existait-il pas vraiment ?

C'était ça, la réalité, et tout ce qui comptait, la seule chose au monde qui importait, c'était que ce Noir, qu'elle n'avait jamais vu cinq minutes plus tôt, l'amène dans son taxi à l'aéroport avant que son fils ne décolle.

Elle s'efforça de dominer l'affreuse panique qui l'envahissait en se répétant qu'elle avait au moins réussi à trouver un taxi. Et, de plus, ils roulaient. La doctoresse lui avait dit de téléphoner avant de monter dans le taxi. C'était un piège, bien sûr, un moyen de gagner du temps. Susannah avait eu raison de monter dans le taxi. Elle regarda vers l'avant. Avec un peu de chance, ils pourraient passer un message radio. Le chauffeur s'escrimait avec son micro.

Elle essuya la vitre pour en effacer la buée.

Au-dehors, dans la rue, les lumières papillotaient sous la pluie. Des avertisseurs retentissaient. Elle appuya son front brûlant contre la vitre froide. Ils tournèrent vers l'est, cahotant dans une rue transversale obscure où il semblait n'y avoir âme qui vive. À la 5e Avenue, ils ralentirent, s'arrêtèrent, et attendirent que le feu passe au vert.

Ils attendirent une éternité.

Quand ils arrivèrent à la 2e Avenue, près de la 36e Rue et du tunnel, Susannah aperçut une longue colonne de feux rouges qui s'étirait devant eux. Cela roulait-il aussi mal que cela en avait l'air ?

D'un hochement de tête, le chauffeur exprima son pessimisme.

— Mon Dieu, murmura-t-elle, qu'est-ce que nous allons faire ?

— Ça va mal, dit le chauffeur. Très mal.

La doctoresse avait-elle souri ? D'ici peu, d'autres voitures les empêcheraient de changer de file.

— Qu'est-ce qu'on fait ? demanda le chauffeur.

— Vous pouvez faire demi-tour ?

— Non. Ou bien je continue par la 2e Avenue, ou bien je prends le tunnel en espérant qu'on en sortira.

— C'est le seul chemin ?

— Le seul.

Les feux rouges formaient un véritable essaim.

— Allons-y ! dit-elle brusquement. Le tunnel. Et essayez encore de faire marcher votre radio.

Ils progressèrent tout d'abord, puis, soudain, un véritable magma de voitures s'agglutina autour d'eux. Susannah fit un mouvement en avant pour décoller de la banquette son dos trempé de sueur. Cc changement de position lui permit de tirer de son manteau la moufle rouge pour essuyer sa main qui, à force de serrer le pistolet, était devenue froide et humide. La doctoresse avait-elle vu que Susannah avait failli laisser tomber son arme, tellement elle tremblait ?

Les pneus chuintèrent dans la descente. La pluie cessa de marteler le toit de la voiture. Ils étaient dans le tunnel, dont les carreaux blancs étincelaient sous la lumière. Susannah s'efforçait de voir, à travers le pare-brise, si, devant eux, les feux arrière des voitures bougeaient. Avançaient-ils seulement ? Ou bien, plus loin, tout était-il bloqué ? S'aidant du bras, elle releva sa manche pour regarder sa montre : 10 h 07.

Sa voisine, plissant ses paupières closes, passa ses deux mains dans ses cheveux mouillés puis les reposa sur son porte-documents.

— Bon, dit-elle à voix haute, mais en faisant semblant de se parler à elle-même. Bloqués sous le fleuve. Toute cette eau noire qui coule au-dessus de nous, charriant des glaçons...

Susannah se pencha en avant. Le chauffeur tambourinait sur son volant. Il prit son briquet, alluma une autre cigarette. Susannah regardait, à travers le pare-brise, les feux rouges des voitures. Avançaient-ils, oui ou non ?

Elle tapa sur le plastique :

— Et votre radio ?

Le chauffeur leva un doigt. Pour dire que, sous le fleuve, la radio ne fonctionnait pas.

32

23 décembre, 22 h 18

Dans le tunnel, les feux rouges des voitures n'avançaient plus du tout. Susannah ne pouvait plus rien faire, et c'était sans doute le moment le plus dur de sa vie. À chaque seconde, elle s'enfonçait davantage dans un de ces cauchemars où l'on se débat follement, désespérément, pour n'aboutir à rien. Elle était prise au piège, immobilisée sous un fleuve plein de blocs de glace, alors que de précieuses minutes s'écoulaient, inexorablement. Au-dessus d'eux, sous la pluie nocturne, des gens arrivaient à l'aéroport en taxi, en autocar, en voiture, et ils enregistraient leurs bagages, passaient sur les aires d'embarquement, faisaient la queue pour monter dans les avions. Et elle attendait, tandis que deux inconnus emmenaient son petit garçon blond qu'elle ne reverrait plus jamais...

Non. Elle ne devait pas penser au petit garçon à l'aéroport. Si elle pensait à lui, elle allait devenir folle. Elle devait se forcer à penser à autre chose... n'importe quoi... Penser qu'elle avait tué un homme. C'est ça. Penser à ça. Il y avait moins d'une demi-heure, elle avait tiré un coup de pistolet. Elle, Susannah Bartok, elle avait réellement tué un homme. Elle secoua la tête. Non, cette pensée n'avait aucun sens. Son acte l'impressionnait moins que cette scène d'*Autant en emporte le* vent où Scarlett, dans l'escalier, abat d'une balle en plein visage le déserteur yankee. Mais la vie réelle, c'était le pistolet qui avait sauté dans sa main, l'avocat maigre qui s'était crispé avant de s'écrouler...

Laddie attendait-il à la barrière ? Ne le laissez pas jouer avec des objets coupants. Il y a tant de jouets qu'on vend dans les aéroports et qui sont tranchants... Ne lui donnez pas de sucreries. Il les rend toujours. De temps à autre, elle lui achetait des petites boîtes de jus de pomme. Le jus de pomme, ça allait... Il aimait le jus de pomme...

Non. Pas Laddie. Elle devait penser à autre chose. Penser à la doctoresse assise à côté d'elle, avec ses yeux fermés et ses grandes mains si tranquillement posées sur le porte-documents noir. Et la regarder. Susannah venait de tuer un homme. Elle n'hésiterait pas à tirer sur la doctoresse s'il le fallait. Elle le ferait. Elle ferait n'importe quoi... Elle donnerait sa propre vie...

Dans cette nuit pluvieuse, obscure, glaciale, seul Laddie comptait, avec l'absolue nécessité de le rejoindre avant que l'avion décolle. Le rejoindre et le reprendre. Même s'il lui arrivait quelque chose à elle, même si, pour le reprendre, elle devait perdre la vie, au moins Laddie pourrait il retrouver son père et vivre au soleil...

Et ce maudit encombrement qui n'en finissait pas !

Elle allait descendre du taxi. Elle allait ouvrir immédiatement la portière et ramper sur les voitures jusqu'au petit trottoir bordé d'une balustrade et qui, le long du mur, était réservé aux piétons. Elle allait courir.

Non, bien sûr, elle ne courrait pas. Il ne fallait pas qu'elle regarde devant elle, au-delà du chauffeur qui fumait cigarette sur cigarette en signe de découragement face à tous ces feux rouges immobiles.

La vue de ces innombrables feux rouges la torturait presque autant que de penser à Laddie. Et si, par miracle, ces lumières se mettaient à bouger et que Susannah arrive à l'aéroport, quelle serait la première chose à faire ?

Non. Elle ne devait pas songer à se précipiter comme une folle aux guichets des confirmations. Laddie n'y serait pas. Il se trouverait sur l'aire d'embarquement avec un homme et une femme. Ces étrangers. Elle verrait Laddie... ? Non. C'est lui d'abord qui la verrait. Il se mettrait à crier, il s'arracherait à ces inconnus et il courrait — il courait si vite — pour se jeter dans ses bras. Elle le serrerait sur son cœur et elle lui dirait que c'était fini et elle le couvrirait de baisers. Qu'est-ce qu'ils pourraient faire alors, ces étrangers ? Qu'est-ce qu'ils pourraient dire aux gens de la Panam, aux responsables de la sécurité, à la police ? Qui ne reconnaîtrait une mère qui pleure de joie en serrant sur son cœur son fils chéri, son fils qui lui appartient à elle toute seule ?

Elle regarda sa montre et sentit que la doctoresse avait remarqué son geste. 10 h 21. Il restait vingt-quatre minutes. Avait-elle encore une toute petite chance ?

Et si l'avion vrombissait déjà dans les airs ?

Ne pas y penser. Penser à autre chose. Et d'abord repousser l'idée qu'elle pouvait manquer l'avion. Cette perspective cruelle, atroce, la faisait frémir. Elle n'avait pas besoin d'être Zellner pour se voir sur l'aire d'embarquement déserte, debout sur la moquette, tenant toujours son pistolet braqué sur la doctoresse impassible. Elles seraient seules. Les gens de la compagnie arriveraient, puis les policiers. La doctoresse mentirait. Elle leur expliquerait posément qu'elle soignait Susannah Bartok, qui était une déséquilibrée comme il y en a tant à New York. Peut-être, des mois plus tard, grâce au témoignage de Victoria que l'inspecteur Foy pourrait confirmer, bénéficierait-elle d'un non-lieu pour le meurtre de l'avocat, et peut-être même verrait-elle la doctoresse, et ceux de ses complices qui n'auraient pas déjà pris la fuite, suivre le chemin de la prison... Peut-être, mais cela n'aurait plus aucune importance. Laddie aurait été embarqué dans cet avion. Il ne serait plus là.

Mais si elle pouvait prouver que son fils avait été kidnappé et emmené dans un autre pays, le FBI et la police l'aideraient-ils à le retrouver ? Ils essaieraient peut-être. Les policiers avaient fait leur possible à New York, où ils opéraient sur leur propre terrain. Pour arriver à quoi ? Ils lui parleraient des lois et de leur domaine d'application, d'extradition, de paperasses et d'échec. Le tout, bien sûr, derrière de gentils sourires tristes et pleins de sympathie. Ce n'était pas leur petit garçon à eux.

Sans doute, toute seule, jour et nuit, minute par minute, continuerait-elle à suivre ses traces, n'importe où. Elle remuerait ciel et terre pour trouver les vrais noms de l'homme et de la femme qui l'avaient enlevé. Mais, dans leur pays, elle ne pourrait compter sur personne. Ils devaient être riches et puissants. Avec leurs avocats, ils se serviraient de leurs propres lois pour l'écraser. Même dans leur pays, elle ne cesserait jamais de se battre, mais quelles seraient ses chances ? Ils tenaient Laddie. Elle n'avait que ses larmes et ses prières. Elle pouvait prier, supplier. Accepteraient-ils seulement de la recevoir ? Pourquoi ? Pourquoi lui ouvriraient-ils les grandes grilles de fer forgé de leur propriété à la campagne, ou bien la porte blindée de leur maison de marbre, en ville ? Et si elle parvenait à les rencontrer, pourquoi ces gens riches et puissants, avec leurs avocats, leurs gardes du corps et leur police, l'écouteraient-ils ? Elle leur demanderait de reconnaître qu'ils s'étaient rendus à New York, qu'ils avaient violé la loi, payé une fortune l'enfant volé qu'ils voulaient. Ils l'avaient emmené chez eux. Le rendre ? Perdre tout cet argent ? Reconnaître leur crime ? Ils ne le feraient jamais. Non. Ils ne la recevraient jamais. Elle gémirait, elle supplierait, elle deviendrait folle, elle ne serait plus qu'une femme brisée errant dans les rues brûlées de chaleur d'une ville où elle s'accrocherait à tous les passants, suppliant ces étrangers d'écouter sa pitoyable histoire...

Susannah savait que tout ce qu'elle avait pensé, elle, cette doctoresse, à travers toutes ses manœuvres, l'avait pensé aussi. Et au-delà.

— 10 h 22, dit la doctoresse.

Glissant sur la housse déchirée de la banquette, Susannah frappa sur la cloison de plastique. Elle cogna plus fort. Le chauffeur ne se retourna pas mais finit par répondre d'un geste qui montrait son impuissance devant l'interminable file de voitures.

Susannah ferma les yeux.

— Vous n'avez pas appelé l'aéroport, dit la doctoresse. Vous ne leur avez pas dit de retarder l'avion.

Devant l'hôtel, à ce carrefour balayé par le vent et la pluie, Susannah s'était déjà dit qu'un coup de téléphone était le plus sûr moyen de perdre du temps. Appeler une ligne aérienne pendant les fêtes, c'était à coup sûr être condamné à entendre un disque imbécile vous priant de patienter. Attendre. Toujours attendre. Avant de partir pour New York, elle avait appelé neuf fois la compagnie avant d'obtenir une réponse.

— Vous auriez pu leur dire qu'il y avait une bombe à bord. Ils auraient alors différé le vol.

Appeler la compagnie et les menacer d'une bombe ? On pouvait être certain qu'ils vous feraient parler jusqu'à ce qu'ils aient trouvé d'où venait l'appel. Et sans avoir l'assurance qu'ils retarderaient l'avion. De toute façon, comme disait la doctoresse, il était trop tard.

— Vous attendez qu'un policier passe par ici ?

Même si un policier surgissait, Susannah ne pouvait en attendre aucune aide. Combien de temps faudrait-il pour lui raconter toute son histoire ? Arriverait-elle à le convaincre ? La croirait-il suffisamment pour faire quelque chose ? Et s'il voulait bien l'aider, que pourrait-il faire ? Il ne pouvait pas soulever le taxi, comme par magie, pour le dégager de la longue file de feux rouges immobiles dans le tunnel. Tout ce qu'il pouvait faire, c'était appeler des collègues et faire escorter le taxi par des motards sur le reste du parcours. À condition de sortir du tunnel. Mais aucun policier ne passerait par là. Elle le savait bien.

Non sans répugnance, elle s'adossa de nouveau contre la banquette. Elle changea son pistolet de main, après avoir essuyé la crosse avec la peau de mouton, et pressa le canon contre la doctoresse.

Bon Dieu, depuis combien de minutes n'avaient-ils pas avancé d'un centimètre ?

La doctoresse fit semblant de penser à haute voix :

— Si je disais au chauffeur que je suis médecin, avec ma blouse blanche, et que vous êtes ma malade — une malade très dangereuse — qui me tient en joue avec un pistolet, que pourrait faire la malade ?

— Vous faire sauter la cervelle.

— Et après ? Vous vous retrouveriez avec un cadavre sur la banquette.

— Et puis j'appuierais le pistolet sur la nuque du chauffeur jusqu'à l'aéroport.

— Il y a cette cloison de plastique qui le protège.

— À bout portant, ou presque ? Qu'est-ce qu'on parie ?

Apparemment, la doctoresse n'avait pas envie de parier — pas sa vie, en tout cas. Elle ne dit rien au chauffeur. Au même moment, le taxi bougea. Oui. Ils avançaient vraiment, tout doucement. Devant la voiture, les feux rouges avançaient eux aussi. Susannah poussa un soupir de soulagement :

— Mon Dieu, si seulement on pouvait continuer d'avancer...

Soudain, elle s'aperçut qu'elle s'était mise à parler. Si elle ne se torturait pas l'esprit avec les feux rouges, peut-être ceux-ci continueraient-ils d'avancer ? Presque calmement, plus à la manière de la doctoresse que comme une femme désespérée qui résiste pied à pied à la crise de nerfs, elle tapota le porte-documents noir :

— C'est vrai que les médecins se droguent plus souvent que les autres ?

— Ils se suicident plus souvent, aussi. Mon père était médecin.

Elle s'interrompit, peut-être pour songer à une autre vie, dans une autre ville. Puis elle dit :

— Il s'est suicidé.

— Il se droguait ?

— Il buvait.

— Quand on est médecin, on peut se procurer autant de drogue que l'on veut, aussi bien pour soi que pour les gens qui travaillent avec vous ?

— Pour ces quantités-là, je ne peux pas faire d'ordonnances. C'est comme ça que tout a commencé. Puis il a fallu de l'argent. Beaucoup d'argent.

— Alors, vous vous êtes livrée au trafic des bébés.

— Nous rendons service.

— Le kidnapping.

— Nous ne prenons que les bébés que les mères nous donnent de leur plein gré.

Susannah dominait sa colère, une colère nue, brutale, une haine si forte qu'elle éveillait en elle des instincts meurtriers.

— S'il y a un Dieu dans le Ciel, dit-elle, je L'en conjure, qu'Il vous fasse souffrir !

Le taxi stoppa et Susannah se cogna contre la grille métallique. Le chauffeur haussa les épaules.

— En me débarrassant de l'avocat, vous m'avez rendu un fier service, dit la doctoresse. De toute façon, il fallait qu'il disparaisse. Et ce ne sera pas difficile d'en trouver un autre. Sûrement plus facile que de déménager de l'hôtel.

La voiture progressait tout doucement. Le chauffeur fit jouer son briquet, puis recracha un nuage de fumée.

— Voulez-vous demander au chauffeur de me donner une cigarette ?

— C'est défendu de fumer.

Susannah regarda à travers le plastique et le pare-brise. Les feux rouges avançaient lentement, mais régulièrement. Elle s'abstint de regarder sa montre. Le taxi prenait de la vitesse. La doctoresse dit :

— L'hôtel est encore l'endroit idéal. Je vais y rester.

Victoria était morte. La police avait fouillé en vain. Elle ne reviendrait pas. Il n'y avait plus que Susannah qui savait.

— C'est vraiment l'endroit rêvé.

— Avec votre argent, vous pourriez vous installer n'importe où.

— Une gentille petite clinique en association avec d'autres médecins ?

— Une clinique à vous toute seule.

— Une clinique dans un immeuble respectable, où les dames juives font la quête pour Israël, où les petites scoutes vendent des gâteaux ? Ou bien dans la banlieue verte de New York où chacun épie son voisin ? Pas question. Non. En ville, tout le monde bouge autour de vous. Personne ne s'intéresse à vous. Ainsi, cette clocharde qui nous a bousculées lorsque nous sommes sorties de l'hôtel, vous savez ce qu'elle dissimule dans son ballot ? Auriez-vous l'idée de lui demander : « Ma brave dame, qu'est-ce que vous transportez là-dedans ? » Permettez-moi d'en douter. En ville, personne n'a envie de savoir ce que font les autres. En banlieue, oui, on pose des questions. La clocharde ne résisterait pas une heure.

Susannah pensa à l'homme au carton à chapeau dont Victoria avait parlé. Désormais, elle aussi faisait partie des bas-fonds de New York. Elle, Susannah Bartok, arrivée de Californie depuis deux jours, elle portait sur elle un couteau à cran d'arrêt et un pistolet. Et les autres, que cachaient-ils sous leurs vêtements ? Qui prêtait attention à cet homme qui promenait une tête humaine à travers la ville dans son carton à chapeau ? Qui donc aurait la curiosité de regarder dans cette boîte ?

Elle frissonna. Ces milliers, ces millions d'individus dans la rue, tous ces yeux qui évitaient scrupuleusement d'échanger un regard. Ils ne voulaient rien savoir. Le cœur de New York...

Le taxi ralentit. Susannah était au supplice :

— Mon Dieu, ne le laissez pas s'arrêter encore...

La pluie tambourinait sur le toit. Le taxi était sorti du tunnel et arrivait lentement au péage. Sur l'autoroute, un autre fleuve rouge s'étirait lentement, pare-chocs contre pare-chocs.

Le chauffeur fit glisser la cloison de plastique et cria :

— C'est bientôt mon raccourci. On tente notre chance ?

— Allez-y !

Le taxi déboîta et prit une bretelle qui débouchait sur une rue déserte. Pas de lumières rouges, rien que des lampadaires blancs qui, sous la pluie, balisaient la rue dans l'obscurité.

Le taxi accéléra, secouant durement ses passagers à chaque nid-de-poule. Susannah poussa un cri de joie. Le chauffeur regarda derrière et lui sourit. Sa petite croix se balançait allègrement au bout de son oreille. À cette allure, ils seraient à l'aéroport en quelques minutes. Susannah se cala contre le dossier de la banquette et essuya la vitre, mais elle ne vit que des usines et des entrepôts obscurs.

— C'est beau, soupira-t-elle.

Elle lança un regard triomphant à la doctoresse, mais son otage, voulant ignorer sa propre défaite, fit semblant de dormir, les doigts crispés sur la poignée de son porte-documents de cuir noir.

La boucle d'oreille du chauffeur scintilla lorsqu'il rejeta sa tête en arrière :

— Vous voulez toujours que j'essaie d'appeler par radio ?

Susannah fit signe que oui. Elle avait à peu près abandonné tout espoir de contact radio. Le chauffeur expliqua que le standard était submergé d'appels :

— Essayez tout de même.

Susannah essayait tout, mais la radio n'était sans doute plus leur seul espoir. Ils arriveraient bientôt à l'aéroport.

Cette course cahotante, bruyante, sous la pluie nocturne lui redonnait du courage. À chaque seconde, ils rattrapaient le temps perdu sous le tunnel.

Elle retint son souffle. Elle avait cru sentir le taxi ralentir.

— Qu'est-ce qui se passe ? cria-t-elle au chauffeur.

Celui-ci pencha la tête en avant, contre le pare-brise brouillé et, à travers les gifles des essuie-glaces, Susannah vit des feux rouges. Des feux clignotants et des lueurs roses sur la chaussée détrempée.

— Un accident.

Elle poussa un long gémissement.

— On ne peut pas le contourner ? dit-elle.

Le chauffeur avait déjà ouvert sa fenêtre et mis la tête dehors sous la pluie. Il la rentra :

— Ça se présente mal, dit-il.

Comme ils approchaient, Susannah vit que les clignotants rouges étaient ceux d'ambulances et de voitures de police, répandant une pâle lumière rose sur la route mouillée.

La doctoresse sourit, les mains toujours immobiles sur le cuir noir.

Le taxi s'arrêta.

Susannah essaya d'ouvrir sa vitre et s'aperçut que celle-ci était bloquée. Elle essuya la buée. Des voix d'ivrognes chantaient, ou criaient en les massacrant, les paroles de *White Christmas*. De petits groupes de gens, le verre à la main, sortaient d'un bistrot éclairé par des lumières vacillantes, et d'où montait la voix tonitruante de Bing Crosby diffusée par un juke-box. Des gens, tout heureux, chantant à tue-tête, se dirigeaient vers le halo rose des clignotants des ambulances et des voitures de police.

— Je vais voir devant, dit le chauffeur en sautant de son siège.

La doctoresse fredonnait-elle la chanson de Noël ? Où diable le chauffeur allait-il ? Susannah frotta la vitre et regarda dans la pluie. Des gars passaient, souhaitant un joyeux Noël aux passagères du taxi, des gens qui riaient et qui parlaient, qui buvaient et qui chantaient, qui brandissaient leurs verres et qui criaient, des gens qui avaient tout leur temps, toute la vie devant eux.

Le chauffeur rouvrit sa portière, sauta sur son siège et essuya la pluie de son visage noir.

Enfin, Susannah trouva le courage de lui demander :

— Ça va mal ?

— C'est pire que dans le tunnel. La sortie la plus proche, c'est la bretelle, et elle est bloquée par l'accident. Même en le contournant pour arriver à l'autoroute, ça n'irait pas mieux. Il y a des voitures bloquées tout le long. Ça va très mal.

— L'aéroport est loin ?

— Un quart d'heure.

Il s'essuya le cou :

— Merde ! Et dire qu'on avait presque réussi.

— On peut y aller à pied ?

— Vous n'y pensez pas.

— Et si j'arrive en haut de la bretelle et que je trouve une autre voiture ?

— La circulation est complètement bloquée là-haut.

— Non !

Elle s'aperçut qu'elle criait :

— Non, ce n'est pas ça qui va me faire abandonner !

Susannah poussa la doctoresse du bout de son pistolet, pour lui signifier qu'elles quittaient le taxi. La doctoresse sortit sous la pluie en serrant toujours contre elle son porte-documents. Susannah ouvrit la portière du chauffeur. Le noir hocha la tête :

— Désolé.

Susannah lui tendit le billet de 100 dollars promis. Il refusa d'un signe :

— Gardez ça. On n'a pas réussi.

— J'ai une idée. Si vous voulez m'aider. Venez !

Vêtus d'imperméables transparents, deux infirmiers noirs et un jeune interne avec une barbe brune toute ruisselante étaient en train de glisser un brancard à l'arrière d'une ambulance et s'apprêtaient à refermer la porte.

Des ivrognes chantant Noël s'approchaient. Les policiers leur firent signe de s'éloigner. Des haut-parleurs crachaient des ordres. Un grand policier tout jeune, avec des lunettes brouillées de pluie, arrêta le chauffeur de taxi, la femme en blanc et celle en manteau de mouton. Le chauffeur saisit le bras du policier et lui cria :

— Elles sont toutes les deux médecins. Elles peuvent faire quelque chose ?

Le policier enleva ses verres brouillés et aperçut la blouse blanche. Il les fit approcher tous les trois de l'ambulance.

Le chauffeur prit à part l'infirmier noir. Ils parlèrent. Puis ils se tournèrent tous les deux vers le jeune interne à la barbe brune trempée de pluie. Celui-ci écouta, jeta un regard à la femme en blanc, puis à celle en manteau de mouton. Il fit un signe de la tête :

— Merci. On s'en tire.

Il ouvrit une autre portière. Le chauffeur de taxi le retint :

— Vous pouvez peut-être les aider. Je les ai prises en urgence. Elles doivent apporter un médicament spécial à un malade qui attend à l'aéroport.

Il montra le porte-documents noir :

— Nous sommes coincés ici. Tout est bloqué. Et c'est pire ensuite. Mais vous pouvez passer, vous, et puisque vous passez près de l'aéroport, je me suis dit que peut-être...

L'interne fit signe que non :

— Désolé.

— C'est vraiment une question de vie ou de mort, dit Susannah.

Montrant sa peau de mouton, elle expliqua :

— J'étais de repos. Elle, c'est le Dr Dillon. Le malade attend. Un malade qui serait prêt à faire un don important à votre hôpital...

Elle tendit une poignée de billets de 100 dollars.

— C'est contraire au règlement, dit l'interne en se dirigeant vers la portière. Désolé.

— Je vous en prie.

Soudain, Susannah sentit qu'on la poussait :

— Gardez votre argent.

L'interne fit monter les deux femmes dans l'ambulance. La portière claqua. Susannah n'eut pas le temps de remercier leur chauffeur noir que, déjà, à l'intérieur du véhicule, sous la sirène hurlante et le feu clignotant, elles fonçaient dans la nuit.

Dans l'ambulance, Susannah, assourdie par le ululement de la sirène, n'avait plus qu'à continuer à surveiller son otage en dissimulant son arme, et à prier le Seigneur que le chauffeur sache ce qu'il faisait. Tantôt il montait sur le bas-côté boueux et dérapait ; tantôt il zigzaguait en perdant le contrôle de son véhicule et rasait les voitures pour les doubler. Par instants, Susannah avait l'impression qu'ils quittaient la route comme s'ils allaient s'envoler.

— Préparez-vous, docteurs, cria l'interne. On ne peut pas vous conduire jusqu'au terminal. Si on vous largue un peu plus loin, vous n'aurez pas beaucoup à marcher.

Susannah poussa la doctoresse sous la pluie et, d'un bras rude, elle la propulsa à travers les files de voitures bloquées à l'extérieur du terminal et réclamant le passage à grands coups d'avertisseurs.

33

23 décembre, 22 h 42

Les deux femmes foncèrent par les portes automatiques. Susannah trébucha mais maintint le pistolet dans le dos de la doctoresse. Elles avançaient du même pas, dans un long couloir de carreaux bruns et de verre. Au guichet des confirmations, Susannah se fraya un chemin parmi de longues files de passagers chargés de cadeaux de Noël et de bagages à main. Haletante, elle interpella une jeune femme mince qui remplissait un billet avec un feutre.

— S'il vous plaît. Le vol 211 pour São Paulo...

Elle était à bout de souffle.

— À la queue ! explosa un homme derrière elles, si furieux d'avoir été bousculé qu'il en devenait cramoisi.

Derrière lui, les autres partageaient sa colère. La jeune femme blonde continuait d'écrire tranquillement.

— São Paulo ! dit encore Susannah pour essayer de se faire entendre.

L'employée faisait exprès de ne pas la regarder. Sans lever les yeux, elle dit sèchement :

— Si vous voulez bien attendre votre tour...

— Il faut arrêter ce vol !

L'employée tenta de calmer Susannah d'un sourire trop aimable, tout en consacrant un temps excessif à une femme brune en manteau de fourrure à qui elle expliquait les formalités d'embarquement en portugais.

— Ne laissez pas l'avion partir... je vous en prie ! Si vous ne pouvez pas l'arrêter...

Elle était hors d'elle :

— Qui faut-il voir pour qu'on arrête cet avion ?

Susannah sentit, à travers le pistolet qu'elle maintenait contre le dos de la doctoresse, que celle-ci s'efforçait d'attirer l'attention des autres. La file des passagers pour l'embarquement se replia. Les policiers et les employés de l'aéroport accouraient et se dispersaient, prêts à entourer cette femme qui s'agitait devant le comptoir. Brusquement, la doctoresse se tortilla pour échapper à Susannah, mais celle-ci la rattrapa. Les passagers munis de bagages, les gens de la sécurité et les employés de la compagnie, en accourant, virent alors que cette femme, au comble du désespoir, était armée d'un pistolet et qu'elle en menaçait une autre en blouse blanche. Susannah enfonça le canon de son pistolet dans les cheveux mouillés de la doctoresse. Les passagers étaient muets de stupeur. Une femme cria et laissa tomber ses cadeaux de Noël. Ses trois petites filles, portant toutes le même manteau bleu, glapirent.

Les gens chargés de la sécurité et les policiers ne bougeaient pas : leurs regards s'étaient portés sur un pilote de ligne, en uniforme bleu à quatre galons. Il était grand, avec un visage coloré et des cheveux gris. Le pilote fendait la foule. Il s'apprêtait, apparemment, à gagner son avion car il portait une valise qu'il confia à un jeune employé. D'autres agents de la compagnie surgirent.

Le pilote fit courageusement un pas en avant vers la femme au pistolet.

Susannah bégaya :

— Je vous en prie... Il faut absolument arrêter le vol pour São Paulo.

— Je suis médecin, dit avec autorité la femme en blanc au côté de Susannah.

Elle se tenait immobile, se montrait aussi calme que le pilote, soulignant ainsi l'état de crise de Susannah.

— Cette personne est une de mes malades. Comme vous le voyez, je vais avoir besoin de votre aide pour la ramener à l'hôpital. Je dois aussi vous conseiller à tous d'être prudents...

— Ne l'écoutez pas !

Susannah s'efforçait de ne pas crier mais sa voix était stridente comme celle d'une petite fille affolée :

— Elle fait partie de la bande ! Je jure devant Dieu qu'elle en fait partie.

Les employés de la sécurité de l'aéroport et les policiers qui venaient d'arriver regardèrent le pilote. Personne n'osa avancer plus loin que lui. Aucun de ceux qui entouraient la femme devant le comptoir ne s'éloigna. Ils attendaient tous que le pilote parle.

Les petites filles sanglotaient.

— Arrêtez le vol pour São Paulo !

Susannah suppliait le pilote et la foule :

— Ils m'ont pris mon fils !

L'affreuse angoisse que trahissait sa voix leur inspirait à tous presque autant de terreur que le pistolet qu'elle tenait, en tremblant, à la main. Cette femme blonde en manteau de mouton, qui s'obstinait à rejeter ses cheveux mouillés en arrière, serait-elle assez folle pour se servir de son arme ?

— Reculez-vous tous !

La doctoresse impressionnait la foule, avec sa voix égale, rassurante, comme si elle était prête à se sacrifier pour les autres :

— Elle a déjà tué un homme ! dit-elle.

— Elle m'a volé mon fils ! hurla Susannah. Les gens qui l'emmènent vont prendre cet avion, il faut les arrêter !

Avec une mimique de grand frère protecteur, le pilote aux cheveux d'argent échangea un regard avec l'otage pour l'encourager, pour lui dire qu'elle était formidable, qu'elle devait conserver son calme, qu'il se chargeait de tout. Puis il regarda bien en face la malade :

— Comment s'appelle-t-elle, docteur ?

— Bartok. Susannah Bartok.

— Susannah, dit doucement le pilote, comme s'il parlait à un enfant, Susannah, donnez-moi ce pistolet.

— Arrêtez l'avion !

Un commissaire de police arriva au pas de course, à bout de souffle. Son gros visage épanoui trahissait un vieux penchant pour la boisson, mais il était encore capable de courir ! Il sentit qu'il se passait quelque chose et s'approcha du groupe. Il vit le pilote parler à une femme. Il fit signe aux hommes qui l'escortaient de ne pas bouger.

— Donnez-moi ce pistolet, Susannah, disait le pilote d'une voix forte, mais non sans chaleur, une voix à laquelle on pouvait se fier.

— Arrêtez l'avion !

— Il ne partira pas, Susannah !

La femme rejeta en arrière ses cheveux blonds trempés et se tourna vers tous ceux qui l'entouraient. Lequel d'entre eux avait l'autorité nécessaire pour arrêter l'avion ? Le pilote aux cheveux d'argent ? Les gens chargés de la sécurité de l'aéroport ? Les policiers ? Les employés et les jeunes femmes en uniforme derrière le comptoir ? Deux hommes plus âgés, des responsables de la compagnie, pensa-t-elle, s'approchaient rapidement, mais ils ralentirent le pas avant de se joindre à ceux qui regardaient la femme au pistolet. Ces deux hommes avaient-ils l'autorité nécessaire ?

— Qui va donner l'ordre d'arrêter ce vol ?

— Voici Mr Emerson, de notre compagnie, dit le pilote en montrant un homme assez beau et d'apparence aimable, qui portait des lunettes d'écaille et un complet bleu marine qui lui élargissait les épaules.

Ils échangèrent quelques mots. L'homme au complet bleu acquiesça.

— Mr Emerson est notre responsable ici. Il va vous expliquer lui-même, Susannah. Écoutez-le.

— J'ai arrêté l'avion, Susannah.

La voix était aussi suave que celles des présentateurs de la télévision. Il tira sa pochette de son veston et essuya ses sourcils luisants.

Susannah regarda le responsable, puis le pilote, enfin l'employée derrière le comptoir :

— Elle n'a pas voulu faire arrêter l'avion, dit-elle. Comment saurais-je que vous l'avez fait ?

Le pilote leva une grosse main rouge et, d'un geste mesuré, ordonna aux autres de rester derrière lui. Il regarda Emerson, qui acquiesça.

— L'avion n'a pas décollé, Susannah, dit le pilote. Il faut nous croire et tout se passera très bien. Nous sommes ici pour vous aider.

Il fit un geste lent de la main vers elle :

— Et maintenant, donnez-moi ce pistolet.

La doctoresse attendait. Le pilote fit un pas en avant.

— N'approchez pas !

— Attention ! prévint la doctoresse. N'oubliez pas que Susannah croit que tout ce qu'elle dit est vrai...

— Elle ment ! s'entendit crier Susannah. Elle fait partie des ravisseurs ! C'est celle qu'ils appellent la Chienne, elle est le chef de la bande !

Susannah les vit qui la regardaient, incrédules. Dans ce cercle de policiers, d'employés de la compagnie, de responsables, de passagers, d'enfants en larmes, y en avait-il seulement un pour la croire ?

34

23 décembre, 22 h 45

— Je vous en prie...

Susannah se forçait à marcher lentement pour prouver qu'elle pouvait, elle aussi, conserver son calme. Elle devait montrer aux autres qu'elle était capable d'être aussi raisonnable qu'eux ou que la doctoresse. Ses yeux plaidaient en sa faveur.

— Je vous en prie... Un homme et une femme venus d'Amérique du Sud ont enlevé mon fils et ils l'emmènent avec eux par le vol 211.

Soudain, prise de panique, elle s'entendit hurler :

— Lâchez cette arme !

Le commissaire rougeaud avait dégainé un revolver.

— Lâchez cette arme !

La voix de Susannah avait produit son effet.

— Lâchez ça !

Le commissaire laissa glisser son revolver par terre. Il se redressa, pour tenter de retrouver un semblant de dignité. Il disait qu'il avait essayé, enfin quoi, merde ! Il regarda alentour. Où ces parlotes avec le pilote et la doctoresse les mèneraient-elles ?

— Allez chercher la liste des passagers, dit Susannah en ravalant sa panique. Ne perdez pas de temps avec les noms. Les leurs sont faux. Trouvez seulement un couple avec un petit garçon de 2 ans.

La jeune femme blonde et mince derrière le comptoir prit une liasse de papiers et fit semblant de les consulter.

— São Paulo, vol 211, balbutia désespérément Susannah. Je vous en prie, je vous en supplie, vous devez me croire !

La doctoresse prit les autres à témoin :

— Vous voyez ?

Elle était si sereine qu'on aurait pu croire qu'elle bavardait, dans une clinique, avec d'autres médecins :

— La malheureuse, tout cela lui paraît atrocement réel.

Toujours aussi calme, pleine de sollicitude, elle semblait ne se soucier que de l'état de sa malade :

— Susannah, vous ne voyez donc pas que tout le monde ne cherche qu'à vous venir en aide ?

— La liste !

Susannah s'en voulait à mort de crier ; elle baissa la voix et dit dans un souffle :

— Il doit figurer sur la liste. Pas sous son nom. Un petit garçon de 2 ans. Empêchez-les de le faire monter à bord !

— Nous allons faire exactement ce que vous demandez.

D'un coup d'œil, le pilote alerta la doctoresse : il allait agir. Il regarda Susannah au fond des yeux et fit un mouvement. Susannah appuya aussitôt le pistolet sur la tempe de la doctoresse :

— Un pas de plus, et elle est morte.

Il y eut un cri étouffé dans la foule. Susannah fit face au pilote. Son regard le figea. Il ne bougea plus.

La voix de Susannah était redevenue raisonnable, elle les suppliait tous de voir les choses de son point de vue :

— Écoutez-moi. Je m'appelle Susannah Bartok. Je suis de Laguna, en Californie. Tenez, voici mes papiers.

De son manteau, elle tira un portefeuille et le jeta aux pieds du pilote. Un jeune employé le ramassa et le lui tendit. Le commissaire de police, et le responsable de la compagnie qui n'avait pas encore trouvé l'occasion d'intervenir, s'approchèrent pour regarder de plus près un permis de conduire.

— Il y a ma photo dessus, dit-elle. Vous trouverez aussi des cartes de crédit. Et une carte de bibliothèque.

Le commissaire avait sans doute l'impression d'avoir laissé trop longtemps la parole aux autres. Il était prêt à montrer qu'il savait être persuasif, lui aussi.

— Enfin, Mrs Bartok, je vous garantis... Personne ne partira...

— Lâchez ce pistolet, Susannah, dit le pilote. Nous avons suspendu le vol 211.

— Et quand l'auriez-vous fait ?

Mr Emerson se tourna vers une personne qui était, en plus jeune, sa parfaite réplique, y compris les lunettes d'écaille et les cheveux en brosse :

— Ce jeune homme a alerté par radio l'aire d'embarquement.

— Où cache-t-il sa radio ?

Susannah scrutait le visage des hommes qu'elle affrontait. Pouvait-elle croire à ce qu'elle souhaitait croire plus que tout au monde ? Ou bien mentaient-ils tous ? Mentait-il aussi, le pilote au teint fleuri, au menton carré, aux cheveux d'argent ?

— Vous avez ma parole, dit le pilote.

Des yeux, elle fit le tour de la foule. Il avait promis. Tout le monde l'avait-il entendu promettre qu'aucun avion ne décollerait ?

— L'aire d'embarquement, demanda-t-elle en montrant de la tête le couloir. C'est par là ?

Des hommes et des femmes le lui confirmèrent.

Tenant toujours la doctoresse sous sa menace, elle fit un pas. Elles allaient gagner toutes les deux l'aire d'embarquement. Pourquoi les autres ne s'écartaient-ils pas de leur chemin ?

— D'abord, dit le pilote, donnez-moi ce pistolet.

Cet homme au visage énergique et si sympathique, cet homme qui avait conduit des milliers de passagers, dans ces grands avions tout argentés, par-dessus les océans et les tempêtes, il avait l'air si raisonnable. Comment ne pas lui faire confiance ? La foule attendait en silence que la femme obéisse au pilote.

— Susannah, dit la doctoresse, avec bonté mais fermement, le commandant veut vous aider.

Susannah ne parlerait qu'au pilote :

— Vous me conduirez tout droit à mon fils ?

— Tout droit.

— À l'aire d'embarquement ?

— Dès que vous m'aurez donné ce pistolet.

Ailleurs, dans l'aéroport, des haut-parleurs diffusaient des annonces, des chants de Noël. Des gens échangeaient des adieux. Mais ici, tout le monde attendait que Susannah se décide et chacun retenait son souffle.

Le commissaire de police, qui avait à peu près le même âge que le pilote, fit soudain du charme, comme un homme politique qui cherche à convaincre un contradicteur :

— Mrs Bartok, il faut comprendre. Nous ne pouvons pas vous laisser franchir la barrière de sécurité avec cette arme.

— Donnez-moi ce pistolet et nous vous conduirons à votre fils, dit le pilote.

Il avait dit « votre fils ». Donc, il la croyait. Susannah sentit ses yeux déborder de larmes brûlantes. Elle acquiesça. Il avait dit qu'il la conduirait à Laddie. C'était le moment qu'elle attendait, le but de toutes ses prières.

La voix métallique d'un haut-parleur éclata :

— Les passagers du vol 211 Pan American en partance pour São Paulo sont priés de monter à bord.

Avec un hurlement de rage, Susannah poussa brutalement la doctoresse à travers la foule qui s'écarta en silence.

— Menteur ! Vous m'avez dit que vous aviez arrêté l'embarquement, cria-t-elle au pilote.

— Nom de Dieu ! rugit le commissaire de police, rouge de colère, en se tournant vers les responsables de la compagnie. Dites-leur de couper immédiatement ce truc-là !

Susannah emmenait, à son pas, la doctoresse vers l'aire d'embarquement. Elle écarta d'un coup de pied un paquet de cadeaux de Noël éparpillés, poussant rudement son otage devant elle. Les passagers et les gens de la compagnie, ceux de la sécurité et les policiers s'écartaient tous de son chemin. Pour gagner plus rapidement le contrôle de sécurité, Susannah força la doctoresse à courir. Les employés de l'aéroport et ceux de la compagnie suivaient les deux femmes tandis que les agents de la sécurité et des policiers parlaient dans leurs radios portatives.

Trébuchant, serrant contre elle son porte-documents, l'otage de Susannah courait en direction des employés qui attendaient au poste de contrôle, devant le magnétomètre et les appareils à rayons X.

Un jeune et athlétique agent de la sécurité, avec une fine moustache, s'était placé devant les autres pour barrer le passage à Susannah.

Et il souriait !

— Si vous ne voulez pas blesser quelqu'un, madame, donnez-moi le pistolet.

— Est-ce que l'avion a décollé, pour São Paulo ?

— Le pistolet, madame.

Une demi-douzaine d'employés de la compagnie et des agents de la sécurité l'encerclèrent pour la bloquer devant le poste de contrôle. Dressant la tête, elle vit, au-delà d'eux, à une centaine de mètres, une aire d'embarquement : près de trois cents passagers piétinaient là en une file qui serpentait jusque dans la salle d'attente.

Était-ce le vol 211 ?

— C'est pour São Paulo ? cria-t-elle au jeune employé de la sécurité.

Il ne souriait plus. Personne ne répondit. La doctoresse se

retourna. Derrière eux, dans le hall de verre étincelant, les autres suivaient. La doctoresse poussa un soupir de soulagement.

— Vous êtes coincée, dit-elle.

Le pilote, les policiers et le commissaire rougeaud, un petit groupe comprenant des agents de la sécurité et des gens de la compagnie ainsi qu'une poignée de passagers, ralentirent leur course. Le commissaire reprit les choses en main. Cette femme et son otage ne pouvaient plus lui échapper. Cette fois, le pilote ne disait plus rien, si ce n'est que tout a une fin. Il tendit la main vers Susannah pour qu'elle lui donne son pistolet.

Susannah ne bougea pas. Les autres attendaient que le pilote saisisse le pistolet. Ils pourraient alors emmener cette pauvre folle, et la vie reprendrait son cours.

À leur grande surprise, ce fut Susannah qui prit l'initiative. Tenant toujours son arme et entraînant la doctoresse, elle s'approcha des passagers qui l'entouraient. Un par un, elle les dévisagea tous. Où voulait-elle en venir ? Un homme d'affaires en pleine force de l'âge, un paquet de magazines et de quotidiens sous le bras, eut un haut-le-corps lorsqu'elle lui arracha ses journaux. Elle en choisit un, déplia la première page où s'étalait en grand la photo d'un petit garçon aux cheveux clairs :

— C'est mon fils ! Lisez son nom !

Pris de violents tremblements, l'homme était incapable d'ouvrir la bouche.

— Lisez !

— Laddie Bartok, bégaya le bonhomme.

Susannah reprit le journal, et présenta la première page au pilote :

— 2 ans. Des yeux bleus. Vous voulez encore des preuves ? Regardez l'autre photo. Vous voyez ? C'est moi !

Elle brandissait le journal pour que chacun puisse voir la photo. La doctoresse, essayant de conserver son calme, s'adressa alors au commissaire de police :

— C'est un phénomène bien connu. Chaque fois qu'il y a une affaire de ce genre, des centaines de malheureux désaxés, des psychopathes, se présentent pour faire parler d'eux...

Susannah cria :

— Ne l'écoutez pas !

Elle suppliait le pilote et le commissaire :

— Elle m'a volé mon fils et elle l'a vendu 100 000 dollars à ces gens-là, qui sont dans l'avion, et il faut que je les empêche de partir.

— Vous voyez jusqu'où peut aller sa folie ? dit la doctoresse en hochant la tête avec une admirable compassion.

Le responsable de la compagnie avait rejoint le petit groupe. Le pilote s'approcha de lui et lui montra le journal. L'autre acquiesça. Il se tourna vers le personnel de la compagnie et le jeune homme à moustache :

— Les passagers du 211 sont-ils à bord ?

— Les premières classes embarquent en ce moment.

— Arrêtez-les.

L'employé pivota sur ses talons, puis franchit en courant le poste de contrôle pour se précipiter vers la salle d'attente. Le pilote tendit la main pour la troisième fois :

— Le pistolet, Mrs Bartok.

Elle regarda le pilote, puis les autres.

— Vous ne pourrez pas passer le poste de contrôle avec ce pistolet, dit le pilote.

— Vous me croyez ?

— Je vous crois.

Elle posa doucement le pistolet dans la main du pilote. Au même instant, les policiers la saisirent, tandis qu'un inspecteur retenait la doctoresse.

— Faites-la passer, dit le pilote.

Les policiers interrogèrent du regard le commissaire, qui acquiesça. Deux inspecteurs conduisirent Susannah jusqu'au portique du magnétomètre, sous lequel elle s'engagea, la tête haute. Une sonnette retentit. Susannah eut un mouvement de recul, tira de son manteau un couteau à cran d'arrêt qu'elle s'empressa de jeter sur une table. Puis elle passa, sans dire un mot.

Escortée par les policiers, et suivie par les gens de la compagnie, elle se dirigea vers l'aire d'embarquement. Une employée en uniforme noir, portant des lunettes noires brillantes, s'approcha de la doctoresse qui marchait derrière Susannah, entre d'autres policiers.

— Docteur, nous devons passer votre porte-documents aux rayons X. Simple formalité.

D'un signe de la tête, la doctoresse montra qu'elle s'y opposait, et elle crispa ses doigts sur le porte-documents. La femme en noir consulta du regard un inspecteur. Jusqu'alors, la doctoresse avait gardé son calme. Son visage fut soudain inondé de sueur. Que lui arrivait-il ?

Toujours encadrée par les policiers, Susannah se hâta d'entrer dans la salle d'attente au sol recouvert de moquette. Patientant en file derrière la barrière qui les séparait du jet, les passagers tenaient leur carte d'embarquement à la main. Ils se retournèrent, surpris. Que venaient faire cette femme, ce pilote, ces chefs de service, ces policiers qui passaient devant eux ? Le pilote, accompagné de plusieurs responsables, rejoignit la femme qui, longeant la file, dévisageaient hommes, femmes, enfants. Susannah allait atteindre la tête de la file lorsqu'elle ralentit le pas, l'air hésitant. Elle se retourna. Le pilote et les autres comprirent aussitôt qu'elle n'avait pas réussi à mettre la main sur ceux qu'elle cherchait si désespérément.

À la porte des premières classes, sur la passerelle conduisant à l'avion, un petit garçon disparut derrière un homme de haute taille, aux cheveux grisonnants et habillé d'un pardessus noir de bonne coupe. Une femme d'une trentaine d'années, aux cheveux châtains trop laqués et vêtue d'un manteau de léopard, se retourna pour jeter, par-dessus son épaule, un coup d'œil dans la salle d'attente.

Une hôtesse arrêta le couple, qui ne dissimula pas sa mauvaise humeur. À moitié endormi, le petit garçon, presque suspendu par les mains entre l'homme et la femme, regardait, sans bien les distinguer, les centaines de passagers qui se pressaient dans la salle d'attente, les policiers, et une dame qui portait un manteau en peau de mouton — un manteau qu'il n'avait encore jamais vu. Soudain, il détacha ses mains de celles de l'homme et de la femme. De ses petits poings, il se frotta les yeux, puis les ouvrit tout grands.

Dans la salle d'attente, l'espace d'un instant, personne ne bougea. S'arrachant au couple qui s'efforçait de le retenir, le petit garçon s'était mis à courir. Il était libre. Il courut à perdre haleine, en pleurant, et se jeta dans les bras de la dame qui s'était agenouillée pour le couvrir de baisers.

35

24 décembre, 7 h 23

Au terminus des autocars, Susannah et Laddie, dans leurs vêtements légers venant de Californie, buvaient du chocolat chaud. Par-dessus sa tasse, le petit garçon suivait des yeux tous les gestes de sa mère. Avec précaution, il remit la tasse sur sa soucoupe, tandis que Susannah essuyait une goutte de chocolat sur son menton :

— On sera chez nous pour Noël.

Le petit garçon leva avec application sa tasse à deux mains et but encore du chocolat. Pour la première fois, sa mère le quitta des yeux pour déployer un journal, en prenant bien soin qu'il ne voie pas sa photo en première page.

Un autre journaliste avait terminé le reportage de Victoria. La manchette noire, énorme, du jour. L'article du jour. Les photos du jour. Oui, d'ici à quelques jours, le monde ne se souviendrait plus de l'histoire du petit garçon de Times Square, au moment de Noël, ni de l'hôtel désert. Susannah se dit qu'avec un peu de chance, son fils oublierait lui aussi ces trois jours. Sur la deuxième page, Susannah vit une photo de Victoria. L'air solennel, coiffée différemment, elle ne ressemblait guère à son amie. La légende évoquait sa mort.

Victoria.

Le petit garçon posa soigneusement sa tasse de chocolat chaud et tira Susannah par la manche.

— Pourquoi tu pleures, maman ? Je suis là.

1983

LE DISCIPLE

Traduit de l'anglais
par Véronique David-Marescot

Ce roman a paru sous le titre original :
THE DISCIPLE

« Qui n'est pas avec moi est contre moi,
Et qui n'amasse pas avec moi disperse. »
Matthieu 30 ; 12.

1

Les Willows étaient terrain défendu.

— Marc-Anthony, avait dit son père posément, je veux que tu me donnes ta parole d'honneur de ne jamais aller là-bas.

Le garçon avait hoché la tête.

— Dis-le.

— Parole d'honneur. Je n'irai jamais.

— Brave petit.

Dar Cragin avait embrassé son fils.

Durant les deux premières semaines des vacances d'été, Marc-Anthony avait tenu parole. Les journées torrides s'étaient traînées en longueur. Il ne pouvait pas aller nager avec son bras gauche dans le plâtre et n'avait pas de compagnon de jeux étant donné qu'ils habitaient si loin dans la campagne. Durant la période la plus chaude de l'après-midi, il allait se réfugier dans la fraîcheur de sa cabane, sa cache secrète.

À d'autres moments, il attrapait des abeilles dans des pots de confiture et le soir, des lucioles. Pendant qu'à la télévision il n'y avait que des reprises, il avait construit trois maquettes de l'*USS Enterprise* dans sa chambre. Il faisait son lit, rangeait son cabinet de toilette et collectionnait ses BD. Il passait des heures à observer le seul survivant de ses poissons rouges dans son aquarium jusqu'au jour où il décida qu'il fallait faire chose défendue : aller aux Willows.

Assis sur le pas de la porte, côté jardin, il tira sur ses espadrilles et essuya la sueur qui lui couvrait le front.

Il était exactement quatre heures et quart à la pendule de la cuisine, ce dernier après-midi du mois de juin. La température avait atteint trente-huit degrés et son bras dans le plâtre le démangeait furieusement. Il y glissa une aiguille à tricoter pour gratter l'endroit qui le tourmentait le plus.

Au bord de la rivière, une chaîne stéréo jouait une chanson de

Willie Nelson si fort que, même d'ici, on entendait toutes les paroles. Lentement mais d'un geste décidé, il noua ses lacets. Il se leva et se dirigea vers le parterre de fleurs de sa mère, débordant de pivoines blanches ; de glaïeuls flamboyants et de reines-marguerites. Marcy aimait-elle les pivoines ? Il ne s'en souvenait pas mais en cueillit une demi-douzaine pour faire un grand bouquet neigeux. Puis il traversa la grande pelouse négligée dont les hautes herbes cinglaient ses jambes nues.

Même avant le début des vacances, Marc-Anthony avait eu l'intuition que cet été-ci, il irait voir la tombe de sa sœur jumelle. Les ancêtres de la famille Cragin reposaient tous là-bas, avec sa sœur, sous le marbre, mais ce n'étaient pas les morts qui étaient à l'origine de l'interdiction d'aller au méandre de la rivière. C'étaient les vivants, ces gens nouveaux qui campaient là-bas maintenant, qui contraignaient la famille à rester sur la colline. Son père les appelait les « rats de rivière » et il les détestait.

C'était grâce à l'argent que rapportaient les Willows que la famille pouvait continuer à vivre au Manoir. Son père avait organisé la vie familiale en fonction de la plaie que constituaient ces campeurs au bord de la rivière de la même façon qu'une autre famille organise sa vie lorsqu'un de ses membres est atteint d'une maladie incurable.

La dernière fois que Marc-Anthony avait été à la courbe de la rivière où les arbres frémissaient dans la brise et où l'eau était assez profonde pour se baigner, c'était à l'enterrement de sa sœur. Trois ans, y avait trois ans qu'il était confiné au sommet de la colline, sous la pluie et la neige et par les chaleurs écrasantes alors qu'elle était au bord de la rivière. Au mois d'avril dernier, lors de son neuvième anniversaire, il s'était demandé s'ils ne pourraient pas lui rendre visite en famille. Du matin jusqu'au soir, il avait brûlé d'envie de leur rappeler que c'était aussi son anniversaire à elle. Il avait reçu une reproduction de Snoopy de Jody et deux dollars de son père pour s'acheter l'ange de mer qu'il voulait. Sa mère l'avait embrassé et lui avait donné un de ses sourires délicieux. Personne n'avait dit un mot au sujet de Marcy. Personne.

Même s'il fallait y aller tout seul et en secret, aujourd'hui il serait avec elle.

Un paon poussa son cri strident.

Il détestait ces oiseaux ridicules qui traînaient leurs élégantes plumes caudales majestueusement sur la pelouse. C'étaient des vestiges de gloires passées tout comme l'immense maison à quatre colonnes, toujours appelée le Manoir. La plupart des gens croyaient que sa famille était riche. Marc-Anthony secoua la tête. Si seulement ils savaient à quel point ils étaient pauvres. — À l'extérieur, le Manoir avait besoin d'une couche de peinture et à l'intérieur, ça sentait le moisi. Son père conduisait cette vieille épave de Plymouth qui tombait toujours en panne. À la dernière fête du Thanksgiving, ils n'avaient même pas pu s'acheter de la dinde comme tout le monde ; ils avaient tué un de ces horribles paons aux cris perçants.

Ici, en plein soleil ; Marc-Anthony tremblait de froid. Le souvenir de son serment ralentissait ses pas. Il passa la main dans ses cheveux et redressa ses épaules.

Marcy était-elle là ?

Il se baissa pour éviter une branche d'érable. À présent que les Willows étaient devenus un terrain de camping, la courbe de la rivière serait-elle toujours telle qu'il en gardait le souvenir ? Souvent, dans la bibliothèque de son père, il avait examiné la grande photographie jaunie, vieille disait-on de plus de cent ans. Au milieu, sur la colline, se dressait le Manoir, d'un blanc éblouissant à cette époque. Il n'avait pas besoin d'une couche de peinture et ne sentait sans doute pas le moisi alors. À moins de cinq cents mètres de là, s'élevait l'usine en brique, construite à l'époque de la guerre civile. L'écriteau au-dessus de l'entrée portait l'inscription « Bottes et Chaussures Cragin ». Même en ce temps-là, l'usine paraissait sombre et sinistre. Toutefois, les champs s'étendaient à travers les collines aussi paisiblement qu'aujourd'hui avec à leur pied la même rivière, mince filet d'argent, qui serpentait parmi les arbres. Son père avait dit qu'elle coulait ainsi, brillante et limpide, depuis l'époque des Indiens. Marc-Anthony avait souvent regardé de près un coin sombre de la photographie, essayant de distinguer un vallon ombragé où, derrière une grille de fer, se dressaient des pierres tombales usées par le temps le cimetière de la famille Cragin. Cela faisait plus de cent cinquante ans qu'ils reposaient là.

Depuis deux ans, Darius Cragin avait cessé d'aller à son bureau dans l'usine déserte. Il avait fait construire un chemin de terre depuis la route nationale et cloué un écriteau sur l'orme géant : « Camping des Willows ». Apparemment, le monde avait besoin d'un nouveau terrain de camping car les caravanes et les camping-cars n'avaient pas tardé à descendre la nouvelle route en cahotant pour venir se brancher sur les prises d'eau et d'électricité nouvellement installées dans le pré au bord de la rivière.

Dès le début, Dar avait pris en haine les campeurs avec leurs boîtes de bière et leurs ordures au bord de la nationale, leurs complaintes au sujet de la mauvaise réception de la télévision et des nids-de-poule du chemin empierré.

La deuxième année, Dar avait conclu un marché avec Bernard Lesaut, un Canadien français au nez cassé. Il le laissait occuper un emplacement gratuitement et, en échange, Bernard était chargé de collecter l'argent et d'assurer la surveillance. Dar avait fait une clôture en grillage, mis des panneaux « Défense d'entrer » et fermé la grille en fer forgé du Manoir à tous sauf à Bernard.

Les vrais ennuis avaient commencé cette année, le dernier week-end du mois de mai, lorsque les premiers motards étaient arrivés en pétaradant. Depuis lors, il ne se passait plus de jour sans que Bernard vienne signaler des incidents entre les motards et les autres. Deux fois, de la fenêtre de sa chambre, Marc-Anthony avait aperçu les feux rouges clignotants de la voiture du shérif à travers les arbres.

Aujourd'hui, Marc-Anthony les verrait de ses propres yeux. Il tremblait d'enfreindre de façon flagrante le serment fait à son père. Il avait peur mais n'était pas stupide et n'avait aucune intention de se faire prendre. À cette heure de la journée, sa mère, qui quittait rarement sa chambre, ne manquait jamais de faire une courte sieste. Son père, homme aux habitudes précises et invariables, jouait seul au basket-ball dans l'usine vide tous les après-midi. À cinq heures trente exactement, il s'arrêtait, prenait une douche et mettait une chemisette propre. Les mardi, jeudi et samedi, il prenait la vieille Plymouth et partait en ville. Aujourd'hui, c'était vendredi.

Marc-Anthony se fraya un passage à travers les fougères qui lui arrivaient à l'épaule et plongea sous l'ombre des érables. La sueur dans son dos lui picotait agréablement la peau. Il descendit au pied de la colline jusqu'à une ormaie jouxtant une clôture en grillage. Il était tout près maintenant. Il se courba et s'avança tout doucement le long du grillage sous le couvert du feuillage, comme un espion, jusqu'au trou dans la clôture. Avant de la traverser, il s'arrêta pour écouter les radios qui jouaient du country-western et diffusaient des sermons.

Après avoir franchi la clôture, il courut à travers un petit champ et s'accroupit derrière une rangée de hêtres. Il voyait maintenant les campeurs et les camping-cars qui faisaient face à la route poussiéreuse. La plupart des numéros d'immatriculation étaient locaux ; très peu d'entre eux venaient d'autres États. Les gens qu'il voyait étaient désespérément ordinaires et de tous les âges. Deux garçons jouaient à la balle au soleil. Un homme et une femme montaient un auvent devant la porte de leur camping-car au-dessus du berceau d'un bébé qui criait. Une demi-douzaine de vieillards, hommes et femmes, jouaient aux cartes sur une table à tréteaux. Étaient-ce là les gens que son père méprisait et appelait les rats de rivière ? Si oui, Marc-Anthony pensa qu'ils n'étaient pas très différents de ceux qui vivaient à Marble Hill.

Marc-Anthony écarta une branche pour avoir une meilleure vue de la rivière où il entendait un groupe de baigneurs crier et s'éclabousser. Ceux dans l'eau étaient entièrement nus. Leurs corps brillaient. L'homme le plus proche aurait pu être sculpté dans de la pierre car il n'avait pas un seul cheveu sur la peau tendue de son crâne et pas un poil ne couvrait son corps musclé. Il n'avait pas de sourcils ; rien ne cachait ses énormes génitoires blanches. Seul un tatouage bleu, une panthère, grimpait le long de son ventre dur et plantait ses griffes dans sa poitrine. Il riait aux éclats, sautillait et criait et poursuivait une femme dans l'eau qui leur montait jusqu'à la taille. La fille gloussait de plaisir ; ses seins ballottaient.

Le cœur de Marc-Anthony cognait dans sa poitrine et il recula derrière l'écran de feuillage. Jamais de sa vie il n'avait vu d'hommes ou de femmes adultes nus. Il fit un effort pour se calmer. Et s'ils le découvraient en train de les épier ? Il en eut la gorge sèche. Lorsqu'il fut de nouveau à l'ombre, il s'avança avec précaution et regarda à travers les feuilles, submergé de sensations qu'il n'avait jamais éprouvées auparavant, le visage en feu.

Sur la berge, un vieil homme brandissait un bâton et couvrait les baigneurs d'invectives.

— Bande de vauriens drogués ! Ils paradent nus comme des vers devant les honnêtes gens ! Fichez le camp d'ici. Dehors ! Vous m'entendez ?

Il glissa dans la boue mais rétablit son équilibre grâce au bâton. De la rivière, les quolibets fusaient.

— Ça se balade tout nu en débitant des grossièretés ! Vous ne respectez rien ni personne ! Fichez le camp d'ici tout de suite.

Skull, l'homme rasé, s'arrêta d'éclabousser la fille et un sourire fendit son large visage.

— Le vieux con a oublié à quoi ressemblent des nichons. Ardèle, montre-lui-en une vraie paire.

La femme potelée prit ses seins dans ses mains et les présenta au vieil homme. En l'entendant bafouiller d'indignation, une autre jeune femme lui tourna le dos, se pencha en avant et lui montra ses fesses nues.

Violet de rage, l'homme sur la berge se tenait immobile, paralysé par le choc.

Les autres baigneurs applaudirent la performance en criant.

Le vieil homme devint livide.

— Je vous dis... de ficher le camp.

— C'est à vous de foutre le camp, lui répondit Ardèle.

Tremblant d'émotion, Marc-Anthony se cacha le visage dans les mains et, plié en deux, courut jusqu'aux saules. À la courbe de la rivière, il souleva les feuilles argentées et s'arrêta brusquement. Il resta pétrifié. Le cœur battant, il se rendit compte qu'il était à quelques pas des pierres tombales. Ses mains, qui tenaient les fleurs, étaient moites de sueur. La grille de fer aux larges lances qui autrefois se hérissait autour du cimetière n'était plus qu'un amas de ferraille tordue. Des canettes de bière et des tas d'ordures souillaient les plaques de marbre. Et il la vit enfin — une tombe avec sa pierre encore blanche, bien plus blanche que les autres, surmontée d'un angelot agenouillé. Il lut l'inscription :

À notre bien-aimée Marcia-Antonia retournée auprès de Dieu dans sa sixième année.

Marcy.

Sa sœur. Sa jumelle qui était venue au monde en même temps que lui.

Avant qu'il puisse poser les pivoines blanches sur sa tombe, il fallait qu'il enlève les feuilles mortes et les ordures. Elle reposait là-dessous — cachée sous le marbre, les canettes de bière, les bouteilles cassées et les mauvaises herbes fanées. Des graffiti obscènes peints à la bombe souillaient l'angelot blanc.

Il ferma les yeux.

Lorsqu'elle était vivante, tout le monde affirmait qu'ils se ressemblaient autant que leurs noms. Ils devinaient souvent ce que l'autre pensait, c'était certain. Il s'était toujours senti plus proche d'elle que de Jody. Il supposait que tous les frères et sœurs à peu près du même âge, même s'ils n'étaient pas jumeaux, partageaient les mêmes pensées.

Avant de quitter la maison, il s'était examiné dans la glace. Son visage. Celui de Marcy. Il se demanda à quoi elle ressemblait maintenant après trois ans sous cette plaque de marbre, couchée le visage vers le haut.

Des larmes brûlantes lui coulèrent des yeux et il appuya son front contre l'ange. Soudain, tremblant de rage contre ceux qui avaient souillé son marbre blanc, il se mit à frotter furieusement. Plus noire que jamais, la peinture le défiait. Il ramassa une boîte de conserve et se remit à gratter. Soudain, il ralentit. Malgré le bruit qu'il faisait, malgré la musique des stéréos et les cris des baigneurs, il avait entendu un autre son. Il tendait l'oreille si fort qu'il entendait sa propre respiration. Derrière l'écran de feuilles de saule qui vibraient, une brindille craqua. Quelque chose bougea. Une branche cassa avec un bruit sec. Quelqu'un l'observait.

2

Marc-Anthony retint sa respiration. Des brindilles craquèrent tandis qu'un homme jeune, portant des lunettes noires, sortit de l'ombre et franchit la grille tordue. Les verres noirs brillaient sur son visage blanc. Il portait un costume gris et des bottes.

Il ne ressemblait à personne que Marc-Anthony connaissait. Qui donc viendrait ici, aux Willows, par cet après-midi torride, en costume gris mal ajusté, chemise blanche, cravate noire étroite, lunettes et bottes ?

Les lourdes bottes de moto repoussèrent un tas d'ordures offensant. L'homme se rapprocha.

Marc-Anthony n'osait pas bouger.

Le visage suspendu au-dessus de lui comme une lune pâle était d'une blancheur telle que, même couvert de poussière sous ses lunettes noires, il aurait pu passer pour un masque. Ses mains, aussi pâles que son visage, soulevèrent les lunettes. L'homme regarda le garçon de ses yeux brillants mais qui paraissaient incolores. Ses yeux blancs le dévisageaient comme ceux sur les vieilles photographies dans le bureau de son père. Blancs. C'était sûrement un effet de lumière. L'homme gardait la tête penchée comme le font certaines personnes lorsqu'elles écoutent attentivement. Des cheveux d'un blanc argenté lui couvraient le front. Ils paraissaient mal coupés et retombaient de façon inégale sur son visage poussiéreux. Sans quitter le garçon du regard qui le maintenait immobile contre l'angelot en marbre, il essuya ses verres avec sa cravate noire. Il tourna la tête pour mieux regarder la tombe, et Marc-Anthony devina son regard gris sous de pâles sourcils. Il le quitta des yeux pour lire l'inscription sur la tombe.

— Votre sœur.

Marc-Anthony se retourna légèrement et répondit d'un hochement de tête. On l'avait averti de ne jamais parler à des étrangers. Il baissa le regard mais devina que les yeux de l'homme étaient de nouveau posés sur lui. Il le sentait.

— Elle aurait neuf ans. Vous avez quel âge ? Neuf ans ? (Marc-Anthony acquiesça.) Vous étiez jumeaux. L'étranger avait dit cela non comme une question mais d'une voix calme, autoritaire, à ne pas défier. Marc-Anthony espéra qu'il ne l'interrogerait plus car, s'il le faisait, il savait qu'il lui faudrait répondre. Une autre branche craqua. Les mains blanches cassèrent une branche de saule et posèrent le rameau aux feuilles vertes sur le marbre blanc.

— Pour Marcy.

Le cœur de Marc-Anthony bondit dans sa poitrine. Comment cet étranger pouvait-il savoir qu'on l'appelait ainsi dans la famille ? La tombe portait l'inscription Marcia-Antonia, pas Marcy.

— Vous habitez là-haut ?

Marc-Anthony ramassa une canette de bière et gratta désespérément une obscénité.

— Ce mot ne peut pas blesser Marcy.

Marc-Anthony savait où il avait entendu ce genre de voix. Il n'avait pas été à l'église depuis la mort de Marcy mais cet homme avait exactement la voix de ces pasteurs que sa mère écoutait à la radio et à la télévision. Il risqua vers l'homme un regard et vit les yeux gris dans le visage incliné fixés sur lui. Il baissa les siens et fit mine d'examiner le costume gris qui flottait sur le jeune homme mince, un costume trop large et qui, visiblement, ne lui appartenait pas. La cravate était froissée. La chemise blanche était grise et usée par de trop nombreux lavages. Une feuille verte brillante, une feuille de saule, dépassait de la boutonnière au revers de son veston.

— Vous êtes venu pour être avec Marcy.

Comme auparavant, ce n'était pas une question. Cet homme savait que la présence de Marcy avait attiré son frère jusqu'aux Willows. Savait-il que c'était la première fois qu'il y venait depuis qu'ils l'avaient enterrée ? Savait-il tout sur lui ?

Marc-Anthony se racla la gorge pour retrouver sa voix.

— Est-elle ici ?

— Vous savez où elle est.

— Je n'en suis pas certain.

— Si.

— Avec Dieu ?

— Avec le Saint-Esprit.

— C'est ce que dit maman. (Sa voix se cassa.) Marcy sait-elle que je suis ici ?

— Vous connaissez la réponse à cette question.

— Le sait-elle vraiment ?

— Demandez-le-lui.

Les yeux du garçon se levèrent vers ceux de l'homme.

— Vous voulez dire prier ? (Ne clignait-il jamais des paupières ?) Vous êtes prédicateur ?

— Oui.

Le costume gris, la chemise, la cravate noire, soudain Marc-Anthony comprit. Oui, bien sûr, c'était un prédicateur.

— Ma mère écoute des gens comme vous tout le temps à la radio et à la télévision. Marcy lui manque plus qu'à nous tous. (Il refoula ses larmes.) Si seulement maman était ici maintenant.

Au delà du bosquet de saules, dans l'ombre duquel pénétraient quelques rayons de soleil, ils entendirent les cris des baigneurs qui s'éclaboussaient au soleil.

Un oiseau lança un trille.

Marc-Anthony remit son maillot. C'était un acte simple mais rendu compliqué et lent à cause de son plâtre. Son bras lui rappelait tous les prédicateurs qu'il avait vus à la télévision, des hommes et des femmes rayonnants de confiance qui tendaient leurs mains pour guérir d'un attouchement les os brisés, dissoudre les cancers et faire marcher les estropiés. Il n'osait pas demander un tel miracle à cet étranger.

— Votre sœur est avec le Saint-Esprit depuis trois ans. Elle attendra le temps qu'il faudra pour que vous soyez réunis de nouveau. (Une main se posa sur son épaule nue.) Nous allons prier pour Marcy ensemble.

Un sanglot s'échappa de la bouche du garçon qui se dégagea. Il sentit une main lui agripper le bras. Il ne devait pas parler aux étrangers mais cet homme était un prédicateur. Les prédicateurs étaient différents. Ils connaissaient des tas de choses que les autres gens ignoraient. De tout son cœur, il désirait désespérément dire à quelqu'un ce qu'il ressentait au sujet de Marcy mais il n'avait jamais osé le faire à haute voix. À présent, ces mots terribles et secrets qu'il ne pouvait même pas partager avec sa propre famille sortirent de lui par à-coups.

— C'était la fête de Halloween. Maman nous avait fait des costumes semblables mais ils ont pris feu. Marcy hurlait et courait, tout en feu ! J'ai couru après elle tant que j'ai pu mais je ne l'ai pas rattrapée. Je n'ai pas pu ! (À présent, il tremblait si fort qu'il s'appuya contre l'homme.) La voiture de papa n'a même pas voulu démarrer ! Nous ne pouvions pas l'emmener à l'hôpital...

Une pression sur son épaule lui indiqua de s'agenouiller.

— Elle est avec le Saint-Esprit. Vous êtes celui qui est resté derrière. Demandez au Saint-Esprit de vous emplir d'amour.

À genoux, Marc-Anthony inclina la tête en prière.

— Dites-le à haute voix.

— Saint-Esprit, emplissez-moi d'amour.

— Dites à Marcy que vous l'aimez.

— Marcy, je t'aime.

L'homme s'agenouilla tout près de lui.

— Elle est avec le Saint-Esprit. Vous le sentez ? Oui ! Sentez-vous le Saint-Esprit dans votre cœur à cet instant même vous disant que Marcy vous entend ?

— Parle-t-elle avec maman ?

— Si votre mère veut l'entendre...

— Elle le veut plus que tout. Je vous en prie, il faut que nous fassions venir maman ici. C'est possible ? Maintenant ? Et mon père ! Je vous en prie. Il faut que vous disiez à maman ce que vous venez de me dire ! Je vous en prie ! Venez à la maison !

Un hurlement de terreur suivi d'un cri de rage déchira le

calme de l'après-midi. Le prédicateur bondit sur ses pieds et Marc-Anthony le suivit, se frayant un passage à travers les branches cinglantes en direction des cris de colère.

3

Marc-Anthony ralentit en observant les hommes et les femmes quitter leurs camping-cars et se précipiter vers la berge. Une des femmes, en robe de chambre mauve, ramassa une pierre et la jeta de toutes ses forces.

Ardèle, toujours dans l'eau, se saisit l'épaule et poussa un cri de douleur.

Plusieurs des baigneurs nus pataugèrent vers la rive en insultant le vieil homme. Celui-ci, enragé et hurlant, frappa vicieusement de la pointe de son bâton un homme appelé Bear qui poussa un hoquet de douleur et coula. Une femme près de lui le prit par les cheveux et maintint sa tête hors de l'eau jusqu'à ce que Skull vienne l'aider à hisser Bear sur la berge.

Marc-Anthony tremblait de peur. Il cherchait partout Bernard du regard.

— Restez ici ! ordonna le jeune prédicateur en s'éloignant.

Marc-Anthony se demandait s'il devait courir jusqu'à l'usine pour chercher son père afin qu'il remette de l'ordre. Le problème, c'était qu'il lui faudrait un quart d'heure pour courir jusque là-bas et revenir. Puis il se souvint de la cabine téléphonique qui venait d'être installée. Pourquoi quelqu'un n'appelait-il pas le shérif ?

Soudain, le vieil homme laissa tomber son bâton et s'affaissa sur le gravier. Un homme mince, aux cheveux noirs, portant un fusil de chasse, se hâta vers lui. C'était Bernard. Il croassa d'une voix incertaine :

— Monsieur Maginis, vous n'avez rien ?

L'un des campeurs, un nommé Dabney, s'accroupit à côté du corps immobile. Au bout d'un moment, il leva les yeux et releva ses lunettes.

— Vous l'avez tué, salauds ! cria-t-il aux baigneurs.

Avec un hurlement, Mrs Maginis jaillit de l'attroupement et se précipita vers la silhouette affaissée.

Skull, son corps puissant toujours nu, avait le regard fixe. Il dit d'une voix enfantine :

— Vous êtes sûr ?

— Plutôt, bande de vauriens.

Tout le monde resta silencieux.

Dans le calme soudain, un seul homme bougea. Le jeune prédicateur aux lunettes noires s'avança. Il tomba à genoux et renversa la tête de Mr Maginis, regardant à travers ses verres sombres le visage qui l'instant d'avant était congestionné de rage et maintenant gris comme une pierre mouillée.

— Restez ! murmura le jeune homme. Jésus vous dit de rester.

Personne ne bougea. La foule retint sa respiration. Le corps du vieil homme était si frêle que le prédicateur n'eut aucun mal à le retenir d'un bras tandis qu'il levait l'autre. Il fit signe à tous ceux près de la rivière de répéter après lui.

— Restez. (Leur répons fut d'abord hésitant, incertain.) Au nom du Saint-Esprit, restez ! (Le jeune prédicateur indiqua d'un geste coupant que, cette fois, il ne voulait pas de répons. Il arracha ses lunettes, se pencha vers le visage gris et murmura :) Entendez-moi. Restez ! (À présent, sa main blanche tira le mot de la foule.) Restez ! Restez ! Restez ! (Cette fois, les voix s'unirent en un cri qui effraya les oiseaux.) Restez !

La main qui dirigeait l'incantation arrêta le cri suivant. Le jeune prédicateur repoussa en arrière les longs cheveux blancs de M. Maginis. Sa voix devint un murmure.

— Nous vous aimons.

Marc-Anthony tremblait et luttait pour retrouver sa respiration. Avec tous les autres, il regarda la forme grise que le jeune homme tenait contre lui, si palpablement morte. Les yeux brouillés de larmes, le garçon obéit à l'injonction de répéter les trois mots.

— Nous vous aimons !

Il le cria avec les autres, de toutes ses forces.

— Nous vous aimons !

Les doigts du prédicateur saisirent les mains flasques et noueuses de Mr Maginis. Il les frotta, partageant sa chaleur avec cette argile froide.

— Nous vous aimons et le Saint-Esprit vous aime !

— Nous vous aimons et le Saint-Esprit vous aime, cria la foule.

— Nous vous aimons !

La voix du prédicateur vibra soudain d'une telle vie qu'elle émut les autres.

— Nous vous aimons ! répéta le chœur dans un murmure.

Ceux de la rivière le virent les premiers. La main grise inerte de l'homme, animée d'une vie propre, se tendit vers celle du jeune homme. L'exclamation de la foule étouffa le répons suivant.

— Nous vous aimons.

Maginis tourna le visage vers le soleil et cligna des yeux. L'homme qui le tenait dans ses bras fit le signal imperceptible que la foule attendait.

— Gloire à Dieu, nous vous aimons.

— Gloire à Dieu, nous vous aimons.

Mrs Maginis, secouée de sanglots, se précipita vers son mari. L'étranger la repoussa doucement jusqu'à ce qu'il l'ait remis debout.

— Il était mort, dit Mrs Maginis d'une voix étouffée. Maintenant il est vivant ! Dieu soit loué !

— Dieu soit loué !

— Alléluia !

— Alléluia !

Le vieil homme, se trouvant le centre de tous les regards, sourit timidement. On aurait dit un petit garçon surpris et satisfait. Il leva la main et l'agita. Skull sortit de l'eau et la lui saisit.

— Comme elle dit, Dieu soit loué !

— C'est un miracle !

Mrs Maginis embrassa son mari ressuscité.

De nombreux hommes et femmes pleuraient. Ils tombèrent à genoux.

— Puis-je m'asseoir ? demanda Maginis d'une voix saccadée.

Personne ne bougea jusqu'à ce que le prédicateur fasse signe à Skull et à Bear de soutenir le frêle vieillard et de l'aider à gagner une petite butte couverte d'herbe qui dominait la berge.

Les autres baigneurs nus attrapèrent leurs serviettes ou leurs jeans pour se couvrir. La plupart d'entre eux tombèrent à genoux après s'être vêtus. Tout le monde examinait l'homme à l'étrange costume. Ils observèrent chacun de ses mouvements tandis qu'il pliait ses lunettes et les mettait avec grand soin dans sa poche. Il passa un doigt sur son visage poussiéreux mais ne dit rien.

Certains se détournèrent en marmonnant leur incrédulité.

— Il n'était peut-être pas mort du tout.

— Les jobards avaleraient n'importe quoi.

Les autres, cependant, restèrent à genoux comme le jeune homme et, comme Marc-Anthony, crurent de tout leur cœur qu'ils venaient d'assister à un miracle.

4

Le prédicateur écarta ses cheveux argentés de ses yeux brillants et leva la main comme pour accuser la présence des autres pour la première fois.

— Gloire au Seigneur ! (C'était Mrs Maginis.) Tout le monde ici a vu de ses propres yeux ce que vous avez fait.

Les autres reprirent en chœur.

— Gloire au Seigneur !

— Alléluia !

— Nous avons tous été témoins, frères et sœurs, s'écria Ardèle. Elle a raison. Nous l'avons vu ! L'achèvement divin du Saint-Esprit !

— Gloria !

— Gloria ! Gloria ! Alléluia !

Enid Kitts enfila un maillot jaune sur ses épaules osseuses et leva ses bras tannés. Sa voix, remarquablement pure et pénétrante, entonna un hymne.

Même à présent, le jeune prédicateur ne sourit pas mais il hocha la tête. Dabney, l'homme qui s'était accroupi auprès du corps, ajouta sa voix tonitruante à celle d'Enid. Gloria Fike, une femme forte avec des bras ronds rosis par le soleil, le visage encore plus rose, brillant de foi, se joignit à eux.

Leurs voix vibraient d'une telle assurance que les autres n'hésitèrent pas à reprendre en chœur pour exprimer leur joie. Tous ces gens étaient soudain unis, transportés par leurs voix.

Marc-Anthony chantait aussi fort qu'il le pouvait. Il n'avait chanté qu'une seule fois avec d'autres personnes, et c'était le jour de Noël avant la mort de sa sœur, lorsque sa famille était encore une vraie famille unie auprès de l'âtre et chantant des cantiques de Noël. Il tremblait de bonheur et ses yeux débordaient de larmes.

Comme pour accompagner leur chant, le bruit d'une sirène s'éleva en augmentant d'intensité. Marc-Anthony continua de chanter avec les autres tout en regardant le nuage de poussière qui s'approchait sur la route. Soudain, il se souvint de la cabine téléphonique. Bien sûr, Bernard avait fait appel à la loi. La voiture s'arrêta dans un grincement de freins et le shérif Frankel en sortit.

S'il y avait une chose à laquelle Elliott Frankel, homme vigoureux de quarante-deux ans, ne tenait pas, c'était de se ridiculiser. La famille Frankel avait vendu des vêtements à Marble Hill presque aussi longtemps que la famille Cragin avait fabriqué des chaussures. Après sa démobilisation de la marine, Elliott était revenu à la maison et avait annoncé qu'il ne voulait pas faire de commerce. Il préférait devenir professeur. Deux ans après avoir obtenu son diplôme et un an après avoir épousé Irène Berman, le collège local avait licencié deux professeurs de sciences et Elliott était devenu adjoint au shérif. Il racontait en plaisantant qu'il s'était retrouvé avec une étoile épinglée à sa veste comme le poivrot local dans les vieux westerns.

Frankel se demanda ce qui avait bien pu arriver entre le coup de fil affolé de Bernard et maintenant. La présente situation semblait sans danger. Encore prudent, le shérif conduisit ses hommes vers les chanteurs souriants.

Bernard regarda son fusil de chasse.

— Sans blague, shérif. Ils étaient en train de s'entre-tuer.

— Alléluia, shérif ! C'est un miracle ! s'écria Mrs Maginis. Un vrai miracle ! (Le shérif regarda la vieille femme.) Il était mort, shérif. Je le jure devant Dieu. Le prédicateur ici l'a ressuscité. Demandez-leur. Ils l'ont tous vu.

— C'est vrai, shérif. Il l'a fait. Gloire au Seigneur, il l'a ressuscité.

Enid Kitts souriait, le visage rayonnant.

— Béni soit le Saint-Esprit.

— Alléluia.

— Ainsi soit-il.

Gloria Fike tourna son visage rose vers les autres.

— Un miracle, shérif, dirent-ils en chœur.

Marc-Anthony ne dit rien mais hocha vigoureusement la tête en signe d'assentiment.

Frankel et ses hommes regardèrent le jeune homme en costume gris qui ne disait rien et se tenait en retrait comme s'il n'était pas concerné par toute l'excitation dont il était la cause.

Dabney s'avança.

— Ce que Mrs Maginis et les autres disent est absolument vrai, shérif. Mr Maginis était mort. Je suis prêt à le jurer sur la Bible. Il était mort !

— Moi aussi, shérif, je suis prêt à le jurer.

L'un après l'autre ; ils le confirmèrent.

Le shérif les observa puis regarda ceux qui s'étaient éloignés vers le camp. Les miracles n'étaient pas de son ressort. Le visage inexpressif, il se tourna vers le jeune homme en costume.

— C'est ce jeune homme ?

Les croyants se rapprochèrent.

— Il l'a fait !

— Il l'a vraiment ressuscité. Alléluia ! Si seulement vous aviez été là, shérif.

— Comment vous appelez-vous ?

— Leaf. Donald Leaf.

Marc-Anthony en eut le souffle coupé. Tout s'expliquait. Leaf. Bien sûr. Il fallait qu'il s'appelle ainsi. C'est pourquoi il portait cette feuille verte à son revers. C'est pourquoi il avait mis un rameau de saule sur la tombe de Marcy. *Leaf !*

— Vous êtes pasteur, monsieur Leaf ?

— Demandez à ces frères et sœurs ce que je suis.

Le shérif Frankel sentit ses hommes se hérisser. Ce jeune étranger allait-il résister à ses questions ? Allait-il entraîner les autres à s'opposer aux forces de l'ordre ? Frankel décida de se refuser le luxe de la colère et conserva une voix calme, n'offrant rien au jeune homme contre quoi il pourrait résister. Il examina ostensiblement son costume.

— Vous venez d'arriver, monsieur Leaf ?

— Oui.

— Voilà sa 125 Kawasaki !

Skull se gratta sa panthère tatouée.

— Vous allez rester, monsieur Leaf ?

Marc-Anthony retint sa respiration.

— Qu'en dites-vous, monsieur Leaf ? Allez-vous rester ?

— Je me soumets à la volonté de Dieu.

Le shérif vit les yeux gris du jeune homme fixés sur les siens et il décida qu'il valait mieux laisser les questions aux autres.

— La religion n'est pas de mon ressort. (Il tourna son regard vers les visages enthousiastes des croyants.) Tout ce que je sais, c'est que j'ai reçu cet appel disant qu'il y avait du grabuge ici.

— C'est vrai, insista Bernard. Ça allait mal.

Dabney écarta les cheveux de ses lunettes.

— Il n'y aura plus d'incidents, shérif.

— Ainsi soit-il.

Le shérif prit un mouchoir et s'épongea la nuque.

— C'est vrai que tout paraît paisible. Mais je dois vous avertir que si je reçois un appel de plus...

— Shérif, l'interrompit une grosse femme toute rose. Laissez-moi être la première à vous inviter à notre repas commun. Entendu ? (Elle se tourna vers les autres.) Chacun apporte ce qu'il peut, à la fortune du pot. Tout le monde est d'accord ?

— J'ai un ragoût, qui peut se rallonger, dit Berthe Diederich, une grande femme avec des bigoudis en plastique dans les cheveux.

— Et une salade de haricots. Tout le monde aime la salade aux haricots, s'écria joyeusement Ardèle. Frère Leaf, vous nous ferez un sermon ?

Il hocha la tête puis, sans un mot, tourna les talons et s'en alla.

Le cœur de Marc-Anthony se mit à cogner. Pourquoi avait-il dit qu'il dînerait avec les autres alors qu'il lui avait déjà promis d'aider sa mère ?

— S'il vous plaît, s'écria-t-il, mais le prédicateur était déjà trop loin pour l'entendre.

Marc-Anthony se mit à courir mais se heurta à Skull qui lui barrait le chemin. Skull se pencha et d'une de ses mains immenses le retint par une des bretelles de son maillot. De l'autre main, il lui passa la tige d'une feuille de saule dans un trou du maillot, puis il relâcha le garçon.

Bien sûr, une feuille — une feuille comme celle du prédicateur.

Maintenant, tous les croyants cassaient des branches et fixaient des feuilles à leurs chemises, dans leurs ceintures et même dans leurs cheveux.

Marc-Anthony trébucha dans le gravier.

— Frère Leaf ? S'il vous plaît ?

Le prédicateur ralentit et regarda par-dessus son épaule.

— Vous avez promis de venir chez moi et d'aider ma mère.

Donald Leaf, debout dans les rayons du soleil, se tourna et regarda Marc-Anthony.

— S'il vous plaît ? Demain ?

— Oui.

— À dîner ? S'il vous plaît, promettez-moi de venir dîner à la maison.

Le prédicateur s'en allait. Il n'avait pas promis. Il fallait qu'il le fasse.

— Je vous en prie ! Promettez !

Donald Leaf regarda le garçon par-dessus son épaule et hocha la tête.

5

Tout en courant vers le Manoir, Marc-Anthony se rendit compte qu'avant de faire irruption chez sa mère avec les nouvelles miraculeuses de ce qui s'était passé et celle, encore plus merveilleuse, de la prochaine visite du prédicateur à la maison, il fallait d'abord qu'il aille confesser à son père qu'il avait rompu son serment. Il fallait qu'il le fasse avant que le shérif ou Bernard ne lui dise qu'il l'avait vu au bord de la rivière.

Il tituba vers la porte de l'usine vide, ralentit et reprit son souffle. Oui, avant de pouvoir partager la bonne nouvelle, il lui fallait d'abord confesser la vérité. Il chassa une mouche de la main et regarda dans le bâtiment sombre. Du côté de l'entrée de la salle de basket-ball, des étagères avaient été fixées au mur et resplendissaient de coupes, de trophées et d'une douzaine de photographies en noir et blanc encadrées. Suspendu au mur, s'étendait un fanion sportif.

À quarante-deux ans, Darius Cragin se déplaçait avec vivacité, toujours aussi gracieux que l'athlète universitaire que l'on voyait sur les photographies. Il ralentit pour marquer un point. Le ballon s'éleva, décrivit un long arc de cercle, tourbillonna autour du rebord en acier puis tomba dans le panier. Dar se précipita, récupéra le ballon puis retraversa le terrain en dribblant vers l'autre panier. Ses cheveux mouillés, coupés court, faisaient paraître sa tête petite et compacte sur ses épaules larges et musclées.

Tap, tap, tap.

Le garçon attendit. Même bouillonnant d'excitation, il n'aurait pas songé un instant à interrompre son père. Il regarda la balle frapper le rebord et rebondir. Dar la récupéra, bondit et marqua le point.

Maintenant ?

À chaque foulée, les chaussures de Dar grinçaient et raclaient tandis qu'il parcourait le terrain, ne renonçant jamais, ne ralentissant pas, insensible au reste du monde.

Parfois, son père refusait de s'arrêter. Ceci pouvait signifier que quelque chose n'allait pas. S'il bouillait de rage, il continuait à jouer sans relâche, se coupant du reste du monde.

Y *avait-il* quelque chose qui n'allait pas ?

Marc-Anthony sentit ses genoux mollir et son courage s'évanouir. Si son père était dans une de ses colères, c'était le pire moment pour se confesser. Il ferait peut-être mieux de courir auprès de sa mère avec la bonne nouvelle, de lui parler du miracle et de lui dire comment tout irait mieux demain après la visite du prédicateur.

Tap, tap, tap.

Oui, il parlerait à sa mère en premier.

Marc-Anthony courut à travers les hautes herbes et traversa la pelouse d'un trait. Ses chaussures crissèrent sur l'allée en courbe devant les colonnes autrefois blanches du Manoir. Il examina soudain la maison comme s'il la voyait de la manière dont le prédicateur la découvrirait le lendemain. Elle était digne de son nom ; c'était vraiment un manoir. Elle ressemblait même à une église. Il ne l'avait jamais remarqué jusqu'ici. Il y avait beaucoup de maisons, dans cette partie de l'État de New York, construites à la façon des temples grecs. Nombre d'entre elles n'étaient en fait que des façades et, derrière leurs piliers, rien d'autre que des cabanes — des placards froids, comme les appelait sa mère. Cependant, sa maison à lui était vaste, pleine de grandes pièces qui restaient fraîches même par les plus grosses chaleurs. Frère Leaf serait-il surpris de constater qu'ils n'en occupaient qu'une partie ? D'autres pièces, contenant des meubles en bois de rose sculpté à profusion, attendaient sous des linceuls blancs. La grande porte d'entrée s'ouvrait sur un vestibule sombre où des statues des Cragin, en basalte et en marbre, se dressaient depuis cent cinquante ans.

Marc-Anthony trotta à travers la galerie d'ancêtres de pierre. Pas d'aboiements de chien ici. Pas de musique western. Pas d'odeurs de cuisine. Seulement une grande maison vide. Pourtant, aujourd'hui, il ne succombait pas à son habituelle mélancolie. Son cœur était léger. Frère Leaf changerait tout dans cette maison.

Il courut jusqu'au fond du vestibule et s'arrêta devant une sombre porte vernie. Il entendit un des prédicateurs de sa mère, soutenu par un chœur.

— Maman ?

— J'écoute un service religieux, mon chéri.

La voix était douce mais clairement perceptible.

— Je peux entrer ?

— Puis-je, corrigea la voix.

— Puis-je ?

— Plus tard, mon chéri.

Il baissa les yeux et se gratta la jambe. Il n'avait pas remarqué le sang séché, là où la peau était écorchée. Il s'était fait cela dans les ronces.

— Maman, j'ai été aux Willows. (Il attendit.) Maman, je suis descendu là-bas et quelque chose de merveilleux est arrivé.

Avait-elle entendu ce qu'il avait dit au sujet des Willows ?

— Tu avais promis à ton père.

— Je sais, mais puis-je entrer pour vous raconter ce qui est arrivé ?

La radio parlait d'un aigle planant comme un esprit libre au-dessus des malheurs de ce monde, l'aigle de la foi.

— Maman ?

Il avait quelque chose de mieux à raconter à sa mère. Du bout des doigts, il toucha la feuille passée dans son maillot. S'il ouvrait la porte brusquement et criait qu'il avait vu un miracle, que ferait-elle ?

— Maman ?

— J'écoute le service religieux, mon chéri.

— Maman, puis-je amener quelqu'un ici, à la maison ? Il n'y eut pas de réponse. Il savait qu'elle l'avait entendu. C'était sa façon d'être. Elle entendait souvent mais ne répondait pas.

Il tendit l'oreille pour déceler le moindre bruit qui indiquerait qu'elle avait bougé, qu'elle réfléchissait à ce qu'il avait demandé.

— Maman, c'est d'accord pour le dîner ?

— Chut, mon chéri. Tu sais que nous ne recevons pas.

— C'est le jour où Mrs Gibbs vient, demain. Je peux lui dire de préparer quelque chose. Je peux mettre la table moi-même. Je ferai tout le travail. Maman, je vous en prie !

— Demande à ton père.

Un hymne s'éleva tandis que le volume de la radio s'amplifiait.

Il grimpa les escaliers. À chaque marche, il se disait que si Donald Leaf pouvait changer ces gens de la rivière et les faire chanter et partager leur repas au lieu de s'injurier et de se battre, alors que ne pouvait-il pas faire pour la famille Cragin ?

À l'étage, la stéréo de Jody pulsait de la musique rock. Il s'arrêta à sa porte pour observer sa sœur de dix-sept ans se regarder dans une glace grossissante surmontée d'une rangée d'ampoules. Avec un grand sérieux, elle examinait son visage en se maquillant les yeux.

Tout le monde disait que Jody était belle. Pour Marc-Anthony, elle était simplement sa sœur. Son visage était plus doux, plus rond qu'aucun de ceux des statues dans le vestibule sombre. Ses cheveux châtains, brillants, tombaient en cascade sur ses épaules. Elle ramassa une cigarette qui se consumait et en tira une longue bouffée.

— Tu peux baisser le son ? supplia-t-il.

Du bout de son doigt, Jody étalait méticuleusement la couleur le long du bord inférieur de chaque sourcil. Ses ongles, si longs qu'ils dépassaient l'extrémité de ses doigts, étaient polis et d'un rose perle.

— Jode ?

Elle se tourna et regarda son petit frère. Elle connaissait cette expression qu'il arborait. Il avait besoin de parler à quelqu'un. Elle coupa la stéréo.

— Maman écoute la radio ?

Il hocha la tête.

La radio de maman, sa télévision. Jody savait ce que c'était de se tenir dans le vestibule en essayant de lui parler. Elle tendit la main mais Marc-Anthony resta près de la porte. À cet instant, il ressemblait à son père d'une manière étonnante. Il deviendrait sans doute un athlète mais Jody espérait qu'il n'aurait pas le caractère colérique de son père.

— T'ai-je jamais dit que je t'aime ? demanda-t-elle avec un sourire. (Elle écrasa sa cigarette.) Roger déteste vraiment que je fume. Il veut que je m'arrête.

— Pouvons nous parler ?

— Bien sûr, mais je t'avertis que je suis déjà en retard. Il sera ici d'une minute à l'autre.

Il se gratta la jambe. C'était ça le problème avec Jody. Il pouvait être en train de parler de la chose la plus importante au monde mais si Roger téléphonait, elle l'oubliait complètement. Si elle entendait le bruit de la voiture de Roger, elle se précipitait hors de la maison. Il brûlait d'envie de lui parler de frère Leaf mais décida qu'il fallait préparer le terrain.

— Tu ne te demandes jamais pourquoi nous ne sommes pas comme les autres familles ?

Jody se retourna vers le miroir.

— Qu'est-ce que cela veut dire ?

— Que nous ne sommes pas comme les autres familles. Les autres s'aiment.

— Je te dis que je t'aime mais tu n'écoutes pas.

— Je parle sérieusement.

— Maman et papa t'aiment.

Elle regarda par-dessus son épaule. Leurs regards se rencontrèrent et Marc-Anthony sut qu'elle comprenait parfaitement ce qu'il voulait dire. Elle trouva un tube de rouge à lèvres qui s'accordait parfaitement à la couleur de ses ongles et glissa le bâton rose perle le long de ses lèvres.

— Cela ne te dérange pas tant, dit-il d'une voix très adulte. Tu pars à l'université en automne. Ou bien tu vas te marier avec Roger. En tout cas, tu n'habiteras plus ici.

Elle alla vers lui et l'embrassa puis essuya le rouge sur sa joue avec un mouchoir en papier.

— Ne te laisse pas démoraliser par maman.

— Oh, non !

— Je sais ce que tu ressens.

— Il est arrivé quelque chose aujourd'hui, Jode. Sans blague. Quelque chose qui va changer nos vies.

Elle alluma une cigarette et observa son frère.

— Je suis allé sur la tombe de Marcy.

Elle le regarda fixement.

— Mon Dieu. Papa est-il au courant ?

Elle semblait soudain effrayée.

— Pas encore.

— Quelqu'un t'a-t-il vu ?

— Cela n'a pas d'importance. Avant que quelqu'un ne le lui dise, je vais le faire.

— Choisis bien ton moment. Je parle sérieusement. Tu connais papa.

Les années qui les séparaient s'effacèrent et ils ne furent plus que deux gamins complotant ensemble.

— Ce n'est pas ça l'important. (Il respira profondément.) L'important, c'est frère Leaf. Je l'ai rencontré là-bas. Jode, j'ai rencontré ce prédicateur et je l'ai vu ramener un vieux bonhomme mort — vraiment mort — à la vie.

— Calme-toi.

— C'est un miracle. Je te jure. Tous les grands l'ont dit. Ils l'ont même dit au shérif.

Ses épaules se mirent à trembler. Il éclata en sanglots. Jody l'attira contre elle.

— Il a invoqué le Saint-Esprit. (Il la sentit se raidir.) Je sais ce que tu penses. Que je parais aussi maboul que maman. Mais je l'ai vraiment vu, Jode. Il a ramené le vieux bonhomme à la vie et nous avons tous chanté et ce soir il va leur faire un sermon là-bas après dîner et je lui ai fait promettre de venir souper ici demain soir.

— Tu sais bien que tu ne peux pas.

— Pourquoi pas ?

Ils entendirent tous deux la voiture remonter l'allée qui passait devant la porte d'entrée.

— Wow. (Jody secoua la tête.) Qu'en dit maman ?

— Elle n'a même pas voulu écouter.

Jody se glissa dans ses jeans qui lui collaient à la peau.

— Il va falloir que tu le dises à papa.

Il hocha la tête.

— Au dîner ?

— Je ne sais pas, dit-elle en faisant une moue. Peut-être vaudrait-il mieux ne rien dire. Il ne laissera jamais aucun de ces rats de rivière venir ici. Surtout pas un prédicateur. (Elle boutonna une blouse brillante couleur de lavande et y épingla une barrette laquée. Elle mit quelques produits de maquillage dans une minuscule pochette et la referma avec un claquement sec. Puis elle alla à la fenêtre et regarda en bas.) Ecoute, je ne devrais pas te dire ceci mais je ne sais pas si je le dirais à papa. Pas encore.

— Il le faut ! Dès que frère Leaf sera ici, vous verrez tous. Il va tout changer. Vraiment, Jode !

— Attention, chuchota-t-elle. Si tu le dis à papa, sois sûr de choisir le bon moment.

Elle lui donna un rapide baiser et s'enfuit.

6

Dar sortit enfin de la douche et enfila un polo propre qu'il rentra dans son short blanc. Il portait ses espadrilles sans chaussettes. Il aimait se sentir tout propre après avoir joué au basket-ball pour aller boire son seul verre de la journée. Afin de ne pas gâcher son plaisir, il avait appris à passer rapidement devant la porte de Lénore à qui le bourdonnement de ses prêcheurs tenait compagnie. Dans son bureau, il versa de la vodka dans un verre de cristal puis traversa le vestibule jusqu'à la cuisine pour y ajouter de la glace. Marc-Anthony était assis tout seul devant un bol de céréales intact.

— Bonjour, jeune homme.

— 'Jour, murmura Marc-Anthony en espérant que sa voix ne trahirait pas son impatience de révéler la nouvelle.

Dar laissa tomber un cube de glace dans sa boisson. Il aimait cette heure de la journée et le goût net et fort de l'unique vodka qu'il s'accordait.

Il prit un carton de lait et une barquette de fruits frais dans le réfrigérateur et les posa sur la table devant Marc-Anthony. Il ébouriffa les cheveux de son fils.

— Alors, qu'as-tu fait toute la journée ?

— Pas grand-chose.

— Ton bras te démange avec cette chaleur ?

— Pas trop.

Marc-Anthony savait que son père n'aimait pas entendre les gens se plaindre.

— Tu as un contrôle chez le Dr Rainey la semaine prochaine, alors bois ton lait.

— Je sais. À cause du calcium.

— Courage. Encore un mois et on t'enlèvera le plâtre.

Il ne pouvait pas se plaindre tout haut mais Marc-Anthony avait horreur de penser qu'il lui faudrait traîner ce plâtre stupide pendant tout un mois encore. Il glissa de sa chaise et s'avança jusqu'à la porte vitrée de la cuisine.

— Ça ne doit pas être très drôle pour toi, sans copains pour jouer.

— Oh ! ça va.

La lumière, dehors, était orange. Marc-Anthony s'attendait à les entendre chanter à tout instant, la-bas, près de la rivière. Ils se taisaient encore. Cela signifiait-il que frère Leaf leur parlait ? Il toucha sa feuille.

Il regarda son père. Jody avait raison. Il connaissait son père assez bien pour savoir qu'il fallait attendre le bon moment pour lui dire qu'il n'avait pas tenu sa parole. Lorsqu'il se serait confessé, il pourrait dire la nouvelle très vite et lui révéler toutes les choses merveilleuses qui allaient arriver. Il observa son père attentivement et décida d'attendre jusqu'à ce qu'il ait allumé un de ses petits cigares bruns.

Dar recula sa chaise et Marc-Anthony rassembla son courage. Il se jura que, lorsque son père gratterait une allumette et la porterait à son cigare, il parlerait.

Dar traversa la cuisine et mit son bras autour des épaules de son fils. Marc-Anthony se répéta soigneusement les mots noués dans sa gorge. Il se laissa conduire dehors et asseoir à côté de son père sur les coussins verts de la balancelle.

Les oiseaux chantaient. Les moustiques bourdonnaient.

— Je pensais aller à Ithaca. Juste toi et moi. Je pourrais te montrer le logement que j'occupais et le gymnase où je jouais au ballon. Cela te ferait plaisir ?

Marc-Anthony hocha la tête.

— Ce serait épatant.

— Ta mère aime rester seule la plupart du temps maintenant, et Jody sort pratiquement toute la journée et toute la nuit, alors toi et moi, nous sommes un peu livrés à nous-mêmes.

Le bras de Dar était encore autour des épaules de son fils et Marc-Anthony se laissa aller contre son père. Dar savait que la plupart des gens considéraient qu'il était hautain, même froid. Il avait perdu une fille et sa femme en même temps — l'une était morte et l'autre isolée dans son chagrin. Jody était un cas différent. Il avait renoncé à la comprendre. C'était comme si elle avait déjà quitté la maison.

Le soleil se coucha. Ils regardèrent tous deux les arbres se transformer en silhouettes noires contre le ciel en feu.

— C'est calme. Du moins pour l'instant.

Dar enleva son bras de l'épaule de son fils pour allumer un petit cigare.

Marc-Anthony réfléchissait à toute vitesse. En bas, au bord de la rivière, ils n'avaient pas encore commencé à chanter. Cela signifiait que frère Leaf parlait encore. S'il disait tout à son père maintenant, ils auraient peut-être encore le temps d'y descendre et son père pourrait entendre frère Leaf. Oui, maintenant. Il commencerait par lui expliquer pourquoi les Willows étaient si calmes.

Mais son père s'était déjà remis à parler, le bout de son cigare rayonnant de colère.

— Tout le monde n'arrête pas de dire que les Noirs et les Cubains vont brûler les villes avant la fin de l'été. Belle préoccupation ! Nous, nous avons les mêmes soucis avec ces fichus rats de rivière. Nous aurons de la chance si nous survivons au 4 juillet.

Le moment d'avouer était passé une fois de plus. Son père se mettait à se plaindre, comme il le faisait souvent ces temps-ci, du monde qui allait à la dérive et des campeurs en bas, aux Willows, qui avaient amené le bruit et la pollution sur ses terres, une terre que les Cragin possédaient bien avant la guerre civile.

Ils entendirent tous deux un bruit de pas sur le gravier.

— Bernard ?

Dar se pencha dans l'obscurité.

L'homme maigre s'avança sous la lumière du terre-plein. Il avait un pantalon noir et un maillot à l'ancienne, sans manches, une médaille religieuse scintillait contre sa poitrine en sueur. Il avait mouillé ses cheveux noirs et les avait plaqués contre son crâne. Une ombre de moustache lui ternissait la lèvre supérieure.

— Je disais justement à mon fils que c'est calme en bas pour changer.

— Il leur parle, répondit Bernard.

Marc-Anthony se rendit compte avec un sursaut que Bernard avait déjà dit à son père ce qui s'était passé.

— Combien ?

— Deux douzaines.
— Environ un tiers du camping ?
Bernard hocha la tête. Ses cheveux noirs mouillés brillaient dans la lumière.
— D'abord, ils ont fait leur grand dîner. Maintenant, ils sont assis autour de lui comme s'il était une star du rock ou quelque chose du même genre. Un héros.
— Ça, c'est parce que vous et moi nous ne croyons pas aux miracles, Bernard. (Le petit cigare brilla dans l'obscurité.) Le shérif est-il revenu ?
— Non.
— Il le fera. Avez-vous une idée de combien de temps ce prêcheur va rester ?
Un nouveau bruit dans la nuit chaude leur fit tendre l'oreille à tous les trois. Des phares balayèrent le terre-plein et des pneus crissèrent sur le gravier.
— La voiture du shérif. (La lumière fit bondir Dar sur ses pieds en marmonnant de colère.) Comme si j'ignorais ce qu'il veut.

Dar respira profondément pour maîtriser sa colère tout en traversant le terre-plein. Il devait admettre qu'Elliott Frankel se maintenait en forme ; il avait bonne allure dans son uniforme. Mais en civil — dans un de ces costumes de sport mal déterminés avec une chemise ouverte et une chaîne en or — il avait l'air d'un concurrent dans une émission de jeux télévisés.
Les deux hommes se serrèrent chaleureusement la main comme de vieux amis.
— Vous êtes venu écouter les hymnes, El ?
— Qu'est-ce qu'ils font en bas maintenant ?
— Écoutez.
— Vous avez raison. On dirait qu'ils entonnent un hymne, dit Elliott.
— Bernard, que voici, me dit que vous étiez aux Willows cet après-midi.
— C'est la troisième fois depuis le début de l'été. Rien de neuf depuis ?
— Non, répondit Bernard en se levant. Je ferais mieux d'y retourner.
— C'est cela, Bernard, dit Darius. Merci. Mes amitiés à votre femme et à votre fille.

— Bonsoir, monsieur Cragin. Shérif.

Les trois sur le terre-plein le regardèrent disparaître dans la nuit. Des papillons nocturnes se cognaient à la lampe extérieure.

— Vous avez de la chance, Dar. Ce prédicateur est arrivé juste à temps pour les calmer. Vous ne pouvez pas compter sur un jeunot comme Bernard pour faire face à de vrais ennuis après ce qui s'est passé aujourd'hui.

— C'est calme là-bas ce soir. Enfin, écoutez-les. Ils chantent des hymnes. (Dar se leva.) Que diriez-vous d'un verre, El ?

— Je ne suis pas de service. Pourquoi pas ?

— J'ai peur de n'avoir que de la vodka.

— C'est parfait.

Marc-Anthony se retrouva seul avec le shérif tandis que Dar allait chercher les boissons. Il réfléchissait à toute vitesse. Bernard n'avait pas dit qu'il l'avait vu près de la rivière et il fallait à tout prix l'avouer avant que son père ne l'apprenne par quelqu'un d'autre.

Bernard n'avait rien dit. Était-il possible que dans l'agitation il ne l'ait pas vu ?

Dar revint avec de la vodka pour le shérif et un verre d'eau avec de la glace pour lui-même. Il avait déjà bu le verre d'alcool qu'il s'accordait tous les jours mais ferait semblant de boire une vodka avec le shérif.

— Peter Werrenrath est venu avec moi. Il est là-bas en ce moment.

— Le prêcheur à temps partiel qui vérifie la concurrence ?

— Il est ce que nous avons de mieux comme expert en miracles ici.

— Écoutez, dit Dar. Ils se sont tus.

— Pour l'instant du moins, plus d'hymnes.

— C'est très calme, dit Dar.

Les deux hommes étaient assis face à face dans des fauteuils en rotin. Marc-Anthony avait la balancelle à lui tout seul et il se gratta les jambes.

— Ils sont peut-être calmes en ce moment mais il faut que je vous avertisse, Dar. Vous allez avoir des ennuis.

— Allez-y, dites-le. (Dar bouillonnait de colère derrière son sourire de façade.) Vous voulez me le dire ; vous brûlez de le dire.

Elliott examina les cubes de glace dans son verre.

— Cela fait la troisième fois cet été que nous avons été appelés là-bas et ce n'est même pas le 4 juillet.

— C'est ma propriété.

— Et je dois vous dire, Dar, que le conseil municipal a toujours été furieux que vous ayez installé le terrain de camping sans aucune autorisation.

— Ce qui se passe là-bas ne concerne que moi.

— Pas si cela affecte la ville. D'abord, ces campeurs s'installent et salissent tout.

— J'ai fait mettre une fosse septique.

— Maintenant ces motards...

— Écoutez !

Marc-Anthony avait entendu le chant le premier.

— Un hymne, El. Vous entendez ? Un hymne.

— Chaque fois que ces motards descendent en pétaradant Butternut Street en faisant vibrer les fenêtres, ils sèment la terreur en ville. Et cet après-midi, c'était un camp retranché là-bas, prêt à exploser. La Troisième Guerre mondiale.

Dar jeta la glace de son verre sur la pelouse.

— N'est-ce pas pour cela qu'on vous paie ?

— Dar, je ne dis rien de nouveau. Vous êtes le seul à vouloir ces gens-là ici. Vous êtes le seul à en retirer un bénéfice.

— Et la banque d'Eleanor Medaker ? La station-service de Durfee ? Le supermarché ? Votre propre père et ses vieilles frusques ? Ils n'en tirent rien ?

Elliott fit tournoyer ses glaçons dans son verre, respira profondément et le posa.

— Je suis ici en ami.

— Mon ami le shérif.

Dar avait un ton si amer qu'Elliott décida que cela n'avait plus de sens d'insister. Il se leva.

— Il faut que je vous avertisse. Encore un incident et le conseil vous obligera à fermer.

En trois pas, le shérif traversa le terre-plein et monta dans sa voiture. Dar regarda la portière se refermer puis la voiture projeter des graviers sur la pelouse en démarrant.

— Vous voyez ça ? Le fils de garce utilise une voiture de service pour ses déplacements personnels.

Marc-Anthony traversa rapidement le terre-plein pour rejoindre son père.

— Papa, vous ne voyez pas ? Si le prédicateur reste, tout ira bien. (Marc-Anthony leva le visage vers celui de son père, durci par la colère.) Ils croient en lui, papa. Vraiment. Je l'ai vu. J'y étais.

Dar se tourna lentement.

— De quoi diable parles-tu ?

— Des Willows. J'y étais.

— Toi ?

Marc-Anthony se mit à trembler. Ce n'était pas du tout de cette façon qu'il avait prévu de tout dire à son père mais il était trop tard pour s'arrêter.

— Papa, je l'ai vu. C'était vraiment un miracle.

— Je me moque de ce que tu as vu. Tu es allé là-bas ?

— Si seulement vous y aviez été, vous l'auriez vu aussi. Vraiment. Il change tout le monde. Il fait qu'ils s'aiment les uns les autres. Si nous nous dépêchons, nous pouvons y aller maintenant. Vous verrez.

— Disparais.

— Je vous en supplie...

— Je te préviens !

Marc-Anthony s'agrippa de son bras valide à la taille de son père.

— Il a ramené un homme mort à la vie. Papa, je l'ai vu. Je l'ai vraiment vu. Nous l'avons tous vu. Il a promis de venir ici demain et d'aider maman. Il nous aidera tous.

Dar s'écarta brutalement de son fils, qui tomba. Son plâtre heurta le terre–plein.

— Papa, je vous en prie...

— Disparais.

Aveuglé par les larmes, le garçon tituba à travers la porte dans le vestibule.

Dans sa chambre, au lieu d'allumer la télé comme il le faisait toujours, il se jeta à plat ventre sur son lit. Il était épuisé de chagrin lorsqu'il se calma enfin assez pour sécher ses larmes et rester étendu, en écoutant. Il se glissa hors du lit et alla ouvrir la fenêtre. Un hymne s'élevait du bord de la rivière.

Tandis qu'ils chantaient, Marc-Anthony retourna sur son lit. Il enleva soigneusement sa feuille puis son maillot. Il fit glisser son short par terre, se mit à genoux et pria pour que son père lui pardonne. Frère Leaf amènerait l'amour dans cette maison. L'amour réunirait sa famille.

— Mon Dieu, faites que frère Leaf n'oublie pas sa promesse.

Il écouta l'hymne.

7

La lumière orange d'un feu de camp dansait sur le cercle de visages. Ils se balançaient, chantaient et frappaient dans leurs mains en cadence. Ceux qui portaient des feuilles entouraient frère Leaf. L'homme qu'il avait sauvé était assis à sa droite et chantait tandis que sa femme lui caressait les cheveux. Dans ce cercle interne, chaque visage rayonnait de joie. Les moins convaincus formaient un cercle périphérique et ceux qui ne se sentaient pas touchés par les événements de la journée se tenaient près des caravanes, dans l'obscurité.

Enid Kitts, qui avait mené les chants durant l'après-midi, circulait à travers le rassemblement en stimulant les chanteurs du geste. À la fin de l'hymne, elle demanda le silence en voyant frère Leaf indiquer qu'il était prêt.

Il se leva.

— Frères et sœurs, m'entendez-vous tous ?

Des murmures venant de l'obscurité indiquèrent clairement qu'on entendait malgré la rivière, les grillons, les oiseaux nocturnes et les postes de radio éloignés.

— D'abord je veux vous dire que nous avons le révérend Peter Werrenrath de l'Assemblée de Jésus de Marble Hill parmi nous ce soir. Frère Werrenrath me dit qu'il est adjoint du shérif durant la semaine et prédicateur le dimanche. Ceci peut vous paraître étrange. J'avoue que cela m'a fait réfléchir. Puis cela m'a frappé. Je me suis souvenu. Matthieu était collecteur d'impôts et Notre-Seigneur en fit un saint.

Des rires fusèrent dans la nuit chaude.

— Ainsi soit-il.

— Voulez-vous nous obliger en vous levant, frère Werrenrath ?

Même dans sa chemise à fleurs tahitienne et son Levis blanc, le grand jeune homme aux cheveux roux et à l'expression douloureusement sincère avait plus l'air d'un adjoint au shérif, calme et effacé, que d'un prédicateur. Il parut surpris d'être présenté. Il inclina sa tête aux cheveux coupés court et sourit.

— Gloire au Seigneur, je suis heureux d'être ici avec vous.

Les fidèles applaudirent vigoureusement.

— On m'a dit, poursuivit frère Leaf, qu'il y avait aussi un

pasteur en retraite qui vivait ici aux Willows. Le frère Pelly est-il parmi nous ?

— Il est ici, frère Leaf.

— Frère Pelly, voulez-vous vous lever pour que nous puissions vous voir ?

— C'est vous qui parlez, bredouilla une voix venant du cercle des sceptiques. Vous n'avez pas besoin de moi.

La remarque impérative d'une voix le fit taire. La lumière du feu éclairait les mains de frère Leaf.

— Je ne vais pas vous faire de sermon ce soir.

— Dimanche ?

— Si c'est la volonté de Dieu.

— Certains d'entre nous ont discuté, frère, et nous voulons vous aider à bâtir une église. Ici. À cet endroit même.

Du bout du pied, frère Leaf gratta le gravier.

— Ce n'est pas un mauvais endroit pour une église. Au moins ce n'est pas du sable et nous savons ce qui arrive à ceux qui bâtissent sur le sable. Mais ce n'est pas le moment pour moi de bâtir une église de brique et de pierre. La vérité, c'est que je commence seulement mon ministère. Je prends chaque jour comme il vient, pas à pas, m'en remettant à l'Esprit Saint pour me guider. (Il marqua une pause.) Je vais vous confesser, frères et sœurs, que certains de ces pas, je les fais en Kawasaki.

Les motards entraînèrent les rires et les applaudissements.

— Pas de sermon ce soir. Vous avez tous entendu trop de sermons. Vous avez déjà tout entendu. Chaque secte religieuse débite les mêmes phrases stéréotypées avec les mêmes vieux mots usés. Pas étonnant que nos cœurs s'en détournent. Laissons donc cela. Êtes-vous d'accord ?

— Ainsi soit-il, frère.

— Je vais demander une seule chose à chacun de vous ce soir. Lorsque vous quitterez ce feu, ouvrez votre bible. Si vous n'en avez pas, demandez à un frère ou à une sœur qui en a une de la partager avec vous. Lisez votre bible. Lisez-la et demandez au Saint-Esprit d'entrer en vous. J'entends certains d'entre vous objecter que vous avez déjà essayé de lire la Bible et que vous ne l'avez pas comprise. Au moins, c'est honnête. Vous ne comprenez pas, vous ne comprendrez jamais la Parole sacrée du plus grand livre jamais écrit à moins de connaître le secret.

Il se tut. La rivière coulait en bruissant sur les rochers. Un oiseau moqueur chanta.

— Et quel est ce grand secret ? Le grand secret, mes amis, réside en deux mots. *Soyez simples*. N'ouvrez pas le Livre en nous faisant de savants discours.

» Vous n'avez pas besoin d'un diplôme en théologie pour comprendre. En fait, c'est plus facile lorsqu'on n'a pas été perverti par cette exégèse à double sens. Non seulement vous n'en avez pas besoin mais vous la rejetez, frères et sœurs. Fuyez-la. *Soyez simples*. La parole de Dieu est comme ces rochers sur lesquels nous nous tenons, vous et moi. (Il se pencha, prit une poignée de pierres et les laissa couler entre ses doigts.) Sentez chacune de ces paroles. Elles sont réelles. Les paroles de Dieu sont réelles comme les pierres de Dieu, la seule pierre sur laquelle il faut bâtir. Remerciez le Seigneur pour ce don sans prix.

— Amen !

— Alléluia !

— Gloire au Seigneur !

— Oui, gloire au Seigneur. Ai-je raison, frère Werrenrath ?

— Absolument, frère Leaf.

Les fidèles s'exclamèrent. Ils applaudirent. Nombre de ceux plus éloignés se rapprochèrent.

— Et notre autre prédicateur ? Notre frère là-bas dans les ténèbres ? Nous ne vous avons pas entendu, frère Pelly. J'espère que l'obscurité où vous êtes n'est pas un symptôme de l'état de votre foi.

Voyant qu'il n'y avait pas de réponse, la foule rit du défi bon enfant. Les hommes, les femmes et même les enfants échangèrent des regards voulant dire qu'ils ne s'étaient pas trompés au sujet de frère Leaf. Il savait comment atteindre les gens.

Il leva la main et ils se calmèrent immédiatement.

— À présent, vous avez tous vu les feuilles que certains d'entre nous portons. Vous avez peut-être remarqué qu'elles ne sont ni en or ni même en argent. Il ne vous a sans doute pas échappé qu'elles ne s'achètent pas. Elles sont quelque chose de vrai. Quelque chose d'aussi libre que l'air — comme la foi. Et n'est-ce pas une chose remarquable à notre époque, frères et sœurs ? Une feuille. Rien qu'une feuille mais qui se tourne vers la source de toute vie, le soleil, vers Dieu, dans cet élan naturel qui part de toute chose vivante. Les feuilles se tournent vers la lumière. Soyez une feuille. Changez-en tous les jours comme on tourne une nouvelle page et vous transformerez votre vie en vous tournant vers le Saint-Esprit.

— Gloire au Seigneur !

— Alléluia !

— Touchez-moi, frère. (Une femme corpulente aux cheveux noirs teints qui lui couvraient à peine le crâne s'avança vers lui.) Touchez-moi. J'ai un cancer qui me ronge, frère. Touchez-moi. Faites-le disparaître.

Une autre femme qui embrassait sa feuille se rapprocha.

— Mon fils est bourré de drogues, frère. Priez pour lui.

Le jeune homme tendit les mains et permit aux femmes de le toucher.

— Dieu vous bénisse toutes les deux. Ne savez-vous pas que vous avez ce pouvoir en vous ?

— J'ai besoin du *vôtre.*

— Dimanche, dit-il doucement. Dans deux jours seulement. Si le Saint-Esprit me dit de rester, alors je serai là. Je vous promets qu'ensemble nous nous mettrons à genoux et que nous demanderons au Saint-Esprit de nous emplir chacun d'une telle bonté que nous chasserons ce démon de cancer de votre corps, sœur, et les drogues démoniaques de celui de votre fils.

Le jeune homme leva les bras et fit soudain le tour du cercle.

— Y a-t-il quelqu'un qui ne *pourrait pas* supporter d'être délivré de la souffrance et de la peur dans son cœur ?

Les deux femmes essuyèrent des larmes de joie.

— Est-ce que je vous entends manifester votre gratitude à ceux qui ont participé à l'organisation de ce dîner à la gloire du Seigneur ?

Des vivats et des applaudissements s'élevèrent du cercle auprès du feu et de l'obscurité.

— Sœur Enid Kitts va maintenant nous faire chanter un nouvel hymne mais au cas où votre voisin se tournerait vers vous en chuchotant que le prédicateur a oublié quelque chose ici ce soir, dites-lui non, frère. Non, sœur. Frère Leaf n'a rien oublié. Il n'y aura pas de quête. Là où vous me trouverez avec mes feuilles, il n'y aura pas d'argent qui changera de mains. Cela, je vous le promets. Pas d'argent. Mais chaque jour, lorsque vous penserez à moi, pensez à ce que vous devez à Dieu et tournez une nouvelle page. Cueillez une nouvelle feuille. Laissez-moi vous entendre le répéter !

— Une nouvelle feuille !

— Une feuille aussi libre que le don béni de la vie que Dieu nous a fait. Soyez tous bénis !

— Que Dieu vous garde, frère Leaf.

Leurs voix s'unirent dans un hymne entamé par Enid Kitts. Lorsqu'ils se turent, ils tournèrent leurs visages souriants les uns vers les autres, partageant leur exaltation. Certains s'éloignèrent du feu de camp. Les fidèles voulaient encore poursuivre mais lorsqu'ils virent Peter Werrenrath portant une feuille, debout à côté de frère Leaf, ils laissèrent respectueusement les deux hommes parler seul à seul.

Peter Werrenrath lui prit la main.

— Dieu Tout-Puissant, frère. Quelle émotion de ressentir un pouvoir tel que le vôtre.

— Tout ce que j'ai me vient du Saint-Esprit.

— Vous l'avez, frère. Dieu sait que vous l'avez. (Werrenrath secoua la tête d'un air triste.) Je ne puis que prier pour l'avoir. Je ne l'ai pas. Je prie chaque jour pour avoir un don tel que le vôtre afin de pouvoir communiquer avec les autres et remplir mon église au lieu de rester là-haut, la langue paralysée, luttant pour dire ce que je ressens au fond du cœur.

— Il a raison. (Un homme sentant le whisky s'approcha. Son visage violacé était hérissé de poils blancs. Il ne portait pas de feuille.) Je suis Pelly, le pasteur en retraite que vous avez appelé. Je dois vous le concéder, fiston. Ils vous mangeaient dans la main. (Il se mit à tousser.) Comme il le dit, vous avez le pouvoir. (Il toussa encore et cligna de ses yeux injectés de sang.) Qu'allez-vous en faire maintenant ?

— Je ne veux qu'une chose dans la vie. (Leaf brûlait de conviction.) Faire la volonté de Dieu.

— Dieu vous protège, dit Werrenrath.

Pelly haussa les épaules.

— La volonté de Dieu. Et bien sûr, vous êtes certain de la connaître ?

— Il me guide.

L'homme au visage rouge pêcha un paquet de cigarettes dans la poche de sa chemise, en fit tomber deux mais réussit à en allumer une.

— Ouais, c'est toujours une bonne idée d'être sûr que c'est Lui qui vous guide et non pas vous qui vous persuadez tout seul.

Peter Werrenrath bouillait de colère. Il se domina et admira la façon dont le visage de Donald Leaf, éclairé par le feu, restait imperturbable.

— Vous ne prêchez plus ? demanda Leaf au vieil homme.

— Non. Mais cela ne signifie pas que j'ignore ce que l'on ressent lorsqu'on est debout devant eux et qu'on les entraîne comme vous l'avez fait. (Pelly tira une bouffée de sa cigarette.) Je l'avais, autrefois. J'avais le pouvoir. (Soudain déterminé à chasser ses souvenirs, il se força à rire et regarda les deux hommes qui portaient des feuilles vertes.) Jolie trouvaille, la feuille. Je croyais connaître tous les tours de la profession mais je n'ai jamais vu celui-là auparavant. Je dois vous en faire crédit.

Peter Werrenrath décida que si Donald Leaf ne se mettait pas en colère et ne se défendait pas, il le ferait, lui.

— Notre frère ici a choisi d'utiliser la feuille comme symbole de la foi. Prétendriez-vous que cela ne soit pas bien ?

Pelly toussa puis aspira de la fumée.

— J'ai dit que je lui en faisais crédit. (Il s'esclaffa.) Un symbole. Restez simple pour que les gens s'en souviennent. Ils ont besoin de ça. Vous vous appelez Leaf. Vous leur faites porter une feuille. Oui, jeune homme, aucun doute, vous avez le pouvoir.

Tout en toussant, il s'éloigna vers les caravanes.

— Ne le laissez pas vous troubler, dit Werrenrath.

Donald répondit d'une voix douce.

— Celui qui n'est pas avec moi est contre moi. N'est-ce pas ce que Notre-Seigneur a dit aux Pharisiens ?

— Il est vieux, frère Leaf. Vieux et amer. (Werrenrath se tourna vers des pensées plus réjouissantes.) J'espère que très bientôt vous trouverez le temps de venir prêcher dans mon église et de partager votre don avec nous.

8

Tout Marble Hill savait où Dar Cragin se rendait les mardi, jeudi et samedi entre quatre et six heures. Il garait sa voiture dans Butternut Street mais Loïs Tavernetti habitait une maison de bois douillette, entourée d'une palissade blanche juste derrière le coin, dans Alder Street.

— La vie avec les volets clos.

C'est ainsi que Loïs décrivait ses après-midi avec Dar.

Couchés côte à côte sur le lit, Dar et Loïs contemplaient les rayons du soleil mouvants au plafond. Loïs connaissait suffisamment son amant pour deviner que ce samedi-ci, quelque chose le troublait plus que d'ordinaire. Ses préoccupations n'avaient rien de nouveau pour elle. Sa famille le troublait toujours et elle n'avait qu'à attendre avec patience jusqu'au jour où elle le sortirait de là-bas pour toujours. À présent, tout en l'écoutant respirer à côté d'elle, elle se gardait bien de lui poser des questions. Ses problèmes se trouvaient au Manoir avec Lénore et les enfants ; il venait ici pour y échapper. Ils avaient fait l'amour particulièrement bien aujourd'hui. À la fois féroces et sauvages, ils avaient lutté ensemble avec une passion animale qui les laissait merveilleusement détendus et en paix. Dar se tourna et sourit à Loïs. Il tendit la main vers la table de nuit et lui offrit un de ses minuscules cigares. Après lui avoir donné du feu, il rompit le silence.

— Ça va mal là-bas.

Elle lui passa le cigare.

— J'ai entendu parler de ce qui se passait aux Willows.

— Ce qui est pire, c'est que Marc-Anthony y est allé après m'avoir donné sa parole d'honneur de ne jamais le faire. C'est la première fois de sa vie qu'il me désobéit délibérément. Je ne sais que faire. Je ne veux pas le perdre. J'ai déjà perdu le contact avec Jody. De toute façon, elle va bientôt quitter la maison. Le garçon est tout ce qui me reste. Là-bas, ajouta-t-il trop vite. (Il posa le cigare, se tourna et l'embrassa.) Je ne sais pas ce que je ferais sans vous.

— Alors laissez « là-bas » en dehors d'ici.

— Je vous ai, vous. Lénore a Dieu.

— Je n'en sais rien. (C'était exactement le genre de conversation que Loïs voulait éviter car, de quelque façon qu'elle commençât, elle finissait toujours par faire apparaître Lénore comme une martyre.) Vous croyez qu'elle a un vibromasseur ?

— Mon Dieu, non.

— Toutes ces années ? Je n'en ferais pas le pari.

— Lénore ? (Dar secoua la tête à cette idée.) Vous devez avoir perdu l'esprit.

Loïs sentit le lit vibrer. Essayait-il d'étouffer un rire ? Elle se dressa sur un coude pour le regarder. Lorsqu'il s'agissait de

Lénore, elle ne savait jamais quelle serait sa réaction. Dar avait des attitudes qu'elle considérait comme exaspérantes vis-à-vis de son mariage. Elle se pencha plus près.

— Vous ne pouvez pas l'imaginer faisant irruption dans la pharmacie et demandant à Phyllis Garvey de lui vendre un vibromasseur ?

Dar détourna la tête.

— Pourquoi ne lui donnons-nous pas le mien ?

— Ne soyez pas cruelle.

— J'y mettrai même des piles neuves.

— Garce.

Dar lui donna une petite taloche pour rire de sa main ouverte. Elle la lui saisit et lui embrassa la paume.

— Mon fidèle vibromasseur m'a servi deux ans jusqu'au jour où je vous ai rencontré à la banque.

Ils se replongèrent tous deux dans leurs souvenirs des années passées depuis qu'ils avaient fait connaissance. Ils étaient tous deux perfectionnistes — des gens parfaitement organisés qui s'engageaient à fond dans tout ce qu'ils entreprenaient, surtout dans leurs rapports sexuels. Loïs apportait le même zèle dans ces six heures par semaine avec Dar que dans son travail à l'agence immobilière. Ils se considéraient tous deux comme des experts dans l'art de faire l'amour. Au terme de la première année, ils avaient déjà progressé depuis le manuel du Dr Alex Comfort, *Les Joies du sexe,* jusqu'à un magazine illustré de Hambourg.

Loïs lui prit la main qui tenait le cigare, l'attira à elle et aspira une bouffée de fumée.

— Nous faisons vraiment bien l'amour, vous et moi, dit-elle.

Dar lui passa le cigare et glissa ses mains le long de ses flancs minces jusqu'à ses cuisses.

— Nous le faisons si bien, murmura-t-il d'un ton léger qui ne masquait pas un certain sérieux, parce que nous essayons toujours de faire mieux.

Loïs se pencha vers la table de nuit, écrasa le mégot et se glissa hors du lit. Elle se mit devant la glace qui couvrait tout un pan de mur.

Si elle tenait ses épaules en arrière, ses seins ne pendaient pas du tout. De ses doigts gracieux, elle les caressa jusqu'à ce que les pointes se dressent et s'affermissent. Elle sourit, sachant que Dar l'étudiait aussi objectivement et aussi attentivement qu'elle le faisait elle-même. Ils aimaient tous deux son corps. Son visage, concéda-t-elle avec une pointe d'amertume, n'était pas aussi bien que le reste. Trente-trois années avaient marqué sa peau de rides minuscules au coin de sa bouche et de ses yeux. Elle regarda Dar se lever et lui fit signe de venir à côté d'elle. Nus, ils examinèrent leurs corps de près.

— J'ai perdu trois livres en cinq jours, dit-elle. Pas mal, hein ?

— Ici ?

— Là. (Elle guida sa main vers sa hanche.) Ceci a été la zone à problèmes.

Dar s'agenouilla et embrassa le creux entre la hanche de Loïs et sa cuisse.

— Vous faites du basket-ball pendant que je reste enfermée au bureau toute la journée.

— Vous êtes parfaite.

Ses lèvres expiraient contre la courbe inférieure de son ventre.

Elle lui passa la main dans les cheveux.

— Je le serai, vous verrez. (Elle ne le quitta pas des yeux en s'agenouillant à côté de lui et l'embrassa sur la tête.) Vous ai-je déjà dit que vous avez de petites oreilles adorables ? (Elle le prit par les oreilles et l'attira contre elle. Ses mains caressèrent ses épaules musclées puis glissèrent le long de son dos et lui saisirent les fesses.) Mon Dieu, que j'aime votre corps. Je n'en serai jamais rassasiée.

Il suivit de ses lèvres la courbe de son ventre.

9

Au matin, Marc-Anthony resta dans sa chambre et fit semblant de dormir lorsque Jody, avant de partir à la piscine, frappa à sa porte. Il ne sortit pas avant d'avoir entendu son père amener Mrs Gibbs en voiture. Lorsqu'il entendit son père repartir, il courut à la cuisine et insista pour qu'elle serve le dîner sur la lourde table en bois de rose dans la salle à manger, pièce qui n'avait pas été utilisée depuis l'enterrement de Marcy.

Avant de repartir à midi, Mrs Gibbs avait astiqué l'argenterie, mis la table pour cinq personnes, préparé un plat de riz aux crevettes et une grosse salade verte. Elle laissa les consignes pour la cuisson du dîner mais prévint le garçon de se préparer à un désastre.

Marc-Anthony attendit tout au long de l'après-midi interminable et torride dans sa cache secrète, une cabane de jardinier abandonnée depuis longtemps et complètement recouverte par un taillis d'ormeaux. Il comptait les minutes qui le séparaient du moment où il pourrait courir au bas de la colline pour ramener frère Leaf.

Comme tous les samedis, Dar joua au basket-ball à l'usine, puis partit en ville. Marc-Anthony se glissa dans la maison par la porte de derrière. Il mit le plat au four, rajusta les couverts dans la salle à manger et replia les serviettes de table. Seul dans cette grande pièce avec son ameublement massif et les portraits de ses ancêtres dans des cadres ovales et dorés, son cœur frémit, de peur de ne jamais voir frère Leaf dans cette maison.

Il enfila sa meilleure chemise blanche et ferma les yeux. À présent que l'heure était venue de descendre aux Willows, il pria pour que frère Leaf y soit encore.

Comme c'était différent de descendre la colline en courant aujourd'hui. Hier, la conscience de rompre son serment, de faire l'acte interdit, l'avait exalté. Aujourd'hui, à chaque foulée, il se répétait la même question angoissante : est-il encore là ?

Il passa à travers le grillage et trouva le terrain inondé de soleil et d'un calme à entendre les mouches voler. Certains des campeurs étaient assis au soleil, d'autres sommeillaient à l'ombre de leur auvent.

Il regarda autour de lui, le cœur battant. Où était-il ? Ardèle, la femme dont l'épaule avait été blessée par un caillou, traversa la route, venant de la cabine téléphonique, et il courut vers elle. Elle portait une feuille verte épinglée sur son T-shirt noir. On apercevait son pansement lorsqu'elle tendait les bras.

— Bonjour, mon chou. Tu nous a manqué hier soir.

— Où est-il ?

— Il faut lui laisser un peu de tranquillité.

— Il est toujours ici ?

— Voilà sa moto.

À l'ombre d'un hêtre, Skull, reluisant de graisse, était en train de régler la Kawasaki de Leaf. Il agita une clé à pipe et sourit.

— Je lui ai dit que nous allions lui peindre une feuille verte dessus.

— Il faut que je le voie.

— Il est tout seul au bord de la rivière. Il est probablement en train de prier, alors je n'irais pas le déranger. Eh ! Où est ta feuille ?

Marc-Anthony sentit le gravier sous ses chaussures en caoutchouc et courut vers les saules miroitants. Il se baissa pour éviter les branches qui retombaient dans la rivière.

Il l'aperçut, torse nu, à genoux.

Priait-il ? Marc-Anthony ralentit. Il cueillit une feuille et passa la tige dans une boutonnière de sa chemise. Il se rapprocha. Frère Leaf pétrissait quelque chose dans l'eau. Il ne priait pas ; il lavait sa chemise.

— Bonjour, dit Marc-Anthony d'une petite voix rauque.

— Je vous ai cherché hier soir.

— Je n'ai pas pu revenir.

— Tenez. Donnez-moi un coup de main. (Le jeune homme se leva et tendit un portemanteau que Marc-Anthony s'empressa de prendre. Leaf secoua sa chemise mouillée.) Vous pouvez me la tenir ?

Pendant que le garçon tenait le portemanteau avec la chemise mouillée, frère Leaf boutonna soigneusement le col froissé puis retrempa la chemise dans l'eau et la laissa flotter jusqu'à ce qu'elle s'étalât bien. Il la sortit ensuite, toute dégoulinante d'eau.

— Le truc, c'est d'effacer tous les plis avant de la suspendre. (Il accrocha le portemanteau à une branche de saule et lissa la chemise.) N'ayez crainte. Nous ne serons pas en retard pour le dîner.

Marc-Anthony aurait voulu crier de joie. La peur glacée qui l'avait hanté depuis la veille fondait aujourd'hui. Il fut transporté par une vague de bonheur.

Frère Leaf mit ses mains en coupe et but l'eau de la rivière. Il se leva, s'aspergea le visage et se lissa les cheveux. Comme il était différent du père de Marc-Anthony. Plus mince. Plus blanc. Argenté, même. Oui, argenté. C'était étrange. Il était si blond et si pâle avec ses yeux gris brillants qu'il en était presque argenté. Il était aussi grand que son père, avait des épaules aussi larges mais, alors que les muscles noués de son père mettaient en garde contre un danger prêt à jaillir, le jeune homme devant lui ne donnait aucune impression de violence. Le garçon devinait une autre forme de force, celle, évidente, de quelqu'un qui a un pouvoir sur les autres.

Il avait encore un objet d'argent sur la poitrine ; quelque chose en forme d'œuf, perforé de trous, pendu par un lacet de cuir. Était-ce une tête de mort ? Non. Frère Leaf ne porterait jamais une chose pareille.

Leaf sembla deviner ce que le garçon pensait.

— Écoutez.

Ils entendirent tous deux un oiseau lancer trois trilles. Leaf souleva l'œuf et reproduisit les mêmes notes en soufflant dedans.

— Savez-vous quel est cet oiseau ?

— Non, admit Marc-Anthony.

— Moi non plus. (Il sourit.) Vous connaissez mon nom — Donald Leaf. J'ignore le vôtre.

— Marc-Anthony Cragin.

Donald Leaf lui serra la main.

— Lorsque nous avons parlé, hier, j'ai eu l'impression que votre mère n'allait pas bien. Après votre invitation à dîner, je m'attendais à la voir, elle ou votre père, venir me la confirmer.

— Ma mère ne quitte jamais la maison. Mon père ne croit pas.

— Vous lui avez dit ce qui s'est passé ?

— Le shérif aussi. Et Bernard.

— La plupart des gens ne croient pas, dit-il sans regret apparent.

— C'est ma famille... nous sommes affreusement malheureux. (C'était sorti comme ça. Il avait trahi le secret familial et son père lui en voudrait terriblement ; un secret honteux qu'il n'oserait révéler à âme qui vive.) Nous avons vraiment besoin de votre aide.

Le jeune prédicateur tendit la main et redressa la feuille du garçon. Personne ne pouvait entendre mais Marc-Anthony parlait à voix basse.

— Au sujet du miracle d'hier, mon père ne me croit pas. Mais lorsque vous lui en parlerez, il sera obligé d'y croire et ma mère aussi, ainsi que ma sœur. Alors, je vous en prie, changez-nous comme vous les avez tous changés ici.

Donald Leaf tapota le plâtre.

— Comment vous êtes-vous fait cela ?

— En faisant de la planche à roulettes.

Le cœur du garçonnet bondit. C'était l'instant qu'il avait attendu et il retint sa respiration. Ce prédicateur, dont il avait vu les pouvoirs miraculeux, allait maintenant lui offrir de soigner son bras. Ce saint homme allait tendre la main et le guérir sur-le-champ. Réparer un os brisé n'était rien comparé au fait de ramener un homme à la vie, mais Marc-Anthony était excité à l'idée d'avoir son propre miracle.

Voyant que Donald Leaf ne disait rien, Marc-Anthony pensa qu'il fallait peut-être demander sa bénédiction. Il décida de se jeter à l'eau.

— Le docteur dit que je dois garder ce plâtre stupide pendant un mois encore.

Voilà. Il avait demandé d'être guéri ; le prédicateur se devait de répondre.

Mais Donald Leaf ne fit pas ce que Marc-Anthony attendait. Il ne répondit pas.

— Le feriez-vous ? Me guéririez-vous tout de suite ?

Le jeune homme tâta la chemise humide.

— C'est le Saint-Esprit qui guérit, pas moi. Le Saint-Esprit se sert de moi. Si le Saint-Esprit est en vous, s'il occupe votre cœur et votre esprit, c'est tout ce dont vous avez besoin pour guérir. Le croyez-vous ?

— Oui.

— Assez pour savoir dans votre cœur, à cet instant même, que votre bras est guéri ?

Marc-Anthony hésita un si court instant qu'il espéra que frère Leaf ne l'avait pas remarqué.

— Ne me répondez pas maintenant. Priez. Vous saurez quand le moment sera venu. (Il secoua la chemise sur le portemanteau.) Ce sera sec d'ici que nous allions chercher ma moto. Voulez-vous que je vous conduise jusque chez vous ?

10

Donald Leaf arrêta le moteur de la Kawasaki, mit la chaîne et suivit Marc-Anthony à travers le terre-plein vers le Manoir.

Le garçon appela joyeusement.

— Maman ! Jody ! Il est ici.

En jeans qui lui collaient à la peau et en blouse de satin blanc, Jody descendit les escaliers dans un nuage de fumée.

Marc-Anthony se rendit compte qu'elle les avait attendus. Il savait aussi qu'elle fumait pour paraître adulte.

— Frère Leaf, voici ma sœur Jody. Jody, voici frère Leaf.

Jody, avec son bronzage, rayonnait littéralement. Marc-Anthony ne l'avait jamais vue aussi radieuse. Assise d'un air hautain sur le coussin de velours d'un antique fauteuil en bois de rose, elle rejeta sa tête en arrière d'un geste expert pour chasser ses cheveux sur son épaule.

— Alors, où sont les cocas ? demanda-t-elle.

— Je vais les chercher.

Marc-Anthony traversa la pièce tandis que Jody prétendait s'absorber dans la contemplation d'un verre taillé. Elle se rendait compte que les yeux étranges du visiteur ne la quittaient pas. Elle était habituée à voir les hommes et les garçons la dévorer du regard mais, après tout, frère Leaf était un prédicateur. Habituellement, les prédicateurs étaient les premiers à parler. Ils savaient comment vous mettre à l'aise.

Frère Leaf ne dit rien.

— Mon ami me dit que je fume trop. (Jody écrasa sa cigarette mais en ralluma une aussitôt.) Je sais que je fume trop, Roger — c'est mon ami —, il déteste vraiment ça.

Frère Leaf, aux yeux étranges, ne souriait toujours pas.

Jody le regarda du coin de l'œil. Étrange était le qualificatif le plus gentil qu'elle pouvait attribuer à l'ami de son frère. Les Cragin avaient déjà assez d'ennuis comme cela. Si ce tordu mystique restait dans le coin, tout Marble Hill penserait que la famille était devenue complètement maboule.

Jody pensa néanmoins qu'il était de son devoir de se montrer aimable. Elle regarda ostensiblement la feuille verte qu'il portait.

— Est-ce que tous les gens qui croient en ce que vous faites portent des feuilles vertes ?

— Certains.

— Je suppose que vous savez qu'à présent tout le monde en ville est au courant de ce qui s'est passé au bord de la rivière. Certains disent même qu'il s'agit d'un miracle.

Voyant que frère Leaf ne répondait pas, elle se pencha en avant.

— Pardon. Voulez-vous une cigarette ?

— Non.

Leaf regarda une cloche en verre qui abritait une figurine de bergère avec son chien.

— On l'appelle le groupe de Roger. C'est une véritable antiquité, dit Jody.

Il se leva et examina les portraits jumeaux de deux Yankees sévères accrochés au-dessus de la cheminée.

— Des ancêtres. Vous avez peut-être remarqué que nous en avons plus que notre part dans toute cette maison. Voulez-vous que je vous la fasse visiter ?

— Pas maintenant.

— Vous êtes plus jeune que je ne l'imaginais. (Son regard, ce regard penché, était posé sur elle.) Jeune. Je veux dire pour un prédicateur.

Elle se détourna mais sentit qu'il l'observait toujours.

— Vous avez toujours voulu être prédicateur ?

— Non.

Chacune de ses réponses laconiques menaçait de tuer la conversation mais Jody poursuivit.

— Quel est votre signe ?

— Cette feuille ?

— Non...

— Est-ce que je porte une croix ?

— Non. Je parlais de votre signe astrologique. Moi, je suis du Bélier, en plein milieu. Et vous ?

— Tous les astrologues ne parvinrent pas à sauver le roi Belshazzar.

— Tous mes amis se passionnent pour l'astrologie. C'est vraiment intéressant.

Il souleva un rideau et regarda dehors.

— Je suppose que vous préférez lire la Bible, n'est-ce pas ?

De la main, Jody chassa la fumée de sa cigarette.

L'invité s'avança le long d'un mur jusqu'à un portrait en couleurs de Dar et Lénore Cragin, pris avant leur mariage.

— Maman était la future reine des lieux. Papa était un grand athlète. *Wow.* J'ai une soif terrible. (Elle appela son frère.) Et ces cocas ?

Leaf s'attardait devant la photo de la mère et du père de Jody.

— Je ne vais pas à l'église moi-même. Ma mère, elle, écoute tous ces services à la radio et à la télé.

Ne dirait-il jamais rien ? Jody dut admettre qu'elle ne s'y

connaissait pas en prédicateurs mais elle se piquait de savoir manier les hommes. Les audacieux, les timides, même les hommes d'âge mûr et les vieux qui se collaient à elle et la tripotaient ; elle savait ce qu'ils voulaient. Elle les trouvait presque pathétiques lorsqu'elle voyait la maladresse avec laquelle ils essayaient de cacher leurs sentiments. Elle permettait à Roger de la toucher et de faire un tas de choses qu'il voulait, excepté ce qu'il voulait le plus. Roger lui disait qu'elle le rendait fou et jurait que si elle ne lui cédait pas, il ne la sortirait jamais plus. Mais, bien sûr, il revenait toujours.

N'importe qui pouvait croire que frère Leaf était étrange, différent, mais elle était certaine de pouvoir se fier à son instinct en ce qui le concernait. Oui, il désirait ce que tous les autres hommes voulaient d'elle. Mais pourquoi restait-il assis sans rien dire ? La jugeait-il ? Était-ce cela que faisaient les prédicateurs ? Elle tripota sa cigarette qui lui échappa et s'enfonça entre deux coussins. Tandis qu'elle plongeait désespérément pour la retrouver, il ne fit pas un geste pour l'aider.

Le diable l'emporte ! Savait-il des choses que les garçons avec qui elle était sortie ignoraient ? Elle croisa son regard un instant. Cela lui suffit. Elle frissonna. Oui, il devinait des choses sur elle qu'aucun autre homme ne savait.

Elle entendit le tintement des cubes de glace dans les verres. Marc-Anthony apporta le plateau avec les cocas.

— Il était temps.

Jody se leva, prit un verre et le tendit à Leaf. Elle but une longue gorgée du sien. Marc-Anthony sirotait sa boisson. Le prédicateur posa son verre sur la table sans y toucher.

Jody regarda son frère d'un air qui voulait dire : où as-tu déniché cet énergumène ? et alluma une autre cigarette. Marc-Anthony chassa la fumée.

— Tu ne peux pas t'en passer ?

— Non. (Elle haussa les épaules et observa les volutes de fumée.) Comme je le disais, mon ami déteste vraiment ça. Nous avons même fait un pari. Si je m'arrête d'un seul coup, il m'achètera une nouvelle voiture.

— Il est riche, dit Marc-Anthony. Il le fera vraiment.

Jody avait une idée mais elle contempla ostensiblement sa cigarette avant de parler.

— Et si quelqu'un portait une de vos feuilles vertes ? S'il était croyant, aurait-il plus de facilité pour s'arrêter ?

Marc-Anthony jeta un regard courroucé à sa sœur. Il savait qu'elle aimait aiguillonner les gens mais il ne lui permettrait pas de jouer des tours à son invité.

— Tais-toi.

— Ma question ne gêne pas frère Leaf, n'est-ce pas ?

— Si vous voulez la voiture, arrêtez de fumer, dit frère Leaf.

— C'est facile à dire. Vous avez déjà fumé ?

— Oui.

— Et vous avez arrêté ?

— Oui.

— Comment ?

— J'ai arrêté.

— Bien sûr, vous pouvez toujours prier pour que cela soit plus facile.

Elle avait dit cela avec une pointe de méchanceté.

Marc-Anthony détesta sa sœur pour cela. Elle n'aimait pas son ami. Elle ne l'avait pas caché. Mais cela ne lui donnait pas le droit de lui parler ainsi.

— Seulement vous n'êtes pas supposé prier pour des choses comme d'arrêter de fumer ou pour obtenir une nouvelle voiture ? demanda-t-elle.

Frère Leaf se dirigea vers la porte.

— Vous connaissez déjà la réponse. Pourquoi me le demander ?

— Je crois que je devrais aller voir un astrologue pour lui demander son avis. (Elle écrasa sa cigarette à peine allumée.) Vous avez arrêté ?

Frère Leaf était arrivé à la porte.

— Oui.

— Entendu, annonça-t-elle platement. Si vous pouvez arrêter, moi aussi.

Frère Leaf se tourna et la surprit ainsi que son frère en lui faisant un sourire.

— Bonne chance.

C'était un vrai sourire, le premier qu'il faisait, mais Jody ne le lui rendit pas.

Frère Leaf se tourna vers Marc-Anthony.

— Vous vouliez que je parle à votre mère ?

11

Lénore Cragin n'avait pas l'air d'une femme malheureuse. Grande, mince, les traits un peu tirés, elle portait une robe de couleur crème bordée de dentelles qui paraissait d'une autre époque. C'était presque un costume qui adoucissait sa maigreur. Elle recula de son chevalet et posa sa palette. Elle regarda les gants de coton qui couvraient ses longues mains étroites. Bien qu'ils fussent à peine tachés de peinture, elle en enfila une nouvelle paire, immaculée.

Elle repoussa ses cheveux bruns et doux, parsemés de gris, qui encadraient son visage en forme de cœur. Les yeux de Lénore étaient remarquables, bruns et d'une grandeur étonnante. Son teint était sans défaut et le sourire qu'elle faisait aux rares personnes qui la voyaient était aimable quoiqu'un peu artificiel.

Lénore recula et permit à l'invité de jeter un coup d'œil sur les trois pièces qui constituaient son univers et qu'elle appelait son studio. Contrairement à sa fille, Lénore ne montrait aucun empressement à engager la conversation. Le jeune homme était venu la voir. Il était là. Parfait. Elle se tenait immobile, silencieuse, souriant de son air doux, tandis que frère Leaf examinait les douzaines de toiles de toutes les tailles, suspendues dans leurs cadres aux murs. Toutes représentaient une petite fille. Au coin de chaque tableau se trouvait la photographie que Lénore avait si laborieusement copiée — la petite fille éblouie par le soleil, la petite fille déballant un cadeau devant un arbre de Noël scintillant, la petite fille câlinant une poupée de chiffon.

Lénore observa le jeune homme tandis qu'il passait d'un tableau à l'autre. Enfin, il quitta le mur et s'avança vers le tableau sur le chevalet. La petite fille sur la photographie épinglée à la trame de bois au-dessus de la nouvelle toile tenait une branche de cornouiller aux fleurs blanches comme des étoiles. Elle regardait le monde fixement avec des yeux aussi grands que ceux de Lénore. Un nouveau portrait émergeait de couleurs froides, un portrait aussi figé et sans vie que les autres.

— Ils ne peuvent pas signifier grand-chose pour tout autre que pour moi. (La voix de Lénore était d'une force surprenante.) Je n'ai jamais étudié la peinture. Cela doit être péniblement visible.

Le jeune homme prit la photographie et alla l'étudier près de la fenêtre. Il prit une autre photographie d'un cadre et l'examina soigneusement. Puis il se dirigea vers la table de travail de Lénore et choisit un pinceau à pointe fine. Il le trempa dans la couleur puis le mit dans la main gantée de Lénore. Guidant celle-ci avec la sienne, il l'approcha de la toile. Le pinceau, tenu par les deux mains, approfondit l'ombre au coin du sourire de l'enfant. Il nettoya les soies et prit de la peinture blanche. Leurs deux mains firent des taches de lumière dans les yeux. Le portrait s'anima et Lénore tendit la main à Marc-Anthony tandis qu'elle refoulait ses larmes. Après un moment de silence, elle murmura :

— Dans un instant, je viendrai t'aider à préparer le dîner mais d'abord, laisse-moi parler avec frère Leaf.

Marc-Anthony se raidit de colère. Pourquoi devrait-il sortir ? C'était lui qui avait trouvé frère Leaf, lui qui l'avait amené à la maison.

Les deux adultes attendirent et Marc-Anthony quitta la pièce à reculons. Lénore regarda fixement le portrait et secoua la tête.

— Vous avez réussi.

— J'ai suivi des cours aux Beaux-Arts. Je n'étais pas assez bon pour devenir un vrai peintre. J'ai fait des affiches pendant un moment. J'ai appris à dorer le verre à la feuille. C'est incroyable comme procédé. L'avez-vous jamais vu faire ?

— Cela, c'était avant ?

— Oui.

— Et maintenant ?

— Je travaille pour Notre-Seigneur. Votre fils m'a dit que vous vous efforciez de vous élever vers Lui.

Les yeux de Lénore s'emplirent de larmes.

— J'essaie, mais ce n'est pas facile... toute seule... personne ne me comprend.

— Parlez-vous avec Marcy ?

Lénore évita le regard de ces yeux gris étranges. Elle inclina la tête.

— Elle vous dit que le Saint-Esprit vous comprend ?

— Je n'en suis pas certaine. Lorsque vous le dites, je sais que c'est ce qu'elle essaie de me faire comprendre.

Le jeune prédicateur contemplait sa feuille.

— Voulez-vous la porter ?

Lénore hocha la tête. Il enleva la feuille d'un vert brillant de son revers et la posa sur la dentelle de sa blouse.

— Je vais chercher une épingle... (Sa voix défaillit. Pendant un long moment, il garda sa main immobile sur son sein.)

— Parlez avec Marcy. Elle vous dira que le Saint-Esprit vous comprend.

Lénore agrippa la feuille et se tourna vers la peinture mais dut se cacher le visage dans les mains. Elle était secouée de larmes silencieuses. Au lieu de détourner le regard, Leaf se rapprocha d'elle. La main de Lénore frôla la sienne. Il murmura :

— Je sais ce que c'est d'aimer quelqu'un qui vous manque à chaque heure de la journée.

12

Dar revint à la maison avec une glace d'un litre aux noisettes, le parfum préféré de son fils. Il ralentit en voyant la Kawasaki. Il traversa silencieusement le terre-plein et entra dans le vestibule.

— Darius ? (La voix de Lénore venait du salon. Il recula dans l'ombre mais eut le temps d'apercevoir sa femme, vêtue de blanc, assise dans le fauteuil de sa grand-mère.) Darius, il y a quelqu'un ici que nous aimerions vous présenter.

— Merde, murmura-t-il entre ses dents, mais le ton sur lequel il répondit à sa femme ne trahit pas sa colère. Je viens tout de suite, ma chérie.

Il se précipita vers la cuisine et mit la glace au réfrigérateur. Ce fils de garce d'énergumène mystique des Willows était ici, dans sa famille. Quel qu'il soit, il avait réussi à faire sortir Lénore de sa cachette. Ce qui inquiétait le plus Dar, c'était le rôle de Marc-Anthony dans cette visite. Il l'avait déjà chassé hors de sa vue à cause de sa désobéissance de la veille. Après presque vingt-quatre heures, Dar avait décidé de lui pardonner mais, Dieu Tout-Puissant, que pouvait-il faire si son fils l'avait défié une deuxième fois ? Dar secoua la tête. Marc-Anthony avait non seulement rompu son serment mais se moquait ouvertement de son père. Oui, le garçon savait ce qu'il faisait ! Après cela, comment Dar pourrait-il jamais lui pardonner ?

— Darius ?

Il avait besoin de temps. D'abord, il fallait qu'il aille là-bas et qu'il les affronte. Il n'avait pas le choix ; il se maîtriserait, bien entendu. Il resterait calme et se maîtriserait.

Soudain Lénore, tache claire dans l'obscurité, se précipita vers lui, un doigt ganté sur ses lèvres.

— Une chose merveilleuse est en train d'arriver.

Elle chuchotait, plus excitée qu'elle ne l'avait été depuis trois ans. Elle l'embrassa.

— Je veux aller boire mon verre.

La main de Lénore retint la sienne.

— C'est vraiment un pasteur.

— Cela signifie-t-il que je n'ai pas le droit de boire un verre dans ma propre maison ?

— Ce n'est pas ce genre-là du tout. Venez le voir. (Mais avant d'atteindre la porte du salon, elle ralentit et chuchota :) Nous avons parlé longuement, Darius. Je ne puis que rendre grâces à Dieu pour sa présence ici. Je lui ai demandé de rester.

— Pas question.

— Baissez la voix.

— Pas dans cette maison.

— Ne me le refusez pas.

Dar ferma les yeux ; il était tellement en colère qu'il en tremblait et qu'il luttait pour s'empêcher de gifler le visage souriant de Lénore. Elle lui prit la main et l'entraîna dans le salon.

Donald Leaf se leva pour le saluer.

L'aspect étrange de ce jeune homme en costume gris n'échappait pas à Dar mais il se moquait de l'allure de frère Leaf. C'était sa famille qui l'inquiétait. Marc-Anthony se tenait debout, souriant de satisfaction, fier de lui. Loin d'être contrit d'avoir enfreint sa parole une deuxième fois, le garçon jubilait !

— Vous ne remarquez rien ? demanda Jody.

— Vous êtes très bronzée.

— J'ai arrêté de fumer. Vraiment. Frère Leaf a refusé de faire un miracle pour m'aider à m'arrêter, alors je le fais toute seule. J'ai cessé. Comme ça ! Depuis une heure et vingt minutes.

— Vraiment ?

Lénore s'attardait auprès de la porte du vestibule.

— Pourquoi n'allons-nous pas directement dans la salle à manger ?

Un gant blanc indiqua la porte. Elle sourit aimablement comme si, depuis trois ans, elle n'avait rien fait d'autre que recevoir à dîner.

Marc-Anthony présenta les chaises et plaça son père et sa mère de chaque côté de l'invité.

Lorsque tout le monde fut assis, Dar demanda à Donald de faire les actions de grâces.

— Ceci est votre famille, monsieur Cragin. Je ne suis qu'un invité.

La tête courbée, Dar parvint à murmurer qu'ils remercient le Seigneur chacun à sa façon.

Lénore sourit et servit le riz aux crevettes.

Marc-Anthony rayonnait.

— Avez-vous reçu les ordres, frère Leaf ? demanda Dar.

— Oui.

— École religieuse ?

Le regard penché de Donald croisa celui de Dar.

— C'est cela. Dans l'Ohio.

L'invité prit un portefeuille noir dans la poche de son veston. Marc-Anthony se recroquevilla de gêne lorsque son père prit la feuille de papier et la parcourut.

— Donald Leaf, D.D. (Dar parut satisfait.) Docteur en théologie. Merci, docteur Leaf.

Tandis que Donald remettait son portefeuille dans sa poche, Lénore dit :

— Jésus n'a pas suivi d'école religieuse. Jean l'a baptisé.

Dar examina Leaf attentivement.

— Comment devons-nous vous appeler ?

— Donald est parfait.

— Pas docteur ?

— À la rivière, dit Marc-Anthony, ils l'appellent frère. Frère Leaf.

Il attendit que son père se tournât vers lui. Comme il l'avait craint, il était douloureusement évident que Dar ne répondrait à aucune remarque de son fils. Les yeux de Marc-Anthony se mirent à picoter et sa gorge se serra.

— En dehors de la Kawasaki devant la maison, qu'est-ce qui vous amène dans cette partie du monde ?

Donald posa sa fourchette. Dar attendit.

— Mon travail.

— Alors, vous n'êtes pas en vacances ?

— Non.
— Vous avez une congrégation ?
— Oui et non.
— Vous êtes un prédicateur itinérant ?
— Vous pourriez le définir ainsi.
— Depuis longtemps ?
Dar posa sa fourchette.
— Je commence tout juste mon ministère.
— Mais vous n'êtes lié à aucune Église ?
— Non.
Lénore et Marc-Anthony échangèrent un regard. Ils détestaient tous deux la manière dont Dar se comportait. Incapables de l'arrêter, ils ne pouvaient qu'attendre en silence.
— Je prends chaque jour que le Saint-Esprit me donne, dit Donald. Chaque jour, je fais ce que je peux pour répandre la parole de Dieu.
— Comme hier.
— Oui.
— Le Saint-Esprit vous a amené aux Willows ?
— Le nom m'a plu.
Dar repoussa son assiette et prit un de ses petits cigares.
— Donald, vous permettez que je fume ? (Il alluma son cigarillo.) Merci ! (Jody repoussa sa chaise de la table.) Restez assise où vous êtes, jeune fille.
— Comment voulez-vous que je m'arrête si vous me soufflez la fumée sous le nez ?
— Comment avez-vous rencontré Marc-Anthony ? demanda Lénore pour changer de sujet.
— Je suis allé sur la tombe de Marcy, s'écria le garçon. C'est pour cela que je suis descendu là-bas. (Dar lui jeta un regard furibond mais Marc-Anthony poursuivit avec précipitation.) Frère Leaf m'a dit que Marcy était avec le Saint-Esprit et nous étions en train de prier lorsque tout à coup les rats de rivière ont commencé cette bagarre et le vieil homme est tombé mort, et frère Leaf l'a ramené à la vie.
Dar, refusant de regarder directement son fils, examina le bout rougeoyant de son cigarillo.
— Papa, il était vraiment mort. Vous pouvez le demander à n'importe qui. Tout le monde là-bas l'a dit.
Dar se tourna vers Donald.
— Était-il mort ?

— Je ne suis pas docteur en médecine. D'autres ont dit qu'il l'était.

— Vous l'avez ramené à la vie ?

— Seul le Saint-Esprit peut faire cela.

— Un miracle ?

— Papa, je sais que vous êtes furieux contre moi, mais il faut m'écouter. C'était vraiment un miracle...

— Qu'en dites-vous, Donald ? Prétendez-vous que c'était un miracle ?

Lénore replia sa serviette damasquinée. Son sourire s'était effacé.

— Darius, frère Leaf est notre invité.

Donald avait fermé les yeux.

— Papa, c'en était vraiment un. Un miracle.

— Est-ce déjà arrivé auparavant ?

Donald ouvrit les yeux.

— Non.

— Je ne peux rien dire sur ce qui s'est passé à la rivière, dit Lénore, mais, Darius, vous n'étiez pas là lorsque notre invité a donné vie au portrait de Marcia-Antonia. Si vous l'aviez vu, je vous assure que vous ne parleriez pas de cette façon. Venez. Je vais vous montrer le tableau tout de suite.

— Plus tard. (Dar aspira une bouffée de fumée.) Un nouveau miracle, frère Leaf ?

— J'ai dit à Lénore que j'avais suivi des cours de peinture.

— L'art et la religion, dit Dar d'un ton acide.

— J'ai fait beaucoup de choses.

Dar fixa directement l'invité. Les yeux de Leaf, qui ne semblaient jamais cligner, soutinrent son regard. Il était difficile à Dar de deviner Leaf mais il eut l'impression qu'il en avait vu et fait beaucoup.

13

— Jody ?

Roger Pritchard, dans ses splendides jeans de tailleur, en bottes et blouson écarlates, entra par la porte ouverte de la maison et s'avança dans le vestibule avant de découvrir les Cragin et leur hôte à table.

— Devine quoi ? s'écria Jody en repoussant sa chaise.

Cachant son étonnement de trouver les Cragin rassemblés dans une seule pièce, Roger salua poliment toutes les personnes autour de la table. Ce n'est qu'après qu'il s'adressa à Jody.

— Quoi ?

— Tu vas me devoir une voiture neuve ! Je me suis arrêtée de fumer !

— Depuis quand ?

— Depuis deux heures et vingt-cinq minutes. Demande-le-lui !

Roger serra la main de Donald à qui Jody le présenta.

— C'est votre Kawasaki, là-dehors ?

— Oui.

— Belle bécane !

— Dites-le-lui, insista Jody. Dites à Roger que j'ai déclaré que si vous pouviez vous arrêter, moi aussi.

— C'est vrai, confirma Donald en pliant sa serviette.

— Tu vois ? Alors j'ai arrêté.

— La semaine ne vient que de commencer.

— Tu verras.

— Ce sera *vraiment* un miracle.

Roger rit de sa plaisanterie.

— Comment va votre grand-mère ? demanda Dar.

— Très bien, merci monsieur.

— Saluez-la de notre part.

— Je n'y manquerai pas, monsieur. (Roger regarda ostensiblement sa montre et secoua la tête comme surpris par l'heure tardive.) Jody, je déteste te bousculer mais nous ferions bien d'y aller.

Jody prit son tricot noir sur le dossier de sa chaise.

— Où allez-vous ? demanda Dar.

— Oh, papa !

— Pas de « oh papa » avec moi. Tant que tu vivras dans cette maison, tu me diras où tu vas.

— Nous allons seulement dans un cinéma à ciel ouvert, monsieur.

— Merci, Roger.

Roger hâta leur sortie.

— Heureux d'avoir fait votre connaissance, révérend. Vous restez longtemps ?

— Nous l'espérons, dit Lénore.

— Eh bien, bonsoir à tous.

Roger poussait Jody vers la porte.

— N'oublie pas tes cigarettes ! la taquina Marc-Anthony.

— Tu vas mourir et aller droit en enfer pour ça, répliqua Jody.

Dès qu'elle eut parlé, elle se rendit compte de sa bévue. Tout le monde se tourna vers Donald Leaf pour voir sa réaction.

Donald n'en eut aucune.

— Ce n'était qu'une plaisanterie, murmura Jody.

Dehors, Roger précipita Jody vers la voiture mais ne dit rien avant que le moteur ne se mît à ronronner et que la voiture n'eût démarré.

— Seigneur Dieu, où avez-vous déniché ce dindon ?

— Marc-Anthony l'a amené de la rivière.

— Renvoyez-le là-bas et noyez-le.

— Impossible. Maman est décidée à lui demander de rester.

— Chez vous ? (Roger parut sincèrement atterré. Jody hocha la tête.) Ton père n'y consentira jamais.

— Avant aujourd'hui, j'aurais parié qu'il ne laisserait jamais un étranger et encore moins un rat de rivière mettre un pied dans la maison. Tu as vu ce qu'il en est.

— Écoute, bon sang. Ne t'approche pas de lui.

Jody haussa les épaules.

— Et si je ne peux pas m'en empêcher ? Si je suis irrésistiblement attirée vers son corps blanc ? Que faire si j'allume en lui une passion si dévorante qu'il défonce ma porte au milieu de la nuit ? Que faire...

— La ferme.

— Qui sait. Je ne suis jamais sortie avec un saint homme. Peut-être ai-je raté quelque chose ?

— Je viens de te dire de la boucler, nom d'une pipe.

Roger s'engagea sur la nationale.

— Ce n'est pas la direction de Talbot.

— Nous allons chez moi.

— Certainement pas !

Il frappa le volant avec son poing.

— Bon sang, Jody, nous sommes pratiquement fiancés. (Il lui posa la main sur la cuisse.) Toutes les autres filles se laissent faire au premier rendez-vous.

Elle repoussa sa main.

— Je veux voir ce film.

— Ça ne t'ennuie pas d'être la seule vierge ?
— Pas autant que toi.

Lénore s'arrêta au pied des escaliers.
— J'ai fait le lit dans la chambre persane. (Elle embrassa Marc-Anthony.) Montrez à Donald où elle se trouve.
— Il a ses affaires sur sa moto. Je vais aller les chercher.
— Cela peut attendre. Montrez-lui d'abord sa chambre. (Elle regarda son mari pendant un instant avant de l'embrasser.) Je suis si épuisée à présent que je vais tomber de fatigue si je ne me mets pas tout de suite au lit.
Elle se tourna vers Donald et lui prit la main.
— Tout ce que je puis dire... (Ses yeux brillaient de larmes.) Je remercie simplement Notre-Seigneur de vous avoir amené chez nous. Pour moi, c'est cela le vrai miracle. (Elle leva sa main et lui baisa les doigts.) Merci pour ce plus beau jour de ma vie.
— Dieu vous bénisse, dit Donald.
Lénore effleura sa feuille du bout des doigts. Elle les quitta précipitamment.
Les deux hommes et le garçon arrivèrent à la porte du bureau de Dar.
— Avant que mon fils ne vous montre votre chambre, je me demande si vous voudriez entrer ici un instant.
Marc-Anthony les serra de près tandis qu'ils entraient dans la pièce mais Dar, qui ne s'était pas adressé une seule fois directement à son fils depuis la veille au soir, lui ferma la porte au nez.
Marc-Anthony retourna vers l'escalier, s'assit sur la troisième marche et attendit.
La grande pièce, tapissée de livres, avait été le bureau de l'usine pendant plus de cent ans. Le solide bureau en noyer brillait sous les lampes en bronze. Les murs étaient couverts de photographies des Cragin, centrées autour d'une grande prise de vue jaunie reproduisant les Willows d'il y avait un siècle. Dar prit une carafe en cristal et se versa à boire.
— Je n'ai pas pris mon verre quotidien. Voulez-vous vous joindre à moi ?
— Non, merci.
— Jody nous a dit que vous fumiez autrefois et que vous y avez renoncé. Buviez-vous aussi ?

— Oui.

Dar leva son verre lorsque le téléphone sonna.

— C'est certainement Bernard qui m'appelle pour son rapport de neuf heures. (Il souleva le récepteur.) Oui, Bernard. Bien. (Il se tourna vers Donald.) Trois nouveaux clients aujourd'hui. Bien. Tâchons que cela reste ainsi. Il est ici en ce moment. Espérons, Bernard. Bonsoir. (Dar raccrocha.) Tout est calme à la rivière ce soir. Vos fidèles s'inquiètent de vous.

Donald effleura de la main une rangée de livres reliés en cuir.

— Vous avez certainement fait une grosse impression sur ma femme et mon fils, Donald. Lénore me dit qu'elle vous a invité à rester ici. Elle l'a fait sans me consulter. (Donald le fixa.) L'ennui, voyez-vous, Donald, c'est que je ne vous connais pas. Je ne sais rien de vous.

— Voulez-vous que je m'en aille ?

— Je veux que ma femme soit heureuse. Elle a dit que vous aviez parlé ensemble.

— Si vous aviez été présent, vous auriez peut-être une opinion différente.

— Je n'ai pas besoin d'être convaincu pour me rendre compte qu'en ce qui concerne ma femme, vous tombez tout droit du ciel.

Dar but. Donald regarda une grande photographie de l'usine. Deux cents personnes s'étaient tenues devant l'appareil.

— Lénore est croyante, dit Dar sur un ton raisonnable, mais j'ai toujours pensé que les gens voyaient dans toutes ces choses d'abord ce qu'ils voulaient. En d'autres termes, je ne crois pas — certainement pas en chaque prédicateur qui vient forcer notre domicile par le biais de la télévision, ou bien en tous ceux qui apparaissent à la croisée des chemins. Mea culpa. (Il haussa les épaules.) Je ne crois tout simplement pas.

— La plupart des gens sont comme vous.

Donald se pencha plus vers la photographie.

— Là-bas, aux Willows hier, quel pourcentage croyez-vous avoir convaincu ?

— Environ un tiers.

— Pas mal. Est-ce votre chiffre habituel ?

— Je ne puis vous répondre. Comme je le disais, je viens seulement de commencer mon ministère.

— Exact. Votre fidèle Kawasaki est flambant neuve. (Dar but une gorgée de vodka...) Cela doit être fascinant de parler aux gens comme vous le faites. Les miracles, comme celui près de la rivière. Cela doit vous donner un réel sentiment de pouvoir.

— Ce n'est pas mon pouvoir.

— Cependant, vous dites que quelque chose vous guide. Quelque chose fait de vous l'instrument de la puissance divine. Puis-je vous demander quand vous vous êtes rendu compte que vous aviez un tel pouvoir ?

Donald tourna le dos à la photographie de l'usine.

— Je ne me sens pas à l'aise pour en parler ici.

— Dans cette pièce ?

Donald parut s'absorber dans la contemplation de sa main fine qui tirait sur sa manchette froissée.

— Demain, c'est dimanche. Je vais faire un prêche aux Willows. Pourquoi n'y venez-vous pas pour vous rendre compte par vous-même de ce que je fais ?

— Je doute que les gens de là-bas me réservent un bon accueil malgré tout l'amour dont ils parlent, dit Dar en sirotant son verre. (Il vit que le regard de Donald était fixé sur le sien.) Où irez-vous en partant d'ici ?

— Là où le Saint-Esprit me guidera.

— Pas de projet particulier ?

— Le seul que l'on puisse avoir lorsqu'on a consacré sa vie à Dieu.

Dar contempla son verre à présent vide.

— Une vodka par jour, voilà ma devise. (Il était temps d'en finir et de congédier l'invité.) Comme je le disais, ma femme serait heureuse que vous restiez chez nous un jour ou deux.

— Pourquoi me craignez-vous tant ?

Dar reposa soigneusement son verre au centre précis du buvard vert qui couvrait son bureau.

— J'ai une femme et des enfants à ma charge.

— Vous avez un pistolet dans ce bureau.

— Non.

— Si.

— Très bien, j'ai un pistolet.

— Vous aviez peur bien avant que je vienne dans cette maison.

— Je vis dans le monde. J'ignore où vous vivez, vous.

— Croyez-vous en Dieu ?

— Oui.

— Nous allons tous les deux nous mettre à genoux ici,

maintenant. Nous demanderons au Saint-Esprit si je suis digne de confiance.

Dar traversa la pièce et ouvrit la porte toute grande.

— Mon fils va vous conduire jusqu'à votre chambre.

14

Marc-Anthony se tenait à la porte de la chambre d'amis.

— Frère Leaf ?

Pris de panique, il descendit en courant dans le vestibule et passa sur la pointe des pieds devant la porte fermée de son père. Il regarda autour de lui, l'oreille tendue. Pas le moindre bruit !

Dehors, devant le terre-plein, la Kawasaki noir, vert et argenté, brillait. Mais pas de frère Leaf. Renonçant à le trouver, il retourna au lit. Il pria désespérément pour que frère Leaf ne soit pas parti. Enfin, il entendit les marches grincer. Il bondit de son lit et se tint dans l'encadrement de sa porte ouverte.

Donald Leaf s'avança vers lui dans l'obscurité.

— Où étiez-vous ? chuchota Marc-Anthony.

— Il est tard. Allez au lit.

Le visage de Leaf, taché d'ombres bleues, était tendu.

Marc-Anthony suivit son hôte comme un petit chien apprivoisé. Donald s'arrêta et regarda le garçon.

— J'ai prié, frère Leaf, pour que vous restiez chez nous.

— Merci, Marc-Anthony.

— Je suis certain que Dieu veut que vous restiez.

— Je le crois aussi. (Le jeune homme sourit.) Et je ne suis pas près d'oublier celui qui m'a amené dans cette maison.

Le cœur de Marc-Anthony battit de joie. Mais il avait encore d'importantes choses à dire.

— Seulement, ne laissez pas papa vous inquiéter. Parce que je pense que quelle que soit son attitude présente, il devra reconnaître que c'était la volonté de Dieu que j'aille aux Willows, que je vous y rencontre et que je sois témoin de ce miracle. Autrement, comment aurais-je pu vous amener ici ?

— Ne brusquez pas votre père.

— Quoi qu'il fasse, je ne peux rien regretter. Comment pourrais-je regretter de faire la volonté du Saint-Esprit ?

— Vous le comprenez. Peu d'autres en sont capables. Même les adultes.

— Ma mère est si heureuse...

— Elle m'a dit à quel point elle était fière de vous. Elle dit que vous êtes mon premier disciple. Connaissez-vous ce mot ?

— Comme quelqu'un qui suit quelqu'un ?

— C'est presque ça.

— Parce que je crois en vous.

— Ne bougez pas.

Marc-Anthony s'immobilisa. Donald s'agenouilla et prit les épaules nues du garçon dans ses mains. Leurs yeux étaient au même niveau et le petit garçon ressentit une grande bouffée de joie.

— Vous croyez de tout votre cœur ?

— Oui.

— Ne cessez jamais de croire, Marc-Anthony.

Le garçon regardait avec fierté droit dans les yeux gris.

— Bonne nuit, mon disciple.

Marc-Anthony retint sa respiration jusqu'à ce que Donald ait refermé la porte de la chambre d'amis. Puis il se précipita dans sa chambre, grimpa sur son lit et manœuvra autour de son plâtre jusqu'à ce qu'il ait trouvé une position confortable.

Maintenant, il fallait qu'il se concentre sur la prière pour son bras. Il fit un effort pour se calmer et retrouver la même prière qu'il avait faite la veille. Il pria de tout son cœur que, grâce à frère Leaf, sa foi soit assez forte dans le Saint-Esprit pour que la puissance divine guérisse son bras.

Il croyait véritablement. Il croyait de tout son cœur et, lorsque sa prière fut terminée, il se glissa à travers le lit jusqu'au mur et écouta. Il entendit les craquements du vieux parquet. Frère Leaf arpentait sa chambre. Dans l'obscurité, il entendit les notes très douces de la flûte d'argent en forme d'œuf.

15

— Marc-Anthony ?

Jody ouvrit sa porte bruyamment et secoua son frère.

— Seize heures et vingt minutes, et pas une seule cigarette ! (Elle tira les couvertures et les laissa tomber par terre.) Le seul ennui, c'est que Roger prétend qu'il faut que je tienne une semaine entière avant de gagner.

Marc-Anthony s'enroula en boule autour de son plâtre.

— Comment se fait-il qu'il n'y ait personne à la maison ? J'ai regardé partout.

Marc-Anthony se réveilla d'un seul coup. Il parla à voix basse pour qu'on ne l'entende pas de la pièce voisine.

— As-tu écouté hier soir ?

— Qu'étais-je supposée entendre ?

— Il a cette petite flûte qu'il porte sur lui. Il en a joué en arpentant sa chambre pratiquement toute la nuit.

— Si tu chuchotes à cause de lui, tu peux te décontracter. Il est sorti.

— Il est parti ?

— Ses affaires sont toujours là.

— Comment le sais-tu ?

— J'ai regardé.

— Tu es entrée dans sa chambre ? Tu n'en avais pas le droit.

Marc-Anthony bondit hors de son lit, entra dans la salle de bains et claqua la porte derrière lui. Elle attendit d'entendre la chasse d'eau puis ouvrit la porte et le regarda se brosser les dents.

— Je n'arrive pas à trouver maman ni papa. La voiture n'est pas là.

— Ils sont peut-être partis quelque part ensemble.

— Donald et papa ? Tu plaisantes ?

Marc-Anthony se frottait les dents.

— Tu crois que maman serait allée avec lui aux Willows ?

— Impossible.

Il cracha dans le lavabo.

— Je ne sais pas. Elle a vraiment changé.

— Pas assez pour aller là-bas voir Marcy.

— Alors où est papa ?

Marc-Anthony leva son visage mais ne dit rien.

— Il ne te parle toujours pas ?

Son frère hocha la tête. Jody attendit qu'il lui réponde.

— Toute la journée d'hier. Puis hier soir. Pas un mot. Il m'a même fermé la porte au nez. (Ses yeux étaient brillants de larmes.) Ce que je ne comprends pas, c'est qu'il a permis à frère Leaf de rester. Il doit donc comprendre pourquoi je suis allé là-bas.

— Tu connais papa lorsqu'il s'est mis quelque chose en tête.
— Comment pourrais-je aller le trouver pour lui dire que je suis désolé ?
— Dis-le, tout simplement.
— Mais comment pourrais-je être désolé d'avoir amené frère Leaf ici ?
— L'ennui, c'est que papa n'est pas croyant.
— Toi non plus.
— Ce n'est pas avec moi que tu as des ennuis.
Marc-Anthony rentra dans la chambre et enfila son short et son maillot. Sa sœur prit le rameau fané fiché dedans.
— Tu vas avoir besoin d'une nouvelle feuille.
Il la lui prit des mains et la posa soigneusement sur sa bible au-dessus du poste de télévision. Jody alla jusqu'à la fenêtre et regarda vers la rivière.
— Je parie que, puisque nous sommes dimanche, il est là-bas en train de prêcher aux rats de rivière. Je parierais n'importe quoi qu'à cet instant même il leur fait tous battre des mains et crier à tue-tête en leur parlant de leurs péchés.
— Ferme-la à son sujet.
— Il faut que j'en fume une. (Jody déballa un chewing-gum et le mâcha furieusement.) Une semaine, c'est cent quarante-huit heures. Il me reste donc cent trente et une heures et quarante minutes à tenir. Je déteste la manière hautaine dont il l'a dit. Arrêtez. Tout simplement. Aussi simple que ça. Tu aurais dû entendre Roger hier soir. La surprise qu'il a eue en voyant Donald ici ! Il a dit que nous étions tous assis autour de lui comme s'il était Jésus-Christ ou quelque chose comme ça.
— Je t'ai dit de la boucler !
— Je comprends maman. Elle écoute tout le temps ces foutaises. Mais papa déteste ça. (Elle lui tendit un chewing-gum.) Alors, après notre départ, que s'est-il passé ? (Marc-Anthony refusa le chewing-gum.) Marc-Anthony ?
— Je n'ai pas envie d'en parler.
— Ce n'est pas parce que tu l'as découvert et que tu l'as amené ici qu'il est ta propriété privée. Allons. (Elle lui offrit un nouveau chewing-gum.) Que s'est-il passé ?
— Tu vas le dire à Roger et ses amis pour que vous puissiez vous moquer de lui.
— Même toi tu dois admettre qu'il est plutôt bizarre.
Un bruit dans la cour l'attira vers la fenêtre.

— Viens vite mais fais attention qu'ils ne te voient pas.

En bas, sur la pelouse nouvellement tondue, Donald Leaf, en bras de chemise, se promenait lentement avec Lénore. Ils étaient, de toute évidence, absorbés dans une conversation profonde. La longue robe de mousseline de Lénore, au col et manchettes de dentelle, ses gants, toute cette blancheur brillant au soleil accentuaient son air victorien.

— Elle a mis sa robe préférée. (Jody se tordait d'allégresse. Elle tira son frère en arrière.) Attention qu'ils ne nous voient pas.

Ils observèrent le couple sur la pelouse jusqu'à ce qu'ils atteignent une pergola couverte de roses blanches aussi grosses que des choux. Lénore tendit une main gantée de blanc et en cueillit une. Jody ricana.

— Est-ce que tu vois si elle porte une feuille ? Elle en avait une hier soir. Regarde. C'est incroyable. Elle lui donne la rose maintenant.

— Nous ne devrions pas les épier.

— *Wow* ! Elle le fait entrer sous la pergola pour qu'ils puissent être tout seuls.

Jody s'éloigna soudain de la fenêtre.

— Fais le guet et préviens-moi dès qu'ils reviendront vers la maison.

Elle sortit en courant.

Marc-Anthony comprit pourquoi elle courait.

— Non ! N'y va pas !

La chambre d'amis, avec son tapis de Perse, son couvre-lit rouge, ses tableaux de minarets s'élevant dans le désert et sa lampe en cuivre à trous avait toujours été appelée la chambre persane.

— Arrête !

Jody était en train d'ouvrir le sac en toile.

— Laisse ça tranquille.

Elle le repoussa.

— Fais le guet à la fenêtre.

— Arrête.

Il sauta sur sa sœur et ils se battirent. Son plâtre cogna contre la commode.

Jody l'écarta tandis qu'elle vidait le contenu du sac sur le couvre-lit rouge. Elle repoussa une carte routière fripée et ouvrit une trousse de toilette contenant un rasoir, une brosse à dents, une pince à ongles, un peigne. Elle écarta ses lunettes et déplia un imperméable en plastique. Elle ramassa une petite boîte en fer et la souleva avec un cri de triomphe.

— Ça ne peut être qu'une boîte d'herbe. (Elle pouffa de rire tandis qu'elle s'acharnait sur le couvercle avec ses ongles.) Voyons s'il a de la bonne came ! (Elle réussit enfin à ouvrir la boîte qui contenait des boules de gomme.) Merde. (Elle balaya les affaires de Leaf de côté.) Tout ça ne nous apprend rien.

Marc-Anthony, bouillonnant de vertu outragée, la fusillait du regard et refusait de bouger du mur. Son mépris silencieux laissait sa sœur de glace.

Elle saisit une vieille bible. Elle trouva une demi-douzaine de cartes blanches avec des dessins au crayon de visages à l'agonie, tous couronnés d'épines.

— Il a dit à maman qu'il était un artiste, dit-elle en feuilletant la bible. Dans la mienne, on a inscrit mon nom à la première page au catéchisme. Le voilà — en première page. Tu vois ? À Ralph Otteson. Combien veux-tu parier que c'est son vrai nom et que c'est un imposteur ?

Elle referma la bible d'un coup sec.

— Tu es satisfaite maintenant ?

— Nous ne savons même pas avec certitude qui il est.

Marc Anthony prit un ton supérieur.

— Il dit que c'est la toute première question que chacun lui pose — qui est-il et combien de temps il va rester.

— Alors, si tu es si malin, combien de temps ?

— Je ne te le dirai pas...

— Tu ne le sais pas !

— Si !

— Tu n'en sais pas plus à son sujet que nous tous.

Elle ramassa le sac.

— Que fais-tu maintenant ?

— Je remets ses affaires en place, bien sûr. Exactement comme elles étaient ; comme ça, il ne le saura jamais.

— Il sait ce que tu as fait...

Quelque chose tinta à l'intérieur du sac. Elle le secoua et ils l'entendirent de nouveau. Qu'avait-elle oublié ? Elle fouilla le fond du sac et trouva une poche intérieure secrète. Elle l'ouvrit et en sortit une chaîne de six pieds de long. Elle la replia sur elle-même et la posa sur le lit comme un serpent. Une étiquette avec un message était attachée à une extrémité. « Je prie Dieu que vous n'ayez jamais besoin de ceci. » C'était signé D.

Le frère et la sœur frissonnèrent, conscients tous deux de contempler un secret.

— C'est pour sa moto, dit Marc-Anthony.

Jody secoua la tête.

— Il y en a déjà une dessus.

16

La pergola était chargée de l'odeur des roses qui se fanaient.

— À quelle heure devez-vous descendre là-bas ? demanda Lénore.

— À six heures.

— Je me dis que je devrais accepter de meilleure grâce de devoir vous partager.

— Vous ne viendrez pas avec moi ?

— Même si je me cramponnais à votre main pendant tout le chemin, j'en serais incapable.

— Nous ne serions pas obligés d'aller sur la tombe de Marcy.

— Marc-Anthony vous a-t-il montré son petit ange en marbre ?

— Oui.

— Alors, il y est toujours...

— Oui.

— C'est étrange, tous ces changements. À une époque, il n'y avait que notre famille ici, aux Willows. Les doigts de Lénore cherchèrent sa feuille verte. Ils en suivirent le contour.

— Vous ne pouvez pas savoir comme cela m'a rendue malheureuse de savoir Marcy toute seule, là-bas.

Donald Leaf ne répondit rien.

— La première année, je n'ai pas eu le courage d'y descendre. Puis, quand les étrangers ont commencé à arriver, cela m'est devenu impossible. J'ai supplié Darius si souvent pour qu'on la transporte au sommet de la colline. Bien entendu, il refuse même d'en parler. Il dit que c'est une de mes folles lubies, l'une de mes nombreuses folles lubies. (Sa voix s'affermit soudain.) Marcia-Antonia n'aurait jamais dû rester toute seule là-bas avec eux !

Leaf regardait les gants de Lénore.

— Vous les portez parce que vous vous êtes brûlée en essayant de la sauver ?

Elle lutta pour se dominer.

— J'ai été si... faible.

— Ça, c'est Dar qui le dit.

— Oui.

— Vous avez été seule.

— Je serai courageuse. Donnez-moi seulement un peu de temps. Je voudrais être avec elle plus que tout au monde. Demain peut-être ou mardi. Pouvons-nous en parler demain ?

— Vous êtes courageuse.

— Seulement à cause de vous.

— Du Saint-Esprit, murmura-t-il.

Pendant un long moment, ils observèrent en silence un colibri butiner les fleurs.

— Sur quoi allez vous prêcher ?

— Sur les bons débuts. (Il réfléchit pendant quelques secondes.) Ce début de miracles, Jésus le fit à Cana en Galilée et manifesta ainsi sa gloire ; et ses disciples crurent en lui.

— Saint Marc ?

Jean.

— Comment faites-vous ? Une citation des Saintes Écritures que vous expliquez ensuite ?

— Certains prédicateurs le font. Je ne commencerai sans doute pas par saint Jean du tout. J'aime me sentir beaucoup plus libre que cela.

— Je donnerais beaucoup pour connaître la Bible comme vous.

— Beaucoup de gens s'enorgueillissent de leur savoir. C'est quelque chose de creux. Tout ce qui importe, c'est le Saint-Esprit. Priez pour que le Saint-Esprit descende en vous.

— Je n'ai eu l'impression de saisir quelque chose qu'à de rares instants. Comme maintenant. Cela doit être si clair pour vous. Je vous regarde, je vous regarde et je vous regarde, et je ne peux toujours pas croire que vous êtes là.

Elle tendit la main puis interrompit son geste.

— Enlevez vos gants. (Elle hésita mais fit ce qu'il lui commandait.) Allez-y. Touchez-moi. Je suis réel.

Les doigts brûlés de Lénore frôlèrent le dos de sa main.

— Vous voyez ? Je suis réel.

— Je n'en suis pas certaine.

Il lui prit la main.

— Donald ? Puis-je vous demander quelque chose ?

— Bien sûr.

— Vos cheveux.

— Oui ?

— Ils sont dans un état affreux.

Il renversa la tête et rit. Lénore pouffa. Bientôt, en dépit d'elle, elle fut secouée de rire et chercha un mouchoir de dentelle pour s'essuyer les yeux.

— Me laisserez-vous les couper ?

— Je me moque de l'aspect qu'ils ont.

— Pas moi. Avant que vous ne descendiez là-bas pour prêcher, puis-je les couper ?

La main dans la main, ils se hâtèrent à travers la pelouse vers la maison. Ni l'un ni l'autre n'aperçurent Jody reculer à la fenêtre de l'étage.

— Autrefois, je coupais les cheveux de Darius. Ne bougez pas.

Lénore avait drapé une serviette autour de Donald et l'avait fait asseoir près d'une fenêtre du studio.

— Lorsque j'étais un petit garçon, dit-il, ma mère me coupait toujours les cheveux.

Il se tenait immobile, les cheveux brillant au soleil, entièrement à la disposition de Lénore qui tournait autour de lui en l'examinant attentivement. L'excuse était parfaite. Elle pouvait le regarder aussi longtemps qu'elle le voulait mais faisait de temps à autre cliqueter ses ciseaux pour justifier son examen prolongé.

La voix lui manqua une fois, avant qu'elle soit capable de lui dire que tout ce qu'elle pouvait espérer, c'était de les lui égaliser. Donald se tenait immobile.

— Je suis navrée d'avoir à le dire, mais celui qui les a coupés la dernière fois les a vraiment saccagés. (Sa voix lui parut tendue. Se rendait-il compte de ce qu'elle ressentait ?) Fermez les yeux et détendez-vous, chuchota-t-elle.

Elle coupa une mèche et la glissa subrepticement entre les pages de sa bible. Elle avait chaud au visage et ses mains tremblaient. De tout son cœur, elle ne demandait rien de plus que de le serrer dans ses bras. Elle se pencha vers lui et le frôla avec son corps. Il ne réagit pas. Seuls le bruit de leurs respirations et le cliquetis des ciseaux étaient audibles dans la pièce. Finalement, elle lui tendit un miroir à main. Après un coup d'œil rapide et un grognement d'approbation, il le lui rendit. Elle dénoua lentement la serviette et la replia soigneusement sur ses cheveux coupés. Tenant une brosse douce d'une main, elle entrouvrit sa chemise, pathétiquement grise et mince à cause de trop nombreux lavages.

— Il faudra que nous vous trouvions une nouvelle chemise, dit-elle.

Elle brossa les cheveux tombés sur sa peau pâle. Du bout des doigts, puis avec la paume de ses mains, elle suivit le contour de son cou puis de ses larges épaules. Il lui prit les mains et l'attira contre lui.

Lénore ferma les yeux et retint sa respiration.

Sa voix était faible, à peine un murmure tandis qu'elle cherchait à tout prix quelque *chose* à dire. Pourquoi était-ce si important de continuer à parler ?

— La prochaine fois, n'essayez pas de les couper vous-même.

Il secoua la tête.

— Ce n'est pas moi.

Elle sentait son pouls à la base de son cou. Elle ferma les yeux et sentit son propre cœur battre si follement qu'elle devint toute faible, se noyant dans les sentiments qui montaient en elle. Submergée, elle attendit, incertaine quant à la façon de répondre à ses propres besoins après une si longue solitude. Devinait-il que c'était son besoin d'un homme qui la poussait à dire n'importe quoi tandis qu'elle le tenait sur son cœur ?

Elle lui caressa les cheveux.

— Ce n'est pas un coiffeur qui a fait cela.

— Ils étaient aussi longs que ceux de Jésus. (Il tourna son visage vers elle.) Cela dérangeait certains. Elle lui embrassa les cheveux et y posa la joue.

— Ils m'ont saisi et les ont coupés.

— Oh, mon Dieu !

Elle dégagea une de ses mains pour attirer sa tête encore plus près. Il chercha les boutons de sa blouse mais celle-ci se fermait par-derrière. Elle défit la fermeture et il fit glisser la dentelle sur ses épaules lisses et sur son buste. Son visage chaud se pressa avidement contre ses seins. Elle étouffa un cri et plongea son visage dans ses cheveux.

Il sanglotait de façon incontrôlable.

— Tout va bien, murmura-t-elle. Vous êtes chez vous maintenant.

Il la serra plus fort, la dévorant de sa bouche, mais elle le releva. Comme un enfant obéissant, il la laissa le conduire dans la pièce voisine. Les vêtements tombèrent à leurs pieds et ils s'étendirent sur le lit.

17

Le dimanche n'avait jamais été un jour programmé pour Loïs. Aujourd'hui venait en prime. Dar s'était glissé dans sa maison en début d'après-midi. Il sourit en l'entendant, déjà nue, annuler son déjeuner avec Eleanor Medaker, la vice-présidente de la Marble Hill Bank, puis appeler Polly Gilpin à l'agence immobilière pour la persuader de couvrir l'affaire Ackerman en son absence.

À part la demi-heure qu'il fallut pour faire visiter la maison Molesby à deux jeunes gens qui cherchaient un style de vie plus simple, Dar et Loïs n'eurent pas besoin de vêtements. Elle passa sa langue rose sur Dar.

— Vous croyez que les autres aiment le sexe autant que nous ?

Dar traça une ligne autour de la pointe de son sein gauche.

— Les abrutis ne sont bons à rien — le sport, la danse, l'amour. Ils ont raté la plus grande leçon de la vie. La discipline rend tout meilleur.

— Oui, monsieur, dit-elle sur un ton faussement sérieux. Vous avez déjà marqué quatre fois en ce jour. Voulez-vous tenter une cinquième ?

Sous la douche de Loïs, Dar pensait qu'une des rares choses qui rendaient la vie supportable à cette époque pourrie de l'histoire, c'était l'attitude du MLF envers le sexe. S'il pouvait croire Loïs (et dans le fin fond de son cœur il ne savait pas s'il croyait vraiment que les femmes ne voulaient pas toutes le mariage), elle le désirait simplement autant que lui pour ces heures qu'ils passaient ensemble, pour leurs merveilleux rapports sexuels. Elle lui avait dit que, tout en ayant mémorisé chaque centimètre de son corps, elle pensait, assise à son bureau, à ce qu'elle en ferait mais qu'elle ne l'appréciait pas tellement en tant que personne. Ce qui, avait-elle ajouté très vite, n'avait pas d'importance puisqu'elle ne raffolait pas des gens en général – y compris d'elle-même.

Un moment après, Loïs était en train d'examiner son corps nu dans la glace tandis que Dar enfilait un polo vert. Elle se tortillait, à l'affût de la moindre trace d'un bleu en fronçant les sourcils.

Dar resta à dessein de l'autre côté de la pièce.

— Sœur Loïs, je pense qu'il est temps que vous et moi rendions grâces au révérend Dr Donald Alléluia Leaf pour notre premier dimanche ensemble. S'il pouvait garder le nez de Lénore plongé dans sa bible et les rats de rivière au calme, ceci pourrait se présenter comme un été tranquille.

Loïs poursuivit son examen. Elle ne partageait pas le ton badin de Dar.

— Que savons-nous vraiment de lui ?

— Qu'importe ?

— Voyons, Dar. Même son nom — Donald Leaf — sonne faux.

— Oh ! femme de peu de foi.

— Combien de temps reste-t-il ?

— Tout l'été, je l'espère.

— Cela ne vous inquiète pas ?

— Pourquoi ?

— Qu'il puisse changer les choses ?

— C'est déjà fait. Comme aujourd'hui. Alléluia.

Il cligna de l'œil d'un air lascif.

Loïs se rapprocha de la glace pour examiner sa cuisse.

— Vous vous en plaignez ? (Dar mit ses chaussures en levant une jambe à la fois, exercice qui, prétendait-il, renforçait les abdominaux.) La seule chose qui m'inquiète, c'est mon fils. Que fait-on lorsqu'un enfant vous ment par deux fois ?

— Vous avez dit vous-même qu'il ne mentait pas. Il vous a raconté ce qu'il avait fait.

— Il n'a pas tenu sa parole. C'est la même chose.

— Parce qu'il croyait bien faire.

— C'est ça l'ennui. Il ne regrette même pas.

— Pourquoi le ferait-il ? Après tout, vous avez laissé le type pour qui il a rompu sa promesse rester chez vous. Il vous amène ce putain de faiseur de miracles dont tout le monde parle. Naturellement, il ne s'attend pas à être puni. Il attend sans doute qu'on le remercie.

— Jusqu'à ce que je trouve ce qu'il faut faire, je vais être contraint de l'ignorer.

— Ce qui, à mon humble avis, est très mesquin.

— Vous n'êtes pas son père.

Loïs souleva un de ses seins et l'examina de près, d'un regard critique.

— Tout ce que je constate, c'est que sans lui vous n'auriez pas votre messie privé. Ce que je n'arrive vraiment pas à comprendre, c'est comment vous pouvez affirmer que votre saint homme ne change rien.

— Vous êtes une fidèle, sœur Loïs ?

— Imposteur ou pas, il est évident qu'il a une influence certaine.

— C'est votre catholicisme résiduel qui parle.

— Des clous. C'est mon bon sens.

Dar se leva, recula les épaules et se donna une claque sur son ventre plat.

— Faites-moi confiance. Je sais ce que je fais.

— L'ennui, c'est que vous ne faites rien. Vous réagissez. C'est lui qui mène le jeu.

— Parfaitement vrai. Et avec lui à la rivière pour le 4-Juillet, nous évitons tout incident aux Willows.

— Vous croyez qu'il ignore que vous vous servez de lui ?

— Votre maudit conseil municipal veut m'obliger à fermer.

— Vous n'avez pas répondu à ma question. Jusqu'ici, il a changé tous ceux qu'il a rencontrés.

— Faux.

— Lénore. Votre fils. Jody.

— Jody ? Vous plaisantez ?

— Vous venez de me dire qu'elle s'est arrêtée de fumer à cause de lui.

— Elle veut gagner la voiture de Roger. Vous n'en feriez pas autant ? Une voiture flambant neuve. Ce n'est pas Leaf qui a fait cela. Elle le trouve déplaisant. Loïs tira sur la chemise de Dar et glissa ses doigts frais sur sa peau brûlante. Elle se pressa contre lui.

— Dois-je vous dire ce qui m'inquiète vraiment ?

— Détendez-vous. Comment pourrait-il nous changer, nous ? C'est un imposteur minable.

— Lénore n'est pas de cet avis.

— Lénore, comme nous le savons tous, est un cas à part.

— Et votre fils ? Ne reculez pas.

— Marc-Anthony n'a que neuf ans. Dites-moi ce qui serait arrivé si j'avais mis Leaf à la porte hier soir ? Vous me croyez assez stupide pour faire de lui une sorte de martyr aux yeux de tous ? Tant qu'il calmera ces rats de rivière, je jouerai du tambourin et crierai alléluia aussi.

Dar la prit dans ses bras et lui effleura la courbe de l'épaule avec ses lèvres.

Dar venait à peine de rentrer chez lui et de se verser du lait sur ses céréales dans la cuisine, lorsque Lénore apparut. Même dans la pénombre du soir, il voyait qu'elle éclatait d'un nouvel enthousiasme. Elle avait attendu son retour pour venir lui parler de son miraculeux Donald Leaf. Il sentait son excitation à travers toute la pièce et souhaita qu'elle reste où elle était, loin de lui.

— Je vais vous apporter une tasse de thé, dit-il.

Lénore ne partit pas.

— Oh ! mon Dieu, Dar, j'ai tant de choses à vous dire que je ne sais pas par où commencer.

Il posa la bouilloire sur le feu.

— Votre thé sera prêt dans une minute.

Il s'assit à la table et plongea sa cuillère dans son bol. Lénore était trop excitée pour s'asseoir et arpentait la cuisine.

— Vous rendez-vous compte, Dar, qu'il est à peine depuis vingt-quatre heures dans cette maison ?

Dar l'insulta en parlant la bouche pleine.

— Laissez-moi le dire à votre place. Il a tout changé.

— Ne le dites pas comme cela, Dar, je vous en prie. Et n'essayez pas d'en diminuer la portée. Mon Dieu, si seulement vous pouviez ressentir ce que je ressens.

Elle alluma la lumière.

— Cela va attirer les insectes.

— Regardez-moi, Dar. Que voyez-vous ?

Dar refusa de lever les yeux.

— Je vois. Vous portez sa feuille.

— Mes gants, Dar. Je les ai enlevés. (Elle tendit les mains.) Si vous me regardiez, vous le verriez.

— Il vous a changée, c'est cela ? (Le ton était méchant.) C'est cela que vous affirmez ?

— Regardez-moi. Regardez-moi vraiment pour une fois. (Sa voix devint un murmure.) Dar, il m'a touchée.

Dar recula sa chaise.

— C'est un de ses mots de prêcheur ? Qu'est-ce que ça veut dire — *touchée* ?

— Cela veut dire qu'il faut que nous fassions tout ce qui est en notre pouvoir pour qu'il reste ici car il a vraiment le pouvoir de nous changer tous. (Elle s'interrompit soudain.) Avant de vous demander cela, je dois d'abord vous dire quelque chose.

— L'eau est prête pour votre thé.

Lénore ne bougea pas et Dar se leva, prit un sachet de thé et le laissa tomber dans une tasse.

— Donald et moi étions ensemble dans ma chambre. Je n'avais jamais rêvé qu'une telle chose puisse arriver mais je suis ici devant vous parce que je veux que vous le sachiez.

Dar regarda fixement le thé qui infusait dans la tasse.

— Hier, j'aurais dit que tout cela était impossible. C'est faux, Dar. Marc-Anthony le savait. Dieu merci, il a amené Donald ici, car aujourd'hui, miracle des miracles, tout a changé. Dar, *je vous en prie*, regardez-moi. (Dar se tourna et regarda dehors par la porte.) Très bien, dit Lénore. Ne me regardez pas. Vous êtes furieux. Je vous connais tellement mieux que vous ne vous connaissez vous-même. Vous n'aimez pas vous l'entendre dire mais au fond, vous savez que c'est vrai. Je n'ai jamais regardé un autre homme auparavant. Je vous ai aimé profondément. Je vous aime maintenant, Dar. Je vous aimerai toujours...

Dar secoua la tête et mit le bol de céréales dans l'évier. Sa voix ne partageait pas l'exaltation de sa femme.

— Vous êtes là et vous me dites que vous venez de coucher avec lui. C'est cela, n'est-ce pas ?

— Je suis venue vous trouver à l'instant où vous êtes rentré pour vous le dire parce que je jure qu'il n'y a rien de furtif ou de retors là-dessous ni quoi que ce soit dont j'aie tant soit peu honte...

— Pas comme Loïs et moi ?

— Je n'ai pas dit cela...

— Vous croyez me connaître. Vous ne me connaissez pas.

Vous dites que vous savez ce que je ressens. Vous l'ignorez complètement. Si vous le saviez, vous vous rendriez compte que j'ai envie de tuer ce fils de pute d'imposteur à cet instant même, et vous avez le — je ne sais même pas comment le dire... Vous dites qu'il doit rester dans ma maison ?

— Parce que je le crois de tout mon cœur. Et c'est ma maison aussi. Notre maison.

— Faites du chantage. Dites-le. Dites-moi que vous avez été si noble. Vous ne vous êtes jamais plainte de Loïs...

— Cela m'a brisé le cœur, vous le savez. Toutes ces années, je vous ai tous fuis. Je ne savais que faire d'autre. Je n'avais pas la sagesse de prier pour qu'une chose aussi merveilleuse arrive. C'est un miracle.

— C'est vous qui le dites.

— Il est ici, Dar, et je remercie Dieu Tout-Puissant qu'il soit là. Ceci n'est que le début de tous les changements. (Dar regarda les mains de sa femme posées sur son polo vert. Son visage était baigné de larmes.) Je l'ai supplié de rester, Dar. Pas seulement pour moi. Pour vous. Pour Jody. Pour nous tous, il faut qu'il reste.

18

Jody entendit une légère mélodie venant de la pergola et trouva Donald, assis à l'ombre, jouant de sa flûte en argent. Elle savait qu'il la voyait mais il ne leva pas la tête. Elle poussa un soupir d'impatience. La mélodie semblait continuer sans fin.

Enfin, elle s'arrêta.

— Trente-sept heures, annonça-t-elle.

Le visage de Donald était dans l'ombre mais ses yeux gris brillaient et la regardaient fixement.

— Et je vais mourir dans la minute qui suit si je n'en fume pas une.

— Alors mourez.

— Les prédicateurs ne sont pas censés parler aux gens de cette façon. Ils devraient aider les autres.

Donald laissa retomber sa flûte et la glissa dans sa chemise.

— Vraiment ?

— Marc-Anthony m'a dit que vous vouliez me voir.

— C'est vrai.

— Alors ?

— Asseyez-vous.

— Pas le temps. J'ai un rendez-vous en ville.

— Jody, dit-il en réfléchissant à ce prénom. Tout le monde dans votre famille porte un nom grec ou latin. Quel est le vôtre ?

— Julia. N'est-ce pas affreux ?

— Vous préférez Jody ?

— Pas vous ?

— Votre mère m'a demandé de parler avec vous.

— Pourquoi ne le fait-elle pas elle-même ?

— Elle est plus heureuse maintenant qu'elle ne l'a été depuis longtemps. Vous la rendriez encore plus heureuse si vous vous ouvriez au Saint-Esprit.

— Ouais. Je ne dis pas qu'elle n'a pas le droit de croire ce qu'elle veut...

— Vous ne croyez pas au Saint-Esprit ?

— Mon père non plus.

— Cela viendra.

— *Wow* ! Si vous le pensez, cela montre seulement à quel point vous le connaissez mal.

— Votre mère m'a dit que c'est peut-être votre dernier été à la maison. Elle aimerait se sentir plus proche de vous.

— Alors, qu'elle me le dise elle-même !

— Vous ne vous livrez pas beaucoup, n'est-ce pas ? (Jody haussa les épaules.) Vous pensez toujours à vous en premier et à ce que vous voulez.

— Allez-vous me faire un prêche ? Est-ce de cela qu'il s'agit ?

Ils restèrent plongés dans un silence difficile. Elle se demanda s'il voulait vraiment lui parler de sa mère. Elle jeta un bref coup d'œil et, comme elle l'avait pensé, vit qu'il la regardait. Cette fois, elle reconnut le regard. Oui, c'était celui qu'elle connaissait. Voilà au moins une chose qui n'était pas étrange chez lui. Il connaissait peut-être tout au sujet de Dieu et de la Bible mais, à présent, ils étaient assis là dans l'ombre, et ses yeux brillaient de cette lueur qu'elle connaissait bien et qui n'était pas différente de celle qu'elle voyait dans les yeux des autres hommes. Il n'était même pas aussi honnête que les autres. Il essayait de se servir du Saint-Esprit et des propos au sujet de sa mère pour cacher ce qui le préoccupait vraiment. Elle sourit intérieurement et aurait parié qu'à cet instant même il avait le visage en feu et aussi une érection.

Elle fit brusquement demi-tour et s'en alla.

Donald sortit de la pergola derrière elle et s'arrêta, clignant des yeux au soleil. Tandis qu'il suivait du regard la silhouette de Jody qui s'éloignait, il remarqua que Dar Cragin, avec sa grande faux courbe, s'était rapproché de la pergola. Lui aussi observait Jody.

— Puis-je vous donner un coup de main ?

Donald s'approcha de Dar.

Dar leva son avant-bras fortement musclé, essuya son visage en sueur puis sortit une pierre à aiguiser de sa poche arrière. Il cracha sur la pierre puis la passa sur la longue lame.

— Je m'en sors, dit-il. Dommage que je ne vous aie pas entendu prêcher. Ma famille me dit des choses étonnantes sur vous, Donald, et Bernard aussi, en bas aux Willows. En ville, ils disent que vous avez transformé les motards en bande de boy-scouts.

Donald ne réagit pas. Il se tenait simplement immobile devant Dar sans changer d'expression.

Dar lutta contre une colère grandissante. Cet étranger pouvait-il vraiment être à ce point sûr de lui ?

— Je ne vous l'ai pas dit l'autre soir, Donald, mais je le fais maintenant. Je serais heureux de vous voir rester ici.

— Je ne fais pas de projets.

— C'est vrai. Vous avez dit que vous étiez au service du Seigneur. (En dépit de sa colère, Dar était certain de ne pas avoir laissé percer son sarcasme.) Il y a du travail ici.

Donald leva les yeux vers la maison, et Dar vit Jody agiter la main à la fenêtre.

Donald ne fit aucun signe.

— Ce que j'ai à l'esprit, Donald, c'est de soutenir le travail que vous avez commencé là-bas aux Willows de toutes les façons que je pourrai. On me dit que vous ne demandez pas d'argent et cela, je le respecte.

Donald s'était déjà retourné vers la pergola.

— Ne me suis-je pas fait comprendre clairement dans votre bureau ?

— Si, Donald. (Dar suivit le jeune homme.) Allons, je ne vais pas vous dire que je suis un croyant. Vous connaissez trop bien les hommes pour me croire. Mais je vois que vous faites des changements à la rivière et je veux qu'ils se poursuivent. Vous faites votre travail et cela assure le calme là-bas et moi je suis satisfait. Vous ne serez pas mon invité ici. Je vous offre un emploi.

Donald ramassa sa veste, sa cravate et sa bible puis traversa la pelouse fraîchement tondue vers la maison.

Dar agrippa sa faux et regarda fixement le dos de Donald. Puis, avec un juron étouffé, il se mit à faucher rageusement l'herbe haute.

19

Le même lundi matin, Lester Frankel servait deux clientes lorsque Lénore Cragin entra dans sa boutique. Les deux femmes connaissaient Lénore. Elles lui adressèrent un signe de tête puis se mirent à murmurer d'excitation. Lester s'excusa et laissa les deux commères à leurs ragots. Il n'avait pas souvent vu Lénore dans sa boutique mais la préférait à son mari, un des rares hommes à Marble Hill à porter des caleçons courts à la française. Lénore portait une de ses robes d'*Alice au pays des merveilles*. Il était heureux de la voir sourire. Il se rendit compte qu'il ne l'avait pas vue aussi animée depuis des années. Depuis combien de temps sa petite fille avait-elle eu cet accident terrible ? Il vit sa feuille verte, une de ces feuilles dont il avait entendu parler. Sa joie avait-elle quelque chose de commun avec la feuille ? Puis il remarqua le plus grand changement de tous. Lénore ne portait pas de gants blancs. Seulement après s'être informés de leurs familles respectives, ils en vinrent aux affaires.

— Lester, je veux une chemise d'homme, la meilleure que vous ayez en boutique.

— Il s'en trouve encore quelques-unes. (Lester, qui avait les mêmes cheveux roux que son shérif de fils, passa derrière le comptoir.) La chemise blanche — espèce en voie de disparition. (Il chercha dans une pile et trouva la bonne taille.) Chemise blanche classique, annonça-t-il. En fil de lin. Dar prend du quinze et demi, longues manches.

— Ce n'est pas pour Dar, l'interrompit Lénore.

Lester jeta un coup d'œil vers les deux femmes qui cachaient à peine qu'elles écoutaient. Il fit signe à Lénore pour la mettre en garde. Voulait-elle que ces deux commères aillent raconter partout que Lénore Cragin avait acheté une chemise pour ce jeune pasteur qui habitait chez elle ?

— Votre meilleure chemise, Lester. Pour un jeune homme de vingt-deux ans. (Lénore se tourna directement vers les deux femmes.) Madame Vining, Evelyn, il faut que vous veniez écouter frère Leaf prêcher. Il changera vos vies comme il est en train de changer les nôtres.

Mme Vining et Evelyn regardèrent Lénore traverser Butternut Street et se diriger vers l'agence immobilière de Loïs Tavernetti.

Loïs était justement en train d'enlever le couvercle en plastique d'une tasse de café noir bouillant lorsque Lénore entra dans son bureau. Seule une maîtrise consommée empêcha Loïs de renverser le café sur ses papiers.

Elle pensa qu'il fallait absolument qu'elle conserve son calme. Lénore, qui ne lui avait jusqu'ici jamais adressé la parole, venait déjà de prendre un avantage tactique considérable. Que diable venait-elle faire ici dans cette robe blanche ridicule avec cette stupide feuille verte épinglée dessus ? C'était donc cela ! La feuille verte. L'emblème de sa foi. Elle était sortie faire une croisade. La stupide garce ! « Très bien, voyons ce qu'elle va dire », pensa Loïs.

— Dar vous a-t-il dit ce qui se passe ? demanda Lénore.

— À quel sujet ?

— Comment frère Leaf est en train de changer nos vies ?

— Non, mentit Loïs.

— Des choses vraiment merveilleuses sont en train de nous arriver.

Loïs observa cette femme que Dar avait aimée et qu'il avait épousée. Elle voyait ses mains brûlées à la peau brillante dont Dar lui avait parlé. Ses cheveux étaient d'une simplicité agressive, striés de blanc. Sa silhouette était pleine, son corps sans doute pas mal mais sa robe de dentelle la réduisait à l'aspect d'une enfant asexuée. Qu'est-ce qui avait attiré Dar en elle ? Pouvait-il à nouveau éprouver un sentiment pour elle ? Si Loïs connaissait Dar, et elle avait l'impression qu'il n'avait pas de secrets pour elle, elle ne comprenait pas comment il pourrait supporter cette fanatique religieuse, cette croyante radieuse qui n'arrêtait pas de parler.

— ... des changements si merveilleux chez tous ceux qu'il touche. Je ne pouvais tout simplement pas laisser cela arriver sans vous faire savoir que si vous voulez venir et participer à tous ces changements, je vous accueillerai volontiers chez nous pour que vous puissiez entendre frère Leaf vous-même.

Lénore continua de parler. Loïs s'agrippa au bord de son bureau et s'y cramponna férocement. Cette idiote ne voyait-elle pas ce qu'elle ressentait ? Ne savait-elle pas que ce dont elle avait le plus envie au monde c'était de jeter son café bouillant au visage de cette femme d'une condescendance insoutenable et de le voir dégouliner sur sa robe de dentelle ridicule et sa feuille verte ? Elle se força à rester derrière son bureau. Elle n'entendait plus un mot de ce que Lénore disait. Elle dit « merci », regarda la femme de Dar ramasser ses paquets, lui faire un sourire et sortir.

Loïs décrocha le téléphone pour appeler Dar avant que Lénore ne rentre chez elle. Elle tremblait tellement de rage qu'elle se trompa deux fois de numéro.

« Pour qui se prend-elle pour venir ici sans être annoncée et se servir de son imposteur comme excuse pour m'annoncer que Dar ne viendra plus me voir ?... »

Au Manoir, personne ne décrocha le téléphone.

20

Lénore arrêta la Plymouth dans l'allée et ramassa une brassée de paquets. Dar laissa tomber la faux et courut à travers la pelouse pour l'arrêter avant qu'elle n'atteigne le terre-plein.

— Faites sortir ce fils de pute de chez moi immédiatement.

Lénore ferma les yeux par défi.

Le visage de Dar n'était qu'à quelques centimètres de celui de sa femme mais il hurlait.

— C'est un sale imposteur et vous allez le mettre à la porte tout de suite.

Lénore se détourna et pria le Saint-Esprit qu'il lui donne la force de s'opposer à la rage de son mari.

— Non.

— Comment ça, non ?

— Il m'a fait une promesse.

— Et bien sûr, vous croyez tout ce qu'il vous dit ?

Lénore fit un pas vers le terre-plein mais Dar lui barra le chemin. La voix de sa femme était si tranquille qu'il avait du mal à croire ce qu'elle lui disait.

— Demain, il m'emmène sur la tombe de Marcia-Antonia.

Rien n'avait préparé Dar à cela. Il sentit une sueur glaciale lui couler dans le dos.

— Nous en parlerons à l'intérieur.

Elle secoua la tête.

— Rien ne me fera changer d'avis.

Les paquets qui s'entrechoquaient trahissaient le tremblement de ses mains. Dar regarda ces mains nues qui tenaient les paquets, preuve de sa visite en ville.

— Vous avez parlé de lui en ville ?

— Sa présence ici n'est pas un secret. (Elle prit un des paquets et le lui tendit d'un air de défi.) C'est pour lui.

Dar en sortit la chemise blanche. Elle la lui reprit, le contourna et se hâta vers la porte d'entrée. Sur le pas de la porte, elle ralentit.

— Ne vous donnez pas la peine de ranger la voiture. J'ai promis à Jody qu'elle pourrait s'en servir cet après-midi. Quant à Marc-Anthony, pour l'amour du ciel, punissez-le ou bien pardonnez-lui.

Marc-Anthony attendit dans l'ombre au sommet de l'escalier. Il entendit Jody mettre la voiture en marche puis démarrer. Puis il entendit sa mère appeler frère Leaf dans le studio.

Il traversa le tapis sur la pointe des pieds jusqu'à la porte du studio.

— Darius est impossible ! (Il n'avait jamais entendu sa mère élever la voix.) Je ne vous laisserai pas quitter cette maison.

Il ne comprit pas la réponse de Donald et attendit quelques minutes avant de frapper à la porte.

— Puis-je entrer ?

Donald tenait une nouvelle chemise. D'un coup d'œil, le garçon vit que le cadeau signifiait peu pour lui et tout pour sa mère.

— Mettez-la demain, s'il vous plaît, dit Lénore.

Marc-Anthony savait ce que demain voulait dire. Demain, frère Leaf irait avec sa mère faire ce qu'elle avait craint le plus au monde.

Lénore se tourna vers son fils.

— Je suis désolée en ce qui concerne ton père. (Elle lui caressa la joue. Marc-Anthony s'agrippa à sa main et fit un effort pour ne pas pleurer.) Donald, dit Lénore, je suis désolée de vous demander ceci mais si vous disiez à Dar que c'était la volonté du Saint-Esprit que Marc-Anthony soit descendu là-bas, il serait obligé de vous croire. Je vous en prie, allez lui parler.

— Il n'est pas prêt pour cela, dit Donald.

— Parce que papa me déteste.

La voix de Marc-Anthony était noyée de larmes.

— Non, non. Bien sûr qu'il ne te déteste pas, mon chéri.

Lénore étreignit son fils mais il se dégagea.

— Si. Je le sais. (À travers ses larmes, la question qui le hantait finit enfin par s'énoncer.) Nous croyons tous en frère Leaf. Pourquoi pas lui ?

— Laissez cela, dit Donald.

— Non ! Répondez-moi.

Donald posa la chemise neuve.

— Si quelqu'un ne croit pas en vous, est-ce que ça veut dire qu'il croit en Satan ?

— Cela suffit, dit Lénore.

— Tous les prédicateurs à la télévision, c'est ce qu'ils disent. Ils parlent de Satan tout le temps. Ils disent qu'il est partout et que nous devons le combattre et que si nous ne croyons pas au Saint-Esprit de tout notre cœur, alors Satan entre en nous et nous devenons malades. Les gens malades ont Satan en eux. J'ai vu ces prédicateurs toucher les gens comme vous le faites. À la télévision, j'ai vu l'un d'entre eux dire à une femme de jeter ses béquilles et de marcher. C'est alors qu'elle a dit qu'elle avait vaincu Satan. (Le garçon était dévoré d'une foi brûlante.) À la rivière, je vous ai vu toucher ce vieil homme qui était mort et le ramener à la vie !

— Avec le Saint-Esprit, dit Donald doucement, tout est possible.

— Alors faites que papa croie en vous.

Lénore calma son fils.

— Frère Leaf t'a dit de laisser cela. Écoute-le.

Donald se dirigea vers la porte mais s'arrêta pour dire un dernier mot au garçon.

— Obéis à ton père. (Il se tourna vers Lénore.) Je descends là-bas maintenant.

— Je sais où vous allez, s'écria Marc-Anthony. Avant d'emmener maman là-bas demain, vous allez leur faire nettoyer la tombe de Marcy.

Donald le regarda calmement.

— Laissez-moi venir avec vous.

Donald quitta la pièce.

Après un long moment, la mère et le fils entendirent la Kawasaki démarrer et descendre vers la rivière en passant devant la vieille usine.

Traînant les pieds comme un condamné qu'on mène à la potence, Marc-Anthony traversa la pelouse vers son père.

Dar se tenait absolument immobile. Il ne désirait rien de plus que de poser sa faux et de serrer son fils dans ses bras.

— Je suppose que tu as enfin quelque chose à me dire ?

Les mots jaillirent incontrôlés.

— Papa, il *fallait* que je le fasse.

— Attends, fiston. Je ne veux pas que tu commences de cette façon.

Le garçon se couvrit le visage avec les mains. Dar vit une grande feuille dessinée au feutre vert sur son plâtre.

— Fiston ?

— Je sais que je devrais dire que je suis désolé de l'avoir amené ici, mais c'est faux.

— Ce qui m'importe le plus, c'est que tu n'aies pas tenu ta promesse.

— J'ai fait selon la volonté de Dieu.

Dar serra sa faux jusqu'à ce que ses articulations blanchissent. Lorsqu'il reprit la parole, il fit tous les efforts pour paraître calme.

— Qui t'a soufflé cette idée ?

— C'est vrai.

— Je veux savoir qui t'a dit ça.

— Maman. Mais si vous voulez savoir ce qu'a dit le prédicateur, il m'a dit qu'un fils devait obéir à son père.

Le garçon essuya ses larmes.

— Fiston, je ne te donne pas d'ordres sans raison. Tu le sais, n'est-ce pas ? Tout ce que je veux, c'est que tu comprennes...

— Mais il le fallait !

— Cesse de dire cela.

— Vous êtes le seul à ne pas voir ! Tous les autres croient en lui, pourquoi pas vous ?

Dar ferma les yeux pour dominer sa rage presque incontrôlable. Il voulait être doux avec son fils. Il ne fallait rien faire d'irréfléchi ; il ne pouvait pas se permettre de commettre d'erreur.

— Marc-Anthony !

— Non ! (Le garçon se dégagea avec un cri.) Il faut que je descende là-bas !

Dar saisit la créature hystérique qu'était son fils et le força à rentrer à la maison. Ce fils était décidé à défier son père qui aurait tant voulu se rapprocher de lui mais qui était prêt à le frapper fort, à le mater.

21

Tap, tap, tap.

La balle frappait contre le parquet du terrain de basket. Le cercle de métal cliqueta lorsque la balle ricocha sur son bord.

Tap, tap, tap.

Au bruit du moteur de la motocyclette, le staccato hargneux de la balle cessa brusquement.

Dar, en short bleu serré, bondit vers la porte en tenant toujours le ballon. Il attendit, respirant profondément, observant la moto de Donald prendre le large virage de l'allée empierrée.

Donald n'avait pas de casque, il souleva ses lunettes noires. Une feuille verte toute fraîche flottait à son revers. Dar, d'un brusque signe de tête, lui indiqua de rentrer sur le terrain.

Les chaussures de Dar grincèrent sur le parquet tandis qu'il pivotait et lançait soudain le ballon de toutes ses forces. Il frappa Donald en pleine poitrine et le jeune homme le bloqua contre lui. Dar claqua des doigts et Donald lui renvoya le ballon.

Dar se mit à distribuer avec une maîtrise remarquable et tourna en cercle autour de Donald.

Tap, tap, tap.

— Vous avez déjà joué ?

— Oui.

— Je l'aurais parié. Je parie que vous avez fait un tas de choses en dehors de lire la Bible.

Le ballon fila vers Donald qui pivota si bien qu'il alla rebondir contre le mur de brique.

— Si vous ne jouez pas, que faites-vous ici ?

— Vous vouliez me parler.

Dar fit rebondir le ballon sur le plancher brillant.

— Vous voulez mon fils ? Vous êtes pédé ? (Il se rapprocha.) Ma fille ? Ma femme ?

— Ils ont besoin de vous.

Le ballon frappa Donald mais, bien que le coup fût brutal, il ne bougea pas.

— Qui vous dit qu'ils ont besoin de moi ? (Dar était amer, glacial, dangereux.) C'est Dieu qui vous l'a dit ? Directement de Dieu à vous ?

Dar rattrapa le ballon et le lança une nouvelle fois contre Donald.

— J'ai promis quelque chose à Lénore.

— De lui servir encore plus de vos saloperies religieuses ? (Dar tenait le ballon. Seule sa respiration haletante rompait le silence.) Cette fois, il est inutile d'attendre que le Saint-Esprit vous dicte votre prochaine démarche. Je vous l'indique maintenant. Prenez vos petites feuilles vertes, votre moto et le reste de vos affaires et foutez le camp de chez moi.

Les grandes mains de Dar se serrèrent sur le ballon. Son visage était rouge de fureur.

— Je vous ai dit que j'avais promis quelque chose à Lénore. Je l'emmène à la rivière. Lénore désire cela plus que tout.

— Il se trouve que c'est la tombe de ma fille. Nous constituons une famille. Vous êtes un intrus, un imposteur.

— Je tiendrai ma parole.

Donald fit demi-tour et sortit. Dar s'avança jusqu'à la porte. Donald montait sur sa moto.

— Vous pouvez tenir votre parole à Lénore mais faites-le tout de suite. Puis foutez le camp de chez moi.

22

Lénore trouva Donald qui l'attendait parmi les statues des Cragin. Elle tendit la main pour rajuster le col de sa nouvelle chemise sur sa cravate noire.

Dar vint vers eux en enfilant une veste foncée.

— Vous êtes ravissante, dit-il à sa femme.

Lénore regarda Donald d'un air saisi.

— Nous faisons ceci en famille, dit Dar en les regardant tous les deux avec un sourire. Tous ensemble. Où sont Jody et Marc-Anthony ? Comme je viens de le dire au révérend Leaf, ceci est une affaire de famille.

— Jody est partie en ville avec la voiture, dit Lénore.

— Nous pourrons au moins lui dire qu'on aurait souhaité sa présence.

Au pied des escaliers, Dar appela Marc-Anthony d'une voix qui résonna dans toute la maison.

Lénore fit un signe désespéré à Donald ; elle voulait être seule avec lui, sans Dar, sans son fils.

Dar appela de nouveau.

— Hé, là-haut. Tu voulais retourner aux Willows ! C'est le moment !

Marc-Anthony, en blazer bleu avec une manche décousue pour le plâtre, les cheveux lissés, apparut au sommet de l'escalier.

— C'est ce que vous vouliez tous. (Le sourire de Dar était devenu glacial.) Faire une visite aux Willows.

Il ajusta sa cravate d'un coup sec.

— Pas Dar. Pas mon fils, murmura Lénore.

Dar exagéra sa surprise.

— Mais si nous faisons cette sortie familiale pour rendre visite à Marcia-Antonia, ma chère, il faut que nous y allions tous ensemble. Que penserait-elle si nous venions sans son frère jumeau ?

Ils descendirent tous les quatre l'allée sous le soleil brûlant. Lénore portait une brassée de roses blanches. Marc-Anthony tenait un petit bouquet de marguerites. Frère Leaf, dans son costume gris et sa chemise blanche neuve, tenait sa bible. Bien que personne ne le vît, Dar avait un pistolet à sa ceinture.

— Je trouve que nous devrions tous chanter des hymnes, dit Dar. Donald, pourquoi ne donnez-vous pas le ton ?

Lénore resserra sa main sur celle de Marc-Anthony.

En apercevant Donald, certains campeurs se mirent à applaudir. D'autres agitèrent la main. Certains s'approchèrent en courant ou bien l'appelèrent.

— Gloire au Seigneur, frère.

— Alléluia.

— Bienvenue, frère Leaf.

Mme Kitts fut la première à les rejoindre. Elle était suivie par une douzaine de campeurs qui se hâtaient pour suivre le prédicateur et la famille du Manoir vers le bouquet de saules près de la rivière. Bernard enfila un maillot et courut jusqu'au côté de Dar.

— Le prédicateur a dit qu'il ne reviendrait pas avant demain.

Dar fulminait.

— Vous ne pouvez pas maintenir ces gens ici ?

— Certains l'aiment véritablement.

— Foutaises.

Lénore secoua la tête et réprima un gémissement. Elle avait voulu faire ce pèlerinage de tout son cœur avec Donald. Elle avait consenti à laisser sa famille venir, mais fallait-il qu'elle supportât la présence de ces étrangers, même si certains d'entre eux étaient des croyants ?

Marc-Anthony remercia Dieu que Donald n'ait pas besoin de mots pour comprendre les sentiments de sa mère. Le prédicateur les fit arrêter et se tourna vers le groupe grandissant.

— Frères et sœurs, au nom du Saint-Esprit, soyez bénis pour votre accueil. Vous pouvez être certains que nous sentons votre amour. Je vais vous demander maintenant de rester ici pendant que cette famille va s'incliner sur ses tombes. Sœur Kitts, vous avez un hymne pour nous ?

La frêle femme s'avança devant le groupe et leva les bras. Elle entonna un chant.

Marc-Anthony sentit une main sur son épaule et frère Leaf s'écarta avec lui de quelques pas pour lui parler. Le garçon hocha la tête et fit signe à son père et à sa mère de les rejoindre. Alors seulement, tous les quatre s'éloignèrent du groupe, le long de la rivière.

Arrivé à une nouvelle grille de fer, Donald l'ouvrit avec une clé. Il attendit Lénore. Dar et Marc-Anthony l'observaient attentivement. Elle se tourna non pas vers son mari mais vers le prédicateur. Donald lui fit un signe d'encouragement.

L'angelot de marbre brillait, blanc et propre. Marc-Anthony pouvait à peine croire ce qu'il voyait. Le changement était vraiment miraculeux. Donald et ses disciples des Willows avaient dû travailler pendant des heures. Le sol était ratissé, les buissons taillés et toutes les tombes avaient des fleurs fraîches. L'endroit n'avait jamais été mieux entretenu. Marc-Anthony poussa un soupir de soulagement. La vue du cimetière souillé d'ordures et d'inscriptions obscènes avait été épargnée à sa mère. Une nouvelle grille de fer l'entourait ; il supposa que tous les gens des Willows avaient dû la payer. Autre miracle !

D'un pas incertain, Lénore s'avança vers la tombe de Marcia-Antonia et disposa avec amour les roses blanches autour du petit ange. Puis elle s'agenouilla et se couvrit le visage.

Frère Leaf tendit le bras et lui prit la main. Tandis qu'il parlait à voix basse, Marc-Anthony se rapprocha de sa mère.

— Saint-Esprit, il y a trois ans, vous avez voulu que cette enfant innocente vous rejoigne. Aujourd'hui, vous voyez ceux qui l'aiment mais ils ne sont pas venus ici pour pleurer. Nous savons que nous ne devons pas nous attrister. Elle partage votre éternelle gloire que nous ne pouvons qu'espérer contempler un jour. Pour nous qui sommes ici, seule l'intuition de votre infinie bonté nous sera donnée si nous croyons véritablement. (Frère Leaf se tourna vers Lénore et Marc-Anthony.) Croyez-vous ?

Lénore tendit la main vers son fils et ils répondirent ensemble.

— Nous croyons.

— Croyez-vous ? Et cette fois je veux vous entendre répondre assez fort pour que ceux qui ne croient pas puissent en être témoins.

— Nous croyons.

— *Croyez-vous ?*

Cette fois, leur réponse fut un cri d'allégresse.

— Nous croyons !

Dar resta immobile.

Donald leva la main.

— Notre bien-aimée Marcia-Antonia sait ce qui est plus éternel que le soleil qui brille et la rivière qui coule.

— Alléluia !

— Elle est à présent assise à la droite du Saint-Esprit.

— Amen, frère.

— Marcia-Antonia partage un amour si fort qu'à cet instant même elle essaie de nous parler de cet amour...

Un cri déchira l'air, un hurlement qui ne ressemblait à rien que Lénore ou Dar aient jamais entendu. Ce cri glacial les pétrifia et ils se rendirent compte qu'il venait de Marc-Anthony qui, tenant toujours ses marguerites, s'avançait lentement comme un somnambule vers la tombe. Comme un enfant avant de se mettre au lit, il s'agenouilla pour prier. Puis il se coucha sur le marbre et s'enroula autour de son plâtre. Ses lèvres bougèrent.

Donald leva la main pour empêcher Lénore ou Dar de bouger ou de parler.

— Écoutez !

...Il y a une marche.

Où je m'assois.

Dar sentit ses cheveux se dresser sur sa tête.

— Sa voix ! s'exclama-t-il.

Il n'y a pas de marche tout à fait semblable.

— Elle est ici ! (Lénore frissonna et se berça d'arrière en avant tout en priant.) Oh ! Dieu merci, elle est ici.

Donald se tenait immobile tandis que la voix de la fillette chantonnait la comptine.

Je ne suis pas en haut.
Je ne suis pas en bas.
C'est donc la marche.
Où toujours je m'assois.

— C'est sa comptine préférée, dit Dar d'une voix étranglée.

Lénore se jeta à genoux auprès de l'ange de marbre blanc qu'elle étreignit.

Les yeux de Dar s'emplirent de larmes.

— Elle est entre les mains de Dieu, dit le prédicateur, et Dar hocha la tête en signe d'assentiment.

— Marcia-Antonia, Marcy, Marcy, nous t'aimons.

Les épaules de Lénore tremblaient. Un sanglot échappa à Dar qui tomba à genoux.

Ce n'est pas la forêt.
Ce n'est pas la campagne...

La voix de la petite fille se perdit.

— Marcy ?

C'était la voix de Marc-Anthony. Comme un enfant qui s'éveille, il s'étira et s'assit. Ses parents et frère Leaf le regardaient. Surpris de les voir à genoux à côté de lui, il sourit ; Dar l'attira contre lui et couvrit son visage de larmes. Le père prit Lénore et son fils dans ses bras puis tendit la main à frère Leaf.

Dar renifla et s'essuya les yeux.

— C'est vrai. Je crois.

— Remerciez le Seigneur. Ô Dieu Tout-Puissant, merci !

Lénore jeta ses bras autour de son mari tandis que Marc-Anthony se pressait contre eux. Ils faisaient tous trois comme un monolithe vivant au milieu de la rivière.

Et c'est là que frère Leaf les baptisa ; d'abord Marc-Anthony, ensuite Lénore et enfin Dar. Soudain Lénore, complètement épuisée et sanglotant de bonheur, s'affaissa dans les bras de Dar. Tout en soutenant sa femme d'un bras, Dar envoya Marc-Anthony chercher Bernard puis rejoignit lentement la rive où Donald les attendait.

Quelques minutes plus tard, Marc-Anthony revint avec Bernard qui reconduisit doucement Lénore, les laissant tous trois sur la rive.

Dar et Donald se regardèrent par-dessus la tête du garçon.

— Vous et Lénore ? demanda Dar sans colère.

— Oui, dit Donald.

Dar cueillit une feuille à une branche. Il savait la réponse avant de poser la question. Il trouva la confession plus supportable qu'un mensonge.

— Je suppose que je ne lui ai pas donné d'autre choix, n'est-ce pas ?

Donald inclina la tête en observant Dar attentivement.

— Et maintenant ? demanda Dar.

— Vous l'avez vu. C'est vous qu'elle aime.

— Elle vous aime aussi.

— Elle sait la différence. Elle est votre femme.

Le bras autour des épaules de son fils, Dar régla son pas sur celui de Donald. La vérité, qui aurait pu lui faire vouloir tuer un autre homme, l'avait libéré.

— Pourquoi vous ai-je tant haï ? Pourquoi vous ai-je combattu comme je l'ai fait ?

— Tout cela, c'était avant, dit Donald.

— Vous ne pouvez pas savoir à quel point je vous ai combattu.

— Vous avez toujours voulu croire. Tout le monde est ainsi.

— Je ne crois pas que vous diriez cela si vous saviez ce que j'ai ressenti la première fois que je vous ai vu chez moi. Je vous ai haï de tout mon cœur. Même avant d'avoir entendu mon fils parler de vous, je vous ai détesté.

— J'ai dit que vous avez toujours voulu croire, mais comment l'auriez-vous fait sans voir ?

— D'autres le font. D'autres croient en vous de la bonne manière.

— Certains, oui. D'autres ne le feront jamais. Ce sont ceux qui voient mais qui seront toujours contre moi.

— Je vais vous dire ce qui m'a fait le plus peur. (Dar parlait précipitamment.) J'ai senti votre pouvoir. Immédiatement. Indiscutable. Vous avez un pouvoir. Les gens le sentent.

— Ce n'est pas le mien.

— Le Saint-Esprit ?

— Oui.

— Avez-vous toujours su que vous le possédiez ?

— Pas avant de découvrir que je n'avais pas peur d'être le premier à tendre la main aux autres.

— Que savais-je sur vous ? Comment pouvais-je deviner ce que vous vouliez de nous ? Comment aurais-je pu savoir si je pouvais vous faire confiance ? (Ils se baissèrent pour passer sous une branche et regardèrent Marc-Anthony.) Quelquefois c'est plus facile pour un enfant.

— Mon premier disciple, dit Donald avec un sourire.

Dar serra son fils souriant contre lui.

— Vous avez déjà vu cela arriver à des gens comme moi ?

— Je ne fais que commencer. Mais je me souviens de ce que je ressentais moi-même avant. J'étais orgueilleux alors, trop orgueilleux pour me livrer à quelqu'un d'autre. Je n'ai pas toujours été croyant, vous savez.

— Je n'aurais pas pensé à cela.

— J'observais tous ces prêcheurs et pasteurs se pavaner, déclamer l'Évangile, frapper leurs bibles et menacer tout le monde de l'enfer et de la damnation. Je ne cessais de me poser la question que j'aurais voulu poser à chacun d'eux. « Qui êtes-vous pour vous consacrer vous-même, pour parler au nom de Dieu et nous juger tous ? » Ce qui me gênait vraiment, c'était la manière dont ils tranchaient tout.

— Ces prédicateurs à la radio et à la télévision, ce sont tous des imposteurs ?

— Ce n'est pas à moi d'en juger.

— Alors comment diable nous autres sommes nous supposés savoir en qui avoir confiance ?

Donald se tourna vers Marc-Anthony.

— Tu veux répondre à ton père ?

— Le Saint-Esprit, dit Marc-Anthony. Ayez confiance dans le Saint-Esprit.

Dar tapota l'épaule de son fils.

— Tu l'as toujours su. Tu as même dû me combattre pour introduire frère Leaf dans nos vies. Cela prouve qu'il faut plus de temps à certains pour apercevoir la lumière qu'à d'autres. (Dar serra son fils contre lui. Il se tourna vers Donald.) Aujourd'hui est le jour le plus incroyable de ma vie. Je suis tellement comblé que je n'imagine pas avoir pu être autrement. L'ennui c'est que je sais qu'il y aura des moments où je régresserai, que je le veuille ou non.

— Oui, dit Donald. Cela arrivera.

— M'aiderez-vous alors ?

— Votre fils vient de le dire, frère Dar. Nous sommes tous entre Ses mains. Regardez ce qui se passe au plus profond de votre cœur et vous verrez une lutte incessante entre les puissances du bien et celles du mal — la plus ancienne lutte qui existe. Pour gagner ce combat, faites ce qui est dit dans l'hymne. « Remettez-vous-en au Seigneur en priant ».

— Il répond toujours ?

— Il n'y manque jamais. Remettez-vous-en au Seigneur.

— Mais certains de ces prêcheurs qui ne peuvent être que des imposteurs vous parlent toujours de Satan et à quel point il est malin. Comment saurai-je si je parle à Dieu ou à Satan ?

— C'est la chose la plus simple du monde. Si c'est Dieu, cela ne peut être que bon.

— Qui peut dire ce qui est bon ?

— Pas le Dr Freud, pas les intellectuels, c'est certain. Ils passent leur temps à rationaliser, à excuser ce que vous savez condamnable dans votre cœur. Laissez-moi vous poser une question. Avez-vous déjà fait quelque chose en sachant que c'était absolument mal ?

— Bien sûr.

— Et vous saviez au fond de votre cœur que c'était mal ?

— Oui.

— Vous êtes-vous menti et vous en êtes-vous pris à quelqu'un d'autre ? Vous êtes-vous dit que tout était relatif, que vous n'étiez pas responsable, que c'était la société qui vous avait poussé à mal faire ?

— Je le voulais.

— Mais vous ne l'avez pas fait. Alléluia, frère. Cela peut vous sauver de l'enfer. Restez simple. Fiez-vous à ce que votre cœur comprend. Qu'avez-vous besoin de plus ?

— Seulement personne ne croit plus à quelque chose d'aussi simpliste à présent.

— À part ceux qui croient en la grâce purificatrice du Saint-Esprit. Vous y croyez. J'y crois. Lénore y croit. Marc-Anthony aussi.

24

Jody avait promis à son père de ramener la voiture avant cinq heures et demie mais il était cinq heures trente-cinq lorsqu'elle remonta l'allée en faisant crisser le gravier. Elle craignait de le voir, sorti tout frais de sa douche, les cheveux mouillés, en polo rouge, arpenter le terre-plein en l'attendant.

Il n'était pas en vue.

Étrange.

Même la maison paraissait différente. Le changement était si palpable qu'elle passa sur la pointe des pieds devant les statues de pierre pour jeter un coup d'œil au salon. Il était vide. Puis un bourdonnement de voix l'attira de l'autre côté du vestibule. À chaque pas, les voix devenaient plus audibles et elle recula dans l'ombre d'où elle pouvait voir dans le bureau de son père. Sa mère et Marc-Anthony étaient à genoux sur le parquet devant Donald Leaf qui dirigeait la prière. Quelqu'un d'autre était à genoux avec eux.

Son père.

Elle n'aurait pas été plus surprise si une des statues de pierre s'était avancée. Son père. À genoux ! Sans bruit, elle recula et ressortit par la porte. Elle fit le tour de la maison, rentra par la porte de derrière et grimpa l'étroit escalier de service pour aller dans sa chambre.

Elle l'avait vu de ses propres yeux. Son père, à genoux, priant devant Donald Leaf. Elle se prit le visage dans les mains. À genoux ! Qu'est-ce qui avait pu changer son père à ce point ?

Elle se leva brusquement, prit un paquet de cigarettes, en sortit une et la mit entre ses lèvres. Elle alluma le briquet et regarda fixement dans la glace.

Son père à genoux !

Elle éteignit la flamme et jeta la cigarette sans l'avoir allumée. Elle mit le tourne-disque en marche et l'éteignit aussitôt. Elle courut sur le palier et écouta.

Quelqu'un montait les escaliers.

Sa première réaction fut de reculer dans sa chambre, de fermer la porte et de se cacher. Le bras de Donald Leaf était sur l'épaule de son frère lorsqu'ils arrivèrent sur le palier.

— Jode ! s'écria Marc-Anthony d'une voix jubilante. Ils l'avaient vue tous les deux. Elle avait perdu sa chance de se cacher.

— C'est papa, Jode ! Il croit ! (Marc-Anthony courut jusqu'à elle et la serra dans ses bras. Elle le sentait rayonner d'excitation, bondir de joie.) Nous voulions tous, et surtout papa, que tu viennes avec nous là-bas.

Jody cherchait ses mots sans succès.

Marc-Anthony recula pour lui montrer sa feuille à son revers.

— Papa en porte une maintenant !

De l'autre côté du palier, Donald ne bougeait pas.

— Dis à frère Leaf de tout te raconter. (Il se tourna vers Donald.) Comment avez-vous appelé cela en bas à la rivière ? mon « baptême du feu » ?

Donald ne dit rien mais inclina la tête pour approuver l'histoire presque incohérente de Marc-Anthony.

Jody paraissait ahurie.

— Jode, papa croit vraiment, de tout son cœur. N'est-ce pas, frère Leaf ?

Donald se contenta de hocher la tête.

— Attends de voir ce qui va se passer dimanche, Jode.

Marc-Anthony la serra encore dans ses bras, en riant.

— Tu es trempé de sueur, dit Jody.

— Qu'importe ? Je dois me changer de toute façon pour aider papa à se préparer. (Avec un dernier cri d'allégresse, il se précipita vers sa chambre.) Tu sais, Jode, cria-t-il par-dessus son épaule, maintenant tu es la seule à ne pas croire.

La porte de sa chambre se referma en claquant et il n'y eut plus d'autre bruit. Le silence faisait paraître l'escalier plus sombre et plus grand. Le prédicateur ne fit aucun effort pour le rompre. Il attendait qu'elle parle comme il l'avait fait au salon. Cette fois, elle se jura de ne pas tomber dans son piège mais dit involontairement :

— Alors, qu'arrive-t-il dimanche ?

— Je prêche.

— Là-bas ?

— Ici.

— Une idée de mon père ?

— Oui.

— Dimanche, c'est le 4 juillet. Je ne serai pas là.

— Puis-je néanmoins prêcher ?

Son sarcasme était cinglant. Elle se maudit pour sa maladresse.

— Avez-vous réfléchi à ce que je vous ai demandé ?

— Sûr. Je veux dire, oui.

— Votre mère m'a répété aujourd'hui combien elle serait plus heureuse si vous vous ouvriez au Saint-Esprit.

— Comme je vous l'ai dit, ce que croit ma mère la concerne.

— Votre père en a parlé aussi. Il était désolé que vous soyez absente aujourd'hui. Si vous aviez été avec nous, je suis certain qu'à présent vous seriez des nôtres. Ne soyez pas surprise si vous constatez qu'il tient beaucoup à votre présence parmi nous dimanche.

— Il n'y a rien de moins sûr. Ce que vous et ma famille pensez ne me regarde pas.

— Marc-Anthony a raison. Vous êtes la seule à ne pas croire.

— Je ne dis pas que vous autres n'en avez pas le droit. (Elle chercha une façon de mettre un terme à cette discussion.) Écoutez, je suis désolée.

— C'est faux. (Il parlait avec une lenteur agaçante.) Les mots ne peuvent pas cacher vos sentiments. C'est inutile d'essayer.

Elle se sentit rougir de dépit et fut heureuse que l'obscurité cachât sa nervosité.

— Très bien, vous êtes l'invité de la famille et tout ça, mais ce n'est pas moi qui vous ai convié ici.

— Qu'y a-t-il, Julia ?

— Je m'appelle Jody, dit-elle sèchement.

— Vous trouvez cela si difficile de parler avec moi ?

— Non.

— Si.

Cette fois, c'est elle qui garda le silence.

— Vous fais-je peur ?

— Pourquoi serais-je effrayée ?

— Alors pourquoi réagissez-vous de cette façon ? Si ça n'est pas de moi, alors c'est du Saint-Esprit que vous avez peur.

Elle recula d'un pas vers sa porte.

— Vous ne croyez pas que c'est le moment de nous agenouiller et de demander au Saint-Esprit de vous donner la foi ?

— Écoutez, il faut vraiment que je me prépare.

Prise de panique, elle s'enfuit dans sa chambre et claqua la porte.

Au bureau, Dar tenait la main brûlée de sa femme lorsque le téléphone sonna. Il décrocha avant la deuxième sonnerie.

— Dar ?

C'était la voix posée de Loïs, trop posée.

— Oui.

Le silence qui s'établit avant qu'elle ne reprenne la parole lui indiqua qu'elle était furieuse.

— Si vous n'aviez pas l'intention de venir, vous auriez pu au moins prévenir. Ou bien est-ce un de ces glorieux changements auxquels nous sommes tous censés nous habituer ?

— Il m'est impossible de parler.

— Vous a-t-elle dit qu'elle était venue me voir ?

— Non.

Lénore tendit la main de l'autre côté du bureau pour prendre un carnet d'adresses.

— C'est à cause de lui, n'est-ce pas ?

— Ce n'est pas le moment.

— Votre saint homme sait-il que vous êtes un fichu menteur ?

— Écoutez, je vous appellerai ce soir...

Mais Loïs lui raccrocha au nez avant qu'il ne finisse sa phrase.

— Dieu lui vienne en aide, chuchota Lénore.

Incrédule, Dar regarda sa femme.

— Vous lui pardonnez à ce point ?

Lénore le conduisit par la main jusqu'à son studio.

— Je vous aime, dit-elle. Vous savez que je n'ai jamais cessé de le faire. Pour moi, ce sera toujours comme autrefois, à l'université. Tout le monde trouvait que nous formions un si beau couple.

— Nous ne sommes pas vieux.

Elle leva les yeux et lui caressa le visage.

— Si seulement cela pouvait être un peu comme autrefois... (Elle avait les yeux brillants.) Ce qui compte, c'est que vous êtes revenu et j'en suis reconnaissante à Donald Leaf et à Dieu.

Ils couchèrent ensemble pour la première fois depuis la mort de Marcia-Antonia. Ce ne fut un plaisir ni pour l'un ni pour l'autre. Lénore, petit animal craintif, tremblait dans ses bras. Dar, si dur, presque brutal avec Loïs, fut bien trop prudent avec Lénore, trop protecteur, sans passion.

— Ce sera mieux plus tard. (Lénore murmurait dans son cou.) Je sais qu'il vous est difficile de prier Dieu à ce sujet, mais je le ferai avec joie. Dieu a déjà exaucé toutes mes prières. (Les lèvres minces frôlèrent la poitrine de son mari.) Dieu est avec nous, Dar. Je vous promets que ce sera mieux à l'avenir.

25

Dar et Lénore avaient projeté de faire la réunion au salon mais, à midi, Lénore avait reçu tant de coups de fil de gens exprimant leur désir d'entendre le faiseur de miracles qu'ils avaient décidé que le Manoir ne serait pas assez grand pour contenir tout le monde. Lénore avait suggéré la pelouse devant la maison et Dar avait tout de suite donné son accord. La pelouse serait parfaite. Ils y mettraient des chaises pliantes et, s'il y avait trop de monde, on pourrait s'asseoir sur l'herbe.

— Lorsqu'il sera debout devant les colonnes blanches, il aura une allure extraordinaire.

— Je souhaiterais juste avoir le temps et l'argent, ajouta Dar. Je donnerais un coup de peinture à la façade. Ces colonnes ont l'air un peu miteuses avec la vieille peinture qui s'écaille.

— Je peux les peindre, s'écria Marc-Anthony, et Lénore sentit une bouffée de bonheur presque insoutenable en voyant Dar attirer son fils contre lui avec le sourire.

Marc-Anthony regarda son père établir une liste et la passer à Lénore.

— Puis-je aller avec vous ?

Marc-Anthony attendit auprès de la porte.

— Tu vas rester ici pour aider ta mère et frère Leaf.

Lénore rendit la liste à son mari et lui serra fort la main. Le garçon regarda son père y déposer un baiser. Ses parents échangèrent un sourire, chose qu'il n'avait pas vue depuis trois ans.

Lénore se rendit compte qu'en plus des courses Dar avait l'intention de finir la conversation qu'il avait eue la veille au téléphone et qui avait été coupée. Elle se leva et embrassa la feuille verte qu'elle avait épinglée à sa chemise. Elle pouvait le laisser aller voir Loïs. Ils étaient à nouveau réunis.

Marc-Anthony accompagna son père jusqu'à la voiture et agita la main tandis que la vieille Plymouth s'éloignait. Avant même de voir son ombre sur le gravier, il sentit la présence de frère Leaf.

Frère Leaf ramassa un gravier sur la pelouse et le jeta sur l'allée.

— J'ai besoin de votre aide, Marc-Anthony.

— Je ferai tout ce que vous voudrez. Je vous le promets.

— Je le sais. (Il passa la main dans les cheveux du garçon.) J'ai besoin d'un endroit où je puisse m'isoler avec le Saint-Esprit.

— Un endroit qui soit votre sanctuaire privé ?

— C'est cela. Connaissez-vous un tel endroit près d'ici ?

— Il y a un tas de chambres vides dans la maison.

— La maison est trop pleine d'autres sentiments. J'ai besoin d'un endroit isolé — en dehors de la maison.

— Que diriez-vous de la pergola ?

— C'est le coin de votre mère.

Marc-Anthony hocha la tête. C'était vrai.

— Je parie que vous avez un endroit secret. Lorsque j'avais votre âge, j'en avais un aussi. J'étais le seul à le connaître.

Marc-Anthony répondit d'une toute petite voix.

— Le mien est vraiment secret, mais vous pouvez l'avoir.

— Vous pensez que ce serait l'endroit qu'il me faut ?

— Voulez-vous que je vous y emmène maintenant ?

— Oui.

À l'ombre d'un bosquet d'ormes noirs, se trouvait une minuscule chaumière de pierre presque étranglée par la vigne vierge. La lourde porte de chêne grinça sur ses gonds lorsque Marc-Anthony la poussa de l'épaule.

Même par cette journée torride, il faisait frais à l'intérieur. Quelques poutres s'étaient effondrées et se croisaient par terre. La cheminée était pleine de feuilles mortes. Marc-Anthony avait amené quelques vieilles couvertures sur lesquelles étaient éparpillées une demi-douzaine de bandes dessinées. Il regarda Donald enjamber les couvertures et vérifier les fenêtres.

— Vous êtes le seul à connaître cet endroit ?

— Oui.

— Il supporterait un bon nettoyage.

— Je vais le faire tout de suite.

Il se précipita pour ramasser ses BD.

— C'est mon disciple qui parle.

Marc-Anthony bouillait maintenant d'excitation.

— Je suis heureux de vous l'avoir dit car, maintenant, nous sommes les deux seuls au monde à le connaître. C'est notre secret à nous.

— Il faudra que nous le disions à Jody.

Jody ? Un frisson glaça la joie du petit garçon. Pourquoi devait-elle être mise au courant ?

— Vous venez de me dire que nous serions les seuls à venir ici. C'est notre cabane.

— Vous voulez que Jody ait la foi ?

— Oui...

— Alors c'est ici que je veux l'amener pour que nous puissions être seuls pour prier.

— Mais elle devra le dire à papa et à maman !

— Qu'est-ce que cela signifie ?

— Demandez-le-lui. Elle vous le dira.

— C'est à vous que je pose la question. Que devra-t-elle leur dire ?

— Demandez-lui !

— Regardez-moi.

Marc-Anthony se détourna.

— Regardez-moi. Je vous dis de me regarder. Que devra-t-elle leur dire ?

— Papa a toujours été très strict avec elle...

— Oui ?

La voix de Donald devint dure.

— Papa lui demande toujours où elle va. Où elle a été...

— C'est ce que font tous les bons pères.

— Mais si papa lui demande où elle a été et qu'elle est venue ici, que va-t-elle dire ? Si elle lui dit la vérité, ce ne sera plus notre secret. Si elle ment, comment se sentira-t-elle ?

— Je crois que vous feriez bien de me dire ce que vous ressentez, dit Donald. Vous êtes censé être mon disciple. Votre père me fait entièrement confiance. Et vous ?

— Moi aussi ! Je vous fais plus confiance qu'eux tous. J'étais le tout premier.

— Si vous voulez continuer à être mon disciple, la chose la plus importante c'est de me faire confiance de tout votre cœur.

Marc-Anthony refoula ses larmes.

— Je vous fais confiance. De tout mon cœur !

Il tomba à genoux.

— Vous m'inquiétez, Marc-Anthony. Vous agissez comme si vous mettiez ma volonté en question. Vous n'avez jamais fait cela auparavant. Vous savez d'où vient ma volonté.

Marc-Anthony inclina la tête.

— Faites très attention à ceci. Vous devez toujours vous souvenir que si vous n'êtes pas avec moi, vous êtes contre moi. Comprenez-vous ce que je viens de dire ?

Marc-Anthony fondit en larmes.

— Je suis avec vous. Vraiment. Je ferai tout ce que vous voudrez. Je vais nettoyer cet endroit tout de suite.

Il se tourna pour chercher un balai afin d'échapper au regard accusateur de Leaf.

— Avant cela, je veux que vous me parliez de votre bras.

Marc-Anthony regarda son plâtre, tout sale à présent autour de la feuille verte qu'il avait dessinée dessus.

— Avez-vous prié pour que le Saint-Esprit vous guérisse ?

— Oui, frère Leaf.

— Et ?

— Mon père et moi, nous allons chez le médecin demain. Pour mon contrôle. Le Dr Rainey dit que je devrai le garder au moins un mois encore.

— Et que dit votre foi ?

— Qu'il est guéri.

— Et vous le croyez ?

— Oui.

— Alors dites à votre père et au médecin ce que vous venez de me dire. Le plâtre peut être ôté.

— D'accord. Je le dirai.

— À présent, avant de nettoyer cette pièce, vous souvenez-vous de ce que nous sommes convenus ? Cet endroit est notre secret.

Le garçon se détourna.

— Marc-Anthony, regardez-moi. Je veux vous l'entendre dire.

— C'est notre secret.

26

Loïs courut jusqu'à la porte d'entrée de son agence immobilière et tira les stores.

— Vous ne cessiez de me dire qu'il n'allait rien changer.

— Loïs...

— D'abord, il a changé dimanche. Puis hier soir. Maintenant vous êtes ici à mon bureau où je vous ai dit de ne jamais, jamais venir.

Elle passa auprès de lui pour aller derrière son bureau, sans le regarder, le visage fermé.

— Que Dieu me vienne en aide, Loïs. Je crois en cet homme.

— Ne me débitez pas ce genre de conneries.

— Je parle sérieusement.

— Très bien. Vous êtes sérieux. Douloureusement, grotesquement sérieux. Mais taisez-vous car je n'ai pas envie d'écouter.

— Si cela peut vous soulager, je n'arrive pas à croire à ce qui m'arrive non plus.

La voix de Loïs était glaciale.

— Savez-vous autre chose à son sujet que vous ignoriez dimanche ?

— Tout ce que j'ai besoin de savoir. Donald Alléluia Leaf. Docteur en théologie.

— D'où vient-il ?

— De Youngstown, Ohio.

— Et que savez-vous de plus ?

Dar se contraignit à parler lentement pour paraître mesuré, cohérent, raisonnable.

— Je vous ai dit que je ne croyais pas à son miracle et tout cela mais hier, j'étais là, près de la rivière, et j'ai entendu ma fille morte me parler par l'intermédiaire de mon fils. Des mots qu'elle seule pouvait connaître.

— Et votre fils ? Il devait les connaître aussi. Comment avez-vous la certitude qu'on ne l'a pas incité à jouer la comédie ?

— Si vous prenez cette attitude-là...

— Mille excuses. Bien sûr, je ne vais pas prendre cette attitude. Comment le ferais-je ? Je ne suis pas croyante. Je suis condamnée à marcher humblement sur des coquilles d'œuf. Comment une putain de pécheresse comme moi pourrait-elle songer à critiquer les voies du Seigneur et de ce saint homme que vous gardez tout pour vous là-bas ?

— Je crois en lui, Loïs.

— Et Lénore ?

— Elle a vu son pouvoir avant moi.

— Couche-t-elle avec lui ?

— Loïs, ne..

— Répondez-moi.

— Comment le saurais-je ?

— Pourquoi ne pas le lui demander ?

— En fait, je l'ai fait.

— Et ?

Dar ne répondit rien.

— Je suppose que votre silence est un acquiescement. Et cela ne vous fait rien ? Ce sera le tour de Jody ensuite, vous verrez.

— Elle ne peut pas le voir.

— Donnez-lui du temps. (Loïs se croisa les bras.) Alors pourquoi êtes-vous ici ?

— Allez-vous me laisser m'expliquer ?

— J'écoute. Où en sommes-nous ?

— Donnez-moi du temps...

Loïs l'interrompit avec un rire dur et amer.

— Vous croyez qu'il existe un seul homme marié dans toute l'histoire du monde qui n'a pas dit cela à la femme qu'il bernait ?

— Loïs...

— Entendu. Du temps. Qu'est-ce que cela veut dire ? Une minute pour réfléchir ? Une heure ? Un jour ? Une semaine ? Un mois ? Toute une putain d'année ?

— Loïs, ne...

— Je ne mérite pas de réponse ?

— Je ne peux pas vous en donner une maintenant. Je vous en

prie. Je vous demande quelques jours pour y voir clair. Ne croyez-vous pas que je suis aussi désorienté que vous ? Comment pouvais-je deviner que ceci allait nous arriver à moi et à ma famille ; à vous et à moi ?

— Dimanche, vous m'avez dit que vous vous serviez de lui.

— Je le croyais. Mais lui ne se sert pas de moi.

— Il vous tient par les couilles, que vous le sachiez ou non.

— Vous ne comprenez pas...

Un coup frappé à la porte les fit taire tous deux.

Ils regardèrent l'ombre derrière les stores.

— C'est Polly Gilpin qui veut entrer.

— Loïs, je suis ici parce que je vous veux toujours.

La voix de Loïs devint coupante comme un rasoir.

— Aucun homme ne me laisse tomber à cause d'une petite frappe mystique. Vous et votre ridicule petite feuille verte. Il a peut-être changé les choses là-bas mais vous, vous n'avez pas changé. Vous ne changerez jamais. Je vous connais sous toutes les coutures. Je sais ce que vous aimez et vous n'allez pas le trouver dans la Bible ni chez votre messie domestique. Lorsque vous serez libidineux, ne revenez pas ramper ici.

Elle traversa le bureau d'un pas décidé et ouvrit les stores. Polly Gilpin, muette d'étonnement, regarda fixement Dar sortir en lui faisant un bref signe de tête.

Polly ne souffla mot. Elle alla à son bureau et prit un flacon d'eau de Cologne dont elle aspergea un mouchoir pour se rafraîchir les tempes. Loïs décrocha le téléphone.

— Youngstown ? C'est cela. Pouvez-vous me donner le nom et le numéro d'un détective privé local ?

Trois jours après, Loïs rencontra Dar dans Butternut Street. Elle maudit cette rencontre inopinée car elle s'était juré de lui fournir des preuves de l'imposture de son précieux messie la prochaine fois qu'elle le verrait. Cependant, trois jours n'avaient pas suffi au détective de Youngstown pour se manifester.

Dar était avec son fils devant le magasin de Hartmann. Loïs ralentit et réussit à prendre un air dégagé mais se rendit vite compte que Dar n'était pas d'humeur à observer ces subtilités. Il était aussi excité que son fils. Ils bouillaient tous deux d'envie de lui apprendre la nouvelle.

— Vas-y, l'exhorta Dar. Dis à Mlle Tavernetti ce qui est arrivé.

— Mon plâtre ! Vous voyez ! Le Dr Rainey avait dit qu'il fallait que je le garde un mois de plus mais j'ai prié le Saint-Esprit et, regardez, c'est un miracle. Exactement comme frère Leaf l'avait dit. Vous voyez ? Plus de plâtre !

Loïs regarda le garçon exubérant et son père. Ils portaient tous deux des feuilles vertes.

— Ce qu'il dit est vrai, Loïs. Marc-Anthony a insisté jusqu'à ce que le Dr Rainey lui enlève le plâtre, lui prenne une radio et découvre que l'os s'était ressoudé. D'après la science médicale, il fallait encore tout un mois mais vous voyez — son bras est complètement guéri.

Loïs ne discuta pas. Les os des enfants guérissaient parfois plus vite que prévu. Tout le monde savait cela mais il était inutile d'essayer de convaincre ces deux-là que leur miracle était parfaitement explicable.

— Va t'acheter une glace puis attends-moi dans la voiture. (Dar tapota l'épaule de son fils. Il se tourna vers Loïs lorsque le garçon fut parti.) Loïs, donnez-moi une chance de mettre ceci au clair. Rien qu'à vous regarder, je suis si excité...

— Nous n'avons rien à nous dire.

Loïs avait déjà fait un pas pour s'éloigner.

— J'ai encore besoin de vous, murmura-t-il.

— C'est lui qui vous tient. (Elle se détourna.) Votre saint homme et ses miracles.

— Loïs, je vous en prie...

Dar la regarda s'éloigner dans la rue.

27

Jody picorait dans son assiette et regardait le décor de fougères du restaurant en fronçant les sourcils.

— Dommage que nous ne soyons pas allés à Talbot.

— Je préférerais vous voir fumer tout un paquet de cigarettes que de vous voir d'humeur massacrante tout le temps.

Roger avala son bourbon d'un trait et Jody repoussa son 7Up. Elle observa Janine Welles servir les Pollards, un couple qui connaissait sa famille.

— Cela me gêne toujours de voir une de mes amies travailler

dans des endroits comme ici. Pourquoi fait-elle cela ? Je déteste vraiment la voir en serveuse.

— Fumez une cigarette.

— Tout le monde nous regarde.

— Décontractez-vous. Personne ne vous blâme pour votre famille.

— J'aime ma famille.

— On ne le croirait pas à vous entendre.

— Ce n'est pas facile ; toutes ces années avec ma mère qui s'enfermait comme une folle et papa qui sortait avec Loïs Tavernetti. Maintenant les voilà devenus des fanatiques religieux.

— Raison de plus pour quitter la maison.

— Ne commencez pas ce couplet-là.

— Nous n'avons pas besoin de la permission de ma grand-mère pour nous marier.

— Vraiment ? dit-elle d'un ton sec. Alors tout de suite après le dîner, allons le lui annoncer.

Après un long silence, il demanda :

— Et au sujet du 4-Juillet ?

Jody ignora sa question.

— Jode ?

Je vous ai déjà répondu.

— Cela fait des mois que ça dure.

— Silence. Voici Janine.

Très blonde, très professionnelle, Janine souriait avec une aisance que Jody lui envia. Cela ne semblait pas du tout la gêner d'être serveuse.

— Tout va bien ?

— Parfait, répondit Jody.

— Bien. Un autre bourbon, Roger ?

— Oui.

— Comme dessert, nous avons des glaces à la pêche.

— C'est tentant, dit Roger. Deux.

Janine quitta leur table.

— Ne regardez pas maintenant. Merde ! Les Phelpes viennent par ici.

Myra Phelpes engagea la conversation. Norman Phelpes souriait en se curant les dents.

— Nous avons entendu dire qu'il se passait des choses

extraordinaires aux Willows. Comment l'appelez-vous ? Frère Leaf ?

— C'est cela, dit Jody.

— Il va prêcher le 4 juillet ?

— Oui.

— À trois heures ?

— Oui.

— Après avoir fait partir nos pétards, nous viendrons. Cela paraît excitant. Saluez vos parents de notre part et dites-leur que nous viendrons. Au revoir, Roger.

Jody et Roger restèrent silencieux en regardant Myra et Norman partir. Roger but son bourbon.

— Tout ce dont les gens parlent tourne autour de ce maudit prêcheur. Même ma grand-mère veut en savoir plus sur lui. Ses miracles et toutes ces foutaises. On pourrait croire qu'elle en serait saturée à présent.

— C'est cruel de dire ça.

— D'avoir dépensé plusieurs milliards avec les médecins n'a rien donné. Elle a même été à Lourdes.

— Comment lui en vouloir ?

— Tout ce que je dis, c'est qu'elle devrait être saturée de miracles à présent.

— Ce n'est pas vous qui êtes en chaise roulante.

— Je veux dire que je trouve vraiment bizarre ne serait-ce que de la voir se renseigner sur votre prêcheur.

— Silence. Voici nos glaces.

Plus tard, lorsque Roger paya l'addition, Janine surprit Jody.

— À dimanche.

Roger arrêta la voiture devant la grille. Au-dessus d'elle s'étendait le calicot annonçant la réunion de Donald Leaf. Ils restèrent tous deux sans rien dire.

Finalement, Roger prit la parole sans regarder directement Jody.

— Je veux que vous disiez à votre père que vous ne croyez pas et que vous n'irez pas à la réunion dimanche.

— C'est une affaire de famille.

— Jode, au lac, il n'y aura que deux autres couples.

— Qui passeront leur temps à se défoncer et à s'envoyer en l'air.

— C'est ce que font la plupart des gens, vous savez.

Elle tendit la main vers la poignée de la portière.

— Seulement, vous préférez frapper dans vos mains et crier alléluia.

— Fermez-la.

— Écoutez. Que vous cessiez de fumer ou pas, je vais vous acheter une voiture. Je veux vous sortir de là. Vous allez vous tenir hors des griffes de ce prêcheur.

— Je vais gagner la voiture régulièrement. Il ne me reste plus qu'un jour à tenir.

— Jode, je vous en prie. Venez au lac avec moi.

— Ne vous donnez pas la peine de remonter jusqu'à la maison.

Elle claqua la portière et la voiture démarra dans un grondement du moteur.

28

C'était un 4 juillet maussade. Dar et Marc-Anthony commencèrent par dresser deux cents chaises pliantes sur la pelouse, face au terre-plein. Dar travaillait comme un possédé. Il ne s'arrêta que le temps d'ouvrir le portail pour laisser entrer une demi-douzaine d'hommes des Willows qui s'étaient portés volontaires pour aider à tout préparer pour le service religieux. Marc-Anthony observa son père, trempé de sueur, les assurer qu'il pouvait se débrouiller tout seul à la maison. Là où il avait besoin de leur aide, c'était au parking. Il était difficile de se garer sur la nationale et il comptait sur eux pour résoudre ce problème.

Lénore descendit un pupitre du grenier pour servir de dais au prédicateur. Jody l'aida à le recouvrir de verdure et de roses.

— Ton père et moi sommes heureux que tu restes avec nous.

— Il ne m'a pas laissé grand choix.

— Néanmoins, je t'en suis reconnaissante. (Lénore s'efforça de poser la question suivante d'un air dégagé.) As-tu eu l'occasion de parler avec frère Leaf ?

— Pas vraiment.

— Tu peux sûrement trouver un moment.

— Maman, quand il s'agit de croire, vous devez me laisser la même liberté que je vous laisse à vous.

— Tu sais à quel point nous serons heureux lorsque tu croiras enfin.

Les fidèles des Willows vinrent les premiers et attendirent patiemment à l'extérieur des grilles. Les premières voitures de la ville arrivèrent avant midi et les hommes du camping les firent stationner d'un côté de la nationale. À une heure, les grilles s'ouvrirent un instant et deux des voitures de patrouille d'Elliott Frankel roulèrent jusqu'à la maison. La grille se referma sur la foule toujours grandissante.

— Il va y en avoir un sacré paquet, Dar.

Elliott s'avança vers le père et le fils qui alignaient les chaises.

— Nous serons prêts. (Elliott regarda les rangées bien nettes de chaises.) Bien sûr, s'il y en a plus que vous ne l'avez prévu, ils pourront s'asseoir sur l'herbe. (Il jeta un coup d'œil vers le ciel qui se couvrait.) C'est-à-dire, s'il ne pleut pas.

— Il ne pleuvra pas, dit Dar.

— Le ciel n'oserait pas ? Pas sur lui ? (La petite plaisanterie d'Elliott tomba à plat.) Et la télé ?

— Oui ?

— Les gens de la télévision ont envoyé un camion avec du matériel.

— Je leur ai déjà dit qu'ils ne rentreront pas. Nous ne voulons pas de publicité, dit Dar tout en travaillant.

— Vous ne pouvez pas empêcher le reste de la presse d'entrer.

Dar et Marc-Anthony achevèrent d'aligner une nouvelle rangée de chaises.

— Au moins les motards veilleront à l'ordre.

— Si quelqu'un me demande, dit Elliott, je serai près des grilles.

Deux heures avant le début de la réunion, les voitures affluaient toujours. Les hommes et les femmes des Willows les accueillaient en leur épinglant des feuilles vertes et en leur serrant la main.

— Bienvenue, frère. Bienvenue, sœur.

À deux heures, Dar donna l'ordre d'ouvrir les grilles. Un groupe de motards aida les handicapés à entrer les premiers. Le reste de la foule suivit. Soudain, un groupe important d'étudiants en short et chemisette, conduit par Roger, se fraya un passage à travers la foule, courut jusqu'au Manoir et accapara les meilleures places.

Les autres chaises furent bientôt occupées et le shérif compta environ une centaine de personnes assises sur l'herbe.

À deux heures et demie, un coup de vent fit trembler les feuilles des arbres. La foule regarda le ciel menaçant. À trois heures moins le quart, un éclair lointain déclencha des murmures. Le tonnerre se mit à gronder. Les premières gouttes tombèrent.

À l'intérieur du vestibule sombre du Manoir, Lénore et Marc-Anthony regardaient l'orage sur le point d'éclater. La foule commença à se disperser.

Dar sortit sur le terre-plein et agita les bras au-dessus de sa tête pour attirer l'attention.

— Vous allez me suivre, cria-t-il, mais le vent emporta ses paroles. (Il fit un grand geste du bras et cria de nouveau.) À la vieille usine !

Puis il courut à travers la pelouse vers le bâtiment en brique.

Tout le monde était trempé et entassé à l'intérieur. Dar plaça quatre chaises contre le mur près de la porte pour sa famille. Lénore, impassible, et Marc-Anthony, trempé, furent rejoints par Jody qui s'efforçait de prendre un air distant en face de Roger et de ses amis.

Mme Kitts s'avança vers le dais en loques et enleva le chapeau en plastique qui couvrait ses cheveux blancs soigneusement coiffés. Elle fixa la foule à travers ses lunettes brillantes, rejeta la tête en arrière et entonna un hymne d'une voix perçante.

D'autres se joignirent à elle puis hésitèrent. Quelque chose n'allait pas. D'autres voix entonnaient à tue-tête une chanson grivoise.

Roger et ses amis criaient et tapaient du pied, noyant les paroles de l'hymne.

Marc-Anthony retint sa respiration et attendit l'explosion qui ne manquerait pas de se produire. Il était vrai que son père était croyant à présent mais cela suffirait-il pour prévaloir sur une vie tout entière dominée par des éclats de colère ? Pouvait-il tendre la joue à ceux venus railler sa nouvelle foi ? Un regard rapide permit au garçon de voir le visage écarlate de son père.

Il vit le shérif et ses adjoints de l'autre côté du court de basket-ball. Elliott fit signe à Dar que les forces de l'ordre n'interviendraient pas. Skull, le motard des Willows, se fraya un passage jusqu'à Dar et lui parla d'une voix rauque.

— Nous essayons de rester calmes mais ceci pourrait mal se terminer, frère Dar. Il faut faire venir frère Leaf avant que ça tourne au vinaigre.

Dar se leva.

— J'y vais.

Donald se détourna de la fenêtre, le visage mouillé, masque brillant aux yeux scintillants qui se fixèrent sur ceux de Dar.

Dar tomba à genoux. Une sueur glacée lui coulait dans le dos.

— Ne vous détournez pas de nous, frère Leaf. Vous n'échouerez pas là-bas. C'est impossible. Vous avez le pouvoir. Je crois de tout mon cœur que vous avez vu le Seigneur.

Donald bougea la tête mais sans cesser de fixer Dar.

— Je vous promets de vous servir de quelque manière que vous le voudrez.

— C'est vrai. Je suis appelé. J'ai été oint par Dieu.

— Roger et ses amis ne peuvent pas vous combattre.

— Vous m'avez combattu.

— Parce que je ne croyais pas.

— Oui.

— Parce que j'étais orgueilleux.

— Oui. Vous serviez vos besoins physiques plus que le Saint-Esprit.

— C'est vrai. À présent, je sers le Saint-Esprit. Là-bas, ils le haïssent.

Donald regarda Dar de cet air penché qui lui était coutumier.

— Avez-vous une idée, frère Dar, de tout le mal qu'il y a en ce monde ?

29

L'usine, chaude et pleine de vapeur, était devenue comme une cocotte-minute de sentiments explosifs. Les gens étaient venus isolés, en couple, en famille ou en groupe — les croyants, les sceptiques et les curieux. À présent, ils formaient quelque chose de différent : une foule, une masse dangereuse et effervescente.

— Nous voulons Leaf ! Nous voulons Leaf ! (Roger et ses amis menaient le chahut, entraînant d'autres avec eux.) Nous voulons Leaf !

Enid Kitts et les fidèles continuaient à chanter leur hymne.

Un rugissement soudain fit tourner la tête à Jody. Elle vit son père entrer avec le pâle jeune homme, si mince dans son costume gris trempé, et l'accompagner jusqu'au dais. Elle détourna son regard et se recroquevilla dans sa chaise. Elle aurait souhaité ne pas être la cible des regards de ses amis qui pouffaient de rire.

Elle jeta un regard vers Roger et ses amis. Il y avait le grand et maigre Goon qui ne faisait jamais rien sans vérifier ce que faisaient les autres. À présent, comme eux, il brandissait le poing contre le prédicateur. Big Mac, le massif footballeur, avait un regard menaçant sous ses épais sourcils. Barry, qu'elle avait connu toute sa vie, était blond et calme mais aujourd'hui, il portait des lunettes noires et lui souriait de travers. Scrap, qui avait été renvoyé du lycée à cause de son tempérament bagarreur, était monté sur une chaise et montrait ses muscles d'acier en grimaçant vers Donald. Scrap avait toujours fait peur à Jody mais aujourd'hui, pour la première fois, tous les amis de Roger lui faisaient peur.

Donald Leaf se tenait immobile tandis que M. Maginis, avec l'aide de sa femme, se frayait un passage jusqu'au dais. Il épingla une feuille verte sur le revers de Donald et l'embrassa sur la joue.

— Embrasse-le encore ! C'est un pédé ! hurla Scrap.

Les amis de Roger reprirent en chœur.

— Pédé ! Pédé !

Quelqu'un bondit hors de la foule et se plaça à côté du prédicateur. C'était Peter Werrenrath qui agitait les bras désespérément, les suppliant de se taire.

— Arrêtez, cria-t-il.

Des cris scandés emplirent l'usine.

— Y a-t-il d'autres pasteurs ici ? demanda Lénore.

— Jusqu'ici, il est le seul, répondit Dar.

Werrenrath agitait les bras.

— Vous tairez-vous ? Donnerez-vous une chance à notre frère, ici ?

Donald leva une main, déclenchant une nouvelle vague de cris et de coups de sifflet. Le cœur de Marc-Anthony battait à tout rompre. Il regarda son père et le vit trembler de rage tandis que sa mère marmonnait des prières. Jody baissa la tête et se couvrit le visage des mains. La foule, hors de contrôle, hurlait. La pluie tambourinait sur le toit.

Les lèvres de Donald bougeaient — une voix que personne n'entendait, noyée par un maelström de bruit.

Des larmes brûlaient les yeux de Marc-Anthony. Comme il haïssait Roger. Et il avait raison de le haïr. Ceux qui n'étaient pas avec frère Leaf étaient contre lui et cela signifiait qu'ils étaient les suppôts de Satan. « Peut-être que Roger est le diable », pensa Marc-Anthony. Cette idée lui remonta curieusement le moral. Ou, peut-être, Satan était-il en lui en ce moment. Pourquoi autrement Roger combattrait-il frère Leaf ?

— Du calme !

La voix de Peter Werrenrath domina presque toutes les autres.

La voix de Donald, plutôt faible, atteignit la foule et l'attira à lui dans un effort pour le comprendre.

— M'entendez-vous ?

Donald ne criait pas.

— Pas ici !

Les voix venaient du fond de la salle.

Il leva la main plus haut.

— M'entendez-vous à présent ?

Sa voix était calme.

— Arrêtez l'orage ! cria Roger.

— Ce n'est pas l'orage qui m'empêche de parler.

— Allez-y, hurla Barry. Dites quelque chose de saint.

Le prédicateur l'ignora et regarda l'assemblée.

— L'orage, frères et sœurs, n'est pas là, dehors. Ce n'est pas le bruit dans cette assemblée. Le véritable orage qui déchire le monde est dans nos cœurs.

— Foutaises ! hurla Big Mac, ce qui fit s'esclaffer ses amis.

— C'est l'orage qui vient de la vacuité et de la peur, poursuivit Donald.

— C'est vous qui crevez de peur !

Un autre ami de Roger, Alan Townsend, jeune homme replet à la moustache frisée, leva son médius en l'air.

— Si vous n'avez pas peur, frère, alors vous n'avez rien à faire ici. Si vous avez déjà le cœur en paix, qui peut vous faire un plus grand présent ?

— Merde ! Je suis venu voir le spectacle.

— Non. Vous êtes venu me juger et railler ceux qui sont en chaise roulante ou avec des béquilles. Vous êtes venu railler les aveugles qui ne peuvent pas voir le mal que vous faites. Regardez autour de vous. Regardez. Il y a bien plus d'estropiés que vous ne pouvez en voir. Si vous pouviez voir au fond des cœurs, vous verriez autant d'estropiés qu'il y a d'hommes et de femmes ici.

— Merde alors ! Ai-je l'air d'un estropié ?

— Alors soyez patient avec nous qui avons peur et qui avons besoin d'un esprit plus grand que le nôtre.

Alan jeta un regard vers les autres et se rassit en haussant les épaules.

— Je sais qu'il y a une mère parmi nous qui s'endort tous les soirs en larmes parce que son jeune fils se drogue. Le garçon est si plein de produits chimiques qu'elle ne peut plus communiquer avec lui. Elle sait qu'elle va le perdre bientôt si elle ne parvient pas à l'atteindre.

Une femme forte en chapeau poussa un cri et éclata en sanglots.

— Il y a un frère ici qui a escroqué son voisin il y a des années de cela. Aujourd'hui, il rencontre la veuve de cet homme au supermarché. Elle achète de la viande pour chiens mais il sait qu'elle n'a pas de chien. Pour cette raison et pour toutes les autres choses cruelles et mesquines qu'il a faites, il se sent coupable. Des années de traitement psychiatrique ne l'ont pas débarrassé de ce sentiment de culpabilité. Et je dis, gloire au Seigneur. Cet homme doit se sentir coupable.

— Amen !

Les applaudissements étouffèrent le bruit de la pluie.

— Fais-leur peur, prêcheur !

— Mon cœur est avec la petite fille parmi nous qui a tant d'asthme qu'elle a peur d'étouffer chaque fois qu'elle respire. Et où est cette âme, cette grand-mère qui devient aveugle mais n'ose pas le dire à sa famille ? (La voix de frère Leaf devint un murmure.) Et vous, frère, vous étiez ivre ce jour où il pleuvait et que votre voiture a dérapé, tuant un enfant. Vous avez fui. Personne, à ce jour, ne le sait, sauf vous, mais chaque fois que vous passez devant la cour où il n'y a plus d'enfant, vous pleurez. Dieu merci, vous pleurez, frère. Et vous, l'homme qui abandonne ses enfants mais entretient une maîtresse dans des draps de satin ; en est-elle digne ? Je vous parle à chacun de vous. Vous savez qui vous êtes, l'ivrogne, l'avare, le sodomite, l'adultère... Je vous parle à tous qui vivez dans une terreur secrète, dans un désert de doute. Dois-je poursuivre ? Y a-t-il parmi vous quelqu'un qui a besoin d'une liste plus longue et plus triste pour prouver que nous avons dans nos cœurs des sentiments froids et vides qui soulèvent ces tempêtes que rien au monde ne peut calmer ? Vous savez tous que vous n'avez pas de réponse. Vous avez cherché cette réponse chaque jour de votre vie — vous l'avez cherchée lorsque vous aviez tellement peur que vous vous perdiez dans la drogue, la boisson ou que vous mettiez la musique si fort pour repousser cette terreur glaciale de vos cœurs vides.

— Sauvez-nous, frère.

— Aidez-nous.

— Priez Dieu pour nous.

— Ce qui est pire, c'est que vous avez commencé à soupçonner que toutes vos prières, toutes vos pensées et vos argumentations ne vous donnaient pas la réponse que vous cherchiez. Car vous savez que vous avez besoin d'une réponse.

— Amen à cela, frère Leaf.

— Et vous cherchez, vous cherchez mais ne trouvez pas. Vous ne trouverez jamais. Vous n'aurez jamais de réponse tant que vous ne croirez pas, que vous ne vous tournerez pas vers le Saint-Esprit.

Un silence immense se fit dans la vieille usine. Marc-Anthony sentit un frisson glacial le long de sa colonne vertébrale. La pluie martelait le toit.

— Maintenant, je vous le demande, y a-t-il parmi vous quelqu'un d'assez honnête pour se dresser et crier ce que la plupart de vous se demandent à cet instant même ? Car il est impossible que vous ne vous demandiez pas pour qui diable ce frère Leaf se prend pour parler au nom du Saint-Esprit. Ceux qui sont venus pour se moquer, pour me voir échouer, vont-ils se lever pour poser cette question ?

Donald Leaf regardait Roger droit dans les yeux.

Personne ne bougea.

— Qu'est-ce qui me donne le droit de parler au nom du Saint-Esprit ? La réponse, mes amis, est simple. Je ne parle pas au nom du Saint-Esprit. Le Saint-Esprit, frères et sœurs, parle par ma bouche. Je ne suis rien. Je ne puis que prier pour être béni et partager ce que je puis avec vous. Et s'il y a un miracle — et parfois vous me dites qu'il y en a —, je dis que le véritable miracle c'est la présence du Saint-Esprit parmi nous. Le Saint-Esprit, mes frères, est ici avec nous, avec chacun de nous maintenant et à jamais.

— Avec nous !

— À jamais !

Leaf leva la main et tout le monde se leva.

— Prenez la main de votre voisin. Le Saint-Esprit est avec moi et je suis avec vous.

— Le Saint-Esprit est avec moi et je suis avec vous.

— Je vous aime et je suis avec vous.

— Je vous aime et je suis avec vous.

— C'est cela la réponse, frères et sœurs. (Leaf n'avait pas élevé la voix et n'avait pas souri. Il ne souriait pas à présent.) Trop simple pour vous autres intellectuels ? Alors n'y réfléchissez pas. Gloire au Seigneur. Ressentez-le. Le Saint-Esprit est trop parfait pour être analysé, trop simple pour être autre chose que bon. Il y a trop de mots et pas assez d'actes. Après un acte qui a eu lieu à la rivière, ces braves gens ont appris que je m'appelais Leaf. Ils ont dit que c'était un présage.

— Alléluia, crièrent une demi-douzaine de voix.

— C'est vrai, frère Leaf, c'est vrai, s'écria Enid Kitts.

Une feuille a-t-elle besoin qu'on lui dise de se tourner vers la chaleur du soleil ? Qui lui dit de le faire ? Les feuilles savent simplement se tourner vers la chaleur divine.

— Amen !

— Essayez. Tournez-vous vers Dieu. C'est aussi simple que pour une feuille frissonnant dans la brise qui se tourne vers le soleil.

— Tournez-vous vers Dieu.

— Tournez une nouvelle page.

Donald ferma les yeux. Pas une fois il n'avait précipité la parole. Chaque pensée semblait lui venir naturellement, de cette façon simple et tranquille.

— Quelque chose est en train de naître ici, murmura-t-il. Le sentez-vous ?

— Oui, oui.

— Je le sens. Et vous ?

— Nous le sentons.

— Tournez-vous encore. Sentez la chaleur du Saint-Esprit

comme la feuille sent le soleil. C'est aussi simple que cela. Ne posez pas de questions. Tournez-vous et sentez le Saint-Esprit.

— Alléluia !

— Tournez-vous vers le soleil et épanouissez-vous ou détournez-vous et flétrissez. Celui qui n'est pas avec moi est contre moi !

— Nous sommes avec vous !

Une femme s'avança sur ses béquilles.

— Touchez-moi, frère Leaf. Guérissez-moi.

— Croyez-vous ?

— De tout mon cœur, frère Leaf.

— Alors demandez au Saint-Esprit de vous guérir.

— Saint-Esprit, guérissez-moi.

— Tous en chœur.

— Saint-Esprit, guérissez-la !

Le fracas des béquilles fit dresser la foule. Tout le monde se poussait pour voir. Marc-Anthony se hissa sur la pointe des pieds, mais la foule l'encerclait. Il entendit des cris et des applaudissements.

— Alléluia !

— Qu'est-il arrivé ?

Il voulait voir à tout prix. Soudain, il se sentit emporté par un élan de foi, d'amour partagé.

— Le Saint-Esprit est en moi, criait la femme.

— Le Saint-Esprit est en moi.

— Tournez-vous, cria Donald.

— Tournez !

— Tournez-vous vers Dieu !

Les cris résonnèrent entre les murs. Le parquet trembla.

— Alléluia.

— Gloire au Seigneur.

Entre les murs de brique, le tonnerre des cris était plus fort que l'orage à l'extérieur.

Soudain, la foule entonna un hymne. La vague de passion qui la soulevait effraya Jody. Et plus encore, un sentiment au plus profond d'elle-même l'emplit de terreur. Ils croyaient. Ils croyaient tous. Pourquoi pas elle ?

Le chant se termina. Frère Leaf leur demanda de courber la tête et de prier. Il fit régner le silence rompu seulement par le tambourinement de la pluie sur le toit. Il parla mais Jody n'entendit pas ce qu'il disait. Sans bouger la tête, elle jeta des regards furtifs à son père, sa mère, son frère. Ils croyaient de tout leur cœur et s'identifiaient à cette prière. Ceux qui l'entouraient communiaient dans la même ferveur. La plupart des amis de Roger, qui avaient troublé le début de l'office, priaient à présent.

Ses yeux rencontrèrent ceux de Roger et elle vit, à son regard froid, qu'il était comme elle. Il ne croyait pas. Roger, d'un signe de tête, lui indiqua la porte. Il l'attendrait à la sortie. Elle avait fait ce que sa famille lui avait demandé. À présent, lui signifiait Roger, elle était libre de partir avec lui.

C'est à ce moment que Jody se rendit compte qu'elle n'éprouvait plus rien pour Roger. Elle avait gagné son pari et il lui devait une voiture. Elle avait l'intention de la prendre mais sa victoire sur lui ne lui donna aucun sentiment de triomphe. Elle ne s'était jamais donnée à lui d'aucune façon. Elle ne lui avait jamais appartenu. Elle pouvait soutenir son regard sans rien ressentir.

Frère Leaf ?

Frère Leaf priait encore avec la foule. Pas une seule fois depuis qu'il était entré dans l'usine, elle n'avait eu le courage de le regarder. Elle n'entendait pas ce qu'il disait mais il élevait la voix. La cadence s'accélérait ; la prière était presque achevée. Elle était convaincue qu'il parlait uniquement pour elle. Elle respira profondément et se força à lever les yeux. Son cœur bondit dans sa poitrine. Il avait le regard fixé sur elle. Marc-Anthony la sentit se raidir et la vit rougir. Elle baissa la tête.

Son cœur battait la chamade. Le service religieux se poursuivait mais elle n'avait aucune idée de ce qui se passait. Des hommes et des femmes parcouraient les rangs en distribuant des feuilles fraîches. Un autre hymne résonna dans la vieille usine puis Jody se leva machinalement avec les autres membres de sa famille et se dirigea vers la sortie.

Elle réprima un cri. Frère Leaf se tenait à la porte avec son père. Tout en gardant les yeux baissés, elle sentait qu'il épiait ses moindres gestes. Elle s'échappa dehors sur le gravier et l'herbe mouillée.

Une cinquantaine de mètres plus loin, elle se retourna. Frère Leaf, penché vers Marc-Anthony, la suivait toujours du regard. Elle eut la certitude qu'il parlait d'elle.

30

Marc-Anthony frappa à la porte de la chambre de Jody. Sa voix, quoique basse, était impérative.

— Il veut que je t'amène jusqu'à lui.

C'est pour cela, Jody le savait, que Donald avait parlé à son frère à la sortie de l'usine. Elle avait attendu ici toute seule, loin de la foule, cette convocation.

Son frère la prit par la main et elle le suivit docilement à travers la pelouse vers le bouquet d'ormes.

— Aux Willows ?

— Tu verras.

Ils se frayèrent un chemin à travers les hautes herbes et sous les branches basses jusqu'à la chaumière en ruine.

Jody resta interdite.

— Notre cabane secrète, dit Marc-Anthony, et il frappa à la porte.

— Il prie peut-être. Nous ne devrions pas le déranger.

— Marc-Anthony ?

La voix venant de l'intérieur paraissait lointaine.

— C'est moi et Jody.

La porte s'ouvrit. Donald avait enlevé sa chemise neuve. Il paraissait plus petit que l'homme qui avait dominé la foule dans l'usine. Son pantalon gris, trop grand pour son torse nu, le rapetissait encore. La flûte en argent était suspendue à son cou. Ses yeux, ignorant Marc-Anthony, étaient fixés sur Jody.

— Merci, Marc-Anthony. Je parlerai seul à votre sœur.

Le garçon ne le défia pas. Il se tourna vers sa sœur.

— Papa et maman vont demander où tu es.

— Dis-leur quc j'essaie de convaincre Roger.

— Je ne vais pas mentir pour toi ! (Marc-Anthony se tourna vers le prédicateur.) Vous voulez que je mente ?

— Non, dit Donald.

— Que devrai-je dire lorsque papa et maman me questionneront ?

— Ne leur dites rien, dit Donald.

— Mais ils vont...

— Je ne vous demanderai jamais de mentir. Je m'expliquerai avec vos parents plus tard. Pour l'instant, ils n'ont pas besoin de savoir.

Marc-Anthony montra qu'il ne comprenait pas. Il recula et s'enfuit.

Jody n'était jamais venue à la chaumière auparavant. Donald l'attira à l'intérieur et ferma la porte. Elle n'avait pas d'autre choix que de le regarder mais ses yeux se troublèrent. Elle se tint immobile, le regard baissé. Les mains blanches qui avaient mené la foule à l'exaltation lui frôlèrent le visage, glissèrent le long de son cou, ouvrirent sa blouse et dénudèrent ses épaules. Le visage, que l'assemblée avait vénéré de loin, se blottit contre son cou, le souffle court. Les lèvres qui avaient fasciné la congrégation, murmurèrent contre sa gorge, ses épaules, ses seins. Il déboutonna son jean, le glissa par-dessus ses hanches parfaites. Il tomba à genoux devant elle, enfouissant son visage contre son corps splendide.

La pluie se mit à tomber et Donald la conduisit jusqu'à la couverture étalée dans un coin. Il l'attira à lui et l'obscurité se referma sur eux sans un mot.

Enfin, ils restèrent épuisés dans les bras l'un de l'autre.

— Je crois en vous, dit-elle.

Il secoua la tête et lui fit signe de se taire.

— C'est vrai, dit-elle.

— Non, répondit il enfin, mais il ne s'écarta pas et posa son visage entre ses seins.

Elle sentait son souffle contre son cœur.

Des heures plus tard, elle l'observa debout, nu devant un petit poêle, tandis qu'il préparait du thé.

Elle se redressa sur un coude et but le breuvage fumant.

— Je sais que vous ne le souhaitez pas mais cela vous gêne-t-il si je parle ?

— De quoi parlerions-nous ?

— Ce que je veux dire, c'est que je veux croire.

— Le jour viendra. À présent, vous vivez dans votre corps. (Il lui embrassa un sein.) Je suis heureux de dire que c'est un corps glorieux. À l'époque païenne, ils vous auraient fait servir comme hétaïre dans un temple jusqu'à ce que vous soyez prête à recevoir l'Esprit.

Il souriait mais elle n'arrivait pas à définir quel genre de sourire c'était.

— Vous avez dû avoir beaucoup de femmes. (Elle posa la tasse de thé et l'embrassa sur la poitrine.) Et c'est étrange car vous donnez l'impression de ne jamais penser aux femmes. Pas comme les autres garçons. Je sais que vous êtes religieux, que vous méditez et tout cela. Est-ce pour cette raison que vous êtes capable de voir au fond des cœurs ?

Les lèvres de Donald frôlèrent le cou de Jody et il embrassa ses deux seins.

— Qui êtes-vous ? Vraiment ?

— Je vous l'ai dit.

— Quelqu'un que le Saint-Esprit utilise ?

— Parce que je l'accepte de toute mon âme.

— Je veux croire. Pourquoi ne puis-je y parvenir ?

— Cela viendra.

— Et ce que nous faisons n'est pas un péché ?

— Pourquoi dites-vous cela ?

— Les religieux ne pensent-ils pas que les rapports sexuels sont un péché ?

— Oui, lorsqu'ils sont pratiqués sans amour.

Il allait sûrement lui dire à présent qu'il l'aimait, pensa-t-elle.

— Vous avez un visage si beau, un corps si excitant. Cela a été votre punition.

Elle s'écarta de lui.

— Comment pouvez-vous dire une chose pareille ?

— Parce que le monde vous regarde et sait que vous avez été créée pour éveiller le désir.

— Cela ne signifie pas que j'ai toujours fait ce que les hommes voulaient.

— L'ennui, c'est que vous avez compris qu'ils voulaient votre corps.

— Oui.

— Comment auriez-vous pu éviter d'être si imbue de vous-même ?

Elle secoua la tête.

— Je vous aime.

— Non. Vous vous aimez toujours plus vous-même que moi ou le Saint-Esprit.

— Parce que je ne crois pas ?

Sa voix était un gémissement.

— Nous parlons trop.

— Donald ?

Il l'embrassa sur les lèvres pour la faire taire.

— Roger dit qu'il m'aime.

— Roger aime votre corps.

— Et vous ?

Il ne répondit pas.

31

— Roger Pritchard ?

— Oui.

— Ici Loïs Tavernetti.

— Comment allez-vous ?

— J'ai appris que vous étiez là-bas aujourd'hui.

— Exact.

— Nous avons des choses à discuter qui sont importantes pour nous deux. Êtes-vous libre ce soir ?

— Sans doute. Je veux dire, oui.

— Ceci ne concerne personne d'autre que nous. Si nous faisions un tour en voiture ?

— Entendu. Voulez-vous que je passe vous prendre ?

— Huit heures ?

— Huit heures.

Roger raccrocha le téléphone. Il avait connu Loïs Tavernetti depuis sa plus tendre enfance. Lorsqu'il avait grandi, il l'avait considérée comme la femme la plus excitante de tout Marble Hill.

Il s'était à peine rangé le long du trottoir qu'elle ouvrait déjà la portière.

— Je ne pense pas qu'on nous ait vus.

Elle gratta une allumette et aspira la fumée.

— Cela ne vous dérange pas ?

— Du tout. Où allons-nous ?

— Roulez, tout simplement.

— Belle nuit.

— Splendide.

Le parfum capiteux de Loïs remplissait la voiture.

— Vous étiez là-bas aujourd'hui.

— Il y avait beaucoup de monde.

— Des fidèles pour la plupart ?

— Oui.

— Jody croit-elle ?

— C'est difficile à dire.

— Elle ne vous en parle pas ?

— Lorsqu'il s'agit de lui, elle se renferme.

— Qu'en pensez-vous ? Qu'elle croit ?

— Je suis à peu près sûr que non.

— Dar croit. Vous le connaissez, alors je n'ai pas besoin de vous dire quel choc cela m'a fait.

Ils roulèrent en silence pendant plusieurs minutes.

— Je ne l'ai jamais vu, dit Loïs.

— J'ai vu les choses arriver. J'ai même essayé de mettre Dar en garde. Donc, dit-elle en écrasant sa cigarette dans le cendrier, ce que vous et moi avons en commun, c'est la haine de leur précieux Donald Leaf — si c'est vraiment son nom.

— Vous ne le croyez pas ?

— J'y reviendrai dans un instant. Vous y étiez aujourd'hui. D'après ce que l'on m'a dit, vous et vos amis avez essayé de lui rendre la vie dure.

— C'était une grosse erreur. Nous avons essayé. Après, lorsqu'ils lui mangeaient tous dans la main, nous avions vraiment l'air de cons.

— Vous avez l'impression que Dieu est avec lui ?

Ils semblent tous le croire.

— Que pouvons-nous faire ?

— C'est de cela qu'il faut que nous parlions. (Loïs alluma une autre cigarette.) Les gens comme votre grand-mère et tous ceux qui dirigent cette ville n'ont jamais aimé ces rats de rivière, là-bas aux Willows. À présent que Dar monte cette affaire en culte, ils sont encore plus réticents. Entre nous, ils vont fermer le terrain de camping mais ils peuvent difficilement en faire autant pour son temple ou Dieu sait comment il l'appelle. Les vrais chrétiens de Marble Hill pensent que Leaf est un dindon illuminé. Les curieux sont heureux de trouver une distraction pendant le long été et les hystériques se jettent sur n'importe quoi. Le reste de la ville s'en moque éperdument. Ce qui veut dire que nous ne pouvons pas compter sur beaucoup d'alliés. Nous, nous avons nos raisons particulières pour vouloir faire partir Donald Leaf de là-bas.

Un lapin s'immobilisa sur la route dans le faisceau des phares. Roger fit une embardée pour l'éviter.

— Cela ne me regarde pas, Roger, mais que pense votre grand-mère de tout ceci ?

— Naturellement, elle est plutôt traditionaliste. Elle n'apprécie pas la présence des rats de rivière là-bas.
— Je parle de Leaf. Plus spécialement de ses miracles.
— Curieux que vous me posiez cette question.
— Pas du tout. Si j'avais tout son argent et que j'étais clouée dans une chaise roulante, j'essaierais tout ce qui se présente aussi. Je sais qu'elle l'a déjà fait.
— Comme Lourdes.
— Et elle n'est même pas catholique.
— Elle dit qu'elle n'y croit pas.
— C'est ce qu'ils disent tous.
— Pas vous, n'est-ce pas ? Vous ne croyez pas aux miracles et à tout cela ?
— Non. Mais ce n'est pas de moi qu'il s'agit. Croyez-vous qu'un jour elle va lui demander de la guérir ?
— Elle en a parlé.
— Cependant, elle n'y était pas aujourd'hui.
— Elle n'est pas snob mais...
— Les gens viennent à elle.
— Je suppose qu'on pourrait l'exprimer ainsi.
— Va-t-elle lui demander de venir chez elle ?
— Où voulez-vous en venir ?
Très simple. Je crois que c'est un imposteur. Je ne crois même pas qu'il s'appelle vraiment Donald Leaf. Je le fais vérifier par un détective privé dans sa ville natale.
— En somme, si ma grand-mère lui demande de venir la guérir et qu'il échoue, vous voulez couronner le tout en prouvant que c'est un imposteur.
— Vous avez une meilleure idée ?
— Non. Mais faut-il que ce soit ma grand-mère ?
— Tout le monde en ville va vouloir être là. Bien sûr, je ne la connais pas aussi bien que vous mais j'imagine qu'elle ne va pas rester au troisième étage de Railings sans rien faire pendant que le reste des infirmes de cette ville jettent leurs béquilles et gambadent dans Butternut Street.
Roger et Loïs retournèrent à Cedar Street juste avant minuit. Loïs effleura les lèvres de Roger d'un baiser.
— Vous êtes un jeune homme très attirant. Jody a de la chance. J'espère que vous y prendrez autant de plaisir que son père et moi l'avons fait et le ferons encore.

32

Le Manoir brillait. Les vitres, recouvertes de l'intérieur par des feuilles de papier d'aluminium, réfléchissaient le soleil brûlant. Des rouleaux de papier étaient étalés sur le terre-plein où Dar et Marc-Anthony le découpaient en rectangles.

Le shérif Frankel et son adjoint, Peter Werrenrath, avaient pris Bernard au passage. Les trois hommes échangèrent un regard en traversant l'allée qui menait à la maison.

— Bonjour, frères !

Dar et son fils transpiraient sous l'effort.

Elliott évita de parler de l'aluminium. Bernard, jamais bavard, ne dit rien. Peter jeta un coup d'œil aux rouleaux et aux fenêtres.

— J'ai entendu parler de croyants qui faisaient ceci.

— Avant de construire le tabernacle de frère Leaf dans l'usine, dit Dar à Peter, nous voulions être certains que la maison soit en sécurité.

L'air tendu de leurs visages indiquait clairement que le shérif et Bernard ne comprenaient pas de quoi il s'agissait. Dar leur expliqua.

— En dépit du triomphe de frère Leaf hier, le mal était présent. L'avez-vous senti, révérend ?

— Oui.

— Frère Leaf dit très justement que le mal ne supporte pas de se regarder.

— A-t-il béni cette maison ? demanda Peter.

Dar acquiesça.

— Alors, frères, vous voyez que mon fils et moi avons notre tâche toute désignée. Quoi que vous soyez venu me dire, El, dites-le vite.

Ils attendirent qu'Elliott prenne la parole.

— Dar, les membres du conseil municipal se sont réunis ce matin. Ils sont inquiets de ce qui se passe.

— Vous l'avez déjà dit, El.

— Je n'ai pas besoin de vous répéter qu'ils n'ont pas approuvé le terrain de camping depuis le début.

— Vous avez été parfaitement clair à ce sujet.

— À la réunion, ils ont voté de restreindre le nombre de

campeurs à ceux qui s'y trouvent à présent. Aucun nouveau ne doit être admis.

— C'est ma terre.

— Je suis ici pour vous signifier qu'ils ne veulent plus de nouveaux.

— C'est pour cela que vous avez amené Bernard avec vous ?

Bernard se passa la main dans les cheveux mais ne dit rien.

— J'ai pensé que ce serait un gain de temps, dit Elliott.

— Ils auront des nouvelles de mon avocat.

— Le conseil est décidé, Dar.

— Shérif, dites aux gens qui vous donnent vos ordres que vous m'avez parlé. Ma réponse est que le terrain de camping et le tabernacle de frère Leaf sont sur mes terres.

Elliott s'essuya la nuque.

— Je vous accorde un point, Dar. Ils ont toujours détesté le terrain de camping. Cette année, les motards les ont fait pisser dans leurs frocs.

— C'est calme en bas.

— Pour combien de temps, Dar ?

— Aussi longtemps que frère Leaf restera ici — et j'espère que ce sera toujours.

— Je dois vous prévenir que le conseil interprète cette opération religieuse que vous montez ici comme une manœuvre pour bénéficier de l'exonération de taxes dont bénéficient les églises.

— Frère Leaf ne prend pas un centime. Dites-le-lui, révérend.

— C'est vrai, dit Peter. Il ne demande pas d'aumônes, shérif. Il ne l'a pas fait hier...

— Il ne le fera jamais, dit Dar.

— Le conseil considère ceci comme le premier pas vers des ennuis sérieux, Dar.

— Ils sont contre nous. Ai-je besoin de vous dire pourquoi ?

— Dar, je ne suis pas venu ici pour soutenir une polémique religieuse abstraite. Je vous dis simplement ce qu'ils ont décidé. Et ils ont décidé qu'il n'y aurait pas plus de campeurs.

— Et le tabernacle ?

— Nous parlons des Willows en ce moment.

— La prochaine fois, ils vous enverront pour essayer de fermer cette église.

— Je suis désolé, Dar. C'est comme ça.

Elliott fit demi-tour et s'éloigna vers la voiture de patrouille. Peter regarda Dar d'un air plein d'inquiétude, fit un signe de tête à Marc-Anthony puis suivit le shérif. Les trois sur le terre-plein attendirent que la voiture démarrât. Dar se tourna vers Bernard.

— Qu'il aille au diable avec son conseil municipal. Ceci est ma terre. Si des nouveaux arrivent, laissez-les s'installer sous ma responsabilité.

Bernard se passa la main dans les cheveux. Il secoua la tête.

— Qu'est-ce que cela veut dire ? demanda Dar sèchement.

— Ils ont raison — le shérif et les autres. Il va y avoir du grabuge.

— Pas avec frère Leaf ici.

— Seulement il n'y est pas. En bas, je veux dire. Comment voulez-vous que je m'en sorte là-bas alors qu'il est ici ? Ceux qui croient vraiment disent qu'il leur a tourné le dos.

— Ils étaient ici hier.

— Ils savent que vous ne voulez pas d'eux chez vous.

— J'ouvre le tabernacle, n'est-ce pas ?

— Mais pas là-bas. Ce ne sera pas le leur.

— Pourquoi le serait-il ?

— Ils disent qu'ils croyaient avant vous.

— Il ne leur appartient pas.

— Non, mais ils trouvent que vous agissez comme si c'était à vous qu'il appartenait.

Marc-Anthony craignait une explosion de rage de son père. Il espéra que Bernard ne dirait plus rien.

— Et je ne parle que des fidèles. Il y en a une quantité qui ne croient pas, ajouta Bernard.

— Au fait, dit Dar, je ne vous ai pas vu ici hier. (Il observa son employé.) Vous ne croyez pas en lui ?

— Je ne l'ai jamais prétendu.

— Mais vous croyez au shérif.

— Je ne veux pas d'ennuis...

— Si vous n'êtes pas avec nous, allez-vous-en.

— Payez-moi d'abord !

— Vous le serez.

— Je veux mon argent maintenant.

— Disparaissez !

Bernard descendit du terre-plein sur l'allée de gravier.

— Ils ont raison. Vous l'avez accaparé juste pour pouvoir

ouvrir votre église fantaisiste ici et gagner de l'argent sur son dos.

Dar se raidit de fureur. Il répondit, les dents serrées.

— Vous pouvez remercier le ciel de ne pas m'avoir dit cela il y a une semaine. Je vous aurais arraché la tête !

Bernard recula en traînant les pieds.

— Vous êtes soit avec nous, soit contre, cria Dar.

Bernard eut un mauvais rictus et secoua le poing.

— Je suis contre et l'ai toujours été. Vous êtes un abruti.

Il s'enfuit.

Marc-Anthony sentit le bras de sa mère sur ses épaules. Avait-elle tout entendu ?

— Les menuisiers ont appelé. Ils seront là demain à la première heure. Vous croyez qu'ils auront fini et que nous pourrons ouvrir mercredi ?

— En dépit de gens comme lui.

Dar prit la main de Lénore.

— Je suis heureuse que vous vous soyez débarrassé de lui. C'était une force négative.

— Le conseil municipal croit que nous faisons ceci pour de l'argent.

— Il faut avoir confiance dans le Seigneur.

— Oui, mais vous m'auriez dit cela il y a une semaine, je vous aurais ri au nez.

— Vous savez pour qui je prie maintenant ?

— Jody ? demanda Marc-Anthony.

— Ne serait-ce pas merveilleux si elle croyait enfin ? Alors toutes mes prières seraient exaucées.

— Où est-elle ? demanda Dar. (Il se tourna vers son fils.) Tu ne l'as pas vue ?

— Non.

Marc-Anthony retint sa respiration. S'ils ne posaient pas de questions sur frère Leaf, il n'aurait pas à mentir. Dar se tourna vers les rouleaux d'aluminium.

— Vous auriez dû voir leurs têtes, Lénore. El pense que je suis devenu cinglé. Marc-Anthony, il faut que nous terminions ceci, ajouta-t-il en se tournant vers son fils.

— Ce n'est pas à cause de Jody que je suis venu, monsieur. C'est pour ma grand-mère.

Soudain, Dar se rendit compte que la présence de Roger était parfaitement logique. Où était-il écrit que les très riches étaient exclus des miracles ?

— Monsieur, je sais que c'est beaucoup demander après la manière dont je me suis conduit hier.

— Cela, c'est à frère Leaf d'en décider.

— Je suis vraiment désolé, monsieur.

— Certainement pas. Cependant, je ne vous blâme pas de le dire. Vous êtes ici sur l'ordre de votre grand-mère ?

— Je suis heureux que vous le preniez de cette façon, monsieur.

Les deux hommes traversèrent le terre-plein et s'assirent dans les fauteuils en rotin.

— Vous savez, je ne peux pas trop m'emporter pour ce que vous avez fait hier. Il y a une semaine, j'aurais réagi de la même façon. Je ressentais la même chose. Voir sa vie bouleversée, par un miracle, de nos jours, paraît inconcevable. Cela ne me regarde pas, mais en avez-vous parlé avec Jody ?

— À vrai dire, je ne sais pas où nous en sommes, Jody et moi. Elle ne veut plus me voir depuis qu'elle croit en lui.

Dar resta silencieux pendant un long moment puis essaya de parler d'un air dégagé.

— Qu'est-ce qui vous donne tant de certitude ?

— Il n'y a qu'à la regarder. Elle ne veut plus voir ses amies non plus.

— Rien ne rendrait sa mère et moi plus heureux si elle croyait mais elle ne nous l'a pas dit. (Il se versa de la tisane.) Je croyais que je serais embarrassé de croire en frère Leaf — ou en quoi que ce soit de religieux d'ailleurs — mais c'est tout le contraire. C'est exaltant de croire et d'avoir quelque chose à quoi se dévouer corps et âme. (Il tendit une tasse à Roger.) J'ai soudain découvert le plus grand secret du monde. C'est incroyable. Tout le monde voudrait désespérément croire.

Roger essaya de boire sa tisane mais sa main tremblait et il en renversa dans sa soucoupe.

— Détendez-vous. Je ne vais pas essayer de vous convertir.

Cependant, si vous voulez venir mercredi en huit, vous serez le bienvenu en ce qui me concerne. Avant de parler de votre grand-mère, il faut que nous parlions de cette histoire de voiture.

— Jody a gagné le pari.

— Tout de même, une voiture, c'est énorme.

— Je veux tenir ma parole.

— Il va falloir que j'en parle avec Jody. Votre grand-mère a entendu ce qui se passait ici et elle voudrait un miracle. C'est cela ?

Roger hocha la tête.

— Elle voudrait quitter sa chaise roulante ?

Roger acquiesça de nouveau et parvint à boire une gorgée de tisane.

— Elle n'est pas descendue du troisième étage de sa maison depuis combien — sept ou huit ans ?

— Huit.

— Lénore et moi nous sentons coupables de ne pas avoir été lui rendre visite plus souvent.

Ils entendirent des voix dans le vestibule.

— Ainsi que vous le savez, poursuivit Dar, frère Leaf n'a pas été en ville. « Les cités qui doutent » — c'est ainsi que la Bible les appelle.

Lorsque Marc-Anthony amena frère Leaf sur le terre-plein, Roger bondit sur ses pieds. Donald inclina la tête mais ne lui tendit pas la main. Il accepta une tasse de tisane et s'assit en regardant à peine Roger.

Parce que Donald ne disait rien, Roger se mit à parler vite et trop fort de sa grand-mère.

— Et vous voudriez que j'aille en ville pour la voir ?

Roger hocha la tête.

— C'est cela, dit Dar.

— Bien entendu, je sais que c'est beaucoup vous demander après la façon dont je me suis conduit hier.

Donald le regarda, augmentant son malaise.

— Vous ne pouvez pas imaginer ce que cela signifierait pour elle.

— Pourquoi votre père ou votre mère ne me l'ont-ils pas demandé ? N'aurait-ce pas été plus facile que pour vous ?

— Ils sont morts. Ma grand-mère n'a que moi.

Donald regarda Dar et son fils.

— Cette invitation concerne-t-elle aussi mes frères et sœurs de cette maison ?

— Bien entendu ! Oui.

Donald se leva et Roger l'imita.

— Trois heures, demain ?

Donald partait déjà. Il hocha la tête.

— Merci ! Je le pense sincèrement. Merci.

34

Railings était la maison la plus importante du comté. Aucun guide de cette partie de l'État de New York n'omettait de mentionner sa taille, son architecture exubérante ni ses boiseries intérieures surchargées d'ornements. Les illustrations montraient sa particularité la plus remarquable — les vitraux, hauts de trois étages, par Louis Comfort Tiffany.

Marc-Anthony, qui n'était jamais venu à Railings, regarda à travers la vitre mouillée de la limousine la maison de pierre sur la colline.

Mme Pritchard avait envoyé la limousine pour prendre les Cragin et frère Leaf. Donald Leaf avait refusé d'y monter. Il avait insisté pour que la famille se rendît à Marble Hill en grande pompe. Malgré la pluie, il les avait suivis en Kawasaki.

Lénore eut la respiration coupée lorsque le chauffeur tourna dans l'allée conduisant à la maison en apercevant la foule massée devant la porte d'entrée.

— Regardez-les. Ils applaudissent.

Environ une cinquantaine de personnes attendaient en imperméable, et tenant des parapluies.

— La plupart ont des feuilles vertes ! Marc-Anthony se retourna pour regarder Donald qui les suivait, ses cheveux blonds plaqués sur son crâne par la pluie.

Alors qu'ils descendaient de la limousine, une femme sortit de la foule.

— Vous vous faites appeler le révérend Donald C. Leaf, de Youngstown, Ohio ?

Donald regarda Dar.

— Allons, Loïs, dit Dar platement dans un effort pour neutraliser son défi. Vous savez comment il s'appelle.

— Je veux l'entendre dire lui-même. (Loïs tenait un télégramme et, malgré la pluie, elle le déplia lentement.) J'ai une preuve ici. (Elle leva le message.) Voici le numéro du certificat de décès de Donald Leaf, mort à Youngstown, Ohio, il y a onze mois.

Marc-Anthony sentit sa gorge se serrer. Pris de panique, il regarda son père.

— Est-ce censé créer une surprise, Loïs ? (La voix de Dar était calme.) La seule chose qui me surprenne, c'est que vous vous soyez donné tant de mal pour nous apprendre ce que frère Leaf nous a déjà dit. Allez-y. Répandez votre nouvelle dans tout Marble Hill mais ne croyez pas que nous allons rester pour écouter ce que nous savons depuis longtemps.

Marc-Anthony réprima un cri. Il n'était au courant de rien. Frère Leaf avait-il dit quelque chose à son père et à sa mère qu'il lui avait caché ? Son vrai nom n'était-il pas Donald Leaf ? Était-ce Ralph Otteson, celui que Jody avait trouvé dans sa bible ?

— Mademoiselle Tavernetti. (Lénore descendit les marches du terre-plein et s'approcha de la femme silencieuse qui froissait le télégramme dans son poing.) Je ne peux que prier pour que vous laissiez frère Leaf entrer dans votre vie comme il est entré dans la nôtre. Je peux vous promettre qu'il vous changera autant qu'il nous a changés. (Le sourire de Lénore n'avait jamais été plus gracieux.) Je prierai pour que vous soyez avec nous lorsque le tabernacle ouvrira la semaine prochaine. Je vous y accueillerai de tout mon cœur.

— Je prierai aussi, dit Dar.

— Je ne veux pas de vos putains de prières, hurla Loïs. Je veux que vous vous rendiez compte que votre foutu messie est un imposteur.

Donald ne quitta pas Loïs des yeux. En trois pas, il s'approcha assez d'elle pour lever la main et décrire un signe mystérieux sur son front.

— C'est le diable, s'écria Loïs terrorisée.

Elle poussa un hurlement et s'enfuit en trébuchant, pleurant de façon hystérique.

Lénore s'adressa à la foule du haut des marches.

— Je vous demande de ne pas l'oublier dans vos prières.

Roger, tenant un parapluie, attendait ses hôtes devant la porte.

Dans le vestibule immense, des domestiques apparurent pour les débarrasser de leurs manteaux mouillés.

— Désolé pour la foule là-bas dehors, dit Roger. L'infirmière de ma grand-mère n'est pas très équilibrée. Lorsqu'elle a appris que vous veniez, elle est devenue hystérique et s'est mise à appeler tout le monde au téléphone. (Il hésita.) Vous l'apprendrez tôt ou tard, alors il vaut mieux que je vous avertisse. Elle a téléphoné au médecin de famille pour essayer de vous empêcher de venir.

Impassible, Donald attendait.

— Ma grand-mère veut vous voir plus que jamais.

Roger s'était rapproché de Jody.

— Je suis content que vous soyez là, dit-il.

— Ma famille m'y a contrainte.

— J'ai dit au concessionnaire Datsun de vous livrer la SX200.

Jody secoua la tête.

— Ma famille ne veut pas que je la prenne.

Roger se tourna vers les autres.

— Sommes-nous tous prêts à monter ?

Lénore leva la main. Roger se rendit compte qu'elle attendait frère Leaf. Lisant sa Bible, Donald s'éloignait vers le fond du vestibule dans une caverne de piliers sculptés et de boiseries sombres, loin des vitraux éclatants.

Lorsqu'ils montèrent enfin les lourdes marches de chêne, Marc-Anthony bondit en tête, sautant trois marches à la fois. Une voix forte l'interpella.

— Jeune homme, savez-vous qui était Circé ?

35

Au sommet de l'escalier, dans un nuage de fumée, une silhouette blanc et or était assise dans une chaise roulante. Marc-Anthony vit un fume-cigarette en ivoire s'éloigner d'un visage aux pommettes hautes, tendues d'une peau pâle et blanche. Ses cheveux dorés étaient tirés vers l'arrière, aussi tendus que sa peau. Dans ce masque d'idole aux traits aigus, des yeux brillants étincelaient.

— Est-ce une déesse de la mythologie grecque ?

— Pas une déesse. Une femme. Une magicienne qui a essayé de garder Ulysse sur son île. (Elle montra un visage dans le vaste vitrail du bout de son fume-cigarette.) Ma mère a posé pour Tiffany. C'est pourquoi Circé là-bas me ressemble exactement.

Marc-Anthony se tourna et regarda l'enchanteresse, deux étages plus bas.

— Vous êtes Marc-Anthony. C'était le nom de votre grand-père, un bel homme.

Derrière la chaise roulante de Mrs Pritchard, se tenait une petite femme au visage rouge surmonté d'une touffe de cheveux roux, visiblement une perruque, inappropriée à son âge et à son uniforme blanc amidonné : l'infirmière Deane. Mrs Pritchard mit ses lunettes cerclées d'or pour regarder Jody monter vers elle.

— Je connais Jody, dit-elle sans enthousiasme. Vous n'avez toujours pas fumé ?

— Non.

— Un miracle minime. (Elle baissa son fume-cigarette et aspira une bouffée de fumée.) Comme vous pouvez le voir, je n'y ai pas renoncé. Je n'en ai pas l'intention. Je ne gagnerai pas de pari ni de voiture que je ne pourrais pas conduire. (Elle tapota Marc-Anthony sur l'épaule comme si lui seul pouvait la comprendre.) Je ne conduis pas, je ne danse pas mais je fume et je bois. (Elle tendit la main.) Lénore. Dar.

— Madame Pritchard, dit Dar tandis que Lénore et lui déposaient un baiser rituel sur le vieux visage parcheminé.

Mrs Pritchard remit ses lunettes pour examiner le jeune homme mince en costume gris humide qui tenait une bible noire.

— Bienvenue, monsieur. Comment dois-je vous appeler ?

— Frère Leaf.

— Ce qui fait de moi une sœur, j'imagine. (Elle haussa les épaules pour indiquer que durant sa vie elle avait souffert de pires indignités.) Merci d'être venu, frère Leaf. Tout le monde à Marble Hill jure que vous opérez des miracles.

— Je fais la volonté du Saint-Esprit.

— Néanmoins, je n'arrive pas à comprendre pourquoi vous êtes venu ici.

— Vous voulez que je parte ?

— Bien sûr que non. Mais la façon abominable dont mon

petit-fils s'est conduit à votre service religieux m'aurait donné soif, à votre place, de me venger.

— Comme je vous l'ai dit, je fais la volonté du Saint-Esprit.

— C'est plus que ne font les médecins. Venez.

Roger poussa la chaise roulante sur le parquet de chêne vers un salon rempli de plantes vertes.

Tout le monde regarda Donald Leaf refermer sa bible. Ils s'assirent après lui. Dar s'avança vers Mrs Pritchard pour épingler une feuille verte sur son caftan aux broderies d'or.

— La fameuse feuille, dit-elle. (Elle baissa la voix.) Je mourais d'envie de vous poser la question, Dar. Croyez-vous vraiment ?

— Oui.

— Je n'arrive pas à l'imaginer, Dar. Désolée, frère Leaf, mais j'ai connu celui-ci toute sa vie. (Elle examina Dar à travers le nuage de fumée de sa cigarette.) Il vous a changé ?

— Oui.

— Vous paraissiez toujours si irritable, prêt à exploser. C'est fini ?

— J'y travaille.

— Vous lisez la Bible et tout cela ?

— J'essaie.

Mme Pritchard haussa les épaules. Il y avait des choses en ce monde qu'il fallait accepter sans comprendre.

— Lénore croit aussi, dit Dar.

— Oui. (Mme Pritchard sourit d'un air triste. Elle regarda Donald droit dans les yeux.) Je ne crois pas, frère Leaf. (Le prédicateur ouvrit sa bible.) Je veux que vous le sachiez.

Donald se mit à lire.

— Nous commençons par la vérité.

— Madame Pritchard, frère Leaf connaît la vérité, croyez-moi, dit Dar. Vous n'avez pas besoin de la lui dire.

— Il voit jusqu'au fin fond de mon âme noire ? (Elle rit mais fut seule à le faire.) Je déteste l'hypocrisie presque autant que cette chaise roulante. Je donnerais n'importe quoi pour pouvoir marcher mais je ne veux pas mentir. Je ne dirai pas que je crois alors que c'est faux.

Donald ferma la bible, regarda Dar puis Roger. Visiblement, il était troublé.

Roger alluma une cigarette pour sa grand-mère. Elle poussa un long soupir.

— Avez-vous l'impression, frère Leaf, que ceux qui viennent vers vous croient ? (Il ne répondit rien.) Je dirais qu'ils veulent exactement ce que je veux : un miracle. (Elle aspira une profonde bouffée de fumée et resta un long moment silencieuse.) Un miracle. C'est ce que nous voulons tous, sans exception. Et après tout, il vous serait plus facile de me faire marcher que de ramener un mort parmi les vivants ou de faire parler la petite fille des Cragin d'outre-tombe.

Tout le monde fit un effort pour dominer son malaise mais l'infirmière recula avec un sanglot.

— Je donnerais n'importe quoi pour prouver que les médecins ont tort, frère Leaf. (Mrs Pritchard parlait sans la moindre conviction que son souhait soit exaucé. De l'autre côté de la pièce, l'infirmière gémissait.) Vous n'êtes pas obligée de rester, mademoiselle Deane, si ceci vous pèse tant. (Mrs Pritchard se retourna vers le jeune homme.) Grâce à vous, frère Leaf, la maligne Jody a gagné son pari contre Roger.

— Pas grâce à moi. Elle voulait la voiture. (Donald prit la bible dans son autre main.) Elle voulait s'arrêter, elle l'a fait. C'est aussi simple que cela.

Je veux marcher.

— Grand-mère, dit Roger. Il le sait.

La vieille dame ignora son petit-fils.

— Je suis une femme riche, frère Leaf. Je suis prête à vous donner tout ce que je possède pour que vous me sortiez de cette chaise. Voilà un meilleur pari que celui de Roger et de Jody. C'est le nôtre... à vous et à moi.

Donald lança un regard courroucé à Dar. Celui-ci se tourna vers Roger.

— N'avez-vous pas expliqué à votre grand-mère que frère Leaf n'accepte pas de dons ?

— N'essayez pas de me faire croire cela ! (La voix de la vieille femme était amère.) Appelez cela comme vous voudrez. Frère Leaf, comme nous, a besoin de vivre dans ce monde.

— Le Saint-Esprit pourvoit, dit Dar.

— Amen, murmura Lénore.

— Ha ! Peut-être pour vous. Pas pour moi. Voulez-vous me dire ce que ferait le Saint-Esprit pour moi si je n'étais pas riche ? Je n'ose pas y penser. Non, frère Leaf ne refusera pas quand je lui donnerai assez d'argent pour bâtir votre église.

(Donald se leva.) Offensé, frère ? Vous préféreriez que je mente ?

Ses yeux gris se posèrent sur elle.

— Alors que voulez-vous ? demanda-t-elle.

— Vous savez ce que je veux.

— Je ne puis vous le donner. Je ne peux pas croire.

— J'ai senti cela dès que j'ai mis les pieds dans cette maison. (Donald mit sa bible dans sa poche.) Je suis désolé. Il y a d'autres gens qui ont plus besoin de moi.

— Les dupes et les hystériques qui vous mentent ? Ceux qui font semblant ? Comme l'équipe qui se trouve devant cette maison en ce moment et qui attend que vous vous avanciez à la fenêtre comme le pape pour annoncer un nouveau miracle ?

Donald ne répondit rien. Il quitta la pièce.

La voix devint perçante.

— Vous en êtes incapable et vous le savez bien ! Vous êtes un pieux imposteur comme tous les autres. Je vous vois tous à la télévision, apposant vos mains, dissolvant les cancers, faisant voir les aveugles. Au mieux, c'est de l'hystérie. Vous êtes tous des imposteurs ! Tous !

— Madame Pritchard, frère Leaf a guéri mon bras. (Marc-Anthony, qui se tenait près de la vieille dame, avait parlé doucement mais tout le monde l'avait entendu.) Frère Leaf m'a dit que si je priais vraiment, je guérirais. Je crois en frère Leaf de tout mon cœur et vous devriez y croire aussi.

Mrs Pritchard dévisagea le garçon un long moment. Elle lui toucha la joue.

— Merci de m'avoir dit cela, Marc-Anthony. L'ennui, c'est que je n'ai pas la même foi que vous.

— Mais vous pouvez, madame Pritchard, vous le pouvez.

Les bottes de Donald résonnèrent sur le parquet en dehors de la pièce. Mrs Pritchard poussa des boutons et la chaise roulante se mit en marche. Roger bondit sur ses pieds. L'infirmière courut derrière eux. Les autres suivirent.

Mrs Pritchard roula jusqu'au sommet des marches.

— Je vous en supplie. (Sa voix se brisa. Elle était désespérée.) Frère Leaf, pour l'amour de Dieu, arrêtez-vous. Arrêtez-vous une seconde et regardez-moi vraiment.

Donald se tenait au sommet des marches. Le vitrail rayonnait derrière lui. La chaise roulante s'avança assez près pour que la vieille dame puisse lui saisir les mains.

— Regardez-moi.

Le visage du prédicateur, en contre-jour, était sombre. Ses yeux brillaient.

— Pouvez-vous voir à quel point j'ai peur ? Voyez-vous que je me prépare à être déçue de nouveau, comme je l'ai été par tous les médecins spécialistes, tous les mystiques, tous les guérisseurs que j'ai vus — et je les ai tous vus. La première année, j'ai même payé pour qu'un avion ambulance m'amène à Lourdes. Vous ne croyez pas que j'ai prié, frère Leaf ? Vous ne pensez pas que je veux croire ? J'ai prié jusqu'à épuisement.

— Priez avec moi maintenant. (Il tendit sa bible à Marc-Anthony, s'avança vers la vieille dame, lui leva le visage et l'embrassa sur le front. Il recula et leva ses mains blanches.) Dieu soit loué. Il a vu ce qu'il y a dans votre cœur.

Personne ne bougea.

Dites le, commanda frère Leaf. Je marcherai.

— Je marcherai...

Plus fort.

— Je marcherai.

— Encore.

— Je marcherai.

— Je marcherai, cria frère Leaf.

— Je marcherai, cria-t-elle.

— Encore. Je marcherai.

— Je marcherai. (Elle criait presque aussi fort que lui.)

— Dieu Tout-Puissant, donnez à cette femme la force de marcher. Je marcherai.

— Je marcherai.

— Marchez.

Une main blanche ordonna aux autres de reprendre. Au début, ce ne fut guère plus qu'un soupir.

— Marchez...

— Oh, mon Dieu. C'est insoutenable.

L'infirmière se cacha le visage dans ses mains.

Mrs Pritchard saisit les bras de sa chaise roulante.

— Marchez.

— Je marcherai.

— Marchez.

Toujours assise dans sa chaise, elle inclina les épaules et se glissa vers le bord.

— Marchez.

Elle se pencha en avant et, à l'aide de ses mains, lentement, douloureusement, posa un pied puis l'autre sur le parquet de chêne. Donald se tenait à deux mètres devant elle.

— Venez à moi.

— Je marcherai.

— Venez à moi.

Mrs Pritchard poussa sur ses bras, se forçant, centimètre par centimètre, à se lever. Les autres, muets de saisissement, regardaient en silence. Frère Leaf leur fit signe de répéter après lui.

— Venez à moi.

— Venez.

— Je marcherai, haleta Mrs Pritchard.

Elle se repoussa des bras, vacilla. Roger bondit mais, avant même de voir le signal de frère Leaf, s'arrêta sans toucher sa grand-mère. Ce qui arrivait se passait entre frère Leaf, sa grand-mère et le Saint-Esprit. Lénore fondit en larmes et serra contre elle Marc-Anthony secoué de sanglots. Jody se mordait les articulations.

— Dieu soit loué, s'écria Dar, les yeux étincelants.

Mrs Pritchard, s'appuyant d'une main sur le bras de la chaise roulante, était debout.

— Venez à moi.

— Je... marcherai.

La vieille dame ferma les yeux. Ses lèvres récitaient une prière silencieuse. Elle baissa la tête pour prendre des forces puis la releva et rencontra le regard de frère Leaf qui se tenait à quelques pas d'elle. Elle inclina la tête. Maintenant.

— Oh, doux Jésus, cria l'infirmière, c'est un miracle.

— Que personne ne bouge, s'exclama frère Leaf. Aidez notre sœur de vos prières. Dites-lui ce que le Saint-Esprit veut qu'elle fasse.

Il sourit à la vieille dame et lui tendit la main.

— Venez à moi, murmura-t-il.

— Mon Dieu, gémit l'infirmière.

Mrs Pritchard bougea. Elle bougea mais, sous le long caftan qui traînait jusqu'à terre, il était impossible de voir si elle marchait ou tombait en avant. Roger bondit.

— Ne la touchez pas !

Avec un cri, Roger saisit sa grand-mère qui pivota et retomba sur la chaise roulante. Celle-ci s'anima soudain et fit une embardée en avant. Les roues crissaient sur le parquet nu. Pendant une fraction de seconde, il n'y eut pas de bruit du tout. Dans ce silence terrifiant, la chaise roulante plongea par-dessus la première marche, décrivit un arc dans la cage d'escalier et percuta le vitrail. Il y eut une longue plainte, un bruit de verre brisé, suivi d'un silence stupéfié.

37

Personne n'osait bouger devant la maison.

Les Cragin et les autres, y compris les reporters de la télévision locale, attendaient que le prédicateur prenne la parole. Ils purent à peine entendre ce qu'il disait à cause de la pluie et parce qu'il parlait si bas. Ils tendirent tous l'oreille.

— Aucun de nous ne verra jamais une foi plus profonde. Maintenant, notre sœur est avec le Saint-Esprit.

Dar attira Lénore et son fils contre lui. Ceux qui avaient des parapluies mouraient de savoir comment cela s'était passé. Ils regardaient le vitrail cassé et interrogeaient du regard ceux qui avaient été auprès de Mrs Pritchard au troisième étage.

— Elle a marché. (L'infirmière criait à travers ses doigts en se cachant le visage.) Je l'ai vue ! Elle croyait et le Saint-Esprit l'a fait marcher. Ses mots s'étranglèrent dans sa gorge tandis que Roger s'agenouillait à côté du corps brisé de sa grand-mère.

— Il ne croyait pas, dit Donald en montrant Roger du doigt.

L'infirmière se tourna vers la foule.

— Je jure devant Dieu qu'elle a marché mais, comme le dit frère Leaf, Roger ne croyait pas. Il l'a arrêtée. (Maintenant, elle se tenait au-dessus du jeune homme.) Il ne croyait pas. Il l'a arrêtée.

Roger tenait le corps de sa grand-mère dans ses bras couverts de sang. Il secouait la tête.

— Je vous en supplie, dites-leur que je l'aimais. Il regarda autour de lui avec désespoir tandis que Donald restait silencieux.

— Le diable ! hurla l'infirmière. Le diable est en lui. Demandez à frère Leaf s'il n'est pas possédé par le diable.

Où était frère Leaf ? La foule le chercha du regard. Sa moto n'était plus là.

Donald Leaf avait disparu.

38

Depuis l'instant où les Cragin montèrent dans la limousine à Railings, Marc-Anthony attendit que les autres parlent. Il attendit durant tout le trajet mais personne ne souffla mot. Il suivit sa famille jusqu'au bureau de Dar où ils trouvèrent Donald qui les attendait. Ils tombèrent à genoux devant lui. Chacun des adultes lut un passage de la Bible.

La pluie avait cessé et il faisait à présent une chaleur moite mais Marc-Anthony tremblait de froid et de peur. Personne autour de lui ne parlait de ce qui le torturait. Croyaient-ils pouvoir ne jamais plus évoquer ce qui avait eu lieu ? Il était malade d'angoisse et certain que, derrière les visages impassibles, ils devaient être déchirés par les mêmes doutes. Croyaient-ils vraiment que Roger était le diable ? L'infirmière l'avait hurlé, Donald avait annoncé qu'il ne croyait pas et qu'il avait causé la mort de sa grand-mère. Le croyaient-ils vraiment ?

Il jeta un coup d'œil sur Jody qui, plus encore que les autres, était pour lui une énigme. Elle ne croyait pas en frère Leaf et elle avait été présente sur les lieux du drame. Elle avait vu ce qu'il avait vu. Si seulement il pouvait la voir toute seule pour lui demander ce qu'elle ressentait !

L'instant vint où Donald ferma la bible et se retira, les yeux fermés, dans son propre univers. Dar regarda sa femme, sa fille et son fils pour leur signifier que le cas de Mrs Pritchard était définitivement clos.

Était-ce tout ce qu'ils allaient dire ? Croyaient-ils que le problème était exorcisé par la lecture des Saintes Écritures ?

Comme Donald fermait les yeux, il osa le regarder. Le prédicateur bougea les lèvres.

— Tandis que la foi de chacun de nous s'approfondit, nous

percevons de plus en plus la présence de l'esprit malin autour de nous. Soyez constamment sur vos gardes car Satan est partout. (Le téléphone sonna et Lénore le débrancha.) À présent, demandons au Saint-Esprit de bénir frère Dar et sœur Lénore tandis que nous avançons la préparation de notre tabernacle pour la plus grande gloire de Dieu. Enfin, dit Donald en prenant la main de Jody, demandons au Saint-Esprit de nous aider à guider une sœur vers notre foi. Elle en est près, si près à présent, doux Jésus. Donnez-lui la foi. *Amen.*

Ils se levèrent. Sans un mot de plus, Donald sortit de la pièce. Dar passa derrière son bureau et les autres prirent des chaises et s'assirent.

— Vous ne verrez plus Roger.

Jody inclina la tête.

— Non, murmura-t-elle.

— Vous ne prendrez pas la voiture.

— Je l'ai gagnée régulièrement, protesta-t-elle sans conviction.

— Vous avez aussi entendu frère Leaf parler de l'œuvre de Satan. (Au lieu de l'admettre, elle haussa les épaules.) Vous ne pouvez pas accepter la voiture.

— Je comprends.

Priez-vous afin de croire ? demanda Dar.

Jody hocha la tête.

— Cela viendra. Le Saint-Esprit y veillera. (Lénore prit la main de Dar puis celle de Marc-Anthony.) Notre Jody, Donald ! Oh, je rends grâces au Saint-Esprit de bénir cette famille au delà de mes plus folles espérances.

Pour la troisième fois, Jody hocha la tête. Elle se leva et se dirigea vers la porte.

— Puis-je demander à ma fille où elle va ?

— En haut.

Dar ouvrit le tiroir de son bureau et en sortit le dossier de ses comptes mais ses yeux se posèrent sur Marc-Anthony.

— Où va-t-elle lorsqu'elle n'est pas dans sa chambre ?

— Je ne sais pas, mentit Marc-Anthony.

Dar ouvrit son dossier et contempla ses factures en secouant la tête. Lénore se leva pour partir. Elle sourit à son mari.

— Je ne comprends pas que vous vous inquiétiez pour une chose comme l'argent.

— Je n'ai pas pu payer Bernard. J'ai retardé le paiement de ces factures aussi longtemps que possible.

— Le Seigneur pourvoira.

— Il ferait bien.

Les factures et l'argent étaient la dernière préoccupation de Marc-Anthony. Il venait de mentir pour protéger sa sœur et il détestait mentir. Il avait fait des choses qu'il détestait, prétendu croire à d'autres afin de servir Donald. Il voulait le servir mais en dépit de ce qu'il faisait, il se sentait de plus en plus exclu de la vie du prédicateur. Quelques minutes auparavant, Donald avait prié pour son père, sa mère, Jody. Pourquoi pas pour lui ? Et pourquoi ne lui avait-il pas dit que son vrai nom était Ralph Otteson ainsi qu'il était écrit dans sa bible ?

Marc-Anthony frissonna. Donald le punissait-il parce qu'il voyait dans ses pensées et dans son cœur ? Savait-il à quel point Marc-Anthony détestait mentir pour lui et Jody ? Devinait-il qu'il ne pouvait pas croire que quelqu'un était possédé par Satan simplement parce qu'il n'était pas de l'avis de frère Leaf ? Savait-il qu'il refusait d'accuser Roger de la mort de sa grand-mère qu'il aimait ? Marc-Anthony avait détesté Roger dimanche mais il savait qu'il n'était pas Satan même si Donald le disait. Ce n'était pas juste de damner Roger de cette façon.

Donald, qui connaissait la volonté du Saint-Esprit, savait-il que Marc-Anthony était déchiré par ces questions ? Était-ce la raison pour laquelle il était parti sans lui dire un mot ?

Tandis que son père travaillait, Marc-Anthony se tenait derrière sa mère qui brodait une feuille verte sur une nappe destinée à recouvrir le futur autel. Il chuchota à son oreille de façon que son père ne puisse pas entendre.

— Tout le monde dit que c'est la faute de Roger mais ce n'est pas vrai. Je l'ai vu, maman. Il a cru que Mrs Pritchard tombait. Il a simplement essayé de la rattraper.

— Plus un mot.

— Mais ce n'est pas juste.

Lénore caressa le visage de son fils.

— Tu as entendu ton père...

— Mais ce n'était pas la faute de Roger.

— Tu es trop jeune pour comprendre.

— Non ! J'y étais. J'ai vu.

Lénore se tourna pour embrasser son fils.

— Fais ce que dit ton père. Laisse cela.

Il la regarda fixement tandis qu'elle étalait sa broderie. Cela ne la touchait-il pas ? Cela ne gênait-il personne que ce qu'ils faisaient à Roger fût injuste ?

— Papa, tout le monde dit que Roger l'a tuée. Ils disent que c'est parce qu'il ne croit pas.

Dar ne leva pas son regard de ses comptes.

— Ne m'as-tu pas entendu dire à l'instant que le sujet était clos ?

— C'est ce que dit maman mais...

— C'est tout, jeune homme !

— Mais ce n'est pas juste. Roger ne croit peut-être pas en frère Leaf mais cela ne signifie pas qu'il l'a tuée.

Pendant un instant, le garçon attendit avec la certitude que son père allait le frapper. Dar secoua la tête.

— Approche-toi. Je veux que tu viennes devant moi. Plus près. (Dar lui rebroussa les cheveux.) Tu viens d'entendre frère Leaf dire que beaucoup de gens sont contre ce que nous essayons de faire ici. Il a dit aussi que nous devions nous tenir en garde contre Satan. L'a-t-il dit, oui ou non ?

— Oui.

— Quoi d'autre ?

— Que le mal est partout.

— Brave petit.

Dar attira son fils contre lui.

— Les méchants sont contre frère Leaf. C'est pourquoi Roger et ses amis pleins de haine font tout ce qu'ils peuvent pour le détruire. C'est pourquoi il ne faut pas trop t'inquiéter de la manière dont le Seigneur punit des gens comme lui.

— C'est ce que tout le monde dit. Dieu le punit.

— Cela ne te paraît pas normal ?

— Mais il aimait sa grand-mère.

— Les gens comme Roger essaient de nous arrêter.

— Roger ne croit peut-être pas en Dieu ou en frère Leaf comme il le devrait mais il n'a pas fait ce qu'ils disent.

— Et tu en sais plus que nous tous ?

— Je dis simplement que ce n'est pas juste.

Dar tourna le visage de son fils vers le sien.

— Alors, fais-moi confiance. Et ce qui est plus important encore, aie confiance en frère Leaf. C'est toi qui l'as amené ici. (Le père ébouriffa les cheveux de son fils.) Plus un mot de tout ceci, entendu ? Parce que je ne veux pas que tu deviennes comme les autres.

Dar embrassa Marc-Anthony. Sa mère sourit. Dieu merci, tout était en ordre à présent.

Lorsque Marc-Anthony quitta la pièce, il était cependant toujours troublé. Il ne se trompait pas au sujet de Roger. Il ne pouvait pas faire autrement que de croire à ce qu'il avait vu.

Jody n'était pas dans sa chambre. Il entra dans la sienne, prit sa bible et se força à en lire quelques versets — la bataille livrée par Joab contre les enfants d'Ammon. Tout cela ne signifiait rien pour lui. Il ferma le livre et se jeta sur son lit.

Des larmes lui brûlaient les yeux. Personne n'avait besoin de lui expliquer ce qui se passait. Il ne croyait pas comme il aurait dû. Il savait à quel point il avait tort de ressentir ces doutes et il avait un désir ardent de croire à nouveau comme il l'avait fait près de la rivière. Il pria de tout son cœur pour être digne de frère Leaf.

— Mon Dieu, rendez-moi ma foi.

Tout à coup, il sut ce qu'il devait faire et il bondit sur ses pieds. Il allait trouver frère Leaf et tout lui dire. Il refoula ses larmes, se passa de l'eau froide sur le visage et courut frapper à la porte de la chambre persane.

Frère Leaf n'y était pas.

Marc-Anthony descendit les escaliers en courant et traversa la pelouse en effrayant deux paons qui s'égaillèrent en poussant des cris. Arrivé à la chaumière, il se jeta contre la lourde porte en chêne.

— Frère Leaf, c'est moi.

La porte céda brusquement. Il entendit des halètements et des gémissements.

Dans la pénombre, frère Leaf se tenait debout, nu devant Jody, nue elle aussi, agenouillée devant lui. Elle écarta son visage du corps de Donald. Leurs yeux brillants fixèrent ceux du jeune garçon.

39

La lèvre inférieure de Marc-Anthony tremblait de frustration.

— Vous me faites mentir tout le temps.

Donald posa le plateau sur la télévision.

— C'est vrai ! Et vous ne m'avez même pas cité dans vos prières. Vous ne m'avez pas non plus dit votre vrai nom.

— Une chose à la fois. D'abord, mangez votre dîner.

Aucune cajolerie de son père ou de sa mère n'avait réussi à faire sortir Marc-Anthony de sa chambre. Donald avait monté le plateau et frappé à sa porte mais le garçon ne voulait même pas regarder la nourriture.

— Vous ne voulez pas manger ? (Marc-Anthony secoua la tête.) Ce sera plus facile dans ma chambre. (Donald laissa le plateau et le garçon le suivit à contrecœur jusqu'à la chambre persane où le prédicateur lui fit signe de s'asseoir puis lui tendit sa bible.) Regardez à la première page où est inscrit le nom de Ralph Otteson. Cela a-t-il de l'importance ? Je suppose que oui, sinon je n'en aurais pas changé. Lorsque j'avais votre âge, j'ignorais qu'il y avait des gens qui vivaient dans des maisons aussi grandes que celle-ci. Ma mère et moi passions une grande partie de notre temps dans les rues. C'était un être désorienté, une âme vraiment perdue, qui essayait tout. Elle m'a traîné avec elle dès que j'ai pu marcher. Les communautés, les sectes, tout y est passé. Une fois, quand j'étais assez grand pour pouvoir essayer de m'enfuir d'une de ses réunions, ils m'ont ligoté à une chaise pour que j'écoute. Lorsque je me suis mis à pleurer trop fort, ils m'ont bourré la bouche de chiffons sales. Lorsqu'il s'agit de prêches, croyez-moi, je les ai tous vus, tous entendus.

» Un jour — je devais être plus jeune que vous — elle m'a habillé d'une aube de satin blanche, m'a mis une croix dans la main et hissé sur l'autel. J'ai levé la bible et leur ai récité ce qu'on m'avait dit de dire : que je savais ce qu'ils ressentaient, que le Saint-Esprit les entendait et que je pouvais le prouver par les Écritures.

— Comment saviez-vous ce qu'ils ressentaient ?

— Vous le savez. Je le sais. Tout le monde le sait. Seulement tout le monde a trop peur pour en parler. La terre est couverte de gens effrayés qui ont peur de mourir, peur d'avoir des tumeurs et des cancers, peur d'éprouver des sentiments terribles qu'ils ne peuvent ni admettre ni dominer, peur de n'avoir pas compris le sens de leur existence. C'est un choc de découvrir, à un âge si tendre, que le monde est plein de gens qui ont peur. (Il prit la bible des mains du garçon et la posa sur la commode puis fixa Marc-Anthony de son regard penché.) C'est un choc plus grand encore lorsque vous vous rendez compte que vous les avez touchés, que vous n'êtes qu'un gamin, hissé là-haut, mais que vous avez touché leurs cœurs.

» Vous pourriez croire qu'il était exaltant de découvrir que j'avais ce pouvoir. Non. Cela m'a terrorisé. Après la mort de ma mère, je suis allé vivre avec son frère, Tom Leaf ; mon oncle prêchait occasionnellement lorsqu'il n'exerçait pas son métier de charpentier. Le vieux Tom aimait dire qu'il était charpentier comme Jésus mais la comparaison s'arrêtait là. Il n'avait aucune fougue. Rien. Le vieux Tom pouvait prêcher autant qu'il voulait, personne ne l'écoutait.

» Son fils Donald avait mon âge. Lorsqu'il est parti suivre des études théologiques, je suis allé dans une école commerciale des arts appliqués. Je sais encore faire de la dorure à la feuille. Savez-vous comment on fait ? (Marc-Anthony secoua la tête.) Cela n'a pas d'importance. Comme je l'ai dit, le vieux Tom n'avait rien d'un prédicateur mais Donald avait le don. Il savait atteindre les gens. Mais il n'a pas vécu. (Donald prit son sac de toile et fouilla dedans. Il en retira la chaîne.) Donald et moi partagions une chambre à Youngstown. Donald prêchait et moi je peignais des panneaux publicitaires. Parfois, j'allais l'écouter et cela me rappelait le jour où ma mère m'avait hissé sur l'autel. Je ne l'écoutais pas souvent car, à cette époque, j'aimais la belle vie, ce qui signifiait les filles, la boisson, la drogue. Je rentrais tard ou pas du tout et dormais généralement le dimanche. (Donald brandit la chaîne.)

» Un soir je suis rentré tard et l'ai trouvé mort, pendu à cette chaîne. Il était nu et couvert d'inscriptions au feutre partout où il avait pu écrire sur son corps. Il avait utilisé un marqueur mauve — je n'oublierai jamais la couleur — pour proclamer tous ses péchés dont la plupart étaient imaginaires. Rien qui eût étonné les psychiatres ; mais c'était trop pour Donald.

» Soigneusement plié sur une chaise se trouvait son costume gris. Celui-ci. Je me suis rendu compte que tout ce qui était nécessaire, c'était de changer de vie. Je suis sorti par la porte et j'ai laissé le Saint-Esprit me guider depuis ce jour-là. C'est la chose la plus facile au monde lorsqu'on croit.

— Vous avez dit à mon père que vous étiez pasteur, que vous étiez allé à l'école théologique.

— N'importe qui peut obtenir un certificat par le courrier pour quelques dollars. Je ne mens pas. Vous le savez. (Donald tint Marc-Anthony sous son regard penché.) Vous étiez le premier ici à croire en moi. Vous savez pourquoi ? J'ai le don. Lorsque vous l'avez, vous le reconnaissez chez les autres. Vous l'avez aussi. Maintenant je vais vous dire pourquoi je n'ai pas pris la peine de vous raconter toute cette histoire. Je ne pensais pas que vous, entre tous, aviez besoin de l'entendre. Dites-moi la vérité : vous ne saviez pas ?

— Avez-vous vraiment vu Dieu ?

— Le don vient de Dieu. Vous n'avez pas besoin de Le voir. Vous faites partie de Lui. C'est pourquoi vous êtes mon disciple.

Un coup frappé à la porte le fit taire. Marc-Anthony devina que c'était Jody. D'abord, elle n'osa pas regarder son frère. Donald lui prit la main. Il parla maintenant pour eux deux.

— Dans notre cabane secrète, vous avez vu. Oui, bien sûr, vous avez vu. Vous nous avez vus. Nous vous avons vu. Je ne regrette pas que vous l'ayez vu. Je le regrette, Marc-Anthony, parce que vous êtes trop jeune pour le comprendre.

Marc-Anthony se mit à pleurer.

— Vous savez que je ne mens pas.

— Écoute-le, supplia Jody. Comme il le dit, un jour tu comprendras.

Marc-Anthony pensa qu'il pourrait lui rétorquer qu'il comprenait bien plus qu'ils ne croyaient.

— Et si je le disais à papa et maman ?

— Je l'ai déjà fait, dit Donald.

Le garçon en eut le souffle coupé. Donald Leaf allait trop loin. Il mentait certainement. Était-ce possible ?

— Vous le leur avez dit ?

— Je leur ai dit que je faisais tout pour que votre sœur croie...

— Leur avez-vous dit qu'elle était toute nue à genoux devant vous en train de faire ces choses horribles ?

Jody se mit à gémir.

— Voulez-vous faire quelque chose pour moi, Marc-Anthony ? demanda Donald.

— C'est une de vos combines. Vous demandez cela à tout le monde. De faire quelque chose pour vous. Comme vous avez demandé à maman d'enlever ses gants ou à papa de mettre le papier d'aluminium. Vous faites faire quelque chose à chacun comme preuve qu'ils croient en vous.

Il se leva et se dirigea vers la porte.

— Oui, je vais vous demander de faire quelque chose mais ce sera pour vous, pas pour moi.

Le garçon secoua la tête.

— Voulez-vous prier avec moi ?

— Non !

Sur un signe de Donald, Jody tomba à genoux à côté de son frère. Marc-Anthony ferma les yeux. Jody lui épingla une feuille fraîche sur son T-shirt et l'embrassa. Il continuait à secouer la tête.

— Tu ne peux pas faire ça. Tu ne crois pas.

Jody lui caressa les cheveux.

— Je l'aime, Marc-Anthony.

Il s'agenouilla.

Jody et Donald l'entourèrent de leurs bras et ils se mirent à prier ensemble.

40

Dar se leva de bonne heure. Il avait du travail à faire, même avant le petit déjeuner. Il se hâta vers l'usine où il trouva Donald au milieu du terrain de basket-ball vide.

— Vous voulez votre chaire de ce côté-ci ? demanda Dar.

— Dimanche dernier, avec ce sol plat, certains d'eux avaient du mal à me voir.

— Pourquoi ne pas mettre la chaire au milieu ?

— Je ne veux tourner le dos à aucun d'eux. Ce mur est bien mais il faudra construire la chaire assez haut. Quand les ouvriers commencent-ils ?

— Je leur ai dit de venir aussitôt que possible. (Dar consulta son carnet de notes.) J'ai pensé que nous pourrions passer les murs à la chaux.

— Absolument ! Il faut qu'il y ait le plus de lumière possible. (Donald se pencha en arrière pour regarder la passerelle en fer qui courait le long du toit.) De là, nous avons besoin de projecteurs pour éclairer la chaire. Faites quelque chose pour supprimer l'écho. Cela vient de tout ce parquet. Et j'aurai besoin d'un microphone. Il faut que le son soit parfait. (Il parlait d'une voix passionnée tout en regardant autour de la vieille usine qui allait bientôt devenir son sanctuaire.) Vous avez raison, frère Dar. Il y a beaucoup à faire mais si nous y parvenons, ce sera véritablement tout à l'honneur de Dieu. (Leaf frappa dans ses mains et cria « alléluia ».) Vous entendez cet écho ? Il nous approuve. Dar, nous faisons la chose qu'il faut ici. Le sentez-vous ? (Il posa sur l'autre homme un regard soutenu.) Quelque chose ne va pas ?

— Vous ne voudriez pas que j'en parle.

— Vous avez raison.

— La location des chaises dimanche dernier, par exemple. J'ai dû faire un chèque sans provision.

Donald rit si fort que l'écho renvoya son rire.

— Par tous les diables, ne donnerez-vous pas une chance au Seigneur ? Je pensais que vous étiez croyant ?

— Jusqu'à présent, je comptais sur les Willows pour nous apporter le seul revenu que nous ayons. Depuis que le conseil y met des restrictions, j'ai décidé de fermer le camping complètement. Je n'ai jamais aimé avoir des gens là-bas et, de cette façon, je pourrai consacrer tous mes efforts au tabernacle. Mais il faut de l'argent pour cela.

— De l'argent.

Donald cracha le mot et Dar se prépara à entendre que Jésus avait chassé les prêteurs du temple.

— Je sais que vous détestez cette idée.

— Comme un péché.

— Toutes les autres Églises demandent de l'argent.

— Jésus ne l'a pas fait.

— Jésus n'en avait peut-être pas besoin. Vous non plus. Mais dimanche dernier, nous n'avons pas demandé l'aumône alors que la foule était prête à donner. Ils s'y attendaient. Vous avez vu de quelle façon ils me proposaient de l'argent. J'ai dû pratiquement les repousser.

— Si je prends de l'argent, alors je ressemblerai à tous ceux qui vont la main tendue, ne renonçait jamais, amassant l'argent pour s'enrichir. C'est ce que tous les non-croyants dénoncent. Et c'est la vérité : la plupart d'entre eux deviennent riches. Cela m'écœure. (Donald repoussa une chaise pliante, pivota et se pencha vers Dar.) Comment pouvez-vous, par tous les diables, si vous croyez que Dieu guide chacun de mes pas, comment pouvez-vous vous faire du souci pour une chose aussi méprisable et futile que l'argent ?

Les premiers patrons et ouvriers arrivèrent avant huit heures mais restèrent dans leurs véhicules. Un homme, que les autres appelaient Swede, fumait et buvait du café d'un Thermos. Il avait entendu dire qu'Eleanor Medaker avait refusé le prêt demandé par Dar à la banque. Avant de laisser ses hommes commencer, il voulait être payé en liquide.

Dar leur demanda d'attendre.

— Après dix heures, j'aurai l'argent.

— Nous perdons un temps précieux, dit Donald.

— J'espère seulement qu'ils ne renonceront pas et ne repartiront pas avant que Lénore ne revienne.

À dix heures trente, Lénore arriva avec la Plymouth et fit un signe de main à Dar. Elle courut à lui avec l'argent dans sa main.

— Nous pouvons commencer, dit-elle avec un sourire.

Dar embrassa sa femme.

— Voici votre fidèle, Donald. Vous souvenez-vous de cette broche que Lénore portait quand nous sommes allés sur la tombe de Marcy ? Elle l'a vendue avec tous ses autres bijoux qu'elle tenait de sa mère.

— Vous marquez un point, Dar, dit Donald. Faites votre quête, mais je ne veux pas en entendre parler.

Il suivit les ouvriers à l'intérieur de l'usine.

Vers la fin de l'après-midi du vendredi, alors que les ouvriers partaient, deux Datsun remontèrent l'allée à toute vitesse. Le conducteur de la première la gara devant la maison, descendit et repartit avec l'autre voiture.

Dans l'heure qui suivit, Jody appela le concessionnaire Datsun pour lui dire qu'elle lui ramenait la voiture.

41

Il était plus de dix heures lorsque Jody vira avec la Datsun sous les banderoles en plastique du garage. Elle faillit emboutir le pare-chocs de la première voiture d'une rangée. Elle regarda devant elle. Elle vit le bureau avec la boîte aux lettres où le concessionnaire lui avait dit de déposer les clés. Elle attendit que la Kawasaki de Donald s'arrêtât derrière elle.

Elle claqua la portière de la Datsun. Elle avait gagné cette voiture étincelante mais y renonçait pour passer son examen de foi en lui.

Elle courut vers Donald. Il lui prit la main qui tenait les clés en lui disant qu'il comprenait que ce qu'elle faisait n'était pas facile. Jody sourit.

— Cela n'a pas beaucoup d'importance... (Elle vit qu'il regardait sa main et se rendit compte que ses articulations étaient blanches tant elle serrait les clés.) Sans doute un peu, fit-elle, je veux dire, j'ai vraiment gagné mon pari.

— Montez, dit-il en tapotant le siège derrière lui. Lorsque nous aurons déposé les clés, nous irons faire un grand tour avant de rentrer à la maison.

Elle adorait monter sur la moto et en profitait pour verrouiller ses bras autour de Donald. Sentait il à quel point elle était excitée ? Son sang battait plus fort lorsqu'elle entendait la puissante machine ronfler sous elle et son souffle s'accélérait à l'idée de filer à travers la nuit d'été blottie tout contre lui.

Il mit le moteur en marche et était sur le point d'avancer jusqu'au bureau lorsqu'il regarda par dessus son épaule. Elle sentit qu'il se raidissait. Elle se retourna pour regarder ce qui l'avait alerté mais ne vit que des rangées de voitures neuves et n'entendit pas les innombrables petites banderoles claquer au-dessus de sa tête.

Dans le faisceau du phare, un homme bondit de derrière les voitures. Puis un autre.

Scrap ! Barry ! Alan ! Jody se serra plus près contre Donald. Scrap était accroupi dans la lumière, prêt à bondir. Barry faisait signe à Alan, plus lent et plus lourd, de s'avancer.

Soudain, une Mercedes vint se jeter en travers de leur route. La portière du passager s'ouvrit ; une bouteille vide tomba sur l'asphalte. Duane, blanc et boutonneux, en maillot de bain, en descendit. Il échangea un regard avec Scrap et Barry puis se rapprocha. Big Mac sortit de derrière une autre rangée de voitures et, sur un signe de Scrap, se mit à les contourner avec Duane, refermant le cercle autour de Leaf et de Jody. Scrap découvrit ses dents dans un rictus de triomphe.

Jody s'agrippait à Donald. Sa voix était un coassement de peur.

— Roger a dû leur dire que nous viendrions ici.

Elle en compta cinq en tout. Le concessionnaire avait sans doute prévenu Roger qu'elle viendrait rendre la voiture et Roger avait averti ses amis.

— Voyez-vous ça. Elle a ramené le saint homme avec elle.

Alan ricana sous sa moustache. Ses plis de graisse tremblotèrent sous son T-shirt lorsqu'il jeta une canette de bière. Il s'essuya la bouche et se joignit au cercle de garçons qui se refermait sur la moto.

Des phares de voiture éclairèrent soudain la scène. Roger s'arrêta dans un grincement de pneus à deux doigts de la moto. Roger descendit et s'avança vers Scrap, Big Mac et Alan qui tirèrent Donald de sa moto. Jody en descendit juste avant qu'elle ne tombe et buta contre Roger.

— Je vous en supplie, dit-elle d'une voix rauque. Lâchez Donald.

Roger l'ignora et regarda vers la Datsun bleue.

— Qui vous l'a fait ramener ? Frère Leaf ?

Jody entendait la respiration haletante de Donald qui essayait en vain de se libérer de la poigne de ses agresseurs. Roger regarda son prisonnier.

— J'étais sûr que vous viendriez avec elle. Bien. Heureux que vous soyez présent à notre petite réunion, frère Leaf.

Barry grimpa sur une voiture neuve. Il coupa des cordes et les banderoles tombèrent en papillonnant. Il en coupa un bout et le jeta à Big Mac.

— Lâchez-le.

Le cri de Jody était assez fort cette fois et tous les regards se tournèrent vers elle.

— Si vous l'aimez vraiment, que faites-vous là-bas ? dit Roger. Allez à côté de lui. Montrez à votre saint homme à quel point vous l'aimez.

Jody semblait clouée au sol. Elle tremblait de tout son corps.

Son accès de courage s'était évanoui. Elle était incapable de dire ou de faire quelque chose pour aider son amant à présent.

Roger, très maître de lui, prit son temps. Sur ses ordres, Scrap et Alan attachèrent les poignets de Donald. Ils firent une pause pour se passer une bouteille de whisky.

— Donnez de l'eau bénite au saint homme.

Barry jeta encore un bout de corde et sauta de la voiture. Il saisit la bouteille et, tandis que les autres desserraient les mâchoires de Donald, il lui versa l'alcool dans le gosier, le faisant étouffer. Le whisky dégoulinait sur sa veste, sa chemise et sa cravate.

Scrap et Alan saisirent deux extrémités des cordes et les tendirent, tirant Donald en arrière, et le clouèrent contre le capot d'une voiture jaune.

— Arrêtez !

Jody parvint à articuler le mot mais faiblement.

Roger releva la moto de Donald et monta dessus.

— Que dit-elle ?

— Elle a dit : « Arrêtez. »

— Arrêter quoi ? (Alan ricana. Il fit passer sa corde derrière un pare-chocs et la tendit.) Elle ne sait même pas ce que nous allons faire.

— Maintenant ses chevilles, dit Scrap. Enlevez-lui d'abord ses bottes.

Jody entendit sa blouse se déchirer lorsque Duane la tira dans la lumière des phares. Roger approcha son visage de celui de Donald.

— Maintenant, puisque nous sommes tous réunis ici, écoutons la sainte parole selon frère Leaf.

Scrap tendit ses muscles. Il tira cruellement sur la corde en criant « *amen* ».

— Alléluia, chantonna Pudgy.

— Dieu soit loué.

Duane se joignit au chœur tout en tenant Jody.

Roger se rapprocha encore de Donald.

— Qu'en dites-vous, frère Leaf ? Attendez. J'avais oublié les règles. Vous ne dites jamais rien. C'est Dieu Tout-Puissant, le Saint-Esprit, le Seigneur. Jéhovah qui parle par votre bouche, n'est-ce pas ? Alors, que dit-il en ce moment ?

Donald se tordait et tirait sur ses liens pour essayer d'éloigner son visage de celui de Roger. Celui-ci poursuivit d'une voix sifflante.

— Je ne suis pas comme vous, frère Leaf. Je ne prétends pas parler au nom du Saint-Esprit, mais au mien. (Il recula et se pencha vers la fille.) Jody, écoutez attentivement ce que frère Roger va dire. Écoutez l'Évangile selon saint Roger. (Les autres sifflèrent et applaudirent. Roger prit un ton solennel.) Soit vous êtes pour moi soit vous êtes contre moi. Cela a quelque chose de familier, non ? Réfléchissez à ceci, Jody, et soyez certaine de dire la vérité lorsque vous répondrez. Vous comprenez ? Bien. Si vous l'aimez, dites-le.

Duane poussa Jody en avant mais elle regarda fixement au loin. Elle resta silencieuse.

— Si vous ne voulez pas le dire, alors montrez-le. Allez vous mettre à côté de lui. Tout contre lui. (Roger tendit le bras et l'agrippa.) Autrement vous venez avec moi et nous partons d'ici. Tout de suite !

Jody tremblait mais ne bougea pas.

Scrap et Alan tirèrent sur les cordes fixées aux chevilles de Donald. Celui-ci était maintenant plaqué le dos au capot et il se débattait pour redresser la tête. Ses yeux brillaient dans l'éclat des phares. Son regard implorait Jody de faire ce que Roger voulait, de venir à ses côtés pour prouver son amour.

Jody se détourna, le visage mouillé de larmes, les lèvres tremblantes.

— Dernière chance, frère Leaf, dit froidement Roger. Dites-lui qu'elle ira droit en enfer si elle n'obéit pas à votre sainte volonté.

Roger attendit. Il descendit de la moto et poussa Jody dans la Datsun bleue.

— Mettez-vous au volant. Je vous suivrai.

Jody ouvrit sa main crispée, surprise de tenir encore les clés.

— Hé, Roger. (Alan, excité mais effrayé maintenant que leur meneur les quittait, attacha l'extrémité de la corde qu'il tenait au pare-chocs.) Que faisons-nous de sa bécane ? Duane veut l'emmener.

— La ferme, petit con, grinça Duane.

— Laissez la bécane ici, Duane. (Roger toisa le jeune garçon d'un air mauvais.) Cassez-la mais laissez-la ici.

— Et lui ? (Scrap arracha le reste de la chemise déchirée de Donald.) Que faisons-nous après nous être dispersés ?

— Ne traînez pas ici. Finissez ce que nous avons convenu puis laissez-le. J'ai déjà prévu le reste. (Roger s'avança vers Donald.) N'est-ce pas le moment de dire : « Pardonnez-leur, Seigneur, car ils ne savent pas ce qu'ils font » ? Seulement il se peut que nous sachions ce que nous faisons. Je vais vous dire une chose certaine. Je devrais rester ici et vous battre comme plâtre jusqu'à ce que vous admettiez devant tout le monde dans cette ville quel minable petit imposteur vous êtes.

— Je sais qui vous êtes. (Donald parla pour la première fois depuis le début de l'agression. Il s'exprimait si calmement et de façon si inattendue que Roger et ses amis s'immobilisèrent comme dans l'attente d'un miracle.) Vous êtes l'Antéchrist.

Roger renversa la tête en arrière et éclata d'un rire amer.

— C'est trop d'honneur. Faux, saint homme, complètement faux. Je suis un type dont vous essayez de faire le bouc émissaire pour endosser la responsabilité de la mort de ma grand-mère. Je suis un type qui ne vous laissera pas lui voler sa fille.

42

Jody connaissait chaque virage de la route mais les phares de Roger n'étaient jamais bien loin. La Datsun fit un tête-à-queue lorsqu'elle enfonça la pédale de frein à la grille du Manoir. Elle bondit de la voiture, plongea derrière les grilles et les claqua derrière elle au moment où la voiture de Roger s'arrêtait. Haletante et pleurant hystériquement, elle remonta l'allée de gravier en courant, entra dans la maison et fonça dans les escaliers.

Lorsque Dar et Lénore arrivèrent à sa chambre, Marc-Anthony se tenait devant la porte fermée.

— Verrouillée, chuchota-t-il alors que tout le monde dans la maison était réveillé.

Dar frappa du poing sur la porte et secoua la clenche.

— Nous ne fermons pas les portes à clé dans cette maison, jeune fille.

Lénore avait parlé fort de façon à être sûre que Jody entende.

Une poussée de l'épaule de Dar brisa la vieille serrure et la porte s'ouvrit. Jody raccrocha le téléphone et regarda sa famille comme un animal aux abois.

— Où est-il ? demanda Dar. Où est frère Leaf ?

Un pan de la blouse déchirée de Jody tomba, dévoilant un sein. Elle se recouvrit en frissonnant. Lénore la prit dans ses bras.

— Ma chérie, au nom du ciel, qu'est-il arrivé ? Dis-le-nous. Est-ce quelque chose en rapport avec frère Leaf ?

Jody s'écarta de sa mère et serra sa blouse contre elle.

— Je m'en vais.

— Chérie, dis-nous ce qui s'est passé.

Dar regarda Marc-Anthony.

— As-tu vu frère Leaf ?

— J'ai regardé dans sa chambre. Il n'y est pas.

— Et à cet endroit où il va ?

— Je ne sais pas.

— Tu le sais, Jody. Pour l'amour du ciel, dis-nous ce qui se passe.

— Vous pouvez crier toute la nuit mais je ne vous dirai rien. (Jody prit une poignée de mouchoirs en papier et s'efforça de s'arrêter de trembler.) Puis-je partir maintenant ?

— Non ! répliqua sèchement Dar. Il y a quelque chose qui ne va vraiment pas et tu vas nous dire ce que c'est.

Lénore tendit la main vers Jody pour la toucher.

— Ma chérie, pourrions-nous prier ensemble ?

— Pour quoi faire ?

Le ton de Dar était catégorique.

— Ceci concerne frère Leaf. Soit nous apprenons où il est, ou bien elle restera ici jusqu'à ce qu'elle nous dise ce qui s'est passé.

Dar quitta la pièce et descendit d'un pas rapide jusqu'au vestibule. Lénore embrassa Jody et tâta la blouse déchirée.

— Nous pourrons la raccommoder...

Elle quitta doucement la chambre à reculons.

Seul Marc-Anthony resta avec sa sœur. Il attendit qu'elle ait cessé de sangloter puis lui tendit encore des mouchoirs. Après qu'elle se fut essuyé les yeux, il lui demanda :

— Où est frère Leaf ?

Jody fondit en larmes de nouveau, se leva et alla s'enfermer dans la salle de bains.

Marc-Anthony sortit dans le couloir et attendit en silence

dans l'obscurité. Enfin, il entendit la voix de Jody et posa son oreille contre la porte.

— ... meurs de peur de ce qu'il me fera s'il me trouve quand il rentrera. Puis-je venir ? J'ai encore la Datsun. Je viendrai dès que je pourrai partir d'ici.

Marc-Anthony entendit le déclic du téléphone. Avant qu'il ne puisse s'en aller, Jody ouvrit la porte et il se plaqua contre le mur. Elle courut jusqu'au placard du vestibule, prit une valise et retourna dans sa chambre. Elle ferma la porte sans avoir vu son frère. Cette fois, il entendit les tiroirs s'ouvrir et se fermer. Elle faisait ses bagages.

Loïs courut jusqu'au garage et se fraya un chemin parmi les voitures neuves étincelantes jusqu'à ce qu'elle aperçoive Donald, là-bas dans la rangée du fond. Elle ralentit. Roger l'avait appelée et lui avait dit ce qu'ils allaient faire mais ce qu'elle voyait dépassait de loin ce qu'elle s'était imaginé. Donald Leaf, attaché cruellement par les poignets et les chevilles, était écartelé, nu, sur le capot d'une voiture neuve. Elle s'approcha en se frayant un passage parmi les vêtements déchirés et les débris de verre. L'endroit empestait le whisky et l'urine et elle réprima une vague de nausée.

Elle serra les bras autour d'elle bien que la nuit fût loin d'être froide. Tremblante de peur, elle contempla le corps sanglant si semblable à ces statues et peintures de martyrs qu'elle avait vues toute sa vie dans les églises catholiques. Elle avait devant elle toute l'horreur de la crucifixion, y compris une couronne d'épines faite de ronces, enfoncée sur le front de Donald.

Il n'avait pas bougé ni émis le moindre son. Était-il mort ?

Loïs poussa le bouton de son couteau à cran d'arrêt. La lame jaillit. Au déclic, les paupières de Donald frémirent. Sans bouger son visage couvert de sang, il posa le regard sur la femme qui tenait la lame d'acier. Il la vit s'avancer vers lui. Il ferma les yeux, déniant sa présence. Son visage ne changea pas d'expression. Il ne se débattit pas, ne fit aucun effort pour s'échapper.

Loïs saisit une corde qui lui tenait la cheville.

— Ne me touchez pas.

Les mots se frayèrent un passage à travers les lèvres tuméfiées.

— Je vais d'abord vous détacher ; ensuite j'appellerai le shérif.

— Sortez d'ici.

Elle sentit sa main refermer la lame du couteau. Ils entendirent tous deux le déclic. Elle ramassa sa chemise, déchirée et trempée, un chiffon pour couvrir sa nudité.

— Laissez-moi exactement comme je suis et partez.

Son ordre n'était pas à mettre en question. Il avait les pieds et les poings attachés mais c'était elle qui se sentait liée, incapable de bouger, à sa merci.

Elle comprit soudain qu'elle avait osé regarder quelque chose qu'elle n'était pas censée voir. Le visage devant elle s'était tourné pour contempler son propre dieu. Leaf frissonna et prit une profonde inspiration.

— Béni soit le Saint-Esprit. Merci. Merci de tout mon cœur.

Sa poitrine se souleva. Il respirait profondément. Son sourire s'élargit et son visage se mit à rayonner. Il était transporté.

Loïs sut qu'elle devait fuir sa présence, son ascendant.

Donald était convulsé par l'extase.

43

Un appel téléphonique, à onze heures trente du soir, d'une femme ayant refusé de s'identifier, dirigea le shérif au garage Datsun. Étant donné la nature religieuse du crime, Elliott emmena Peter Werrenrath avec lui. À onze heures quarante et une, ils trouvèrent Donald Leaf, toujours nu, lié en travers du capot d'une voiture jaune.

Elliott s'avança rapidement sur le verre brisé vers la voiture et coupa les cordes qui retenaient les poignets et les chevilles de Donald. Peter lui mit un imperméable sur les épaules. Puis les deux policiers examinèrent la couronne d'épines qui avait entaillé le front de la victime.

— Il serait peut-être préférable d'aller directement chez le médecin pour la faire enlever, dit Elliott.

Donald indiqua, d'un signe de tête, qu'il le ferait lui-même. Il drapa l'imperméable autour de ses épaules comme une cape.

— Il ressemble encore plus à Jésus comme cela, murmura Werrenrath.

— Monsieur Leaf, voulez-vous nous dire qui a fait cela ? demanda Elliott. (Donald ne répondit rien.) Nous avons notre idée là-dessus. (Elliott prit Donald par le bras.) Avec vos pieds nus, faites attention au verre brisé. Ne bougez pas. Je vais le repousser.

Elliott dit au prédicateur de monter dans la voiture de police tandis qu'il allait téléphoner à son père d'une cabine.

Au milieu de la nuit, Lester Frankel, bâillant et en chaussons, ouvrit la porte de son magasin. Il eut un haut-le-corps en voyant l'homme couvert de sang entre les deux policiers. Il prit soin de ne rien dire des épines ni de la nudité et de la puanteur du prédicateur mais leur annonça simplement que le costume commandé par Lénore Cragin était prêt.

— À l'exception des revers de pantalon.

— Vous n'en faites pas, dit Elliott.

— Je sais les faire. Donnez-moi cinq minutes.

Tandis que Lester s'installait à sa machine à coudre au premier étage, il s'adressa à son fils à voix basse.

— Que se passe-t-il ?

— C'est pire que ça en a l'air.

— Les motards des Willows ?

— Nous verrons, dit Elliott évasivement.

— Qu'est-ce que cela veut dire ? Souvenez-vous que je suis votre père. Vous m'appelez au milieu de la nuit et naturellement, je veux savoir qui a fait cela.

— Je vais faire mon enquête.

— J'appelle le médecin.

— Il n'en veut pas.

Mon Dieu, où va le monde ? (Le vieil homme termina un revers.) Allez dire à votre messie de prendre un bain et d'enlever ce truc de sa tête.

Une demi-heure plus tard, Lester souriait au jeune homme vêtu de neuf. Donald ne se regarda pas une fois dans le miroir à trois faces.

— Splendide, dit Elliott.

— C'est une chance que Lénore l'ait commandé.

Lester paraissait satisfait.

Elliott conduisit Donald à la porte d'entrée. Lester éteignit les lumières du magasin.

— Révérend Leaf ? Je suis désolé de ce qui est arrivé. Ne jugez pas toute la ville d'après les gens qui vous ont fait cela.

Donald tenait toujours la couronne d'épines tandis que les deux policiers l'accompagnaient à la voiture. Le shérif, son adjoint et le prédicateur s'immobilisèrent un instant.

— Vous êtes sûr de ne pas vouloir voir un médecin ? demanda Elliott.

Donald secoua la tête.

— J'aimerais que vous me disiez qui a fait cela.

Donald resta muet.

— Vous changerez peut-être d'avis.

— Non.

— Jody Cragin était-elle avec vous lorsque c'est arrivé ?

Donald contempla la rue sombre et les ormes géants qui se détachaient contre le ciel.

— Nous représentons la loi, révérend. Si vous nous aidiez un peu ? (Elliott se tourna vers Peter.) Je suis convaincu que c'est Jody qui a appelé. Voyez si elle peut nous fournir des renseignements.

— Vous voulez que je commence par cela ? demanda Peter.

— Non, dit Donald. Ne faites pas ça.

— Écoutez, Donald, révérend, frère Leaf — ou ce que vous voulez qu'on vous appelle. Je ne vous comprends pas, ni ce que vous faites. Depuis le premier jour, là-bas aux Willows, j'ai essayé de ne pas me mettre en travers de votre chemin en espérant pouvoir vous faire confiance.

— Je n'ai pas besoin de votre sermon, shérif.

— Bon sang, vous savez que vous êtes un problème pour nous tous. Ne vous amusez pas à jouer avec moi. Vous êtes un fichu problème, vous le savez bien.

— Tout changement est un problème pour certains.

— Ce que je sais, c'est que j'ai besoin de votre aide et que vous ne voulez pas coopérer en me disant qui est impliqué dans cette étrange affaire de cette nuit. Je dois mener cette enquête et vous ne me faites pas confiance. Donnez-moi une seule bonne raison pour que moi, je vous fasse confiance. Parce que Peter Werrenrath me l'a dit ?

Très loin au-dessus de leur tête, les feux de position d'un avion clignotaient.

— Je m'inquiète pour vous, révérend.

— Ne vous occupez pas de moi. Inquiétez-vous de votre propre sort.

Elliott se sentait complètement vaincu. Il ne voyait pas quoi dire d'autre à Donald. Il se tourna vers Peter.

— Je rentrerai à pied. (Il ouvrit la portière de la voiture pour le jeune homme en costume neuf.) Peter va vous conduire jusqu'aux Willows.

44

Loïs attendit dans l'ombre près de la maison de Roger. Lorsqu'elle vit les lumières de sa voiture tourner dans l'allée, elle lui fit un appel de phares. Au signal, Roger s'arrêta et, d'après sa démarche, elle comprit qu'il avait bu.

— Montez pour que personne ne vous voie. Dépêchez-vous.

Roger s'affala sur le siège avant. Elle tendit le bras pour refermer la portière.

— Vous puez comme un pilier de cabaret.

— Vous avez vu Jésus sur sa croix ?

— Roger, écoutez-moi. Écoutez-moi ! Comprenez-vous ce que je vous dis ?

— Je vous entends parfaitement.

— J'ai appelé le shérif.

— Jésus !

Il gémit qu'il avait été trahi.

— J'ai déguisé ma voix. Ils doivent l'avoir libéré à présent.

— Ça, c'était votre boulot.

Il descendit la vitre et s'appuya sur la portière.

— Il faut que nous l'arrêtions.

La voix de Loïs était désespérée.

— Qu'il aille au diable. Qu'ils aillent tous au diable.

— Je ne parle pas de ce qu'il nous a fait, à vous et à moi. Je parle de ce qu'il est en train de faire à toute cette ville.

— Ils croient en lui.

— Ce soir, j'ai compris. Il faut voir un homme comme cela de près. Son pouvoir est presque palpable, tant il est fort.

— On dirait qu'il vous a convaincue vous aussi.

— Il faut que nous l'arrêtions.

— Erreur. Après avoir enterré ma grand-mère, je partirai loin, loin de Marble Hill. (Il essaya d'ajuster son regard sur Loïs.) Vous voulez venir avec moi ?

— Je parle sérieusement.

— Moi aussi. (Il tendit une main incertaine vers elle.) Tout ce que Dar peut faire, je le peux aussi.

— Fermez-la et écoutez-moi.

— Merde ! Vous voulez l'arrêter ? Arrêtez-le sans moi.

— Vous ne pouvez pas partir.

— Nouvelle erreur.

— Qui d'autre à part vous et moi sait ce que Leaf est vraiment ? Vers qui d'autre pourrais-je me tourner ?

Roger s'accouda à la portière et ferma les yeux.

— Ils l'aiment. (Il haussa les épaules.) Qu'ils aillent au diable. Qu'ils aillent tous au diable.

Soudain, Roger se raidit. Il passa la tête à travers la portière à temps pour vomir dehors.

Jody réprima un cri. Donald était au pied de l'escalier et la regardait. Du sang frais coulait de ses blessures. Il voulait qu'elle les voie. Il portait la couronne d'épines.

C'était du haut des marches qu'elle l'avait vu pour la première fois. Elle s'était alors avancée avec insolence. Cette fois, elle fit demi-tour et courut le long du couloir vers l'escalier de service.

Donald appela.

— Frère Dar ! Sœur Lénore ! Je contourne la maison. Arrêtez-la si elle essaie de descendre par ici.

Jody hésita une seconde, trébucha puis plongea dans sa chambre et claqua la porte derrière elle. Il y eut ensuite un fracas de meubles entassés contre celle-ci.

Donald vint par le couloir sombre et s'immobilisa jusqu'à ce que Dar, en short, et Lénore, en robe de dentelle blanche, le rejoignent.

Marc-Anthony recula dans l'ombre. Il pria pour que les trois adultes l'oublient. Donald s'arrêta un instant pour prendre sa bible dans la chambre persane. Sans regarder le jeune garçon, il s'adressa à lui.

— Allez dans votre chambre et fermez la porte.

— Je suis votre disciple, dit Marc-Anthony, le cœur lourd.

— Vous avez entendu frère Leaf, dit Dar.

Marc-Anthony rentra dans sa chambre mais ne ferma pas la porte.

— Elle s'est barricadée à l'intérieur, dit Dar en secouant la poignée.

— Jody ? appela Lénore.

Dar suivit le couloir jusqu'à la porte de la salle de bains et fit signe aux autres de le suivre. Marc-Anthony les regarda entrer. Il se força à attendre un long moment tout en espérant ne pas entendre la porte se refermer. Il courut pieds nus le long du couloir. Une faible lumière filtrait dans la pièce carrelée de blanc.

Il se glissa dans la salle de bains. S'il restait parfaitement immobile, ils ne le verraient pas. Il se pencha pour voir dans la chambre.

Dar tirait un lourd fauteuil tandis que Lénore refermait la valise de Jody.

Le visage zébré de sang de Donald était penché vers Jody.

— Où alliez-vous ?

Jody reculait en tremblant devant Donald.

Sans quitter la fille terrifiée des yeux, Donald alla jusqu'à un lourd chandelier qu'il alluma. Il éteignit l'électricité. Dans la pièce assombrie, seule la flamme orange de la bougie se reflétait en vacillant sur le papier aluminium de la fenêtre.

Donald saisit la valise sur le lit et la projeta contre le mur. Personne ne bougea. Lorsqu'il parla enfin, sa voix était aussi maîtrisée que celle d'un parent expliquant quelque chose à un enfant têtu.

— Ne savez-vous pas que vous ne pouvez pas fuir ? Le démon est en vous. Courez vous réfugier à l'autre bout de la terre, il y sera toujours... dans votre sang... dans votre cœur.

Dar s'avança, cachant la fille terrifiée au regard de Marc-Anthony.

— Déshabillez-la, dit Donald.

— Non !

L'interjection de Dar était moins un refus qu'un réflexe de surprise.

— Il sait ce qu'il fait, dit Lénore. C'est la seule façon de la sauver maintenant.

Jody se recroquevilla de peur et se mit à pleurnicher. Dar bougea de nouveau et Marc-Anthony vit les yeux terrorisés de sa sœur briller tandis qu'elle suppliait son père et sa mère de la laisser.

— Dar. (Donald parlait sans émotion, d'un ton de commandement.) Allez à la salle de bains et remplissez la baignoire.

Marc-Anthony n'eut pas le temps de fuir et il se dissimula dans un coin derrière des robes et des jeans suspendus. Si son père allumait, il serait découvert. L'eau jaillit dans la baignoire vide et Dar retourna dans la chambre. La salle de bains resta dans l'obscurité.

Marc-Anthony bondit vers la porte et vit Jody s'humilier devant eux. Ses doigts tremblants défirent les boutons de sa blouse. Elle enleva ses jeans. Elle rougit d'humiliation en enlevant son slip. Les yeux de Marc-Anthony se remplirent de larmes mais il vit ses seins et la touffe sombre sur son pubis. Jody baissait les yeux, secouée de sanglots.

— Frère Dar, sœur Lénore. Mettez-vous de chaque côté d'elle. Maintenant, agenouillez-vous.

Ils s'agenouillèrent tous devant Donald qui tenait sa bible et la couronne d'épines.

— Vous ne croyez pas, dit le prédicateur.

Ils attendirent la réponse de la jeune fille en larmes.

Donald recommença.

— Vous ne croyez pas.

La réponse de Jody fut à peine audible.

— Vous le savez... je n'ai jamais prétendu croire.

— Vous savez pourquoi vous ne croyez pas ? (Jody resta muette.) Répondez-moi.

— Je ne sais pas.

— Faut-il continuer ? demanda Dar d'une voix étranglée.

— Chut, Dar ! murmura Lénore. C'est la seule façon.

Donald leva le visage de Jody.

— Si, vous le savez. (Il attendit.) Nous avons toute la nuit. Nous allons attendre jusqu'à ce que vous nous parliez de Roger.

— Je n'aime pas Roger.

— Vous avez toujours sa voiture.

— J'avais si peur...

— Il vous tient en son pouvoir.

— Non !

— Vous ne croyez pas que vous fréquentez l'Antéchrist ?

— Il ne m'a jamais touchée.

— J'ai combattu son influence sur vous depuis que je suis venu dans cette maison. Vous n'avez pas été un instant avec moi dans cette lutte.

— Je me suis donnée à vous, hurla-t-elle.

— Vous ne vous êtes donnée à personne sauf à la puissance du mal qui coule dans vos veines.

Marc-Anthony saisit une serviette pour étouffer ses gémissements rauques.

— Si vous voulez être sauvée, il faut adorer le Saint-Esprit, dit Donald.

— Écoute-le, ma chérie. Il faut faire ce qu'il dit, murmura Lénore.

— Couchez-la sur le dos par terre.

— Non ! hurla Jody.

Dar et sa femme la maintinrent clouée au tapis.

— Maintenant, placez le Livre sur son cœur.

Jody poussa un nouveau hurlement.

— Tenez-la, dit Donald. Maintenez la bible sur elle. Maintenant, placez la couronne sur la bible. Nous allons prier.

Ils courbèrent tous la tête.

— Saint-Esprit, vous êtes venu, dans cette maison où nous avons travaillé avec diligence pour éloigner les démons. (Jody hurla.) Un démon est entré dans cette maison dans le corps de notre sœur. Notre sœur a amené le mal ici et nous demandons en votre nom...

— En votre nom...

— Au nom du Saint Esprit tout puissant...

— Au nom du Saint-Esprit...

— Notre espoir et notre salut...

— Notre espoir et notre salut...

Les hurlements de Jody couvraient la litanie.

— Chassez le démon !

Jody hurla de terreur.

— Le Saint-Esprit est ici, s'écria Lénore.

— Ici, dit Dar d'une voix étranglée.

— Vous sentez sa présence ? (La voix de Donald s'éleva, son débit s'accéléra à chaque mot.) Au nom du Saint-Esprit, j'ordonne au démon de sortir d'elle.

— Elle est en feu !

À présent, c'était Lénore qui hurlait.

Donald s'effondra.

— Le démon l'a quittée. Vite, purifiez-la.

— Dans l'eau, s'écria Dar. Dans l'eau bénite.

Marc-Anthony s'enfuit de la salle de bains et se cacha dans

l'ombre du couloir. Les cris de Jody se poursuivirent jusqu'au paroxysme où il y eut un grand bruit d'éclaboussures puis des gargouillements étranglés et enfin le silence.

— Relâchez-la, dit Donald. Venez. Laissez-la. Nous prierons pour notre sœur dans une autre pièce.

Marc-Anthony s'enfonça dans l'ombre et écouta tant qu'il put. Il entendit enfin un bruissement d'eau. Jody apparut soudain. Elle drapait un peignoir de bain autour de sa nudité. Elle trébucha, retrouva son équilibre et se précipita sans bruit le long du couloir vers les escaliers.

45

C'était presque l'aube lorsque Peter Werrenrath amena Donald à l'hôpital de Talbot. Au fond du couloir, il trouva les Cragin groupés en silence. Lénore brodait sa nappe d'autel et Dar était assis immobile à ses côtés.

— Elle est dans le coma, dit Dar. Une fracture du crâne. Un spécialiste est en route pour venir l'examiner.

Dar et Lénore guidèrent Donald jusqu'à la chambre où un corps brisé était étendu sur des draps blancs. Aucun des trois ne vit Marc-Anthony se glisser dans la pièce. Il s'assit dans un coin sans être remarqué.

— Dans un sens, c'est pire pour vous, frère Leaf. (Lénore parlait d'une voix douce, presque sans émotion.) Nous avons eu peu de temps pour nous rendre compte de ce qui est arrivé à Jody. Nous voulons que vous sachiez que, quoi qu'il arrive, nous la mettons entre les mains de Dieu. Nous savons que c'est Sa volonté.

— Vous nous l'avez enseigné, dit Dar.

Il prit le bras de Lénore et ils quittèrent la pièce pour laisser Jody seule avec Donald.

Marc-Anthony se leva silencieusement. Il fallait qu'il parle maintenant avant que frère Leaf ne commence à prier. Il vit Donald s'avancer vers une glace, sortir quelque chose de son costume, se passer la main sur ses cheveux argentés et élever la couronne d'épines au-dessus de sa tête.

Le garçon se détourna mais Donald l'aperçut dans la glace et se retourna d'un bloc.

Marc-Anthony s'adressa à lui d'une voix pressante.

— Avant que vous n'arriviez, nous avons essayé de prier mais ce n'est pas comme quand vous êtes présent. Voulez-vous m'aider à prier pour elle ?

— Vous savez prier.

— Je veux dire maintenant — tous les deux.

La couronne d'épines grinça lorsque Donald la posa sur une table. Il s'éloigna du miroir et contempla la fille meurtrie sur le lit.

— C'est l'hôpital où est morte ma sœur Marcy. Ma mère et mon père ne croyaient pas en Dieu à cette époque. Ma mère oui, mais vous n'étiez pas là pour prier pour ma sœur à l'époque. Cette fois-ci, nous vous avons et si nous prions vraiment très fort, nous pouvons empêcher Jody de mourir.

Marc-Anthony attendit en silence. Il entendait la respiration du prédicateur. Le jeune garçon s'avança vers le lit et épingla soigneusement la feuille déjà fanée qu'il portait sur le drap de sa sœur. Que faisait frère Leaf ? Pourquoi ne priait-il pas ?

Sauvez-la, frère Leaf ! Je vous en supplie. Vous avez sauvé ce vieil homme près de la rivière et vous ne le connaissiez même pas. (Il se souvint des mots que le prédicateur avait prononcés à ce moment là et s'entendit les répéter à haute voix.) Jody, reste ! Jésus te dit de rester. Nous t'aimons. Nous t'aimons.

Mais il n'était pas prédicateur. Sa voix s'éteignit. Frère Leaf ne fit pas le moindre geste. Marc-Anthony se passa la langue sur ses lèvres sèches.

— N'allez-vous pas prier ?

Le jeune garçon refoula ses larmes. Soudain, il eut la conviction de savoir la vérité.

— Elle n'a jamais cru, s'écria-t-il. Vous le saviez. Cela ne vous a pas empêché de faire ce que je vous ai vu faire avec elle.

Frère Leaf se massa ses poignets meurtris et retourna vers la table.

— Il faut prier pour elle !

— Nous devons partir, dit Donald d'une voix calme.

— Cela vous est égal si elle meurt ?

Donald ramassa la couronne d'épines, la retourna et se prépara à quitter la pièce.

— Pourquoi êtes-vous venu ici ? Pourquoi ? Vous n'y étiez pas obligé. Vous ne l'aimez pas vraiment. Vous faites seulement des choses sales avec elle. (Marc-Anthony fut saisi d'une poussée de rage.) Vous avez chassé le démon hors de son corps. Maintenant, il faut prier pour elle !

Il se tut soudain en entendant les éclats de sa propre voix. Il ne fallait pas crier mais arrêter frère Leaf et le contraindre à prier pour Jody. Il était le seul à pouvoir l'empêcher de mourir.

Mais frère Leaf était déjà sorti.

46

Criant leurs questions, les journalistes traquèrent Donald jusqu'à la voiture. Qu'avait-il à dire sur l'incident de la nuit dernière au garage ? Qui le haïssait au point de lui avoir fait cela ? Et Jody ? Allait-elle mourir ? Frère Leaf prêcherait-il demain soir comme prévu en dépit de tout ?

Dar et Marc-Anthony, qui n'avaient pas osé poser les mêmes questions, attendirent sa réponse avec les autres. Le jeune garçon frissonna dans le froid du petit matin et tendit la main vers celle de son père.

Donald Leaf baissa les yeux vers sa couronne d'épines. La foule retint sa respiration. Parlerait-il ? Une journaliste lui brandit son micro devant le visage.

— Silence, dit-elle aux autres. Frère Leaf va parler.

— À présent, il est encore plus important que nous tenions cette réunion, dit Donald à voix basse.

— Pouvons-nous l'appeler une vigile pour Jody ?

— Appelez-la une vigile pour nous tous.

— Cela comprend-il ceux qui vous ont attaqué cette nuit ?

Donald ne répondit pas immédiatement.

— Nous voulons savoir si vous portez plainte.

Donald regarda la couronne d'épines. Il la leva en guise de réponse.

— L'a-t-il fait, Lui ?

— Pardonnez-leur car ils ne savent pas ce qu'ils font ? Mais lui, c'était le Christ.

Un journaliste se fraya un passage vers Donald.

— Il est clair, frère Leaf, qu'il y a des gens qui n'aiment pas ce que vous faites. Nous les connaissons tous. Est-ce que vous leur pardonnez ?

— À Roger Pritchard, par exemple ?

Un autre journaliste lui brandit son micro devant le visage.

— Venez à la réunion demain et nous prierons tous pour eux.

Dar réussit à bloquer les journalistes afin que frère Leaf puisse se réfugier sur le siège arrière de la Plymouth. Avec Marc-Anthony à ses côtés, il fit une marche arrière pour se dégager de la foule, tourna sur la route et s'éloignèrent de l'hôpital.

Le soleil matinal scintillait à travers les arbres sur la route de campagne entre Talbot et Marble Hill. Les oiseaux chantaient. Le monde semblait ignorer les choses terribles qui s'étaient passées la veille au soir. Marc-Anthony sentit le bras de son père autour de ses épaules et se laissa aller contre lui.

— Comment va frère Leaf sur le siège arrière ?

— Il dort.

— Tant mieux. Après toutes les épreuves qu'il a vécues depuis hier soir, c'est la meilleure chose qu'il puisse faire.

Au café *Chez Lucille,* le père et le fils s'assirent à une table parmi les routiers tandis qu'une serveuse blonde et rieuse versait du café à tous les hommes. Marc-Anthony était incapable de manger. Il regardait fixement ses tartines grillées dégoulinantes de miel tandis que son père dévorait des œufs pochés sur canapé. Rien ne l'aurait rendu plus heureux que de partager ce petit déjeuner jovial avec son père mais il était rongé d'inquiétude et repoussa son assiette. Il avait quelque chose de terrible à dire à son père.

Dar fit signe à la serveuse et demanda à son fils s'il voulait du jus de fruits ou du lait. Le garçon secoua la tête et attendit que la femme s'éloigne.

— Au sujet de la réunion de demain soir. Serait-ce si terrible si elle n'avait pas lieu ?

— Que veux-tu dire ?

— Faut-il que frère Leaf parle ?

— Tu as entendu ces gens. Ils le veulent. (Dar prit la main de son fils.) Jody le voudrait.

Marc-Anthony retira sa main et resta immobile.

Deux routiers se levèrent en faisant pas mal de bruit. Ils crièrent une obscénité joviale à la serveuse et sortirent en claquant la porte.

Marc-Anthony n'avait pas besoin de lever les yeux pour

savoir que son père le dévisageait afin de deviner la raison de son immobilité. Il repoussa son jus d'orange.

— Papa, dit-il d'une toute petite voix, frère Leaf ne l'aime pas. (Comme il s'y attendait, il vit les yeux de son père fixés sur lui.) Papa, j'étais dans la chambre d'hôpital avec lui. Il n'a même pas voulu prier pour elle.

Dar posa lentement sa tasse de café.

— Que veux-tu dire par là ?

— Il n'a pas voulu prier pour elle.

— Tu veux dire qu'il n'a pas prié à haute voix.

— Non. (Marc-Anthony avait la gorge trop serrée pour parler. Il secoua la tête.) Je lui ai demandé de m'aider à prier. Il n'a pas voulu. Il la déteste à cause de Roger.

Dar se raidit et son fils se prépara à subir l'une de ses rages terribles. La serveuse passa près d'eux et il lui fit signe de le resservir.

— C'est vrai, dit Marc-Anthony.

La voix de Dar, froide et prudente, contenait sa colère.

— Je n'imagine pas que tu puisses me dire ceci à moins que tu n'aies perdu foi en lui. Est-ce cela ? Marc-Anthony, regarde-moi !

Le garçon ferma les yeux.

— Papa, c'est un menteur.

Dar recula brusquement sa chaise en faisant s'entrechoquer la vaisselle.

— Tu es resté debout toute la nuit. Tu ne sais pas ce que tu dis.

Marc-Anthony se hâta de dire les mots suivants avant d'éclater en larmes.

— Je ne crois plus en lui.

Dar demanda l'addition et se leva. Il ne toucha pas son fils et se dirigea vers la caisse. La serveuse ébouriffa les cheveux du jeune garçon.

— Quel genre de camion conduisez-vous, jeune homme ? (Le garçon ne répondit rien et baissa la tête.) Timide, hein ? Ça lui passera.

Marc-Anthony suivit son père à l'extérieur en traînant. Il évita la voiture.

— Papa ?

— Plus de bavardages.

Le garçon refusa de bouger. Il fronça les sourcils et se planta les ongles dans la paume de ses mains. Il fallait qu'il dise à son père ce qu'il ressentait même s'il n'avait aucun espoir de le convaincre que frère Leaf était mauvais.

— Il a fait des choses étranges avec Jody.

— Tu n'avais pas à les espionner.

— Je n'espionnais pas. (Il sentait tout ce qu'il avait à dire lui échapper.) Ils étaient dans ma cabane secrète.

— Cela suffit.

Son père lui coupa la parole d'une voix glaciale.

— Ils étaient nus...

— Je ne veux pas en entendre parler. Monte en voiture.

— C'est pourquoi il a accusé Roger de la mort de sa grand-mère. Vous l'avez vu !

Dar pivota pour faire face à Marc-Anthony.

— Je t'ai dit que je ne voulais plus jamais en entendre parler.

— Ce n'était pas la faute de Roger. Ce n'était pas juste de la part de frère Leaf de dire ce qu'il a dit.

Dar le saisit par les épaules et le serra si fort qu'il lui coupa la respiration.

— Ou tu crois en frère Leaf et en ce que nous faisons, ou non. Tu es soit avec lui, soit contre lui. C'est aussi simple que cela. Tu es assez grand pour voir comment sont les gens qui sont contre lui, ce qu'ils font pour le combattre. (Dar prit une profonde inspiration.) Je veux te l'entendre dire une bonne fois pour toutes. Es-tu de leur bord ? Est-ce cela que tu me dis ?

— Non !

Dar desserra son étreinte et caressa le visage de son fils en souriant.

— Toi et frère Leaf êtes tout pour moi. Tu le sais.

Il embrassa son fils.

— Papa, je sais ce qu'il est vraiment. (La voix de Marc-Anthony était si faible que son père dut s'accroupir pour l'entendre.) Papa, je ne crois pas en lui.

Dar se redressa brusquement. Il fit rouler les muscles puissants de ses épaules.

— Je ne veux plus rien entendre. Tu ne sais pas ce que tu dis. Nous sommes tous morts de fatigue.

— Au sujet des miracles, le Dr Rainey a dit que les os des enfants se remettaient parfois très vite. Nous ne l'avons dit à personne.

— Avec qui as-tu parlé ?

— Avec personne, je vous le jure. Mais j'ai observé. Papa, je ne crois pas en lui.

Dar se frotta les yeux. Il parla lentement en luttant contre les forces qu'il soupçonnait prêtes à le détruire.

— N'essaie pas de m'apprendre ce que c'est de ne pas croire, jeune homme. C'est moi l'expert en la matière. N'oublie pas que c'est moi qui ne croyais pas au début...

— Papa...

— Oublie ton maudit bras. Ou bien tu crois ou tu ne crois pas. Je suis fier de dire que je me mets à genoux pour remercier Dieu de m'avoir permis de voir la vérité de mes propres yeux. J'ai vu. J'ai entendu. Crois-tu que je puisse oublier ce qui s'est passé devant la tombe de Marcy ?

— C'est ce qu'il faut que je vous dise. Il m'a fait promettre de n'en jamais parler à personne.

— Alors garde ta promesse !

Marc-Anthony lutta contre sa peur et son désespoir et parvint à continuer.

— Ce jour-là, quand nous étions tous en bas, avant d'entrer au cimetière, pendant qu'ils chantaient tous les hymnes, il m'a pris à part et dit ce qu'il fallait faire. Il m'a dit que dès qu'il parlerait des efforts de Marcy pour nous atteindre, je devais pousser un cri, me jeter sur sa tombe et dire quelque chose qu'elle seule pouvait connaître — comme son poème favori. Que je devais le dire comme elle l'aurait fait...

— Tu mens !

— Non.

— Pourquoi, au nom du ciel, essaies-tu de détruire ce qui nous est arrivé de plus merveilleux dans notre vie ? Ce sont ceux qui le haïssent, n'est-ce pas ? Ce sont eux qui te poussent. Tu n'as jamais parlé de cela auparavant. C'est toi qui l'aimais le plus. Dis-moi que c'est...

— Papa, je dis la vérité.

Dar jeta son fils dans la voiture et claqua la portière.

47

Dar était en ébullition.

Il avait enfin pris la décision. Les Willows n'avaient jamais été autre chose qu'un casse-tête ; le conseil municipal et Elliott avaient raison. Il allait fermer le terrain de camping et se consacrer à la chose la plus importante de sa vie la construction du tabernacle.

L'usine se transformait. Les ouvriers martelaient, sciaient, peignaient. Dar savait qu'il opérait un miracle. Il avait aidé les menuisiers à arracher le parquet de bois du terrain de basket-ball. Il l'avait vu disparaître sans regret. C'était un prix minime à payer, une partie de son ancienne vie frivole qui n'était rien comparée à la chaire de frère Leaf qui s'élevait petit à petit sur cet emplacement. Demain soir, ils loueraient les chaises pliantes de nouveau et ceux qui ne pourraient pas s'asseoir seraient heureux d'avoir une place debout. Dar s'adossa au mur du fond et admira son tabernacle. Frère Leaf avait eu raison au sujet des murs. Blanchis à la chaux, ils transformaient l'espace. Même à présent, sans les projecteurs, la vieille usine paraissait plus vaste, plus ouverte, pleine d'espoir. Des merveilles allaient s'y accomplir.

Dar grimpa sur la passerelle sous le toit pour rappeler à l'électricien qu'il avait promis de terminer l'installation des projecteurs pour le lendemain soir. Il agrippa la rambarde de fer pour lutter contre le vertige tout en imaginant le temple au-dessous de lui, rempli de fidèles chantant la gloire de Dieu et bénissant le jour où frère Leaf était arrivé parmi eux pour leur montrer la voie à suivre. Dar tomba à genoux pour remercier le Seigneur d'avoir donné un but aussi lumineux à sa vie.

Plus tard, au cours de la journée, Marc-Anthony, qui avait évité son père jusque-là, vint en courant lui transmettre un message de Lénore. L'état de Jody à l'hôpital avait évolué.

« Évolué ». C'était tout ce que sa mère avait dit mais il avait perçu au ton de sa voix son épuisement et l'urgence de sa demande. Elle voulait que Dar la rejoigne dès que possible.

Dar écouta son fils sans un mot. Il donna des ordres aux ouvriers pour qu'ils poursuivent leur travail, leur promettant de payer les heures supplémentaires. Il quitta le tabernacle pour se diriger vers sa voiture en montrant clairement qu'il irait seul à l'hôpital.

Sans Marc-Anthony.

Marble Hill bourdonnait des nouvelles de l'accident et de l'installation du tabernacle que Dar Cragin aménageait pour frère Leaf. Polly Gilpin annonça que son Charlie et elle iraient à la réunion de mercredi soir. Elle ne voulait manquer le service religieux pour rien au monde. Elle fronça les sourcils en voyant Loïs sortir brusquement de l'agence.

— Elliott, s'écria Loïs en arrivant au bureau du shérif. Il faut absolument que nous l'arrêtions.

Elliott regarda la femme en robe collante rose par-dessus sa tasse de café glacé.

— Je suppose que vous parlez de frère Leaf ?

— Vous avez vu son foutu pouvoir.

— Vous croyez soudain en lui ? (Elliott écrasa des morceaux de glace avec ses molaires.) Je ne sais pas si j'irais jusqu'à utiliser le mot « pouvoir ».

— Ne jouez pas à l'imbécile avec moi, El. Vous savez très bien de quoi je parle. Il tient cette ville par les couilles.

— Il n'a enfreint aucune loi, répondit le shérif d'une voix glaciale.

— Alors, que faisons-nous ? Nous restons tranquillement assis jusqu'à ce que l'enfer se déchaîne avant de bouger ?

— C'est ça. C'est exactement ce que nous faisons. C'est ainsi que fonctionne la loi. Voulez-vous que je vous fasse apporter une tasse de thé glacé ?

— Vous pouvez vous la mettre où je pense.

Elliott se retourna dans sa chaise et appela Peter Werrenrath. L'adjoint, qui avait toujours paru un gamin à Loïs, arriva en se grattant les bras sous sa chemise à manches courtes. Avec ses cheveux en bataille, il avait plus que jamais l'air d'un boy-scout.

Il portait une feuille verte.

— Notre spécialiste des questions religieuses. Frère Leaf semble inquiéter Mlle Tavernetti. Elle ne paraît pas apprécier sa conception de la religion.

— Ce que j'ai dit, le coupa sèchement Loïs, c'est qu'il a un pouvoir incroyable sur les gens, qu'il tient cette ville par les couilles et qu'il va y avoir du grabuge.

— Cela dépend de ce que vous voulez dire par là, répondit Peter.

— Vous prétendez qu'il n'est pas dangereux ?

— Certains ont dit que Jésus l'était.

— Ne me racontez pas de pareilles conneries. (Loïs traversa la pièce et se retourna pour regarder les deux hommes d'un air furieux.) Ce n'est pas de Jésus que nous parlons. C'est d'un fou obsédé de pouvoir qui va nous provoquer des troubles auprès desquels ceux des Willows paraîtront une partie de plaisir.

Elliott regarda Peter puis la femme en colère.

— Dites-moi une chose, Loïs. Suis-je jamais venu dans votre bureau pour vous dire comment il fallait mener une agence immobilière ?

— Il faut peut-être une femme pour saisir ce qui vous échappe à tous les deux. J'en sais peut-être beaucoup plus sur son compte que vous ne le pensez. Je vous dis que c'est un cinglé.

— Fortes paroles. (Elliott restait calme. Il fit tournoyer les cubes de glace dans sa tasse. Cette conversation évoquait beaucoup de choses dont son adjoint et lui évitaient de parler. Il fit très attention à ne pas hausser la voix.) Ce n'est pas vous qui auriez appelé pour nous signaler la crucifixion, par hasard ?

— Non, mentit Loïs.

— Après que vous avez engagé un détective dans l'Ohio, disons que nous avons compris que vous vous sentiez concernée.

Peter lissa ses cheveux roux.

— Après la façon dont frère Leaf vous a traitée à Railings l'autre jour, dit-il d'une voix aussi posée que le shérif, nous ne serions pas surpris que vous éprouviez un certain ressentiment contre lui.

— Cela n'a rien à voir avec la présente situation.

Elliott haussa les épaules. Loïs se tourna vers Peter.

— Vous admettez que vous avez constaté son pouvoir ?

— Oui.

— Et ?

— Je ne vois pas ce que vous voulez dire.

— Allons, fiston, vous savez très bien de quoi je parle.

— Si vous faites allusion à la façon dont il utilisera ce pouvoir, si c'est cela que vous voulez dire, alors d'après tout ce que j'ai vu, je suis absolument convaincu qu'il l'utilisera en bien.

— C'est faux, faux, faux ! Si l'un de vous avait autre chose que de la guimauve en guise de cervelle, ce qui va arriver vous donnerait des sueurs froides.

— Merci, mademoiselle Tavernetti. Nous garderons un œil sur lui.

Elliott laissa tomber son gobelet dans la corbeille à papiers.

Loïs se tourna vers Peter.

— Et vous, enlevez cette stupide petite feuille verte. Vous êtes toujours un employé de la force publique !

Marc-Anthony avait toujours considéré les églises comme des choses naturelles. Les églises de toutes sortes, blanches, en brique, en vieille pierre grise avaient toujours fait partie du paysage. Maintenant il se rendait compte que des gens comme son père et frère Leaf les avaient construites. Les gens qui servaient Dieu et refusaient de se laisser entraîner par Satan bâtissaient des églises. Cette vieille usine se remplirait de gens qui haïssaient Satan et étaient prêts à glorifier le Seigneur.

Il se souvint soudain qu'il avait entendu frère Leaf dire aux gens de la télévision que la réunion serait une vigile pour Jody. Si elle mourait, le prédicateur leur dirait-il que c'était la volonté du Seigneur ? Oui, et il leur demanderait de prier pour son âme.

Il regarda les informations de six heures à la télévision et vit l'épave de la Datsun dans un fossé à Painter's Hill. Il se vit, debout auprès de son père et de frère Leaf, clignant des yeux en face de la caméra.

Marc-Anthony descendit à la cuisine. Il se versa un bol de céréales avec du lait et s'assit, seul, à table. Par la porte entrouverte, il entendait les coups de marteau des ouvriers et le grincement de leurs scies. À peine audible au début, un autre bruit attira son attention. Celui de la voiture de son père qui remontait l'allée. Deux portières claquèrent et la voix de sa mère résonna gaiement.

À la porte d'entrée, sa mère l'embrassa.

— Dieu soit loué. Ta sœur vivra.

Dar sourit en voyant le garçon jeter ses bras autour de sa mère et appuyer son visage contre elle. Il regarda en direction de l'usine, incapable de dissimuler son impatience de retourner vers le projet le plus important de sa vie. Voyant ce qu'il avait à l'esprit, Lénore envoya Marc-Anthony chercher frère Leaf.

— Attends une minute, lui dit-elle. Il faut que nous partagions la merveilleuse nouvelle.

Ils se retrouvèrent dans le bureau de Dar à leurs places habituelles. Marc-Anthony assis sur un tabouret, les genoux sous le menton, savait que sa présence était à peine tolérée.

— Béni soit le pouvoir guérisseur du Saint-Esprit, dit Donald, et Marc-Anthony prit soin d'éviter son regard.

— Ainsi soit-il.

Dar quitta son bureau et se dirigea vers la porte. Les autres savaient qu'il vibrait d'impatience de retourner à son travail au tabernacle. Donald, d'un geste à peine esquissé, l'arrêta. Ses poignets portaient encore la trace des cordes.

— Ce spécialiste qui a soigné Jody... commença-t-il.

— Que Dieu le bénisse, dit Lénore.

— Où est-il à présent ?

Donald pencha la tête, les yeux rétrécis.

— Il est retourné à Ithaca, dit Dar.

— Quelqu'un d'autre est-il au courant ?

Lénore regarda frère Leaf, incertaine de ce qu'il voulait.

— Voulez-vous savoir si le docteur a prévenu les autres que Jody allait se remettre ? demanda Dar.

Donald acquiesça. C'était cela même.

— Juste nous. Il appellera le médecin traitant dès qu'il sera de retour chez lui.

— En avez-vous parlé à quelqu'un ?

— Nous sommes revenus tout droit ici pour vous le dire.

— Pas de télévision ni de journalistes ?

— Non. Nous sommes sortis par la porte de derrière.

Lénore poussa un petit soupir de ravissement.

— Voulez-vous dire qu'il serait merveilleux de partager notre joie demain avec les autres ? De leur annoncer que Jody est guérie ? (Elle posa son ouvrage et tendit la main vers Dar. Son visage rayonnait de bonheur.) Moins de vingt-quatre heures d'ici. Que ce serait merveilleux si frère Leaf pouvait leur annoncer que leurs prières ont été exaucées.

— C'est la volonté de Dieu, dit Dar à Donald.

Lénore tendit la main vers Marc-Anthony mais le garçon s'était déjà précipité vers la porte. Elle l'entendit monter les marches vers sa chambre quatre à quatre.

Tard cette nuit-là, longtemps après que le reste de la maisonnée se fut couché, Dar mettait au point le programme de chaque heure de la journée suivante. C'était une liste interminable de choses qu'il avait à faire avant d'ouvrir le tabernacle à huit heures du soir. Plus la liste s'allongeait et devenait impossible à réaliser, plus il se sentait exalté et parfaitement réveillé.

Il sortit de la maison et traversa l'herbe mouillée, irrésistiblement attiré vers la sombre usine. L'un des paons perdit une plume en se sauvant devant lui. Dans l'usine, il resta debout dans l'obscurité, ressentant une vague de joie qu'il n'avait pas connue depuis qu'à l'université il avait amené son équipe à la victoire devant une foule en délire. À cet instant, tout en prenant une profonde inspiration, il se rendit compte que c'était alors la dernière fois, jusqu'à ce moment-ci, que le monde lui avait paru parfaitement sensé.

48

Mercredi matin, à la première heure, Dar ramassa une brassée de pancartes et d'outils et se hâta vers la grille d'entrée. Le shérif et ses adjoints le saluèrent de la main et Dar, après leur avoir fait un bref signe de tête, enleva la pancarte indiquant le terrain de camping et y substitua l'une des siennes. Il reprit le reste de son matériel et se dirigea vers la rivière, suivi de la voiture de police. Un homme qui promenait son fox-terrier le croisa et lui souhaita le bonjour mais n'obtint pas de réponse.

Dans l'espace vide entre les caravanes et les tentes des motards, Dar enfonça un piquet avec une pancarte dessus. Les gens âgés le regardaient faire avec ahurissement. Une femme en bigoudis gémit qu'elle venait juste de planter des petits pois. Son mari se profila à la porte de la caravane et se plaignit d'avoir justement installé une antenne de télévision coûteuse.

Du côté des tentes, Bear fut le premier des motards à exprimer sa rage. Il arriva à cloche-pied, chaussé d'une seule botte.

— Putain de propriétaire. Il a toujours voulu se débarrasser de nous. (Il enfila son autre botte.) Vous avez de la chance d'avoir amené la police avec vous, sinon on vous aurait fait avaler votre saloperie de pancarte.

Ardèle secoua ses cheveux ébouriffés et passa un T-shirt.

— Il n'a pas de cœur.

Les adjoints du shérif, Werrenrath et Grinnel, sanglés dans leurs uniformes frais et pimpants mais leurs visages juvéniles impassibles, étaient debout près de la voiture dans une démonstration de force silencieuse. Avant qu'Elliott n'ait fait demi-tour avec la voiture, une douzaine de vieilles personnes marmonnèrent leur surprise qui tournait rapidement à la colère. Certains reprirent les insultes des motards.

— C'est bon, dit Skull d'une voix enrouée. Vous avez fait cela officiellement. Et qu'en est-il de frère Leaf ? Où est-il ? C'est sur son ordre que vous faites cela ? Il veut déblayer la racaille avant d'ouvrir son foutu tabernacle.

Dar finit d'enfoncer le dernier piquet tout en se rendant compte que les motards tentaient de l'encercler. Les jeunes adjoints s'avancèrent pour le couvrir jusqu'à ce qu'il ait terminé.

— Trois jours ! cria Dar.

Il monta dans la voiture avec les adjoints. Ils claquèrent les portières et les verrouillèrent.

Les trois policiers et Dar cahotèrent en silence jusqu'à la nationale. À la grille d'entrée, Dar les remercia de l'avoir soutenu pendant qu'il fixait ses pancartes.

— À ce soir.

Il partit en courant vers l'usine. Un problème venait d'apparaître ; l'électricien avait amené des supports inadéquats pour les projecteurs. Dar le renvoya avec des menaces, inquiet du temps précieux qu'il allait perdre durant le trajet jusqu'à ses fournisseurs.

Dar fronça les sourcils en consultant sa liste. Toute l'exaltation de la veille s'était transformée en nervosité. Avec seulement quelques heures devant lui, il se demandait comment il pourrait ouvrir le tabernacle à temps.

C'était bien beau de dire que tout était entre les mains du Saint-Esprit. Lui savait à quoi s'en tenir. Sans sa liste et sans s'éreinter toute la journée, le tabernacle n'avait pas la moindre chance d'être prêt à l'heure.

À quatre heures de l'après-midi, à l'exception des projecteurs, du mur du fond pas encore peint et d'un manque de chaises pliantes, les choses paraissaient un peu plus encourageantes. Si seulement Lénore ne rôdait pas près de la porte ! Pourquoi ne pouvait-elle pas aller à l'hôpital toute seule ? Dar rageait à cause de la perte de temps que représentait le trajet aller et retour. Après tout, la visite n'était que pour les apparences. Le spécialiste leur avait affirmé que Jody se remettrait. Ils ne pouvaient rien faire tant qu'elle était dans le coma et son temps était bien mieux employé ici. Lénore était là de nouveau, gentiment patiente, tenant les roses blanches qu'elle avait coupées. Elle regardait Dar d'un air de doux reproche lorsque frère Leaf arriva derrière elle. Dar attira le prédicateur à l'intérieur avec enthousiasme.

— Il reste encore quatre heures. Retenez votre souffle. Avec un peu de chance, nous serons prêts juste à temps.

Donald nota soigneusement les changements : les murs blancs, les rangées de chaises, la chaire décorée de verdure et de la nappe brodée de Lénore.

— Qu'en est-il de la sonorisation ?

— Prête à fonctionner.

— Nous ferions mieux de la vérifier maintenant.

Donald monta en chaire. Soudain, sa voix emplit le vieux bâtiment. Les ouvriers, surpris, regardèrent un instant en direction du prédicateur puis reprirent leur travail. Donald se tourna vers Dar et hocha la tête.

De la porte, Lénore, les yeux brillants, suivait Donald qui arpentait la salle pour s'imprégner de son atmosphère.

— Dès que nous rentrerons de l'hôpital, dit-elle, je mettrai des tas de fleurs fraîches.

Donald contempla le tabernacle.

— Vous voyez, Dar, ce que le Seigneur accomplit ?

— Frère, cela n'a rien d'un miracle, dit Dar en riant. C'est de l'huile de coude.

— C'est pareil. (Donald leva les yeux vers la passerelle de fer.) Voyons les projecteurs.

Dar essuya son front brillant de sueur et fit jouer les muscles fatigués de ses épaules.

— C'est notre unique problème. Il vous les faut vraiment ?

— Je vous ai dit qu'il me les fallait, répliqua Donald sèchement. Faites en sorte qu'ils soient prêts.

Dar l'assura qu'il téléphonerait à l'électricien de l'hôpital. Visiblement contrarié, Donald annonça que Lénore et lui attendraient dans la voiture. Dar coupa le son et maudit silencieusement l'électricien d'avoir donné à Donald une raison de se plaindre. À cause de ces fichus projecteurs, le prédicateur partait sans un regard en arrière et sans remerciements pour les réalisations de Dar.

Sans échanger son T-shirt trempé de sueur, Dar monta dans la Plymouth à côté de Donald qui tournait les pages de sa bible. Lénore était assise à l'arrière avec des roses fraîchement coupées pour Jody.

— Et Marc-Anthony ? demanda-t-elle.

Dar démarra sans répondre.

La deuxième fois que Loïs fit irruption chez le shérif, elle le trouva avec ses adjoints, riant au soleil en train de s'arroser avec un jet d'eau. À l'instant où ils l'aperçurent, ils se tournèrent pour laver les trois voitures de police.

— Dar a fermé les Willows.

— Comme je l'ai déjà dit au téléphone, mademoiselle Tavernetti, nous y étions.

— Et vous vous imaginez que ces motards vont rester sans bouger tandis qu'il les met à la porte à cause de cette église ? (Le shérif s'essuya les mains et se tourna vers Loïs. Elle secoua la tête.) Je ne comprends pas que vous ne soyez pas là-bas en train de surveiller.

— J'ai essayé de vous expliquer au téléphone...

— Encore des paroles ! Faites quelque chose !

— Voulez-vous m'écouter ?

— Bien sûr, vous croyez que je suis une femme hystérique...

— Personne n'a dit cela.

Loïs ferma les yeux pour retrouver son calme. Elle serra les poings pour empêcher ses mains de trembler. En chemin vers le poste de police, elle s'était juré de ne pas devenir ce que les hommes détestent le plus : une femme hystérique et glapissante.

— Je vous en prie, recommença-t-elle d'une voix calme. Il faut que vous y alliez tout de suite pour arrêter Dar. Je le connais. Il ne sait pas ce qu'il fait. Ce maudit prêcheur le mène par le bout du nez.

— Nous y serons pour la réunion.

— Non ! (Elle avait haussé le ton sans le vouloir.) Ce sera trop tard. Écoutez. Il n'y a personne d'autre à qui je puisse m'adresser. Roger Pritchard était le seul être lucide mais il est parti après l'enterrement de sa grand-mère. Je suis toute seule. Vous êtes les seuls qui puissiez m'aider...

Elle les regarda tous les trois. Ne la croyaient-ils pas ?

Elle se rendit compte avec écœurement qu'elle était totalement isolée.

Elle s'entendit crier.

— Arrêtez ce prêcheur. Trouvez un prétexte si c'est nécessaire. Mais ne le laissez pas faire.

Elle se retourna, trébucha et courut vers sa voiture.

Les trois policiers la regardèrent démarrer.

— Elle y va maintenant, dit Peter.

Elliott s'abrita les yeux de la main pour suivre la voiture du regard tandis qu'elle disparaissait dans la rue.

— Elle doit toujours être vraiment amoureuse de Dar.

49

Assis à sa fenêtre, Marc-Anthony regarda les ouvriers partir, leur travail terminé. Le tabernacle était-il enfin prêt ? Avant que les autres ne rentrent de l'hôpital, il avait le temps d'y courir et d'être le premier à le voir.

Il nouait ses lacets lorsque le cri d'un paon l'interrompit et le fit écouter plus attentivement. Il avait entendu ces oiseaux toute sa vie mais ce cri perçant avait déchiré le silence d'une façon inhabituelle. Il renifla. De la fumée ? Il sentit intuitivement que quelque chose n'allait pas.

Le grondement des motos fit soudain exploser le calme. Deux motards se détachèrent des autres et traversèrent la pelouse en traînant des paons morts par la queue. D'autres, à pied, fuyaient dans les volutes de fumée grise qui s'échappaient de l'usine. Marc-Anthony regarda furtivement par la fenêtre. Il ne reconnaissait personne sauf Bear à sa démarche lourde. Et là-bas, la femme aux cheveux ébouriffés, sauvage, possédée, dont les gros seins ballottaient. Et ces hommes en maillot, étaient-ce les amis de Roger ? Était-ce Roger à la porte de l'usine, agitant une barre à mine et faisant aux autres signe de le rejoindre ? La silhouette qui se précipita dans l'usine était floue mais ressemblait vraiment à Roger.

Marc-Anthony dévala les escaliers mais s'arrêta sur le

terre-plein en entendant les cris et les craquements venant du bâtiment en brique. Il se glissa derrière une colonne et retint son souffle de peur, s'efforçant de réfléchir. Sa mère, son père et Donald étaient à l'hôpital. Les ouvriers étaient partis. Il était évident que ces maraudeurs avaient minuté leur attaque pour venir quand il n'y aurait personne. Viendraient-ils ensuite dans la maison ? Il se recroquevilla dans l'ombre. S'ils le découvraient, Dieu sait ce qu'ils lui feraient.

Il ne pouvait compter que sur le secours du shérif. Il fallait qu'il lui téléphone. Il se glissa vers la porte et courut jusqu'au bureau de son père. Son cœur cognait dans sa poitrine, faisant plus de bruit que les motards dehors.

Son visage était inondé de larmes. Il murmura une prière pour qu'ils ne le découvrent pas. Au bruit soudain d'une moto, ses genoux se mirent à trembler si violemment qu'il s'adossa au mur et s'affala par terre. De l'endroit où il se trouvait, il était incapable de voir par la porte. Il entendit des cris, des rires et le grondement des machines suivi d'un terrible craquement et de bris de verre. Où était-ce ? Dans la maison ? Non, cela venait de trop loin. C'était sans doute l'usine. De nouveaux cris d'hommes et de femmes s'élevèrent. Les motos se rapprochèrent, couvrant le bruit des voix.

Il ne fallait pas rester là. Il devait appeler le shérif.

Il fit un effort pour se dresser sur ses jambes flageolantes et décrocha le combiné. Il n'y avait pas de tonalité. Il tendit l'oreille pour écouter ce qui se passait dehors. Le bruit s'éloignait-il ? Traversant le vestibule avec précaution, il s'approcha de la porte d'entrée. Le bruit avait presque cessé. Un avion qui passait amplifia le calme soudain revenu.

Marc-Anthony se força à rester immobile pendant ce qui lui parut une éternité bien qu'il sût qu'il ne s'agissait que de quelques minutes. Il respira profondément et s'avança jusqu'à la porte d'où il vit le soleil rougissant le ciel derrière les arbres noirs.

Les pancartes de Dar avaient été jetées dans l'allée. Au-delà de la pelouse, une fumée blanche sortait par les vitres brisées de l'ancienne usine.

Y avait-il encore quelqu'un à l'intérieur ?

Tout frissonnant, il s'avança au soleil. Ce qui était arrivé aurait pu être un cauchemar. Les cris, le bruit de casse et celui des motos s'étaient tus. Mais il restait la fumée qui s'élevait de l'usine et les traces de pneus qui zébraient la pelouse pour prouver que la demi-heure passée n'était pas un rêve.

Au lieu de courir vers l'usine, il contourna la pelouse. À la porte du bâtiment, il hésita, n'osant pas regarder la ruine. Ce à quoi il ne s'attendait pas, c'était, en dépit de la fumée, l'odeur nauséabonde d'excréments. Il se boucha le nez.

Les chaises pliantes étaient cassées et couvertes de matières fécales. Des morceaux de bois brûlaient encore. Les murs blancs étaient barbouillés de la même matière brune qui dégoulinait jusqu'à terre.

La chaire était détruite. La nappe que sa mère avait brodée si soigneusement était étalée sur un mur, striée d'excréments. Des graffiti obscènes couvraient les murs.

Il sortit à l'air frais en trébuchant et se dirigea vers la route pour attendre le retour de ses parents.

Les grilles tordues pendaient sur leurs gonds au milieu d'un amas de fils téléphoniques. Une pancarte était accrochée aux barreaux de fer : « Leaf s'est retourné contre nous. »

Trois paons morts, couverts de leur sang, étaient empalés sur les piques du grillage.

50

Donald toussa dans la fumée tandis qu'il contemplait, avec Dar et Lénore, le tabernacle profané.

Lénore attira Marc-Anthony contre elle en murmurant une prière silencieuse. Elle semblait à mille lieues de là mais tapota l'épaule de son fils dans un réflexe maternel.

— Quelle heure est-il ? demanda Donald sans détourner son regard de la chaire en ruine.

— Six heures et demie, dit Lénore. Le café sera prêt dans une minute.

Elle se dirigea vers la porte en écartant du pied les débris de verre. Elle sortit sans mot dire.

Donald se remit à tousser.

— Cela n'a pas de sens d'appeler le shérif. Nous allons prendre les choses en main nous-mêmes. Il est six heures trente.

Sa voix était forte, sans trace de défaitisme.

Marc-Anthony leva les yeux vers son père. Il ne l'avait

jamais vu ainsi, d'un calme si effrayant. Rien ne trahissait ses sentiments, pas une parole, pas un geste. Qu'est-ce qui maintenait sa colère, sa rage, sa furie sous contrôle ?

— C'est aussi bien de laisser les frères et les sœurs voir à quoi ressemble le mal, dit Donald.

— Et ceux qui sont contre nous ? demanda Dar.

Donald regarda en l'air puis son regard croisa celui de Dar. Marc-Anthony dut se rapprocher pour entendre sa réponse car le prédicateur parlait d'une voix si calme, si ordinaire, qu'il était à peine audible. Les paroles qu'il prononça étaient celles que le garçon craignait le plus. Elles le glacèrent d'effroi.

— Vous savez ce qui vous reste à faire.

Dar hocha simplement la tête et, sans un mot de plus, se dirigea vers la porte. Marc-Anthony se hâta derrière lui en prenant soin de garder ses distances.

Dehors, l'air était doux et frais. Le ciel s'était assombri. Une brise fraîche apportait les accents d'une musique lancinante, venant de la rivière. Jamais ils ne l'avaient mise si fort. L'intention était évidente. Les rats de rivière provoquaient ceux de la colline.

Dar, apparemment insensible à tout ce qu'il avait vu et entendu, se dirigea vers la pergola. Il baissa la tête pour passer sous les roses qui surplombaient l'entrée.

Marc-Anthony, effrayé et soucieux de ce que ressentait son père, resta en arrière. Il s'accroupit derrière des rosiers pour voir ce que faisait son père dans l'ombre. Il resta paralysé de terreur et étouffa un cri.

Dar Cragin tenait la faux d'une main. Il cracha sur la pierre à aiguiser et la passa sur le métal avec un grincement qui semblait annoncer la fin de tout.

Marc-Anthony courut à toutes jambes vers l'usine.

— Il faut que vous l'arrêtiez ! (Sa voix résonna à travers les traînées de fumée. Donald, de l'autre côté de la salle, toussa en écartant des débris de chaises.) Mon père descend là-bas — aux Willows ! Il faut que vous l'arrêtiez !

Donald ramassa une branche de feuillage et la jeta de côté. Il recula d'un pas et regarda vers la passerelle en acier sous le plafond.

— Je vous en supplie, arrêtez-le !

Donald alla jusqu'au mur et enclencha les interrupteurs un

par un. Les lumières s'allumèrent mais là-haut, sur la passerelle sombre, aucun projecteur ne s'éclaira.

— Ce que vous avez dit... il va réellement le faire. (Marc-Anthony repoussa des chaises pour s'approcher du prêcheur. Leaf ramassa le microphone et tira le fil entortillé des débris de la chaire.) Il aiguise sa faux en ce moment.

Donald suivit le câble jusqu'au coin du bâtiment.

— Arrêtez-le !

Le câble conduisit Donald jusqu'au système de sonorisation et il s'accroupit pour le regarder de plus près.

— *Je vous en supplie !*

Marc-Anthony le tira par le bras. Donald se détourna.

— Vous êtes contre moi.

— Frère Leaf, je vous jure que lorsque vous l'aurez arrêté, je ferai tout ce que vous voudrez le reste de ma vie. (Le prêcheur laissa tomber l'amplificateur inutile.) Frère Leaf, je crois en Dieu. Je vous jure que mon père va tuer ces gens aux Willows. Il faut que vous l'arrêtiez ! Vous êtes le seul à pouvoir le faire !

Le prêcheur déchira le couvercle d'un carton intact et l'ouvrit. Les projecteurs étaient là. Il en sortit un dans son emballage de papier journal, ignorant complètement le jeune garçon.

Marc-Anthony comprit que c'était inutile. Il n'y avait plus qu'un espoir avant qu'il ne soit trop tard. Il courut vers la maison.

— Il faut prendre la voiture et prévenir le shérif, cria-t-il au bord de l'hystérie.

Lénore semblait bien plus intéressée par le téléphone en panne que par les cris désespérés de son fils.

— Maman, il faut y aller ! Aussi vite que possible !

Lénore lui fit signe de se taire. Elle était douce, raisonnable, complètement hors de sa portée. Il essaya de nouveau.

— Maman, croyez-moi, il va descendre là-bas et les tuer.

Lénore repoussa le téléphone.

— Ton père ne fera rien qui ne soit pas la volonté du Saint-Esprit.

Il se laissa aller contre le mur. Ne pouvait-il rien faire pour qu'elle le croie ?

— Je veux que tu te mettes à genoux et que tu pries avec moi pour ton père, dit-elle en lui tendant la main.

— Où est-il ?

Une femme fit irruption dans le bureau et la main de Lénore se crispa sur celle de son fils. C'était Loïs, les cheveux en bataille et son pantalon blanc taché. Lénore attira son fils contre elle.

— Appelez le shérif, cria Loïs. (Lénore bloqua le téléphone. Loïs la regarda d'un air consterné.) J'ai dit au shérif qu'il y aurait du grabuge — mais rien d'aussi affreux que ce qu'il y a là-bas. Où est Dar ?

Lénore serra son fils contre elle.

— Où est il ? cria Loïs en saisissant Marc-Anthony et en le faisant pivoter. Où est-il ?

Lénore s'adressa à son fils seulement d'une voix très calme.

— Ne lui réponds pas.

— Je vous en prie, Marc-Anthony. Si vous savez où se trouve votre père, il faut me le dire. Je veux l'arrêter.

Marc-Anthony se dégagea d'un air apeuré.

— C'est pour cela que je suis ici...

— Laissez mon fils tranquille, dit Lénore d'une voix glaciale.

— Il va descendre à la rivière. La dernière fois que je l'ai vu, il était dans la pergola. (Marc-Anthony avait la gorge serrée mais il se força à poursuivre.) Il va les tuer.

— Appelez le shérif.

Voyant que Lénore ne bougeait pas, Loïs la poussa de côté et saisit le téléphone. Elle écouta et se rendit compte qu'il était coupé.

— Merde ! (Elle reposa brusquement le combiné et se tourna vers le garçon.) Il faut que nous l'arrêtions, vous et moi.

Marc-Anthony se précipita entre les deux femmes et s'enfuit dans le vestibule.

Dehors, la musique avait cessé. Le ciel était devenu d'un bleu aussi lumineux que celui des plumes de paon. Un oiseau chanta. Des chauves-souris voletaient dans le ciel rougi par le soleil couchant.

Une longue ombre s'avança sur la pelouse. C'était Dar, agrippant les poignées de sa faux fraîchement aiguisée.

— Arrêtez ! Je vous en supplie ! Arrêtez !

Marc-Anthony courait à quelques pas derrière son père. Il cria de nouveau. Son père ne pouvait pas ne pas entendre ses appels désespérés. Il ne se retourna pas. L'enfant, effrayé, n'osait se rapprocher et courait en zigzags prudents, quelques pas à la fois.

— Je vous en supplie !

— Dar ! Dar, c'est Loïs. (Elle se précipita vers lui.) Pour l'amour de Dieu, arrêtez-vous. (Elle courut devant lui et ralentit.) Dar !

Sans ralentir un instant la cadence et sans donner le moindre signe de les entendre, ignorant leur présence, Dar se dirigea vers le raccourci qui descendait vers la rivière.

— Marc-Anthony, je vais prendre ma voiture et je vais essayer de les prévenir. Pour l'amour du ciel, faites attention !

Loïs partit en courant vers l'allée.

Marc-Anthony sentait les hautes herbes cingler ses jambes nues et se mit à courir pour ne pas perdre son père de vue.

Maintenant que la pente accélérait le pas de Dar, Marc-Anthony pensa que, même s'il courait aussi vite qu'il le pouvait pour prévenir les campeurs, ils n'auraient pas le temps de se défendre. Il pria pour que Loïs arrive à temps. Tout ce qu'il pouvait faire à présent, c'était de harceler son père pour essayer de le ralentir. Cependant, il resta derrière. Qu'est-ce qui le retenait ? Il ne lui restait que quelques instants pour rompre le maléfice qui aveuglait son père.

Marc-Anthony comprit ce qui le retenait. Il était mort de peur. Il transpirait à l'idée de ce que son père pourrait faire, même à lui...

Courant et trébuchant, il le suivit vers la rivière.

Les buissons sous les érables formaient un tunnel sombre, lourd de l'odeur de pourriture de la végétation et glacé comme la peur qui étreignait Marc-Anthony. Son père fonçait en avant ; la lame de sa faux grinçait contre les branches.

Dar atteignit le trou dans le grillage et se baissa pour passer à travers l'ouverture avec sa faux. C'était la dernière chance de Marc-Anthony. Il rattrapa son père en haletant et d'une main saisit sa chemise et s'y cramponna. Dar se retourna vers son fils avec un regard chargé d'une telle haine que Marc-Anthony lâcha prise et retomba sur les feuilles mortes en hurlant de peur et de frustration. Son père disparut à travers la clôture. Marc-Anthony se couvrit le visage des mains et se mit à prier. Il ne pria pas le Saint-Esprit de frère Leaf mais Dieu qui veillait sur tout. Il pria pour qu'il ne laisse pas son père agir contre Sa volonté.

Le jeune garçon replia ses genoux sous son menton, retint ses larmes et tendit l'oreille. Le vent soufflait dans les arbres. Les oiseaux chantaient. Ils paraissaient indifférents à ce qui allait se passer. Dieu l'était-il ?

Il entendit un long coup de Klaxon et le bruit d'un moteur qu'on arrêtait. Était-ce Loïs ?

Le premier cri déchirant, encore plus fort qu'il ne s'y attendait, le traversa comme un courant électrique. Un cri de femme, à vous glacer le sang, s'éleva puis fut coupé net.

Pendant un instant, le silence retomba. Au-dessus de lui, au sommet d'un arbre, un geai s'ébroua dans le feuillage. Les Willows étaient si calmes que Marc-Anthony entendait couler la rivière.

Un cri perçant s'étouffa en sanglots.

— Oh, mon Dieu...

Arrêtez-le !

— Mon Dieu, empêchez-le...

Une voix, crispée par la peur, croassa :

— Vite, courez. Il vient par ici.

Des cris, des hurlements de terreur s'élevaient toujours plus fort dans une panique sauvage. Un rugissement plus effrayant que les autres paralysa Marc-Anthony. Il connaissait cette voix. Il ne la connaissait que trop bien. Son père, ivre de sang, rugissait en brandissant sa terrible lame, coupante comme un rasoir.

Un chien qui aboyait se mit à hurler.

— Attention ! Le voilà !

— Par ici ! Non ! Oh mon Dieu, non !

— Merde !

Un coup de feu partit. Marc-Anthony retint sa respiration. Trois autres détonations suivirent.

Les cris et les hurlements se transformèrent en sanglots. Marc-Anthony laissa sa tête retomber sur ses genoux.

C'était terminé maintenant. Les pleurs, les sanglots ne faisaient pas plus de bruit que la rivière.

Marc-Anthony rampa à travers le trou dans la clôture. Quelques pas l'amenèrent derrière une caravane où il s'accroupit derrière une bouteille de gaz butane. Il se pencha pour voir la clairière et la rivière au-delà. Des silhouettes erraient en gémissant parmi ceux étendus dans la poussière, les vêtements et les chairs brillants de sang. Il y avait la voiture blanche de Loïs dont la portière était ouverte. À demi hors de la voiture, Loïs était affalée, la tête en bas. Son sang tachait la voiture et ses vêtements. Des motards et des campeurs à demi nus tournaient comme des enfants perdus, silencieux et effarés par le carnage.

Bear apparut et Marc-Anthony se recroquevilla. Le motard velu traînait la faux, dégoulinante de sang, vers un tas de chair poussiéreux et sanguinolent. Ensuite, Marc-Anthony ferma les yeux. Ce souvenir ne le quitterait jamais. Le corps de son père était étendu dans la poussière.

Là où se tenait Bear, à quelques pas seulement, la tête de son père avait roulé, le visage contre le sol.

52

Marc-Anthony remonta la colline ; inutile de courir ; tout était fini. Dans le crépuscule, les buissons étaient d'un vert brillant sous les sombres érables. Il déboucha dans les hautes herbes.

Au-delà de la pelouse, les derniers rayons du jour se réfléchissaient sur les feuilles d'aluminium qui couvraient les fenêtres. Il regarda vers l'usine. À travers une vitre cassée, une pâle lumière brillait : une lanterne.

Il traversa la pelouse en marchant sur son ombre qui s'allongeait devant lui. La fraîche brise nocturne le fit frissonner. Il haussa les épaules. Les cigales devaient avoir chaud, pensa-t-il. Elles chantaient. Les oiseaux chantaient. Ils ne savaient pas ce qui s'était passé. Ils ignoraient à quel point le monde était vide ce soir.

Il voyait encore le shérif Frankel penché sur la tête sanglante. Le révérend Werrenrath devait encore paraître dérouté et murmurer une de ses prières que personne n'écoutait et qui ne ferait pas revenir son père.

Il s'approcha de la porte de l'usine à travers laquelle filtrait la pâle lueur. Cette fois il n'aurait pas à rassembler tout son courage pour y pénétrer. Il avait déjà vu la ruine. Cet endroit n'avait plus d'importance.

Lorsqu'il était venu en courant supplier Donald, il avait compris que le prêcheur avait accepté la profanation ; Satan avait fait son œuvre. L'offense lui avait donné une chance de se glorifier en montrant au monde qu'il vaincrait le démon. Il pouvait imaginer frère Leaf, dans moins d'une heure maintenant, lorsque les fidèles arriveraient ; frère Leaf au milieu de l'église en ruine, levant ses mains blanches au-dessus de la foule, clamant qu'il avait triomphé de Satan et de ceux qui le servaient.

— Tournez-vous vers lui et le Saint-Esprit ! Tournez-vous vers frère Leaf qui est venu pour vous sauver... Frère Leaf est avec vous pour l'éternité...

Marc-Anthony atteignit la porte du sombre bâtiment, s'attendant à trouver Donald mettant la main aux derniers préparatifs. Au lieu de cela, il vit sa mère qui, à la lumière de la lanterne, arrangeait des roses fraîches autour d'une chaire improvisée. Il plongea son regard dans les profondeurs de l'usine. Où était frère Leaf ?

Parvenu à côté de sa mère, il parla d'une voix calme, ne trahissant aucune émotion.

— Papa est mort.

Sa mère recula pour contempler l'effet des bouquets de roses.

— Aux Willows, dit le garçon. Il est mort.

Lénore arracha une feuille jaunie.

— Frère Leaf l'annoncera aux autres. (Elle se tourna vers son fils et ferma les yeux.) Ainsi soit-il.

Elle laissa retomber ses bras, non pas dans un geste de défaite, non ; elle n'accepterait plus jamais de défaite. Son brave sourire en témoignait. Elle lui montrait qu'elle était prête à poursuivre la tâche entreprise, le destin qu'ils avaient tous deux embrassé : servir le Saint-Esprit de tout leur cœur par l'intermédiaire de frère Leaf.

— Je t'ai dit de t'habiller, dit-elle d'une voix aussi douce qu'auparavant. Les autres seront là dans moins d'une heure. Je ne serais pas surprise si les premiers attendaient déjà sur la route.

Un grincement métallique fit lever la tête au jeune garçon. Il regarda vers la passerelle et vit frère Leaf pousser les cartons des projecteurs. Le travail qu'il faisait là-haut expliquait la coupure de courant. Frère Leaf avait disjoncté l'électricité pour monter sur la passerelle métallique afin de brancher les projecteurs.

Sa mère piqua de nouvelles fleurs dans des pots remplis d'eau. Elle se redressa et se massa les reins. Une mèche de cheveux grisonnants lui retombait sur les yeux. Elle sourit. Elle faisait le travail du Seigneur.

— Viens ici, dit-elle.

Ses mains sentaient la verdure. Dans la lumière de la lanterne, son visage rayonnait de dévotion. Ses lèvres souriaient et son expression était courageuse : c'était celle d'une mère disant à son fils qu'ils venaient de subir une terrible perte mais qu'ils avaient reçu quelque chose d'infiniment plus important, quelque chose proche d'un miracle.

— Je veux que tu te joignes à moi afin de remercier le Saint-Esprit pour le rétablissement de Jody ; pour le remercier de garder frère Leaf parmi nous afin de combattre Satan et répandre la parole du Seigneur. Quelle joie de pouvoir servir frère Leaf pour toujours. (Elle était sur le point de lui caresser le visage mais il recula.) Ton père n'a pas été heureux pendant de longues années. Je crois que tu le sais. Durant ce temps, notre famille s'est débattue dans les ténèbres. Nous ne savions pas à quel point nous avions besoin du Saint-Esprit jusqu'à ce que tu amènes frère Leaf dans notre maison. Béni soit ce jour-là. Tu as vu comme j'ai changé. C'est un miracle. Oui, un miracle peut arriver : nous l'avons prouvé à l'heure où le monde n'y croit plus.

Marc-Anthony n'avait jamais vu sa mère aussi inspirée. Ses yeux brillaient de tout leur éclat.

— Le vrai miracle, c'est le changement qui s'est opéré en ton père. Il s'est mis à croire, si profondément. Grâce à toi, mon fils, ton père a embrassé la foi de tout son cœur. Alors il ne faut pas pleurer sa disparition. Il s'est sacrifié comme les martyrs de la Bible pour la plus grande gloire du Saint-Esprit. Je remercie le Seigneur qu'il soit parti ainsi puisqu'il devait nous quitter. Nous sommes bénis. (Elle sourit, le visage éclairé par la foi.)

Maintenant, je veux te voir sourire aussi. Ton père ne voudrait pas que tu sois triste, pas le soir même de l'inauguration du tabernacle, l'église pour laquelle il a remué ciel et terre, que Satan même n'a pas été capable de détruire. Ce sera si merveilleux. (Elle attira son fils vers elle et l'embrassa.) Frère Leaf va nous demander de tous prier pour Jody. Marc-Anthony, tu te souviendras toute ta vie de cette soirée. Il n'y aura pas de jour où nous ne remercierons pas le Saint-Esprit d'avoir été présents pour en être témoins. (Elle examina longuement son visage puis regarda les fleurs.) Nous avons besoin d'autres glaïeuls. Dieu merci, nous en avons en abondance. Je ne me souviens pas d'un été avec autant de fleurs. (Elle glissa son sécateur dans sa poche et se dirigea vers la porte.) Il faudra te coiffer. Je veux être fière de toi ce soir. Maintenant, monte vite dans ta chambre pour te changer.

Elle sortit dans le crépuscule écarlate.

Marc-Anthony contourna les chaises brisées et parvint au centre de la salle. Il leva les yeux vers Donald, perché sur la passerelle d'acier sous le toit.

— Frère Leaf ? (Donald ne le regarda pas mais continua à brancher des fils.) J'étais à la rivière, frère Leaf.

Sa voix rebondit sur le plafond. Lorsque Donald répondit, le timbre de sa voix était étrange.

— J'ai entendu ce que vous disiez à votre mère.

— Avez-vous entendu sa réponse ?

— Elle a raison. (Donald coupa un câble.) Votre père s'est sacrifié pour vous sauver de Satan et de ses suppôts. Vous le savez, n'est-ce pas ? (Donald attendit.) Vous le savez ?

Le garçon ne répondit rien.

— Il semblerait que l'on puisse se passer d'amplificateur, dit Donald. Encore un don du Seigneur. (Il coupa un nouveau bout de fil dont l'extrémité tomba.) Vous pouvez être fier de votre père.

Le jeune garçon avança lentement parmi les chaises. Il se tourna vers la chaire de fortune pour la voir comme le ferait la congrégation. Elle était plus petite que la précédente mais suffirait pour ce soir. Des bouquets de fleurs cachaient la boiserie brisée. Au-dessus de la chaire, clouée au mur où les autres l'avaient mise, pendait la nappe souillée. Donald l'avait laissée là comme témoignage de l'ennemi implacable qu'il combattait et qui les entourait de toutes parts : l'ennemi qui œuvrait pour Satan.

— Mettez-vous à côté de la chaire, dit Donald. J'ai besoin de régler les lumières. Plus à droite. (Donald se pencha pour regarder le garçon qui hésitait.) Allons ! Bougez un peu !

Marc-Anthony recula, de nouveau le fidèle disciple qui obéissait aux ordres du saint homme.

Donald fixa un projecteur en place. Il entortilla des fils dénudés.

— Ce soir, je vous ferai monter avec votre mère sur la chaire auprès de moi. Vous direz aux frères et sœurs comment vous m'avez demandé — la toute première fois que vous m'avez vu — de guérir votre bras cassé. Je vous poserai d'autres questions. À partir de maintenant, Marc-Anthony, vous allez m'aider à servir le Saint-Esprit. Vous comprenez ? (Donald regarda vers le bas.) Marc-Anthony ?

— Oui.

— Oui quoi ?

— Oui, je comprends.

— Reculez de trois pas.

Marc-Anthony recula mais, au lieu de s'arrêter, il continua à suivre le mur de brique jusqu'à la rangée de câbles électriques qui serpentaient vers le disjoncteur. Le couvercle de la boîte était ouvert et, pendant un long moment, Marc-Anthony regarda fixement le levier de contact. Il tourna la tête vers le plafond. Donald connectait deux fils, inattentif à toute autre chose. Puis il tourna la tête et vit Marc-Anthony abaisser le levier. Même à cette distance, le garçon entendit le cri étranglé de l'homme. Un projecteur se fracassa au sol.

Le prédicateur tomba.

53

Marc-Anthony s'observa longuement dans la glace. À son étonnement, le visage qui se reflétait devant lui n'avait pas changé.

Il entendit l'ambulance remonter l'allée dans un hurlement de sirènes. Le shérif avait dû venir de bonne heure pour contrôler la foule et aller jeter un coup d'œil dans le tabernacle démoli.

Le jeune garçon descendit dans le vestibule et s'assit parmi les statues en attendant sa mère. Par la porte d'entrée ouverte, il entendait le bruit des voitures et des voix qui remontaient l'allée. Une foule énorme se rassemblait.

Dans la vieille usine, Peter Werrenrath se tenait debout dans la chaire, faisant face aux hommes et aux femmes qui affluaient par la porte. Chacun cherchait une place parmi les débris. Elliott et ses adjoints longeaient les murs en essayant de ne pas se faire remarquer.

Personne ne savait à quoi s'attendre mais tous attendaient dans le calme que quelqu'un donne un sens à ces événements épouvantables.

Peter priait en silence de se montrer à la hauteur de sa tâche. Il commencerait en annonçant la nouvelle du rétablissement de Jody.

La foule se tut lorsque Lénore Cragin et son fils franchirent la porte. Peter alla au-devant d'eux et les conduisit, dans un silence absolu, au pied de la chaire. Lénore avait la tête haute. Oui, elle souriait pour montrer que même la mort ne pouvait la priver de sa victoire car elle avait trouvé le Saint-Esprit.

Le visage de son fils était un masque. Le garçon était celui que la foule plaignait. Quelle terrible perte pour lui !

Neuf heures trente.

Une heure et demie après le début prévu de la réunion de Donald Leaf, Peter Werrenrath se tourna vers Lénore pour qu'elle accomplisse la petite cérémonie durant laquelle elle lui épingla une feuille verte sur son costume bleu. Il fit face à la foule sachant que si jamais il devait atteindre le cœur des fidèles, c'était maintenant. Il parla calmement mais de façon à ce que ceux du fond puissent entendre. Son cœur se dilata. Une vague de joie le submergea : enfin, on l'écoutait. Ces morts effroyables, cet accident qui avait emporté frère Leaf, commença-t-il, avaient-ils un sens ?

Tandis que le jeune prédicateur parlait, les gens autour de Marc-Anthony tendaient l'oreille pour entendre chacune de ses paroles mais le garçon était plongé dans ses propres pensées. Demain, il irait rendre visite à Jody, à l'hôpital de Talbot. Ils avaient dit qu'elle se rétablirait. Elle avait toujours prévu de quitter la maison à l'automne pour aller à l'université. Lui devrait attendre encore huit ou neuf ans avant de partir...

Peter Werrenrath parlait des malheurs inexplicables qui nous arrivent à tous dans ce monde. Il disait que nous nous demandons tous leur signification, admettait ne pas connaître la réponse mais affirmait qu'il y en avait une. De cela, il était sûr. Ces terribles malheurs avaient pour fin l'ultime dessein de félicité du Saint-Esprit. Marc-Anthony l'entendit parler du mal qui définissait le bien et demander aux frères et sœurs d'être patients. Un jour, ils trouveraient dans leurs cœurs la raison de se réjouir de la leçon qu'ils avaient apprise aujourd'hui.

Werrenrath leur dit qu'une chose avait un sens, un sens glorieux et merveilleux. C'était la présence parmi eux, pendant une courte période, de frère Leaf. Frère Leaf avait parlé et opéré des merveilles. Il avait conduit de nombreuses âmes vers le Saint-Esprit. Aucun de ceux qu'il avait touchés par sa foi et ses miracles n'oublierait cette bénédiction. Ils n'oublieraient jamais que frère Leaf avait été parmi eux.

La voix du jeune prédicateur s'enfla, les implorant tous de garder présente et vivante dans leurs cœurs la mémoire de ce saint homme.

Marc-Anthony, plongé dans ses pensées, regarda la feuille à son revers. Tous ces gens l'avaient observé lorsqu'il était entré en pensant à quel point il avait été béni d'avoir été choisi pour être si proche de frère Leaf — d'avoir été son disciple.

Il décida d'attendre très calmement la fin de ce service religieux puis, dès qu'il serait terminé, d'enlever sa feuille.

1985

LA MAISON
AU BOUT DE LA MER

Traduit de l'anglais
par Claude Mourthé

Ce roman a paru sous le titre original :
THE SEA WIFE

À Michelle Debroca et Jean-Claude Ibert

1

La mer...

La mer, qui lui inspirait une peur mortelle, était maintenant toute sa vie.

Stacey et Johnny Haines avaient sablé le champagne avec l'équipe du film venue de Londres. Cela se passait au *George*, le pub de Yarmouth, lors du lunch qui avait suivi leur mariage. Ils avaient ri. Puis, alors qu'ils allaient s'embarquer sur le yawl de 8 mètres, le bateau de Johnny, l'équipe avait couru après eux le long de la jetée, en leur lançant du riz. Debout sur le pont, dans un soleil couchant d'octobre transpercé de cris de mouettes, Stacey avait senti le bras de Johnny lui entourer la taille, pendant qu'elle faisait au revoir de la main. Elle riait toujours. Nul ne pouvait se douter, à la voir rire ainsi, qu'elle priait désespérément pour que la mer reste calme durant la traversée.

Ils avaient parcouru moins d'un demi-mille au-delà du môle lorsque les voiles claquèrent. Le vent se leva, les mouettes redoublèrent leurs cris perçants, et Stacey sentit une brusque poussée suivie d'un bruit sourd. Hier, elle avait renoncé à sa carrière d'actrice, et aujourd'hui, à bord du bateau de son mari, c'était le rôle de sa vie qu'elle jouait. Cramponnée au cockpit, à portée d'étreinte de Johnny, elle souriait pour donner le change et lui cacher sa peur. Johnny, pour sa part, se trouvait là où il voulait être. Ici, en pleine mer et en plein vent, il était chez lui plus qu'à terre.

— Tu as assez chaud ?

Une rafale emporta sa question, et Stacey dut se pencher pour l'entendre répéter :

— Tu as assez chaud ?

— Ça va.

Elle mentait. Pourvu qu'il ne remarque pas qu'elle grelottait malgré sa veste en peau de mouton boutonnée jusqu'au cou.

Lorsqu'il lui montra du doigt les blanches falaises de Handfast Point, à proximité de Poole, le ciel était noir comme de la poix, le vent hurlait, la pluie cinglait son visage.

Il amena la grand-voile. Les flots rugissants les soulevèrent, puis les laissèrent lourdement retomber. Un éclair zigzagua à travers le ciel obscur, et le tonnerre gronda.

Johnny riait.

Stacey, toujours agrippée au cockpit, se sentait inondée d'une sueur glacée. Elle claquait des dents. Mais elle était tellement effrayée qu'il ne lui vint pas à l'idée qu'elle pourrait avoir le mal de mer. Elle regardait Johnny. Sur son visage tourné vers le large, son visage rougi et buriné par l'air marin, la chevelure ruisselante dessinait des rigoles.

Johnny... Johnny Haines...

Désormais, elle était Mrs John Haines, 29 ans, mariée depuis trois heures à peine — son premier mariage. De sa diction absolument parfaite, elle avait prononcé ses vœux amoureux, et formé celui de passer le reste de sa vie avec cet homme. Mais il ne s'agissait plus de théâtre. À 29 ans, elle se réjouissait de quitter Londres et une profession qui ne comportait pas d'avenir pour elle. Ces vœux, elle les avait prononcés de tout son cœur. Jamais, durant ces vingt-neuf années et malgré la considérable expérience qu'elle avait des hommes, jamais elle n'avait éprouvé l'immense et toute-puissante pulsion sexuelle qui la portait vers celui-ci.

Elle rejeta en arrière ses cheveux mouillés, et tendit à son mari une main glacée. Il répondit à ce geste par son magnifique sourire. Oui, le reste de sa vie, avec lui...

Elle aspira une longue bouffée de l'air âpre et salé, et fit un autre vœu, cette fois pour elle-même, celui de combattre sa peur maladive de la mer en ne le quittant pas du regard, lui, ce Johnny qu'elle aimait et ne se lassait pas de contempler.

Toujours souriant, il lui prit la main. Il avait 25 ans, quatre ans de moins qu'elle, et la virilité de son étreinte la troubla beaucoup plus que la mer ne l'effrayait. Dès l'instant où elle l'avait vu mouiller son bateau le long de la jetée de Yarmouth, c'était lui qu'elle avait voulu. L'équipe du film publicitaire avait elle aussi remarqué son physique robuste et son air détaché de tout jusqu'à l'indifférence. Les gens de cinéma avec lesquels elle travaillait étaient convaincus qu'il en faisait un peu, mais elle avait découvert qu'il ne se souciait pas du tout de l'effet produit sur les autres. Il était doté d'un naturel qu'elle n'avait rencontré qu'en Colombie britannique, où elle avait grandi. Durant ses années dans le show business, elle avait oublié qu'il existait des hommes tels que celui-ci. Elle avait vécu trop longtemps dans le monde londonien du spectacle et de la mode, où hommes et femmes se faisaient une règle de vie de monnayer leur physique. Les cheveux très noirs de Johnny, dégoulinants d'humidité, n'avaient certes pas été coiffés dans un salon coûteux du West End, mais coupés maladroitement et trop court sur sa tête bien sculptée. Ses sourcils épais, ses grands yeux pleins d'intelligence étaient du même noir, et à cette heure de la journée, s'il ne s'était pas rasé pour le lunch de leur mariage, la même couleur aurait recouvert sa solide mâchoire et souligné un nez un peu trop fort pour être celui d'un aristocrate. Elle se demanda s'il avait jamais porté une de ces moustaches de pirate qui avaient tellement de succès. S'il avait été acteur, il en aurait sans doute ajouté une pour se donner un air encore plus saisissant. Son cou était robuste, ses épaules puissantes et musclées sous le col roulé noir, tricoté à la main, qu'on voyait sous le coupe-vent rouge et le gilet de sauvetage. Un jean étroit, mouillé jusqu'à la peau, dissimulait à peine son corps athlétique.

Elle se demanda quel genre de femme avait tricoté pour lui ce sweater.

Elle n'arrivait pas à imaginer qu'il avait acheté lui-même ces vêtements : il était impossible de se le représenter entrant dans un magasin à Londres et faisant l'acquisition d'une chemise ou d'une paire de chaussettes, ou accomplissant un de ces actes citadins tels qu'attendre à la caisse de Sainsburys ou de Boots, appeler un taxi ou prendre le métro. Une brusque pensée l'amena à sourire. Elle savait qu'il ne faisait pas les magasins pour s'acheter des caleçons : il n'en portait pas.

Une gerbe d'écume la frappa au visage, et elle lécha le sel de ses lèvres. La voile arrière se gonfla ; le vent fit chanter les haubans, la coque de bois craquait à chaque soubresaut et à chaque coup de mer alors qu'ils s'enfonçaient dans des vagues de plus en plus furieuses.

Quelque part sur la droite — à *tribord,* se rappela-t-elle pour se référer à cette direction —, la cloche d'une bouée fit tinter son appel solitaire. Un mur d'eau s'écrasa contre l'étrave et inonda le pont d'une eau glacée qui courut jusqu'au cockpit. La main de Johnny quitta les siennes pour manœuvrer les voiles, et, transie de froid, elle se cramponna au siège de bois du cockpit et s'efforça de voir quelque chose à travers les cheveux humides qui retombaient sur son visage. Au-dessus du grand mât, les mouettes, toutes blanches contre les nuages noirs, tournoyaient et piaillaient, leurs cris absorbés par le vent, tout comme le bruit sourd de la coque cognant les vagues. Elle surmonta sa panique, ne pouvant que se cramponner et s'accrocher de plus en plus étroitement à ce bateau qui roulait et tanguait, et avoir confiance en l'homme qui se trouvait à la barre. Comme elle l'avait fait, il repoussait ses cheveux noirs et humides de ses sourcils, et continuait à lui sourire. La pluie tombait toujours.

— Tout va bien ?

— Très bien.

— Tu ne veux pas aller en bas ?

— Non.

Comédie ou mensonge ? Ce qu'elle éprouvait, en vérité, c'était une terreur irrépressible. Elle se glissa le long du siège du cockpit, où il était assis à la barre, pour se coller contre son épaule. Le gilet de sauvetage de Johnny et l'épaisseur du sien, par-dessus la veste en peau de mouton, ne facilitaient pas le rapprochement, et parce qu'il bataillait pour garder le bateau sur sa route et manœuvrait ces cordages qu'il appelait « écoutes », sa main n'était pas libre de prendre les siennes. Il eut un mouvement du menton pour lui indiquer un promontoire surgi de grosses vagues de nuages noirs, de l'autre côté des flots déchaînés.

— Budleig Salterton !

Elle fit signe qu'elle avait entendu, mais attendit qu'il lui explique ce que cela voulait dire.

— Walter Raleigh. Il est né là !

Elle promena son regard sur la mer mugissante, songeant non sans tendresse à ce qu'avaient pu éprouver, du temps de la reine Elizabeth Ière, des hommes comme Raleigh lorsqu'ils avaient vu ces mêmes falaises disparaître derrière eux tandis qu'ils s'éloignaient de l'Angleterre, toutes voiles dehors, pour sillonner les océans. Par miracle, elle n'avait pas été malade, mais une heure supplémentaire de pluie et d'embruns avait détrempé sa peau. Elle était si engourdie par le froid que les coups de vent et le ballottement des vagues risquaient à tout moment de lui faire lâcher prise. Les yeux à demi clos par le sel de la mer, elle sentit le souffle chaud de Johnny sur sa joue avant de s'apercevoir qu'il lui désignait impérieusement la côte.

— À partir d'ici, on entre dans une région d'Angleterre plus ancienne que la conquête romaine. Les Romains ne sont pas venus jusque-là.

Les nuages sombres s'étaient suffisamment écartés pour qu'un rayon de soleil éclabousse les falaises de granit et les champs avec leurs rouleaux d'argent et de vert, brillants comme des galets dans le lit d'un ruisseau.

— Le reste de l'Angleterre croit que les gens d'ici sont des êtres à part, pleins de mystère.

Au-delà des vagues, elle entrevit des cottages solitaires, des prés et des villages de pierre nichés dans des anses.

Comme Johnny venait de le lui dire, depuis des temps bien antérieurs à l'invasion romaine, des gens n'avaient cessé de vivre ici, à proximité de l'eau, en compagnie de ces vieilles pierres, du vent et du ciel, au lieu de s'agglutiner dans la foule, la circulation et la fumée de Londres. Et ces êtres pleins de mystère dont il parlait, les druides, avaient quitté ce monde bien avant toute époque connue et sans avoir rien à faire avec lui. Et même aujourd'hui, se demanda-t-elle, leurs descendants du littoral savaient-ils ou se souciaient-ils de savoir ce qu'étaient une caméra, un théâtre ou un imprésario ? Ils menaient une vie dont elle ignorait tout. Continuaient-ils à se marier, à vieillir et à mourir là, près de la mer ? Elle frotta sa main pour la réchauffer afin qu'à son contact Johnny ne sente pas qu'elle avait froid, puis chercha la sienne pour lui prouver que la mer et cette nouvelle vie qui l'attendait ne lui faisaient pas peur. Il se retourna et, tout en regardant son visage rouge et humide, lui sourit. Elle parvint à lui retourner son sourire. En bonne comédienne, elle réussissait à paraître infiniment plus sereine qu'elle ne l'était.

— Encore une heure ! cria Johnny contre le vent. Première halte : Bodmin.

— Merryn-John est chez elle ?

Elle guettait sa réponse affirmative, qu'elle connaissait déjà puisque Johnny avait téléphoné à son fils tous les soirs à 8 heures. De sa main libre, elle rejeta en arrière ses cheveux en désordre, et elle se maudit de n'avoir pas pris le temps de les teindre en noir, pour ne pas arriver à Seagate en ayant tellement l'air d'une actrice. À Londres, sa chevelure blond platiné lui attirait des compliments, mais les gens d'ici, vivant si loin de ce monde qu'elle avait quitté pour toujours, trouveraient peut-être cela trop voyant. Quiconque voudrait faire acte de méchanceté envers l'étrangère, même si elle était la femme de Johnny, pourrait chuchoter : après tout, à quelle autre couleur de cheveux pouvait-on s'attendre de la part d'une petite putain d'actrice de Londres ?

2

Stacey ne nourrissait que peu d'illusions sur son aspect extérieur, perspicacité que les actrices apprennent à développer. Elle savait que les gens étrangers au théâtre et au monde du spectacle s'étonnaient toujours quand ils réalisaient combien une comédienne doit se montrer objective et capable d'une analyse impitoyable à propos de son visage, de son corps, de la façon dont elle se meut, et de son sex-appeal. Le talent, bien sûr, elle le savait, était quelque chose de tout à fait différent, d'intangible : un mystère. Daniel Béringer, son agent depuis qu'elle était arrivée à Londres, neuf ans auparavant, avait fait avec elle un habile travail : il évaluait ses chances chaque fois qu'on l'appelait pour une distribution et lui avait épargné l'embarras de se présenter en personne devant des hommes — c'étaient presque toujours des hommes — pour des rôles où son talent aurait été insuffisant, ou — le plus terrible de tout — pour lesquels son âge était maintenant trop avancé.

Élevée à Vancouver, en Colombie britannique, elle était absolument convaincue qu'un jour elle serait actrice. Elle avait surchargé sa jeune existence de cours de danse et de gymnastique, mais c'était aux classes de comédie qu'elle donnait son cœur et son âme. Depuis l'âge de 15 ans, sa jeune et glorieuse chair n'avait jamais manqué d'offres de service, mais elles provenaient soit de timides adolescents en chaleur, soit d'hommes plus âgés, et jamais de troupes locales d'amateurs lui demandant de jouer Ibsen, Shaw ou Pinter.

En ce temps-là, son nom était Sarah Mandel. Son éclatante santé et sa beauté provenaient d'une combinaison entre son père, Harry Mandel, ex-joueur de football de l'East End de Londres qui plaçait des articles de sport dans tout l'ouest de

Canada, et sa mère, presbytérienne d'Écosse aux cheveux roux, très grande, qui fabriquait son propre pain et faisait pousser les légumes de la famille. Avec le physique qu'elle avait, il était inévitable que l'agence de mannequins locale propose à Sarah des séances de photos. On lui avait demandé de changer son nom en celui de Stacey Manning. Elle s'était battue pour décolorer légèrement ses cheveux et avait résisté à presque tout maquillage. Ses yeux, qui étaient ceux de son père, grands et sombres, n'avaient besoin que d'un trait de crayon et d'un peu de rimmel pour se mettre à étinceler. Son nez était devenu provocant et luisait fréquemment, ce qu'elle considérait comme un signe de franchise. Sa bouche était un rien trop grande, vraiment un rien — mais ses lèvres étaient charnues, et presque toujours un sourire venait découvrir des dents très blanches qu'un orthodontiste de Vancouver avait parfaitement alignées.

Nul ne lui avait demandé de jouer Hedda Gabler, mais l'agence avait reçu un coup de téléphone de Californie pour une présentation de maillots de bain. Cela aussi devait arriver à un modèle dont le corps faisait s'arrêter les hommes dans la rue. Chacun la trouvait parfaite, mais elle savait qu'elle avait de trop grandes mains et elle s'arrangeait pour cacher cet unique défaut en les tournant en dedans, un truc que son professeur de danse lui avait appris. Elle avait si peu conscience de son propre corps et elle en éprouvait si peu d'orgueil qu'après avoir demandé l'autorisation à sa mère, elle avait pris le risque de poser pour des catalogues de lingerie et de costumes de bain qui payaient mieux que les présentations habituelles.

Elle ne s'était jamais offusquée des autres choses que les hommes proposaient de lui payer si elle les faisait avec son corps.

Elle avait pris l'argent gagné en Californie et s'était rendue à Londres, où sa citoyenneté canadienne lui avait permis de poursuivre ses études théâtrales. Tout en travaillant, elle prenait des leçons avec un professeur de diction pour changer son accent canadien en ce qui détenait pour elle, à coup sûr, la clé du succès : les inflexions infiniment plus élégantes de l'anglais théâtral et flûté.

La meilleure chose jamais arrivée à Stacey avait été de rencontrer son agent, Daniel Béringer, un Français, qui lui avait intimé l'ordre de ne plus chercher à jouer de fausses ingénues dans des pièces de Shaw ou de Wilde, mais d'être elle-même et de garder son accent.

Daniel n'avait jamais travaillé aussi dur pour une cliente et bien que ni l'un ni l'autre ne se plaignît, tous deux auraient souhaité que la carrière théâtrale de Stacey soit plus excitante et qu'elle ait autre chose à faire valoir qu'une triple tournée de farces anglaises qui se ressemblaient toutes.

Elle avait été distribuée dans deux films, mais dans l'un son rôle avait été coupé au montage, et l'autre n'était jamais sorti. Elle s'était mise à faire davantage de télévision, et à sa grande surprise, les gens avaient commencé à l'arrêter dans la rue en lui demandant si c'était bien elle Candace, la prostituée, rôle épisodique qu'elle tenait dans un feuilleton intitulé *Les Professionnelles.* La télévision payait du moins le loyer de son appartement de Markham Square, et l'un des scénarios lui offrit une scène courte, mais bonne, à jouer.

Neuf ans avaient passé. Son père était mort et sa mère s'était remariée. Thomas Wolfe, l'un de ses auteurs préférés, disait que l'on ne revient pas en arrière, et il avait raison. Même si la vie à Londres ne représentait pas tout ce qu'elle avait espéré, elle travaillait, sans jamais cesser d'étudier et en essayant de se convaincre à maintes reprises qu'elle était amoureuse. La seule constante de sa vie, c'était Daniel et sa loyauté. Cher Daniel. Alors même qu'il vivait avec sa secrétaire, la chaude Gina, une Italienne de son âge très bronzée et sexuellement excitante, Stacey, plus d'une fois, l'avait surpris en train de la regarder avec ses yeux à la Buster Keaton, de beaux yeux débordant d'amour. Discret et mondain, il n'avait jamais fait état de ses sentiments, car il y avait toujours quelqu'un — un acteur, un avocat, et pour finir un photographe australien — dans sa vie. Elle n'avait rien fait pour consoler Daniel — cher et loyal Daniel. Il avait Gina.

En ce jour d'entre tous les jours, celui de son mariage, elle avait souhaité que chacun dans le monde eût quelqu'un.

La main de Johnny se tendit à travers le froid couperet argenté des vagues en direction des falaises. Celles-ci montraient des reflets d'or dans le soleil de fin d'après-midi. Une verte vallée enténébrée de cyprès et de sapins dégringolait entre des précipices jusqu'à une anse, où une digue de pierres noires et antiques émergeait de la mer et faisait front aux ouragans.

— Seagate ?

Il fit oui de la tête, et ils glissèrent à l'ombre d'un énorme rocher avec un phare blanc que la mer pilonnait et autour duquel tournoyaient les mouettes. Ils dépassèrent une bouée dont la cloche égrenait les deux mêmes sempiternelles notes et entrèrent au port. Maintenant, ils étaient assez proches pour que Stacey puisse distinguer la grand-rue et ses minuscules bâtiments de pierre blottis à l'abri d'un clocher carré. Ses yeux observèrent maisons et boutiques le long d'une route qui grimpait du village. Cette route suivait la falaise sur le côté gauche de la baie jusqu'à une maison dont elle connaissait le nom : *Sealanes*, un sombre bloc de pierre avec des dizaines de fenêtres qui reflétaient les derniers rayons dorés du soleil. C'était la maison de Bodmin. Depuis la baie, la maison paraissait vaste, depuis le village, imagina-t-elle, elle devait être énorme.

Elle se tourna pour regarder, de l'autre côté de la baie, l'endroit où les falaises s'élevaient au-dessus de la mer. Ses yeux suivirent la ligne d'horizon jusqu'à ce qu'elle découvre une anse avec une jetée de pierre, un chantier de construction navale et un escalier dont les marches grimpaient vers une petite maison blanche pas beaucoup plus grande qu'un cottage.

Johnny regardait sa femme et souriait.

— Chez nous, dit-il.

Le soleil s'enfonça. Le vent mourut, et le port apparut très calme, sans un souffle. Les mouettes les suivirent alors que Johnny dirigeait le bateau en direction de la falaise, au-dessous de la maison de Bodmin, et vers un débarcadère de pierre où jappait un chien blanc et où un vieil homme raclait le varech desséché de casiers à homards.

Elle se glissa dans la cabine au-dessous d'elle, et se pencha vers le minuscule miroir de la toilette pour passer un peigne dans ses cheveux enchevêtrés et mouillés. Le cœur lui manqua lorsqu'elle scruta son visage brûlé par le vent et désespérément vierge de tout maquillage. Son unique bagage, avec son nécessaire de toilette, se trouvait dans la soute, et il fallait qu'elle affronte la sœur et le fils de Johnny avec cette figure-là.

Elle remonta sur le pont et, avec l'aide de Johnny, réussit à sauter sur le quai de pierre et à amarrer une aussière sur un anneau, cela pour montrer au vieil homme dont le chien aboyait qu'elle était capable d'être un marin. Elle sourit de fierté, contente d'elle-même, cherchant l'approbation du vieillard, mais il se contenta de la regarder fixement sous ses longues mèches de cheveux gris qui cachaient des yeux blancs. Il n'avait rien vu de ses talents de marin : il était aveugle.

Le vieil homme se leva lentement derrière ses casiers à homards, et avança vers elle en traînant les pieds, pendant que Johnny criait d'une voix forte au vieux Pedroc que Stacey était sa nouvelle femme. Le vieil homme n'eut aucune réaction. Avec ses longs cheveux gris et ses yeux blancs, aveugles, Stacey pouvait aisément se figurer que c'était un druide, mais avant qu'elle ait pu dire un mot, il éleva des mains sales et rugueuses. Elle eut un mouvement de recul et ravala sa répulsion à la pensée qu'il était sur le point de toucher son visage.

— Ne bouge pas !

Johnny n'avait pas élevé la voix. Stacey retint sa respiration et demeura parfaitement immobile tandis que les mains noueuses, qui sentaient horriblement le varech et étaient dures comme du bois, se promenaient sur chaque partie de son visage. Puis, sans un mot, le vieil homme et son chien s'en retournèrent.

3

Sealanes se dressait, indistincte, dans le crépuscule : une ombre noire et géante, un bloc de pierre sinistre avec, dans presque toutes ses fenêtres, des reflets sombres et froids. Elle appartenait néanmoins au monde contemporain car, très haut au-dessus du toit, trois antennes de télévision se dressaient contre le ciel. Une chaude lumière s'échappait d'une des ailes de ce manoir, et de la porte d'entrée ouverte où s'encadraient une femme et un petit garçon. Ce dernier se précipita en direction de son père.

À contre-jour, Stacey ne voyait pas grand-chose de lui, mais à 7 ans, il paraissait petit et étonnamment fluet pour être le fils de Johnny. Il ralentit avant d'arriver à son père, et, durant un bref instant, elle crut qu'elle ne verrait aucune concession à cette réserve britannique qui empêche si souvent les gens de montrer leur chaleur. Mais au même moment, Johnny tendit les bras à l'enfant, et si elle avait jamais aimé cet homme auparavant, son cœur, alors, bondit de joie en le voyant serrer son fils dans ses bras et l'embrasser.

— Vous êtes venus avec le yawl ?

Johnny le souleva suffisamment pour que son visage soit à la hauteur du sien, et il l'embrassa de nouveau.

— Attends de le voir.

— Il a un nouveau pont ?

— En teck solide, du Honduras.

Johnny enferma Stacey dans leur étreinte, et sa voix fut plus solennelle qu'il ne le voulait.

— Merryn-John, voici Stacey.

L'enfant se laissa glisser des bras de son père, et fit face à la jeune femme avec un air parfaitement bien élevé. Il portait un chandail gris et un pantalon de flanelle mais des chaussures de tennis blanches.

— Comment allez-vous ? dit-il en lui tendant sa petite main.

Stacey sentit instantanément qu'elle avait répondu avec trop de légèreté aux bonnes manières du gosse. Elle se reprit :

— Bonjour, Merryn-John.

Durant un instant, il sembla qu'il n'y eût rien d'autre à dire. L'enfant avait les cheveux bruns de Johnny et ses yeux, mais une délicatesse d'ossature et de traits qui devait provenir de sa mère. Tous trois se tournèrent vers la femme qui attendait à la porte d'entrée.

Johnny fut le premier à la rejoindre, et il l'embrassa tendrement. Elle passa la main dans ses cheveux.

— Tu es trempé.

Son bras lui entoura la taille.

— Tu es mouillé des pieds à la tête.

Elle lui rendit son baiser.

— « Voici le marin de retour, venant du large. »

Sa voix était grave et chaude, avec le même naturel que Johnny, et sa bienveillance faisait oublier que cette femme, habitante de la plus grande maison du village, avait probablement un arbre généalogique qui remontait, d'après ce que Stacey en savait, au roi Arthur et, avant lui, aux druides. Son autre main se tendit et prit celle de Stacey.

— Si nous attendons que Johnny arrête de parler bateaux, nous ne serons jamais présentées. Je suis Bodmin. Vous êtes venus par le yawl ?

— Il faisait très mauvais.

— J'imagine. Vous devez être un marin confirmé.

Sa voix était aussi chaleureuse que celle d'une amie de longue date. Elle fit entrer Stacey.

— Je sais que c'est très anglais de ne pas se plaindre, mais je trouve que Johnny est stupide de vous avoir fait tremper sur cette mer démontée. Nous allons vous plonger dans un bain brûlant et vous donner quelque chose de chaud à vous mettre.

Une douce lumière brillait sur des boiseries anciennes, et Stacey fut étonnée de voir combien, à l'intérieur, la maison était plus attrayante que les pierres noires et froides du dehors. Mais c'était Bodmin que Stacey était impatiente de rencontrer, et à l'instant où la sœur de Johnny bougea dans la lumière tamisée, elle sut qu'elle allait aimer cette femme. Il ne faisait aucun doute qu'elle était la sœur de Johnny : elle avait le même corps robuste, athlétique, se mouvant aisément dans un pull de cachemire beige, un pantalon de laine assorti et des chaussures en daim. Ses cheveux étaient exactement du même brun que ceux de Johnny et de son fils, et, quoique coupés plus long, sa façon de les coiffer était presque aussi simpliste que la leur. Elle ne portait aucun maquillage, et son visage, tellement semblable à celui de Johnny avec les mêmes yeux noirs brillants d'intelligence et le même large sourire, ne réclamait aucune touche de couleur, rien, pas même du rouge à lèvres. Son nez lui-même, tel celui de Johnny, était juste un peu trop large à sa base. Stacey se rappela brusquement que Bodmin était médecin, et même chirurgien, et elle sentit combien cela devait être réconfortant pour ses patients de se trouver entre les mains d'une femme aussi chaleureuse et rassurante.

Pendant que Bodmin l'aidait à se dépêtrer de sa veste humide, Stacey jeta un nouveau regard dans le hall de l'une des plus anciennes demeures d'Angleterre. Elle vit d'antiques boiseries sculptées, mais il n'y avait ni épées ni armures pour garder l'entrée. Au lieu de cela, ils durent éviter une bicyclette à dix vitesses, ainsi que des cartons de chaîne hi-fi et d'appareils ménagers que l'on n'avait pas encore ouverts. Bodmin donna une tape à l'un des cartons et se tourna vers Johnny.

— Le micro-ondes neuf est enfin arrivé. Veux-tu me donner un coup de main pour le porter à la cuisine ?

Bodmin s'adressa ensuite à l'enfant :

— John, pourquoi ne montres-tu pas la maison à Stacey ?

— OK. Oui, corrigea-t-il aussitôt, et par-dessus le carton qu'ils transportaient, Bodmin échangea un sourire avec

Johnny : le garçon n'avait pas besoin qu'on lui rappelle de parler correctement.

— Laissons d'abord Stacey se débarrasser de ses vêtements mouillés.

— À l'exception d'un sac qui se trouve sur le bateau, je crains que ce soient tous ceux que j'ai emportés.

— Après votre bain, vous trouverez une robe et des mules toutes prêtes pour vous. Merryn-John, montre à Stacey la penderie de la chambre d'amis.

Johnny et Bodmin abandonnèrent Stacey et, par un long couloir, portèrent le micro-ondes jusqu'à une cuisine qui reluisait déjà de toutes sortes d'appareils. Dans les siècles passés, broches à rôtir et chaudrons bouillonnants avaient dans cette vaste pièce nourri des centaines de personnes. Maintenant, en un jour et à une époque où, au lieu de soldats montant la garde dans des tourelles, les antennes de télévision bourgeonnaient sur le toit, la vie s'était concentrée dans un coin de cette cuisine moderne dont la propriétaire n'avait pas de domestiques pour préparer les brefs repas quotidiens. Une courte nappe rouge provenant d'une des boutiques *Maxim* montrait qu'ils étaient servis ici et non dans quelque salle à manger seigneuriale avec une longue table de chêne pour trente personnes.

Grâce au bain chaud, Stacey cessa finalement de trembler de froid, et elle sentit que la vie revenait dans ses doigts, ses orteils et son corps engourdi. La mer déchaînée, la pluie cinglante et glacée, et même l'horrible contact du vieux Pedroc, l'aveugle, se fondirent dans la chaleur. Elle sécha ses cheveux, et fut tentée d'utiliser un rouge à lèvres et un crayon à cils flambant neufs qu'elle trouva dans la salle de bains, mais elle décida que ce n'étaient pas ses couleurs. Dehors, dans le couloir, tout en nouant la ceinture d'une robe de laine beige, elle sourit à Merryn-John pour qu'il commence la visite. Son jeune guide se montrait terriblement sérieux.

— Dans tous les guides touristiques, ce manoir est désigné sous le nom de *Sealanes*, mais nous ne l'appelons jamais comme ça. Depuis toujours nous disons « La Maison ».

Stacey prit garde de ne pas se trahir par un sourire : il aurait pu deviner à quel point il ressemblait à Johnny lorsqu'il minimisait ainsi l'importance des lieux. Chez les libraires de Yarmouth et de Cowes, elle avait trouvé *Sealanes* dans tous les guides et sur toutes les cartes touristiques du Sud-Ouest britannique : une vieille demeure célèbre, un endroit qui, en auto ou à bicyclette, ou depuis la mer, méritait un détour. Appeler cet endroit La Maison était typique d'une famille comme celle des Haines et montrait son sens britannique de la litote. Tout le monde savait qu'on l'appelait Sealanes mais, bien qu'elle appartînt à sa famille depuis des siècles, le fils de Johnny l'avait appelée La Maison, exactement comme son père l'avait fait et très probablement bien avant d'avoir l'âge de s'intéresser à sir Walter Raleigh.

— Ce hall d'entrée et le grand salon à votre gauche, dit Merryn-John tout en la conduisant au bas des escaliers (Il parlait d'une voix étudiée et sans notes.), ont été refaits en 1762.

Stacey suivit son guide — elle réalisait avec un sursaut qu'il était désormais son fils — à travers le froid pénétrant de quelques-unes des dizaines de pièces de l'aile inhabitée, sans oublier les adjonctions récentes d'un court de squash et d'un sauna. Longeant une galerie interminable et si glacée qu'elle frissonna et resserra contre elle la robe de laine de Bodmin, Merryn-John lui présenta ses ancêtres alignés en une imposante suite de portraits, des Haines qui remontaient à l'époque d'Henri VIII, et elle fut stupéfaite de voir que beaucoup de ces personnages, qui posaient leur regard sur elle, étaient de toute évidence Johnny. Son Johnny. Des générations et des générations de Haines la contemplaient, des hommes qui avaient eu le courage de quitter cette maison et de bourlinguer sur les mers en furie pour écumer l'univers, des hommes avec des épées pour tuer leurs ennemis et des rapières pour se battre en duel, des hommes tels que Johnny, assez puissants pour conquérir le monde et cependant assez galants pour chuchoter des sonnets de Shakespeare pendant qu'ils faisaient l'amour. Et les femmes. Elles étaient là. Stacey se demanda si elles avaient aimé leurs hommes comme elle aimait Johnny. Certaines ressemblaient à Bodmin, dernière de la lignée. Et là, parmi les Élisabéthains, dans un dessin d'Holbein au cadre minuscule, il y avait un garçon qui aurait pu être Merryn-John.

Ainsi qu'elle l'avait deviné, son nom, Merryn-John, et celui de sa tante, Bodmin, tout comme celui du vieux Pedroc, l'aveugle, étaient des noms de Cornouailles qu'il affirma plus anciens que les cottages de pierre.

— Certains étaient des saints, mais je parie qu'il y en avait des tas qui étaient druides.

Elle eut un regard en coin pour le petit garçon, dernier de la longue lignée des Haines mâles, et découvrit alors qu'il la regardait silencieusement. Était-elle prête à continuer ?

Elle fut heureuse de revenir dans la chaleur de l'aile habitée par Bodmin qui, pour entretenir cette maison, avait une seule aide journalière, une certaine Mrs Howlett, femme du village qui passait la nuit sur place lorsque Bodmin était appelée à l'extérieur.

Ils achevèrent la visite par la pièce la plus agréable, la salle des trophées, qui rougeoyait d'un feu pétillant. Des tableaux de navires toutes voiles dehors ainsi que des photographies en noir et blanc et en couleurs couvraient les murs. La lumière du feu miroitait sur le vieux cuir de fauteuils confortables et dans des cadres d'argent posés sur des tables ou encombrant le manteau de la cheminée, parmi les trophées brillants et les modèles réduits compliqués de sloops de compétition. L'instinct guida Stacey vers une photographie dans un cadre d'argent qu'elle prit pour l'examiner de près. Merryn-John se rapprocha d'elle, et ils observèrent tous deux Johnny et une femme debout au soleil sur le pont d'un voilier.

— C'est Père à la Coupe America.

— Magnifique bateau.

— C'est un sloop, expliqua l'enfant avec sérieux. Un sloop a un mât gréé de l'avant à l'arrière avec une grand-voile. Vous voyez ? Ça, c'est la grand-voile. L'autre, c'est le foc.

— Très bien. Je tâcherai de m'en souvenir.

Sur la photo le bras de Johnny enlaçait une femme qui scrutait le soleil. Sa main levée faisait de l'ombre à son visage.

— Votre mère ?

— Tante Bodmin.

Stacey replaça le cadre d'argent parmi les trophées et les modèles réduits de bateaux, et elle jeta un coup d'œil aux autres photos montrant des femmes, en se demandant si l'une d'elles était la mère du petit. Avec un brusque tressaillement, elle réalisa qu'elle ne connaissait même pas le nom de cette femme. Pourquoi ne pas le demander à l'enfant, se dit-elle : c'était une question parfaitement naturelle, mais elle se dit aussi qu'elle avait tout le temps de la poser, et elle se tut. Merryn-John se trouvait à côté d'elle avec une nouvelle photo, celle d'un bateau toutes voiles déployées, où elle pouvait distinguer nettement les visages de l'équipage.

— Un sloop ?

— C'est ça. Et là, c'est tante Bodmin avec Père aux Bermudes.

Stacey reconnut Bodmin, mais il y avait une troisième personne, une femme, debout dans le soleil aux côtés du frère et de la sœur. Ses cheveux d'or étincelaient. Elle la regarda plus attentivement.

— Est-ce votre mère ?

Merryn-John acquiesça solennellement, et remit la photo à sa place sur une table, sous une lampe. Une nouvelle fois, il la regarda bien en face, et parla avec le plus grand soin, trahissant ainsi que ce qu'il avait à demander n'était pas commode.

— Puis-je vous poser une question ?

— Bien sûr.

Ce petit visage, cette délicate version de tous les ancêtres de la galerie en finissant par Johnny, fronça les sourcils.

— À la télévision, est-ce que vous étiez dans *Les Professionnelles*?

Stacey éclata d'un rire surpris.

— Oui, bien entendu, j'y étais.

De même que le soleil éclate par un jour sombre, de même la toute dernière parcelle du sérieux de l'enfant s'évanouit : sa joie explosa, et il se mit à rayonner de fierté et de bonheur.

— Je le savais ! Je savais que je vous avais vue. Quand papa — je veux dire Père — m'a téléphoné, il m'a dit qu'il était en train de tourner un film.

— Alors, vous saviez que j'étais actrice ?

— Vous ne ressemblez pas du tout à quelqu'un de par ici.

4

Personne ne s'était habillé pour ce dîner du dimanche soir, et Stacey se sentit plus à l'aise parce qu'elle n'avait pas quitté la robe de laine beige prêtée par Bodmin. Tous quatre éclatèrent de rire devant l'absurdité qu'il y avait à s'entasser au bout d'une table de chêne assez longue pour accueillir trente personnes. Groupés à l'extrémité de cette table interminable, éclairée aux chandelles, ils formaient comme une île dans l'immensité de la salle à manger. Leurs places, devant des chaises sculptées, brillaient d'argenterie et étincelaient de cristal. Plus d'une fois, Stacey leva les yeux vers d'autres portraits d'ancêtres qui, depuis les boiseries sombres, la regardaient fixement.

— Un roi d'Angleterre a mangé à cette table.

Tout en buvant une gorgée de vin que son père avait allongé d'eau, Merryn-John avait repris son rôle de guide.

Bodmin sourit à Stacey.

— Ce soir, je crains bien qu'il n'y ait qu'une salade froide, mais je n'ai pu me résoudre à offrir son premier repas à l'épouse de Johnny dans la cuisine, même si c'est là que nous avons l'habitude de prendre nos repas.

— La prochaine fois, insista Stacey, et elle fut heureuse de sentir que Johnny lui prenait la main.

Un sourire illuminait toujours le visage de Bodmin, un visage beau à couper le souffle, jugea Stacey. Elle avait vu ce même visage parmi les portraits de la galerie et reproduit plusieurs fois ici, sur les boiseries sombres. Bodmin se trouvait parmi les siens. Stacey pouvait également percevoir, dans les regards que cette femme promenait sur la table, qu'elle tentait de concilier le passé avec le présent de cette soirée. Ses yeux, brillant à la lueur des chandelles, se tournèrent vers la place de Johnny.

Père s'asseyait toujours là où se trouve Johnny. Mère, là, à l'endroit où vous êtes, Stacey. Merryn-John a pris l'ancienne place de Johnny. Nous étions toujours tellement, tellement plus nombreux.

Elle secoua la tête en songeant que le monde était devenu bien différent.

— Mère et Père n'auraient certainement jamais toléré un repas froid comme celui-ci. Bien sûr, ils avaient cinq personnes à la cuisine. Et même plus pendant les vacances. Il y a eu tellement de changements durant ces années. Pas tous mauvais. Aujourd'hui, on s'arrange avec Mrs Howlett dans la journée et un four à micro-ondes.

Elle but une gorgée de vin rouge foncé et sourit.

— Je dois reconnaître que cette piquette est tout à fait convenable.

Johnny leva la tête avec un rire retentissant.

— Elle appelle ça de la piquette, dit-il en levant son verre vers Stacey. Il se trouve que c'est un château latour 1953. Le roi dont Merryn-John te parlait à l'instant n'en a pas connu de meilleur.

Bodmin tenait son verre par le pied, comme Stacey l'avait vu faire aux dégustateurs professionnels.

— On dit que vos vins californiens sont très bons.

— J'ai vécu en Californie pendant deux ans, mais en fait, je suis canadienne.

— Ah ! c'est vrai, canadienne.

— De Vancouver, ajouta Johnny.

— La Colombie britannique est un pays extraordinaire. Un été, nous avons navigué sur le détroit de Géorgie. Johnny et moi, nous nous rappellerons toujours cette merveilleuse croisière.

Stacey confessa qu'elle n'avait pas fait beaucoup de voile. Elle s'était juré d'être franche, et commençait sa nouvelle vie avec la décision de dire uniquement la vérité sur ce qui la concernait. Pas de simulation, ni de comédie. Elle ne se remettrait jamais en situation d'être interrogée par Bodmin sur les bateaux, les gens et les clubs de yachting auxquels elle ne connaissait rien.

Mais Bodmin n'était pas du genre à poser des questions directes, et Stacey en avait assez appris sur cette sorte d'Anglaise pour savoir qu'il était peu probable que sa nouvelle belle-sœur s'aventure jamais en des domaines trop personnels. C'était tout simplement exclu. Et Stacey ne posa pas de questions elle non plus : elle leva son verre et but lentement, avec beaucoup d'égards pour la remarquable complexité de ce vin dont Johnny et Bodmin avaient débattu et qu'elle ne pouvait avoir la prétention de comprendre. Au travers de son chatoiement rouge sombre, elle observa sa nouvelle famille. C'était le moment de parler d'elle.

Elle commença par Vancouver, ses parents, ses activités de modèle en Californie, et ses efforts pour monter sur une scène londonienne. Elle fit allusion à d'autres hommes et reconnut que le fait d'avoir atteint l'âge de 29 ans l'avait plongée, jusqu'à ce qu'elle affronte la réalité, dans un désarroi et un mal de vivre considérables. Elle avoua qu'avant de rencontrer Johnny, jamais elle n'avait aimé assez profondément un homme pour l'épouser. Par ailleurs, elle avait finalement constaté que sa carrière ne la satisferait jamais. Tout ce qu'elle avait fait, elle le devait à son merveilleux agent de Londres, et ce n'était, les derniers temps, que de la télévision publicitaire.

— Je l'ai vue dans *Les Professionnelles* !

Merryn-John ne se contenait plus : il éclatait d'orgueil.

— Vous êtes mon fan le plus loyal, répondit Stacey en souriant.

Mais elle continua à leur dire combien vide lui paraissait sa vie, une vie dont elle sentait qu'elle ne possédait plus que les réflexes. Les larmes lui montèrent aux yeux lorsqu'elle leur confia qu'elle avait remercié Dieu de s'être trouvée à Yarmouth pour figurer dans cette pub quand le metteur en scène avait loué le bateau de Johnny. Et son cœur s'emplit de joie et de gratitude lorsque l'homme qu'elle aimait, glissant son bras autour d'elle, dit à sa sœur et à son fils que Stacey avait été la seule raison valable pour qu'il accepte de se compromettre avec ces cinéastes de Londres : il était convaincu qu'ils étaient fous à lier, ou « toqués » comme aurait dit Stacey dans son anglais canadien.

Stacey ne s'était pas beaucoup dévoilée, mais c'était un début, et elle espérait avoir ainsi montré aux trois Haines siégeant au-dessous des portraits de leurs ancêtres que le nouveau membre de leur famille n'avait rien à cacher. Elle s'appuya contre le bras de Johnny, et ils échangèrent un sourire. Elle aimait son sourire qui l'avait guidée à travers la pluie, la mer déchaînée, et l'orage. Mais elle avait vu, chez Johnny, un autre regard, car, à l'image de la mer, il était changeant. Cet autre regard l'avait glacée d'effroi et elle essayait de l'effacer de sa mémoire. Bodmin et Merryn-John le lui connaissaient-ils ? Elle n'avait pas osé en parler à Johnny, même pas ce soir-là à Yarmouth. Il y avait trois jours qu'on filmait sur son bateau, et le soir, ils étaient allés tous les deux rejoindre dans un pub le metteur en scène et son équipe qui étaient en train de prendre un verre. Elle devait reconnaître que leur apparition à tous deux avait indubitablement irradié cet éclat qui émane d'un homme et d'une femme lorsqu'ils viennent de s'adonner à l'amour. Michael, habile metteur en scène, était certainement trop intuitif pour n'avoir pas remarqué cette aura sexuelle qui s'attachait à eux : il avait délibérément ignoré Johnny et usé de tout son charme auprès de Stacey, avant de faire voir à Johnny, non moins délibérément, qu'il essayait de caresser la cuisse de la comédienne. Stacey n'avait jamais vu un tel regard de rage brutale, une telle fureur contenue, prête à éclater et à tuer. Michael avait senti cela instantanément, et avait sauvé sa vie en se mettant hors de portée de Johnny. Il avait vu ce regard.

Chacun dans le pub avait pu observer dans ces yeux terrifiants une fureur instinctive, sanguinaire, une disposition et même une ardeur, à tuer. Durant un épouvantable instant, Stacey avait été absolument convaincue que Johnny allait étrangler Michael. Et pourtant, Johnny, s'était maîtrisé. Maintes fois elle s'était réconfortée à cette pensée : Johnny avait su se dominer.

Johnny et Bodmin continuaient de parler, mais Stacey se trouvait toujours dans le pub de Yarmouth, plongée dans ses souvenirs et luttant contre le tremblement qu'un tel regard suscitait. Puis ses pensées se portèrent vers les autres visages de cette longue lignée d'ancêtres. Les autres Haines mâles avaient-ils montré ce même terrible regard à leurs ennemis ? Soudain, elle s'aperçut que Bodmin lui parlait et qu'elle n'avait pas entendu un mot.

Sa nouvelle belle-sœur souriait.

— Je disais à Johnny qu'il nous fallait ouvrir cette maison, et vous présenter en bonne et due forme à Seagate.

Johnny sentit que Stacey se raidissait, réaction que Bodmin n'avait pas remarquée, il en était certain. Il perçut le regard inquiet de sa femme, et son bras la serra plus étroitement pour lui montrer qu'il savait ce qu'elle ressentait.

— Allons, Bodmin. Le faut-il vraiment ?

— Bien sûr. Et le plus tôt sera le mieux.

— Ici ?

— D'après ce que tu m'as dit, seuls les gens du film assistaient au mariage, pas les amis de Stacey à Londres, et depuis une éternité, toi et moi n'avons eu aucune occasion d'ouvrir cette maison.

Les deux mains de Bodmin saisirent celles de Stacey.

— Je n'ai pas besoin de vous dire que, dans ce coin du monde perdu, tout le monde adore Johnny. Ils ont appris qu'il était marié, et ils meurent d'envie de rencontrer sa célèbre épouse.

Johnny se leva et alla au buffet se servir un cognac. Les deux femmes lui firent signe qu'elles ne voulaient rien boire et il revint s'asseoir, rapprochant sa chaise de celle de sa femme.

— Mais faire venir tout ce monde dans cette maison paraît terriblement grandiloquent. Il va falloir envoyer des invitations, engager du personnel...

— Connais-tu une meilleure raison ?

— Il va falloir s'habiller et se mettre en frais pour un tas de gens dont nous n'avons rien à faire.

— Tu sais que ce n'est pas vrai. Nous avons à faire avec chacun.

— Elle veut dire, Stacey, que nous habitons un village.

— Ça ne te plairait pas de voir à nouveau cette maison pleine de gens ? Et de musique ? Oui, de musique. Quelque chose de moderne pour Stacey.

— Du rock ?

C'était la première fois depuis plusieurs minutes que Merryn-John parlait.

— Bien sûr. Pourquoi pas ?

Bodmin tenait toujours la main de Stacey, mais elle enveloppa son frère dans son merveilleux sourire.

— Bien sûr, toi, tu ne te soucies pas de ce genre de choses mais les autres, si. Ils attendent cela de nous. Et je n'ai pas besoin de te rappeler, frère de mon cœur, que dorénavant, il va falloir que tu songes à Stacey.

Ça ne peut pas se faire discrètement ?

Stacey intervint.

— Je suis de l'avis de Johnny. J'aimerais mieux quelque chose de simple.

— Comme pour ton anniversaire, dit-il à Bodmin. Il tombe justement la semaine prochaine. Nous allons combiner les deux.

— Absolument pas. Stacey mérite mieux que ça.

Johnny expliqua à Stacey que la cérémonie d'anniversaire de Bodmin était devenue une espèce de tradition au village.

— Nous le fêtons toujours à notre pub local, le *Moon and Stars*, et tout le monde vient de Seagate et de plusieurs milles alentour, invité ou non.

— Une grandiose simplicité.

Bodmin secoua la tête et retint encore la main de Stacey.

— Tu ne penses pas à Stacey. Parlez-nous de votre famille.

Stacey leur rappela que son père était mort. Sa mère s'était remariée et avait en Colombie britannique une famille qu'elle ne pouvait quitter. Quant à ses amis de Londres, elle les avait laissés en même temps que sa vie antérieure.

— Non. (Bodmin était déterminée.) Ce n'est pas bien pour Stacey.

— Cela me ferait tant plaisir.

— Chère enfant.

Johnny acheva son cognac, puis il applaudit en songeant à la soirée d'anniversaire et serra Stacey contre lui.

— Parfait ! C'est décidé pour samedi prochain. Merryn-John, rassemble tes affaires, nous rentrons chez nous.

Ils sortirent tous quatre dans le vent qui avait nettoyé la nuit de ses nuages. Les étoiles, glacées, étincelaient. Stacey se sentait bien dans ses vêtements secs, encore chauds du séchoir, et dans l'épais duffle-coat emprunté à Bodmin. Rentrer à la maison signifiait faire voile à nouveau au-delà de la digue, là où la mer houleuse et obscure se désintégrait en écume. Elle se consola en pensant qu'avec Johnny et Merryn-John, elle pouvait faire face à n'importe quoi. Un rayon blanc partit du phare dans les rochers : il passa sur eux, et durant une fraction de seconde, la lumière les frappa en plein. Puis la nuit redevint noire, à part les étoiles. Un instant plus tard, le rayon flamboya de nouveau.

Stacey sentit que Johnny l'arrêtait sur l'escalier de pierre.

— Là-bas, sur la falaise, de l'autre côté de la crique, tu vois cette petite lumière ? C'est celle de notre porche. C'est notre maison.

La pointe d'épingle de la lumière qui allait devenir son univers palpitait dans la nuit froide. Le rayon du phare les balaya et s'éloigna. Au-dessous d'eux, Bodmin et Merryn-John avaient maintenant atteint le quai et le yawl à bord duquel l'enfant embarquait avec peine un carton. Dans ce carton nichait un canard avec une aile cassée qu'il ramenait à la maison, décidé à le guérir.

— Merci pour tout, tante Bodmin, et pour avoir remis son aile d'aplomb.

Bodmin embrassa l'enfant qui lui rendit son baiser et embarqua sur le voilier avec son carton.

— Soigne bien notre malade.

Stacey sentit que Bodmin glissait son bras sous le sien.

— Je l'ai dit à Johnny, et je ne vois pas pourquoi je ne vous le dirais pas à vous, Stacey : vous êtes une femme splendide.

Stacey sentit ses yeux s'emplir de larmes et, durant quelques secondes, elle fut incapable de dire quoi que ce fût. Le baiser de Bodmin sur sa joue la libéra et Merryn-John l'aida à grimper à bord. L'enfant descendit dans la cabine et elle attendit Johnny qui, toujours sur le quai, parlait à voix basse à sa sœur. Elle pouvait les entendre. Se doutaient-ils que le vent portait chacune de leurs paroles jusqu'à elle ?

— Kentnall Hall a de nouveau téléphoné.

— Pas ce soir, Bodmin.

— Il a déjà manqué le trimestre d'automne. Naturellement ils veulent savoir...

— C'est toi qui tiens à le faire entrer à Kentnall, Bodmin, pas moi. Maintenant que Stacey fait partie de notre famille, je veux qu'elle s'occupe de ça. Nous parlerons de l'école de Merryn-John après la soirée.

5

Sur la falaise, au-dessus de la mer ténébreuse, obsédante, Stacey trouva le cottage de Johnny différent en tout point de l'immense maison de pierre de Bodmin. C'était un enchevêtrement de petites pièces encombrées, au plafond bas, qui avaient grandement besoin de ce que sa mère aurait appelé une touche féminine. La petite maison explosa soudain avec la présence de Johnny, de son fils, de Stacey, et celle de Christy, un gros labrador au poil d'or, bruyamment démonstratif. Aucune pièce ne semblait assez grande pour les contenir tous.

L'enfant ensommeillé laissa le canard dans son carton sous le fourneau de la cuisine. Il se cogna contre son père et marmonna un bonsoir avant de se traîner en haut de l'escalier qui menait à sa chambre. Christy, bondissant et le harcelant, le suivit de près. Johnny cria à son fils :

— Je vais monter te border.

— Bonne nuit, Merryn-John, ajouta Stacey, puis elle sourit à Johnny.

— Tu n'as pas eu droit au baiser du soir, chuchota-t-il.

— C'est très bien comme ça. Ne précipitons pas les choses.

Elle promenait son regard sur la salle de séjour où des plats sales jonchaient l'âtre, les tables et le plancher. Journaux, chandails et vestes gisaient à l'endroit où on les avait laissés choir. Elle ramassa une chaussette de laine.

— Ce n'est pas exactement ce qu'on appelle briqué.

Johnny vit sa demeure à travers les yeux de Stacey.

— Bodmin a renoncé à mettre le nez dans notre entrepont.

— Je me fais l'effet de Blanche-Neige entrant dans la chaumière des sept nains. Tu te souviens ? Il y avait un tel désordre qu'elle a dû, avant qu'ils rentrent, relever ses manches et procéder à un solide nettoyage.

— Ils étaient sept. Jusqu'à présent, nous n'étions que deux.

— Et Christy.

Il l'observa pendant qu'elle regardait autour d'elle. Il ne parvenait pas à cacher son impatience : ce qu'il désirait le plus au monde, c'était qu'elle aime son nouveau domicile.

— Qu'est-ce que tu en penses ?

— Tu veux savoir si ça me plaît ? Je te le dirai quand j'aurai assez nettoyé pour y voir quelque chose.

Elle rit en se pressant contre lui. Ils s'embrassèrent.

— J'adore cette maison.

— C'est chez toi, maintenant.

Tout d'abord leurs baisers furent légers, enjoués. Quand ils devinrent soudain plus appuyés, elle s'écarta.

— Avant qu'on ne puisse plus s'arrêter, tu ferais, mieux de monter dire bonne nuit à ton fils.

Johnny s'empara du sac de Stacey et bondit dans l'escalier.

Stacey demeura seule un long moment dans la pièce à peine éclairée par la lueur d'une unique lampe, puis elle s'en alla faire un tour dans la cuisine obscure, où le rayon blanc du phare la transperça. Elle resta debout dans le noir à écouter le fracas de la mer sur l'estacade de pierre, en bas, près du chantier. La cloche de la bouée tinta.

La mer. Toujours la mer.

Quelque chose de chaud se pressa contre elle, et elle entendit un gémissement. Elle s'agenouilla et embrassa le chien.

— Alors, Christy ? J'espère que cela signifie que tu m'acceptes ?

Elle monta l'étroit escalier sur la pointe des pieds, et attendit Johnny dans la chambre de maître, sous les poutres du plafond bas. Le lit, grand et apparemment confortable, n'était pas fait, et comme elle ne savait pas où il rangeait les draps et les couvertures, elle ne voulut pas le déranger pendant qu'il se trouvait avec son fils. Elle frictionna ses bras pour se réchauffer et souhaita qu'il eût une couverture électrique.

Les vieilles lames de parquet craquèrent, et elle vit Johnny baisser la tête pour pénétrer dans la chambre. Il ferma la porte, et traversant la pièce jusqu'au pied du lit, où elle l'attendait, il prit son visage dans ses mains.

— Tu lui plais.

— Il te ressemble tellement, tu te demandes si je l'aime ?

— Il est un peu frêle pour l'instant, mais il va s'étoffer.

— Il va être exactement comme toi.

Elle songeait au moment où ils avaient dépassé la digue et où Johnny avait mis le garçonnet à la barre.

— Il a la passion de la mer.

Johnny apporta des draps et ils firent le lit.

— Je n'aime pas les couvertures chauffantes, dit-il. Elles vous retirent toute la vie du corps.

— C'est aussi mon avis, se surprit à répondre Stacey.

En réalité, elle s'était toujours demandé comment les gens pouvaient s'arranger pour vivre dans l'Angleterre pluvieuse et humide sans le solide rayonnement de la chaleur électrique.

— Dans notre cas, dit-elle, je t'ai pour me tenir chaud.

Elle le regarda par-dessus le lit.

— Comment croire que tant de choses sont arrivées en si peu de temps ?

— Pour la soirée de samedi, tu es absolument sûre que tu ne veux aucun de tes amis de Londres ?

— Mon agent est le seul qui m'intéresse, et il est à New York.

— Et le photographe australien ? Après tout, tu as vécu avec lui.

Johnny avait parlé sans aucune acrimonie. L'affaire était classée. Elle faisait partie du passé.

— Finalement, tu t'es arrangée pour lui téléphoner et lui apprendre la nouvelle ?

— Il est en reportage. Je l'ai dit à son agent. Ne t'en fais pas, je l'appellerai. Mes affaires sont encore à l'appartement.

Elle défroissa la couverture de dessus.

— Avec Andrew, c'était fini depuis longtemps. On continuait par habitude. Les autres ne sont pas de vrais amis. Je pensais réellement ce que je t'ai dit ainsi qu'à Bodmin. Je remercie le ciel d'avoir laissé tout cela derrière moi. J'ai 29 ans...

— Tu réalises le nombre de fois que tu me l'as dit ?

— Cela ne signifie peut-être rien pour un homme, mais

quand on est une femme, la trentaine vous donne réellement à réfléchir.

Ils avaient fini de faire le lit. Ses bras l'attirèrent à lui, et il fourra son nez dans son cou.

— Je vais te confier un secret, Johnny. Je n'ai jamais été une actrice, pas vraiment. Je peux te le dire, maintenant. J'avais seulement un bon physique.

— J'aime chaque parcelle de ton corps.

Il retira ses mains de façon qu'ils puissent se dévêtir.

— Je ne regretterai jamais tout ce qui s'est passé là-bas, à Londres, parce que j'ai fait un réel effort. Neuf ans. J'ai vraiment fait un travail de tous les diables, mais cela n'a servi à rien !

Elle retira son épais chandail de laine.

— Tu sais ce qu'on ressent quand une chose est terminée ? Eh bien, c'était terminé. Pas de regret. J'avais déjà pris ma décision. Seulement, je ne savais pas ce que j'allais faire après. Puis dès l'instant où nous nous sommes rencontrés, j'ai su que si tu me le demandais, tu serais toute ma vie.

Elle lança le chandail au loin.

— C'est un peu embarrassant à dire, mais je vais le faire quand même : je remercie Dieu de t'avoir.

Maintenant, elle était nue, et le rayon du phare fusa à travers eux. Johnny laissa tomber son jean sur le plancher, mais pour montrer qu'il commençait lui aussi une vie nouvelle, il le ramassa, le plia et le suspendit à une chaise Windsor. Cet homme grand et jeune se tenait debout devant elle, dans le noir, et sa voix chuchotait, rauque de désir :

— Je n'ai jamais rien vu de plus beau que ton corps.

— À partir de maintenant, nul autre que toi ne le verra jamais.

Leurs bras s'enroulèrent autour l'un de l'autre, et ils s'étreignirent violemment. Il la fit glisser dans la froideur impressionnante des draps blancs et propres. Le matelas s'enfonça sous leur poids. Ses bras la serrèrent encore plus étroitement alors qu'il ajustait contre le sien la longueur de son corps. Ses larges et robustes épaules apportèrent la chaleur partout dans son être. Elle retint sa respiration tellement il brûlait de vie.

Après qu'ils eurent fait l'amour, elle promena ses lèvres le long du creux tiède de son épaule, et atteignit sa bouche qui murmurait contre sa peau. La première fois, il l'avait étonnée en lui récitant un des sonnets de Shakespeare, qu'elle avait aimé non seulement pour sa magnifique poésie et sa sensibilité, mais aussi parce que c'était parfaitement extravagant, à leur époque, de la part d'un homme. Elle se demandait aujourd'hui, après ce qu'elle avait entendu, s'il avait senti que son cœur bondissait de joie.

— Jamais cela n'a été aussi bien pour moi. Jamais jusqu'à toi.

Ces mots la comblèrent de bonheur, et elle se blottit contre lui, sachant que de telles paroles lui apportaient du réconfort pour le reste de ses jours.

— Oh ! Johnny, pour moi non plus. Je remercie le ciel que nous nous soyons rencontrés. En ce moment, mon cœur bat à l'unisson du tien, mais il est aussi plein de compassion pour tous ceux qui n'ont personne.

Elle leva suffisamment la tête pour le regarder droit dans les yeux.

— Comme moi ce soir, lorsque j'étais assise en face de Bodmin et que je l'observais, impressionnée par sa superbe allure dans son chandail de cachemire et son beau pantalon, par son savoir-vivre et son métier de médecin, et par tous vos ancêtres qui, du haut de leurs tableaux, nous contemplaient.

— Tu veux dire que tu es désolée pour elle ?

— Je veux seulement dire que je ne suis pas comme ça. Je ne sais pas me débrouiller toute seule.

Elle posa un doigt sur ses lèvres.

— Écoute.

— La cloche de la bouée.

— Sais-tu ce que je faisais pendant que nous arrivions ici avec Merryn-John et que Christy aboyait vers nous depuis le rivage ? Je priais. Tu rentrais chez toi, tu allais retrouver ton fils, ta sœur, et ce village où tout le monde se connaît depuis toujours, et bien avant que cette maison ait été bâtie sur la falaise, à une époque où vous étiez probablement tous des druides cueillant du gui et dansant sous les chênes. Votre famille a toujours vécu ici, dans cette magnifique, immense, somptueuse demeure, vous vous êtes fixés pour des siècles au même endroit, et face à la mer pour l'éternité ! Et moi, je viens d'arriver dans cette maison, cette petite maison. Tout ce que je désire au monde, c'est passer ici avec vous le reste de ma vie.

6

Le vent faisait vibrer les vitres et le jour n'était pas encore levé quand Johnny l'embrassa et sortit de leur lit chaud. Stacey émergea juste assez de son sommeil pour se rappeler que Johnny devait rejoindre Bodmin pour une partie de squash. Pendant qu'il se rasait, elle passa une robe et descendit sans bruit. Elle embrassa Christy et moulut du café. Bâillant dans l'obscurité et attendant que le café fût prêt, elle songea, tout en écoutant tinter en mer la cloche de la bouée et en observant la lumière du phare, à une actrice autodidacte qui avait collé au-dessus de sa table à maquillage cette inscription : C'EST LE PREMIER JOUR DU TEMPS QUI VOUS RESTE À VIVRE.

Stacey tâta la cafetière pour s'assurer qu'elle chauffait. Comme c'était vrai ! *C'était* bien le premier jour de sa nouvelle vie avec sa nouvelle famille dans sa nouvelle maison.

Johnny avala son café mais, avant de passer la porte, il l'attira si près de lui et lui donna un si long baiser qu'ils durent faire un effort pour ne pas remonter se coucher. Elle le suivit dehors, dans la pénombre venteuse, et vit sa MG rouge vif démarrer en grondant et escalader l'allée. Puis ses phares disparurent sur la route.

Pour la première fois depuis cinq jours, elle était seule.

Merryn-John ne se lèverait pas avant deux bonnes heures. Retournant dans la cuisine, elle demeura au centre de la pièce, savourant la chaleur de sa tasse de café et formant des projets pour la première semaine du temps qui lui restait à vivre.

À *Sealanes*, sur le court de squash, les chaussures à semelle de caoutchouc crissaient, les raquettes envoyaient la balle contre le mur avec un bruit mat, le frère et la sœur, éclatants de santé dans leur tenue de sport blanche, luttaient férocement. Avec une force et un esprit de coordination étonnants, Bodmin résista à la furieuse puissance des smashes de Johnny jusqu'à ce que, à bout de souffle, elle rate le point et s'effondre contre le mur.

— Bien joué !

— Tu t'es bien défendue.

Ils se serrèrent la main, et mirent fin à la partie d'une manière plus intime, en se séchant mutuellement le visage avec des serviettes-éponges. Alors seulement, ils évoquèrent la soirée de la veille.

— Elle est très belle, déclara Bodmin en embrassant son frère.

C'était la première fois que tous deux parlaient de Stacey.

— Elle a l'air de plaire au petit.

— C'est évident.

— Elle va faire un marin de tout premier ordre. Ne lui dis pas que je te l'ai dit, mais en venant ici, elle était dans tous ses états, terrifiée, s'accrochant à la vie, mais ne voulant pas que je le sache. Elle n'a cessé de sourire pendant toute la traversée.

— C'est une actrice.

— C'était.

— Les gens d'ici la considèrent encore comme telle. Tu entendrais les infirmières à la clinique. Elles ne parlent que d'elle. Et de son feuilleton à la télé. C'était quoi, déjà ?

— *Les Professionnelles*. Elle jouait le rôle d'une prostituée.

— Je m'étonne toujours de la quantité de choses que les gens peuvent ingurgiter à la télévision. Elle boit ?

— Tu as pu le voir, hier soir. Un peu de vin.

— Bien. Mais toi, fais attention.

— Père n'est pas mort d'alcoolisme.

Elle passa son bras sous le sien, et ils s'engagèrent dans la longue galerie d'ancêtres aux boiseries de chêne.

— Tu lui as dit, au sujet de Valérie ?

— Je lui ai seulement dit qu'elle était la mère de Merryn-John.

— Ne l'oblige pas à t'interroger. Parle-lui.

Ici, parmi les Haines, il n'y avait aucun portrait de la première femme de Johnny et, sauf pour Merryn-John, les quelques mois qu'elle avait passés à *Sealanes* n'avaient laissé qu'un très lointain souvenir. Huit ans auparavant, Valérie Coombe, âgée de 17 ans, avait été mise enceinte par Johnny Haines, qui en avait 18. Il avait fait voile avec elle vers une des îles Anglo-Normandes où ils s'étaient mariés. À leur retour, Bodmin n'avait manifesté aucune désapprobation ; elle avait même témoigné une grande prévenance à la jeune femme. Quand Johnny était parti pour Oxford avec sa femme et son bébé, elle leur avait trouvé une nourrice. En moins d'un an, le couple avait dû reconnaître qu'il avait commis une erreur. Valérie avait quitté Johnny pour épouser un éleveur d'Auckland, en Nouvelle-Zélande, et Merryn-John était venu vivre avec Bodmin, dont l'engouement pour l'enfant était sans limite. Elle l'aimait comme le fils qu'elle n'avait pas eu.

— Parle de Valérie à Stacey. Ce n'est que justice.

— Tu as le temps pour un sauna ?

— Je crains que non, mon chéri. Il faut que je sois à la clinique dans dix minutes. Je ferai mon décrassage là-bas. À mardi, si je ne te vois pas avant.

Johnny suivit du regard cette femme étonnante tandis qu'elle prenait le chemin de sa propre clinique toute en vitres et en briques, à deux milles au nord de Seagate.

La cuisine était dans une pagaille qui aurait fait reculer Blanche-Neige en personne. Stacey avait commencé à nettoyer le plan de travail et l'évier quand Merryn-John vint marmonner un bonjour avant de plonger vers le carton, sous le fourneau, pour donner de l'eau claire à son canard et rajouter de la salade fraîche. Suivant les indications d'un paquet de porridge, Stacey avait préparé à l'enfant un breakfast, mais il n'y toucha pas. Christy s'était mis à aboyer en entendant le bus scolaire sur la route. Merryn-John saisit ses livres, sa veste fourrée et claqua derrière lui la porte de la cuisine.

— Gardez un œil sur mon canard, s'il vous plaît.

Stacey était de nouveau seule.

Elle se remit au nettoyage, mais quand elle entendit le gémissement de la scie qui s'élevait du chantier, en bas, elle prépara du café frais et l'apporta aux deux hommes qui travaillaient avec Johnny. Sans compter le vieux Pedroc, la sœur de Johnny et le fils de celui-ci, ces deux-là allaient être ses premiers villageois. Elle se passa un peigne dans les cheveux mais, trouvant que leur blondeur était par trop cuivrée, elle se couvrit la tête d'un foulard.

L'atelier se trouvait en bas de l'escalier de pierre, au bord de la mer, dans une anse abritée. Il sentait fort la saumure et le bois récemment coupé. Un homme d'âge mûr, vêtu d'un costume noir et taché de graisse, façonnait la courbure d'une coque. Il leva vers Stacey un visage couvert de rougeurs et violacé par l'abus de boissons. L'autre, mince et vigoureux, pouvait avoir une vingtaine d'années : avec ses yeux bleu clair et ses cheveux coupés ras, il ressemblait à un cow-boy américain en Levis. Il arrêta la scie électrique quand il vit Stacey leur apporter un plateau avec du café fumant.

— 'Jour ! s'écria-t-elle avec bonne humeur. Je suis la femme de Johnny.

Aucun des deux hommes ne broncha. Elle tendit la main au plus âgé des deux, mais il n'eut pas un geste pour la prendre. Il marmonna quelque chose, et elle dut se pencher pour entendre.

— M'appelle Chambers. Lui, c'est Richard.

— Et moi, Stacey.

Elle souriait, résolue à être agréable.

Elle posa le plateau au milieu de l'établi, sur un tas de copeaux, et emplit les grosses tasses de café, avec du lait pour tous deux, et beaucoup de sucre pour Chambers, dont elle reçut un grognement qu'elle tint pour un merci.

Parler à toutes sortes de gens n'avait jamais posé de problème à Stacey, mais ces deux-là, même après leur avoir offert du café bouillant, l'impressionnaient par leur silence. Elle prit garde de ne pas tomber elle-même dans le piège du bavardage, et de trahir sa gêne par des propos inconsidérés.

— Vous fabriquez une coque ? demanda-t-elle à Chambers.

Il répondit oui de la tête.

— Et ça, qu'est-ce que c'est ?

Stacey s'était dirigée vers l'établi où l'on voyait une maquette de bateau avec des détails infinis. Sa coque, en bois fraîchement travaillé, était magnifiquement réussie.

— Un sloop ?

Richard répugna à répondre. Il se contenta d'acquiescer pendant qu'elle allait regarder de plus près les pièces minutieusement sculptées qu'il collait ensemble avec une précision inouïe. Certaines étaient destinées à devenir une minuscule cabine et son écoutille, d'autres des espars, et dans un sac de plastique, on voyait de toutes petites garnitures de cuivre. Sa première impulsion fut de dire à cet homme combien son travail était réellement splendide, mais elle se tut. Peut-être son silence le forcerait-il à parler.

— C'est pour elle, dit Richard avec un accent qu'elle n'avait jamais entendu à Londres. Un modèle réduit. Il doit être fini à temps pour son anniversaire, samedi. Le vrai sera à elle quand Johnny l'aura construit l'été prochain.

Il remit en marche la scie geignarde et reprit son travail.

Pour sa première visite à Seagate, elle essaya plusieurs

toilettes, avec chaque fois une humilité qu'elle n'avait jamais connue à Londres. Ainsi, tout en fermant la porte d'entrée, elle se sépara d'un foulard de soie orange vif. Les clés que lui avait données Johnny, celles de la vieille Jaguar verte garée sous l'abri pour voitures, firent tourner le moteur, mais celui-ci se mit à tousser et s'étouffa. Zut. Elle fit une prière pour que ce moteur réticent ne soit pas, encore plus que Chambers et Richard, un présage de mauvais augure, pour sa première journée à Seagate. Pour finir, le moteur reprit vie en crachotant. La voiture monta l'allée en ronflant, puis gagna la grand-route. Là, elle tourna à droite en direction du village où Stacey était décidée à se faire teindre en brune.

La coiffeuse, silencieuse et vêtue comme si elle s'obstinait à mettre en valeur une silhouette autrefois pleine d'attraits mais aujourd'hui plutôt empâtée, ne se montra ni plus accueillante ni plus bavarde que ne l'avaient été les deux constructeurs de bateaux. Dans le fauteuil voisin, toutefois, une femme se présenta sous le nom d'Alice Coombe, mais sans dire qu'elle était la cousine de Valérie : elle louchait vers Stacey en essayant visiblement de faire un rapprochement entre la créature séduisante aperçue à la télévision et celle qui se trouvait là, à Seagate, en chair et en os. Mrs Coombe, lorsqu'elle s'en alla avec ses boucles étroitement serrées, dit qu'elles se verraient le samedi suivant pour l'anniversaire de miss Haines.

La seule autre femme de la boutique lisait *Woman's Day.*

La coiffeuse alluma une cigarette et laissa Stacey sous le séchoir. Si elle croyait que sa cliente ne pourrait entendre sa conversation téléphonique depuis la pièce voisine, elle se trompait : Stacey entendit tout. Elle ferma les yeux de dépit, accablée par l'erreur qu'elle avait commise. En moins d'une heure, il n'y aurait pas une seule femme à Seagate pour ignorer que la nouvelle Mrs Johnny Haines avait changé la couleur de ses cheveux.

Chez Tesco, dans l'affluence des acheteuses de l'après-midi, elle continua à sourire à chacun tout en poussant son chariot le long des bas-côtés. Cruellement consciente que l'on chuchotait autour d'elle, elle se sentait la proie de tous les regards. À la caisse, elle prit place dans la queue : elle avait la nette impression que tout le monde, à Seagate, saurait ce que la nouvelle Mrs Haines allait servir à Johnny et son fils à leur premier dîner. Pour tout arranger, elle ne put étouffer un cri lorsqu'elle laissa glisser une bouteille de beaujolais qui vint s'écraser sur le sol dans un jaillissement étonnamment pourpre. Un silence total s'abattit alors sur le magasin, et elle s'entendit faire des excuses à profusion.

Sur le chemin du retour, elle essaya, avec philosophie, de hausser les épaules. Ratée, sa première journée à Seagate. Mais pendant qu'elle s'affairait dans la cuisine embaumant l'ail du gigot d'agneau qui cuisait au four, pendant qu'elle apercevait le soleil qui descendait sur la mer, elle entendit Christy aboyer après le bus qui ramenait Merryn-John, et le moral lui revint. Merryn-John semblait préoccupé, et il emporta dans sa chambre le bol de chocolat qu'elle lui avait préparé. Son humeur se transforma finalement en un élan de joie quand Stacey entendit la voix de Johnny l'appeler du bas de l'escalier pour une dernière partie de voile. Elle régla la température du four, saisit son gros chandail, puis un autre encore plus épais, et s'élança par la porte dans les flammes du soleil couchant.

La plus grande partie du mardi, jusqu'à une heure avancée, Stacey travailla dans la cuisine : elle attendait que Johnny remonte du chantier pour prendre son café. Christy aboya à la porte, mais quand elle se précipita pour l'ouvrir, elle sursauta : c'était le vieux Pedroc, avec ses cheveux gris déployés au vent et ses yeux blancs et morts qui la fixaient. Une fillette noiraude, ayant l'air d'une sorcière avec ses cheveux bruns en désordre et ses yeux perçants — elle était, déclara-t-elle, la petite-fille du vieux Pedroc — l'avait mené jusque-là. Stacey se reprocha vivement sa première réaction : elle ne voulait pas du vieil homme à l'intérieur de sa maison. La fillette le sentit et montra clairement que la bienveillance se trouvait de leur côté : ils étaient venus avec une offrande que le vieux Pedroc tendit en avant, un grand sac de papier marron plein de champignons sauvages encore humides des champs.

— Il sait où on trouve les bons, dit la fillette d'une voix sourde, mais c'est moi qui les ramasse.

Elle rejeta en arrière sa chevelure folle, et scruta le visage de Stacey, où elle put lire sa confusion.

— Prenez-les. Ils sont pour vous.

Stacey fit machine arrière, comptant sur son habileté de comédienne pour surmonter la répugnance qui la glaçait en face de ce couple bizarre. Elle espéra qu'elle avait l'air affable, et sinon affable, du moins polie, quand elle remercia l'aveugle et sa compagne pour leur don de bienvenue. Soudain, elle se dit que ces deux-là, pour aussi bizarres qu'ils soient, étaient ses deux premiers visiteurs.

— Puis-je vous offrir une tasse de thé ? Entrez, je vous en prie.

Aucun des deux ne répondit. Les yeux blancs fixaient la maison sans la voir.

— Cette maison est nouvelle.

La fille, de sa voix sourde, expliqua ce que son grand-père voulait dire par nouvelle : la maison accrochée à la falaise n'était pas celle d'origine. Celle-ci était là seulement depuis deux siècles. La voix du vieux Pedroc se fit entendre :

— Celle qui était là... disparue. La mer l'a empoignée dans un ouragan, et elle l'a arrachée à cette falaise. Cet ouragan a été si mauvais qu'il a laissé trente et une veuves au village.

Avant que Stacey ait pu répliquer, ils tournèrent les talons. Christy aboya. Ils disparurent dans le petit jardin parmi les fleurs fragiles et sous les branches nues que le vent agitait.

Des corbeaux croassèrent.

Soudain, Johnny, Johnny tout radieux, se trouva à l'endroit que venait de quitter l'aveugle. Il regarda vers le haut de l'escalier, en direction du garage.

— Le vieux Pedroc ?

Stacey ne put répondre que par un signe de tête, et rentra. Johnny vit le sac sur la table de la cuisine.

— Qu'est-ce qu'il nous a apporté ?

Il déchira le haut du sac, et les champignons à la blancheur mortelle roulèrent sur la table.

— Des champignons sauvages !

Stacey se remit à trembler. Venant du vieillard, ils lui apparaissaient pires que tout un sac empli d'yeux blancs et morts, comme les siens.

Leur deuxième repas fut simple : un steak, du brocoli, des pommes de terre cuites sous la cendre et du vin rouge. Mais Johnny trouva qu'il manquait quelque chose.

— Où sont les champignons du vieux Pedroc ?

— Tu plaisantes ?

— J'adore les champignons, et je crois savoir que tu les aimes aussi.

— Des champignons ramassés par un aveugle ?

— Par sa petite-fille. Je les veux.

Elle eut, à propos du don de l'aveugle, un geste qui en disait plus long que les paroles, et Johnny la contempla avec stupéfaction.

— Stacey !

C'était la première fois qu'il lui parlait sévèrement.

— Bon, d'accord, avoua Stacey. La vérité, c'est que j'ai jeté ces trucs-là. Comment savoir s'ils n'étaient pas empoisonnés ?

— C'était un cadeau ! Seigneur !

Elle venait de l'entendre parler durement, et maintenant, elle sentait qu'elle lui avait fait de la peine.

— Je suis désolée.

— C'était sa façon de te montrer qu'il t'aimait.

Elle jeta un coup d'œil au petit garçon, qui avait le nez dans son assiette. Son problème à lui, ce n'étaient pas les champignons du vieux Pedroc, mais l'école. Stacey soupçonna qu'il avait entendu les autres enfants parler de sa nouvelle belle-mère, en répétant ce qu'on disait chez eux. Elle imaginait parfaitement ce qu'on pouvait raconter à d'autres tables sur la petite pute de Londres au mauvais genre qui avait piégé leur Johnny adoré alors qu'il y avait ici tant de femmes de son monde, tant de femmes absolument merveilleuses qu'il aurait dû épouser. Elle était une étrangère, tel était vraisemblablement ce que Merryn-John avait entendu de plus aimable à son sujet.

Elle fut particulièrement peinée de penser qu'il passait par tout cela à cause d'elle, et ce qui ajouta à son chagrin, ce fut d'admettre qu'en parler à dîner n'apporterait rien de bon. Quand elle se leva de table, elle dut faire un effort pour ne pas le serrer contre elle et l'embrasser. Elle était encore trop nouvelle dans cette maison pour tenter autre chose qu'un sourire.

Le mercredi, avant même que Merryn-John soit debout, elle avait fini de briquer la cuisine, avait posé du papier neuf sur les étagères et trouvé une place appropriée pour chaque chose sauf pour le moulin à café. Elle fut surprise de l'intense satisfaction que lui procurait le travail accompli. Ce matin-là, après avoir servi son breakfast à Johnny, elle avait eu le sentiment d'avoir bien gagné la journée dont elle avait besoin pour se rendre en voiture à Plymouth, et trouver la robe convenable, ou peut-être un tailleur, qu'elle porterait le samedi soir.

Elle observa Merryn-John pendant qu'il se forçait à avaler le jus d'orange accompagnant son petit déjeuner. Il allait affronter une nouvelle journée d'école et subir la répercussion d'une autre soirée de bavardages à Seagate, à son sujet : par sympathie pour l'enfant, son cœur se serra. Elle posa la main sur sa pile de livres de classe.

— Employez-vous l'expression école buissonnière, ici, en Angleterre ?

— Vous voulez dire quand on manque l'école sans excuse ?

— C'est ça. Parce que je vais à Plymouth en voiture, et étant donné que vous avez un si mauvais rhume, un rhume qui vous empêche d'aller à l'école aujourd'hui, je me demande si vous ne voudriez pas m'accompagner.

— Mais je n'ai pas de rhume.

Elle lui tendit un kleenex.

— Un rhume terrible. Pour la journée.

— Et mon canard ?

— Donnez-lui à manger maintenant, et partons.

Merryn-John était assis à côté de Stacey, sur le vaste siège avant de la Jaguar, et parlait peu. Elle ne le poussa pas à la conversation, et le laissa à son silence. Elle comprenait ce qui se passait en lui, et le respectait pour cela. Il était circonspect, soupçonnant qu'elle le soudoyait pour se faire aimer de lui, et naturellement, il avait tout à fait raison. Il était décidé à ne se laisser brusquer en rien, et se tenait coi.

Au bout d'une heure de cette situation, il dit :

— Comment suis-je censé vous appeler ? Je veux dire : vous n'êtes pas ma vraie mère.

Stacey se dit qu'en dépit de sa franchise, il ne voulait se montrer ni insensible ni même impoli. Il affrontait les faits. Son père avait épousé cette adulte, il l'avait emmenée vivre avec eux : comment l'appeler ? Cela lui posait un problème qu'il devait résoudre.

— Vous voulez me faire une faveur ? Ne m'appelez pas belle-maman. J'aurais l'air affreusement cruelle. Comme la belle-mère de Blanche-Neige.

Elle rit.

— En vérité, elle était vraiment plutôt super. Je veux dire : n'avez-vous jamais pris autant de plaisir à haïr quelqu'un ?

Merryn-John jeta à cette femme un regard de côté. Il fronça les sourcils. Il n'avait jamais pensé que haïr la méchante reine qui haïssait Blanche-Neige pouvait être plaisant.

— Puisque mon prénom est Stacey, pourquoi ne pas m'appeler tout simplement Stacey ?

Il secoua la tête. Elle lui jeta un regard à son tour.

— Vous êtes une adulte, et moi un enfant, dit-il. Je déteste quand les enfants appellent les adultes par leur prénom. C'est ce qu'ils font en Californie ?

Elle acquiesça.

— OK. Il faudra que nous trouvions quelque chose.

Elle lui parla un peu d'elle-même, lui disant qu'elle n'avait pas eu de frère, et que, de ce fait, elle ne connaissait pas grand-chose aux garçons. Et comme elle ne savait rien des garçons, elle n'avait pas d'autre solution que de le traiter en grande personne. Mais cela, elle ne le lui dit pas. Elle avait tellement de questions à lui poser qu'elles pouvaient attendre. Merryn-John et elle avaient tout le temps.

À Plymouth, s'étant rendue dans un grand magasin pour y trouver une robe ou un tailleur, elle se dirigea tout d'abord vers le rayon des jouets où Merryn-John aurait pu l'attendre, mais celui-ci résista à la séduction des camions Match-Box et ne la quitta pas d'une semelle avant les moquettes et les lumières tamisées d'un salon d'essayage. La seule idée que Stacey avait en tête pour sa présentation à la soirée du samedi à Seagate, c'était la couleur. Elle se voyait en rouge, pas un rouge vif, éclatant, mais un rouge sombre, profond, riche.

— Couleur prune, ronronna la vendeuse.

Dès qu'elle eut disparu, Merryn-John chuchota à Stacey que ses cheveux ressemblaient à du bois sculpté, et Stacey s'efforça de ne pas sourire quand miss Bois Sculpté revint promptement, les bras chargés de robes.

— Couleur prune.

La première suscita, de la part du garçonnet, un petit rire qui lui valut un regard sévère de la vendeuse. Embarrassée, Stacey examina la robe de plus près pour montrer à la femme qu'elle faisait un effort pour se voir dedans. Mais Merryn-John était dans le vrai. C'était une robe ridicule, et il avait eu raison de rire. Les choses n'allèrent pas en s'arrangeant, et il hochait la tête devant la septième robe lorsque Stacey se prit à rire elle aussi : une crise de fou rire que le garçon et elle-même eurent de la peine à réprimer avant de s'éloigner sous le regard courroucé de la vendeuse, pour gagner la sortie.

Dans la rue, ils rirent enfin à gorge déployée. Puis ils furent emportés par un tourbillon de musique qui résonnait dans un magasin de disques. Là, Merryn-John fut subjugué et éperdu d'admiration devant les connaissances de Stacey en matière de rock. Elle savait le nom de tous les groupes. Elle lui dit qu'il pouvait acheter une cassette, et son choix lui prit une heure entière. Pendant ce temps, elle se tenait derrière lui, alors que montant et descendant les rangées, il examinait minutieusement tous les enregistrements du magasin. Puis elle esquissa quelques pas de danse sur la musique changeante.

Dehors, il pleuvait. Merryn-John contemplait avidement la façade d'un King Burger, mais elle l'emmena au port où ils prirent un déjeuner convenable, aux chandelles. Pendant qu'il découvrait les toasts à l'ail, elle put le regarder en toute tranquillité et sans avoir l'air de l'observer. Il était mince mais avec de larges épaules ; il ne faisait pas de doute qu'il était destiné à être aussi vigoureux que son père. Il ne faisait pas de doute non plus qu'il avait ses yeux et ceux de Bodmin. Sans qu'elle lui ait rien demandé, Merryn-John lui parla de sa mère en Nouvelle-Zélande. Il ne se souvenait pas d'elle, mais elle lui avait envoyé pour son premier Noël une très jolie amulette sculptée par les Maoris. Pour le deuxième Noël, rien n'était venu, et depuis, il n'avait plus entendu parler d'elle.

— C'est donc Bodmin qui a été *ta* mère.

Il acquiesça et sourit. Il aimait tout ce qui concernait Bodmin.

— Elle dit que lorsque je serai plus grand, je pourrai aller à la clinique et assister à une de ses opérations. Peut-être quand j'aurai 10 ans. Ça vous fait peur à vous, la vue du sang ?

— Ça me terrifie.

— On ne peut pas être terrifié quand on veut être chirurgien.

— C'est dans tes intentions ?

— Construire des bateaux ou être chirurgien. Elle, je l'appelle tante Bodmin.

— C'est bien.

— Parce que c'est ma vraie tante.

— C'est normal.

— Je ne sais toujours pas comment vous appeler.

— Excusez-nous.

Une femme tenant un sac et flanquée d'un mari vêtu de tweed tournait autour de leur table.

— Je suis désolée de vous déranger, mais n'êtes-vous pas la Candace des *Professionnelles* ?

— Oui, c'est bien moi.

Stacey essuya ses lèvres avec sa serviette pour effacer la sauce salade.

— Mais je ne joue plus.

— Et ce beau jeune homme est sans doute votre fils ?

— Son beau-fils, corrigea Merryn-John avec fermeté.

— Eh bien, nous vous avons adorée dans ce rôle.

Stacey continua à sourire et, avant qu'il s'éloigne, elle dut dédicacer au couple un menu. Tous les clients du restaurant avaient les yeux fixés sur elle. À la table voisine, une femme d'âge mûr fronça les sourcils et ramena l'attention de son mari vers sa tarte aux épinards.

Merryn-John ouvrait tout grand des yeux semblables à ceux de Johnny et de Bodmin : ils brillaient à la lumière des chandelles. Il y avait donc au moins un citoyen de Seagate qui ne semblait pas croire que les actrices étaient toutes de petites putes bon marché. Lui pensait qu'elles étaient merveilleuses.

Il guida Stacey sous la pluie jusqu'à la jetée de pierre. De là, les pèlerins du *Mayflower* avaient fait voile à travers l'Atlantique en direction du Nouveau Monde.

— Je crois qu'il leur fallait plus de courage (Sa conviction montrait qu'il avait longtemps examiné la question.) que pour monter dans une capsule spatiale et voler vers la lune. Les pèlerins savaient qu'ils ne reviendraient jamais.

Stacey reconnut qu'elle n'avait jamais réfléchi à cela.

Ils venaient seulement de terminer leur copieux repas quand ils avisèrent un étalage de glaces et de pâtisseries. Stacey opina de la tête et ils se précipitèrent tous deux pour dévorer un chocolate sundae.

— Dix mille calories pour le moins, dit Stacey entre deux coups de langue.

Merryn-John eut un grand sourire, tout barbouillé de chocolat, et se tint tranquille pendant qu'elle trempait le coin d'une serviette dans une carafe pour lui nettoyer la joue.

Ils eurent peine à croire que c'était déjà le milieu de l'après-midi, tellement ils s'étaient amusés, et Stacey n'avait toujours pas acheté sa robe — ou son tailleur ! Ils se hâtèrent de faire cette emplette, et ils se trouvaient déjà dans la voiture, prêts à quitter Plymouth pour rentrer à l'heure du dîner, lorsqu'ils décidèrent de courir de nouveau les boutiques et de trouver un foulard assorti au tailleur de Stacey.

Ils rirent durant tout le chemin du retour et, alors que Christy bondissait à leur rencontre, Merryn-John complota avec Stacey de faire à son père la surprise de sa nouvelle toilette en dissimulant les paquets dans son propre placard.

— Écoutez ! C'est papa qui arrive !

Il s'empara des paquets et bondit dans l'escalier pendant qu'elle lui chuchotait :

— Merci, Merryn-John !

— De rien, Stacey.

Johnny entra dans la maison en coup de vent et attira Stacey dans ses bras. Il embaumait la sciure. Ils montèrent à l'étage, eux aussi, et firent l'amour, tandis que la télévision de Merryn-John bourdonnait dans sa chambrette.

Le jeudi matin, lorsque Stacey et Christy franchirent la porte de la cuisine pour accompagner Merryn-John, tout était blanc dehors, ouaté de brume. Stacey fit de son mieux pour que leur marche jusqu'à l'arrêt d'autobus ne parût pas concertée ; elle s'ingéniait à remonter le moral de Merryn-John avant qu'il s'en aille affronter les commérages dont elle était l'objet. À sa grande surprise, Merryn-John l'embrassa avant de s'écarter d'elle et du chien pour les distancer de quelques pas. En haut de l'allée, de l'autre côté de l'arrêt du bus, elle vit ce qu'elle craignait tant. Trois garçons de l'âge de Merryn-John attendaient aussi le bus, sans se soucier de ce qui se passait alentour. Mais, dès qu'ils aperçurent Merryn-John, ils se concertèrent à voix basse.

Retenant Christy par son collier, Stacey, d'un petit geste de la main, encouragea Merryn-John à traverser la route. Un des trois gamins, un rouquin, jeta alors un coup d'œil dans sa direction puis revint très vite à ses compagnons. Impuissante, elle resta là, un sourire figé sur les lèvres pour le cas où Merryn-John se retournerait vers elle. Mais il ne bougea pas la tête, demeurant à l'écart et ne regardant personne.

Elle entendit le bus bringuebaler sur la route de la falaise. Ses roues moulinèrent le gravier lorsqu'il freina pour s'arrêter, et la porte s'ouvrit dans un chuintement d'air comprimé.

L'estomac noué par l'inquiétude, Stacey s'apprêtait à rentrer chez elle lorsqu'un cri perçant propulsa le chien effrayé à travers la route. C'était le petit rouquin qui hurlait sous les coups de Merryn-John : de ses deux poings, celui-ci lui martelait la figure. Ce n'était pas une simple dispute de gosses, mais une bagarre furieuse avec du sang qui éclaboussait le rouquin. Avant que Stacey ait pu intervenir, le conducteur du bus avait sauté à terre et séparé les adversaires, mais Merryn-John continua à se débattre jusqu'au moment où, hissé sur le marchepied, la porte du bus se referma sur lui en couinant. Stacey venait de reconnaître sur le visage de Merryn-John le regard de fureur sauvage qui l'avait épouvantée ce fameux soir, à Yarmouth, quand elle avait cru que Johnny allait tuer Michael.

À plusieurs reprises, ce matin-là, elle avait été tentée de descendre au chantier pour parler de cette bagarre à Johnny, mais chaque fois elle, avait battu en retraite et s'était refugiée dans la tiédeur de sa cuisine. Finalement, elle rassembla ses forces et osa parler à Johnny, mais elle lui dit seulement que Merryn-John avait été pris dans une échauffourée et qu'ils devaient s'attendre à un coup de téléphone de l'école. Ce qu'elle ne put se résoudre à raconter, c'est qu'elle était sûre que le gamin s'était battu pour la défendre, et qu'elle était la cause de tout ce qui s'était passé.

L'école n'appela pas de l'après-midi, et Stacey, au lieu d'aller au marché comme elle l'avait projeté, resta à l'écart de Seagate.

Ce soir-là, ils finirent les restes du gigot d'agneau. Merryn-John toucha à peine à la nourriture, et ne tarda pas à quitter la table en silence sans même jeter un regard ni à Stacey ni à son père. Johnny lança un coup d'œil à Stacey, puis il se leva et suivit le gamin dans sa chambre. Lorsqu'il revint dans la cuisine d'un pas pesant et sans rien dire, Stacey sut que le père et le fils n'avaient pas échangé un mot.

Le vendredi matin, Stacey se résolut à voir les choses en face. Il ne lui était guère possible d'éviter Seagate, et peut-être — mais seulement peut-être — avait-elle exagéré les réactions de quelques-uns des villageois. Elle se versa une seconde tasse de café réchauffé. Abstraction faite des difficultés que Merryn-John devait affronter — difficultés qu'elle pouvait tout juste entrevoir et qui lui brisaient le cœur —, Bodmin, elle, avait fait preuve à son égard de la plus grande amabilité. De son côté, Johnny ne lui avait-il pas assuré que le vieux Pedroc — qui avait bien l'air du roi des druides en personne — avait fait un réel effort pour lui souhaiter la bienvenue et lui témoigner sa sympathie ? Alors, quelle importance si Chambers et Richard ne voulaient pas lui parler, si la coiffeuse était une affreuse commère qui avait raconté dans tout Seagate qu'elle s'était fait teindre les cheveux en brun, oui, quelle importance si les chalands de Tesco ricanaient encore de son affolement lorsqu'elle avait laissé tomber une bouteille de vin ? Qu'ils aillent au diable ! N'avait-elle pas Johnny ? Et Merryn-John qui l'avait appelée Stacey et l'avait embrassée sans se faire prier, Merryn-John qui lui réchauffait le cœur plus que tout au monde ? Alors, que faisait-elle là, à se terrer, fuyant Seagate ? Elle irait au village, elle leur montrerait à tous à qui ils avaient affaire. Elle attrapa son imperméable, sortit à grandes enjambées, ouvrit son parapluie et, négligeant la voiture, marcha hardiment jusqu'à la route. Elle passa devant le *Moon and Stars* pour gagner la grand-rue. Souriante, la tête bien droite, elle salua tous ceux qu'elle rencontra. Quand elle eut fini de parcourir l'un des côtés de la rue, elle fit vivement demi-tour et remonta l'autre côté en donnant à chaque habitant de Seagate une bonne occasion de lorgner la petite actrice au mauvais genre qui alimentait les conversations.

Parvenue au bout de la grand-rue, au pied du clocher carré de l'église, elle poussa un lourd portail de fer et pénétra à l'intérieur du cimetière. Ceux des Haines dont elle avait vu les portraits chez Bodmin, et qui ne s'étaient pas perdus en mer, ne reposaient pas aux colonies, ou n'avaient pas été tués dans les guerres anglaises, étaient enterrés ici, à l'endroit où les ifs noirs s'égouttaient sur du marbre terni par le temps. Des générations et des générations de Haines avaient toutes vécu ici, à Seagate, vécu et aimé, et élevé leur famille, celle de Johnny et maintenant la sienne, et elle espéra que toutes approuvaient la façon dont elle et Johnny s'aimaient. Tous ces Haines reposaient sous l'herbe humide et luisante, sous les dalles de marbre et les monuments de granit. Son regard fut attiré par une dalle plus blanche que les autres, donc plus récente.

JOHN MERRYN HAINES

Le père de Johnny ! Stacey se pencha pour lire l'inscription gravée dans le marbre. Enterré depuis seulement onze ans. Décédé à l'âge de 62 ans. Elle s'étonna que quelqu'un d'aussi vigoureux qu'un Haines fût mort si jeune. De nos jours, 62 ans, ce n'est pas vieux. Le père de Johnny ! Exactement comme Johnny était le père de Merryn-John. Ses yeux s'emplirent de larmes. Elle posa un genou sur le marbre, et arracha un pissenlit. S'il ne se perdait pas en mer, Johnny, le grand et robuste Johnny si plein de vie, finirait là. Et elle aussi, un jour, elle reposerait ici avec lui et les autres. Combien de gens dans le monde, se demanda-t-elle, peuvent-ils contempler aujourd'hui l'endroit où ils savent qu'ils seront enterrés ?

Un corbeau croassa. Elle leva les yeux vers les branches dénudées d'un chêne et vit des touffes de ce gui auquel les druides vouaient un culte. Le gui, les druides, des stèles noircies et des corbeaux sous la pluie. Dans cet endroit à l'écart du monde, le temps semblait s'être arrêté. Battant des ailes, un corbeau atterrit sur une plaque d'ardoise, et poussa un cri plaintif.

Elle se mit soudain à frissonner. Ce n'était pas à la pensée d'être un jour étendue là, morte, mais à cause de ce qu'elle ressentait à l'instant précis. Elle avait l'impression, non, la certitude que quelqu'un l'épiait. Elle tendit l'oreille. Un grincement de fer rouillé lui parvint du portail qui venait de s'ouvrir derrière elle. Elle se releva, mais ne se retourna pas, faisant comme si de rien n'était. Elle entendit des gouttes de pluie tambouriner sur un parapluie. Le parapluie semblait se rapprocher. Elle pouvait maintenant percevoir le bruit d'une respiration. Elle jeta un coup d'œil oblique. Un homme la regardait. À sa vue, elle eut un choc. L'homme ne paraissait aucun âge précis. Peut-être était-il l'aîné de Johnny de quelques années seulement, mais au lieu de respirer la santé et le bonheur de vivre comme son mari, il était d'une pâleur extrême, blanc comme les champignons du vieux Pedroc, triste paquet de chair tassé sur lui-même, aussi défraîchi que le vieux complet gris qu'il portait boutonné sur un pull usagé. Son regard de bête blessée qui la scrutait à l'abri du parapluie lui fit froid dans le dos.

— La nouvelle Mrs Haines...

Son chuchotement était aussi âpre que le craquement des branches de chênes dénudées dans le vent.

Elle se força à le regarder bien en face, avec fermeté.

Ses yeux d'animal épuisé l'effrayaient encore plus que ceux de l'aveugle Pedroc, mais elle ne cilla pas.

— À qui ai-je l'honneur ?

— Lysker. Owen Lysker. Ma famille a vécu ici depuis aussi longtemps que n'importe lequel des Haines. Les miens sont enterrés là.

Du regard, il indiquait une partie du cimetière où les mauvaises herbes avaient poussé en abondance et s'enchevêtraient. Il fit un pas pour observer Stacey de plus près. Celle-ci tenta de l'ignorer et, se penchant en avant, elle fit semblant de déchiffrer le nom des Haines gravé sur tant de tombes.

— Et vous croyez qu'un jour vous reposerez ici avec eux ?

Telle était exactement la pensée qu'elle avait eue, mais elle se refusa à répondre. Avec un nouveau croassement, le corbeau s'envola vers le chêne, d'où il se mit à les épier.

— C'était ce que pensait sa première femme, mais elle est partie. Vous partirez aussi. Vous avez déjà senti le danger. Quittez-le.

Stacey se détourna brusquement, et tout en prenant garde de ne pas se mettre à courir, elle sortit en toute hâte du cimetière.

7

Stacey vit les lumières briller dans la grand-rue : les phares des voitures se déplaçaient à travers les hachures de la pluie automnale, balayant une foule de véhicules stationnant autour du *Moon and Stars*. Johnny et elle-même étaient à pied, portant, enveloppé dans du plastique, le modèle réduit destiné à Bodmin. À plus de 100 mètres de distance, des éclats de musique et de rire leur parvinrent tandis que les gens se pressaient vers l'intérieur illuminé du pub.

— On se croirait un soir de gala, murmura Stacey. Tu ne m'avais pas dit que ce serait une réception aussi importante.

Elle se rapprocha de Johnny, et ferma les yeux pour mieux se concentrer.

— Arnold et Elizabeth Thomas. Arthur Coleman et... Zut ! Quel est le prénom de la femme de Coleman ?

— Gwynneth.

— C'est ça. Gwynneth.

Stacey se servait de son expérience de comédienne et de sa mémoire des textes pour retenir les noms des principaux invités de Bodmin.

— Qui est le patron du *Moon and Stars* ?

— Gerald.

Un camion les dépassa en rugissant.

Stacey continuait à ressasser noms et prénoms quand Johnny l'entraîna vers les lumières, la musique et les rires du pub. Elle hésita, ouvrit son imperméable, et dégagea son cou d'un foulard de soie lie-de-vin.

— Il est de trop.

Elle fit une boule du foulard que Merryn-John et elle-même avaient longtemps cherché à Plymouth pour qu'il fût assorti à son nouveau tailleur de laine couleur prune, et le fourra dans sa poche.

Johnny appuya son visage contre le sien.

— Tu as déjà enlevé tes boucles d'oreilles. Détends-toi. Ici, nous sommes à Seagate, pas à une première.

— Tu peux parler. Tu as vécu ici toute ta vie. Tout le monde te connaît et t'adore.

— Ils vont t'aimer autant que je t'aime.

Tenant le modèle réduit d'une main, de l'autre, il dirigea Stacey à travers les voitures garées et luisant sous la pluie. Ses amis de Londres avaient eu vent de la fête, mais Stacey avait découragé les rares qui lui avaient téléphoné. Si certains d'entre eux étaient venus de Londres, elle ne reconnaissait aucune de leurs voitures. Ils passèrent devant une Rolls Royce.

— Bodmin est déjà là.

Ils atteignirent la porte, où Johnny l'embrassa une nouvelle fois.

Pendant un moment, nul ne s'aperçut qu'ils étaient entrés, tout mouillés de pluie. Stacey rejeta ses cheveux en arrière. Elle savait que le *Moon and Stars*, avec sa succession de petites salles couvertes de boiseries, ses poutres apparentes noircies par le temps et ses plâtres jaunis par les années, était le cœur même de Seagate. Le pub était bondé, bruyant et enfumé. Par une autre porte, Johnny aurait pu la conduire directement au bar-salon, mais elle comprit qu'il voulait commencer par se montrer, avec sa nouvelle épouse, à la population laborieuse du coin. Les années passées à Londres lui avaient appris quelques-unes des subtiles distinctions entre la vie en ville et celle à la campagne ; à un étranger ignorant tout de cette contrée insulaire, nul anthropologiste n'aurait pu proposer meilleur exemple que celui d'un pub tel que le *Moon and Stars*. Il y avait là Chambers, qui fumait et buvait au bar en forme de fer à cheval, ajoutant encore un peu de couperose à son visage violacé. Il portait ses vêtements de travail, lampait sa pinte de bière avec des types de son âge qui, échangeant des plaisanteries éculées et se racontant toujours les mêmes histoires, s'esclaffaient bruyamment, toussaient et se congratulaient mutuellement, sans prêter attention aux autres. Il y avait aussi des hommes et des femmes plus jeunes, habillés de cuir ou exhibant des vêtements aux couleurs vives et qui, sans montrer l'attirance de Chambers pour les comités réduits, regardaient tout autour d'eux, cherchant ouvertement l'aventure. Un jeune homme blond qui, à part sa chemise de pirate en nylon lustré, à manches longues, avait tout d'un robuste ouvrier agricole, fut le premier à voir Johnny, et il se dressa dans un cri de bienvenue. Les verres se levèrent. Les visages se tournèrent. Chacun au bar et dans le pub reprit en chœur le nom de Johnny.

Johnny était là. Johnny et sa nouvelle femme, celle qui était passée à la télévision dans *Les Professionnelles*. Aussi rapidement qu'ils l'avaient acclamé, ils firent silence, et s'écartèrent respectueusement pour frayer le passage à leur Johnny qui, souriant, et portant sous un bras la maquette empaquetée du sloop, enlaçait de l'autre Stacey, la pilotant vers une salle voisine.

Stacey souriait infatigablement pour cacher sa gêne, et faisait appel à tout son métier d'actrice pour transformer son énervement en un rôle qu'elle aurait joué. Elle souriait, mais sans cesser de regarder tout autour d'elle, craignant de reconnaître un de ses amis londoniens. Elle se dit que de Londres, par une nuit pluvieuse, cela faisait un long parcours, et elle pria le ciel qu'aucun d'eux n'eût fait le voyage.

— Johnny !

Ce cri retentissant de joie venait d'un homme au teint rose qui s'avança vers eux en se dandinant comme un ours : il était chauve, et les rares mèches qu'il possédait encore s'étiraient sur son crâne luisant. Son gros visage fleuri avait l'air aussi réjoui que le Tobie des pots à bière [1], et son corps replet était comprimé dans un blazer bleu avec un écusson flamboyant cousu sur la poche supérieure. Sa chemise bleue ballonnait sur son ventre et sa cravate — une de ces cravates à laquelle un Anglais reconnaît un régiment, une école ou un club — l'étranglait. Avec sa grosse voix et sa gaieté bruyante, ce personnage était, bien entendu, le patron du club : Gerald.

— Johnny !

Les deux hommes échangèrent une vigoureuse poignée de main, qui se prolongea pendant que Gerald, reculant d'un pas, affectait d'être ébloui par la beauté de la dame. Sans attendre qu'on les présente, il emplit de sa voix tonitruante le *Moon and Stars*.

— Mesdames et messieurs ! Voici Johnny et la nouvelle Mrs Haines ! On les applaudit.

Agglutinés au bar, des hommes de tous âges brandirent leurs verres dans un rugissement puissant. Mais au milieu des acclamations générales, Stacey sentit que les femmes jeunes étaient plus retenues, et qu'elles détaillaient ouvertement, des pieds à la tête, la nouvelle épouse de Johnny. D'un claquement de ses doigts boudinés, Gerald fit signe à Ned — un interminable barman aux yeux ronds comme ceux d'un goéland — de venir débarrasser les Haines de leur manteau. Il n'était pas étonné que son invité d'honneur soit habillé d'une veste marron avec un pantalon gris et des chaussures de daim : les gens comme les Haines étaient modestes en tout. En revanche, il fut surpris que la nouvelle épouse de Johnny, venant de Londres, porte des vêtements aussi ordinaires que ce tailleur de laine rouge sombre, et qu'elle ne se soit parée d'aucun bijou à part son alliance.

— Bodmin est arrivée !

Débordant d'hospitalité, Gerald escorta ses deux invités jusqu'à la salle voisine où il y avait moins de monde, moins de fumée, et où des fleurs fraîches emplissaient à profusion de grands vases de cuivre reflétant la lueur de l'immense cheminée. Bodmin, souriante, les attendait, centre incontesté de cette réunion plus sereine, qu'elle éclipsait aisément de son aristocratique beauté. Stacey admira l'élégante simplicité de sa robe

1. Tobie : gros bonhomme à tricorne qui orne certaines chopes (n.d.t.).

de laine vert mousse, ornée d'un foulard couleur feuille- morte retenu à l'épaule par un clip d'or scintillant. Les invités qui l'entouraient étaient de son âge, ou un peu plus âgés ; certaines femmes trop habillées faisaient des embarras, d'autres semblaient démodées, d'autres encore paradaient dans des tenues de tweed recherchées et, par définition, campagnardes.

— Ned ! s'écria Gerald en direction du bar. Apporte le champagne !

Dans le pub des hourras éclatèrent.

Johnny essaya de protester.

— Faisons comme d'habitude.

— Au diable ce que nous faisons d'habitude !

Gerald empoigna Johnny par l'épaule, et l'assistance exprima si bruyamment son approbation, avec des rires et des hourras, que Stacey en fut pratiquement assourdie. Ils rejoignirent Bodmin. Celle-ci prit la main de Stacey et effleura de ses lèvres la joue de la jeune femme. Johnny, à son tour, embrassa sa sœur et attendit que Gerald eût retiré un vase de glaïeuls pour mettre à sa place le cadeau d'anniversaire toujours enveloppé. Ned et l'autre barman se hâtèrent d'apporter des plateaux chargés de verres, et dans des seaux à glace, des bouteilles de champagne qui soulevèrent de nouvelles acclamations.

Johnny leva la main pour réclamer le silence. Ayant fait taire la foule, il annonça qu'il y avait deux événements à fêter ce soir-là. Tout d'abord l'anniversaire de Bodmin. Il sépara sa sœur de Stacey et la conduisit jusqu'à son cadeau. Elle déchira le plastique qui enveloppait le modèle réduit. Ce dernier apparut, avec ses incroyables détails et son gréement impeccable. À la vue de tant de perfection, un murmure d'admiration courut parmi les invités.

— C'est l'œuvre de Richard, dit Johnny en levant son verre.

Stacey, imitant les autres, se tourna vers la grande salle, où Richard souriait de fierté. Chacun savait que c'était Johnny qui avait dessiné le sloop, mais on appréciait qu'il porte au crédit de Richard la réalisation d'une maquette aussi difficile à exécuter.

Bodmin se baissa pour regarder de plus près les voiles immaculées, les minces fils tendus figurant le gréement, les garnitures de cuivre brillant. Johnny s'était accroupi à côté d'elle, et lorsqu'il annonça que le sloop grandeur nature serait construit par Whitsun, Bodmin embrassa son frère, et le regard qu'elle posa sur lui était de pure adoration. Lorsqu'elle se releva, tenant la maquette à bout de bras, pour que tout le monde puisse l'admirer, Stacey crut voir une prêtresse rayonnante de fierté, qui élevait à deux mains une offrande précieuse.

— Johnny, il est absolument magnifique !

Les mots paraissaient insuffisants : elle embrassa une nouvelle fois son frère, et les invités applaudirent.

Le visage de Gerald était maintenant cramoisi : il parut s'enfler de bonheur, et Gerald éclata finalement en un hourra qui fut repris par le pub tout entier. Stacey sentit que les larmes montaient à ses yeux. Le regard d'adoration dont Bodmin enveloppait Johnny ne disait-il pas clairement : ce bateau est son chef-d'œuvre ? Stacey réprima ses larmes de bonheur. Elle constatait avec plaisir que Johnny n'éprouvait aucun embarras. Il savait que son travail était splendide, et aussi naturellement qu'il faisait tout le reste, il acceptait l'éloge de Bodmin, les applaudissements et les hourras.

Ce fut alors qu'il donna un signal à Gerald. Le patron du pub agita ses grosses mains rouges au-dessus de sa tête, et reprit la parole :

— Mesdames et messieurs ! Mesdames et messieurs, matelots... (Ce qui, bien entendu, suscita les rires.), je réclame toute votre attention. Maintenant, le champagne va couler à flots, et je demande à chacun d'entre vous d'attendre que son verre soit plein. Comme Johnny vous l'a dit, nous fêtons ce soir un double événement !

On entendit exploser les bouchons. Les deux barmen se hâtèrent de faire circuler les verres à travers le pub, puis, avec l'aide de Gerald, ils versèrent le champagne pétillant. Stacey éprouva soudain une sensation connue, celle que lui donnait jadis l'attente dans les coulisses, avant d'entrer en scène.

Gerald cria :

— Tout le monde a eu son champagne ?

Des protestations coururent parmi ceux qui s'entassaient à la porte du pub. Ils levèrent leurs pintes de bière brune ou blonde, et cette compétition entre le breuvage anglais et le vin français souleva de nouveaux hourras. Gerald regarda tout autour de lui pour s'assurer que le moment était venu.

— Prêts ?

— Prêts, rugit la foule.

Dans un cérémonial impressionnant — il fit même la révérence —, Gerald reporta l'attention des invités vers Bodmin. Stacey sentit que la main de Johnny prenait la sienne. Elle se composait déjà un visage pour son entrée lorsqu'elle s'aperçut que, devant la plus importante de leurs concitoyennes, les habitants de Seagate s'étaient tus. Bodmin, délibérément, les obligeait au silence. Stacey ne put s'empêcher de sourire : au théâtre, il aurait fallu une actrice du plus grand talent pour imposer ainsi sa présence. L'autorité de Bodmin était telle qu'elle n'eut pas besoin d'élever la voix. Chacun était suspendu à ses lèvres. Mais la solennité attendue s'accompagna d'un chaleureux sourire.

— Je doute qu'il y ait encore, à des kilomètres à la ronde, quelqu'un qui ne connaisse pas la nouvelle.

Des rires et des hourras lui répondirent. Bodmin leva cérémonieusement son verre, et rendit officielle la nouvelle en question.

— À Stacey et à Johnny !

— À Stacey et à Johnny ! cria Gerald, plus fort que tout le monde.

Johnny embrassa sa femme. Les bravos redoublèrent lorsqu'il passa le bras autour de sa taille et l'attira contre lui.

— Hip hip hourra ! hurla Gerald, juché sur une chaise.

L'enthousiasme était à son comble.

Lorsqu'on passa aux félicitations, Stacey déploya tout son charme, mais elle prit garde que, sous ce charme, personne ne devine à quel point elle se forçait. Elle irradiait néanmoins la beauté, et répondait calmement aux congratulations de tous les invités, impressionnés par la rapidité avec laquelle elle avait retenu leurs noms.

— Mr Coleman. Mrs Coleman. Puis-je vous appeler Gwyneth ?

— Bien sûr.

Dans le visage doux et rose qu'encadrait une coiffure trop apprêtée — elle sortait de chez le coiffeur —, les yeux très bleus de Mrs Coleman clignèrent de surprise et de satisfaction. D'une main tout aussi rose, elle tamponnait sa gorge à l'aide d'un mouchoir de dentelle.

— Nous sommes tous tellement contents pour Johnny, dit-elle. Nous l'aimons tous beaucoup, beaucoup, notre Johnny, et nous ne nous en cachons pas.

Certains offrirent leurs vœux de bonheur à Stacey. Il y en eut quelques-uns pour lui souhaiter la bienvenue à Seagate. Nul n'oublia de lui dire combien Johnny était aimé.

Stacey sentit la main de Bodmin sur la sienne.

— Stacey, je vous présente Arnold Thomas. Arnold a vécu à Londres, autrefois.

C'était un homme aux cheveux teints, à la fine moustache un peu trop noire elle aussi. Il empestait l'eau de Cologne, et quand il rapprocha son visage de celui de Stacey, l'odeur devint insoutenable.

— Appelez-moi Arnold.

Stacey était encore assez comédienne pour lui retourner son sourire.

Arnold prit un ton de conspirateur.

— En un moment tel que celui-ci, vous devez vous attendre à ce que je vous dise : « Bienvenue à Seagate », ou quelque chose dans ce genre-là, mais étant donné la vie à laquelle vous êtes habituée, notre petit village doit vous sembler plutôt triste.

— Mais pas du tout, Arnold.

— Mis à part les bateaux, qui constituent notre principale occupation – avec les touristes : en été, c'est infernal —, on aurait du mal à se croire en Californie. Ou à Londres, n'est-ce pas ? Tout cela doit vous paraître tellement différent, à vous, une star.

— Je n'ai jamais été une star.

— J'ai une photo de vous en bikini.

Cet homme, qui puait l'eau de Cologne, la désirait. Il n'y avait rien de surprenant à cela, c'était le cas de la plupart des hommes, mais elle lui en voulut d'avoir profité de la réception pour lui faire ses avances. Elle décocha son plus beau sourire à l'épouse d'Arnold, puis à Mrs Morris, à Mr et Mrs Binney, à Edgar Weedon, à Loïs et Alfred Peard, à tous ceux dont elle avait appris le nom, performance aisée pour une actrice. Elle venait de faire la connaissance des Milner, et souriait à Alice et Tom Coombe, lorsque son regard, glissant sur eux, découvrit un homme qui se tenait debout à la porte du pub. Lysker ! Son sourire se figea. L'horrible personnage du cimetière provoqua chez elle le même frisson que celui qu'elle avait éprouvé dans le froid et sous la pluie. Depuis combien de temps la fixait-il ainsi ? Fort heureusement, elle fut obligée de reporter son attention vers les invités, et saisissant ce prétexte, elle se mit à parler, avec un peu trop d'animation, à Rose Garder. Rose était une femme très gaie, au babil d'oiseau. Son mari, officier à la retraite, portait tout un tas de médailles. La poignée de main du vieil homme était sans arrière-pensée, et ses yeux bleus brillaient dans un visage honnête et typiquement britannique. Ils bavardaient sans contrainte, mais Stacey ne put s'empêcher de regarder à nouveau, furtivement, du côté de Lysker. Ainsi qu'elle le redoutait, elle trouva ses yeux d'animal blessé toujours fixés sur elle. Elle mit une nouvelle énergie dans son sourire, et concentra toute son attention sur le bavardage anodin de chaque invité : cela suffirait-il pour chasser Lysker de son esprit ?

Gerald continuait à verser le champagne, et le ton des conversations montait. On entendait de bruyants éclats de rire. La soirée était visiblement une réussite, et si elle exceptait Lysker, Stacey sentait que les premiers instants difficiles étaient maintenant dépassés. Elle respira plus à l'aise. Johnny lui tenait la main. Bodmin souriait. Chacun à Seagate lui disait qu'il l'aimait. Et elle avait l'impression que c'était vrai : elle paraissait leur plaire. Elle savait, naturellement, que ces villageois faisaient tout pour contenter les Haines, qui régnaient sur cette partie du monde. Elle n'en avait pas moins réussi son premier examen. Elle avait prouvé aux concitoyens de Johnny qu'elle n'était pas seulement une petite actrice de rien du tout, venue de Londres et du Canada pour prendre au piège leur rejeton préféré.

— Hé ! Où est la petite Stacey ?

C'était une voix londonienne.

— Stace ?

Un homme à l'accent australien l'interpellait à l'autre bout du pub. De brûlants éclats de lumière éblouirent la foule soudain inquiète, des voix criardes, cette fois avec l'accent de Londres, se joignirent à celle de l'Australien. Alors que les éclats de lumière fusaient de tous côtés, sept jeunes gens, garçons et filles, firent irruption dans le pub comme en terrain conquis. Ils portaient des tenues citadines extravagantes, cuir et métal, tout ce que Stacey avait soigneusement évité. Criant son nom, ils bousculèrent, dans le pub, les indigènes surpris, puis envahirent le bar-salon plus calme, avec la queue des félicitations. Les invités cillèrent devant les éclats de lumière fulgurants, qui jaillissaient d'un flash automatique, puis ils battirent en retraite.

— Stace !

D'un seul coup, on n'entendit plus que les voix bruyantes de l'Australien et des Londoniens : le joyeux brouhaha du *Moon and Stars* venait de sombrer dans le silence.

8

Stacey ferma les yeux et fit une prière : si tout cela pouvait n'être qu'un cauchemar. Une main passa devant son visage. C'était celle d'une fille de la ville, une fille au maquillage blafard. Emmitouflée dans un manteau râpé, elle brandissait son verre entre deux gorgées de champagne.

— Désolée, mon trésor, nous sommes en retard. Mais si tu voyais dans quel état sont les routes, avec toute cette pluie !

Les nouveaux venus évitèrent de s'immiscer de force dans la queue des félicitations, mais ce n'était pas par respect pour les hôtes ou pour les invités : ils laissaient Stacey à Andrew — tel était le nom du photographe. Agé d'une trentaine d'années, très mince, il était vêtu d'un blouson de sport gris argenté, qui jetait des reflets brillants. Ses longs cheveux blonds retombaient en cascade sur ses épaules, et à son oreille dansait une boucle également scintillante. Il s'avança vers Stacey à la manière contournée d'un serpent, s'accroupissant, se relevant, l'enveloppant du flamboiement intermittent de son Nikon automatique, dont le moteur du flash ronronnait. Tous étaient aveuglés par ses éclairs fulgurants.

Stacey, elle, ferma les yeux de toutes ses forces. Elle essaya de se composer un masque sous cette pluie de lumière, mais le photographe travaillait avec fureur : il était si acharné qu'il bousculait les invités pour capturer son modèle. Il avait pris celui-ci sous un feu de plus en plus serré, et le fusillait à bout portant de la brillance de son flash.

Le pub était maintenant silencieux. Aussi tout le monde entendit-il l'Australien exiger de Stacey qu'elle se donne en spectacle. Stacey sentit des larmes couler de ses yeux brûlants. Elle s'efforça de ne pas trembler alors qu'alternativement l'Australien la flattait ou aboyait des ordres. Il se servait de son appareil comme d'une arme, il l'humiliait délibérément, ainsi que son nouvel époux. Elle tint bon, sans se dérober, mais non sans chercher la main de Johnny. Ce dernier serrait les poings. Son corps jeune et puissant était tendu de rage.

— Plus comme ça... Sur ta droite... Non ! Plus... Sur ta droite, bon sang, mon amour. Bravo, ma chérie ! Et maintenant, fais-nous ce fameux regard par-dessus l'épaule, celui qui excite tellement les mecs. C'est ça ! Voilà le regard qui les rend tous complètement dingues. Fantastique !

— Elle a l'air drôlement sexy, pour une femme mariée !

Celui qui venait de parler était un jeune homme tout en longueur. Il portait un complet noir qui flottait sur un T-shirt jaune paille. Suçotant une cigarette, il leva son verre.

— Stace, faudra plus qu'il prenne de photos de toi à poil, maintenant.

La fille au visage blafard et au manteau râpé rejeta en arrière sa crinière hirsute, décolorée. Elle lança à son tour, avec un rire impudique :

— Tu entends, Andrew ? Stace est une femme mariée, maintenant. Plus de photos à poil !

Stacey ouvrit les yeux. De même que les autres invités, pour se protéger des flashes, elle abrita son visage de la main. Puis elle sursauta : Andrew venait de la frôler en poussant Johnny de côté.

— Désolé, mon vieux. C'est le meilleur profil de la dame.

— Ça suffit.

Johnny avait parlé d'une voix très basse, mais on aurait dit du feu couvant sous la glace. Et son « Ça suffit » impliquait sans erreur possible un ordre que nul ne pouvait ignorer. Stacey retint son souffle. À travers la paume de sa main, elle sentait battre la rage qui parcourait Johnny, mais les yeux lui piquaient si affreusement qu'elle était désormais incapable de rien voir. Elle n'en imaginait pas moins son visage et son terrible regard, le même que Michael avait provoqué. Andrew vit-il ce regard ? Peut-être ne s'en soucia-t-il pas, obsédé qu'il était par sa furieuse activité, par sa folle volonté d'humilier Stacey et de provoquer Johnny.

— Encore quelques clichés, ma vieille, pour ma collection, encore quelques gâteries : vous les mettrez dans votre album de famille.

Stacey sentit que Bodmin allait se placer avec autorité entre les deux hommes, et que la main de Johnny lâchait la sienne.

C'était sa sœur qui la tenait maintenant. Pouvait-elle empêcher sa fureur d'exploser ? Et pendant combien de temps ?

Chacun des flashes grésillait et frappait Stacey comme la foudre. Elle réussit néanmoins à ouvrir suffisamment les yeux et à entrevoir Johnny, son visage étrange et pâle, ses muscles tendus à se rompre, Johnny et son terrifiant regard empli de rage. Bodmin tenait fermement sa main, et Stacey entendit qu'elle lui chuchotait de ne pas bouger.

— Du calme, Johnny. Tiens bon.

— Et maintenant, un grand sourire de la mariée ! Allons, mon amour ! Un grand et beau sourire ! Montre à tous comme tu es heureuse !

Les Londoniens applaudirent et sifflèrent, mais à la seule vue de Johnny, même si l'homme, furieux, était demeuré impuissant sous les flashes, ils se mirent à reculer lentement vers la porte.

— Encore une !

Andrew s'accroupit devant Stacey, et l'explosion de lumière se produisit si près de son visage qu'elle en eut le souffle coupé. Elle demeura un instant aveuglée, puis entendit Andrew chuchoter d'une voix sifflante :

— Tu m'as fait passer pour un petit con, à Londres.

Elle ne put que murmurer :

C'était fini.

— Moi, je n'avais pas dit que c'était fini. Et je vais te faire passer pour une vraie conasse, à ton tour.

Après avoir chuchoté, il se mit à hurler :

— Et maintenant, la bise à la mariée !

Elle se rejeta en arrière, mais il la tenait étroitement serrée. Sa bouche ouverte et humide se colla étroitement à la sienne. La respiration lui manqua lorsqu'elle sentit que sa langue la pénétrait et cherchait la sienne. Elle ne pouvait rien faire d'autre que pousser des cris étouffés. Autour d'eux régnait un silence terrifiant, un silence absolu.

Enfin, elle réussit à arracher sa bouche de celle d'Andrew. Du revers de la main, elle essuya fébrilement, sur son visage, les traces de la salive d'Andrew. Puis elle se hasarda à regarder du côté de Bodmin. Pendant combien de temps encore celle-ci pourrait-elle contenir la terrible fureur de Johnny ?

Andrew, qui s'était écarté en virevoltant, se trouva nez à nez avec celui-ci. Il se mit à ricaner. Il avait fait ce qu'il était venu faire, ce pour quoi il avait parcouru tout ce chemin depuis Londres. Un éclat de rire paracheva son triomphe.

Quant à ses amis, apeurés, ils avaient déjà battu en retraite. Ils se regardaient mutuellement et n'avaient qu'une hâte : prendre la fuite. Jusqu'où Andrew allait-il se risquer ? À voir l'expression du visage de Johnny, il ne faisait pas de doute que l'homme était prêt à tuer. Mais l'appareil d'Andrew, sans jamais cesser d'émettre des éclairs, l'aveugla assez longtemps pour couvrir sa retraite.

— Je vous enverrai les épreuves : ce sera mon cadeau de noces.

Après un dernier flash, Andrew tourna les talons et s'enfuit. Deux de ses amis poussèrent un hurlement de triomphe, et lancèrent leurs verres dans la cheminée, où ils s'écrasèrent. Puis ils se précipitèrent sur les traces d'Andrew, et disparurent.

— Johnny...

Stacey fut la seule à entendre la voix de Bodmin : ce n'était toujours qu'un murmure, mais elle témoignait d'un calme et d'un sang-froid absolument parfaits.

— Johnny, ne bouge pas.

9

Stacey n'avait envie que d'une chose : s'enfuir à son tour, s'enfoncer dans la nuit froide et humide pour échapper à Johnny et à ses semblables. Si elle faisait cela, il lui serait à tout jamais impossible de revenir, elle le savait. Mais comment, au nom du ciel, comment pouvait-elle rester ?

— Dieu merci, Bodmin était là, chuchota Gwynneth Coleman à son mari.

Stacey, qui se trouvait tout près d'elle, l'entendit. Gerald se précipita vers la chaîne stéréo et força la musique. Bodmin jeta à Stacey un coup d'œil qui lui intimait l'ordre de lui laisser Johnny. Seule, désemparée, sans personne vers qui se tourner, Stacey vit Bodmin prendre son frère par le bras et l'entraîner vers le modèle réduit.

— Et pour les voiles, Johnny ?

La voix de Bodmin était forte et puissante. Elle montrait même de la gaieté.

— Qu'avons-nous décidé pour les voiles ?

Elle voulait forcer Johnny et tous les invités à parler, à reprendre la vie là où on l'avait laissée.

— Nigel !

Nigel était un homme de haute taille, le nez crochu, les mains dans les poches de son blazer. Il s'approcha.

— Nigel, vous qui savez tout sur les voiles, votre avis ?

— Du dacron, fit Nigel.

— Du dacron ?

Bodmin soupesa un instant l'avis de Nigel, puis elle fit signe à un autre homme, un maigre, qui tisonnait sa pipe.

— Et vous, James ?

— Moi, je suis pour la toile de lin.

— Johnny ?

C'était des voiles de son nouveau sloop que parlait Bodmin, ce sloop réduit momentanément à la maquette si magnifiquement conçue par Johnny pour son anniversaire, mais qui serait un jour prêt à prendre la mer grâce à Whitsun.

Johnny avait-il entendu sa sœur ?

— Johnny, ton avis, pour les voiles ?

De même que Bodmin, Stacey et tous les invités attendaient qu'il réponde. Il le fit d'une voix morne.

— De la toile de lin.

Le visage de Bodmin s'éclaira d'un sourire. Elle se tourna vers l'homme à la pipe.

— James, il semble que Johnny soit d'accord avec vous.

Les amis de Bodmin, presque tous des marins, semblaient avoir retrouvé assez de courage pour se presser autour de la maquette. Ils offraient maintenant leurs suggestions à propos des voiles et des modifications à apporter au projet. La conversation ne tarda pas à perdre son côté factice pour redevenir spontanée, vivante. Et les autres occupants de la salle trouvèrent, eux aussi, des sujets suffisamment éloignés de ce qui venait de se produire pour se remettre à parler ensemble.

Stacey se retrouva seule. Elle avait parfaitement compris le regard impératif de Bodmin : il fallait qu'elle lui laisse Johnny. Si Stacey, cause indirecte de sa fureur, était demeurée à côté de lui, Bodmin n'aurait pas été capable de le calmer. Stacey avait compris et gardait ses distances. Oui, mais voilà, elle avait horreur d'être seule. Elle fourra ses mains derrière son dos, pour cacher qu'elles tremblaient, et désespérant de trouver quelque chose à faire, imagina une courte saynète à un seul personnage : le sien.

Tout d'abord, elle chercha du regard, ostensiblement, sa coupe de champagne. Après l'avoir trouvée, elle la contempla longuement. La saynète, déjà, tombait à l'eau, car Stacey n'osait s'emparer de la coupe : elle ne se sentait pas capable de la tenir. Elle carra ses épaules, tint sa tête bien droite et s'obligea à un demi-sourire, pour bien montrer à ses invités qu'elle pouvait parfaitement rester seule et que cela ne lui posait aucun problème. D'autres femmes auraient pris la fuite, elle restait.

Le premier regard qu'elle rencontra fut celui de Lysker. Il se trouvait là, dans le bar-salon, à quelques pas d'elle seulement. Le cœur lui manqua, et ses mains se remirent à trembler : elle se rendait compte avec horreur qu'il ne l'avait pas quittée des yeux et qu'il avait été le témoin de tout. Pour échapper à son regard, elle lui tourna brusquement le dos, mais elle le fit si maladroitement qu'elle heurta une grande femme au visage long et sévère. C'était Catherine Ludlow, dont elle venait de faire la connaissance et qui lui adressa un signe de tête poli, accompagné d'un sourire hypocrite. Elle avait remarqué Lysker.

— Que fait ici cet odieux personnage ?

Elle s'éloigna en toute hâte.

Stacey avait appris que, pour un acteur qui se trouve en scène, le plus difficile consiste à demeurer parfaitement immobile. Ce soir, à Seagate, elle était le point de convergence de tous les regards, y compris celui de Lysker, qui la transperçait. Tout ce qu'elle pouvait faire, c'était garder la tête haute et sourire jusqu'à ce que les lèvres lui fassent mal. Éviterait-elle ainsi les yeux de Lysker ? Elle regretta de ne pas fumer. Rien ne vaut une cigarette pour occuper les doigts et se donner une contenance.

Elle se trouvait sur scène. Toute son expérience lui disait que, pour aussi difficile que soit cet instant, c'était en s'abstenant du moindre mouvement qu'elle attirerait le moins l'attention, qu'elle dissiperait cet embarras qui l'obligeait à se faire toute petite au sein de sa propre réception. Puis, brusquement, elle se trouva face à un vase de cuivre et à un énorme bouquet de chrysanthèmes rutilants qu'elle feignait d'arranger. Elle ferma les yeux de terreur. L'extrémité d'une canne donnait de petits coups sur le vase. C'était celle de Lysker. Il s'était rapproché d'elle. Au cimetière, elle n'avait pas remarqué cette canne. Un coup d'œil en biais lui fit voir, dans les lumières du pub, cette peau d'un gris vitreux qui le faisait ressembler à un des champignons du vieux Pedroc, le teint de cadavre de ce visage dans lequel brillaient des yeux d'animal blessé. Il se trouvait maintenant assez près pour lui adresser la parole à voix basse. Le cœur de Stacey se mit à battre à grands coups. Qu'est-ce qui rendait cet homme assez sûr de lui pour l'impressionner ainsi ? Elle avait la chair de poule. Mais ce qu'elle redoutait surtout, c'était le son de sa voix rauque.

— Ne vous enfuyez pas. Ils vous regardent tous.

Elle resta. Elle était décidée à jouer le rôle d'une femme parfaitement calme, une femme qui s'apprête, avec une lenteur délibérée, à quitter la pièce où elle se trouve. Elle réussit, tout en continuant à sourire, à gagner le bar d'un pas régulier. Là, perdue dans la fumée suffocante, la musique, et le bourdonnement des conversations bruyantes, elle regarda ostensiblement autour d'elle, en actrice qui prend son temps et qui, loin d'avoir l'intention de fuir, se trouve tout simplement à la recherche des toilettes. Pendant qu'elle traversait ainsi la foule, certains des hommes et des femmes agglutinés au comptoir levèrent leur verre vers elle. Plusieurs lui sourirent. Alors que tous ces gens, des travailleurs pour la plupart, se poussaient obligeamment pour la laisser passer, elle répondit à chaque salut par un sourire ou un signe de tête.

Il ne lui restait que quelques pas à faire pour atteindre le sanctuaire, où enfin elle serait seule, lorsqu'elle s'aperçut qu'on lui barrait la route.

— Pardon, dit-elle sans regarder l'homme qui se trouvait devant elle.

Puis, comme il continuait à l'empêcher de passer, elle pressentit un danger. Tout en évitant soigneusement de rencontrer ses yeux, elle entrevit du cuir noir et une demi-pinte de bière qu'on brandissait vers elle.

— Excusez-moi.

Déterminée à poursuivre son chemin, elle continuait à sourire. Contre la chope de bière cliquetait une gourmette d'argent. Un blouson de cuir noir sur un T-shirt collant et un jean étroit soulignaient les angles d'un corps d'homme jeune. C'était le genre de tenue que portent les motards dans de grandes villes comme Londres, mais ici, dans ce village côtier, elle paraissait tout à fait déplacée. De plus, son visage, qu'il avança vers elle dans un nouveau cliquetis de la gourmette et du verre, n'offrait rien de la robuste santé d'un homme vivant au bord de la mer. Ses yeux profondément enfoncés brillaient dans des orbites aux cernes fatigués, son nez camus montrait de grosses narines au-dessus d'une moustache noire et clairsemée, ses lèvres étaient rouges et humides. Quant à ses cheveux, noirs et bouclés, ils luisaient de brillantine, et dans une pâle imitation d'Elvis Presley, retombaient en accroche-cœur sur le front. Il offrait ainsi, de la pointe de ses cheveux gominés à ses *boots*, toute la panoplie provocante d'un jeune motard.

— Je vous prie de m'excuser.

Cette fois, la voix de Stacey avait quelque chose de tranchant.

Elle joua de l'épaule pour passer, mais elle ne réussit pas à le faire bouger d'un pouce, et sa bière l'éclaboussa, pendant qu'il se mettait à ricaner. Le sourire de Stacey disparut.

— Si vous voulez bien me laisser passer...

Elle se montrait beaucoup trop polie, elle le savait. Les neuf ans passés à Londres lui avaient appris à se débrouiller, dans les bars, avec des punks comme celui-ci. Si elle y était obligée, elle était même capable de lacérer son visage de ses ongles. Mais elle se trouvait dans le village de Johnny, dans le pub de Johnny et en compagnie de la sœur de Johnny. Après Andrew et Lysker, un scandale était la dernière chose dont elle avait besoin.

La fine moustache noire se souleva dans un sourire, qui découvrit des dents blanches et pointues.

— Je vous ai vue avec les autres, là-bas.

Agitant ses boucles noires, il désigna de la tête la salle qu'elle venait de quitter.

— C'est sûr que vous venez de passer un sale quart d'heure.

— Vous êtes un ami de Johnny ?

— Qui c'est ça, Johnny, votre mari ?

Il avait, comme tous les punks, une voix d'une indécence calculée.

Maintenant, elle savait qu'il n'était pas de Seagate.

— J'ai ma bécane, là.

Il promenait sa langue tout autour de ses lèvres rouges, en un sourire provocant.

Stacey aperçut une cabine téléphonique qui lui offrait un refuge plus proche que les toilettes.

— Si vous voulez bien me permettre... Il faut que je téléphone à la baby-sitter qui garde mon fils.

« Mon fils ». Étrange : c'était la première fois qu'elle utilisait ce mot à propos de Merryn-John, et elle trouva qu'elle se comportait tout à fait comme une grande dame avec ce type en blouson de cuir, avec sa bière, ses cigarettes et le trousseau de clés sur le bar. Elle revendiquait son rang dans le monde, dans ce village, dans ce pub enfumé et bruyant. Il secoua la tête.

— Vous avez envie ni de pisser ni de téléphoner. Tout ce que vous cherchez, c'est un truc pour vous tirer d'ici.

Sans la quitter des yeux, il leva son verre, téta une gorgée de bière et passa sa langue sur sa moustache.

— Vous pourriez peut-être vous tirer avec moi, qu'est-ce que vous en dites ?

— Excellente idée, répliqua-t-elle d'un ton sec. Nous allons en parler à mon mari.

— Il est occupé : il fait joujou avec son bateau.

Le motard approcha son visage si près du sien qu'elle sentit la chaleur de son haleine.

— Vous n'avez rien à foutre avec ces gens-là. Allons, mignonne ! Ma bécane est juste là, dehors. Tirons-nous.

— Écartez-vous de mon chemin.

Sur les lèvres rouges et humides, le sourire se figea brusquement : d'un coup de genou, Stacey venait de frapper le motard au bas-ventre. La bière cascada depuis son T-shirt jusqu'au jean. Le sourire se transforma en grimace, tandis que le voyou agrippait de ses deux mains son entre jambes trempé.

— Salope !

Il cherchait à reprendre son souffle.

— Vous êtes là à faire de l'épate comme une nana qu'a fait un beau mariage. Bêcheuse... Vous donnez le change à personne !

Tout en se tordant de douleur, il se pressait si fort contre Stacey qu'elle sentait l'humidité de la bière et la chaleur de son corps.

— Vous savez foutrement bien qu'ils sont tous là à ne rien perdre de ce que vous faites. Vous croyez qu'il y a une seule bonne femme, ici, qui vous ait pas dans le nez ? Elles savent toutes que leurs mecs veulent voir le reste des photos de votre pote, les photos de vous à poil. Tous les mecs ici veulent ce que je veux : vous enlever cette jolie jupe rouge et vous sauter.

Stacey se tordit sur elle-même, dans un violent effort pour échapper au motard, mais celui-ci collait son corps contre le sien et la coinçait à son tour contre le bar.

Averti par quelqu'un, Gerald apparut soudain derrière le comptoir. Il parla d'une voix menaçante, mais si bas que seuls le motard et Stacey l'entendirent.

— Sors d'ici, tout de suite

Sa grosse patte rouge balaya le comptoir, et envoya les clés valdinguer sur le sol. Les cigarettes s'éparpillèrent. Il jeta un regard en direction du bar-salon, et Stacey vit son visage violacé s'assombrir.

— Voilà son mari qui rapplique, chuchota-t-il au motard. Grouille-toi de filer d'ici avant qu'il te voie !

Pour le motard, c'était un défi, et maintenant que la foule le regardait, il était résolu à montrer qu'il prendrait tout son temps pour partir.

— Tire-toi ! siffla Gerald.

La foule s'écarta de Stacey. On entendit soupirer une femme, puis tout le monde fit silence. Johnny s'avançait vers la foule muette. Chacun vit son regard étincelant de rage. Chacun, homme ou femme, battit en retraite devant lui.

Le motard se pencha et ramassa ses clés tintinnabulantes. Puis, à demi relevé, tassé sur lui-même, il recula le long du comptoir.

— Laisse-le, Johnny, il est soûl.

Gerald se montrait apaisant, voulant prouver qu'il tenait la situation en main, mais la foule sentait qu'il y avait du meurtre dans l'air : elle s'écarta du motard, et celui-ci, réalisant soudain qu'il était pris au piège, se tourna de tous côtés avec un regard de bête traquée. Ses yeux cherchaient désespérément une issue, et quand ils se levèrent finalement vers le visage de Johnny, sa bouche, cette même bouche qui avait montré à Stacey un sourire sensuel et menaçant, s'arrondit de frayeur. Ses paupières battirent et ses yeux noirs clignèrent, terrorisés. Il voyait ce que Michael et Andrew avaient vu. Il fit volte-face et adressa à Stacey un regard suppliant. Il mendiait pour sa vie. Ne comprenait-elle pas ce regard désespéré, pitoyable ?

Par deux fois elle avait vu Johnny dans cet état, et par deux fois elle avait été glacée de terreur. Elle aimait cet homme plus que tout au monde, elle l'aimait de tout son cœur, mais il n'était plus le même lorsque ce terrible regard apparaissait sur son visage. Pouvait-elle l'arrêter ? Pouvait-elle même l'atteindre ?

— Johnny, non !

Elle entendit sa voix, qu'elle reconnut à peine : ce n'était qu'un murmure. Jamais elle ne s'était sentie à ce point impuissante. L'homme qu'elle aimait était à bout, et à sa vue nul ne pouvait douter qu'il fût sur le point de tuer et que le motard n'eût plus que quelques secondes à vivre.

Les clés tintèrent dans sa main tremblante. Sa bouche s'ouvrit, quêtant toujours la pitié de Stacey, mais aucun son n'en sortit, si ce n'est un affreux pleurnichement, expression de la terreur la plus crue.

— Johnny !

Cette fois, ce n'était pas la voix de Stacey, mais celle de Bodmin. Elle se dressait, immobile, à la porte du bar-salon. Johnny l'avait entendue. Stacey vit ses yeux quitter le motard et se diriger, sans la voir, vers l'endroit où se tenait sa sœur. Elle eut une bouffée d'espoir. Bodmin fit un signe de tête à Gerald et à Ned. Ceux-ci, reprenant courage, et bien qu'aucun d'eux n'osât porter la main sur Johnny, le retinrent suffisamment pour que le motard puisse passer, d'un coup de reins, devant les trois hommes, et recouvrer sa liberté. Complètement affolé, il traversa la salle en trébuchant, et finit par claquer la porte avant de se perdre dans la nuit. Johnny repoussa les deux barmen, et se précipita à la suite du motard, par la porte qu'il avait empruntée.

— Johnny, laisse le !

Stacey, après avoir crié, se rua à son tour vers la porte, mais Gerald la retint.

— Restez ici !

Le patron du pub referma la porte, et ramena Stacey vers les autres, en demandant à ceux-ci de ne pas bouger. Stacey, entourée par la foule silencieuse, tremblait de tous ses membres. La musique s'était tue. On entendit la pluie sur le toit, ainsi qu'une motocyclette dont le moteur se remettait en route. Durant quelques secondes, ce bruit de moteur s'éloigna et décrut, puis il y eut un crissement de pneus sur la route humide. Il y eut aussi, dehors, dans la nuit, le fracas d'une collision, puis quelque chose de pire que cette collision : le silence.

10

Stacey, sans manteau, se tenait à l'écart sous la pluie glaciale. Tout en se frottant les bras pour essayer de se réchauffer, elle observait Johnny à la lumière des phares. Cette lumière, violente, dégageait, comme par diffraction, une sorte de vapeur rose. On entendit gémir la corne de brume, et le rayon du phare fit tournoyer son pinceau blanc à travers la brume. Agenouillée sur la route humide, devant les phares du camion, Bodmin était penchée sur un enchevêtrement de métal, et un amas de sang et de chair en lambeaux.

La plupart de ceux qui se tenaient à la porte du pub marmonnèrent quelques mots, puis rentrèrent à l'abri de la pluie en hochant la tête. Stacey aperçut Lysker, aussi seul qu'elle l'était. Il continuait à l'épier. Elle frissonna. Pendant qu'elle attendait Johnny, il lui sembla qu'un nombre d'heures incalculable passait. Enfin, on entendit le hurlement d'une sirène, et Stacey aperçut les gyrophares de deux voitures de police. Une ambulance vint s'arrêter, dans un grincement de freins, à côté du camion. Deux hommes vêtus de blanc pénétrèrent en courant dans la lumière rougeoyante, et rejoignirent Bodmin sous les phares. Un murmure s'éleva du côté de la porte ouverte du pub : la foule, revenue sur ses pas, vit les hommes en blanc enfermer le corps du motard dans un sac de plastique. Ils l'attachèrent ensuite sur une civière et le glissèrent dans l'ambulance. Les portes se refermèrent, et l'ambulance démarra sans un bruit.

La pluie tombait encore plus fort lorsque Johnny et Bodmin, tout en parlant avec un policier, reprirent lentement le chemin du *Moon and Stars*. Bodmin fit signe qu'ils ne reviendraient pas à l'intérieur, et Gerald appela Ned pour qu'il apporte les manteaux. Là, sous la pluie, elle avait pris les choses en main, tout comme elle l'avait fait devant les flammes réconfortantes du pub. Alors que le policier se tenait debout derrière elle, Bodmin, avec toute la froideur professionnelle d'une femme qui a l'habitude de présider les conseils d'administration d'une clinique, fit une déclaration, afin que tout Seagate sache ce qui s'était passé. Elle donna la version officielle de l'épouvantable accident, et affirma que tout ce qui pouvait être tenté pour sauver ce garçon l'avait été. Cependant, sa voix s'altéra, et pour la première fois, Stacey et les autres l'entendirent trébucher sur les mots : ainsi, chacun put voir que, tout en étant chirurgien, Bodmin n'en était pas moins femme, et qu'elle avait un cœur.

Le policier intervint.

— Ce gosse n'était pas du coin.

— C'est affreux, murmura-t-elle, la voix étranglée.

Puis elle prit le bras de Johnny.

Stacey, toujours à l'écart, attendait en silence, espérant un signe de Johnny, un signe lui disant qu'il savait qu'elle était là. Ned apporta les trois manteaux. Gerald drapa d'un imperméable beige les épaules de Bodmin immobile.

— Merci, Gerald. J'enverrai quelqu'un prendre le bateau dans la matinée. Pour l'instant, je veux que Stacey rentre à la maison.

Mais Stacey, elle, ne voulait rien de cela : elle secouait la tête en regardant anxieusement Johnny.

— Nous y allons ?

Elle écarta de ses yeux ses cheveux humides, mais Johnny suivit Bodmin, qui avait déjà regagné sa Rolls Royce.

— Montez, Stacey, dit brièvement Bodmin. Je vais vous reconduire.

— Fais ce qu'elle te dit.

Johnny tendait la main vers Stacey, mais celle-ci saisit son imperméable, et sans se retourner, s'enfuit dans la nuit embrumée.

11

Stacey franchit la porte en coup de vent. Christy cessa d'aboyer, et bondit vers son imperméable ruisselant. Elle repoussa le chien excité, et, sans un mot pour la baby-sitter assoupie, se précipita en haut de l'escalier.

Une pâle lumière brillait dans le couloir, venant de la porte entrouverte de la chambre de Merryn-John. Pour la première fois depuis qu'elle était arrivée dans cette maison, elle poussa cette porte. La chambre chaude, minuscule sentait le caoutchouc de ses baskets. Le gosse, endormi, avait repoussé ses couvertures à coups de pied. Comme elle était trempée, elle n'osa aller jusqu'à lui et demeura sur le seuil. Lorsque son père serait là, il remonterait les couvertures sur les épaules de son fils.

Son père, songea-t-elle. Johnny. Johnny était avec Bodmin. Elle appuya son visage fiévreux contre le chambranle de la porte et contempla Merryn-John en attendant que son cœur batte moins vite. Ce petit garçon endormi était-il donc le seul être à Seagate qui ne fût pas au courant de ce qui s'était passé au *Moon and Stars* ?

Pour le moment, il dormait. Demain, ce serait dimanche, et cela voulait dire : pas d'école. Ils auraient toute la journée pour le mettre au courant. Mais Seigneur ! comment chacun d'eux pourrait-il affronter le lundi ?

Lundi, professeurs et élèves ne parleraient de rien d'autre que du *Moon and Stars*, des amis déchaînés de sa belle-mère, du motard qui avait été tué.

Si seulement elle pouvait dormir aussi bien que l'enfant...

Elle referma la porte, et revint dans le couloir. La chambre de maître, face à la mer, n'était pas aussi chaude que celle du petit garçon. Malgré ses frissons, elle ne retira pas son imperméable humide, ni le tailleur qu'elle avait acheté pour cette soirée. Elle demeura dans le noir sans allumer à regarder le pinceau du phare qui se déplaçait, légèrement brouillé, à travers la nuit. La corne de brume mugit, et Stacey passa les doigts dans ses cheveux humides.

Christy, en bas, aboya à la porte, un aboiement amical. Johnny était de retour. Maintenant, Christy jappait de bonheur. Johnny était dans la maison, et payait la baby-sitter. Il allait reconduire la jeune fille, éteindre les lumières, barricader la maison, monter l'escalier et se diriger vers la chambre de son fils en faisant craquer les lames du plancher.

Tout se passa exactement comme elle l'imaginait. Elle entendit les voix, puis la porte d'entrée se referma. Au bout d'un long moment, elle perçut des pas qui gravissaient les marches. Ils s'arrêtèrent un instant, puis firent craquer le plancher du couloir en direction de la chambre de Merryn-John. Johnny se trouvait avec son fils et remontait la couverture sur les épaules de l'enfant.

Elle attendit.

Johnny emplit le cadre de la porte. Il tendit le bras vers l'interrupteur.

— N'allume pas.

Délibérément, elle se tint loin de lui, et continua d'observer le rayon du phare qui se déplaçait à travers la pluie ténébreuse. La chambre demeura dans l'obscurité, et Johnny, s'approchant, posa les deux mains sur ses épaules.

— Donne-moi ton imperméable.

Elle se déroba pour qu'il ne voie pas ses larmes et les frissons dont elle était secouée.

— Si je t'ai appelée, c'était pour que tu montes dans la voiture. J'aurais préféré que tu ne te sauves pas...

— Je ne veux pas parler de ça.

Elle étouffa un sanglot.

— C'est pour t'attendre toi que je suis restée là sous la pluie, toi et pas elle.

— Bodmin et moi, nous avions des choses à régler avec la police.

Il la prit par les épaules et la fit pivoter sur elle-même. Elle lutta pour ne pas trembler pendant qu'il ouvrait son col.

— Nous allons te faire oublier tout ça. Je te prépare un bain chaud.

Il la débarrassa de son imperméable, mais elle eut un mouvement de recul lorsqu'il voulut déboutonner son tailleur. Elle n'avait aucune chance de lui dissimuler qu'elle tremblait, ni aucun moyen de lui cacher sa terreur, pire que la pluie glaciale — oh ! cette sensation d'être gelée jusqu'aux os dont elle ne pouvait se défaire depuis Yarmouth —, cette terreur due à la multitude de choses qu'elle ignorait de cet homme. Elle l'aimait comme elle n'avait jamais imaginé qu'elle pouvait aimer, c'était vrai. Il l'aimait, elle croyait que c'était également vrai. Oui, elle croyait cela de tout son cœur. Il était capable d'aimer, mais, elle l'avait vu, il était également capable de tuer. Elle prit une profonde aspiration, et leva son visage vers le sien. Malgré l'obscurité, il y avait assez de lumière pour que chacun voie les yeux de l'autre. Elle fut la première à rompre le silence.

— Dis-le.

— Quoi ? Que j'ai tué ce garçon ?

— Que tu as voulu le tuer.

— Mais je ne l'ai pas fait.

— Tu voulais le faire.

— Oui.

— Il est mort.

Elle le défiait, son regard planté dans le sien, et elle se jura, quoi qu'il arrive, de ne pas être la première à baisser les yeux. Elle fut surprise de la force de sa propre voix.

— Durant le reste de notre existence, il nous faudra vivre avec l'image de ce voyou étendu sur la route humide et baignant dans son sang.

— Tu as entendu ce qu'a dit Bodmin...

— Ce n'était pas un accident. Il a vu ton regard, et s'il a pris la fuite, c'est parce qu'il avait compris que tu voulais sa mort. Un stupide petit motocycliste a été tué parce qu'en réalité, c'était Andrew que tu haïssais !

Les yeux de Johnny n'avaient pas bougé : ils continuaient à regarder droit dans les siens.

— J'ai vu ce regard pour la première fois à Yarmouth, exactement le même regard, quand Michael a porté la main sur moi.

— Michael ? Je ne l'ai même pas touché.

— Tu en as eu l'intention.

— Oui.

— Et ce soir, Andrew. Tu l'aurais tué sur place si Bodmin ne t'avait pas arrêté.

— Tu ne comprends donc pas que je réagisse comme ça.

— Tu...

Elle fut secouée d'un sanglot, et cacha ses yeux dans ses mains.

— Tu me terrifies.

— Je t'aime.

Incapable de le regarder à nouveau, elle ajouta d'une voix étouffée :

— Depuis six ans que la mère de Merryn-John est partie, tu as dû connaître tant d'autres femmes !

Il demeura silencieux.

— Des femmes que les autres hommes regardent.

— Tu es la seule à qui j'ai demandé de m'épouser.

Ses yeux s'emplirent de larmes, et elle laissa ses bras l'attirer à lui. Ils respirèrent à l'unisson pendant plusieurs minutes, puis elle laissa retomber ses mains, et il lui souleva le menton pour pouvoir la regarder.

— Je t'aime. Tu le sais, n'est-ce pas ?

— Cela a été un tel cauchemar, ce soir...

Son visage chercha le sien, et soudain, elle se mit à respirer précipitamment. Ses yeux débordaient de larmes brûlantes, son visage humide était pressé contre le sien. Mais ce qu'elle avait à dire était si horrible qu'elle fut seulement capable de le chuchoter.

— D'abord Andrew. Puis ce garçon. Tout le monde à Seagate l'a vu. Oh, Johnny, j'étais si désireuse de leur plaire. Et maintenant...

Elle cacha son visage dans son cou.

— Comment puis-je continuer à vivre ici maintenant ?

— Tu ne m'as pas dit que tu m'aimais.

— Bien sûr que je t'aime ! Je t'aime du fond de mon âme !

— C'est la seule chose qui compte : toi et moi.

Elle appuya plus fort son visage humide, mais agita la tête en tous sens pour signifier que non.

— Même si nous nous aimons beaucoup, il nous faut vivre avec le monde.

— Nous n'avons besoin de personne d'autre que nous.

— Tu te trompes. Nous ne pourrons jamais vivre seuls. Et toi, tu ne pourras jamais, même dans un million d'années, quitter ce pays. D'ailleurs, je ne voudrais pas que tu le fasses.

— Nous avons Bodmin.

— Et Merryn-John.

Elle recula la tête pour regarder le jeune père.

— Je te l'ai dit : il te ressemble, et je l'aime tellement.

Pourtant, même au cours de ce débordement d'affection pour Johnny, qui la tenait dans ses bras, il y avait une chose qu'elle ne pouvait se résoudre à lui dire : combien elle était épouvantée d'avoir vu chez son fils ce même regard qui l'effrayait en lui. Au sein de leur famille, elle demeurait une intruse.

— Puis-je te dire ce que, d'après moi, tu as vu ce soir ?

Elle retint sa respiration. Avait-il deviné dans ses yeux que le regard de son fils et le sien — ne l'avait-il pas frappée à trois reprises déjà ? — l'obséderaient durant le reste de sa vie ?

— Tu as vu des choses qui t'ont probablement convaincue qu'il y avait deux êtres en moi : d'un côté, celui qui t'aime, de l'autre, un homme que tu ne comprends pas et qui, par conséquent, te fait peur.

— Tu le savais ?

— Nous ne sommes pas des gens simples, toi et moi. Il se peut qu'au Canada, en Californie ou à Londres, tu n'aies jamais rencontré personne qui ait choisi de vivre comme je le fais, dans cette maison dominant la baie... la mer, là-bas... et sans un regard pour le monde d'où tu viens.

— J'ai choisi cela aussi. Et je veux le vivre avec toi.

— Moi aussi, j'ai encore beaucoup de choses à apprendre sur toi.

— Nous avons toute la vie pour cela.

— C'est ce soir que nous devons les éclaircir.

— Écoute, je vais te dire. Quand nous étions en route pour ici, venant de Yarmouth, tu m'as montré Budleigh Salterton, l'endroit où est né Walter Raleigh. Je ne connais pas grand-chose de lui, mais je crois savoir ce que tu as voulu me faire comprendre : n'est-ce pas le genre d'homme que tu aurais aimé être, n'est-ce pas dans un monde comme le sien que tu aurais aimé vivre ?

Il acquiesça.

— Très astucieux, mon amour. Mais ce que je sais aussi, c'est que le monde d'aujourd'hui n'a pas de place pour un Walter Raleigh, ni pour ceux de mes ancêtres qui ont bourlingué avec lui. Alors, que faire ? Du diable si je suis un Londonien de Sloane Square, dans son costume bien ajusté, ou un punk avec des cheveux bleus et du cuir noir. Non, et je ne suis pas davantage un Californien gavé de vin blanc et féru de psychologie, essayant de toutes ses forces de ne pas vieillir. Vous avez épousé un anachronisme, Mrs Haines. Aujourd'hui, les hommes fabriquent des jets pour tourner autour de la terre et des fusées pour aller dans la lune, moi, je construis des navires de bois. Je préfère Shakespeare et John Donne à n'importe qui d'autre sur la liste des best-sellers, et la seule musique qui me plaît est celle des madrigaux, même si je fais une exception pour le rock, qui me va pour danser. Et j'aimerais mieux être en mer, mon bras autour de tes épaules, que parler ici avec toi de ce salaud d'Andrew.

— Nous avons assez parlé d'Andrew.

— Pas tout à fait. Andrew voulait ma peau. S'il avait été à la hauteur de la plupart des hommes que Merryn-John t'a montrés en portrait, il aurait peut-être eu les couilles de me planter une épée dans le cœur parce que je t'avais enlevée à lui. Mais de nos jours, ce n'est pas ainsi qu'on règle ses comptes. Les Andrew de notre brillant nouveau monde ne se risquent à rien qui soit franc, propre et dangereux. Ils viennent ici chez moi faire leur coup d'éclat et m'humilier, puis ils fichent le camp en toute impunité, sachant qu'à l'époque où nous vivons, la partie offensée ou bien appelle la police qui ne leur fera rien, ou bien essaie de les poursuivre en diffamation, ce qui prend des années et ne donne en général aucun résultat.

— Père ?

Une voix ensommeillée se faisait entendre à la porte de la chambre.

— Regarde qui nous avons éveillé.

Stacey s'agenouilla devant l'enfant.

— Je vais le remettre au lit. Ensuite, nous prendrons un bain chaud.

Johnny secoua la tête.

— Il faut que je retourne à la police : des papiers à remplir.

La chaleur de son étreinte avait disparu. Stacey se sentit glacée.

— Cela ne peut pas attendre demain matin ?

— C'est pour ça que Bodmin voulait te ramener à la maison. De cette façon, elle aurait pu me conduire là-bas, pour qu'on en finisse.

— Je vais avec toi.

— Reste avec le petit.

Merryn-John, debout devant eux, se frottait les yeux et reniflait ses larmes.

— Stacey et toi, vous parliez tellement fort.

Johnny se pencha pour prendre le garçonnet dans ses bras. Il le souleva à la hauteur de Stacey.

— Embrasse Stacey. Elle reste là.

Merryn-John était trop embrouillé de sommeil : tout ce qu'il se trouva capable de faire, ce fut de laisser retomber lourdement son bras, que Stacey embrassa. Et Johnny, à son tour, posa un baiser sur ses cheveux. Ce baiser était si doux et si plein d'amour... Était-ce vraiment le même homme qui, à trois reprises déjà, avait de ce regard furieux stoppé le battement de son cœur ? Non, cet homme-là avait disparu. Et ce regard qui l'obsédait et la faisait trembler de peur, elle crut presque qu'elle l'avait inventé. Elle vit Johnny, portant son fils, baisser la tête pour franchir la porte. Ses pas firent craquer le plancher du couloir.

12

Stacey reposait seule dans leur lit. Toute la nuit, attendant que Johnny revienne de la police, elle avait contemplé le plafond et compté chaque passage du faisceau du phare. Elle se leva avant l'aube, et se mit à la fenêtre, grelottant de froid et observant le soleil qui se levait et dorait la mer.

Parce que c'était dimanche et qu'il était encore tôt, elle fut surprise d'entendre le gémissement de la scie qui s'élevait du chantier. Elle mit ses vêtements, jeta un coup d'œil au garçonnet endormi dans sa chambre, et se hâtant de descendre, traversa la cuisine et sortit par la porte de derrière.

Chambers et son visage congestionné avaient mal supporté les beuveries de la nuit précédente : se déplaçant prudemment sous le poids de planches fraîchement sciées, ce fut à peine s'il lui dit bonjour de la tête. Richard ne leva pas les yeux de la scie qui attaquait le teck avec un bruit aigu. Devant l'établi, à l'autre bout du hangar, Johnny travaillait avec Bodmin sur le modèle réduit. Dès qu'il la vit, il lui fit un geste de la main, quitta aussitôt sa sœur, et prit Stacey dans ses bras en lui donnant un baiser.

— Désolé pour cette nuit. À la police, cela a pris plus de temps que je ne m'y attendais, et je n'ai pas voulu te réveiller par un coup de téléphone.

— Comme si j'avais dormi !...

Vêtue d'un gros col roulé avec un foulard et d'un pantalon de laine grise, Bodmin effleura de la sienne la joue de Stacey.

— Depuis que j'ai insisté pour qu'on travaille le dimanche, je crains de ne plus être très populaire.

Elle passa son bras sous celui de Stacey.

— Venez. Laissons-les à leurs affaires.

Bodmin, comme toujours, était parfaitement maîtresse d'elle-même, et Stacey devina que si elle avait fait pression pour qu'on travaille à son sloop le dimanche, c'était pour montrer au monde qu'en dépit du désastre de la nuit précédente au *Moon and Stars*, la vie continuait. D'aussi loin que Bodmin pouvait les régenter, les occupations de Seagate n'avaient en rien changé. Bras dessus bras dessous avec sa belle-sœur, Stacey s'aperçut que c'était la première fois qu'elles se trouvaient seules ensemble, et elle accepta docilement de se laisser conduire jusqu'au débarcadère de pierre. Le soleil faisait scintiller l'eau, les mouettes plongeaient et piaillaient. Christy les attendait en remuant la queue. Stacey proposa du café, mais Bodmin répondit qu'elle n'avait pas le temps. Pourtant, elle n'esquissa pas le moindre mouvement pour partir. Il était évident qu'elle avait quelque chose d'important à dire.

Ce fut Stacey qui parla la première.

— La police sait-elle qui était ce garçon ?

— Elle l'a identifié. L'affaire est close.

— J'ai beaucoup de peine pour ses parents.

Ce n'était pas pour parler du motard que Bodmin avait éloigné Stacey de Johnny. La cause de sa mort était établie : un accident, et l'affaire classée : elle appartenait au passé.

— Bodmin, avant que vous disiez quoi que ce soit — et sans vouloir me montrer déloyale envers Johnny, je veux votre avis sur ce que nous avons vu toutes les deux hier soir : ce regard de Johnny. Je n'ai pas besoin de vous dire ce que nous savons, vous et moi : si vous ne l'aviez pas arrêté, Johnny aurait tué Andrew.

La dernière chose à laquelle Stacey s'attendait de la part de Bodmin, c'était à un sourire.

— Vous êtes sûre que ce n'est pas votre habitude de dramatiser, votre habitude d'actrice, qui vous fait parler ainsi ?

— J'ai déjà vu ce regard à Yarmouth, quand le metteur en scène de ce film publicitaire me serrait de près. Et vous, vous l'avez vu avec Andrew. Tout le monde l'a vu. Et tout le monde l'a vu de nouveau quand il a couru après le motard.

— Hier, c'est le passé. Quant à Yarmouth, je ne peux pas en parler, mais si Johnny a senti que vous aviez besoin d'être défendue...

— Je me défends très bien toute seule. Et c'est de ce qui lui est arrivé à lui que je parle. Je suis dans le vrai, Bodmin : à Yarmouth, il voulait tuer le metteur en scène.

— L'a-t-il fait ? demanda Bodmin d'une voix aiguë.

— Non.

— Bien entendu. Il sait se dominer.

Bodmin, abritant adroitement la flamme de son briquet en or contre le vent, alluma une cigarette. Elle ajouta :

— Ne croyez pas, si ce que vous affirmez au sujet de sa réaction d'hier soir est vrai — et je ne dis pas que ça le soit — que j'aurais pu l'arrêter. Johnny s'est arrêté de lui-même.

— Pas avec le motard.

— L'affaire est classée. Le motard, c'était un accident.

Elle aspira la fumée : elle ne s'attendait pas à être contredite.

— J'ai vu ce regard à trois reprises. Et c'est affreux de le dire, mais je l'ai vu aussi chez Merryn-John.

— Vous et moi, Stacey, pourrions continuer longtemps nos spéculations, vous du point de vue de l'actrice qui voit du drame partout, moi de celui d'une scientifique qui ne retient que les faits. Quoi qu'il soit arrivé, cela fait partie du passé. Ce dont nous avons à parler, vous et moi, c'est du présent.

— Bodmin, je vous assure que je ne me trompe pas, à propos de Merryn-John. Je l'ai vu.

— Andrew vous a-t-il téléphoné ?

— Pourquoi me téléphonerait-il ?

— Pourquoi est-il venu à la réception ?

— Vous savez parfaitement que je ne lui ai pas demandé.

— Inutile de vous en défendre, je vous crois. Il aura sans doute entendu parler du mariage par ces gens de cinéma, ceux qui étaient avec vous à Yarmouth. Quelques coups de fil à droite et à gauche, et le voilà au courant de la soirée. Mais comme je vous l'ai dit, cela n'a plus d'importance. Ce qui compte, c'est ce qu'il fait maintenant. Vous a-t-il téléphoné aujourd'hui ?

— Non.

— Alors, espérons qu'il ne prépare pas quelque nouvelle incongruité. Plus tôt nous laisserons derrière nous les événements d'hier soir et plus vite nous reprendrons la vie comme elle était, mieux ce sera.

Bodmin s'interrompit, et sourit de nouveau. Stacey, presque aussitôt, l'imita ; Merryn-John venait d'apparaître en haut des marches, berçant son canard et leur faisant bonjour de la main. Bodmin répondit à son geste.

— Vous avez dit au petit ce qui s'était passé ?

— Pas encore, répondit Stacey. Il vient seulement de se lever.

— Parfait.

Cela signifiait que Bodmin s'en chargerait.

— Je redoute ce qu'il va entendre à l'école.

Stacey savait que ce qu'elle allait énoncer maintenant était une pierre dans le jardin de Bodmin. Elle le dit néanmoins.

— Je crois que c'est son père qui doit tout lui raconter.

— Merryn-John est un garçon extrêmement intelligent. Il comprend que cette école, où il va pour l'instant, n'a pas d'importance. Je lui expliquerai ce qui est arrivé.

Bodmin abandonna Stacey, et gravissant l'escalier, elle demanda :

— Alors, comment va notre malade ? Je monte l'examiner.

Quant au reste de ce dimanche, ce ne fut pas le supplice redouté par Stacey. En dehors de la famille de Johnny, et à part Chambers et Richard, elle différa simplement toute rencontre avec un quelconque habitant de Seagate. Voilà pour la matinée. Et l'après-midi, elle le passa en mer à bord du yawl. Johnny la serrait dans ses bras, et Merryn-John était à la barre. Il faisait une journée ensoleillée, mais glaciale. Ils croisèrent au large du phare, et Merryn-John leur montra du bras la Barre du Trépassé, où l'épave échouée d'un chalutier, malmenée par les vagues, craquait et gémissait.

Lorsqu'ils furent de retour, Johnny téléphona à Bodmin, et alors que Stacey contemplait, de l'autre côté de la baie, les lumières de Sealanes, il réclama leur rituel du dimanche soir. Ils dînèrent tous trois, face à la cheminée, de quelques boîtes de poulet en conserve achetées dans la grand-rue, et après que Merryn-John fut allé se coucher, Johnny et Stacey firent l'amour devant le feu, puis de nouveau dans leur chambre.

Le dimanche s'était écoulé. Le samedi soir, au *Moon and Stars*, n'était plus qu'un jour derrière eux, un jour qui s'enfonçait dans le passé.

13

Le lundi matin, il se mit à pleuvoir. Johnny avala son café et quitta la maison avant le breakfast, pour une partie de squash avec Bodmin. Deux heures plus tard, Stacey jeta son imperméable sur sa tête et parcourut avec Merryn-John une partie du chemin jusqu'à la route. Quand le bus se montra, elle fit demi-tour. Elle s'aperçut alors qu'il ne l'avait pas embrassée en partant, et lorsqu'elle entendit la porte du bus se refermer en chuintant, son cœur se serra. Bodmin avait communiqué à l'enfant la version officielle — sa version à elle — de ce qui s'était passé le samedi soir. Cela ne lui serait d'un grand secours ni dans le bus ni à l'école, et Stacey frémit en songeant à tout ce qu'il allait entendre.

Elle se faisait chauffer une nouvelle tasse de café lorsque Christy vint frotter son museau contre elle. Ses pleurnichements firent paraître la petite maison moins vide et moins sombre. Stacey écouta la pluie sur le toit, puis décida finalement, étant donné que la cuisine avait été nettoyée la semaine précédente, de s'attaquer à la salle de séjour. Elle se mit aussitôt à l'ouvrage. Il n'était même pas 8 heures qu'elle avait déjà déplacé tous les meubles, à la force des poignets, jusqu'au centre de la pièce, et roulé les tapis.

À Londres, à moins de devoir se trouver sur le plateau pour un tournage, elle ne serait pas sortie de son lit avant deux bonnes heures. Elle poussa un canapé contre le mur, et comprit que ce travail acharné n'était qu'une excuse pour rester à la maison et éviter les habitants de Seagate. Ne devait-elle pas, cependant, faire face au village ? Allons, se dit-elle, il s'agissait seulement de se calmer les nerfs, et quand elle se montrerait dans la grand-rue, ce serait avec Johnny à son côté.

Elle se trouvait à quatre pattes, en train de passer la paille de fer, lorsque le téléphone sonna dans la cuisine. Elle hésita à répondre : elle était sûre que c'était l'école de Merryn-John. On l'appelait pour l'informer que le garçon avait fait quelque chose de terrible. En fait, c'était un coup de fil de Londres, un coup de fil de Larry Stein, l'imprésario d'Andrew. L'homme, hors de lui, hurlait qu'une équipe attendait Andrew dans une aile du Tate Museum pour photographier un défilé de mode. L'avait-elle vu ?

Stacey écouta les propos de l'imprésario avec un sang-froid qu'elle ne ressentait pas. Toujours plus actrice, elle lui dit sans ambages qu'elle ne voulait jamais revoir son client.

— Stace, il ne se trouve nulle part à Londres, et personne ne l'a vu depuis votre soirée de samedi.

Elle garda un calme imperturbable, et répondit à l'imprésario qu'on était seulement lundi. De plus, pourquoi s'en faire à propos d'Andrew ? Larry n'avait qu'à s'adresser à la bande de petits fumiers qui l'avaient accompagné jusqu'ici.

C'était bien ce que Larry avait fait, mais tout ce qu'il avait appris, c'était qu'Andrew ayant trop bu, ils l'avaient convaincu de rester à Seagate et de ne pas rentrer en voiture sous la pluie.

— Stacey, il était dans une auberge, quelque part par là. Vous devez savoir où.

Non seulement elle ne le savait pas, mais elle dit également à l'imprésario qu'elle ne voulait plus jamais entendre prononcer le nom d'Andrew Norton. Puis elle raccrocha violemment, et se remit à genoux pour frotter le parquet.

À l'heure du déjeuner, elle descendit un sandwich et une assiette de potage à Johnny, puis se hâta de reprendre ses travaux. En fin d'après-midi, elle prépara un chocolat chaud pour le moment où Christy aboierait et où elle entendrait le bus s'arrêter. Elle accueillit Merryn-John à la porte, et lui ôta sa veste mouillée.

— Comment ça s'est passé, à l'école ?

— Très bien.

Jamais elle ne l'avait vu plus préoccupé, ni davantage sur ses gardes. Elle s'assit à la table de la cuisine, en face de lui, et quand il repoussa son chocolat sans rien dire, elle se sentit le cœur brisé. Mais elle s'était juré de ne pas être une belle-mère indiscrète, et de ne rien lui demander qu'il n'eût envie de dire. Après un silence de plusieurs longues minutes, elle se leva, alla à la fenêtre, et regarda la mer grise sous la pluie. Elle s'efforça d'être naturelle. Une fois de plus, elle se trouvait obligée de jouer la comédie.

— Je devine qu'à l'école certains élèves ont dû te parler de ce qui est arrivé samedi soir.

Il laissa définitivement son chocolat, et quitta la cuisine suivi de Christy. Puis le téléphone sonna. C'était Londres, de nouveau, et cette fois, la secrétaire de Larry Stein. Au Tate Museum, on avait vainement attendu Andrew, et l'agence de pub qui finançait les photos menaçait de couper les couilles de Larry sur-le-champ, dans son bureau de Beauchamp Place. L'hystérie de cette femme, s'ajoutant à la disparition d'Andrew, emplit Stacey de dégoût pour ce monde stupide, frénétique, faiseur d'histoires, ce monde soi-disant à la page qu'elle avait laissé derrière elle. Et puis après, même si Andrew avait *réellement* disparu : qu'il aille au diable.

Au dîner, Stacey et Johnny observèrent Merryn-John pendant qu'il mangeait sans appétit sa côtelette d'agneau et ses petits pois. Puis il demanda à quitter la table. Ils ne dirent pas un mot avant d'entendre le ronron de la télévision dans sa chambre.

Stacey, qui n'avait pas plus d'appétit que l'enfant, se leva à son tour, et alla porter son assiette dans le bac de l'évier.

— Est-ce que tu ne ferais pas mieux d'aller parler à ton fils ?

— Il sait que c'était un accident.

— C'est ce que Bodmin et toi vous lui avez dit ?

— C'est la vérité.

Elle revint à la table.

— Il y a de fortes chances pour que les autres enfants et peut-être ses professeurs lui aient dit tout autre chose.

Johnny repoussa sa chaise, et Stacey se retrouva seule.

Le mardi, elle encaustiquait le plancher du vestibule lorsque Larry Stein appela de nouveau. Cette fois, il ne se montra pas le moins du monde incohérent. Andrew avait un vernissage de ses photographies ce soir-là dans une galerie de Bruton Street.

— Il faut absolument qu'il vienne, Stacey ! Tout Londres sera là. On m'a promis trois membres de la famille royale.

Elle se raidit à l'horrible pensée qui venait de germer dans son esprit.

— Mon Dieu, Larry, il n'expose pas, au moins, ces photos qu'il a faites de moi il y a trois ans ?

— Elles sont super. Absolument merveilleuses !

— Larry, je vous en supplie, rendez-moi un service, retirez-les.

— Vous ne m'avez pas beaucoup aidé, Stace.

— La vérité, c'est qu'honnêtement, je n'ai pas la moindre idée de l'endroit où il peut se trouver.

— Informez-vous auprès des hôpitaux de la région. Téléphonez à la police, et tâchez au moins de savoir si une Mercedes gris métallisé décapotable n'est pas en train de rouiller quelque part au fond d'un fossé. Vous pouvez tout de même faire ça, non ?

Après avoir raccroché, elle songea aux photos de nus qu'Andrew avait prises d'elle. C'était de l'art, elle le savait. Mais ici, à Seagate, quelqu'un le comprendrait-il ?

Elle ne téléphona pas à l'hôpital le plus proche ; c'était la clinique de Bodmin. Comment aurait-elle pu demander au téléphone avec son accent canadien immédiatement reconnaissable, cet accent qui aurait trahi immanquablement Stacey Haines — si son ex-amant, cause du scandale au *Moon and Stars*, se trouvait là ? Appeler la police posait le même problème.

À qui, dès lors, demander de l'aide ? À Johnny ? Johnny était l'homme qu'elle aimait plus que tout au monde. Il était son univers, sa vie, mais c'était aussi la dernière personne à qui elle aurait osé confesser le moindre soupçon d'intérêt pour Andrew. Elle jura et se dit que puisqu'ils s'aimaient, elle *devait* se montrer capable de parler à Johnny de n'importe quoi. Alors pourquoi, à la pensée de lui demander s'il savait par hasard où se trouvait son ancien amant, pourquoi se sentait-elle frémir et pourquoi se repliait-elle sur elle-même ? Bodmin ? Interroger Bodmin était hors de question. Il n'y avait qu'une personne à qui elle pouvait s'adresser. Daniel ! Cher Daniel ! Elle pouvait tout dire à Daniel, lui demander n'importe quoi, mais il se trouvait à New York, en voyage d'affaires et ne rentrerait pas à Londres avant mercredi soir. Il ne serait pas en mesure de lui parler avant jeudi, et cela faisait deux jours de plus à attendre.

Stacey revint en traînaillant dans le vestibule qui sentait violemment la cire : elle était atterrée de constater combien elle avait peu d'amis maintenant qu'elle était retirée du monde. Tout la ramenait à Daniel. Son ex-agent était le seul à qui elle pouvait avouer que la disparition d'Andrew la faisait trembler chaque fois qu'elle y songeait.

Elle écarta Christy de son chemin, et se mit à passer le chiffon à cire sur le parquet. Ridicule, se dit-elle. Il n'y avait aucun souci à se faire pour Andrew. Il lui était déjà arrivé de ne plus donner signe de vie, et ces « disparitions » avaient toujours une explication parfaitement logique.

— Tu vas voir, dit-elle à Christy, avant que Daniel soit de retour jeudi, Andrew aura refait surface.

Vers le milieu de la matinée, elle avait utilisé toute la cire à parquet. Il lui fallait encore un bidon pour terminer le vestibule. Elle s'assit sur le sol et repoussa ses cheveux du revers de la main : au fond, rien n'était plus simple qu'aller à pied ou en voiture jusqu'au village, entrer chez Tesco, et faire l'emplette d'un bidon de cire. À cette pensée, elle secoua la tête. Sa gorge se serra, et ses mains devinrent toutes moites. On était mardi. Trois jours s'étaient écoulés depuis cette soirée du samedi au *Moon and Stars*, et elle n'avait pas encore mis les pieds au village. Elle se reprocha sa lâcheté. Allait-elle passer le reste de sa vie à se terrer ainsi chez elle et à se cacher de Seagate ? Non, cela, elle ne le voulait pas. Elle se rendrait au village. Demain. Demain, elle l'affronterait. Mais aujourd'hui... Eh bien, aujourd'hui, elle irait acheter cette sacrée cire à 25 kilomètres de là, dans une ville où nul ne la connaissait. Oui, il fallait absolument qu'elle sorte et qu'elle aille faire un tour en voiture.

Après s'être peignée, elle enfila son imperméable, et se mit à courir dans le jour brumeux. Christy gambadait à son côté, et ne semblait pas se soucier qu'elle fût lâche ou non. Elle fit tinter les clés de la voiture, et pria le ciel pour que le moteur de la Jaguar veuille bien se mettre à tourner. Mais lorsqu'elle tendit la main vers la portière de la voiture, ses gestes se ralentirent progressivement. Quelque chose de rouge luisait en flaques sur la chaussée, quelque chose qui avait coulé de la porte du conducteur. Elle n'eut pas besoin de la clé — la voiture n'était pas fermée —, mais elle dut s'y reprendre à trois fois pour saisir la poignée, la tourner et ouvrir doucement. Ce qu'elle vit rouler sur le sol depuis le siège du conducteur, dans un bruit creux et métallique, la stupéfia. Portant les mains à sa bouche, elle étouffa un cri d'horreur. Tremblant comme une feuille, elle voyait à ses pieds le casque défoncé et brisé du motard, son casque tout rutilant de sang frais. Quelqu'un avait ramassé au bord de la route le casque du voyou mortellement blessé. Le sang s'était infiltré par une ouverture, à travers la peau de lapin déchirée qui le rembourrait intérieurement. Le siège avant de la voiture, d'où il avait roulé, n'était qu'une mare de sang.

Le mercredi matin, à 9 heures et quart, Gerald appela du pub pour lui parler de la Mercedes gris métallisé d'Andrew. Il commença par se montrer plus cachottier qu'un amoureux chuchotant un rendez-vous clandestin. Avant de s'expliquer, il s'assura que Johnny était en bas, au chantier.

— Je devrais peut-être attendre d'en parler à Johnny, mais Norton était votre ami, et ses copains de Londres m'ont téléphoné pour me demander si samedi soir il avait pris une chambre chez moi. Naturellement, j'ai dit à ces jean-foutre qu'il était sorti de chez moi en courant et que je ne voulais plus revoir sa tête. Mais je viens d'avoir un coup de fil d'un de mes amis, le patron du *Druide*, à trois miles d'ici. On dirait qu'ils lui ont téléphoné aussi, et il a réalisé que la Mercedes qui a séjourné dimanche sur son parking appartenait à Norton. Il semble que Norton soit descendu chez lui samedi soir et qu'il ait payé la chambre d'avance en disant qu'il partirait tôt le dimanche matin, pour rentrer à Londres. Personne ne l'a vu quitter l'hôtel, et il n'a rien laissé dans sa chambre.

Stacey ne répondit pas.

Est-ce qu'elle comprenait ? Norton avait disparu — Gerald était abasourdi — mais sa voiture était toujours là. Et elle était restée là toute la journée du dimanche !

Cette fois, Stacey avait compris. Et cela signifiait qu'elle devait faire encore plus d'efforts pour garder son sang-froid. Ses pires craintes concernant la disparition d'Andrew commençaient à être fondées, oui, elle avait parfaitement compris ce que Gerald — un Gerald agité, chagrin, éperdu et plutôt stupide, avec son visage violacé et ses yeux bleus limpides — essayait de lui dire, à sa façon maladroite : il croyait que Johnny avait tué Andrew.

Stacey se mit à rire. Gerald devinerait-il qu'elle jouait la comédie ?

— D'après vous, il s'agirait d'Andrew. (Elle prit un ton désinvolte.) Il a probablement changé d'avis, laissé sa voiture, et il est rentré avec les autres.

— Non. Personne ne l'a vu à Londres.

— Vous verrez. Il va revenir la chercher.

— La voiture n'est plus là !

Elle sentit que la vie la quittait. Elle ferma les yeux, et prit une longue et profonde aspiration en espérant avoir l'air convaincante.

— Alors, c'est qu'il l'a déjà reprise.

— Ils ne vous ont pas téléphoné ? Ses amis ? Ils ne vous ont pas dit qu'Andrew avait disparu ? Il n'est pas rentré à Londres.

— Gerald, pardonnez-moi, mais je dois vous dire que je me fiche éperdument d'Andrew.

Après un instant de flottement, Gerald renonça.

— Vaudrait mieux que vous ne disiez pas à Johnny que nous avons eu cette conversation. Bien entendu, vous êtes sa femme, mais... En tout cas, ne lui dites pas que je vous ai appelée le premier, d'accord ?

Stacey raccrocha. Foudroyée, elle se laissa glisser jusqu'au plancher de la cuisine, où elle demeura assise, le dos appuyé au mur. La pluie tambourinait sur le toit. Elle cacha ses yeux brûlants sous ses doigts glacés.

Elle avait donné le change à Gerald, et elle n'avait aucune raison de soupçonner qu'il ne l'eût pas crue. Maintenant, son imagination galopait. Si Andrew ne donnait pas de ses nouvelles, c'est qu'il était mort. On l'avait tué. Mais quand ? Il était vivant lorsqu'il avait quitté le *Moon and Stars* en courant. Johnny et elle-même étaient demeurés au pub jusqu'à l'accident du motard. Elle était rentrée seule, mais Johnny avait laissé Bodmin dans la Rolls et était arrivé aussitôt après elle. Il était resté avec elle, dans la maison. Ah ! non, c'est vrai, Johnny l'avait quittée pour retourner à la police. Et il n'était pas rentré de la nuit.

Elle entendit un grincement de freins du côté de l'abri pour voitures, et sans se lever du plancher où elle était assise, elle vit Gerald qui passait devant la fenêtre en se hâtant et descendait l'escalier de pierre menant au chantier.

Au déjeuner, Stacey ne put faire que semblant de manger : elle attendait que Johnny lui rapporte sa conversation avec Gerald, conversation dont elle était censée ignorer la teneur. Mais Johnny ne dit rien ni de Gerald ni de la voiture d'Andrew. Elle évita de croiser son regard : le sien aurait trahi son inquiétude et son désarroi. Pourquoi ne lui en parlait-il pas ? Après tout, n'était-elle pas, elle aussi, concernée par Andrew ?

Le dîner avec Merryn-John se passa presque en silence, et lorsque la vaisselle fut achevée, Johnny aida Stacey à remettre le mobilier en place sur le parquet ciré du séjour. C'était le moment idéal pour lui parler, mais Johnny ne souffla mot ni d'Andrew ni de la voiture.

Avant d'aller se coucher, ils prirent un scotch devant le feu, et Johnny attira sa femme contre lui. Elle fut alors absolument certaine d'une chose : c'était enfin l'instant où il allait lui parler d'Andrew. Mais il n'en fit rien. Il évoqua seulement un déplacement qu'il projetait pour le lendemain, jeudi, une journée entière à Plymouth dans les chantiers navals et chez les fournisseurs de bateaux. Voulait-elle l'accompagner ? Elle pourrait faire quelques courses, et ils déjeuneraient ensemble quelque part sur le vieux port.

Le lendemain, Daniel serait de retour à Londres, mais elle n'en dit rien à Johnny. Cette idée d'aller à Plymouth était très séduisante, mais elle allait au contraire profiter de son absence pour faire un saut à Londres par le train : elle pourrait ainsi liquider son compte en banque, prendre son courrier, emporter ses affaires dans un sac, et dire à l'agent immobilier qu'elle quittait son ancien appartement.

Cette nuit-là, ils firent l'amour. Les caresses de Johnny parvinrent presque à effacer le souvenir de ce samedi soir cauchemardesque, des quatre jours épouvantables qu'elle venait de passer et des terrifiantes confidences de Gerald. Johnny promena ses lèvres tout le long du corps de Stacey, elle répondit à sa passion, et leurs ardeurs confondues eurent raison du froid.

Mais maintenant qu'ils avaient fait l'amour, Stacey, couchée sur le dos, regardait le pinceau du phare balayer le plafond et à chaque passage de la lumière, elle retrouvait toutes ses cruelles pensées. Elle aimait Johnny de tout son être. Et il l'aimait lui aussi. Alors, pourquoi, *pourquoi* ce silence ? Maintenant que leur respiration s'élevait et retombait à l'unisson, pourquoi ne lui parlait-il pas de la voiture, et d'Andrew ?

Une pensée la hantait plus que toute autre. En avait-il parlé à Bodmin ? Elle voyait bien qu'elle ne pourrait jamais partager l'intimité du frère et de la sœur. Bodmin était toute la famille de Johnny, tout ce qu'il possédait, ainsi que son fils. L'aînée des deux femmes savait sur lui des choses que Stacey ne connaîtrait jamais. Avait-il parlé à Bodmin de la voiture et d'Andrew ? Elle était sûre que oui, et cette idée la glaçait.

Le souffle régulier de Johnny lui apprit qu'il dormait. Quelle que fût la vérité, elle ne l'empêchait pas de vivre.

Stacey refoula ses larmes. Éveillée comme en plein jour, luttant contre une angoisse qui ne cessa de s'amplifier tout au long de la nuit, elle se retrouva baignée de sueur froide. Jusqu'à ce jour, elle avait été seule à faire front. L'unique personne sur laquelle elle pouvait compter se trouvait jusqu'ici à New York, mais maintenant, à cette heure de la nuit, elle devait être de retour à Londres. Si elle se levait, quittant le lit où reposait Johnny, pour téléphoner à Daniel, si elle demandait à celui-ci de le voir dès le lendemain, le secret sortirait du cercle de famille.

14

À travers la pluie glacée de novembre, elle courut jusqu'à Bruton Street. Sur la vitrine de la galerie, on lisait en gros caractères : ANDREW NORTON, PHOTOGRAPHIES RÉCENTES. Redoutant ce qu'elle allait voir, elle poussa la porte vitrée et entra dans une pièce silencieuse, à la moquette grise, avec des panneaux de laque noire et des richardies d'Afrique sur un bureau. Derrière ce bureau se tenait une Orientale à peu près de son âge, qui se leva dans un bruissement de son chrongsam noir et lustré. Il n'y avait pas de photographies à la réception, mais au regard de l'hôtesse, Stacey comprit que celle-ci l'avait reconnue. D'après les clichés d'Andrew.

Où se trouvaient-ils ? Quels étaient ceux qu'il avait utilisés ?

Stacey salua la femme d'un signe de tête, puis, avec une désinvolture soigneusement étudiée, elle se risqua dans la première salle. NORTON : le nom en lettres de 60 centimètres de haut formait une frise sur chaque mur, au-dessus de photographies qu'elle reconnut pour avoir vu naguère des planches de contact et des épreuves. Ici, où elles étaient agrandies en posters de la hauteur du mur, on était frappé par la sévérité du noir et blanc. Stacey continua par la deuxième salle, et lorsqu'elle constata qu'il n'y avait pas non plus de photos d'elle, elle poussa un soupir de soulagement. L'hôtesse orientale la suivait sans bruit, et Stacey fit appel à toute son expérience de comédienne pour affecter une parfaite nonchalance lorsqu'elle passa dans la troisième salle. Elle réprima alors un sursaut : en face d'elle se trouvait ce qu'elle redoutait par-dessus tout. Elle était là, absolument nue, et si démesurément agrandie que chaque extrémité de ses seins avait 15 centimètres de diamètre. Ses poils avaient été pris avec un zoom tellement appuyé qu'on pouvait les compter tous.

Elle était consciente de ce que l'hôtesse, sur ses talons, ne perdait pas une seule de ses réactions, et elle fit tous ses efforts pour ne pas laisser voir la bouffée de chaleur que lui avait value ce premier choc. Elle se voyait toute nue dans les yeux des gens de Seagate. Elle pourrait toujours essayer d'expliquer à Johnny et à ceux du village qu'il s'agissait d'une exposition, qu'il était uniquement question d'art. Et c'était vrai : cette superbe étude de nu en noir et blanc n'avait rien de pornographique, mais, en dehors de quelques critiques eunuques et sans inspiration, et de la foule des visiteurs indifférents, qui pourrait amener son mari et les amis de son mari à faire la distinction entre un nu artistique et une femme dévêtue ?

Il lui fallut tout son courage pour gagner les autres salles. Elle s'attendait à y trouver d'autres clichés d'elle-même qu'Andrew considérait, elle le savait, comme ses chefs-d'œuvre. Mais il n'y en avait aucun. L'hôtesse ne manqua pas de relever son regard surpris.

— Il y avait d'autres photos de vous. (La voix était aussi feutrée et aussi distinguée que le reste de la galerie.) Mr Norton ne vous a sans doute pas dit ce qui s'était passé ?

— Je ne lui ai pas parlé depuis bien avant le vernissage.

— Nous non plus. Et bien entendu, il n'y assistait pas.

Elle ajouta, impassible :

— Nous avons beaucoup regretté, pour les photographies. Naturellement, nous avons dû les retirer et réaccrocher ces deux salles.

— Mais enfin, que s'est-il passé ?

La femme avait déjà quitté la pièce, et Stacey la suivit à son bureau. Elle questionna, mais d'une voix trop forte, car elle cherchait à dissimuler sa confusion et son effarement :

— Vous les avez toujours ici ?

— La galerie les a renvoyées à l'agent de Mr Norton.

Tandis que le bus de la ligne numéro 11, en remontant dans son passé, la trimbalait jusqu'à King's Road, elle éprouvait le sentiment grandissant, insurmontable, que lorsqu'elle ouvrirait la porte de son ancien appartement, Andrew serait là. Elle descendit du bus, et en passant devant le *Markham*, qui venait d'ouvrir c'était le pub où ils allaient jadis —, elle se demanda s'il ne serait pas plus sage de lui téléphoncr d'abord, pour lui annoncer son arrivée. Elle rejeta cette idée. Après tout, cet appartement avait été d'abord le sien. Elle traversa le square jonché de feuilles mortes et se servit de la première de ses deux clés pour ouvrir la porte d'entrée d'un immeuble de six appartements. Elle monta les trois étages. À chaque marche, elle était de plus en plus sûre qu'il serait là. Andrew. Fini le mystère. Elle était tellement convaincue de le trouver que, tout en introduisant la seconde clé dans la serrure de la porte, elle préparait déjà une scène d'adieux.

Qu'est-ce qui l'arrêta ?

Un instinct, une force inhabituelle parurent la retenir, lui dire de ne pas tourner la clé et de ne pas franchir la porte de leur ancien appartement. De laisser là les souvenirs de sa vie commune avec Andrew.

Elle frappa. Comme on ne répondait pas, et comme elle n'entendait aucun bruit à l'intérieur, elle regarda pensivement la porte, puis la clé, dans sa main. Elle frappa une nouvelle fois, et appuya son oreille contre la porte.

— Andrew ?

Ce qu'elle avait projeté à Seagate, c'était de fouiller le côté du bureau qui appartenait à Andrew : peut-être trouverait-elle dans ses dossiers, ou dans son carnet d'adresses, une piste que les autres, ceux qui le cherchaient, pouvaient avoir négligée. Oui, elle allait faire cela, puis elle téléphonerait à son agent et rassemblerait ses affaires pour les emporter à Seagate.

— Andrew ?

Mais pourquoi restait-elle là, les yeux fixés sur cette porte ? Heureusement, Bodmin ne pouvait pas la voir. Elle se dit que ces hésitations étaient complètement absurdes. Elle carra ses épaules, décidée à se comporter en tout comme sa belle-sœur, et non comme une actrice — c'étaient les termes mêmes de Bodmin — « qui voit du drame partout ». Ici, on n'était pas au théâtre, mais dans la vie de tous les jours. Elle ouvrit la porte.

Les rideaux de la vaste pièce donnant sur le square étaient tirés. Dans l'obscurité, l'air vicié sentait le tabac froid. Mais ce qui frappait par-dessus tout, c'était une violente odeur de pourriture. Stacey recula de dégoût, et attendit que ses yeux s'habituent à la pénombre. Lorsqu'elle parvint à voir quelque chose, l'endroit lui parut répugnant. C'était un nid à rats de vieux papiers, de vêtements, de matériel photographique et de vaisselle brisée, où se coagulait de surcroît la nourriture de cartons à emporter. Son cœur chavira. Voilà ce qu'était devenue leur habitation commune à Andrew et à elle, le « home » pour lequel elle s'était donné tant de peine, en dépit de lui. Elle résista à l'envie d'ouvrir les rideaux. Elle aurait eu l'impression de soulever une lame du parquet pour y découvrir un nid de serpents. Pour cette pièce, on verrait plus tard. Elle se détourna, et prit un couloir obscur, en comptant le nombre de marches qu'elle connaissait par cœur, pour passer devant la cuisine et gagner tout de suite la chambre. Dans le couloir, l'odeur de pourriture était insoutenable. Puis elle entendit comme un bruit de crécelle. Elle retint sa respiration et se colla au mur. La nourriture en putréfaction avait attiré des hordes de rats galopants, et ce qu'elle entendait, c'étaient leurs petits cris aigus et le crissement de leurs griffes sur le linoléum.

Elle parvint enfin au seuil de la chambre qu'elle avait partagée avec Andrew. La seule pensée réconfortante qui lui vint, ce fut que son cadavre était la seule horreur qu'elle n'avait pas encore rencontrée. Puis elle raisonna. Larry Stein, l'imprésario, avait une clé de l'appartement. C'était donc sûrement ici qu'il était venu en premier pour chercher son client disparu. Elle se répéta cela plusieurs fois, mais il lui fallut tout son courage pour risquer un nouveau pas dans l'obscurité. La chambre enténébrée sentait si violemment le parfum qu'elle faillit suffoquer et battit précipitamment en retraite dans le couloir. De l'extrémité de ses doigts, elle alluma l'électricité. Elle s'attendait à tout, sauf au tableau cauchemardesque qui s'étalait maintenant sous ses yeux. Des cambrioleurs étaient passés par là. Les tiroirs de la commode avaient été arrachés, et leur contenu renversé. La penderie était vide, et tous ses vêtements avaient été éparpillés et déchirés. Elle dut enjamber un amoncellement de pots de cosmétiques qui roulèrent sous son pied. Des flaques de parfum, provenant de flacons écrasés, exhalaient une odeur âcre, qui l'obligea à se boucher le nez. Mais, en y regardant de plus près, elle se rendit compte que rien de ce qui appartenait à Andrew n'avait été touché. Ce n'était donc pas le travail de cambrioleurs. Avec un gémissement, elle s'agenouilla devant tout ce fouillis pour ramasser un sweater en lamé qu'elle adorait et qui tomba en pièces dans ses mains : il avait été lacéré.

Alors, sa frayeur se changea en colère, et comme une actrice sait muer sa colère en énergie, elle se rua dans la pièce de devant, et ouvrit en grand les rideaux. Le matin était tout argenté. Elle souleva le châssis de la fenêtre, et aspira avidement la fraîcheur de l'air, de même que l'arôme du café que l'on grillait en bas, dans une boutique de King's Road. L'air frais lui donna le courage de se diriger vers l'autre côté du bureau, le sien, celui où elle avait laissé ses papiers, son passeport, son carnet de chèques, et un peu d'argent. Comme dans la chambre, les tiroirs avaient été arrachés, et les objets qu'elle était venue chercher gisaient en tas sur le sol. Par contre, des épreuves d'Andrew, des posters roulés et des dépliants de l'exposition reposaient sur le dessus du bureau, parfaitement intacts. Elle s'empara d'un dépliant, et se vit sur la couverture, nue.

À l'endroit exact où elle savait qu'Andrew conservait ses affaires, dans le tiroir du haut, à droite, elle trouva son carnet d'adresses. Elle s'assit au bureau, dos tourné au désordre de la pièce, et face à la fenêtre, le regard fixé sur le square, elle téléphona. Elle ne se souciait pas de l'heure qu'il était à Sydney, ni de savoir si elle allait réveiller les parents d'Andrew : elle les englobait dans sa colère contre leur fils. Toutefois, elle ne put que refouler sa rage : comment pouvait-on être en colère en entendant une voix répondre sur un ton aussi abasourdi ? Pour la mère d'Andrew, une communication à longue distance depuis Londres ne pouvait signifier que de mauvaises nouvelles. Maintenant que Stacey savait qu'Andrew n'était pas retourné en Australie — ce qui aurait pu expliquer sa disparition —, elle se trouva stupide de dialoguer avec cette femme qu'elle n'avait jamais rencontrée, une mère qui n'avait aucune nouvelle de son fils, même pas une carte postale, depuis deux ans. Mrs Norton pleurait, demandant des nouvelles d'Andrew. Allait-il bien, au moins ?

Stacey mentit, et répondit qu'Andrew se portait comme un charme.

Elle raccrocha, et se remit à feuilleter le carnet d'adresses, cherchant le nom de quelqu'un susceptible de savoir où Andrew se trouvait. Soudain, elle eut une révélation. Aucun des noms inscrits là n'était celui de véritables amis, si ami voulait dire quelqu'un qui se souciait de savoir si Andrew était mort ou vivant. Andrew n'avait pas d'amis.

Elle allait appeler Larry Stein pour l'interroger à propos des photographies renvoyées par la galerie, lorsqu'elle se demanda s'il ne les avait pas apportées directement ici. Dans toute cette pagaille figurait en effet un énorme paquet, qui reposait contre le mur, près de la porte. Elle déchira suffisamment l'emballage pour voir la photo de dessus. C'était elle. Nue. Après avoir arraché le reste du papier, elle poussa un hurlement. Puis elle couvrit son visage de ses mains, et dans un violent réflexe d'autodéfense, se détourna de l'horrible spectacle.

Des balafres au marqueur, des graffiti obscènes barbouillaient et maculaient son corps photographié plus grand que nature. Des pénis en érection étaient introduits dans tous ses orifices. On lisait dans des bulles des paroles obscènes, qui toutes quémandaient le sexe. Ce corps, le corps nu et sans défense de Stacey, était l'objet des attaques les plus basses, et il y avait dans tous ces gribouillis tellement de colère et de haine que la jeune femme, serrant les bras contre ses flancs, se plia dans un gémissement de douleur.

Elle réprima celui-ci aussi soudainement qu'il lui avait

échappé. Elle sentait — non, elle entendait — que quelqu'un d'autre se trouvait dans l'appartement. Qui était-ce ? Elle retint son souffle pour écouter. Au premier abord, elle se dit que ce qu'elle percevait n'était que le battement de son propre cœur. Elle demeura parfaitement immobile. Et redoubla de concentration. Au bout de quelques instants, il lui fallut se rendre à l'évidence : ce n'était pas le battement de son cœur, mais indubitablement un bruit de pas. De l'autre côté de la porte du vestibule toujours entrebâillée, il y avait quelqu'un. Elle regarda le rai de lumière, sous la porte. Une ombre passa.

15

La porte fut poussée lentement, et lorsque Stacey fut capable de la retrouver, le son de sa propre voix la fit sursauter.

— Andrew ?

— Stacey ?

Le nouveau venu se trouvait à contre-jour, et elle ne pouvait voir son visage. Mais elle reconnut sa voix, et se précipita vers lui. L'instant d'après, ils étaient dans les bras l'un de l'autre.

— Dieu soit béni, Daniel, c'est vous !

Il l'embrassa sur les deux joues, à la manière française, avant de la serrer à nouveau contre lui. Puis, avec un soupir de soulagement, elle se recula pour contempler cet homme, son agent, son meilleur et désormais sans doute son unique ami au monde. Il avança dans la lumière en lui souriant, et sans la quitter des yeux. Elle avait toujours trouvé ses yeux aussi beaux que ceux de Buster Keaton, à cette différence près que Buster Keaton ne souriait jamais, et que Daniel, invariablement, semblait porteur d'une bonne nouvelle. Il déboutonna son pardessus de cachemire noir, fait sur mesure. Son costume trois-pièces également noir, à fines rayures, était de si bonne coupe qu'il le faisait paraître aussi mince qu'un jeune homme, et plus jeune en tout cas que la cinquantaine dont il approchait. Il était bronzé. Il était toujours bronzé, mais Stacey le savait, ce hâle n'était pas naturel. De même ses cheveux, aussi noirs que son pardessus et son complet, n'avaient pas un poil de gris : ils étaient soigneusement teints.

Les yeux de Daniel, ses yeux à la Buster Keaton, enveloppaient Stacey dans un regard plein d'attention, et il lui souriait, de ce demi-sourire que le monde en général — et il le savait — trouvait tellement charmeur. Stacey sourit aussi. Cher Daniel... Il prenait sincèrement plaisir à charmer : il était français. Mais lorsqu'il parcourut la pièce du regard et la vit dans un tel désordre, il cessa de sourire. Il avait vu, bien entendu, la photo profanée, mais sur le moment, il évita d'en parler. Il se contenta de tendre la main et de caresser légèrement les cheveux de Stacey.

— Vous les avez fait teindre en noir. Et presque pas de maquillage... Auriez-vous choisi cette vie de paysanne par vengeance ?

Ainsi, délibérément, il limitait la conversation à sa personne, ignorant les horribles graffiti qui recouvraient son corps nu. Stacey ne put s'empêcher de leur jeter un coup d'œil.

— Seigneur, Daniel, avez-vous jamais vu quelque chose de plus horrible ?

Il sortit un paquet de cigarettes françaises, en évitant de regarder du côté des photos.

— Pire que je ne l'imaginais.

Il alluma sa cigarette.

— Après votre coup de téléphone passablement affolé, au milieu de la nuit, j'ai deviné que vous viendriez à cet appartement prendre vos affaires, et tenter d'éclaircir cette absurde partie de cache-cache avec Andrew. Je me trompe ?

Il se pencha et l'embrassa sur le nez.

— Larry Stein. L'imprésario d'Andrew. C'est lui qui m'a donné la clé, et je suis venu débarrasser tout ça avant que vous le trouviez.

Elle s'appuya contre lui, mais l'horreur qu'elle ressentait à voir sa nudité profanée d'une manière si abjecte ne s'effaçait pas.

— Quand je jouais, je n'ai jamais pu m'habituer à ces horribles inscriptions que des saligauds écrivent dans les coulisses. Ce que les hommes ont pu fantasmer au sujet de mon corps... Je n'ai jamais pu le supporter. Et maintenant, ça. J'ai l'impression d'être tellement sale que je voudrais m'arracher la peau.

Daniel l'attira contre lui.

— Non, dit-il avec ce sens élégant de l'ironie qui faisait de lui, définitivement, un mondain, vous ne devez pas.

Elle secoua la tête. Ni son élégance ni ses belles paroles ne pouvaient minimiser ce qu'elle éprouvait.

— Et faire ça à ses propres œuvres. Voilà un côté d'Andrew que je n'aurais jamais soupçonné.

— Mais nous ne savons pas si c'est Andrew qui l'a fait. Occupe-t-il toujours autant vos pensées ?

Chez *Giovanni*, un verre de Corvo, le vin rouge de Sardaigne, éloigna quelque peu le froid qui n'avait cessé de faire trembler Stacey. Elle tenait sa main. Daniel. Qu'aurait-elle fait durant toutes ces années sans Daniel ? Elle pouvait dire à Daniel des choses qu'elle ne pourrait jamais avouer à personne, même à Johnny.

— Vous et moi, nous connaissons la vérité. Mon corps a toujours été ce que j'ai eu de mieux. Maintenant, il appartient à mon mari.

— Appartient ? Si le MLF vous entendait !

— Je parle sérieusement.

— Ah ! oui ? Et son corps, j'imagine, vous appartient à vous ?

— Bien sûr.

Daniel eut un sourire, mais cette fois, il se garda d'ironiser. Il voyait combien Stacey était grave. Et même, il ne se souvenait pas de l'avoir vue plus férocement résolue. Elle leva la main et fit briller son alliance toute neuve.

— Je suis mariée. Maintenant j'ai une famille, un fils que j'aime, et j'habite un village qui ne comprendrait pas que celle qui vient d'entrer, par le mariage, dans une de ses meilleures familles, se montre nue. Même pour l'art. Ils trouveraient cela obscène. (Elle rit malgré elle.) Vous êtes bien le seul à qui je puisse expliquer une chose comme celle-là.

— Vous croyez vraiment que vos chers villageois ne sont pas les mêmes que partout ailleurs ?

Elle contemplait son verre de vin.

— Là-bas, la moitié des hommes possède sans doute des photos de femmes nues, qui les font loucher, et beaucoup d'autres un matériel sophistiqué, celui qu'on cache. Mais ici, il s'agit de moi, et nous pouvons, nous, nous amuser avec des photos comme celles d'Andrew ; à eux, jamais il ne leur viendrait à l'esprit que c'est de l'art.

— Vous avez un corps extraordinaire.

Il posa sa main sur celle qui portait l'alliance.

— Je puis me permettre de vous le dire : je suis votre agent. Un corps extraordinaire.

— Depuis l'âge de 15 ans, je n'ai jamais vu un homme poser son regard sur moi sans savoir exactement à quoi il pensait. Je ne vous l'ai jamais dit, mais vous ne saurez jamais le nombre de fois où j'ai détesté mon physique. Les hommes ont envie de moi. Certaines femmes aussi, naturellement, du moins celles qui ne me haïssent pas.

— Trois semaines à la campagne, et voilà que vous parlez comme une vraie petite provinciale.

— Vous n'avez pas à vivre avec ces gens, là-bas. Croyez-moi, Daniel, ce que je dis est vrai. Ici, à Londres, c'est différent. Personne ne s'intéresse à son voisin, ni à ce qu'il fait.

— Et c'est pour ça que vous avez teint vos cheveux en noir, et que vous êtes aussi peu maquillée qu'une bonne sœur.

— Je vais aussi porter des lunettes, même si elles ne me servent à rien.

— On peut vous trouver un rôle de souris des champs...

— Non, plus de rôles. Vous êtes le mieux placé pour savoir que je n'ai jamais été une véritable actrice.

— Vous en valez beaucoup qui réussissent très bien dans ce métier.

— Grâce à vous.

— Ce n'est pas moi qui vous ai faite belle.

— Moi non plus.

Elle lui étreignit les mains.

— Un jour, vous m'avez cité ce dicton espagnol : « La beauté est une forme particulière de châtiment ».

— Ne vous faites pas passer pour une martyre, Stacey. Sans votre beauté, auriez-vous gagné le cœur de Mr Haines ?

— Pourtant, vous ne sauriez imaginer le nombre de fois où j'aspire à être vieille, grisonnante, libérée de tout, et entourée de petits-enfants.

— Ne voyez pas si loin. Ce n'est pas pour demain.

Son sourire lui réchauffa le cœur tout autant qu'un second verre de vin. Elle évitait de le regarder en face car elle ne voulait pas qu'il lise dans ses yeux. Elle remerciait Dieu d'avoir un ami tel que celui-ci, mais elle n'était pas prête à lui parler d'Andrew. Pas encore. Il leva la main pour commander une autre bouteille de vin, mais elle fit signe qu'elle n'en prendrait pas. Avant de pouvoir lui dire des choses qu'elle n'aurait avouées à personne d'autre, elle se sentit obligée de lui expliquer sur quoi était fondé leur amour, à Johnny et à elle : sur leurs différences. Elle était aussi différente de lui qu'il l'était d'elle.

— Je veux dire qu'il m'est absolument impossible de ressembler à aucune de celles qu'il a connues là-bas, à Seagate. Bien sûr, il a beaucoup voyagé. Et il est extraordinairement cultivé : Oxford et tout le reste. Il récite les sonnets de Shakespeare, au lit. Je vous jure. Il comprend chaque mot, et il aime ça. Ce que je veux dire, c'est qu'il sait toujours où il va, et c'est moi qu'il a épousée. Quant à son fils et à sa sœur, ils m'aiment aussi. Je le sais.

Elle lui parla de l'enfant, et lui dit comment Merryn-John l'avait embrassée alors qu'elle ne le lui avait même pas demandé.

— C'est la sœur qui est l'aînée ?

Stacey acquiesça.

— Excepté le fait qu'elle conduit une Rolls, elle travaille consciencieusement à avoir l'air démodé et folklo, mais sans que le village oublie, une seule minute, qu'elle est la reine des abeilles.

— Chirurgien ?

— Elle a une clinique, et habite une grande maison en haut de la falaise.

— Toute seule dans cette grande maison ?

— Elle ne s'est pas mariée.

— Jamais ?

— Elle a été trop occupée.

— Il y a un homme dans sa vie ?

— J'en doute, mais en vérité, avec son mode de vie campagnard, elle est absolument merveilleuse. Je meurs d'envie de lui demander où elle achète ses vêtements. Je suis déjà allée chez sa coiffeuse.

— Tout ce que je déteste. Je vous en supplie, plus de souris des champs, si vous revenez à Londres.

— Londres, c'est terminé.

— Et c'est à cause de ce Seagate que vous êtes aussi mal fagotée ? Vous croyez que c'est ce que veulent les gens là-bas ?

— Seagate n'est pas Londres. Même si je me suis teint les cheveux, ils continuent à me trouver très mauvais genre, ça, je le sais. Une actrice de Londres. Canadienne, mais ils croient que je suis de Californie. Seagate, c'est l'un de ces endroits où, si on n'y a pas vécu toute sa vie, on reste un étranger.

— Mais ils aiment Johnny.

— Ils l'adorent. Il est plus Seagate que nature. Avec son aide, dans vingt ou trente ans, j'aurai fait oublier *Les Professionnelles*. Pour le moment, je me sens affreusement coupable. Si vous saviez combien je me trouve déloyale envers lui en vous racontant tout cela.

— Vous ne m'avez rien raconté. Certainement rien qui mérite ce coup de téléphone affolé en pleine nuit.

— Comment avez-vous su, au sujet d'Andrew ?

— J'étais à New York, vous vous rappelez ? Vous venez de me dire que Londres, c'était fini. Andrew aussi.

— Il est venu ici. Et maintenant, il a disparu.

— Il disparaît de temps en temps...

Elle baissa tellement la voix qu'il l'entendit à peine.

— Pas ainsi. Pouvons-nous sortir et faire quelques pas ?

16

Ils marchèrent sous la bruine, et Stacey avoua à Daniel sa terreur grandissante, depuis l'épisode d'Andrew au *Moon and Stars*. Elle s'efforça de ne pas lui montrer la panique qu'elle éprouvait en lui parlant de l'horrible Lysker, du motard accidenté, des rumeurs qui avaient couru au village et contre lesquelles Merryn-John avait essayé de se battre, des nouvelles apportées par Gerald sur la Mercedes gris métallisé d'Andrew, et surtout, surtout, elle essaya d'évoquer pour lui ce terrible regard de Johnny, ce regard qui lui causait une terreur absolue.

Ils firent demi-tour sous les arcades de Covent Garden avant qu'elle trouve le courage de dire :

— Je crois que Johnny a tué Andrew.

Tous deux avaient ralenti le pas, mais rien, chez Daniel, ne montra ce qu'il ressentait. Stacey n'en fut pas étonnée : elle le savait beaucoup trop astucieux — ou beaucoup trop mondain — pour laisser voir ses réactions. Pour sa part, elle se sentait complètement stupide, et s'en voulait de la façon dont elle avait révélé son secret. Ici, à Londres, tout paraissait invraisemblable. Pourquoi Daniel l'aurait-il crue ? Il n'avait pas vécu, lui, depuis

Yarmouth, avec cette sensation croissante de froide suspicion. Il ne s'était pas trouvé, dans le cimetière, face au visage blafard de Lysker, quand il l'avait mise en garde, ni au pub, quand il avait épié chacun de ses gestes. Il n'avait pas contemplé, par une nuit noire et pluvieuse, le cadavre du motard, il n'avait pas vu la flaque de sang et l'amas de ferraille enchevêtrée. Et surtout, il n'était pas obligé de supporter ces rumeurs malveillantes qui papillonnaient comme autant de chauves-souris au-dessus de Seagate.

Daniel ne dit rien, et se contenta d'allumer une cigarette, exactement comme elle savait qu'il le ferait. Bras dessus bras dessous, ils s'arrêtèrent sous les arcades pour observer des jeunes en blue-jean qui s'abritaient sous le vieux marché converti en boutiques et en restaurants. Dans la rue pavée, sous la pluie, les six Américains trempés d'un orchestre Dixieland jouaient *Sweet Georgia Brown*.

Daniel jeta sa cigarette et l'écrasa sous son talon avant de prendre à nouveau le bras de Stacey. Son silence montrait qu'il attendait d'en savoir plus, et elle reprit tout au début, à sa rencontre avec Johnny, à Yarmouth, à sa colère, dans le pub, contre Michael le metteur en scène. Elle cherchait toujours désespérément à lui donner une idée de ce terrible regard.

Et Daniel ne disait toujours rien. Ils marchaient. Il était l'auditeur le plus attentif qu'elle eût jamais connu, aujourd'hui plus que jamais. Il écouta patiemment chacun de ses balbutiements, et pas une fois n'essaya de la presser. Il la laissa raconter son histoire sans aucun commentaire, et ne l'interrompit que pour lui demander une ou deux précisions : il voulait être certain de saisir exactement ce qu'elle ressentait. C'est ainsi qu'il revint sur l'incident du pub avec Michael.

— Lorsque c'est arrivé, Johnny vous avait-il déjà demandé de l'épouser ?

— Pas encore, mais il devait être parfaitement clair pour quiconque ayant des yeux de voir que nous étions amants. (Elle frissonna.) Il faut me croire, Daniel : j'ai vraiment pensé que Johnny allait le tuer. Et je n'étais pas la seule. Tous ceux qui étaient là l'ont cru eux aussi. Et ce n'était pas seulement son regard, c'était son corps tout entier, son corps arc-bouté, prêt à se détendre pour tuer. Si seulement vous l'aviez vu !

Elle serra plus fort le bras de Daniel.

— Cela a été encore pire avec Andrew, au pub, lors de l'anniversaire de Bodmin.

— Apparemment, Andrew s'est comporté comme l'habituel salaud qu'il est : il a mis les pieds dans le plat et cherché la bagarre.

Stacey battit des cils pour ne pas pleurer. Sa main se détacha du pardessus de cachemire pour effacer une larme sur sa joue.

— C'était exactement le même regard qu'avec Michael. Je vous le jure : il était capable d'étrangler Andrew, là, sur place, de ses deux mains.

— Mais il ne l'a pas fait.

— Uniquement parce que Bodmin l'a arrêté. Les autres invités se sont comportés comme s'il ne s'était rien passé. Alors, moi, j'ai fait comme si tout allait bien, exactement comme je l'ai toujours fait depuis.

Elle lui parla de l'horrible Lysker, qui lui avait donné la chair de poule, et lui raconta sa retraite en direction des toilettes, quand le motard l'avait coincée contre le bar.

— Puis, tout d'un coup, Johnny s'est trouvé là, et j'ai vu son regard pour la troisième fois.

— Ce garçon a bien mal choisi son moment. Si ce que vous dites est vrai, Johnny était encore fou de rage contre Andrew — qui ne l'aurait été ? —, il était donc prêt à se défouler sur le premier qui passerait à sa portée. Il s'est trouvé que c'était ce garçon. Vous m'avez dit au téléphone qu'il avait réussi à filer du pub, à sauter sur sa moto, mais que, malheureusement, il s'était écrasé contre un camion. C'est ça ?

— C'est bien ça. Bodmin a affirmé que c'était un accident.

— D'après ce que vous venez de me dire, personne n'aurait pu soutenir le contraire.

— Elle m'a ordonné de monter dans sa voiture, mais je me suis sauvée. J'ai fait tout le chemin du retour à pied, sous la pluie.

Elle connaissait bien Daniel : au moment précis où elle avouait cela, elle sentit ce qu'il se retenait de dire, qu'elle avait commis une erreur, qu'elle aurait dû rester, en loyale épouse, au côté de Johnny.

— Lorsqu'il est rentré à la maison, juste après moi, il m'a assuré lui aussi que c'était un accident, mais il m'a dit qu'il aurait été capable de tuer Andrew. Ensuite, il est retourné à la police.

— Et vous croyez savoir ce qui s'est passé ?

— Après être allé à la police, il a cherché Andrew partout dans la nuit, il l'a trouvé dans cette auberge, et il l'a tué.

Elle était incapable de soutenir le regard de Daniel. La croyait-il ?

— Depuis cette nuit-là, Andrew a disparu. Personne à Londres n'a vu sa voiture. Cinq jours et cinq nuits, et pas le moindre signe de vie. Et puis comment expliquez-vous qu'il ait manqué le vernissage de son exposition, ici, à Londres ? Cela ne lui est jamais arrivé.

— Vous n'avez pas dit à Johnny ce que vous pensiez.

— Mais c'est impossible ! Daniel, on ne peut pas regarder celui qu'on vient d'épouser par-dessus une tasse de thé, et l'accuser froidement d'être un meurtrier.

— Surtout lorsqu'il n'en est pas un.

Il venait d'exprimer ce que toute une partie d'elle-même aspirait à entendre, car sa déloyauté envers Johnny lui était un supplice. Elle se réjouissait que Daniel ne croie pas un mot de son histoire, et réfute tout ce qu'elle avançait comme si, en bonne cabotine, elle avait joué la comédie, ou laissé son imagination s'égarer. Du plus profond de son être, elle souhaitait se rallier à ses arguments et partager son avis. Pourtant, Daniel n'avait pas vu ces sombres portraits d'ancêtres sur les boiseries de la maison de Bodmin, ces contemporains d'Elizabeth Ière et de Walter Raleigh, ces hommes qui avaient bourlingué sur des mers en furie, et s'étaient battus dans des guerres et des duels — des hommes forts dont elle espérait qu'il avaient eux aussi aimé leur femme, mais aussi des hommes violents, capables de conquérir une partie du monde et d'y implanter leur souveraineté.

Ils marchaient sous la pluie, et elle comprit que Daniel ne la croyait pas.

— D'accord. Puisque vous êtes si malin, dites-moi où il se trouve.

— Je n'en ai pas la moindre idée. Mais je connais Andrew, et je sais par expérience que les Andrew Norton en ce bas monde vont en prison, abandonnent leur Mercedes dans des auberges de la côte, ou vont faire du foin, aussi bien, au mariage des autres, mais ils ont tous le talent absolument remarquable de ne jamais se faire assassiner.

— C'est ce que je n'arrête pas de me dire, je vous assure.

— Au fond de votre cœur, Stacey chérie, vous savez qu'Andrew se porte parfaitement bien. Réfléchissez. Combien de fois vous-même avez disparu avec lui — pfft ! — sans daigner dire à aucun de nous que vous aviez sauté dans un jet et que vous étiez en route pour New York ou pour Delhi. Votre Andrew a toujours été très bohème.

— Le diable l'emporte ! Si je recevais seulement un mot qui me dise où il est ! Vous ne pouvez imaginer par quoi je passe quand je suis couchée là, nuit après nuit, à garder l'œil sur Johnny et à me poser des questions.

— Et sa première femme ?

— Ils ne la voient jamais, et n'en ont pas de nouvelles, je veux dire Johnny et son fils. Elle habite la Nouvelle-Zélande. Oh ! non, Daniel ce n'est pas possible. (Elle étreignit son bras.) Johnny ne l'a pas tué.

Daniel l'accompagna pendant qu'elle achetait une écharpe noire pour Johnny et des gants pour le garçonnet. Il ne la quitta pas jusqu'à la gare de Paddington où ils s'attablèrent au comptoir d'un snack-bar tout en vitres. Là, ils sirotèrent une eau chaude à goût de thé servie dans des tasses en plastique. Tout autour d'eux, l'immense gare résonnait de l'écho de foules pressées et des raclements métalliques d'un haut-parleur annonçant les départs.

— Seigneur ! (Stacey se raidit et s'écarta de la vitre du snack-bar.) Ne regardez pas maintenant, mais cet homme, là, c'est Arnold Thomas. De Seagate.

Elle n'avait nul besoin de chuchoter. L'homme, avec son imperméable et son porte-documents, se trouvait de l'autre côté de la vitre. Daniel le gratifia d'une infaillible appréciation d'imprésario.

— Ses vêtements sont trop ajustés, il a un magazine de femmes nues dans sa serviette, et il empeste le parfum.

— Ce sale type a profité de son invitation à ma soirée pour me faire des propositions. (Elle eut un mouvement de recul.) Il ne manquerait plus qu'il me voie avec vous...

Le haut-parleur se fit entendre, avec son bruit de ferraille : il grésilla dans l'immensité froide à l'extérieur du snack-bar.

— Mon train !

Stacey ramassa ses paquets.

— Nous avons encore quelques minutes.

À deux reprises, Stacey effleura de sa joue le visage de Daniel.

— Vous ne pouvez savoir ce que cela représente pour moi de vous avoir rencontré aujourd'hui. Vous êtes la seule personne au monde à qui je peux parler. (Elle renifla, et il lui tendit un Kleenex.) Même ici avec vous, en ce moment, j'ai l'impression de n'être qu'une petite garce quand je dis ces choses au sujet de Johnny, quand je reconnais que je ne peux pas m'empêcher d'avoir encore des doutes. Je veux dire : c'est de mon Johnny à moi que je parle, et je l'aime tellement.

Elle roula le Kleenex en boule et épongea ses larmes.

— Comment puis-je l'aimer à ce point et avoir encore si peur à l'idée qu'il ait été capable de faire ça ?

— Il vous fait peur ? Ça, vous ne me l'avez pas dit.

— Je l'aime

— Alors, demandez-lui de vous dire la vérité.

— En l'accusant d'avoir tué Andrew ?

— S'il vous fait peur, posez-lui la question ou quittez-le.

— Jamais ! (Elle se pressait avec ses paquets contre Daniel.) Je m'en vais l'aimer durant toute ma longue, longue, très longue vie, et finir enterrée à côté de lui dans le cimetière du village.

Daniel ne souriait plus, et le regard attentif qu'il lui adressa la surprit. Puis le sourire revint

— Après ça, il ne reste à un ami qu'une seule chose à faire. Je vais rendre visite à cet homme mystérieux et étudier ce fameux regard qui vous effraie tant : ainsi, je verrai par moi-même si ma chère Stacey a des raisons de se faire du souci.

— Non ! Daniel, ne faites pas ça !

Stacey tourna les talons et s'enfuit en courant.

Bodmin, dans un cri victorieux, frappa la balle de toutes ses forces. Johnny se fendit, manqua sa reprise, et dans un crissement de chaussures à semelle de caoutchouc, alla échouer à bout de forces contre le mur. Le visage éclairé par un sourire, elle lui lança sa serviette, et ils se serrèrent la main.

— Quelle partie, Bodmin !

— Tiens-toi tranquille.

Elle s'était mise à lui sécher les cheveux.

— Comment ça s'est passé, à Plymouth ?

— J'ai commandé la toile de lin pour les voiles.

— Merveilleux. J'ai été étonnée que Stacey ne t'accompagne pas.

— Il fallait qu'elle aille à Londres pour la journée.

— Ah !... L'école a téléphoné et m'a dit qu'elle avait prévu un arrangement pour Merryn-John.

Bodmin sourit pour bien montrer qu'elle ne se plaignait pas.

— Je leur ai dit que si Mrs Haines était d'accord pour que Merryn-John rentre avec David Collins, tu passerais le prendre chez les Collins en partant d'ici.

Elle passa le bras de Johnny sous le sien.

Ils quittèrent le court, et Johnny aida Bodmin à enfiler un sweater blanc. Dans la galerie aux boiseries de chêne, face aux portraits, elle alluma une cigarette.

— Comment prend-il tous ces bavardages au sujet de l'accident ?

— Je ne sais que faire. J'ai peur qu'il entende des versions passablement déformées.

— Et Stacey ? Pendant une semaine ou presque, ses amis de Londres ont téléphoné à tout le monde à des kilomètres à la ronde en cherchant Norton. Elle ne t'a pas demandé ce que tu savais ?

— Non.

— Ça ne m'étonne pas. Surtout si elle se fait du souci. C'est difficile de demander ce genre de choses à l'homme qu'on vient d'épouser. Oh, avant que j'oublie, quand ils ont téléphoné de l'école aujourd'hui, ils ont vraiment insisté pour savoir ce que tu avais décidé au sujet de Kentnall. Naturellement, je leur ai dit que je devais en parler avec toi.

— Avant que Merryn-John aille où que ce soit, j'aimerais qu'il connaisse davantage Stacey.

— Il passera les vacances à la maison, bien entendu.

— Stacey ne veut pas intervenir, mais étant canadienne, elle trouve que nous autres, Anglais, nous expédions nos enfants en pension beaucoup trop jeunes.

— Il y a des choses que Stacey ne peut pas comprendre. Nous sommes une famille, Johnny. Je me demande parfois s'il est possible que vous soyez tous deux si près de ton fils et que vous ne remarquiez pas ce qui lui arrive. Mais toi, tu vois certainement qu'il te ressemble un peu plus chaque jour.

— Est-ce si terrible ?

Bodmin sourit. Se rapprochant de son frère, elle lui caressa les cheveux.

— J'aimais Père. Je t'aime, et j'aime Merryn-John. Tu n'as pas à te justifier devant moi.

17

C'était une nuit venteuse et noire. La pluie striait les vitres du train lorsque Stacey rassembla ses paquets. Seagate était le prochain arrêt, et pour descendre à Seagate, elle avait besoin de tout son courage. Depuis le samedi soir, elle s'était cachée du village, et à part sa famille, elle avait seulement vu Chambers et Richard, et parlé à Gerald au téléphone. Ce matin, après avoir laissé la Jaguar au parc, elle s'était glissée dans le premier train, convaincue que personne ne l'avait vue. Elle espérait rentrer de la même façon. Elle comptait faire son retour officiel au village avec Johnny à son côté, et non comme ce soir-là arrivant seule, non de leur maison près de la mer, mais de l'endroit d'où elle était venue la première fois : Londres.

Elle s'approcha de la portière, décidée à être la première à descendre du wagon : ainsi, elle n'aurait qu'à filer à travers le quai en direction de la Jaguar qui l'attendait.

Le train ralentit dans un grincement de freins, puis s'arrêta. Ce qu'elle vit alors par la portière ouverte fit bondir son cœur. Elle recula précipitamment pour ne pas être aperçue. Là, dans le kiosque à journaux éclairé, Lysker pliait les quotidiens du soir. Elle ignorait qu'il était le dépositaire. Se trouvait-il là ce matin ? L'avait-il vue ? Elle calma les battements de son cœur en se disant qu'elle avait toutes les chances de ne pas être reconnue si elle gardait la tête baissée et courait. Elle devancerait certainement aussi Arnold Thomas et son odeur d'eau de Cologne.

Elle traversa le quai d'un trait, ouvrit la portière de la vieille Jaguar, jeta ses paquets sur le siège avant, sauta à l'intérieur et s'enferma loin du monde. Tout en introduisant la clé de contact, elle marmonna une prière pour que le moteur démarre au premier tour. Il ronfla, puis s'étouffa.

— Merde !

Elle se colla en arrière contre le siège, tournant la clé et concentra toute sa volonté pour mettre le moteur en route. Rien n'y fit. Elle se laissa retomber sur le siège, et pria pour qu'après une pause de quelques secondes, un troisième essai ramène le moteur à la vie. La pluie tambourinait sur le capot. Des phares éclairèrent un instant sa voiture immobilisée. Quelqu'un cogna violemment à la vitre à côté d'elle. Elle vit un visage qui la scrutait à travers la vitre embuée. C'était Thomas, qui lui faisait signe de baisser la glace, mais elle répondit d'un geste qu'elle n'avait besoin de rien. Il proposait de la prendre dans sa voiture mais Stacey secoua la tête, et cria à travers la vitre que si elle ne pouvait pas démarrer, elle appellerait son mari.

L'homme, debout sous la pluie, ne bougea pas. Il remonta son col, décidé à attendre qu'elle ouvre la portière. Elle regarda droit devant elle pour lui montrer qu'elle resterait assise derrière le volant jusqu'à ce qu'il s'en aille. Cet affrontement dura environ cinq minutes, mais il lui parut s'éterniser durant des heures. Finalement, il renonça, et les phares de sa Datsun transpercèrent la pluie.

Elle ouvrit alors la portière, empoigna ses paquets, et courut de nouveau sous l'averse jusqu'à la cabine téléphonique rouge du quai pour appeler Johnny. Tout ce qu'elle trouva, ce fut un papillon aux lettres maladroitement tracées, collé contre la fenêtre du taxiphone : EN DÉRANGEMENT.

— Merde ! Merde ! Merde !

Du coin de l'œil, elle aperçut un triangle de lumière qui s'élargissait sous la porte du kiosque à journaux. Lysker ! Lysker avait tout vu. Il avait assisté à sa descente en cachette du train. Il avait vu Thomas la suivre. Thomas et Stacey Haines s'étaient rendus à Londres ensemble... Elle entendait déjà son histoire.

— Mrs Haines !

Elle s'interdit, quoi qu'il arrivât, de courir et de trahir sa panique. Mais elle ne pouvait se laisser piéger dans la cabine par l'homme qui s'approchait d'elle maintenant en s'appuyant sur sa canne.

— Mrs Haines ! Attendez !

Jouant une nouvelle fois la comédie, elle fit semblant de ne pas entendre et, ramassant ses paquets, s'enfuit sous la pluie en direction de la grand-rue où boutiques et maisons étaient bien éclairées.

Elle passa en courant devant les fenêtres emplies de chaude lumière : à cette heure de la journée, chacun à Seagate semblait réfugié dans la chaleur confortable de son domicile. Parents, enfants et couples se trouvaient à table, d'autres étaient assis devant le papillotement de la télévision en couleur. Tous se tenaient à l'abri de la nuit et de cette pluie acérée qui faisait partie de leur vie. Stacey, transie, passa des doigts tremblants dans ses cheveux. Seule dans la grand-rue, elle se hâtait sous la pluie en direction de la mer.

Avant même d'apercevoir les lumières rougeoyantes du *Moon and Stars*, elle entendit les battements de la musique rock. Elle passa devant les fenêtres du pub. Dans l'éclairage tamisé, hommes et femmes riaient, buvaient, fumaient, mangeaient du hachis parmentier et des gâteaux du pays. Ils se trouvaient réunis là pendant que la pluie cognait sur le toit. Chacun possédait par cette nuit pluvieuse et sombre un endroit où avoir chaud.

Au-dessous de la digue, la mer obscure s'acharnait contre les pierres froides. Loin du rivage, des cornes de brume se répondaient et l'éclair du phare faisait miroiter la pluie.

Haletante, les bras endoloris par le poids des paquets, elle atteignit le tournant de la route et l'allée de la maison. La fenêtre de la cuisine était illuminée, et Stacey s'approcha suffisamment pour voir Johnny devant le fourneau alors que son fils était assis à table. Johnny remuait quelque chose dans une casserole. L'enfant se leva pour aller se planter devant l'évier tout en regardant son père par-dessus un bol qu'il tenait à deux mains.

Stacey fit halte dans l'escalier de pierre, et serra contre elle les paquets qui bringuebalaient au vent. Elle s'attarda dans l'ombre, observant ces deux êtres qui ne pouvaient la voir. Johnny et son fils. Ils avaient vécu seuls, ainsi, depuis que Valérie les avait abandonnés six ans auparavant. Stacey regardait les deux personnes qu'elle aimait le plus au monde, et c'était comme si elle-même n'existait pas, comme si Johnny ne l'avait jamais rencontrée, ne l'avait jamais aimée, et ne l'avait jamais emmenée dans cette maison.

Des larmes brûlantes coulèrent le long de son visage glacé.

Quelle que soit la terreur qui s'emparait d'elle quand elle pensait à ce qui avait pu arriver à Andrew, elle ne supporterait jamais d'être séparée de ces deux-là. Sa journée à Londres l'avait prouvé à jamais. Londres, c'était terminé. Londres, c'était le passé. Sans ces deux-là, elle n'avait plus de raison de vivre. Elle ne les quitterait jamais.

Christy aboya hargneusement, tel un chien qui défend sa maison contre des étrangers : il bondit par l'orifice de la porte de la cuisine et escalada l'escalier, en grondant, prêt à se jeter sur la personne qui se trouvait dans le noir.

— Chut ! C'est moi.

Elle entendit alors le glapissement affectueux d'un chien qui souhaite la bienvenue à sa maîtresse.

Après avoir dîné, ils s'attardèrent à table, et Stacey offrit à ses hommes les cadeaux qu'elle leur avait rapportés de Londres. Johnny déploya une écharpe de laine noire de chez Gieves.

— Mets-la-moi.

Elle la noua autour de son cou.

— De quoi ai-je l'air ? demanda-t-il.

— Tu es superbe, mais nous verrons ça quand tu seras en mer.

Merryn-John fronça les sourcils avec un profond sérieux quand il ouvrit une boîte plate d'où il tira des gants. Il s'était tenu tellement tranquille durant le dîner que Stacey s'était fait du souci pour lui, mais maintenant, son visage s'éclairait d'un sourire. Il l'embrassa.

— Des gants ! Merci beaucoup !

Elle rayonnait, car les cadeaux semblaient leur plaire. Le petit garçon essaya séparément chaque doigt des gants, puis un coin-coin impatient, provenant du carton au-dessous du fourneau, lui rappela ses responsabilités. Il se tourna d'abord vers Stacey puis vers son père.

— Je peux me lever de table ?

— Demande à ta mère, répondit Johnny.

Sa *mère*. Johnny l'avait prise de court, et Stacey fit en sorte de ne pas leur montrer à tous deux ce que ce mot signifiait pour elle. Oui, c'était la première fois qu'il s'adressait à elle comme à la mère de l'enfant. Personne n'allait tirer un feu d'artifice ni chanter l'alléluia du *Messie* de Haendel, mais elle referma ses paupières sur les seules larmes de bonheur qu'elle eût versées depuis la soirée du samedi.

Ils montèrent se coucher de bonne heure. Seule dans leur chambre, Stacey – en chemise de nuit – sa préférée, se mit à brosser ses cheveux devant la glace de la coiffeuse. Le père et le fils parlaient à voix basse, dans la chambre du petit garçon.

Néanmoins, elle perçut distinctement chaque mot. Merryn-John avait la voix entrecoupée de sanglots.

— Tout le monde le dit.

Stacey pouvait imaginer Johnny agenouillé dans la minuscule chambrette et serrant son fils contre lui.

— Qu'est-ce que tu as répondu ?

— Que c'était un accident. C'est ce que dit la police.

— C'est exactement ce qu'il faut leur répondre. S'ils ont d'autres questions à poser, dis-leur de s'adresser à elle.

Stacey gagna le couloir et apparut dans l'encadrement de la porte. Merryn-John, en pyjama, était appuyé contre son père qui passait les doigts dans ses cheveux.

— Si je vais à Kentnall Hall, ils sauront, pour l'accident ?

— Kentnall, ce n'est pas encore décidé.

— Tous les Haines vont à Kentnall.

— Quelle impression ça te fait d'aller en pension ?

— Ça va.

Il se sentait plein de courage, mais il n'y avait aucune conviction dans sa voix.

Le dimanche soir, ils renouèrent avec le rituel de leur dîner chez Bodmin, à La Maison. Cette fois, ils mangèrent à la cuisine, et Stacey sentit qu'apparemment, cela voulait dire qu'elle faisait partie de la famille.

N'ayant pas eu, ce jour-là, à affronter ses camarades, Merryn-John se lança très excité dans le récit de leur sortie de la veille : à la Barre du Trépassé, ils avaient vu l'épave du bateau de pêche qui achevait de s'abîmer dans les vagues. Stacey se pencha pour l'embrasser : il avait omis de dire à Bodmin qu'elle n'avait pas louvoyé à temps et que le bout-dehors l'avait étendue raide sur le pont. Johnny serra sa femme contre lui, et déclara qu'elle allait devenir un marin de première force. Bodmin leva son verre, et porta un toast à la mer.

Stacey aurait pris davantage de plaisir à ce repas si elle n'avait senti qu'ils évitaient soigneusement toute discussion au sujet de Kentnall Hall. Même après que Bodmin eut servi le café dans la pièce des trophées et donné au gamin la permission d'aller regarder la télévision dans la bibliothèque, nul ne fit allusion à la future pension de Merryn-John.

— Un cognac, Stacey ?

— Non, merci.

— Johnny ?

— Bonne idée.

Stacey vit Bodmin prendre tout son temps pour verser deux cognacs et allumer une cigarette : elle imposait silence dans la pièce où ils écoutaient les bûches craquer dans le feu. Au *Moon and Stars*, Stacey avait été frappée par les dons d'actrice de Bodmin. Celle-ci était capable de tenir le centre de la scène, et de dominer parfaitement chaque situation.

— J'ai reçu trois coups de téléphone et une lettre de l'école de Merryn-John. D'après ce que je peux en déduire, quand on en vient à se complaire dans des racontars aussi malveillants, c'est que les maîtres sont pires que les élèves. Une école convenable ne permettrait pas qu'on mette un enfant dans une telle situation.

Stacey s'était attendue à des coups de téléphone lui apprenant que la scène de cette matinée dans le brouillard, où elle avait vu Merryn-John ensanglanter le visage du petit rouquin, s'était reproduite. Elle apprenait maintenant que les appels avaient tous été adressés à Bodmin.

— Je suppose qu'on ne devrait pas s'en réjouir pour Merryn-John, mais quel choix offre-t-on à ce gosse à part l'école buissonnière ? (Elle eut un soupir de contrariété.) Ils m'ont convoquée lundi à 3 heures, comme si nous étions à leur disposition.

Pourquoi l'école n'avait-elle pas appelé le domicile de l'enfant, et son père ? Bodmin n'était pas la mère. Stacey jeta un regard à Johnny, mais il n'était pas disposé à intervenir : il regardait fixement le feu. Savait-il où Bodmin voulait en venir ? Pour le moment, elle affectait simplement de décider avec eux de l'avenir de l'enfant entre café et cognac, au cours d'une conversation des plus civiles, et dans un monde plein d'amour et de compréhension. Ne voyait-il pas qu'elle avait déjà décidé que Merryn-John entrerait à Kentnall ?

La colère s'empara de Stacey. Elle savait que Johnny trouvait son fils trop jeune pour être expédié loin de chez eux en plein trimestre. Elle l'avait entendu dire à Bodmin qu'il voulait le garder à la maison pour qu'il fasse plus ample connaissance avec sa nouvelle maman. Son instinct ne l'avait pas trompée.

Et leur joyeuse escapade à Plymouth ? Si on l'envoyait en pension, ils n'auraient plus l'occasion de renouveler cette merveilleuse journée passée ensemble à rire et à courir comme s'ils avaient été frère et sœur. Il l'avait appelée Stacey et l'avait embrassée sans qu'elle ait eu besoin de le lui demander. Si on l'éloignait de Seagate, elle ne le reverrait pas avant les vacances de Noël, et après cela, rarement. Non, ce n'était pas ce qu'elle désirait, et ce n'était pas non plus ce que voulait son père. Alors, pourquoi Johnny restait-il là comme une nodosité sur une bûche ? Johnny était son père. Bodmin était sa tante, pas sa mère, Stacey était résolue à se battre pour l'enfant : dorénavant n'était-ce pas elle sa mère ?

— S'il part maintenant, commença-t-elle avec prudence, et sur un ton si raisonnable qu'elle eut l'air d'afficher un respect éperdu pour l'autre femme, est-ce que sa famille ne donnera pas l'impression de vouloir se dérober devant les racontars ? Je veux dire, et peu importe si c'est difficile pour l'instant, est-ce qu'il ne vaudrait pas mieux en finir avec cela d'abord, et discuter *ensuite* du changement d'école ?

Le sourire de Bodmin n'était pas plus un vrai sourire que la discussion n'avait été un véritable échange de vues. Son regard glissa sur Stacey et se posa sur Johnny, qui semblait absorbé par la contemplation du feu, et ce fut à cet instant même que Stacey sentit qu'il était question de bien autre chose que de l'école du garçon. Une ombre planait sur leurs vies. Un secret de famille, qu'on ne lui avait pas confié, les empêchait de pénétrer au cœur du sujet. Et si ce secret avait quelque rapport avec le regard de folie furieuse qu'elle avait vu tour à tour chez le père et le fils, avec cette violence dont elle était venue à croire qu'elle habitait tous les mâles de la famille ? Stacey eut envie de crier que le temps était venu de tirer cela au clair. Au lieu de punir l'enfant, pour l'amour du Ciel, qu'ils en parlent, qu'ils remuent ciel et terre pour résoudre le *vrai* problème. Mais Stacey s'obligea au silence, et elle observa attentivement Bodmin. Quoi qu'elle ait pensé de la sœur de Johnny, en ce moment précis elle était certaine d'une chose : Bodmin aimait l'enfant tout autant qu'elle. Ils l'aimaient tous les trois, et il ne devait pas être livré à des étrangers dans un de ces édifices de pierre grise, pleins de proviseurs et de tyrans, dont elle avait lu la description dans Dickens.

Elle ne supportait pas ce que Bodmin envisageait pour lui, et elle ne supportait plus de rester assise là à réprimer son envie de le leur crier. Non, elle n'était pas des leurs. Serait-elle jamais un membre à part entière de cette famille ? Et aurait-elle un jour le courage de crier pour venir en aide à quelqu'un qu'elle aimait autant que Merryn-John ?

18

— Ton aile va tout à fait bien maintenant. Il ne te reste plus qu'à décoller. Essaie.

À genoux sur le quai de pierre, Merryn-John encourageait son canard à s'envoler dans le ciel bleu d'azur parsemé de flocons de nuages blancs. Du chantier où travaillaient son père et ses deux hommes, ce samedi-là, parvenait le bruit strident de la scie. Merryn-John se pencha pour se mettre au niveau de l'œil du canard.

— Écoute. Après-demain, je ne serai plus là pour m'occuper de toi. Alors, vas-y. Décolle.

Il aperçut une voile blanche sur la mer, contre le ciel, et se releva. C'était un bateau qu'il ne connaissait pas, un yawl assez proche pour qu'il entende l'homme de la barre lui demander en criant s'il était bien à Seagate. Merryn-John pointait son bras au-delà de la digue lorsque l'homme hurla :

— C'est le chantier Haines ?

Le garçonnet acquiesça et lui fit signe d'envoyer une amarre. Il repoussa le canard du pied, attrapa le filin lové sur lui-même et le fixa adroitement sur un anneau.

— Bien joué ! Merci !

L'homme, bronzé, parlait avec un léger accent dont Merryn-John décida qu'il devait être français. La chemise rayée du navigateur était, elle, certainement française. Il sauta sur le quai, très élégant dans son pantalon blanc et ses chaussures de toile.

— C'est un yawl à corne, n'est-ce pas ?

— Exactement. Vous vous y connaissez en bateaux. Cela signifie que vous devez être le fils de John Haines.

— Absolument.

Daniel eut un sourire. « Absolument » était l'une des expressions favorites de Stacey.

— Et c'est sans doute votre père qui est là-bas en train de façonner une coque ?

— Oui.

À ce moment-là, le canard intervint avec des *coin-coin* retentissants.

— Vous aimez les canards ?

— Seulement à l'orange.

Daniel sourit pour montrer au gamin que son ami sur pattes ne courait aucun danger, et il lui tendit la main.

— Je m'appelle Daniel Béringer. Votre belle-mère est une de mes amies.

Merryn-John se tenait bien droit, et d'une manière infiniment courtoise, il lui tendit la main à son tour.

— Bonjour, je suis Merryn-John Haines.

— Heureux de vous connaître, Merryn-John Haines.

— Êtes-vous Français, ou quelque chose comme ça ?

— Je suis français. Puis-je vous demander de me présenter à votre père ?

Merryn-John fourra le canard caquetant sous son bras, et appela son père. La plainte de la scie décrut, et dans le matin redevenu silencieux, on entendit le bruit du ressac et le cri aigu des mouettes. Johnny continua à travailler avec Chambers sur la coque jusqu'à un endroit où il pouvait s'arrêter, puis il épousseta la sciure de son chandail noir et leva les yeux vers l'étranger. Merryn-John dit :

— Son nom est M. Béringer. C'est un ami de Stacey, et il veut te rencontrer.

Les deux hommes se serrèrent la main, et Daniel se présenta.

— Daniel Béringer, Mr Haines. Stacey vous a peut-être parlé de moi. J'arrive de Dieppe : une véritable expédition. Il n'y a pas que la langue qui sépare nos deux pays. La Manche n'est pas toujours de tout repos.

— Si vous voulez bien m'excuser, il faut que j'apprenne à voler à ce canard, déclara Merryn-John. Très heureux d'avoir fait votre connaissance, M. Béringer.

— Très heureux de vous avoir rencontré, ainsi que votre canard, Merryn-John. Merci.

Les deux hommes regardèrent le gosse s'éloigner vers l'extrémité du quai.

— Votre fils manipule une amarre en parfait matelot. Ce sera un vrai loup de mer.

Johnny observa son fils et le volatile pendant qu'ils retournaient sur le quai, mais il ne dit rien. Daniel lui offrit une Disque bleu qu'il ne prit pas.

— Vous avez reçu mon télégramme ?

— Vous n'avez pas eu le mien ?

— J'étais en mer.

— Je vous ai télégraphié, M. Béringer. Je suis désolé que vous ayez fait ce voyage, mais je crains qu'il ne me soit guère possible de vous venir en aide. C'est ce que je vous ai répondu.

Daniel tira une longue bouffée de sa cigarette, et fronça les sourcils.

— Ah, mais c'est une très mauvaise nouvelle pour moi. Il n'y a que Johnny Haines pour réparer un yawl comme celui-ci.

Johnny s'appliquait à ne pas regarder le bateau que son fils avait amarré.

— Désolé.

Daniel exhala longuement la fumée de sa cigarette, et son haussement d'épaules fut très français.

— Peut-être que si vous jetiez un coup d'œil...

Au lieu de regarder le bateau, Johnny dévisageait Daniel. Quand il s'adressa à l'agent de Stacey, il lui donna du « Monsieur Béringer », tandis que Daniel appelait le mari de Stacey « Mister Haines ». N'étant décidés ni l'un ni l'autre à combler le fossé qui les séparait, ils se retranchaient tous deux derrière ce formalisme qui les protégeait en un moment délicat.

— Monsieur Béringer, je connais vos liens avec Stacey, et elle m'a dit tout ce qu'elle vous devait, mais il n'y a aucune chance pour que j'accepte davantage de travail. J'ai déjà trop de retard sur mon calendrier.

— C'est Blanchard et Fils qui ont construit ce yawl. Vous connaissez Blanchard et Fils ?

— Naturellement.

— Il est presque parfait. Je dis presque parce que, ainsi que vous le verrez, ils ont commis quelques erreurs plutôt stupides, des erreurs que vous pourriez rattraper.

Johnny adressa à Chambers et à Richard un regard qui les remit instantanément à l'ouvrage. Avec un bruit strident, la scie s'attaqua au bois. Daniel conduisit alors Johnny jusqu'au quai. Il resta silencieux, face au yawl, en fumant, tandis que Johnny, accroupi, auscultait le bateau. Johnny se releva, sauta à bord, puis, après avoir jeté un regard par l'écoutille, se laissa choir dans la cabine. Il revint à l'air libre visiblement impressionné, et sauta de nouveau au côté de Daniel, qui fumait toujours en silence.

— Ça pourrait faire un superbe bateau.

— Pas sans l'aide de Johnny Haines.

Stacey aperçut les deux hommes sur le quai avant qu'ils la voient. Elle eut un mouvement de recul, mais, après avoir hésité longtemps, elle se hâta de descendre l'escalier en agitant la main et en souriant. Elle avait trouvé une contenance, ce que Daniel ne manquerait pas de remarquer. Et il savait qu'elle n'appréciait pas sa présence.

— Bonjour, Stacey chérie.

Il l'embrassa sur les deux joues, mais elle s'écarta lorsqu'elle sentit que Johnny avait les yeux fixés sur eux.

Daniel remarqua lui aussi le regard de Johnny.

— Je vous assure, Mr Haines, que ceci n'est pas un complot dans lequel Stacey est impliquée. C'est un complot, je le reconnais, mais j'en suis le seul instigateur.

Il avoua que dès l'instant où Stacey lui avait téléphoné de Yarmouth pour lui annoncer son mariage avec John Haines, le constructeur de bateaux, il avait commencé à conspirer pour que ce dernier répare son yawl.

Johnny engloba Daniel et Stacey dans un regard qui ne révélait rien de ce qu'il éprouvait.

— Il semble que ton ami n'ait pas reçu mon télégramme.

Sa voix ne leur en apprit pas davantage que son regard.

Stacey se rapprocha de Johnny, et la sentant près de lui, il passa le bras autour de sa taille. Elle se coula contre lui, et demeura sans rien dire, pour bien marquer qu'elle n'interviendrait pas dans cette affaire.

— Puisque vous l'avez amené ici pour le faire réparer, je vais vous mettre en rapport avec des personnes que je connais, des personnes de toute confiance.

Johnny se tourna vers Stacey.

— Tu es descendue nous dire que le déjeuner était prêt ?

— Oui.

— Resterez-vous assez longtemps pour déjeuner avec nous, M. Béringer ?

— Je ne voudrais pas vous déranger.

— Nullement. Tu es d'accord, Stacey ?

— Absolument.

Il ne l'avait jamais entendue prononcer son expression favorite avec moins d'enthousiasme. Il était leur invité, et sourit.

rassura : comment aurait-il pu lire en elle ce qu'elle avait confié à Daniel, sa crainte que Johnny, Johnny qui la regardait maintenant droit dans les yeux, ait tué Andrew ?

— Tu tiens à ce qu'il reste ici ?

— Je te l'ai dit : c'est mon meilleur ami.

— Je te demande si tu tiens à sa présence ici, dans ce village ?

— N'est-il pas déjà là ?

— Qu'est-ce que tout cela veut dire ?

— Est-ce que cela doit vouloir dire quelque chose ?

— Je te le demande une nouvelle fois : qu'est-ce que cela veut dire ?

Elle repoussa à nouveau sa chaise.

— Reste là.

Elle détourna son regard du sien.

— Je ne peux pas vivre ainsi, Johnny. Et je ne le veux pas. Que faut-il que je fasse si un homme me regarde ou si un ami apparaît à notre porte ? Que je coure me cacher ? Je t'ai tout dit au sujet de Daniel. Je n'ai pas fait de mystère. Je t'ai dit qu'il était le meilleur ami que j'aie jamais eu, et que je lui confierais ma vie sans hésiter. Des amis. Es-tu capable de comprendre que cela peut exister, l'amitié entre un homme et une femme ? Je peux t'assurer que Daniel n'est pas un pédé, mais ce n'est pas une raison pour que nous ayons couché ensemble. Contrairement à ce que tu sembles penser, il ne m'a jamais touchée. C'est comme ça, que tu le veuilles ou non. Faut-il que je le jure sur la Bible ? Je vais le faire. Où diable ranges-tu la Bible dans cette satanée maison ? Je ne l'ai vue nulle part.

Elle s'interrompit en entendant des voix qui montaient l'escalier.

— Emmène-le chez Gerald, conclut Johnny d'un ton sec.

— On l'invite à dîner ce soir ?

— Puisqu'il est ton ami.

Johnny avait réparé la Jaguar, et le moteur partit au premier tour de clé.

— Adorable village.

Daniel faisait trop de charme, et mettait trop d'ostentation à contempler la grand-rue, avec ses boutiques, ainsi que la digue et le port.

— Je vous ai demandé de ne pas venir.

— Je n'aurais pas voulu manquer ça. Absolument adorable.

— Des nouvelles d'Andrew ?

— J'ai quitté Londres depuis plusieurs jours.

— Vous l'auriez su s'il s'était montré.

— Ce pauvre Larry Stein ne cesse de harceler la police comme un forcené, mais elle ne lui est pas d'un grand secours.

Il alluma une cigarette, et Stacey sut qu'il se préparait à lui parler de Johnny, en commençant par lui dire qu'il avait aussitôt compris ce qu'elle trouvait en lui. Il exhala une bouffée de cette fumée particulièrement épaisse que Stacey associait aux années passées avec lui.

— Il est ce que tout acteur essaie de devenir, en se donnant tant de mal. Un homme, un vrai. Il est merveilleux.

Il laissa retomber son bras sur son épaule, mais Stacey s'écarta.

— Vous prenez tout à la blague. Il ne manquerait plus que les gens d'ici me voient dans vos bras.

— Quel est ce « gentleman farmer » qui promène son épagneul ?

— Arthur Coleman. Rien ne leur échappe, vous savez.

Nous avons établi le fait numéro 1 : votre Johnny n'est pas jaloux au point de ne pas vous permettre de m'accompagner au pub.

— Vous vous croyez très malin, avec votre idée de bateau. À l'heure qu'il est, Johnny sait probablement que vous l'avez loué.

— Il ne le saura que si vous le lui dites. Ce qui me laisse les quelques jours dont j'ai besoin pour élucider un certain nombre de points. Ensuite, je pourrais fort bien changer d'avis, ne pas vouloir le faire réparer du tout, et prendre le large.

Elle ralentit en arrivant devant le *Moon and Stars*, sa dernière chance de le dissuader de rester.

— Écoutez. Je reconnais que je suis à l'origine de toute cette histoire. Je suis venue à Londres pour demander votre aide...

— Me voici !

— Écoutez-moi ! J'ai eu tort. J'ai été déloyale envers Johnny en vous racontant tout, mais c'était à Londres. Ça allait plutôt mal. Je ne veux pas vous savoir ici en train de l'espionner. Il faut que vous partiez, Daniel, je vous en supplie !

— À l'instant où je découvre que tout va bien.

— À Londres, vous avez dit vous-même qu'Andrew allait réapparaître, que je n'avais pas de souci à me faire.

— Vous m'avez dit que Johnny vous faisait peur.

— Bon sang ! Et s'il découvre tout ? Non, je ne veux pas qu'on l'espionne.

Il lui prit la main, mais elle la retira.

— Je veux vous prouver que rien n'est arrivé à Andrew.

Après avoir garé la voiture, elle stoppa le va-et-vient des essuie-glaces.

— Vous avez l'impression que quelque chose va de travers, n'est-ce pas ?

— Pour le moment, je ne peux rien prouver ni sur Andrew, ni sur votre précieux Johnny. Vous êtes la seule qui comptez pour moi. Et ce que je crois — je l'ai compris à Londres —, c'est que c'est en vous que quelque chose va de travers. Je ne vous ai jamais vue comme ça. Qu'est-ce qui vous arrive ?

— Je n'ai qu'un désir, c'est que vous partiez d'ici.

Lorsqu'il sortit ses bagages de la voiture pour bien lui montrer qu'il restait, elle lui mentit en lui disant que Johnny et elle-même avaient fait avec Bodmin, pour le soir, des projets qu'ils ne pouvaient annuler. Elle n'eut pas à mentir pour le lendemain, car le dimanche avait été retenu pour conduire Merryn-John à sa pension. Daniel sourit de son sourire charmeur, et assura qu'il ne se sentirait pas abandonné. Pas du tout. Il dit qu'il s'attendait à passer la soirée seul. Il prendrait son dîner dans ce charmant petit pub, s'enfermerait dans sa confortable petite chambre, et en profiterait pour lire un plein sac de scénarios.

— Quant à demain, vous verrez. Votre Johnny va m'appeler dans la matinée, et suggérer qu'avant d'emmener le gosse à son école, nous sortions le bateau pour voir comment il se comporte.

19

Le dimanche matin, Gerald, portant un plateau de petit déjeuner en haut de l'étroit escalier puis le long d'un couloir, semblait avoir perdu toute sa bonne humeur. Il donna d'abord trois coups rapides dans la porte. Puis, ne recevant pas de réponse, il déplaça le plateau sur sa hanche, et appuya son oreille contre l'épais battant. En entendant les bruits sourds qui venaient de l'intérieur, il fronça les sourcils. Que diable fabriquait le mangeur de grenouilles ?

— 19... 20... 21... 22...

La porte trembla sous un nouveau coup de poing.

— 23... 24... et 25 !

La porte s'ouvrit en grand sur l'unique client du *Moon and Stars*, un homme mince et bronzé, vêtu en tout et pour tout d'un minuscule cache-sexe français de couleur rouge. Gerald, qui soufflait déjà bruyamment au-dessus de son plateau, émit un grognement de bouledogue à la vue du cache-sexe, et de violet son visage renfrogné tourna carrément au pourpre.

— Laissez pas refroidir votre café, Môsieur !

Daniel y alla de son sourire charmeur, et tâta la cafetière.

— Ah, mais il est parfait. Et bien chaud !

— Ce n'est pas du café français, mais de l'anglais. C'est à prendre ou à laisser.

Daniel, avec agilité, bondit pour débarrasser le dessus d'une table à abattant et faire place au plateau de Gerald.

— Mais j'adore le café anglais.

Il jeta un coup d'œil au cadran rectangulaire de sa montre Cartier.

— Je n'ai pas reçu de coup de téléphone de Johnny Haines ?

— Pas de coup de téléphone.

Gerald posa le plateau sans douceur sur la table : les plats s'entrechoquèrent. Daniel toucha le toast et le trouva à la bonne température, mais Gerald se renfrogna.

— Trouverez pas ici vos petits croissants fantaisie. C'est un toast anglais.

— Parfait. Également chaud.

— Et ça, c'est un œuf, annonça Gerald.

Daniel, caressant son ventre très plat, en convint.

— C'en est un.

— Un œuf à la coque.

— Exactement.

— Trois minutes.

— Merveilleux.

— Un œuf anglais, ajouta Gerald à propos de cet œuf unique, blanc. Ici, nous ne sommes pas en France. Nous n'avons pas besoin de noyer tout ça sous un assaisonnement fantaisie.

Gerald se retira en claquant la porte derrière lui, et parcourut lourdement le couloir en secouant la tête.

— Il n'y a rien à tirer de ces mangeurs de grenouilles !

À l'intérieur de la chambre, les coups sourds recommencèrent à faire résonner, en mesure, les vieux planchers. Les exercices avaient repris.

À 10 heures, Gerald appela son client français par le téléphone intérieur : Johnny Haines le demandait. Une heure plus tard, Gerald et Ned se trouvaient derrière le comptoir à essuyer les verres et à préparer l'ouverture du bar, lorsque Daniel, tout éclatant d'un bronzage que ses vêtements blancs de yachtman rendaient encore plus frappant, descendit l'escalier en bondissant.

— Encore bonjour !

Le client était d'une bonne humeur à toute épreuve.

Gerald parvint à émettre un grognement, mais Ned, qui n'avait aucun devoir à remplir en tant qu'hôte, ne répondit pas.

— Excellent breakfast, excellent !

Se frottant les mains avec satisfaction, Daniel se dirigea vers un instrument de cuivre qui miroitait sur la charpente noircie.

— Que nous annonce votre fidèle baromètre ?

— De la tempête, ronchonna Gerald.

— Merveilleux !

Daniel se frotta les mains avec encore plus de contentement.

— Ça rend la navigation beaucoup plus intéressante, non ?

Et il sortit à grandes enjambées.

Ned leva un verre dans la lumière, et dit, tout en l'essuyant :

— Où diable s'en va-t-il celui-là ? Ces mangeurs de grenouilles n'en connaissent pas une broque, sur la voile.

— Johnny s'en apercevra assez tôt.

Deux heures plus tard, ils se trouvèrent pratiquement pris dans un ouragan, et durent hurler les rares paroles qu'ils échangèrent tandis qu'ils se frayaient un passage au travers des vagues déchaînées et déferlant sous les nuages noirs. Daniel réussit l'accostage avec assez d'adresse pour obtenir de Johnny un signe de tête approbateur, puis il sauta sur le quai et se mit au travail pour arrimer le yawl à un treuil. Son idée était de le mettre en cale sèche pour un examen plus approfondi.

La scie pénétra dans le bois en hurlant et Johnny interpella violemment Chambers, au chantier.

— Je t'ai dit de dégager le terrain ! (Il empoigna Richard.) Je ne veux pas que tu te serves de cette scie après une de tes beuveries du samedi !

Johnny avait hissé le yawl hors de l'eau, et Daniel admira la manière experte avec laquelle il faisait courir sa main le long du bordage de chêne.

— Une partie de votre problème se trouve là. Vous avez besoin d'évidements rectilignes pour les clavettes.

— Je vois, fit Daniel.

— Ici, je verrais plutôt un remplacement du chêne...

Le gémissement de la scie s'éleva dans une stridence qui fit faire volte-face à Johnny : Chambers trébuchait sous une pièce de teck qui lui échappait et retombait avec fracas contre l'établi. Le gémissement se tut progressivement alors que Chambers lâchait la scie, et se faisait tout petit sous le regard de Johnny, un terrible regard de rage qui aurait donné l'alerte à n'importe qui. Daniel vit que sa fureur, lovée sur elle-même, sa fureur de brute, était prête à se déchaîner.

Johnny se précipita à travers les copeaux pour relever la planche.

— Fichue !

Richard se tenait hors de portée et Chambers commença à se lamenter. Dans la main de Johnny, la planche éclatée était une arme — prête à assommer Chambers, et les trois hommes attendaient dans l'atelier en retenant leur souffle. Daniel, muet, n'entendait plus que le martèlement de la mer et le cri perçant des mouettes. Nul ne bougeait. Finalement, Johnny lança la planche gâchée contre le mur, de toutes ses forces, et sortit en trombe de l'atelier.

Daniel escalada l'escalier, et passa devant la maison sans même s'arrêter pour dire un mot à Stacey. Il voulait que rien ne puisse altérer la scène dont il venait d'être le témoin, comme s'il s'était agi d'un film qu'il allait se repasser sans arrêt, pendant qu'il revenait lentement, à pied, à travers la brume piquante, vers le *Moon and Stars*. Il en tremblait encore. Jamais il n'avait vu un homme si près d'en assommer un autre. Mais Johnny n'avait pas frappé Chambers. Il avait jeté son arme, et quitté les trois autres sans un mot. Cette sorte de self-control prouvait bien qu'il n'était pas psychopathe. Mais ce qui avait provoqué la scène à laquelle Daniel venait d'assister, c'était un simple bout de planche gâché. Si la fureur de Johnny s'était déchaînée, non à cause d'une pièce de teck perdue, mais pour la femme qu'il aimait, se serait-il arrêté ?

20

Daniel promena son regard à travers la fumée. Parmi ces hommes et ces femmes qui, en cette soirée du dimanche, buvaient leur bière, brune ou blonde, au *Moon and Stars*, y en avait-il un qui savait ce qui était arrivé à Andrew ? Son hôte, le jovial Gerald, avait servi au Français un bourbon américain, puis il avait repris ses distances en se cantonnant à l'extrémité du comptoir avec les lanceurs de fléchettes.

Demain, lundi, quand les garages du coin seraient ouverts, Daniel chercherait à savoir ce qu'était devenue la Mercedes disparue. Il se rendrait au *Druide* pour poser quelques questions sur le photographe de Londres qui avait réservé ce samedi-là. Interroger un seul des villageois qui se trouvaient ici dans la fumée ne lui aurait valu que des regards soupçonneux et un silence plus opaque. Avant qu'il ait été en mesure de leur poser une seule question, ils auraient déjà refermé les rangs contre lui.

Il remarqua un autre homme qui se tenait à l'écart, et se demanda s'il était un paria ou un étranger comme lui. Un second regard lui apprit que cet homme au visage gris, dont les yeux semblaient emplis de chagrin et qui serrait sa bière contre un trench-coat graisseux, ne perdait pas un seul de ses gestes.

Deux femmes aux cheveux blancs, vêtues d'imperméables bleu pâle, entrèrent brusquement, saluèrent les buveurs, égouttèrent l'eau de leurs parapluies en se plaignant du temps, et commandèrent des coupes de champagne.

— Vous ai-je dit que Bodmin avait retiré le gamin de l'école et qu'elle l'avait expédié ?

— À cause d'elle, vous croyez ?

— Peut-être aussi parce qu'elle ne peut pas continuer à cacher que ce gosse est une véritable terreur.

— Ils l'ont emmené en pension aujourd'hui, n'est-ce pas ?

— Aujourd'hui, oui.

— Elle est jolie, la femme de Johnny.

— Mmm.

— Dans son genre, j'entends. Le genre starlette.

— Il y a des tas de filles ici qui sont aussi jolies qu'elle. Et même davantage.

— Je veux dire qu'elle est en quelque sorte différente des autres. Plus voyante. Je suppose que c'est ce qui lui plaît en elle.

Les lunettes à monture de métal que portait la commère scintillèrent sous les lampes. Elle venait de s'aviser que l'étranger, qui se trouvait suffisamment proche pour entendre chacune de ses paroles, était un ami de la femme de Johnny. Elle porta une main toute rose à sa bouche, et feignit d'être mortifiée par son indiscrétion. Avec un petit rire, elle donna un coup de coude à sa compagne pour l'avertir de ne pas en dire plus. Celle-ci opina du bonnet et, avec son visage étonné et son dentier mal ajusté, elle se mit à examiner ouvertement Daniel. Puis toutes deux se détournèrent vivement, et se penchèrent l'une vers l'autre pour comploter à voix basse.

Chambers et Richard entrèrent à leur tour. Le plus âgé des deux hommes siffla sa pinte presque d'un trait, puis essuya sa bouche dégoulinante de bière en ignorant le Français. Daniel se dit qu'au moins, il avait un prétexte pour parler avec ces deux-là, et qu'il serait peut-être en mesure d'aiguiller la conversation sur Andrew. Il passa devant l'homme au visage gris, qui ne l'avait pas quitté des yeux, et fendit la foule en direction du bar et des deux employés de Johnny.

— Bonsoir.

Ils firent tous deux un signe de tête, mais sans un mot.

— Vous travaillez souvent le dimanche ?

— Y a à faire.

Richard, habituellement disert, parlait d'une manière assez laconique pour décourager toute conversation. Chambers fronça les sourcils.

— C'est parce que tout le monde connaît votre réputation.

Daniel sourit et leva son bourbon dans un toast à leur habileté d'artisans. Richard but sa bière. Chambers alluma une cigarette pour montrer qu'il n'avait aucune intention de se laisser piéger dans une conversation. Ses yeux rouges ne rencontrèrent jamais ceux de Daniel, l'homme qui l'avait vu s'aplatir de terreur devant Johnny.

— Je suis très heureux que Haines ait décidé de travailler à mon bateau. (Aucun des deux hommes ne regardait le Français.) Qu'est-ce que vous buvez là, tous les deux, de la bière forte ou légère ?

— C'était ma dernière, dit Richard en refusant son offre.

— Moi aussi, grommela Chambers.

Ils s'éclipsèrent tous deux et se fondirent rapidement dans un groupe d'autres travailleurs. Daniel regarda autour de lui. À l'extrémité du bar, à l'endroit exact où il s'attendait à le trouver, il y avait ce visage gris qui le regardait avec ses yeux de chien battu. Il connaissait ce genre d'individus. On en rencontre dans presque tous les débits de boisson d'Angleterre, de France ou de n'importe où dans le monde : c'est celui que les autres évitent. Le proscrit, le paria, qui boit seul jusqu'à ce qu'un étranger fasse son apparition : alors, il se rue sur l'infortuné. Daniel avait appris cette leçon tout enfant : quand on entre dans une nouvelle école, il ne faut pas se hâter d'accorder son amitié à la première personne qui vous offre la sienne, car trop souvent, elle est celle que les autres ont rejetée. Depuis, il avait reconnu dans cette leçon un commentaire triste, mais néanmoins véridique de la vie. Bien entendu, à Seagate, l'homme du bout du comptoir pouvait se montrer utile. Le fait d'être un paria ne signifiait pas qu'il était stupide ; il se pouvait très bien qu'il déborde d'envie de révéler des choses sur Andrew, ou sur Stacey et Johnny. Cet homme, qui l'observait, connaissait probablement Johnny depuis toujours. Daniel n'avait qu'à attendre, en buvant son bourbon : dans moins de quelques minutes, l'homme serait à son côté.

En attendant, ses pensées allèrent vers Stacey. Pour l'éviter, il le savait parfaitement, elle avait prétexté que le fait de conduire le gosse à sa nouvelle école en compagnie de Johnny et de sa sœur prendrait toute la journée. Il devina qu'à cette minute même, Stacey était tellement tourmentée par sa conscience qu'elle ne manquerait pas de l'appeler dans la soirée pour l'inviter. Oui, le lendemain, Johnny et elle l'emmèneraient dîner dans le plus chic restaurant du coin, un endroit public qui leur éviterait de parler aussi librement que dans l'intimité de leur maison. Stacey demanderait à sa belle-sœur de se joindre à eux, garantie supplémentaire que leur conversation s'en tiendrait aux généralités et demeurerait purement mondaine. À 9 heures, conjectura-t-il. À 9 heures, le téléphone sonnerait ici, au *Moon and Stars*, et Stacey l'inviterait à dîner au restaurant.

L'homme au visage gris se tenait maintenant près de lui, engoncé dans son trench-coat crasseux. Il accrocha sa canne au rebord du comptoir. Comment allait-il commencer ? Quel prétexte trouverait-il pour engager la conversation ? Allait-il demander du feu, parler de la pluie et du beau temps ?

— Méfiez-vous de Haines.

Il avait parlé si bas que le ton rauque de sa voix éliminait d'emblée tout subterfuge pour une ouverture amicale. En une seule phrase, il montrait qu'il connaissait l'identité de Daniel, et qu'il était impatient de dégorger sa haine pour la famille la plus puissante du village. Ce parler direct surprit suffisamment Daniel pour qu'il se donne le temps d'allumer une Disque bleu, mais il n'offrit pas de cigarette à l'étranger. Il ne dit rien. Il partait du principe que lorsque quelqu'un a un secret, il ne faut pas le presser. Feindre l'indifférence était le meilleur moyen d'obliger l'autre à parler : ce n'était pas d'une stratégie remarquable, mais Daniel l'utilisait souvent.

— Qu'avez-vous dit ?

Daniel avait l'air parfaitement indifférent.

— Vous m'avez très bien entendu.

Daniel tira une longue bouffée de sa cigarette, prouvant ainsi qu'il savait donner le change. Pâle comme un mort, l'homme se rapprocha de lui. Daniel s'attendit à une mauvaise haleine.

— Vous ne le connaissez pas.

Daniel le considéra froidement à travers la fumée de sa cigarette. L'homme s'agitait : ce qu'il avait à dire ne pouvait plus attendre.

— Vous venez de Londres. Vous êtes un ami de sa femme.

— Le fait est que Haines effectue un travail sur mon bateau.

— Vous êtes ici parce que vous êtes un ami de sa femme.

— Ce qui fait de moi un ami de Haines. Écoutez, Mr... Je ne crois pas avoir entendu votre nom.

— Lysker.

— Mr Lysker, apparemment, vous avez à me dire au sujet de Haines quelque chose que je ne me soucie pas d'entendre.

Daniel se recula suffisamment pour que Lysker, s'il voulait continuer sur ce ton de conspirateur, doive raccourcir la distance et faire deux pas supplémentaires le long du comptoir : Daniel attendait en fumant, sans être sûr du tout que sa tactique réussirait. Du coin de l'œil, il vit que l'homme piétinait, terriblement impatient de partager sa haine de Johnny avec un autre étranger, quelqu'un d'extérieur au village, qui voudrait l'écouter.

Lysker fit glisser sa canne le long du comptoir, et franchit les deux pas.

— Ils font tous semblant de l'aimer, mais c'est parce qu'ils ont peur de lui. Tous. Ils le connaissent. Tenez, regardez Chambers, ce gros lourdaud pleurnicheur. Il est terrorisé par lui.

Daniel se demanda si Lysker était au courant de ce qui s'était passé entre Johnny et Chambers ce matin-là, ou s'il faisait allusion à une crise de fureur dont il aurait été antérieurement le témoin.

— Chambers travaille pour lui, dit Daniel en guise d'absolution pour Johnny.

— Le village tout entier travaille pour lui, d'une manière ou d'une autre, pour lui et pour sa toute-puissante sœur. C'est pourquoi personne n'a assez de tripes pour dire un mot plus haut que l'autre.

— Mr Lysker, vous avez peut-être vos raisons pour parler ainsi, mais Haines s'est montré parfaitement correct avec moi.

— Vous êtes ici parce que vous vous faites du souci pour elle, et parce que vous voulez découvrir ce qui est arrivé à Andrew Norton.

— Je suis ici pour faire réparer mon bateau.

Lysker leva sa bière avec un hideux sourire.

— Si vous savez quelque chose au sujet d'Andrew Norton, ajouta Daniel, je vous suggère de ne pas me le dire à moi, mais d'aller directement à la police.

Le sourire de Lysker, humecté de bière, devint encore plus horrible.

— Très habile.

De sa main osseuse, il essuya ses lèvres.

— C'est vraiment très habile de votre part de vous comporter comme si vous ne vouliez pas écouter ce que vous brûlez d'entendre.

Lysker scruta le visage de Daniel. Son haleine puait encore plus que la bière.

— Je pourrais vous révéler des choses qu'elle ne vous a pas dites, à Londres.

Dans le monde du show business, il était arrivé à Daniel de

négocier des contrats particulièrement délicats. Il s'enorgueillissait de l'avoir emporté sur des personnalités extrêmement compliquées et souvent tortueuses, en mettant au jour leurs vrais mobiles, en trouvant, derrière le subterfuge, la motivation réelle. Ici, son indifférence affectée avait été une erreur. Il avait sous-estimé ce Lysker, qui avait compris son intérêt pour Stacey et les raisons qui l'avaient amené à Seagate. Comme il n'avait aucun moyen de deviner ce que l'autre savait, il prit garde, devant cet homme repoussant, cet homme qui le fixait dans une proximité si gênante, de ne rien dire ou faire qui risque de le fermer. Il devait se montrer absolument honnête.

— Je suis l'ami de Stacey. Si elle en a besoin, je serai là pour l'aider.

Lysker humecta ses lèvres minces, mais cette fois, sans sourire.

— Johnny sait que vous aimez sa femme ?

— Bien sûr. Il sait que, positivement, je l'adore. Après tout, nous avons travaillé ensemble à Londres, où j'ai été son agent pendant neuf ans.

— Je ne parle pas d'adoration. Vous vous adorez tous, vous autres, gens du spectacle. Moi, je parle d'amour. Vous la désirez de la même façon que tous les hommes qui la regardent la désirent.

21

Dans la Rolls Royce de Bodmin, les quatre Haines étaient décidés à se montrer de bonne humeur, et à convertir ce voyage familial, qui acheminait Merryn-John vers sa nouvelle école, en une journée qu'ils pourraient se rappeler avec bonheur. Bodmin saisit son « biper » de médecin sur le siège de cuir, à côté d'elle, et l'enferma dans la boîte à gants. On ne l'appellerait plus : elle était hors de portée de sa clinique.

Stacey s'était mesurée à Bodmin au sujet de la pension. Cela n'avait pas été un grand combat, elle devait le reconnaître, et c'était un combat qu'elle avait perdu. Retirer Merryn-John de l'école locale lui apparaissait comme une façon de fuir Seagate : cela, elle ne le supportait pas. Elle s'efforça de voir le bon côté des choses. Le changement épargnerait à Merryn-John tous ces commérages haineux et ces bagarres avec les autres garçons. Pendant que la confortable voiture roulait sous la pluie, elle avait l'impression, avec Johnny à côté d'elle et son fils sur le siège avant, près de Bodmin, qu'elle laissait derrière elle l'horrible anxiété qui n'avait cessé d'être la sienne au cours de ces quinze derniers jours à Seagate.

Le premier aperçu de Kentnall Hall lui redonna le moral. La pluie s'était arrêtée, et elle put contempler les ormes gigantesques qui s'égouttaient sur la route. Celle-ci descendait à travers des pelouses d'un vert brillant vers la boucle d'une rivière. Au lieu du sinistre édifice de pierre à la Dickens qu'elle redoutait, Stacey vit s'élever des tours de brique rouge, très gaies, où courait une frise blanche. Des jeunes en blue-jean, walkman aux oreilles, dansaient le bop dans une antique cour de garde. Certes, on était dimanche, et ces garçons profitaient de leur jour de congé, pourtant, Stacey dut reconnaître qu'ils étaient loin d'avoir l'air malheureux. Beaucoup riaient avec autant d'insouciance que les rouges-gorges après la pluie.

Stacey essaya de se convaincre qu'après tout, c'était peut-être la bonne solution pour Merryn-John. Elle n'avait jamais mis en doute que Bodmin aimait l'enfant et voulait son bonheur tout autant qu'elle. Peut-être était-il prédestiné à cet endroit où Johnny et des générations de Haines mâles avaient été en pension avant lui. Johnny n'avait-il pas dit lui-même qu'il s'était plu à Kentnall ?

Mais Merryn-John était si jeune.

Lorsque Bodmin eut garé la voiture, elle fit signe à Stacey de la rejoindre, et de laisser le père et le fils les précéder dans l'allée de brique pilée.

— C'est un de ces moments très anglais où un père anglais recommande à son fils anglais de montrer un caractère anglais et d'être un bon sportif.

Elle glissa son bras sous celui de Stacey.

— Dieu sait que ce n'est pas facile d'être un nouvel élève.

Stacey comprit brusquement que Bodmin, celle qui avait insisté pour Kentnall, celle qui avait combattu Stacey pour envoyer Merryn-John ici, éprouvait, en dépit de toute la gaieté montrée dans la voiture, les mêmes sentiments qu'elle. Elle aimait Merryn-John, et partageait les soucis de Stacey au sujet des difficultés qu'il affronterait. Stacey fut émue au point de sentir ses yeux s'embuer, et jamais elle ne se sentit plus proche de sa belle-sœur qu'à cet instant-là.

Le proviseur, Mr Prowse-Reynolds — un nouveau que Johnny ne connaissait pas — était jeune, plein d'allant et de sourires. Il les installa devant le feu qui brûlait dans la cheminée de son bureau, et au lieu du sherry que Stacey attendait, il leur servit trois vodkas et un jus d'orange pour le nouveau pensionnaire. Lorsque vint enfin le moment que Stacey redoutait, celui des adieux, Merryn-John se montra courageux. Il serra la main de son père, qui le saisit et l'attira contre lui avec force. Il embrassa Bodmin et Stacey, et ne pleura pas. Ses derniers mots à Stacey furent pour son canard.

— Entraînez-le à voler.

Stacey partagea le siège avant avec Johnny et Bodmin qui fuma durant tout le trajet du retour. Les essuie-glaces balayaient la pluie, mais sans faire aucun bruit : telle est la différence, se dit Stacey, entre une Rolls et la plupart des autres voitures.

— C'est vraiment stupide, n'est-ce pas, de fumer quand on est médecin ? Vous devez penser que je devrais essayer d'être une sorte de modèle pour mes patients et pour le village. Vous n'avez jamais fumé, Stacey ?

— Je fumais.

— Vous avez arrêté ? Quelle sagesse !

— L'hypnose.

— Fascinant. En Californie ?

— Oui.

— Très californien, l'hypnose, et toutes ces choses-là. Et la marijuana ?

— Vous voulez dire : est-ce que j'ai essayé ?

— Vous en fumez ?

— Non.

— Moi, j'aime bien une bouffée de temps en temps, mais naturellement, en tant que médecin, ici, je dois donner l'exemple. Il faut que j'attende d'être en vacances dans des endroits ensoleillés.

Bodmin souriait en songeant à ces endroits ensoleillés et à la marijuana.

— À votre avis, est-ce que la marijuana a envahi Kentnall ?

— J'en ai peur, dit Johnny.

— On dit, poursuivit Bodmin, que c'est chose courante dans les écoles de Californie.

— Je ne saurais vous répondre. J'ai quitté l'Amérique depuis neuf ans.

— Neuf ans ! Et vous ne regrettez pas la Californie ?

— Je regrette le soleil. J'adore voir le soleil briller quand je me lève le matin.

— Qui ne se trouve dans ce cas ? C'est le paradis, mais ce n'est pas, j'en ai peur, l'Angleterre. Je vais vous confier un secret à propos de notre climat. Nous n'arrivons pas à nous y faire. Comme je vous l'ai dit, j'adore les pays chauds. Johnny et moi, nous sommes allés à Eleuthera l'hiver dernier. Le paradis, Eleuthera. Nous aimons aussi Majorque, le Maroc. Et la Floride, n'est-ce pas, Johnny ?

Stacey essaya d'imaginer Bodmin dans un pays chaud : Eleuthera, Majorque, le Maroc, la Floride. Des pays chauds, en fumant de l'herbe. Elle songea à la question de Daniel : y avait-il un homme dans sa vie ? Une femme aussi belle et chaleureuse, riche, charmante et sportive, il était inimaginable que tous les hommes ne soient pas attirés par elle et ne la désirent pas. Elle était tout cela, mais aussi un chirurgien célèbre. Combien d'hommes pouvaient-ils se hisser à son niveau ? Stacey, tout en contemplant les essuie-glaces silencieux, en conclut que trouver un homme à sa hauteur devait poser un problème à Bodmin. Pourtant, avec son entourage exceptionnel, elle avait sûrement un amant. Était-il de Seagate, des environs de Seagate, de Plymouth ? Stacey tenta de se le représenter, mais ce n'était pas facile.

— Zut !

Bodmin venait de penser brusquement à quelque chose. Elle écrasa sa cigarette dans le cendrier. Les gants de Merryn-John ! Ils étaient restés sur le siège arrière. Ces jolis gants que Stacey lui avait rapportés de Londres.

— Trop loin pour revenir, dit Stacey.

Elle était désappointée que l'enfant les ait oubliés, mais heureuse que ce soit Bodmin qui l'ait remarqué la première.

Ils roulaient sous la pluie. La tiédeur de la voiture, la radio qui jouait tout doucement du Mahler, et le fait d'être assise entre le frère et la sœur, emplissaient Stacey d'une merveilleuse sensation de bien-être. Elle se sentit soudain très à son aise parce qu'elles avaient parlé ouvertement, Bodmin et elle, de marijuana et de Californie, du climat et des pays chauds, et parce que Bodmin s'était rappelé que les gants de Merryn-John, là, sur le siège, étaient un présent de Stacey. Elle avait aimé cette femme dès cette première soirée, le dimanche, et maintenant que la question de Kentnall était résolue, elle souhaita que Bodmin partage ses sentiments. Elle se mit en garde, toutefois. Elle ne devait jamais oublier que, tout comme Merryn-John était nouveau à cette école, elle était nouvelle à Seagate et dans cette famille. Elle se rappela que Bodmin n'était pas celle qui l'avait choisie pour partager le reste de sa vie. C'était Johnny qui avait fait ce choix.

Stacey jeta un coup d'œil à sa belle-sœur. Jamais elle n'avait rencontré une femme capable à la fois d'une telle autorité et d'une telle aisance dans tout ce qu'elle faisait, et avec autant de grâce et de charme. Obéissant à son impulsion et à la chaleur du moment, elle tendit sa main vers celle de Bodmin.

— Je suis heureuse que vous soyez ma belle-sœur.

Bodmin étreignit sa main, et le visage de Stacey s'éclaira d'un sourire.

Puis Bodmin et Johnny se mirent à parler du nouveau bateau qu'il avait commandé à Whitsun et qui serait bientôt prêt.

— Ce qui me ferait plaisir en ce moment précis, déclara Bodmin, c'est un hamburger épais et bien juteux. Vous croyez qu'ils ont quelque chose qui ressemble à un MacDonald par ici ?

Stacey souriait. Qui aurait imaginé Bodmin en train de manger un hamburger dans un snack ?

Elle en savoura chaque miette, ainsi que le ketchup et les frites. Elle parut apprécier la musique rock qui résonnait autour d'eux, et Stacey se félicita que ce voyage à Kentnall leur eût permis de passer trois heures ensemble. Bodmin alluma une cigarette.

— Ce sera notre repas du dimanche soir, vous êtes tous d'accord ?

— Absolument, dit Stacey.

— Maintenant (Bodmin aspira la fumée tout en s'apprêtant à parler d'une chose à laquelle elle venait de penser), qu'est-ce que nous faisons pour votre ami de Londres ? Vous ne pensez pas qu'en ce moment M. Béringer doit se sentir affreusement délaissé ?

— Il peut toujours parler avec Gerald.

— Gerald exècre les Français.

— Je me sens terriblement coupable au sujet de Daniel,

reconnut Stacey, mais la vérité, c'est que je ne lui ai pas demandé de venir.

— Pourtant, c'est un ami. Si vous voulez l'inviter à La Maison, nous pouvons faire un petit dîner dans la salle à manger et le laisser jeter un coup d'œil à nos ancêtres.

— Non, ce n'est pas la peine.

Stacey était en train d'essuyer une trace de moutarde sur le menton de Johnny.

— Très bien, dit celui-ci. Nous resterons entre nous.

— J'aimerais mieux qu'on l'invite au restaurant, où il y aura d'autres gens. Et si vous vouliez, Bodmin, je serais heureuse que vous veniez. Ce ne sera pas une corvée. Daniel vous plaira.

— Ce sera avec grand plaisir.

— Au Ploughman ? demanda Johnny à sa sœur.

— Le Ploughman, ce sera parfait.

— En vérité, reprit Stacey, Daniel s'est toujours fait du souci pour moi. Voilà quel a été son travail durant toutes ces années où il a été mon agent : se faire du souci pour moi. Il pense qu'il me connaît mieux que je ne me connais moi-même.

— À Seagate, nous ne voyons pas beaucoup d'imprésarios, dit Bodmin.

— On apprend à leur confier littéralement sa propre vie. Et Daniel est réellement merveilleux, mais il n'arrive pas à se mettre dans la tête que la fille qu'il a vue arriver à Londres et y travailler durant neuf ans soit brusquement capable de tout quitter pour s'en aller vivre dans un village, respirer l'air marin, écouter les mouettes, contempler le phare et ne désirer rien d'autre pour le reste de sa vie qu'être la femme d'un marin.

— Dites-lui que nous sommes de pauvres petits provinciaux, et que nous ne savons pas mieux faire.

Bodmin sourit pour montrer qu'elle exagérait cette autocritique.

— On ne se remet pas en question quand on est né ici, et nous aimons ce pays — à condition de pouvoir aller prendre le soleil de temps en temps d'un coup de jet, dans un pays chaud.

— Daniel est comme un tas de gens que j'ai connus. Il croit que la vie ne peut être vécue que dans un nombre restreint de grandes villes.

— Il n'a peut-être pas tort, dit Johnny. Pour reprendre une de ses expressions, il t'adore, manifestement, et il aime les bateaux.

Stacey acquiesça. Daniel aimait en effet les bateaux. De sa part, ce n'était pas un mensonge. Il s'y connaissait et il les aimait, mais ce n'était pas à ce titre qu'il se trouvait à Seagate. Daniel était venu à Seagate pour savoir si Johnny avait vraiment tué Andrew.

Ils arrivèrent à Seagate et à La Maison. Bodmin laissa Johnny et Stacey à la porte de la cuisine. Pendant qu'elle garait la voiture et fermait à clé le garage, Johnny brancha la bouilloire électrique pour faire du café. Bodmin suspendit ses clés à un crochet, à l'intérieur d'un placard, et alla dans son bureau écouter le répondeur téléphonique.

Johnny se trouvait seul dans la cuisine lorsque sa sœur revint du bureau.

— Je préfère ne pas imaginer la maison sans Merryn-John, dit Johnny. Elle est petite, mais elle va paraître bien vide.

— Bodmin ?

C'était Stacey qui appelait de l'extérieur, dans le noir. Bodmin suivit Johnny jusqu'à la porte ; ils la virent debout dans l'allée de gravier, devant le garage.

— Ça fait deux fois aujourd'hui que j'oublie les gants de Merryn-John, leur dit-elle de loin. Ils sont sur le siège arrière de la Rolls, et j'ai besoin de vos clés pour entrer dans le garage.

Johnny ouvrit la porte du placard où se trouvaient les clés, mais Bodmin l'arrêta.

— Laisse, Johnny. J'ai tout fermé pour la nuit.

Bodmin repoussa la porte du placard, et cria à Stacey, dehors, qu'elle lui donnerait les gants le lendemain.

Stacey ne bougea pas de l'allée de gravier.

— C'est que je veux les lui envoyer par la poste, c'est même la première chose que je ferai demain matin.

— Je veillerai à ce qu'il les ait, répondit Bodmin.

Stacey ne bougeait toujours pas. Sa voix était légère : une brume blanche dans la nuit froide.

— Mais ce serait plus simple si je les avais maintenant, non ?

La silhouette de Bodmin se découpait dans la lumière de la cuisine.

— Pas ce soir.

22

Le *Ploughman* se trouvait sur la route de la falaise, à proximité de la maison : s'il avait fait beau, au lieu de prendre la Jaguar, ils auraient pu s'y rendre à pied. Pour conserver le charme d'une pittoresque auberge de campagne, le toit de chaume en avait été récemment restauré à grands frais. À l'entour, des voitures luxueuses étincelaient sous la pluie. À l'intérieur, un des jeunes chefs les plus cotés d'Angleterre attirait à des centaines de kilomètres dans le sud-ouest du pays les gourmets les plus exigeants.

C'était la première visite de Stacey. En d'autres circonstances, elle aurait pris autant de plaisir que Daniel à apprécier les plafonds bas et les objets anciens reflétant une chaude lumière, les fleurs fraîches et la musique de luth jouée par un jeune homme et une jolie jeune femme en tenue de soirée.

— Pachelbel, fit Bodmin.

— Vous croyez ? (Daniel lui prit le bras.) Je dirais plutôt Telemann.

D'un long regard circulaire, il considéra les dîneurs élégamment vêtus — en ce mois de novembre, il était évident que ce n'étaient pas des touristes — et les tables où le cristal de Waterford et l'argenterie ancienne brillaient aux chandelles.

— Il n'y a que les Anglais pour savoir vivre à la campagne. Cet endroit est vraiment merveilleux. On dirait un Constable.

— Vous ne préféreriez pas un Corot ?

— Mais pas du tout : j'adore l'Angleterre, répondit Daniel.

— On ne mange pas trop mal, ici, reprit Bodmin avec ce sens très britannique de la litote qui voulait dire qu'elle considérait le *Ploughman* comme une table de premier ordre. Daniel sourit à Stacey, signe qu'il était tout à fait séduit par sa radieuse belle-sœur. Stacey était dans l'admiration pour le manteau de laine vert mousse de Bodmin, ainsi que pour le foulard corail que celle-ci avait noué autour de son cou. Bodmin s'était fait faire une mise en plis, et Stacey s'émerveilla que, médecin, elle eût trouvé le temps d'aller chez le coiffeur. Quant à Daniel, il ne ressemblait en rien à un imprésario londonien : son veston de tweed marron et son pantalon de flanelle grise — Stacey savait qu'ils provenaient d'un très bon faiseur — lui donnaient une élégance très campagnarde. Sacré Daniel ! Il était assez intelligent pour ne pas donner libre cours à la toute-puissance de son charme. Ainsi, Bodmin ne pouvait déceler en lui aucune esbroufe citadine.

Elle prit la main de Stacey.

— Mon cabinet vous a sans doute téléphoné que les gants avaient été envoyés à Merryn-John par le premier courrier ?

— Oui, merci.

Un homme assez jeune, avec des cheveux blonds soigneusement peignés et une veste de velours noir impeccable, parut glisser jusqu'à eux.

— Vous nous avez manqué, miss Haines.

— Vous aussi, Ronald. Le travail... Comment se débrouille votre mère, avec ses cannes ?

— Hier, elle a pu se rendre au village, grâce à vous.

— Je m'en réjouis pour elle. Je la verrai à la clinique mercredi. D'ici là, faites-lui toutes mes amitiés.

Ils suivirent l'homme blond jusqu'à leur table. Bien des personnes qui se trouvaient au bar ou dans la salle à manger sourirent à Bodmin et à Johnny. À chaque sourire il fut répondu, et quelques mots s'échangèrent. À peine assise, Bodmin fit glisser le manteau de ses épaules, révélant un tailleur de laine d'un vert assorti. Daniel avait fait signe à Ronald qu'il s'occuperait d'elle. Le jeune homme resta là, attendant qu'ils commandent l'apéritif, mais Bodmin renonça à l'alcool, car elle craignait d'être appelée à la clinique. Daniel proposa à Stacey de se joindre à lui pour un gin rosé de Plymouth, spécialité régionale.

— Pourquoi rosé ? demanda Stacey pour alimenter la conversation : la présence de Daniel lui pesait, et elle aurait préféré du fond du cœur qu'il n'eût jamais mis les pieds à Seagate.

— Vous versez de l'angusture dans un verre, vous remuez, puis vous le mélangez au gin. Gerald m'a permis de le regarder faire.

— Du poison, déclara Bodmin. Surtout après être passé par les grosses pattes rouges de Gerald. Mais il faut y goûter au moins une fois, Stacey.

Johnny commanda les boissons, et prit un scotch pour lui-même. Bodmin décocha un sourire à leur invité de Londres.

— Ne nous jouons pas la comédie, M. Béringer.

— Daniel, corrigea-t-il.

— Non. Je vous appellerai M. Béringer parce que je n'ai pas l'intention de me laisser séduire. Je suis un peu fâchée contre vous.

— Parce que j'ai distrait Johnny de votre bateau ?

— Exactement. Il m'avait promis que Whitsun l'aurait bientôt fini.

— Cela ne sera pas long, dit Johnny. De plus, je n'avais pas le choix.

Il sourit, tout comme sa sœur, à leur invité.

— Je me dois d'aider Daniel. N'est-ce pas un ami de Stacey ?

Johnny posa son bras sur le dossier de sa femme.

— Le propriétaire précédent devait être un vrai rustre pour l'avoir ainsi négligé. Il mérite d'être remis en état. Mais ne te fais pas de souci, Bodmin. Daniel et moi, nous y avons travaillé tout aujourd'hui. Il me le laisse, et rentre à Londres demain matin. Il n'est pas pressé.

Daniel leva son gin rosé à ses hôtes et à Bodmin.

— Cela me donnera une bonne raison de revenir à Seagate.

— Vous trouverez beaucoup plus d'animation cet été, dit Bodmin.

— C'est ce que me dit Gerald, répliqua Daniel. Vous allez souvent à Londres, miss Haines ?

— Bodmin.

— Cela laisse-t-il entendre que vous avez décidé de vous laisser séduire ?

— Cela signifie simplement que vous pouvez m'appeler Bodmin, que je peux vous appeler Daniel, et que vous pouvez m'offrir une de vos cigarettes françaises.

Daniel alluma la cigarette de Bodmin. Elle aspira la fumée et ferma les yeux pour se rappeler un souvenir.

— Cela me fait penser à Paris.

— Vous aimez Paris ?

— Pas du tout.

— Mais vous aimez la fumée d'une cigarette française qui vous rappelle... Qu'est-ce qu'elle vous rappelle ?

— Un café que j'aime dans une ville que je n'aime pas.

Daniel haussa les épaules comme seul un Français sait le faire.

— Cela vous paraît très chauvin de ma part ?

— Vous avez des raisons d'être fiers de vous, ici, à Seagate. Vos huîtres sont d'une qualité rare.

— Elles ne viennent pas d'ici, mais de Saltash.

— Je trouve à votre village une sorte de charme restrictif. Comprenez-moi : j'adore la simplicité.

— Croyez-vous que nous sommes si simples que cela ?

Bodmin était bonne comédienne. Elle avait le sens de la réplique. Elle laissa voir à Daniel qu'elle l'écoutait attentivement.

— Vous savez bien que vous ne l'êtes pas. D'ailleurs, aucun village ne l'est, affirma-t-il avec un sourire.

— Alors, disons que nous sommes des provinciaux.

Bodmin semblait prendre plaisir à ce badinage.

— Peut-être.

— N'est-ce pas l'avis de Stacey ? demanda Bodmin.

— Stacey et moi, nous n'avons guère eu l'occasion de parler. Je sais toutefois qu'elle est très attachée à cet endroit.

— À part le gin rosé de Plymouth, dit Stacey.

En effet, le coup de téléphone concernant ce dîner avait été la seule circonstance où Daniel et elle s'étaient parlé depuis qu'elle l'avait déposé au *Moon and Stars*. Ces trois derniers jours, elle les avait passés à retenir son souffle et à espérer que Seagate croirait l'histoire de Daniel à propos de la réparation du bateau. Maintenant que Johnny avait annoncé le départ de leur visiteur pour le lendemain matin, elle entrevoyait, s'ils venaient à bout de cette soirée, la fin de cette devinette morbide. Mais elle aurait voulu prévenir Daniel de ne pas sous-estimer Johnny et Bodmin. S'il les pressait un tant soit peu, malgré toute l'adresse qu'il croyait avoir, ils sentiraient instantanément que Stacey avait fait venir cet étranger pour les espionner.

Avec un sursaut, Stacey s'aperçut que Bodmin avait mis la conversation sur le photographe.

— Andrew. (Ce fut Daniel qui prononça le nom.) Andrew Norton.

— C'est curieux, remarqua Bodmin. On ne l'a toujours pas retrouvé ?

— Personnellement, je n'ai aucune nouvelle de lui.

Daniel eut un regard en coin pour Stacey.

— La police locale a reçu plusieurs coups de téléphone à son sujet, ajouta Bodmin.

Johnny ne dit rien. Ce fut Stacey qui intervint.

— Nous avons eu un ou deux appels, nous aussi.

Elle avait dit cela d'un ton imperturbable, dans un effort délibéré pour montrer que la disparition d'Andrew ne la concernait en rien, et qu'elle pouvait en parler sans la moindre gêne.

Daniel affecta la désinvolture.

— Je ne me suis jamais beaucoup intéressé à Andrew Norton, Stacey le sait, et je me demande même si quelqu'un, à Londres, se soucie de lui. Cela lui ressemble beaucoup de disparaître ainsi. Stacey peut vous dire que ce n'est pas la première fois.

Stacey acquiesça : tout ce qu'elle souhaitait, c'était que Daniel change de sujet le plus rapidement possible.

— Pendant des années, nous l'avons vu s'éclipser, ajouta Daniel. Un vrai bohème. Il lui suffit d'un reportage, ou d'un caprice, et pfft ! le voilà parti Dieu sait où, Dieu sait pour combien de temps, et sans en avoir touché un mot à qui que ce soit. Apparemment, la dernière personne à l'avoir vu se trouve ici.

— Curieux, remarqua à nouveau Bodmin. (Puis elle se retourna avec un petit cri de plaisir.) Ah ! Voici nos huîtres de Saltash.

Deux serveurs installèrent un petit chevalet de métal au centre de la table, et apportèrent un immense plateau d'huîtres sur de la glace pilée et toute miroitante. Au même instant, Ronald s'approcha sans bruit et se pencha pour chuchoter à Bodmin qu'on la demandait au téléphone.

Elle remercia Ronald et pria les autres de l'excuser.

— Si vous voulez bien me pardonner. Mais ne m'attendez pas, commencez ces huîtres que Daniel semble tant aimer.

Bodmin ne s'absenta guère plus de trois minutes, au cours desquelles Daniel et Johnny parlèrent bateaux. Lorsqu'elle revint, elle ne s'assit pas, mais reprit son manteau.

— C'était la clinique. Je crains d'être obligée de vous quitter.

— Johnny s'était levé.

— Je vais te reconduire.

Stacey essayait de trouver un moyen de l'en empêcher, mais déjà, Bodmin se confondait en excuses parce qu'elle enlevait Johnny à sa femme et à leur invité. Johnny tenait le manteau de sa sœur, et Stacey, à qui la perspective de rester seule avec Daniel ne plaisait pas du tout, repoussa sa chaise.

— Nous partons tous !

— Mais non, continuez votre dîner.

Johnny était intraitable.

— Je vais essayer de revenir, mais si j'étais retenu pour une raison ou pour une autre, vous pouvez rentrer à pied à la maison.

Daniel, qui tenait entre deux doigts une coquille d'huître, s'était levé, et demeurait immobile. Bodmin serra sa main libre, tandis que Johnny donnait à Stacey un rapide baiser. Les autres dîneurs, à la lueur des chandelles et dans la musique de luth, se firent un devoir de ne pas montrer qu'ils avaient vu Johnny Haines se hâter de sortir du restaurant à la suite de sa sœur, laissant Stacey en compagnie de son ami de Londres. Seule.

23

Stacey était glacée. Elle n'osait regarder autour d'elle. Cet élégant restaurant était le premier endroit où elle se montrait à Seagate depuis l'épreuve du *Moon and Stars*, et brusquement, elle se retrouvait seule à dîner avec un homme qui n'était pas son mari. Elle se réfugia derrière un sourire de scène, et poussa un soupir de désespoir que seul Daniel put entendre.

— Comment diable allons-nous sortir de là ?

Daniel détacha une huître à l'aide d'une petite fourchette, puis, levant la coquille, il fit couler le jus dans sa bouche.

— Bodmin a raison. Ces huîtres sont excellentes.

— Je n'ai pas besoin de les voir pour savoir qu'ils font tous semblant de ne pas nous regarder.

— Regardez-les à votre tour.

Daniel versa un peu plus de vin à Stacey.

— Ne vous retournez pas ! dit-elle.

— Les deux qui entrent ? La femme qui ressemble à une jument et l'homme qui a l'air de lui porter sa couverture ?

— Ralph et Catherine Ludlow.

— De Seagate ?

Stacey mit un peu plus de force dans son sourire contraint pour qu'il traverse la salle et atteigne les Ludlow : ceux-ci ne réussirent pas à dissimuler leur stupéfaction en la voyant en compagnie de Daniel.

— Regardez-les. Anglais jusqu'au bout des ongles. Et feignant de toutes leurs forces de ne pas se montrer choqués, dans leur esprit tordu, parce qu'ils me voient ici seule avec vous.

— Buvez votre meursault.

— Ils s'assoient. Au moins, ils sont assez éduqués pour ne pas nous sauter dessus.

Stacey leur expédia un sourire encore plus suave.

— Maintenant, observez Catherine. Dans une seconde, elle va quitter sa chaise et se précipiter au téléphone. Dans dix minutes, il n'y aura pas une seule personne à Seagate pour ignorer que nous sommes seuls ensemble.

Daniel détacha une nouvelle huître, et l'offrit du bout de sa fourchette à Stacey qui regardait derrière lui.

— Ça y est : elle y va. Catherine Ludlow. Qu'est-ce que je vous disais ? Elle va directement au téléphone. Et flûte !

Elle prit une série de profondes aspirations, exercice d'actrice, pour se calmer. Elle saisit son verre de vin, qui trembla dans sa main, mais elle ne but pas, et reposa aussitôt le verre.

— Qu'avez-vous découvert ?

Daniel ignora la question.

Sous l'effet de l'anxiété, la voix de Stacey se fit tranchante.

— Vous avez appris quelque chose et vous ne voulez pas me le dire.

— Nous ne pouvons pas parler maintenant.

— Quand Johnny sera revenu, nous ne pourrons pas parler non plus.

— Il ne reviendra pas.

— Qu'est-ce que ça veut dire ?

— Plus tard, je vous expliquerai.

— Maintenant !

— On vous regarde. Jouez un peu mieux la comédie. Souriez à cette dame qui a une tête de jument triste.

Le dîner fut un supplice pour Stacey, car Daniel ne voulait ni se hâter ni partir. Il l'obligea à rester assise à côté de lui, dans la lumière des bougies, dans les murmures et la musique du luth, jusqu'à ce qu'il eût bu son café et dégusté un cognac. Lorsqu'ils finirent par se lever, elle se conduisit en parfaite actrice ; elle ne cessa de sourire tout en précédant Daniel à travers le dédale des tables où Ronald les intercepta et les accompagna jusqu'à la porte.

Le vent avait nettoyé l'âpre nuit de son brouillard, et les étoiles étincelaient comme des diamants, avec une netteté que les Londoniens ne connaissent pas. Daniel passa son bras sous le sien, mais elle le repoussa.

— Décontractez-vous. Personne ne nous regarde.

— Ne me parlez plus de décontraction.

Ils suivirent en silence la route de la falaise, à l'aplomb de la mer sombre et agitée, masse monstrueuse et vivante qui harcelait, grondait et pilonnait inlassablement en contrebas. Sur leur droite, dans le lointain, on voyait la lumière tournoyante du phare. Plusieurs voitures les éclairèrent en passant et, chaque fois, Stacey s'écarta de Daniel, baissant la tête pour ne pas être reconnue. Délibérément, et avec une rudesse qu'il ne lui avait jamais témoignée auparavant, il lui saisit le bras.

— Avez-vous l'intention de vivre le reste de votre vie de cette façon-là ?

— Si vous avez découvert quelque chose, pour l'amour du Ciel, dites-le-moi.

— D'abord, vérifions que nous sommes bien d'accord sur ce qui s'est passé à ce restaurant. Vous convenez que c'était de la comédie pure ?

— De notre part.

— De la part de chacun. De la part de nous quatre. Ils nous ont tendu tous deux un piège dans lequel nous sommes tombés, nous, gens de la ville infiniment subtils ! Bien sûr. Bodmin a combiné cela pour que vous et moi nous restions seuls ensemble et pour que tout Seagate nous voie.

— Comment osez-vous croire une chose pareille ? Vous l'avez pourtant entendue dire qu'elle ne prendrait pas de vin parce qu'il se pouvait qu'on l'appelle de la clinique.

Elle s'interrompit. Dans l'obscurité, elle ne pouvait voir le visage de Daniel, avec son air de dire : « Ne soyez pas si naïve », dont il l'avait si souvent gratifiée au cours des neuf années passées à travailler ensemble. Brusquement, tout lui parut limpide. Si Bodmin s'était attendue à ce qu'on l'appelle à l'extérieur, elle aurait pris la Rolls pour se rendre au *Ploughman*, et Johnny n'aurait pas eu besoin de la reconduire avec sa

Jaguar. À moins qu'elle n'eût trouvé là un prétexte pour lui faire quitter le restaurant en même temps qu'elle.

Une fois Johnny parti en compagnie de Bodmin, Stacey était restée plantée là, trop affolée de se retrouver seule avec Daniel, point de convergence de tous les regards, pour se demander pourquoi Johnny ne revenait pas. Daniel s'arrêta, et abritant sa tête sous son col relevé pour protéger la minuscule flamme de son briquet, il alluma une cigarette.

Il souffla la fumée, et ils reprirent leur marche.

— Ils voulaient que tout Seagate nous voie ensemble, et sache qu'ils étaient au courant de notre petit jeu.

— *Votre* petit jeu ! Mais comment pourraient-ils savoir ce que vous faites ici ? Je veux dire : comment pourraient-ils l'avoir deviné ?

— Je suis allé au *Druide*, l'auberge où Andrew avait réservé ce samedi-là et où il a laissé sa Mercedes, celle qui a ensuite si mystérieusement disparu. Puis j'ai rendu visite à deux garagistes du coin, avec le faible espoir qu'ils sauraient peut-être quelque chose au sujet de la voiture et de la raison pour laquelle Andrew l'a abandonnée. Oh ! Je l'ai fait avec subtilité, avec une discrétion réellement parfaite, mais étant donné la manière dont chacun, par ici, se soumet à votre belle-sœur, vous pouvez être sûre que dès que le Français trop curieux a tourné le dos, ils ont sauté sur le téléphone pour appeler Bodmin.

Elle fit la grimace. Elle aurait tout donné pour prouver que les craintes de Daniel étaient injustifiées.

— Et vous n'avez toujours rien trouvé de nouveau au sujet d'Andrew ?

— Absolument rien.

Elle passa son bras sous le sien, et le serra très fort.

— Alors, vous pensez que Johnny a fait ce que je vous ai dit à Londres.

— Pas de preuve. Pas l'ombre d'une évidence. Sauf qu'Andrew manque toujours à l'appel.

Ils s'arrêtèrent en haut de la falaise. Au bas de celle-ci, la mer ténébreuse palpitait dans la nuit.

— Daniel ?

Une nouvelle fois, elle lui demanda s'il pensait que Johnny avait tué Andrew.

— Au chantier naval, j'ai vu ce regard dont vous m'avez parlé. Oui, je dois reconnaître que je l'en crois capable.

Stacey répondit :

— Je me dis toujours que je n'ai fait qu'imaginer ce regard mais je l'ai vu aussi chez son fils. Mon Dieu, il y a chez tous les deux un tel courant de violence. Il remonte probablement très loin dans la famille. Seulement, cette violence, c'est aussi de l'amour. Jamais de ma vie je n'ai rencontré un homme dont les sentiments soient si profonds et si forts. Je n'ai jamais rencontré un homme capable d'aimer comme celui-ci.

— Cela ne peut pas durer.

— Je vais faire en sorte que cela dure.

— Vous ne pouvez pas. Pas avec un homme tel que lui.

— Vous voulez dire qu'il est fou ? Il ne l'est pas, croyez-moi. Il est tout sauf fou. Il est brillant. Il est cultivé. Il cite les sonnets de Shakespeare en faisant l'amour...

— Vous me l'avez déjà dit, coupa Daniel.

— C'est vrai. Sa vie tout entière est un choix délibéré pour mener ici, près de la mer, l'existence de ses ancêtres. Il n'obéit pas aux règles de Londres, qui obligent à se montrer aimable avec des gens qu'on déteste, à en traîner d'autres en justice et à appeler la police quand on a des ennuis. Il vit comme on a vécu ici depuis le commencement des temps, comme sa famille et ces gens ont toujours vécu. Il ne prétend pas que le monde soit plus civilisé qu'il ne le voit.

— Et Bodmin ?

— S'il a fait ce que je crains, Bodmin le sait, et elle le défendra.

— Elle fera n'importe quoi pour lui. Elle l'aime.

— Elle est sa sœur, et lui, il représente toute sa famille.

— Laissez-moi finir. Quand je les ai vus ensemble ce soir, j'ai tout de suite compris que je n'avais aucune chance avec Bodmin. Ni moi, ni un autre d'ailleurs.

— Vous voulez dire qu'elle est lesbienne ?

— Non, je ne dis pas cela.

— Alors, incestueuse ?

— J'en doute. Ce que je dis, c'est que Bodmin est amoureuse de Johnny, et qu'il n'y a pas d'autre homme dans sa vie.

— Il n'y en a pas parce qu'elle a été occupée durant des années, pratiquement nuit et jour, par son travail et ses études, pour arriver à ce qu'elle est : un chirurgien célèbre.

— Maintenant, demandez-vous pourquoi elle a préféré cela au mariage.

— Pour l'amour du ciel, je viens de vous le dire !

Stacey tira Daniel par le bras.

— Venez. J'ai froid. Vous êtes intelligent, Daniel, mais vous ne connaissez rien aux femmes.

Ils marchaient du même pas.

— Si elle l'aimait de la manière que vous dites, elle aurait essayé de le braquer contre moi, et elle a été l'amabilité même. Elle s'est montrée merveilleuse, et je l'aime beaucoup, beaucoup.

— Disons surtout qu'elle joue la comédie mieux que personne.

— Vous fumez trop.

Stacey aspira une profonde bouffée de l'air froid et vif, puis, de la main, elle remit en ordre sa chevelure dépeignée par le vent.

— Dommage que vous ne puissiez parler à sa première femme, vous auriez ses impressions. Avez-vous jamais demandé à Johnny ce qui lui était arrivé ?

— Je n'ai pas eu à le lui demander : il me l'a dit.

Ils atteignirent la route qui conduisait à la maison. Celle-ci était éclairée. Stacey, frissonnante, serra son manteau contre elle.

— Je ne vous propose pas d'entrer.

Christy aboyait, et Daniel prit le bras de Stacey.

— J'ai quelque chose à vous dire et vous allez l'entendre.

24

Daniel referma la porte d'entrée et caressa Christy pendant que Stacey se précipitait vers l'escalier.

— Il faut que je vérifie si Merryn-John...

Une sensation de vide s'empara d'elle quand elle se rappela Kentnall Hall.

— Il n'y a qu'une nuit qu'il est parti, et la maison paraît déserte...

Elle revint de l'escalier en se frottant les bras.

— Il fait aussi froid ici que dehors.

— Faisons du feu.

— Il est trop tard pour faire du feu. Gardez votre pardessus.

Stacey alluma quelques lampes supplémentaires pour chasser cette sensation de froid et de vide.

— Je n'ai pas l'intention de vous offrir à boire.

Accroupi devant la cheminée, Daniel, à l'aide de son briquet, mit le feu aux copeaux du chantier.

— Ce que j'ai à vous dire exige du feu.

— Daniel, je veux que vous partiez.

La flamme jaillit à travers les copeaux, et vint lécher les bûches. Christy poussa un soupir de bien-être. Daniel se releva et tendit ses mains vers la chaleur grandissante.

— Je prendrais bien un scotch.

— Il faut que vous sortiez d'ici avant le retour de Johnny.

Il retirait son pardessus.

— Daniel, je vous en prie.

Il allumait une cigarette.

— Dites-moi encore que je fume trop. C'est agréable de savoir que vous vous faites du souci pour ma santé.

Elle ne répondit rien. Elle était décidée à ne lui fournir aucun prétexte pour rester.

— Pendant neuf ans, vous m'avez parlé de mon « tabagisme ». Neuf ans, Stacey.

Elle serra plus étroitement la ceinture de son imperméable.

— Vous savez que je vous serai toujours reconnaissante.

— Durant toutes ces années, vous avez eu des histoires d'amour, et j'étais là à me taire. Si vous ne me croyez pas, tâchez de vous souvenir. Vous ai-je dit une seule fois que vous n'étiez pas très bon juge en matière d'hommes ? Pendant neuf ans, je n'ai pas prononcé une syllabe. J'étais seulement témoin : vous vous brisiez le cœur, et je me trouvais là chaque fois pour vous aider à ramasser les morceaux !

— Daniel, vous en prie. Ça suffit. J'ai dit que je vous serai toujours reconnaissante, mais maintenant, cela a assez duré. Quoi qu'il arrive, je ne partirai pas d'ici.

— Ces trois dernières années, passées à vous observer avec cette crapule d'Andrew, m'ont pratiquement détruit.

Ses mains se cramponnaient aux épaules de Stacey. Il la tenait si serrée contre lui qu'elle ne pouvait détourner son regard de ses yeux tristes, ses yeux à la Buster Keaton.

— Cette fois, c'est une question de vie ou de mort, et je vous emmène.

Elle se libéra d'un coup de reins.

— Je ne veux pas en entendre davantage ! Vous ne savez rien de ce que...

— Je sais ce que vous m'avez dit : que vous avez appris la vérité à Yarmouth, quand vous avez vu de quelle façon Johnny regardait Michael. Vous n'avez quand même pas inventé tout ce que vous m'avez raconté à Londres ? Vous avez eu si peur que vous en trembliez encore lorsque vous m'en avez parlé. Bon, j'admets que je ne vous ai pas crue lorsque vous m'avez dit que Johnny avait tué Andrew, mais cette peur dans vos yeux, je l'ai vue, et je la vois en ce moment. C'est pour cette raison que je suis venu, et maintenant que je sais ce que peut être le regard de Johnny, mon devoir est de vous emmener au plus vite.

Un grognement émana de Christy, qui bondit vers la porte en aboyant : il y avait quelqu'un dehors, dans le noir.

— Johnny ?

Stacey se précipita vers le chien, et s'agenouilla à côté de lui.

— Qu'est-ce que c'est, Christy ? Tu entends une voiture ? Il y a quelqu'un dehors ? (Elle leva les yeux vers Daniel.) Christy n'aboie pas pour Johnny.

Daniel l'écarta, ainsi que le chien excité, pour passer.

— Ne sortez pas !

La porte s'ouvrit sur la nuit tumultueuse, et Christy, grondant et aboyant, chargea les ombres désordonnées, frémissantes, qui s'étalaient sous les arbres agités. Daniel laissa Stacey à la porte, transie sous les bourrasques glacées, et, enjambant un massif de chrysanthèmes, il sortit du cercle de chaude lumière de la maison pour scruter le jardin sombre et humide. Christy s'arrêta d'aboyer pour tendre l'oreille. La voix de Daniel résonna dans l'obscurité.

— Il y a quelqu'un ?

Daniel écouta lui aussi, pendant que le chien gémissait nerveusement, et, après un nouveau regard circulaire, ils revinrent tous deux vers Stacey.

— Ce ne pouvait pas être Johnny.

Elle serrait ses bras contre elle pour se protéger de la nuit glaciale. Christy aboya une dernière fois en direction de l'escalier et du jardin, pour bien montrer qu'il faisait son devoir, puis il trotta vers la maison. Les pieds boueux de Daniel maculèrent le parquet ciré. Stacey ferma la porte et donna un tour de clé. Elle courut à travers le séjour vers les rideaux tirés, et les fit se chevaucher pour être sûre qu'aucun rai de lumière ne révélerait la présence de Daniel, ici, avec elle. Puis elle se retourna.

— Qui que ce soit, quelqu'un, dehors, nous écoutait.

— J'ai loué une voiture. Dès que vous aurez rassemblé quelques affaires, nous prenons la route de Londres.

Elle n'eut pas un geste.

— Je vous l'ai déjà dit : quoi qu'il arrive, je ne m'en irai pas d'ici.

— Et si j'arrive à prouver qu'il a tué Andrew ?

— Encore faut-il le pouvoir ! Je vous l'ai dit, Daniel, je l'aime !

— Assez pour lui demander, quand il franchira cette porte, s'il n'a pas tué Andrew ?

— Laissez-moi !

C'était un cri de douleur : son seul ami au monde l'acculait à poser à l'homme qu'elle aimait la question qui la faisait trembler nuit et jour. Des larmes tièdes coulèrent de ses yeux, et elle laissa aller son front contre les pierres froides de la cheminée.

— Regardez-moi, Stacey.

Comme elle secouait la tête et refusait de se tourner vers lui, Daniel appuya son visage contre ses cheveux et lui parla d'une voix si douce que nul n'aurait pu l'entendre en dehors du périmètre de la cheminée, et certainement pas au-delà des rideaux tirés.

— Stacey, il faut que vous m'écoutiez. La police n'a découvert aucune trace de la voiture d'Andrew. Si Johnny ne l'a pas déjà balancée du haut de la falaise, elle doit se trouver quelque part. Vous vous êtes sûrement demandé où avait bien pu passer cette voiture, non ?

Stacey songea au garage de Bodmin.

— Vous l'avez cherchée ?

— Taisez-vous !

Elle avait fait volte-face en criant, le visage baigné de larmes.

— Seagate n'est qu'un village, un petit village où tout se sait. Où diable pourrait-on cacher une Mercedes gris métallisé, voyante, et en plus tachée de sang ?

— Vous êtes allée voir chez Bodmin ?

Stacey encaissa le coup. Son cœur s'arrêta de battre. La veille au soir, Bodmin lui avait interdit d'ouvrir la porte du garage, et voilà qu'à ce moment précis, avant qu'elle ait pu lui confier le soupçon qui naissait en elle, Daniel lui confiait qu'il était allé lui-même, le matin même, au garage de *Sealanes*. Il se trouvait maintenant si près d'elle qu'elle pouvait sentir son souffle sur son visage mouillé.

— J'ai essayé de regarder à l'intérieur du garage, mais malheureusement, la porte était fermée à clé, et une horrible bonne femme aux cheveux teints est apparue sur le seuil de la cuisine en commençant à crier après moi. J'ai prétendu être un touriste français qui ne comprenait pas l'anglais et avait perdu son chemin.

— Mrs Howlett, la femme de ménage.

— Qui, bien entendu, a dit à Bodmin que je me trouvais là.

— Elle savait cela au dîner ? Et vous ne me l'avez pas dit !

— Je vous le dis maintenant.

— Seigneur ! Daniel... Alors, elle a la preuve que vous êtes venu ici en espion.

— Stacey, il y a des gens dans ce village qui savent ce qui se passe, mais ils ont trop peur de Bodmin et de Johnny pour oser dire quoi que ce soit. Mais j'ai trouvé un homme qui est prêt à parler. Pas à moi, certes, mais je suis absolument convaincu qu'il vous dira tout ce qu'il sait.

— Lysker ! Avec ses yeux monstrueux et sa canne !

— Il sait des tas de choses.

— C'est un misérable. Il essaie désespérément de me parler. Il hait Johnny et toute sa famille. Il ferait n'importe quoi pour qu'on écoute ses ignominies.

— Lui avez-vous demandé pourquoi il voulait vous parler ?

À la seule pensée de se trouver en présence de cet homme repoussant, avec son teint cadavérique, Stacey eut un haut-le-cœur.

— Je ne le lui demanderai jamais, pour rien au monde.

— Vous ne voulez pas l'interroger, pas plus que vous ne voulez poser des questions à Johnny. Pourquoi ? Parce que vous avez peur. Car vous savez la vérité. Et c'est pour cela que vous étiez si pressée de me voir à Londres. Et c'est pour cette même raison que vous allez quitter cette maison sur-le-champ !

Stacey repoussa Daniel, saisit le tisonnier et ranima la flamme sous les braises.

— Non ! C'est vous qui allez sortir d'ici avant que Johnny revienne.

Sa main étreignait le tisonnier. Ses yeux étincelaient à la lueur du feu.

Daniel eut un geste qui la fit sursauter. Il plongea la main dans sa poche et en tira un revolver qu'il posa sur la table basse.

— Nous allons partir d'ici tous les deux ! Prenez vos affaires.

— Allez-vous en, Daniel !

— Pas sans vous ! Ah ! Stacey, si vous saviez comme je vous aime !

Christy aboya et se rua vers la porte d'entrée. Stacey jeta le tisonnier qui résonna sur la pierre du foyer, et se précipita vers le chien qui remuait la queue.

— Johnny ! chuchota-t-elle.

Daniel l'empêcha de courir à la porte, et l'enferma dans ses bras. Elle se débattit, mais Daniel avait plaqué ses lèvres sur les siennes et l'embrassait violemment.

— Tout ce temps... Toutes ces années où vous étiez avec les autres... Tout ce temps avec Andrew... Je vous ai toujours désirée...

Elle luttait frénétiquement pour échapper à son étreinte, mais Daniel, avec une force surprenante, maintenait son corps rebelle contre le sien.

— Allez au diable ! (Elle se débattait de toutes ses forces.) Fichez-moi le camp ! Si vous êtes venu ici pour m'aider, alors, pourquoi passez-vous votre temps à me monter contre mon mari ?

— Parce que je vous aime ! Et vous aussi, vous m'aimez. Vous m'en avez déjà donné la preuve : quand vous aviez des ennuis, n'est-ce pas vers moi que vous êtes aussitôt accourue ?

— Mais c'est lui que j'aime !

À l'homme qui se trouvait de l'autre côté de la porte, Christy adressait des petits cris de joie.

— Je vous aime, murmura Daniel.

Puis il la libéra, et, faisant un pas en arrière, fit glisser le revolver dans la poche intérieure de son veston. Son chuchotement emplit la salle de séjour.

— Quand il franchira cette porte, demandez-lui s'il a tué Andrew. Seulement, vous n'oserez pas parce que vous connaissez déjà la réponse. Et c'est bien à cause d'elle que vous allez me suivre !

25

Johnny ouvrit lentement la porte d'entrée. Le vent gémit et recouvrit le plancher d'un tapis de feuilles mortes. Johnny referma la porte, laissant la nuit derrière lui. On n'entendit plus que le vent qui secouait les fenêtres et faisait s'entrechoquer les branches du sycomore. Le feu crépitait dans l'âtre. Johnny retira calmement sa veste. Christy se mit à japper joyeusement. Sa queue, en s'agitant, cognait contre une chaise de l'entrée. Johnny entra enfin dans la petite pièce au plafond bas, où les silhouettes de Daniel et de Stacey, dans l'expectative, se découpaient à la lueur du feu. La sienne parut gigantesque. Il alla réchauffer ses mains à la flamme. Sa présence, dans sa propre maison, rendait le silence si épais que Stacey, ne pouvant le supporter plus longtemps, balbutia :

— Comme tu as été long...

Christy appuyait son museau contre Johnny, qui contemplait le feu.

Daniel, muet, n'avait pas fait un geste. Il eut la sagesse de comprendre que l'heure n'était ni au charme, ni à la conversation, ni même à la politesse. Il parla dans le dos de Johnny, debout devant la cheminée.

— Stacey n'est pas faite pour cet endroit. Je lui ai demandé de rentrer à Londres avec moi.

Il observa, de même que Stacey, l'homme qui tendait ses mains vers la chaleur du feu. Celui-ci découpait sa silhouette. On le vit incliner la tête : il attendait que Stacey dise quelque chose. Or, elle ne disait plus rien, même si son instinct lui criait de prendre ses mains dans les siennes. Mais ce n'était pas à elle qu'il les tendait, c'était au feu. Enfin, elle parla :

— J'ai dit à Daniel que je t'aimais.

— Moi aussi, je t'aime.

Johnny ne les regardait pas. C'était aux flammes qu'il s'adressait. Et il n'ajouta rien. Une branche racla le toit. Loin sur la mer, la cloche de la bouée tinta. Stacey jeta un coup d'œil à Daniel pour lui faire comprendre que Johnny lui laissait une chance de partir.

— Elle a peur de vous, dit Daniel, affirmant ainsi qu'il restait sur sa position et qu'il rejetait cette chance. Elle croit que vous avez tué Andrew. Je le crois aussi.

Johnny se retourna : à contre-jour, on ne distinguait pas son visage, mais il n'en regardait pas moins sa femme bien en face.

— Tu le crois vraiment, Stacey ?

— Depuis cette horrible soirée... (Elle essayait de refouler ses larmes.) D'abord, Andrew, puis ce garçon... Je ne sais plus que penser.

— Je te l'ai dit là-haut, dans notre chambre. Je n'ai pas tué ce motard.

— Et... (La voix lui manqua, et elle dut s'y reprendre à deux fois pour murmurer :)... Et Andrew ?

— Tu l'as vraiment cru ?

Elle fit oui de la tête.

— Pourquoi ne me l'as-tu pas demandé ?

— On ne demande pas aux gens qu'on aime s'ils ont tué quelqu'un.

Les mots étaient sortis de sa bouche en se bousculant, dans un sanglot.

— Daniel prétend que tu as peur de moi.

Stacey écrasa une larme sur sa joue.

— Il y a des choses en toi qui me terrifient.

Daniel intervint.

— Stacey vous a posé une question.

Johnny se détourna et se remit à contempler le feu.

— Ma femme et moi, nous parlerons de tout cela plus tard.

— Maintenant ! Stacey, il faut qu'il te réponde maintenant !

De la main, Daniel vérifia que le revolver se trouvait toujours dans la poche intérieure de son veston. Johnny saisit un tisonnier, et poussa une bûche vers les flammes.

— Daniel, vous aviez projeté de rentrer demain matin, c'est maintenant que vous partez. Il vous reste sans doute des affaires à bord de votre bateau. Gerald vous enverra le reste. Mettez votre pardessus.

Christy, sensible au moindre changement d'atmosphère, poussa un gémissement, puis il trotta vers la porte et continua à se lamenter.

Daniel tendit la main vers Stacey.

— Je ne partirai pas sans elle.

S'écartant de la cheminée, Johnny saisit le pardessus de Daniel et le lui lança, mais comme Daniel n'avait pas bougé, le vêtement tomba sur le sol. Johnny, alors, se dirigea vers l'entrée, et enfila de nouveau sa veste en peau de mouton.

Daniel se refusait toujours à bouger ; sa main se glissa à l'intérieur de son veston pour atteindre le revolver.

— Johnny, il est armé !

Stacey n'avait pu s'empêcher de crier. Daniel la regarda longuement, et ses yeux semblaient dire : elle a prévenu son mari contre moi. Johnny lui cause une peur mortelle, mais c'est lui qu'elle aime.

Johnny choisit cet instant pour se jeter sur Daniel. Il lui fit perdre l'équilibre, et l'envoya s'écraser par-dessus la table basse. Christy se mit à aboyer furieusement, puis se rua vers les deux hommes. Johnny maintenait Daniel sous lui. Il finit par déchirer son veston et par s'emparer de l'arme.

Christy aboyait toujours.

Chacun des deux hommes avait les yeux fixés sur le revolver, mais Johnny ne garda celui-ci que le temps de le confier à Stacey : c'était donc qu'il était sûr d'elle, et il ne se fiait qu'à sa jeune et robuste énergie pour briser cet homme de ses mains nues. La lueur du feu ondoyait sur son visage, et ce fut alors que Stacey et Daniel, toujours à terre, *le* virent, ce regard qui, à trois reprises déjà, avait frappé Stacey de terreur. À part le craquement du feu, les grognements de Christy, de plus en plus faibles, étaient le seul bruit qu'on entendait dans la pièce.

Johnny coupait toute retraite à Daniel. L'homme qui gisait à ses pieds, l'homme pris au piège, jeta un regard désespéré vers la porte d'entrée, puis vers la cuisine, et la porte de derrière. Johnny, toutefois, contenait encore sa fureur. Sa voix était tout à fait calme lorsqu'il dit à Stacey :

— Va chercher mon équipement de bord.

Stacey ne discuta pas, et se précipita dans le couloir. Elle revint portant un sac de marin. En son absence, aucun des deux hommes n'avait dit un mot, ni changé de place. Johnny prit le sac sans quitter Daniel des yeux, puis, d'un simple mouvement de tête, il lui fit signe de le précéder à l'extérieur de la maison.

Daniel se releva, et passa devant Stacey sans un regard ni une parole d'adieu. Christy aboya de nouveau, et Johnny ouvrit toute grande la porte sur la nuit et le vent.

Puis Stacey entendit les pas de Daniel dans l'escalier de pierre, qu'il commençait à descendre. Elle eut soudain envie de crier, de se précipiter dehors à son tour, de le retenir. Mais elle n'en fit rien : elle demeura interdite, muette, fixant stupidement l'arme qu'elle tenait à la main.

Soudain, elle sursauta violemment, la main de Johnny venait de la saisir à la gorge. Il ne serra pas : sa main, simplement, la tenait. Elle n'osait plus respirer. Elle déglutit comme elle put, en essayant de retrouver sa respiration. Et lorsqu'elle fut parvenue à surmonter sa peur, et à s'exprimer d'une voix rauque, Johnny sentit, plus qu'il ne les entendit, les mots qu'elle prononça.

— Tu as tué Andrew ?

— Bodmin m'en a empêché. Elle m'a suivi après avoir quitté la police, et elle était seule quand elle est venue au *Druide*. À ce moment-là, je l'avais assez salement cogné, mais il était toujours en vie. Après nous avoir séparés, elle s'est occupée de lui.

— Il y a seize jours de cela. Où est-il maintenant ?

— Je n'en sais rien. Probablement dans un hôpital. Elle ne me l'a pas dit. Elle pense probablement que si je sais où il se cache, je vais aller finir ce que j'ai commencé.

Il attendait maintenant qu'elle lève les yeux vers lui. Et rien n'était plus important, elle le savait, que lui montrer qu'elle le croyait. Elle le regarda droit dans les yeux, mais ce regard ne paraissait pas suffisant. Elle ajouta :

— Je te crois !

Jamais elle n'avait essayé d'être aussi convaincante, mais elle eut l'horrible impression qu'il se rendait compte de son effort. De plus, quelle que soit la vérité, et quoi qu'ait fait Johnny, l'histoire d'Andrew s'était passée seize jours auparavant. Maintenant, en cet instant précis, c'était de Daniel qu'il s'agissait, Daniel qui attendait dans l'escalier menant au débarcadère.

— Laisse-le partir ! Johnny, il ne sait rien, et je te jure que je ne lui ai pas soufflé mot de quoi que ce soit. Il ne peut pas te faire du tort. Je t'en prie. Laisse-le !

Elle chercha sur le visage de son mari un signe montrant qu'il était ébranlé, mais pas un pouce de son visage n'avait bougé.

— Qu'est-ce que je peux faire pour te faire changer d'avis ?

— Te servir de l'arme que tu as à la main.

Elle la jeta sur la cheminée.

— Appelle la police. Appelle Bodmin.

Sa voix montrait plus de sens pratique que d'amertume.

— Il est trop tard, murmura-t-elle.

Elle déboutonnait la veste de Johnny.

— Je t'ai dit que je t'aimais, et c'est vrai, mais si tu pars avec lui maintenant, comment, au nom du Ciel, comment peux-tu t'attendre à me trouver ici quand tu rentreras ?

— Tu dis que tu m'aimes. Si ce n'est pas le cas, voici les clés de la Jaguar. En roulant toute la nuit, tu seras à Londres demain matin.

Il déposa les clés dans sa main, saisit le sac et gagna le couloir. L'éclat du phare dessina sa silhouette l'espace d'une seconde, puis il disparut dans l'escalier.

Le vent, qui secouait les arbres, bouscula Stacey, debout en haut des marches, qui retenait le chien. Elle observa les deux hommes, en bas, sur le quai, là où la mer obscure s'écrasait contre les pierres mouillées. Elle voyait aussi le bateau de Daniel, ballotté par la marée, cognant contre les défenses, tirant sur ses amarres, attendant d'emporter les deux hommes.

Elle frictionna ses bras pour chasser ce froid qui lui glaçait les os. Le phare jeta un éclair, la bouée fit entendre son tintement berceur. Stacey leva son visage vers l'éclat de diamant des étoiles.

Christy se plaignait. Stacey essaya une nouvelle fois de percer l'obscurité. Elle vit Johnny jeter son sac dans le cockpit, passer le bras par l'écoutille et allumer les feux. Debout dans leur lueur rougeoyante, il fit signe à Daniel d'embarquer, puis il sauta sur la jetée de pierre, détacha un dinghy qui dansait sur l'eau et l'amarra à l'arrière du yawl de Daniel. Finalement, il largua les amarres, embarqua à son tour et repoussa le bateau loin de l'appontement.

Stacey ferma les yeux pour les protéger du vent aigre-doux. Elle revit l'expression de souffrance de Daniel, ainsi que le dernier regard qu'il lui avait jeté, et qui l'obséderait, elle le savait, sa vie durant. Le cœur battant, elle essaya de recouvrer suffisamment de calme pour formuler une prière : que ce qu'elle redoutait par-dessus tout ne se produise pas. Mais Christy, à côté d'elle, se raidit et se mit à gronder. L'animal tirait sur son collier, obligeant Stacey à se retourner. Avant même qu'il aboie, elle vit bouger une ombre parmi les massifs houleux du jardin. Elle réussit à distinguer un homme vêtu d'un trench-coat. L'homme eut un mouvement de recul à la vue du chien qui montrait les dents, puis il s'avança dans la lumière. Ses yeux luisaient, et le timbre de sa voix rauque transit Stacey encore plus que le vent acéré et la nuit glaciale.

— Appelez les garde-côtes ! Appelez la police !

C'était la voix de Lysker.

26

Stacey s'enfuit vers la maison en tirant derrière elle Christy qui aboyait et résistait de toutes ses forces. Elle claqua la porte, la verrouilla, puis se précipita vers le téléphone de la cuisine.

— Seigneur ! Faites qu'elle soit là !

Elle compta cinq doubles sonneries avant de répéter sa prière.

— Faites que ce ne soit pas le répondeur téléphonique !

Lysker cognait à la porte de la cuisine et actionnait la poignée, pendant que Christy bondissait de l'autre côté en grondant. Puis l'homme se déplaça latéralement jusqu'à la fenêtre, et se mit à racler la vitre avec sa canne. Christy devenait furieux.

— Allô ?

Ce n'était pas le répondeur, mais la voix de Bodmin.

— Dieu soit loué, vous êtes là !

Le visage blafard de Lysker s'écrasait contre la vitre. Stacey lui tourna le dos pour ne pas voir ses yeux luire dans l'obscurité. Elle tremblait si violemment qu'elle dut s'y reprendre à plusieurs fois avant de pouvoir articuler une syllabe.

— Stacey ?

De même, il lui fallut deux ou trois profondes aspirations pour mettre ce qu'elle avait à dire à Bodmin dans un ordre logique. Elle n'en trahit pas moins sa panique par des bredouillages incohérents. Mais Bodmin ne parut pas remarquer l'état dans lequel se trouvait Stacey. Dès qu'elle eut compris que Johnny avait obligé Daniel à monter sur son propre bateau, puis à prendre la mer, elle s'exprima avec son autorité habituelle.

— Il faut que vous les arrêtiez.

— C'est trop tard. Ils sont déjà partis.

— Je vois.

Son calme était impressionnant, et sa maîtrise d'elle-même totale.

— À votre place, je n'appellerais pas la police. Non, la police ne sera pas en mesure de...

— Et les garde-côtes ?

— Bonne idée. J'ai un radio-téléphone, ici, à la maison. Je m'en charge.

De sa main glacée, Stacey essaya de contenir les battements de son cœur. À force d'entendre la canne racler la vitre, elle se sentait à bout de nerfs, mais elle refusait de se tourner pour regarder l'horrible visage blafard. Christy hurlait. Stacey se rencogna dans un angle du mur et chuchota sans pouvoir dissimuler son épouvante :

— Bodmin, Lysker est ici.

— Lysker ?

Pour la première fois depuis qu'elle la connaissait, Stacey devina une brèche dans le sang-froid de Bodmin, un sursaut provoqué par le saisissement.

— Il est là, dehors. Il nous a espionnés.

— Sait-il ce qui s'est passé ?

— Il veut que j'appelle la police !

Stacey entendait la respiration de Bodmin. Elle attendait le son rassurant de sa voix, mais rien ne vint.

— Bodmin, il est là, dehors. Au moment où je vous parle.

— Ne le laissez pas accéder à ce téléphone. Ne le laissez pas appeler la police. Je vais prévenir les garde-côtes par radio : ils seront bientôt là. J'y serai moi aussi dans moins d'un quart d'heure.

Stacey remit l'écouteur à sa place, et risqua un regard vers la fenêtre. Ce qui raclait la vitre obscure, c'était un arbuste. Plus de Lysker. Ce visage blême et ces yeux luisants, les avait-elle inventés ? Elle écouta, mais à part les griffades de l'arbuste, elle n'entendit rien. Pas un bruit de pas. Seul, le vent murmurait autour de la maison en agitant les branches dénudées, tandis que Christy trottinait, en geignant, d'un bout à l'autre du linoléum de la cuisine.

Lysker était-il encore là, dehors ? À sa place, qu'aurait-elle fait ?

Il voulait à toute force appeler la police, mais elle l'en avait empêché. Or, le téléphone le plus proche se trouvait en ville. Elle regarda sa montre. Minuit 17. À cette heure-là, le *Moon and Stars* et l'unique garage à disposer d'un téléphone étaient fermés. Si Lysker voulait prévenir la police, il lui faudrait parcourir tout le chemin du retour jusqu'à sa propre maison, où qu'elle soit. Qu'avait dit Bodmin ? Qu'elle serait là dans moins d'un quart d'heure ? Combien de temps s'était-il écoulé depuis que Stacey avait raccroché ? Pas plus d'une minute.

Elle emplit d'eau la bouilloire électrique pour se faire une tasse de café, mais ses mains tremblaient si violemment qu'elle laissa tomber la bouilloire sur le plan de travail. Elle appuya son visage fiévreux contre le métal froid du réfrigérateur. Christy geignait à la porte.

— Est-il toujours là ?

La vie semblait l'abandonner. Elle glissa le long du réfrigérateur, attira le chien contre elle, et regarda sa montre. Minuit 18. Assise sur le sol de la cuisine et serrant Christy contre elle, Stacey se jura de rester là sans bouger jusqu'à ce que Bodmin arrive.

Les minutes s'égrenèrent lentement. En mer, la cloche de la bouée retentit, mais Stacey se refusa à compter les coups. Si elle se livrait à ce petit jeu, elle sentait qu'elle allait devenir folle.

À 1 heure moins le quart, toujours pas de Bodmin. Par un pur effet de sa volonté, elle se mit sur ses pieds, et trouva le courage de tendre la main vers le verrou de la porte. Elle ouvrit celle-ci et scruta la nuit obscure. Sous l'effet du froid, les étoiles paraissaient frissonner. Dans les massifs, des tiges sèches cliquetaient les unes contre les autres, les buissons étaient sauvagement ployés par le vent.

Christy gronda. Un éclat de lumière venait de balayer l'aire de stationnement. Puis on entendit claquer une portière, Bodmin descendit l'escalier en toute hâte et Christy aboya en signe de bienvenue.

— Les garde-côtes peuvent-ils les arrêter ? chuchota Stacey.

Au lieu de répondre, Bodmin promena un regard inquisiteur sur le jardin, puis entraîna Stacey et le chien à l'intérieur de la maison. Elle ferma la porte, et alluma la bouilloire électrique.

— Il faut me dire exactement — je dis : exactement — ce qui s'est passé depuis l'instant où nous vous avons laissée au *Ploughman*.

Stacey retraça le trajet du retour, mais passa sous silence la déclaration de Daniel, et son insistance à l'emmener loin de Seagate et de Johnny. Les yeux noirs et intelligents de Bodmin, si semblables à ceux de son frère, plongeaient droit dans ceux de Stacey, et la jeune femme faiblit, convaincue que son interlocutrice pouvait y lire la vérité qu'elle redoutait de lui faire partager.

— Quand vous êtes-vous aperçue de la présence de Lysker ?

— Daniel et moi, nous étions encore seuls quand Christy a donné des signes d'agitation. Étant donné qu'il n'aboie pas pour Johnny, nous en avons déduit que quelqu'un d'autre se trouvait là.

— Vous avez regardé ?

— Daniel et Christy sont sortis dans le jardin, mais ils n'ont vu personne.

— Lysker..., prononça Bodmin entre ses dents. (Elle alluma une cigarette.) Bien sûr, c'était Lysker.

Lorsque Stacey avait prononcé son nom au téléphone, elle avait deviné le sursaut de Bodmin. Une heure plus tard, ce nom suscitait une soudaine, et pour Bodmin, remarquable explosion de rage non déguisée. *Lysker* ! Elle dissimula rapidement cette rage sous l'apparence égale de son self-control. Elle était furieuse, mais ne tremblait pas comme Stacey, et réussit parfaitement à verser l'eau bouillante dans les tasses à café.

— Pour autant que je sache, avoua Stacey, Lysker a pu nous suivre depuis le *Ploughman*. Là où Daniel et moi nous avons commis une erreur, c'est en supposant qu'une fois Johnny de retour, et puisque Christy n'aboyait plus, il avait renoncé à nous espionner et était parti. Quand je l'ai vu dans le jardin, j'ai cru que mon cœur allait s'arrêter.

— A-t-il pu entendre ce qu'a dit l'un de vous ?

— Là, dehors, avec le vent ? J'en doute. Non.

— L'un de vous a-t-il élevé la voix et dit quelque chose que Lysker ne devait pas entendre ?

Ses yeux étaient rivés à ceux de Stacey, et son regard lui disait sans erreur possible qu'elle exigeait la vérité au sujet de Daniel. Ces yeux qui auraient pu être ceux de Johnny l'avertissaient que même une actrice n'était pas assez habile pour lui mentir. Stacey avait dit à Daniel qu'elle aimait Bodmin, mais c'était inexact. Bien qu'elle ait réprimé ce sentiment, la vérité était — malgré cette exception du retour de Kentnall en voiture — qu'elle s'était souvent sentie mal à l'aise avec Bodmin, et que celle-ci lui faisait souvent peur. Comment s'en étonner ? N'était-elle pas nouvelle ici, n'était-elle pas l'étrangère qui devait progresser à pas de loup pour entrer dans leurs vies ? Dès leur première rencontre à La Maison ou à *Sealanes* — peu importait la façon dont ils appelaient leur antique demeure —, elle n'avait pas douté une seconde que Bodmin en savait infiniment plus qu'elle n'en laissait voir aux autres.

Mais pourquoi avait-elle laissé Stacey traverser l'enfer pour retrouver Andrew, et pourquoi ne lui disait-elle pas qu'elle l'avait fait hospitaliser ? Pourquoi lui cachait-elle, à cet instant même, s'il était vivant ou mort ? Et s'il était vivant, où se trouvait-il ? Et la Mercedes ? Était-elle enfermée dans son garage ?

Bodmin n'avait pas confiance en Stacey, c'était une douloureuse évidence, mais Stacey devait reconnaître qu'elle n'avait donné à Bodmin aucune raison de se fier à elle. Il y avait eu, durant ces trois dernières semaines, beaucoup de choses qu'elle lui avait cachées. Mais comment aurait-elle pu ne pas le faire ? Comment lui aurait-elle confié la véritable raison de son voyage à Londres sans lui montrer sa déloyauté envers Johnny ? Permettre à Daniel de les espionner était parfaitement déraisonnable, elle ne pouvait le nier, mais comment, surtout ce soir, comment aurait-elle pu dévoiler à Bodmin le terrible dialogue qui s'était déroulé dans cette maison même, moins d'une heure auparavant ?

Les yeux de Bodmin s'efforçaient de lire dans la pensée de Stacey. Fort bien. Celle-ci se décida à mettre fin à tout ce détestable faux-semblant et à lui révéler la vérité : ainsi, en retour, elle apprendrait ce que savait Bodmin. Elle commença par avouer qu'elle était obsédée, terrifiée par la violence de Johnny, violence qu'elle avait vue surgir en lui à trois reprises — non, quatre, maintenant. Elle exprima tout son désarroi, son chagrin, et sa honte à propos du voyage de Londres, de sa déloyauté et aussi de l'espionnage de Daniel : moins d'une heure auparavant, il lui avait déclaré qu'il l'avait toujours aimée, et qu'il se trouvait là pour l'emmener loin de Seagate et de Johnny, convaincu que celui-ci avait tué Andrew.

— Je lui ai dit que j'aimais Johnny. Je l'ai supplié de partir. Et maintenant... Je n'arrive pas à croire ce qui s'est passé là, dehors.

— Votre M. Béringer avait-il une arme ?

— Johnny la lui a prise.

Maintenant, Stacey était convaincue que Bodmin avait le pouvoir de lire chacune de ses pensées. Remerciant Dieu d'en avoir fini avec ses mensonges, elle lui parla du revolver que Johnny avait pris à Daniel. Elle lui dit qu'il lui avait demandé d'aller chercher son équipement de bord, ce qu'elle avait fait pendant qu'il obligeait Daniel à sortir et à descendre l'escalier en direction du bateau.

— Mon Dieu, Bodmin, est-ce l'histoire d'Andrew qui recommence ?

— Lysker a-t-il pu entendre quelque chose ?

Bodmin ferma les yeux, et poussa un profond soupir.

— Si cet homme se trouvait là, dehors, il faut nous attendre au pire, et nous faire à l'idée qu'il a réellement tout entendu.

— Quand il a vu que j'étais seule, il a essayé d'entrer pour appeler la police.

Elles s'assirent à la table de la cuisine. Bodmin fumait et buvait son café noir à petites gorgées, tout en caressant le foulard couleur corail qu'elle portait au dîner. Elle jeta un coup d'œil à la pendule de la cuisine.

— Donc, la police a été prévenue. Elle est au courant de cette sale histoire. Elle va arriver d'une minute à l'autre, et elle voudra savoir ce qui se passe.

Stacey répéta la question qui la déchirait.

— Est-ce l'histoire d'Andrew qui va recommencer ?

Bodmin ne répondit pas, mais posa sa main sur celle de Stacey pour lui montrer que maintenant, elle partageait ses craintes. Sa voix était chaude et réconfortante.

— Vous avez eu votre compte pour ce soir. Si vous voulez aller vous coucher, je parlerai à la police.

27

Aucun des deux jeunes policiers n'était de Seagate. L'un avait un visage frais de jeune campagnard, avec un nez retroussé et des intervalles entre les dents : il était sans doute beaucoup plus intelligent qu'il ne le paraissait. L'autre, un joli garçon, avait une peau très blanche, mais cette nuit-là, son nez était écarlate et à vif en raison d'un rhume de cerveau qui ne cessait de couler. Il essuyait ce nez avec des mouchoirs en papier roulés en boule, et tout en reniflant, tenait un stylo à bille prêt à prendre des notes.

Stacey s'assit à la table de la cuisine, et vit Bodmin prendre la direction des opérations. Elle déclara qu'elle était médecin, et fit infuser du thé au citron qui, dit-elle, soulagerait celui qui avait un rhume. Elle conduisit l'autre agent, qui sucrait copieusement sa tasse de café, jusqu'à la fenêtre, et là, elle lui désigna les lumières de *Sealanes*, de l'autre côté de la baie. Elle appela « La Maison » *Sealanes*, ce qu'elle ne faisait jamais ni dans sa famille ni au village. Elle fit savoir à l'agent au nez retroussé qu'elle était la propriétaire de *Sealanes*, et que la Rolls Royce garée à l'extérieur lui appartenait.

Après les avoir laissés debout durant cinq minutes, elle indiqua aux deux hommes, d'un signe de tête, qu'ils pouvaient s'asseoir à la table.

— Puisque aucun de vous deux, messieurs, n'habite le village, je dois vous demander, avant d'entendre un mot, si vous faites de la voile ?

— Non, miss, répondit celui qui buvait du café.

L'autre, l'enrhumé, enfouit son visage sous un kleenex, et explosa dans un éternuement. Il renifla, se moucha et répondit d'une voix enrouée que lui non plus n'en faisait pas beaucoup.

— Si vous en faisiez, dit Bodmin, cela ne vous paraîtrait étrange ni à l'un ni à l'autre que deux fanatiques tels que mon frère et M. Béringer ne soient pas avec nous en ce moment, et qu'ils aient préféré naviguer au milieu de la nuit. Mon frère travaille sur le yawl de M. Béringer, et sous l'inspiration du moment, ils sont allés procéder à quelques essais. C'est la vérité, n'est-ce pas, Stacey ?

Stacey se raidit sous le choc. Bodmin ne lui laissait pas d'autre choix que mentir. Elle se sentit moins fourbe en résumant sa réponse par un signe de tête.

— Des fanatiques de la voile, tous les deux.

Bodmin tendit son étui à cigarettes aux deux hommes, mais s'aperçut qu'elle était la seule à fumer. Elle fit jaillir la flamme de son briquet. Le stylo à bille planait au-dessus d'un calepin.

— On nous a signalé que le Français et M Haines s'étaient querellés.

Stacey avait vu Bodmin notifier qu'elle était médecin, propriétaire terrienne — la maîtresse de *Sealanes* — et détentrice d'une Rolls. Maintenant, elle paraissait troublée. Jouant la comédie, elle fit semblant de s'interroger : qui avait bien pu déranger la police en pleine nuit pour une histoire pareille ? Mais elle-même était une citoyenne responsable qui ne voulait qu'une chose : aider la police dans sa recherche de la vérité. Elle se tourna vers Stacey.

— Stacey, vous étiez seule avec eux. Est-ce vous qui avez appelé la police ?

— Non.

— C'est étrange : ils étaient seuls tous les trois.

Bodmin attendit que l'agent renifleur ait noté le fait dans son calepin.

— Les deux messieurs sont partis faire de la voile, et Mrs Haines n'a pas téléphoné. Alors, la question est la suivante : si personne d'autre ne se trouvait ici, qui a pu faire état d'une querelle ?

Elle haussa les sourcils. Puis, dans un soudain élan de perspicacité, elle montra que l'inspiration venait de la frapper, et que les policiers ne devaient pas l'interrompre avant qu'elle leur ait fait partager sa découverte.

— Bien sûr ! Je peux vous expliquer cela très simplement, messieurs. Le fait est que ma belle-sœur, Mrs Haines, était assez nerveuse, car un peu plus tôt dans la nuit, elle avait remarqué la présence d'un rôdeur. Aussi, quand les deux hommes sont partis faire de la voile, elle n'a pas voulu rester seule, et elle m'a téléphoné pour que je fasse un saut. Me voici.

— Un rôdeur ?

L'homme suçait son stylo à bille, et regardait Stacey.

— Absolument, dit Stacey.

— Vous auriez dû appeler la police.

— À ce moment-là, il était parti.

Bodmin enchaîna.

— Je crois que Mrs Haines et moi-même avons une idée de l'identité de ce rôdeur. Peut-on vous demander qui a téléphoné à la police ?

Les policiers échangèrent un regard.

— Aucune importance. Ce mystérieux coup de téléphone n'a pu provenir que d'une seule personne au village, un homme du nom de Lysker.

Les deux policiers n'auraient jamais pu être de bons acteurs. Un second échange de regards révéla que miss Haines, avec plus de maîtrise que jamais, avait identifié leur informateur.

— Voilà votre rôdeur, annonça-t-elle.

L'agent au nez retroussé acheva son café trop sucré, reposa

sa cuiller dans la soucoupe, et parut mal à l'aise. Bodmin insista :

— Quel genre de sale histoire a rapportée Mr Lysker ? Il faut être très fort pour rôder à travers des jardins par une nuit de grand vent et pour entendre ou pour voir ce qui se passe dans une maison aux rideaux tirés.

L'agent au calepin se moucha.

— Et au restaurant, est-ce que vous n'avez pas eu des ennuis ?

Bodmin haussa de nouveau les sourcils.

— Ne nous dites pas que Lysker se trouvait également au *Ploughman*. Carrément à l'intérieur, ou en train de fureter dehors ? Désolé, messieurs, mais cela est absurde. Téléphonez à Ronald Buller. C'est le gérant du *Ploughman* : il pourra vous dire précisément quelle charmante soirée nous avons passée jusqu'à ce que, malheureusement, je sois appelée à la clinique. Sans trop réfléchir, nous n'avions pris qu'une seule voiture : c'est donc mon frère qui m'a reconduite, ce qui signifie qu'il a laissé Mrs Haines et M. Béringer au restaurant.

Elle alluma une nouvelle cigarette, et prit son temps avant d'ajouter :

— C'est vraiment une sensation étrange de savoir qu'on est espionné par quelqu'un comme ce Lysker.

Elle poussa un soupir, puis se tourna vers Stacey.

— Apparemment, après le dîner, M. Béringer et vous-même êtes rentrés à pied ici ?

— Oui.

Bodmin, tout en lissant son foulard de soie, demanda ensuite aux policiers si M Lysker leur avait confié qu'il était dans ses habitudes de se glisser dans l'obscurité et de regarder par les fenêtres.

Celui qui avait un rhume s'épongea le nez.

— Ce qu'on nous a raconté, miss, c'est qu'il s'est passé quelque chose par ici, et que deux hommes sont ensuite sortis en bateau en pleine nuit, ce qui ne paraît pas très prudent.

— Vous n'êtes pas des marins. Vous n'êtes pas des fanatiques de la voile. Et il n'y a guère de danger quand mon frère est à la barre. Nous pouvons nous attendre à leur retour d'une minute à l'autre, vous verrez.

— Ils ont pris un second bateau avec eux.

— Ah oui ? Peut-être un dinghy. C'est même très vraisemblable. Ainsi, l'un d'eux peut quitter le yawl et l'observer pendant qu'il est sur l'eau.

Bodmin sourit avec générosité, et les remercia de leur aide, mettant ainsi un terme à l'entretien.

— Je dois reconnaître, même si je trouve désagréables et grossières les insinuations de Mr Lysker à l'égard d'une famille qu'il hait, que je suis très sensible à votre présence ici à tous deux. Il est toujours réconfortant de savoir que la police donne suite à ce genre de rapports, même si ceux-ci sont complètement tendancieux.

Elle mit fin à leur visite.

— Afin que vous puissiez mettre vos dossiers à jour, je vais dire à mon frère de vous passer un coup de fil dès son retour.

Elle se leva. Les deux hommes firent de même. Elle se tourna vers celui qui utilisait des kleenex.

— Puis-je vous suggérer de me suivre à la clinique : je vais vous donner quelque chose pour ce rhume.

Stacey n'avait pas prononcé plus d'une dizaine de mots. Les mensonges de Bodmin l'atterraient et faisaient galoper son imagination. Elle les avait placées sur une dangereuse orbite, et dès l'instant où ces hommes seraient partis, Bodmin et elle-même devraient tomber d'accord sur des contre-vérités dont elles ne pourraient jamais sortir. À sa stupéfaction, Bodmin embrassa Stacey devant les policiers, en lui souhaitant bonne nuit, et ignora son signe subreptice mais désespéré pour la retenir.

— Demandez à Johnny de m'appeler, et nous informerons aussitôt ces messieurs de son retour et de celui de M. Béringer.

Stacey adressa à Bodmin un second regard, encore plus appuyé, pour la supplier de ne pas la quitter. Elles avaient menti. Que trouverait-elle à répondre quand la police apprendrait que Bodmin avait communiqué par radio avec les garde-côtes ? Cet appel, à lui seul, suffirait à infirmer tout ce qui s'était dit dans la cuisine.

Bodmin noua l'écharpe corail autour de son cou. Elle avait menti à la police, Stacey venait de le voir. Et Andrew ? Bodmin ne lui avait pas menti au sujet d'Andrew, parce que, réalisa soudain Stacey, elle ne lui avait finalement rien dit.

Stacey et Christy traversaient le séjour en direction de la porte, à la suite des trois autres, quand la jeune femme eut un coup au cœur : là, sur la cheminée, luisant à la lumière, on pouvait voir le revolver de Daniel. Il ne lui restait qu'à faire une prière pour qu'ils traversent tous trois la pièce sans s'arrêter et ne remarquent pas le reflet métallique de l'arme. Une fois qu'ils eurent atteint l'entrée, Stacey demeura sur le seuil de la porte, bouchant la vue de l'autre pièce. Bodmin, dans une rafale de vent glacé, était déjà dehors. Toujours impérative, sa voix parut un brouillard opaque dans l'air froid de la nuit.

— Vous pouvez me suivre à la clinique.

— Merci, miss, mais ça ira très bien. Bonne nuit.

— Bonne nuit, alors.

Bodmin avait regagné sa Rolls, alors que Stacey comptait sur elle pour trouver une excuse et revenir à la maison. Ses dents claquaient dans le vent aigre pendant qu'elle écoutait les deux voitures qui démarraient et s'éloignaient. Elle fit demi-tour, ferma la porte, puis s'effondra, enfouissant son visage dans le poil de Christy. Au diable Andrew ! Au diable Bodmin ! Et au diable ses mensonges ! Johnny et Daniel voguaient au loin, sur cette mer obscure et houleuse où la cloche de la bouée tintait, lugubre.

28

Cela faisait deux heures et dix minutes que Bodmin avait promis à Stacey d'appeler les garde-côtes par radio, et une heure qu'elle était partie avec la police. Stacey n'avait pas bougé de la fenêtre. Elle portait toujours son imperméable, mais souffrait du froid. Les yeux fixés sur la mer sombre, elle comptait les pulsations du phare, et attendait qu'une puissante vedette passe en grondant et en sillonnant la nuit de ses projecteurs allumés.

Désespérée de ne rien voir, elle courut à travers la maison obscure jusqu'au téléphone de la cuisine, et bien qu'elle vît flamboyer les lumières de *Sealanes* de l'autre côté de la baie, tout ce qu'elle obtint, ce fut le répondeur de Bodmin. Le numéro de la clinique se révéla encore plus frustrant : une voix d'être vivant, celle de quelqu'un qui se trouvait en service à 2 heures et demie du matin, lui dit de laisser son numéro : le docteur la rappellerait.

Exactement comme elle avait appelé ces sacrés garde-côtes, pensa Stacey.

Elle se maudit : pourquoi avait-elle cru Bodmin lorsqu'elle lui avait promis de passer cet appel radio ? Il était clair que si la sœur de Johnny avait pu mentir en toute impunité à ces jeunes policiers, dans la cuisine, c'est qu'elle n'en avait émis aucun : elle n'avait rien fait pour empêcher ce qui se passait là-bas, au-delà de l'endroit où l'on entendait tinter la cloche de la bouée et gémir la corne de brume.

Stacey laissa la maison dans l'obscurité pour que personne ne puisse voir par les fenêtres dépourvues de rideaux. Christy n'avait pas aboyé, mais elle était sûre que Lysker se trouvait encore dehors, dans le jardin. Elle trouva son chemin jusqu'aux pierres du foyer, encore chaudes, et s'accroupit contre le chien. Dormir était hors de question : elle n'oserait même pas fermer les yeux, ou elle verrait alors le dernier regard de Daniel, ces yeux étonnés et incrédules qu'il avait tournés vers elle quand elle l'avait trahi en criant à Johnny qu'il était armé. Ce regard... Daniel, après cela, ne poserait plus jamais les yeux sur elle.

Johnny et Daniel se trouvaient là, au loin, sur cette mer froide et ténébreuse. Johnny reviendrait seul. Il laisserait le dinghy à quai, lèverait les yeux vers la maison sans lumière, monterait l'escalier, entrerait par la porte de la cuisine, et se débarrasserait de ses vêtements mouillés. Lui dirait-il qu'il avait tué Daniel ?

Et Bodmin, seule à *Sealanes*, sa demeure, devait être en train de surveiller à la fois la mer et cette maison-ci. Bodmin, qui mentait si brillamment, combien de fois avait-elle menti pour protéger Johnny ?

Christy dressa l'oreille et grogna en direction de quelque chose, dehors, dans le vent, mais tout ce qu'entendit Stacey, ce fut le battement de son propre cœur. Lysker était-il revenu à la fenêtre de la cuisine ? La seule idée de ce visage blême, derrière la vitre, imprima à toute sa peau une horreur glacée. Christy aboya. Oui, Lysker se trouvait dehors, dans le noir, Stacey en était sûre.

Pourquoi Lysker haïssait-il cette famille avec une telle frénésie ? Que savait-il exactement sur elle ? Qu'avait pu dire à la police cet être monstrueux pour que celle-ci croie Bodmin quand elle avait soutenu qu'il mentait ?

Lorsque Daniel lui avait affirmé que Lysker lui dirait, à elle, ce qu'il savait, elle avait frissonné à la seule idée de son contact et de sa voix rauque. Bon sang, pourquoi était-elle aussi lâche ? En ce moment même, alors qu'il lui fallait absolument savoir ce qui était arrivé, elle se terrait dans le noir ! Elle n'était même pas capable d'aller regarder la fenêtre, par crainte d'y voir son visage. Elle se cachait là, tremblante, dans le noir. Mais finalement, sa honte fut telle qu'elle se jura de rassembler tout son courage : elle allait se lever, gagner la cuisine, et s'obliger à regarder cette fenêtre.

Elle se mit debout, ferma les yeux, et guidée par le chien, gagna la pièce voisine. Elle fit face à la fenêtre, prit une profonde aspiration et ouvrit les yeux.

Tout ce qu'elle vit, ce fut son propre reflet dans la vitre noire et brillante : une femme seule, debout, tremblante de peur. Elle battit des paupières pour refouler ses larmes. Durant un instant, elle considéra cette pathétique créature. Pourquoi diable restait-elle là à se déchirer avec ces terribles interrogations ? Pourquoi ne pas franchir cette porte et grimper l'escalier en courant, sauter dans la Jaguar et rouler, rouler loin de la mer lancinante jusqu'à ce qu'elle soit de retour parmi les chaudes lumières de Londres, sans jamais remettre les pieds dans cette maison ?

Des larmes brûlantes jaillirent de ses yeux, et brouillèrent l'image de la femme, dans la vitre. Si Johnny lui avait donné les clés de la voiture, c'était justement pour le cas où elle ne se sentirait pas capable d'affronter son retour. Johnny... Elle l'aimait si éperdument, et elle n'avait jamais douté qu'il l'aime tout autant qu'elle, mais son amour signifiait-il qu'il ne lui ferait jamais ce qu'il avait fait aux autres ? Et Valérie... Ce qu'il lui avait dit au sujet de Valérie était-il vrai ? Elle glissa la main dans la poche de son manteau, et sentit le contact froid du revolver qu'elle avait pris sur la cheminée.

— Viens, Christy. Allons nous coucher.

Ils montèrent l'étroit escalier, et Stacey ouvrit la radio, mais la musique lui fut encore plus odieuse que cette cloche, dehors, dans la nuit.

Se coucher était une erreur. Elle était allongée, tout habillée, et regardait la lumière du phare qui balayait le plafond. Elle écoutait la mer cogner contre la falaise et l'estacade de pierre. La peur l'avait suivie en haut de l'escalier et jusque dans son lit, encore plus paralysante qu'elle ne l'avait été lorsqu'elle s'était trouvée debout devant la fenêtre ou assise près du feu. Chacune de ses atroces interrogations était comme ce rayon de lumière qui repassait sans cesse.

Christy essayait d'ouvrir la porte de la chambre avec ses pattes, Stacey retint son souffle pour écouter. En dépit du vent et du bruit sourd de la mer, le chien avait-il entendu Johnny qui montait l'escalier et accédait au porche de derrière ? Elle écouta de toutes ses forces et ne perçut aucun bruit de pas, mais Christy, excité, grattait de plus en plus fort, et gémissait à la porte de la chambre. Puis il y eut un grincement en bas. Il ne pouvait y avoir aucun doute : c'était la porte de la cuisine qu'elle venait d'entendre s'ouvrir, puis se refermer.

Johnny était rentré.

Elle se souleva sur un coude pour ne pas entendre le battement de son propre cœur contre l'oreiller. Christy écouta lui aussi en silence, il la regardait. Des pas résonnèrent à travers la cuisine puis ils s'arrêtèrent. Stacey imagina Johnny retirant ses chaussures pour faire moins de bruit. Ainsi qu'elle s'y attendait, les pas suivants, lorsqu'il traversa le séjour, furent plus assourdis. De nouveau, dans son esprit, elle le vit qui retirait sa veste et l'étalait sur le dos d'une chaise devant le feu éteint.

Il passa dans le couloir, et vérifia le verrou de la porte d'entrée. Les lames du plancher craquèrent au bas de l'escalier. Il arriva en haut, alluma l'électricité du couloir, et Stacey vit un rai de lumière qui entourait le cadre de la porte de la chambre.

Christy poussa une plainte.

De l'autre côté de la porte, les pas se déplacèrent. Elle observait le rai de lumière, au ras du plancher, et vit passer une ombre. L'ombre se déplaça de droite et de gauche en suivant le bruit des pas jusqu'au moment où il se détourna de la porte et s'éloigna dans le couloir.

Maintenant, elle savait qu'il était dans la salle de bains et lorsqu'il en sortirait, il serait en train de sécher ses cheveux mouillés avec une serviette.

— Stacey ?

Elle retint sa respiration. Il était debout de l'autre côté de la porte, que Christy grattait avec impatience.

— Stacey ?

La porte s'ouvrit, et il fut là à contre-jour, nu jusqu'à la ceinture, séchant ses cheveux.

Elle se redressa, appuyée aux oreillers, et souhaita qu'il

n'allume pas la lampe de chevet. S'il l'allumait, il lirait sûrement son secret sur son visage : ce secret était le revolver de Daniel, à portée de la main dans le tiroir de sa table de nuit.

Il n'eut pas un geste en direction du commutateur, et resta là, à la dominer de toute sa stature, dans le noir.

— Tu ne m'as pas cru au sujet d'Andrew, n'est-ce pas ?

Elle était incapable de répondre. Le rayon du phare vint rôder à travers la fenêtre, et l'éclaira durant un instant, faisant saillir ses muscles puissants.

— Vas-y. Questionne-moi au sujet de Daniel.

Il ne prit pas la peine de s'asseoir pour ôter ses chaussettes mouillées.

— Tu ne crois pas non plus ce que je te dis à son sujet.

Stacey, retrouvant la voix, put à peine murmurer :

— Je te crois.

Elle espéra que cette voix lui semblerait plus confiante que ce qu'elle lui paraissait à elle.

— Il est sur le chemin du retour pour la France.

Il retira son pantalon humide, et le suspendit à une chaise. Il ne portait pas de slip, et maintenant, il était complètement nu, prêt à se glisser dans le lit, mais il fit auparavant sortir Christy dans le couloir et referma la porte. Elle sentit le matelas s'enfoncer sous son poids. Il étendit son corps le long du sien, mais ils ne se touchèrent pas. Ils reposaient tous deux sur le dos.

— Je l'ai quitté, et je suis rentré par le dinghy.

— Il va me donner de ses nouvelles ?

— Cela ne dépend que de lui.

Après un silence, il ajouta :

— Merci de m'avoir prévenu, pour le revolver.

— J'espère qu'il téléphonera. Je veux dire, au moins pour dire qu'il est bien arrivé à Dieppe.

Johnny ne répondit pas. Ils écoutèrent tous deux la cloche de la bouée et le meuglement de la corne de brume plus loin, sur la mer emmitouflée de brouillard.

Elle savait qu'il ne la toucherait pas, et elle en remerciait Dieu, car s'il l'avait fait, il aurait senti qu'elle se rétractait. Elle écouta sa respiration et ferma les yeux. Elle ne pouvait supporter de voir la lumière qui rôdait de nouveau dans leur chambre et balayait une fois encore le plafond.

29

Stacey vit finalement l'aurore luire dans le ciel gris. Elle quitta le lit chaud, et jeta un regard sur le corps jeune et puissant, étendu devant elle dans sa nudité. Elle éprouva un sentiment de culpabilité à le contempler ainsi pendant qu'il dormait. Johnny était vulnérable, sans défense. Cette nuit, il avait répondu à sa question : il n'avait tué ni Andrew ni Daniel, mais disait-il la vérité ? Si elle se penchait et lui chuchotait de nouveau sa question à l'oreille, ne tirerait-elle pas de lui une réponse différente ?

Elle s'habilla et, après être descendue sur la pointe des pieds, elle caressa Christy, remit en route les radiateurs et prépara le café. S'adonner simplement aux gestes de la vie quotidienne, cela valait mieux que rester là-haut couchée dans le noir. Elle avait passé des heures et des heures à dresser l'emploi du temps de sa journée. Johnny allait prendre un bateau pour descendre le long de la côte et visiter un autre chantier. Dès qu'il aurait achevé son breakfast et descendu l'escalier de son pas pressé, elle se rendrait en voiture à *Sealanes*, et pendant que Bodmin serait occupée au bloc opératoire, elle ouvrirait la porte du garage.

Si elle voyait briller dans la pénombre la Mercedes gris métallisé d'Andrew, elle saurait que le frère et la sœur lui cachaient tous deux la vérité.

Ils déjeunèrent en silence, et Johnny sortait par la porte de derrière quand Stacey annonça qu'elle prenait la Jaguar pour se rendre au supermaché du village. Il s'en alla, et elle demeura assise à la table sans bouger jusqu'à ce qu'elle entende le gémissement de la scie. Alors, elle enfila son imperméable et se précipita vers le garage.

Les pneus de la Jaguar crissèrent sur le gravier de l'allée de *Sealanes*. Stacey jeta un coup d'œil en reconnaissance au-delà du va-et-vient des essuie-glaces. Après un tournant bordé de rhododendrons, elle vit le garage qui l'attendait, sous la pluie.

— Flûte ! murmura-t-elle en apercevant la Honda cramoisie de Mrs Howlett sur le gravier, en face de la cuisine.

Elle gara la Jaguar derrière la Honda, et se dirigea rapidement vers la porte du garage.

Ainsi qu'elle le craignait, celle-ci était fermée à clé. Il n'y avait pas de fenêtre donnant sur l'allée, seulement un double vantail de chêne. Elle gagna le côté de la construction, probablement d'anciennes écuries. Les murs de pierre n'étaient percés d'aucune fenêtre.

— Très bien, s'imposa-t-elle froidement à elle-même, cela signifie que je dois prendre les clés à ce crochet à l'intérieur du premier placard. Pour faire cela, je demande simplement à Mrs Howlett — non, je lui ordonne, comme Bodmin le ferait — de me donner cette clé. Demander une clé à une employée de maison, quoi de plus simple ?

Elle s'obligerait à agir, à prendre exemple sur Bodmin et à affronter Mrs Howlett avec cette supériorité pleine d'assurance qui fait qu'il est impossible de se dérober devant un ordre.

Après tout, se disait-elle, ne suis-je pas la femme de Johnny ? Mrs Howlett travaille pour ma belle-sœur. Il n'y a pas de raison pour que cette femme m'empêche de prendre la clé.

Une soudaine bouffée de radio — de la musique de danse des années 50 — lui fit ralentir le pas. La porte de la cuisine était ouverte, et Mrs Howlett essuyait ses mains à son tablier. Elle attendait sans expression, sans un sourire ni un froncement de sourcils, se demandant silencieusement ce que la femme de Johnny Haines pouvait bien fabriquer devant le garage à cette heure matinale, un mardi.

— Bonjour, Mrs Howlett.

La voix de Stacey s'éleva telle une vapeur blanche dans l'air froid du matin. Le gravier crissa sous ses pas pendant qu'elle se dirigeait vers la porte de la cuisine.

— Je suis heureuse que vous soyez là. Vous allez pouvoir me rendre un service.

Elle constata avec satisfaction que ses paroles reflétaient un ton impérieux, presque aussi impérieux que celui de Bodmin.

— Dimanche, quand nous avons conduit Merryn-John à Kentnall, j'ai oublié quelque chose sur le siège arrière de la voiture de miss Haines. La Rolls. J'ai besoin des clés du garage.

Stacey avait atteint la porte, et elle se préparait à pénétrer à l'intérieur de la cuisine quand elle s'aperçut que le corps volumineux de Mrs Howlett lui barrait le passage. Les doigts boudinés de la femme de ménage repoussèrent une mèche folle de ses cheveux passés maladroitement au henné, ce qui leur donnait une couleur très éloignée du naturel. Elle tendit l'autre main à l'intérieur de la cuisine, et prit sur le comptoir une cigarette qui achevait de se consumer. Pendant qu'elle tirait sur la cigarette, son visage sans expression demeura impassible. Stacey n'avait pas souvent affaire à des domestiques, mais elle était certaine qu'une femme de ménage ne doit pas s'appuyer contre une porte en fumant, lorsqu'elle se trouve en présence de la maîtresse de maison, ou de la belle-sœur de cette maîtresse de maison.

— Les clés du garage et de la voiture sont suspendues à un petit crochet à l'intérieur de ce placard, juste à côté de la porte. Si vous voulez avoir la bonté de me les donner.

Mrs Howlett donna un coup de menton en direction du garage.

— Fermé, dit-elle.

— Oui, je sais. J'ai essayé de l'ouvrir.

— Le docteur garde la porte fermée.

— D'accord, mais j'ai besoin d'entrer pour prendre mon carnet d'adresses que j'ai oublié dans la voiture dimanche dernier.

Elle s'entendait parler avec une volubilité qui trahissait l'énervement qu'elle essayait de cacher. Elle se jura de parler moins : elle n'avait pas besoin de s'expliquer. Les maîtres n'ont pas à s'expliquer devant leurs domestiques.

— J'ai besoin de ces clés.

Mrs Howlett n'avait pas changé d'expression, et elle ne fit pas un geste.

— Je sais où elles sont, dit Stacey. Je vais les prendre moi-même.

Mrs Howlett emplissait le cadre de la porte, et ne fit pas le moindre pas de côté.

— Je me demande, Mrs Howlett, si vous comprenez. J'ai absolument besoin de mon carnet d'adresses, que j'ai laissé dans la voiture du docteur. Pour le reprendre, il me faut la clé qui ouvre la porte du garage.

Elle carra ses épaules et espéra avoir assez bien imité l'air d'intimidation de Bodmin. Comme Mrs Howlett ne bougeait toujours pas, elle franchit la porte de force et ouvrit le placard où les clés carillonnèrent à leur crochet. Elle s'empara de toutes, et traversa l'allée d'un pas rapide.

La première que Stacey essaya dans la serrure du garage n'était pas la bonne. Elle sentait peser sur elle le regard de Mrs Howlett pendant qu'elle farfouillait pour en trouver une autre, qui consentit à tourner dans la serrure. Elle ouvrit en grand la porte, et vit la Rolls qui brillait dans la pénombre. Derrière se trouvait une Aston-Martin noire, décapotable. Le reste du garage, qui sentait le salpêtre, était vide.

Tout comme Daniel, elle était persuadée que la Mercedes d'Andrew était remisée ici. Elle fut donc déconcertée. Pire : elle se sentit dupée. Que diable, elle voulait... elle devait trouver une explication ! Elle referma la porte du garage, et jeta un coup d'œil en direction de la maison : elle aperçut, par la porte ouverte de la cuisine, Mrs Howlett qui parlait au téléphone. Puis la femme eut un geste en direction de Stacey : elle lui tendait l'appareil et lui faisait signe de se hâter, sous la pluie.

— Dépêchez-vous, lui jeta-t-elle lorsqu'elle atteignit la porte. Le docteur est en train d'opérer !

Stacey prit le récepteur, et le considéra longuement. Puis elle écarta les cheveux mouillés de son visage.

— Bodmin ?

La voix de Bodmin se fit entendre, calme et précise : c'était vrai, elle avait un pouvoir d'intimidation difficilement imitable.

— Je crois que vous auriez mieux fait de vous adresser directement à moi, au lieu de Mrs Howlett.

— Absolument. Je viens vous voir à la clinique. Tout de suite.

30

CLINIQUE HAINES. Au détour d'une route de campagne, Stacey découvrit l'écriteau en lettres d'acier inoxydable sur fond de briques. C'était sa première visite à ce bâtiment enfoncé à une centaine de mètres sous les arbres et reflétant une architecture contemporaine courante en Angleterre : une superposition de cubes fonctionnels avec des lignes pures de verre et de briques. À l'intérieur, on trouvait des bureaux, des laboratoires et des lits d'hôpital, mais de l'extérieur, il avait l'air avenant, entouré qu'il était de pelouses bien vertes et de cyprès. Stacey se gara au parking et courut sous l'averse sans même s'arrêter aux portes vitrées automatiques pour essuyer ses pieds. Ses chaussures maculèrent le linoléum impeccable.

— Le Dr Haines m'attend, dit-elle pour attirer l'attention

d'une jeune fille au teint pâle qui grimaçait en essayant d'ajuster à son œil une lentille de contact.

— Mrs Haines ? Veuillez passer dans le bureau du docteur. Troisième porte dans le couloir.

Tout en clignant de l'œil, pour mettre la lentille en place, la fille décrocha le combiné d'un téléphone.

En se hâtant le long du couloir, Stacey retira son imperméable et entra dans une petite pièce où elle vit un panneau vitré. Elle s'aperçut aussitôt qu'elle s'était trompée de porte. Ce n'était pas le bureau de Bodmin. Elle jeta un coup d'œil à travers la vitre et distingua le carrelage vert pâle d'une salle d'opération où toute une équipe de chirurgiens et d'aides vêtus de blouses du même vert s'affairait autour d'un patient, sous un flot de lumière. L'un des chirurgiens, portant des gants de caoutchouc et une blouse tachée de rouge, se dirigea vers un lavabo. Entre la calotte et la bavette, une paire d'yeux qui auraient pu être ceux de Johnny. C'était Bodmin, éclaboussée de sang.

Stacey éprouva un choc : en se trompant de pièce, elle venait de voir Bodmin à l'ouvrage. Le travail des chirurgiens consiste à tailler dans de la chair qui saigne, elle le savait. Néanmoins, elle sentit ses genoux se dérober sous elle, et ce fut d'un pas mal assuré qu'elle revint à la porte et traversa le couloir pour pénétrer dans une pièce agréable, éclairée par une lampe basse, avec une moquette épaisse, des fauteuils en tapisserie et des magazines. Elle se laissa tomber dans un des fauteuils et essaya de feuilleter les pages d'un numéro de *Country Life*.

Ce fut Bodmin elle-même qui ouvrit la porte et la fit entrer dans son bureau. Plus de sang. La blouse de chirurgien avait été remplacée par une veste de laboratoire, blanche. Elle s'était recoiffée, et avait passé sur ses lèvres un rouge très pâle. Elle indiqua un fauteuil de l'autre côté de son bureau, et parla de Daniel, en négligeant de faire allusion au garage fermé.

— Avons-nous des nouvelles de votre charmant ami français ?

Stacey lissait machinalement ses cheveux mouillés.

— Johnny dit qu'il est en route pour Dieppe, et qu'il téléphonera peut-être.

— Peut-être même avant Dieppe, s'il fait escale dans les îles Anglo-Normandes. Il m'a dit qu'il aimait particulièrement Jersey.

Bodmin alluma une cigarette.

— Habituellement, je ne fume pas devant mes patients, mais vous n'êtes pas une patiente, n'est-ce pas ?

— La nuit dernière, dit Stacey, les garde-côtes ne sont pas sortis.

— Parce que je ne les ai pas appelés. Pas la peine. Vous voyez qu'en définitive, il n'était pas nécessaire que des secours s'en aillent sillonner la mer. La plupart des choses qui nous causent du souci ont une façon très personnelle de s'arranger seules.

Elle enveloppa Stacey d'un léger sourire.

— Et maintenant, qu'est-ce que c'est que cette histoire de garage ?

Stacey fut reconnaissante à Bodmin de sa franchise. Maintenant, il était trop dangereux de biaiser :

— Je suis allée voir si la voiture d'Andrew s'y trouvait.

— N'est-ce pas ce que vous avez déjà essayé de faire dimanche soir ?

— Non. Cela ne m'était pas venu à l'esprit quand je suis allée chercher les gants. C'est votre obstination à ne pas me laisser ouvrir la porte qui m'a fait me demander pourquoi vous ne vouliez pas que j'entre dans le garage.

Stacey joignit les mains au-devant d'elle, mais elle abandonna rapidement cette attitude car elle lui rappelait celle d'une petite fille qui, blottie dans un grand fauteuil de bureau, se fait sermonner par la maîtresse d'école. Dans un moment comme celui-ci, elle aurait bien aimé fumer : cela lui aurait occupé les mains.

— Il était inconsidéré de votre part de mettre Mrs Howlett dans cette situation. Cette femme travaille pour moi. Elle a reçu des instructions. Je suis sûre que vous comprenez.

Et, haussant les sourcils, elle ajouta :

— Pourquoi ne pas me l'avoir tout simplement demandé ?

— Jusqu'à hier soir, et même jusqu'à ce matin, j'avais peur.

— Peur ?

— J'étais morte de peur, je tremblais littéralement de terreur... J'étais trop effrayée pour oser demander à Johnny s'il a fait ce que je crois qu'il a fait.

— Vous êtes sa femme.

Bodmin tira un cendrier à elle, sur le dessus du bureau.

— Je n'ai pas à intervenir quand il s'agit d'affaires entre mari et femme. Je ne suis que sa sœur.

— Mais vous l'aimez tout autant que moi. Et pour son fils, c'est la même chose.

— Merryn-John, c'est un autre sujet. J'espère que vous conviendrez maintenant que j'ai eu une bonne idée en l'éloignant d'ici. Les enfants sentent bien des choses dans l'air qui les entoure. Nous n'avons pas le droit de leur faire subir nos propres angoisses.

— Johnny me dit que vous savez des choses sur Andrew que lui-même ignore.

Le regard de Bodmin apprit à Stacey qu'elle attendait de la voir s'expliquer. Elle attendrait aussi longtemps qu'il faudrait.

— S'il est mort ou vivant. Tout vient de ce fond de violence qui m'effraie tant. Et pas seulement chez Johnny : je l'ai remarqué aussi chez son fils, et selon toute vraisemblance, la famille tout entière doit en être affligée. Vous avez vécu avec ces choses-là, Bodmin. J'ai vu la nuit dernière la façon dont vous avez menti à la police pour protéger Johnny.

Bodmin écrasa sa cigarette.

— Je veux bien mettre ce que vous venez de dire sur le compte de votre surexcitation.

— Je vous en prie, ne me dites pas de me taire. Il n'est plus temps de cacher la vérité, et vous pouvez avoir confiance en moi. Je ne prétends pas être de la famille, et je ne sais pas si j'en ferai jamais partie, mais vous pouvez me faire confiance, parce que j'aime Johnny de toute mon âme et que je ne l'abandonnerai jamais. Vous avez eu une vie entière pour saisir la réalité dont je m'approche seulement en tâtonnant. Seigneur ! J'ai été tellement effrayée par lui que je m'étonne de l'aimer encore autant.

Bodmin alluma une autre cigarette. Stacey n'avait jamais remarqué comme elle avait les ongles coupés court, sans vernis.

— En réalité, tout ce que je sais de lui, c'est qu'il m'aime. Cela, je le sais.

Bodmin fit tourner la cigarette entre ces doigts si habiles à découper la chair humaine.

— Il n'y a que vous qui puissiez le dire, vous et Johnny.

— Cela ne signifie nullement qu'il vous en aime moins. En fait, je suis sûre que vous l'aimez autant que moi. Je peux comprendre cela.

— Johnny est mon frère.

Stacey ne jouait plus la comédie. Elle donnait libre cours à son cœur, confessant ses pires frayeurs, et son amour, luttant, mendiant la compréhension de la seule personne capable de l'aider. Si Bodmin se souciait de ce qui pouvait arriver à Johnny, pourquoi gardait-elle ainsi ses distances, pourquoi la repoussait-elle, refusant même d'admettre qu'elle devinait combien elle, Stacey, avait besoin de la comprendre ?

— Bodmin, je vous en supplie, aidez-moi. Dites-moi ce que je dois savoir pour lui venir en aide.

— Vous avez épousé Johnny. Je ne suis que sa sœur.

— Vous l'avez déjà dit. Et je vous en prie, ne vous retranchez pas derrière toute cette merde conventionnelle. Aidez-moi !

Par la fenêtre striée de pluie, elle regarda les cyprès vert sombre, tout luisants d'humidité.

— À moins que ce qu'a dit Daniel ne soit vrai. Il prétend que vous aimez tellement Johnny que vous essayez forcément de le braquer contre moi.

C'est dans le show business qu'on parle ainsi. Votre Daniel appartient au monde du spectacle...

— Mais moi, j'en suis sortie ! Je suis à Seagate, je lutte pour ma vie et pour celle de Johnny, et à moins que vous ne refusiez vraiment de m'aider, ne restez pas assise là, guindée dans votre froideur professionnelle, en feignant d'ignorer que c'est pour moi une question de vie ou de mort !

Elle en avait dit plus qu'elle ne le voulait. Peut-être avait-elle été réellement théâtrale, mais elle s'était abandonnée si spontanément qu'elle ne pouvait croire que son interlocutrice, radoucie, se refuserait à partager ses sentiments, à sortir de sa carapace de médecin, et même à pleurer. N'accepterait-elle pas au moins de faire un geste pour l'aider ?

— Nous l'aimons toutes les deux. Je sais cela.

Les yeux de Bodmin étaient étonnamment semblables à ceux de Johnny. Ils étaient rivés sur elle, et ce fut pour échapper à ce regard que Stacey se leva et alla se planter devant la fenêtre.

— Il faut que vous sachiez que depuis cette soirée au pub, je me suis fait du souci à en perdre la tête. Et la nuit dernière... Croyez-vous que j'aie fermé l'œil ? J'étais couchée là, près de lui, à remuer les plus horribles, les plus inimaginables pensées. Bodmin, s'il y a quelque chose qui nous sépare, nous nous en occuperons plus tard. D'accord ? Si vous me reprochez ce que

Daniel est venu faire ici, je comprends que vous me haïssiez et que vous puissiez peut-être ne jamais me pardonner. C'était une grossière erreur, mais c'est Daniel qui l'a commise, pas moi. Il faut me croire quand je dis que pas un instant je n'ai voulu de lui ici. Quand je lui ai confié mes soupçons, à Londres, je me suis sentie tellement déloyale. Lorsqu'il m'a dit qu'il allait venir, je l'ai supplié de n'en rien faire. J'ai cru que je l'avais convaincu. Je vous jure que je ne savais pas qu'il viendrait. Une fois qu'il a été là, je ne l'ai pas rencontré, et même la nuit dernière, je ne lui ai jamais dit un mot ni contre Johnny ni contre vous. Bodmin, je vous jure que vous pouvez me croire. Rien de ce que vous me direz ne sortira de cette pièce.

Le téléphone sonna. Bodmin répondit à la standardiste qu'elle rappellerait dans un instant.

— Vous le connaissez depuis toujours, reprit Stacey. Vous savez à quoi vous en tenir.

Bodmin jeta un coup d'œil à sa montre.

— Je sais que ces accès de violence se sont déjà produits, ajouta Stacey.

— Ai-je vraiment à justifier ma famille, ou à me justifier moi-même devant vous ?

— C'est de votre famille que vient la violence !

— Vous voulez dire que Johnny est psychopathe ?

— Jamais de la vie. J'ai dit à Daniel qu'il ne l'était pas. Je lui ai dit combien il est brillant, et je sais pourquoi il vit de cette manière-là, parce qu'il ne prétend pas que le monde est plus civilisé qu'il le croit. Et quand je parle de votre famille, ai-je besoin de vous rappeler comment ces hommes accoutumés à en tuer d'autres traitaient leurs affaires ? Oui, vos ancêtres. Ils se battaient en duel. C'était une question d'honneur.

Puis Stacey ajouta quelque chose qui réclama tout son courage.

— Qu'est-ce que je peux éprouver, d'après vous, quand je me dis que les deux dernières fois, c'est moi qui ai été la cause de cette violence ?

Cette fois, ce fut Bodmin qui se détourna, et son regard évita Stacey pour contempler la pluie par la fenêtre. Stacey attendit une minute entière avant que Bodmin reprenne la parole très calmement.

— Les hommes vous regardent.

— Ils l'ont toujours fait.

— Cela fait partie de votre travail dans le show business, cette aptitude à exciter les hommes.

— Je n'y suis pour rien, mais je m'en suis servie. Quelquefois, je l'ai maudite. Mais elle m'a apporté Johnny, je le sais. Tout s'est terminé par un véritable amour, et cette partie de ma vie est derrière moi. Maintenant, quand les hommes me regardent comme ils le font parfois, je déteste cela autant que Johnny.

Bodmin l'observait à travers la fumée de sa cigarette. Stacey dit encore :

— Andrew était un démon qui avait un sens absolument infaillible pour des choses comme celle-là. Il s'est servi de ce que j'étais avant pour humilier Johnny. Naturellement, cela a marché. Nous avons vu toutes les deux sa fureur. Nous avons su, toutes les deux, qu'il aurait tué Andrew, là, sur place, si vous ne l'aviez pas arrêté.

— Votre ami Andrew s'est enfui.

— Il s'est enfui, mais vous n'avez pu calmer la fureur de Johnny. Je ne le savais pas alors, mais j'ai appris cela depuis : lorsque Johnny est revenu à la maison pour me parler du motard accidenté, et qu'il est ressorti ensuite, c'était pour se lancer sur les traces d'Andrew avec l'intention de le tuer. Si cela peut vous faire plaisir, je reconnais que je suis la cause du drame. Je puis même convenir qu'il n'y aurait pas eu de problème s'il m'avait tuée à sa place.

— Vous rendez-vous compte que vous donnez en plein dans le mélo ?

— Vous vous demandez pourquoi je ne m'en vais pas maintenant ? Pourquoi je suis toujours là ? C'est très simple. J'aime trop Johnny pour le quitter. La nuit dernière, j'ai eu finalement le courage de lui demander s'il avait ou non tué Andrew. Il m'a répondu que vous l'en aviez empêché.

— Et vous vous êtes empressée de courir droit au garage pour l'espionner !

Bodmin écrasa sa cigarette.

— Vous l'aimez, mais vous ne lui faites pas confiance.

Elle poussa un soupir et secoua la tête, pour montrer que, d'après elle, l'amour impliquait que l'on ait une foi absolue en son mari.

— Johnny n'a tué personne.

— Personne ! Et Andrew ? Et Daniel ? Vous avez menti à la

police, vous ne pouvez pas le nier. J'étais là. Jamais Daniel ne serait sorti par cette tempête la nuit dernière si Johnny ne l'y avait pas obligé. Je suis restée là dans le noir, à compter les minutes et les heures, jusqu'à ce qu'il revienne, seul, comme je le craignais. Et que pensez-vous qu'ils disent tous, à Seagate ?

— Ils ne savent pas ce qui s'est passé, vous non plus.

— Lysker était là. Il a tout vu. Vous en doutez ?

— Je n'en ai aucune idée.

— Vous pouvez parier tout l'or du monde que rien ne lui a échappé, et qu'en ce moment même, il n'y a pas une seule personne au village pour ignorer que Johnny est rentré seul, avec le dinghy.

— Johnny vous a pourtant dit ce qui s'était passé, alors, pourquoi préférez-vous croire Lysker ?

— Si Andrew est vivant, je veux l'apprendre de sa bouche à lui. Et si Daniel est en route pour Dieppe, combien de temps devrai-je attendre avant qu'il me téléphone ? Bon. À votre tour. Dites-moi le fond de votre pensée. Croyez-vous vraiment Johnny ? Si c'est oui, je veux l'entendre de vous, et pas de la façon dont vous vous êtes comportée avec la police, mais ici même, tout de suite, de vous à moi, et sans la morgue de la toute-puissante aristocrate-médecin qui habite le manoir du coin.

Bodmin ouvrit son étui à cigarettes en or, mais elle renonça à l'idée d'allumer une cigarette, et reposa l'étui sur le bureau.

— Pour autant que je sache, Johnny vous a dit la vérité au sujet d'Andrew. Je les ai séparés.

— Alors, pourquoi ne me l'avez-vous pas dit ?

— Il était plus prudent que Johnny ne sache pas où nous avions emmené Andrew.

— Vous vous êtes figurée que si vous me faisiez la moindre confidence, je n'aurais pas plus tôt tourné les talons que j'irais la rapporter à Johnny ?

La voix de Bodmin fut d'un calme exaspérant : c'était celle d'un médecin assis derrière son bureau et ayant réponse à tout.

— Que croyez-vous que Johnny ait éprouvé, pendant que vous et votre Daniel jouiez aux détectives ? Et la nuit dernière, quand il vous a dit la vérité ? Mais vous ne le croyez toujours pas. Vous continuez à l'espionner. Il y a moins d'une heure, vous êtes venue chez moi, convaincue de trouver la Mercedes d'Andrew cachée dans mon garage, preuve qu'il est mort et que Johnny l'a tué. Vous ne me croyez pas non plus maintenant.

— Je vous ai vue mentir.

La bouche de Bodmin se durcit, devint un mince trait froid. Elle respira profondément.

Stacey se prépara à porter le coup final.

— Peut-être n'avez-vous pas voulu m'épargner tout ce qui m'est arrivé : ainsi, vous avez pu me terrifier, et ce n'était pas un mauvais moyen de me faire douter de Johnny et de détruire notre amour.

Derrière le bureau, Bodmin se leva. Elle se montrait nerveuse, mais ce qu'elle fit révéla qu'elle n'avait rien perdu de sa maîtrise d'elle-même. D'un geste froidement délibéré, elle décrocha le téléphone, et composa un numéro.

— Docteur Robert Merritt.

Elle attendit, respirant toujours profondément, puis brusquement elle parla dans le combiné.

Robert ? C'est Bodmin.

Stacey, debout à la fenêtre, vit un moineau qui filait comme un trait à travers les branches du cyprès.

— Comment va votre patient de Londres ? Bon. Naturellement il fallait s'y attendre. Excellent. Ce week-end ? J'imagine qu'il a été heureux d'apprendre ça. Tenez-moi au courant. Merci, Robert. Maintenant, si vous voulez bien me le passer...

Bodmin attendit la sonnerie intérieure du téléphone. Lorsqu'elle obtint une réponse à l'autre extrémité de la ligne, elle tendit le récepteur à Stacey.

31

— Stacey ?

— Andrew ?

C'était Andrew : sa voix à l'accent australien était assourdie, il avait de la peine à s'exprimer, mais il était là, vivant, à l'autre bout du fil.

— Seigneur ! Andrew...

Les mots lui échappèrent comme un cri de soulagement, dans un brusque débordement de joie qui dissipait tous les nuages noirs. Andrew n'était pas mort ! Andrew était vivant ! Johnny n'avait pas tué Andrew !

— Où es-tu ?

Durant un moment, elle crut qu'ils avaient été coupés. Puis elle entendit de nouveau sa voix tendue comme un fil sous l'effet de la suspicion et de la peur.

— D'abord, dis-moi où tu es, toi.

En dépit de la joie qu'elle ressentait, elle devina chez lui une frayeur qu'elle n'avait jamais perçue auparavant. Sans le vouloir, elle se mit, elle aussi, à chuchoter : elle se trouvait avec Bodmin — miss Haines — dans son bureau, à la clinique.

— Il est là ?

La voix, déjà peu perceptible, devint tellement sourde que Stacey dut faire un effort pour la comprendre. Elle l'assura que Johnny était absent de Seagate pour la journée, mais cela ne calma pas sa panique.

— Stace, fous le camp, loin de lui. Quitte-le, maintenant !

Par contraste avec sa frayeur — sa terreur — présente, elle planait dans une folle exaltation.

— Oh ! Andrew, je n'arrive pas à te dire ce que ça signifie d'entendre ta voix ! Tu ne peux pas imaginer ce à quoi je pensais...

Elle reprit son souffle, et essaya de se montrer plus cohérente.

— Dis-moi où tu es.

— Je t'appellerai en sortant d'ici, vendredi. Mais en attendant, il faut que tu t'éloignes de lui, Stace. Rentre à Londres, je t'y retrouverai vendredi.

— De ma vie je n'ai été aussi heureuse d'entendre la voix de quelqu'un, mais c'est la dernière fois que nous nous parlons, Andrew.

Il ne l'écoutait pas.

— Stace, pour l'amour du Ciel, tire-toi ! Il est fou à lier !

Elle ne voulut pas entendre un mot de plus : il aurait gâché cette merveilleuse, merveilleuse nouvelle. Andrew était en vie, ses craintes se dissipaient, elle ne laisserait pas cet homme qui haïssait Johnny assombrir sa joie. Elle avait entendu ce qu'elle avait besoin d'entendre.

— Je te passe le docteur.

Elle tendit le téléphone à Bodmin, et les deux femmes perçurent un cri désespéré.

— Stacey, écoute-moi !

Bodmin, en médecin froid et imperturbable, prit le téléphone. Stacey ne put supporter de rester dans ce bureau une minute de plus et fit signe qu'elle ne pouvait garder pour elle cette bonne nouvelle : il lui fallait sortir tout de suite.

Bodmin couvrit le récepteur de sa main.

— Ne dites rien à Johnny !

Portée par une énorme vague de bonheur, Stacey franchit la porte de la clinique : elle aspira avidement de profondes bouffées d'air humide, sentant l'herbe et le sapin. Elle débordait d'une félicité vibrante, enthousiasmante, qui transformait le monde entier. Cette sombre journée de novembre avec son ciel bruineux se métamorphosait en un glorieux soleil, celui du premier jour du printemps, lorsque la vie s'élève tout droit de la terre, lorsqu'elle emplit la nature et rassérène les cœurs. Son sang chantait en elle, et elle quitta l'allée pavée pour courir à travers l'herbe humide et gagner le parc. Elle bondit dans sa voiture, claqua la portière, et laissa tomber sa tête sur le volant dont le klaxon retentit. Elle renversa la tête en arrière, et éclata de rire.

— Andrew est vivant !

Et Daniel ?

Son esprit se remit à l'ouvrage. Andrew était vivant, Johnny ne l'avait pas tué. Si Andrew était vivant, alors, Daniel l'était aussi : Johnny ne le lui avait-il pas affirmé ? Elle aimait Johnny, et Johnny n'était pas un menteur. Et Johnny avait dit que Daniel était vivant !

Durant cinq bonnes minutes, elle resta là à sourire, sans pouvoir se résoudre à mettre le moteur en route. Elle se réjouissait d'être seule, toute vibrante d'excitation. La vie l'emplissait à chaque bouffée d'air. Sa première réaction avait été de se précipiter chez eux, pour y retrouver Johnny et le serrer dans ses bras. Mais Johnny avait pris ce bateau pour descendre la côte. N'importe : elle aurait le reste de la journée pour préparer sa surprise. Elle savait ce qu'elle ferait : elle fêterait le retour de l'homme qu'elle aimait avec le plus merveilleux dîner qu'elle soit capable de préparer.

Au champagne !

Il fallait s'y mettre sur-le-champ. Elle allait préparer la soirée la plus réussie qu'un couple eût jamais connue.

Au supermarché, les autres femmes, avec leurs vêtements de pluie en plastique et leurs manteaux noirs dégouttants de pluie, échangèrent des regards et des chuchotements. Pourquoi la femme de Johnny souriait-elle ainsi toute seule ? À la caisse, deux bouteilles de champagne, des steaks épais et des artichauts firent se hausser les sourcils. Le sourire de Stacey s'étalait sur son visage. Elle avait un secret. Elle venait d'apprendre la plus belle nouvelle du monde.

Elle voleta à travers la maison en caressant au passage les objets que Johnny avait touchés. Elle enfila un de ses gros sweaters tricotés à la main et, en compagnie de Christy, bondit dans l'escalier pour porter des tasses de café fumant à Chambers et à Richard, qui coupèrent le moteur de la scie gémissante. Son bonheur radieux emplit l'atelier comme le soleil lorsqu'il bouleverse un jour gris.

— On dirait que vous venez de gagner aux pronostics de foot, dit Richard.

— Mieux que ça, Richard. Beaucoup, beaucoup mieux !

Richard l'examina par-dessus le rebord de sa tasse, Chambers plissa ses yeux rouges et se moucha.

— J'ai une faveur à vous demander, Richard. Dès que vous aurez quelques heures à perdre, j'aimerais que vous m'en appreniez un peu plus sur la voile, sans le dire à Johnny : c'est une surprise.

Elle enfonça les mains dans ses poches, fit demi-tour, et regarda cette mer que Johnny aimait si profondément. On voyait au loin, à l'endroit où le ciel rencontre l'eau, un mince trait d'argent.

— Viens, Christy ! Allons nous occuper du canard de Merryn-John !

Ils revinrent de la maison en compagnie du volatile que Stacey déposa sur les pierres humides du quai, puis elle se recula et se tint debout à côté du chien.

— Vas-y ! Envole-toi !

Le canard n'eut pas un mouvement.

— Ton aile est guérie. Vole !

Le seul signe de vie du canard fut une sorte de clin d'œil.

— Je crois qu'il ne veut pas qu'on le regarde.

Stacey entraîna Christy jusqu'à la baie au milieu des flaques laissées par la marée. Des épinoches argentées miroitaient parmi les algues. Elle ramassa un coquillage rose. Par ce matin de vent au bord de la mer, tout paraissait plein de vie : le ciel avec ses mouettes, ses nuages gris et argent, ses rafales de pluie, et même cette sacrée cloche qui n'arrêtait pas de faire ding-dong, tout était vivant. Elle tourna son visage vers le ciel et aspira l'air salé : comme elle aimait tout cela !

Lorsqu'ils rejoignirent le quai, le canard avait disparu. Stacey n'eut de cesse de rentrer à la maison pour écrire à Merryn-John que son canard était complètement rétabli.

Stacey faisait mariner un steak à la sauce de soja, d'après une recette californienne, et elle nettoyait deux grosses pommes de terre pour les mettre au four, quand la sonnerie du téléphone déchira l'air.

La voix qu'elle entendit recouvrit d'un nuage noir le soleil de sa joie. Andrew. Dans le bureau de Bodmin, elle n'avait jamais été aussi émue d'entendre sa voix, mais elle lui avait dit que c'était la dernière fois qu'ils se parlaient.

— Fous le camp, Stacey. Tu ne peux pas rester là !

Il était comme fou. Elle s'efforça de demeurer calme.

— Andrew, je t'ai dit que je ne voulais plus jamais entendre parler de toi !

— Fous le camp maintenant, pendant qu'il est encore temps !

Elle reposa l'écouteur. Son cœur battait avec une telle violence qu'elle dut s'agripper à la table de la cuisine.

Christy leva son museau vers elle, et se mit à gémir.

Elle savait que le téléphone allait sonner de nouveau. Elle s'y attendait, et elle le redoutait. Trente secondes ne s'étaient pas écoulées que la sonnerie la fit sursauter. Elle recula jusqu'à l'évier, hypnotisée par cette chose stridente qui avait une vie propre. Tremblante, elle dit à voix haute à travers ses dents serrées :

— Va au diable, Andrew. Je ne te laisserai pas tout salir.

Un peu avant qu'il fasse nuit, elle se détourna de la fenêtre où elle guettait le retour de Johnny. Elle se dirigea vers le téléphone, et appela le bureau de Daniel. Gina n'était pas là, et bien que Stacey n'ait pas donné son nom au standard, on reconnut aussitôt sa voix.

32

Bodmin releva ses cheveux sur sa nuque, et inclina la tête pour que Johnny la frictionne avec sa serviette.

— Tu n'avais pas l'esprit au jeu.

— Désolée. Je me défendrai mieux mardi prochain.

Ils quittèrent le court de squash. Bodmin éteignit la lumière et ferma la porte. Ils suivirent le corridor côte à côte. Ce jour-là, ils avaient reporté leur partie du mardi matin à la fin de l'après-midi car Johnny s'était absenté toute la journée pour descendre la côte en bateau. Il était venu tout droit à *Sealanes* sans passer par chez lui. Ni l'un ni l'autre n'avaient dit un mot de ce qui s'était passé depuis qu'ils s'étaient séparés la veille au soir, après avoir quitté le *Ploughman*. Sans s'être concertés, ils étaient tacitement convenus que leur conversation pouvait attendre l'intimité du sauna.

Bodmin était déjà installée, une serviette éponge étroitement nouée autour des reins, lorsque Johnny entra et versa de l'eau froide sur les pierres brûlantes. Une vapeur fraîche fusa.

Elle attendit qu'il se fût assis sur le banc de bois, à côté d'elle.

— J'en ai assez de mentir, Johnny. Je te l'ai encore dit hier soir, quand nous avons quitté le restaurant. J'aurais dû prendre sur moi, mais du diable si je pouvais rester assise là avec son ami français pendant qu'il nous espionnait et m'obligeait à mentir encore plus.

— J'aurais préféré ne pas la laisser seule avec lui.

— Tu as découvert la raison pour laquelle son ami était venu.

Elle le fit se tourner et, de ses fortes mains, lui massa le cou et les épaules.

— Lysker fait croire au village que le Français ne reviendra jamais.

— J'ai dit à Stacey que je ne l'avais pas tué.

— Je me suis arrangée pour l'empêcher d'appeler les garde-côtes, mais malheureusement, ce minable de Lysker a alerté la police.

Elle fit retourner son frère pour lui masser l'autre épaule.

— Cela fait trop de police, Johnny. L'accident du motard. La disparition d'Andrew. Le mystérieux appareillage de Daniel en pleine nuit. J'ai dû mentir. À ces policiers. Devant Stacey. Elle a été assez fine pour ne pas ouvrir la bouche, mais je ne peux plus m'exposer à mentir ainsi devant elle, même si elle comprend que, quoi que je fasse, c'est pour le bien de notre famille. Pour toi. Pour Merryn-John. Pour moi.

— Mais pas pour elle.

Elle se pencha si près de son dos qu'il pouvait sentir sa respiration.

— Tu es tendu partout, ici.

Elle appuya sur sa nuque et lui fit baisser la tête, de façon à pouvoir travailler les puissants muscles de ses épaules.

— Allons, Bodmin, dis-le.

Elle était tout entière à son travail.

— Tourne-toi un peu plus de côté.

— Tu veux que ce soit moi qui le dise ? Que rien, absolument rien ne serait arrivé si je ne l'avais pas amenée ici ?

— Elle a fait une remarque intéressante, dans mon bureau. Elle a reconnu qu'il n'y aurait peut-être pas eu de problème si tu l'avais tuée à la place des autres. Apparemment, elle n'est pas convaincue que tu lui dis la vérité. Cela expliquerait pourquoi elle est venue ici, ce matin, chiper les clés, et fureter dans le garage en cherchant la voiture de Norton.

Ah ! c'est là que tu l'avais cachée. Tout le monde se posait la question.

— Quand Mrs Howlett m'a téléphoné pour me prévenir que Stacey était en train d'ouvrir le garage, j'ai décidé que le moment était venu de lui parler de Norton, et je lui ai demandé de venir à la clinique. Il sautait aux yeux qu'elle était sûre que tu l'avais tué. Alors, je l'ai mise en contact avec lui. Elle a été si étonnée et si soulagée de découvrir qu'il était toujours en vie qu'elle s'est illuminée comme un arbre de Noël. Et elle a filé de mon bureau sans demander son reste.

— Alors, peut-être me croira-t-elle si je lui dis que je n'ai pas davantage tué Daniel.

— Pas avant d'avoir des nouvelles de lui. Elle sait que Norton est vivant parce que je vous ai séparés. Ce qui l'inquiète le plus, c'est ce qu'elle appelle un fond de violence en toi. Elle l'a remarqué aussi chez Merryn-John. À la vérité, elle croit que nous tenons ça de famille depuis nos plus lointains ancêtres, ceux qu'elle a vus en portraits dans la galerie.

— Tu trouves que je ressemble à Père chaque jour davantage, n'est-ce pas ?

— J'aurais bien voulu que tu ne lui ressembles pas. Stacey craint tes emportements.

— Ils ne se reproduiront plus.

— Bien sûr, mais s'ils devaient se reproduire, t'es-tu demandé si elle serait capable de les supporter encore ?

— Allons, ne tourne pas autour du pot et dis-le carrément : elle n'a rien de commun avec nous.

Elle soupira, reconnaissant l'indéniable vérité, même si celle-ci était désagréable.

— Johnny, crois-moi si je te dis que je suis de tout cœur avec elle. Personne ne la blâme. Tu dois reconnaître que ce qui s'est passé n'est guère de sa faute.

— Elle n'est pas des nôtres, n'est-ce pas ? Et elle ne le sera jamais.

Bodmin laissa sa tête reposer sur l'épaule de son frère.

— Tout allait si bien jusqu'à ce qu'elle vienne ici.

Johnny se dégagea et bondit sur ses pieds, le corps luisant de sueur.

— Ce n'est pas elle qui est venue, c'est moi, qui l'ai amenée ! Elle est ma femme !

Bodmin resserra sa serviette.

— Valérie l'était aussi.

— Je n'aimais pas Valérie. Très bien. Tu ne me laisses pas le choix. Tu as déjà éloigné mon fils. Stacey et moi nous partirons !

Bodmin essuyait la sueur sur son visage brillant.

— Tu crois que je ne peux vivre nulle part ailleurs qu'à Seagate ? Avec elle, je le peux. Je peux vivre n'importe où ! Nous allons partir à l'instant !

Elle secoua la tête. Cela ne valait pas la peine qu'on discute. Et Johnny se maudit lui-même en silence, car ils savaient tous deux que sa menace était sans fondement.

— Ce que tu veux, c'est que je me débarrasse d'elle.

— Il y a une foule d'autres hommes qui la désirent.

— Mais moi, je l'aime !

Il pressa ses cheveux dégoulinants d'humidité.

— Fiche-moi la paix, Bodmin ! Depuis ce dimanche soir où nous sommes entrés tous les deux dans cette maison, ce que tu n'as jamais pu comprendre, c'est que j'aime follement cette femme !

— Et moi, bien sûr, je ne connais rien à l'amour !

— Je n'ai pas dit ça.
— Non, tu ne l'as pas dit. Merci quand même.
Il lui embrassa la main.
— Tu sais bien que je t'aime.
— Alors, tranche dans le vif.
— C'est le chirurgien qui parle en toi. Tu pourrais aussi bien me demander de trancher dans le vif de mon cœur.
— Elle est en train de détruire notre famille.
— Faux ! Quoi qu'il soit arrivé jusqu'à présent, c'est moi qui l'ai fait, et non Stacey ! Et pour en revenir à Daniel, je viens de te dire que je ne l'ai pas tué.
— Elle ne te croit pas.
— Et toi ?
Elle leva son visage brillant pour le regarder.
— Je vois Père en toi.
— Je ne suis pas Père !
— Cela se produira de nouveau, à cause d'elle. Et je ne peux pas continuer à mentir.

33

Avant que Christy ait aboyé, Stacey entendit la voiture pénétrer au garage. Elle alluma les chandelles, mit Oscar Peterson sur la stéréo et jeta un regard circulaire dans la salle de séjour. La table était mise devant le feu, et la musique s'amplifia dans un monde clos, chaleureux, un monde à l'abri de la pluie et de la nuit balayée par le vent.
Johnny entra par la porte de la cuisine.
— Ça sent bon !
Il baissa le regard vers ses bottes.
— Je salis ton parquet.
Elle l'embrassa et prit sa veste.
— J'ai fait un bon feu. Tu veux un scotch ? À moins que tu ne préfères du champagne ?
— Comme tu voudras !
Johnny retira ses bottes.
— Le scotch semble plus approprié après une journée en mer. Comment dit Bodmin ? «Voici le marin de retour, venant du large... »

Elle alla chercher de la glace au réfrigérateur. Johnny se planta devant le feu en se frottant les mains, et éleva la voix pour se faire entendre de la cuisine.

— Je me suis arrêté chez Bodmin. Nous avons fait une partie de squash.

— Qui a gagné ?

— Elle.

— Je l'ai vue aujourd'hui. Elle te l'a dit ?

Stacey apporta les deux verres. De la cheminée, Johnny promena son regard dans la pièce.

— On fête quelque chose ?

— Mon amour pour toi.

Elle lui tendit son scotch, puis elle passa son bras sous le sien et ils s'assirent tous deux devant l'âtre. Durant quelques minutes, peut-être davantage, ils contemplèrent les flammes. Ce matin-là, Johnny avait quitté la maison en silence. Maintenant, il ne parlait pas non plus, mais c'était un silence d'une espèce différente, un silence confortable et tranquille à la chaleur du feu, un silence qu'elle aimait partager avec lui sans qu'ils se croient le moins du monde contraints de meubler la conversation. Ils burent leur scotch, écoutèrent Oscar Peterson, le vent qui secouait les arbres, et la cloche qui tintait en mer.

— Bodmin t'a-t-elle dit que j'ai eu Andrew au téléphone ?

Il acquiesça. Il paraissait heureux de la laisser parler d'Andrew comme elle voulait, et cela lui fit particulièrement du bien qu'il ne lui demande pas où Andrew se trouvait. Andrew faisait partie du passé.

— Buvons à la sortie d'Andrew ! C'est l'une des choses que j'ai envie de fêter.

Elle se colla contre lui, et l'embrassa.

— Tu ne bois pas ton whisky ?

Johnny observait les flammes.

Une heure plus tard, les steaks grésillaient, et elle lui mit dans les mains une bouteille de champagne glacée en lui demandant de l'ouvrir. Mais il la repoussa, en suggérant de la garder pour une autre occasion.

— Pas question. Je te l'ai dit : c'est la fête.

À table, dans la lueur du feu, Johnny souleva son verre pour répondre au toast de Stacey, mais elle remarqua par-dessus le bord de son propre verre qu'il buvait à peine quelques gorgées. Durant le dîner, il avala seulement une ou deux bouchées de son steak et une pomme de terre au four. Il ne toucha pas au vin rouge.

Le silence que Stacey avait trouvé si chaud et si réconfortant devint un vide qui se mit à envahir la pièce à la manière d'un courant froid.

Il la surprit à regarder son assiette, tout en faisant semblant de ne pas voir qu'il avait à peine touché au dîner.

— Je crois que je n'ai pas faim, dit-il avec un sourire forcé.

Stacey sauta sur ses pieds, et changea le disque.

— *Yesterday*, s'écria-t-elle. De toutes les chansons des Beatles, *Yesterday* est ma préférée...

Elle tendit les bras à Johnny pour qu'il danse avec elle. Leurs corps s'ajustèrent, et ils se déplacèrent en musique. Elle appuya son visage dans le creux de son épaule.

— Tu sais quoi ?

Il fit un signe de tête.

— C'est la première fois que nous dansons ensemble, dit-il.

Elle frotta son visage contre le sien, en guise d'acquiescement. La chanson se termina, une autre commença, mais Johnny ne répondit pas à la musique. Ses bras se détachèrent d'elle, et il regagna la cheminée.

Elle porta les plats jusqu'à l'évier, et pendant que la pluie tambourinait sur le toit, ils montèrent à l'étage.

Dans la chambre, il faisait glacial. La pluie cinglait les fenêtres secouées par le vent. Tous les grands espoirs de Stacey pour la réussite de cette soirée s'étaient refroidis avec le dîner. Le scintillement brillant des chandelles sur les verres de vin s'était évanoui, et le silence qui avait envahi la pièce du bas emplissait la maison de la terreur froide des quinze derniers jours.

Andrew était en vie. Depuis que s'était produit le miracle dans le bureau de Bodmin, il avait suffi pour la transporter toute une journée sur un nuage de bonheur. Durant tout l'après-midi, alors qu'elle préparait le dîner, elle s'était dit que si Andrew était vivant, alors Daniel devait l'être aussi. Mais elle avait senti tout autre chose au long de cette soirée où Johnny avait été complètement absent. Où erraient ses pensées ? En mer ? Il lui avait dit lui-même que c'était Bodmin qui avait arrêté son geste, au *Druide*. En mer, il s'était trouvé seul avec Daniel sans personne pour s'interposer. Telle était la raison de ce vide, de cette peur froide comme la mort, qui s'était introduite dans la maison.

Couchée sur le dos, elle attendait qu'il revienne de la salle de bains. Il finit par éteindre la lumière du couloir, et lentement, il s'approcha d'elle. L'éclat du phare frappa son visage éprouvé, et l'espace d'un instant, elle vit que son mari avait l'air d'un vieillard.

Ils étaient étendus côte à côte, et ne parlaient toujours pas.

Stacey cherchait désespérément dans sa tête un moyen de l'atteindre. Elle comptait que cette soirée serait un triomphe, et le fossé qui les séparait ne cessait de s'élargir. Il l'avait quittée à l'aube sachant qu'elle ne le croyait pas au sujet d'Andrew et de Daniel, et voilà qu'à son retour, il l'avait trouvée toute réjouie : sa peur avait miraculeusement disparu. Maintenant, une pensée la tenaillait : c'était Bodmin qui lui avait donné la preuve qu'Andrew était toujours en vie et devant Johnny, elle avait reconnu que c'était cette preuve qui l'avait convaincue, cette preuve et non son amour.

Il avait joué au squash avec Bodmin. Ils avaient parlé. Lui avait-elle dit autre chose qui le maintenait loin d'elle ?

Elle glissa un regard dans sa direction. Il contemplait le plafond, et cette satanée lumière intermittente. Ce qu'il devait faire, c'était rompre le maléfice, s'en aller de Seagate, loin de Bodmin, loin de Lysker, loin de tous les soucis qui hantaient cette maison.

— Si nous partions..., dit-elle en se forçant à être naturelle. Nous pourrions faire voile pour l'Espagne, ou je ne sais où. Nous pourrions rassembler quelques affaires, et partir tout de suite.

— C'est ici que nous habitons.

— D'accord. Je voulais seulement dire pour quelques jours.

— Tu as essayé de téléphoner au bureau de Daniel ?

— Non, répondit-elle trop vite.

Puis elle avoua qu'elle avait eu seulement le standard.

Elle sut alors que c'était l'ombre de Daniel qui s'était abattue entre eux. Elle se souleva sur un coude, et regarda Johnny.

— Je te crois. Je n'ai pas besoin de preuve.

— Les autres, si.

— Pourquoi se soucier des autres ? Il s'agit de nous, Johnny. De toi et de moi. Au diable les autres !

Elle l'embrassa, mais quand elle sentit que ses lèvres effleuraient à peine les siennes, elle se tourna vers l'autre côté du lit.

34

Le lendemain matin, Stacey accompagna Johnny jusqu'à la porte de la cuisine, mais elle ne put l'empêcher de descendre à son travail sans prendre de café ni dire un mot. Elle resta debout au milieu de la pièce, puis se trouva soudain envahie par un puissant besoin d'activité physique — le plus dur serait le mieux —, un besoin d'activité échevelée pour combattre ce vide froid qu'un épais chandail et deux radiateurs ne parvenaient pas à dissiper. Elle avait déjà nettoyé la maison, et encaustiqué les parquets de chêne jusqu'à ce qu'ils brillent. Elle chaussa donc des bottes, et sortit dans le matin clair mais glacial pour s'attaquer au jardin en pente, entre la maison et l'abri pour voitures. Elle coupa les tiges desséchées, retira les branches mortes, arracha les mauvaises herbes. Elle ratissa les feuilles mortes pour en faire des tas, et elle commençait à tailler un massif de chrysanthèmes encore en fleurs quand elle entendit un bruit de pas.

Johnny !

Elle reprit espoir. Dieu merci, se réjouit-elle, il est revenu : elle était sûre qu'il était aussi tourmenté qu'elle de cette mésentente qui les séparait. Elle ne leva pas les yeux. Elle voulait qu'il la surprenne en plein travail de jardinage. Elle continua de tailler le massif de chrysanthèmes qui sentaient fort et frais, jusqu'à ce que le bruit de pas soit tout proche.

— Qu'est-ce que tu dirais d'une plate-bande de crocus, ici ? Ils viennent tôt, et sont en fleur les premiers.

Elle s'interrompit. Christy escaladait l'escalier en aboyant furieusement.

La silhouette qui se tenait devant elle ne dit rien. Quand Stacey se redressa, elle vit Andrew qui la regardait fixement. Elle se recula avec un cri d'effroi. La boucle d'oreille d'Andrew avait disparu. La marque rouge d'une contusion couvrait un côté de son visage, et le bas de celui-ci était recouvert d'une barbe éparse et toute récente. Il portait son blouson de sport argenté et un Lewis enfoncé dans de lourdes bottes.

Christy grondait. Stacey sentit le sécateur glisser de sa main, et d'une voix qu'elle ne put contrôler, elle chuchota :

— Non, Andrew. Je t'en prie. Non, va-t'en !

Christy perçut sa nervosité, et montra les dents.

— Tu vas venir avec moi.

Si la voix d'Andrew s'était montrée tendue au téléphone, c'était que la douleur provenant de sa lèvre fendue et de sa mâchoire abîmée l'empêchait d'articuler. Son regard suivit Stacey pendant qu'elle jetait un coup d'œil au chantier, et il attendit que ses yeux écarquillés reviennent se poser sur lui. Il respirait bruyamment par sa bouche déchirée, et ne quittait pas Stacey des yeux. Il gratta le douloureux hématome sous sa barbe naissante.

Stacey se déplaça d'un pas pour mieux voir le chantier où la scie gémissait et où les marteaux résonnaient.

— Ne te montre pas à Johnny ! Va-t'en !

— Tu as raison d'avoir peur de lui. Allons, viens !

Il tendait le bras vers elle quand, d'un mouvement de tête, elle lui fit signe de reculer dans le jardin, pour qu'on ne puisse pas l'apercevoir du bas de l'escalier. Christy grognait et tournait autour de l'étranger.

— Laisse tes affaires !

Il la saisit de nouveau.

— Tu vas venir avec moi, tout de suite !

Stacey s'adossa au tronc d'un sycomore en secouant la tête. Christy se mit à aboyer.

— Si je suis sorti de ce putain d'hôpital deux jours plus tôt, c'est pour te tirer de là.

La présence d'Andrew et sa voix étouffée l'emplissaient de panique. Elle essaya d'abord frénétiquement de le faire taire, puis elle secoua à nouveau la tête pour refuser tout ce qu'il pouvait dire.

— Je l'aime.

Dans l'air glacé, ses mots ne rencontraient aucun écho.

— C'est un assassin, bon Dieu !

— Tu es en vie.

— Peut-être, mais c'est grâce à sa sœur. Ce fils de pute m'a suivi cette nuit-là. Si elle ne m'avait pas tiré de ses pattes, ce salaud m'aurait tabassé à mort. Elle m'a collé dans un hôpital où il ne pouvait pas me retrouver. Elle m'a caché. Demande-lui. Elle sait, elle, que c'est un tueur complètement dingue !

— Durant tout ce temps, tu aurais pu au moins m'appeler et me dire...

— Pour que tu lui répètes que j'étais couché sans défense dans cet hôpital de Plymouth ? Une invitation à venir achever son sale boulot ? Et il ne s'en serait pas privé. Exactement comme il l'a fait avec Daniel.

— Tu n'en sais rien.

— Mais toi, tu le sais ! Et tout ce putain de pays le sait.

— Stacey ?

Elle sursauta, car la voix qui appelait du bas de l'escalier était celle de Johnny. Luttant contre sa panique, elle baissa de nouveau le ton et avertit Andrew en chuchotant :

— Ne te montre pas !

Mais Andrew ne broncha pas. Christy, qui sentait la panique de Stacey, aboya plus fort.

Johnny cria :

— Stacey, qu'est-ce qui ne va pas ?

Elle repoussa Christy pour gagner le haut de l'escalier, et cria à son tour, tout en s'étonnant que sa voix réussisse à paraître aussi calme :

— Tout va bien !

Mais elle jeta un regard terrorisé et suppliant à l'homme qui n'avait pas bougé. D'une voix étranglée, elle chuchota :

— Il faut que tu t'en ailles !

— Pas sans toi.

— Andrew, je t'en supplie !

— Qu'est-ce que je serais venu faire ici si je ne t'aimais pas ?

— Non, Andrew. C'est lui seul que j'aime. Il est toute ma vie. Je t'en supplie, va-t'en !

Johnny atteignit le haut des marches, et Christy s'écarta de son chemin avec un glapissement de frayeur. Stacey jeta un dernier coup d'œil de panique à Andrew, puis tourna les yeux vers Johnny qui se dressait devant eux parfaitement immobile : il respirait lourdement, bouillonnant de colère, les yeux rivés à l'homme qu'il avait essayé de tuer. En un seul pas, il repoussa Stacey hors de sa route, éparpillant un tas de feuilles mortes, et se trouva face à face avec Andrew, en montrant ce regard qui avait hanté la jeune femme durant des jours et des nuits. Elle était encore plus terrifiante que dans son souvenir, cette fureur froide, contenue, qui faisait rage dans l'homme qu'elle aimait.

Elle tremblait de peur, incapable de faire un geste, mais elle entendit son propre cri désespéré.

— Rentrons à la maison... Descendons l'escalier... Nous pourrions aller faire un tour en bateau. Johnny !

L'avait-il entendu ? Et Andrew, lui, avait-il vu ce regard ? Pourquoi ne s'enfuyait-il pas ? Elle connut la réponse à cette question en même temps que Johnny : Andrew tenait un revolver. Il le braqua sur Johnny, et tendit le bras vers Stacey, qui se détourna.

— Andrew, non !

Christy se mit à aboyer furieusement. Andrew saisit le poignet de Stacey, mais elle se rejeta en arrière. Dans un fracas de branches brisées, elle escalada en trébuchant le jardin en pente et atteignit l'aire de stationnement à une dizaine de mètres au-dessus des deux hommes.

— Andrew, va-t'en d'ici ! Johnny, redescends !

Aucun des deux hommes ne bougea.

Elle avait crié, mais le silence lui prouva que la partie se jouait maintenant entre eux. Stacey semblait ne plus exister.

— Andrew, je t'en supplie, je t'en supplie, va-t'en !

Sa botte crissa, mais il ne fit pas un pas. Son revolver tenait Johnny en respect, un Johnny raidi dont le corps puissant était arc-bouté de fureur, remonté à bloc, prêt à attaquer. Christy gémit et escalada furtivement le jardin jusqu'à l'endroit où Stacey haletait et suppliait.

— Je ne suis pour rien dans tout ça, vous m'entendez ?

Après ce cri, le silence de l'air glacé parut plus épais. Des branches nues craquèrent. Un corbeau croassa. Stacey, vaincue, rejetait désespérément ses cheveux en arrière, sans trouver le moyen d'arrêter les deux hommes. Ils lui barraient le passage, et elle ne pouvait regagner la maison en traversant le jardin. D'ailleurs, qu'aurait-elle pu faire dans la maison ? De l'autre côté, trois pas à peine la séparaient du garage et de la Jaguar. Au diable les deux hommes qui ne se souciaient pas d'elle : c'étaient eux qui la poussaient vers sa voiture !

— Bon sang, vous voulez donc que je m'en aille ?

Debout sur l'aire de stationnement, au-dessus d'eux, elle criait :

— Je ne vais tout de même pas rester là à vous regarder !

Sa voix se brisa dans un sanglot.

— Je vous en supplie, arrêtez ! Johnny, Andrew, ça suffit !

Elle frotta rageusement ses larmes. Les deux hommes continuaient à ignorer ses plaintes. Durant un instant, elle songea à les menacer de la police, mais cela ne serait visiblement d'aucun effet : longtemps avant que la police arrive, un des deux hommes, là, dans le jardin, serait mort. Puis elle vit briller la Mercedes d'Andrew — celui-ci l'avait garée dans l'allée de graviers — et elle eut brusquement une idée. Andrew était venu pour l'emmener dans sa voiture, pas pour tuer Johnny. Andrew tenait Johnny sous la menace de son arme, mais tout salaud qu'il était, ce n'était pas un assassin. S'il se rendait compte qu'elle partait, n'allait-il pas s'éloigner de Johnny, avec son revolver, pour la suivre ? Cela valait la peine d'essayer. En tout cas, c'était sa dernière chance.

— Andrew, je m'en vais ! Tu m'entends ? Qu'est-ce que tu préfères : tuer Johnny et aller en prison, ou me suivre loin d'ici ?

Ils ne bougèrent ni l'un ni l'autre. Stacey sortit les clés de la poche de son sweater et ouvrit la portière, puis elle repoussa Christy du pied, s'assit derrière le volant, et introduisit la clé de contact.

— Seigneur ! Faites qu'ils entendent ce que je fais !

Le moteur démarra dans un rugissement, et la voiture, après avoir gravi l'allée, s'engagea sur la route. Tournant le dos à la ville, elle prit la direction des falaises.

Andrew leva les yeux et suivit le grondement de la Jaguar sur la route. Puis il les reporta sur l'homme dangereusement tendu qu'il tenait sous la menace de son revolver.

— Donnez-moi les clés de cette MG, là.

Cela voulait dire qu'il allait suivre Stacey, et qu'il ne voulait pas courir le risque que Johnny les prenne en chasse. Une veine battit sur l'arcade sourcilière de Johnny. Il respirait lentement, soigneusement, en homme qui est en train de rassembler ses forces.

— Les clés !

Andrew, de sa main libre, le frappa brutalement au visage. Puis il ceintura Johnny, et enfonça le canon du revolver dans son dos.

— Très bien. Nous allons voir si elles sont sur vous.

Sa main palpa les poches de la veste d'un côté, puis de

l'autre, jusqu'à ce qu'il entende un cliquetis métallique. Il plongea dans la poche, en sortit les clés, et les fit tinter.

— Vous allez rester bien sagement ici.

— Vous feriez mieux de me tuer maintenant.

La voix de Johnny était plus froide que cette journée d'hiver.

— Faire sauter votre putain de tête, hein ? Rien ne me plairait davantage, mon vieux. Mais moi, je n'ai pas de sœur pour me tirer d'affaire. Je ne m'en sortirais jamais. Tout comme vous si vous vous trouviez à Londres. De plus, je veux que Stacey sache tout sur le meurtre de Daniel. Et j'aimerais voir votre tête quand elle vous dira qu'elle ne veut plus de vous.

L'arme braquée sur la poitrine de Johnny, Andrew monta en reculant les marches qui conduisaient à l'aire de stationnement. Il tenait toujours le revolver lorsqu'il sauta dans la Mercedes décapotable. Celle-ci, dans un puissant grondement, gravit l'allée et disparut.

35

Maintenant, la Mercedes était lancée à 120 à l'heure sur la route de la falaise. Les pneus hurlaient. La voiture d'Andrew trouait des nappes de brouillard pour prendre les virages à la corde. À l'extérieur, le bord se profilait à quelques centimètres seulement de la chaussée : au delà, c'était un à pic inexorable d'une centaine de mètres, jusqu'à la mer qui se fracassait contre les rochers. Andrew profita d'une ligne droite pour pousser le moteur. L'aiguille du compteur frôla le 160.

Il était sûr, à cette vitesse-là, de rattraper bientôt la Jaguar de Stacey, moins rapide. Pourtant, dix minutes s'étaient écoulées lorsqu'il se pencha pour consulter le compteur : il avait parcouru une quinzaine de kilomètres. Normalement, il aurait dû déjà la rejoindre. Qu'était-il arrivé ?

— Bon Dieu de Dieu !

Il exprimait sa déception à haute voix, en grattant sa barbe naissante lorsque, soudain, un douloureux élancement lui fit serrer les dents.

— Où diable est-elle passée ?

Il se rappelait avoir aperçu, à quelques kilomètres derrière lui, une sortie conduisant à un restaurant appelé le *Ploughman*.

Stacey l'avait-elle empruntée ? Il n'en était pas sûr. Aussi, il ne ralentit pas. La voiture découverte pénétra de plein fouet dans un nuage de brouillard blanc, glacé. Ses dents se mirent à claquer. Et lorsqu'il émergea de ce nuage, il ne trouva qu'un soleil froid, qui scintillait sur la mer, à sa droite.

— Stace ?

Il inspecta du regard les virages en épingles à cheveux qui serpentaient plus loin à travers les falaises et les nappes de brouillard, mais il ne vit pas de voiture. Stacey avait donc emprunté la sortie. Il jura, se déporta sur l'accotement de gravier, et freina. Le puissant moteur tourna un instant au ralenti, exprimant sa frustration, avant qu'Andrew ne l'emballe d'un grand coup d'accélérateur. Il braqua le volant pour virer à 180 degrés, et les pneus crissèrent de nouveau sur la route qu'il venait de couvrir.

Il roulait maintenant à l'extérieur. Les pneus projetaient souvent le gravier du bas-côté, qui longeait dangereusement les sinuosités du bord de la falaise. Il s'enfonça dans des nappes de brouillard épars, et transperça finalement un rideau de brume, juste à temps pour apercevoir une voiture sans conducteur — ce n'était pas la Jaguar de Stacey, mais une MG rouge vif — qui bloquait la route à cinquante mètres de lui. Il appuya trop violemment sur la pédale du frein : la voiture dérapa vers le bord du ravin, un dérapage à donner la nausée. Il redressa au tout dernier moment et s'arrêta dans une glissade à moins d'un mètre de l'autre voiture.

Il n'eut même pas le temps de pousser un soupir de soulagement, car quelque part dans cette brume tournoyante, Johnny l'attendait. Il déboucla sa ceinture de sécurité et se souleva pour examiner la MG vide pendant que sa main tâtonnait sur le siège de cuir noir à la recherche de son revolver.

Il ne vit rien, sinon un brouillard impénétrable et glacial qui picotait son visage brûlant. Il passa la langue sur sa lèvre enflée, mais cela ne fit que raviver la douleur. Il secoua la tête pour chasser l'humidité de ses yeux mais ne réussit pas à percer l'écran opaque qui se dressait devant lui. Aucune trace de Haines. Il retint sa respiration car il savait qu'il s'agissait d'un guet-apens. Quelque part dans la brume, Haines l'attendait, et sa vie dépendait de ce qu'il le voie avant d'être vu. Regardant dans toutes les directions, il se cala derrière le volant, prêt à faire feu. Il écouta, scrutant le brouillard, épiant le premier mouvement de son ennemi.

Il n'était pas difficile d'imaginer ce que Haines avait fait. Il possédait un autre jeu de clés de la MG, mais savait que sa voiture, moins puissante, n'avait aucune chance de rattraper la Mercedes. Il s'était arrêté ici, bloquant la route déjà parcourue par Andrew, escomptant que la Mercedes s'arrêterait plus loin et rebrousserait chemin une fois que son conducteur se serait aperçu que Stacey ne le précédait plus. Tout comme Haines, elle devait s'être rendu compte que sa Jaguar ne pourrait distancer Andrew, et elle avait pris la première sortie en espérant que son poursuivant passerait sans s'arrêter. Andrew se maudit de nouveau. Lorsqu'il les avait vus devant leur maison, il n'avait remarqué aucun signe d'intelligence entre Stacey et Haines, aucun plan préétabli. Haines avait deviné avant lui ce que Stacey ferait.

Bon sang ! Raison de plus pour se méfier.

Un oiseau de mer cria dans la brume. Andrew sentait sa mâchoire l'élancer. Il changea le revolver de main pour essuyer la sueur froide qui dégoulinait le long de sa nuque. Puis, soudain, il comprit qu'il ne lui fallait pas courir le risque de se faire piéger à l'intérieur de la voiture. Il ouvrait déjà, de sa main libre, la portière du conducteur, lorsque les ressorts s'enfoncèrent. La voiture tangua. Johnny venait d'escalader le véhicule par l'arrière.

Le cri de surprise d'Andrew s'étrangla, sous la prise que lui portait Johnny. Le revolver vola sur la route, dans un bruit métallique, pendant qu'Andrew se contorsionnait et essayait de se dégager des bras puissants qui l'étouffaient. D'une main, il griffa frénétiquement son adversaire, de l'autre, avant d'être arraché de son volant, il tourna à l'aveuglette la clé de contact. Le moteur se mit à tourner. Il écrasa l'accélérateur pour lui donner sa pleine puissance. De sa main libre, il passa la marche arrière. La voiture recula dans un hurlement de pneus, et la secousse fut telle que Johnny, obligé de lâcher prise, culbuta par-dessus le capot et alla s'écraser sur la chaussée mouillée.

La Mercedes dérapa en marche arrière jusqu'à l'extrême bord de la falaise. Andrew freina à mort. La voiture s'arrêta dans une glissade. Il se retourna pour regarder à nouveau devant lui, et réfléchit à ce qu'il allait faire, en mesurant du regard la distance qui séparait l'homme à terre du revolver. Si c'était Haines qui atteignait l'arme le premier, il n'en réchapperait pas. Andrew prit sa décision. Il ne sortirait pas de la voiture pour tenter de s'emparer du revolver. Au contraire, il tourna lentement le volant.

Accroupi sur la route détrempée, à la hauteur des roues maintenant braquées vers lui, Johnny pouvait parfaitement prévoir ce que ferait Andrew : au lieu de manœuvrer pour reprendre la route par laquelle il était venu et s'enfuir, il allait foncer droit sur lui et l'écraser. Ou si lui, Johnny, avait encore la force de se mettre debout, il l'obligerait à sauter du haut de la falaise. Le moteur grondait. Il se déchaîna soudain, de toute sa féroce puissance. La voiture fit un bond en avant. Ce fut à peine si Johnny eut le temps de rouler sur le côté, et de se cramponner au revêtement dans un effort désespéré pour éviter la trajectoire mortelle. Il sentit le gravier de l'accotement s'enfoncer dans son épaule, tandis que des cailloux volaient à travers l'espace.

Le moteur continua à rugir. La voiture recula en cahotant jusqu'au bord du précipice, où Andrew freina pour éviter le plongeon. Il avait manqué son ennemi de quelques centimètres. Maintenant, la Mercedes, à demi noyée dans le brouillard, se préparait à attaquer de nouveau.

La main de Johnny tâtonna désespérément dans le gravier et la rocaille du bord. Enfin, il trouva ce qu'il cherchait : une pierre plus grosse que le poing. Andrew, dans la voiture, prenait tout son temps, évaluant la distance que la Mercedes devait parcourir pour écraser l'homme pris au piège ou le précipiter du haut de la falaise.

Johnny s'empara de la grosse pierre, et parvint à mettre un genou en terre. Rassemblant toutes ses forces, il réussit à se lever et à se tenir debout. Il vacillait sur ses jambes. Au même instant, tel un éclair, la voiture gris métallisé fonçait sur lui. Des deux mains, il souleva la pierre et la projeta vers la voiture découverte. Andrew, dans un hurlement, lâcha le volant. La voiture, devenue folle, fit un tête-à-queue, le moteur tournant à plein régime. Johnny se jeta de côté pour éviter la masse de métal brillant : elle le frôla et bascula par-dessus le bord de la falaise.

Le hurlement d'Andrew se perdit dans l'espace.

Johnny retint son souffle, attendant le bruit de la chute. Il se produisit enfin. La chute n'avait pas duré moins de trois secondes, mais dans l'air humide, le bruit parut étrangement proche. Ensuite, à part le cri d'un oiseau solitaire et le va-et-vient du ressac, on n'entendit plus rien.

Johnny alla en titubant jusqu'à la limite du vide. Il essaya de percer la brume tourbillonnante qui dissimulait les rochers et les vagues grondantes. Il faudrait attendre que le soleil ait dissipé cette brume pour savoir si la voiture d'Andrew s'était écrasée un peu plus bas sur les rochers, ou si elle s'était engloutie à jamais dans la mer.

En boitillant, il revint vers la MG rouge décapotable, imprégnée de brouillard, et s'effondra sur le siège humide. Ses vêtements étaient déchirés, ses mains écorchées et striées de griffures. Tout un côté de son visage, celui qui avait été en contact avec la route, était humide. Il le palpa, puis se regarda dans le rétroviseur : ce qu'il prenait pour de l'humidité était du sang.

Il mit la voiture en marche, et la dirigea vers la route, avec l'intention de regagner Seagate, mais au bout d'une dizaine de mètres, il stoppa et, laissant tourner le moteur, revint péniblement au bord de la falaise, là où la Mercedes avait disparu. Il s'accroupit pour examiner la route mouillée, et constata avec satisfaction qu'on ne voyait aucune trace de pneus. Le gravier de l'accotement ne révélait lui non plus aucune marque. Quant à la partie du terrain qui s'était effondrée sous le poids de la Mercedes, son absence ne se remarquait pas. Tout ce qui restait à souhaiter, c'était que la voiture et Andrew reposent maintenant par le fond.

Johnny se retourna pour tout vérifier une dernière fois.

Le revolver ! Il avait oublié le revolver d'Andrew, qui était tombé sur la route. En deux pas, il le retrouva et le lança dans le vide. Il n'y avait plus aucun indice pour révéler ce qui s'était passé.

36

Seul dans la maison, Johnny attendait Stacey. Il était assis, la tête de Christy posée sur son genou, et regardait le soleil dévorer ce qui restait de brume matinale. À tout instant, il tournait la tête vers la route dans l'attente de la Jaguar. Une heure auparavant, il avait mis sa veste en peau de mouton pour remonter jusqu'au virage, puis il avait renoncé.

— Depuis quand, avait-il dit à Christy, l'assassin revient-il sur les lieux de son crime ?

Il n'était pas un assassin, se disait-il à lui-même, mais dans ces circonstances, qui le croirait ? Tout Seagate et les amis londoniens d'Andrew savaient qu'il lui en voulait à mort. Bodmin mentirait pour lui, Stacey aussi, mais admettrait-elle qu'il avait tué en état de légitime défense ?

Enfin, où était-elle ?

Johnny se leva. Christy trotta derrière lui et s'assit à ses pieds pendant que, debout à la fenêtre, il regardait le soleil qui faisait miroiter la mer agitée. Des mouettes blanches tournoyaient à travers le ciel bleu. Il lui suffisait de fermer les yeux pour revoir le virage enveloppé de brouillard. Une question l'obsédait : la Mercedes avait-elle été engloutie par la mer ? Brillait-elle au soleil, amas de métal argenté étincelant sur une pente, ou même gisant tout en bas sur la plage caillouteuse, avec les vagues qui s'écrasaient tout autour ?

À un bruit qu'il fut le premier à percevoir, Christy trotta jusqu'au milieu de la pièce, et les oreilles dressées, se tint aux aguets. Il poussa un gémissement. Était-ce Stacey ? Soudain, le chien se mit à hurler à la mort. Le son déchirant d'une sirène s'éleva sur la route de la falaise, au-dessus de la maison : c'était une ambulance.

Christy leva les yeux vers son maître. Johnny pouvait imaginer maintenant la masse de métal luisant sur les rochers à l'aplomb de la mer : le premier automobiliste venu l'avait remarquée, et il était allé prévenir la police.

Peut-être la voiture ne brillait-elle pas au soleil, peut-être n'était-elle plus maintenant qu'une épave calcinée et disloquée...

Debout au milieu de la pièce avec Christy, Johnny se représentait l'ambulance parvenant au virage et les infirmiers dévalant la falaise. Et même si Andrew avait été réduit en cendres... Les laboratoires médico-légaux savent de nos jours identifier un corps à partir d'os noircis et de quelques dents. Il secoua la tête. Dans le cas d'Andrew Norton, de Londres, il n'y aurait nul besoin de médecin légiste ou de radio dentaire. Tout ce que la police aurait à faire, ce serait de relever le numéro minéralogique de la Mercedes gris métallisé.

Andrew Norton était mort. Si la police ne le savait pas encore, elle l'apprendrait bientôt.

Sur la route de la falaise, en bas du virage appelé Nine-Mile Rock, tout se passait à peu près exactement comme Johnny l'avait imaginé. La Mercedes étincelait au soleil. Andrew et la pierre qui l'avait tué avaient été éjectés de la voiture décapotable, qui n'avait pas brûlé.

À l'hôpital, un agent de police et un conducteur d'ambulance regardaient deux hommes qui, sans se presser, portaient sur la civière un corps enfermé dans un sac de plastique. Le conducteur, un géant, très jeune, avec des mèches de cheveux noirs huileux et une peau trop blanche parsemée de rougeurs, releva le hayon et demanda à l'agent si la police avait une idée sur son identité. L'agent, qui ne portait pas de casquette, avait les cheveux rasés de si près qu'on voyait des cicatrices à travers le chaume bleu nuit de son crâne. Sa moustache, toutefois, était épaisse, avec des bouts cosmétiqués.

— C'est quelqu'un de Londres. Nous avons son permis. Il a raté le tournant près de Nine-Mile Rock.

L'homme qui se trouvait à l'autre bout de la civière, un Pakistanais mince dont chaque muscle était tendu, laissa tomber la cendre de sa cigarette sur le plastique.

— Nine-Mile Rock, un sacré tournant !

D'un coup de hanche, le conducteur referma les portes de l'ambulance.

— Même si on est le dernier crétin venu de Londres, quand on peut cracher 20 000 livres pour se payer une Mercedes, on devrait au moins se montrer capable de la maintenir sur la route. Faites-lui une analyse d'urine — s'il ne s'est pas complètement vidé. Ils sont tous camés là-bas.

Une heure plus tard, dans un hôpital situé à plus de 20 kilomètres de sa clinique, Bodmin, qui n'avait pas eu le temps de quitter sa veste blanche, emboîta le pas à un médecin légiste. Celui-ci, un jeune homme soigneusement coiffé, avec des lunettes à monture dorée, portait un veston sport qui ne révélait rien du travail qu'il faisait. Il la guida au bas d'un escalier, puis à travers une salle carrelée, jusqu'à la porte de la morgue.

Le corps reposait sur une table roulante dans un sac de plastique. Bodmin adressa un signe de tête au jeune médecin.

Elle était prête. Il fit glisser la fermeture Éclair, et le plastique dévoila le visage du cadavre.

— C'est Andrew Norton, dit-elle.

— Pas très beau à voir, hein ?

— Je peux fumer ?

Elle offrit à l'autre médecin une cigarette qu'il refusa.

— Puis-je faire une suggestion ?

— Bien entendu.

Bodmin alluma la cigarette et aspira profondément la fumée.

— Je ne crois pas qu'il serait très salutaire de la part de vos ambulanciers d'aller répandre partout que Norton conduisait sous l'influence de la drogue.

Le jeune médecin en veston sport remonta le plastique sur le visage du mort, et poussa la table roulante contre un mur. Bodmin avait un ton professionnel, froidement critique.

— Tout le monde sait que ce tournant de Nine-Mile Rock est très dangereux. L'hypothèse du chauffeur de l'ambulance, selon laquelle Norton aurait pu aisément le négocier si ses facultés n'avaient pas été amoindries, est certainement erronée.

— Vous lui avez parlé ?

— Quelqu'un a appris que ma belle-sœur était une connaissance de Norton. Cette personne m'a mise en contact avec le chauffeur : elle supposait que Norton était en route pour la rejoindre, ce qui n'est certainement pas le cas. Il se peut qu'il ait eu à faire ici, mais il ne venait certainement pas voir Mrs Haines.

— Entre nous, miss Haines, êtes-vous en train de dire que Norton avait absorbé quelque chose, et que nous devrions faire une analyse ?

— Mais pas du tout, voyons. Nous connaissons tous, dans notre travail, des moments où il se produit des bavardages inconsidérés. Ce que font de nos jours des jeunes gens comme Norton, c'est leur affaire. Ils sont les seuls à en payer le prix.

— Un prix bien élevé pour un moment d'euphorie.

— Naturellement, je compte sur vous pour empêcher que tout ceci ne s'ébruite.

Drogué et en route pour rendre visite à Stacey... Avant le coucher du soleil, Bodmin le savait, il n'y aurait pas une âme à Seagate qui ne serait en train de colporter les savoureux détails de la mort d'Andrew Norton.

Elle quitta la morgue de l'hôpital, et prit sa Rolls pour se rendre tout droit chez Johnny. Elle le rencontra, ainsi que Christy, sur l'aire de stationnement, et demanda aussitôt :

— Où est Stacey ?

— Aucune idée.

Bodmin releva les cheveux de son frère.

— Mets ta veste. Toi et moi, nous allons faire une promenade.

— Je dois attendre ici. Elle pourrait appeler.

— Nous avons à parler.

— Je sais ce que tu as à me dire, et je ne veux pas l'entendre.

— Tu l'entendras quand même, et tu l'entendras sur la plage, où personne ne nous écoutera.

Malgré le froid piquant, le soleil brillait dans un ciel bleu et sans nuage. Ils retirèrent leurs bottes et leurs chaussettes, et se mirent à patauger dans les flaques laissées par la marée. Christy courait joyeusement le long de la plage. Des mouettes criaient dans le vent.

— Avant que tu dises quoi que ce soit, Bodmin, je crois qu'il y a une chose que tu n'as pas encore comprise.

Il noua l'écharpe noire que Stacey lui avait rapportée de Londres.

— Je ne peux pas me passer d'elle.

— Tu serais étonné de tout ce dont tu peux te passer.

— Je l'aime.

— Et elle, après l'histoire de Daniel, et maintenant celle d'Andrew, crois-tu qu'elle t'aime assez pour revenir auprès de toi ?

Il jeta un coup d'œil en arrière, vers la maison.

Bodmin, elle, regardait droit devant elle.

— Stacey est une femme intelligente, et tout ce que nous avons à espérer, c'est qu'elle ait compris pourquoi elle ne devait jamais revenir.

Christy courait le long des brisants en aboyant après les mouettes.

— Hier, quand nous avons parlé dans mon bureau, elle m'a dit que si cela pouvait m'intéresser, elle avait compris qu'elle était la cause de tout ce qui s'était passé avec Andrew et Daniel. D'après elle, il n'y aurait pas eu de problème si tu l'avais tuée à leur place.

— Tu me l'as déjà dit.

Il saisit le prétexte d'une flaque pour s'écarter d'elle et élargir la distance qui les séparait.

— Tu y as réfléchi ?

Johnny noua plus étroitement l'écharpe, et releva son col contre le vent.

— Tu ne veux pas reconnaître que si elle reste, ce sera simplement une question de temps avant que ces horreurs que tu as faites se reproduisent. À cet instant même, je compte sur sa clairvoyance, et sur le fait qu'elle t'aime, pour l'empêcher de te mettre dans cette situation.

— Dès le premier soir, tu n'as pas voulu d'elle ici.

— Désormais, ce que veut chacun de nous ne pèse pas grand-chose. Tu as tué, et j'ai menti pour te protéger, mais maintenant, quelqu'un n'appartenant pas à notre famille le sait. Elle détient le pouvoir absolu de nous détruire.

— Elle fait partie de notre famille, bon sang ! Elle m'aime.

— Moi, elle ne m'aime pas, répondit froidement Bodmin.

Leurs pieds firent crisser le sable humide, et Bodmin n'ajouta rien, laissant à Johnny une chance de soupeser l'amour de Stacey face au pouvoir de vie et de mort qu'elle détenait maintenant.

Durant un quart d'heure, le frère et la sœur marchèrent en silence, puis de but en blanc, Bodmin évoqua le cadavre qui gisait dans un sac de plastique à la morgue de l'hôpital.

— Il présentait à la tête un énorme hématome qui, si j'étais le coroner, m'obligerait à me poser quelques questions. Mais il supposera, j'imagine, que cet hématome est dû à l'accident, causé lui-même par une perte de contrôle de la voiture sous l'effet de stupéfiants. Notre coroner n'est pas l'homme le plus consciencieux du monde, et il ne prendra peut-être pas la peine d'ordonner une analyse. En fait, je compte qu'il n'y aura pas d'analyse du tout ni d'autopsie. Tu ferais bien de prier avec moi pour que cet homme se contente de jeter un coup d'œil au dossier en disant : un ami londonien de Stacey... photographe... artiste... c'est lui qui a fait tout ce scandale, au *Moon and Stars*... Conduisait une Mercedes luxueuse... très vraisemblablement drogué.

— Tu veux dire qu'Andrew l'était ?

— Je ne veux pas le savoir.

— Tu étais son médecin.

— Je n'ai jamais été son médecin.

— Tu leur as dit, à la morgue, qu'il était sous stupéfiants.

— Il m'est difficile de contrôler les déductions de mes confrères.

Ils parvinrent à une mare trop profonde pour être traversée, et ils la contournèrent, passant chacun d'un côté. À leurs pieds, dans l'eau claire, des algues ondulaient. Bodmin se mit à penser à Daniel, englouti sous les flots. Ils gagnèrent le sable sec, et elle se rapprocha de lui.

— Hier, je me suis juré de ne plus mentir pour te sauver. Et, il y a une heure à peine, j'ai couru à la morgue pour reconnaître avec un jeune médecin légiste le corps d'Andrew Norton. Je savais, je savais sans l'ombre d'un doute, que si je ne suggérais pas qu'il était sous stupéfiants, tu serais maintenant en garde à vue en attendant d'être inculpé pour le meurtre d'Andrew Norton.

Elle renversa la tête et respira profondément.

— En prison, cet air te manquera.

Elle haussa les épaules.

— Bien sûr, de nos jours, même avec un procès pour meurtre, tu pourrais t'en sortir.

Sa voix s'emplit de mépris.

— La mode, dans la justice d'aujourd'hui, veut que l'accusé gémisse et répande sentimentalement ses tripes devant la cour, en plaidant pour que le jury le considère comme un malade. Il raconte en larmoyant une pathétique histoire concoctée par ses avocats et corroborée par les psychiatres — s'il peut se les payer : nous, bien entendu, nous pouvons — pour convaincre le jury que sa maladie, c'est l'amour, le doux amour, le grand amour. Il supplie les jurés, qui sont, hommes ou femmes, de crédules lecteurs de romans à l'eau de rose ou des spectacteurs de la télévision, de comprendre ses sentiments et d'y adhérer. Et d'une manière surprenante, très souvent, de nos jours, c'est exactement ce qu'ils font.

Elle s'arrêta de marcher, obligeant Johnny à l'imiter, mais celui-ci ne la regarda même pas.

— Dis-moi, Johnny, es-tu réellement prêt à te livrer à ce genre de performance pour éviter de passer ta vie dans une cellule minuscule, pour demeurer un homme libre et pouvoir respirer l'air de la mer ?

Ils se remirent à marcher du même pas.

— Je reconnais qu'en ce moment, je me fais beaucoup de

souci, et je continuerai à m'en faire tant que je ne saurai pas s'il y a analyse ou autopsie.

Elle lui prit la main.

— Tu m'as sauvé la vie encore une fois, dit-il. Que veux-tu que je te dise ?

— Ce qu'il te reste à faire maintenant pour nous deux. Pour notre famille.

Elle sentit qu'il se raidissait.

— Tu ramènes toujours tout à Stacey.

Elle acquiesça.

— Stacey. Le motard. Andrew, Daniel...

— Tout a commencé avant Stacey. Tout a commencé avec Père.

— Pas besoin de remonter si loin. Avoir fait admettre Andrew à l'hôpital de Plymouth sans en informer la police est une chose que j'aurais du mal à expliquer, et plus encore au Conseil de l'Ordre. Cet épisode pourrait facilement me coûter ma clientèle, pour ne pas dire plus.

— Je continue à te remercier de m'avoir sauvé, mais c'est elle que j'aime.

Il retira sa main des siennes.

— Bodmin, sors de notre vie.

Sa sœur ferma les yeux et continua à marcher. Elle sentit monter des larmes, qu'elle refoula. Puis elle se dit qu'après tout, s'il la voyait pleurer, il croirait peut-être que c'était à cause du vent et du froid.

— Je sais que tu ne penses pas ce que tu dis, murmura-t-elle.

— Bon sang, combien de fois dois-je te remercier ?

— Je suis ta sœur. Jusqu'à sa mort, Mère a veillé sur Père. Maintenant, c'est mon tour de veiller sur toi.

Un jet stria le ciel.

— J'ai vécu cette violence avec Père. Et je l'ai vue en toi. Elle est terrifiante. Moins peut-être pour un médecin. Je crois que la médecine était pour moi comme un penchant naturel. Elle m'a donné l'occasion d'approfondir la nature des problèmes, et naturellement, il y a beaucoup de solutions qui sont à la portée d'un médecin.

Elle serra sa main plus étroitement.

— J'ai plaisir à me rappeler que j'ai été en mesure d'aider Père, en dehors des moments où il buvait. Toi, tu ne buvais pas. Aussi, au début, ce n'était pas très difficile de s'occuper de toi.

— Comme tu t'es occupé de Merryn-John en l'expédiant loin d'ici.

— Merryn-John a hérité cette violence, et ce n'est pas de Valérie qu'il la tient. Si notre propre famille n'est pas capable d'en venir à bout, comment veux-tu que le gouvernement de Sa Majesté britannique y parvienne ?

Johnny détourna ses pensées de son fils.

— Si je te demandais là, à brûle-pourpoint, si c'est toi qui as appelé Andrew pour lui proposer de venir au *Moon and Stars* ce triste samedi soir, qu'est-ce que tu me répondrais ?

— Que j'ai téléphoné à Norton, bien sûr. Enfin, que mon cabinet a répondu à son coup de téléphone. Il avait eu vent de la soirée.

— Et tu lui as fait dire de venir pour que tout Seagate assiste à la confrontation de la petite pute que j'avais épousée avec son ex-amant. Tu savais que cela allait provoquer un scandale. Bien. Tu m'as empêché par deux fois de tuer Andrew Norton. Les deux fois, je t'ai remercié. Maintenant, il est mort. Comment vais-je me débrouiller pour vivre avec cela ?

Bodmin gardait les yeux fixés sur la ligne miroitante qui marquait la jonction du ciel et de la mer. Des nuages de pluie cachaient le soleil. Le vent se leva.

— Moi, je peux, dit-elle. Je ferai mon devoir. Et toi aussi. Si elle commet l'erreur de revenir, débarrasse-toi d'elle, dès ce soir. Non, ne m'interromps pas. Je n'ai pas l'intention de sortir de ta vie, et je ne veux pas qu'on détruise ce qui reste de notre famille.

— Tu as terminé ?

— Pas avant que tu aies compris que tout cela est arrivé à cause d'elle, qu'elle m'a vue mentir, et que maintenant, elle a pouvoir de vie et de mort sur notre famille. Je ne mentirai pas une fois de plus, même pour te sauver, et je n'ai pas envie de passer mon temps à retenir mon souffle, en attendant qu'il arrive de nouveau quelque chose. Je ne peux pas et je ne veux pas laisser ma vie entre les mains de cette femme.

— Bon Dieu ! Je l'aime. Je ne peux pas lui dire de s'en aller.

— Je vois. Tu es tellement entiché d'elle ?

— Ou alors, nous partirons ensemble.

— Tu l'as déjà dit. Cette fois-là, j'ai eu l'indécence incongrue de ne pas te demander ce que tu ferais s'il arrivait quelque chose dans cet endroit idyllique, bien qu'encore indéterminé, où vous vous serez réfugiés. Dans votre nouvelle vie, quand cela se produira de nouveau, mentira-t-elle pour toi ? Non. Chasse-la de ta vie. Tranche dans le vif.

Johnny considéra longuement Bodmin, qui se tenait immobile devant lui, les cheveux répandus sur le visage. Il murmura :

— Ai-je vraiment compris ce que tu as dit ?

Le vent emporta ses paroles, mais elle se trouvait assez proche de lui pour entendre.

— Répète-le.

— Tu t'es débarrassé d'Andrew. Débarrasse-toi d'elle.

— Non, aujourd'hui comme hier, tu as utilisé la même expression, une expression de chirurgien : tranche dans le vif. Je veux t'entendre dire ce qu'elle signifie exactement. Vas-y.

— Tue-la.

Johnny secoua la tête et cacha son visage dans ses mains. Bodmin l'attira contre elle.

— Prions, murmura-t-elle contre sa joue. Prions pour qu'elle ne revienne pas.

37

Pouvait-elle revenir ?

Elle roulait dans la Jaguar le long de la route bordant la falaise, au-dessus de la mer argentée, passant devant des cottages aux pierres noircies par le temps. La première fois qu'elle avait vu cette contrée, depuis la mer, Johnny lui avait raconté que ses habitants y avaient fait souche bien avant que les Romains envahissent la Grande-Bretagne. Des gens à part, avait-il dit. Elle n'était pas comme eux, elle le savait bien. Elle leur ressemblait si peu qu'elle n'habitait, lui semblait-il, aucun endroit de la surface du globe, se trouvant complètement en dehors de la vie, seule, errant sur cette route mouillée avec plus de frayeur qu'elle n'en avait éprouvée lors de sa première journée en mer.

À l'heure du déjeuner, elle s'arrêta devant un pub sur le bord de la route, et pour la troisième fois ce matin-là, elle téléphona au bureau de Daniel, à Londres. Elle fut surprise d'entendre Gina, presque incohérente à force d'inquiétude, lui répondre. Elle n'avait aucune nouvelle de Daniel, et comptait sur Stacey pour lui en donner. Elle venait justement d'essayer de l'appeler. Stacey parvint à la rassurer, et lui fit promettre de la rappeler dès qu'elle saurait quelque chose à Londres, mais elle dut lui avouer qu'elle ne savait pas où on pourrait la joindre.

Elle appuya son visage contre la paroi de la cabine téléphonique, avec le désir de se cacher là pour toujours, mais un homme rougeaud, vêtu d'un costume rayé, s'impatientait à la porte.

Tremblant de peur, elle battit en retraite vers le bar encombré de gens qui bavardaient et fumaient, et commanda un sandwich à la tomate dont elle ne put avaler une seule bouchée. Tout ce qu'elle fut capable de faire, ce fut de boire une tasse de thé chaud.

La pluie giclait sur le pare-brise, et Stacey conduisait sans but pendant que le battement régulier des essuie-glaces lui répétait inlassablement les mêmes questions : Andrew est-il mort ? Daniel est-il mort ? Elle se gara sur le bord de la route, et enfouit son visage dans ses mains. Sans elle, ces terribles événements ne se seraient jamais produits.

Si elle osait revenir, Johnny ne se livrerait-il pas à des actes encore plus horribles ?

Elle tenta de se convaincre que Johnny était capable de se maîtriser. Ne l'avait-elle pas vu dominer ses accès de colère ? Mais seul en mer avec Daniel, sans personne pour l'empêcher... Qu'avait-il fait ? Cette pensée ne la quitterait jamais.

La veille, lorsque Bodmin lui avait tendu le téléphone et qu'elle avait entendu la voix d'Andrew, les nuages du doute s'étaient dissipés et le soleil était revenu dans son cœur. Mais au cours de la soirée avec Johnny, sa joie et son espoirs s'étaient volatilisés et la même vieille crainte avait réapparu lorsque l'ombre de Daniel s'était abattue entre eux.

Et ce matin, avec ce satané Andrew dans le jardin, pendant que Christy aboyait, elle n'avait pu arrêter Johnny. Seul le revolver d'Andrew en avait été capable !

Elle mit le chauffage en route, mais une ombre de plus en plus dense envahissait les espaces de sa vie : elle avait froid, se sentait encore plus étrangère que la veille au soir. Elle n'oublierait jamais ce jour où, rentrant de Londres, elle avait vu, debout dans la cuisine illuminée, Johnny et Merryn-John comme si elle n'avait jamais pénétré dans leur existence. Cette constatation l'avait bouleversée, mais tous deux n'avaient-ils pas leur vie propre avant que le yawl l'amène à Seagate ? Et Johnny n'avait-il pas au fond de lui ce courant de violence bien avant qu'elle s'installe ici ?

Les habitants de Seagate n'avaient-ils pas déjà vu cette fureur se manifester dans sa famille ? Chez son père qui reposait dans le cimetière sous une dalle de marbre blanc ? Ils l'avaient vue chez Merryn-John, elle le savait. Et ils l'avaient vue chez Johnny. Combien de fois ?

Et Valérie, avait-elle vu ce regard ? Était-ce pour cela qu'elle était partie ? Stacey n'avait jamais essayé de la joindre en Nouvelle-Zélande. Elle n'avait pas voulu savoir.

Combien de fois Bodmin avait-elle été obligée de mentir ? L'habileté avec laquelle elle avait mis Johnny hors de cause, devant ces deux jeunes policiers, donnait à penser qu'elle n'en était pas à son coup d'essai. Les policiers s'étaient totalement soumis à son autorité et ne l'avaient pas contredite. Étaient-ils simplement intimidés, se comportant comme Stacey avait vu tout Seagate le faire, avec des courbettes ? Les gens, ici, aimaient-ils réellement Bodmin, ou étaient-ils comme ces policiers et Stacey elle-même, sans pouvoir contre elle ? Et Johnny ? Les villageois aimaient-ils Johnny, ou avaient-ils peur de lui ?

À qui le demander ?

Maintenant que Daniel avait disparu, elle n'avait plus d'ami. Elle constata que depuis sa première journée à Seagate, il n'y avait personne au village avec qui la nouvelle épouse de Johnny Haines pût échanger autre chose que des banalités. Tout d'abord, le fait de ne pas avoir d'ami ne l'avait pas inquiétée. Son univers se limitait à Johnny, à Merryn-John et à Bodmin. L'enfant et elle s'étaient rapprochés. Elle ne se rappelait pas avoir connu de plus merveilleuse journée que celle de leur escapade à Plymouth. Avec le temps, elle sentait que Merryn-John répondrait de lui-même à toutes les questions qu'elle hésitait à lui poser, des questions sur sa mère, son père, sa tante, le village, le vieux Pedroc l'aveugle, ses propres amis. Merryn-John... Elle aimait ce garçon, mais maintenant, il était hors de sa vie. Bodmin y avait veillé.

Sans ami, de qui pouvait-elle obtenir la vérité ? De Bodmin ? Elle avait vu Bodmin mentir au sujet de la violence de Johnny, et pratiquement elle ne lui avait rien dit. Elle ne lui parlerait pas. Interroger Johnny à nouveau ? Si elle se trouvait là, assise sous la pluie et avait si peur de rentrer, c'était parce qu'elle désirait, de tout son cœur, croire ce que Johnny lui avait déjà dit.

Qui lui apprendrait la vérité ?

Gerald ? Elle essaya de s'imaginer poussant la porte du *Moon and Stars* et demandant au gros Gerald, tout rose et apparemment affable, si elle pouvait lui parler en particulier. Le patron du pub serait tellement mal à l'aise qu'il deviendrait tout violacé et s'enfermerait dans son mutisme. Ou, si elle le pressait, il mentirait maladroitement. Jamais il ne lui dirait ce qu'elle avait si désespérément besoin d'entendre sur Johnny, sur Bodmin et la toute-puissante famille Haines. Non, elle ne pouvait questionner Gerald.

Richard ? Chambers ? Il était encore moins question de descendre l'escalier de pierre qui menait au chantier, et de demander à ces deux hommes qui travaillaient pour son mari de lui dire des choses que lui-même avait tues. Richard serait loyal. Chambers aurait peur. Même si elle osait faire cela, elle doutait de pouvoir enivrer Chambers au point de l'inciter à jaser sur le compte de Johnny.

Gwynneth Coleman ? Gwynneth et son doux visage ? Et Arthur Coleman ? Arthur, cet homme poli, vêtu d'un costume de tweed et promenant son épagneul ? Risqueraient-ils, pour elle, d'encourir la colère de Bodmin ?

Catherine Ludlow ? Les Thomas ? Les Milner ?

Pourquoi se donner la peine de passer en revue chacun des noms appris par cœur à l'occasion de la soirée ? Avec chacun, ce serait la même chose. Elle pouvait être la nouvelle épouse de Johnny, mais pour les habitants de Seagate, elle resterait à jamais la petite étrangère au mauvais genre qui avait été la cause de ces événements dramatiques. Si elle allait les trouver et s'ils ne se montraient pas totalement froids à son égard, ce serait seulement parce qu'ils prétendraient agir pour le bien de Johnny. Les gens de Seagate avaient refermé les rangs contre elle.

Lysker.

Dans un sursaut d'horreur, elle dut reconnaître que Lysker, le paria, rejeté par les autres comme elle-même, devait connaître la vérité. Elle frissonna en songeant à son teint blafard. Cet homme détestait Johnny, sa sœur et même les morts de la famille Haines, au cimetière, avec une telle haine bouillonnante qu'il consacrait sa vie à tourner autour d'eux en les espionnant, et en complotant. En complotant quoi ? Une vengeance ? Pour quelle raison ? Quel que fût le motif de cette haine, nulle autre personne à Seagate n'en savait plus sur cette famille que Lysker.

Interroger Lysker était impensable.

Mais, naturellement, elle commençait à y songer.

Elle avait la certitude que si Lysker croyait qu'il pouvait leur faire du mal, à elle ou à la famille Haines, il accepterait de répondre à n'importe quelle question. Elle recula devant cette idée. Si elle se détestait pour s'être montrée déloyale en allant trouver Daniel, elle se mépriserait pour le restant de ses jours si elle s'adressait à Lysker. Ce serait prouver à l'ennemi de Johnny qu'elle ne pouvait avoir assez confiance en son nouveau mari pour l'interroger. Et Lysker se ferait un plaisir de répandre partout le bruit de sa trahison.

Oui, même si Lysker connaissait la vérité, l'interroger était inconcevable.

Elle roula encore une heure sous la pluie alors que cette question la harcelait au rythme régulier des essuie-glaces, qui lui mettait les nerfs à vif. Si elle n'obtenait pas de réponse, elle allait devenir folle. Elle arrêta la voiture en haut de la falaise, et regarda les nuages noirs qui surplombaient la mer. Le soleil brillerait-il un jour de nouveau ?

Chaque jour, elle s'était dit qu'aimer Johnny était toute sa vie. Elle s'était même dit — oui, elle était allée jusque-là — qu'aimer implique une telle confiance en celui qu'on aime qu'on lui donne droit de vie ou de mort sur soi-même. Elle aimait Johnny à ce point. Son instinct lui disait que si elle avait été seule dans la vie de Johnny, elle aurait volontiers remis sa vie entre ses mains. Oui, elle faisait confiance à Johnny jusque-là. Mais dans la vie de Johnny, dans cette immense demeure hantée par ses ancêtres, il y avait Bodmin.

Par des chemins déserts et humides, elle revint lentement à Seagate. Pour finir, elle entendit ses pneus changer de rythme et chuinter sur le pavé mouillé de la grand-rue. Des hommes et des femmes se hâtaient sous leurs parapluies devant les vitrines éclairées. Tous ces gens, tous ces hommes et toutes ces femmes avaient leur vie ici. Serait-elle un jour l'une d'entre eux ?

Elle s'arrêta à un feu rouge, et observa les gens sur le passage clouté. Ils faisaient semblant de ne pas la voir, au volant de la Jaguar, mais elle savait qu'ils ne la perdaient pas des yeux. Elle était la femme de Johnny. Ils savaient tout sur elle. Elle ne savait rien d'eux. Il y avait Catherine Ludlow, avec sa figure si allongée que Daniel l'avait comparée à une jument, Catherine Ludlow, l'air fatigué, portant un filet à provisions qui contenait le repas du soir, Catherine Ludlow qui faisait partie du conseil de l'école, Catherine Ludlow qui avait été la première, le soir du *Moon and Stars*, à reculer à la vue de l'odieux Lysker, Catherine Ludlow qui l'avait remarquée au *Ploughman*.

Le feu passa au vert, mais Catherine Ludlow sourit tout à coup à Rose Carder : arrêtées en plein passage clouté, elles se penchèrent l'une vers l'autre, et se mirent à parler avec animation. Quelqu'un, ici, s'était-il jamais éclairé d'un sourire en lui parlant ?

Stacey se posa à nouveau la question qui lui était venue à l'esprit devant le spectacle de la mer. Que faisait-elle ici ? Alors qu'elle pouvait continuer à rouler jusqu'à ce qu'elle soit de retour à Londres.

Londres. Rien ne l'y attendait. Rien n'existait dans sa vie à part Johnny, mais comment pouvait-elle revenir vers lui obsédée par ces terribles questions sans réponse ?

Elle conduisit la voiture jusqu'au parking de la gare, et demeura dix minutes assise. Durant tout ce temps, pas une âme ne se montra sous la pluie. Elle descendit de voiture, enfonça les poings dans les poches de son imperméable, et gagna le quai mouillé. L'air aussi détaché qu'elle le put, elle jeta un rapide coup d'œil à la ronde pour s'assurer que personne ne la voyait s'approcher de la lumière incandescente du kiosque à journaux.

38

Lysker l'attendait-il ? Derrière les journaux sur leur présentoir, les sucres d'orge bon marché et les chewing-gums, l'homme au teint blafard la regarda sans expression. Il boutonna sous son veston usé un gilet gris souris, sa main, dans un gant de laine, brandit la canne en direction d'un loquet, et il abaissa le panneau sur le devant du kiosque. Puis une porte de côté s'ouvrit, et il se tint là, immobile, en montrant à Stacey qu'elle avait la place d'entrer.

Stacey secouait la tête pour refuser de partager le minuscule espace, quand la porte commença à se refermer. Alors elle s'avança à l'intérieur. L'étroite baraque débordait de piles de journaux et de magazines. Sur une étagère, au fond, on voyait un réchaud électrique, une casserole à l'émail écaillé, des tasses ébréchées, une bouteille d'eau et des sachets de thé. Lorsque Stacey ne fut plus capable de retenir sa respiration, l'endroit lui parut pire qu'elle ne le redoutait avec son odeur de tabac froid, de papier moisi et de laine humide.

— Fermez la porte.

Ce n'était pas une demande, mais un ordre.

Stacey enfonça les mains encore plus profondément dans ses poches, et Lysker passa la canne devant elle pour accrocher la poignée et tirer la porte. Stacey s'appuya contre celle-ci pour qu'elle reste entrebâillée.

— Vous n'êtes pas revenue à la maison... (Le chuchotement de Lysker s'étouffa dans une quinte de toux.) Alors, vous n'avez peut-être pas appris ce qui lui est arrivé.

Une nouvelle quinte de toux le secoua.

— À qui ? demanda-t-elle.

Comme il ne répondait pas, elle ajouta :

— À Andrew Norton ?

— Bien sûr, à Andrew Norton.

— Qu'est-ce que... (Elle essayait de se comporter comme si elle avait déjà appris le pire.) Qu'est-ce qui lui est arrivé ?

— Cette fois, il est mort.

Elle savait que c'était là ce qu'elle était venue entendre, mais elle s'efforça de n'en rien montrer.

— Comment ?

— On l'a trouvé à Nine-Mile Rock, mort, dans cette fameuse voiture gris métallisé que le docteur a eu tant de mal à cacher, pendant ces quinze derniers jours.

Il brancha le réchaud et commença à verser de l'eau dans la casserole.

— Tout ça très joliment maquillé en accident. Elle a déjà fait dire aux autres toubibs qu'il était drogué, qu'il avait perdu le contrôle de la direction et qu'il était sorti de la route avec cette Mercedes que vous étiez tellement sûre de trouver dans son garage.

— Comment savez-vous qu'elle l'y avait cachée ?

Il se retourna et ses yeux brillèrent. Lui souriait-il ?

— La voiture n'était pas dans le garage.

— Pas quand vous avez regardé. Le docteur ne pouvait courir le risque que vous la trouviez et alliez prévenir la police.

Il tira la porte avec sa canne, et la ferma.

— On étouffe ici...

— On vous observe, Mrs Haines.

— Personne ne m'a vue entrer.

— En ce moment même, la femme qui s'occupe du snack vous surveille depuis sa fenêtre. Sur le parking, Mrs Thomas qui attend son mari au train de Londres, dans la Morris, n'a pas une seule fois quitté des yeux ce kiosque, et vous-même. Sur la voie, un des manœuvres s'empresse de confier à son coéquipier qu'il a vu la femme de Johnny Haines prendre le thé avec Lysker.

Il fit glisser le verrou de la porte.

— Vous êtes depuis assez longtemps à Seagate pour savoir qu'on ne peut rien leur cacher.

Il se tourna à nouveau vers la casserole, sur le réchaud.

— Vous vous sentirez mieux une fois que vous aurez pris une bonne tasse de thé bien chaud.

Il désigna une pile de journaux, mais Stacey ne bougea pas. Il s'assit sur une chaise de bois, tandis qu'un rictus sinistre déformait son visage.

— Je vous attendais hier, après votre mensonge à la police au sujet du bateau.

— Vous avez essayé de me mettre en garde, ce soir-là, au pub. Pourquoi auriez-vous l'intention de m'aider ?

— Je me fiche pas mal de vous.

Lysker, sans se lever, disposa deux tasses sur l'étagère, et mit un sachet de thé dans chacune d'elles. Puis se détournant des tasses, il pencha la tête de côté, étrange habitude qui le faisait ressembler à un oiseau, et donnait l'impression que sa vue avait plus d'acuité que celle des autres. Ses yeux luisants observaient Stacey.

— J'ai cru qu'il nous serait possible de sauver une vie ou deux.

— Quoi que vous fassiez, vous le faites parce que vous le haïssez.

— Vous auriez pu sauver le Français si vous m'aviez laissé appeler la police de chez vous. C'était une grave erreur de votre part de m'écarter. Mais naturellement, vous pensiez que vous étiez loyale envers votre cher Johnny, et qu'une fois de retour, il allait vous dire la vérité.

— Il m'a dit toute la vérité.

— Non. C'est un stupide mensonge, Mrs Haines. Vous savez bien qu'il ne vous a pas dit la vérité, sinon, vous ne seriez pas ici. Pour les gens de Seagate, vous êtes aussi étrangère que je le suis.

— Je suis la femme de Johnny.

— Vous croyez que ça suffit pour qu'ils vous considèrent comme l'une d'entre eux ?

Il aligna les tasses ébréchées et versa l'eau bouillante sur le thé.

— Quand j'ai vu Haines emmener le dinghy avec le bateau, j'ai su tout de suite qu'il reviendrait seul. (Il secoua la tête.) Oui, j'étais là : je l'ai vu revenir, enlever ses bottes à la cuisine et vous rejoindre. J'ai fait part de son retour à la police, et maintenant, ce n'est plus qu'une question d'heures avant qu'on établisse que le Français ne donnera plus jamais de ses nouvelles.

— Johnny ne l'a pas tué.

Il se retourna avec un horrible sourire.

— Vous êtes actrice, paraît-il, mais sa sœur ment beaucoup mieux que vous.

— Pourquoi le haïssez-vous ainsi ?

— C'est à vous de le demander et à moi de le savoir.

Il repêcha les deux sachets dans le thé et lui tendit une tasse ébréchée. Elle ne but pas, mais la chaleur de la tasse lui réchauffa les mains.

— Johnny vous a pris une femme ?

— Elle n'était même pas jolie.

Il aspira la vapeur émanant de la tasse.

— Et ce n'était pas Johnny, mais son père. Il y a onze ans de cela.

Il se mit à tousser, et calma sa quinte avec une gorgée de thé.

— Elle était la seule qui m'ait jamais fait sentir que je pouvais avoir une chance avec elle. J'ai fait tout ce qu'un homme est capable de faire pour qu'elle m'aime. Ma mère était encore en vie. Elle copiait des robes dans les magazines et les cousait à la machine pour que je les lui offre. J'ai tout fait pour elle. Mais John Haines, même s'il avait une bonne soixantaine d'années, n'a eu besoin que d'un coup d'œil pour la séduire. Tout ce qu'il voulait d'elle, c'était son corps. Il l'a prise sur son bateau, qu'il avait mouillé à *Sealanes*. J'y suis allé avec l'intention de les tuer tous les deux, mais naturellement, je n'ai tué personne. Je les ai seulement vus faire.

Stacey savait ce qu'il allait dire, et elle en eut mal au cœur pour lui.

— Il m'a découvert, et avant que j'aie pu filer, il m'a roué de coups et m'aurait mis en pièces si sa fille n'était pas arrivée. Elle venait de rentrer de la fac de médecine.

— Alors, ce n'était pas Johnny ?

Elle demeurait incrédule.

— Johnny montrait pas mal de sauvagerie, mais rien de comparable à son père. Tous les habitants du village tremblaient dans leurs bottes, et ils étaient trop terrorisés pour faire un geste contre lui. Après ça, j'étais si amoché que je ne pouvais même pas marcher, mais tout le monde m'a dit de la boucler, et de ne pas donner au vieux des raisons supplémentaires de me haïr. Mais je lui ai fait un procès.

Lysker s'interrompit durant un si long moment que Stacey crut qu'il ne continuerait pas, mais, après une quinte de toux, il secoua de nouveau la tête.

— Bien entendu, elle a menti pour sauver son père. Ils ont tous fait corps ainsi que le font toujours les gens de leur milieu, et ils ont empêché la justice de porter la main sur lui.

— Il est mort jeune.

— Il avait une espèce de maladie de cœur pour laquelle il suivait un traitement. Ça ne l'a pas ralenti. Et puis il est mort subitement.

— À 62 ans.

— Quelque chose comme ça.

Elle but une gorgée de thé.

— Et la femme. Elle habite toujours ici ?

— Cette salope s'occupe du salon de beauté. Moi, je suis infirme et tout le monde me hait, alors que chacun prétend aimer les tout-puissants Haines.

— Mais c'est son père le responsable !

— Les signes sont tous en Johnny. Il est devenu aussi mauvais, et il se sort de trucs dont il ne se tirerait jamais sans sa sœur. C'est curieux, la façon dont les choses se passent ici. Ce village est terrorisé par eux, mais on ne les déteste pas. Pas de la façon dont on me déteste, moi.

Il lâcha sa canne, qui tomba avec bruit sur le sol.

— Et Valérie Coombe ?

— Une rien du tout. Assez jolie quand elle était adolescente. Johnny avait 17 ou 18 ans. Il était là pour les vacances. Il pouvait avoir toutes les filles qu'il voulait. Et il les avait. La fille Coombe est celle qu'il a engrossée, qui l'a convaincu de faire une fugue et qui l'a épousé.

— Bodmin la haïssait ?

— Elle n'en a pas eu le temps. Valérie n'avait pas marché pour vivre à Oxford pendant qu'il était à l'Université. Une fois qu'elle a eu le bébé...

— Merryn-John.

— ... ils ont reconnu tous deux que ce mariage avait été une erreur, et elle a rencontré un type de Nouvelle-Zélande, un éleveur, près d'Auckland. Sauf pour le gosse et un autre de ces satanés Haines, c'est de l'histoire ancienne.

Elle but son thé à petites gorgées.

— Maintenant, vous savez ce que vous êtes venue chercher. J'aurais pu vous mentir sur ce qui est arrivé à sa première femme. J'aurais pu vous rendre malade de peur, mais franchement, vous ne m'intéressez pas suffisamment pour que je m'amuse à vous raconter des histoires.

— Merci, dit-elle en reposant la tasse sur l'étagère.

— Vous avez déjà bien assez de raisons d'avoir peur.

Elle fit glisser le verrou de la porte.

— Allez au parking, montez dans votre Jaguar, et filez tout droit à Londres. Ne revenez pas dans cette maison. Vous en savez trop.

— Je l'aime.

— Pas autant que sa sœur.

— Il m'aime.

— Il fera ce qu'elle lui dira de faire.

39

La pluie se fondit dans le gris, puis dans le noir d'une nuit agitée de novembre, une nuit pleine de nuages torturés et d'étoiles à l'éclat glacé. Stacey reprit la route des falaises, mais rien ne l'attendait, elle le savait, dans la maison obscure. Elle laissa la Jaguar sous l'abri pour voitures, à côté de la place réservée à la MG rouge de Johnny.

Avant d'ouvrir la porte d'entrée, elle écouta, espérant entendre un bruit, mais il n'y avait que les murmures du vent, le craquement des arbres et, en mer, le son de cloche de la bouée.

— Christy ?

Où était l'aboiement de Christy, son gémissement de reconnaissance amical ? Elle s'appuya contre la porte.

— Christy ?

Même le chien était parti. Le vide de la maison lui conseillait de ne pas entrer. Elle laissa la porte ouverte, et resta dans le couloir obscur, transie de froid, claquant des dents. La maison était encore plus glaciale que la nuit, dehors, et elle étouffa un sanglot d'intolérable solitude. Elle ferma la porte, et le plancher de chêne, qu'elle avait encaustiqué, craqua lorsqu'elle se déplaça dans le noir. Elle serra étroitement son imperméable autour d'elle, et finalement s'effondra sur les pierres froides de la cheminée. La maison semblait avoir renoncé à toute vie. Elle faisait déjà partie du vent et des branches grinçant dans la nuit. La cloche tinta, et pour conjurer ces deux notes désolées, elle gratta une allumette ; une lueur tremblotante rayonna faiblement dans la pièce sans même éclairer les rideaux. Au delà, de l'autre côté de la baie, elle savait que Johnny et Bodmin étaient en train d'épier la maison obscure. Si elle allumait l'électricité, ils sauraient qu'elle était revenue.

Un bruit de moteur, s'élevant soudain du garage, la fit sursauter. Elle se précipita à la porte sachant que ce ne pouvait être celui de la MG rouge de Johnny. Elle vit, consternée, les feux arrière de la Jaguar ramper en haut de la colline. Il était trop tard pour courir après elle, et sur la route, elle vit se déplacer une autre voiture. Celui ou celle qui avait pris la Jaguar était venu avec cette autre voiture.

Elle eut à peine le temps de se demander qui pouvait avoir pris sa voiture et pourquoi on voulait qu'elle reste seule, ici, dans cette maison. Le cœur lui manqua. Quelqu'un allait conduire la Jaguar à Londres, où on finirait par la retrouver. Stacey n'était plus dans cette maison, tout Seagate croirait qu'elle avait fini par faire ce qu'on attendait d'elle. Elle aurait fui Johnny et le village. Qui se soucierait alors de vérifier si elle était encore là ? Dans une semaine ou deux, rien à part des « Je vous l'avais bien dit » ne garderait le souvenir d'elle vivante.

Elle revenait à la cuisine en traversant le séjour obscur lorsqu'elle se heurta à un fauteuil à bascule que ni Johnny ni elle n'avaient placé là. De nouveau, le froid la fit trembler. Quelqu'un était venu dans cette maison. Toujours dans l'obscurité, elle se précipita en haut de l'escalier, vers la table de nuit qui se trouvait à la tête du lit. Le revolver de Daniel avait disparu.

Elle revint vers la cuisine et contempla de l'autre côté de l'eau ténébreuse les lumières de l'aile éclairée de *Sealanes*. Avec des gestes délibérés, rapides, elle se mit à allumer l'électricité de la cuisine, celle du porche, celle de toutes les lampes du séjour et, dans le même mouvement, elle ouvrit en grand les rideaux pour annoncer d'une manière éclatante, à ceux qui se trouvaient de l'autre côté de la baie, qu'elle était de retour.

Le téléphone sonna.

— Parfait ! s'exclama-t-elle à voix haute.

Ils montaient la garde, et ils l'avaient vue. Le téléphone sonna une deuxième fois, mais elle ne fit pas un geste, car elle savait que c'était Johnny qui appelait. Elle ne l'avait pas revu depuis le matin, depuis qu'elle l'avait fui, ainsi qu'Andrew, et elle savait que si elle répondait, il lui conseillerait de quitter la maison. Or, si elle ne répondait pas, c'était pour qu'il vienne, lui. Elle ferma les yeux, et compta chaque sonnerie. Huit, neuf... La sonnerie cessa, et la maison silencieuse fut encore plus vide et plus froide qu'avant.

Elle n'avait pas mangé ce sandwich à la tomate, au pub, et elle s'approcha de la table de la cuisine en obligeant ses mains tremblantes à couper soigneusement une tranche de pain complet. Couteau et pain tombèrent de ses mains. Elle n'avait pas d'appétit. Elle se trouvait à l'autre bout de la pièce, en train de verser du café soluble dans une tasse et d'attendre que l'eau bouille, lorsque le téléphone resonna . Elle serra plus étroitement la poignée de la bouilloire électrique et compta quinze sonneries avant que le silence retombe.

Une demi-heure plus tard, un bruit, en bas sur le ponton, l'attira à la porte de la cuisine. Elle écouta le vent. Puis elle perçut des voix. Pour finir, elle entrevit trois silhouettes qui débarquaient. Une femme et un homme portant un enfant escaladèrent les marches, et ce fut Bodmin qui entra en premier dans la lumière. Elle passa sans un regard devant Stacey, et pénétra dans la maison. Johnny portait sa veste rouge et l'écharpe noire, et ses cheveux mouillés s'emmêlaient sur sa figure que le vent avait fouettée et rougie. Ses yeux brillaient de froid au-dessus du visage de Merryn-John, qui montrait une écorchure récente. A la lumière crue du porche, Stacey vit que la joue de l'enfant était cruellement meurtrie, et que la peau était fendue. Johnny ne dit rien, mais le gosse tendit la main. Sa voix était brouillée de sommeil.

— Bonjour, Stacey.

Il essayait de sourire, mais ses yeux s'appesantissaient.

— Bonjour, Merryn-John.

Elle lui embrassa la main, et celle-ci retomba contre Johnny. Elle les suivit à l'intérieur. Personne ne lui dit pourquoi l'enfant se trouvait là, mais elle le savait. Il s'était battu et s'était enfui de l'école, qui avait averti Bodmin à *Sealanes*, au lieu de son père.

Elle demeura sans rien faire pendant que Bodmin se dirigeait vers le couloir pour rassembler des vêtements chauds. Johnny traversa l'étroite pièce : elle avait oublié combien il donnait l'impression d'être grand dans cette petite maison. Elle entendit ses pas qui faisaient craquer l'escalier.

— Non ! Mets-le sur son lit, cria Bodmin avec brusquerie. Nous ne serons pas longs.

Mais, en haut, les pas pesants de Johnny continuèrent d'aller et venir.

Stacey vit Bodmin décrocher un sac de marin, et l'emplir de tout ce qu'il fallait pour la mer. Jusqu'à ce que Stacey parle, les deux femmes n'avaient pas échangé un mot.

— Où est Christy ?

— À La Maison.

Dans la bouche de Bodmin, cela signifiait que le chien était maintenant avec elle et que cette maison-ci resterait vide : il n'y aurait plus personne pour s'occuper de lui. Bodmin plia un sweater pour le placer dans le sac, et mit de côté un ciré en prévision d'une nuit de grand vent en pleine mer.

— Vous n'auriez pas dû revenir.

— J'aime Johnny.

— Tout le monde aime Johnny, répondit-elle crûment.

Quoi qu'il lui arrive, Stacey, par un reste de déférence envers Bodmin, continuait à marcher sur des œufs avec elle. Elle avait allumé les lumières pour attirer le frère et la sœur et, d'une manière inattendue, l'enfant.

— Je suis ici pour montrer à Johnny que je l'aime et que j'ai confiance en lui.

— C'est pour cela que vous gardiez un revolver dans le tiroir de votre table de nuit ?

— Ainsi, c'est vous qui êtes venue ?

— Cet après-midi. Mon frère *habitait* ici, non ?

— *Habitait ?*

Bodmin n'eut pas besoin de regarder Stacey pour être satisfaite : la nuance était assez théâtrale pour que l'actrice comprenne que tout cela était maintenant du passé. Johnny réintégrait *Sealanes*.

— Vous auriez dû continuer votre route jusqu'à Londres.

— Vous vous êtes arrangée pour que j'en donne l'impression, n'est-ce pas ?

Bodmin repoussa Stacey, passa devant elle, et cria en direction de l'escalier :

— Johnny, je t'attends !

À une patère, Stacey décrocha pour elle-même une veste fourrée. Elle rejoignit Bodmin à la cuisine où elle la trouva en train de fourrer le pain dans un sac de plastique, avec du fromage et des fruits pris dans le réfrigérateur. Stacey contempla la table, les miettes de pain et le couteau, tous les couteaux qu'elle avait aiguisés et alignés à leur place. Bodmin enveloppa les couteaux et Stacey d'un même regard. Elle ouvrit un placard, et laissa tomber le bocal de café soluble dans le sac.

Stacey enfila la veste.

— Il n'a pas tué Daniel.

Bodmin claqua la porte du placard.

— Vous ne le croyez pas, n'est-ce pas ? Vous aimez Johnny, mais vous êtes une scientifique et vous avez besoin de preuve. Vous pensez que, sans vous, il est incapable de se maîtriser, parce que cela a fini comme ça avec son père.

Bodmin traversa la cuisine et appela depuis le séjour, cette fois avec colère.

— Johnny !

Stacey attendit que Bodmin revienne dans la lumière éclatante de la cuisine.

— Je sais pourquoi votre père est mort il y a onze ans. Je sais le rôle que vous avez joué dans sa mort.

— Vous avez eu une journée bien occupée. Daniel nous espionnait, mais ce n'était pas assez. Après être allée chez

Lysker, vous avez eu d'autres visites à faire. Le pharmacien. Puis la police.

— Le pharmacien vous a téléphoné ?

— Vous a-t-il dit qu'il existe aujourd'hui un meilleur traitement que celui suivi par mon père pour sa maladie de cœur ? Il est plutôt sympathique, notre pharmacien, mais il n'avait pas le droit de vous montrer ses livres.

— Je suis de la famille.

— C'est ce que vous lui avez dit. Apparemment, le père de Johnny et notre famille vous ont donné matière à réflexion et vous avez été frappée par le fait que John Haines était bien jeune pour mourir.

— Il avait 62 ans. C'est écrit sur sa tombe.

— Voilà une grande marque de piété filiale. Visiter les tombes, c'est très famille.

— Dans son état, il ne pouvait se passer de médicament.

— À votre avis, il aurait dû vivre plus longtemps ?

— S'il avait vécu plus longtemps, il aurait été mis en prison.

— Ah ! c'est vrai, vous êtes allée aussi à la police. Les anciens se seraient rappelé qu'aucune charge n'a jamais été retenue contre lui. Les jeunes ont été, j'imagine, comme le pharmacien, ravis d'ouvrir leurs archives pour vous.

— Ils avaient votre déposition sous la foi du serment. Quand il est mort, vous rentriez de la fac de médecine. Parmi les derniers ennuis qu'à connus votre père, il y avait eu l'affaire Lysker, dont vous l'avez tiré. Il y avait eu d'autres affaires, mais jamais aussi graves que la dernière. Cette fois, il risquait la prison. Tout cela est consigné noir sur blanc dans les archives de la police. Ils vous ont téléphoné pour vous dire que j'étais allée les voir ?

— C'est moi qui les ai appelés.

— Au lieu d'aller en prison, votre père est mort. Ou bien vous lui avez dit de ne pas prendre son médicament, ou bien vous le lui avez supprimé.

— Demandez à Johnny.

— Johnny ne le sait pas. Il y a onze ans, il était à Kentnall, loin de Seagate. Vous avez découvert la violence de votre père, une violence que vous ne pouviez empêcher, et finalement, vous n'avez pu le défendre. Vous la voyez en Johnny, et après ce qui s'est passé depuis que je suis ici, vous croyez que c'est l'histoire de son père qui recommence. Mais vous n'allez pas tuer Johnny. Il est tout ce que vous avez.

— Lui et son fils.

Bodmin courut à l'escalier et appela :

— Je t'attends ! Laisse Merryn-John ! Nous n'en avons pas pour longtemps.

Johnny descendit dans la salle de séjour, et trouva Bodmin qui chargeait le sac de marin sur son épaule. Il n'eut pas un regard pour Stacey. Avec plus d'autorité que jamais, Bodmin lui lança un sweater, puis elle plia le ciré et le mit sous son bras. Elle sortit avec le sac, et attendit à la porte de la cuisine. Stacey ne bougea pas avant que Johnny rejoigne Bodmin, puis elle commença à éteindre les lumières.

— Laissez-les, dit Bodmin. Nous allons revenir chercher le petit.

D'un mouvement de tête, Bodmin ordonna à Stacey de passer devant, dans l'escalier de pierre. Johnny ferma la porte.

Sur le ponton, la mer claquait en vagues rageuses, et les deux bateaux ne cessaient de monter et descendre contre les défenses. L'un était le vieux voilier de Bodmin, que Johnny devait remplacer l'été suivant, l'autre, le yawl qui les avait amenés de Yarmouth. Bodmin jeta le sac et le ciré dans le yawl et se dirigea vers l'anneau du quai pour se préparer à l'appareillage. Durant un long moment, Johnny ne bougea pas. Stacey, rejetée de leurs vies, se contentait de regarder, et attendait qu'il lui dise ce qu'elle avait à faire. Johnny tendit le bras, saisit le ciré et le sac, et les lança dans l'autre bateau. Bodmin, qui était penchée sur une amarre, se redressa, et son regard l'interrogea : que faisait-il ?

— Nous prenons le yawl.

— Non. Prends ton bateau, dit Johnny.

Leurs yeux se rencontrèrent.

— Suivons notre plan, insista Bodmin.

Il se tourna vers Stacey, lui fit signe d'embarquer à bord du yawl, et sauta sur le quai pour larguer les amarres de l'autre bateau, le voilier de sa sœur.

— Bodmin, monte à bord !

Elle secoua la tête.

— Notre plan...

— Laisse-nous.

— Johnny, nous avons parlé de tout cela dix fois. Fais exactement ce que j'ai dit.

— Monte sur ton bateau !

Bodmin ne bougea pas.

— C'est terminé, ajouta-t-il. À partir de maintenant, je me débrouille tout seul !

La lumière provenant de la maison fit briller les yeux de Bodmin, mais son visage ne laissait plus apparaître le masque lisse de la supériorité. Ce masque était en train de craquer sous une incrédulité totale. Enfin, dans un sursaut, elle montra qu'elle était prête à marchander.

— Alors, je vais t'attendre en compagnie du petit.

Ignorant la proposition de sa sœur, Johnny se mit, tout en maintenant le bateau contre les défenses, à larguer les amarres. Il lui ordonnait d'embarquer, mais elle s'écarta de lui et des vagues qui fouettaient le quai. Elle tremblait de peur.

— Je vais t'attendre ici.

— Non.

— Je répondrai de toi pour Daniel.

— Daniel est assez bon marin pour avoir ramené son bateau en France, sans accident.

Il eut un mouvement de tête en direction du voilier de Bodmin, et intima de nouveau à celle-ci l'ordre d'embarquer.

— Johnny, tu n'as pas besoin de me mentir, à moi !

Frissonnant, les nerfs brisés, Bodmin laissa son plaidoyer jaillir d'un seul coup.

— Mon Johnny, je t'aime ! Tu vas te retrouver seul. Et tu ne peux rien faire sans moi, tu le sais bien !

Il maintenait son bateau, mais elle refusait toujours de se soumettre à son injonction. Elle jeta un coup d'œil à Stacey, qui attendait sur le yawl, puis à Johnny, les réunissant dans le même regard éperdu, s'interrogeant sur ce que Johnny allait faire. Au lieu de répondre, il se pencha par-dessus le bordage, prêt à peser de toutes ses forces contre le bateau.

— Allons !

— Tu m'obliges à renoncer à la vie.

— Ta vie ? Tu peux en faire ce que tu veux, mais reste en dehors de la mienne !

Le visage de Bodmin redevint un masque. Une dernière fois, ses yeux rencontrèrent ceux de son frère. Tout était dit. Il n'y aurait plus de supplication.

— Adieu !

Le regard qu'elle lui adressa signifiait qu'il ne la reverrait jamais.

Bodmin descendit à l'intérieur du cockpit, et s'empara de la barre. La puissante poussée de Johnny commença à libérer le voilier de son mouillage, et le dirigea vers l'obscurité houleuse. Johnny se redressa et lui retourna son regard.

— Adieu.

Le vent emporta ses paroles avant qu'elles atteignent Bodmin. Le visage de celle-ci, très pâle, s'estompa progressivement. Finalement, à l'endroit où elle se trouvait précédemment, on ne vit plus que la mer sombre et la nuit.

Johnny, alors, se hâta vers le yawl où Stacey l'attendait. Il largua les amarres, poussa de toutes ses forces le yawl et au moment où celui-ci fut entraîné par une vague, il sauta à bord.

40

Faisant voile à travers l'obscurité, ils dépassèrent la cloche tintinnabulante, puis le rocher et le phare, avec sa lumière intermittente. Stacey regardait du côté de *Sealanes*. Elle compta cinq fenêtres qui brillaient dans sa masse très peu éclairée. En revanche, dans son dos, la petite maison de Johnny était encore pleine de vie et de lumière. Un jour, au cours de l'une de ces tempêtes qu'évoquait le vieux Pedroc — n'y en avait-il pas une, selon lui, qui avait fait trente et une veuves ? —, un jour, peut-être, cette maison serait emportée. Mais pour l'instant, Merryn-John dormait dans sa petite chambre : Johnny allait revenir le chercher, et il l'emmènerait après avoir éteint toutes les lumières. Elle se demanda où il irait, avec son fils, lorsqu'il serait de retour, et trouverait *Sealanes* et le reste du monde privés de Bodmin.

Les lumières de la maison s'amenuisèrent avec la distance. Elles finirent par paraître aussi minuscules que des têtes d'épingle, ou des étoiles dans la nuit obscure. Le vent dans les voiles, le fracas des vagues et l'immensité de la mer rendaient cette lumière et l'univers qui les entourait irrémédiablement lointains. Seule en mer avec Johnny, Stacey était de plus en plus certaine que la mer, le vent et le ciel avaient plus de réalité que tout ce qu'ils laissaient derrière eux, et qu'en particulier, sa vie avec Johnny et Merryn-John n'avait été qu'un rêve.

Puis elle abandonna cette idée qui, encore une fois, relevait du mélo. Non, ce vent mordant ne soufflait pas en rêve. Ce froid acéré la faisait trop trembler pour n'être pas réel.

Johnny la regardait par-dessus le cockpit. Se rappelait-il qu'ils étaient assis exactement à la même place lors de leur traversée mouvementée depuis Yarmouth ?

— Tu as toujours peur de la mer ? cria-t-il.

— Tu savais que j'en avais peur, quand nous sommes arrivés ici, le premier jour ?

— Bien sûr.

— Tu as dû penser que j'étais une piètre comédienne.

— Tu as fait mieux que jouer la comédie. Tu avais peur, mais tu as tenu jusqu'au bout.

Elle repoussa ses cheveux emmêlés par le vent, puis contempla cette mer que Johnny aimait si profondément.

— Merryn-John ne t'a pas appris à naviguer ?

— Un peu.

— Te sens-tu capable de ramener ce bateau toute seule ?

Pourquoi avait-il choisi ce moment-là pour lui poser la question ? Certes, elle était sans doute capable de faire virer le bateau et de l'amener à quai, ou, en tout cas, d'atteindre le rivage d'une manière ou d'une autre. Mais pourquoi lui demandait-il cela ?

Johnny ne la regardait pas. On ne pouvait rien lire sur son visage. Quant à elle, depuis le moment où ils l'avaient rejointe tous les trois à la maison, elle n'avait pratiquement rien dit. Maintenant, elle se trouvait suffisamment près de Johnny pour n'avoir pas à crier contre le vent.

— Je suis revenue parce que je t'aime. Je savais que c'était toi qui essayais de me joindre au téléphone, cette nuit, et je sais maintenant que c'était pour me dire de ne pas partir. Mais de toute façon, il fallait que je te voie une dernière fois.

Elle baissa la tête en ajoutant :

— Je sais que c'est elle qui a tout manigancé, jusqu'à la Jaguar, qui devait être retrouvée à Londres, jusqu'à Christy qu'elle a emmené là-bas, à La Maison.

Johnny contemplait la mer.

— Il n'y a plus de Bodmin.

Il ferma les yeux.

— Comme elle m'aimait !

Stacey acquiesça : elle savait que Bodmin, tout autant qu'elle, avait aimé son frère de toute son âme et avec chaque parcelle de son être. Mais il avait les yeux fermés. Alors, elle murmura un « Oui », qu'il entendit.

— Toute ma vie, elle m'a dit ce que je devais faire, ajouta Johnny.

Il ouvrit les yeux, et la regarda.

— Toi, elle t'a dit de partir, mais tu ne l'as pas écoutée.

— C'est vrai.

— Tu savais ce qui devait t'arriver ?

— Je ne voulais pas mourir, non, mais comment aurais-je pu m'en aller sans t'avoir dit que je t'aimais, que je te comprenais et que j'avais foi en toi ?

Il lui prit la main.

— Tu ne vas pas mourir. Tu vas rentrer.

— Avec toi !

Il secoua la tête en lui expliquant ce qu'il avait décidé : elle allait le laisser là, et ramener le bateau seule.

— Johnny !

— Laisse-moi finir, tu veux bien ?

Après avoir rejeté son écharpe en arrière, il plongea la main dans la poche de sa veste, et en tira une feuille de papier pliée.

— Comme tu ne répondais pas au téléphone, et comme je ne pouvais empêcher Bodmin de venir jusque chez nous, ne sachant comme tout cela finirait, je t'ai écrit ceci. Quoi qu'il arrive, je ne voulais pas qu'elle ait la garde de Merryn-John. Si tu étais partie, c'est à Valérie qu'il aurait été confié. Mais tu es revenue. Même si tu n'es pas sa vraie mère, et si tu en es d'accord, je veux qu'il reste avec toi.

— Bien sûr, je le veux aussi ! Je l'aime ! Je vous aime tous les deux ! Johnny, nous avons besoin de toi, tous les deux !

— Maintenant que Bodmin est partie, il vaut peut-être mieux pour lui que je ne sois plus là. Au moins, il pourra commencer une nouvelle vie à l'abri de tous ces mensonges.

— Tu ne m'as jamais menti, à moi ! Tu ne m'as jamais caché la vérité ! Dis-le à la police ! Dis-lui que tu n'as pas tué Daniel !

Johnny revit le pâle visage de sa sœur, disparaissant peu à peu dans le noir.

— Ses dernières paroles, ou presque, ont été pour me dire

qu'elle croyait que je l'avais tué, mais qu'elle m'aimait assez pour répondre de moi.

— Mais tu lui as dit que tu n'avais pas...

— Je te l'ai dit à toi. Tu me crois ?

— Oui, du fond de mon cœur.

Johnny releva une mèche sur le front de sa femme.

— Merci. Même si cela ne tient pas devant un tribunal. La vérité, c'est que je n'ai pas tué Daniel. Tu en auras la preuve quand il te téléphonera de l'une des îles Anglo-Normandes ou de France. Mais le problème, ce n'est pas Daniel : c'est Andrew.

— Nous ne savons pas ce que va faire la police, pas encore.

— Pourquoi me croirait-elle quand ma propre sœur ne m'a pas cru ?

— Bodmin voyait ton père à travers toi.

Elle le regardait bien en face, les yeux pleins de compassion. Connaissait-il le secret de Bodmin ? Se doutait-il, en ce moment même, de ce qu'avait découvert sa propre femme : que Bodmin avait supprimé leur père pour qu'il ne finisse pas ses jours en prison ? Et s'il ne le savait pas, devait-elle le lui apprendre ? Cette révélation, à laquelle il ne s'attendait guère, ne donnerait-elle pas à ce passé, qu'elle-même combattait si désespérément, encore plus d'emprise sur lui ?

— Mais tu n'es pas comme ton père !

— Bodmin avait sept ans de plus que moi. La plus grande partie de mon adolescence s'est passée à Kentnall. Bodmin était en faculté, mais elle voyait Père beaucoup plus souvent que moi, et elle savait des tas de choses dont je n'avais pas la moindre idée. Encore que les colères de Père n'aient jamais été un secret pour personne. J'y ai moi-même assisté, mais il réussissait toujours à se contenir avant de perdre ou d'être sur le point de perdre tout contrôle. Puis, à peu près à l'époque où Mère est morte, il s'est mis à boire. Pas beaucoup. Pas comme un alcoolique. Un peu. Alors, d'après ce que j'ai entendu dire, ses colères ont empiré, énormément empiré. J'étais un gamin, je ne comprenais pas exactement ce qui se passait. Un jour, j'étais à la maison pour les vacances, et je suis entré dans une pièce où Bodmin et Père étaient en train de parler : ils se sont tus comme s'ils n'avaient pas voulu que j'entende. Puis, au village, j'ai eu vent de plusieurs choses, comme cette histoire avec Lysker. Il a essayé de lancer la police après Père, il l'a poursuivi en justice. Et j'ai entendu sur Père des bruits encore plus épouvantables :

quand il avait bu quelques verres et que la colère s'emparait de lui, rien ne semblait pouvoir l'arrêter.

— Bien entendu, Bodmin n'a jamais abordé ce sujet avec toi. Et tu ne lui as posé aucune question, pas plus que je ne t'en ai posé sur Andrew.

— Elle cherchait toujours en moi la ressemblance avec Père. Toi, tu n'as jamais cru que j'étais fou, fou à lier ? Elle, si.

— Avec Daniel, tu es resté maître de toi.

— Et avec le motard ? Ce soir-là, dans notre chambre, tu m'as demandé si je voulais sa mort. La réponse est que je n'en sais rien.

— La réponse, aujourd'hui, c'est que tu as changé.

— Andrew, c'est Bodmin qui m'a empêché de le tuer, d'abord au *Moon and Stars*, puis au *Druide*. Combien de fois, d'après toi, me suis-je demandé ce que j'aurais fait si elle n'avait pas été là ? Ce qu'elle a pris garde de pas me laisser oublier, bien sûr.

— En mer, avec Daniel, tu n'as pas eu besoin d'elle.

Son bras l'attira contre lui.

— Au moins, toi, tu me crois. À côté de : *Disparu en mer*, tu pourras faire graver sur ma tombe, au cimetière : *Sa femme croyait en lui.*

Il n'arrivait pas à se concentrer sur le trajet qui les conduisait droit au large. Ils franchirent néanmoins la Barre du Trépassé, où Merryn-John avait vu le bateau de pêche se désintégrer.

— Quand vous étiez en mer, Daniel t'a-t-il dit la vérité ?

Johnny acquiesça.

— Brave Daniel... Alors, tu sais pourquoi il a fait tout cela, et tu sais combien il m'aime. C'en est la preuve. Moi aussi, je l'aime. Pas de la façon dont je t'aime, toi, et je ne le reverrai probablement jamais, mais je l'aime, vraiment. Et c'est parce que je vous aime tous les deux, et parce que maintenant, je sais ce que vous éprouvez tous les deux pour moi, que j'ai une idée, je crois, de ce qui s'est passé là-bas entre vous.

— Prends la barre.

Elle se glissa tout contre lui.

— J'ai trop froid aux mains.

Elle resserra son écharpe.

— Daniel est un brave type. C'est l'honnêteté même. Il était sans doute terrifié, mais il est allé jusqu'au bout, n'est-ce pas ? Et il t'a dit ce qu'il éprouvait pour moi. Il t'a dit qu'il m'aimait.

Et à ce moment-là, tu as eu l'impression qu'il parlait de tes sentiments à toi, qu'il décrivait ton amour pour moi. C'est ça, n'est-ce pas ?

— Oui.

Ce oui n'avait été qu'un murmure.

— Comme cela a dû te paraître étrange de t'apercevoir que tu partageais des sentiments tels que ceux-là avec un autre homme, et que tu pouvais en parler librement avec lui. Tu as le droit, je le reconnais, de vouloir que cet homme-là sorte de notre vie, mais comment pourrais-tu haïr quelqu'un qui éprouve le même amour que toi ? Comment pourrais-tu vouloir encore le tuer ?

— Nous étions assis à l'endroit où nous nous trouvons, toi et moi. Lorsque je l'ai quitté pour monter dans le dinghy, nous nous sommes même serré la main.

Elle se pencha et l'embrassa sur la joue.

— À quoi ai-je goût ? demanda-t-elle. À larmes ou à sel ?

— Les deux.

— Je ne chercherai plus à savoir quelle est l'origine de cette violence en toi, mais ce que je sais, c'est combien tu es capable d'aimer profondément.

Il pressa son visage humide contre le sien.

— Tu disais que Daniel était sans doute terrifié. Et moi, est-ce que tu sens comme je tremble, en ce moment ? Je t'aime, Stacey. Tu as cru que je voulais vous abandonner, Merryn-John et toi ?

— Maintenant, il n'arrivera plus rien.

— Ce n'est pas ce que disait Bodmin.

— J'ai vu en toi quelque chose qu'elle n'a jamais vu, et que tu as découvert, toi aussi.

Il refoulait ses larmes.

— Même si j'étais sûr de moi, même si chacun de nous, connaissant le danger, s'efforçait de le prévenir, et même si par miracle nous parvenions à en avoir raison, Andrew a mis un point final à tout. Je ne me sens pas capable d'affronter un procès, ni la prison.

Il prit son visage dans ses mains.

— Merryn-John t'aime, dit doucement Stacey. Il faut que tu sois là, à mon côté, pour m'aider à l'élever. Et tu n'as pas assassiné Andrew. Tu étais en état de légitime défense.

Il secoua la tête. Il cachait toujours son visage dans ses mains.

— Je voulais le tuer. Ça, c'est la vérité, et tout le monde la connaît. Il est vrai aussi que c'était une bagarre, et que je ne l'ai pas assassiné, au sens propre du terme, mais ce n'est qu'un détail technique. Si on en vient à un procès, je ne pourrai jamais plaider la légitime défense devant les jurés.

— Pourquoi ? Parce que, jusqu'à présent, c'est toujours Bodmin qui a répondu de toi ?

Le voilier s'en allait à la dérive. Les mains de Johnny avaient lâché la barre. Stacey les prit dans les siennes, elle découvrit son visage illuminé.

— Moi, je ne peux pas répondre de toi, mais s'il y a procès, je serai là.

Et elle saisit fermement la barre, en concluant :

— Il y a enfin une personne qui te croit. Tout commence avec moi.

Il leva son visage, et contempla le ciel nocturne et les étoiles. Stacey jeta un regard derrière elle, vers Seagate, puis elle actionna lentement la barre, comme Merryn-John le lui avait appris. Le yawl commença à virer de bord, et prit la direction du rivage.

1986

SOLEIL LEVANT

Traduit de l'anglais
par Claude et Anny Mourthé

Ce roman a paru sous le titre original :
RISING SUN

À Nicolas Gessner

1

Leur départ eut lieu en 1941, la première semaine de décembre.

Catherine Lynch-Willis et sa fille Anne, hors d'haleine, avaient franchi au pas de course l'échelle de coupée du *Kungsholm II*. Quelle chance elles avaient d'embarquer ! Elles n'arrivaient pas à le croire. À Hong Kong, toutes leurs relations disaient que la guerre était imminente. On ne parlait que d'une chose : essayer d'obtenir une place sur ce bateau. La sirène mugit, faisant vibrer au-dessous d'elles le pont de teck. Elles se trouvaient bel et bien à bord. Néanmoins, elles se fondirent dans la foule pour se faire remarquer le moins possible jusqu'à l'appareillage. Mieux vaut, comme on dit en Orient, ne pas défier les dieux en attirant l'attention sur sa bonne fortune.

Pour la première fois, elles respiraient vraiment, tout en époussetant les confettis et les serpentins dont elles étaient couvertes. *Auld Lang Syne...* L'air résonnait encore à leurs oreilles. Et pour la première fois depuis des mois, Catherine ébaucha un sourire. Elle étreignit de toutes ses forces la main de sa fille. Les deux femmes, après avoir essuyé des larmes de soulagement, furent prises de fou rire. Debout contre la rambarde, chapeautées, gantées et chaussées de blanc, elles s'étreignaient, riant et pleurant tout à la fois. Victoria Peak glissa à côté d'elles.

Puis Po Toi Island.

Elles restèrent sur le pont jusqu'à l'entrée en mer de Chine, contemplant les voiles déchirées de leur dernière jonque chinoise. Le paquebot, suédois, allait rallier le Japon en quatre jours. À Yokohama, elles devaient transiter sur le *USS Président Wilson* avant d'entreprendre la longue traversée de l'Atlantique qui les ramènerait dans leur pays.

Leur pays...

— Dieu soit loué. (Catherine ne cessait de répéter ces mots, dans un murmure incantatoire.) Nous sommes vraiment à bord, Annie. Nous rentrons.

Pour Catherine, leur pays, c'étaient les États-Unis. L'endroit où il valait mieux se trouver à l'approche de la guerre. Car la guerre avec le Japon approchait : nul à Hong Kong n'en doutait. La seule question était : où et quand les Japonais allaient-ils frapper ? Les Américains d'Extrême-Orient demeuraient dans une expectative emplie de doute et de crainte, alors même que Washington ignorait les avertissements. On avait l'impression que l'Amérique ne voyait pas, ou ne voulait pas voir, ce qui se préparait. Depuis deux ans déjà l'Europe était en flammes. À la colonie, tous les jeunes Britanniques de l'âge d'Anne étaient partis se battre contre Hitler. Les Japonais, maintenant alliés des Allemands, avaient envahi la Chine. Catherine et Anne les avaient vus, de leurs yeux, investir Shanghai. Anne faisait souvent ce cauchemar d'un bébé chinois passé au fil de la baïonnette par les soldats. Elle s'éveillait en criant.

Après la mort de Donald Willis, Hong Kong s'était avéré invivable aux deux femmes. Jamais il ne leur avait été possible de réunir suffisamment d'argent pour regagner leur pays, et c'est avec beaucoup de difficulté que la veuve et sa fille avaient pu conserver leur appartement vétuste au-dessus d'un restaurant cantonais. Ces derniers mois, Anne, inquiète, avait vu sa mère perdre pied de plus en plus chaque fois qu'on annonçait l'approche de la guerre. Elle la redoutait elle aussi, naturellement, mais alors que sa mère fondait en larmes, terrorisée à l'idée qu'elles ne pourraient y échapper, Anne, bouleversée, essayait, elle, de garder son sang-froid.

En septembre, Catherine fit tout son possible pour organiser leur départ. Elle ravala ce qui lui restait d'orgueil, et télégraphia à un cousin de Seattle qu'elle détestait, mais à qui elle mendia un prêt, pour payer leur billet de retour. Ce fut pour découvrir, au guichet des messageries, que l'argent ne signifiait plus rien. Ils étaient tous là, entassés, à brandir des devises pour obtenir une place sur n'importe quel bateau. Piston, amis importants, relations – ces relations que malheureusement Catherine ne possédait pas –, voilà ce dont elles avaient besoin pour rentrer chez elles. Jamais elles n'auraient eu la moindre chance d'obtenir, sur un bateau surpeuplé, cette minable et crasseuse petite cabine de troisième classe, avec ses minces matelas et ses serviettes de toilette grisâtres, si Anne n'avait rencontré le baron Éric Paulson au Bay Club, et si elle n'avait dansé avec lui.

Maintenant, même si, trois jours après avoir quitté Hong Kong, Catherine fondait toujours aussi facilement en larmes, elle se sentait un peu plus rassurée. Elle bénissait sans arrêt le nom du baron, qui se trouvait lui aussi à bord, mais en première. Cet après-midi-là, elle était occupée à garnir d'une semelle de carton une de ses chaussures blanches, qu'elle tendit ensuite à sa fille.

— Vas-y seule.

— Mais maman, il veut te faire visiter le bateau, à toi aussi.

Catherine insista.

— Essaie-la. (Elle enfonça le pied de sa fille dans l'escarpin blanc.) Qui parle de visiter le bateau ? Ce que veut le baron, c'est se trouver avec toi. Pas avec moi. Grâce à Dieu. (Elle lui fit signe de se lever.) Ça va ?

— C'est OK !

— On ne dit pas OK ! (Catherine ajouta :) C'est notre seule paire convenable. Ce soir, tu mettras tes souliers argentés. Moi, je vais repasser ta robe pour le dîner.

Alors qu'elle aidait Anne à enfiler la seconde chaussure, sa main tremblait. Elle se félicitait néanmoins, malgré son sourire triste, de la beauté de sa fille.

— Ma fille à la table du commandant !

Anne prit sa mère dans ses bras.

— Tu y seras toi aussi.

— Tu as vu la tête que j'ai !

Avec un soupir, Catherine passa sa main rouge, osseuse, dans ses cheveux châtains, où se voyaient des mèches blanches. Pourtant, à la perspective de cette soirée, elle se sentait ragaillardie.

— Ma fille sera la plus belle !

Cette soirée, l'avant-dernière, était celle offerte traditionnellement par le commandant, la dernière devant être consacrée aux bagages, avant de débarquer le surlendemain matin à Yokohama. Ce soir, dans les premières classes, il y aurait champagne, musique, ballons multicolores, serpentins et pluie de confettis.

Catherine arrangea une boucle de la chevelure blonde d'Anne. Auparavant il y avait la visite du paquebot.

— Quand le baron te montrera le bateau, ne le laisse pas t'emmener sur le pont. Le brouillard te décoifferait.

— Accompagne-moi.

Catherine tira sur les poignets élimés de son tailleur de soie bleu marine. Elle ne cherchait, Anne le savait, qu'à se faire prier. Au prix d'un mensonge, elle affirma à sa mère qu'elle la trouvait magnifique.

— Et puis, reprit Catherine, je ne sais jamais quoi lui dire.

Anne acheva de la persuader en déposant un baiser sur une joue légèrement parfumée de poudre Lady Esther.

— Je t'en prie. Viens.

Catherine prit Anne aux épaules et la fit se retourner, examinant son œuvre avec autant d'attention que les étalages dont elle s'occupait jadis au département de la cristallerie, chez Lane Crawford, dans Queens' Road. Des larmes de fierté montèrent à ses yeux.

— Tu es si belle.

Les deux femmes étaient mère et fille : impossible de le nier, mais Catherine ressemblait à une photographie ancienne et jaunie de l'éclatante jeune fille. Avec leurs pommettes hautes comme celles des modèles des magazines de mode et des débutantes new-yorkaises de *Life,* leurs traits offraient une ressemblance frappante. Elles avaient les mêmes grands yeux, d'un vert tirant sur le bleu, à cette exception près que dans ceux de la mère leur éclat s'était affadi. Les cheveux de Catherine étaient d'un châtain terne, avec des mèches blanches, mais ceux d'Anne avaient la somptuosité dorée d'une moisson. La bouche d'Anne, plus charnue, rappelait celle de son père, en moins aristocratique. Son teint, sans défaut, était hâlé, bien que sa mère lui répétât avec insistance que le soleil faisait vieillir la peau. La robe de soie blanche, avec sa ceinture dorée, mettait en valeur un corps jeune, splendide, qui faisait s'arrêter et se retourner les hommes depuis ses quinze ans. Le tailleur de soie bleue de sa mère était, lui, fatigué, lustré. La vie de Catherine avait été dure, mais elle avait trouvé sa raison d'être avec Anne, dont la présence radieuse emplissait la cabine. Catherine avait placé tous ses espoirs dans cette jeune fille à la beauté aussi rayonnante que n'importe laquelle de ces débutantes de

Life ou de ces stars sophistiquées dont Catherine découpait la photo dans les magazines pour copier leur robe.

À vingt ans, depuis sa chevelure luxuriante et sa robe blanche – la mode de 1941 lui seyait particulièrement – jusqu'à ses bas de soie et ses chaussures blanches, Anne était l'œuvre de Catherine. Son éducation de fillette pauvre, dans une bonne école anglaise d'une colonie de la couronne, représentait pour sa mère un tel sacrifice qu'il ne lui restait qu'à se montrer bonne élève. Elle avait une diction précise, étudiée, avec l'accent de la meilleure société britannique. À la mort de son père, on avait adopté le double patronyme pour faire plus anglais. Plus chic. Toutefois, leur passeport était américain. Anne n'avait jamais voyagé. Chaque été, ses camarades d'études retournaient en Angleterre, en Australie et au Canada. Les usages qu'elles apprenaient à des tables dressées de cristal et d'argenterie, c'est dans un livre que Catherine les avait trouvés pour les inculquer à Anne. À dix-huit ans, la jeune fille renonça à son uniforme scolaire, et aucune jeune femme, à la colonie, ne fut habillée avec autant d'élégance. Nul ne soupçonnait que sa mère lui confectionnait tout ce qu'elle portait, ni qu'elles étaient contraintes d'étendre leurs robes sur le toit pour chasser l'odeur de cuisine du restaurant situé au-dessous de chez elles.

Catherine avait nettoyé les gants d'Anne. Des gants ? Elle avait déclaré qu'il était convenable de porter des gants pour visiter le paquebot. Ainsi qu'un chapeau.

— Quant à moi, soupira-t-elle, je ne puis y aller. Je n'ai rien à me mettre.

Elle poussa un profond soupir. Anne sentit que sa mère avait besoin d'un nouvel encouragement.

— Tu es superbe.

Catherine secoua la tête, en protestant. Puis, avec un haussement d'épaules, elle se laissa aller dans les bras de sa fille.

— Ce n'est pas moi qu'il regardera, de toute façon. Puis elle commença à s'agiter et à se préparer pour l'excursion.

— Dépêchons-nous.

Elle enfila une chaussure marron, puis la retira et, découragée, la laissa tomber.

— Elles ne vont pas du tout avec ce tailleur.

— Elles vont très bien, maman. Je t'assure. Anne l'aida à se lever pour qu'elle enfile les chaussures. Catherine, boudeuse mais docile, montra à Anne qu'elle savait se montrer courageuse et oublier sa pauvreté. Ouvrant son poudrier, elle poudra son visage à petits coups précis. Parfois, Anne songeait que la poudre Lady Esther représentait la seule protection de sa mère contre le monde extérieur.

Catherine enfila ses gants.

Il ne faut pas le faire attendre. Les hommes ont horreur de ça.

En se hâtant, elles parcoururent le labyrinthe étouffant des troisièmes classes, emplies de l'odeur des cuisines et du bruit des machines, pour monter en deuxième, puis en première. Elles finirent par émerger dans l'air léger de vastes coursives où des stewards en veste blanche immaculée frappaient à des portes en apportant des vêtements repassés de frais. Un chasseur, suédois, vêtu d'un uniforme aux boutons dorés, portait une orchidée dans un étui de cellophane. Elles gravirent un escalier d'acajou brillant comme un miroir, sans rencontrer personne.

Anne n'était jamais montée sur un bateau plus grand que le *Star Ferry*, le caboteur de Victoria à Kowloon. Cela faisait trois jours que le *Kungsholm II* naviguait en mer de Chine, et voilà qu'elle se tenait en haut de l'escalier, face à une porte vitrée par laquelle on voyait tourbillonner le brouillard d'hiver. Celui-ci, dans les ténèbres grandissantes, estompait les lumières du pont. Dehors, il n'y avait personne. Il faisait trop froid, trop humide. À l'intérieur, elle jeta un regard sur les parquets cirés, silencieux, ainsi que sur les boiseries discrètement éclairées. Était-ce l'heure la plus tranquille de la journée ? L'existence en première était-elle toujours aussi feutrée, accueillante, calme ? Elle jeta un coup d'œil aux chaudes lumières du salon. Là, un orchestre de cordes écorchait *There's a small hotel* à l'intention de quelques passagers d'âge mûr qui prenaient le thé dans des fauteuils au dossier rigide. Anne, tenant sa mère par la main, franchit la porte vitrée du bar. Un buveur solitaire, au teint basané, dans lequel Catherine reconnut un horrible marchand de grains de Winnipeg, contemplait fixement son scotch. L'échoppe éclairée d'une fleuriste ainsi qu'une vitrine de robes du soir et de smokings attirèrent Anne vers les boutiques.

— Voici le baron, chuchota Catherine. Dis-lui que nous sommes désolées de l'avoir fait attendre.

Éric Paulson, cigare aux lèvres, conversait avec un officier du bord. Il tenait à la main une boutonnière d'œillets blancs.

Dès qu'il aperçut Anne et sa mère, il écrasa son cigare dans un cendrier mural et arbora un sourire. C'est de cette façon qu'il avait souri à Anne lorsqu'elle lui avait été présentée au Bay Club. Pour Anne, ce sourire merveilleux était associé non pas aux Américains ou aux Britanniques, mais aux riches Européens titrés, perpétuels témoins de ce que la vie a d'agréable quand on sait en profiter. Ce sourire, à lui seul, indiquait qu'il n'était pas anglais. Doté de larges épaules, il paraissait grand et élancé, mais cela pouvait être dû à l'excellente coupe de son veston de tweed anglais et de son pantalon de flanelle grise. Légèrement plus robuste que la plupart des jeunes Anglais qu'elle avait connus, ses cheveux blonds clairsemés donnaient à penser qu'il avait la trentaine bien sonnée. Ses yeux gris, écartés, avec une expression quelque peu orientale, souriaient eux aussi.

Catherine était éperdue d'admiration.

— Le bel homme !

Éric s'excusa auprès de l'officier. Son merveilleux sourire s'épanouit encore alors qu'il s'avançait sur le parquet luisant et épinglait la boutonnière d'œillets au revers de Catherine.

2

Le second, un Viking chauve à la barbe rousse, ouvrit avec fracas une porte métallique, et Anne eut le souffle coupé par la chaleur et le bruit. Une passerelle d'acier enjambait la passerelle de la salle des machines. Anne hésita à la franchir et, comme elle le craignait, son talon haut se prit dans le grillage. Elle trébucha, et le baron saisit son bras. Sa mère, qui, à quelques pas derrière eux, pressait contre son nez, pour se protéger de l'odeur âcre d'huile brûlée, un mouchoir imbibé d'eau de Cologne, sourit à ce geste protecteur. De sa main gantée de blanc, Anne se cramponna à la rampe de la passerelle. Se sentant ridicule d'avancer ainsi en grande toilette et à petits pas affectés le long de celle-ci, en surplomb des machines en mouvement et de l'équipage couvert de sueur et d'huile, elle retira son chapeau et rectifia sa coiffure.

— Onze nœuds à l'heure, annonça le baron.

— Pardon ?

Il se rapprocha d'elle.

— Onze nœuds à l'heure.

Son haleine sentait le cigare qu'il venait de fumer mais sans que ce soit désagréable. Anne, sensible aux façons de s'exprimer, ne trouva dans son anglais aucune trace d'accent suédois. C'est tout au plus si on pouvait lui reprocher, comme au sien, un peu trop d'affectation.

Elle sentait le contact de son veston de tweed. En acquiesçant, elle baissa les yeux vers ces hommes qui, au-dessous d'elle, allaient et venaient au milieu du mouvement incessant des pistons. Leurs visages luisants, noirs de graisse, les faisaient ressembler à un équipage de damnés, illustration parfaite de *l'Anneau du Nibelung* de Wagner, lorsque les esclaves creusent les boyaux de la mine. Au spectacle de ces hommes forts et puissants, le torse nu, luisant d'huile et de sueur, elle frissonna. À les regarder ainsi, d'en haut, il était impossible de les imaginer œuvrant à autre chose. Elle avait déjà éprouvé cela en Chine et à Hong Kong, au spectacle des coolies et des pousse-pousse en plein effort, les muscles tendus comme des cordes, ruisselants de sueur. Son cœur allait vers eux, spontanément. Cependant, elle se détourna : ils appartenaient à un autre monde.

Elle entendit un homme crier en suédois des mots qu'elle ne comprit pas, mais soudain elle réalisa que, née à Shanghai puis élevée à Hong Kong, elle se trouvait confrontée à quelque chose qu'elle n'avait jamais vu auparavant. Ces hommes suants et soufflants n'étaient pas des Chinois. C'étaient des Blancs. Ses semblables.

D'en bas, ils avaient les yeux fixés sur elle. Comme elle devait leur paraître blonde et fraîche avec ses chaussures blanches, sa robe de soie blanche et son chapeau blanc entre ses mains gantées de blanc. C'est ainsi qu'elle était apparue au Bay Club, dans des vêtements que sa mère avait confectionnés pour mettre en valeur sa jeune et ravissante silhouette et attirer l'homme fortuné qu'elle souhaitait la voir épouser. Ces hommes, en bas, la fixaient comme aucun Chinois n'avait jamais osé le faire : ces yeux blancs dans les visages noircis de matelots sans éducation, couverts de graisse, dans le fracas et le halètement des machines, la déshabillaient littéralement.

Les autres, sur la passerelle, s'étaient immobilisés. Anne ne souhaitait qu'une chose : aller de l'avant et en finir avec ce trajet, en oubliant ces yeux qui la fixaient. Il lui tardait d'atteindre la porte métallique, en face, de la claquer derrière elle et de respirer loin de cette puanteur un air pur et frais. Mais elle était coincée. Éric – ne lui avait-il pas demandé de l'appeler Éric dès cette soirée au Bay Club ? – était penché vers sa mère et, souriant, lui expliquait le fonctionnement d'une turbine.

Catherine lança un regard à sa fille. Ce n'était pas à elle qu'elle souhaitait que le baron parlât, mais à Anne.

Celle-ci tâchait d'éviter les regards qui la fixaient. Ces Blancs, en bas, étaient des Suédois, se disait-elle. Bien sûr : le paquebot était suédois. Elle sentait leurs yeux sur elle. Elle ne pouvait leur échapper, même si elle voulait les ignorer, et feindre qu'ils n'existaient pas. Les coolies chinois, du moins, faisaient mine de ne pas la regarder, et seuls les vieillards fumant sur le pas des portes ne s'en cachaient pas. Quand elle les surprenait, ils souriaient de leurs vieilles dents jaunes. Horrible ! Mais ils étaient vieux et peu dangereux. Les Anglais de Hong Kong, eux, pratiquaient de manière hypocrite, lorgnant par en dessous, mais ceux qui l'effrayaient le plus, c'étaient les matelots américains jaillissant de leurs bâtiments de guerre gris telles des meutes de chiens enragés, ces matelots qui, minces et musclés dans leur uniforme étroitement moulant, la dévisageaient ouvertement, avec des sifflets, en montrant leurs grandes dents blanches. Plus d'un l'avait serrée de près sur le trottoir ou sur le *Star Ferry,* tout en lui murmurant des choses qui la faisaient rougir et retenir sa respiration jusqu'à ce qu'elle parvienne, enfin sauve, en haut de l'escalier de l'appartement de Nathan Road.

Elle détestait les matelots américains.

Il y en avait un qui leur ressemblait, au-dessous d'elle. Du coin de l'œil, elle l'observait. Et lui, il ne la quittait pas des yeux. Jeune. Vingt ou vingt et un ans, un de plus qu'elle. À la différence des autres, lourds et grossiers, il se montrait aussi ferme et musclé que le boxer du marchand de bicyclettes, celui qui la terrifiait. Il souriait de toutes ses dents. Ce sourire s'élargit encore quand il s'aperçut qu'elle le regardait. Il la désirait, et le sourire de ce malappris était suffisamment suggestif pour donner à croire qu'elle le désirait aussi.

Elle se détourna ostensiblement. Une erreur. Elle montrait

qu'elle se sentait troublée. Il était nu jusqu'à la ceinture, aussi bronzé qu'elle-même, mais maculé et luisant de l'huile dont il enduisait les pistons à l'aide d'un chiffon. Ses yeux, dans son visage barbouillé, lancèrent un éclair : il jeta le chiffon, escalada un par un les barreaux d'une échelle métallique. La jeune fille, stupéfaite, découvrit ses yeux pleins d'audace au niveau de ses chaussures blanches. Son sourire devint éclatant. Jeune et vigoureux, bronzé, des cheveux blonds à peine plus sombres que les siens, il était du même âge qu'elle. Différent de ses compagnons frustes et plus âgés de la salle des machines, il faisait penser à un athlète universitaire ou à un de ces tennismen professionnels qui se pavanaient au soleil du Bay Club.

— Salut !

Il franchit un nouveau barreau et, de ses mains robustes, maculées de cambouis, s'agrippa à la passerelle. Il cria pour se faire entendre d'elle malgré le bruit des machines.

— À ce que j'ai compris, vous parlez anglais.

Anne eut un mouvement de recul. Il était semblable à ces matelots qui la terrifiaient. Américain, elle le devinait à son accent. Américain comme les autres, et tellement sûr de lui, avec ce sourire charmeur laissant entendre qu'elle avait passé sa vie à l'attendre. L'insolent ! Figée, elle s'appliqua à ne pas quitter des yeux Éric qui aidait sa mère à progresser sur la passerelle.

Elle n'eut pas besoin de se retourner pour savoir que l'Américain ne la quittait pas des yeux. Et il souriait toujours, cela aussi, elle le savait. Son talon accrocha, et pour ne pas tomber, elle s'arrêta et retira sa chaussure.

— Enlevez donc l'autre et descendez. Je vais vous faire visiter.

Elle l'entendit. Il souriait toujours, elle le savait. Alors qu'elle se penchait vers sa chaussure, son chapeau bascula et elle le rattrapa de sa main gantée. Ainsi, il se trouvait encore plus près d'elle. Son visage couvert de graisse et ses dents blanches ajoutaient à son embarras. Elle se rejeta contre la rambarde, avec un regard effrayé en direction de sa mère.

Catherine tendit la main à sa fille. Le baron et l'officier de bord attendaient à quelques pas de là. Au bas de l'échelle, une espèce d'ours se mit à hurler en suédois, ordonnant à l'homme de redescendre travailler, sinon les autres allaient le sortir de là.

Anne se hâta de rejoindre sa mère.

— Le Bay Club ! cria alors l'Américain.

Elle fit volte-face pour le regarder. Nouvelle erreur. Il la fixait toujours, triomphant. Il passa une main dans sa chevelure poisseuse, et par ce seul geste, dans la chaleur et la trépidation de la salle des machines, il cessa d'être un inconnu pour elle. Maintenant elle avait de lui un souvenir précis. C'était ce geste qu'elle l'avait vu faire à la fin d'un match de tennis ensoleillé, la seule fois où elle l'avait rencontré, et ils ne s'étaient jamais revus depuis. Jillian Sheffield était folle de ce prof de tennis américain au Bay Club.

3

Catherine, à la table du commandant, dégustait son vin en souriant aux anges. Le commandant, un homme au visage lisse, aussi dépourvu de rides que celui d'un bébé rose et joufflu, observait lui aussi, tout en faisant du charme à ses invités, Anne en train de danser avec Éric. Il adressa à sa voisine américaine un sourire satisfait : son compatriote, l'un des propriétaires de cette compagnie de navigation, avait trouvé une bien jolie cavalière. À coup sûr la plus jolie du bateau. Il leva son verre en hommage à la mère de cette jolie femme-là !

Catherine lui rendit son sourire. Oui, cette robe copiée dans un magazine faisait ressembler Anne, ainsi que plusieurs des invités à la table du commandant l'avaient remarqué, à Carole Lombard. Couleur champagne, en taffetas changeant, elle convenait fort bien au teint d'Anne. Et si les chaussures argentées n'étaient pas très assorties, la robe, suffisamment longue, faisait qu'on ne les remarquait pas.

— Une si jolie jeune femme, dit le commandant, tout rose, en souriant. Le baron a bien de la chance.

Catherine lui expliqua que sa fille, née à Shanghai, était une de ces citoyennes américaines qui ne connaissent pas les États-Unis. Au mot de Shanghai la table s'anima. Tous les Européens aimaient semblait-il cette ville, et beaucoup la préféraient à Paris. Après l'évocation de quelques souvenirs heureux, un silence ému s'abattit sur la table. Dieu sait, murmura-t-on, ce qu'il est advenu des Chinois de là-bas, les pauvres diables, sous la coupe des Japonais.

Catherine détestait Shanghai. C'étaient les hommes qui aimaient Shanghai, et elle savait qu'à leur table, tout ce que ces Européens avaient en tête, c'étaient les gracieuses petites Chinoises capables de choses que toute Blanche respectable se refusait à imaginer. Elle raconta au commandant que les Lynch-Willis avaient quitté Shanghai pour Hong Kong quand elle était devenue veuve. Elle passa sous silence le fait que sa fille et elle étaient trop pauvres pour retourner aux États-Unis où, à l'exception d'un cousin exécré, elles n'avaient plus aucune famille. Alors qu'Anne et Éric rejoignaient la table, elle se trouvait en train de gonfler sa situation de vendeuse au rayon de la cristallerie, chez Lane Crawford, en faisant croire qu'elle s'y occupait des achats. Le commandant, radieux, demanda aux dames la permission d'allumer un cigare.

Le baron s'abstint. Il préféra ordonner au sommelier d'apporter les bouteilles de vin qu'il avait prévues pour le voyage, et qui firent très forte impression sur les connaisseurs de bordeaux attablés avec eux. Le baron évoqua avec un Anglais des amis communs, les Rothschild de Pauillac et, durant un bref intervalle de silence, ils se demandèrent tous deux ce qu'il advenait de ces incomparables vignobles sous l'occupation nazie.

Un peu plus tard, après avoir accompagné les deux femmes jusqu'au bar en leur donnant le bras, le baron alluma un cigare. Il prit un cognac en compagnie d'Anne et de Catherine qui, après avoir tout refusé, finit par s'autoriser un sherry. Elle était impatiente de laisser seuls les deux jeunes gens, n'imaginant pas, même s'il insistait pour se faire appeler Éric, que ce dernier souhaitât sa présence. Conversant avec elle, feignant même de l'intérêt lorsqu'elle prenait la parole, il se montrait d'une galanterie sans défaut. Finalement, lorsqu'ils quittèrent le bar, il refusa de les laisser regagner seules leur cabine, et à travers le dédale des coursives, il les reconduisit jusqu'à la porte de leur sordide et étouffante petite cabine de troisième classe. Catherine avait sorti la clé, prête à se glisser par la porte et à laisser Anne seule avec Éric. La porte s'ouvrit.

— Voulez-vous à nouveau remercier le commandant de notre part ? C'était une soirée charmante, baron, vraiment charmante.

— Appelez-moi Éric, je vous en prie, insista-t-il en lui serrant la main. Il sourit. J'espère vous voir demain à déjeuner.

Catherine, pour souligner la lumineuse beauté de sa fille, rectifia une mèche de ses cheveux.

— Non, demain il n'y aura que vous et Anne. J'ai peur de ne pouvoir vous suivre, vous autres, jeunes gens. (Elle s'aperçut qu'il lui tenait toujours la main.) Bonne nuit, Éric.

— Bonne nuit, Mrs Lynch-Willis.

Il avait insisté pour qu'elle l'appelle Éric, mais lui, qui était riche, de noblesse européenne, lui qui était leur sauveur, puisqu'il avait rendu possible leur embarquement sur ce bateau, il offrait à Catherine, dont le vœu le plus cher était naturellement de devenir un jour sa belle-mère, les hommages dus à son âge. Catherine avait presque franchi le seuil quand elle découvrit qu'Anne la suivait. Bouleversée à l'idée que sa fille allait laisser passer l'occasion de se retrouver en tête à tête avec un homme qui de toute évidence l'adorait, elle s'apprêtait à la repousser lorsque Éric, tendant le bras en travers du chambranle, retint la ravissante jeune femme.

— Prenez votre manteau, murmura-t-il. Allons faire un tour sur le pont.

Les yeux inquiets de Catherine intimèrent à Anne de saisir sa chance. Puis elle disparut à l'intérieur de la cabine.

Anne se retrouva seule. Ainsi débutait le rituel où bon nombre d'hommes l'avaient maintes fois pressée contre sa porte, pour pousser leur avantage. Elle eut un sourire. À beaucoup d'égards elle était peu sûre d'elle, mais en ce qui concerne les adieux elle savait comment s'y prendre. Pour une fois, elle maîtrisait la situation.

— Éric, vous avez été si aimable pour maman et pour moi.

Et de lui tendre la main dans un charmant sourire plein de chaleur. Malgré son argent, sa puissance, la douzaine d'années qu'il affichait de plus qu'elle, malgré son expérience du monde, le baron, à ce moment précis, n'avait pas l'initiative. Et il détestait cela. Pourtant, il eut lui aussi un sourire.

— J'ai peine à penser qu'il ne nous reste qu'une journée.

— Nous avons pris rendez-vous pour le déjeuner. Nous nous verrons demain.

Soudain ses lèvres au goût de cognac et de cigare furent sur les siennes. Anne ne mit aucune hâte à se reculer, mais ses lèvres ne répliquèrent pas à celles du baron. Elle s'écarta juste assez pour dire avec douceur :

— Merci encore, Éric. Bonne nuit.

Elle se glissa à demi dans la cabine, s'en tenant là pour ne pas lui fermer la porte au nez. Le baron se redressa, porta le cigare à sa bouche, fit jaillir la flamme d'un briquet, puis tourna les talons et s'éloigna dans la coursive.

Anne fit un pas à l'extérieur : s'il se retournait, il la verrait en train de lui faire au revoir de la main pour adoucir son congé.

Elle n'avait pas réalisé à quel point il était grand jusqu'à ce qu'elle le voie s'éloigner dans l'étroite coursive. Il ne se retourna pas et n'eut pas un regard en arrière. Éric... Le baron Éric Paulson. Et tout le mal que se donnait sa mère pour qu'elle en tombe amoureuse... Un mari aussi riche, ce serait le bout du tunnel, la récompense de toutes ces années de sacrifice. Peut-être arriverait-elle à se persuader elle-même. Elle se disait cela lorsqu'elle prit soudain conscience qu'un homme en veste blanche de steward s'était glissé dans son dos et lui barrait le chemin de la cabine.

Elle se retourna, le souffle court. C'était l'Américain de la salle des machines, propre comme un sou neuf. La veste était impeccable mais trop étroite, les manches trop courtes. D'un geste, il l'empêcha de crier. Puis, après avoir refermé la porte de la cabine, il chuchota, après lui avoir fait signe à nouveau de se taire :

— Vous vous appelez Anne Lynch-Willis et, en bas, vous m'avez rendu mon regard.

Il bloquait la porte et s'approcha d'Anne. Celle-ci fit un pas en arrière et jeta un regard à droite et à gauche de la coursive pour trouver de l'aide. Personne. Elle s'efforça de garder son calme. L'homme était fou, sans aucun doute, mais elle se sentait capable de le maîtriser. Sinon il ne lui restait qu'à appeler sa mère. Qui, à l'intérieur de la cabine exiguë, devait être à cet instant précis collée à la porte, se demandant ce qui se passait de l'autre côté. D'une voix retenue, dans un anglais admirablement étudié, elle dit :

— Vous ne souhaitez sûrement pas que j'appelle ?

— Allons, ne faites pas l'innocente. Vous saviez que je vous retrouverais.

Il avait, lui, l'accent américain, une voix rieuse, et son

sourire témoignait d'une éperdue confiance en soi. Bien entendu son visage n'était plus du tout le même. Ses yeux marron clair, toujours aussi brillants et effrontés, se montraient plus amicaux maintenant qu'ils ne tranchaient plus sur un masque noir de graisse mais sur une peau désormais propre, encore dorée par le soleil de Hong Kong.

— Sauf que je m'imaginais que vous étiez en première.

Son sourire se figea. Il ne pouvait s'empêcher de la contempler.

— Seigneur, vous êtes encore plus belle ici que vous ne l'étiez en bas.

Il s'approcha encore. Elle fit un nouveau pas en arrière et, malgré sa résolution de demeurer calme, se sentit sur le point de crier. Devinant que la panique l'envahissait, il posa le doigt sur les lèvres de la jeune femme. Puis, toujours sans la quitter des yeux, il tira des deux mains sur les pans trop courts de sa veste.

— Elle vous plaît ? C'était la seule façon d'accéder ici.

Elle manœuvra pour se rapprocher de la porte. Il lui barra le passage.

— Je vous en prie, laissez-moi passer.

Il ne broncha pas. Il souriait toujours. Elle dut s'avouer qu'il avait un très joli sourire : le seul ennui, c'est qu'il le savait. En outre, durant les cinq ou six dernières années, elle n'avait manqué ni d'hommes ni de garçons pour lui sourire.

— Je me suis fait beau pour vous. Le cambouis, c'est une vraie saloperie à enlever.

— Vous en avez encore, répliqua-t-elle avec toute l'arrogance d'une jeune fille de la haute société britannique.

— Ce n'est pas étonnant. (Il examina la veste blanche, et son sourire s'épanouit.) Où ça ?

— Demandez à quelqu'un d'autre.

— Allons, ne le prenez pas comme ça.

Relevant le menton, elle lui montra du doigt.

— Au-dessous de votre œil gauche.

— Je ne peux pas voir. Vous ne voulez pas m'essuyer ?

Malgré elle, Anne sentit un sourire monter à ses lèvres. Cependant, elle ne broncha pas.

— Si je vous ai rendu votre regard, c'est parce que, lorsque je vous ai entendu parler, j'ai deviné que vous étiez le professeur américain du Bay Club.

— Bonté divine, j'étais sûr que vous m'aviez reconnu. Mais vous, vous ne jouez pas au tennis.

— Moi non, mais Jillian Sheffield, oui.

Il eut un rire silencieux, de toutes ses dents blanches.

— J'y suis. Vous autres, jeunes Anglaises, vous n'avez pas de secrets les unes pour les autres, pas vrai ?

— Je ne suis pas anglaise.

— C'est à s'y tromper.

— Je suis américaine.

— Alors vous feriez bien de vous débarrasser de cet accent à la gomme avant de retourner à Seattle.

Elle fit une nouvelle tentative pour passer, mais ne réussit qu'à se cogner contre son jeune corps robuste. Elle recula comme si elle avait touché le feu. Bien entendu, cela le fit sourire. Troublée, elle se retrancha derrière le comportement typique de la jeune Anglaise outragée et soigna encore plus son élocution.

— S'il vous plaît...

— S'il vous plaît..., répéta-t-il, imitant son ton affecté. Comment faites-vous pour avoir l'air aussi angliche ?

— Si vous voulez avoir la bonté de me laisser passer.

Ses yeux audacieux et rieurs, ses lèvres humides, se moquaient de la lady outragée qu'elle feignait d'être. C'était injuste. Aucun des jeunes Anglais qu'elle avait connus à la colonie n'aurait jamais songé à se conduire ainsi. Ils avaient des manières, eux. Mais, naturellement, les Américains n'en avaient pas. Celui-ci en était la preuve. Elle regretta de lui avoir dit qu'elle était américaine, elle aussi. Ils n'avaient rien en commun. À vrai dire elle n'avait connu que peu d'Américains et aucun de son âge. Mais cela ne l'empêchait pas de partager avec sa mère ce point de vue britannique selon lequel les Américains ne sont que des braillards sans éducation. Les Alastair, Nigel, Robert et Hugh qu'elle fréquentait étaient des jeunes gens sérieux, bien élevés, d'un niveau social correct, et ils se conduisaient comme il fallait. Elle ne pouvait en imaginer aucun ayant l'idée d'endosser une veste de steward pour monter de la salle des machines jusqu'à sa porte. Elle émit le souhait que tous les Américains ne fussent pas comme celui-ci. Un fou, avec son sourire outrecuidant et les efforts qu'il faisait pour l'abaisser à son niveau.

— Du calme, dit-il. Deux Américains, si loin de chez eux, se doivent d'être amis.

— Impossible. Nous n'avons pas été présentés.

— Foutaise !

Elle reprit son sang-froid et s'efforça, jouant toujours ce rôle de lady dont il ne tenait aucun compte, de le foudroyer d'un sourire méprisant.

— Jillian vous a dit mon nom ? Je m'appelle Richard. Richard Reese.

— Je sais tout de vous.

— Ce n'est pas juste. Moi, je ne sais rien à part votre nom, et le fait que vous êtes paraît-il américaine, et que ça démange votre mère de vous voir épouser ce Suédois propriétaire de la compagnie.

Sa main effleura la joue d'Anne, qui se rejeta en arrière.

— Lui, vous lui avez permis de vous toucher. (Il avança son visage pour l'obliger à le regarder en face, mais elle se détourna.) Venez sur le pont prendre l'air. Comme ça je connaîtrai tout de vous.

— Anne ? interrogea plaintivement sa mère, à travers la porte.

— Bonsoir. Elle espérait avoir montré assez d'autorité pour se débarrasser de Richard, mais il avait la main sur la poignée de la porte et ne bougea pas d'un pouce. Elle continuait d'éviter son regard.

— Vous faites toujours ce qu'on vous ordonne ?

— J'ai dit : bonsoir.

Allait-il enfin cesser de sourire ? Sans s'écarter de son passage, il la pressait encore plus.

— Je vous ai entendu dire à l'ami de votre mère, le baron, qu'il faisait trop froid sur le pont. Ça m'a beaucoup intéressé. Venez. Je vais vous tenir chaud.

— Vous vous y êtes pris comme ça avec Jillian ?

— Pourquoi sommes-nous en train de parler de Jillian ?

— Bonne nuit, Mr Reese.

— Vous vous répétez.

Son sourire, dont il était évident qu'il lui avait rapporté une foule de succès, cherchait toujours à l'amadouer.

— Essuyez le cambouis, sur mon visage.

Fermant les yeux et secouant négativement la tête, elle poussa un soupir. La plaisanterie avait assez duré. Sa main atteignit la poignée de la porte. Et rencontra la sienne. Elle recula.

— Je vais vous dire un truc, à propos de Jillian. Elle n'avait pas peur de moi, elle.

— Moi non plus.

— Alors, faites un effort pour me regarder. Non ? Vous ne voulez pas. Sinon vous verriez qu'en ce moment précis je suis en train de trembler. Sans blague.

Il tendit une main dont les ongles portaient encore des traces de cambouis. Elle n'arrivait pas à discerner si cette main tremblait ou non.

— De toute ma vie, je n'ai jamais désiré une femme autant que vous. Si vous ne me croyez pas, alors sentez.

Sa main saisit la sienne, et elle fut incapable de la retirer.

— Sentez comme je tremble.

Brusquement, il haussa les épaules, et la lâcha : après tout, si elle voulait vraiment le planter là et rentrer dans sa cabine, il ne l'en empêcherait pas.

Elle était tournée vers la porte, mais sans bouger.

— Vous rentrez aux États-Unis ? (Il était sérieux, maintenant, la voix grave.) D'un jour à l'autre, il va y avoir la guerre. Ça ne traînera pas.

Elle se retourna et, pour la première fois, l'affronta.

— Vous vous êtes servi de ce truc-là aussi avec Jillian ?

— Laissez tomber Jillian.

— Apparemment, c'est ce que vous avez fait.

— Vous ne connaissez que son point de vue à elle.

— Je n'ai pas du tout envie de connaître le vôtre.

Il prit un air solennel.

— Je n'avais pas l'intention de vous le faire connaître : j' ai honte de l'avouer, mais je suis tombé sur un os. À bord de ce bateau, direction les États-Unis, j'ai rencontré une très jolie fille, une fille vraiment sensationnelle, mais elle me dit que j'ai du cambouis sur la figure, et elle refuse de me parler. (Son sourire s'effaça, et il prit un air sérieux.) Elle a horreur du cambouis, mais elle a trop peur de moi pour l'essuyer.

— OK ! (Elle se corrigea vivement.) D'accord. Le cambouis, et puis bonsoir. (Elle lui ordonna de se tenir tranquille.) Les mains le long du corps, et laissez-les où elles sont.

— Bien, madame.

Il se figea au garde-à-vous et tendit son visage souriant.

Anne passa l'index sur sa joue, au-dessous de son œil gauche. Après l'avoir soigneusement essuyé, elle recula.

— Maintenant, chuchota-t-il, un tour sur le pont.

— Non !...

Il saisit son poignet, et l'entraîna dans la coursive.

4

La brume tourbillonnante cingla son visage d'un froid acéré. Sur le pont A, le brouillard était si épais que Richard et elle se trouvaient incapables de distinguer, à quelques pas d'eux, la rambarde dégoulinante. Au-delà, c'étaient la nuit et l'océan, qu'ils ne voyaient pas déferler. Tremblante de froid et d'excitation, Anne rentra les épaules. Se déplaçant ainsi à travers le brouillard, coupée de tout, elle pouvait aisément imaginer que l'Américain et elle étaient seuls sur terre. Non. Pas sur terre. Sur l'océan. Ils se trouvaient sur l'énorme et vaste Pacifique, le plus vaste océan de la terre.

— Vous avez froid ?

Il était près d'elle, mais ne la touchait pas.

— Ma mère et moi ne sommes habillées que pour les tropiques.

Richard se détacha d'elle dans une pirouette, tache miroitante dans un rai de lumière provenant du salon des premières.

— Vous avez vu ce clair de lune ? cria-t-il. Regardez un peu cette lune extraordinaire !

Quelle lune ? On ne voyait que du brouillard. Elle frissonna et sourit à son tour.

— Vous voyez que vous savez sourire !

D'un bond, il fut de nouveau à côté d'elle, et passa son bras autour de ses épaules.

— Avez-vous jamais vu, dans toute votre vie, une lune plus extraordinaire que notre lune à nous, là-haut ? Il la serra plus étroitement. Il sentit qu'elle tremblait.

— Vous avez vraiment froid.

Anne n'éprouvait plus aucune velléité de rentrer.

— Venez. Je vais vous montrer un vieux truc de steward.

D'un nouveau bond, il s'élança vers un des coffres de bois

où les stewards entreposaient chaises longues et couvertures. Il sortit un peigne et s'en servit pour forcer le panneau. La porte céda. Il prit à l'intérieur une couverture pliée, la déploya et l'enroula autour des épaules d'Anne.

— Ne bougez pas. Je vais vous en trouver une autre.

— Vous êtes fou, dit-elle avec un petit rire.

— Les Américains disent *dingue.*

— Vous l'êtes.

— Mettez ça sur le compte de cette grosse lune jaune. Regardez-la, suspendue là-haut, plus grosse que la plus grosse des lanternes chinoises que vous ayez jamais vue.

Il la faisait rire, maintenant.

— Vous êtes tous comme ça ?

— Qui, les Américains ?

Il resserra la couverture autour d'elle, la lui rabattant sur la tête. Elle se pelotonna dans son cocon.

C'était la première fois, depuis des semaines, qu'elle se détendait en compagnie de quelqu'un de son âge, et la brume glaciale qui la piquait au visage la revigorait. Elle ne se rappelait pas avoir éprouvé une telle sensation de liberté. Elle respira profondément. Elle se trouvait bien sur ce pont. Sans Richard, elle n'y serait jamais venue. Elle observa le jeune homme alors qu'il drapait à son tour une couverture sur sa ridicule tenue de serveur.

— Ne bougez pas.

Elle arrangea la couverture.

— Je n'ai pas connu beaucoup d'Américains. Je suis née ici. À Shanghai.

— C'est un endroit où j'ai toujours eu envie d'aller, mais les Japonais y sont maintenant.

— Lorsqu'ils ont envahi la Chine, nous avons fui. C'était une question de vie ou de mort. Maintenant, nous fuyons de nouveau. À Hong Kong tout le monde dit que la guerre approche.

— Pourquoi avoir attendu si longtemps ?

— L'argent, bien sûr. Nous n'en avons jamais eu. Mon père est mort juste après notre arrivée à Hong Kong.

— J'ai pensé que vous étiez en troisième classe parce que c'était la seule façon pour vous d'accéder à bord.

— Nous ne serions même pas en troisième classe si le baron Paulson ne nous avait obtenu un passe-droit.

— Vous n'avez pas l'air pauvres.

— Nous le sommes pourtant. Terriblement.

Pauvres, c'était la première fois, peut-être parce qu'on se trouvait en mer, bien loin de cette existence-là, qu'elle révélait à quelqu'un combien sa mère et elle l'étaient. Jamais elle n'avait laissé aucune de ses camarades de l'école anglaise l'accompagner, ni grimper l'escalier jusqu'à leur horrible petit appartement. Elle se tourna et le regarda bien en face, lui qui était vigoureux, nct, bronzé.

— Vous ne savez pas ce qu'est la pauvreté. Vous avez été à l'université, n'est-ce pas ?

— À Stanford.

— Bien sûr. Puis le tennis et le Bay Club.

— Le pro de service. Vous me croyez riche ?

Elle eut un haussement d'épaules.

— L'université, tout ça...

— Je me suis débrouillé. Ma mère est morte. Mon père vend des Packard d'occasion dans un patelin appelé Redwood City. J'ai obtenu une bourse de basketteur pour Stanford, mais j'ai découvert que je n'avais pas l'esprit d'équipe.

— Alors, vous vous êtes mis au tennis.

— Il y avait un court public de l'autre côté de la rue où j'ai grandi.

— Et toute votre vie n'a été qu'un jeu.

— Exact. Je me suis bien marré. Vous savez ce qui ne va pas chez vous, gente dame ? C'est que vous haïssez quiconque n'est pas riche. Vous êtes une snob de la pire espèce.

Richard rajusta sa couverture. Ils marchaient côte à côte sur le pont luisant d'humidité. Anne s'arrêta et sortit un bras de sa couverture pour retirer ses chaussures.

— Voilà à quoi on fait attention quand on est pauvre : à ses chaussures. Rien ne les détériore autant que de prendre l'humidité.

Richard s'empara de ses escarpins argentés, et les laissa pendre au bout de son bras. Pendant qu'ils marchaient, elle passa la main sur son visage pour chasser le brouillard.

— La robe que j'ai portée à la table du commandant, ce soir ? Ma mère l'a copiée sur une photo de Carole Lombard dans un magazine de cinéma...

D'une manière imprévue, elle changea de sujet.

— Vous croyez qu'il va y avoir la guerre avec le Japon ?

— C'est pour ça que nous rentrons tous chez nous, non ? Ce qui dans mon cas ne manque pas de piquant : au printemps dernier, quand j'ai quitté Stanford, Oncle Sam était sur le point de m'envoyer au service militaire. Alors, j'ai trouvé un job sur un transat du *Président* et je me suis tiré. Tous vos jeunes Anglais à la gomme étaient rentrés en Europe. Aussi ils m'ont engagé au Bay Club.

— Où je vous ai vu.

— Comment ai-je pu vous rater ?

— Vous ne vouliez pas me voir. Et moi j'étais curieuse de connaître celui dont Jillian parlait sans arrêt. C'était vous. En plein soleil. Bronzé. En train de crâner. Je vous ai détesté.

Le silence retomba. Ils songeaient tous deux à Hong Kong, au Bay Club, aux longues et chaudes journées ainsi qu'aux nuits brûlantes pleines du bourdonnement des insectes et de la musique de l'orchestre de danse jouant les airs de Ray Noble. *The very thought of you.* Tout cela, c'était déjà de l'histoire ancienne. Elle glissa un regard vers lui et son visage luisant d'humidité.

— Lorsque vous rentrerez, vous partirez à l'armée ?

— Tout le monde partira, une fois la guerre déclarée.

— Écoutez.

Ils ralentirent le pas, prêtant tous deux l'oreille à la musique de danse qui, dans la nuit poisseuse, leur paraissait toute proche. Elle provenait d'un salon éclairé, à la proue du bateau.

— Et celui-ci, vous le connaissez ? interrogea-t-il.

— *There's a small hotel.* C'est le seul air que l'orchestre sache jouer.

Richard se mit à chanter. Il ne chantait pas très bien, mais avec un naturel parfait.

— *C'est un petit hôtel – avec un puits à vœux – je souhaite que nous deux – nous y venions ensemble.* Allez, chantez !

— Je ne sais pas.

— Ne me racontez pas d'histoires. Vous avez chanté tous les grands rôles de Gilbert et Sullivan à votre école.

— J'étais dans les chœurs. Sauf une fois, dans le *Mikado,* où j'ai joué l'une des trois petites bonnes.

Il acheva la chanson en même temps que l'orchestre.

— *Et nous dirons merci à notre petit hôtel – tous les deux.*

— Bravo !

— Ce serait mieux en duo.

— Une chanson anglaise...

— Américaine. Rodgers et Hart.

— Je croyais qu'elle était anglaise.

— Américaine. Comme nous.

— Écoutez. Une autre... Vous allez dire qu'elle est américaine, elle aussi.

— *How high the moon.* (Il se mit à fredonner.) *Quelque part il y a une musique...*

Elle se retrouva dans ses bras, emberlificotée dans la couverture, et en train de danser, alors que sur le pont de teck glacé ses pieds trébuchaient dans la laine.

— Pour une aussi jolie fille, vous dansez drôlement mal.

— Je danse merveilleusement bien. C'est cette couverture. J'aurais dû demander à ma mère de raccourcir l'ourlet.

Pelotonnés dans la laine à l'abri du brouillard, ils se déplacèrent en direction de la musique. À laquelle s'ajoutait, dans l'immensité de la nuit et de la mer, la pulsation insistante du bateau. Richard souriait. Elle avait dit qu'elle dansait merveilleusement bien. C'était vrai. Elle souriait aussi. Et il dansait aussi merveilleusement qu'elle. Dans les bras de Richard, elle oubliait le regard anxieux de sa mère, la lutte éprouvante pour quitter Hong Kong, et même leur souci à la perspective d'une nouvelle vie dans ces États-Unis qu'elle n'avait jamais vus.

Ils dansaient.

Tous deux avaient l'impression que s'ils s'arrêtaient ou prononçaient une seule parole, le charme allait se rompre, et qu'ils se retrouveraient perdus en mer dans la noirceur et la brume de cette nuit hostile. Tout en dansant, ils passèrent dans le rai de chaude lumière émanant du salon. Là, il rabattit le capuchon formé par la couverture d'Anne, pour scruter son visage radieux, auréolé d'une chevelure flamboyante. L'orchestre parvint au terme de la chanson, mais ils demeurèrent dans les bras l'un de l'autre.

— Vous êtes une formidable danseuse, murmura-t-il. Dommage que vous vous teniez autant sur vos gardes.

— Jillian vous aimait à la folie, vous savez.

— Les Américains ne disent pas : à la folie.

Elle leva son visage vers lui pour lui montrer qu'elle parlait sérieusement.

— C'est vrai. Elle vous aimait.

Richard l'embrassa sur le bout du nez, puis il sourit et par son enjouement essaya de dissimuler le désir qui l'étreignait. Elle détourna son visage, le regard au loin. Il comprit qu'elle pensait de nouveau à Hong Kong et partageait le chagrin d'amour de son amie. D'où l'agressivité de sa voix.

— Il y a eu beaucoup d'autres filles, à Hong Kong ?

— Aux États-Unis, les gars considèrent qu'une question comme celle-là ne regarde qu'eux.

— Voilà une jolie façon de s'en tirer. Je croyais que les Américains se vantaient d'être francs et sans détour.

Il ne souriait plus.

— Avez-vous déjà été amoureuse ?

Elle ne souriait plus, elle non plus.

— Je vous ai posé une question.

— Répondez d'abord à la mienne. Vous avez déjà...

— Pas aussi souvent que vous.

— Nous sommes au beau milieu de l'océan, à des milliers de milles de partout, et nous voilà toujours sur nos positions ? (Il contemplait son adorable visage.) Moi, je n'ai jamais été amoureux.

Elle l'observa attentivement, et le laissa remettre en place une boucle de sa chevelure. Les lèvres de Richard se trouvaient toutes proches des siennes.

— Il n'existe pas une fille au monde à qui j'ai dit que je l'aimais.

— J'ai du mal à le croire.

— Nous sommes en 1941. J'ai bourlingué, mais je n'ai jamais menti.

— Et tout à l'heure, devant ma cabine ? Vos premiers mots ont été pratiquement pour me...

— Pour vous dire que de toute ma vie je n'avais désiré une femme autant que vous.

On entendit le gémissement d'un saxo, et la musique de danse reprit. Ils ébauchèrent quelques pas, mais cette fois leurs corps ne se trouvaient plus à l'unisson. Et la musique ne suffisait pas à éluder de nouvelles questions. Ce fut lui qui parla le premier.

— Nous serons à Yokohama après-demain. Vous prenez le *Président Wilson ?*

Elle acquiesça.

— Ma mère et moi, nous devons également cela au baron.

— Votre mère veut que vous l'épousiez.

— C'est ridicule !

Elle voulut s'écarter de lui, mais il la retint. Aussitôt, elle se montra plus britannique que jamais.

— Naturellement, nous lui sommes reconnaissantes. C'est uniquement grâce à lui que nous nous trouvons à bord de ce bateau. (Elle changea de sujet.) Je suppose que vous le prenez, le *Wilson ?*

— Possible. C'est avec lui quc je suis arrivé. Je peux toujours me remettre à mon ancien boulot : steward de pont.

— Et à partir du moment où nous serons tous deux sur un bateau qui fera sans se presser le trajet de retour entre le Japon et les États-Unis, une idylle à bord ne mériterait pas un mensonge ?

— Peut-être que je n'en vois pas l'utilité. Écoutez, je ne sais pas ce que Jillian a pu vous raconter...

— Elle vous aimait.

— Seigneur !

Il agita la tête avec colère. Il détestait cette manie qu'ont les femmes de n'attacher foi qu'à la version d'une de leurs semblables.

— Que vous ont-elles fait ?

— Rien.

— Vous ne leur avez pas permis ?

Anne s'enveloppa plus étroitement dans la couverture et il n'eut pas un geste pour l'aider. Elle contemplait le brouillard et l'océan, invisible mais omniprésent.

— Reconnaissez pourtant, ajouta-t-elle, qu'il est tentant de dire certaines choses quand on est si loin de chez soi et qu'on a un aussi long voyage en perspective.

— Vous n'avez pas envie de danser ?

— À dire vrai, je n'ai envie que de ça.

Une heure plus tard, alors que l'orchestre s'était tu et que les lumières du salon s'éteignaient, ils s'appuyèrent à la rambarde mouillée, tentant de percer leur avenir, aussi obscur et impénétrable que le brouillard. Richard la fit se tourner vers lui, et, ainsi qu'il l'avait fait une fois déjà, repoussa une boucle de sa chevelure humide sous l'abri de la couverture. Elle fondit en larmes.

Sans un mot, il approcha du sien son visage ruisselant. Elle grelottait, mais ce n'était pas à cause du froid de cette nuit de décembre. C'était de peur. Celle du passé ? Celle de l'avenir ? Il hésita à lui demander ce qui la faisait ainsi trembler. Si elle voulait le lui dire, elle le lui dirait. Elle restait toutefois sur la réserve. Peut-être qu'elle ne lui dirait rien du tout. Elle mordillait sa lèvre inférieure.

Richard passa la main sous la couverture et caressa ses cheveux.

— Vous ne voulez pas m'expliquer ?

— Je ne peux m'empêcher de penser aux Japonais entrant dans Shanghai. (Sa voix se contractait au souvenir de ce qu'elle avait vu.) C'était tellement horrible...

Il repoussa la couverture pour la voir de profil. Elle mordait sa lèvre inférieure, ses yeux fermés revoyaient ce qu'elle avait vu en Chine. Il sentit la souffrance dans sa voix.

— C'était affreux, Hong Kong, ces trois derniers mois. Ma mère et moi, nous nous sentions prises au piège. Impuissantes. Le temps pressait. Il presse toujours, Richard. Non seulement pour nous deux, ici, mais pour tout le monde. Les Américains n'ont-ils aucune idée de toutes les horreurs qui vont se produire ?

— En ce moment, de l'autre côté du Pacifique, à des centaines de milliers de milles d'ici, ils assistent à des matches de football et se préparent à fêter Noël.

Il sortit un paquet de Lucky Strikes et lui offrit une cigarette qu'elle refusa. Il gratta ensuite une allumette, le visage incliné dans la lueur de celle-ci. Puis, toujours dans la même lumière vacillante, il avança la tête pour la dévisager. Elle contemplait le brouillard, au loin. La beauté de son visage lui faisait mal. La flamme s'éteignit. Une heure auparavant, il la tenait serrée contre lui, et ils avaient dansé, aussi proches qu'on peut l'être lorsque deux corps en harmonie se déplacent au rythme d'une musique. Maintenant, côte à côte dans l'obscurité, ils étaient loin l'un de l'autre. Anne se trouvait toujours plongée dans d'horribles souvenirs, et Richard ne se sentait pas le droit de la toucher tant que, d'elle-même, elle ne se serait pas abstraite de ces terribles journées. Elle finit par dire, d'une voix qu'il ne perçut que difficilement :

— Ce n'est pas agréable de penser à la guerre.

— Très anglais comme euphémisme.

— Que dirait un Américain ?

— La guerre me flanque une trouille de tous les diables.

Devant cette franchise, les yeux d'Anne s'écarquillèrent. En bas, dans la salle des machines, Richard souriait comme s'il n'avait eu aucun souci, comme s'il ne connaissait aucune des horribles pensées qui la traversaient, elle. Naturellement, elle aurait dû comprendre que, s'il travaillait là, c'était parce que, à l'image de sa mère et d'elle-même, il fuyait. En direction de son pays. Il éprouvait ce qu'elles éprouvaient. Il avait peur. Comme elles. Et en ce moment même, alors qu'il la regardait, tout son être était aussi effrayé que le sien. Le cœur d'Anne fit une embardée. Jamais elle ne s'était sentie aussi proche d'un homme, et tout ce qu'elle était capable de faire, c'était de le regarder avec incrédulité. Sans détourner les yeux, il l'attira dans ses bras, sa bouche rencontra la sienne, et ils s'embrassèrent. Mais ce fut beaucoup plus qu'un baiser. Au beau milieu de l'océan, loin de chez eux, deux êtres humains, jeunes, angoissés, se serraient l'un contre l'autre en tremblant, pour ne faire plus qu'un. Surprise, elle le vit s'écarter d'elle.

— Vous voulez rentrer ? demanda-t-il en reprenant son souffle.

Anne le regarda de tous ses yeux. C'est lui qui avait mis fin au baiser, et généralement les hommes ne faisaient cela que lorsqu'elle échappait à leurs bras. Les hommes ne lui demandaient jamais ni ce qu'elle éprouvait ni ce qu'elle désirait. Et lui, il se trouvait là, tout proche, la regardant toujours droit dans les yeux. Le cœur battant avec force, elle lui rendit son regard. Tous deux l'avaient ressenti : leurs vies s'étaient si profondément rejointes que rien désormais ne serait pareil entre eux. Qu'adviendrait-il maintenant ? Elle n'arrivait pas à le croire quand il disait qu'il n'avait pas été amoureux de Jillian, que jamais il n'avait été amoureux. Par contre, elle entendit sa propre voix, affectée et guindée, digne d'être applaudie par l'École anglaise au grand complet :

— Ma mère m'attend.

Il prit la main qu'elle lui tendait. De l'autre, celle qui tenait la cigarette, il portait ses chaussures argentées. Sans ajouter un mot, ils traversèrent lentement le pont en direction de la cabine. Parvenus à celle-ci, Richard laissa tomber les chaussures, et, d'un élan féroce, ils se jetèrent dans les bras l'un de l'autre. Leurs visages humides se pressaient l'un contre l'autre, leurs bouches se cherchaient, ils balbutiaient des mots sans suite entre deux baisers.

— Je vous aime, Anne...

Elle fut prise d'un tremblement violent, tout en luttant contre ses larmes.

— Cela aussi me fait peur.

— Alors, vous m'aimez aussi !

Les larmes débordèrent de ses yeux, étincelantes.

— Cela peut-il arriver si vite ?

Il l'entraîna, trébuchant dans sa couverture, vers la chaude lumière des premières. Les seuls passagers qu'ils rencontrèrent, ce fut un couple aux cheveux blancs, habillé pour dîner, et qui, arrêté dans l'escalier, se tenait par la main comme deux lycéens amoureux. Ils adressèrent un sourire aux jeunes gens, et de la tête leur souhaitèrent bonne nuit. Richard lança un coup d'œil à Anne. Elle répondit également par un sourire. Elle avait compris à quoi ressemblaient ces aînés, et ce qu'il y avait entre eux. Ils lui retournèrent son sourire. Deux couples d'amoureux.

Cependant, Richard regardait à droite et à gauche, cherchant ardemment un endroit où ils pourraient se trouver seuls. La tirant par la main, il lui fit franchir la porte vitrée d'une petite bibliothèque dont l'unique lampe éclairait des rangées de livres et des canapés de cuir sombre. Anne sentit sous ses bas une épaisse moquette. Elle attendit qu'il eût refermé la porte et accroché sa propre couverture sur la vitre de la porte. Ce qui leur apparut, après réflexion, une mauvaise idée : la couverture allait les trahir, en prévenant quiconque passerait devant la bibliothèque que quelqu'un se cachait à l'intérieur. Richard la retira, et éteignit la lampe. C'était l'obscurité qui les protégerait.

Il la prit dans ses bras impatients, et leurs bouches mutuellement se dévorèrent.

Durant ces dernières années, elle avait rêvé de sa première expérience amoureuse. Celle-ci devait ressembler à toutes les histoires d'amour romantiques qu'elle avait lues, à toutes les chansons d'amour, à toutes les rêveries de chaudes nuits baignées d'un clair de lune, des nuits pleines de musique et de lents baisers brûlants. Son cœur battait à tout rompre. Le moment approchait, et elle s'en voulut soudain de ce qu'elle était en train de faire.

Richard avait arraché ses propres vêtements, mais elle se recroquevilla sur elle-même, empêchant ses mains impatientes de la déshabiller. Elle était terrifiée à l'idée qu'il pourrait déchirer la robe que les mains rougies de sa mère avaient passé tant de soirées à coudre. Alors qu'elle la faisait glisser, toute tremblante, avec l'impression que sa mère se trouvait là avec eux, elle s'efforça d'oublier les yeux pleins d'effroi de Catherine. Elle entendait la respiration oppressée de Richard. Il ne la quitta pas des yeux avant qu'elle fût aussi nue que lui. Immobiles, ils se dévorèrent mutuellement du regard. Le sien était brillant, déjà prêt à faire l'amour à son corps superbe. Elle maîtrisa sa passion naissante devant le spectacle qui s'offrait à elle. Richard était le premier homme nu devant lequel elle se fût jamais trouvée. Elle frissonna à la vue de sa puissance exacerbée.

Brûlant d'une passion qui lui coupa le souffle, il la prit dans ses bras. Rien ne l'avait préparée à la violence de ses baisers, de ses caresses. Lorsqu'ils sombrèrent et qu'il la pénétra, elle n'émit qu'un soupir imperceptible.

Juché sur elle, il se mouvait avec vigueur, mais elle sentit que ce n'était pas aussi bien pour lui que cela aurait dû être. Sans être certaine de rien, elle se trouvait hésitante, maladroite, ne sachant comment entrer dans son univers à lui, ni se libérer suffisamment pour répondre à sa violence.

Ensuite, ils demeurèrent scellés l'un à l'autre, de la tête aux pieds, unis dans une même respiration. Le paquebot, dont ils ressentaient les trépidations à travers le canapé, continuait sa route dans la nuit noire et brumeuse.

Au bout d'un moment, Richard se redressa et la contempla sans un mot. Sa bouche courut le long de son corps, la couvrant de baisers. Elle gémit. Sous les baisers, elle sentait son cœur battre sauvagement, et tout au fond d'elle-même elle éprouvait une douleur lancinante, spasmodique, dont la force échappait à son contrôle. Les doigts de Richard glissèrent dans ses cheveux et sur toutes les parties de son corps. Lui-même se déplaça lentement, quémandant la réponse de ses mains à elle, jusqu'à ce que leur chair à tous deux s'embrase. Leurs baisers, de plus en plus experts, abandonnèrent leurs bouches pour explorer chaque parcelle de leurs deux corps. Cette fois, elle s'ouvrit d'elle-même pour l'accueillir. Il s'introduisit brutalement en elle. Anne haletait, le sang et les sens en révolution. Il n'y eut pas de mots, seulement des cris et gémissements aussi anciens que l'histoire des hommes et des femmes. Anne planait, volait. Libérée de toute contrainte, laissant derrière elle toutes les angoisses et les frayeurs de ces derniers mois, elle eut l'impression de s'élever jusqu'à la lune, cette énorme lune de lanterne chinoise sur laquelle il avait plaisanté.

Elle s'abandonna, se donnant à lui tout entière, comme il se donnait à elle. Inspirée par cet abandon, ainsi que par sa totale vulnérabilité, chaque fibre de son être lui répondait. Leurs cœurs battaient à l'unisson. Elle était aimée, et il était aimé.

Maintenant, ils reposaient épuisés dans les bras l'un de l'autre. Lorsque enfin souriant il se redressa sur un coude, lorsque sa main découvrit le sourcil d'Anne masqué par une mèche de cheveux humide, elle lui rendit son sourire. Il n'eut pas besoin de lui murmurer la merveilleuse, merveilleuse, merveilleuse pensée qu'elle lui inspirait. Ils s'étaient mutuellement trouvés. Des jours et des jours de félicité les attendaient, des jours semblables à celui-ci, au cours de cette traversée en commun du plus vaste océan du monde.

Le temps paraissait aboli. Cependant lorsqu'ils quittèrent enfin le canapé, leurs bouches encore scellées l'une à l'autre, pour s'aider mutuellement à s'habiller, il s'était passé des heures. Ils laissèrent tomber leurs vêtements et sombrèrent de nouveau, cette fois sur la moquette, haletants de passion. Ils firent l'amour encore une fois avant de quitter l'étroite bibliothèque et de se glisser furtivement dans l'escalier miroitant.

Ils parcoururent le labyrinthe de portes et de coursives sans rencontrer âme qui vive, sans prononcer un mot, mais en s'attardant dans des baisers, pour échouer finalement contre la cloison voisine de la cabine d'Anne. Lorsqu'ils parlèrent enfin, ce fut elle qui murmura le mot unique, promesse pour le restant de leur vie.

À ce moment-là Richard aperçut un officier de bord. Anne hocha affirmativement la tête : elle savait qu'il devait la quitter. Ils s'embrassèrent encore et encore, jusqu'à ce qu'ils se détachent enfin l'un de l'autre, souriant secrètement. Il devait partir. La clé d'Anne était prête à pénétrer dans la serrure. Ce fut elle qui prononça le mot :

— À demain.

5

Le lendemain, quatre jours après avoir quitté Hong Kong, était leur dernier jour en mer. Catherine, les yeux rougis et pleins de chagrin, n'adressa pas à sa fille un seul regard. Elle avait entendu l'Américain derrière la porte et compté les heures jusqu'au retour d'Anne, à l'aube. Elle ne fit aucune allusion à la nuit précédente. Un silence de martyre emplissait la minuscule et inconfortable cabine. Les deux femmes faisaient comme s'il ne s'était rien passé. Au supplice, elles se comportaient l'une envers l'autre avec une politesse exagérée. Anne pouvait imaginer les paroles d'accusation que sa mère retenait, le cœur meurtri. En tournant le dos au baron, elle réduisait à néant toutes les années de sacrifice maternel.

Anne s'enfuit de la cabine et se précipita sur le pont pour se retrouver seule dans le soleil et dans le vent. La nuit précédente avec Richard, les années où elle avait regardé souffrir sa mère, les derniers mois de mortelle angoisse, s'étaient évanouis. Au beau milieu de l'obscurité et du brouillard, Richard avait fait surgir le soleil. Aujourd'hui, au-devant d'elle, brillait une vie nouvelle. Elle était amoureuse. Tout ce qu'elle souhaitait jusqu'à ce qu'elle le revoie, c'était évoquer à chaque minute le son de sa voix, se rappeler en fermant les yeux son contact, et revivre cet amour forcené suivi du repos dans ses bras et de la reconnaissance pour sa tendresse. Là, sur le pont, elle était caressée par le soleil de décembre. Amoureuse... Comment lui aurait-il été possible de redescendre dans cette triste petite cabine et d'expliquer à sa mère que chaque pulsation des machines du bateau, à travers les semelles de ses chaussures, battait au même rythme que son cœur, lui répétant que Richard était avec elle ?

« À demain », tel était le dernier mot qu'elle lui avait adressé, mais son cœur se brisait à l'idée qu'elle ne le verrait pas jusqu'au soir.

Pouvait-elle vivre un jour entier sans Richard ?

Elle aspira une profonde bouffée d'air glacé, puis se mit à arpenter le pont. Sur la mer scintillante, elle aperçut des îles, et entendit le cri aigu des mouettes en plein vol. Elle frissonna et sourit en songeant aux couvertures dont ils s'étaient tous deux enveloppés. Elle tourna son visage vers le soleil : elle ne désirait rien d'autre que rester là et ne jamais retourner dans cette cabine.

Il fallait qu'elle y retourne, malgré tout.

Tout en regardant sa mère sortir une jupe bleue et un chemisier blanc ainsi qu'une écharpe bleu et rouge achetés en se saignant aux quatre veines, elle avait rassemblé son courage pour lui annoncer qu'elle annulait son déjeuner avec Éric. Catherine persistait à ne faire aucune allusion à la nuit précédente. Elle se mit à blanchir son unique paire de chaussures, en se plaignant d'une migraine qui allait l'empêcher de se joindre au jeune couple.

— Il y aura un bridge, après le déjeuner.

Anne acquiesça. Oui, elle s'attendait à ce qu'il y en eût un. Elle avait appris le bridge parce que sa mère avait lu dans les romans de Somerset Maugham que jouer au bridge était apprécié dans les croisières au long cours.

Un bridge avec Éric.

Maintenir le rendez-vous du déjeuner. Anne trouva plus commode, quoique moins courageux, d'enfiler une jupe et un chemisier et de se rendre au rendez-vous. Elle n'aurait pas à se donner du mal pour la conversation. Éric, aimable et plein d'égards, se montrait amusant sans effort.

Au salon, à la table de bridge, en compagnie d'un diplomate canadien efflanqué et de sa languide épouse en robe imprimée de chez Liberty, Éric, sans faire semblant de rien, observait Anne attentivement. Elle finit par laisser tomber les cartes, en s'excusant, et se fit remplacer par la femme d'un évêque. Éric l'accompagna à la porte, et elle s'entendit lui dire qu'elle se faisait du souci pour sa mère. Déçu de passer l'après-midi sans elle, il lui rappela qu'ils devaient se retrouver au dîner.

Anne prit un livre, mais elle fut incapable de lire. Durant ce long, interminable après-midi qu'elle passa à s'ennuyer dans la cabine, elle ne parvint pas à trouver un moyen de joindre Richard ni de lui dire combien elle l'aimait. Elle n'avait reçu aucun message de lui. Chaque fois que ses yeux se posaient sur les mains rouges de sa mère occupée à coudre soigneusement, à petits points, une robe longue en lamé qu'elle n'avait pas eu le temps de terminer à Hong Kong, elle se demandait si elle n'eût pas mieux fait de demeurer à la table de bridge.

Cependant elle n'osait toujours pas avouer à sa mère que, pour la première fois de sa vie, elle était amoureuse. Toute la journée, elle avait différé cet aveu, car la seule idée de partager avec sa mère la plus grande joie qu'elle eût jamais connue la glaçait. Une nouvelle fois, le courage lui fit défaut.

Par le hublot, on vit le coucher du soleil, puis la nuit tomba. Catherine travaillait à la lumière d'une unique ampoule électrique. Anne tenta de rassembler son énergie pour faire son aveu. Sa voix s'étrangla. Lorsqu'elle parvint à parler, tout ce qu'elle réussit à dire fut que sa mère n'avait pas besoin de finir la robe sur laquelle elle travaillait : elle ne dînerait pas avec Éric.

Catherine fit semblant de n'avoir rien entendu. Anne, déconcertée, se retrouva debout, essayant docilement la robe dont sa mère, à genoux devant elle, parachevait l'ourlet.

Catherine se recula et ôta ses lunettes. Ses yeux rougis étaient brillants de larmes. Serrant des épingles entre ses lèvres, elle sourit pour montrer qu'il s'agissait de larmes de fierté. Jamais sa fille ne lui avait paru plus ravissante. Contractant les lèvres pour retenir les épingles, elle fronça les sourcils puis, après un dernier examen de la ceinture, elle la compara d'un coup d'œil à une photo découpée dans un magazine de cinéma. Ses doigts osseux fixèrent la dernière épingle, et elle se recula à nouveau.

— Elle te va encore mieux qu'à Ginger Rogers ! Tourne-toi.

— Maman, le dernier soir, personne ne s'habille.

— Si, toi. Pour le baron.

Le dialogue, du moins, avait repris. Anne, enfin décidée à révéler son amour pour Richard, prit une longue aspiration. Les mots étaient sur ses lèvres lorsqu'un coup frappé à la porte la paralysa. Ce coup provoqua en elle une telle expression d'espoir immodéré que Catherine en conclut qu'une seule personne pouvait se trouver là, dans la coursive : le jeune Américain. Sous l'effet de la colère, elle fut la première à atteindre la porte et à l'ouvrir en grand, prête à se battre contre ce moins que rien de la salle des machines, cette menace pour leurs vies. Un steward en veste blanche, un jeune Suédois au visage de chérubin et aux joues roses, lui tendit une boîte de cellophane et disparut sans un mot. Maintenant, c'était Catherine qui suffoquait de surprise : avec un cri de joie, elle ouvrit la boîte et en tira un bouquet de roses en bouton couleur thé qu'elle posa sur la robe dorée d'Anne.

— Exactement le même ton !

Anne, fermant les yeux, attendit que sa mère eût retiré les épingles de sa taille pour pouvoir quitter la robe, mais Catherine avait découvert une autre fleur dans la boîte.

— Et il m'a envoyé une rose ! (Sa main tenait une minuscule carte de visite.) Bien sûr, je reconnais que je lui ai dit la couleur. Maintenant, tiens-toi tranquille, que je finisse. (Elle posa les fleurs, et se remit à la robe.) Le baron est un merveilleux danseur, et cette robe est idéale pour danser. Ginger Rogers n'en a jamais eu de plus belle. (De ses dents, elle sectionna un bout de fil.) Ce soir, ma chérie, le baron va te demander en mariage.

— Alors, je ferais mieux de ne pas aller à ce dîner.

— Tout ce que je te demande, c'est de bien réfléchir.

— Il habite le Japon.

— Reste tranquille.

— Tu ne pourrais pas attendre que nous soyons rentrées aux États-Unis ?

Catherine, penchée vers sa taille, poursuivit, des épingles dans la bouche :

— Sans personne pour nous aider, nous serons aussi pauvres que nous l'étions à Hong Kong. Le baron est suédois. Et la Suède est neutre, dans cette horrible guerre. L'Allemagne est victorieuse en Europe, et avec le Japon qui risque de se mettre de son côté, nous ne savons même pas si les États-Unis sont capables de gagner.

— Maman, je ne dînerai pas avec Éric. Veux-tu arrêter une minute : j'ai quelque chose à te dire.

Catherine remit ses lunettes, et continua de coudre à petits points serrés.

— Je ne veux rien entendre !

— Il faut que tu m'écoutes.

Catherine, de la main, écartait toute nouvelle qui eût menacé son rêve d'avenir.

— Ne dis pas un mot. Tu es restée dehors pratiquement jusqu'à l'aube, et je ne t'ai pas demandé où tu étais. J'aurais bien voulu que ce soit avec le baron.

— Tu savais que ce n'était pas Éric. Son nom est Richard. Il est américain.

— Celui de la salle des machines... Que le diable l'emporte !

Le visage de Catherine était déformé par la colère. La peur

faisait place au chagrin. Anne sentit son cœur se serrer. Quand donc sa mère était-elle devenue aussi *vieille ?* Elle posa ses mains sur les maigres épaules de Catherine.

— Aux États-Unis, il pourra nous aider.

— Penses-tu ! Il va être mobilisé, et alors, que deviendras-tu ?

Anne haussa les épaules :

— Ce que deviendront les autres Américaines, je suppose.

Catherine, hochant la tête, poussa un soupir d'une tristesse infinie. Elle savait combien pouvait être éphémère un sentiment aussi profond : les jeunes ne vivent que dans le présent. Une crispation se fit voir à l'angle de sa bouche. Sa fille ignorait-elle qu'elle ne souhaitait qu'une chose : son bonheur ? Anne l'attira dans ses bras.

— Éric Paulson possède des aciéries en Suède. Il est propriétaire de ce bateau et de toute cette compagnie de navigation. Il est baron...

— Qu'est-ce que tu veux que ça me fasse ?

— Ton Américain n'a même pas l'argent pour rentrer chez lui par ses propres moyens. Chérie, avec Éric nous sommes sauvées !

Plusieurs petits coups furent frappés à la porte. Anne sursauta. Sa mère la retint d'une poigne de fer.

— N'ouvre pas !

Anne se libéra, et ouvrit toute grande la porte. C'était lui. Richard. Richard et son sourire, Richard impeccable et bronzé dans sa veste blanche de steward. Elle se serait bien précipitée dans ses bras, mais il portait un plateau de thé qui lui avait servi de prétexte pour se déplacer à travers les coursives. Catherine, outrée, lui tourna carrément le dos. Mais Richard n'avait d'yeux que pour Anne. Il déposa le plateau et la prit dans ses bras. La bruyante respiration de Catherine laissait entendre qu'elle bouillait de colère, et qu'elle n'avait aucune intention de quitter la cabine. Les amoureux l'ignoraient. Anne saisit la main de Richard et l'entraîna dans le couloir, interrompant seulement leurs baisers passionnés pour lui chuchoter qu'à cause de lui ce jour-là avait été le plus long de sa vie. Il acquiesçait en lui rendant ses baisers. Lui aussi, il avait compté les minutes. Maintenant, insatisfait, il jetait un coup d'œil inquiet d'un bout à l'autre de la coursive.

— Je ne peux pas rester longtemps. On m'a vu monter...

Anne traversa la coursive, cherchant une porte, un endroit pour se cacher, un refuge pour elle et celui qu'elle aimait. La porte d'en face était fermée. Ils s'embrassèrent de nouveau, à n'en plus finir, fous de désir l'un pour l'autre.

Un couple, emmitouflé dans des écharpes et des manteaux, passa en parlant bruyamment espagnol. L'étroitesse de la coursive obligea les jeunes gens à s'effacer contre le mur. Richard embrassait Anne à perdre haleine.

— J'ai reçu un câble d'un ami japonais que j'ai connu à Stanford. Il sera à l'arrivée du bateau demain matin. Il nous aidera à nous marier au Japon.

Anne, sans retirer ses lèvres des siennes, approuva. Ils se collèrent de nouveau à la paroi. Cette fois, ce fut une femme entre deux âges qui les frôla, un pékinois ronchon entre les bras. Appuyés au mur, ils étaient tellement enlacés qu'ils semblaient ne vouloir faire qu'un. Ce fut alors que Richard se raidit dans un cri de douleur.

Anne s'écarta et baissa les yeux vers sa ceinture, où une épingle oubliée l'avait poignardé. Il lança un regard plein de haine à la robe.

— C'est pour Paulson qu'elle t'a déguisée comme ça ?

— Pour dîner. Mais je n'y vais pas.

Renversant la tête, elle le regarda bien en face : voyons, il n'avait pas à se fâcher. Mais il la fuyait. Ne comprenait-il pas ce qu'elle disait ?

Ce fut alors qu'elle aperçut, à l'extrémité de la coursive, deux officiers de pont qui observaient Richard.

— Attention !

Les deux officiers se dirigeaient rapidement vers eux. Elle sentit que Richard se détachait d'elle.

— Je ne pourrai pas remonter cette nuit, mais nous nous retrouverons à la première heure demain matin. Sur le pont.

Le pas des officiers s'approchait. Richard embrassa Anne rapidement. Elle lui dit qu'elle comprenait, mais demain... C'était l'éternité, jusque-là.

— À la première heure ! Sur le pont ! La passerelle des premières classes !

Comment pourrait-elle attendre si longtemps ?

— Ensuite, nous nous marierons et personne ne pourra nous séparer !

Après un dernier baiser, il s'arracha de ses bras, et courant le long de la coursive, s'élança dans la direction opposée à celle des officiers. Elle se laissa glisser contre la porte de la cabine : comme elle aurait voulu être au lendemain...

6

Kimi ga yo wa
Chiyo ni yachiyo ni

Ces paroles en japonais, les haut-parleurs les faisaient retentir dans le froid acéré d'un lundi matin de décembre. Entassés sur le pont dans les premières lueurs du jour, la plupart des passagers étaient loin de se douter que cet hymne martial, dû à un chef d'orchestre allemand, souhaitait à l'empereur du Japon dix mille ans d'un règne heureux. Peu s'en souciaient. Yokohama, pavoisé de drapeaux frappés de la tache rouge du soleil levant, n'était pour eux qu'une escale. On entendait hurler les dockers japonais alors qu'avec fracas ils installaient les échelles de coupée contre le paquebot. Évitant les stewards et l'équipage suédois qui faisaient rouler les malles-cabines le long des échelles de coupée jusqu'aux guichets de la douane, les passagers, depuis la rambarde du bateau, cherchaient parmi la foule en attente leurs relations, diplomates et officiels de la compagnie, qui assoupliraient les formalités de transit. Une fois débarqués du *Kungsholm,* ils gagneraient un hôtel ou une ambassade et attendraient avec impatience le moment d'embarquer sur le *Président Wilson* pour la dernière étape de leur long voyage de retour.

À part une trace de cambouis derrière son oreille droite, Richard, dans son sweater et son pantalon blancs de tennis, un sac et une raquette à la main, paraissait plus américain que jamais. Son allure sportive d'été, sortie tout droit du tropical Hong Kong, déconcertait quelque peu en ce jour gris de décembre. Il n'entendit pas l'hymne japonais et ne vit pas davantage les drapeaux ni les passagers nerveux, emmitouflés dans leur manteau d'hiver. Son cœur débordait de joie alors qu'il cherchait Anne du regard sur la passerelle. Il lui tardait de prendre sa main et de l'attirer au bastingage pour chercher dans la foule des visages d'en bas celui de son ami Kenji.

Anne ? Comme il ne la voyait pas sur l'échelle de coupée, il se mit à longer rapidement la file des passagers qui attendaient avec leur passeport. Son excitation grandissait à chaque pas. Son cœur battait à grands coups. Il scrutait la foule, en fronçant les sourcils. Où se trouvait Anne ?

— Honorable Richard !

Une voix, très calme, le figea sur place. Une seule personne au monde l'avait jamais appelé ainsi, et à sa grande surprise, Kenji ne se trouvait pas en bas sur la jetée, avec les autres, mais déjà à bord, sur le pont. Avec son sourire.

— Kenji !

Richard s'élança pour l'embrasser, mais s'arrêta net. On se trouvait au Japon. Kenji, japonais, était plus que lui attaché aux convenances. Richard connaissait la race de son ami, de même que son savoir-vivre sophistiqué. Durant un instant, aucun des deux hommes ne fit un geste, et Richard, avec horreur, crut que Kenji, jusque-là parfaitement immobile, allait se prosterner devant lui. Mais Kenji arborait toujours ce merveilleux sourire grâce auquel le tennis, le soleil et la bière bue à Palo Alto dataient seulement d'hier. Kenji... Pour un Japonais, il était grand, presque aussi grand que Richard. De cinq ans plus âgé, c'était un athlète vêtu, à l'occidentale, d'un complet gris de très bonne coupe, avec la cravate rouge de Stanford. Son teint presque aussi sombre que le hâle de Richard éclatait de santé. Ses cheveux noirs, coupés ras, mettaient en valeur l'ossature délicate de son crâne et, bien que ses traits fussent plus pleins que ceux de Richard, il dégageait une force et une beauté conformes aux canons de sa race. Ce qui frappait le plus, c'étaient ses yeux. Richard se rappelait l'époque où il en était venu à le connaître intimement : examinant de près les yeux de son ami, il avait découvert que ceux-ci n'étaient pas du tout bridés, mais grands, marron sombre, et pétillants d'intelligence, montrant de surcroît un sourire épanoui, qui découvrait des dents régulières et saines. Nul n'avait un aussi beau sourire que Kenji.

Richard laissa tomber son sac, et ils se serrèrent les mains avec la force de deux athlètes. L'Américain fut surpris de voir son ami japonais le prendre par l'épaule.

— Honorable Richard ! murmura Kenji.

Ce matin froid de décembre était plein des souvenirs du

soleil de Californie, et de la joie de deux amis qui se retrouvent.

— Mais tu as encore ton bronzage californien !

— Le tennis, à Hong Kong. Tu crois que nous aurons l'occasion de faire quelques sets, ici ? (Richard se frictionna les bras en frissonnant.) Hé, vieille branche, tu ne m'avais pas dit qu'il faisait froid, au Japon !

— Noël approche.

Kenji hochait la tête en souriant, essayant de faire coïncider dans sa mémoire l'image de son vieil ami et celle du jeune homme bronzé, en tenue de tennis, qui se tenait devant lui. Son sourire voulait dire que Richard n'avait pas changé.

— Bon sang, que ça fait du bien de te voir ! Cette fois, ce fut Richard qui passa son bras autour des épaules de son ami et ils se sourirent. Les années qui séparaient ce débarcadère à Yokohama et les chaudes et sereines après-midi de Palo Alto s'effacèrent en un instant.

— Dis donc, je suis impressionné. (Richard se pencha et se mit à chuchoter sur le ton de la confidence :) Comment t'es-tu débrouillé pour franchir la coupée ? Tu as des relations avec l'Empereur, ou quoi ?

Kenji eut un sourire, et répondit de son habituelle voix basse :

— Si tu as tous tes bagages, donne-moi ton passeport, et allons directement chez moi.

Richard l'interrompit avec un large sourire.

— Superbe ! Mais je ne suis pas seul. Attends de la voir, Kenji. Il fit volte-face et se mit sur la pointe des pieds pour repérer Anne dans la foule du pont.

Kenji attendit donc, impassible, tandis que son ami scrutait avidement la queue d'attente pour les passeports en se déplaçant de quelques pas pour observer la foule sous un angle différent. L'Américain, air soucieux, sourcils froncés, se retourna et jeta un coup d'œil inquiet vers l'autre partie du pont. Kenji ne pouvait se tromper sur le motif de l'inquiétude de son ami : visiblement il brûlait d'amour. Soudain, le visage de Richard s'éclaira, et il se mit à agiter frénétiquement la main. Agrippant le bras de Kenji, il l'entraîna à travers la foule. Deux officiers suédois, à la tête d'une douzaine de petits Japonais en uniforme qui franchissaient l'échelle de coupée d'un pas martial, les obligèrent à s'arrêter. Kenji, dont la taille lui permettait de regarder au-dessus des passagers, aperçut les deux femmes dont Richard essayait d'attirer l'attention. Elles ne l'avaient pas encore vu. La plus jeune portait un chapeau blanc. Sa radieuse beauté hâlée, malgré la distance, paraissait aussi estivale que celle de Richard. Elle regardait autour d'elle avec tout autant d'impatience que lui. Richard, avec une exclamation de joie, agita la main et cria son nom, mais le bruit de la foule et celui de la musique militaire noyèrent son appel. Joyeux comme un enfant, il tira Kenji en direction de la plus âgée des deux femmes, qui était également la plus proche : elle le toisa de haut en bas et lui tourna le dos. Kenji, étonné, constata que ce regard visiblement hostile n'avait pas entamé le sourire de Richard ni freiné son élan vers la jeune femme. L'autre, dont Kenji devinait qu'elle devait être sa mère, changea brusquement d'expression et se mit à sourire à la vue d'un homme blond, de haute taille.

Richard cria à son ami :

— Elle s'appelle Anne Lynch-Willis, vieille branche, et tu vas nous aider à nous marier !

Kenji acquiesça gravement puis déclara, après avoir dégluti longuement comme le font les Japonais quand ils abordent des questions particulièrement importantes :

— Elle est très belle, honorable Richard.

— Attends de la connaître, vieille branche, tu verras. Tu n'as jamais rencontré une femme comme elle. Viens ! Il faisait des bonds pour qu'Anne l'aperçoive au-dessus de la foule.

— Anne ! Sa voix couvrait la musique et le bruit lorsque soudain l'hymne s'interrompit. Une brusque rafale de mots japonais fit vibrer les haut-parleurs. Parmi les passagers tout à leur excitation, la plupart n'y attachèrent pas d'importance : ne comprenant rien, ils continuaient à s'interpeller et à se bousculer dans la queue pour les passeports. Richard essaya d'entraîner Kenji qui, pétrifié sur place, se montrait incapable de bouger. Son visage ne reflétait aucune expression, mais l'affliction se lisait dans ses grands yeux sombres.

— Kenji ?

Le visage du Japonais ressemblait à un masque. Quelque chose de terrible était en train de se passer.

Kenji fit signe à Richard de se taire pour qu'il puisse écouter le haut-parleur. Richard jeta un regard aux autres Japonais. Les préposés aux douanes et les débardeurs occupés aux bagages de la passerelle s'étaient figés, tout comme Kenji. Ils écoutaient et paraissaient en état de choc, comme lui. Un Japonais trapu, de la taille d'un nain, avec des cheveux hirsutes et graisseux, laissa retomber une malle sur le pont, et grimpant sur elle, se mit à pousser des cris d'animal sauvage. Plusieurs douaniers eurent un haut-le-corps. Soudain, un cri, à n'en pas douter un cri de guerre, un cri suffisamment puissant pour faire taire les passagers, déchira l'air froid du matin.

— *Banzaï ! Banzaï ! Banzaï !*

Le Japonais aux cheveux hirsutes, dressé sur la malle, devint comme fou.

Depuis le quai et à bord du bateau, d'autres cris de guerre firent écho au premier :

— *Banzaï !*

Les Japonais qui se trouvaient à bord se rassemblèrent en toute hâte du côté des coupées. Un employé des douanes, fixant Kenji du regard, inclina à demi la tête et lança d'une voix sifflante :

— *Senso !*

Kenji ne répondit rien au fonctionnaire qui, la bouche bée, ne cherchait pas à dissimuler sa hargne. Les yeux écarquillés, ne sachant ce qu'il fallait faire, il se précipita vers ceux qui s'agglutinaient à l'échelle de coupée, écoutant de toute leur attention chaque mot du communiqué.

Maintenant, Richard et la plupart des autres Occidentaux demeuraient silencieux. Qu'avait-on pu annoncer pour faire de ces hommes de peine en sueur et de ces officiers en uniforme des fous furieux ?

— *Banzaï !*

Richard en avait froid dans le dos. Était-ce la guerre ? Maintenant, il y avait des passagers qui tournaient leurs regards vers lui, vers cet Américain en tenue de tennis accompagné d'un Japonais qui ne montrait ni l'émotion ni la féroce hystérie des hommes de peine en folie. Le haut-parleur crépita puis se tut. Les Japonais se regardaient les uns les autres. Le silence s'abattit sur cette matinée de décembre. On entendait la pluie qui s'était mise à tomber. Un mot brisa ce silence. Un mot chuchoté, que Richard avait entendu peu auparavant. *Senso.*

Les yeux de Kenji rencontrèrent ceux de son ami. Lentement, d'une voix calme, solennelle, il répéta ce qu'il avait entendu :

— Ce matin, à sept heures, au cours d'une réunion de cabinet, l'amiral Shigetaro Shimada, ministre de la Marine, a rendu compte du conflit à ses collègues...

Un cri de femme exprima la peur ressentie par tous.

— Oh ! mon Dieu...

Une autre voix, en tremblant, vint se joindre à elle, en chuchotant le mot.

— La guerre...

Kenji, incapable de regarder Richard, achevait sa traduction. Il détourna les yeux. Les Américains se pressaient pour entendre le Japonais.

— Pearl Harbor a été attaqué. La flotte japonaise donne simultanément l'assaut à Manille et à Hawaii.

Personne n'osait prononcer un mot. Seul Richard se décida à parler :

— On sait quelque chose des États-Unis ?

Le visage de Kenji ne montrait rien de ce qu'il éprouvait. Il répondit de son habituelle voix grave :

— Pas encore, mais c'est l'état de guerre.

Avec rudesse, des officiers japonais fendirent la foule des passagers. En bas, sur le quai, le front ceint d'un bandeau, les dockers hurlaient leur féroce incantation.

— *Banzaï !*

Les Japonais qui se trouvaient sur le pont se précipitèrent à la rambarde, bousculant les autres passagers et emplissant la matinée pluvieuse de leur cri.

— *Banzaï ! Banzaï ! Banzaï !*

— *Banzaï !*

Les Occidentaux, stupéfaits, bouleversés, atterrés, incapables de surcroît de dissimuler la peur glacée qui étreignait leur cœur, s'interrogeaient du regard. Nul apparemment ne savait ce qu'il fallait faire. La seule exhortation à l'action vint du marchand de grains canadien au teint basané : criant à tue-tête, il demanda aux Suédois de brancher leur propre radio sur le circuit intérieur. Les informations. Ceux qui l'entouraient se joignirent à sa demande. Des informations en anglais, qu'ils pourraient comprendre : voilà ce qu'ils voulaient. Voilà ce dont ils avaient besoin au sein de leur mortelle frayeur. Richard partageait leurs sentiments, mais Kenji lui prit le bras.

— Ne dis rien. Viens avec moi. Vite !

Comme Richard ne faisait aucun mouvement, Kenji déglutit longuement. Richard l'avait-il entendu ?

— Anne !

Kenji n'eut pas le temps de retenir Richard : celui-ci se précipitait dans la foule accablée, tentant de rejoindre les deux femmes, à côté du baron qui prêtait l'oreille à un officier japonais. Les yeux de Catherine étaient emplis de terreur. Sa bouche s'ouvrait et se fermait sans parvenir à émettre un son. Anne lançait des regards de panique d'un bout à l'autre du pont, cherchant à apercevoir Richard.

Le commandant du paquebot, dont le visage rose était marqué par l'inquiétude, se précipita vers le baron sans se préoccuper des passagers. Il se mit à parler très vite en suédois, puis, répondant à l'expression horrifiée de Catherine, il répéta en anglais ce qu'il venait de dire :

— Le Japon a attaqué les États-Unis.

Catherine étouffa un sanglot, puis avec effort, dans un murmure, elle prononça la question que chacun à bord posait au commandant :

— Qu'allons-nous devenir ?

Anne voulut attirer sa mère à elle, mais Catherine, prise de panique, se déroba, s'accrochant aux deux hommes.

— Mon Dieu ! Ça va être comme à Shanghai ! Mais à ce moment-là, l'Amérique n'était pas en guerre. Nous nous en sommes tirées.

Son regard empli de terreur se posait tour à tour sur Anne et sur les deux hommes. Elle mordait sa lèvre inférieure, dont ses dents éraflaient le rouge à lèvres.

— Je vous en prie ! Quoi qu'il arrive, ne les laissez pas nous emmener...

Le commandant chercha des yeux un autre officier pour calmer l'hystérique, puis s'adressa de nouveau en suédois à Éric. Celui-ci l'écouta attentivement. Sans un mot pour les autres passagers, le commandant se mit ensuite à donner des ordres, en suédois, à plusieurs officiers. Éric, avec un flegme rassurant, affronta les deux femmes.

— Nous sommes dans la confusion la plus totale. Apparemment, le commandant vient de recevoir des Japonais l'ordre de retenir ici, à quai, tous les sujets américains ou britanniques du Commonwealth, jusqu'à ce que la police envoie des renforts.

Catherine étouffa un sanglot dans ses mains.

Le baron se rapprocha d'Anne pour ne pas avoir à élever la voix.

— Le commandant a demandé que nous nous rendions dans son bureau. Il faut faire vite.

À ce moment-là, Anne aperçut Richard à cinq ou six mètres d'elle, immobilisé par le flot des passagers, essayant tel un nageur à contre-courant de la rejoindre. Elle ne pouvait l'entendre, mais elle voyait qu'il criait son nom.

Elle voulut se dégager pour se rapprocher de lui, mais le bras d'Éric la retint fermement contre son pardessus de cachemire noir. De l'autre bras, il maintenait sa mère.

— Écoutez bien, toutes les deux, expliqua-t-il. Le commandant a dit qu'il pouvait nous marier. Il peut antidater les papiers...

— Oui ! Déjà, Catherine agitait la tête de haut en bas. « Oui ! Oui ! » Triomphante, elle tourna son visage vers Anne. Le commandant et le baron allaient les aider. Folle d'espoir, elle scrutait le visage de sa fille, mais Anne ne réagissait pas.

Anne fixa d'abord Éric, puis sa mère. Les yeux gris du baron rencontrèrent les siens. D'un léger mouvement de tête, il lui indiqua que c'était la seule façon de les sauver.

— Ne perdons pas de temps.

Catherine, haletante, le visage empreint de soulagement, s'agrippait à leur sauveur, prête à suivre n'importe quelle instruction. Anne se refusait à bouger. Malgré leur insistance à tous deux, elle résistait, se contorsionnant pour examiner la foule et ne pas perdre de vue Richard.

La voix d'Éric se fit plus sèche.

— Dépêchons-nous.

Anne s'arracha à son étreinte, et maintenant c'était sa mère qui se cramponnait à elle pour l'entraîner avec eux.

— Tu ne comprends pas ? Tu vas être suédoise. Nous sommes sauvées !

Anne se dressa sur la pointe des pieds, dans une tentative désespérée pour émerger de la foule et guider Richard jusqu'à elle.

— Pour votre mère, nous nous arrangerons, ajouta Éric.

Anne n'avait qu'une idée en tête : ne pas perdre de vue Richard, qui essayait de la rejoindre. Elle sentit qu'une main gantée l'empoignait au visage : c'était sa mère qui l'obligeait à se retourner vers Éric.

— Il est notre seule chance ! Catherine luttait, avec autant de détermination que sa fille.

Anne était en larmes. Et bien que son visage ruisselant fût maintenu par la main de sa mère, elle secouait la tête, pour se libérer.

— Fais-le pour moi ! lança Catherine.

— Baron !

C'était la voix du commandant. Elle les fit sursauter. Le commandant, après s'être précipité vers son bureau, les attendait avec deux officiers. Rouge d'impatience, il cria un ordre à l'adresse d'Anne.

— Venez ! Il n'y a plus une minute à perdre !

Anne, s'arrachant à sa mère et à Éric, tourna le dos au commandant et aux officiers avec l'intention de se précipiter vers Richard. Catherine l'empoigna et la maintint sur place. Sur son visage menaçant, on pouvait lire qu'elle voulait être la première à affronter Richard. Ce qu'elle fit. Avec une telle expression de rage que le jeune homme se sentit défié : s'il voulait rejoindre Anne, il ne lui restait qu'à renverser d'un coup de poing la femme furieuse qui, luttant pour sa vie, lui barrait le passage. Mais Richard avait les yeux rivés sur Anne. Tirant derrière lui le Japonais dans son costume gris, il cria :

— Annie ! Voici mon ami, Kenji Tachikawa ! Il peut nous sortir de ce bateau !

Son regard allait d'Anne à Kenji, unissant son ami et celle qu'il aimait. Il se retourna vers Kenji pour que celui-ci confirme la bonne nouvelle, mais Kenji se contenta d'une semi-courbette. Son visage de Japonais était impénétrable, son maintien solennel. Richard ne le vit ni battre des paupières ni déglutir. Son ami japonais n'avait aucunement promis d'aider cette femme. Alors que Richard, dans l'urgence de la situation, et à cause de la passion qu'il éprouvait, avait misé sans limite sur leur amitié. Richard tendit sa main à Anne.

— Venez ! Dépêchez-vous !

Avant qu'Anne ait eu le temps de faire un geste, sa mère se jeta en avant de toutes ses forces pour les séparer. Lorsque la jeune fille renonça à se battre pour passer, lorsqu'elle ne répondit plus à Richard, Kenji put voir la haine que les autres éprouvaient à l'égard de l'Américain. Quant à lui, on l'ignorait totalement. En tant que Japonais, il n'existait pas pour ces Occidentaux pleins d'hostilité. Catherine entraînait Anne, tout en menaçant Richard de sa main osseuse.

— Allez-vous-en ! Elle épouse le baron !

Richard, enfin, se rendit compte de ce qui se passait. La colère et l'envie de se battre s'emparèrent de lui. D'un brusque mouvement, il signifia à la mère de lui laisser le passage. Elle pouvait aller au diable. Si elle l'empêchait de rejoindre celle qu'il aimait, il était prêt, s'il le fallait, à l'étendre d'un coup de poing. Les autres sentirent sa bouillante détermination, et Éric rapidement se substitua à Catherine. Richard, ignorant le baron, avait toujours son regard fixé sur Anne. Des yeux, il la suppliait de se libérer et de le suivre. Sur-le-champ. Il regardait Anne avec amour, mais se sentait dévoré de rage à l'égard des autres : si cet arrogant fils de garce, dans son manteau de cachemire noir, s'avisait de l'empêcher de rejoindre Anne, il était prêt à le balancer hors de son chemin.

Kenji eut une grimace. Maintenant, son ami la suppliait, disant *Anne et Richard.* Anne et Richard, voilà tout ce qui comptait. Au diable ce satané baron, cette mère hystérique, ce gros commandant et ces officiers suédois ! *Anne et Richard.* C'était là tout ce qui importait. De tout son être il se battait pour elle, criant assez fort pour que tous l'entendent :

— Anne ! Je t'aime !

N'importe qui, excepté la mère d'Anne et les Suédois rangés à ses côtés contre le jeune homme, eût compris qu'il avait le cœur brisé, alors que, débordant d'amour, il tentait désespérément d'emmener cette femme avec lui. Ce furent eux qui l'entraînèrent, sans réaction, trouvant à peine la force de murmurer son prénom, « Richard », d'une voix brisée que nul n'entendit.

Kenji, toujours ignoré par les Européens, vit plus clairement que son ami ce qui se passait. En effet, comme Richard l'avait dit, cette jeune femme blonde en robe de soie blanche, chapeau blanc et chaussures blanches était belle à couper le souffle. Belle et amoureuse. Un regard suffisait à comprendre qu'elle aimait Richard tout autant qu'il l'aimait. Une évidence à laquelle il était impossible de ne pas être sensible. Elle montrait également la plus belle peur que Kenji eût jamais vue chez une femme.

Le commandant, aboyant des ordres, se remit en mouvement

avec ses officiers. La mère d'Anne lui saisit un bras, l'aristocrate en pardessus de cachemire noir s'empara de l'autre.

— Annie !

Durant une seconde, Richard demeura paralysé, se refusant à croire qu'elle se laissait emmener. Lorsqu'il voulut se précipiter vers elle, la foule les avait séparés. Il se retourna et posa sur Kenji un regard douloureux. Son visage d'Américain démuni reflétait une souffrance bouleversante. Ses yeux emplis de chagrin questionnaient son ami : Anne, mon Annie, où est-elle ?

7

Anne sentit qu'on la conduisait, telle une somnambule, dans un bureau de cauchemar où les officiers du bateau entraient et sortaient en hurlant des ordres. Une radio crépitait. La porte s'ouvrit brutalement, et un petit Japonais robuste, l'air méchant dans son uniforme noir, lança des ordres aux Suédois d'une voix sifflante et sans s'embarrasser ni des courbettes ni de la politesse traditionnelles de son pays.

Ils passèrent dans la pièce voisine. Un officier du bord referma la porte d'acajou, et aussitôt, tout redevint silencieux. Anne réalisa où elle se trouvait : dans les appartements privés du commandant. L'officier, blond et jeune, étala des documents sur un bureau. Éric, stylo à la main, prit connaissance de l'un d'entre eux.

Anne jeta un coup d'œil en direction de sa mère, dont les lèvres marmonnaient une silencieuse prière.

Éric tendit à Anne une feuille dactylographiée, rédigée, elle s'en rendit compte, en suédois. L'en-tête du document portait en effet la couronne de Suède. Éric n'eut pas à donner d'explication : une fois signé, ce document fournirait aux Japonais la preuve qu'Anne Lynch-Willis et le baron Éric Paulson avaient été mariés par le commandant. Celui-ci, de son bras tendu par-dessus le bureau, leur montra l'endroit où il avait antidaté la cérémonie. Sur le papier, Anne Lynch-Willis, Américaine célibataire devenue l'épouse légitime d'un loyal sujet de Sa Majesté suédoise, était maintenant, le surlendemain de leur appareillage de Hong Kong, ressortissante suédoise.

Le commandant observa Éric pendant qu'il signait, penché sur le bureau. Puis Éric prit la main d'Anne, l'attira vers lui et lui tendit le stylo. À la surprise générale, Anne eut un mouvement de recul. Catherine poussa un gémissement. Un tremblement secoua ses maigres épaules, puis elle s'abîma dans ses prières.

La main d'Éric tenait toujours celle d'Anne, et tous deux faisaient face au commandant.

— Je vous aime, Anne.

La voix d'Éric était chaude, pleine d'affection. Visiblement, il parlait du fond du cœur.

— Ceci est ce que je désire.

Elle se rendit compte que tous attendaient sa réponse. Tous attendaient qu'elle affirme que c'était là ce qu'elle souhaitait, elle aussi. Sa gorge était nouée. Elle se sentait incapable de parler, incapable de faire un geste aussi insignifiant que celui de prendre la plume. Elle ferma les yeux, maîtrisant sa respiration. Il était là. C'était Richard qui retenait sa main. Richard... Les larmes emplirent ses yeux. Serait-il toujours là ? Sa mère, à son côté, refoula un sanglot, tremblante, souffrant le martyre. Son silence était d'autant plus éloquent que, dans sa dignité, elle se refusait à évoquer les années de sacrifice ou les horreurs de Shanghai.

Le commandant émit un grommellement d'impatience.

— Mademoiselle Lynch-Willis, je me vois dans l'obligation de vous le demander : désirez-vous ce mariage ?

Anne ne répondit pas. Elle se tourna pour regarder Éric qui tenait toujours le stylo. Des larmes brouillaient ses traits. Elle dut cligner des yeux pour que son image cesse d'être floue. Éric ne souriait plus, mais ses grands yeux gris montraient toujours la même bienveillance.

La porte d'acajou s'ouvrit avec violence, et un officier suédois, brun, impatient, fit signe au commandant. Celui-ci referma sèchement le tiroir de son bureau, signifiant qu'il en avait terminé avec cette extravagante jeune femme.

— Si vous n'épousez pas le baron, mademoiselle Lynch-Willis, vous serez en tant que citoyenne américaine prisonnière des Japonais. Ainsi que votre mère !

Anne prit le stylo de la main d'Éric et signa.

8

Les passagers désemparés, agglutinés à la rambarde, regardaient les soldats en armes investir les échelles de coupée. À l'une d'elles, un policier japonais arrêta Richard et Kenji, leur faisant signe qu'il ne pouvait les autoriser à passer. Kenji jeta à l'homme un regard courroucé, puis Richard vit son ami déplier froidement un document qui provoqua un haut-le-corps et un salut de la part du policier ganté de blanc. Pendant que Richard se tenait là, inutile, comprenant que Kenji se livrait à une entorse au règlement, les deux hommes entonnèrent une discussion en japonais que, naturellement, il se trouva incapable de comprendre. Son vieil ami montrait une facette de lui-même qu'il n'avait jamais vue, celle d'un aristocrate à la froideur de glace mettant avec sécheresse un inférieur au pas. Le policier, brusquement, salua et se cassa en deux dans une courbette. D'un regard, Kenji signifia à Richard de se dépêcher, et ce fut à une allure proche du pas de course que, l'un à la suite de l'autre, ils franchirent l'échelle de coupée.

Au-delà des quais, Kenji montra à Richard une longue file de voitures et de chauffeurs en attente. En tête, une Packard noire, modèle 1937, luisante sous la pluie. Un chauffeur de petite taille, en uniforme noir et gants blancs, salua vivement en portant la main à sa casquette, dont la visière rigide descendait sur ses yeux. Il se pencha, avec la raideur d'un jouet mécanique, pour prendre le sac et la raquette de tennis de Richard. Avec une courte révérence, il ouvrit la porte côté passager. Richard, au lieu de monter dans l'auto, se retourna vers le bateau.

Plusieurs familles, surchargées d'enfants et suivies de domestiques qui se battaient avec les bagages, descendaient l'échelle de coupée des premières classes en direction du quai. Il n'y eut pas beaucoup d'autres passagers à quitter le bord, et lorsqu'ils le firent, domestiques et chauffeurs se précipitèrent en ouvrant des parapluies. Des policiers en uniforme les escortèrent jusqu'aux voitures.

— De grosses légumes, remarqua Richard. Sans doute des diplomates.

Les haut-parleurs alternaient les communiqués emphatiques en japonais et la musique militaire. Sur le quai, la foule qui attendait sous la pluie se pressait contre une palissade de bois blanc, essayant de distinguer les visages apeurés de ceux qui se trouvaient au bastingage.

« *Banzaï !* » Le cri provenait d'une rue débouchant à l'extrémité du quai. Des soldats apparurent, marchant d'un pas exagérément martial, faisant refluer la foule.

Le regard de Richard ne quittait pas le bas de l'échelle de coupée des premières classes. Les passagers qu'il voyait courir sous la pluie pour rejoindre leurs voitures n'étaient ni américains ni canadiens. Sur le quai, il était le seul Américain à avoir franchi les mailles de la police grâce au pouvoir d'intimidation et à l'autorité sans faille d'un Japonais de haut rang. À défaut de pouvoir exhiber le passeport d'un pays non belligérant, ceux qui s'entassaient là-haut, contre la rambarde, étaient faits prisonniers.

Richard, Kenji le savait, espérait retrouver la trace du baron suédois. Derrière eux, dans la file de voitures, les portes des coffres claquaient sur les bagages, et les portières des passagers se fermaient. Les phares s'allumaient, et les voitures quittaient le port. Le chauffeur de Kenji attendait, raide comme un piquet. Kenji ne dit rien. Une minute encore, il laissa son ami américain contempler le paquebot, et constater par lui-même qu'il n'y avait aucun moyen de revenir en arrière ni de rejoindre Anne et sa mère. Il offrit à Richard une cigarette, et fit jaillir la flamme d'un briquet en or. Ils se mirent à fumer, debout l'un à côté de l'autre sous la pluie.

— Je suis tout à fait sûr, honorable Richard, que ton amie et sa mère ne connaîtront pas de difficulté pour débarquer.

Le regard de Richard se perdait sous la pluie. Kenji expliqua :

— Le baron est suédois. J'ai entendu quelqu'un à bord parler d'acier. D'acier et de bateaux. Ta mademoiselle Lynch-Willis a de la chance d'avoir un ami aussi puissant. Étant donné que la Suède est neutre, dans cette guerre, le baron est libre d'aller et venir. Ton amie et sa mère ne pouvaient être mieux protégées.

Richard écoutait, mais il ne parvenait pas à détacher son

regard du bateau. Kenji espérait que son ami l'avait compris : la femme dont il était amoureux, obligée de choisir, n'avait pas comme lui agi de son plein gré.

— Si tu reviens en arrière, honorable Richard, tu quitteras le bateau en état d'arrestation, comme les autres. Il deviendrait alors très difficile pour moi de te venir en aide.

9

L'entourage du baron avait prévu deux Cadillac pour venir le chercher à quai. L'une d'elles était réservée aux bagages. Éric ordonna au chauffeur suédois d'emmener directement chez lui la mère de son épouse, et de revenir chercher les bagages.

Catherine s'efforçait de se montrer courageuse. Obéissant à Éric, elle s'installa seule sur le siège arrière de la voiture pendant que le chauffeur plaçait sa valise, ainsi que celle d'Anne, dans le coffre. Elle se trouvait au Japon, et le Japon était en guerre avec les États-Unis. Elle mordillait sa lèvre inférieure, ne quittant pas de ses yeux effrayés, brillants de larmes, son gendre de fraîche date. Sa vie, disaient ces yeux terrifiés, se trouvait entre ses mains.

Tout en lui expliquant que plusieurs rendez-vous importants l'attendaient pour ses affaires, dès le matin de son arrivée, Éric l'enveloppa d'une couverture de voyage. Il désirait emmener Anne avec lui. Ce serait l'occasion idéale de la présenter à des gens importants qui devraient, c'est ce qu'il souhaitait, l'adopter comme suédoise dès le moment où elle aurait mis le pied au Japon. Il resserra la couverture autour de Catherine et l'assura qu'après avoir franchi les grilles du port, il n'y aurait que peu de chemin à faire pour atteindre son domicile, sur la colline.

— Soyez tranquille. La police, ici, à Yokohama, connaît Lars, qui va vous conduire, et on ne peut pas trouver plus suédois que Lars. Allons, un sourire !

Anne embrassa sa mère qui, toujours tremblante, l'étreignit désespérément. Éric déposa un baiser sur sa joue poudrée, et referma la portière. Derrière la vitre ruisselante, les yeux terrifiés de Catherine s'efforcèrent longtemps de ne pas les perdre de vue, Anne et lui.

Éric conduisit sa nouvelle épouse à la seconde Cadillac, luisante sous la pluie. Il la présenta à son chauffeur, Lars, un grand type, blanc comme une endive. En apprenant le mariage du baron, le visage de garçon de ferme de ce robuste Suédois s'éclaira d'un large sourire, découvrant de fortes dents écartées.

Des chiens aboyèrent. Deux dalmatiens noir et blanc, au poil superbe, s'élancèrent contre les vitres de derrière. Lars ouvrit la portière et, sur un ordre bref d'Éric, les chiens se couchèrent en gémissant et en remuant la queue. À la vue de leur maître, qui les présenta à Anne sous le nom de Siegmund et Sieglinde, ils poussaient d'irrépressibles glapissements de joie.

Anne se glissa entre eux pour s'installer sur le cuir épais de la banquette arrière. Éric serrait contre lui les deux chiens excités sans se soucier de leurs coups de langue humides ni des poils blancs dont ils couvraient son pardessus de cachemire noir.

De la main, Anne effaça la buée de sa vitre. Tout en feignant de jeter un dernier regard à la voiture de sa mère, c'était Richard qu'elle espérait apercevoir, mais, sous la pluie, elle ne vit personne. Elle sentit une tête blanche et noire se poser sur ses genoux.

— Siegmund, dit Éric en grattant le chien derrière l'oreille.

D'immenses yeux noirs contemplaient avec adoration leur nouvelle maîtresse, et Anne, pour faire naître un peu de chaleur au sein de la terreur qui l'étreignait encore, pressa son museau contre son visage. Elle serra le chien contre elle.

L'automobile ralentit et s'arrêta. Les essuie-glaces faisaient gicler la pluie. Celle-ci pénétra dans la voiture quand le chauffeur, Lars, baissa la vitre pour montrer ses papiers au factionnaire de l'entrée. Des gants blancs s'emparèrent des documents. Anne vit le gardien les porter à un autre policier, à l'intérieur d'un abri caché. *Kimigayo,* l'hymne national, se faisait entendre dans un haut-parleur. À cette musique stridente, les chiens se mirent à hurler. Éric prit la main d'Anne et l'enfouit avec la sienne dans la poche de son pardessus de cachemire. De l'autre, il remonta la couverture de voyage sur ses épaules.

Anne était encore toute tremblante. Il l'embrassa légèrement.

À l'intérieur de l'abri, la musique s'interrompit, et une voix de speaker égrena un communiqué dans le matin glacé. Le factionnaire, souriant, rendit les papiers à Lars en lui adressant quelques mots. Tous deux se mirent à rire. Le factionnaire se mit au garde-à-vous, salua la première des deux Cadillac puis, se retournant, il salua également la seconde. Les deux automobiles franchirent les grilles.

Éric s'adressa en anglais au chauffeur :

— Que vous a dit le garde de si drôle ?

Lars eut un nouveau rire, et répondit, également en anglais :

— Il a dit que nous avions de la chance d'être suédois et de ne pas nous trouver du côté des Américains dans cette guerre. L'Amérique va la perdre.

La guerre. Anne essaya de se pénétrer de ce mot, mais il lui faisait bien trop peur. Elle attira un des chiens à elle. Ce que sa mère et elle redoutaient, ainsi que beaucoup d'autres, venait de se produire. Elle ne pouvait se résoudre à demander à Éric ce qu'il allait advenir des passagers restés à bord. Si elle le lui demandait, son nouvel époux comprendrait qu'elle songeait à Richard.

La guerre. Le mot planait au-dessus d'elle. En existait-il un autre, ayant le même sens, dans n'importe quelle langue, qui inspirât une telle terreur, un mot capable de changer la vie aussi sûrement que ces deux syllabes : *la guerre.* À ce seul mot son cœur se glaçait.

La guerre.

Pourtant, les travailleurs japonais fourmillant sur l'échelle de coupée l'avaient crié avec une excitation sauvage. Les débardeurs avaient hurlé leur joie. Tout à l'heure, à la grille, le factionnaire avait souri en le prononçant. Elle se força à le prononcer à son tour, à haute voix. *La guerre.*

— Elle est là, dit Éric sur un ton de constatation qui ne laissait en rien préjuger de ce qu'il éprouvait.

— Ces Japonais à bord du bateau, et ce garde, tout à l'heure à la grille, semblaient se réjouir. Ils croient sans doute en la victoire du Japon.

Éric pressa la main d'Anne, dans sa poche.

— Vous êtes suédoise, maintenant.

— Vous pensez que les Japonais sont capables de... (Elle

ravala la terreur glacée qui lui étreignait la gorge.)... de gagner ?

Éric caressa la tête de Siegmund, qui fit entendre un gémissement de satisfaction.

— Cela fait des années que le Japon est victorieux en Chine. Son attaque surprise contre Pearl Harbor et les Philippines a pris les États-Unis complètement au dépourvu.

— Comment cela a-t-il pu se produire ? Washington n'était pas au courant ?

Éric sourit avec amertume.

— Disons que vous étiez au courant parce que vous vous trouviez à Shanghai et que vous habitiez le coin. Les États-Unis et très certainement Washington regardaient ailleurs, du côté de l'Europe et de Hitler. Ils ne sont prêts pour aucune guerre, quelle qu'elle soit, et maintenant, à cause de l'alliance de l'Allemagne et du Japon, ils vont devoir se battre là-bas contre Hitler et ici, dans le Pacifique, contre Hirohito.

Il jeta un coup d'œil à travers la vitre. La voiture longeait les docks, et les haut-parleurs braillaient à chaque coin de rue. Il montra de la tête les travailleurs qui écoutaient les communiqués, debout sous la pluie. Anne suivit son regard. Certains s'abritaient sous de grands parapluies de papier. *La guerre.* Que pensaient-ils d'elle, ces gens, là dehors ?

— Vous connaissez les Japonais, Éric. Que pensent-ils ?

— Je doute qu'aucun Occidental connaisse suffisamment les Japonais pour savoir exactement ce qu'ils pensent Que savent-ils eux-mêmes, à part ce que leurs dirigeants leur disent ?

Les informations égrenées par le haut-parleur devaient être à l'avantage du Japon. Une clameur s'éleva et les parapluies s'agitèrent de haut en bas en signe de triomphe. Éric essuya le givre de sa vitre.

— J'ai vu la même chose quand cela a commencé en Europe. Peu importe le pays. Au début tout n'est que musique militaire et réjouissances. Mais cela ne dure pas.

Anne serra plus étroitement Sieglinde. Posant son menton sur son crâne, elle regarda au-delà d'Éric, à travers la fenêtre. Cela ne l'étonnait nullement de ne voir aucun visage d'Occidental. Surtout dans le secteur portuaire. Elle avait vécu assez longtemps en Orient pour savoir combien les Occidentaux y étaient peu nombreux. À l'exception d'Éric, sa mère et elle ne connaissaient personne au Japon. La voiture ralentit à un angle de rue où des hommes brandissaient des banderoles portant le soleil levant couleur rouge sang. Dehors, à quelques pas d'eux, ces hommes se réjouissaient bruyamment.

— On dirait qu'ils ne doutent pas de leur victoire, dit Éric en se détournant de la fenêtre.

Il en avait assez vu. Maintenant il voulait faire part à Anne de ses projets d'avenir.

— J'ai dit à votre mère qu'avant de la rejoindre à la maison, nous allions faire quelques visites. Avant même de nous rendre à l'ambassade de Suède, je veux vous présenter à des Japonais avec lesquels je travaille : ainsi, ils commenceront d'ores et déjà à vous considérer comme mon épouse. Je ne veux pas qu'ils vous considèrent comme une Américaine. Désormais, vous êtes une Suédoise, et non leur ennemie.

Il prit sa main, posée sur Sieglinde, et baisa ses doigts gantés.

— Jusqu'à ce que je vous aie offert une alliance, gardez vos gants.

— OK ! faillit-elle répondre. Sa mère la corrigeait quand elle utilisait cet américanisme. Si elle devenait l'épouse d'Éric. Elle se rappela qu'il n'était plus question de « si ». Elle *était* l'épouse d'Éric. Le commandant avait veillé à cela. Elle était l'épouse d'Éric et baronne. Ni l'un ni l'autre ne paraissaient vraisemblables. Imaginez : une baronne suédoise qui ne connaissait pas un mot de suédois. Elle se promit, lorsqu'elle parlerait anglais, de le faire comme une baronne.

Éric, qui examinait sa main gantée, eut l'air de lire dans ses pensées.

— Cela ne vous paraît pas étrange, de vous retrouver soudain suédoise ?

— Je ne manquerai pas aux Américains.

Elle se tut, et naturellement, elle n'eut pas besoin de dire à Éric qu'elle songeait à ceux qui étaient restés sur le bateau.

— Que va-t-il leur arriver ?

— Vous parlez de Reese ?

— Je parle d'eux tous.

— En ce qui concerne Reese, son ami japonais pourra peut-être lui venir en aide. Ce jeune homme a l'air de quelqu'un qui a son chemin tout tracé dans l'empire. Quant aux autres Américains, rentreront-ils jamais chez eux ? Dieu seul le sait.

Les chiens furent les premiers à flairer le danger. Ils se ruèrent contre les vitres en aboyant. Anne sentit un choc sourd, et au même instant ils réalisèrent que quelqu'un ou quelque chose était en train de cogner dans la voiture. Des silhouettes floues se pressaient contre les vitres embuées.

Éric s'adressa à Lars, d'une voix si calme qu'on eût dit une conversation ordinaire :

— Continuez à rouler, Lars. Ne ralentissez pas.

En dépit de cet ordre, la voiture perdait peu à peu de la vitesse. Glacée, Anne ressentit des picotements de frayeur à son cuir chevelu. Maintenant, ils n'avançaient plus qu'au pas, tandis que les chiens grondaient et se jetaient contre la vitre en aboyant furieusement. Soudain, des visages se collèrent aux fenêtres. Ils se trouvaient encerclés par la foule. Lars tira sur le frein, la voiture s'immobilisa. La foule poussa un rugissement. Lars jeta un coup d'œil à Éric, derrière lui, mais le baron demeura impassible.

Anne, essayant de surmonter sa panique, s'enfonça dans le siège au cuir épais. Elle était comme hébétée devant la férocité des agresseurs. Ceux-ci interceptaient la lumière, et les occupants de la voiture avaient l'impression d'être engloutis par la mer, alors qu'ils se balançaient en cadence au rythme des cris et des hurlements de colère. Anne s'efforça de regarder droit devant elle, mais cela ne l'empêcha pas de voir, du coin de l'œil, des visages congestionnés aux bouches grandes ouvertes sur de véritables crocs, des visages que seule séparait d'elle l'épaisseur de la vitre. Les chiens, dressés contre celle-ci, devenaient enragés. Maintenant, Anne le sentait, la voiture tanguait dangereusement au rythme d'un seul mot : *« Americanjin ! Americanjin ! »*

Elle aurait voulu garder les yeux fermés. En vain. Elle vit Éric se pencher vers Lars. L'homme assis à côté d'elle n'avait pas perdu son sourire. Il continuait à lui caresser la main, et dit, en se tournant vers elle :

— C'est à cause de la Cadillac. Ils croient que nous sommes américains.

La voiture s'inclina sur le côté, les faisant glisser tous deux à l'extrémité du siège. Le balancement s'amplifiait. Les chiens hurlèrent. Éric saisit le dossier du siège avant et, d'une traction, se rapprocha de Lars auquel il s'adressa calmement, cette fois en suédois. Lars s'exécuta aussitôt : il ouvrit la boîte à gants et en sortit un fanion bleu marqué d'une croix jaune. Baissant la vitre, il le brandit à l'extérieur et se mit à l'agiter sous la pluie.

La voiture retomba avec un bruit sourd.

Dehors, sous la pluie, l'incantation cessa. Entre deux aboiements des chiens, il se fit soudain assez de silence pour qu'on entende la pluie tambouriner sur le toit. Un murmure courut parmi la foule. Lars se retourna dans un large sourire qui montrait ses dents espacées.

— Bien joué, Lars. (Éric, toujours souriant, tapota la main d'Anne.) Après l'exhibition de ce fanion, il me semble qu'une apparition en public s'impose. (Il prit derrière son siège un feutre noir dont il se coiffa avec soin.) Ce ne sera pas long. Tenez les chiens.

Lars ouvrit la portière arrière, et Éric descendit, grand, impressionnant dans son cachemire noir : il se tint debout sous la pluie, le fanion à la main.

« Swedugo », chuchotèrent les Japonais.

L'un d'eux, d'une voix rauque, lança un mot qu'un autre répéta en anglais :

— Neutres.

Éric acquiesça poliment, esquissant une courbette. Oui, la Suède était neutre.

— *Ohayo gozaiimashite. Hai, Swedugo.*

Anne retenait les chiens excités. Les rudes travailleurs qui un moment auparavant criaient leur haine, demeuraient maintenant silencieux et reculaient, aussi tranquilles que des enfants bien élevés. Beaucoup d'entre eux s'inclinèrent. Tous montraient par leur déférence que la Cadillac était libre de passer. Éric, grand et solennel avec son pardessus, son chapeau et son fanion, promena son regard, en prenant tout son temps, sur la foule qui d'un seul mouvement recula d'un nouveau pas. Après une inclinaison de tête, il retourna aux côtés d'Anne. Lars claqua la portière, reprit sa place derrière le volant, et l'automobile noire, luisante, démarra sous les acclamations des Japonais.

Éric lança le chapeau dans la lucarne, derrière le siège. Puis il passa le bras autour des épaules d'Anne.

— Je suis fier de vous, dit-il.

— Je n'ai fait que rester assise : j'étais trop terrifiée pour bouger. C'est vous qui êtes sorti et les avez affrontés. Comment avez-vous pu rester aussi calme ?

— Nous autres, Scandinaves du Grand Nord, n'avons pas le droit de montrer nos sentiments.

Il déposa un léger baiser sur sa joue.

Sieglinde gémit.

Quelques instants plus tard, la voiture s'arrêta de nouveau. Éric effaça la buée de sa vitre pour voir où ils se trouvaient.

— Notre première halte. Des armateurs japonais auxquels je tiens à vous présenter. (Il scruta, en souriant, l'adorable visage d'Anne.) Je crains, baronne, qu'à partir de maintenant vous ne soyez obligée de vous montrer charmante, ou tout au moins extrêmement polie, envers nos hôtes japonais et leurs alliés allemands, même si cela blesse votre sensibilité d'Américaine. (Son bras, passé autour des épaules d'Anne, l'attira plus près de lui.) Pensez-vous pouvoir y arriver ?

Elle acquiesça, sans le regarder. Déjà, elle montrait un comportement qu'elle n'eût jamais imaginé vingt-quatre heures auparavant.

Lars ouvrit un immense parapluie noir. Éric aida Anne à descendre, dans ses chaussures blanches, sous la pluie. Les chiens se mirent à pleurnicher. La pluie tambourinait.

La brume froide qui les enveloppait n'obscurcissait en rien les docks gris de Yokohama. Ici et là de vives lumières jaunes brillaient à la fenêtre des bureaux. Des silhouettes recroquevillées sous leur parapluie les croisèrent sans un regard. Éric conduisit Anne sous l'auvent d'une porte, où Lars les laissa pour revenir en courant avec son parapluie à la voiture et fixer à l'enjoliveur de la Cadillac le fanion suédois jaune et bleu.

Éric et Anne gravirent un étroit escalier, et ouvrirent une porte vitrée donnant sur un bureau empli de la fumée des cigarettes, un bureau qui faisait toute la longueur du quai. Pour la première fois, ce fut Anne qui se rapprocha de son nouvel époux. Elle chercha son bras. À l'extrémité de la longue pièce, une bonne centaine d'hommes en chemise blanche et cravate s'agglutinaient autour d'un poste de radio. Ils écoutaient avidement. Le crachotement ininterrompu du poste, en japonais, provoquait par intermittence des cris d'excitation et des coups de sifflet.

« Banzaï ! »

Nul ne remarqua les deux Occidentaux.

— *Honorable baron.*

Un petit homme mielleux, vêtu d'un costume noir, d'une cravate grise, et doté d'une moustache à la Hitler aussi noire que ses cheveux étaient gominés, venait d'apparaître sans bruit, comme par enchantement, à leur côté. Il s'inclina. Ses lunettes rondes, cerclées de métal, brillaient. Éric répliqua à la courbette du Japonais par un signe de tête.

— Bienvenue au Japon, *honorable baron.*

Éric souriait.

— Merci, honorable Kimura. (Éric serra Anne contre lui.) Honorable Kimura, j'aimerais vous présenter ma femme, la baronne Paulson.

Kimura avala sa salive, et hocha sa tête huileuse sans un regard pour Anne.

— Baronne.

C'était un long chuintement, qui voulait sans aucun doute faire preuve de respect et dépasser l'habituelle politesse. Il tendit une main aussi petite et distinguée que celle d'une femme, mais Éric empêcha Anne de lui tendre la sienne. Le Japonais ne se proposait pas de lui serrer la main, mais indiquait à ses visiteurs la direction de son bureau vitré. Se redressant de toute sa taille, il traversa le bureau pour se planter devant une carte murale bleu et jaune de l'océan Pacifique, où s'entrecroisaient des itinéraires de bateaux. Un tableau de même dimension dressait la liste des arrivées et des départs. Il était en anglais.

Brusquement, la porte du bureau s'ouvrit, et la première femme qu'Anne eût rencontrée depuis qu'Éric et elle avaient quitté sa mère, pénétra dans la pièce, veillant soigneusement à demeurer tout à la fois invisible et silencieuse. Avec toute une série de courbettes, elle plaça un plateau portant trois minuscules tasses et une théière fumante sur le bureau, puis elle disparut à reculons. Kimura, le geste lent, procéda à la distribution rituelle des tasses sans anse. La première échut au baron.

Anne réchauffa ses mains à la chaleur de sa tasse, et se trouva en train de participer au rituel du thé en même temps que ses compagnons. Kimura dressait la tête pour ne rien perdre des commentaires de la radio, à proximité de son bureau. Après un hochement de tête approbateur, il déposa sa tasse sur le bureau, avec précaution, puis ouvrant un étui il offrit à Éric une cigarette que son invité refusa. Sans avoir tendu l'étui à Anne, il le referma d'un coup sec.

Éric posa sa tasse et prit la parole en anglais.

— Je conviens qu'il est très impoli de boire trop hâtivement le thé, honorable Kimura, mais nous sommes d'assez vieux amis pour aller directement au fait. Où en sont les trois bateaux qui m'appartiennent ?

Kimura hocha sa tête huileuse. La cérémonie du thé était terminée. Sa petite main efféminée montra à son hôte occidental la carte du Pacifique où des modèles réduits de navires étaient fichés sur le bleu de l'océan entourant le Japon.

— Vos bateaux et les nôtres, baron, transportent votre splendide acier suédois selon l'itinéraire fixé... ici, ici et ici...

Il décrocha un des bateaux et lui fit suivre une navigation qui le rapprochait de l'archipel du Japon.

Éric étudia la carte.

— Cet acier est aussi important pour le Japon que pour moi. Qu'est-ce qui va empêcher la flotte américaine de couler ma cargaison ?

La petite main de Kimura éleva la cigarette vers sa moustache à la Hitler. Avec un sourire, il conduisit le couple jusqu'à la porte et montra ses employés agglutinés autour de la radio.

— Il n'y a plus de flotte américaine, baron. Pas dans le Pacifique.

Les employés, apercevant leur patron, s'inclinèrent. Il s'inclina à son tour, souriant. Le sourire des employés s'élargit. Kimura tremblait d'excitation.

— Les forces impériales japonaises ont détruit la flotte américaine à Pearl Harbor.

En japonais, il informa ses employés qu'il avait communiqué la nouvelle à ses hôtes. Ils lui répondirent par des manifestations d'enthousiasme, des courbettes, et un seul cri : *« Banzaï ! »*

Toujours tremblant d'une joie qu'il ne pouvait contenir, Kimura tirait sur sa cigarette.

— Les forces impériales ont détruit les bases aériennes américaines aux îles Philippines.

Un concert d'acclamations plus bruyant encore éclata parmi les employés du bureau, qui abandonnèrent la radio pour se précipiter à une baie vitrée donnant sur les docks brumeux. En dépit de son excitation, Kimura demeura avec ses hôtes, mais, faisant preuve d'une politesse sans défaut, de sa petite main distinguée, il engagea les deux ressortissants suédois à s'approcher de la baie vitrée et à se rendre compte par eux-mêmes de ce qui réjouissait à ce point les Japonais.

Anne, du regard, chercha à percer les rafales de pluie. De la brume matinale, elle vit émerger un cargo où des soldats japonais maintenaient l'équipage étranger, composé d'Occidentaux, sous la menace de leurs armes. Elle vit également le bleu-blanc-rouge d'un drapeau américain juste avant qu'il soit amené. Les employés se déchaînèrent. Pressés contre la vitre, ils explosèrent en un formidable cri de victoire.

« *Banzaï !* »

Kimura réprima un sourire, puis, toujours avec la même politesse excessive, invita ses hôtes à réintégrer le bureau. Éric prit le bras d'Anne, mais la jeune femme ne se tourna pas vers lui. Elle se sentait incapable d'affronter son regard.

10

Richard effaça la buée de sa vitre, mais ne distingua que très vaguement la ruelle bordée de bâtisses de bois gris et de toits de tuiles luisantes sous la pluie. Un pousse-pousse les croisa.

— Ils se font de plus en plus rares, dit Kenji.

Le matin était si sombre que les boutiques se trouvaient éclairées, découpant les parapluies en ombres chinoises. La Packard fit halte à un carrefour où un policier, juché sur une borne, réglementait la circulation. Un groupe d'écoliers en uniforme noir et casquette passa devant la voiture et courut rejoindre un rassemblement de parapluies autour d'un poteau télégraphique supportant un haut-parleur.

Les informations.

Richard ne comprenait pas un mot, mais à la façon dont la foule se mit à hurler, il comprit que le Japon annonçait une nouvelle victoire. Le chauffeur ganté de blanc avait les yeux fixés droit devant lui, un sourire aux lèvres. Kenji et Richard évitèrent de se regarder.

La Packard s'engagea lentement dans une étroite allée bordée de bâtiments de bois encore plus modestes. Bien que les vitres de la voiture fussent hermétiquement closes, une désagréable odeur de chou pourri donna un haut-le-cœur à Richard. Ils stoppèrent le long du mur d'un jardin au-dessus duquel se balançaient des pins. Le bruit d'une charrette résonna sur les pavés. Le chauffeur sauta à terre et vint ouvrir la porte arrière. Au même instant, une vieille femme en kimono gris ouvrait le portail et déployait un immense parapluie. Derrière elle, à l'intérieur de la maison, une radio dispensait les mêmes informations et la même musique que les stridents haut-parleurs de la rue. Le chauffeur s'empara du sac et de la raquette de Richard. Kenji invita son ami à s'abriter sous le parapluie de la vieille femme. Marchant côte à côte sur l'*opus incertum* de l'allée, ils traversèrent un jardin couvert de mousse, au-dessous des pins tout brillants de pluie. Un homme trapu, les jambes nues et musclées sous sa tunique, surgit de dessous un porche. Après une rapide inclinaison de sa tête aux cheveux noirs et hérissés, il saisit le sac et s'engouffra à l'intérieur de la maison.

Alignés sous le porche se trouvaient trois femmes et un garçonnet de cinq ans, vivante réplique de Kenji, vêtu d'un kimono noir. À la vue de Richard émergeant du parapluie avec son hâle et ses vêtements de tennis, une des servantes, toute jeune, étouffa un cri de stupeur, puis, cachant son visage dans ses mains, elle courut se réfugier, aussi vite que le permettaient ses petits pas entravés, à l'intérieur de la maison. Kenji avala sa salive, mais on ne vit sur son visage aucune trace de la fureur qui raidissait son corps. D'un geste, il indiqua à son hôte que la vieille servante allait l'aider à retirer ses chaussures.

Richard, en chaussettes, attendait donc, sous le porche glacé, que Kenji le présente à la jeune femme vêtue de soie blanche dont il devinait qu'elle était l'épouse de son ami. Ce fut alors que le garçonnet se dirigea droit sur Richard, et qu'à la stupéfaction de tous, de ses yeux sombres, il se mit à fixer insolemment l'étranger. La haine éclatait sur son petit visage. Il lança à Richard des mots que celui-ci ne comprit pas mais dont le sens était assez clair. Cet Américain représentait l'ennemi, et il n'appartenait pas à la maisonnée. L'épouse de Kenji, prise de court, tira l'enfant en arrière pour le cacher dans ses longues manches de soie blanche. Elle émit un chuchotement à l'intention de Kenji, mais celui-ci la fit taire et elle baissa la tête.

— Parle anglais en présence de notre invité, ou tais-toi !

Richard n'avait jamais entendu Kenji s'exprimer avec une telle dureté.

La femme de Kenji, bouleversée, baissa les yeux, se confondant en courbettes.

— Ma femme, Miyoko, dit Kenji d'une voix grave, bouillante de fureur contenue.

Miyoko s'inclinait, son fils pressé contre elle, se confondant en excuses.

— Je suis désolée... Désolée... Désolée...

Le garçonnet s'était mis à pleurer, et elle le confia à la vieille servante sans cesser ses courbettes.

Kenji demeurait très raide, ses yeux fixés dans ceux de Richard. Après une brève inclinaison de tête, qui dépassait en formalisme tout ce que son ami américain connaissait de lui, il eut un petit geste de la main et, s'inclinant à nouveau, invita son hôte à pénétrer dans la maison.

Richard vit luire des corridors faiblement éclairés et des parquets cirés. On entendait une autre radio au fond de la maison. Kenji guida Richard le long d'un obscur couloir flanqué de murs de papier coulissants.

— Prends garde à ta tête, honorable Richard.

Richard se baissa pour passer sous une poutre basse. Il avait l'impression d'être immense, disproportionné ; un géant se mouvant à l'intérieur de cette miniature de maison en papier et en bois. La radio glapissait. La pluie tambourinait sur le toit. Un domestique se précipita et, à genoux, fit glisser un panneau pour laisser le passage à son maître et à son invité. Le sol garni de tatamis, en paille de riz finement tressée, apporta un peu de chaleur aux pieds déchaussés de Richard.

Richard comprit qu'il se trouvait dans le cabinet de travail de Kenji. Son seul mobilier consistait en une large table portant une lampe et un téléphone. Une série d'épreuves était posée sur la table côte à côte avec des ouvrages de référence en anglais. Le *Webster's,* ce dictionnaire complet que l'on trouve dans toutes les bibliothèques familiales, rappela à Richard que Kenji était un éditeur spécialiste des traductions de l'anglais. On voyait en effet sur les nattes des cartons pleins de livres reliés flambant neufs.

Kenji alluma la lampe de bureau, mais ce fut insuffisant pour éclairer la pièce par un jour aussi sombre. Les deux hommes demeurèrent un instant face à face sans parler, écoutant la pluie et le son lointain de la radio. Kenji ne montrait rien de ce qu'il éprouvait, mais Richard connaissait suffisamment son ami pour deviner que le comportement de la servante sous le porche, puis celui de son fils, l'avait bouleversé plus qu'un Américain ne pouvait l'imaginer.

Kenji proposa une cigarette à Richard.

— Miyoko regrette la façon dont elle s'est conduite.

— Rassure-la : de mon point de vue, elle n'a rien fait de mal.

Kenji secoua violemment la tête.

— Le thé ! Où est le thé ? questionna-t-il entre ses dents.

Richard jeta un nouveau coup d'œil autour de lui, sur la pièce dépourvue de mobilier. Quelques coussins se trouvaient posés à même le sol. Les stores des fenêtres avaient été relevés, montrant le jardin d'un vert intense sous la pluie. Un oiseau noir vola d'un érable jusqu'à une lanterne de pierre.

Richard évitait de regarder Kenji. Il était plus que jamais convaincu que seul un autre Japonais eût été capable de mesurer l'embarras de son ami. En tant qu'Américain, il pouvait, lui, se risquer à dévoiler ses sentiments d'une manière qui n'était pas permise à Kenji.

— Kenji, nous ne savons ni l'un ni l'autre quelle conduite adopter. Mais ce n'est ni toi ni moi qui avons décidé cette guerre.

Les yeux sombres exprimèrent une lueur de gratitude. Renversant la tête en arrière, Kenji laissa échapper un de ces longs soupirs qui montrent à quel point un Japonais est troublé. Richard éprouva la tentation de lui prendre le bras, pour partager avec lui le trouble et la crainte que tous deux ressentaient. Il était sûr que Kenji réfrénait le même mouvement. Le silence, dans la pièce, devint impressionnant. La radio, obsédante, faisait toujours entendre de la musique militaire, guerrière, triomphante. Kenji se dirigea vers le panneau, le fit glisser de côté et lança un ordre dans le corridor.

Puis le silence retomba dans la pièce faiblement éclairée. Richard, que la guerre et la crainte de ce qu'elle allait provoquer avaient fait trembler, imaginait fort bien tous les problèmes qui assaillaient tout à coup son ami. Il prit le premier la parole, espérant de toutes ses forces que Kenji ne retiendrait pas sa proposition :

— Écoute. Si cela doit te faciliter les choses, je vais m'en aller...

— Non !

Chez Kenji, l'amertume avait à peine tempéré la colère. Richard savait que cette colère n'était pas dirigée contre lui, mais contre le monde en folie auquel ils se trouvaient soudain confrontés tous deux, sans autre code de conduite que leur amitié. Kenji promena son regard dans la pièce, qu'il vit avec des yeux d'Occidental.

— Pas de chaise ! Quelle stupidité ! (Il s'approcha des coussins.) Je t'en prie, dit-il, attendant que son hôte prenne place.

Richard, en parfait athlète, n'eut aucun mal à s'accroupir. Il le fit avec une grâce surprenante. Kenji l'imita sans effort.

À la radio, le speaker se fit entendre de nouveau, d'une voix rapide et sifflante.

— Les informations.

Richard comprit que toute la maison se trouvait à l'écoute.

Les traits réguliers de Kenji se figèrent en un masque sans expression. Seul un muscle de sa mâchoire, en se contractant, laissait deviner l'émotion intense qu'il tentait de maîtriser. Richard, s'efforçant de garder son calme, risqua la question que son hôte japonais voulait éluder, il le savait.

— Va-t-on interner les étrangers ?

Kenji, le regard fuyant, gratta son crâne aux cheveux ras.

— Nul ne sait encore ce qui va se passer.

— Saloperie de guerre ! Ils vont me coffrer, Kenji.

— Je t'en prie. (Les doigts robustes de Kenji glissèrent plus bas, massant ses yeux.) Je ne sais rien. C'est pourquoi tu dois rester ici et ne pas quitter cette maison.

— Il faut que je retrouve Anne !

En se massant les yeux, Kenji évitait le regard de Richard.

— Tes bagages sont dans une pièce que nous avons préparée. Tu vas rester ici, Richard – tout en n'étant pas destinée à son ami, la rudesse, dans sa voix, était toujours présente –, tu ne dois pas partir.

Richard s'apprêtait à redire à Kenji qu'il n'était pas question pour lui de rester s'il ne retrouvait pas Anne, lorsqu'un léger coup dans le panneau les fit retourner tous deux. Le panneau s'ouvrit en glissant. Miyoko se trouvait à genoux dans le corridor, devant un plateau laqué de noir chargé d'une théière, de deux tasses et d'un chrysanthème jaune. Dans un bruissement de soie, le seul bruit qu'on entendit, elle franchit le seuil, toujours à genoux, et referma le panneau. Il y eut un nouveau bruissement de soie alors qu'elle glissait à travers la pièce et déposait cérémonieusement le plateau entre les deux hommes. Pas une seule fois elle ne les regarda. Enserrant une tasse de ses deux mains, elle la plaça sur la natte en face de Richard. Nul ne dit mot. Elle servit Kenji. Puis, la tête baissée, elle s'éloigna des deux hommes à reculons et s'assit, les yeux fixés sur ses mains pâles aux ongles brillants posées sur ses genoux.

Au temps de Stanford, Kenji avait souvent parlé de Miyoko à Richard. Il s'était marié durant ses études à l'étranger, et à la connaissance de Richard, son ami japonais n'avait jamais connu d'autre femme, blanche ou japonaise. C'était la première fois que Richard avait l'occasion de voir la femme de son ami. À part un soupçon de rouge à lèvres, elle était à peine maquillée. Sa chevelure noire et longue se partageait en deux. Des épingles la retenaient en chignon. Son teint était sans défaut, mais son visage allongé et son nez busqué faisaient paraître ses yeux petits. À coup sûr, selon les critères occidentaux, ce visage ne pouvait être considéré comme beau. Richard se dit que, peut-être, les Japonais possédaient, sur la beauté, des critères différents. Mais Kenji, avec son physique et sa position sociale, méritait ce qu'il y avait de plus beau.

Miyoko demeurait silencieuse. Elle allait le rester.

Richard se sentit obligé de rompre ce silence. Il dit, s'adressant à Kenji, mais sans exclure Miyoko :

— Je crois que vous buvez beaucoup de thé, au Japon.

— En toute occasion.

Kenji souleva sa tasse. Richard trouva la sienne imparfaite, grossière, mais c'était apparemment d'un trésor que l'honorable invité avait le privilège de se servir. Kenji regardait la sienne.

— Nous, Japonais, nous ne sommes même pas capables de commencer une guerre sans prendre le thé.

Il but une gorgée, et eut un regard que Miyoko saisit en dépit de ses yeux baissés. Elle interpréta ce regard comme un ordre, et après une nouvelle inclinaison de la tête, recula dans un bruit de soie vers le panneau.

— Merci, honorable Miyoko, dit Richard.

— Je vous en prie, honorable Richard. Sa voix était sans

force. Elle inclina une dernière fois la tête puis referma le panneau. Richard s'aperçut alors que celui-ci était peint avec tant de subtilité qu'en le regardant sous un certain angle on distinguait des iris dans l'eau qui coulait sous un pont.

La radio continuait à crépiter.

Anne était-elle en train d'écouter les informations ? Richard se demanda où elle se trouvait à cet instant précis. Il décida cependant, même si son amour occupait entièrement ses pensées, de ne plus y faire allusion devant Kenji. Il songea à son pays. Connaissait-on les nouvelles aux États-Unis ? Ici, au Japon, on était le lundi matin. Aux États-Unis, ce devait être le jour précédent, dimanche 7 décembre. Quant à l'heure, il ne la connaissait pas.

— La guerre, dit Richard.

— La guerre, murmura Kenji avec la même incrédulité que l'Américain, son ennemi au sens propre du terme, lorsqu'il avait prononcé le mot.

Inquiet, il se dirigea vers le téléphone, mais trouvant la ligne occupée, il raccrocha. Richard tendit le bras vers un des cartons de livres neufs, en prit un et l'ouvrit.

— John Steinbeck. Dans celui-ci, il y a une nouvelle qui se passe à Salinas. Tu te rappelles Salinas ?

— Oui, Salinas.

Richard feuilleta le volume qui n'avait jamais été ouvert et qui craquait entre ses doigts.

— En anglais.

— Oui, en anglais. Il prononçait le *l* comme Richard et non en lui substituant un *r* comme le font tant de Japonais.

— Que va-t-il advenir de ta maison d'édition ?

— Terminé !

Kenji secoua la tête, et ajouta, les dents serrées :

— Plus de Steinbeck ni d'Hemingway. J'avais fait le projet de sortir un Faulkner. Tu aimes Faulkner ?

— Je ne lis pas autant que toi.

— Plus de Faulkner. Dorénavant, quiconque parle anglais sera suspecté d'espionnage ou de propagande.

Richard eut l'impression que son ami cherchait à lui cacher quelque chose. Il avait souvent entendu dire que les Orientaux étaient indéchiffrables. Kenji s'efforçait de lui masquer ses sentiments, mais son visage malgré lui le trahissait. Qu'est-ce qui le préoccupait ?

Richard redoutait le pire. Le Japon était en guerre avec l'Amérique. Son ami était devenu son ennemi. Si Kenji lui demandait de quitter sa maison, que ferait-il ?

Kenji, les yeux baissés sur sa tasse de thé, fit un effort pour parler :

— Honorable Richard, je dois te l'avouer : je suis officier de l'armée impériale.

Richard, réprimant un sourire, fit de son mieux pour écouter cette pénible confession avec la même gravité que Kenji avait mise à la faire. Il souleva sa tasse dans un toast ironique, et rencontra le regard perçant de Kenji, posé sur lui. Les yeux du Japonais ne cillèrent pas.

— Tu n'es pas étonné ?

Richard haussa les épaules.

— Tu ne te rappelles pas ? Tu me l'as déjà dit. À Palo Alto, un jour que nous avions bu un coup de trop.

Le masque craqua. Kenji, tout d'abord, fronça les sourcils, puis son merveilleux sourire éclaira de nouveau son visage. Il eut un hochement de tête.

— Ce n'est pas très recommandé de boire, pour un officier.

— Tu te rappelles ce que je t'ai répondu ?

— Non.

Kenji avait parlé trop vite. Il se le rappelait, mais se gardait bien d'embarrasser son ami.

Les larges épaules de Richard furent secouées d'un rire silencieux.

— À d'autres, vieille branche. C'était la nuit où je t'ai dit que si le gouvernement des États-Unis décrétait la mobilisation en temps de paix, je quitterais le pays.

— Je ne m'en souviens pas.

— Mais si. Tu n'étais pas bourré au point de ne pas me faire savoir qu'un truc comme ça n'était pas très honorable de ma part.

— Les temps ont changé. Alors, l'Amérique n'était pas en guerre.

À cet instant-là, aucun d'eux ne sourit ni ne se risqua à affronter le regard de l'autre. Richard trouva un goût amer à son thé, mais par politesse il vida la tasse d'un trait. Au moment où il la posait, il releva la tête pour regarder Kenji droit dans les yeux.

— Mauvais temps, pas vrai ? Qu'est-ce que je fais ici ? Je suis dans de sales draps.

Kenji versa un peu plus de thé.

— Peut-être pas. Actuellement, nul ne sait ce qu'il adviendra des Américains se trouvant au Japon.

— Le Japon est une île. Six mille milles d'océan entre moi et la mère patrie. Si je n'arrive pas à embarquer avec Anne, je serai fait prisonnier.

— Interné.

— C'est pareil.

— Les Japonais résidant aux États-Unis seront probablement échangés contre les Américains d'ici. Par bateau.

— À condition de faire partie des huiles du corps diplomatique comme celles que nous avons vues débarquer, ou d'avoir assez d'argent pour monnayer son passage.

L'expression de Kenji ne changea pas, mais Richard devina que cette allusion à des passe-droits faisait tiquer son honorable ami.

— Tu n'aimes pas beaucoup parler de ça, hein, vieille branche ? Désolé. Tu es un type honorable. Je n'ai jamais dit que j'en étais un.

Une crampe dans la jambe gauche l'obligea à changer de position sur son coussin.

— Et je tiens à te le dire, l'idée de me retrouver en prison ne m'amuse pas beaucoup.

Kenji ne répondit rien. Il faisait tourner sa tasse, lentement, entre ses doigts, examinant sa surface vernissée, inégale. Richard prit soudain conscience de se trouver en face d'un homme sérieux, portant costume noir et cravate d'université, et assis sur un coussin à son domicile de Yokohama, Japon. Un homme extrêmement sérieux. Et, ainsi que Richard venait de le dire, un homme honorable. Son ami. Lorsque cet homme parlait, Richard savait qu'il pouvait lui faire confiance. Sur chaque mot prononcé par son ami, il pouvait miser sa vie.

— Je connais des gens, Richard, qui seront peut-être en mesure de nous aider. Je te le promets : je vais faire tout mon possible pour que tu sois inscrit sur un de ces bateaux qui quittent le Japon.

Il reposa sa tasse et, regardant son ami, hasarda un sourire.

— Ce sera honorable.

— Tu es un ami, Kenji.

De sa robuste main bronzée, Richard saisit celle de Kenji. Tous deux se rappelaient les chauds après-midi californiens, au soleil, ceux qui se terminaient par ce genre de poignée de main, sur les courts. Richard souhaitait répondre à ce sourire, mais c'était à lui maintenant de faire part de quelque chose de sérieux.

— Il y a un os, dit-il. D'après toi, je vais prendre un bateau. Mais écoute-moi bien : je ne quitterai pas seul le Japon. Pas sans Anne.

— Pardonne-moi, mais...

— Je sais : tu vas me dire qu'elle n'est pas ma femme et qu'elle est devenue citoyenne suédoise grâce à son mariage avec un honorable Suédois. C'est ça ?

Richard vit que son ami avait le souffle coupé. Kenji, inconsciemment, ne voulait pas admettre que, dans les circonstances présentes, ce mariage représentait pour Anne et pour sa mère la meilleure façon de s'en sortir. Parfait. Kenji pouvait penser ce qu'il voulait. Mais Kenji n'était pas amoureux d'Anne. Richard, lui, l'aimait à en avoir mal et il ne pouvait se passer d'elle.

— C'est une chance pour ce sacré baron que la Suède soit neutre dans cette guerre.

— Anne est en sécurité, Richard. Tu ne peux pas en dire autant de toi.

11

Le soleil se couchait lorsque la Cadillac noire escalada une hauteur dominant la baie de Yokohama. Anne sentit qu'on tournait dans une allée empierrée. Elle entrevit à travers le rideau de pluie un manoir de style élisabéthain dont Éric lui apprit qu'il avait été bâti après le grand tremblement de terre de 1923. Elle caressait le crâne de Siegmund. Parmi les maisons qu'elle avait vues à Hong Kong, même dans Robinson Road à Victoria Peak, peu lui étaient apparues aussi imposantes : elle offrait la parfaite réplique, en brique, de celles qu'on trouvait en Europe.

C'était là, dans toute cette grandeur, que sa mère l'attendait.

À bord du bateau, elle s'était fait une idée de la richesse et de la puissance du baron. Maintenant qu'elle était devenue son épouse, à la vue des serviteurs japonais et suédois alignés et courbés devant la porte d'entrée, elle se sentait intimidée. Une Suédoise de haute taille, dans un uniforme blanc empesé, s'avança vers la voiture et plongea dans une révérence du plus pur style européen. Birgit, la gouvernante, rose et dodue, avec des mèches blondes décolorées, leva les yeux vers Éric et s'illumina, heureuse comme une mère qui accueille son fils et sa ravissante jeune femme. Elle fit appel à tout l'anglais qu'elle connaissait pour souhaiter la bienvenue à Anne. Dans le même élan, elle jeta quelques ordres brefs à la rangée des Japonais qui, avec des courbettes, détalèrent aussitôt. Il était clair que Birgit avait sur la maison la même autorité que les commandants sur la flotte d'Éric.

Au bas de l'escalier à double révolution moquetté de rouge, l'entrée était aussi vaste que le hall d'un palace. Des domestiques japonais, juchés sur des échelles, enroulaient des guirlandes électriques et accrochaient des décorations à l'arbre de Noël le plus grand qu'Anne eût jamais vu. Noël... Le mot la fit tressaillir. Malgré la guerre qui avait tout bouleversé, on décorait cette maison en vue de Noël. Éric lui prit la main et la rassura : sa réception de fin d'année était devenue une tradition pour les Occidentaux du Japon, ainsi que pour ses amis japonais, qui l'attendaient avec impatience. La maison serait pleine de lumière, de musique, de vin, de nourriture : toutes les caractéristiques des fêtes de fin d'année scandinaves. Éric aimait particulièrement cette époque de l'année. La soirée du lendemain, celle qui suivait son retour au Japon, serait l'occasion idéale pour présenter la nouvelle mariée. Son épouse suédoise.

Le soir même, ils ne seraient que trois à dîner. Éric avoua à Birgit qu'il aurait préféré manger à la cuisine, mais reconnut avec elle que ce n'était pas la meilleure façon d'accueillir la mariée et sa mère. Ils prendraient leur premier repas dans la salle à manger, mais il recommanda aux deux femmes de ne pas faire de frais de toilette.

Anne s'aperçut que Catherine tremblait. Comme à Hong Kong, ses yeux s'écarquillaient d'effroi. Ici, au Japon, elle se sentait favorablement impressionnée par ce manoir et la nouvelle existence de sa fille. Mais la panique s'emparait d'elle à l'idée qu'elle, une Américaine, se trouvait en pays ennemi. Le baron, ayant fait d'Anne une citoyenne suédoise, avait le pouvoir de protéger sa femme, mais elle, qu'allait-elle devenir ?

— Oh ! mon Dieu, Annie...

Au dîner, Éric servit du vin, mais la main rougeaude de Catherine se mit à trembler violemment alors qu'elle essayait de lever son verre en cristal taillé, dans un toast au bonheur du couple. Éric s'empara du verre et le reposa sur la table. Catherine bénit cet homme merveilleusement autoritaire qui avait assuré la sécurité de sa fille. Le mariage avait fait d'elle une citoyenne suédoise. Anne était hors de danger. Mais les yeux de Catherine, brouillés de larmes, suppliaient silencieusement. Et elle ?

Avec un sourire son hôte pressa sa main. Il avait déjà pris ses dispositions.

Catherine lança à Anne un nouveau regard plein de terreur. Éric tenait l'une de ses mains, Anne avait pris l'autre. Son gendre expliqua qu'il ne lui était pas possible d'obtenir de ses amis de l'ambassade de Suède un faux passeport. Ni de courir le risque de la garder au Japon sous de faux papiers qu'ils pourraient établir. Catherine poussa un soupir. Il la rassura. Il avait étudié la question avec le commandant du *Kungsholm II.* Elle allait remonter à bord et partir pour l'Europe.

— Pour l'Europe ! s'écria Catherine désespérée.

À la pensée de quitter Anne et de traverser seule l'océan, elle retira vivement ses mains et s'en couvrit le visage.

— En Suède, précisa Éric calmement. Ou au Portugal.

Ce ton rassurant fit apparaître ces pays lointains comme la solution de leurs problèmes.

— Tous les autres passagers seront neutres. Des Suédois, naturellement. Des Suisses. Des Portugais. Des Sud-Américains... Le commandant vous couvrira jusqu'à ce que vous soyez sortie des eaux japonaises.

Catherine, incrédule et muette, ne se sentait pas réconfortée pour autant. Elle fixait le baron avec horreur : n'était-il pas en train de lui dire qu'elle devait quitter sa fille ? Il acquiesça : c'était la vérité.

— Pas pour longtemps, ajouta-t-il en lui caressant la main.

Catherine tourna les yeux vers Anne, puis les reporta sur le baron. En effet, sa voix était merveilleusement rassurante.

— Je ne puis vous dire ce soir combien de temps cela va prendre, ni où cela aura lieu, mais nous nous rejoindrons. Vous avez ma parole.

Pour la première fois, il révéla qu'il n'avait aucunement l'intention de passer la durée de la guerre au Japon : en marge du conflit mondial, il existait encore des pays totalement épargnés où il pourrait continuer à vendre son acier. L'Amérique du Sud par exemple. On disait que Buenos Aires était une ville charmante, extrêmement raffinée, l'équivalent du Paris d'avant-guerre. Grâce à sa position, il était susceptible d'obtenir un passage pour Anne et lui-même sur un de ses propres bateaux, en provenance du Portugal, autre pays neutre dont paquebots et cargos sillonneraient encore les mers.

— Ainsi, vous voyez, Mrs Lynch-Willis...

— Catherine. Ou mère.

Refoulant ses larmes, elle esquissa un pâle sourire.

— Ainsi, vous voyez, Catherine : ce ne sera pas définitif.

Éric lui baisa la main. Catherine prit la sienne, y déposa un baiser, avant de la presser contre sa joue, en souriant à Anne.

Malgré la température élevée du bain de mousse dans lequel elle était plongée, Anne, au bord des larmes, tremblait d'une terreur glacée. Elle allait connaître sa nuit de noces. Ce n'étaient pas les troisièmes classes du *Kungsholm* qui lui avaient offert beaucoup de commodités, et elle prenait son premier bain depuis qu'elle avait fait l'amour avec Richard. Baignant dans sa chaleur, mais le froid au cœur, elle se sentait toute petite dans cette immensité de céramique attenante à la chambre de maître. Au milieu d'accessoires de porcelaine importés d'Occident, se trouvait une immense baignoire de forme ronde, assez vaste pour contenir plusieurs occupants. Elle avait entendu dire que les Japonais, hommes et femmes, prenaient leur bain en commun. Visiblement, Éric avait adopté cette coutume. Ce soir, toutefois, pour leur première nuit, le Suédois avait fait preuve de considération : il avait autorisé son épouse à prendre son bain seule.

Sous la vapeur brûlante de la douche, Anne se mit à pleurer. Elle savait bien que toute l'eau chaude du monde, toutes les savonnettes parfumées, ne pouvaient effacer la trace de Richard. Éric, en la serrant contre lui, sentirait-il la présence de son amant sur sa peau ? Débusquerait-il Richard dans ses yeux ?

Elle enfila sur sa nudité resplendissante une robe de chambre en soie bleu pâle, et passa les mains dans ses cheveux. Puis, secouée de sanglots, elle les laissa retomber, impuissante. L'homme qu'elle aimait la prendrait-il de nouveau un jour dans ses bras ? Mordant sa lèvre inférieure, elle appuya son front contre le carrelage.

« Richard... »

Contenant sa douleur, elle se dirigea vers la porte de la chambre d'Éric pour y attendre celui-ci. Elle regarda tout autour d'elle, à travers ses larmes. Elle vit, faiblement éclairés, des murs tendus de soie beige derrière des paravents japonais, où un motif peint à l'encre noire, à coups de pinceau audacieux, représentait des oiseaux en vol et des pins tordus. Sur une table, un seau en argent étincelant maintenait au frais une bouteille de couleur verte. Deux verres attendaient. Birgit avait fait la découverte du dessus de lit en soie beige, sur des draps de soie d'un blanc éclatant.

Éric, serrant autour de sa taille la ceinture d'une robe de chambre bleu nuit, sortit d'une salle de bains plus petite que la première. Sur la robe de chambre on voyait briller une minuscule couronne en broderie dorée. Anne ne l'avait jamais vu dans cette tenue, et en d'autres circonstances elle eût été obligée de reconnaître que c'était un homme extraordinairement séduisant. Et nul n'aurait été capable de montrer plus d'attentions que lui. Plus que des attentions : de la bonté. Souriant, il passa la main dans ses cheveux blonds soigneusement peignés, puis l'invita à s'approcher du seau à champagne.

— Je vous remercie, Éric, de tout ce que vous avez fait pour ma mère. Pour nous deux.

Il souleva la bouteille.

— Le champagne, c'est trop conformiste. Avez-vous déjà bu de l'aquavit ?

Elle fit signe que non.

Laissant retomber la bouteille inentamée dans le seau, il s'assit au pied du lit, et tenant toujours Anne par la main, il l'attira à lui.

— Je vous aime.

Elle se sentait incapable de lever les yeux vers lui. Un seul regard de sa part, et c'était Richard qu'il verrait dans ses yeux.

— J'ai trente-sept ans, dit-il avec son sourire charmeur. Vous en avez vingt. Pourtant, il n'y a aucune raison de penser qu'à vingt ans on n'en sait pas autant sur l'amour qu'à trente-sept. Vous ne voulez vraiment pas de champagne ?

Anne fit non de la tête : elle détestait le champagne.

— Ma première femme avait onze ans de plus que moi. Une veuve sans enfant. Je ne puis vous dire à quel point l'idée de l'épouser me faisait horreur, mais, vous le savez sans doute, certaines de nos familles, en Europe, ne considèrent le mariage que sous l'angle des affaires. La mienne fabriquait de l'acier, la sienne des bateaux. Un mariage, s'il n'est pas conclu au ciel, l'est sans aucun doute dans les conseils d'administration internationaux. Elle était allemande. À moitié allemande. Lorsque ma famille m'a fait part de son projet, je me trouvais à Paris. J'étais amoureux d'une jeune Française. Nous lisions Baudelaire en fumant des cigarettes bon marché et en buvant de l'absinthe. Un épisode tout à fait romantique, il faut le reconnaître. Goethe l'eût adoré. Rien à voir avec ma vie à Göteborg, je vous l'assure.

Au souvenir de Göteborg et de Paris, son visage s'éclaira d'un sourire.

— Tout ceci à propos du champagne. J'aime Paris, mais je dois reconnaître que je reste assez suédois pour lui préférer l'aquavit.

Anne avait les yeux fixés sur l'un des paravents, représentant un héron longiligne, en plein vol. L'un de ses yeux, gros comme une pointe d'épingle, était blanc. Il la fascinait. Elle se dit qu'en fixant son attention sur le héron, elle ne penserait pas à Richard.

Éric continuait à parler de lui.

— Je me suis fait tirer l'oreille. Non seulement ma future femme était plus âgée que moi, mais je ne la trouvais pas très attirante. Néanmoins, il y a eu mariage, et lorsque je lui ai fait l'amour, au cours de notre nuit de noces – vous pouvez être certaine qu'il ne s'était rien passé auparavant puisqu'elle ne me tentait pas le moins du monde –, je songeais à ma petite amie française, aux cigarettes bon marché, et je me récitais Baudelaire. Généralement l'*Invitation au voyage*. C'était de circonstance, non ? Lorsque ma femme eut fait une fausse couche avec notre premier enfant, ma famille a appris que celle de mon épouse ne s'était pas montrée, sur certains points, parfaitement régulière. Elle savait, les médecins l'ont révélé, qu'elle ne pouvait avoir d'enfant. Dans un milieu où l'on arrange les mariages, le manque de franchise, d'un côté ou de l'autre, suffit à mettre fin à l'association. Le divorce devient non seulement admissible, mais il va de soi. Ce fut alors le tour de ma famille de soulever des difficultés. À sa grande surprise, je lui déclarai tout net que je ne souhaitais pas divorcer. Je voulais rester marié. Je m'étais mis à aimer Else, et je refusais de la quitter. Il s'est trouvé que je n'ai pas eu à le faire. Elle était plus malade que ses médecins ou les nôtres ne l'avaient diagnostiqué. Au cours du long été torride de 1939, juste avant ce mois de septembre où Hitler a envahi la Pologne et où la guerre a été déclarée, j'ai emmené Else en Grèce, nous nous sommes assis à l'ombre d'un pamplemoussier, et tout en lui tenant la main, je l'ai regardée mourir. J'étais là, assis dans le soleil bigarré, et j'ai découvert que je l'aimais tellement que je voulais mourir, moi aussi. Mais je ne suis pas mort, bien entendu. Et je suis là.

Il rit.

— Ma dernière chance. Vous n'avez pas changé d'avis, pour le champagne ?

— Absolument pas, répondit Anne, avec son plus pur accent britannique.

— J'ai été seulement trop heureux de laisser l'Europe derrière moi et de venir ici. Mais, comme je l'ai dit à votre mère, nous partirons avant que la guerre s'envenime. C'est une question de mois.

— Vous croyez que le Japon sera vainqueur ?

— Ma femme est américaine. (Il se pencha et l'embrassa légèrement.) Je souhaite donc la victoire de l'Amérique.

— Comment pouvez-vous rester aussi indifférent ?

— Devant la guerre ? Je le suis totalement. Mais la Suède est neutre, et j'ai l'intention de me montrer la neutralité même. Il y a des choses qui me touchent beaucoup plus que la guerre.

Maintenant, il lui tenait les deux mains.

— Je vous aime. Mais je n'aurais jamais eu l'intention de vous épouser, Anne, si je n'avais cru, sincèrement cru, que vous en viendriez à m'aimer.

— Comme vous en êtes venu à aimer votre femme ?

— Pardonnez-moi ce parallélisme criant, et la façon dont je vous l'ai présenté. Il se peut que cette histoire ne soit pas vraie. (Il eut un sourire triste.) Si, elle est vraie. Un jour peut-être vous en viendrez à m'aimer autant que je vous aime en cet instant.

Il couvrit de baisers son cou, ses épaules, ses jeunes seins. Sa langue s'enroula autour de ses mamelons. Elle perçut son souffle, mais il s'écarta pour se débarrasser de sa robe de chambre et déboutonna son pyjama de soie. Ainsi, il était nu, lui aussi. Lorsque ses lèvres cherchèrent à nouveau celles d'Anne, elle ouvrit la bouche à son baiser.

Elle ne se refusa pas. Elle se donna à lui, et rendit baiser pour baiser, caresse pour caresse, jusqu'au moment où il la pénétra et où ils ne formèrent plus qu'un seul corps.

Ils firent l'amour une seconde fois, et lorsqu'ils se désenlacèrent, les yeux d'Éric brillaient. Ces yeux disaient tout. Anne représentait ce dont il avait toujours rêvé. Elle lui caressa la joue et sourit. Ne lui avait-il pas dit que, lors de sa nuit de noces, il avait songé à sa petite amie de Paris ? Elle se demanda s'il avait fini par oublier cette fille quand il faisait l'amour avec sa femme. Avait-il jamais parlé à sa femme de son premier amour ?

Combien de gens, s'interrogea-t-elle, pensent à quelqu'un d'autre lors de leur nuit de noces ?

12

Durant près de trente-six heures, Richard eut l'impression de se trouver prisonnier. Il n'avait pas vu Kenji depuis la veille au matin, lorsque son hôte lui avait recommandé de ne pas quitter la maison. Il était resté enfermé dans sa chambre, pris au piège, et la seule visite qu'il avait reçue était celle de Miyoko, qui, s'annonçant par un léger coup frappé à la cloison, lui avait apporté sur des plateaux laqués de noir des mets occidentaux spécialement préparés à son intention. N'importe quelle Japonaise se serait donné un mal infini pour honorer son hôte : Miyoko y ajoutait la responsabilité de garder au secret l'ami de son mari, un Américain, donc un ennemi du Japon.

Richard l'avait interrogée sur les informations diffusées à la radio, mais pour toute réponse, elle s'était contentée de baisser les yeux et de prétendre qu'elle ne comprenait rien à ce qui se passait.

Les heures s'écoulaient. Richard buvait du thé, fumait des cigarettes. Il exécuta jusqu'à cinq cent cinquante pompes et trois cent cinquante abdominaux mais ne parvint pas à dépasser quelques pages du roman de Steinbeck *Des souris et des hommes.* Le matin même, dans l'espoir de joindre Anne, il avait demandé à Miyoko de téléphoner à Éric Paulson. En cherchant le numéro, Miyoko découvrit que le baron suédois habitait Yokohama : elle se montra alors réticente, sous le prétexte qu'un appel de ce genre présentait des difficultés. Richard, l'obligeant impitoyablement à tenir son rôle d'hôtesse, insista pour qu'elle le conduise auprès du téléphone dans le bureau de Kenji. Appeler un étranger avec une telle impudence mettait Miyoko au supplice, mais comment refuser à son hôte, qui, inflexible à côté d'elle, la maintint au téléphone jusqu'à ce qu'elle obtienne la communication avec le manoir ? Miyoko parla japonais. Mais elle ne put joindre la nouvelle épouse du baron. Un domestique, croyant qu'elle téléphonait au sujet de la réception que le baron donnait ce soir-là, lui indiqua l'heure et la tenue de rigueur.

À la fin de l'après-midi, la pluie cessa de tomber. Richard, debout en chaussettes, dans un costume gris fait sur mesure à Hong Kong, comptait les minutes. Ses chaussures anglaises à la main, il contemplait à l'extérieur le jardin humide et obscur.

Lorsque Miyoko le découvrit dans cette tenue et qu'il lui réclama un plan de Yokohama, elle soupçonna ce que projetait son hôte forcé. Rassemblant tout son courage, elle balbutia, sans avoir celui de le regarder en face, qu'il devait suivre la recommandation de Kenji et ne quitter la maison sous aucun prétexte.

Stupéfaite, dissimulant sa bouche sous ses petites mains, elle le vit alors porter ses chaussures à la porte de derrière. Dans l'allée séparant des maisons basses, en bois, et à peine éclairée, il les enfila. L'air humide sentait le chou et le poisson, mais il respira profondément. Les nuages se déchirèrent, découvrant la lune qui se reflétait sur les toits mouillés de Yokohama et les flaques de la rue.

Il avait bien étudié le plan. À pied, il se hâta le long des allées et des rues, en direction de la colline dominant la plage de Kamakura, là où un Bouddha de bronze géant contemple, impavide, la mer obscure. Il parvint à un quartier de résidences en pierre et en brique, bâties parmi des pelouses, des roseraies et des pinèdes. On voyait briller les illuminations de Noël. Ce quartier aurait pu se trouver à Palo Alto ou dans n'importe quelle banlieue américaine, à cette différence près que les Américains, Richard le savait, se trouvaient bien loin de Yokohama, occupés tous ensemble à écouter les nouvelles de la guerre sur leur poste de radio. Son pays se trouvait sur l'autre rive du plus vaste océan du monde.

Nulle maison n'apparaissait plus massive ni plus illuminée que le manoir de brique élisabéthain sur la colline plantée de pins. Richard évita les voitures qui gravissaient l'allée mouillée en direction du porche étoilé de lumières de Noël multicolores. Il perçut, de plus en plus proche, un air occidental dans lequel il reconnut les derniers accords sirupeux de *Flamingo,* une rengaine à la mode l'année qui avait précédé son départ des États-Unis. À la porte d'entrée, dans la clarté du porche, des Européennes en manteau de fourrure et robe longue, des hommes en smoking, descendaient de leur voiture. Ils s'interpellaient gaiement, entre amis, pendant que des domestiques japonais en veste blanche emmenaient la voiture. Richard, en remontant l'allée, vit quelque chose d'autre, quelque chose que, parmi les bosquets du jardin, les invités du baron ne remarquèrent pas : des sentinelles, baïonnette au canon, montaient la garde dans l'ombre.

Bien entendu, Richard n'avait pas d'invitation, mais lorsqu'il apparut à la lumière, les invités saluèrent convivialement ce beau jeune homme bronzé. Bien qu'il ne fût pas en tenue de soirée, son complet gris était d'excellente facture. D'une limousine portant une plaque d'immatriculation avec la croix blanche sur fond rouge de la Confédération helvétique sortit un couple aux cheveux argentés qui l'interpella joyeusement en allemand. Ils lui souhaitaient un joyeux Noël.

Joyeux Noël...

Richard réalisa. Le couple était suisse, bien sûr. La Suisse était neutre aussi bien en Europe que dans le Pacifique.

Un mince Japonais salua avec vivacité, puis, en s'inclinant, maintint grande ouverte la lourde porte d'entrée qui déversait la musique follement entraînante du film de Walt Disney, *Blanche-Neige* : *Siffler en travaillant.* L'orchestre, européen, résonnait avec gaieté du haut d'une loggia surplombant à la fois l'escalier moquetté de rouge, la profusion de décorations, et les illuminations scintillantes du plus grand arbre de Noël que Richard eût jamais vu. Une centaine d'invités en tenue de soirée, peut-être deux fois plus, bavardaient avec entrain et se congratulaient en prenant le champagne et en buvant du *glögg* suédois, un mélange de vin chaud et d'épices, avec des amandes et du raisin.

C'était la première grande réception de Noël de la saison, et le Japon tout entier n'en connaîtrait pas de plus resplendissante. Une excitation quasi électrique régnait dans l'immense salle. Ceux qui franchissaient la porte après avoir échappé à la nuit glaciale rayonnaient, jetant autour d'eux des regards de bonheur, et couraient se mêler aux autres avec des cris joyeux.

Richard, une tasse de vin chaud à la main, était resté du côté de la porte pour se faire remarquer le moins possible. Le cœur battant, il attendait qu'Anne fasse son apparition. Au rythme de la musique de Walt Disney, sous les lumières multicolores, le ton des voix montait, les invités montraient plus d'excitation que Richard n'en avait jamais vu dans aucune réception.

Mais où donc se trouvait Anne ?

Un homme au visage congestionné, avec une moustache blanche, qui sans son nœud papillon aurait pu passer pour saint Nicolas en personne, bouscula Richard. Tout en recoiffant ses cheveux dérangés par le vent, il fit avancer une grande bonne femme épanouie, son épouse, en direction d'un petit monsieur doté d'un pince-nez. Ce dernier se précipita vers le couple avec une telle hâte qu'il en renversa son champagne.

— Rainer ! Maria ! s'exclama-t-il. (Les nouvelles qu'il avait à leur communiquer lui faisaient perdre le souffle.) Vous connaissez les dernières ? interrogea-t-il, excité, en allemand. Deux bateaux de guerre anglais coulés ! Le verre de ses lorgnons étincelait, son visage éclatait de joie.

Saint Nicolas acquiesça joyeusement. Il le savait déjà. Toutefois, il brandit sa main potelée : il avait encore mieux à annoncer.

— Le *Prince de Galles* et *L'Invincible* !

Faisant claquer ses gros doigts, il appela un serveur japonais pour se faire apporter du champagne. Saint Nicolas tendit un verre à sa grande et plantureuse épouse, au sourire toujours aussi sucré. Elle tapota ses macarons pour s'assurer que leurs boucles semblables à des écouteurs se trouvaient toujours en place et ses yeux se mirent à luire sous une couche de mascara trop épaisse. De son bras nu et dodu, elle entoura les épaules du petit monsieur, et dans cette étreinte, partagea son excitation. Saint Nicolas but son champagne d'un trait.

— Ce qui est encore plus incroyable, c'est que nos alliés japonais ont nettoyé Clark Field, aux Philippines. (Il poussa du coude le petit monsieur.) Un joli petit cadeau de Noël *made in Japan* pour Roosevelt, non ?

Les deux hommes éclatèrent de rire, heureux d'être allemands et de se trouver du bon côté. Ils sifflaient le champagne du baron. Leur visage rayonnait de bonheur. Les binocles, sur le nez du petit monsieur, étaient identiques à ceux du président Roosevelt, et en fait, l'Allemand avait la réputation d'imiter le chef d'État américain lorsqu'il prononçait les deux mots célèbres que le monde entier avait entendus à la radio. Il rejeta la tête en arrière, avançant le menton :

— *Mes-es-es amis.*

Ses binocles jetaient des éclats.

L'Allemande aux macarons se mit à glousser, tandis que son mari bourrait l'imitateur de coups de poing dans le dos. Ils ne se lassaient jamais de son numéro.

L'épouse de saint Nicolas, se joignant à l'orchestre, fredonnait *Siffler en travaillant*, et lui emboîtait le pas sur *Hi-Ho Hi-Ho*. Saint Nicolas, hilare, leva son verre.

— Et si nous buvions encore un peu de ce merveilleux champagne d'Éric ?

— Que le champagne d'Éric coule à flots ! Le petit monsieur qui imitait le président Roosevelt tapait sur l'épaule de saint Nicolas.

Les trois Allemands s'éloignèrent de Richard, en le gratifiant d'un sourire. Un couple plus âgé passa lentement devant lui. La femme, boiteuse, s'aidait d'une canne. Elle avait des cheveux teints et une mauvaise mise en plis. L'homme portait un col cassé démodé et un smoking fatigué. Saint Nicolas se retourna pour les interpeller.

— *Buona sera, signora da Volpedo. Signore.*

Les deux Italiens, l'air soucieux, répondirent par un signe de tête. Saint Nicolas dirigea sa grasse épouse vers un Japonais aux cheveux grisonnants, vêtu d'un kimono noir, qui polarisait l'attention d'un cercle d'invités. Le Japonais aperçut les trois Allemands.

— *Herr Graf. Gnädige Frau.*

Il se cassa en deux. L'Allemand claqua des talons, avec une sèche inclinaison de tête. Alors qu'elle se lançait dans une révérence approximative, le corset de sa grosse épouse craqua.

Une joie pure illuminait saint Nicolas :

— Quelle journée, monsieur l'ambassadeur ! s'exclama-t-il en allemand. Quelle merveilleuse journée pour le Japon !

Le regard de Richard parcourut l'assemblée à la recherche d'Anne. Il se déplaça de quelques pas pour modifier son angle de vision, et remarqua Éric en train d'accueillir ses invités à proximité, non loin de la porte d'entrée. Soudain son cœur cessa de battre. Anne était là, bronzée, dorée, lumineuse, ses cheveux d'une blondeur étincelante, son corps drapé de satin blanc : la femme la plus belle du monde, celle qu'il aimait.

Anne...

Il eût été incapable de prononcer son nom même au péril de sa vie.

Anne... Son Annie...

Debout au côté d'Éric, elle était loin de se douter que Richard se trouvait là à la contempler. Une rivière de diamants scintillait à son cou. Un bracelet lançait des feux à son poignet. La toute nouvelle épouse du baron faisait de son mieux pour égaler, à chaque nouvel arrivant, le sourire et la chaude poignée de main de son mari.

Richard essuya la transpiration glacée de ses paumes contre son pantalon de laine anglaise. Puis il prit une profonde aspiration et fendit la foule en direction du maître et de la maîtresse de maison.

Anne l'aperçut. Son regard devint fixe. Puis elle ferma les yeux, stupéfaite. Le cri de surprise qu'elle étouffa fit trembler le collier à son cou. Cette réaction n'échappa pas à Éric, qui l'attira tout contre lui. Mais le sourire qu'il adressait aux invités ne faiblit pas, alors même qu'une pression de sa main indiquait à Anne qu'il allait se charger de l'indésirable. Anne tremblait. Elle n'émit pas un mot, mais échappa à sa main et s'enfuit. Avant que Richard ait eu le temps de la suivre, Éric, sans perdre son sourire de maître de maison, lui barra le passage.

— Annie !

L'avait-elle entendu ? Richard la vit disparaître dans la foule sous les guirlandes et les lumières multicolores de l'arbre de

Noël. Avec vigueur, l'orchestre attaqua *Un jour, mon prince viendra* de *Blanche-Neige.*

À ce moment précis, quiconque eût observé le baron en conversation avec ce jeune homme en complet gris de coupe anglaise et cravate rouge de Stanford n'eût rien remarqué sinon le charme irrésistible d'Éric. Ce que disait ce dernier ne s'adressait qu'à Richard.

— Il y a un malentendu, monsieur Reese. Cette soirée est réservée à quelques personnes neutres, comme ma femme et moi. Seuls les Allemands et les Italiens entrent ici, ainsi que leurs alliés japonais. Pas les Américains.

Richard, ignorant son hôte, s'éloigna de quelques pas pour examiner la salle.

— Monsieur Reese. (La voix était calme, autoritaire.) Ma femme se doit à ses invités.

Éric se montrait presque agréable. Après tout, un homme du monde tel que lui avait dans sa propre maison assez d'autorité pour jeter le jeune Américain dehors. Ce n'était pas du tout son genre. Il prit une coupe de champagne sur le plateau d'un serveur et la tendit à Richard.

— Joyeux Noël, monsieur Reese. Dès que vous aurez bu votre champagne, je vous prie de quitter cette demeure.

« Ainsi que ma femme. » Mais naturellement, Éric, en aristocrate offrant le champagne, ne se serait jamais exprimé avec une telle brutalité. Il se tourna et, mettant dans un sourire tout le charme dont il était capable, se pencha pour saluer une vieille dame dans son fauteuil à roulettes.

— Un accent américain !

Richard essayait toujours d'apercevoir Anne, lorsque quelqu'un lui adressa la parole dans un anglais appris aux États-Unis. Un Allemand de haute taille, la moustache dessinée au pinceau et le crâne rasé à l'exception d'une étroite mèche qui lui barrait le front, dévisageait Richard. Au côté de l'Allemand, un Japonais trapu les examinait tous deux à travers la fumée d'une cigarette qu'il tenait à la manière sophistiquée des Européens, semblant baiser l'extrémité de ses propres doigts. L'Allemand insistait.

— J'ai vécu trois ans à Cincinnati où j'ai appris comment les Américains fabriquent leur savon. (L'Allemand, convaincu de son charme, rayonnait.) De quelle région d'Amérique êtes-vous ?

Comme Richard ne répondait pas, l'Allemand et le Japonais, heureux d'être alliés, demandèrent à leur hôte d'expliquer la présence de l'Américain. Éric était toujours penché sur la vieille dame en fauteuil roulant. Il se releva.

— Mr Reese se préparait à nous quitter.

Le Japonais à la cigarette devança les Européens et s'inclina cérémonieusement devant Richard.

— Auparavant, peut-être pourrait-il nous apprendre ce que l'Amérique se dispose à faire.

Richard était là pour retrouver Anne. Il se fichait éperdument de tous les autres. Le sourire de l'Allemand n'était pas aussi efficace que celui d'Éric. Son ami avait posé une question au sujet de l'Américain, et la réponse, pour lui et pour son allié japonais, se faisait attendre.

— En tant qu'Allemand, je n'ai pas besoin de vous rappeler que nous sommes victorieux en Europe. Maintenant que nos glorieux amis japonais le sont dans le Pacifique, qu'est-ce que l'Amérique a l'intention de faire ?

Le Japonais, souriant à travers la fumée de sa cigarette, exigeait lui aussi une réponse. Richard les bouscula pour passer.

— La guerre n'est pas terminée, lança-t-il.

Puis il se détourna pour chercher Anne dans une autre direction.

Éric fit un signe de la main, un signe si discret que seul le domestique debout à la porte le remarqua. Il se précipita vers le baron.

— Mr Reese demande sa voiture.

— Je n'ai pas de voiture, dit Richard par-dessus son épaule.

Il s'empara d'une nouvelle coupe de champagne sur le plateau d'un serveur et s'enfonça dans la foule des invités du baron.

Le sourire d'Éric ne faiblit pas. Il pencha la tête pour écouter ce que le Japonais lui disait de la réaction de Washington à Pearl Harbor, mais sans quitter l'Américain des yeux.

Richard, de loin le plus jeune des invités et le seul, parmi les tenues de soirée, à porter un costume de ville, se fraya un passage à travers l'assistance. Devant ce jeune et bel athlète au bronzage resplendissant, il y eut plusieurs Allemandes, et non des plus jeunes, pour lui sourire et lui montrer ainsi qu'il ne leur serait pas désagréable de partager avec lui une coupe de champagne.

Richard ne répondit pas à leur sourire. Il poursuivit son chemin.

L'orchestre en termina avec la gaieté contagieuse de *Blanche-Neige,* et un violoniste plein de solennité se leva pour interpréter la chanson d'amour du film d'Ingrid Bergman, *Intermezzo.*

Richard accrocha le regard d'une blonde éclatante, d'une trentaine d'années environ, dont le corps était conforme aux canons de la beauté aryenne tellement prisée par Adolf Hitler. Elle virevolta avec art dans sa robe de lamé argenté, et exhibant un décolleté profond sur un dos superbe, sourit par-dessus son épaule. Marlène Dietrich n'eût pas mis plus de charme incandescent dans le bonsoir qu'elle lui adressa en allemand.

Richard répliqua par un signe de tête.

Son cavalier, autre spécimen de beauté nazie, semblait tout aussi intéressé à intercepter le jeune athlète, et par-dessus son verre de champagne, lui fit un sourire aussi prometteur que celui de la Walkyrie.

— À la victoire totale de nos alliés japonais sur les Américains, d'accord ?

Richard ne comprit pas un mot, mais il n'eut pas de mal à deviner ce que le nazi attendait de lui : qu'il se joigne à lui dans la célébration de ses alliés. Il passa, évitant d'apporter sa contribution à ce toast à la gloire de l'empire japonais.

— Reese ?

Un jeune rouquin rondouillard à peine plus âgé que Richard, mais se déplaçant avec l'agilité d'un joueur de tennis, surgit à côté de lui.

— Reese ?

Richard se retourna. C'était un type de Hong Kong. Mais s'il était allemand, que faisait-il là-bas au sein de la colonie britannique ?

— Reese ! Vous étiez pro au Bay Club à Hong Kong. Je me trompe ?

Comme Richard ne ralentissait pas, l'homme lui emboîta le pas.

— Nous avons joué deux sets en double avec Hugh Saylor et un autre dont je ne me rappelle pas le nom. Moi, je suis Rudy

Anderson. (Il se rapprocha de Richard.) Je croyais que vous étiez américain.

— Je le suis.

— Mais...

Brusquement, Anderson parut réaliser que le monde était en guerre, et il baissa la voix. Il avait l'accent anglais, et non seulement anglais, mais d'Oxford.

— En fait, ce que je voulais dire, c'est que vous voilà bien loin de chez vous.

Richard s'immobilisa, non pour parler avec Anderson, mais toujours à la recherche d'Anne, pour trouver une porte permettant de sortir du hall.

— Terriblement loin de chez vous, répéta Anderson.

— L'Allemagne est plus près ?

Anderson se mit à rire.

— C'est une façon de parler. Moi, heureusement, j'ai un passeport suédois. Comme le baron. (Il baissa la voix, chuchotant comme un conspirateur.) Je ne savais pas que vous connaissiez Éric.

— Vous n'avez pas vu sa femme ?

— Époustouflante !

Anderson s'exprimait comme un acteur qui traverse une comédie de boulevard, une raquette sous le bras.

— Je l'ai découverte en arrivant ici. Plus qu'époustouflante !

Il se fit plus confidentiel encore, signe qu'on pouvait lui faire confiance.

— Vous êtes vraiment américain ?

Il pressait Richard, essayant de découvrir pourquoi ce dernier, ennemi du Japon, assistait à la réception du baron. Après plusieurs services, notre joueur de tennis constata avec ennui que Richard n'avait nullement l'intention de lui renvoyer la balle. Un coup d'œil à son profil lui montra que les pensées du jeune homme étaient ailleurs.

— Maintenant, je veux dire, avec cette histoire de Pearl Harbor, on dirait que vous allez rester quelque temps au Japon.

Richard se remit en mouvement.

— Nous aurons l'occasion de continuer le match un de ces jours quand tout ceci sera terminé.

Anderson ne désarmait pas. Collé à Richard, il le suivait pas à pas.

— Vous vous rappelez Phillips, à Hong Kong ? Il était australien. Oui, australien. Un revers diabolique. Il a fini comme pro, ici, dans un club de Yokohama. Vous savez ce qui est arrivé à ce pauvre diable, pas plus tard que ce matin ?

Richard prit le temps de jeter un coup d'œil au rouquin, à côté de lui. Il avait bien connu Phillips, une grande gueule de raciste australien. Il l'avait un jour, d'un coup de poing, envoyé se faire voir. Mais Phillips était un ennemi du Japon, surpris ici par la guerre. Tout comme lui. Que lui était-il arrivé ?

Maintenant, Anderson avait trouvé un partenaire. Retenant l'attention de Richard, il prit tout son temps pour servir à nouveau.

— Il a essayé de quitter le Japon, dit-il en allumant une cigarette. Ce matin même. Ce Suédois s'exprimant avec l'accent d'Oxford observait Richard à travers la fumée de sa cigarette, brûlant de lui communiquer la mauvaise nouvelle.

Richard lui retourna son service.

— Comment s'y est-il pris ?

— En voilier. Il en a trouvé un ici, à Kamakura. Il savait sûrement que les Japonais l'avaient à l'œil. Un Australien. Ils vous ont tous à l'œil. Pour les Japs, être australien, ça ne vaut pas mieux qu'être américain.

Les Japs... Richard songea : « Ça ne doit pas être désagréable par les temps qui courent de se sentir suffisamment en sécurité dans l'empire du Soleil-Levant pour se permettre d'appeler ses hôtes des Japs. »

Anderson tira sur sa cigarette. Il avait droit à la totale concentration de Richard.

— OK !

Richard servit à son tour, facile.

— Que lui est-il arrivé ?

— Il est mort. (Il s'interrompit pour chercher autour de lui un plateau de champagne.) Apparemment, ce vieux Phillips n'a pu supporter l'idée de moisir en prison. Descendu. En tentant de fuir. Un ketch de vingt et un pieds. Ridicule. Enfin, comment a-t-il pu croire qu'il arriverait à traverser tout cet océan ?

Richard, cloué sur place, venait d'apercevoir une chevelure dorée : Anne était là, à quelques mètres de lui, sur le seuil de la pièce voisine.

13

Tout en avançant, Richard se servait de toute sa taille pour ne pas perdre Anne de vue au-dessus de l'océan des têtes. Soudain, le baron apparut au côté de la jeune femme, priant ses invités de passer à côté. Puis il l'abandonna pour gravir rapidement l'escalier où le violoniste cessa de jouer. L'orchestre se tut à son tour. Le chef, frappant dans ses mains, fit faire silence à la foule qui emplissait l'immense salle.

Maintenant on percevait le son d'une radio en provenance de la pièce voisine.

Éric, dominant la situation du haut de l'escalier, éleva les mains : il avait d'importantes nouvelles à communiquer. Il se mit à parler en allemand. Richard ne comprenait pas, mais le discours du baron produisit une vague d'excitation parmi l'assemblée.

— Mesdames et messieurs, nous allons entendre sur les ondes courtes en provenance d'Amérique le président des États-Unis !

Des murmures s'élevèrent parmi les invités.

— Le président Roosevelt va s'adresser au pays tout entier par l'intermédiaire des deux Chambres réunies en congrès. Si vous voulez bien me suivre.

Éric dévala l'escalier et guida ses invités vers la pièce où se trouvait la radio.

Anderson était toujours sur les talons de Richard. L'excitation grandissait. Les invités, se détournant de l'arbre de Noël aux lumières multicolores, se pressaient en direction du volume fluctuant de la radio. Ce fut le moment que choisit le petit Allemand à lorgnon pour imiter en anglais la voix aisément reconnaissable du président des États-Unis.

— *Mes-es-es* amis, je veux aujourd'hui vous parler de la *gue-e-erre*.

Émoustillée, la foule qui s'engouffrait dans la pièce salua son évocation du chef d'État ennemi par des rires, des gloussements, des applaudissements.

La réception du baron était un succès sans précédent. Entendre le président américain déclarer la guerre allait rendre cette nuit inoubliable.

Richard attendait à l'extérieur de la pièce. Anne ne pourrait en sortir sans le voir. Il fumait une cigarette et bientôt se retrouva seul, écoutant une voix qu'il n'avait cessé d'entendre durant les dix dernières années de sa vie. Étrange pouvoir des sons et des voix... Encore plus que Glenn Miller jouant *Tuxedo Junction,* Bill Stern présentant une rencontre de base-ball ou la *Bannière étoilée* à un match de Stanford, Californie, cette voix, sur les ondes courtes, cette voix avec laquelle il avait grandi, évoquait son pays. Ses yeux s'emplirent de larmes.

— Hier, 7 décembre 1941, date qui demeurera ignominieuse à jamais, les États-Unis d'Amérique ont subi l'agression soudaine et délibérée des forces navales et aériennes de l'empire du Japon. Les États-Unis...

Il imaginait sans peine chaque Américain suspendu au moindre mot prononcé par le Président depuis sa capitale, Washington. En Californie, c'était un matin de décembre. Le soleil probablement brillait. Ses yeux étaient gonflés de larmes. Cette voix, plus familière que celle de son père, lui annonçait que son pays entrait en guerre.

Autour de Richard, seul dans la salle de réception, les serveurs japonais en veste blanche attendaient au garde-à-vous. Debout sur le tapis rouge de l'escalier, les musiciens de l'orchestre européen fumaient des cigarettes en écoutant cette voix dont ils ne comprenaient pas la langue.

Anne se trouvait dans la pièce voisine. Qu'éprouvait-elle en ce moment même ?

Une rumeur s'éleva soudain de l'assistance. Richard perçut des exclamations et des paroles qu'il ne comprit pas. On entendit des sifflets. Puis une explosion de défi.

Sur l'escalier, le chef d'orchestre se leva et d'un geste ordonna à ses musiciens d'éteindre leur cigarette et de reprendre leur instrument. On attendait qu'ils donnent la réplique à ce qu'on entendait à côté. À la radio, la voix s'était tue. Lorsque les huées retombèrent, l'orchestre attaqua *Kimigayo,* l'hymne japonais que Richard avait entendu à bord. Des acclamations on passa au chant. Soudain des voix, accompagnées par l'orchestre, entonnèrent *Deutschland über alles.* Richard changea de place pour ne pas perdre de vue la porte qui allait livrer passage à Anne. Les lourds accents de l'hymne allemand firent place, en l'honneur des Italiens qui se réjouissaient bruyamment, à la beaucoup plus entraînante *Giovanezza.*

Les premiers à quitter la pièce, ce fut le couple de vieux

Italiens, pathétiques dans leur impatience, que Richard avait vus à l'entrée. Tirant leur hôte par la manche, ils l'entraînaient dans la salle de réception. Richard battit en retraite derrière l'arbre de Noël : de là, il pouvait surveiller la porte sans être vu.

L'homme en smoking défraîchi était fébrile. En compagnie de sa femme, appuyée sur sa canne, il se cramponnait au baron, et semblait le prier, ou plutôt le supplier désespérément. Tous trois se trouvaient assez proches de Richard pour que ce dernier puisse entendre ce que disait l'homme à l'accent italien. Sa voix était pratiquement hystérique.

— Ma femme, baron, est italienne, mais mon passeport est américain. Lorsque les Japonais s'en apercevront... Sa voix se brisa. La femme prit le relais.

— Baron, vous avez toujours été si généreux, et vous possédez des bateaux qui rentrent en Europe...

— Avec bien peu de place à bord, signora da Volpedo.

L'Italien retint sa femme de se suspendre au bras de leur hôte.

— Un tout petit coin ! Seulement pour nous deux. Nous vous en supplions ! Il nous faut quitter le Japon !

Le calme d'Éric n'avait nullement rassuré le couple aux abois. Il usa de son sourire.

— Si vous saviez le nombre de demandes...

— Nous paierons ! (Le vieil homme émit un gémissement de panique.) Tout ce que nous possédons !

Le sourire d'Éric s'évanouit.

— Ce n'est pas une question d'argent.

— Ma femme n'est pas en bonne santé...

— Je comprends ce que vous ressentez, signor, signora, soyez-en certains. Mais vous devez comprendre de votre côté que je ne puis rien promettre.

— N'importe quoi, baron ! Une toute petite place...

— Je vais voir ce que je peux faire.

La vieille Italienne plongea sur la main du baron pour l'embrasser. Mais Éric recula.

— Vous devez comprendre que je ne puis rien promettre.

L'Italien sourit avec obséquiosité, le visage baigné de larmes.

— Que Dieu vous bénisse, baron. Mais faites vite, je vous en prie, faites vite.

L'orchestre s'était tu. Dans la pièce voisine, la radio n'émettait plus que des crachotements, puis soudain, dans le va-et-vient des ondes, on entendit du Wagner, en provenance des antipodes. L'homme qui ressemblait à saint Nicolas surgit de la pièce où se trouvait la radio, à la recherche du maître de maison. Il était hors d'haleine.

— Berlin !

Éric baisa la main de la signora da Volpedo toute surprise, puis après un dernier sourire, se retourna vers l'Allemand qui, extasié, le ramena vers ses invités.

Le jeune homme seul en complet gris ne quittait pas le périmètre clignotant de l'arbre de Noël : si les domestiques japonais remarquèrent quelque chose d'anormal dans son comportement, il n'en surprit aucun en train de l'épier. Dans l'escalier, les musiciens avaient allumé une nouvelle cigarette en attendant que Berlin eût cessé d'émettre et qu'ils puissent reprendre leur joyeux fond sonore : la réception s'était muée en triomphe.

Richard s'écarta pour laisser la place à un couple de Japonais qui se hâtait vers la porte d'entrée. L'homme fouillant dans sa poche en tira un ticket de vestiaire qu'il remit à une Japonaise en kimono. La Japonaise s'inclina et disparut. Quelle circonstance imprévue obligeait ces deux-là à quitter la soirée du baron, et à attendre leur manteau avec autant d'impatience ? Ce fut alors que le baron apparut à la porte et, depuis l'extrémité du hall, remarqua le départ de ses invités. Le cœur de Richard ne fit qu'un bond : Anne se trouvait à côté d'Éric. D'un signe de tête, elle dépêcha ses domestiques pour aider le couple de Japonais à revêtir leur manteau. Elle faisait un peu trop de gestes, et Richard comprit que, incapable de s'exprimer en japonais, elle tentait de leur faire savoir combien elle regrettait que ses honorables invités fussent obligés de partir. Les deux Japonais s'inclinèrent. Anne leur rendit leur salut et les accompagna à l'extérieur. Richard, retenant son souffle, compta chaque seconde avant de la voir reparaître, rectifiant sa coiffure.

Il s'arrangea pour croiser son chemin lorsqu'elle parvint au milieu du hall. Quand elle le vit, Anne demeura interdite. Sa main s'attarda dans sa chevelure, mais à part cela elle ne fit pas un geste. Richard ne pouvait voir son visage, car elle se trouvait à contre-jour des éclairages de Noël clignotant derrière elle. Cependant elle se détourna, incapable de lui faire face.

— Richard, je vous en prie, allez-vous-en.

Ce fut à peine s'il l'entendit : elle avait parlé d'une voix à peine audible, mais ce n'était pas nécessaire, nul n'écoutait.

— Venez avec moi ! dit-il d'une voix tout aussi basse que la passion enrouait.

La main d'Anne glissa le long de son visage et retomba contre son flanc.

— Richard, j'ai épousé cet homme...

— Où est votre mère ?

— En sûreté. Dieu merci.

— Sur le *Président Wilson ?*

— Le *Président Wilson* n'a pas fait escale pour embarquer des passagers.

— Il lui a déjà fait quitter le Japon ?

Elle lança un regard en direction de la pièce où se trouvait la radio.

— Je vous en prie, qu'il ne voie pas que vous êtes ici.

— Avec un passeport trafiqué. Sur un de ses bateaux ?

— Sur un bateau portugais.

Elle éleva la main pour contenir un sanglot.

— Richard, je vous en prie...

— J'ai un moyen de nous sortir d'ici tous les deux. Allons, venez avec moi tout de suite !

Les yeux de la jeune femme étaient brillants de larmes. Mordillant sa lèvre inférieure, elle tordait et détordait machinalement son bracelet de diamants. Une alliance en or brillait à son annulaire gauche.

— Anne, pour nous, rien n'a changé...

— Je lui dois tout.

— Nous nous aimons !

Richard avait envie de crier, de hurler, de pulvériser par ses cris ce monstrueux tas de briques. Il ne voulait qu'une chose : saisir le poignet d'Anne, avec son maudit bracelet, franchir cette porte et s'enfuir avec elle dans le vent et le froid de la nuit pour courir à perdre haleine jusqu'à la maison de Kenji.

— Viens avec moi !

Aucun homme n'avait jamais éprouvé un tel amour. Cependant, il ne cria pas. Il ne saisit pas son bras. Ils ne s'enfuirent pas. Richard se surprit à parler d'une voix si basse qu'elle n'attira aucunement l'attention des domestiques.

— Il va y avoir un échange par bateau. Mon ami japonais peut nous faire embarquer !

Il scrutait le visage de la jeune femme pour y lire une réponse, mais ce visage se trouvait toujours dans l'ombre, à contre-jour des lumignons de l'arbre. Elle se détourna.

— Je ne puis partir, Richard. Je prie le ciel que tu réussisses.

— Avec toi !

Elle voulut s'éloigner, mais Richard la retint par le poignet, enserrant les diamants du bracelet. Il l'obligea à se tourner vers lui, mais elle se dégagea. Était-elle terrifiée au point de ne pas oser le regarder ?

— Annie, tu m'aimes !

Elle leva son visage vers les décorations de l'arbre, des décorations suédoises anciennes : anges, poupées, saint Nicolas, lutins en cape rouge.

— Tu m'aimes !

— Sur le bateau, tout a fini...

— Ne dis pas ça ! Tu sais que ce n'est pas vrai. Tu m'aimes, bon sang ! Je t'aime. Rien ne sera jamais fini !

Elle tripotait un globe de bois peint par un paysan suédois, le visage tout rond d'une fillette avec des joues roses et de minuscules taches de rousseur, et se concentrait sur ce visage pour que ses yeux ne rencontrent pas ceux de son amant passionné.

— Éric m'a fait des promesses. Je lui en ai fait à mon tour.

— Bon sang, tu ne l'aimes pas !

Son cri éveilla l'attention de plusieurs domestiques qui jetèrent un regard à leur maîtresse : avait-elle besoin d'aide ? Richard la maintenait avec une telle force qu'elle ne pouvait plus faire un seul mouvement.

— Tu m'aimes !

Son visage était proche du sien. Elle sentait la tiédeur de son souffle. Il l'obligeait à le regarder pour qu'elle voie ses yeux ardents, pour qu'elle comprenne que nul homme n'avait jamais éprouvé un amour tel que le sien. Ces yeux, dévorant son visage adorable, la suppliaient de le regarder, de le voir, lui l'amour de sa vie, mais elle ferma les siens de toutes ses forces, et les larmes jaillirent. Elle tremblait. Il fut sur le point d'empoigner ce maudit collier et de l'arracher de son cou.

— Viens avec moi, supplia-t-il une dernière fois.

— Anne...

Ce fut elle qui, la première, entendit son prénom, prononcé d'une voix parfaitement calme. Elle ouvrit les yeux, et son regard, s'élargissant, fixa quelqu'un derrière Richard. Ce dernier sentit son trouble : elle avait vu Éric. Il tourna vivement la tête. En effet, Éric se trouvait là, à quelques pas.

Elle dégagea son poignet. Tous deux demeurèrent sans bouger, côte à côte, attendant le mari qui lentement, à pas comptés, s'approchait d'eux. Plus âgé que Richard d'une douzaine d'années, il était aussi grand que lui, aussi robuste et puissant. Sans aucun effort, il leur montrait qu'il était maître chez lui. Ignorant Richard, il posa ses yeux gris sur Anne. Il n'eut même pas à lui demander de laisser là son indésirable invité. Tout en lui exprimait l'autorité : il était son mari, elle devait quitter cet homme, et le suivre, lui.

Anne ne fit pas un geste.

Les lumignons de l'arbre de Noël ne cessaient de s'allumer et de s'éteindre.

Richard fit face à Éric, et sa main chercha celle d'Anne. Ce fut à elle qu'il adressa les mots suivants, même s'il ne quitta pas des yeux le baron, des mots très simples, où la supplique se montrait à nu, un véritable cri du cœur.

— Dis-lui que tu m'aimes et que tu pars avec moi.

Sa main tenait celle d'Anne, mais la jeune femme se détacha de lui. Ce qu'elle fit ensuite le cloua sur place. Elle s'éloignait. Voyant qu'elle ne se dirigeait pas vers Éric, mais leur échappait à tous deux, il ne fit pas un geste pour la retenir.

Le baron n'éprouva pas le besoin de baisser la voix. Il se trouvait chez lui. Cette voix fut aussi calme qu'à l'accoutumée.

— Je suis à vous dans une minute, ma chérie.

Il souriait sans retenue, n'ayant aucune raison de souscrire à la demande hystérique de Richard.

Tous deux regardèrent Anne prendre la fuite. Ils ne bougèrent ni l'un ni l'autre. Les lumières multicolores clignotaient sans arrêt.

Si Richard pouvait supporter de la voir les quitter tous deux, c'était à cause de la certitude absolue, totale, inébranlable qu'elle l'aimait. Lui et non le baron. Comment aurait-elle pu ? Anne, son Anne, son Annie, l'aimait du fond du cœur, et ce qu'elle venait de faire en était la parfaite démonstration. Si elle était restée, les affrontant tous deux, elle eût été prise au piège. Le riche baron, avec toute sa puissance, l'avait sauvée ainsi que sa mère. Il avait passé cette maudite rivière de diamants à son cou, ce bracelet à son poignet, et cette alliance à son doigt. Il l'avait convaincue qu'elle lui devait la vie, ainsi que sa mère. Il l'avait obligée à contracter un lien sacré, à conclure un marché : elle lui appartenait pour le restant de sa vie. Or, Anne s'était enfuie. C'était donc qu'elle aimait Richard. Il se dit qu'il lui suffisait d'une minute encore avec elle. Dans ses bras elle trouverait la force d'affronter le baron, ainsi que ce bout de papier où il était dit qu'ils étaient mariés. Au diable le baron ! Anne, son Annie, l'aimait. Une minute de plus avec elle, et elle le lui crierait, prenant sa main pour fuir avec lui cette maison maudite.

Il réalisait maintenant que son intrusion était une erreur. Il n'avait pas suffisamment réfléchi. Oui, une erreur, mais tout n'était pas perdu. Une minute, une seule minute avec elle, en tête à tête... Mais il fallait un plan. Il fallait réfléchir.

Soudain, Richard prit conscience d'une chose : Éric, certes, lui barrait la route, mais ce n'était pas lui qui l'empêchait de bouger, c'était la prudence. Il se trouvait dans la maison du baron, en terrain miné. Il fallait faire vite, reprendre ses esprits, et concevoir la prochaine tentative pour joindre Anne de nouveau.

— Monsieur Reese. (La voix qu'il venait d'entendre se montrait d'une froideur absolue.) Je vais vous demander de bien vouloir me suivre.

Comment refuser ? Richard s'efforça au même calme que son interlocuteur. Oui, il fallait de la prudence. Après tout, ce fils de garce, avec son sourire engageant, était bien capable d'appeler ses domestiques ou les gardes en armes cachés à l'extérieur de la maison.

— Monsieur Reese.

Le baron attendait.

Son bureau, spacieux, paraissait exigu en comparaison de l'immense salle de réception. Boiseries et mobilier de cuir luisaient. La moquette était épaisse. Par contraste, la table, derrière laquelle s'assit le baron, se trouvait constituée d'une simple plaque d'acier inoxydable, absolument nue.

— Fermez la porte, s'il vous plaît, monsieur Reese.

Richard, sur ses gardes, vit son hôte, impassible, ouvrir un tiroir de son bureau. Cet homme, qui montrait toujours le même calme effroyable, n'allait-il pas révéler ses véritables sentiments en sortant une arme ? Richard referma néanmoins la lourde porte d'acajou. Le baron ne sortit aucune arme. Ce fut un dossier qu'il laissa tomber sur le bureau étincelant. Sur une étagère, dans un humidificateur, il prit un cigare qu'il alluma. Puis, d'un doigt, il ouvrit le dossier, et éparpillant sur le bureau les papiers qu'il contenait, invita l'Américain à s'approcher pour les examiner.

— Mes collaborateurs n'ont pas eu à se donner beaucoup de mal pour établir ce rapport sur vous, monsieur Reese.

— Anne vous a-t-elle dit qu'elle m'aimait ?

Éric tira à plusieurs reprises sur son cigare, dont les embrasements se succédaient comme les clignotements de l'arbre de Noël.

— Vous êtes tel que l'un de mes collaborateurs suédois vous a décrit : un de ces jeunes gens au physique avantageux qui, loin de leur patrie, n'ont pas autre chose à faire qu'à passer des après-midi entiers à jouer au tennis avec les riches.

— Vous n'avez pas répondu à ma question. Je vous ai demandé si Anne vous a dit qu'elle m'aimait.

— Ma femme et moi n'avons pas échangé un seul mot à votre sujet.

Éric quitta son bureau en acier inoxydable, et faisant quelques pas, alla ouvrir un panneau encastré dans la boiserie. Un courant d'air glacial entra dans la pièce, agitant les papiers. Dehors, dans l'obscurité du jardin, une silhouette se replia dans l'ombre, mais, Richard le savait, le reflet qu'il venait d'apercevoir était celui de la lumière jouant sur le canon d'un fusil.

Éric, revenu à son bureau, retira le cigare de ses lèvres, et le faisant tourner lentement dans ses robustes mains, savoura le plaisir qu'il lui procurait. Puis il reporta son attention sur l'Américain. Il se demandait si le jeune homme appréciait l'ironie de cet instant. Dans ce bureau, cette maison, cette banlieue de Yokohama, dans ce pays qui se trouvait en guerre avec le sien – son président ne venait-il pas de l'annoncer ? –, L'Américain se trouvait prisonnier. Éric haussa les épaules avec philosophie. Cette considération était probablement trop subtile pour un joueur de tennis. Il eut un sourire.

— En d'autres circonstances, nous aurions pu disputer quelques sets, vous et moi. J'ai la faiblesse de croire que je n'aurais pas eu de mal à l'emporter, que ce soit au tennis ou dans un autre sport. J'ai douze ans de plus que vous certes, mais d'après moi il vous reste un certain nombre de choses à apprendre sur le monde et sur ses jeux. Maintenant toutefois il ne s'agit plus de jouer. Nous sommes en guerre. Vous et moi n'avons même pas à feindre d'être civilisés.

Éric se dirigea vers le battant ouvert, et secoua la cendre de son cigare dans le jardin. Puis il se retourna pour regarder longuement le jeune homme : avait-il quelque chose à répondre à ce qu'on venait de lui dire ?

— Vous avez peur de laisser Anne me rencontrer.

— Ma femme est en compagnie de ses invités.

Il remit le rapport dans sa chemise, et referma celle-ci.

— Puis-je vous suggérer quelque chose, monsieur Reese ?

— J'aime Anne.

— Alors réjouissez-vous qu'elle soit saine et sauve. Vous ne l'êtes pas. À chaque minute, à chaque heure, chaque jour, vous pouvez être interné. Votre seul espoir, c'est votre ami japonais. J'ai entendu parler de lui. Vous avez de la chance. Il a des relations au plus haut niveau. N'hésitez pas à vous en servir. Dans les semaines qui viennent, les diplomates américains, l'élite, les gens au pouvoir se trouvant encore à Tokyo et à Yokohama, vont servir de monnaie d'échange entre le Japon et les États-Unis. Je vous le recommande fortement, monsieur Reese : laissez votre ami vous aider à quitter le Japon.

Éric, une dernière fois, se dirigea vers la porte. Dans l'ombre, la sentinelle japonaise en armes attendait.

— En passant par le jardin, vous gagnerez directement la rue, monsieur Reese.

Éric, tout en fumant, jeta un regard dans la nuit. Les arbres s'agitaient sous le vent de l'hiver. D'un mouvement de tête, il fit remarquer à Richard la présence de la sentinelle à la porte. C'était une façon de lui signifier, avec son calme habituel, qu'il n'avait d'autre choix que de s'en aller.

— Au revoir, monsieur Reese. Ne vous attardez pas.

Kenji se précipita. Sous le porche de l'entrée, Richard essorait ses cheveux humides tandis que la vieille servante l'aidait à retirer ses chaussures mouillées. Kenji lança un appel vers l'intérieur de la maison. Le domestique trapu courut sur ses jambes musclées préparer le *o-furo,* ce bain bouillant grâce auquel les Japonais se réchauffent avant de se coucher. Il les aide aussi à supporter à l'intérieur des maisons sans chauffage les nuits glaciales. Les chaussettes trempées de Richard avaient laissé des marques sur le parquet luisant. Kenji suivit la direction de son regard, posé sur le jardin.

— Quel est ce type, à côté du portail ? La police militaire ?

Kenji avala sa salive. Il avait quelque chose à avouer à son ami, quelque chose de difficile.

— Honorable Richard, un des domestiques t'a dénoncé.

Richard passa les doigts dans sa chevelure mouillée.

— Quel patriotisme !

Kenji allait-il se lancer dans une courbette ? Non. Il secouait la tête, beaucoup plus troublé qu'il ne voulait le montrer à Richard. Celui-ci le prit par le bras.

— Ne t'en fais pas, vieille branche.

Comment ne pas s'en faire ? Ils se tenaient côte à côte sur le seuil, regardant la sentinelle.

— J'ai reçu l'ordre de ne pas te laisser sortir d'ici sans autorisation.

Richard, les pieds engourdis, retira ses chaussettes glacées. Miyoko apparut, en débarrassa Richard et s'éclipsa. Kenji ne fit aucune allusion à Anne. Il invita son hôte à entrer.

— Attention à ta tête.

Le domestique, ruisselant de sueur, se démenait comme un beau diable. Il frictionna les deux hommes jusqu'au sang, puis les aspergea à grands seaux jusqu'à ce que la dernière trace de savon eût disparu. Alors seulement il leur permit d'entrer ensemble dans l'immense baignoire arrondie.

Dans les pensées de Richard, tout occupé d'Anne, la sentinelle du portail avait maintenant pris place. Le jeune homme affrontait le choc du *o-furo.* C'était son deuxième bain dans la maison de Kenji. La première fois, il avait été étonné de ne pas être ébouillanté. Ce soir-là, il fit de son mieux pour s'immerger jusqu'aux épaules, tout en restant aussi impassible que Kenji. Cependant, un hurlement de douleur s'étrangla dans sa gorge : il ferma les yeux tandis que des éclairs rouges et bleus lui transperçaient le crâne. Il appuya son dos à la paroi de bois de cyprès, s'efforçant de ne pas bondir en hurlant hors de cette eau brûlante. Il bloqua sa respiration. Son cœur ne cessa pas de battre. Il demeura en vie. Au bout de quelques minutes, il cessa de faire la grimace, et fermant cette fois les yeux dans un soupir, il se laissa aller à la langueur qui le pénétrait jusqu'à la moelle et l'apaisait tout entier.

Anne occupa de nouveau ses pensées. Anne... Pour réprimer le désir violent qu'il ressentait, il ouvrit les yeux et posa son regard sur Kenji. Celui-ci, appuyé de tout son dos, avait les paupières closes. Kenji n'avait pas parlé d'Anne, mais cela lui ressemblait, de fuir l'évidence. Depuis que Richard était réapparu à sa porte, il n'avait fait allusion ni à Anne, ni à la guerre, ni au bateau qui devait ramener Richard et Anne aux États-Unis.

Richard observait son ami, nu. Pour aussi intimes qu'ils fussent devenus à Stanford, Richard avait toujours respecté Kenji plus qu'aucun autre de ses condisciples, de braves types, forts en gueule, buveurs de bière et grands coureurs de filles. Kenji lui en avait toujours imposé par sa dignité naturelle, sa réserve. Richard avait appris que peu de choses échappaient à Kenji, mais aussi que peu d'entre elles suscitaient de sa part un commentaire. Il se pouvait que ce comportement fût celui de nombreux Japonais. Richard, se sachant incapable d'adopter la même retenue, en était fortement impressionné. Son ami, loin de se montrer suffisant ou solennel, faisait beaucoup plus sérieux que lui, voilà tout.

Kenji passa la main sur ses cheveux noirs et brillants, mais garda les yeux fermés.

Pour aussi différent qu'il fût de n'importe lequel de ses amis américains, Richard savait qu'aucun homme sur terre ne méritait mieux sa confiance. Le mutisme de Kenji, même en ce moment précis, ne le déconcertait nullement. À Stanford, après avoir pratiqué ensemble le tennis durant des mois, Kenji, un soir qu'il avait bu trop de bière – ce qui n'était pas convenable pour un Japonais –, lui avait avoué, cette fois en riant, qu'il ne tenait pas la boisson. Lors de cette soirée mémorable, ils avaient continué à boire jusqu'à l'aube, partageant leurs pensées les plus intimes. Kenji, le visage congestionné, s'était mis à révéler des choses qu'il n'avait jamais dites à Miyoko. Richard, de son côté, s'était, durant cette longue nuit, ouvert à Kenji comme il ne l'avait fait avec personne d'autre, et cet échange les avait unis pour la vie. Deux frères n'eussent pas été plus proches. Kenji l'avait prouvé. À cette pensée, Richard sourit. Kenji ne lui avait-il pas fait suffisamment confiance pour acheter à son père sa Packard 1937 d'occasion ?

Richard continuait à observer le Japonais, silencieux dans sa nudité. Il voyait dans la réserve et les silences de Kenji comme un tribut à leur amitié. Ils n'éprouvaient pas le besoin de passer leur temps en vains bavardages pour se prouver leur respect et leur attachement mutuels : cela n'aurait eu aucun sens. Un jour, à l'intention de Richard, Kenji avait tracé quelques caractères chinois, ces caractères noirs et mystérieux dont Richard n'arrivait pas à croire qu'ils fussent lisibles par quiconque. Ces caractères, exécutés au pinceau, représentaient un poème :

J'ai pris plaisir à la fraîcheur du soir
avec celui qui ne dit pas tout ce qu'il pense.

« C'est de Hyakuchi. Nous, Japonais, aimons beaucoup ce genre de poésie. »

Par cette froide soirée de décembre où leurs deux pays étaient en guerre, Kenji n'avait posé aucune question sur Anne. Richard ne poserait à Kenji aucune question sur le déroulement de la guerre ou l'échange par bateau. Amis, ils se faisaient mutuellement confiance pour aborder ces sujets-là quand ils le jugeraient bon.

Le silence les accompagna jusqu'à la chambre de Richard. Là, après avoir enfilé deux kimonos noirs identiques, ils s'allongèrent sur le plancher pour s'y relaxer comme deux chats. Richard alla chercher une bouteille de whisky dans son sac de voyage, mais Kenji ayant refusé son offre, il se sentit gêné et se versa une ration bien inférieure à celle d'un buveur confirmé.

Kenji, allongé sur le dos, alluma une cigarette. Ils auraient pu aussi bien se trouver étendus dans l'herbe, sous le soleil californien.

Étrange amitié. Malgré toute cette réserve que Kenji mettait entre eux, cette réserve grâce à laquelle son ami faisait un rite de presque chaque instant de sa vie, jamais Richard ne s'était senti plus proche d'aucun homme. Et Kenji éprouvait visiblement le même sentiment d'intimité alors qu'il se trouvait allongé là, à contempler la fumée de sa cigarette. Il écrasa cette dernière, et se redressa lentement pour se retrouver assis en tailleur.

Maintenant, Richard le comprit, il était disposé à parler. Et d'une manière sérieuse. Après avoir, comme toujours, avalé sa salive.

— La guerre... commença-t-il en hochant la tête. Il est très difficile, je pense, de rester honorable quand on est en guerre.

Richard tendit le bras vers la bouteille.

— Alors buvons un coup.

De la tête, Kenji refusa.

Richard se servit un deuxième verre.

— Toi, tu n'en as pas besoin. Tu es un homme honorable. Je ne t'ai pas dit qu'après Stanford j'ai pris le premier bateau venu et que j'ai débarqué ici pour échapper au service militaire ?

— Tu me l'as dit à plusieurs reprises.

— Désolé.

Kenji eut un sourire.

— Si tu n'étais pas un homme honorable, tu n'en parlerais pas si souvent.

— Ce n'était pas tellement honorable, Kenji. Mais quand je serai rentré, je vais m'engager dans la Marine, pour combattre le Japon.

— Je serai toujours ton ami.

— Alors prends un verre.

— Tout petit.

Richard versa le whisky, sachant que Kenji allait l'arrêter d'un geste dès que le fond du verre serait recouvert. Ils levèrent leur verre, et pour une fois Richard se montrait aussi sérieux que son ami. Leurs regards se rencontrèrent. En dépit du monde en guerre et de leurs deux pays antagonistes, le toast qu'ils portèrent venait du fond de leur cœur.

— À mon ami, déclara Kenji, le premier.

Richard fit tinter son verre contre celui du Japonais.

— À mon ami.

Kenji avala son whisky.

— Je continue à préférer la bière, dit-il. La Burgermeister

de San Francisco. En songeant à la Californie, il eut un sourire, mais le souci assombrit aussitôt son visage. Il ajouta, hochant la tête :

— Richard, la police militaire ne va pas tarder à interner les étrangers. Le mieux serait que tu quittes le Japon avant que cela se produise.

Richard acheva son verre et passa la langue sur ses lèvres.

— Sais-tu que c'est la seconde fois ce soir qu'on me donne ce conseil ?

— Le baron Paulson ?

Richard revissa le bouchon de la bouteille et la remit en place dans son sac.

— Que sais-tu de lui ?

— Ses bateaux sont neutres. Le Japon n'a pas l'intention de l'empêcher de naviguer.

— Ils vont continuer à circuler ?

— Le Japon a besoin de l'acier suédois.

Il jeta sa cigarette.

— Tu as parlé au baron ?

— Disons plutôt que c'est lui qui m'a parlé.

— Tu lui as demandé de t'aider à partir ?

Cette fois, ce fut au tour de Richard de hocher la tête. Il fut secoué d'un rire silencieux.

— Tu plaisantes ! Kenji, vieux frère, c'était comme disent les Japonais, très malaisé. Tu imagines : demander ce genre de service à un type alors qu'on va faire un tour chez lui pour enlever sa femme ? Ou il aurait fallu, j'en ai peur, beaucoup plus de sang-froid que je n'en possède.

— Tu as eu la possibilité de la voir ?

Anne... Chaque fois qu'il pensait à elle, à son corps superbe et éclatant dans sa robe de soie immaculée, il prenait feu.

— J'étais tout près d'elle, Kenji ! (Sa main fourragea dans sa chevelure.) Je sais qu'elle m'aime. Si seulement j'avais pu rester une minute de plus avec elle...

— Richard... (Kenji ne s'était jamais montré aussi persuasif.) Je t'en prie. Tu ne dois pas quitter cette maison. Tu l'as vu : la police nous surveille.

— Qu'elle aille au diable !

Kenji secoua la tête. Avec la guerre, tout avait changé : il fallait que son ami américain le comprenne.

— Je t'en prie. Tu es ici chez moi. Ce que je suis en train

de faire, certains Japonais ne le comprendraient pas. Mais tu es mon ami, et tu le seras toujours, quoi qu'il advienne. Je t'aiderai. Je te l'ai promis.

Le regard de Kenji, planté droit dans les yeux de Richard, y gravait à la fois promesse et avertissement.

— Mais s'il te plaît, ne rends pas les choses plus difficiles.

— Je comprends. Mais il faut que tu comprennes, toi, que si je ne la récupère pas maintenant, je risque de ne jamais la revoir !

— Tu dois rester ici !

Kenji lentement se leva, laissant là Richard. Sans ajouter un seul mot, il fit glisser le panneau et quitta la pièce.

15

Richard ne ferma pas l'œil de la nuit. Le lendemain, il se trouvait debout à la fenêtre, scrutant par-delà le jardin obscur, sous la pluie, la rue où des lanternes brillaient. De l'autre côté du mur du jardin et des pins, on entendait le timbre des bicyclettes. Une carriole brinquebalait. Des parapluies de papier passaient rapidement. De l'autre côté du portail, Richard le savait, une sentinelle armée montait la garde.

Il se laissa tomber sur sa natte et, s'enveloppant dans le duvet ouaté du *futon,* alluma une lampe. Allongé sur le dos, il songeait à Anne. La jeune femme ne dormait pas, elle, à même le sol. Son corps superbe partageait avec Éric un vaste lit à l'européenne. À cette pensée, Richard sentit son visage se contracter.

Une demi-heure plus tard, quelqu'un frappa au panneau. Ce n'étaient pas les habituels petits coups timides de Miyoko : seul le maître de maison frappait de cette façon-là. Richard se dressa sur son séant.

— Kenji ?

Comme personne ne répondait, il se leva.

— Entrez.

Il avait parlé sans élever la voix. Le panneau s'écarta silencieusement et révéla un homme en uniforme noir à galons dorés. Kenji. Le Japonais s'inclina avec encore plus de raideur et de formalisme que d'ordinaire. C'était sans aucun doute son uniforme qui lui imposait cette sévérité nouvelle : Richard y répondit en resserrant autour de lui sa robe de chambre en coton.

Il attendait que Kenji dise quelque chose, mais le Japonais ne prononça pas un mot, ne fit pas un seul geste.

Sans se gêner, Richard le détaillait de la tête aux pieds, lui et son uniforme. Il eut un haussement d'épaules.

— Je te préfère en tenue de tennis.

Kenji haussa le menton au-dessus de son inconfortable col haut militaire. Il passa la main sur ses cheveux coupés court. Mais aucun de ses gestes n'appartenait à Kenji. Ils étaient nouveaux. Ils lui étaient venus avec l'uniforme.

Le Japonais ne franchit pas le seuil, et lorsqu'il prit la parole, ce fut en forçant le ton.

— Je ne peux dire quand cela aura lieu, honorable Richard, mais une fois encore je te donne ma parole que je ferai tout mon possible pour te faire rapatrier.

— Merci.

Kenji, après avoir fait cette déclaration, ne bougea pas du panneau entrouvert. Il finit par se remettre à parler, de cette voix qui ne lui appartenait pas.

— Tu ne dois pas courir le risque d'aller chez la baronne.

Richard lui tourna le dos et se mit à regarder par la fenêtre. Kenji, le nouveau Kenji, demeura là. Il réalisa qu'au-delà du jardin mouillé, son hôte observait le soldat, au portail.

— Richard, je t'en prie, tu dois rester ici.

Brusquement, l'ancien Kenji reparut.

— Reste ici tranquillement. Si j'apprends quelque chose de nouveau et s'il m'est possible de téléphoner, je t'appellerai dans le courant de la journée.

— Merci, Kenji.

— Ne sors pas.

— Où diable pourrais-je aller, avec cette pluie ?

Kenji fut sensible au malaise qui s'installait.

— Ce sont des moments difficiles...

Quittant le jardin, le regard de Richard vint se poser sur son ami, et se fixa sur son uniforme.

— Puis-je te souhaiter bonne chance sans y associer le Japon ?

Ce fut Kenji qui fit le premier geste : il tendit la main. Tous deux s'étreignirent, puis Richard vit Kenji reculer d'un pas, s'incliner, et se détourner rapidement avant de disparaître. Le panneau se referma.

Depuis la fenêtre, l'angle de vision de Richard lui permettait d'apercevoir le porche, de l'autre côté du jardin. Sous l'auvent, pendant que Kenji boutonnait un imperméable noir, Richard vit la vieille servante ouvrir un grand parapluie. Miyoko apparut en pantoufles blanches, avec de petits pas affectés. Elle prit le parapluie ouvert des mains de la servante qui disparut à l'intérieur de la maison, en les laissant seuls.

Richard ne les avait jamais vus seuls ensemble. Ils se regardèrent sans bouger. Puis Miyoko noua une écharpe noire autour du cou de son mari. À son appel, les domestiques et les deux enfants vinrent s'aligner hâtivement sous le porche. Miyoko s'inclina devant Kenji, imitée aussitôt par enfants et serviteurs à l'unisson. Kenji s'inclina à son tour, puis il descendit les marches du porche pendant que Miyoko, tenant le parapluie, le suivait le long de l'*opus incertum* zigzaguant à travers la mousse verte et brillante jusqu'au portail. Lorsque Kenji passa devant elle, la sentinelle s'écarta d'un pas. Miyoko s'inclina de nouveau, mais Kenji avait déjà disparu.

Les domestiques se hâtèrent de regagner la maison, pendant que Miyoko, couvrant son visage de ses mains, s'attardait un long moment dans le jardin.

Dans le courant de la matinée, les domestiques rapportèrent à Richard sa chemise et ses chaussettes, sortant de la buanderie, ainsi que son costume gris fraîchement repassé. Richard, transi, avait enfilé son pantalon de flanelle et son sweater de tennis. Il ouvrit la bouteille de whisky et s'en versa une rasade. Cependant, il ne but pas et reversa le whisky dans la bouteille. Après avoir passé des heures à rédiger mentalement une lettre à l'attention d'Anne, il venait d'avoir une meilleure idée.

Il jeta un coup d'œil à son bracelet-montre, que son père lui avait offert à l'occasion de son diplôme de fin d'études. Il n'était pas encore neuf heures. Il réfléchit qu'à cette heure-là, vraisemblablement, Éric se trouvait encore au manoir. Il avait donc du temps devant lui avant de se lancer dans une nouvelle tentative. Se laissant tomber sur sa natte, il s'obligea à effectuer une centaine de pompes rapides. Puis il sauta de nouveau sur ses pieds, se rapprocha de la fenêtre et contempla longuement la pluie.

Anne... Était-elle en train de la contempler elle aussi ?

Une heure plus tard, Richard fit glisser le panneau et surprit le domestique chargé du *o-furo* qui l'espionnait. Le domestique s'enfuit à toutes jambes.

— Miyoko ?

Sa voix, emplissant la maison de papier et de bois, résonna beaucoup plus qu'il ne l'avait prévu.

Miyoko, toujours avec ses pantoufles blanches, surgit dans le corridor. Elle s'immobilisa et, sans un regard pour Richard, s'inclina.

— Miyoko, pouvez-vous m'aider à téléphoner ?

Elle secoua la tête. Richard savait que ce qu'il lui demandait ne lui plaisait guère, mais il était son invité et elle devait agir selon son désir. Après une nouvelle courbette, elle fit de sa petite main le geste que Kenji faisait si souvent : elle invita poliment Richard à passer dans le bureau où se trouvait le téléphone.

Elle s'affairait pour masquer son embarras, considérant semblait-il le téléphone comme un être vivant auquel on doit le même respect et les mêmes égards qu'à une personne digne de considération. Elle s'exprimait en japonais, naturellement, mais Richard reconnut le mot *baronne* et plusieurs fois celui de *dozo* qui veut dire : s'il vous plaît. Tout à coup elle se tourna vers Richard, nerveusement.

— On demande qui appelle.

Il lui arracha le téléphone des mains. Miyoko, abasourdie par une telle inconvenance, eut un mouvement de recul.

— Anne ! Annie ? Vous êtes là, s'écria Richard désespéré.

Miyoko n'avait jamais vu un homme saisi d'une telle frénésie.

— Bon sang, Annie, il faut que je vous voie !

Miyoko, au comble de l'embarras, se détourna pour montrer qu'elle n'écoutait pas. Elle entendit un déclic.

— Anne ?

Miyoko, tremblante, vit Richard, le visage crispé de douleur, serrer le combiné de toutes ses forces. Lorsque enfin il le lâcha, elle le rattrapa au vol et le replaça sans bruit sur son support, puis elle détourna son visage pour ne pas voir cet homme retenir ses larmes et étouffer le sanglot qui le déchirait, un sanglot à briser le cœur. Toutefois, elle ne quitta pas la pièce. Elle prit un mouchoir dans la large manche de son kimono. Au bout de quelques instants, Richard en chercha un à lui dans ses poches, mais n'en trouvant pas, il essuya ses larmes du revers de la main. Il jeta un coup d'œil en direction de Miyoko, le dos toujours tourné. Sentant que la crise était passée et qu'il avait recouvré une certaine dignité, la jeune femme lui fit face de nouveau, les yeux toujours baissés.

Richard ravala une dernière larme.

— Les hommes ne pleurent pas devant les femmes, au Japon ?

— Si, bien sûr.

Sa voix était faible, à peine audible.

— Mais ils cachent leurs sentiments ?

— Bien sûr. (À son tour, la voix de Miyoko était étouffée par les larmes.) Ils essaient.

Richard réalisa que Miyoko était en train de pleurer, partageant ses propres larmes. Il en fut si touché qu'un sourire lui vint aux lèvres.

— Allons, ne vous y mettez pas vous aussi.

Elle renifla dans son mouchoir.

— Kenji dit que je lis trop d'histoires d'amour... (Ses épaules étaient agitées de soubresauts. Elle se remit à pleurer.) Et vous, vous l'aimez tellement...

— Sale temps. Vous connaissez cette expression : sale temps ?

Elle acquiesça. Le silence emplissait le bureau de Kenji. Ils écoutèrent le bruit de la pluie.

— Je vais faire le thé, proposa Miyoko.

Le thé, voilà la solution à tous les problèmes.

— Ne vous dérangez pas.

Si elle ne s'était pas retranchée derrière le rituel du thé, elle aurait laissé voir qu'elle ne savait ni ce qu'il attendait d'elle ni ce qu'elle allait avoir à faire maintenant.

— Dans quel pétrin je vous ai mis, Kenji et vous.

Elle secoua la tête. Puis elle dit, d'une voix plus forte qu'il n'y était habitué, une voix pleine de détermination :

— Vous êtes notre ami, notre hôte.

— Je suis américain. Je suis votre ennemi.

— Non ! Je vous en prie... (Sa douce voix était étonnamment ferme.) Kenji et moi sommes honorés de votre présence. Nous souhaitons que vous restiez.

Certes, elle ne le regardait pas, mais on ne pouvait mettre en doute sa sincérité.

— Anne ne peut pas me joindre. Je vous ai dit qu'elle s'appelait Anne ? Elle sait où je suis, mais elle ne connaît pas votre adresse. Je vais lui envoyer une lettre.

Il se précipita vers le bureau de Kenji, et s'empara d'une feuille de papier et d'un stylo.

Le visage de Miyoko ne reflétait aucune expression. Il savait cependant qu'elle désapprouvait tout contact avec le manoir du baron, dans le genre du désastreux appel téléphonique de tout à l'heure. Il savait aussi que s'il insistait pour qu'un des domestiques porte la lettre à Anne, Miyoko ne pourrait le lui refuser. À l'aide du stylo, il lui demanda de rédiger l'adresse, qui, étant donné que les Japonais n'ont pas de numéros de rue, prit la forme d'une description du quartier et de la rue. Richard plia la lettre.

— Il faut que je lui fasse parvenir ceci, Miyoko.

Le silence de Miyoko traduisait le désaveu le plus formel que ses manières lui permettaient. Elle prit néanmoins la lettre et l'enfouit dans la manche de son kimono. Richard la surprit à regarder par la fenêtre. Elle avait eu la même idée que lui. Nul besoin de faire allusion au soldat qui montait la garde dehors.

— Bon sang, cette saloperie de guerre, murmura Richard.

Au milieu de l'après-midi, il faisait tellement sombre dans sa chambre que Richard alluma la petite lampe posée à même le sol. La bouteille de whisky avait une couleur ambrée : il s'en versa une bonne rasade. Mais au lieu de boire, il se mit à arpenter la pièce. Quelques-unes de ses longues enjambées d'Américain suffisaient à prendre sa mesure. Il s'immobilisa et consulta sa montre. Quatre heures passées. Maintenant Anne avait sans doute reçu sa lettre. Pourquoi n'avait-il pas de réponse ? Qu'est-ce qui l'empêchait de lui écrire ?

Il fit encore une centaine de pompes. Puis il bondit sur ses pieds, le sang en révolution, fou d'angoisse et de colère. S'il ne s'était pas contenu, il aurait écrasé contre le mur les plateaux laqués et les tasses, déchiré les panneaux de papier et fracassé les boiseries fragiles en envoyant tout au diable, pour aller retrouver Anne !

Le téléphone sonna dans le bureau de Kenji. C'était elle ! Il fit jouer le panneau. Miyoko arrivait du bureau en courant.

— Anne ?

Elle s'arrêta et, laissant retomber ses mains devant elle, s'inclina légèrement.

— Anne !

— Kenji. Il a téléphoné pour dire que vous ne devez quitter la maison sous aucun prétexte.

Richard réprima l'envie qu'il avait d'arracher ce panneau de ses rails, de déchirer et d'abattre les murs de cette prison de bois et de papier, cette prison qui le maintenait loin d'Anne.

À la tombée de la nuit, il entendit dans la rue un coup de sifflet. Il éteignit la faible lampe qui l'éclairait depuis le sol, et se plaça à la fenêtre de façon à voir sans être vu. La pluie zébrait la vitre et brouillait les parapluies à contre-jour des lanternes. Au portail, deux soldats étaient en conversation avec le domestique chargé du bain : celui-ci, de la tête, indiquait la partie de la maison où l'Américain, tapi dans le noir, les observait.

Richard prit ses chaussures de tennis dans son sac, enfila son imperméable, et se précipita hors de sa chambre. Des bruits de voix provenant de la porte d'entrée l'obligèrent à marcher sur la pointe des pieds alors qu'il se hâtait vers celle de derrière. Il mit rapidement ses chaussures, puis s'élança dehors sous la pluie. L'air empestait le poisson. Il courut, ramassé sur lui-même, essayant de ne pas attirer l'attention sur sa haute taille. Il évita des hommes en train de nettoyer des caillebotis à l'arrière d'un établissement de bains. Un autre empilait des caisses où résonnaient des bouteilles de bière. Parvenu à l'extrémité de l'allée, il ralentit et inspecta du regard une rue à peine plus large, bordée de boutiques éclairées devant lesquelles des parapluies dansaient. Les radios émettaient de la musique militaire. À l'angle de la rue, un haut-parleur invitait la foule à se rassembler.

16

À coups d'épaule, la tête baissée, se ramassant sur lui-même pour ne pas attirer l'attention, il se fraya un passage dans le flot des parapluies et des bicyclettes tintinnabulantes. Au premier carrefour, deux soldats surgirent de la foule des piétons, donnant des coups de sifflet stridents. Était-ce après lui qu'ils en avaient ? Il bondit de l'autre côté de la rue sous le nez d'un policier. Celui-ci juché sur sa borne réagissait aux sifflets des deux militaires en appelant au téléphone.

Richard sentit ses cheveux se hérisser de frayeur. Il prit ses jambes à son cou. Les sifflets, quoique lointains, ne cessaient de déchirer l'air. Ils le poursuivirent jusque dans une rue déserte, où une brume glacée tourbillonnait à travers les pins et gommait les lumières provenant des maisons de style occidental. Il finit par apercevoir devant lui, se découpant dans le noir, la colline où se dressait celle du baron, mais il se garda d'emprunter l'allée éclairée. Il préféra escalader un mur et sauter dans le jardin. Là, il s'autorisa à reprendre son souffle durant quelques secondes : des bouffées d'air glacé lui brûlaient la gorge.

Un coup de sifflet le fit se raidir. Puis un autre. Des chiens aboyèrent. C'était dans ce jardin que, durant la réception, patrouillaient des gardes armés et que les domestiques avaient garé les voitures. Il ne lui restait qu'à prier le ciel qu'ils aient été seulement engagés comme extra à l'occasion de la réception, et qu'il ne trouve plus ce soir, entre lui et Anne, que le personnel de maison. Les aboiements des chiens signalaient qu'un étranger s'approchait du manoir.

Un Japonais âgé, en veste blanche, ouvrit la porte d'entrée. Devant la haute taille de l'Américain, il battit en retraite, avec un cri de terreur, à l'intérieur du hall. À l'exception de cet homme qui venait d'appeler à l'aide, Richard se trouvait seul. L'arbre de Noël, éteint, se balançait dans le courant d'air froid provenant de la porte ouverte. Richard s'avança d'un pas incertain dans ses chaussures de tennis à la semelle détrempée. Anne ! Où était Anne ?

Il regardait désespérément de tous côtés. Finalement, il vit apparaître une femme de chambre suédoise, très grande, qui portait dans ses bras une robe du soir fraîchement repassée. Il se précipita vers elle, mais la femme, serrant la robe contre son uniforme blanc, se hâta de disparaître.

Richard réfléchit à toute vitesse. Sauf erreur, la robe appartenait à Anne. Il pria le ciel pour que la femme de chambre soit allée prévenir sa maîtresse, et qu'il puisse trouver celle-ci avant que les domestiques appellent la police, dont les coups de sifflet stridents se répandaient dans l'allée en se rapprochant de la porte d'entrée ouverte. Ses chaussures laissèrent des traces sur le marbre poli d'un corridor. De justesse, il évita une servante japonaise affolée, vêtue d'un kimono de couleur grise. Elle sortait d'appartements chaudement éclairés, à l'épaisse moquette. Il passa devant un immense lit de style occidental. Sur un paravent à trois feuilles, on voyait un héron en train de prendre son vol.

— Birgit ?

C'était la voix d'Anne. Anne !

Il tressaillit. Son cœur n'avait cessé de battre violemment, durant sa course échevelée. Maintenant, il remontait jusqu'à sa gorge. Sa voix... Anne !

Il bouscula au passage le paravent au héron. Le paravent s'écroula dans un bruit de papier déchiré et de bois brisé. Devant lui se trouvait, entrouverte, la porte d'une salle de bains dont la vapeur s'échappait en volutes.

Cette salle de bains était plus vaste que celle de Kenji, et la baignoire du *o-furo,* source de la vapeur, revêtue de carrelage, et non de bois brut. Il entrevit deux femmes à travers la vapeur : une Japonaise au teint frais, dans un kimono retroussé sur ses jambes et ses bras dodus, et une autre femme complètement nue, la peau luisante d'humidité, derrière laquelle la Japonaise se réfugia après avoir laissé échapper son éponge, et poussé un cri perçant à la vue de l'envahisseur. Puis elle passa vivement devant le couple et disparut par la porte.

Anne ne pouvait rien pour cacher à Richard son corps ravissant, et elle ne fit rien pour cela. À la vue de sa beauté dénudée, chacun des rêves de Richard venait de se matérialiser. Incapable de bouger, il tremblait de désir. En d'autres circonstances, il eût été heureux de passer le reste de sa vie en adoration devant ce corps merveilleux, que la chaleur du bain faisait briller d'un joli rose un peu ambré.

Ni l'un ni l'autre ne dit mot.

Après le froid mordant de la nuit, la course pour échapper à la police, l'irruption dans la maison, Richard, incapable de prononcer une parole, était secoué de frissons. Anne tendit le bras et demanda, d'une voix posée :

— Faites-moi passer ma robe de chambre.

Une épaisse robe de chambre blanche attendait sur un tabouret de bois. Richard, tout en dévorant Anne des yeux, s'en saisit maladroitement et la serra contre lui comme s'il s'était agi de la femme qu'il aimait. Il ne pouvait se rassasier de sa nudité. Anne ne faisait aucune tentative pour cacher celle-ci : ses mains demeuraient tendues, attendant la robe de chambre.

Richard dit, d'une voix étranglée :

— Je me rappelle tout de toi, dans les moindres détails !

Elle se détourna légèrement, faisant glisser ses mains sur son crâne, pour essorer la masse chatoyante et dorée de ses cheveux. Richard poursuivit, d'une voix rauque, pleine de son désir pour elle :

— Tu sais que je reviendrais.

— J'avais espéré que tu ne reviendrais pas.

S'il n'avait pas été absolument convaincu de son amour pour lui, sa voix aurait pu lui apparaître manifestement désinvolte, et admirablement contrôlée. D'un mouvement de tête, elle lui fit comprendre qu'elle entendait des voix s'interpeller en japonais à travers la maison. Au son des appels, des cris de panique, des exclamations, leur cœur à tous deux se serra.

Puis les yeux d'Anne rencontrèrent ceux de Richard.

— Ils sont en train d'appeler la police.

— Bien sûr.

— Richard, je t'en prie. Il y a une autre porte. Pars tant qu'il est encore temps...

Il n'aspirait qu'à la tenir dans ses bras, à couvrir sa nudité de baisers, à lui communiquer le plan qui leur permettrait de passer ensemble le reste de leur vie. Il s'appliqua à parler sans précipitation. Il lui fallait la convaincre que ce qu'ils allaient faire était la seule issue possible.

— Écoute, Kenji s'occupe de nous faire embarquer sur le premier bateau qui appareillera pour les États-Unis. Il ne peut préciser la date, mais nous devons nous tenir prêts.

Des chiens aboyèrent. Un coup de sifflet retentit.

Richard s'efforçait de montrer le plus grand calme.

— Même s'ils me prennent, même si je suis interné, Kenji m'en sortira et nous embarquerons ensemble.

Anne fixait son visage passionné. Elle ne répondait pas. Avait-elle entendu ? Bon sang ! Il se tuait à lui parler de leur avenir, et elle ne l'écoutait même pas. Elle tendit le bras vers la robe.

— Je ne partirai pas.

— Kenji ne nous laissera pas tomber. Il suffit de te tenir prête...

Les coups de sifflet s'étaient rapprochés. En les entendant, un des dalmatiens se mit à hurler. Anne saisit la robe de chambre, et lorsque Richard tenta de l'aider, elle se détourna. Elle dit, d'une voix toujours calme, mais sans pouvoir empêcher ses épaules de frissonner :

— Passe par-derrière. Par ici. (Elle lui montra le chemin.) Vite !

— Anne, tu m'aimes autant que je t'aime, ne va pas rester là et me dire que tout à coup c'est lui que tu aimes ?

Elle resserra la ceinture de sa robe de chambre, sans répondre.

— Tu vas vraiment me dire ça ? Rappelle-toi une chose, mon amour, je sais tout de toi. Et tu ne peux pas me mentir. Nous savons, toi et moi, que tu ne l'aimes pas !

— Éric est un type bien.

— Tu essayes de te convaincre.

— C'est vraiment un type bien. (Elle s'interrompit, et de la main ramena ses cheveux en arrière.) Non, ce n'est pas ce que j'ai voulu dire. Ça a l'air condescendant. La vérité, c'est qu'il est beaucoup mieux que toi ou moi.

— Foutaise !

— Très bien, alors mieux que moi.

D'un geste qui l'étonna, elle lui lança une serviette.

— Tes cheveux sont mouillés. Prends ça avec toi.

Elle se dirigea vers une porte qui s'ouvrait dans le mur du fond.

— Tu ne l'aimes pas !

Elle répondit, d'une voix très basse :

— La guerre a mis fin à beaucoup de choses, pour tout le monde. Ce qu'il y a eu entre nous est terminé...

— Pas ce qu'il y aura. Nous allons rentrer chez nous et faire ce que nous pourrons pour gagner cette guerre... Et puis merde ! Tout ça, ce sont des grands mots. Je ne suis pas un héros. Tout ce que je veux, c'est rentrer chez moi. Avec toi !

La maison était maintenant sens dessus dessous. Alors que les domestiques se ruaient, dehors, à la rencontre des sifflets, les chiens aboyaient furieusement.

— Il ne reste plus beaucoup de temps ! Pour l'amour du ciel, Richard, pars !

— Vas-y. Dis-le. Tu as la trouille de cette saloperie de guerre, exactement comme moi et comme le reste du monde. Crois-moi : je vais te ramener chez nous. Je le jure devant Dieu ! Kenji nous sortira de là.

Anne enfouit son visage dans la serviette, en secouant la tête et en se refusant à le regarder.

— Baronne !

Une voix appelait à la porte de la chambre.

— Baronne, la police est dans la maison !

Richard referma violemment la porte, puis il prit Anne aux épaules et l'obligea à se tourner vers lui.

— Ils ne sont pas là pour toi, mais pour moi, chuchota-t-il. Tout ce que tu as à faire, c'est m'attendre ici...

Maintenant, elle le regardait, son ravissant visage noyé de larmes.

— Je t'en prie, Richard, pars !

— Attends-moi ici. Tiens-toi prête. Et quand tu recevras le signal de Kenji...

De nouveau, elle se détourna, en secouant la tête. Il caressa ses cheveux humides.

— Attends ici. Contente-toi de m'aimer et de faire ce que je te dis.

La gouvernante suédoise frappait à la porte.

— Annie, je te jure que nous sortirons du Japon et de cette guerre ! Nous nous aimons. Nous avons toute la vie devant nous. Annie, je t'aime. Quoi qu'il arrive, ce sera avec toi !

La porte s'ouvrit.

— Baronne ! La police ! s'écria la Suédoise prise de panique.

Maintenant on entendait le sifflet dans la salle de réception. Les chiens hurlaient à l'arrière de la maison.

Anne regarda Richard :

— Il faut que tu partes.

— Baronne ! (La femme de chambre s'attardait à la porte d'où s'échappait la vapeur du bain.) La police vous demande.

Anne se ressaisit, et prit une longue inspiration pour affronter la femme, à la porte.

— Dites-leur que je viens.

Richard sentit la main de la jeune femme se refermer sur la sienne.

— Vite ! murmura-t-elle. Par ici.

Elle essayait de l'entraîner vers la porte de derrière, mais Richard se refusait à bouger.

— Baronne !

Richard fit une dernière tentative, avec des mots qui sortaient du cœur :

— C'est notre avenir qui est en jeu. Annie, ce n'est pas parce que tu as peur maintenant qu'il faut dire non. Promets-moi seulement de te tenir prête, et de faire ce que Kenji te dira...

Elle lui jeta un regard où se mêlaient crainte, amour et supplication. Alors, il se laissa fléchir, et elle put le conduire à la porte qui s'ouvrit sur la nuit glaciale. Il était trop tard pour une caresse, ou pour un baiser.

— Au revoir, Richard.

Ce fut le mot de la fin. Ne se risquant pas à l'affronter plus longtemps, elle courut rejoindre la gouvernante dans la chambre, puis gagna le hall pour détourner l'attention de la porte du jardin.

Richard, dans la nuit pluvieuse, entendit le son strident des sifflets. Il comprit que la police investissait la maison où les chiens aboyaient et hurlaient. Il essaya de s'orienter dans l'obscurité. Autour de lui, un jardin de style japonais, avec de la mousse humide, des pierres, des mares dont les rives gelées montraient des reflets d'argent. Le seul moyen de rentrer chez Kenji était de dévaler ce jardin et de franchir le mur délimitant la propriété du baron. Durant son trajet par les ruelles étroites jusqu'au domicile de Kenji, le brouillard le dissimulerait.

Derrière lui, les portes du manoir s'ouvrirent en grand, et la lumière fit luire la pluie. Richard entendit les chiens aboyer de plus en plus fort. Les policiers, échangeant des exclamations, investirent le jardin. Le faisceau des torches balayait la nuit sans rien révéler d'autre que le balancement des érables et, plus haut, des pins soupirant dans le vent.

Les chaussures de tennis de Richard glissaient sur la mousse humide. Il s'enfonça jusqu'aux genoux dans une mare, dont la glace éclata. Les voix se rapprochaient de plus en plus. La police était maintenant sur ses talons. Ramassant ses forces, il bondit par-dessus un massif de chrysanthèmes gelés en direction d'un haut mur de brique. Derrière lui, fouillant l'obscurité, et balayant le jardin en tous sens, une lumière blanche l'obligea à accélérer l'allure. Son seul espoir était de s'agripper d'un bond au faîte du mur et de le franchir. Il s'élança, essayant de saisir le rebord, mais échoua. Il sauta de nouveau, mais au moment où il s'accrochait au mur et s'apprêtait à faire un rétablissement, une lumière l'épingla contre les briques. Au sommet du mur apparurent deux soldats qui le mettaient en joue.

17

Le poste de police consistait en un triste assemblage de pièces en béton, à peine éclairées, empestant la friture. Une humidité froide ruisselait sur les murs, pire que celle de l'extérieur. Richard sentit que les policiers lui retiraient ses menottes. Ils le jetèrent dans une cellule dont la grille se referma avec un bruit métallique. Son pantalon mouillé et ses chaussures trempées étaient glacés. Il tremblait de tous ses membres. Ses dents claquaient.

Il ne vit ni n'entendit aucun autre prisonnier. Deux gardiens s'approchèrent de sa cellule, l'examinèrent longuement, en discutant, puis s'éloignèrent.

Les murs étant trop froids pour s'y appuyer, il s'accroupit au centre de la cellule. Jamais, même au moment de la mort de sa mère, il ne s'était senti aussi vidé, aussi complètement épuisé, glacé et coupé de tout ce qui le reliait à la vie. Il laissa tomber sa tête sur ses genoux, et, fermant les yeux, revit Anne dans son éclatante nudité. Il avait le visage brûlant, humide de larmes. Anne... Il psalmodiait son nom, le seul lien vivant qui le rattachait au monde. Combien d'heures s'était-il écoulé, une, deux, peut-être trois ? Il avait perdu la notion du temps au cours de cette longue nuit d'hiver. Soudain, il entendit des éclats de voix. Une porte claqua. Une radio hurlait des nouvelles en japonais.

Il jeta un coup d'œil à sa montre. Dix heures et trois minutes. Impossible que ce soit l'heure exacte. Cela faisait un temps infini qu'il ne cessait de grelotter. La faim était en partie la cause de son épuisement. Il n'avait rien mangé depuis midi. De nouveau, il consulta sa montre et en conclut qu'il avait dû la casser en tentant de franchir le mur. Il l'approcha de son oreille. Son tic-tac se faisait toujours entendre, mais de toute évidence, tout comme lui, elle ne savait plus où elle en était. Sinon comment expliquer que les heures paraissent aussi interminables ?

Lorsqu'il sentit que la nuit tirait à sa fin, sa montre n'indiquait qu'une demi-heure de plus. Il entendit des pas. Trois hommes s'approchèrent de la cellule et l'observèrent, assis sur son imperméable, les bras enserrant ses genoux. Il sentit leur regard, mais les ignora.

— Richard ?

C'était la voix de Kenji, dans la pénombre du couloir. Il avait troqué son uniforme contre un complet de couleur sombre. En même temps que les vêtements chauds qu'il déposa dans la cellule, il plaça sur le sol un exemplaire des *Souris et des hommes,* puis aida son ami grelottant à retirer ses chaussures de tennis, ses chaussettes mouillées, et à enfiler des chaussettes et des chaussures sèches. Ils n'échangèrent pas un mot. Ce fut par les yeux de Kenji que Richard se rendit compte de l'état de son pantalon, déchiré et maculé de sang. L'une des manches de son sweater blanc pendait en lambeaux. Kenji revêtit les épaules de son ami d'un veston de laine sec et noua une écharpe autour de son cou. Comme Richard, à cause du tremblement qui l'agitait, se révélait incapable de tenir une cigarette, ce fut Kenji qui l'alluma pour lui.

— Merci, vieille branche.

Kenji n'eut pas besoin de lui expliquer que Miyoko l'avait averti par téléphone : leur hôte s'était lancé dans sa tentative désespérée pour rejoindre Anne, avant que la police l'arrête.

— Tu as encore froid ?

— Ça va mieux. Merci.

Dehors, on entendit un coup de sifflet à la tonalité différente de celui de la police. Kenji appela un gardien et lui glissa quelques pièces dans la main.

— C'est le type des nouilles, expliqua Kenji à Richard. Il

passe dans la rue. Tu n'as pas mangé depuis hier, n'est-ce pas ?

Richard avala gloutonnement un brouet de poisson accompagné d'épaisses nouilles au sarrasin pendant que Kenji lui racontait ce qu'il avait appris. Les autorités du secteur de Tokyo et de Yokohama plaçaient les étrangers en garde à domicile ou les groupaient dans des postes de police semblables à celui-ci, avant de les transférer dans des camps de prisonniers. Oui, des camps de prisonniers. Kenji regardait fixement le plancher. Il comptait, ajouta-t-il, sur ses relations haut placées pour le tenir informé du moment où Richard serait transféré et de sa destination.

Richard, essuyant son menton du revers de la main, leva les yeux vers Kenji, malheureux de ne rien pouvoir faire pour surseoir à l'internement.

— Il faut tenir bon, honorable Richard. Dès que le bateau sera prêt à appareiller, je veillerai à te faire sortir du camp et à te faire embarquer.

— Avec Anne.

Kenji déglutit longuement.

— Deux passages, c'est très difficile, mais je vais essayer. Il semblerait pour l'instant qu'il s'agisse du *Haya Maru* à la mi-février.

Richard posa le bol et remercia son ami. À quoi cela aurait-il servi de faire savoir à Kenji que jamais il ne pourrait supporter six semaines à trembler de froid dans une cellule avec sa promesse comme seul horizon ? De toute façon, Kenji le savait. Brusquement, Richard saisit le bras de son ami, et le serra contre lui. Kenji ne lui rendit pas son étreinte, mais Richard se rappela que les Japonais n'avaient pas pour habitude d'extérioriser leurs sentiments. Kenji ne le laisserait pas tomber.

Il lui fit cadeau de son paquet de cigarettes et s'en alla.

18

Par une journée glaciale mais ensoleillée de la mi-décembre, les prisonniers furent convoyés jusqu'à une gare où les soldats séparèrent les hommes des femmes et des enfants. Les deux groupes d'Occidentaux, impuissants, se regardaient de part et d'autre des voies. Les hommes qui entouraient Richard, pathétiquement vêtus de leurs meilleurs vêtements, comme s'ils se rendaient à leurs occupations, s'efforçaient, les yeux pleins de larmes, de faire bonne contenance devant ceux qu'ils aimaient. Richard, qui se morfondait de ne pas avoir vu Anne depuis plusieurs jours, partageait leur angoisse. Son cœur était plein de commisération pour tous ceux qui se trouvaient là, clignant des yeux sous le soleil, luttant contre le désespoir. Une petite fille blonde de trois ans s'accroupit pour faire pipi, et chacun feignit de ne pas la remarquer.

Richard sentit qu'un homme l'écartait pour passer. C'était un Anglais, mince, dans un costume de tweed, avec des cheveux cendrés. Il descendit du quai et traversant les voies se dirigea vers une femme aussi blonde que lui, une femme coiffée d'un petit chapeau, et qui tenait fermement de ses mains gantées deux fillettes. Un coup de sifflet déchira l'air. Les gardes se précipitèrent vers l'homme vêtu de tweed, et l'abattirent à coups de crosse. La femme, haletante, recula en empêchant ses enfants de regarder, mais nul, même les fillettes, ne poussa un cri. Dans le soleil brillant du matin, tous demeurèrent silencieux tandis que les soldats emmenaient l'homme. Les prisonniers, de chaque côté des voies, avaient tout vu. Hommes d'un côté, femmes et enfants de l'autre, tous pétrifiés de peur, ils ne pouvaient faire autre chose que regarder ceux qui leur étaient le plus chers.

Le tintement joyeux d'une cloche se fit entendre. C'était un tramway vide, et non un train, qui s'avançait en ferraillant sur la voie. Il s'arrêta dans un grincement. Les gardes firent monter femmes et enfants jusqu'à ce qu'il soit plein. Lorsque le tramway repartit en cahotant, il n'y eut ni geste ni parole d'adieu, mais les yeux des femmes et des enfants demeurèrent rivés sur les hommes impuissants, éblouis par le soleil, le visage décomposé par l'émotion.

Lorsque le tramway destiné aux hommes se présenta,

Richard, pour ne pas être coincé à l'intérieur, s'arrangea pour rester en bout de file. Il trouva une place sur la plate-forme arrière. La cloche du tramway sonna joyeusement. Les gardes qui se trouvaient à bord crièrent en direction de ceux de la gare. La cloche tintait gaiement en faisant fi du silence des passagers, tandis que le tramway cahotait le long des rails.

Ce fut au moment où le tramway quittait la gare que Richard vit Kenji. Le Japonais se tenait debout, dans son costume sombre et sa cravate de Stanford, au pied d'un poteau de signalisation. Il avait les yeux fixés sur Richard et leurs regards se croisèrent. Le bon, le loyal Kenji était là pour dire à Richard qu'il tiendrait sa promesse : il le sortirait de là, et lui obtiendrait son passage. Le regard de Kenji déconseillait à Richard le moindre geste d'adieu. Le prisonnier fit néanmoins un signe de tête presque imperceptible, sans s'étonner que son loyal ami ne lui adresse pas de réponse.

Richard, cramponné à un montant du tramway, tressautait à chaque cahot alors que le véhicule progressait bruyamment à travers une zone industrielle grisâtre, où la puanteur d'une fumée âcre et celle du poisson se mêlaient aux odeurs de créosote et d'égouts. Le tramway parvint en bout de ligne à une étendue de terrain herbeux où des oiseaux gris prirent leur envol en entendant tintinnabuler le tramway. Il stoppa au pied de collines où se dressaient des érables dénudés. Les gardes, en les bousculant, firent sortir les prisonniers. Chacun portait sa propre valise. Un roquet se mit à aboyer, tandis que des enfants en haillons tournaient autour d'eux en les insultant et en leur jetant des pierres. Les hommes, pour se protéger, s'abritèrent derrière leur valise, et se hâtèrent de s'éloigner des enfants, en trébuchant sur un sol inégal et caillouteux, pour gagner des baraquements en mauvais état autour desquels des soldats installaient des fils de fer barbelés. Juste à côté de Richard, un vieil homme à l'imposante chevelure blanche heurta une pierre et tomba. Richard se pencha pour lui venir en aide, mais un garde, en hurlant, l'obligea à poursuivre sa route.

Les baraquements dégageaient une odeur de moisi et de renfermé. L'installation se faisait dans le désordre. Les soldats se perdaient en discussions tandis que chaque prisonnier laissait tomber sa valise sur un châlit en bois où attendait une mince natte roulée. Des crottes de rat parsemaient le plancher.

Les prisonniers s'assirent sur leur lit et attendirent.

Il n'y eut pas de repas de midi, mais, par un étrange effet de la politesse japonaise, les soldats, en fin d'après-midi, apportèrent du thé. Du thé chaud, bouillant. Les tasses du moins réchauffaient. L'obscurité tombait déjà sur cette première journée, et l'haleine de chacun s'exhalait telle une fumée blanche. Le froid grandissait en même temps que les ombres, ce froid incoercible qui n'allait pas cesser de les faire trembler jusqu'aux os.

Le vieux qui était tombé à côté de Richard toussait dans son mouchoir.

Les valises s'ouvrirent. On en sortit sweaters et écharpes. Nul n'était assez chaudement vêtu pour lutter contre le froid.

Richard promena son regard sur ses compagnons de détention, une centaine environ, tous occidentaux, bien entendu, mais différents de ceux qu'il avait connus à Hong Kong. Presque aucun n'avait le teint bronzé et l'apparence prospère des membres du Bay Club. C'étaient des secrétaires de compagnies de navigation, des employés de banque, des commerçants. L'un d'eux, un jeune pasteur doté d'un faux col et d'une Bible, essayait de réconforter le vieil homme qui toussait.

Des Américains, des Anglais, des Australiens, des Canadiens. De pauvres types pris au piège de la guerre. La plupart avec une famille dont le sort les rendait fous d'inquiétude. Ils ne parlaient pas beaucoup, se contentant de trembler, la peur au ventre, dans l'angoisse du lendemain.

Les règles de vie étaient simples. En premier lieu, les Japonais exigeaient, semblait-il, le respect. Lorsqu'un garde faisait son apparition, les prisonniers devaient se lever et se mettre au garde-à-vous, les yeux au plancher. Plusieurs fois par jour, chaque jour, les portes s'ouvraient à toute volée, les Japonais faisaient irruption et se mettaient à arpenter le plancher grinçant, hurlant des ordres dans une langue que seuls quelques-uns des Occidentaux aux yeux baissés comprenaient. Au bout de quelques minutes, ils ressortaient, en claquant violemment les portes.

Une routine quotidienne s'installa. Deux fois par jour, les prisonniers faisaient cuire leur ration de riz dans un récipient à l'extrémité du baraquement. Une poignée de riz, et quelquefois un peu de poisson, le tout accompagné d'un bol de soupe aux haricots, constituaient le repas. Le même bol, contenant le reste blanchâtre et grumeleux de la soupe, servait pour le thé vert bouillant que les prisonniers allaient chercher de leurs mains tremblantes, parce qu'il était chaud et apportait un peu de soulagement au froid.

Cela n'empêchait pas les détenus d'observer leurs gardiens. Au bout de quelques jours, ils surent distinguer le cruel du paresseux, le garde-chiourme hurlant qui frappait de sa cravache de bambou tout ce qu'il rencontrait, et le balourd que ses végétations empêchaient de respirer et qui se mouchait dans sa manche.

Les jeux étaient interdits, mais naturellement des paquets de cartes à jouer étaient arrivés en fraude dans les valises. Des guetteurs, postés à chaque extrémité du baraquement, se succédaient pour prévenir de l'arrivée des gardiens.

Richard ne jouait pas au poker. Il n'avait pas non plus beaucoup d'affinités avec les autres. En réalité, il ne s'était pas intégré à leur groupe. Après tout, dans moins de six semaines, Kenji l'aurait fait sortir de là pour embarquer. Il avait son exemplaire des *Souris et des hommes,* mais se sentait incapable de lire une ligne. Il passait donc son temps à fumer, allongé sur son châlit, en essayant d'imaginer ce que faisait Anne au moment précis où il pensait à elle. Ce qu'il y avait de meilleur, c'était de fermer les yeux et de se la figurer, toujours dans sa rayonnante nudité, partageant la même cabine que lui sur le *Haya Maru.* Durant la traversée du Pacifique, enfin réunis, il n'y avait rien qu'ils ne pourraient faire tous deux. La seule idée d'un tel bonheur le mettait à la torture.

Il songea à lui écrire une lettre, mais les lettres étaient interdites. Il dut se contenter, à l'aide de son coupe-ongles, de faire une encoche dans le bois de son châlit : quarante-deux encoches, et Anne et lui seraient dans les bras l'un de l'autre, dans la chaleur d'un bateau croisant sur une mer froide.

Le vieil homme toussait. Richard pensait à ses compagnons, et son cœur se serrait. Qu'avaient-ils à attendre de l'avenir ? Revoir leur famille, c'était là l'essentiel. Mais combien de temps devraient-ils vivre dans cette incertitude terrifiante, dans ce vide, coupés de ceux qu'ils aimaient ainsi que du reste du monde ? Richard, souvent, lisait le désespoir dans leurs yeux, car nul n'osait exprimer la question à voix haute. Il y en avait une autre, encore plus angoissante, que Richard lui-même osait à peine se poser. Les États-Unis, les alliés, pouvaient-ils gagner la guerre ? Hitler était victorieux en Europe. L'empereur, avec les forces navales et aériennes de l'armée impériale, remportait l'une après l'autre, dans le Pacifique, des victoires retentissantes. Le gardien qu'ils avaient surnommé en secret « Cravache de bambou » leur lança en montrant toutes ses dents un exemplaire en anglais de l'*Osaka Mainichi.* Ils redoutaient de lire ce qu'il contenait. C'était la chute de l'île de Wake, enlevée par les Japonais le jour même, le 23 décembre.

Encore deux jours, et ce serait Noël. Qu'apporterait-il ? Le plus courageux, celui qui osa se demander ce qui allait maintenant leur arriver, ce fut Grable, un journaliste de Chicago au visage bouffi et aux yeux globuleux qui avait été prisonnier des Allemands vingt-trois ans auparavant, durant la Première Guerre mondiale. Il narra à ses compagnons sa faim et ses combats, la Croix-Rouge distribuant des colis, et la mort tragique de ceux qui tentaient de s'évader. Il n'était pas besoin d'y ajouter le froid. Les détenus, quand ils ne restaient pas agglutinés autour de la marmite à faire cuire le riz, passaient leur journée à lutter pour se réchauffer. Les rares journaux, mis soigneusement de côté, constituaient un isolant précieux contre la chair de poule : ils craquaient au-dessous des vêtements.

Richard, presque autant que le froid, haïssait et redoutait les interminables nuits. Le vieux ne cessait de tousser. D'autres, sous l'effet du froid, passaient la nuit à faire la queue pour se rendre aux latrines.

Richard faisait des encoches au bois de son lit, et se disait qu'il avait bien de la chance, à côté de ses compagnons. Il ne lui restait plus que cinq semaines à supporter tout cela.

Noël arriva. Ce fut une journée avec quelques flocons de neige, et grâce à la neige, le froid coupant comme un rasoir ne se montra pas aussi tranchant. Grable leur avait parlé d'un Noël dans le camp de prisonniers de guerre où ces derniers, pauvres troufions, avaient bénéficié d'un arbre et de bougies. Ils avaient réussi à confectionner un minuscule gâteau avec de la farine et des fruits qu'ils avaient mis de côté. Ils avaient monté un spectacle et chanté des chants de Noël. Les Allemands avaient même chanté avec eux.

D'après les films dont il se souvenait, cela ressemblait assez à ce que Richard s'était imaginé de Noël dans un camp de prisonniers. De braves gars. Des cœurs généreux. Tous se réconfortant mutuellement à la pensée du pays et des êtres chers. Avec les bougies en train de briller et les chants de Noël montant dans la nuit froide sous les étoiles à la clarté glaciale.

On était en décembre 1941. Dans ce baraquement japonais où ils se trouvaient internés, ils ne songèrent à Noël que tard dans l'après-midi. Alors, ils se rassemblèrent pour entonner des chants. Ce ne fut pas très réussi car ils ne connaissaient pas les paroles et en vinrent presque à se quereller quand ils découvrirent que celles des chants anglais n'étaient pas les mêmes que celles des Américains. Même celles de *Douce Nuit.* Certains connaissaient ce chant-là en allemand, mais il n'y en avait pas un qui se fût résolu à utiliser un seul mot de la langue ennemie.

La journée se termina mal. « Cravache de bambou », montrant plus que jamais ses dents, exhiba devant eux un gros titre du *Osaka Mainichi* : Hong Kong était tombé aux mains des Japonais.

Depuis le corps de garde, sous l'effet du *saké*, on entendit monter de plus en plus fort les *banzaï* et les rires. Ils se prolongèrent tard dans la nuit.

19

Le colonel Hideo Saito appartenait aux services secrets de l'armée impériale. Il écrasa sa cigarette dans un cendrier bon marché, souvenir de l'Exposition universelle de New York, de son trylon et de sa périsphère. Depuis la fenêtre du poste d'écoute, il contempla, dans le brouillard, les circonvolutions du fil de fer barbelé et les pins. Au-delà de la clôture du camp, matérialisée par une chaîne, deux sentinelles faisaient les cent pas avec une raideur toute militaire. Il mit en marche son poste américain à ondes courtes, marque Philco, et alluma une nouvelle cigarette. Pensif, il considéra ensuite la Chesterfield qui se consumait.

Nul n'avait jamais vu sourire le colonel Saito. Cependant, alors qu'il se trouvait seul dans son bureau au sommet d'une colline de Yokohama, c'était en souriant qu'il écoutait ce matin-là, à dix heures dix, la station KOGO émettant de San Francisco. Du bout des doigts, il vérifia délicatement la rectitude de sa chevelure fortement brillantinée, dressée sur sa tête avec la même régularité que les poils d'une brosse. Bien que le colonel n'eût que trente-sept ans, ses mains et son visage osseux avaient la teinte d'un ivoire sculpté, un ivoire jauni. Il avait pris le parti de ne jamais sourire, mais pour son visage, il n'avait pas le choix. Ses yeux, si petits qu'ils semblaient mal placés, mettaient les gens mal à l'aise. Ils auraient dû appartenir au visage d'un très vieil homme. Minuscules et brillants sous les sourcils à peine dessinés, ils exagéraient son air prématurément vieillot. Il avait ce nez crochu dont les artistes japonais affublent souvent les masques de bois peint des acteurs Kabuki. Oui, le colonel Saito souriait. Il n'était jamais aussi heureux qu'en fumant une Chesterfield, sponsor de l'émission de Glenn Miller, à la radio américaine. Il examina sa cigarette, au bout d'un porte-cigarette noir.

— *They satisfy,* dit-il avec un sourire, répétant le slogan publicitaire en anglais.

Ce matin-là, ce n'était pas du Glenn Miller que jouait la radio, mais *Deep in the heart of Texas.* Le colonel se mit à contempler un mur recouvert de photos, de plans de grandes villes et de cartes des États d'Amérique. « Station KOGO, San Francisco » murmura-t-il pour lui-même, associant ce qu'il écoutait et ce qu'il regardait : un poster représentant le Golden Gate Bridge.

— *They satisfy.*

En effet, le colonel Saito souriait, mais ses lèvres se pincèrent à un coup frappé à la porte. Le capitaine Ikeda avait le crâne parfaitement rond et comme peints à même ce crâne, des cheveux qui semblaient passés au cirage. Une fois entré, il traversa la pièce d'un pas décidé et, gagnant la carte murale, se mit à enfoncer des épingles de différentes couleurs dans les veines et les artères d'une carte routière de l'État d'Illinois.

— *Deep in the heart of Texas,* annonça le colonel Saito en anglais.

— Exact, mon colonel, répondit le capitaine Ikeda.

Les étoiles brillent la nuit
En plein cœur du Texas.

La chanson s'acheva. La radio à ondes courtes du colonel

émettait avec netteté, la voix américaine se fit entendre, chaleureuse.

— Toujours numéro 7 au hit-parade, et ça chauffe. À l'heure juste, KOGO vous donnera ses informations. En attendant, écoutez *String of pearls* par Glenn Miller !

— *String of pearls,* répéta Ikeda, que Saito détestait à cause de son mauvais accent.

Cependant le colonel, observant Ikeda à travers la fumée de sa cigarette, se considérait comme très heureux de l'avoir dans son état-major. Ikeda avait conduit une Plymouth depuis Hanover, dans le New Hampshire, jusqu'à Seattle, dans l'État de Washington. Malheureusement, Ikeda n'était pas Tachikawa.

Le commandant Tachikawa, lui, n'avait pas d'accent. Il avait suivi les cours de l'université de Stanford, à Palo Alto, en Californie. Par la porte ouverte, le colonel ordonna d'une voix sèche de faire entrer le commandant Tachikawa.

Kenji entra et salua militairement. Le colonel Saito eut un signe de tête en direction du mur et du capitaine avec ses épingles bleues. Il se mit à parler dans un anglais meilleur que celui d'Ikeda mais pas aussi bon que celui de Tachikawa, qui était presque celui d'un Américain de naissance.

— Une nouvelle usine d'armement, là, à Decator.

— Avec des chaînes de montage, précisa Ikeda. Son accent chuintant fit tiquer Kenji.

Saito fumait toujours.

— Le capitaine Ikeda nous informe qu'une base militaire américaine s'installe le 15 de ce mois-ci à Pittsfield. (Il saisit une liasse de coupures de presse américaine et la tendit à Kenji.) Ce sont les dernières provenant de la presse locale des États-Unis, commandant, et pour quelque temps. Le gouvernement de Washington ayant instauré la censure, il sera de plus en plus difficile d'obtenir des nouvelles imprimées. Aucune importance. Dès maintenant, ce que nous capterons à la radio deviendra d'autant plus important.

Kenji jeta un coup d'œil aux coupures, qui provenaient d'une douzaine de petites villes des États-Unis. Il prit les transcriptions des programmes radio que le colonel lui tendait. *Jack Benny* et *Bob Hope,* le *Richfield Reporter.* Des émissions de Californie, il se les rappelait. La main couleur d'ivoire de

Saito saisit d'autres transcriptions, en code, qu'il fit passer à Ikeda.

— Portez ceci au décryptage, immédiatement.

— Bien, colonel.

Ikeda agita sa tête ronde et lança un regard à Kenji, content de lui-même et des épingles bleues sur la carte : n'indiquaient-elles pas ce qu'avait appris le Japon, l'implantation d'une nouvelle usine à Decator ?

Ikeda se hâta de sortir, pendant que le colonel et le commandant étudiaient les cartes détaillées des États-Unis, des photographies de *Life,* des croquis à grande échelle du Golden Gate Bridge et des gratte-ciel de Manhattan. Les deux hommes songeaient à cet autre monde, sur l'autre rive du Pacifique, un monde qu'ils connaissaient mieux que n'importe quel autre Japonais ou presque.

— La capitale du Texas, commandant ?

— Austin, répondit Kenji.

Le colonel, du tiroir de son bureau, sortit un mouchoir de soie à l'aide duquel il ouvrit une boîte laquée de noir. Il ne fallait pas que la sueur des doigts, même s'ils étaient comme ceux du colonel semblables à de l'ivoire, détériore l'éclat profond de la très précieuse laque. Il offrit une cigarette à Kenji, une Chesterfield. Celles que préférait Glenn Miller.

Kenji refusa la cigarette américaine.

— *They satisfy,* dit le colonel tout en introduisant la cigarette dans son fume-cigarette noir.

Puis il se renversa dans son fauteuil et considéra le commandant qui, sans se tenir exactement au garde-à-vous, était loin de se montrer détendu.

— Falla, dit-il brusquement.

C'était un test. Le colonel avait posé la question. Connaissait-il déjà la réponse ?

— Falla, dit Kenji en japonais, est le nom du chien du président Roosevelt.

— Parlez anglais, commandant.

— Bien, colonel.

Il répéta, en anglais :

— Falla est le nom du chien du président Roosevelt.

Le colonel saisit une coupure de presse et lut, de ses petits yeux, après avoir chaussé des lunettes à monture d'acier : « *Le*

30 janvier, Falla a remué la queue pour faire fête au président. » Il retira ses lunettes et leva les yeux vers Kenji.

— Le 30 janvier était le soixantième anniversaire du président.

Saito acquiesça, fier de son jeune officier.

— Joyeux anniversaire, Monsieur le Président.

Les lunettes reprirent leur place, et ce fut le tour d'une transcription radio avec des lignes soulignées en rouge.

— *Je suis du Missouri.*

Un autre test ?

— *Je suis du Missouri* veut dire : Je suis soupçonneux de nature. C'est-à-dire qu'avant que je croie ce que vous me dites, vous devez m'apporter la preuve que c'est vrai.

Les petits yeux s'attardèrent sur un autre passage souligné en rouge.

— *Maintenant l'Amérique tout entière va se joindre à Clyde McCoy pour chanter le blues.*

Le colonel ôta ses lunettes sans quitter Kenji des yeux.

Kenji cherchait. Son visage se crispa sous l'effet de la concentration.

— Je regrette, mon colonel, mais jusqu'à présent je n'ai pas découvert ce que cela signifie.

La main couleur d'ivoire de Saito, protégée par le mouchoir de soie, replaça le couvercle laqué avec précision.

— Voyons, commandant, vous avez sûrement interrogé quelqu'un de ces *Issei*, ces Japonais qui ont vécu durant des années aux États-Unis ?

Kenji avala sa salive.

— Malheureusement...

— Oui, commandant ?

— Les *Issei* que nous avons interrogés se refusent à aider le Japon.

— Alors ce sont des traîtres.

— Ils ne voient pas les choses de cette façon-là, mon colonel. Ils se considèrent comme des gens honorables, loyaux envers leur nouvelle patrie.

— Des gens honorables ?

Kenji ne répondit pas.

— Persuadez-les.

Kenji se retint d'agiter la tête, autre signe révélateur qu'il rencontrait une difficulté.

— S'ils parlent sous la contrainte, comment être sûrs qu'ils ne mentent pas ?

Le colonel se carra dans le fauteuil de son bureau avec autant de précaution qu'il avait remis en place le couvercle laqué. Il dit d'une voix glaciale, où la colère couvait :

— Comment nos décrypteurs trouveront-ils le code si nous ne leur donnons pas le sens des messages que nous interceptons ? Vous comprenez, commandant, l'importance que cela a pour nous ?

— Je comprends, mon colonel.

— Et l'importance du facteur temps dans cette opération ?

— Je comprends, mon colonel.

Saito ferma les yeux pour le laisser réfléchir. Lorsqu'il les rouvrit, il avait sans doute oublié qu'il avait déjà proposé à Kenji une Chesterfield.

— Une cigarette, commandant ?

Cette fois, Kenji accepta.

— Merci, mon colonel.

Le colonel fit tourner la cigarette dans ses doigts couleur d'ivoire.

— Votre ami américain serait-il disposé à coopérer ?

Kenji n'accusa aucune surprise. Il réussit à la fois à ne pas avaler sa salive et à ne pas bouger la tête. Le colonel avança la main vers un dossier qui se trouvait sur son bureau, portant une étiquette rédigée en caractères romains : *Reese, Richard A.* Son silence accusait Kenji. Le colonel ouvrit le dossier, et ses sourcils dégarnis se soulevèrent au-dessus de ses petits yeux.

— Votre Richard Allen Reese se trouve au Japon depuis le 8 décembre. Vous avez réussi à inscrire son nom sur la liste des passagers à échanger ?

Même si la liste ne se trouvait pas dans ce dossier, là, devant eux, à la disposition de l'officier, Kenji était trop intègre pour réfuter l'accusation.

— Comme vous l'avez constaté, mon colonel. Vous avez cette liste.

— Richard Allen Reese est réellement un ami ?

Kenji fut sur le point de hocher la tête. Il s'en empêcha, et répondit sans équivoque :

— Oui.

— Washington a réclamé cet homme ?

— Non.

— Mr Richard Allen Reese. Camp d'Owasi. District de Chiba.

— *Hai.*

— En anglais, commandant. Cet anglais que vous parliez avec tant de dextérité à l'université de Stanford.

— Excusez-moi. Oui, il se trouve au camp d'Owasi.

Saito se leva et revint à la fenêtre. Une corneille noire était posée entre les piquants des fils de fer barbelés. Une corneille avec de petits yeux. Saito, tirant sur sa cigarette, demeura silencieux durant un très long moment. Une veine battait au cou de Kenji, mais le colonel n'en remarqua rien.

— Ce Richard Allen Reese saurait-il ce que veut dire : *se joindre à Clyde McCoy pour chanter le blues ?*

— Oui.

— Vous le lui avez demandé ?

— Non.

— Vous êtes amis.

Le colonel fumait d'une manière si délibérée que cela semblait faire partie de son processus mental. Il contemplait le brouillard, dehors, ainsi que les fils de fer barbelés dégoulinants de pluie.

— Vous avez joué au tennis avec Richard Allen Reese, en Californie ?

— Oui.

— Sous ce beau soleil... Très agréable, j'en suis sûr. Il n'empêche que vous, vous avez travaillé dur, à Stanford : vous avez réussi dans vos études, et vous êtes rentré dans votre pays pour servir votre famille et votre patrie. Mr Reese, lui, a semble-t-il continué à jouer au tennis.

Ses doigts d'ivoire allèrent délicatement cueillir un brin de tabac sur ses lèvres fines. Rien n'est parfait, même une Chesterfield.

— Il jouait au tennis sous le soleil de Hong Kong. Et maintenant, il se trouve au Japon et fume les cigarettes que vous lui fournissez.

Il regagna le bureau et fit glisser le dossier en direction de Kenji. Ce dossier marqué Richard A. Reese devint dans ce bureau comme un troisième personnage.

— Il fume vos cigarettes et attend que vous le fassiez monter à bord de ce bateau.

La main tenant la cigarette en train de se consumer tapota le dossier, tandis que l'autre s'élevait vers Kenji, formant le lien entre les deux.

— Vos cigarettes. Et vos savonnettes Palmolive. Indubitablement vous savez ce que veut dire aider un ami.

— Il m'a rendu service aux États-Unis.

— Maintenant, il est l'ennemi de votre empereur et de vos concitoyens. Est-il toujours votre ami ?

— Oui.

— Il est votre ennemi.

Kenji aspira une bouffée d'air entre ses dents serrées.

— Votre ennemi, commandant.

— Ce n'est pas si facile.

— Un homme honorable sait ce qu'il a à faire.

— J'ai promis à Mr Reese de le faire embarquer avec les passagers à échanger.

— Vous avez déjà demandé cela à des gens que vous connaissez ?

— Oui.

— Un homme honorable tient-il sa parole ?

Kenji ne répondit pas.

— Votre ami, commandant, est-il un homme honorable ?

— Vous ne l'ignorez pas, mon colonel, les Américains ont un code de vie quelque peu différent du nôtre.

— Selon le code américain, Reese est-il un homme honorable ?

— Oui.

— Bien sûr.

Le ricanement de dérision du colonel Saito laissa clairement entendre qu'il n'en croyait pas un mot.

— Un homme qui a quitté son pays au lieu de s'enrôler sous les drapeaux. Un homme qui joue au tennis, tout de blanc vêtu, pendant que le monde est en guerre... (De la main, il balaya tout cela : ce qu'avait fait Reese se passait de commentaire.) Vous avez promis de l'aider. Si vous lui demandiez la même chose, est-il suffisamment honorable pour tenir sa promesse ?

Kenji comprit ce qui se préparait.

— Il se demandera ce qu'il me doit pour lui avoir fourni quelques savonnettes et des cigarettes...

— Des Chesterfield. *They satisfy,* commandant.

Le colonel Saito fut sur le point de sourire.

— Et le bateau, commandant. Le *Haya Maru.* À destination

de l'Amérique. Vous me mettez dans l'obligation, j'en suis surpris, de vous demander de faire ce que vous auriez déjà dû faire.

— Il est américain.

— C'est notre ennemi.

— C'est mon ami.

— Alors demandez à votre ami de nous aider. (Le colonel ramena le dossier vers lui.) Le temps presse, commandant, vous comprenez ?

20

En talons plats et uniforme de la Croix-Rouge, Anne avait l'apparence d'une petite fille effrayée. Pour se montrer crédible face à ses compatriotes du camp d'internement, elle avait compté sur la sévérité de la couleur kaki, et fourré ses cheveux flamboyants sous le calot. Elle ne portait aucun maquillage, pas même du rouge à lèvres.

C'est à l'ambassade de Suisse qu'elle avait rejoint les deux femmes : une Suisse et une Suédoise plus âgées. Elles grimpèrent dans la voiture sans chauffage. Il faisait une belle journée de janvier, mais Anne, pendant que défilaient les usines crasseuses de Tokyo puis, de part et d'autre de chemins boueux, des maisons grises aux toits de tuile, sentait ses pieds devenir tout froids. Des mares gelées luisaient dans des terrains vagues. Des vols d'oiseaux tournoyaient dans le ciel d'un bleu éclatant. Rien de tout cela n'évoquait la guerre. De même que les deux autres femmes de la Croix-Rouge, Anne regardait devant elle, à travers le pare-brise, les collines saupoudrées de neige. Lorsqu'elle aperçut enfin les baraquements gris du camp, entourés de fils de fer barbelés, son cœur chavira.

Richard se trouvait-il là ?

Un soldat salua les femmes de la Croix-Rouge et autorisa la voiture à entrer.

Malgré son uniforme de laine, Anne grelottait. Ce qu'elle avait à faire paraissait simple. Elle devait s'asseoir au soleil devant une table de bois et aider les détenus à rédiger des messages destinés à leur famille.

Le premier à qui elle eut affaire était un vieil Américain avec une barbe de plusieurs jours. Il se tenait devant elle en tremblant. C'est à peine si elle pouvait le regarder sans fondre en larmes. Sa peau était du même gris que son costume civil, défraîchi et souillé. Qui était-il ? Un employé de banque ? Un homme d'affaires surpris au cours d'un voyage ? L'homme, paralysé par le froid, ne disait rien et se contentait de la regarder fixement. Savait-il pourquoi il faisait la queue ? En souriant, elle lui expliqua que la Croix-Rouge ferait l'impossible pour entrer en contact avec sa famille, et faire savoir à celle-ci où il se trouvait et où elle pouvait lui écrire.

Elle aurait voulu lui tendre la main, mais la sentinelle japonaise, attentive à toute infraction derrière ses lunettes miroitantes, ne perdait pas un seul de ses mouvements. Anne montra au vieil homme le formulaire qu'elle avait rempli et s'adressa à lui gentiment, avec toute la compassion qu'elle éprouvait sincèrement :

— Nous allons tout faire pour joindre votre famille dès que nous le pourrons.

Elle lui sourit une nouvelle fois. Que n'aurait-elle pas donné pour qu'il la remercie, pour qu'il lui montre un signe de gratitude. Un simple « Dieu vous bénisse ! » chuchoté, et elle aurait poursuivi son travail sans penser à la duperie qu'il représentait.

Elle découvrit que ceux qui défilaient un à un devant elle étaient originaires d'Angleterre, du Canada, d'Australie et des États-Unis. Ils avançaient pas à pas jusqu'à elle en resserrant leurs bras autour d'eux pour se protéger du froid.

Un Anglais petit et trapu, employé ou sous-directeur de banque, l'émut par ses efforts pour apporter à la situation un peu de savoir-vivre et d'humour britanniques. Tout en ramenant ses cheveux sur son crâne dégarni, il essayait de se montrer courageux, mais ses yeux étaient pleins de larmes. Il mettait cela sur le compte du froid. Elle essaya de toutes ses forces de lui cacher qu'elle avait envie de pleurer elle aussi, et se trouva en train de promettre plus qu'elle ne pouvait tenir : un message à sa famille. Elle calligraphia soigneusement une adresse dans le Wiltshire, en Angleterre. Elle pouvait à peine tenir le crayon indélébile tant ses mains tremblaient de froid. Elle vit l'homme se redresser de toute sa taille en partant. Bien qu'émue par cette démonstration de courage, elle ressentit une bouffée de honte à la pensée que son propre sort la préoccupait davantage. Elle redoutait, en relevant la tête, de découvrir Richard dans une des files d'attente. Si elle le voyait là, en train de la regarder, aurait-elle le courage de l'affronter ?

Il se trouvait encore au Japon. Elle le savait car chaque jour elle consultait les listes d'appareillages d'Éric, et aucun bateau prévu pour l'échange n'avait jusqu'ici pris la mer.

Le découvrirait-elle un jour debout devant elle dans une file semblable à celle-ci, tremblant de froid ? Richard... Une idée lui traversa l'esprit. Seigneur ! Portait-il toujours ces ridicules vêtements et ces chaussures de tennis, par une journée aussi glaciale que celle-ci ?

De retour au manoir, il lui fallut pendant une heure prendre un bain de vapeur bouillante, à la japonaise, pour chasser le froid de ses membres. Elle s'appuya contre la céramique, obsédée par le visage de ces hommes. Maintenant elle avait chaud, mais eux, ils se trouvaient toujours là-bas, derrière les fils de fer barbelés, à mourir de froid sur ce terrain gelé. Ils avaient encore à endurer le restant de l'hiver. Elle pleura sur leur sort.

Elle avait chaud et se trouvait en sécurité. Richard, lui, grelottait.

Le lendemain, il tombait une pluie glaciale. Elle essaya d'obtenir des gardiens l'autorisation de travailler à l'abri. En vain. Leur insensibilité et leur cruauté la révoltèrent, mais les hommes auxquels elle venait apporter son aide faisaient la queue sans se plaindre, tels des épouvantails dégoulinants. De nouveau, elle se sentit mortifiée, car elle savait qu'ils avaient connu des épreuves bien pires qu'une pluie glaciale. Elle se fit un devoir de partager leur souffrance en montrant elle aussi du courage, et s'abrita sous un imperméable, en espérant que la grimace forcée qu'elle adressait à chacun ressemblait à un sourire.

Ce soir-là, au dîner, toujours obsédée par les visages des prisonniers, elle fit de son mieux pour soutenir la conversation avec l'ambassadeur de Suède et son épouse, ainsi qu'un courtier en acier de Göteborg. Le vin était de première qualité, et le saumon, accompagné d'une sauce à l'aneth, délicieux. Pendant ce temps, les hommes dont elle avait dressé la liste ce jour-là tremblaient de froid, et leur dîner ne consistait qu'en une poignée de riz.

Richard mourait de faim.

Au lit, après qu'ils eurent fait l'amour, elle avoua à Éric combien son travail à la Croix-Rouge lui pesait, mais il l'incita à ne pas l'abandonner. Ils ne devaient jamais oublier ni l'un ni l'autre, ajouta-t-il, la chance qu'ils avaient d'être neutres dans cette guerre. Tous ceux qui avaient été internés étaient *gaijin,* c'est-à-dire des Occidentaux comme eux, et parmi ceux-ci on comptait beaucoup de leurs amis qu'un coup du sort avait fait prisonniers des Japonais.

Elle ne dit rien naturellement de Richard mais confia, en enfouissant son visage humide de pleurs dans l'épaule d'Éric : « C'est tellement plus dur que je ne l'avais imaginé. Je n'avais pas pensé à ce froid horrible. Ils vont devoir le supporter jusqu'à l'arrivée du printemps. » Éric sentit qu'elle tremblait. Devina-t-il qu'elle pensait à Richard ? Enfermée dans ses bras, elle se le demanda.

Trois jours plus tard, ce fut Richard qui la vit le premier. Il pleuvait. Sa veste était sale et trempée. Une manche pendait. Son pantalon de flanelle humide collait à ses jambes. Son hâle avait disparu, et sur sa joue on voyait une coupure due au rasage à l'eau froide. Passant la main dans ses cheveux dégoulinants de pluie, il n'avait d'yeux que pour Anne, alors que celle-ci accordait toute son attention à un immense Australien.

Après l'Australien, ce fut le tour du marchand de grains canadien du *Kungsholm* : il avait tellement maigri que sa peau pendait comme les plis d'une robe sale. Richard vint ensuite. Avant qu'Anne ait levé les yeux vers lui, il repoussa ses cheveux en arrière et redressa les épaules, en arborant un sourire accompagné de la même désinvolture qu'Errol Flynn dans ses rôles de cinéma.

À son propre étonnement, Anne ne sursauta pas et ne cria pas. Son visage, sans maquillage, luisait d'humidité, mais elle ne manifesta ni étonnement ni frayeur. Richard vit qu'elle mordillait sa lèvre inférieure tout comme le faisait sa mère quand elle était bouleversée.

Son cœur à lui battait à tout rompre, menaçant de l'étouffer. Il aurait voulu lui crier qu'il l'aimait, qu'il pensait à elle nuit et jour, qu'il ne pouvait vivre sans elle. Tout ce qu'il trouva à dire, ce fut :

— Hé ! Où sont les beignets ? Si vous êtes de la Croix-Rouge, vous êtes censée nous apporter des beignets.

Il essayait de donner le change, c'était d'une évidence pathétique. Elle le savait. Ne lui avait-il pas ouvert son cœur, quelques semaines auparavant, dans sa salle de bains, en la suppliant de répondre à son amour et de lui promettre de partir avec lui dès qu'il aurait reçu l'aide de Kenji. Aujourd'hui, il était sale, grelottant de froid. Tout ce qui lui restait, c'était sa dignité. Elle se montra gentille. Elle mentait, mais se montra gentille.

— Je m'attendais à vous voir.

— Ah oui ?

Il tremblait de froid, mais exagérait son tremblement.

— Pour quelle raison ? Le tennis ? Brr... Un peu frisquet pour jouer aujourd'hui, ma chère.

— Je puis vous envoyer quelque chose de plus chaud.

— Non, ça va. Le froid, c'est mieux pour vous. Avec le froid, vous ne sentez pas notre odeur. Il y a un tas de types qui puent par ici.

Le regard d'Anne se troubla. Elle prit un crayon et, cherchant un endroit où poser les yeux, feignit de remplir un formulaire.

— Votre ami japonais essaie-t-il toujours de vous venir en aide ?

— En aide ?

Richard eut un haussement d'épaules pour montrer qu'il ne comprenait pas de quoi elle parlait. Pourquoi aurait-il eu besoin d'une aide quelconque ?

Elle ignora son échappatoire et se fit pressante.

— Aucune nouvelle du bateau ? chuchota-t-elle.

Richard ne modifia pas son comportement. Il fit semblant de saisir enfin où cette charmante dame de la Croix-Rouge voulait en venir.

— Ah ! le bateau... Pas de problème. Mais en première classe seulement.

Il en était blessant. Ne se souciait-il pas de ce qu'elle ressentait ? Elle ne pouvait supporter de le regarder.

— Il est arrivé ?

— Comme je vous l'ai dit. En première classe ou rien du tout.

— Richard... (L'angoisse perçait sous la douceur de sa voix.) Le *Haya Maru.* A-t-il pu vous avoir une place ?

— Un bateau japonais, ça c'est une bonne idée. Meilleur qu'un suédois. Je n'ai pas la cote auprès des Suédois.

— Que dit-il ?

— Qui ça, Kenji ?

Richard avait promis à Anne que Kenji les ferait embarquer tous les deux. Il croyait toujours, ou plutôt, il espérait toujours qu'il en serait ainsi. Il ne vivait que pour cela. Elle le savait. Si elle l'aimait, elle ne l'obligerait pas à la supplier de nouveau. Pas maintenant. Pas lorsqu'il était aussi démuni.

— Cette vieille branche a été occupée.

— Richard !

— Ce sont des choses qui prennent du temps. Nous sommes en guerre, vous n'êtes pas au courant ?

La sentinelle vint rôder du côté de la table, et Anne baissa vivement la tête vers le formulaire. Derrière Richard, dans la file d'attente, un homme maigre et décharné s'effondra dans la boue. Le gardien ordonna à deux prisonniers de l'en tirer.

Richard se redressa. Il tira une petite boîte en métal de son pantalon et, forçant pour l'ouvrir, en sortit une cigarette qu'il alluma avec une allumette soufrée.

— Désolé. Vous voulez une cigarette ? Ah ! j'oubliais. Vous ne fumez pas. Ça ne vous ennuie pas si je...

Le gardien, en braillant, fit voler la cigarette de la bouche de Richard. Ce dernier sourit à Anne. Un sourire triste. Le geste en valait la peine. Elle se retrancha derrière le rituel de la paperasse.

— À qui devons-nous faire savoir où vous vous trouvez ?

Richard fit semblant de réfléchir. Il gratta son menton à l'endroit de la coupure, et observa le sang brillant sur son ongle.

— Pas à l'oncle Sam en tout cas. Il serait capable de m'envoyer au front. (Avec ostentation, il examina le formulaire de la Croix-Rouge.) J'avais une petite amie. Nous étions sur le point de nous marier. Elle était de Hong Kong, mais j'ai perdu sa trace.

S'il avait saisi la baïonnette de la sentinelle pour la lui passer au travers du corps, il ne l'aurait pas blessée davantage. Les épaules d'Anne se mirent à trembler.

— Vous me haïssez donc tellement ?

— Pourquoi ? Parce que vous êtes riche et hors de danger ? C'est ce que rêvent toutes les mères pour leur fille, non ?

Elle s'obligea à lever les yeux vers lui.

— Je devrais sans doute me réjouir que vous soyez en colère. Cela prouve que vous n'avez pas renoncé.

— Ne vous foutez pas de moi. Allez chercher vos beignets, faites quelque chose d'utile, ou allez au diable.

Cette fois, il détourna la tête, mais il n'avait pas besoin de la regarder pour savoir qu'elle pleurait.

— Bon, des larmes maintenant ?

— Richard, ne nous quittons pas ainsi.

— Que suggérez-vous ?

Elle mordit sa lèvre.

— Allez raconter à votre fils de pute de baron que j'étais en tenue de tennis. Maintenant que vous avez fait votre B.A., rentrez chez vous.

— Richard !

— Allez au diable !

Il passa la main dans ses cheveux, et s'en alla en fanfaronnant. La sentinelle l'arrêta : il partait dans la mauvaise direction. Son successeur approcha de la table. Anne lui sourit, mais ses yeux ne quittaient pas Richard qui parvenait à se donner un peu de la nonchalance d'Errol Flynn. Elle savait qu'il ne se retournerait pas.

21

Cinq jours plus tard, les baraquements se mirent à trembler. Les pieds des châlits tressautèrent sur le plancher de bois. Les murs délabrés craquèrent en gémissant. La vitre d'une fenêtre éclata en morceaux. Durant toute la durée de la secousse, aucun des prisonniers ne prononça un mot.

Quand le calme fut revenu, les oiseaux, dehors, se remirent à pépier et à gazouiller, mais d'une façon différente. Les gardiens, eux, se contentèrent de quelques échanges laconiques, comparant la force de cette secousse-là avec d'autres. Les Japonais habitent des îles instables.

— *Une carpe géante vit au-dessous d'elles et s'agite de*

temps en temps, cita le pasteur anglican, féru de folklore japonais et toujours prompt à formuler ses observations. De cette carpe géante, aucun de ceux qui passaient leur temps à jouer au poker ni de ceux qui les regardaient n'avait cure.

Richard, né en Californie, avait vécu dans les tremblements de terre. Il détestait l'impression d'insécurité qu'ils provoquaient en lui. Ce matin-là, son unique pensée fut pour Anne. Avait-elle senti la secousse dans son manoir de brique bâti sur une colline de Yokohama ?

Un type maigre, debout à la fenêtre dont la vitre venait de se briser, ne perdait pas de vue les gardiens, à l'extérieur. Ses compagnons faisaient leur partie de poker sur un bout de couverture étalée à terre. Les cartes étaient devenues épaisses à force d'être manipulées. Trois d'entre elles avaient été remplacées par un mince carton découpé aux mêmes dimensions, ce qui fichait le jeu en l'air mais permettait de passer le temps. Un adolescent boutonneux, à la peau blanche, poussa un cri de triomphe et, abattant la main sur le pot, se servit. De cailloux ronds. Ajoutant ces derniers à ses gains, il en compta lentement vingt-cinq, et acheta au banquier une cigarette qu'il plaça derrière son oreille.

À l'autre extrémité du baraquement, Richard, nu jusqu'à la ceinture et à genoux devant un minuscule miroir, raccourcissait ses favoris à l'aide de ciseaux à ongles. Il examina son visage dans l'incommode miroir, pour égaliser la coupe.

Le type maigre croassa un avertissement, qui fit disparaître cartes, cailloux et cigarettes. Une porte s'ouvrit à toute volée, et les prisonniers d'un bond se mirent au garde-à-vous. Martelant le sol de leurs bottes, deux Japonais passèrent en revue les prisonniers, qui sans les convaincre se donnaient l'air innocent. Le bruit de bottes se rapprocha de Richard, qui s'attardait à brosser les poils sur ses épaules avant de se mettre lui aussi au garde-à-vous. Un des gardiens aboya un ordre, qui incitait clairement Richard à les accompagner. Il glissa les ciseaux à ongles dans une minuscule boîte, la referma, puis, tirant sur son sweater de tennis crasseux, il sortit en passant devant les autres.

Les gardiens escortèrent le prisonnier jusqu'à un bâtiment situé à l'autre extrémité du terrain. Là, dans un petit bureau à peine mieux chauffé, grâce au rougeoiement d'un brasero, ils le remirent, avec un salut, à un officier qui regardait par la fenêtre. Un commandant. Avant même qu'il se retourne, Richard sut que c'était Kenji.

Kenji rendit le salut, et les gardiens sortirent.

Ni lui ni Richard ne dirent mot.

Le silence s'épaississait, mais ce n'était plus le silence plein d'intimité évoqué dans ce poème de Hyakuchi que Kenji aimait tant. Ils entendaient tous deux le vent qui secouait le châssis d'une fenêtre. Richard jeta un coup d'œil sur le bureau qui les séparait. Vide. Même pas un papier. Ils se trouvaient simplement dans une pièce que Kenji avait choisie pour qu'ils puissent s'entretenir en privé.

De la main, Richard se repeigna.

— Pas de thé ?

Kenji tendit la sienne, non pour serrer celle de Richard mais pour lui remettre deux paquets de Chesterfield.

— Deux seulement ?

Kenji s'efforça de plaisanter.

— Tu ne sais pas que nous sommes en guerre ?

Richard glissa les cigarettes dans une poche de son pantalon sale.

— Qui a dit que les Japonais n'ont pas le sens de l'humour ?

Le silence pesa de nouveau sur la pièce. Richard engagea la conversation en évitant délibérément la guerre.

— Comment va Miyoko ?

Kenji, par une inclinaison de tête, montra à Richard qu'il lui était reconnaissant d'avoir pris le premier la parole. Il lui répondit avec un sérieux exagéré.

— Elle va bien, merci.

— Parfait.

Richard poursuivit :

— Et tes enfants ?

Nouvelle inclinaison de tête de Kenji. Ce qui permit à Richard de voir qu'il s'était fait récemment couper les cheveux.

— Ils vont bien eux aussi, merci.

— Parfait. Tu as passé un bon premier de l'an ?

Kenji acquiesça. Richard, alors, enfreignit les règles :

— Le Japon est toujours en train de gagner la guerre ?

Richard devina le trouble de son ami et la peine qu'il lui avait faite. Le Japonais avait des règles pour tout : pour servir le thé, pour l'amitié, pour la guerre. Tout était une question d'honneur. Cette rencontre-ci ne se déroulait pas seulement entre un Américain et un Japonais. Elle mettait en cause le mode de vie tout entier de ce dernier, et Kenji, parce qu'il n'existait pas de règles pour ce genre de situation, ne faisait confiance qu'au tact. L'Américain, lui, ne s'embarrassa pas de manières et prit Kenji, étonné, par les épaules.

— Tu sais, Kenji, pour un Japonais, tu ne réussis guère à être impénétrable. Je me rends bien compte, tu t'en doutes, qu'en ce moment même tu es en train de passer par tous les cercles de l'enfer. Mais tu pourrais au moins me regarder, vieille branche.

Kenji fit face à Richard.

Celui-ci regretta aussitôt d'avoir exigé cela de son ami.

— Qu'est-ce qui ne va pas ?

Kenji avala sa salive. Richard savait que c'était mauvais signe. Il se porta volontaire pour annoncer les mauvaises nouvelles à sa place.

Tu es venu me dire qu'il n'y avait pas de place pour moi sur le bateau.

Il fit en sorte de ne pas montrer qu'il redoutait la réponse de son ami. Kenji lui faisait toujours face, mais son regard était fixé, à dix pas de là, sur une tache d'humidité qui auréolait le mur, semblable à celle, marron, d'un pays dans un manuel de géographie.

— Richard, le bateau ce n'est plus la question, ni pour toi ni pour moi.

— Ah ! l'empereur s'en mêle ?

Kenji savait que son ami essayait de dissimuler, à sa manière d'Américain, les sentiments qui l'assaillaient.

— Allons, détends-toi, vieille branche. C'est toi l'homme honorable, pas moi. Moi, je suis le rescapé. Ce que tu as à dire est sans doute plus pénible pour toi que pour moi. Alors vas-y. Tu m'as donné ta parole d'honneur de me faire embarquer à bord de ce bateau et maintenant tu ne peux pas la tenir ?

Kenji essaya de se comporter en Occidental. Les mots fusèrent :

— Richard, il faut que tu m'aides à te faire sortir du Japon.

Maintenant, c'était Richard qui contemplait la tache sur le mur.

— Pour toi, c'est une question d'honneur, mais pour moi

j'ai l'impression que ce n'est rien d'autre qu'un marché. OK ! vieille branche, annonce la couleur.

Kenji ne parvenait pas à se montrer aussi direct qu'un Américain. Il n'avait pas de règle pour cela. La seule qu'il connaissait était celle de l'amitié. Il se trouvait au supplice.

Richard le pressait de répondre.

— Tu fais partie des services de renseignement, alors qu'est-ce qu'ils veulent ? Ton empereur tout-puissant se figure que j'ai quelque chose à vendre ? Tu lui as dit que j'avais les plans secrets de défense de San Francisco et le Golden Gate Bridge là, dans ma poche revolver ? Et les projets de voyage d'Eleanor Roosevelt dans une autre ? (Son rire était plus froid que la glaciale journée de janvier.) Allons, Kenji, vieille branche, toi et moi nous savons que les services secrets japonais peuvent parfaitement se passer de moi.

— S'il te plaît, Richard, ne m'appelle pas « vieille branche ». Déjà, à Palo Alto, je ne pouvais le supporter.

— Bon, d'accord. Alors de quoi parlons-nous ?

Kenji secoua la tête.

— Et je t'en : cesse de rire. Il n'y a même pas de quoi sourire.

Richard donna une tape sur le bras de son ami, comme le font entre eux les étudiants américains. Maintenant, c'était lui qui ne trouvait plus les mots justes. Il réalisait qu'il y avait trois présences dans la pièce : lui-même, l'Américain, le soldat japonais, et l'empereur du Japon. En ce qui le concernait, Richard n'avait rien à faire de l'empereur, mais il respectait son ami. Ainsi qu'ils l'avaient fait lors de si nombreux et chauds après-midi d'été à l'issue d'un match de tennis, il lui donna une nouvelle tape sur le bras. Ce geste lui parut infantile, inutile. Il espérait faire comprendre à Kenji qu'il devinait l'enfer par lequel passait son ami.

Kenji avait réfléchi longuement à ce qu'il allait dire, et lorsqu'il parla, ce fut maladroitement certes, mais en pesant ses mots.

— Mes supérieurs sont au courant de ce que j'ai tenté en ce qui concerne le bateau. Il appareillera dans trois semaines. Le 18 février. Ils sont disposés à nous laisser mener à bien ce projet...

Il s'interrompit. C'est là qu'il y avait un hic. Avant qu'il se force à poursuivre, Richard le prévint :

— Si je collabore ?

C'était exactement cela. Kenji en convint d'un signe de tête.

Richard haussa les épaules. On le forçait à jouer à ce jeu-là, mais avec quoi ?

— Qu'est-ce que je suis censé faire ? Et par où commencer ? Par la révélation des records de tennis du grand Bill Tilden, les scores de Wimbledon, le *goal average* des Brooklyn Dodgers ? Écoute, Kenji, vieille branche – oh ! pardon –, je ne vois pas en quoi je pourrais aider votre empereur dans cette guerre.

En trois pas, il eut traversé la pièce, et s'appuya contre la tache brune du mur. Tout ce qu'il avait à offrir à l'empire japonais de son ami, à son empereur, c'était son anglais.

Kenji n'avait pas bronché. Richard passa la main au-dessous de son sweater. Les poils tombés de ses favoris lui chatouillaient le cou.

— Vous avez besoin de mon anglais pour déchiffrer un code, quelque chose comme ça ? C'est de ça qu'il s'agit ?

Kenji répondit, et c'est aussi bien à un officier supérieur qu'il aurait pu s'adresser, au garde-à-vous, avec solennité.

— Ce n'est un secret pour personne que le Japon intercepte toutes les informations en provenance des États-Unis. Dans la presse écrite. À la radio. Nous les captons dans une langue qu'on ne peut comprendre qu'en la parlant de naissance. Nous ne comprenons pas tout.

— Tu veux dire que *tu* ne comprends pas.

— Moi. Et d'autres.

— Des trucs dans le genre de : *Qui est Babe Ruth ? Le nom de chacun des sept nains de Blanche-Neige ? Attendez que nos frères noirs se mettent à vous jouer leur sacrée musique ?* Oui, c'est plutôt dur à piger. (Il jeta un regard à Kenji.) C'est du langage radiophonique.

— Je sais. Tu m'as appris tellement de choses à Palo Alto.

— Mais maintenant nous sommes en guerre.

Kenji ne répondit pas.

Richard, en colère, se gratta le cou.

— Pourquoi moi ? Pourquoi pas ces Américano-Japonais qui sont internés ici au Japon ? Où est le problème ? Ils sont trop honorables pour parler ? Vous n'avez qu'à leur arracher les ongles, ça les aidera. Oui, mais voilà : comment savoir s'ils vous donnent vraiment le bon tuyau ? (Richard se frictionna les bras.) Ce putain de pays est le plus froid que j'aie jamais visité de ma vie. Vous ne connaissez pas le chauffage ?

— Désolé.

— Bon, eh bien...

Richard retraversa furieusement la pièce. Au loin, quelque part au sein du paysage figé par le gel, on entendait un train qui haletait le long de ses rails d'acier. Kenji gardait toujours le silence. Il n'avait pas bougé. Il se tenait toujours au garde-à-vous, tel un soldat qui attend un ordre.

Richard acheva sa pensée.

— Tes gros galons t'ont à l'œil. Ils ont eu vent du bateau, et ils t'ont ordonné de demander à ton vieux copain ici présent, d'homme à homme, d'ami à ami... Faites-lui savoir que s'il veut embarquer sur ce bateau il doit payer. Je n'ai pas raison ?

Kenji ferma les yeux.

— Inutile de répondre. C'est là le fin mot de l'histoire. Dis-moi seulement une chose. Dans ce marché, est-ce qu'ils tiendront leurs engagements ?

— Ce sont des hommes honorables.

— Bien sûr.

Richard songea à l'attaque surprise de Pearl Harbor alors qu'à Washington les diplomates japonais négociaient la paix. Certes, Kenji n'avait rien à voir avec cette – de quel mot s'était servi le président Roosevelt ? – « ignominie ». Il jeta un coup d'œil à son ami. S'il souffrait tellement de se trouver là, c'était précisément parce qu'il était un homme honorable. De cela, on ne pouvait douter. Richard en aurait mis sa tête à couper. Puis il se rappela que tout cela était maintenant complètement dépassé : il avait déjà remis sa vie entre les mains de Kenji.

Ce dernier dit ensuite quelque chose qui l'étonna, et qui visiblement lui coûtait beaucoup :

— J'ai dû leur promettre que tu me dirais toujours la vérité.

Richard s'appuya de nouveau contre le mur, les bras croisés, observant son ami :

— Pourquoi ? Parce que je suis ton ami et que c'est ton honneur qui est en jeu ?

Nul besoin d'explications. Le regard qu'ils échangèrent exprimait la vérité, le sens profond de leur amitié.

— Tu as dit à tes gros bonnets que j'ai fichu le camp des États-Unis pour ne pas faire mon service ?

— Je leur ai dit qu'il m'était impossible de te faire cette proposition.

— Mais tu es en train de me la faire.

— Contre mon gré.

— Pas de marché si Anne n'est pas dans le coup.

— Le baron la tirera d'affaire.

— Dans le coup avec moi, précisa Richard, qui ajouta, attendant une réaction de son ami : Kenji, parle-moi franchement. Est-ce que j'ai le choix ?

— Non. Je leur ai dit que je ne pouvais pas te faire cette proposition, mais ils insistent.

Richard gratta la coupure provoquée par le rasoir, et partit à la recherche de quelques-uns des poils de ses favoris.

— Bon sang, je ne connais aucun secret qui puisse mettre en danger les États-Unis. Mettons les choses au point : quand vous ne comprendrez pas quelque chose en anglais, il faudra que je vous l'explique ?

— Oui.

— C'est tout ?

— Oui.

Le train siffla au loin, dans les collines immobilisées par le gel.

OK ! Demande-moi quelque chose, là, tout de suite. Vas-y.

Kenji ferma les yeux, puis il interrogea de mémoire :

— Pourquoi *l'Amérique tout entière va-t-elle se joindre à Clyde McCoy pour chanter le blues ?*

Richard entendit une trompette qui gémissait dans le juke-box d'un bistrot de Palo Alto. Il vit des enseignes au néon et des filles : pas une d'elles n'arrivait à la cheville d'Anne. *Sugar blues.* Clyde McCoy. Sur l'autre rive du plus vaste océan du monde.

— Il faut que je traduise des trucs dans ce genre-là, c'est ça le marché ?

De la tête, Kenji acquiesça, mais sans regarder son ami.

— Richard, c'est très difficile pour moi.

Richard se détacha du mur et essaya de rouler des épaules à la manière d'Errol Flynn.

— Ne t'en fais pas. Moi, tu ne m'as jamais entendu parler d'honneur, pas vrai ?

22

Richard et Kenji se tenaient tous deux au garde-à-vous devant le colonel Saito qui, louchant à travers la fumée de sa cigarette, comparait attentivement des notes manuscrites aux passages soulignés en rouge dans les transcriptions radio. Puis le colonel reporta son regard sur le jeune homme dont le menton carré d'Américain portait une fine entaille sanguinolente due à un rasoir émoussé. Son sweater de tennis avait été lavé et ses accrocs soigneusement reprisés, de même que son pantalon de flanelle blanche, maintenant gris et déchiré.

— Clyde McCoy... (Le colonel serrait son fume-cigarette entre les dents.) Clyde McCoy...

Richard constata que le colonel prenait visiblement plaisir à son élocution. Loin de lui l'erreur courante au Japon de prononcer le *l* comme un *r*. Le colonel Saito disait Clyde, et non *Cryde*.

— *Toute l'Amérique va se joindre à Clyde McCoy pour chanter le blues.* Pourquoi, Mr Reese, l'Amérique chante-t-elle le blues ?

Kenji fixa son supérieur pour lui rappeler que l'homme qui se trouvait à côté de lui était un volontaire, et non une de ces poupées de ventriloque qui ont besoin qu'on leur souffle les réponses.

— Alors, Mr Reese ?

— Clyde McCoy joue de la trompette. Son grand succès, celui de ses airs qui a fait un malheur, est *Sugar Blues.*

— Je sais ce que veut dire : faire un malheur. Par exemple, Mickey Rooney a fait un malheur. Andy Hardy, c'est ça, n'est-ce pas ?

Richard acquiesça. Il avait du mal à imaginer le colonel en train de regarder Andy Hardy emmenant Polly Benedict au bal de fin d'année du collège.

— *Sugar Blues,* Mr Reese.

— Si les Américains chantent le blues à propos du sucre, cela doit vouloir dire qu'ils en manquent.

Le colonel Saito glissa un regard en direction de Kenji. Rien dans ce regard ne révélait quoi que ce soit à Kenji ou à son ami américain.

— *Je suis du Missouri,* Mr. Reese.

— Vous avez besoin d'une preuve pour le croire ?

Le colonel acquiesça.

— J'ai dit : *Je suis du Missouri.*

— Quelque part dans ces transcriptions radio, il est question du rationnement du sucre.

Kenji s'aperçut que le colonel était sur le point de sourire. Mais il s'abstint, et se leva, tenant un nouveau paquet de transcriptions.

— Je peux fumer ?

Le culot de Richard fit que les dents du colonel se crispèrent sur son fume-cigarette. Rien ne pouvait le surprendre davantage que l'insolence de ce jeune Américain, mais il n'en montra rien. Au contraire, il en fit un jeu. C'était une occasion pour lui de montrer à son commandant qu'il savait se comporter en Occidental avec ce jeune Américain entièrement dénué de principes. De sa petite main, il saisit le mouchoir de soie et souleva le couvercle de la boîte laquée. Affichant une réaction d'Occidental, il haussa délibérément les sourcils pour montrer son étonnement, un étonnement amusé, en voyant que l'Américain prenait non pas une mais trois des précieuses Chesterfield.

Kenji ne put supporter de voir Richard, le menton tendu, élever la flamme d'une allumette jusqu'à cette cigarette qu'il allumait en présence d'un officier.

Kenji savait que durant toute la carrière de Hideo Saito, soit comme professeur, soit, maintenant, comme colonel de l'armée impériale, nul ne lui avait jamais manqué de respect, nul ne l'avait non plus directement insulté, comme aujourd'hui. Pour un Japonais, la conduite de Richard était intolérable. Elle représentait un manquement si offensant que seul le suicide rituel de celui qui l'avait perpétré pouvait en atténuer la gravité, avec, à la suite, les supplications de sa famille pour obtenir le pardon du colonel. Celui-ci observait Richard pendant qu'il fumait. Le jeune homme était américain. Les papiers tremblaient dans la main du colonel, mais c'était pour lui l'occasion de montrer à son commandant qu'il connaissait suffisamment son ennemi pour passer au-dessus de l'offense et rendre la pareille à l'Américain.

— Mr Reese, je vous en prie, faites un effort de mémoire. *Je suis du Missouri.* Je dois vous prévenir que je suis bien informé de la vie aux États-Unis. Votre ami, le commandant

Tachikawa, m'a donné l'assurance que vous nous diriez toujours la vérité. Il eut un signe de tête en direction de Kenji, qui le lui retourna avec une inclinaison plus prononcée. Maintenant, le colonel allait utiliser le charme.

— Une fois, Mr Reese, j'ai vu, de mes yeux, votre Joe Di Maggio jouer au base-ball dans votre Yankee Stadium.

Richard aspira la fumée.

— Félicitations, colonel.

Le jeu était terminé. Le colonel jeta les transcriptions sur le bureau en face de Kenji.

— Je veux celles-ci dans une heure.

Richard ne fit pas un geste. Les papiers gisaient entre eux.

— Je suis du Missouri moi aussi, colonel. Vous ne m'avez pas dit la date exacte de mon départ.

La mâchoire de Kenji se contracta si violemment qu'un muscle se mit à saillir. Le colonel lança un coup d'œil incendiaire à son subordonné. Il avait apparemment pris plaisir à un badinage où il avait fait montre de ses talents, mais le jeu était terminé. Maintenant son silence bouillonnant laissait entendre clairement qu'il n'hésiterait pas à frapper sauvagement au visage cet Américain arrogant, et à ordonner à son endroit le châtiment le plus implacable. Cependant, le colonel se raidit dans une politesse très affectée. Se contrôlant du mieux qu'il pouvait, et jouant toujours à l'Occidental, il montra un sourire à peine perceptible.

— Vous trouverez peut-être des nouvelles du bateau dans ces transcriptions.

Il ne restait à Kenji qu'à retenir son souffle et prier pour que Richard n'ouvre pas la bouche. Horrifié, il vit son ami prendre le ton désinvolte et familier qu'on adopte avec un adversaire qui vient de perdre un set.

— Je veux l'entendre de votre bouche, colonel.

Le sourire en lame de couteau du colonel fit entrer Kenji dans le jeu.

— Demandez à votre ami, le commandant.

Kenji s'exprima comme s'il répétait quelque chose que Richard savait déjà :

— Le *Haya Maru* appareillera de Yokohama le 18 de février.

— En anglais, nous disons le 18 février, corrigea Richard.

Disposé à sauver sa peau en leur fournissant de l'authentique anglais, il venait de montrer qu'il avait commencé son boulot.

— Au travail, Mr Reese, dit le colonel en allumant une nouvelle cigarette et en tapotant du doigt les papiers, sur le bureau.

Richard les ramassa et, sans un regard en arrière, sortit du bureau.

Le colonel fit un léger signe à Kenji, pas un mot, ni l'un ni l'autre, avant que l'Américain ait quitté la pièce. Mais, même lorsque la porte se fut refermée, il parut se demander s'ils avaient encore quelque chose à se dire. Kenji, qui d'ordinaire n'était jamais le premier à rompre le silence, commença :

— Il n'ignore pas que nous connaissons déjà certaines locutions. Il sait qu'il s'agit en quelque sorte d'un test.

— Bien entendu.

Le colonel observait Kenji. Était-il possible que son subalterne considère cet Américain comme un ami ? Visiblement, il se le demandait.

— Comparé à d'autres Américains, pensez-vous que votre ami est représentatif ?

— C'est difficile à dire.

— Dites-le néanmoins.

— Non. Il n'est pas représentatif.

— Un peu plus audacieux, en surface ? Plus détaché même de ses devoirs et obligations que la plupart des Américains ?

Kenji ne parla pas au colonel de l'amour de Richard pour Anne.

— C'est un ami loyal.

— Qui fera n'importe quoi pour survivre.

— La guerre ne lui laisse pas le choix.

— Ce que nous lui demandons ne lui plaît pas du tout. Vous en convenez ?

— Oui. Tout à fait.

— Il vous faudra le surveiller de près, commandant. Rappelez-lui que je vous tiens pour responsable : il doit toujours nous dire la vérité. En tant qu'ami, vous pensez qu'il le fera ?

— Oui.

— Parce qu'il vous a donné sa parole ?

Le colonel émit un ricanement devant l'absurdité d'une telle idée.

— Non. Il tient vraiment à embarquer sur ce bateau.

Ce que Kenji exprima ensuite fut la chose la plus difficile qu'il ait jamais dite à un autre Japonais.

— Mon colonel, en ce qui concerne le bateau, il faut que je sache si nous tiendrons notre parole envers lui.

Brusquement, le colonel ne se trouva plus en train de jouer avec un Américain insolent. Blême de rage, avec une fureur contenue, il répliqua d'une voix tranchante :

— Vous êtes en train de parler à un autre officier japonais, commandant. Ne confondez aucun de nous avec votre ami américain.

Dans le bureau de Kenji, Richard regardait par la fenêtre. Les barbelés ruisselaient d'eau de pluie. Toutefois, le brouillard se levait au-dessus des pins, et loin en bas de la colline la mer scintillait.

Kenji, tout en étudiant les transcriptions et l'interprétation qu'en avait donnée Richard, mit en marche un phonographe portatif qui passait les nouvelles enregistrées des États-Unis. Lorsque la voix américaine parla de Californie et que Richard se retourna pour écouter, Kenji augmenta le volume.

— ... l'ordre d'évacuer vers les territoires de l'intérieur les résidents japonais des États de la côte ouest. Aux Philippines, les forces japonaises sont entrées dans Bataan. À Washington, les diplomates japonais...

— Ah ! voici, fit Kenji.

Le speaker poursuivait :

— ... et leur famille se préparent à embarquer sur le bateau qui procédera à leur échange avec le personnel allié et américain. Celui-ci quittera le Japon le 18 février à bord du *Haya Maru*. Le président Roosevelt incite le Congrès à poursuivre...

Kenji éteignit le phono.

— Ce bon vieux KOGO de San Francisco, dit Richard. Le 18 février à bord du *Haya Maru*. Exactement comme tu l'avais dit, Kenji.

Celui-ci ne répondit pas. Leur confiance réciproque était une chose beaucoup trop sérieuse pour se permettre d'en plaisanter. Il rendit les notes à Richard.

— Avec celles-ci, pas de problème ?

— Pas de problème.

Kenji se contenta de jeter un coup d'œil sur le reste des papiers, une manière comme une autre de montrer la confiance qu'il portait à son ami. Ce dernier regardait de nouveau par la fenêtre. Comme d'habitude, ce fut lui qui le premier rompit le silence.

— Est-ce que tu me méprises de faire ça ?

Richard n'avait pas besoin de regarder Kenji pour savoir que le bruit des papiers froissés était une façon d'éluder la réponse. Il connaissait suffisamment son ami pour n'en attendre aucune.

— Bien sûr, ajouta-t-il, je pourrais toujours me dire : si ce n'est pas moi qui le fais, ce sera quelqu'un d'autre... (Il observa deux sentinelles qui longeaient les barbelés, puis se tourna vers Kenji.) Toi, tu ne le ferais pas, n'est-ce pas ?

Kenji épinglait ensemble les papiers.

— Ton amie, la baronne. Je devrais peut-être essayer d'entrer en contact avec elle.

Anne... Elle était continuellement avec lui. Richard n'avait même pas besoin de fermer les yeux pour la revoir, nue, debout en face de lui dans sa salle de bains. La dernière fois, il lui avait dit qu'il la connaissait tout entière. C'était encore plus vrai maintenant. Il n'y avait pas un pouce d'elle qu'il ne connût et qui ne le fît souffrir.

— Non. (Ce n'était pas la peine d'essayer de joindre cette femme qui emplissait ses pensées.) Merci quand même.

— Miyoko est très sentimentale quand il s'agit de ces choses-là. Elle m'a demandé... si tu l'aimais tant que ça.

Richard regardait, dehors, la voûte plombée du ciel, la mer grise. On voyait planer des mouettes qui ne connaissaient rien de la guerre, ni des prisons, ni de l'amour contrarié.

— Avec Anne, c'est terminé. Du moins, c'est ce que j'essaie de me dire, bien que ça ne me console pas du tout.

Haussant les épaules, il se laissa aller contre le mur. Il savait que Kenji et ses compatriotes ne pouvaient le trouver que lourd et gauche. Beaucoup de ce que pensent et ressentent les Américains se manifeste dans leurs manières d'être. Son ami japonais, là, de l'autre côté de ce bureau, laissait voir si peu de ce qu'il éprouvait...

— Je me dis qu'il faut que je l'oublie. J'imagine que si tu as ton honneur, honorable Kenji, je peux, moi, avoir ma fierté.

23

Trois semaines plus tard, par une nuit venteuse, Kenji et Miyoko sortaient encore humides de leur bain. Enveloppés dans leur *yukata,* les cheveux mouillés, ils firent glisser le panneau de la chambre de Satsuo.

— *Konbeto ?* chuchota Miyoko.

« Boule de gomme », tel était le surnom qu'elle avait donné à son fils, bien qu'il eût presque passé l'âge où, par amour-propre, on se refuse à utiliser des mots tels que boule de gomme ou jouets. Le garçonnet était endormi. Miyoko s'agenouilla et lui tâta le front. Il avait pris froid ce jour-là, et son petit masque de gaze gisait sur le sol à côté de son lit.

Cette chambre avait été celle de Kenji quand il avait l'âge de Boule de gomme. Dans un coin, on voyait le reposoir *shinto* qu'il avait contemplé durant de si nombreuses années, avec sa bougie à la lumière vacillante. Par contre, sur le mur, le drapeau portant le soleil levant était neuf, découpant sur le blanc sa tache rouge sang.

Miyoko, souriante, leva les yeux vers Kenji. Le rhume de Boule de gomme allait mieux. Elle remonta le duvet de soie rouge jusqu'au menton de son fils, puis Kenji, lui tendant la main, l'aida à se relever, en évitant soigneusement les modèles réduits d'aéroplanes qui pendaient au bout de fils noirs. Des Zéro et des Mitsubishi. Debout au côté de Kenji, Miyoko posa la tête sur son épaule, et tous deux contemplèrent le petit garçon qui respirait paisiblement à leurs pieds. Miyoko savait qu'ils se posaient tous deux la même question : combien de temps cette guerre allait-elle durer ? Elle dit en japonais :

— Je suis si heureuse qu'il ne soit encore qu'un petit garçon.

Kenji l'embrassa puis l'entraîna avec lui en tirant derrière eux le panneau qui donnait sur le corridor. À l'extrémité de celui-ci, la vieille servante, ayant fait la couverture, se glissa hors de leur chambre en leur souhaitant, dans une courbette, bonne nuit. Ils pénétrèrent dans la chambre, et la servante referma le panneau derrière elle.

À la douce lumière d'une lampe posée sur le sol, Miyoko laissa glisser son *yukata* et, avant qu'elle enfile une robe de soie blanche, Kenji la retint et embrassa ses seins nus. Il posa la main sur son cœur et elle se détourna, mais sans pouvoir masquer son battement précipité. Il la quitta et se mit au lit, tendant le bras vers elle. Miyoko lui donna la main, mais demeura debout à contempler les fenêtres à vitrages de papier qui reflétaient la lumière de la rue.

— Je sais ce que tu as envie de dire, murmura Kenji d'une voix à peine audible.

Miyoko commença à parler, mais la voix lui manqua. Kenji essaya de l'attirer à lui, mais elle résista. Elle fit un nouvel effort pour parler, en appuyant sur les mots.

— Dans ton travail avec l'honorable Richard...

— Viens te coucher.

Le cœur de Miyoko s'ouvrit, ce cœur qui avait battu d'une telle frayeur.

— Si l'honorable Richard te ment et s'ils le découvrent, ils te tiendront pour responsable.

— Richard le sait.

— Alors, vivement qu'il s'en aille. Quand il quittera le Japon, je serai plus heureuse pour nous que je ne le serai pour lui.

Rien dans la voix de Kenji ne révéla qu'il partageait son souci.

— Encore trois jours.

— Et Anne ?

— Il part seul.

Elle sursauta.

— Mais tu ne lui as pas dit qu'il partait ?

— À quoi bon ? Richard lui-même reconnaît maintenant que leur amour est terminé.

— Non, jamais !

Miyoko avait rarement paru aussi déterminée, mais c'était sous le coup d'une profonde émotion. Elle avait vu leur ami passionnément amoureux quand il insistait pour qu'elle téléphone à la baronne. Ce qu'elle réclamait de son mari, c'était de faire confiance à son instinct de femme.

— Kenji, il l'aime. Elle doit savoir qu'il part !

Avec sa femme, le visage de Kenji ne portait pas de masque. Il fronçait les sourcils, irrité, à bout de patience.

— Je t'en prie ! Ça suffit !

Passant la main sous son *yukata*, il se mit à gratter sa

poitrine nue. Puis, en secouant la tête, il fit entendre son long *Sa-a-a.*

— Anne est en sécurité. Richard ne se préoccupe que d'elle, mais moi, c'est tout ce que je peux faire. Au diable cette guerre et ce qu'elle fait à des gens comme nous, qui ne souhaitons qu'une chose : faire notre travail et nous aimer les uns les autres.

Miyoko, spontanément, tomba à genoux devant lui, et il la prit dans ses bras.

— Kenji, aide l'honorable Richard. Je t'en prie. Mais sois prudent. Qu'il ne t'arrive rien. (Elle l'embrassa.) Qu'est-ce que je deviendrais sans toi ?

Ils s'embrassèrent longuement. Puis elle se releva et éteignit la lampe de sol. Kenji vit sa silhouette se découper devant les *shojis* alors qu'elle se tenait immobile dans le noir.

— Viens te coucher.

Le regard de Miyoko alla se poser sur le visage à demi endormi de Kenji, un visage adouci, d'où les soucis avaient maintenant disparu. Elle réalisa qu'il y en avait beaucoup qu'il ne partageait pas avec elle, loin de là. Dehors, le vent s'était tu, et la pluie rejaillissait dans le bassin du jardin. Dans une rue voisine, le marchand de nouilles fit entendre son sifflet solitaire. Incapable de dormir, elle se releva sans bruit et, laissant traîner sa robe de soie blanche derrière elle, se glissa hors de la chambre. Sur le bureau de Kenji, parmi ses papiers, elle trouva le numéro de téléphone du manoir des Paulson. Au fond d'elle-même, elle savait que Kenji ne l'utiliserait jamais pour appeler la femme dont Richard était amoureux. Elle souffrait pour eux. Il fallait que quelqu'un prévienne Anne du départ de Richard, mais Miyoko pensait qu'elle-même était incapable d'une chose pareille.

Un bruit que Miyoko aimait particulièrement était le crépitement de la pluie sur un parapluie de papier luisant d'huile de plaqueminier. Ce matin-là, il y avait beaucoup d'autres bruits, le fracas des charrettes le long des docks, le cri des débardeurs, celui des soldats marchant au pas cadencé. Elle leva les yeux vers un mur d'acier noir, celui de la coque du *Haya Maru.* Sur le pont, au-dessus d'elle, les hommes d'équipage s'interpellaient. D'autres couraient du haut en bas des échelles de coupée. Des porteurs roulaient des malles-cabines et des bagages à l'intérieur de cette vaste coque d'acier.

Elle poussa un cri effrayé et se rejeta en arrière en croisant la route d'une patrouille. Puis elle se hâta de quitter les docks, et trouva un taxi pour se faire conduire à la plage de Kamakura.

Elle avait décidé de s'habiller à l'occidentale pour marcher plus à son aise. Elle avait besoin d'être seule pour réfléchir, de se promener en contemplant la mer froide, pour trouver le courage de sauver deux êtres qui s'aimaient. La pluie tambourinait sur son parapluie. C'était le seul bruit à part le piaillement des mouettes et le chuchotement des vagues. Aucun autre promeneur en vue par cette matinée brumeuse où elle regardait la mer et se disait que l'Amérique de Richard, ennemie du Japon, se trouvait décidément très loin. Elle leva les yeux vers la colline où Kenji et Richard travaillaient dans la station d'écoute de l'armée. Sur une autre colline, à l'arrière d'une forêt de pins, se trouvait le manoir des Paulson.

Dans le salon de thé dont elle était l'unique cliente elle tenait dans ses mains, pour les réchauffer, une tasse de thé vert bouillant. Elle ne s'était jamais considérée comme quelqu'un de courageux. Maintenant, alors qu'elle buvait son thé à petites gorgées et grignotait un minuscule biscuit, elle se demandait si elle trouverait jamais la force de faire ce que son cœur lui dictait.

Il était presque midi lorsqu'elle s'obligea à gravir l'allée empierrée. À l'intérieur du manoir, des chiens aboyèrent, mais nul ne l'entendit frapper à la porte vitrée. Elle découvrit une cloche de cuivre qui résonna avec un bruit effrayant. Les chiens accoururent en bondissant, et une grosse Européenne aux cheveux blonds, dans un uniforme blanc de domestique, les tira en arrière avant d'ouvrir. Miyoko s'exprima en japonais. Comme la femme la fixait sans comprendre, elle lui déclara en anglais qu'elle désirait voir la baronne Paulson.

La domestique blonde fit reculer les chiens et, en anglais également, demanda à Miyoko d'attendre.

Plutôt que de faire une tentative par téléphone, Miyoko avait choisi de rencontrer personnellement la femme que Richard aimait. C'était seulement face à face que toutes deux pourraient se parler.

Elle s'était imaginé Anne, d'après les descriptions de Richard, en chapeau blanc, gants blancs, chaussures blanches, mais la femme qu'elle vit venir vers elle à travers le vaste hall était, quoique d'une beauté frappante, vêtue d'une jupe et d'une blouse d'uniforme kaki, avec des souliers plats. Anne... Elle paraissait troublée, et se demandait visiblement qui était madame Tachikawa et pourquoi cette Japonaise, avec son parapluie en papier, se présentait à sa porte en demandant à la voir. Miyoko s'inclina.

— Je suis madame Tachikawa. Sa voix était si faible qu'Anne l'entendit à peine. Elle s'inclina de nouveau.

— Je suis madame Kenji Tachikawa. L'honorable Richard est notre ami.

Sous l'effet de la surprise, les yeux d'Anne s'écarquillèrent, et bien qu'elle fût déconcertée, elle tendit la main pour prendre le parapluie. Puis, ouvrant la porte, elle invita Miyoko à entrer. Elle jeta un rapide regard autour d'elle, non pour chercher un domestique à qui remettre le parapluie dégoulinant, mais pour s'assurer qu'on ne les observait pas. À l'autre extrémité du hall, la grosse domestique blonde s'attarda un moment, puis disparut.

Anne laissa tomber le parapluie. Miyoko et elle se penchèrent en même temps pour le ramasser. Anne proposa :

— Passons à côté, voulez-vous ?

Miyoko allait retirer ses chaussures, lorsqu'elle réalisa que dans cette demeure à l'européenne on ne pouvait endommager les sols de marbre luisants. Elle se retrouva dans un cabinet de toilette où la baronne enfila sa vareuse de la Croix-Rouge.

— Mon mari et moi étions justement sur le point de partir, et je crains d'être horriblement en retard...

Cette Japonaise comprenait-elle son anglais ? Elle s'interrompit pour donner à l'amie de Richard l'occasion de s'cxprimer. Miyoko paraissait terrifiée. Toute sa résolution avait brusquement disparu et, incapable de dire quoi que ce soit, elle se débattait au sein de l'embarras le plus atrocc.

Anne boutonnait sa veste. Elle parla à voix basse : nul ne devait entendre.

— Vous l'avez vu ?

Miyoko secoua la tête, à la manière européenne, pour signifier que non, puis les mots vinrent d'un coup.

— Il vous aime !

Les doigts d'Anne se mirent à tirailler les boutons. Elle

n'avait jamais vu autant de passion chez une Japonaise. Elle dit, s'efforçant de garder son calme :

— Madame Tachikawa, Richard sait que je suis mariée à un autre homme. Nous sommes en guerre. Je n'ai pas besoin de vous dire que ce qu'éprouvent deux personnes l'une pour l'autre ne compte plus beaucoup...

— Dans quelques heures, l'honorable Richard aura quitté le Japon.

Les mains d'Anne saisirent celles de Miyoko avec à la fois de la joie et de l'incrédulité. Son visage s'était illuminé.

— Le *Haya Maru ?* Dieu merci, votre mari a réussi à le faire prendre à bord...

Miyoko retira ses mains de celles de son interlocutrice : elle avait à lui communiquer des nouvelles encore meilleures, encore plus importantes.

— Si vous faites vite, vous pouvez embarquer avec lui.

Anne fixa Miyoko, qui riait et secouait joyeusement la tête. Oui. C'était la vérité. Tout ce qu'elle disait était vrai, mais maintenant, c'était Anne qui faisait non de la tête. Miyoko la regardait, stupéfaite. Pourquoi Anne ne partageait-elle pas sa joie ?

— Je... Je ne peux pas. Quoi qu'il y ait entre Richard et moi...

Miyoko ne voulut pas entendre ces mots-là. Elle apportait les meilleures nouvelles possibles, pourquoi cette femme-là n'était-elle pas dans tous ses états, pourquoi ne la suppliait-elle pas de lui dire où se trouvait Richard pour s'en aller lui crier son amour ?

— Ne savez-vous donc pas comme il vous aime ?

Anne, tout en mordant sa lèvre inférieure, tendit de nouveau ses mains à Miyoko, mais celle-ci recula. Le visage de la Japonaise était loin de montrer de l'impassibilité. Elle était abasourdie, bouleversée, ses yeux brillaient de larmes. Elle montrait clairement qu'elle ne voulait pas être touchée par ces mains-là. Elle recula de quelques pas, incapable de soutenir le regard de son interlocutrice. Soudain elle se mit à secouer la tête, marquant ainsi sa désapprobation et son trouble.

— Je suis désolée... désolée...

Elle fit demi-tour et quitta précipitamment la pièce. Anne la suivit dans le hall immense. Miyoko courut à la porte d'entrée, que maintenait ouverte la domestique blonde, le parapluie de papier à la main.

À cet instant précis, Éric entra. Il recula à la vue de la Japonaise qui arrachait le parapluie des mains de la domestique et passait devant lui sans s'arrêter. Il ne dit pas un mot. Il n'eut pas un seul geste. Il se contenta de regarder Anne, attendant que son épouse ait fini de boutonner sa vareuse et lui explique ce qui s'était passé. Anne enfila son imperméable et prit son sac des mains de Birgit en essayant de passer devant Éric sans lui montrer qu'elle avait les yeux pleins de larmes.

— Qui était-ce ?

Elle mentit :

— La femme d'un des domestiques.

— À la porte principale ?

— Elle était complètement retournée. Son enfant est malade, et elle voulait le faire savoir à son mari...

Sa voix s'étrangla. Éric savait qu'elle mentait, elle en était convaincue. Elle se sentait incapable de mentir une nouvelle fois. Tout ce qu'elle pouvait faire maintenant, c'était prendre la fuite.

— Éric, je dois partir, ou je vais être en retard.

24

En ce matin du 18 février, Richard portait un complet gris anthracite qui avait appartenu à Kenji. Miyoko avait rallongé les manches et les revers de pantalon, mais ils étaient encore trop courts. Les chaussures, anglaises, étaient à lui. Il plia un imperméable et, après l'avoir posé sur une valise, près de la porte du bureau de Kenji, jeta un coup d'œil à sa montre.

Il se mit à marcher de long en large dans l'étroit bureau, frissonnant chaque fois qu'il entendait la pluie cingler la fenêtre. Il consulta de nouveau sa montre, et la compara avec la pendulette du bureau de Kenji.

8 h 17.

Kenji, assis derrière le bureau, feuilletait les transcriptions radio, en les comparant attentivement aux notes de Richard. Trop attentivement. Et trop calmement. Il mettait bien trop d'affectation à ne pas remarquer le va-et-vient nerveux de Richard.

Ce dernier alluma une cigarette. Le cendrier qu'il fit glisser sur la surface du bureau dans le seul but d'étonner ou de déranger Kenji fit entendre un grincement. Kenji ne leva pas les yeux de ses papiers.

8 h 18.

— Ton satané colonel sait bien que le bateau appareille à 10 heures.

Il savait que Kenji n'abandonnerait pas ses papiers. Kenji continuerait à faire semblant de lire.

— Qu'est-ce qui se passe, Kenji ? Il va m'empêcher de partir ?

Richard savait que Kenji était aussi inquiet que lui. Ce qu'il ne pouvait imaginer, c'était l'anxiété qui tordait les tripes de son ami. C'était cette anxiété que Kenji essayait de dissimuler en serrant les papiers de toutes ses forces dans ses mains.

— Il est 8 h 19.

Kenji répondit sans lever les yeux :

— Le colonel Saito est toujours avec le général.

Puis il reposa soigneusement les documents et se massa les paupières.

— Il va t'interroger au sujet de cette référence à *Shangri-la*. Elle est apparue trois fois.

Un homme du rang, un type râblé comme un coq de combat et doté d'une moustache clairsemée qu'il semblait incapable de faire pousser, ouvrit brusquement la porte et salua avec superbe. C'était le commandant, et lui seul, qu'il venait chercher. Kenji ramassa les papiers et, sans un regard pour Richard, sortit du bureau.

Le général Akira Imai avait pris place derrière le bureau du colonel. Son thé refroidissait pendant qu'il étudiait le contenu d'un dossier. Lisait-il avec tellement de difficulté ou cherchait-il, par son sérieux, à impressionner le colonel et le commandant, tous deux au garde-à-vous ? Le colonel Saito avait terriblement envie d'une des cigarettes de la boîte laquée de noir, mais il s'interdit tout mouvement. Le général retira ses lunettes à monture d'écaille, puis après avoir soufflé sur les verres, les nettoya à l'aide d'un carré de soie qu'il replaça lentement dans sa poche de poitrine. Avant de remettre ses lunettes, il s'en servit pour tapoter les documents.

— Commandant Tachikawa, votre Américain peut encore nous être utile. Vous tenez toujours à ce que nous accordions à votre Mr Richard Reese l'autorisation de partir ?

Le colonel Saito se tourna vers Kenji, montrant à son commandant qu'il se posait lui-même la question formulée par le général.

Kenji répliqua d'une voix trop forte, qu'il baissa instantanément.

— Mon général, j'ai donné à Mr Reese ma parole et celle de mes collègues officiers de le faire embarquer sur ce bateau. Il appareille dans moins d'une heure et demie.

Le général remit ses lunettes, et reporta son attention sur les documents. Ignorant le commandant, il tourna un feuillet.

— Colonel, ce *Shangri-la...*

Aussitôt, Saito se tourna vers Kenji.

— Commandant ?

Kenji prit une inspiration. Il répondit d'une voix tendue, précise.

— Mr Reese a répondu à cela, mon général. *Shangri-la* est une île dans un film américain sur les mers du Sud.

Le général tourna un nouveau feuillet.

— Faites-le venir.

Saito fit un signe à l'homme de troupe debout au garde-à-vous devant la porte. L'homme fit un demi-tour réglementaire et sortit. Aucun des trois officiers ne dit mot. Ils écoutèrent la pluie et le vent fouetter les fenêtres jusqu'à ce que la silhouette de l'Américain emplisse le chambranle de la porte. Kenji ne s'étonna pas de l'air de bravade de Richard ni de son insolence lorsqu'il pénétra dans la pièce, mais le général, lui, se sentit défié : il tendit les documents au colonel Saito. Celui-ci les fit passer à Kenji, qui les remit enfin à Richard. Ce fut le colonel Saito qui parla.

— Le général Imai souhaite être informé au sujet de *Shangri-la*.

Kenji, sans expression, mais souffrant mille morts devant l'insolence de Richard, vit celui-ci renvoyer les papiers en travers du bureau. Puis, au lieu de répondre directement à Saito, il les foudroya tous trois du regard.

— Le général sait-il qui est Dorothy Lamour ?

— Dorothy Lamour, naturellement.

Richard avait prononcé *R*amour mais, au lieu de s'empourprer sous l'outrage, le général eut un sourire amusé. Saisissant l'occasion de montrer qu'il connaissait parfaitement son ennemi, il dit, en montrant ses dents, dont plusieurs étaient couronnées d'or :

— La jeune Américaine qui porte un *sarong*. C'est ça ?

— Exactement, mon général.

Le général ne toucha pas aux documents, mais son regard établit le lien entre eux et l'Américain.

— Cette *Shangri-la,* c'est l'île de cette dame dans les mers du Sud ?

— Encore exact, mon général.

Le général Imai arbora un sourire de triomphe, indiquant clairement à son colonel et à son commandant la raison pour laquelle il était général : il pouvait se permettre de s'amuser avec cet ennemi qui se tenait devant lui dans un complet gris aux manches et au pantalon trop courts.

— Vous êtes originaire de Californie, États-Unis. Vous avez rencontré cette Dorothy *R*amour ?

— Jamais. Malheureusement.

Le général signala au colonel, en portant deux de ses doigts à sa bouche, qu'il désirait une cigarette. Le colonel Saito ouvrit, sans utiliser le carré de soie, la boîte laquée, puis il fit jaillir la flamme d'un briquet. Le général aspira goulûment une bouffée.

— *Shangri-la...,* murmura-t-il en prenant plaisir à la musicalité du mot. J'aimerais bien connaître cette île. Et cette dame.

La fumée du général s'éleva en volutes devant son visage. Il considéra l'Américain durant un long moment.

Richard mentait, à propos de *Shangri-la.* Le général et le colonel s'en doutaient-ils ? Et Kenji ? Non, pas lui, et pourtant Richard était sûr que son ami en connaissait bien plus long sur l'Amérique que ses supérieurs. Il ne se départit pas de sa nonchalance. Il aurait pu demander une cigarette, mais cela aurait pris du temps. Et il n'avait plus le temps. Pour le faire savoir, il consulta ostensiblement son bracelet-montre.

8 h 32.

Le général se leva et sortit brusquement de la pièce. Le colonel et Kenji demeurèrent figés au garde-à-vous jusqu'à ce que la porte se soit refermée derrière lui. Puis, sans perdre une seconde, le colonel Saito ouvrit le coffret laqué, en sortit une cigarette qu'il enfonça dans son fume-cigarette, et l'alluma. Il s'empara du dossier et se mit à le feuilleter, en marmonnant.

— Une cigarette, Mr Reese ? demanda-t-il en jetant un coup d'œil à Richard.

— Pas le temps, colonel.

— Mais nous devons prendre le thé...

Richard remercia Dieu de l'intervention immédiate de Kenji.

— Colonel, Mr Reese doit partir, sans tarder.

Saito enfreignit sa propre règle. Il sourit. Le général avait été satisfait. Tout comme lui. Pourquoi le commandant Tachikawa, qui avait eu la responsabilité de leur amener cet Américain, ce canari chantant, ne l'était-il pas ? Le comportement du colonel se faisait maintenant des plus exquis, outrepassant les façons de faire habituelles des Japonais et atteignant une politesse scrupuleuse.

— Mr Reese souhaite peut-être réfléchir.

Un mouvement du fume-cigarette prévint la réponse. Le colonel avait encore quelque chose à dire. Cette fois, il s'adressa directement à Richard.

— Avez-vous parlé à vos compatriotes de votre travail ici ?

Richard flaira ce qui allait se passer comme s'il s'agissait d'un tremblement de terre. Le chantage. Le sol se mit à trembler sous ses pieds. Saito était en train de l'accuser d'avoir trahi son pays. Si les Américains étaient mis au courant de son travail ici, Richard pourrait toujours passer le reste de sa vie à leur expliquer, un par un, qu'il n'avait rien communiqué aux Japonais qui vaille quelque chose. Il pourrait jurer que tout récemment il n'avait pas révélé aux services secrets japonais la vérité au sujet de *Shangri-la*. Il ne savait même pas à quoi cela faisait allusion, mais les Japonais soupçonnaient que c'était important, et il avait menti. Le général l'avait cru. De même que le colonel Saito. Et Kenji. Le colonel voulait le garder, et le sol se mettait à trembler au-dessous de Richard

— Non, Mr Reese ? Vous n'avez pas informé les Américains de votre travail ?

On était arrivé au moment que Kenji redoutait. Saito avait trouvé la seule question à laquelle Richard ne pouvait ou n'osait répondre.

Saito avait atteint son ennemi. Maintenant, il portait le dernier coup avec un fin sourire, un sourire entendu.

— Si vos compatriotes devaient apprendre votre travail ici, Mr Reese, votre position deviendrait sûrement...

— D'après votre satané marché, il a toujours été entendu que je prendrais ce bateau !

Saito jeta un regard à Kenji. Son sourire s'effaça. Il s'adressa à l'Américain.

— Ainsi que je le prévoyais, Mr Reese, vos compatriotes ont renforcé leur censure. (Il se pencha au-dessus du bureau et saisit une nouvelle liasse de transcriptions.) Félicitations, Mr Reese. Jusqu'à présent, vous avez apporté une aide immense, inappréciable, à l'empire du Japon.

— Foutaise !

— Ça, c'est un mot que je connais, Mr Reese. Permettez-moi de vous rappeler que vos compatriotes, aux États-Unis, ayant appris que vous avez trahi votre propre pays, il vous est possible de réfléchir et de rester parmi nous.

— Le bateau, colonel.

— Pour quoi faire ? Pour rentrer ? Et où ? Votre pays est en train de perdre la guerre.

Saito brandissait les transcriptions récentes, nouveau travail en perspective.

Le visage de Kenji était semblable à un masque, mais il grinçait des dents.

Richard luttait pour sa vie.

— Colonel, vous m'avez donné votre parole d'honneur. Vous autres, Japonais, faites grand cas de l'honneur.

— Alors faites-moi confiance, Mr Reese.

— Comme l'Amérique l'a fait à Pearl Harbor ?

Le colonel devint rouge de colère, mais que pouvait-il sinon mordre son fume-cigarette ? Dans un fracas de chaise renversée, il quitta la pièce avec une expression de mépris. Richard et Kenji, après avoir échangé un regard, se ruèrent vers la porte. Ils coururent à travers le hall jusqu'au bureau de Kenji. Là, Richard empoigna la valise et Kenji l'imperméable.

— Le salaud !

— Dépêche-toi !

Kenji ouvrit toute grande la porte sur un brouillard glacial.

25

En approchant des quais, Richard et Kenji entendirent la plainte déchirante de la sirène du bateau. La Packard, avec le drapeau au soleil levant flottant mouillé sur le capot, s'avança le long de la jetée où jouait une fanfare. Le *Haya Maru* était là, mais les échelles de coupée commençaient déjà à se relever.

Kenji empoigna la valise de Richard et tous deux coururent sur la jetée en direction du contrôle des passeports. Kenji brûlait d'impatience. Envoyant promener ses bonnes manières et sa réserve, il s'enfonça suivi de Richard dans le barrage militaire. Les soldats se retournèrent contre lui, prêts à le refouler vers la barrière de bois, lorsqu'ils virent son uniforme de commandant. La surprise et les hurlements se changèrent alors en murmures d'obéissance, garde-à-vous et saluts. Kenji poussa Richard vers le contrôle des passeports.

La sirène du bateau retentit. En arrière des deux hommes, la fanfare jouait toujours. Des rangées de passagers, alignés à la rambarde, faisaient au revoir à ceux, peu nombreux, qui étaient venus les voir partir.

Richard, impuissant, vit Kenji exhiber ses papiers en hurlant au visage d'un fonctionnaire, dont il réussit à prendre peu à peu le dessus par le seul pouvoir de sa détermination et de son comportement d'aristocrate. Brusquement, le fonctionnaire leur fit signe de passer et ils se précipitèrent vers l'une des échelles de coupée. Trop tard. Elle s'élevait déjà. Kenji poussa Richard au bas d'une autre, qu'un officier empruntait au même moment pour quitter le bateau. Il s'ensuivit une longue discussion en japonais. Finalement, l'officier tomba d'accord avec le commandant et donna son consentement d'un signe de tête. Kenji fourra la valise dans la main de Richard et le propulsa sur la planche. Richard saisit son ami et l'attira contre lui. Il dut crier pour se faire entendre, car le mugissement de la sirène faisait trembler la passerelle sur laquelle ils se trouvaient.

— Je te dois la vie, Kenji. S'il y a quelque chose que je puisse faire pour toi...

Kenji acquiesça et poussa Richard en direction du bateau. Il vit son ami américain tourner les talons après un dernier regard. Ils se firent adieu de la main.

Richard se replongea dans une vie dont il avait oublié

qu'elle existait. Des hommes, des femmes et des enfants, des familles entières, tous saisis de fièvre et d'excitation, se congratulaient en adressant des cris à leurs amis. Des porteurs le bousculèrent pour passer. Il franchit une porte encadrée de cuivre et se retrouva dans la quiétude d'une cage d'escalier où une glace, sur toute la hauteur du plafond, reflétait les scènes bruyantes qui se déroulaient sur le pont. Il s'immobilisa sur le palier. Son cœur battait toujours, mais il arriva à reprendre son souffle. Il se trouvait à bord. Il rentrait dans son pays. Il se dit qu'il aurait dû être l'homme le plus heureux du monde, mais des larmes se mirent à lui picoter les yeux pendant qu'il refoulait son prénom :

« Anne... »

Il évita les stewards japonais, qui charriaient des piles de bagages, les gosses en train de courir et les vieux excités qui tous se frayaient un chemin à travers les coursives. Il n'entendait pas le bruit des machines. Cela voulait-il dire qu'on ne se préparait pas à partir ? Peut-être qu'avant de lancer à fond les turbines, des remorqueurs allaient tirer l'énorme vaisseau d'acier jusque dans la baie de Tokyo.

Sa cabine était retenue en deuxième classe, mais la porte était fermée. Un steward japonais, si osseux et si vieux qu'il ressemblait à un squelette en mouvement, contrôla le billet de Richard avant d'introduire une clé dans la serrure. La porte s'entrouvrit, mais le steward se montra incapable de la pousser complètement. Ce maigre vieillard était-il si faible ? Richard l'aida à pousser, mais ce fut pour découvrir que quelqu'un bloquait furieusement la porte de l'intérieur. Deux Américaines à l'accent du Sud détournèrent le steward. Richard se retrouva seul face à la porte.

— Hello ? Je m'appelle Reese. J'occupe cette cabine, moi aussi. Ouvrez. D'accord ?

La porte se refermait, mais Richard, s'aidant de l'épaule, empêcha le verrou de jouer. Il se jeta de tout son poids contre le panneau, et l'homme qui se trouvait à l'intérieur céda. C'était un type costaud, au visage rubicond, avec des mèches qui essayaient de dissimuler sa calvitie naissante. Son pyjama de soie blanche était tout froissé, de même que les draps de la couchette qu'il venait de quitter. Il était là, à battre des paupières comme un insecte surpris par la lumière, et se plaignait amèrement.

— C'est un *single* !

La voix était celle d'un Américain. Son propriétaire faisait de son mieux pour contenir l'envahisseur, braillant à tue-tête en direction de la coursive pour alerter le steward. Richard, à l'aide de sa valise, repoussa le bonhomme. Face à la couchette occupée, à l'autre extrémité de l'étroite cabine, il y avait un lit tout fait.

— C'est plein ! hurla l'Américain, plus rouge que jamais. C'est un *single*. Personne d'autre !

Il tira la tête dans la coursive, en quête du steward, tandis que Richard jetait sa valise sur le lit.

— Non, vous ne ferez pas ça ! (Le gros homme saisit la valise. Ils se la disputèrent.) C'est un *single* !

Un autre steward, qui avait plutôt l'air d'un garçon de ferme, trapu et jovial, apparut dans la porte, prêt à rendre service. Lorsqu'il vit les deux *gaijin* en venir aux mains, il tenta de battre en retraite, mais Richard l'obligea à entrer dans la cabine. Le Japonais examina le billet de Richard.

— *Hai !* (Le steward agitait la tête.) *Hai !*

Il disait que oui, la cabine correspondait au billet.

— Non ! L'Américain au visage rubicond, dans son pyjama de soie blanche, se mit à hurler de toutes ses forces, en repoussant le Japonais éberlué vers la porte, puis il retourna sa rage contre l'autre Américain.

— Un *single* ! Compris ? Département d'État.

Et il balança la valise de Richard sur le pont.

Richard, debout, regardait la valise à ses pieds. Il passa la main dans ses cheveux et dit, à voix basse, sur un ton qui se voulait conciliateur et mettait dans le coup le steward à la tête de garçon de ferme :

— Votre cabine, ma cabine...

Richard imitait son colocataire et le steward aux yeux de punaise hochait la tête de plus belle pour exprimer son assentiment. Son pays était en guerre avec les Américains, mais il ne voulait pas d'ennui avec ce type au long nez et au visage rouge qui n'arrêtait pas de vociférer. Ceci était leur guerre privée. Il fit un pas en direction de la porte, mais le plus jeune des deux Américains l'arrêta.

— C'est ma cabine, n'est-ce pas ?

Le steward aux yeux de punaise acquiesça.

Richard fixa son regard droit dans celui du gros Américain.

— Dites-moi, vieux frère, vous tenez à rentrer chez vous ?

— Département d'État. Je ne partage pas !

Ce que Richard fit alors coupa le souffle au steward. D'un coup de poing dans la figure rouge du bureaucrate, Richard l'envoya valser contre la cloison. Puis il remit sa valise en place sur la couchette, exhiba sa clé pour montrer au diplomate furieux qu'il restait là, et se présenta.

— Un nouvel arrivant, vieux frère, on partage.

26

Miyoko éprouvait un terrible pressentiment en empilant dans des caisses de bois les exemplaires tout neufs des livres américains édités par Kenji. Elle en prit un et d'une caresse de la main éprouva la douceur de la reliure. Elle aimait la forme des caractères romains, dorés sur fond gris, dans lesquels le titre était imprimé. Le livre flambant neuf fit entendre un craquement lorsqu'elle l'ouvrit. Elle le feuilleta, s'arrêtant de temps à autre pour admirer le texte anglais qui se détachait si merveilleusement sur le papier épais. Elle aimait particulièrement ce volume-là ; des nouvelles de John Steinbeck. Et par-dessus tout l'une d'elles, intitulée *Chrysanthèmes.* Elle trouvait que, pour un Occidental, l'auteur montrait une sensibilité très japonaise, mais elle avait lu assez de livres occidentaux pour ne pas s'étonner que des étrangers partagent les mêmes émotions. Elle referma le livre de Steinbeck et l'enveloppa dans du papier de soie. Combien de temps allait-il s'écouler, se demanda-t-elle, avant que Japonais et Américains aient le temps de lire et de goûter ensemble à la beauté d'une nouvelle sur la solitude d'une femme âgée en Californie ? Cette caisse allait être stockée dans une de ces bâtisses de ciment, particulières au Japon, où l'on entrepose les objets précieux à l'abri des tremblements de terre et de l'incendie.

À l'abri de la guerre aussi ?

Soudain, elle entendit un bruit. Telle une mère qui devine avant quiconque la présence de son enfant, à l'autre bout de la maison, Miyoko entendit Kenji qui retirait ses chaussures à la porte d'entrée. Étrange. Kenji de retour au beau milieu de la matinée ? Retenant son souffle, elle attendit qu'il ait franchi le vestibule, et qu'après avoir fait glisser le panneau il lui explique pourquoi ce matin-là ne ressemblait pas aux autres.

La présence de Kenji emplit la pièce, et elle lui sourit pour lui montrer qu'elle le trouvait beau dans son uniforme. Kenji ne dit rien, mais il la prit par les épaules et l'entraîna vers la caisse où il déballa le volume des nouvelles de Steinbeck. Il se mit à tourner lentement les pages. Elle attendait. Elle se sentait glacée. Brusquement, quelle que fût la raison qui avait ramené son mari à la maison ce matin-là, elle ne voulait plus la connaître.

Kenji manipulait le livre avec amour. Il contemplait les mots anglais, mais ce fut en japonais qu'il s'exprima.

— Il n'y a pas de thé ?

— Si, bien sûr.

Mais Miyoko n'eut pas le moindre mouvement pour appeler la domestique. Elle ne quittait pas son mari des yeux.

— L'honorable Richard est parti ?

— Oui.

Elle s'en réjouit pour Richard et pour sa propre famille. Mais elle sentait que Kenji restait soucieux. Son mari referma le livre, l'enveloppa dans son papier de soie et le replaça dans la caisse. Tendant le bras vers le bureau, il prit un volume usagé, un livre de poche américain : ce genre d'édition venait de faire son apparition aux États-Unis, et il en tenait là un des premiers exemplaires. Il le tourna et le retourna dans ses mains.

— Ce livre que je t'ai demandé de lire...

Miyoko acquiesça. Elle venait juste de l'achever. *Horizon perdu,* de James Hilton.

— C'est très romanesque.

— Et Shangri-la ?

Elle sourit à l'évocation de ce lieu magique.

— Shangri-la figure dans ce livre ?

S'il y figurait ? L'auteur avait rendu cet endroit aussi enchanteur pour elle que pour les personnages du roman.

— C'est une vallée secrète dans l'Himalaya, une vallée dont le monde extérieur ne sait rien.

— Shangri-la..., dit Kenji en essayant de se l'imaginer.

Elle prit le livre des mains de son mari et se mit à hocher la tête avec enthousiasme, encore sous le charme de sa lecture et de la vie qui se déroulait là-bas. « Shangri-la... » Elle prenait plaisir à prononcer le mot. Mais elle vit dans le regard de Kenji plus de douleur qu'elle n'y en avait jamais vu. En huit années de mariage, elle croyait qu'il n'y avait pas d'émotion en lui qu'elle ne connût. Ce regard-là était nouveau. Il lui brisa le cœur.

Kenji se tenait de l'autre côté du bureau nu, plus éloigné d'elle qu'il ne l'avait jamais été. Elle fit un effort pour parler :

— L'honorable Richard ?

Kenji ferma les yeux sur l'insupportable blessure.

Elle attendit, impuissante. Que pouvait-elle dire ? Les hommes, et particulièrement son Kenji, avaient horreur qu'on les harcèle dans un moment tel que celui-ci. Elle le vit simplement tendre le bras vers le téléphone posé sur une étagère de la bibliothèque. Il n'y avait pas de mots pour évoquer sa douleur. Ses yeux étaient toujours fermés. Lorsqu'il les rouvrit, ils brillaient de larmes. Ce n'était plus de la douleur, ce fut la fin de leur univers qu'elle y vit soudain. Elle fit un nouvel effort pour parler, mais ne parvint pas à trouver ses mots.

Kenji referma les yeux

Elle attendit encore.

Sa main se posa sur le téléphone, et tout alors devint plus clair que les mots n'auraient su le dire. Il désirait qu'elle assiste à ce qu'il allait faire. C'était une question de vie et de mort. Il décrocha, et en même temps lui prit la main.

— Passez-moi le colonel Saito.

Miyoko attendait. Elle se rappela son pressentiment, à propos de Kenji, et soudain elle eut la certitude que Richard était cause de tout. Elle retint sa respiration. Kenji parla dans le combiné.

— L'honorable Richard m'a menti.

27

Pour la plupart des Américains qui, debout à la rambarde, regardaient le Japon se fondre dans la brume, c'était le plus beau jour de leur vie. La fanfare des Japonais avait même joué *Auld Lang Syne*.

— Arrêtez avec vos flonflons, leur cria, méprisante, une

femme de Philadelphie en manteau de fourrure. Et allez tous au diable, vous et votre empereur !

Avec une dizaine de personnes qui l'entouraient, elle se mit à chanter la *Beer Barrel Polka.* D'autres, dans l'entrepont, battaient des mains en cadence sur l'air de *Deep Heart of Texas* et ils poussaient des clameurs si joyeuses que les mouettes en étaient effrayées.

À une quinzaine de mètres des chanteurs, Richard aspirait le brouillard, en homme libre. Il aurait dû se réjouir. Il se dit qu'il aurait dû tomber à genoux et remercier Dieu, Kenji ou n'importe quelle autre puissance pour l'avoir fait échapper au froid glacial de ce camp, aux barbelés et à l'humiliation du poste d'écoute. Il aurait dû se joindre aux autres Américains, se réjouir, chanter, frapper dans ses mains.

Mais il regardait les collines disparaître dans le brouillard. Le Japon... Là-bas, dans ce manoir bâti sur une hauteur de Yokohama, il y avait Anne.

Il était libre. Il n'avait même pas à travailler pour payer son passage, et ce serait un long, long voyage pour le *Haya Maru* qui, après être passé au large de Hong Kong, contournerait la Malaisie pour traverser ensuite l'océan Indien et gagner la côte est de l'Afrique. À Lourenço Marques, ses passagers seraient échangés contre les Japonais se trouvant à bord du *Gripsholm.* Le paquebot suédois, pour finir, emmènerait les Américains à New York.

Richard se dit que ce serait formidable de se retrouver à New York. Il ferait du stop jusqu'en Californie, mais d'abord il verrait un ou deux spectacles de Broadway, il irait dans des boîtes de nuit, écouterait un peu de jazz. Formidable... Pas sans Anne.

Il aurait bien voulu lui montrer la Californie.

Anne...

Il ne la reverrait jamais.

Il se répétait qu'il y avait des tas de types qui n'avaient pu avoir la femme qu'ils aimaient. N'était-ce pas le sujet d'une bonne moitié des chansons d'amour ? Les cœurs brisés ? Il essayait de se convaincre de ramasser les morceaux et de recommencer sa vie sans elle. D'autres avaient survécu.

Avec un sourire forcé, il s'avança le long du bastingage pour se joindre à ceux qui frappaient dans leurs mains parce que *« les étoiles brillent la nuit en plein cœur du Texas ».* Les paroles ne parvinrent pas à franchir sa gorge. Ses yeux s'emplirent de larmes. Il se foutait complètement des étoiles la nuit au Texas, et même dans n'importe quel autre endroit au monde, si elles ne se trouvaient pas au-dessus de sa tête et de celle d'Anne réunies.

Les Américains, en ayant fini avec le Texas, attaquèrent *Home on the range.* Richard s'éloigna pour être seul et, de nouveau appuyé à la rambarde humide, se mit à contempler la mer glissant à côté de lui. Il vit se dresser une île rocheuse, avec des pins. Une sirène de brume mugit. Une mouette couina. Il sentait l'air froid et salé cingler son visage, et se rappelait la première nuit avec Anne, sur un autre bateau.

Tout le faisait penser à Anne.

Il se laissa glisser contre la rambarde, en fermant les yeux. Elle était là, telle qu'il l'avait vue pour la dernière fois, nue dans sa salle de bains, avant d'enfiler sa robe de chambre blanche. Anne... Nue et radieuse, dans sa nudité, nue comme il aurait voulu la voir durant le reste de sa vie. Les Américains chantaient : *Là où le daim et l'antilope jouent...* Comment pouvaient-ils ? Le cœur lui manquait. Mais soudain, il éprouva quelque chose de différent. Il fut surpris de ressentir autre chose que sa douleur. Quelqu'un s'était approché de lui par-derrière. Quelqu'un se tenait dans son dos. Tout près. Il se raidit. Et lorsque deux mains encerclèrent sa tête pour se poser sur ses yeux, son cœur s'arrêta de battre.

Anne !

Son cœur fit un bond. Il n'osait pas respirer. Pas de gants. Mais c'étaient bien ses mains. Non, impossible. C'était un effet de son imagination. Il saisit la main et l'appuya contre son visage, mais il ne se retourna pas. Elle était si proche qu'il l'entendait respirer. Il n'avait pas besoin de se retourner : c'était son esprit qui la voyait sourire de son merveilleux sourire, puis retirer ses mains et tendre les bras à son amant.

— Anne !

Faisant volte-face, il lui prit les mains et la maintint devant lui pour se prouver qu'il n'était pas le jouet de son imagination. Ni elle une vision. Anne était là. Souriante. Elle souriait exactement comme il savait qu'elle sourirait.

— Annie ! Annie ! Annie ! (Il lui baisait les mains.) Oh ! mon Dieu, je t'aime tellement !

Elle faisait oui de la tête et pleurait en même temps. Quoi

qu'elle fût en train de dire, elle avait l'air d'une enfant, une enfant vêtue d'un uniforme de la Croix-Rouge.

— Quoi ?

Il ne comprenait pas ce qu'elle disait.

— Moi aussi. Je t'aime tellement !

La voix de Richard se brisa dans un sanglot.

— Ne pleure pas !

— D'accord, mais toi non plus !

Leurs visages humides et froids, ruisselants de larmes brûlantes, se pressaient l'un contre l'autre. Ils s'étreignaient et se berçaient mutuellement, riant et pleurant de joie. Puis Richard prit une profonde inspiration et se recula pour contempler ce visage qu'il aimait plus que tout au monde. Du bout des doigts, il essuya doucement les larmes sur ses yeux, sur ses joues, sur son menton. Elle se dressa sur la pointe des pieds pour lui rendre la tâche plus facile. Il approcha alors ses lèvres de son oreille et murmura, brûlant de passion :

— Tout de suite... Je te veux tout de suite. À cette minute même !

Anne rougit. Elle cacha son visage contre le sien. Il sentit qu'elle souriait, toute à son bonheur, et il l'entendit chuchoter :

— Moi aussi.

— Où est ta cabine ? demanda-t-il, à peine capable d'articuler.

Elle secoua la tête. Pourquoi disait-elle non ? Incrédule, il recula de nouveau pour comprendre ce que cela signifiait.

— Nous ne pouvons pas nous servir de la mienne, chuchota-t-il. Où est la tienne ?

— C'est ce que j'essaie de te dire. Je n'en ai pas encore.

Il avait l'air si désespéré que cela lui donna envie de rire. Elle essaya de s'en empêcher, mais il était tellement impatient qu'elle se mit à regarder de tous côtés sur le pont en direction de la rambarde, des canots de sauvetage, des autres passagers dans la brume tournoyante, et du coffre réservé au steward de pont. Il comprit qu'elle pensait à leur première nuit ensemble, sur le pont, dans le noir. Sa main remonta le long de sa vareuse, jusqu'à sa cravate, et elle lui expliqua pourquoi elle était en uniforme.

— C'était la seule façon de m'introduire à bord. Le commandant a promis de trouver une cabine à la Croix-Rouge, mais elle ne sera pas prête avant six heures ce soir.

— Six heures !

C'était un gémissement de défaite, un cri d'agonie.

Elle se remit à rire, puis lui caressa les cheveux, en l'embrassant légèrement. Elle rit de nouveau. Ce rire n'avait rien à voir avec celui, plein d'embarras, d'une Japonaise, c'était un rire sensuel qui acquiesçait au désir et à la promesse de Richard de passer ensemble des jours, des semaines, toute une vie d'amour. Il fallait tout simplement qu'ils attendent encore un peu.

Bon Dieu, non. Ne voyait-elle pas qu'il lui était impossible d'attendre ? Il ne se contenait plus. Sa bouche chercha la sienne, l'empêchant de rire et l'obligeant à lui rendre ses baisers de plus en plus appuyés, sans se soucier de ceux qui pouvaient se trouver sur le pont.

Ils s'arrêtèrent pour reprendre leur respiration. Richard dit d'une voix rauque, où perçaient la souffrance et l'incrédulité :

— Six heures ?

— Six heures, mon chéri.

La frustration le rendait enragé. Il donna un coup de poing sur la rambarde, passa la main dans ses cheveux puis s'exclama, en saisissant la sienne :

— Pas question. Nous allons trouver un endroit tout de suite.

Main dans la main, ils coururent depuis le pont se mêler aux chaudes lumières du paquebot surpeuplé, où cependant on ne voyait maintenant presque pas de passagers. La plupart se trouvaient dans leur cabine à défaire leurs bagages en vue d'un long trajet. « Ou à faire ce que nous allons faire » : tel fut le vœu formulé par Richard.

Ils errèrent de promenoir en coursive pour trouver un endroit, même tout petit, où ils pourraient être seuls. La bibliothèque était une petite pièce tranquille garnie de fauteuils au dossier droit. Le bar offrait une possibilité. À onze heures du matin, il embaumait la cire, et se trouvait absolument désert à l'exception d'un barman japonais qui, à genoux, briquait le parquet de la piste de danse. Il leva les yeux et battit des paupières à la vue de ces Américains hystériques qui venaient de forcer sa porte. Puis il se leva, son chiffon à la main.

— Fermé.

— Parfait !

Richard, tirant Anne par la main, l'entraîna vers un coin

confortable où se trouvaient des canapés et des fauteuils aux coussins moelleux. Il l'embrassa.

— Tu parlais japonais à tous ces domestiques dans votre manoir. Dis à ce type d'aller se faire foutre.

Elle se remit à rire.

— Tu es fou. Complètement fou. Je ne parle pas japonais. (Elle se tourna vers l'homme qui tenait le chiffon à cirer, les sourcils froncés.) S'il vous plaît ? (Elle se montrait plus que polie : suave.) Dehors.

L'homme agita la tête, laissa échapper un *S-a-a,* puis se remit à genoux et attaqua le parquet. Anne adressa un regard contrit à Richard, qui se souleva sur un coude.

— Champagne !

— Fermé ! grogna l'homme.

— D'abord du champagne. Ensuite, fermé. Tu t'en vas. Compris ? Tu t'en vas.

Le Japonais réfléchissait de toutes ses forces, incapable de décider s'il fallait rester poli ou réclamer de l'aide. Il se décida pour la politesse. Et il resta.

— Pas de champagne.

— OK, fit Richard. Alors, deux bières. Ensuite, tu fermes cette turne, et tu te tires.

— Désolé, je ne peux pas...

— Va te battre pour le Japon, trou du cul ! (Richard acheva en secouant la tête et en marmonnant.) Tu ne sais donc pas que nous sommes en guerre ?

Celle qui se déroulait dans le bar entre Américains et Japonais connut ensuite des hauts et des bas. Après une longue alternance d'ordres et de refus de la part du barman, celui-ci reconnut en hochant la tête qu'il n'aurait pas raison de ces gens-là : il s'essuya les mains et apporta deux bières au couple obstiné allongé sur le canapé. Richard serrait Anne contre lui, allant aussi loin qu'il l'osait en présence du barman qui affectait de ne pas lever les yeux de la piste de danse, mais sans perdre de vue les envahisseurs américains.

Richard porta un toast avec sa bière.

— À Kenji. Je lui dois la vie.

— Et à Miyoko, ajouta Anne.

— Oui, à Miyoko.

— Merci à Dieu pour tous deux.

Anne raconta à Richard l'extraordinaire courage qu'il avait

fallu à Miyoko pour oser venir la voir au manoir. Ils burent à Miyoko.

— Kenji n'aimait pas boire, mais avec moi il buvait. Tu sais ce qu'il m'a dit, le jour où je suis arrivé ici ? Qu'il avait peur que ce soit difficile de rester honorable en temps de guerre. Mais je crois qu'avec lui il ne pouvait en être autrement. (Il enlaçait toujours Anne, et il y eut un silence, un de ces temps de réflexion qui précèdent souvent les aveux.) Il doit me mépriser de les avoir roulés.

Elle ne répondit rien, et il lui fut reconnaissant de ne pas lui assener une de ces remarques réconfortantes qui accompagnent généralement un sujet qu'on ne peut comprendre. Il n'existait pas un seul être au monde, à part Anne, à qui il pouvait raconter le marché auquel il avait été contraint, le marché passé avec Kenji et le colonel. Il lui raconta tout, car il était important, pour la suite de leur vie, qu'il arrive à la convaincre, comme il s'était convaincu lui-même, qu'il n'avait rien communiqué aux Japonais leur permettant de lutter contre les États-Unis.

Comprenait-elle pourquoi il l'avait fait ? Elle étreignit sa main. Elle l'avait compris, et il aima son silence. Elle le regarda alors qu'il s'appliquait à allumer une cigarette.

— Que pouvais-tu faire d'autre ?

— Moisir en prison comme les autres. (Il savoura le picotement de la bière sur sa langue, de même que la chaleur de la femme qu'il aimait contre son flanc.) Ne pas venir en aide à l'ennemi.

— Mais tu ne l'as pas fait.

— Merci. C'est ce que j'ai essayé de me dire à moi-même. Je m'étais juré que si je tombais sur quelque chose d'important, quelque chose que les Japonais pourraient utiliser, je noierais le poisson.

Elle l'embrassa.

— Il y a quelques jours, tout à coup, il y a eu ce truc à propos de Shangri-la, dont ils ne cessaient de parler.

— La vallée d'*Horizon perdu.*

— C'est sûr en tout cas qu'il ne s'agit pas d'une île des mers du Sud dans un film de Dorothy Lamour comme je le leur ai fait croire.

— Tu avais une raison particulière ?

— Je crois que j'ai flairé que c'était important. Ils ont eu cette impression-là, eux aussi.

— C'est leur travail, non, de sentir des choses comme celle-là ?

— Exactement. Je ne sais toujours pas d'où est venue cette intuition. C'est peut-être un nom de code pour une base secrète d'où l'Amérique se prépare à lancer une opération. Si c'est ça, ce pourrait être grandiose.

— Les États-Unis vont bombarder le Japon ?

Richard se déplaça pour la regarder de profil. Cette idée la surprenait-elle ? Apparemment non. Elle demanda :

— Que peuvent faire les Américains pour répliquer à Pearl Harbor ?

— C'est vrai, c'est à ce moment-là que l'Amérique a perdu la guerre, répondit Richard. Nous n'avions pas le choix : il fallait rendre coup pour coup au Japon et lui montrer qu'il ne suffisait pas de six mille milles d'océan pour se trouver hors d'atteinte. (Il inclina la tête pour voir son ravissant visage sous un angle différent. Elle souriait.) Hé ! Qu'y a-t-il de si drôle tout à coup ?

— Rien. On dirait seulement que tu es déjà en train de te battre.

— Je le suis. Je veux dire : je le serai une fois que nous serons rentrés. Ce qui prendra des semaines et des semaines.

— Nous ? (De ce simple mot, elle fit une question.) Ah ! les Américains... Vous savez ce que ce mot signifie. Pas moi.

— Bon sang, tu es Américaine. Mais un petit conseil, d'accord ? Commence à parler comme une Américaine.

— Ça ne te plaît pas que j'aie l'accent de l'École anglaise ?

— C'est plutôt bizarre. Tous ces trucs que je me raconte quand tu n'es pas là... (Il l'embrassa, puis ajouta, saisi d'une soudaine inspiration.) Il me tarde de te montrer la « ferme » – c'est comme ça que nous appelons Stanford. À Palo Alto. De t'emmener dans tous mes repaires préférés. Mais pour notre premier verre, nous irons au *Top of the Mark* à San Francisco.

Elle se pencha pour l'embrasser.

— Comme tu le disais, nous ne sommes pas encore arrivés. Cela prendra des semaines et des semaines. Dieu merci.

Il l'embrassa, puis il l'embrassa encore, avec passion. Ils firent tout ce qu'ils purent pour se rapprocher encore plus l'un de l'autre. Richard, excité, fou de désir, s'écarta d'elle avec un gémissement de douleur.

— Je n'en peux plus. Je vais devenir fou. Il doit bien y avoir un autre endroit que celui-ci !

Elle lui prit la main :

— Pense à toutes ces semaines que nous allons passer ensemble et détends-toi.

— Ne me parle pas de détente. Et retire tes mains de là.

Elle fit semblant de bouder.

— Et voilà notre première dispute. Est-ce qu'il va en être ainsi durant le reste de notre vie ?

Elle glissa la main entre ses cuisses, à l'endroit qui palpitait et souffrait à cause d'elle. Il haletait.

— Arrête.

— Pardon.

Mais elle ne retira pas sa main.

— Va au diable.

Elle souriait.

Il guida sa main. Sa voix était rauque de désir.

— C'est comme ça depuis le premier moment où je t'ai vue.

28

À midi, ils virent le barman enfiler une veste de serveur et brancher le juke-box, qui reprit vie dans un clignotement de couleurs. Richard se leva du canapé et alla choisir un disque, mais il trouva le choix très démodé.

— C'est tout juste s'ils ont Artie Shaw et *Begin the beguine.*

Debout sur la piste miroitante, il tendit les bras, attendant qu'Anne le rejoigne. Elle vint tout contre lui et, de concert avec les pulsations du bateau et le rythme de la musique, leurs corps commencèrent à se mouvoir.

— Attention, la prévint-il. Pas trop près.

Elle l'embrassa.

— Ne fais pas ça. Je suis sérieux. C'est réservé à l'homme.

Ils avaient la piste pour eux. Un petit homme rondelet avec un nœud papillon de couleur criarde entra en coup de vent, se hissa sur un des tabourets du bar et avala un scotch. Puis il disparut après leur avoir adressé un signe de tête. Le barman essuyait des verres en affectant de ne pas les regarder. Un nouvel air se fit entendre, et Anne cessa de danser pour l'écouter. *The last time I saw Paris*, la dernière fois que j'ai vu Paris... Elle refoula une larme.

— Ça me fait toujours pleurer, et je ne suis jamais allée à Paris.

Ils se remirent à danser, se déplaçant à l'unisson, écoutant la chanteuse proclamer que, même si elle avait changé, elle se rappelait Paris tel qu'il était avant-guerre.

Avant-guerre...

La guerre. Ils se taisaient, attentifs à la chanson et à la trépidation du navire qui les ramenait chez eux. Chez eux... Dans l'Amérique en guerre. Tout n'était que guerre désormais. Anne ne pouvait se résoudre à poser à Richard la question en suspens, celle qui se trouvait toujours présente en elle mais qui était si difficile à formuler. Arriverait-elle jamais à le faire ? L'Amérique allait-elle gagner la guerre ? Et ce n'était pas la seule. Combien de temps cela prendrait-il ? Comment passeraient-ils au travers ? Elle n'en posa aucune et se contenta d'enfouir son visage dans le creux de l'épaule de Richard. Une larme roula sur sa joue. La chanson se termina. Une autre commença.

— Et celle-là, tu la connais ?

Anne fit signe que non.

— *How high the moon.*

— Qui est-ce qui joue ?

— Tommy Dorsey. Et c'est Frank Sinatra qui chante.

— Lui, je le connais. *Daybreak.*

— Exact.

— Idéal pour danser.

— *Quelque part il y a de la musique...* fredonna Richard.

— Nous passerons tout notre voyage à danser.

— Charmant.

— Je suis sérieuse.

— Moi aussi. *Après* être passés par ta cabine. (Il consulta sa montre.) Cinq heures à attendre. Ça ne t'ennuierait pas de vérifier avec le commissaire de bord si elle sera prête ?

— Il vaut mieux que j'y aille seule. Ils croient que cette cabine n'est que pour une personne.

Mais elle s'attarda dans ses bras. Le juke-box, après un grésillement, attaqua *Intermezzo*. Ils s'étreignirent de nouveau, se mouvant en mesure. C'était l'air que l'orchestre avait joué dans l'escalier du manoir le soir de la réception. S'en souvenait-elle ? Il se le demanda. Ils n'en parlèrent pas. Pas plus qu'ils n'avaient parlé une seule fois d'Éric Paulson.

Ils formaient un merveilleux couple de danseurs, chacun ayant l'intuition des mouvements de l'autre, tous deux en harmonie avec la pulsation du bateau, la pulsation de la musique, la pulsation de leurs cœurs... Soudain, Anne ralentit et s'écarta.

— Tu entends ?

Richard avait entendu ; le bruit des machines avait cessé. Le bateau continuait-il à avancer ? Tous deux tournèrent leur regard vers le barman. Ils virent que son geste d'essuyer les verres s'était ralenti et qu'il jetait des regards autour de lui. Oui, le navire avait stoppé. Un bruit à la porte attira le regard de Richard, et Anne le sentit se figer. Le barman, laissant tomber son torchon, se précipita vers deux Japonais en uniforme qui venaient d'entrer. Tous trois se mirent à parler ensemble, le regard fixé sur l'Américain. Finalement, le Japonais le plus élevé en grade sortit un pistolet de son étui. Il descendit les quelques marches qui les séparaient, mais sans poser le pied sur la piste luisante.

— Richard Allen Reese ?

How high the moon couvrait la voix de l'officier. Le barman se précipita vers le flanc du juke-box, dont la lumière disparut, et dont le son décrut jusqu'à extinction. Le second officier vint se placer au côté du premier. Tous deux faisaient face à Richard. Sans la musique du juke-box et sans le bruit des machines, le silence devenait quasi surnaturel. L'abrupte question de l'officier le fit voler en éclats.

— Richard Allen Reese ?

Avant qu'Anne ait eu le temps de chercher la main de Richard, celui-ci s'empara de la sienne et la serra violemment. Le barman, dans un sourire, découvrait ses longues dents. L'officier qui tenait le pistolet fit signe à Richard d'approcher.

— Mon Dieu, Richard...

Le cri étouffé d'Anne ne s'adressait qu'à lui : il fut assez fort cependant pour que les Japonais l'entendent. Ils n'eurent pas un seul regard pour la femme en uniforme de la Croix-Rouge. Pour eux, elle n'existait pas. C'était Richard Allen Reese qu'ils avaient l'ordre d'arrêter.

Richard embrassa Anne. Il dit, sans baisser la voix :

— Je t'aime.

Puis il détacha sa main, et laissant Anne au milieu de la piste, rejoignit lentement les militaires. Ces derniers l'escortèrent jusqu'à la porte. Là seulement, alors qu'il n'avait pas jeté un seul regard en arrière, il se retourna.

Ce furent les officiers de bord japonais qui empêchèrent Anne de joindre le commandant. Elle allait de l'un à l'autre en invoquant les droits internationaux de la Croix-Rouge et en suppliant qu'on la laisse télégraphier à Genève. Les Japonais, sans refuser catégoriquement d'obtempérer à ses ordres, ne cachaient pas leur mépris pour cette Européenne au comportement proche de l'hystérie. Elle finit par trouver le gros commissaire de bord, mais ce dernier se défila : cette affaire concernait l'officier de liaison des Alliés.

Le major Ian Foster était un homme de haute taille à la moustache encore humide du whisky ingurgité dans sa cabine en compagnie de deux autres Britanniques. Elle les affronta tous les trois, en arborant, du moins elle priait pour qu'il en fût ainsi, un air officiel : elle était professionnellement concernée par le sort de cet Américain qu'on avait arrêté.

Le major Foster, découvrant ses dents gâtées, lui proposa de prendre un verre. Les deux autres, qui manifestement auraient trouvé plaisir à sa compagnie, ne montrèrent pas le moindre intérêt pour un Yankee qui s'était mis lui-même dans le pétrin. Anne, survoltée, plaida avec son meilleur accent : elle insistait pour que le major le fasse relâcher.

Son interlocuteur, le regard fixé sur sa boisson couleur d'ambre, haussa les épaules. Celui des deux Britanniques qui avait traité l'Américain de Yankee rappela à la jeune femme qu'il ne s'agissait pas de l'un des leurs.

— C'est un allié ! (Elle se retourna vers le major.) Êtes-vous l'officier de liaison des Alliés, oui ou non ?

Le visage du major Foster s'empourpra. Sans se donner la peine de cacher le désagrément que lui causait cette femme en le dérangeant à l'heure de l'apéritif, il poussa un soupir, boutonna sa vareuse, puis, après avoir lissé ses cheveux soyeux sur son crâne luisant et assujetti soigneusement son calot, il saisit sa badine et sortit.

Anne le poussa en direction du pont. Là, ils tombèrent sur un rassemblement de gens grelottants. Tous regardaient les officiers japonais en train de maintenir contre la rambarde un jeune Américain menottes aux poignets. Au-dessous d'eux, sur la mer, une vedette tanguait le long de la coque noire. Le faisceau d'un projecteur balayait la surface de l'eau.

Anne, poussant le major, passa devant une femme emmitouflée dans un manteau de léopard qui répétait à une autre, serrant contre elle un cocker enrhumé, ce qu'elle avait appris.

— Nagoya. Nous avons stoppé pour débarquer quelqu'un.

Le calot d'Anne était bien droit sur sa tête, son nœud de cravate impeccable, sa vareuse boutonnée. Elle avait l'air officiel, et nul n'aurait pu supposer qu'elle connaissait cet Américain.

— Croix-Rouge, annonça-t-elle d'une voix qui n'avait jamais été plus nette et avec un accent qui n'avait jamais été plus anglais. Voici le major Foster, officier de liaison en chef des Alliés.

Richard emboîta le pas à Anne et l'ignora pour fixer son regard uniquement sur le major.

— Je vous en prie, major, demandez à ces Japonais d'examiner mes papiers. Ils sont parfaitement en règle.

Le major contracta sa mâchoire, marmonna, gratta sa moustache, fourra la badine sous son bras, puis chercha des yeux un officier japonais du même grade que lui en service, son homologue. Il déclina son identité aux officiers du bord.

— Foster. Major. Du Royal Fusiliers de Sa Majesté. Puis-je voir les papiers de cet homme, s'il vous plaît ?

Un officier japonais, petit, le visage jaunâtre et marqué de la petite vérole, daigna s'adresser au major, mais uniquement à lui, se refusant ouvertement à regarder la femme qui l'accompagnait. Il prononça quelques mots en japonais, qu'un officier grand et maigre, avec une longue et pâle figure et des yeux luisants, traduisit avec lenteur.

— Radio. Ordres de Tokyo. Ramener cet homme à terre.

De la tête, négligeant la vedette qui attendait au-dessous d'eux, il désigna le promontoire obscur :

— Nagoya.

Le major Foster haussa les épaules, satisfait.

— Me paraît en ordre...

— Non !

Anne, jouant des coudes, alla se planter devant les officiers. Elle essayait de toutes ses forces de faire preuve d'autorité et non d'excitation ou d'un intérêt excessif. Il fallait pour cela qu'elle se retienne de crier et qu'elle masque le désespoir qui la bouleversait.

— Cet homme est citoyen des États-Unis. Il affirme que ses papiers sont en règle. (Elle étonna le Britannique par sa véhémence.) S'il vous plaît, major, veillez à ce que les Japonais en tiennent compte !

Le visage de Richard reflétait le désarroi de chacun, à l'exception des Japonais. La Croix-Rouge réclamait que le Britannique, unique espoir du jeune homme, aidât son allié. Le major considéra les Japonais inébranlables. Les autres Occidentaux amorçaient un mouvement de recul. Il y avait un problème, et les problèmes étaient la dernière chose au monde qu'ils souhaitaient rencontrer. Après avoir usé de toutes leurs relations pour accéder à bord, après avoir attendu ce jour-là, ils se trouvaient sur le chemin du retour. Le major, tout comme les autres, n'éprouvait aucune envie d'avoir des histoires.

Anne écarta l'officier britannique et jeta un regard furibond à son homologue japonais. Elle cria à l'officier à la figure pâle qui venait de traduire :

— Cet homme ne doit pas quitter le navire !

L'officier au visage marqué de petite vérole jeta à son tour un regard furieux à l'interprète, comme si cet ordre avait été de son cru. Il en avait par-dessus la tête, de ces Occidentaux. Les Japonais, un peu à l'écart, se mirent à discuter. Anne fit un pas vers eux et dit, toisant l'officier d'un air de défi :

— Je suis la baronne Paulson, citoyenne suédoise et représentante de la Croix-Rouge à bord de ce bateau destiné à un échange international. Faites venir votre supérieur immédiatement !

L'officier japonais aspira l'air à travers ses dents serrées, puis il détourna d'Anne son regard étincelant de rage et fit signe à ses hommes d'amener le prisonnier jusqu'à la coupée. Une échelle d'acier, suspendue à celle-ci, résonna contre la coque.

— Ordres de Tokyo, susurra le plus grand des deux officiers. Avec nos regrets.

Anne, luttant contre la panique, s'accrocha au major.

— Arrêtez-les !

Richard se retourna vers lui : « C'est vrai, major, mes papiers sont en règle. »

L'officier britannique coinça sa badine sous le bras et tourna les talons avec raideur.

— Vous avez entendu. Ordres de Tokyo.

La supplication d'Anne ne fut qu'un cri.

— Major !

Les assistants firent entendre un murmure, et se reculèrent pour laisser passer le major. Les soldats poussèrent Richard en direction de la rambarde. Là, son regard croisa celui d'Anne : un échange bouleversant d'amour et de désespoir. Jusque-là, elle était parvenue à garder son sang-froid. Soudain, elle se mit à hurler avec une véhémence qui arrêta les Japonais et fit se tourner tous les yeux vers elle.

— Si vous emmenez cet homme, je pars avec lui !

Richard secoua frénétiquement la tête. Non. Il la supplia. Il fallait qu'elle reste à bord et qu'elle rentre en Amérique sans lui.

Anne courut vers le traducteur japonais.

— Vous violez les règlements internationaux !

L'autre officier, de grade plus élevé, prit le temps d'écouter la traduction. Il prit également le temps de montrer à chacun qu'avant de prendre sa décision, il examinait ce qu'avait dit cette jeune femme de la Croix-Rouge. Il prit une inspiration, et son expression devint celle d'une moquerie amusée. Sans un regard pour la femme qui en était l'objet, il jeta l'ordre final, celui de conduire le prisonnier à la coupée. Les yeux de Richard étaient toujours rivés à ceux d'Anne. Son visage se contractait de douleur. C'était terminé. On le séparait de celle qu'il aimait, et il ne lui restait qu'à lui dire adieu. Il tendit la main pour l'arrêter, mais elle s'était déjà engouffrée dans la coupée et descendait l'échelle derrière lui.

29

À bord de la vedette, Anne, le visage appuyé contre la vitre humide, réprima un hurlement de douleur. Elle sentit qu'une accélération les soulevait et leur faisait fendre les vagues en direction de la terre ferme. Elle retira de ses yeux ses mains glacées, et son cœur se brisa à la vue de Richard fixant depuis l'avant la silhouette noire du paquebot se découpant sur l'horizon, avec le pointillé de ses lumières qui s'éloignait.

Elle eut un haut-le-cœur en sentant l'odeur d'huile et d'égouts émanant de la ville dont ils approchaient, masse sombre se découpant en noir sur le ciel nocturne. On coupa les moteurs, et ils dérivèrent avant d'échouer contre une jetée. D'un geste, les soldats lui intimèrent l'ordre de rester à l'arrière jusqu'à ce que Richard soit conduit à un camion qui attendait. Elle le suivit du regard le plus longtemps possible, et elle fut certaine, lorsqu'il passa dans la lumière des phares, qu'il adressa un regard dans sa direction. Des portières claquèrent. Le camion se mit en mouvement et s'éloigna le long de l'appontement.

Des soldats la conduisirent le long d'une rue aux pavés disjoints vers la lumière crue d'un poste de police. Elle se retourna pour regarder vers l'extrémité de la rue, mais le camion avait déjà disparu. Qu'est-ce que les Japonais allaient faire de Richard ? Elle ferma les yeux et pria Dieu de lui venir en aide. Elle pria aussi pour elle, pour qu'Il lui donne du courage. Dès qu'elle fut en mesure de mettre deux idées à la suite, elle demanda à ce même Dieu de lui inspirer un moyen de se sauver elle-même, de rejoindre Richard et de le libérer.

Dans la lumière crue du poste, elle réalisa que son unique espoir était maintenant de se tirer elle-même d'affaire, et pour cela, de ne pas démordre du comportement qui l'avait conduite à bord du *Haya Maru.* Il fallait qu'elle impressionne ces Japonais : n'avaient-ils pas affaire à une baronne suédoise œuvrant pour la Croix-Rouge, une personne neutre, une aristocrate que l'on devait respecter, quelqu'un que les règles de fer de deux pays en guerre ne concernaient pas ?

Elle s'avança dans la lumière et sentit, braqué sur chacun de ses gestes, le regard de cinq hommes. Elle fourra les mains dans les poches de sa vareuse pour qu'ils ne les voient pas trembler. Elle se redressa et imposa à son visage un masque qui devait être, du moins l'espérait-elle, celui de la supériorité.

Personne ne la toucha. Les officiers, qui pouvaient passer aussi bien pour des civils que pour des militaires, fumaient et parlaient entre eux à voix basse. L'un d'eux, à contre-jour, retira sa cigarette de sa bouche, l'écrasa, et lui fit signe poliment d'avancer. Elle avait l'impression de se trouver dans une salle de classe brillamment éclairée. Une pendule murale faisait entendre son tic-tac. L'officier lui indiqua une chaise en bois vernis et elle s'assit alors qu'un homme entrait et se mettait à discuter à voix basse avec le premier. Un policier, les cheveux coupés en brosse, entra à son tour, d'un pas vif, avec une théière. Il emplit de thé bouillant une tasse qu'il posa précautionneusement devant elle. Sa chaleur fut la bienvenue pour ses mains tremblantes. Les autres la laissèrent seule avec le premier officier qui demeura debout, lisant un rapport. Dans le silence, la pendule murale faisait entendre son tic-tac à la façon de ces horloges démodées où elle lisait l'heure à l'école. Elle but son thé à petites gorgées, mais sa chaleur se révéla incapable d'atténuer la terreur glacée qui emprisonnait sa gorge. Au terme de ce qui lui parut des heures mais qui ne consista en fait qu'en quelques minutes, elle trouva le courage de lever les yeux vers l'officier qui, au même instant, referma son rapport. Elle eut la velléité de se lever, mais il lui fit signe de rester assise. Elle retomba, d'une façon qui n'avait rien d'aristocratique, sur sa petite chaise vernissée.

L'homme avait l'air plus chinois que japonais, mais elle n'avait jamais été capable de faire la différence. Sans doute son visage circulaire et ses petits yeux brillants lui rappelaient-ils davantage la population parmi laquelle elle avait grandi à Hong Kong que les rudes Japonais du temps de guerre. Il tendit le bras vers la théière et lui servit du thé. Puis il inclina la tête avec déférence. Il ébaucha même un sourire. Instantanément, elle fut sur ses gardes.

L'homme se versa une tasse de thé. Elle était incapable de deviner son grade d'après ses galons, mais, aux égards que lui témoignaient les autres, elle supposa qu'il était le responsable du poste. Tout en la regardant, il but son thé avec un bruit que les Japonais, elle le savait, ne considèrent pas comme impoli.

Elle songea à Richard, et ses yeux s'emplirent de larmes. Elle trouva un mouchoir et se mit à tousser, mettant sur le compte d'un rhume hivernal les larmes qui lui montaient aux yeux.

L'officier japonais ne s'assit pas au bureau qui se trouvait en face d'elle, mais se mit à faire lentement les cent pas, tel un maître d'école surveillant un élève. Il agita les papiers.

— Vous n'êtes pas suédoise. Son anglais était médiocre, et il parlait sans reprendre son souffle.

— Vous êtes née dans l'Ohio, aux États-Unis.

— Ma mère y est née.

Elle tâchait de montrer de la fermeté, celle d'une aristocrate qui s'entretient avec un inférieur.

— Téléphonez au consul de Suède, ici, à Nagoya. Comprenez-vous ce que je dis ?

Souriant, il hocha la tête : il comprenait.

— Encore mieux, appelez mon mari à Yokohama.

— Votre mère est née dans l'Ohio, aux États-Unis.

— Si c'est inscrit dans votre rapport, vous devez y lire aussi que moi, je suis née à Shanghai.

L'officier japonais acheva son thé par un léger rot. Tenant sa tasse, il la regardait, et tout en se doutant que ce silence faisait partie de sa technique d'interrogatoire, elle s'entendit prononcer :

— Je suis suédoise maintenant. Baronne Paulson.

L'homme acquiesça poliment : en présence d'une aristocrate, les Japonais savent faire preuve de considération.

Anne reprit la parole, d'une voix aiguë qu'elle s'efforça rapidement d'adoucir.

— Appelez mon mari à Yokohama. Il vous confirmera que j'appartiens à la Croix-Rouge internationale. La Croix-Rouge in-ter-na-tio-na-le, répéta-t-elle, appuyant sur chaque syllabe et renversant les rôles. Je me trouvais à bord de ce bateau pour veiller à la traversée au nom des autorités de Genève.

Un autre homme entra dans la pièce, un grand type avec des cheveux drus comme les poils d'un porc-épic au-dessus d'un visage allongé. Elle devina que c'était le sous-chef du poste, car il se tint sans rien dire au côté de l'officier au visage rond qui, lui, ne cessa de la regarder.

Le sous-chef alluma une cigarette. L'officier agita ses papiers.

— Vous rentriez aux États-Unis ?

Elle refusa de répondre.

— Vous rentriez aux États-Unis ?

Ses mains tremblaient, et, pour les occuper, elle se mit à tripoter les boutons de sa vareuse.

— Pourquoi êtes-vous revenue au Japon ?

— Parce que l'armée de votre empereur a fait une sérieuse entorse aux règlements internationaux.

— Le bateau a reçu un message radio...

Elle se leva.

— Je suis désolée. Mon mari répondra à toutes ces questions. S'il vous plaît, appelez-le.

L'officier en second jeta un coup d'œil aux papiers et se mit à parler en japonais. Elle perçut le mot : Yokohama.

— Oui, Yokohama. (Elle accentua volontairement sa prononciation.) C'est là qu'habite mon mari, le baron. Téléphonez-lui.

30

Sur le chemin du retour, après qu'ils eurent quitté le poste de police de Nagoya, Éric, sans feindre de dormir, fuma cigare sur cigare. Il n'avait pas adressé un seul mot à Anne, et paraissait décidé à ne rien dire jusqu'à ce qu'ils soient rentrés.

Les pneus chuintaient sur la route humide. Anne entendit une corne de brume, et essuya la buée de sa vitre pour pouvoir regarder la mer. Dans l'obscurité, le Japon semblait se réduire à cela : du brouillard, des pins et la mer.

Sous un ciel pâli par l'aurore, la voiture s'engagea dans l'allée qui montait vers le manoir. La colline était drapée de brouillard. Birgit, en compagnie de quelques domestiques, attendait à la porte, et Anne se demanda comment ils s'étaient arrangés pour connaître l'heure exacte de leur arrivée. Sans un regard pour sa maîtresse, Lars ouvrit la portière. Les Japonais, avec des courbettes, éloignèrent les chiens qui aboyaient joyeusement. Anne passa rapidement devant Birgit, sans lever les yeux. Ses chaussures en cuir de la Croix-Rouge sonnèrent dans l'immensité déserte du hall, qu'elle traversa en courant.

Elle ne s'arrêta de courir qu'une fois parvenue dans la chaleur de la chambre de maître, devant le lit aux draps de soie beige dont Birgit avait fait la découverte. On avait réparé le paravent au héron, abîmé par Richard : l'oiseau, son œil unique semblable à un point blanc, avait repris son vol à travers l'espace. Anne s'immobilisa. Dans la salle de bains, Birgit faisait couler une eau bouillante. Sans un mot pour sa maîtresse, elle sortit par la porte du hall.

Siegmund et Sieglinde aboyaient joyeusement à l'autre

extrémité de la maison. Le baron et la baronne Paulson se retrouvaient chez eux.

Anne n'eut pas besoin de se retourner pour savoir qu'Éric se tenait dans l'encadrement de la porte, muet. Il avait cessé de fumer, et laissé son manteau dans l'entrée. Son costume anglais impeccablement coupé n'avait pas un pli, le col blanc de sa chemise et ses manchettes non plus. Il rectifia sa cravate de soie bleu nuit, geste qu'un homme fait habituellement en quittant sa chambre et non en y entrant.

Anne passa les mains dans ses cheveux, mais ne bougea pas de l'endroit où elle se trouvait, au pied du lit. Durant leur randonnée à travers la nuit, Éric ne lui avait jeté que quelques rares coups d'œil, mais maintenant, sans le regarder, elle savait que ses yeux étaient rivés sur elle. Elle ferma les siens et attendit. Elle avait supporté son silence durant des heures, dans l'auto : elle pouvait attendre quelques secondes de plus.

Elle entendit le bruit de la porte refermée par Éric, et son cœur fit un bond quand la clé tourna dans la serrure. C'était une maison où on portait des chaussures. Nous sommes des Occidentaux, disait Éric, non des Japonais. Malgré l'épaisse moquette qui assourdissait le bruit de ses pas, elle le sentit approcher lentement. Elle attendait. Elle leva la tête et, ouvrant les yeux, le vit qui plongeait son regard dans le sien. Au même instant, sa main partit en avant et la frappa au visage avec une telle violence qu'elle en eut la respiration coupée.

Elle fit tout ce qu'elle put pour demeurer immobile, les yeux fixes et grands ouverts. Elle pensait qu'il ne la giflerait pas une seconde fois, et, bien qu'elle sentît le goût du sang dans sa bouche et sur sa lèvre, elle n'éleva pas la main pour s'en assurer. Au contraire, elle affronta du regard son visage blême de fureur et ses yeux étincelants. Elle sentait le sang couler sur son menton, mais elle continua à le défier du regard, déclarant ainsi sans ambiguïté qu'elle était prête à subir tout ce qu'il pourrait lui faire, sans demander jamais ni grâce ni merci.

Il cueillit un poil de chien sur la manche de son uniforme de la Croix-Rouge. Dehors, dans l'aurore brumeuse, on entendit le gémissement de la corne de brume. Jamais aucun geôlier n'avait regardé sa prisonnière d'aussi près.

— Pourquoi ont-ils ramené Reese ?

Elle secoua la tête : elle n'en savait rien. Le sang tiède brillait sur ses lèvres. Il sortit sa pochette et la lui tendit, mais elle ne la prit pas, se contentant de ravaler son sang pendant qu'il repliait la pochette et la remettait à sa place. Il respirait bruyamment, la mâchoire contractée, souffrant sans aucun doute, à cet instant même, encore plus qu'elle.

Anne se sentait complètement endolorie. Éric s'éclaircit la voix.

— Je vais vous dire ceci, et je n'ai pas l'intention de le répéter. Essayez de lui venir en aide, et vous cessez d'être ma femme. Vous comprenez ?

Pour toute réponse, elle releva la tête en acquiesçant. Elle comprenait. Elle était sa prisonnière, et elle connaissait les règles : si elle lui désobéissait en quoi que ce fût, ou même s'il se laissait aller à sa colère et à son ressentiment au point de vouloir la punir, il était capable de la rejeter. Elle ne serait plus suédoise, mais américaine, une de celles qui mouraient de froid dans les camps.

— Vous comprenez, oui ou non ?

Les yeux d'Anne demeurèrent rivés aux siens.

— Répondez-moi

Ce fut la première fois qu'elle parla depuis qu'elle était de retour.

— Je comprends, dit-elle à voix basse.

Il dénoua sa cravate et retira son veston, puis ses boutons de manchette, qu'il posa dans un vide-poche, donnant ainsi à Anne l'occasion de se détourner, mais elle ne le fit pas. Elle prit un mouchoir qui lui appartenait et essuya son sang. Éric déboutonna son gilet.

— Vous serez en sécurité ici.

— Tant que je resterai avec vous.

Il fit glisser les bretelles de ses épaules, puis déboutonna et retira sa chemise. C'était un homme vigoureux et musclé.

— Et si je pars ?

Il déboutonna son pantalon et le quitta.

— Vous ne le ferez pas.

— Je suis donc prisonnière, comme Richard.

Elle se dirigea vers le petit cabinet de toilette attenant à la salle de bains en céramique. Éric se laissa tomber sur le lit, fixant la porte de la salle de bains. Au bout d'un moment, il s'empara d'un réveille-matin qu'il régla plus tard que l'heure habituelle, mais cela ne lui faisait guère que trois heures à dormir. Après avoir défait ses fixe-chaussettes, puis retiré ses chaussettes de fil, il écouta le bruit de l'eau coulant dans la salle de bains, puis se leva et gagna la porte ouverte. Anne, absolument nue, se tenait debout devant la glace, le visage sans maquillage, la bouche meurtrie.

Elle se drapa dans une serviette et, tout en peignant ses cheveux, affecta de ne pas le voir dans la glace. Les yeux d'Éric ne brillaient plus de colère, mais d'un désir non dissimulé, expression qu'elle avait vue chez tant et tant d'hommes.

Il trouva un gant de toilette et, le passant sous le robinet d'eau froide, le lui offrit en guise de compresse pour sa lèvre ensanglantée. Sans cesser de se peigner, elle eut un mouvement de recul, évitant ainsi qu'il la touche. Il passa le gant sur ses propres mains.

— Je vous ai aimée dès l'instant où je vous ai vue, là-bas à Hong Kong, au Bay Club, au cours de ce bal ridicule. (Il observait le rituel avec lequel elle se brossait les cheveux.) Je ne puis, naturellement, vous obliger à m'aimer.

Il fit sortir la pâte dentifrice d'un tube.

— Il y a une réplique quelque part dans Noël Coward, où on dit que l'amour consiste à partager la même brosse à dents.

Il se brossa les dents et se rinça la bouche à l'aide d'un gobelet en plastique blanc.

— Plus que jamais, dit-il ensuite d'un ton de voix raffermi, car maintenant c'était de l'avenir qu'il parlait, plus que jamais il importe pour mes occupations ici que rien ne paraisse avoir changé. Il est probable que nous allons quitter le Japon. (Ses yeux cherchèrent ceux d'Anne dans la glace, mais elle lui tournait le dos.) Pour l'Argentine. Les Allemands ont besoin d'aciéries.

Elle s'empara d'une serviette.

— Ai-je le droit de savoir quand nous partirons ?

Éric quitta la salle de bains sans répondre, et Anne se retrouva seule face à son miroir.

31

Où était donc Kenji ? Richard, groggy d'avoir passé la nuit dans le train depuis Nagoya, n'avait pas fumé une seule cigarette depuis le *Haya Maru,* et ce matin-là le caporal japonais qui fumait en cachette dans le bureau du colonel Saito était en train de le rendre fou. Il imita le geste d'un fumeur.

— Hé, vieux frère, tu n'aurais pas une cigarette ?

Son gardien, avec une dent en or et une tête de gosse des rues que Richard avait dû contempler toute la nuit dans le train, se mit à brailler des ordres en japonais : son prisonnier devait se tenir au garde-à-vous devant le bureau vide. Il montrait sa dent en or en ricanant : voir souffrir l'Américain ajoutait du plaisir à celui de fumer.

— Va te faire foutre, vieux frère.

Richard n'avait pas cessé de grelotter depuis le *Haya Maru,* et un peu d'insolence lui était nécessaire pour se remettre l'esprit d'aplomb. Un peu de bravade style Errol Flynn. Il enfonça les mains dans ses poches, déclenchant de nouveaux hurlements de son gardien, qui le frappa. Richard, haussant les épaules, sortit ses mains et les mit derrière son dos. Il regarda les cartes routières et les photos du colonel, et il se demanda ce qui arriverait s'il écrasait contre le mur ce stupide cendrier souvenir de l'exposition universelle de New York.

Il redoutait le moment où son gardien, jetant et écrasant sa cigarette, beuglerait un « Fixe ! » à l'entrée de Kenji et du colonel Saito. Il s'efforça néanmoins de rester au garde-à-vous et, tout en écoutant les battements de son cœur, d'attendre de découvrir pourquoi ils l'avaient fait revenir.

Était-ce à cause de Shangri-la ?

Bien sûr, on ne pouvait le nier, il avait menti à Kenji. Il avait littéralement dupé son ami, mais un véritable ami ne pouvait lui demander de trahir sa patrie.

Si c'était à cause de Shangri-la, le colonel ou Ikeda avaient-ils appris la vérité en ce qui concernait cette vallée secrète dans *Horizon perdu* ? Si c'était Kenji lui-même qui l'avait découverte, il n'était pas douteux qu'avec son sens de l'honneur il eût avoué au colonel que son ami américain lui avait menti.

À propos de Shangri-la, Richard n'avait guère éprouvé qu'une intuition. Il n'avait aucune idée de ce que cela voulait dire. Peut-être que toute cette affaire n'avait rien à voir avec Shangri-la. Bon Dieu, cette cigarette ! Et où diable était passé Kenji ?

Il se tourna vers son gardien : « Commandant Tachikawa. Où ? »

Le caporal, dans un rictus, découvrit sa dent en or, et, pointant sa cigarette vers Richard, lui intima l'ordre de rester au garde-à-vous devant le bureau vide. Puis on entendit claquer une porte à l'extérieur, et le gardien jeta sa cigarette. Richard fit la grimace à la vue du mégot parfaitement fumable écrasé sous sa botte. Une nouvelle porte s'ouvrit, et on entendit, dans le vestibule, plusieurs voix qui s'exprimaient en japonais. Un bruit de pas martial se fit entendre sur le plancher de bois, approchant de la porte. Richard rectifia son garde-à-vous. Au lieu du colonel Saito, ce fut Ikeda qui entra. Avec son crâne rond et ses cheveux passés au cirage, il faisait penser à une tête de poupée. Il ouvrit une serviette et empila méticuleusement des papiers sur le bureau. Puis il fit un pas en arrière et attendit.

Le colonel Saito entra et, sans un regard pour Richard, alla s'asseoir derrière son bureau. Des cernes de fatigue se voyaient sous ses yeux. Il congédia Tête de poupée et le caporal, puis ouvrit un tiroir fermé à clé et en sortit sa boîte laquée de noir. Il reporta son attention sur la pile de documents, tout en dépliant machinalement son carré de soie : il ouvrit la boîte, prit une cigarette, l'adapta à son fume-cigarette et l'alluma. Il ignorait toujours l'Américain debout devant lui. Une fois qu'il eut fini de parcourir le premier document, il le reposa à l'envers et se mit à lire le deuxième. « Shangri-la, Mr Reese. »

Shangri-la... Un tremblement de terre. Ils avaient découvert son mensonge. Maintenant, c'était Richard qui feignait de ne voir ni d'entendre son interlocuteur.

Où était Kenji ?

Dans le civil, le colonel était professeur à l'université. Aujourd'hui, il avait pris sur le fait un étudiant en train de tricher, violation de tout ce qui les avait associés dans ce travail. Richard ne devait plus s'attendre à ce qu'on lui accorde une confiance quelconque. Un homme honorable ne se serait jamais mis dans une telle situation.

— Cette fois, vous allez nous dire ce que signifie Shangri-la.

— Je ne comprends pas. (Richard s'en voulut de ne pas

mettre plus de conviction à assurer sa défense.) Shangri-la, persista-t-il, est une île des mers du Sud.

Le colonel Saito s'assit et se massa les paupières. Il fumait. C'était un homme qui prenait plaisir à des choses raffinées telles que les boîtes laquées et le châtiment qu'il se proposait d'infliger, dès qu'ils se retrouveraient, à cet Américain insolent. Il essuyait la boîte à l'aide du mouchoir de soie.

— Je ne vous offre pas de cigarette, Mr Reese. Le Japon continue à remporter victoire sur victoire, et pourtant je n'ai pas renoncé à ma marque préférée : les Chesterfield. *They satisfy.* (Il se tourna vers ses cartes et ses photos des États-Unis.)

— Quel est le chef d'orchestre qui joue à la radio pour le compte des cigarettes Chesterfield ?

Richard se refusa à donner à son geôlier le plaisir d'entendre la réponse à sa question. Tous deux la connaissaient déjà. Il songea à Glenn Miller, à une chaude nuit et à une fille. Un tour de sa mémoire fit que cette fille devint Anne.

Anne...

La cigarette du colonel se consumait au-dessus de la pile des transcriptions. Il prit tout son temps pour replier le mouchoir, donnant à ses gestes la douceur même de la soie. Bien que n'ayant pas le sens de l'honneur, cet Américain, debout devant lui, n'était pas dépourvu d'intelligence. L'Américain en question savait ce qui l'attendait. S'il ne trouvait pas le moyen de se rendre utile à l'empire du Japon, il serait exécuté. La mort. S'il retournait au camp, les services secrets japonais informeraient les autres Américains qu'il avait coopéré avec eux. Un sort peut-être pire encore. Quand un homme n'a plus d'honneur, il ne tente rien non plus pour s'évader.

Le colonel, de son fume-cigarette, indiqua les transcriptions :

— Commencez par celles-ci. Vous avez une heure. Cette fois, plus de mensonges.

La voix de Richard, lorsqu'il trouva finalement le courage de poser la question qui lui brûlait les lèvres, fut plus forte qu'il ne le voulait. Elle emplit la pièce.

— Où est l'honorable Tachikawa ?

Le silence qui suivit rendit l'écho qui avait succédé encore plus profond. Le colonel scruta le visage de son prisonnier, investigation qui n'était guère nécessaire tant les Américains sont peu capables de dissimuler leurs sentiments. Le fume-cigarette fiché entre les dents, il dit, sans quitter l'étranger des yeux et sans ciller :

— Vous lui avez menti. Votre ami était un Japonais, un homme honorable. Il vous a cru. Aussitôt qu'il a découvert le mensonge, bien entendu, il nous l'a dit. Vous ne lui avez pas laissé le choix, Mr Reese. Le commandant Tachikawa s'est donné la mort.

Au bout d'une heure, suivant très précisément les ordres du colonel, Tête de poupée fit retentir dans le vestibule son pas martial. Il déverrouilla la porte de Richard et entra. La vue de son prisonnier qui, effondré, négligeait de se mettre au garde-à-vous, l'emplit d'une rage folle et son poing alla frapper son visage humide de pleurs.

Puis Tête de poupée ramassa les documents, et lorsqu'il s'aperçut que l'Américain n'avait pas inscrit une seule annotation en face des mots et des expressions à problème, il le frappa de nouveau.

Les yeux de Richard ruisselaient de larmes.

— Allez-y. Tuez-moi. Mais alors, vous n'aurez jamais ce que vous voulez, espèces de salauds !

Tête de poupée brandissait les papiers, roulés comme la cravache d'un dompteur. À force de les serrer, ses jointures devinrent toutes blanches.

— Mae West, interrogea-t-il.

Richard haussa les épaules, attendant que le poing s'abatte de nouveau sur son visage.

Au lieu de le frapper, Tête de poupée répéta d'une voix sifflante :

— Mae West.

Richard réfléchit. Si on le torturait, il craquerait et parlerait. Mais si on l'emmenait à l'aube pour le fusiller, au moins il en serait quitte avec sa douleur et n'aurait plus jamais à penser à Kenji. Il ferma les yeux et se revit en train de danser avec Anne, la serrant contre lui.

Quelque part il y a de la musique,
Si près, si loin...

Anne...

Anne était une raison suffisante pour vivre.

Tête de poupée tourna les talons et quitta la pièce. Ses bottes martelèrent le vestibule. À travers la porte demeurée ouverte, Richard l'entendit parler, et, bien qu'il ne pût distinguer ce qui se disait, il remarqua que les inflexions n'étaient pas japonaises. Deux hommes dialoguaient ensemble, mais en anglais. Et l'un d'eux était américain.

Cinq minutes plus tard, Tête de poupée était de retour. Richard, tremblant, se raidit. Tête de poupée frappa la paume de sa main à l'aide des documents roulés.

— Mae West est un gilet de sauvetage porté par les aviateurs américains...

Durant une minute entière, Tête de poupée s'autorisa à regarder son prisonnier bien en face. Il tenait à lui faire comprendre que sa situation était loin d'être la même, au poste d'écoute. Puis il changea d'angle et gifla Richard jusqu'à ce que celui-ci ouvre des yeux emplis de terreur. Bon. L'Américain avait compris. Tête de poupée laissa retomber ses lèvres minces sur ses petites dents pointues. Le commandant Tachikawa n'était plus là pour s'interposer. L'Américain lui appartenait. Serrant les transcriptions dans son poing, il fit volte-face et sortit de la pièce en faisant sonner ses talons et en claquant la porte derrière lui.

Richard entendit la clé tourner dans la serrure.

Il se laissa tomber sur l'étroit lit de camp et tira par-dessus sa tête l'unique et mince couverture.

Kenji était mort. Shangri-la avait coûté la vie à Kenji, et cette pensée le faisait se tordre de douleur. Il se tournait et se retournait sur le lit étroit, sachant qu'il n'y aurait pas un seul jour désormais sans qu'il pense à Kenji. Il pleura. Il se dit qu'il devait cesser. Penser à Anne. Anne l'avait assez aimé pour le rejoindre à bord du bateau. Anne l'aimait tellement qu'elle avait quitté le bateau avec lui.

Kenji était mort.

Anne était toujours en vie. Blotti sous la couverture dans sa cellule, il se dit que si cette pièce se trouvait sur l'autre face du bâtiment, il serait en mesure, en se mettant à la fenêtre, de voir le manoir où elle se trouvait avec Éric.

Anne...

Il fut emporté dans un tourbillon de douleur. Kenji était mort. Et Anne ? La reverrait-il jamais ?

32

Le mois de février passa et Anne remarqua à peine les cerisiers en fleur et le faux espoir qu'ils donnaient du printemps. Mars se termina avant qu'elle sentît que les brumes matinales avaient perdu un peu de leur froid acéré. Chaque matin, elle se levait en pensant à Richard. Elle se mettait à la fenêtre et se demandait s'il contemplait le ciel, comme elle le faisait. Avait-il assez chaud, là-bas, au poste d'écoute ?

La baronne Paulson, tel était son titre, remplissait néanmoins ses devoirs de maîtresse de maison. Elle donnait des ordres aux domestiques, tout en sachant que Birgit, qui lui adressait à peine la parole, pouvait parfaitement se passer d'elle pour tenir la maison.

Richard l'accompagnait alors qu'elle boutonnait son uniforme de la Croix-Rouge et quittait la maison. Il l'accompagnait toute la journée alors qu'elle faisait ce qu'elle pouvait pour adoucir les souffrances des prisonniers derrière les barbelés. Dans l'incapacité d'aider quiconque, elle vivait cela comme une imposture. Tout ce qu'elle pouvait faire pour eux, c'était prier pour que le printemps se hâte d'apporter un peu de chaleur et qu'ils cessent de claquer des dents dans le froid.

Le soir, elle mettait une robe longue, des bijoux, et dînait en compagnie d'Éric et des relations, japonaises et allemandes, qu'il invitait. Elle se trouvait rarement seule avec lui jusqu'à l'heure tardive où ils se retiraient dans leur chambre et gagnaient le lit dont la découverte était faite. Dans ce lit, Éric faisait l'amour à sa prisonnière pendant que celle-ci pensait à Richard.

La vie n'était pas plus facile pour Éric. Bien qu'Anne ne se soit jamais plainte, il savait qu'elle détestait l'odeur de ses cigares (des Monte-Cristo de Cuba), et il s'imposait un bain de bouche avant de faire l'amour. Ses journées étaient très chargées car la machine de guerre japonaise avait besoin de l'acier qu'il lui fournissait. Pourtant, il désirait ardemment quitter le Japon, et cherchait à obtenir un passage sur l'un des premiers bateaux devant quitter ces îles, que ce fût l'un des siens ou, si le calendrier était plus favorable, un portugais. Il sentait que pour eux la solution était de partir du Japon. La nuit, allongé au côté d'Anne, il se sentait convaincu qu'une fois la guerre terminée, une fois Richard de l'autre côté du Pacifique, l'Argentine pourrait changer leurs vies. Jusqu'alors, il devait s'obliger à être patient.

L'ombre de Richard planait entre eux, mais jamais ils ne parlaient de lui. Un matin, alors qu'il l'aidait à boutonner sa vareuse de la Croix-Rouge, Éric annonça à Anne, en prenant des précautions pour ne pas la heurter, que le Japonais qui avait essayé de soustraire son ami américain au camp de prisonniers avait commis le *seppuku,* suicide selon le code d'honneur japonais.

Éric se montrait prévenant sans désemparer. Elle lui rendait poliment ses attentions. Ils se montraient tous deux circonspects l'un envers l'autre, et pleins de sollicitude. Il réussit à avoir des nouvelles de la mère d'Anne, qui travaillait à Seattle chez Frederick et Nelson au rayon de la verrerie. Cela plairait-il à Anne que sa mère vienne vivre avec eux une fois qu'ils seraient à Buenos Aires ?

Anne répondit que cela plairait beaucoup à sa mère.

L'idée de quitter le Japon sans Richard la poignardait en plein cœur. Ici, à Yokohama, elle se trouvait prisonnière dans sa propre maison, et captive d'un pays en guerre avec le sien. Cependant, bien que coupée de tous, sauf d'Éric, bien que morte au reste du monde, elle se sentait toujours aussi proche de Richard. Aussi longtemps qu'elle resterait au Japon, elle nourrissait l'espoir, bien que lointain, de le retrouver d'une façon ou d'une autre. Un bien faible espoir. Une fois qu'elle aurait embarqué et quitté le Japon avec Éric, jamais plus elle ne reverrait Richard. Quel que fût l'avenir que lui réservaient la guerre et Éric, elle forma le vœu de ne jamais quitter le Japon sans l'homme qu'elle aimait.

Ce qu'il lui fallait, c'était un plan. Et du temps. Éric avait-il déjà organisé leur passage à bord d'un bateau ? Quel bateau ? Quand appareillerait-il ? De combien de temps disposait-elle ?

Éric ne l'informait de rien, et elle ne se risqua pas à le

questionner. Elle savait naturellement que l'ignorance dans laquelle elle était tenue faisait partie de sa punition. Une épouse loyale ne doit pas poser de question à son mari, mais, ainsi que Ruth dans la Bible, le suivre là où il va. Elle observait attentivement Éric, et essayait de surprendre ses conversations téléphoniques. Dans son courrier, elle guettait les enveloppes portant l'adresse d'une compagnie de navigation.

Par une matinée pluvieuse, alors qu'il partait en automobile avec Lars, il donna à Birgit l'ordre de commencer à préparer les bagages. Le départ pouvait avoir lieu à n'importe quel moment.

Trois jours plus tard, toujours un matin, alors qu'une femme de chambre aidait Anne à enfiler sa vareuse de la Croix-Rouge, elle entendit Éric qui, téléphonant à son bureau, parlait de bateau et d'appareillage. Prenant son courage à deux mains, elle frappa à la porte et, sans attendre la réponse, entra. Éric referma le tiroir supérieur de son bureau et raccrocha. Il la regardait en souriant. Cherchant une excuse pour l'avoir dérangé, elle se mit à parler du dîner qu'ils devaient donner ce soir-là et du choix des vins. Tous deux savaient qu'Éric avait déjà choisi les invités, et qu'il s'occupait toujours du vin. Il remplissait sa serviette.

— Étrange peuple que les Japonais.

C'était la première fois qu'il se permettait une critique vis-à-vis de ses hôtes.

— Depuis qu'ils ont attaqué Pearl Harbor, la guerre, pour eux, n'a consisté qu'en une série de victoires. (Il boucla sa serviette.) Maintenant, on dirait qu'ils ont l'impression que tout va trop bien. C'est comme s'ils attendaient une réplique des États-Unis, et peu importe que ces derniers en soient incapables : tout à coup nos amis japonais se montrent nerveux comme des chats.

Éric prit le bras d'Anne et l'accompagna hors du bureau.

— C'est gentil à vous de penser au vin, mais je tâcherai d'être rentré assez tôt pour faire un choix judicieux. Combien serons-nous ? Seize ? Son visage s'assombrit.

— Tous ces merveilleux crus... Quand je pense que notre cave va nous suivre jusqu'en Argentine... Je n'aime pas ça du tout. Même dans l'un de nos bateaux, trop de bouteilles risquent de se casser...

Anne prit le manteau de cachemire noir des mains de Birgit

et accompagna Éric jusqu'à la porte d'entrée où les chiens bondissaient en aboyant. Elle le laissa effleurer son visage d'un baiser, puis, dès que la voiture fut hors de vue, elle repoussa les chiens et se précipita vers le bureau. Birgit, debout à la porte, ne perdait aucun de ses gestes. Les deux femmes ne s'étaient jamais beaucoup aimées, et maintenant, sans nul doute, cette femme sévère rapportait au baron les moindres faits et gestes de sa maîtresse. Anne ferma la porte derrière elle et, passant derrière la plaque d'acier inoxydable du bureau, se hâta d'ouvrir le tiroir du haut. L'ordre qui y régnait ressemblait tout à fait à Éric. Chaque chose se trouvait exactement à sa place, les dossiers soigneusement empilés. Dans celui du dessus, elle découvrit des annotations en suédois, une sorte de planning horaire où chaque heure revêtait un contenu. Le dossier suivant renfermait la liste des invités de la soirée. Elle fouilla dans les autres, mais sans découvrir aucun nom de bateau. Dans un agenda, le mois d'avril était rempli de rendez-vous, dont quelques-uns s'échelonnaient en mai. Apparemment, les relations d'affaires d'Éric n'étaient pas au courant de ses projets de départ.

Dans le tiroir du haut, à droite, elle découvrit un revolver. Cela ne l'étonna pas : elle savait que des hommes tels qu'Éric possédaient des armes. Jamais elle n'en avait tenu une dans sa main. Même en ce moment sa gorge se serrait et elle hésitait à la toucher. Elle observa le métal noir et luisant, frappée de voir quelle étrange créature c'était. Le monde se trouvait en guerre, et elle, elle était là, à ravaler sa frayeur devant une arme qu'elle avait peur de toucher. Elle se fit violence et, l'ayant saisie, la trouva plus lourde qu'elle ne s'y attendait. « Elle ne va pas te mordre, se dit-elle, ni partir dans ta main. Pas si tu fais attention. » Elle examinait le revolver quand elle entendit les chiens aboyer à la porte d'entrée, de cet aboiement particulier qui ne s'adressait qu'à Éric.

Elle posa le revolver et courut à la porte du hall pour écouter. Oui, c'était bien leur maître que fêtaient les chiens, leur maître de retour à la maison. Avait-il oublié quelque chose dans son bureau ? Le cœur d'Anne battait violemment. Elle prit néanmoins le temps de retourner au bureau et de remettre le revolver, toujours sans faire de bruit, à l'endroit exact où elle l'avait trouvé.

« Anne ? » Éric appelait depuis le pied de l'escalier, dans le hall. Luttant contre sa panique, elle referma doucement le tiroir. Il ne fallait pas qu'il la trouve ici, dans son bureau. La seule issue possible était la porte-fenêtre donnant sur l'extérieur. Cette idée la rasséréna quelque peu. Toujours sans faire de bruit, elle ouvrit la porte du jardin. Là, à moins de cinq mètres du rideau de bambous aux feuilles frissonnantes, se tenait Lars. Elle fut clouée sur place, lui adressant un signe de tête : n'était-ce pas la chose la plus naturelle du monde que le chauffeur eût quitté l'allée pour s'en venir ici, dans le jardin, surveiller le bureau ? Elle referma la porte au moment précis où Éric entrait, venant du hall, et traversait la pièce en direction du coffre mural. Il fit jouer la combinaison : voilà ce qui l'avait obligé à revenir. Il ne lui demanda pas pourquoi elle se trouvait là.

— Mon sac, mentit-elle. Je pensais que j'avais laissé mon sac ici.

C'était aussi maladroit que son prétexte à propos de la liste des invités. Éric ne se donna pas la peine de répondre. Du coffre ouvert, il retira leurs passeports et les glissa dans la poche de son manteau. Il jeta un coup d'œil à son bureau. Avant de sortir, il effleura son visage d'un nouveau baiser.

33

Durant trois semaines et cinq jours, Richard demeura au secret dans le poste d'écoute. Il ne voyait que Tête de poupée, pour les transcriptions, et les gardiens, qui lui apportaient du riz et de temps à autre un filet de poisson, très vraisemblablement les maigres rations qui leur étaient à eux-mêmes allouées. Bien qu'il fût toujours affamé, il ne mourait pas de faim comme les prisonniers dans les camps. Il transportait à l'extérieur son seau hygiénique et on le conduisait à la douche une fois par semaine. Il ne voyait personne à part les Japonais, et pourtant à maintes reprises, de nuit comme de jour, il perçut une voix qui était à n'en pas douter celle d'un Américain.

Richard travaillait seul, et tâchait de se convaincre qu'aucune de ses explications concernant les passages soulignés de rouge ne causait de tort réel aux États-Unis. Tant que

Kenji avait été en vie, le colonel confrontait les réponses de Richard avec ce que le commandant, ami du prisonnier, connaissait de l'Amérique. Richard n'en voulait pour preuve que cette histoire de Shangri-la. Maintenant, il était de plus en plus convaincu que si le colonel lui permettait d'entendre la voix d'un autre Américain, c'était pour lui faire savoir qu'il se trouvait en concurrence avec un autre prisonnier dont la connaissance des us et coutumes américains et anglais était aussi complète que la sienne. Ses réponses subissaient une double vérification. Elles devaient correspondre. Ni Richard ni cet homme qu'il n'avait jamais vu ne pouvaient courir le risque de se contredire. Tel était le moyen trouvé par le colonel pour être sûr que Richard ne lui mentirait pas une nouvelle fois.

Les journées de Richard se ressemblaient toutes. Il faisait son travail, puis s'allongeait sur son lit de camp et se recroquevillait de douleur chaque fois qu'il pensait à Kenji. Tout ce qu'il trouvait pour apaiser cette douleur, c'était de penser à Anne. Il concentrait son esprit sur elle et procédait à des inventaires sans fin de son adorable corps. Quand la radio jouait de la musique américaine dans le bureau de Kenji, il imaginait qu'il dansait en serrant ce corps contre lui.

Anne...

Il se rendait à la fenêtre un nombre incalculable de fois, et là, tout en regardant dehors, il pensait à elle, se concentrant de toutes ses forces pour essayer de l'atteindre, certain qu'elle procédait de même : tel était leur unique moyen de partager leur amour.

Par une journée d'avril inondée de soleil, Richard eut la surprise de voir entrer Tête de poupée, qui le fit mettre au garde-à-vous devant son bureau puis le conduisit dehors. Ils suivirent le vestibule. « Deux cerveaux valent mieux qu'un », annonça le colonel Saito, incapable de dissimuler le plaisir qu'il prenait à parler parfaitement l'américain. Il se renversa dans son fauteuil et envoya un épais nuage de fumée vers ses photos, ses cartes des États-Unis et les plans de leurs villes. Il y avait ajouté une carte murale de l'océan Pacifique, piquetée d'épingles de couleur bleue, supportant de petits drapeaux avec rayures et étoiles. D'autres épingles, ornées du soleil levant, indiquaient les positions des navires de guerre japonais, et il y en avait beaucoup. Richard fit la grimace à la vue du nombre pitoyablement infime de bateaux de l'*US Navy* se trouvant encore dans le Pacifique après le désastre de Pearl Harbor.

Des bottes de gardiens résonnèrent dans le vestibule, suivies d'un pas traînant. Richard, même d'un coup d'œil oblique, ne parvint pas à voir l'homme qu'on venait de faire entrer et de placer à côté de lui face au colonel Saito.

— Richard Reese – la voix de Saito se montrait aussi soyeuse que le carré qu'il utilisait pour sa boîte laquée –, permettez-moi de vous présenter un compatriote, affecté au même travail que vous. Lieutenant Howard Underwood, des forces aériennes des États-Unis.

Richard se retint de regarder l'Américain, tout comme celui-ci redoutait la vue de cet autre lui-même, cet autre traître.

— Je vous en prie, messieurs, serrez-vous la main.

Le lieutenant Howard Underwood portait le pantalon et la chemise d'uniforme des forces aériennes américaines. Il était américain de la tête jusqu'aux pieds. Ses cheveux, d'un blond presque roux, étaient coupés en une brosse très raide qui contrastait avec son visage trop doux et ses traits beaucoup trop fins pour un combattant. Au-dessous de ses grands yeux marron se dessinaient des cernes sombres dus au manque de sommeil ; ils lui donnaient l'air effrayé d'un cerf pris au piège. Dans son uniforme, il avait une minceur d'adolescent. Ses chaussures beiges, des Oxford et non des bottillons, luisaient de cirage. La main qu'il tendit à Richard était moite de sueur et tremblait.

Richard passa les doigts à travers ses cheveux. À la différence de l'autre Américain, les siens étaient longs. Il avait besoin d'une coupe. Comment pouvait-il penser à se faire couper les cheveux dans un moment tel que celui-ci ? Il hocha la tête. Se faire couper les cheveux, cirer ses chaussures, et même se battre pour rester en vie, tout lui paraissait vain puisqu'il n'était plus avec Anne.

Il jeta un regard en biais à l'autre Américain, et eut l'impression qu'ils avaient le même âge.

Ni l'un ni l'autre ne parla. Ils évitaient à leurs yeux de se rencontrer.

Le colonel Saito se tourna vers sa carte du Pacifique.

— Le lieutenant Underwood me dit qu'il est incapable de rendre compte de ce que les aviateurs américains entendent par

Stinger et Pusher [1] quand ils emploient ces mots à la radio. Savez-vous ce qu'ils désignent par là, monsieur Reese ?

— Non. Non, colonel.

— Le lieutenant Underwood nous dit qu'il l'ignore et nous nous sommes rendu compte que le lieutenant est un homme honorable : il ne ment pas. (Le colonel alluma une cigarette.) Vous allez faire fonctionner vos deux cerveaux jusqu'à ce que vous nous disiez ce que signifient *Stinger* et *Pusher.*

Il avala la fumée, et ne put résister au plaisir d'ajouter un dernier encouragement :

— Si vous échouez, vous n'aurez plus de cerveau du tout, ni l'un ni l'autre.

Tête de poupée, avec un ricanement, s'empara de la liasse journalière de transcriptions. Il piqua de sa cravache d'abord Underwood, puis Richard, les incitant à quitter la pièce. Dans le corridor, il aiguillonna Richard de nouveau, lui ordonnant de suivre l'autre Américain.

Tête de poupée les abandonna tous deux dans un bureau fermé à clé. Par rapport à sa cellule, Richard trouva cette pièce presque spacieuse : une fenêtre donnait sur la mer, il y avait une pièce adjacente emplie de dossiers, le lit d'Underwood possédait une couverture.

Ni l'un ni l'autre ne s'étaient encore regardés ouvertement. Il fallait que l'un des deux rompe le silence. Ce fut Richard.

— Aviateur ?

Le lieutenant américain s'abstint de le regarder, mais il opina de sa tête aux cheveux roux coupés en brosse.

— Harvard ?

— Penn State.

Impossible de s'y tromper : c'était la voix d'un Américain. L'interlocuteur de Richard ne pouvait toujours se résoudre à le regarder en face, alors que Richard, maintenant, fixait franchement son regard sur lui.

— Stanford, dit Richard.

Il plaisanta sur leur origine respective, la fraternité, les

1. *Stinger :* littéralement, celui qui pique, avec un dard. En argot d'aviateur : mitrailleur arrière à bord d'un bombardier.

Pusher : presse-bouton, celui qui largue les bombes, mais aussi ambitieux, arriviste.

parties de football, les jolies filles, les voitures et la consommation de bière.

— Saito insiste à propos de ce truc. Que sait-il exactement ?

Underwood détourna son beau et jeune profil.

Richard haussa les épaules et dit, sans se laisser décourager par le silence de l'autre :

— Merde, mon vieux, vous savez parfaitement qu'ils écoutent tout ce que nous disons. Et surtout ce que nous *allons* dire.

Underwood appuya son front contre la vitre froide de la fenêtre. Richard fourragea dans ses cheveux.

— Est-ce que par hasard vous auriez une cigarette sur vous ?

De la tête, Underwood fit signe que non.

Richard tira sur ses épaules.

— Quelque chose me dit que vous en avez une.

Underwood fit volte-face, rouge de colère.

— Écoutez, je sais tout de vous. Vous avez aidé les Japs avant que je le fasse, alors ne venez pas faire le malin et jouer au patriote avec moi. Pas vous !

Richard se mit à étirer le reste de son corps jeune et vigoureux.

— Du calme. Personne ne vous demande d'entonner la *Bannière étoilée*. Tout ce que je veux, c'est une cigarette. (Il haussa les épaules.) Je ne sais pas après quoi vous en avez, mais tout homme se doit à lui-même de sauver sa propre peau. Rien de plus naturel.

Pour la première fois, Underwood regarda son compatriote, l'œil interrogateur. N'était-il plus seul dans cette entreprise ? Quelqu'un d'autre éprouvait-il ce qu'il éprouvait ? Il y avait de la reconnaissance dans son regard. L'autre Américain pensait-il vraiment qu'un homme a le droit de se sauver lui-même ?

— Merde, oui, je le crois. Je me le répète cent cinquante fois par jour.

Quittant la fenêtre, Underwood écarta du mur son bureau, découvrant un petit sac accroché à un clou. Il en sortit deux cigarettes et en offrit une à Richard. Richard la prit et tendit la main, en se présentant :

— Richard Reese. Dernière adresse connue : Camp d'Owasi, district de Chiba. Avant ça, Hong Kong. Et encore avant, Palo Alto.

Underwood laissa tomber sa cigarette, et tous deux se penchèrent pour la ramasser.

— Howard Underwood. Paoli, Pennsylvanie.

— Vous jouez au tennis, Howard ?

— C'est drôlement con, comme question.

— Pas du tout. Si vous jouez, nous disputerons quelques sets, vous et moi, quand cette guerre sera terminée.

Underwood pêcha une boîte d'allumettes dans la poche secrète, mais ses mains tremblantes se révélèrent incapables de faire jaillir une seule flamme. Ce fut Richard qui alluma la cigarette de l'aviateur, puis la sienne. Tous deux aspirèrent goulûment la fumée. Puis Underwood alla sur la pointe des pieds jusqu'à la porte et fit signe que leurs geôliers se trouvaient à l'extérieur, en train d'écouter. Il jeta un regard apeuré à Richard, en se tordant les mains. Il avait un terrible besoin de parler, ayant attendu désespérément un autre Américain, quelqu'un à qui il pût dévider son histoire, quelqu'un qui aurait compris. Il se rapprocha de Richard et dit, en baissant la voix :

— Les Japs ont intercepté notre radio et nous ont obligés à atterrir sur l'île de Wake... Ses yeux terrifiés questionnaient Richard : écoutait-il ce qu'il avait à lui dire ? De la tête, Richard lui fit signe de poursuivre.

— Vous ne pouvez pas savoir...

Sa voix s'étrangla. Quel que fût son besoin de partager son obsession, il était bouleversé, incapable d'aller plus loin. Ses yeux marron s'emplissaient de terreur quand ils revoyaient ce qu'ils avaient vu. Il les ferma pour calmer sa douleur, et se força à parler, mais d'une voix si basse qu'il dut s'éclaircir la voix et s'y reprendre une nouvelle fois.

— Vous ne pouvez pas savoir ce que c'est de regarder sortir vos copains, un par un, et de voir leur tête tranchée net par un sabre... Leur tête roulant dans le sable. (Il tremblait.) Si jamais je rentre chez moi, il me faudra le reste de ma vie pour arriver à expliquer...

D'une main, Underwood saisit l'autre, pour l'immobiliser et porter la cigarette à ses lèvres tremblantes.

— Avant qu'ils arrivent à moi, je hurlais tous les putains de mots de japonais que je connaissais. Ils ont vu que j'avais fait dans mon pantalon, et ils ont ri. Je leur ai dit que je ferais tout ce qu'ils voudraient...

— Calmez-vous, dit Richard.

Underwood se tourna vers la fenêtre pour que Richard ne voie pas ses larmes.

Richard entendit un bruit de pas de l'autre côté de la porte. Underwood aspira une longue bouffée d'air, tandis que lui-même s'efforçait de faire entendre une voix pleine d'allégresse :

— Hé, regardez ! Le soleil brille. C'est le printemps, dans ce bon vieux Japon.

Richard songeait aux Américains du camp, frigorifiés depuis décembre. Underwood, tirant sur sa cigarette, murmura d'une voix rauque :

— Peut-être votre ami, ce commandant japonais, a-t-il eu raison de faire ce qu'il a fait.

Richard se refusait à penser à Kenji.

— Et vous ? Vous n'avez jamais eu envie de prendre le large ?

Underwood jeta à Richard un regard plein de panique.

— Ils écoutent.

— Et alors ? Ils s'imaginent que nous pensons à quoi, d'après vous ?

Underwood se replia sur lui-même, incapable d'en dire plus. Richard ne prenait même pas la peine de baisser la voix.

— Sortir d'ici ne serait pas très difficile. Regardez par cette fenêtre. Il n'y a que quelques mètres de barbelés et une ou deux sentinelles. Le problème, c'est : une fois sortis d'ici, que faire ? Le Japon est une île. Pas moyen de se planquer. Vous et moi, vieux frère, n'avons pas exactement des gueules de Japonais.

Dans le bureau de Saito, la radio jouait *Three little fishes.*

— Kay Kyser, remarqua Richard. C'est probablement KOGO, de San Francisco.

San Francisco... Il avait promis à Anne de l'emmener prendre leur premier verre en Amérique au *Top of the Mark*. En fermant les yeux, il revit le bar ainsi que le panorama et le brouillard qui montait à travers le nouveau Golden Gate Bridge. Anne... Lui montrerait-il jamais San Francisco ? À cet instant précis, pensait-elle à lui ? Il sentit le souffle d'Underwood avant de l'entendre : l'Américain se trouvait tout près de lui.

— Le commandant était votre ami. Il a fait ce qu'il a fait

parce qu'il a découvert que vous aviez menti à propos de Shangri-la.

Richard tourna le dos à son interlocuteur et se mit à arpenter la pièce.

— Kenji était un héros. Pas moi. Moi, je n'ai rien d'un héros.

Il se planta face à la porte, et se mit à hurler.

— Colonel, vous m'entendez ? Je tiens à vous dire une chose : enfoncez-moi des éclats de bambou sous les ongles et je ferai pire que chier dans mon pantalon comme l'a fait, à ce qu'il dit, ce bon vieux Underwood à l'île de Wake. Je vous dirai tous les trucs que vous voulez savoir. Exemple : Shangri-la. Vous n'arriverez pas à m'avoir. Je ne sais pas ce que vous savez, mais jusqu'à preuve du contraire je crois toujours que c'est une île des mers du Sud !

Underwood tremblait de terreur. Partageait-il son bureau avec un fou ? Richard haussa de nouveau les épaules et ajouta, avec une espèce d'allégresse :

— La première question que Saito m'a posée en me ramenant ici, c'était au sujet de cette merde de Shangri-la. Si ce n'est pas une île des mers du Sud, alors qu'est-ce que c'est ? Dites-le-moi.

Underwood était tout près de céder à la panique. Il fit signe à Richard de se taire et chuchota :

— Votre ami a trouvé. Il le leur a dit.

Richard se moquait d'être entendu.

— À la façon dont Saito et le général Imai n'arrêtent pas de rabâcher ce truc-là, ils doivent s'imaginer qu'il s'agit d'une grosse affaire.

Il s'empara du paquet de nouvelles transcriptions posé sur le bureau d'Underwood et jeta un coup d'œil sur les premiers feuillets.

— Mettez-moi dans le coup, vieux frère. Est-ce qu'il y a quelque chose dans ce tas de conneries que je devrais savoir ?

Howard, mortellement effrayé par Richard, essaya de l'ignorer en tirant sa chaise jusqu'au bureau et en se mettant furieusement au travail. Chacun de ses gestes rappelait à Richard l'école primaire, où il y a toujours un chouchou qui fait tout ce qu'il peut pour plaire à l'instituteur. Howard avait appartenu à ce genre d'élèves que Richard haïssait.

Underwood, les yeux fixés sur les transcriptions, ne parvenait pas à se concentrer. Depuis l'île de Wake il n'avait aspiré qu'à un moment, celui de justifier devant un compatriote l'horrible épreuve par laquelle il était passé. Il n'avait eu d'autre alternative, s'il voulait sauver sa vie, que de travailler avec les Japonais. Maintenant il maudissait le ciel de n'avoir pas su se taire. Pourquoi se justifier devant ce type qui avait trafiqué avec les Japonais sans se gêner ? Pourquoi avoir confiance en Reese ? Ce commandant japonais, son ami, avait fait confiance à l'Américain et cette amitié lui avait coûté la vie.

Richard, lui, ne faisait pas semblant de travailler. Il observait Underwood, ce lèche-cul, en train de se concentrer, en faisant tout ce qu'il pouvait pour l'ignorer, sur ses transcriptions. Richard jeta un coup d'œil sur les siennes, des appels radio interceptés entre aviateurs américains, et il fut frappé par le nombre de fois où *Stinger* et *Pusher* étaient entourés de rouge. Il se pencha pour regarder la partie sur laquelle travaillait Underwood. Il eut juste le temps d'apercevoir les mêmes mots entourés de rouge avant qu'Underwood, ce bon élève, tournât le dos pour protéger ses documents, comme si Richard avait essayé de copier durant une composition.

Richard remarqua, sans prendre la peine de baisser la voix :

— Dans tous ces scripts de Saito, nos gars de l'aviation, ici, dans le bleu Pacifique, n'arrêtent pas de se référer à *Stinger* et à *Pusher.* Vous, l'aviateur de service, vous n'avez aucune idée de ce dont ils parlent ?

Underwood, la respiration sifflante, secoua la tête d'un air irrité, et fit signe à Richard de se taire. Lorsqu'il consentit enfin à le regarder, ses yeux reflétaient la terreur. Sa bouche étroite se tordait en un muet : la ferme ! Il poussa sa chaise pour tourner le dos à Richard, en lui lançant, dans un chuchotement rauque :

— Bouclez-la, bon Dieu !

Anne savait, naturellement, qu'en temps de guerre les arrivées et les départs de bateaux étaient top secret. Le seul au courant de ces choses-là était Kimura, le premier Japonais qu'elle avait rencontré. Se confierait-il à elle ? Elle se rappelait sa politesse obséquieuse et sa déférence le 8 décembre, date de son arrivée. Aujourd'hui, en cette matinée ensoleillée de la mi-avril, elle se trouvait de nouveau dans son bureau, sans Éric, et il ne s'était même pas donné la peine de se lever. Il fumait, tout en faisant semblant de contempler les docks par la fenêtre, pendant qu'une femme apportait du thé et le posait sur son bureau. Il posa son regard sur la très belle épouse du baron. Maintenant convaincu qu'elle était venue seule, il la détaillait sans se gêner. Elle était élégamment vêtue, chapeautée et gantée. Jamais il n'avait vu une créature aussi ravissante. Accompagné de sa femme au visage plat, il s'était rendu à plusieurs reprises au manoir des Paulson. Tous deux avaient échangé quelques mots avec le maître et la maîtresse de maison lors de la soirée de Noël et assisté à deux grands dîners. En dehors des relations les plus formelles, c'est à peine s'il connaissait la baronne. Pourtant, sa beauté l'avait souvent fait rêver. Aujourd'hui, il ne pouvait s'empêcher de sourire. Malgré sa beauté, elle était comme toutes les Européennes, transparente. Ses sentiments la trahissaient. En ce moment même, ses mains, qui tenaient la tasse de thé, tremblaient.

Anne but une gorgée de l'inévitable thé, et contempla, derrière l'honorable Kimura, les cartes murales et le tableau maintenant vide mais portant toujours les mentions *Arrivées* et *Départs,* comme avant-guerre.

— En décembre – elle parlait lentement, car elle avait remarqué que l'anglais de Kimura était hésitant –, vos cartes indiquaient beaucoup de bateaux à l'arrivée et au départ de Yokohama. Beaucoup.

Il la considéra à travers la fumée de sa cigarette.

— Nous n'affichons plus les arrivées et les départs de bateaux.

— La guerre, dit-elle, signifiant ainsi qu'elle comprenait la nécessité du secret. La sécurité.

— Exactement, baronne.

— Je suis venue vous voir parce que je sais que des bateaux de pays neutres comme celui de mon mari continuent de circuler.

— Le baron n'est pas l'ennemi du Japon. Le baron est un ami.

Anne reposa sa tasse et tira sur les doigts de l'un de ses gants.

— J'ai peur d'avoir fait une grosse bêtise, honorable Kimura.

Au-dessous de son chapeau, elle gardait les yeux baissés, une faible femme, et même, comme il allait s'en apercevoir en écoutant ce qu'elle lui avouait, une femme plutôt stupide.

— Voyez-vous, j'ai accepté d'aider une amie. Puis-je vous demander de garder cela pour vous ? En fait, elle ne tient pas à ce que son mari découvre son projet.

— Quel est le projet de votre amie ?

— Quitter le Japon.

— Elle est suédoise ?

— Je n'aurais pas dû vous en parler. (Elle ne faisait aucun effort pour cacher sa confusion.) Ainsi que vous le constatez, je n'excelle pas dans ce genre de choses. Je suis venue vous voir à sa place, parce qu'elle ne peut révéler à son mari ce qu'elle se prépare à faire.

Kimura sourit, d'un sourire qu'il jugea sans doute très mondain, et hocha la tête.

— Et vous, vous ne pouvez demander au baron parce que son mari est un de ses amis ?

— Exactement.

Kimura sourit de nouveau. Ce sourire disait que certaines choses n'avaient pas besoin d'explication, entre hommes et femmes de ce monde dont, naturellement, la baronne et lui faisaient partie.

— Des bateaux quittant le Japon. (Il prit sa respiration.) En ce moment, ce sera très difficile.

Depuis plusieurs mois qu'Anne habitait ce pays, elle avait appris que les Japonais ne disent jamais non. Lorsque quelque chose se révèle impossible ou irréalisable, ils disent :

— Ce sera très difficile.

— Mais il y a quelques bateaux neutres qui continuent à aller et venir. Si vous pouviez m'indiquer quand, et leur nom, mon amie vous en serait très reconnaissante, honorable Kimura.

Kimura observait sa cigarette, réfléchissant à ce que des amis se doivent les uns aux autres. Sa petite main indiqua la théière.

— Un peu plus de thé ?

— Non, merci.

Kimura tendit le bras vers son bureau et en tira un dossier, puis il chaussa ses lunettes à monture noire et se mit à parcourir des papiers. Il fronçait délibérément les sourcils pour montrer à cette belle Occidentale que c'était, ainsi qu'il l'avait dit, très difficile. Il feuilletait le dossier.

— Je le saurai plus tard dans la journée. Vous est-il possible de me rencontrer ?

— Vous pourriez m'appeler au téléphone.

Kimura secoua négativement la tête : il regrettait, mais ce qu'elle demandait n'était pas si facile.

— Sécurité. Vous comprenez ?

— Je crois, oui.

— Nous allons nous revoir. C'est d'accord ?

— Je...

Sa voix se perdit. À l'aide d'un stylo à plume d'or, Kimura remplit une carte de visite de sa fine écriture.

— Parfait. À cet endroit-ci. (Il tendit la carte à Anne et sourit.) À cinq heures.

Anne était venue jusqu'aux docks en taxi. Sur le chemin du retour, le chauffeur, qui ne parlait pas anglais, la prit pour une Allemande, et essaya avec force gestes de lui faire part d'une bonne nouvelle : l'armée impériale japonaise avait défait les Américains à Bataan, aux Philippines, et la flotte avait coulé trois canonnières britanniques dans le golfe du Bengale.

Pour son rendez-vous de cinq heures, au lieu de faire appel à Lars et à la Cadillac, elle utilisa de nouveau un taxi. Le chauffeur japonais déchiffra l'adresse sur la carte de Kimura, mais se montra réticent quand il fallut conduire cette élégante étrangère à l'endroit indiqué.

Anne insista.

Lorsqu'elle se fut installée dans le taxi, il se mit à pleuvoir, et brusquement, dans la rue, tous les Japonais ouvrirent leur parapluie. Leur vue la fit songer à ces fragiles fleurs de papier qui éclosent et s'épanouissent quand on les jette à l'eau. Sous la pluie, les Japonais paraissaient revenir à la vie. Les timbres des bicyclettes tintaient. Les radios braillaient. Le taxi s'enfonça dans une rue étroite, éclairée de lanternes, et gagna une partie de la ville qu'Anne ne connaissait pas. Quand le chauffeur stoppa, elle aperçut à travers la vitre striée de pluie une bâtisse de bois, sans étage.

Une musique tonitruante s'échappait par la porte ouverte. Une femme vint à sa rencontre, une honorable mamma aux cheveux gris et aux dents en or, qui s'inclina en renouant la ceinture de sa robe de chambre grise. Elle n'eut pas besoin de prendre connaissance de la carte de Kimura. Elle s'inclina une nouvelle fois. La grande jeune femme blonde était attendue. Elle s'empara de son parapluie et frappa dans ses mains, faisant surgir une servante qui aida Anne à retirer ses chaussures. À l'intérieur, dans un couloir tapissé de boiseries, elle enfila une paire de mules et attendit qu'on lui montre le chemin. L'humidité était telle qu'on se serait cru dans une piscine d'intérieur. La musique s'entendait encore plus fort, ainsi que le rire d'un homme bien moins contenu que tout ce qu'Anne avait entendu au Japon.

Avec un rire énorme, un gros homme surgit dans le couloir, trottant en direction d'Anne, son *yukata* flottant autour de son corps nu. À la vue de cette grande femme blonde, il ralentit et son rire décrut peu à peu jusqu'au silence. Il la considérait avec admiration, le souffle court. Son visage reflétait le désir à l'état pur, ses yeux déshabillaient la merveilleuse créature pendant qu'il passait un doigt sur ses lèvres rouges et humides. Lorsque la mamma le bouscula pour laisser passer Anne, sa protestation se transforma aussitôt en un ricanement. Il claqua ses talons nus et se mit au garde-à-vous, en criant « *Heil,* Hitler ! » et en faisant le salut nazi. Puis son gros rire éclata de nouveau, et il disparut.

Une servante déboula d'un corridor obscur et, après plusieurs courbettes, fit glisser un panneau. Ayant introduit Anne à l'intérieur d'une pièce faiblement éclairée d'une lampe qui luisait sur le sol, l'honorable mamma s'adressa à un homme allongé. Puis elle s'inclina et fit retraite dans le couloir, en les laissant seuls. Au premier abord, Anne ne reconnut pas Kimura.

Étendu sur un tatami et soutenu par une pile de coussins, il était perdu dans un nuage de fumée de cigarette. Sous le *yukata* largement ouvert, sa main grattait lentement sa panse dépourvue de poils. Ses yeux se fixèrent sur Anne, et pendant qu'il buvait à petits coups une minuscule tasse de *saké* fumant, il grimaça un sourire. Ses lunettes rondes luisaient dans la pénombre. Il tâtonna autour de lui à la recherche d'une autre tasse qu'il montra à Anne en la remplissant. Le *saké* était versé, mais elle ne prit pas la tasse. Kimura se garda de brusquer les choses. Prenant tout son temps, il promena lentement son regard, des pieds à la tête, sur cette blonde superbe.

Dans la pièce voisine, une femme gloussa et un homme émit un rire rauque. La pluie tambourinait sur le toit.

Les verres de Kimura miroitaient, suivant Anne qui tendait le bras pour saisir un coussin plat et carré sur lequel elle s'agenouilla, aussi loin que possible de lui.

— De bonnes nouvelles pour votre amie.

Il vida d'un trait sa tasse de *saké* et s'en versa aussitôt une autre, sans la quitter des yeux. Anne n'avait pas touché à la sienne, mais Kimura parlait si doucement qu'elle fut obligée de se pencher pour entendre.

— vous pouvez dire à votre amie qu'il y a un bateau portugais prévu pour après-demain.

Après-demain ! Les mots l'atteignirent comme un coup de poing. Elle eut du mal à reprendre sa respiration. Trente-six heures. Son esprit fonctionnait à toute vitesse. Seulement trente-six heures, peut-être moins, avant qu'Éric l'emmène pour toujours, loin du Japon et de Richard.

Richard !

Était-il en train d'écouter la pluie dans ce crépuscule d'avril ?

Richard...

La moustache à la Hitler se souleva. Kimura, par son sourire, montrait qu'il partageait le plaisir éprouvé par Anne à ces nouvelles.

— Pour votre amie.

Il plongea la main dans la large manche de son *yukata* et en tira un papier que ses petites mains déplièrent et qu'il étala sur la natte, tout contre lui. Son stratagème était clair : si la baronne voulait lire, il fallait qu'elle s'approche. Comme elle ne se décidait pas, Kimura, jouant au chat et à la souris, commença à plier le papier pour le ranger. Anne se rapprocha de lui.

— Elle a son passeport et ses papiers, dit-elle.

Kimura secoua la tête.

— Payez les Portugais, et ils n'auront que faire des papiers.

Kimura déploya celui qu'il tenait. Anne vit que c'était une carte.

— Comment embarquera-t-elle ?

D'un ongle luisant de sa petite main, Kimura donna un petit coup sur sa tasse de *saké*. Anne saisit la tasse et l'avala d'un trait. Quelqu'un lui avait dit que le *saké* avait un goût de noisettes grillées. Elle reposa la tasse, sachant que Kimura allait la remplir une nouvelle fois. La question qu'elle avait posée planait toujours dans l'air qui les séparait. Comment pouvait-on embarquer sans passeport ni papiers ?

Kimura n'avait pas oublié la question, mais il préférait de beaucoup observer ses cheveux d'un blond flamboyant plutôt que répondre. Il éleva sa petite main, et l'extrémité de ses doigts caressa une mèche qui retombait, toute blonde, sur son front.

— Ne vous en faites pas pour le bateau. Des Portugais. (Il mettait beaucoup de mépris dans ce mot.) Avec eux, quiconque a pris ses dispositions monte à bord exactement comme les amis de votre mari montent à bord de ses bateaux. (Il tapotait la carte.) Hama Beach. Tout près de chez vous.

Sur la carte, Anne essayait de distinguer le tracé de la plage, et surtout celui d'une crique, au bas de la colline où se trouvait le manoir.

— Mais il n'y a pas de sentinelles ?

Kimura jouait avec la mèche blonde.

— Les sentinelles ? répéta Anne.

— Peut-être quelques vieillards. (Il but une nouvelle tasse de *saké* sans s'éloigner d'elle.) Nous n'avons pas besoin de sentinelles. Le Japon, dans toute son histoire, n'a jamais été envahi. Le Japon n'a jamais été attaqué.

Anne, qui concentrait toute son attention sur la carte, faisait semblant de ne pas sentir sa main sur ses cheveux. Kimura plaça sa tasse de *saké* dans la courbure de la crique dessinée sur la carte.

— Une chaloupe du bateau accostera ici. (Il retira ses lunettes et se pencha sur elle.) Mais, naturellement, vous savez que votre mari a secouru beaucoup de gens de cette façon-là.

— Naturellement.

Sa voix s'enroua.

Kimura sourit.

— Naturellement, à chacun de trouver un moyen de lui témoigner sa gratitude.

Anne entendit la musique résonner dans le couloir et le tambourinement incessant de la pluie sur le toit. La main qui caressait ses cheveux glissa jusqu'à son épaule, mais elle s'interdit de reculer ou de se rejeter en arrière, loin du contact de cet homme, avant d'avoir obtenu ce qu'elle voulait. Elle retrouva sa voix.

— Quand ce bateau part-il, en réalité ? Vous avez dit après-demain, mais à quelle heure ?

Elle sentit ses doigts déboutonner le premier bouton de son corsage.

— Quelle heure, honorable Kimura ?

Il se trouvait si près d'elle qu'elle sentait le parfum de brillantine de ses cheveux noirs et luisants. La voix oppressée, il dit :

— Après...

Anne s'écarta vivement et saisit son sac avant de bondir sur ses pieds. Le visage de Kimura, furieux, changea de couleur. Sa voix se fit tranchante comme une lame.

— Vous êtes venue à moi, baronne, parce que vous ne pouviez demander cela au baron. Vous voulez que je lui téléphone et que je lui dise que vous êtes ici ?

Anne s'était relevée, mais sans pouvoir empêcher Kimura d'emprisonner son poignet, celui qui tenait le sac. De l'autre main, elle l'ouvrit et fouilla à l'intérieur. Kimura remit ses lunettes pour voir ce qu'elle était en train de faire.

— Ne vous approchez pas. Je vous préviens, il y a là-dedans un revolver pointé vers votre cœur.

Kimura, le souffle coupé, se figea. Il avait laissé tomber le masque. Ses yeux écarquillés fixaient cette femme dont la main, en effet, se trouvait plongée à l'intérieur du sac. Il secoua la tête.

— Vous n'êtes pas armée.

Il se leva. Elle recula d'un pas.

— Si ! J'ai pris le revolver de mon mari dans son bureau.

La petite main qui serrait son poignet l'étonna par sa force. Il le tordit jusqu'à lui faire mal, puis, lui arrachant le sac avec son autre main, il le soupesa avant de le jeter au loin.

— Pas armée. (Il souriait de toutes ses dents.) *Gaijin !* Nous savons tout ce que vous avez dans la tête.

— Laissez-moi ou je crie !

Il fut secoué d'un rire silencieux.

— Beaucoup, j'en ai peur, ont crié ici avant vous. Personne ne viendra.

Sa main s'avança de nouveau vers son corsage.

Dehors, dans la rue, Anne titubait dans ses chaussures maculées de boue. La puanteur du poisson frit et du chou lui retournait l'estomac. Un éclat de rire jaillit de la porte d'une taverne, fermée par un rideau. La musique emplissait l'air de sons stridents. Anne retint sa respiration et passa en toute hâte devant des comptoirs de restaurant empestant la friture et le chou avarié. Elle rejeta en arrière ses cheveux humides.

Un agent de police la salua. Il se montra poli, mais intransigeant, l'arrêtant par quelques mots d'allemand.

— *Danke, danke,* murmura-t-elle, montrant la rue du doigt pour prouver qu'elle savait où elle allait.

L'agent, confus, et gêné par la pluie qui obstruait ses lunettes, s'inclina poliment devant cette femme qu'il prenait pour une Allemande et qui s'éloignait en se pressant.

Anne essuya son visage. « Richard ! Nous avons moins de trente-six heures ! »

35

Richard contemplait la pluie d'avril dans le soir argenté. Les oiseaux gazouillaient. Stupides oiseaux... Ne savaient-ils pas que l'on était en guerre ?

Anne...

Ce soir-là, il ferma les yeux et pensa à elle très fort. C'était un des moments où il avait la certitude absolue de l'atteindre. Il lui jurait qu'ils se retrouveraient d'une façon ou d'une autre, et que ce serait pour toujours. Une amère pensée venait le frapper, celle qu'il ne la reverrait jamais. Il luttait pour chasser la terreur que cette idée lui inspirait. Il n'y croyait pas. Il ne pouvait y croire, car s'il se laissait aller à ce genre de désespoir, il n'aurait plus d'excuse pour poursuivre ce sale travail avec les Japonais, ce travail qui lui permettait de rester en vie. Il se disait que s'il conservait la vie pour Anne, tout lui serait possible.

Il jeta un coup d'œil dans la direction d'Underwood. Celui-ci, attelé depuis le matin à une nouvelle pile de transcriptions, travaillait dur. Cet écolier poltron, si désireux de plaire à ses maîtres, avait-il découvert ce que désignaient *Stinger* et *Pusher* ?

Richard, lui, le savait.

Ce matin-là, après que les deux Américains eurent quitté ensemble le bureau de Saito, il s'était senti à deux doigts de trouver la réponse. Ce qu'il lui fallait, c'était le nom de ces bateaux américains qui avaient échappé à l'attaque de Pearl Harbor pour se ficher sur la carte murale de Saito, celle du Pacifique ouest. Les Japonais en avaient sûrement la liste quelque part. La pièce où ils se trouvaient, à l'exception des papiers que Tête de poupée avait déposés sur leurs bureaux, était vide. Au lieu d'interroger Underwood, qui ne levait pas les yeux de son travail, Richard poussa la porte du magasin adjacent pour fouiller parmi les dossiers.

Rien ne l'avait préparé à ce qu'il découvrit sur une étagère, un carton portant l'étiquette : TACHIKAWA. À l'intérieur se trouvaient des photos de Miyoko, de son fils et de sa fille, un annuaire de Stanford et même un instantané de Richard, sur un court de tennis, faisant la grimace sous le soleil. Une tristesse plus profonde que tout ce qu'il avait pu ressentir depuis qu'il avait appris la mort de Kenji l'empoigna, et les larmes emplirent ses yeux. Il referma le carton contenant les affaires de Kenji et le remit en place sur l'étagère. Il lui fallut plusieurs minutes avant de pouvoir reprendre ses recherches.

Il découvrit la liste des bateaux.

Il parcourut les noms. Maintenant, il était sûr que *Stinger* et *Pusher* étaient de l'argot d'aviateurs pour désigner deux des bateaux. Le rapport était difficile à établir pour un Japonais ne possédant pas à fond l'anglais et son argot. Mais à un Américain il ne fallait pas beaucoup d'imagination pour comprendre qu'un aviateur pouvait très bien surnommer le

USS Hornet : Stinger. De même, *Pusher* était tout aussi logique pour le *USS Enterprise.* [1]

Revenu à son bureau, il s'interrogea sur son compagnon. Howard n'était qu'un petit lèche-cul, un dégonflé, mais ce n'était pas un imbécile. Richard ne se considérait pas lui-même comme le type le plus intelligent de la terre, mais s'il avait élucidé les noms de code, ce serait un choc pour l'aviateur qui se trouvait là.

Maintenant, la question qui se posait était la suivante : Underwood irait-il tout répéter à Saito ?

Richard regarda Underwood en train de trimer. Oui, s'il avait jugé correctement cet aviateur déchu, un type qui avait vu trancher la tête de ses camarades, et cette tête rouler à ses pieds, battant des paupières, pendant qu'il faisait dans son pantalon, ce type-là était trop aux abois pour garder un secret.

Deux sentinelles interrompirent ses réflexions en tirant le lit de camp de Richard dans la pièce. Ils le laissèrent tomber avec fracas sur le sol, puis sortirent en claquant la porte.

— À l'université, on nous laisse au moins choisir nos compagnons de chambre, pas vrai ? Alors qu'est-ce que vous en dites, mon vieux ? Vous voulez que nous sortions boire un coup ?

— Très drôle, marmonna Underwood en se remettant au travail.

Richard exécuta une centaine de pompes puis se laissa tomber sur son lit. Le battement de son cœur, expédiant le sang à travers ses artères, lui donna le sentiment d'exister. Et chaque fois qu'il avait ce sentiment-là, c'était à Anne qu'il pensait.

Il ne tarda pas à faire nuit, et étant donné que les Japonais ne fournissaient pas de lumière à leurs prisonniers, Underwood ne put faire autrement que reculer sa chaise du bureau et cesser de travailler.

— Voyons ce que nous avons pour dîner, fit Richard dans le noir.

Underwood ne répondit pas.

— Ce n'est pas ce que j'avais commandé, remarqua

1. *Hornet :* frelon – *Enterprise :* entreprise.

Richard lorsque les sentinelles leur servirent le même riz, et la même soupe au gruau et aux haricots.

— Howard ?

— Quoi ?

— Qu'est-ce que vous étiez en train d'étudier à Penn State ?

— Les affaires, répondit Underwood d'une voix neutre.

— Quel genre d'affaires ?

— Mon père tient un portefeuille d'assurances, à Philadelphie.

— Et c'est là-dedans que vous alliez vous lancer, les assurances ?

Underwood, à l'aide d'une paire de baguettes en bois de pin, cueillit les derniers grains de riz au fond de son bol.

— Oui. Les assurances. Quand je ne jouais pas au tennis.

— Je ne plaisantais pas quand je vous ai parlé tennis, dit Richard. Que vous le croyiez ou non, un de ces jours cette guerre va se terminer.

Howard ne répondit rien. Il se déplaça dans l'obscurité pour gagner son lit de camp. Il frissonnait et tira jusqu'au menton son unique couverture.

— Howard ?

— Vous ne pouvez pas la fermer un moment ?

— Vous croyez que les Japonais vont nous battre ?

— Seigneur, vous voulez qu'ils nous entendent ?

— Ils se posent les mêmes questions à notre sujet. Je veux dire : au sujet des États-Unis.

— Seigneur !

— Vous voulez parler de l'île de Wake ?

— Je vous ai dit de la fermer, bon Dieu de bon Dieu.

— Ça vous aiderait peut-être, de parler.

Ils percevaient le bruit de leur propre respiration. Dehors, dans la nuit, les oiseaux gazouillaient et les grenouilles coassaient. C'était le printemps.

— Ils disent que vous avez une fille, ici, au Japon, reprit Underwood.

— Laissez tomber.

— Vous pensez à elle tout le temps ?

— Je viens de vous dire...

Il suffisait à Richard de fermer les yeux pour voir Anne. Anne telle qu'elle lui était apparue à bord du paquebot, dans la salle des machines. Anne dans son uniforme de la Croix-Rouge sur le pont du *Haya Maru.*

— Howard ?

— Ouais ?

— Votre travail d'aujourd'hui... Vous avez trouvé quelque chose que vous ne saviez pas ?

— Ils peuvent nous entendre.

— *À snoim euq soun lionpar ne lanver.* Saito n'a pas appris le verlan à l'université de Washington.

C'était manière de plaisanter : pas une seule minute, Richard n'avait eu l'intention de poursuivre en verlan.

— Si nous parlons à voix basse, chuchota-t-il, ils ne pourront pas nous entendre.

— J'essaie de dormir.

Howard se laissa tomber sur sa couche.

— Vous n'avez pas fait votre prière, dit Richard. Durant quelques instants, il écouta la respiration d'Underwood, puis reprit, toujours à voix basse.

— Howard, vous avez dit à Saito ce que signifiaient *Stinger* et *Pusher,* pas vrai ?

— Vous, vous n'êtes pas le genre de type à parler.

— Exact. Je ne le suis pas.

Avec le silence, la pièce devenait immense. Sa fenêtre était plus claire que l'obscurité générale. Underwood reprit, d'une voix si basse qu'on eût dit à peine un chuchotement :

— Bon sang, est-ce que j'avais le choix ?

— Encore exact. Je m'imaginais qu'un garçon aussi brillant que vous le savait.

— Arrêtez de vous foutre de moi. Vous avez marché avec eux avant moi.

— C'est à cause de vous que je suis là, vieux frère.

— Vous croyez que ça résout le problème ?

Richard acquiesça. Il faisait noir. Underwood ne put voir son mouvement de tête. Mais, comme Richard l'avait deviné, il savait.

— Quand l'avez-vous découvert ? demanda Underwood.

— C'est la carte du Pacifique qui m'a mis la puce à l'oreille, chez Saito. Le seul truc qui me manquait, c'était le nom des rares bateaux que la Marine a encore ici, dans le Pacifique. Deux porte-avions. Vous êtes monté à bord de l'un d'eux ?

— J'appartiens à l'aviation, pas à la Marine.

— D'accord. Je ne vous l'ai pas encore dit : vous travaillez avec un réfractaire.

Le lit craqua sous Underwood qui, allongé sur le dos, contemplait maintenant le plafond.

— J'étais bon pour le service, dit-il, alors je suis entré dans l'aviation. Mon père et ses copains parlaient tout le temps de la Première Guerre mondiale et des troufions morts dans la boue des tranchées. Je m'imaginais que ce serait mieux d'être descendu en flammes.

Richard fredonna quelques mesures de l'hymne des aviateurs.

— *Nous avons la gloire ou descendons en flammes, rien ne peut arrêter notre corps d'armée.*

Underwood ne se joignit pas à lui.

— Moi, lorsque je serai rentré, ajouta Richard, je m'engagerai dans la Marine. Les matelots, ça ne meurt pas non plus dans la boue. Je préfère sombrer dans le bel océan inviolé.

Ils gardèrent un moment le silence, songeant tous deux au pays.

— Howard ?

— Je suis toujours là.

— Qu'est-ce que je fais dans cette pièce avec vous ?

— Nous travaillons ensemble.

— Pas d'accord. Je n'ai pas besoin d'être ici, dans cette pièce, à travailler avec vous, pour découvrir ce que veulent dire *Stinger* et *Pusher.* Jusqu'à présent, Saito nous a confrontés l'un à l'autre, et ça a marché comme par enchantement. Alors, pourquoi nous boucler ensemble ? Maintenant que nous faisons chambre commune, qu'est-ce qu'il cherche à obtenir ?

— Vous le savez bien.

— Moi ?

— Seigneur ! (Underwood, excédé, poussa un profond soupir.) Ne faites pas l'innocent. Vous êtes dans le coup tout autant que moi.

— OK ! C'est toujours au sujet de Shangri-la, pas vrai ?

— Parlez plus bas.

— Ça s'insère comment dans le tableau ?

Underwood ne répondit pas. Richard l'entendit se lever, puis traverser la pièce à pas feutrés et placer sa chaise à côté de celle de Richard : de cette façon, il pouvait parler bas et ne pas être entendu. Pour la première fois, ils étaient sur le point de s'entretenir franchement. Maintenant, ils pouvaient, mais Howard avait raison : leurs geôliers ne devaient pas entendre.

Richard tenta un dernier mensonge. Il se retrancha derrière la position innocente qu'il avait adoptée avec Saito.

— Moi, je crois toujours qu'il s'agit d'une île des mers du Sud.

— Arrêtez vos conneries.

— Je parle sérieusement, vieux frère.

— Saito est au courant, pour le bouquin de James Hilton, *Horizon perdu,* et pour le film. Vous avez menti à votre ami et ça lui a coûté la vie. Si vous ne faites pas attention, Shangri-la pourrait bien coûter une autre vie.

— OK !

Richard promit qu'il ne jouerait plus à ce petit jeu-là, et qu'il ne mentirait plus, du moins à Underwood.

— Saito sait qu'il s'agit d'une sorte de base secrète que l'Amérique est en train d'installer. Les Japonais ne sont pas censés être au courant.

— D'installer pour faire quoi ?

— Il attend que nous le trouvions... (Richard écarquilla les yeux dans le noir.) Ça doit être foutrement important.

— Le général et lui ne parlent que de ça, avoua Underwood.

— Dernièrement, vous avez vu Shangri-la, dans l'un ou l'autre des scripts ?

— Pas une seule fois, dit Underwood.

— Moi non plus. Est-ce que ça ne veut pas dire quelque chose ?

La chaise d'Underwood craqua. Il se rapprocha encore un peu.

— Si c'est aussi important que nous le croyons, les nôtres pourraient garder le secret absolu et ne pas l'utiliser.

— De nous deux, c'est vous l'aviateur. Qu'est-ce que vous en pensez ?

— Black-out par mesure de sécurité. Ils ont reçu l'ordre de ne pas s'en servir.

Richard passa les doigts à travers ses cheveux.

— J'ai besoin de me les faire couper.

— Il s'agit de Shangri-la.

— Bien sûr, vieux frère. Maintenant que nous travaillons ensemble là-dessus, qu'est-ce qui se passerait si nous refusions d'aller plus avant ?

Dans le noir, Richard vit les yeux d'Underwood s'agrandir de terreur.

— Je veux dire : si nous ne leur donnions pas un seul putain d'indice à propos de Shangri-la.

Underwood écarta sa chaise. Laissant tomber sa tête dans ses mains, il poussa un long soupir et se mit à frissonner. Puis il fit un effort pour se mettre sur ses pieds et sa silhouette se découpa à contre-jour de la fenêtre.

Underwood passa toute la nuit à s'agiter, luttant contre ses cauchemars et poussant des cris d'épouvante. Richard, allongé à l'autre extrémité de la pièce, voyait ce que voyait son compagnon. L'île de Wake. Les têtes des aviateurs américains décapités et leurs paupières en train de battre.

36

Le lendemain matin, Tête de poupée, après avoir partagé les scripts en deux, en jeta la moitié sur le bureau d'Underwood et l'autre sur celui de Richard. Avant d'exécuter le demi-tour réglementaire et de franchir la porte, il ajouta sa petite note de sadisme personnel en envoyant une bouffée de fumée dans la direction des deux hommes.

Ce jour-là, le nom de code des deux porte-avions, le *Hornet* et l'*Enterprise,* était entouré de rouge. Saito savait donc qu'ils se trouvaient quelque part sur sa carte. Richard mit les documents de côté et se mit à travailler sur une carte en réduction du Pacifique. Il n'entendit pas Underwood se lever de son bureau, mais le sentit frôler son épaule. L'aviateur lui tendait une des transcriptions. Il était si excité qu'il ne prit même pas la précaution de parler à voix basse.

— Regardez !

Richard parcourut des yeux le dialogue échangé par les aviateurs américains : *« Touché au 3*e *coup – pêcheur coulé. »* Tremblant d'énervement, Underwood agitait les papiers à bout de bras.

— Touché ! Ça veut dire qu'un chasseur du *Hornet* a envoyé un sous-marin japonais par le fond !

Richard éleva une main prudente.

Underwood insista.

— C'est écrit là, noir sur blanc !

Richard secoua la tête.

— Noir sur blanc, il n'y a pas marqué sous-marin. Ça pourrait vouloir dire ça, mais ce qui est écrit, c'est : pêcheur. Lisez attentivement, et vous verrez que vos copains aviateurs disent avoir coulé un bateau de pêche japonais.

— Pourquoi couler un bateau de pêche japonais ?

— Qu'est-ce que vous feriez si vous appreniez par radio qu'il a repéré un chasseur américain dans le secteur ?

— Mais non. On est en temps de guerre. Les bateaux de pêche ne sortent pas des eaux territoriales...

Underwood se laissa tomber sur le lit de Richard. Son esprit passait en revue toutes les éventualités, mais son regard restait fixé sur Richard, qui semblait avoir de l'avance sur lui.

Richard l'encouragea à progresser, à trouver la solution qui lui était venue à l'esprit.

— D'accord. En temps de guerre, les bateaux de pêche ne quittent pas les eaux territoriales japonaises.

Richard l'aida de nouveau, d'un signe de tête. Underwood balbutia enfin, le souffle coupé :

— Ils se trouvent peut-être à portée de vol de Tokyo !

— La ferme ! (Richard s'était dressé, les poings serrés. Il chuchota, menaçant :)

— Parlons d'autre chose, de n'importe quoi !

Underwood demeura stupéfait devant la violence de son compagnon, la façon dont il marchait en faisant résonner ses pas. D'une voix assez forte pour que les Japonais l'entendent, il disait :

— Encore un tas de *Stinger* et de *Pusher* dans ma pile, vieux frère. Et dans la vôtre ?

Ses yeux quittèrent Underwood pour jeter un regard à la porte derrière laquelle les Japonais écoutaient.

Underwood se précipita pour le rejoindre, mais il parla d'une voix si basse que Richard dut tendre l'oreille.

— Ils vont se servir du *Hornet* et de *l'Enterprise* pour prouver aux Japs qu'ils peuvent rendre coup pour coup après Pearl Harbor. Ils vont bombarder Tokyo !

— Faites-moi passer cette autre liasse, voulez-vous ?

Richard parlait assez fort pour qu'aucune oreille indiscrète ne puisse rater ce qu'il disait. Tout en donnant le change, il faisait signe à Underwood de conserver son sang-froid. Underwood cherchait à s'emparer du document.

— Vite ! Le colonel est pressé d'avoir ça !

Sous le coup de l'exaltation, sa voix était sur le point de se briser. Tout en parlant, il se rapprocha de Richard.

— Seigneur ! chuchota-t-il. Le *Hornet* et l'*Enterprise*... Assez près pour que les B25 puissent bombarder Tokyo. Ce sont eux la base secrète ! Ce sont eux Shangri-la !

Il laissa tomber les papiers qu'il tenait. Ses lèvres bougèrent, mais aucun son n'en sortit. Il s'obligea de nouveau à baisser la voix.

— Il faut que je le dise au colonel Saito !

Richard passa le bras autour des épaules de son compagnon.

— Du calme, Howard, du calme !

Underwood s'arracha à Richard et s'exclama, en secouant violemment la tête.

— Voilà ce que veut dire Shangri-la ! (Il se jeta sur la carte de Richard.) Des B25 ! Les porte-avions sont en route en ce moment même. Ils seront là dans combien de temps ? Quarante-huit heures ?

— Si on en croit ce rapport. Maintenant, c'est plutôt vingt-quatre.

Richard posa un doigt sur ses lèvres. Howard écarquilla les yeux.

— Quand avez-vous deviné ?

— Il y a une demi-heure.

— Seigneur ! (Underwood était blême et tremblait.) Et Saito le sait !

— En tout cas il ne peut pas savoir...

— Ces porte-avions sont sur sa carte murale.

— Il ne sait pas où. Tout ce qu'il sait, c'est qu'ils peuvent se trouver n'importe où dans le Pacifique. Et, à moins que nous le lui disions, il n'a aucun moyen de savoir où se trouve Shangri-la.

Underwood, pris de panique, se précipita vers la porte. Richard le cueillit à mi-chemin et le colla contre le mur, où il se mit à haleter. Ses yeux étaient exorbités de terreur, et il se recroquevilla en voyant le poing de Richard *à quelques centimètres de son visage. Richard paraissait prêt à tuer.*

— La ferme ! Je suis sérieux, Howard !

La pomme d'Adam d'Underwood tressauta. Il ruisselait de sueur.

— Écoutez-moi, Howard. Il faut tenir le coup !

Underwood tremblait de peur, celle de la violence de Richard et de son poing, celle de Saito. Il s'écrasa contre le mur en haletant, trop terrifié pour laisser échapper à travers cette pomme d'Adam autre chose que des sanglots brisés.

— Il nous obligera à parler. Je sais ce qu'il va nous faire. J'ai vu...

— D'accord, enfant de salaud, tu as vu. Tu sais ce qui va arriver.

Richard plaça son poing sous le menton d'Howard et, l'obligeant à relever la tête, riva ses yeux dans ceux de l'aviateur au visage décomposé.

— Tu veux que nos aviateurs se fassent descendre ? Tu veux savoir ce qui va leur arriver à eux ?

Underwood, rassemblant toutes ses forces, tenta de se libérer, mais Richard le cloua au mur.

— À la minute même où Saito sera au courant, toutes les forces aériennes vont se trouver sur le pied de guerre. Elles vont fondre sur eux et balayer du ciel chacun de ces B25. Ceux qu'ils ne tueront pas, ils vont les faire prisonniers. Bon sang, Howard, tiens bon !

Underwood détournait son visage à droite et à gauche en pleurant. Ses larmes coulaient.

— Seigneur...

Richard ne le lâcha pas. Au contraire, il le serra de plus près encore, disant, dans un souffle :

— Vingt-quatre heures, Howard. Toi et moi, nous devons garder le secret pendant vingt-quatre heures.

Underwood secouait la tête.

— Contre Saito ? Nous ne pourrons pas !

— Écoute-moi, fils de pute, nous avons pataugé dans toute cette merde pour sauver notre peau.

— Ils leur ont coupé la tête avec des sabres.

— Ne pense pas à ça. Pense à nos gars qui ont les jetons, tout autant que toi, en pensant à ce qui va se passer. Dans vingt-quatre heures, tu les entendras, là, au-dessus de nous.

Du menton, Richard indiqua la fenêtre.

Les paupières d'Underwood battirent et ses yeux s'emplirent de larmes.

— Ce ne sera pas seulement Saito, c'est Tête de poupée qui nous obligera à parler !

Richard acquiesça.

— Je vais te parler franchement, vieux frère. S'ils ont vent de tout ça, je ne suis pas assez costaud pour leur résister. Je ne suis pas Kenji. Je ne suis pas un putain de héros. (Il essaya de faire taire sa propre peur.) Tout ce que nous avons à faire, c'est nous répéter sans arrêt que nous devons la boucler, sinon c'est la vie de combien : vingt ou trente équipages ? C'est ça ? Cent cinquante aviateurs ?

Underwood rejeta sa tête en arrière et l'appuya contre le mur.

— Mon Dieu, Richard, j'ai tellement peur...

Richard desserra le poing, et ses doigts essuyèrent les larmes de son compagnon terrifié.

— Je vais faire un marché avec toi. Tu me regardes, je te regarde, et nous nous disons l'un à l'autre que nous avons assez de tripes pour tenir pendant vingt-quatre heures. Pense à eux, à eux qui sont maintenant en route ! Cent cinquante de nos gars qui tous dépendent de nous !

Un sanglot déforma le visage humide d'Underwood.

— Ils ne peuvent pas réussir, de toute façon !

Brusquement, saisi de panique, il repoussa Richard de toutes ses forces et se dirigea en trébuchant vers la porte. Richard l'agrippa au passage et le coinça dans un angle de la pièce.

— Colonel !

Le cri s'étrangla dans la gorge d'Underwood. Richard était en train de l'étrangler, pour toujours, en silence.

Richard, seul, écoutait gazouiller les oiseaux et regardait l'aurore éclairer la fenêtre. À travers la fumée de sa cigarette, il tourna ensuite les yeux vers le bureau vide d'Underwood. Il se servit d'une épingle pour prolonger le mégot de façon à ne rien perdre des dernières bouffées.

Une heure plus tard, Tête de poupée ouvrit la porte à toute volée. Il cacha sa surprise de trouver Richard seul au garde-à-vous. Après avoir lancé les deux liasses de scripts comme d'habitude, sur chacun des bureaux, il jeta un regard à la porte du magasin. Pour bien montrer à son prisonnier que rien, même la surprise, ne pouvait lui faire perdre sa dignité, il se mit lui-même au garde-à-vous et lança :

— Lieutenant Underwood !

Richard, le prisonnier modèle, demeura absolument immobile. Tête de poupée pointa sa cravache vers lui, puis vers la porte du magasin. Donnait-il à Richard l'ordre d'ouvrir la porte ?

— Il n'était plus là quand je me suis éveillé, capitaine. Peut-être qu'il s'est évadé.

Il s'attendait, à la suite de cette insolence, à ce que Tête de poupée lui cingle le visage avec sa cravache. Le Japonais se raidit, mais son visage resta de marbre. Il prit sa respiration, et grogna :

— Où est le lieutenant Underwood ?

— Du diable si je le sais, capitaine.

Tête de poupée prit une profonde inspiration, puis il fit brusquement volte-face et sortit de la pièce.

Ainsi que Richard s'y attendait, il fut bientôt de retour avec deux sentinelles. La fumée d'une cigarette apparut dans l'encadrement de la porte. Richard ne s'attendait pas à voir Saito. Quoi que les deux Japonais s'attendissent à trouver dans le magasin, ce ne serait ni celui à la cravache ni son supérieur à la cigarette, tous deux parfaitement calmes, qui daigneraient ouvrir la porte. Sur l'ordre de Tête de poupée, la plus grande des deux sentinelles entrebâilla celle-ci, suffisamment pour que les deux officiers voient le cadavre du lieutenant américain pendu par sa ceinture.

Saito aspira une profonde bouffée de sa cigarette et dit, avec un coup de menton en direction de l'Américain :

— Le lâche !

Il avait mis dans ce mot tout son mépris pour ce qu'il haïssait ou combattait en ce monde. Brusquement, il se tourna vers l'autre Américain.

— Vous êtes tous des lâches !

Puis, sans ajouter mot, il sortit.

Tête de poupée jeta quelques ordres et, tranchant la ceinture à l'aide d'une baïonnette, les sentinelles détachèrent le corps. Il prit les transcriptions sur le bureau d'Underwood et les jeta sur celui de Richard. Puis, après une nouvelle inspiration, il sortit d'un pas martial, en jetant à Richard un regard empli d'une rage meurtrière.

37

Anne désespérait de trouver la maison de Miyoko dans le dédale bruyant et impénétrable des rues de Yokohama, sans numéros et sans noms. Elle abandonna son taxi et se dirigea vers le *kempei* debout sur sa borne. Elle le gratifia d'un *Guten morgen,* les seuls mots d'allemand qu'elle connût. L'agent de police, en gants blancs, salua avec vivacité et délégua une écolière pour guider l'étrangère le long d'une ruelle.

La domestique de Miyoko, celle en kimono gris, se mit à jacasser en japonais et, trop âgée pour se montrer polie, essaya de chasser de son porche cette blonde qu'elle prenait elle aussi pour une Allemande. L'étrangère s'était trompée de maison.

Anne tint bon.

— Ta-chi-ka-wa.

Elle épelait chaque syllabe, tel un maître d'école faisant la leçon à son élève, lorsque Satsuo, en blouse noire d'écolier et sandales blanches, surgit aux côtés des deux femmes.

— Ta-chi-ka-wa. Mi-yo-ko.

Anne, dans l'espoir d'être mieux comprise, abandonna la vieille femme et se tourna vers ce garçon à l'air intelligent.

Le gosse s'apprêtait à poser une question lorsque la servante disparut brusquement dans les profondeurs de la maison. Quelqu'un approchait, et le jeune garçon lui-même se rétracta et se montra aussitôt plus méfiant, formant rempart contre l'étrangère.

Ce fut Anne qui, la première, reconnut Miyoko. Elle ne l'avait rencontrée qu'une seule fois, celle où Miyoko avait surpris les habitants du manoir en se présentant à la porte sans être annoncée. Aujourd'hui, c'était Anne qui, sans avoir davantage prévenu, se trouvait, face à la Japonaise, à la porte de sa maison. Anne eut un mouvement de surprise : Miyoko paraissait avoir vieilli depuis cette journée pluvieuse de février. C'était à fendre le cœur. Des cheveux blancs se voyaient dans ses cheveux noirs mal peignés. La couleur de parchemin de son visage, sans une trace de maquillage, rendait encore plus pathétiques ses yeux bordés de rouge et brûlés par les larmes.

Miyoko reconnut Anne. Elle sursauta. Doucement, elle fit rentrer son fils à l'intérieur de la maison, puis tendit la main vers la porte pour la refermer sur Anne.

— Je vous en prie ! dit Anne en retenant la porte de sa main gantée. Je vous en prie. Il faut que je joigne Richard.

Miyoko cacha son visage dans ses mains et recula d'un pas. Anne se pencha et retira ses chaussures. Elle sentit à travers ses bas de soie le plancher de bois usé. Miyoko ne chercha pas à la repousser. Elle rendit les armes, trop émue, trop troublée, trop abattue par la douleur et la surprise pour faire étalage de bonnes manières. Évitant de regarder l'intruse, elle battit en retraite pendant que la grande Américaine blonde la repoussait, pas après pas, de plus en plus loin, à l'intérieur de sa propre maison.

Le garçonnet et la domestique, vaincus eux aussi par l'insistance de cette femme, s'étaient noyés dans l'ombre. Anne chercha des yeux un endroit où parler, et se mit à suivre un corridor qui la conduisit à une pièce dont les panneaux étaient ouverts. Renversant les rôles, ce fut elle, et non son hôtesse, qui pénétra dans ce qu'elle identifia comme un bureau, avec une table de style occidental sur laquelle une chandelle brûlait. Elle n'aurait pu mieux tomber, et se fit toute petite en reconnaissant, éclairée par la chandelle et décorée de rubans noirs, la photographie de Kenji. À la lumière de la chandelle, son visage paraissait vivant.

Miyoko, sur le seuil, demeurait immobile. Les deux femmes demeurèrent embarrassées un instant, puis Anne à bout de force se laissa tomber à genoux sur un coussin carré. Miyoko, à son tour, s'agenouilla, mais à mi-distance de la porte et en se refusant toujours à regarder Anne. Elle couvrit son visage de ses fines mains et se mit à gémir doucement en secouant la tête.

À l'extérieur, dans le vestibule, la servante chuchotait quelque chose au petit garçon, sans se rendre compte que sa voix portait. Anne se déplaça de quelques mètres et, se conduisant d'une manière tout à fait incongrue pour une visiteuse, au Japon, elle ferma le panneau. Puis elle se retourna avec l'intention de prendre les mains de Miyoko, mais son geste resta en suspens.

— Miyoko...

La voix lui manqua. Elle était incapable de la toucher, comme elle était incapable de lui parler.

Elle revint prendre place sur le coussin carré. Arriverait-elle à prononcer un seul mot ? Kenji, dont le portrait vacillait à la lumière de la chandelle, se trouvait dans la pièce avec elles.

C'était à cause de Richard qu'elles se trouvaient toutes deux réunies. Richard était tout aussi présent que son ami disparu, sous ses rubans noirs. Richard était là.

Anne prit une longue inspiration. Que pouvait-elle dire à la veuve de Kenji pour que cette femme, dont les yeux rouges, à briser le cœur, se cachaient derrière ses mains fines, haïsse moins Richard ? Pourquoi Miyoko devrait-elle la laisser exprimer sa prière ? Mais il ne fallait pas avoir de telles pensées.

— Miyoko, dit Anne d'une voix emplie de larmes, vous nous êtes déjà venue en aide. Je vous en prie, aidez-nous de nouveau. Vous êtes notre seul espoir.

Anne essuya les pleurs qui débordaient de ses yeux.

— Je partage votre chagrin après ce qui est arrivé à Kenji.

Elle hésita de nouveau. C'était bien peu de chose, mais que pouvait-elle ajouter ? Tout ce qu'elle souhaitait, c'était que cette femme, si éprouvée, ait trouvé parmi les rites de son pays, si raffinés lorsqu'il s'agit de cacher ses véritables sentiments et d'affronter le monde, une raison quelconque, même légère, d'écouter la supplication d'une de ses semblables. Anne attendait, en mordant sa lèvre inférieure. Les épaules de Miyoko s'affaissèrent. Elle appuyait ses mains contre son visage, et Anne se sentit complètement perdue. Elle se tourna vers le portrait de Kenji et le regarda à la lumière de la chandelle. Kenji, plus d'une fois, était venu en aide à Richard. S'il était encore en vie, l'aiderait-il encore ? Non, elle ne voulait pas non plus penser à cela, sinon elle allait perdre le peu de courage qui lui restait pour s'agenouiller en face de sa veuve et la supplier.

— Je n'ai rien à ajouter, Miyoko. Je peux seulement vous redire... que vous êtes la seule à pouvoir nous aider.

Anne attendit.

Les deux femmes avaient le sentiment de se trouver coupées du reste du monde. Cette pièce de la maison de Kenji, et maintenant de Miyoko, était un îlot de silence dans le bruyant Yokohama. Ce génie qu'ont les Japonais pour créer dans leur pays surpeuplé de petits jardins et des maisons apparemment éloignés de tout, faisait de cette pièce un sanctuaire de paix. Cependant, alors qu'Anne attendait, elle entendit un Klaxon de voiture retentir dans la rue. Un haut-parleur braillait en japonais des nouvelles de la guerre et un hymne retentissait. Elles n'étaient pas seules.

Miyoko répondrait-elle jamais ?

Anne se souleva légèrement pour se rapprocher d'elle en rampant sur les nattes. Elle se trouvait tout près d'elle, mais hésitait encore à la toucher. Elle amena, en se penchant, son visage au même niveau que celui de Miyoko, et dit, en se forçant à chuchoter, la voix toujours tremblante de larmes :

— Mon mari a pris des dispositions pour quitter le Japon à bord d'un bateau portugais. Cette nuit. Cette nuit, Miyoko. Si cela se produit, je ne reverrai jamais Richard. Vous savez combien je l'aime. Kenji et vous, vous nous avez aidés. Cette fois-ci j'ai mon plan pour nous faire sortir, Richard et moi, du Japon.

Elle mordit sa lèvre inférieure, en frissonnant. Cette femme l'écoutait-elle seulement ?

— Mais je n'ai aucun moyen de le contacter.

Elle étouffa un sanglot.

— Miyoko, jamais je ne le reverrai si je ne peux pas entrer en contact avec lui au poste d'écoute du colonel Saito.

Miyoko détourna son visage couvert de larmes. Elle se taisait toujours. Anne, en désespoir de cause, tendit le bras pour essayer d'écarter ces mains et découvrir ce visage, pour que Miyoko la regarde. Mais les mains demeurèrent plaquées sur le visage de Miyoko, qui se dégagea.

Alors, les mots prononcés par Anne se bousculèrent sous l'effet de la panique.

— Vous pouvez trouver un prétexte pour vous rendre là-bas. Vous pouvez dire au colonel Saito que l'honorable Kenji a laissé quelque chose que vous devez récupérer, ou que vous devez débarrasser son bureau. N'importe quel prétexte pour aller là-bas et entrer en contact avec Richard !

Courageusement, elle saisit les deux fines mains et les abaissa. Miyoko ramena à elle sa manche de soie, et y enfonça les dents.

— Miyoko, vous êtes la seule à qui je puisse demander cela !

Les dents s'enfoncèrent encore plus profondément dans la soie. Miyoko faisait non de la tête.

— Je vous en supplie !

Anne tourna vers elle le visage de Miyoko, et les yeux de la Japonaise se trouvèrent au même niveau que ceux de l'étrangère. Ses dents mordaient toujours la soie. Elle exprima son incrédulité en quelques mots pleins d'amertume, ceux qu'Anne redoutait d'entendre.

— Aider l'honorable Richard ?

Miyoko essaya de se détourner, mais Anne la saisit par l'épaule et la retint, de sorte que leurs regards se trouvaient toujours rivés l'un à l'autre.

— Je l'aime autant que vous avez aimé Kenji.

Elles échangèrent un regard dont elles surent toutes deux qu'elles se le rappelleraient durant le reste de leur vie. Miyoko laissa échapper un cri de terrible douleur et, en sanglotant, laissa tomber sa tête contre la poitrine d'Anne.

38

À la vue de ses propres domestiques chargeant une caisse sur un camion, le cœur d'Anne s'arrêta de battre. Elle se hâta de sortir du taxi et se précipita à l'intérieur de la maison, passant devant la caisse sur laquelle on lisait, en hautes lettres noires : Baron Éric Paulson, Buenos Aires, Argentine. Birgit vint à sa rencontre et la débarrassa de son manteau. Elles durent toutes deux s'écarter pour laisser passer d'autres domestiques qui, en s'interpellant, se battaient avec une nouvelle caisse.

Debout à la porte de son bureau, Éric fumait un cigare, tout en donnant des ordres au chauffeur du camion :

— Il en reste trois. Vous pourrez prendre nos bagages personnels dans la soirée.

Il rentra dans son bureau sans manifester à Anne qu'il l'avait vue. Anne planta là Birgit et traversa le hall en courant, manquant se cogner au camionneur. Elle fit irruption dans le bureau d'Éric.

— Sans m'en dire un mot ?

Éric rangeait des dossiers dans une caisse. Il éteignit ostensiblement son cigare, sachant qu'il l'incommodait. Puis il sourit, tout en continuant à vider les tiroirs de son bureau.

— Qu'avez-vous besoin de savoir ?

— C'est pour ce soir ?

— *Sayonara.* Il jeta un coup d'œil à un rapport et le laissa tomber dans la corbeille à papiers.

— Nous avons ce dîner, dit-elle.

— Un dîner d'adieu avec nos honorables relations.

— Nous partons demain matin ?

Il affecta de se concentrer sur son travail : apparemment c'était plus important que de l'écouter. Dans le bureau, il prit le revolver et le plaça dans sa serviette. Lorsqu'il repoussa le tiroir vide, elle se sentit comme rejetée de sa vie. Depuis leur retour de Nagoya, elle avait été sa prisonnière. Elle se sentait espionnée, prise au piège. Maintenant qu'elle venait de découvrir son projet de quitter le Japon en secret, elle se laissa aller à son premier regard de haine. En vain. Pas plus qu'il n'avait voulu l'entendre, Éric ne voulut voir sa haine. Après avoir classé et déversé dans un carton le contenu du tiroir suivant, il appela les domestiques. Anne s'incrusta, et les deux Japonais chargés des cartons durent la contourner pour sortir de la pièce.

Éric alluma un cigare.

— Ce soir, nous recevons nos amis à dîner. Notre dernière soirée. Comme il nous reste peu de temps, je vous suggère d'aller voir ce que Birgit a prévu.

La sentinelle, apercevant la veuve du major Tachikawa qui s'avançait à travers les barbelés en direction du poste d'écoute, siffla pour avertir son compagnon. Celui-ci sursauta lui aussi à la vue de cette femme qui progressait lentement sur ses hautes socques de bois dans son traditionnel kimono noir. Il se précipita à l'intérieur pour donner l'alarme.

Le colonel Saito eut tout juste le temps d'arrêter son phonographe, qui jouait *In the mood* de Glenn Miller. Il posa sa cigarette, boutonna sa tunique et passa un peigne dans ses cheveux. Il faisait la grimace. Cette visite était malvenue. Il souhaitait éviter cette rencontre avec la veuve du major, rencontre qui ne pouvait se révéler que douloureuse pour tous les deux.

À la porte, sa révérence fut presque aussi profonde que celle de la veuve. Ils s'inclinèrent tous deux une seconde fois. De sa petite main, Saito l'invita à entrer, puis il la guida le long du corridor jusqu'à son bureau.

Bien entendu, on sacrifia au rituel du thé. Puis Tête de poupée en personne apporta le carton contenant les affaires de Kenji. Les deux officiers, qui ne souhaitaient pas voir se prolonger la visite de la veuve, l'observèrent poliment pendant qu'elle déployait un grand foulard de soie blanche dans lequel elle déposa soigneusement chacun des objets ayant appartenu à son mari. Elle noua ce foulard aux quatre coins, formant ainsi un *furoshiki*. Telle est la façon dont les Japonais transportent ce qu'un Occidental mettrait dans un sac. Après le dernier nœud elle exprima sa gratitude par des courbettes.

Les deux officiers s'inclinèrent à leur tour devant la veuve.

Miyoko ouvrit son sac et en sortit précautionneusement une clé. Elle s'exprima en japonais.

— Chez nous, parmi les affaires de mon mari, j'ai trouvé cette clé. D'après l'étiquette, c'est une clé de ce bâtiment-ci.

Le colonel Saito prit la clé et plongea dans une nouvelle courbette. La veuve saisit alors un autre *furoshiki* qu'elle avait apporté avec elle. Elle le jeta sur le bureau du colonel avec si peu de cérémonie et si peu de retenue dans l'étalage de ses sentiments, qu'elle-même se laissa aller à un frisson de dégoût.

— Ces choses-là appartiennent à l'Américain. S'il vous plaît ; rendez-les-lui. J'espère ne jamais revoir cet homme maudit.

Elle s'inclina une dernière fois, profondément, civilement, et quitta rapidement le bureau sur ses hautes socques de bois. Le colonel et Tête de poupée se précipitèrent pour la reconduire, en s'inclinant à leur tour, jusqu'à la porte donnant sur l'extérieur.

Ils revinrent tous deux au bureau. Tête de poupée, qui suivait le colonel, s'empara du ballot que la veuve avait apporté pour l'Américain.

— Je vais détruire ceci...

— Parlez anglais, capitaine. (Saito dévisagea le capitaine, qui tenait le ballot de soie blanche.) Vous n'aviez pas l'intention de jeter un coup d'œil à ce que la veuve a apporté ?

Tête de poupée, découvert, avala sa salive.

— Allez-y.

Tête de poupée défit le nœud de soie, et la première chose que vit Saito le fit, lui aussi, retenir sa respiration. Il fourra son doigt dans un paquet de Chesterfield ouvert et à demi entamé, et en prit une. Puis il jeta le paquet dans un tiroir de son bureau. Confisqué. « *They satisfy.* » Il se mit à fumer pendant que le capitaine découvrait une photo de feu le commandant et de l'ami américain qui l'avait trahi. Il ouvrit un livre sur le tennis, le feuilleta, puis le rejeta sur le carré de soie.

— Tous les Américains jouent au tennis, capitaine.

— Oui, colonel.

Saito rafla une bouteille de whisky, à moitié vide, puis tripota une paire de *jockey short,* caleçons à la mode en Australie.

— Quelle est votre décision, capitaine ? Ferons-nous le bonheur de la Croix-Rouge à Genève ?

Tête de poupée, en ricanant, feuilleta à son tour l'ouvrage sur le tennis et glissa la photographie du commandant Tachikawa entre ses pages. Puis il souleva le caleçon du bout de sa cravache et le laissa retomber sur le bouquin avant de refermer le *furoshiki.* Il ricana à la pensée de son prisonnier lisant un livre sur le tennis.

Tête de poupée aimait le cérémonial. Il autorisa l'homme au garde-à-vous devant son bureau à le regarder jeter sur celui-ci la liasse entière des transcriptions, et non la moitié qui lui revenait du vivant d'Underwood.

— Shangri-la, Reese.

Enfonçant l'extrémité de sa cravache sous le menton de Richard, il obligea celui-ci à se jucher sur la pointe des pieds.

— Shangri-la. (Il ricanait.) Peut-être que Shangri-la est l'endroit pour lequel votre ami le commandant nous a quittés. C'est peut-être là que se trouve le lieutenant américain. C'est là que vous irez si vous ne parlez pas.

De l'autre main, il jeta sur le bureau le *furoshiki* blanc de Miyoko.

Richard regarda le ballot, puis Tête de poupée. Quelle nouvelle sorte de tour lui jouait-on ?

— C'est à vous, annonça Tête de poupée. Selon les accords de la Convention de Genève.

Richard jeta un nouveau regard au ballot de soie blanche.

— C'est la veuve de votre ami qui l'a apporté. Elle a dit, je cite : j'espère ne jamais revoir cet homme maudit. (Il opina de la tête.) Vraiment. Homme maudit. Voilà ce que la veuve de votre ami pense de vous. (Il le poussa de l'extrémité de sa cravache.) Shangri-la, homme maudit. Et il sortit.

Shangri-la...

Mais tout d'abord, quels étaient ces objets que Miyoko avait apportés ? Richard prit le livre sur le tennis. Il le tourna et le retourna dans ses mains. Le livre n'était pas à lui. Il doutait qu'il eût appartenu à Kenji. Pourquoi Miyoko s'était-elle donné autant de mal, pourquoi avait-elle escaladé cette colline au péril de sa vie ? Pour lui apporter ce livre ? Il découvrit quelque chose d'écrit sur la page de garde.

À Richard, avec mon amour. Anne.

Anne ne lui avait jamais offert ce livre. Quoi que Miyoko essayât de lui faire savoir, Anne était dans le coup. Il feuilleta les pages, et fit tomber la photo qui le représentait avec Kenji. Miyoko et Anne lui disaient... Quoi ? Il feuilleta de nouveau le livre. Rien. Il palpa la reliure. Rien d'inhabituel sur le dessus, mais à l'intérieur du dos il sentit une épaisseur. Il sépara le papier encollé du carton : une niche avait été pratiquée là, et le papier avait été si bien recollé que personne ne pouvait voir la clé qui y était cachée. Elle tomba avec un bruit métallique sur le bureau.

Richard la recouvrit aussitôt de sa paume. Puis il jeta un regard en direction de la fenêtre. Tête de poupée était-il en train de l'espionner ? Lui et ses hommes avaient l'habitude d'écouter. Se trouvaient-ils maintenant dehors, dans les barbelés, en train de regarder par la fenêtre ?

Tout en gardant un œil sur celle-ci, il se déplaça sur la pointe des pieds, en essayant de ne pas faire craquer le plancher. Puis, retenant son souffle, il introduisit la clé dans la serrure. C'était la bonne. Retenant toujours son souffle, il se risqua à donner un tour à la clé, assez vite pour que quiconque en observation de l'autre côté de la porte n'ait que peu de chance de s'en apercevoir. Le pêne joua.

Une envie d'exulter, de hurler de joie le saisit, mais il se retint et ce ne fut qu'un grondement d'excitation qui résonna en fanfare à l'intérieur de lui-même. Est-ce que cette même clé ouvrait la porte donnant sur l'extérieur et sur les barbelés ? Son cœur battait à se rompre, il fallait procéder à l'essai suivant. Non. Il se dit qu'il valait mieux attendre la nuit pour savoir si cette même clé ouvrait la porte de l'extérieur.

Il saisit le livre, et avant de le détruire pour faire disparaître la preuve du stratagème de Miyoko, il observa avec quel soin elle avait creusé la niche secrète dans le carton. Dans son excitation, il n'avait pas remarqué un papier plié. *Richard,* vit-il écrit sur celui-ci.

Anne ! Il n'avait jamais vu son écriture, mais il était sûr que c'était la sienne.

Toi et moi nous prenons le bateau cette nuit. Sois chez moi, à la porte de derrière, avant onze heures. Ton Anne, pour toujours.

Il porta le billet à ses lèvres, puis alla à la fenêtre et ferma les yeux. Depuis cette colline pouvait-elle entendre, là-bas, dans son manoir, les battements de son cœur ?

La porte s'ouvrit brutalement. Il n'eut que le temps de fourrer billet et clé dans sa poche avant de se mettre au garde-à-vous. Il déchira le livre en mille morceaux et le laissa tomber à ses pieds. En voyant Richard détruire le livre avec rage, Tête de poupée eut un sourire sarcastique. Il toisa son prisonnier, cet Américain qui ne savait ni se contrôler ni cacher ses sentiments. D'un coup de pied, il repoussa le livre. L'Américain haïssait la veuve du commandant tout autant que lui.

Richard gardait les yeux fixés au plancher. S'ils avaient croisé ceux du capitaine, le Japonais se serait aperçu que son esprit était aiguillonné par l'espoir et que son cœur battait de joie. L'odeur d'une cigarette parvint jusqu'à lui. Tête de poupée fit un pas en arrière et le colonel Saito entra.

— Shangri-la, Mr Reese.

— J'y travaille, colonel.

— Tout de suite, Mr Reese.

— Ça ne saurait tarder, colonel.

— Question de vie ou de mort.

— Oui, colonel.

— Votre mort, cette fois, Mr Reese. (Les dents du colonel se crispèrent sur le fume-cigarette.) Shangri-la a coûté la vie au commandant Tachikawa. Shangri-la est peut-être la raison pour laquelle le lieutenant américain est mort si mystérieusement. Nous éluciderons cela plus tard. Si vous ne me donnez pas Shangri-la d'ici ce soir, l'Américain qui vous remplacera demain vous trouvera mort, Mr Reese. Il verra ainsi que nous sommes des gens sérieux.

Les deux officiers sortirent. Toujours debout près de son bureau, Richard se tourna vers la fenêtre. Le soleil était bas dans le ciel, mais il y en avait pour des heures avant qu'il fasse nuit.

Le plus grand des deux gardiens entra, intimant à l'Américain l'ordre de se mettre au garde-à-vous. Il lui tendit la ceinture tronçonnée d'Underwood, sa ceinture militaire en tissu, puis il exécuta un demi-tour et sortit. Richard l'entendit s'éloigner au pas cadencé dans le corridor. Dehors, les oiseaux continuaient à gazouiller.

Il contempla la ceinture. Le colonel lui laissait le choix. Shangri-la, ou cette ceinture, le moyen choisi par Underwood. Pas d'arme tranchante. L'arme tranchante était réservée à un homme honorable, un officier comme Kenji. C'était très japonais cette façon qu'avait eue le colonel de lui envoyer un simple soldat pour lui inculquer les règles. Il n'y avait rien d'honorable à se retrouver mort, pendu par sa ceinture.

Il faisait noir. Non. Pas assez. Il s'obligerait à rester à la fenêtre jusqu'à ce que les sentinelles, au-delà des barbelés, ne soient plus des silhouettes se découpant sur le ciel crépusculaire, mais qu'elles se fondent dans la nuit noire.

Il referma la porte à clé derrière lui. Une seule ampoule, très faible, brûlait à l'extrémité du corridor. C'était là que se trouvait la porte donnant sur l'extérieur. Il se déplaça en faisant le moins de bruit possible sur le plancher vermoulu, et en procédant par étapes, chaque porte le dissimulant tour à tour de son ombre. Une radio jouait un air américain. KOGO – San Francisco. Parfait. La musique couvrirait le bruit de ses pas. Quel était cet air-là ? Richard se maudit. Quelle stupide idée de s'inquiéter de cela à un moment pareil.

Bon sang, quel était donc cet air-là ? Une chanson d'Irving Berlin.

Il avait parcouru la moitié du corridor lorsqu'une porte s'ouvrit. Il se rejeta vivement dans l'ombre protectrice d'un chambranle. Le gardien qui lui avait remis la ceinture apportait maintenant des transcriptions. Il se précipita dans le bureau du colonel en laissant la porte ouverte. Malgré la violence de ses battements de cœur et le bruit de la radio, Richard entendit parler japonais. L'une des voix était à n'en pas douter celle de Tête de poupée. Richard ne se risquait pas à faire le moindre geste. Il osait à peine respirer. Il fallait qu'il reste tapi dans l'ombre jusqu'à ce que le gardien ressorte du bureau, referme la porte, et évacue le corridor mal éclairé. C'est seulement à ce moment-là qu'il pourrait atteindre la porte donnant sur l'extérieur.

Always. D'Irving Berlin. Tel était le titre de cette bon Dieu de chanson. Il faut vraiment être un crétin, se disait-il, pour se préoccuper d'une chanson au moment où on est en train de fuir pour sauver sa peau. *Always.*

Le gardien apparut à la porte du colonel dans une lumière blanche aveuglante. Elle provenait d'une grosse lampe-réflecteur qu'il tenait. Sa lumière crue, d'une blancheur mortelle, éclaira Tête de poupée qui sortait à son tour et qui, serrant dans son poing les transcriptions, se précipita dans le corridor. Le cœur de Richard cessa de battre. Les deux hommes, à peine distincts dans la lumière, passèrent à toute vitesse devant lui, et Tête de poupée, à l'aide de sa clé, ouvrit la porte de la pièce où il travaillait. La torche disparut à l'intérieur.

Richard se reprit à respirer faiblement. Tête de poupée apportait les scripts au prisonnier pour qu'il y travaille à la lumière de la lampe. Maintenant la radio jouait *When you wish upon a star,* tiré du film *Pinocchio.* Richard n'avait jamais aimé Pinocchio.

— Reese !

Tête de poupée hurlait le nom de l'Américain, dans une explosion de rage, mais Richard savait que malgré sa fureur il n'allait pas sortir en courant de la pièce. Il savait qu'à cet instant précis, le capitaine était planté, jurant en japonais, devant la porte du magasin qu'il ne pouvait ouvrir parce qu'elle était verrouillée de l'intérieur. Avant de pouvoir détacher le cadavre qu'il s'attendait à trouver pendu par sa ceinture, il faudrait qu'il fasse voler cette porte en éclats.

Richard se mit à courir le long du corridor, la clé prête à entrer dans la serrure de la porte extérieure. La clé entra, mais il ne parvint pas à faire jouer la poignée. Il secoua la porte. La serrure résistait toujours. Il s'efforça de garder son calme. Retirant la clé, il l'introduisit à nouveau dans la serrure, et fit tourner la poignée, doucement cette fois. Le pênc céda. Richard ouvrit la porte et perça la nuit du regard, en tâchant de synchroniser son prochain mouvement avec le passage de la sentinelle. Il franchit la porte, referma derrière lui d'un tour de clé, puis s'accroupit, sans bouger, jusqu'à ce que la sentinelle ait tourné le coin. Alors il escalada la clôture.

Sur la route qui descendait la colline en serpentant à travers les pins, on ne voyait aucune lumière. Aussi, il se mit à courir de toutes ses forces. Il trébucha, s'écorchant le genou à travers le pantalon de Kenji, mais il se releva et poursuivit sa course en boitillant et en luttant contre la douleur. Au bas de la colline, il trouva un trottoir. Un trolley le frôla en carillonnant. Malgré le costume de Kenji et l'obscurité, il était trop grand pour passer pour un Japonais. Il se baissa pour courir, protégeant son visage de la lumière des boutiques et des lanternes.

À un carrefour, il fut obligé de s'arrêter. Il y avait là un rassemblement de plusieurs personnes contenues par un *kempei* à gants blancs qui réglait la circulation du haut de sa borne. Un coup de sifflet déchira l'air, mais nul ne bougea. Le policier ordonnait à quelqu'un de s'arrêter. Les Japonais eurent un mouvement de recul, à la vue de cet Occidental grand et jeune.

Richard se redressa de toute sa taille et carra ses épaules. Puis il claqua militairement les talons, et tendit le bras pour saluer l'homme, sur sa borne. *Heil,* Hitler !

Des têtes s'abaissèrent. On cessa de respirer. Les Japonais s'inclinaient. Richard se mit à marcher d'une manière encore plus arrogante, imitant approximativement le pas de l'oie, formant un défilé à lui tout seul. Puis il plongea dans l'obscurité et se remit à courir tant qu'il pouvait, le genou endolori.

39

Éric, à la pensée des précieux bordeaux et bourgognes qu'il remisait dans sa cave et qui se trouveraient fracassés au cours du long voyage vers l'Argentine, se sentait empli d'une profonde tristesse. Le serviteur japonais, debout à côté de lui, attendait patiemment, un panier à la main. Le baron venait d'examiner une bouteille durant plusieurs minutes, puis, après s'être tourné pour consulter le carnet relié de cuir et suspendu à une chaîne d'argent, Éric, avec le plus grand soin, déposa six bouteilles au fond du panier.

— Les Japonais ne connaissent rien au vin, dit-il au domestique, et les Allemands boivent trop. Pourtant, je suppose que pour notre dernier dîner un bon médoc...

Ils sortirent du cellier, dont Éric éteignit la lumière et ferma la porte, avant de précéder le domestique vers l'escalier.

Ce soir-là, rayonnante dans une robe du soir en lamé et parée de diamants qui scintillaient de tous leurs feux, Anne se tenait dissimulée dans l'obscurité de la cave. Elle attendit que les deux hommes aient monté l'escalier pour se précipiter vers la porte qu'Éric venait de fermer. C'était une porte de bois massif, difficile à ouvrir à l'aide d'une seule main. Anne tenait un tournevis. Penchée sur la poignée intérieure, elle tâtonna un moment, mais parvint à desserrer les écrous qui la fixaient. Elle tomba dans sa main. Elle repassa à l'extérieur de la porte et resserra chacune des vis, en faisant jouer la poignée jusqu'à ce qu'elle sente sa résistance sous ses doigts.

Anne, éclatante, et Éric, impeccable dans son smoking, recevaient leurs hôtes dans la salle où leurs invités du mois de décembre avaient entendu la déclaration de guerre du président Roosevelt retransmise par radio depuis Washington. Ce soir, les invités japonais ou allemands n'avaient aucune raison de se sentir moins joyeux. La guerre en Europe n'était qu'une série de victoires en faveur des nazis, et il en était de même pour leurs alliés dans le Pacifique.

Anne souriait sans défaillance. Le visage lui en faisait déjà mal. Depuis des mois qu'elle était baronne Paulson, elle avait présidé à d'innombrables soirées dans ce genre avec Éric, recevant les invités, et leur offrant un verre dans la pièce où se trouvait la radio, avant de passer dans la salle à manger. Son comportement était aussi irréprochable que celui de son mari. Elle accueillait Allemands aussi bien que Suédois. Il y avait là un général natif d'Argentine et son épouse, qui de sa carrière dans l'opéra avait gardé un accroche-cœur à la façon de Carmen. Sa main gantée de blanc serra celle de madame Kimura, et elle parvint à la saluer en ignorant la face ronde de son époux, avec son affreuse moustache à la Hitler. Elle les abandonna pour sourire à l'ambassadeur de Suisse et à sa femme qui, pour rivaliser avec une star du cinéma autrichien, avait ajouté un grain de beauté à l'angle droit de sa bouche en forme de cerise.

La table du dîner, dressée pour seize personnes, étincelait de bougies qui se reflétaient dans le cristal, l'argent massif et les fragiles fleurs de serre. À une de ses extrémités, l'hôtesse rayonnait de charme et de jeunesse : elle amenait ses invités à rire et à sourire avec autant de bonheur qu'Éric parvenait à distraire ceux qui se trouvaient à ses côtés à l'autre extrémité de la table.

Les domestiques japonais allaient et venaient avec discrétion, et jetaient un coup d'œil au baron chaque fois qu'ils remplissaient un verre de vin. Rudy Anderson s'aventura dans une histoire un peu salée sur Eleanor Roosevelt inspectant un contingent noir en Géorgie. Rainer Holtz révéla que le Feldmarschal Rommel et son Afrikakorps se trouvaient à moins de soixante milles du Caire. Frau Holtz annonça qu'il n'y avait plus du tout de pain blanc en Grande-Bretagne. Si les Japonais trouvèrent que le rosbif n'était pas assez cuit, ils n'en montrèrent rien et par politesse l'avalèrent jusqu'à la dernière bouchée. Kimura apprécia tout particulièrement le vin de Bordeaux, et se lança dans l'interminable et insipide récit de son voyage à Paris et de sa visite aux Folies Bergère.

On reconnaissait à l'unanimité que les Français ne s'étaient guère montrés à la hauteur contre les Allemands, mais on reconnaissait également que cette nation vaincue était capable de produire un vin comme celui qu'on savourait en ce moment même.

Rainer, à la droite d'Anne, s'essuya la bouche à l'aide de sa serviette lourdement empesée.

— Un dîner inoubliable, baronne.

— Merci, Rainer.

L'ambassadeur de Suisse, celui qui, bien qu'on fût en avril, ressemblait toujours à saint Nicolas, éleva sous la lumière le contenu pourpre de son verre.

— Nous regretterons tout cela quand vous serez parti, Éric.

Un murmure courut le long de la table : l'ambassadeur avait exprimé les sentiments de chacun.

Éric leva ostensiblement le bras et, tirant sur sa manche, découvrit une montre en or provenant du pays de l'ambassadeur.

— L'heure approche, baron ? demanda Kimura, tremblant d'obséquiosité.

— La baronne et moi avons fait nos bagages.

Tout en s'adressant à son mari, Éric souriait à madame Kimura, qui ne parlait pas anglais.

— Honorable Kimura, veuillez dire à madame Kimura que nous voulons demeurer avec nos amis japonais jusqu'au dernier instant.

À la droite d'Anne, Rudy Anderson se tourna vers son hôtesse.

— Vous parlez portugais, baronne ?

— Pas un seul mot, j'en ai peur.

— Aucune importance. (Rudy découpait son rosbif.) Ils ont des ordres pour vous traiter convenablement. Toutefois, je serais très étonné que vous ayez besoin de vous habiller pour dîner. C'est un cargo.

Anne souriait toujours. Elle plaça soigneusement son couteau et sa fourchette en travers de son assiette.

— Une fois que vous serez avec les Portugais, permettez-moi un conseil (Rudy se pencha et fit une entorse au protocole international), mettez tous vos bijoux dans le coffre du commandant.

— Mieux encore, ajouta l'épouse du général argentin en haussant d'un air entendu ses sourcils dessinés au crayon, dans votre propre coffre.

Rudy éleva la voix pour se faire entendre d'Éric à l'autre bout de la table.

— Rien à voir avec vos bateaux, Éric.

Son hôte eut un sourire imperceptible.

— La guerre, Rudy... Chacun s'adapte.

Aucun des Japonais ou des Allemands ne se joignit à la discussion sur les bateaux, suédois ou portugais. La question se débattait entre neutres, libres d'aller et de venir à leur guise. Le fait que les Portugais rendaient service au baron en lui dépêchant une chaloupe à la crique proche de sa maison laissait entendre qu'ils lui devaient une faveur, ou qu'il avait versé une grosse somme d'argent pour sortir aussi facilement du Japon.

— Nos amis nous manqueront.

Éric souleva son verre avec une intention particulière pour le général argentin et pour son épouse, dont le doigt tripotait délicatement son accroche-cœur à la Carmen.

— Mais, bien entendu, vous êtes tous invités à nous rendre visite dans la très hospitalière patrie du général.

Le général Ortiz-Montador rendit son salut à Éric, et sa longue figure se fendit en un sourire qui dénuda des dents de cheval.

— *Bienvenidos, señor barón, señora baronesa.* Et vous serez heureusement surpris de découvrir que mon pays produit un très respectable cabernet.

Seize hommes et femmes s'adonnant au vin rouge. Anne fit signe aux serveurs japonais de remplir les verres. Plusieurs des invitées, en gloussant, couvrirent le leur de la main. La plupart des hommes, par contre, étaient trop heureux de se faire resservir.

— Votre cave part avec vous ? interrogea l'ambassadeur de Suisse.

— Bien sûr, répondit Éric dans un sourire.

Rainer attendit que son verre soit plein pour l'élever à nouveau.

— En ce cas, nous allons tous accepter votre invitation de vous rendre visite à Buenos Aires ! Un de ces jours ! Si nous buvions à cela ?

Un rire courut d'un bout à l'autre de la table, faisant trembler les fragiles fleurs de serre. Anne s'appuya contre le dossier de sa chaise et appela le majordome. Elle désigna le vin, pour indiquer que les invités avaient besoin de quelques bouteilles supplémentaires. Mais Éric surprit sa manœuvre. Il n'était pas nécessaire d'encourager les invités à abuser de son précieux vin. Elle lui rendit son sourire. Ce dîner, leur dernier dîner au Japon, était un succès.

Rainer continuait à porter des toasts.

— Nous avons bu à notre hôte et à notre hôtesse...

— Et au pays qui se prépare à les accueillir, interrompit, affable, le général aux dents de cheval.

— Maintenant (Rainer se mit au garde-à-vous et, composant son visage d'Allemand poupin, se tourna vers les deux couples japonais), nous buvons à la patrie de nos hôtes !

Quatre têtes japonaises s'inclinèrent dans un seul mouvement, répondant au salut.

Rainer leva son verre.

— Depuis Pearl Harbor, nos alliés japonais nous ont apporté victoire sur victoire. Au glorieux empire du Japon !

Tout le monde se mit debout. Les Japonais firent de même, en s'inclinant.

— Écoutez. Écoutez.

Du bout de sa langue rose, l'ambassadeur de Suisse effaça le rouge du vin sur sa moustache blanche.

— Je persiste à penser qu'il est difficilement compréhensible, et même incroyable, que les Américains ne répliquent pas.

L'épouse du général, l'ex-étoile de l'opéra, s'en vint occuper le centre de la scène : elle parla très doucement mais avec des pauses qu'une diva lui eût enviées.

— Mon cher ambassadeur, ils en sont incapables.

Un rire courut le long de la table, et l'épouse du général, rayonnante, adressa à son public un sourire théâtral et plein d'un charme calculé. Anne parcourut la table du regard : s'occuper du vin lui fournissait une excuse pour ne pas se joindre à l'hilarité. L'un des chiens aboya sur les arrières de la maison, mais elle fit semblant de ne pas entendre. L'autre se mit à hurler et se joignit au premier dans des aboiements furieux. Éric regarda ses hôtes et vint se placer derrière le dossier d'Anne.

— Je vous demande de bien vouloir nous excuser un moment, la baronne et moi.

— Peut-être que..., fit Kimura, avec un regard vers les autres. Il se fait tard.

Il était pressé de partir.

Rudy Anderson secoua la tête.

— Vous ne pouvez partir maintenant, honorable Kimura. Nous n'avons pas encore dit *sayonara.*

— Exactement, approuva l'ambassadeur de Suisse, très au courant de l'étiquette.

— Parfait, dit Éric, enveloppant toute la table dans son sourire. Je serai bientôt de retour avec le vin.

— Bravo !

L'excitation s'empara à nouveau de la table pendant qu'Éric emmenait Anne dans la pièce voisine.

Les chiens, très agités, aboyaient encore plus fort. Qu'avaient-ils donc aperçu à la porte de derrière ?

— Vos bagages sont prêts, dit Éric. Il est temps de vous changer.

Elle hésita.

— Allez. Nos invités comprendront. Mais dépêchez-vous.

Elle sursauta en sentant qu'il lui prenait le bras et l'entraînait rapidement jusqu'à leur chambre par un couloir dérobé. Birgit avait préparé des vêtements de voyage. D'un coup d'œil Anne s'aperçut qu'il n'y avait pas d'autres bagages que les siens. La valise d'Éric et sa serviette attendaient près de la porte. Éric alluma un cigare, ce qu'il n'avait jamais fait dans leur chambre.

— Nos invités attendent le vin, lui rappela-t-elle.

— Ne vous faites pas autant de souci pour eux. Allez vous changer.

Il sortit de la chambre.

Elle s'empara alors de la valise et se précipita de nouveau dans le couloir. La porte de la cave était restée ouverte. Elle entendit les pas d'Éric qui atteignaient le sol cimenté d'en bas. Elle s'obligea cependant à attendre quelques secondes encore. Puis, soudain, comme libérée, elle s'élança avec la valise en direction de l'arrière de la maison, où les chiens aboyaient toujours. La porte de derrière s'ouvrit en grinçant sur la nuit noire. La lumière jaillit de la maison. Les aboiements se firent plus forts. La nuit était froide mais emplie d'étoiles.

Pas de Richard. Elle savait toutefois qu'il était là, même si elle ne le voyait pas. C'étaient les chiens qui le lui avaient appris. Et il était assez intelligent pour demeurer dans l'ombre.

— Richard ?

Brusquement, il fut devant elle. Elle se jeta dans ses bras, s'incrustant dans son corps. Il était trempé, mais déjà, au contact de sa peau, s'embrasait pour elle. Elle laissa tomber la valise. Leurs bouches se rencontrèrent avidement. Anne ne put que balbutier :

— Merci à Miyoko.

Elle l'embrassa de nouveau, puis le repoussa. Maintenant qu'ils s'étaient retrouvés, ils affrontaient le plus grand danger de tous. Il acquiesça. Malgré son excitation, il attendait qu'elle lui dise exactement ce qu'il devait faire.

— Je ne peux pas rester, alors écoute attentivement. Éric et moi devons partir d'une minute à l'autre. Il est convenu qu'une chaloupe doit nous prendre à la crique pour nous emmener au cargo portugais...

— Il nous faut des papiers.

Elle secoua la tête, et s'efforça de parler lentement pour rendre ses paroles cohérentes.

— Ils sont payés pour ne pas poser de questions.

Elle lui tendit la valise.

— Je suis censé me faire passer pour Éric ?

Elle acquiesça. Il avait parfaitement compris.

— Et lui, qu'est-ce que nous allons en faire ?

Les chiens aboyèrent. Des fenêtres s'éclairèrent à l'arrière de la maison. De la main, elle lui couvrit la bouche.

— Je ne peux pas t'expliquer maintenant. Pas le temps. Je serai là. Seule.

Ils entendirent des voix en japonais dans le couloir.

— Tu ne peux pas rester ici. Je te retrouverai à la crique, près de la chaloupe.

— Viens avec moi maintenant !

Elle recula vers la porte en secouant la tête.

— Il faut que je m'occupe de lui.

— Laisse-moi t'aider.

— Seigneur, Richard, fais seulement ce que je dis. Attends-moi à la chaloupe. Donne-moi exactement un quart d'heure. Maintenant, écoute-moi bien, si je ne suis pas là, cela voudra dire qu'il y a quelque chose qui cloche et que je ne peux pas venir.

Les chiens hurlaient.

— Alors je ne partirai pas.

— Tais-toi, et rappelle-toi : un quart d'heure. À compter de maintenant. Si je ne suis pas là, prends quand même le bateau !

— Pas question !

— Il le faudra... sans moi.

Elle l'embrassa avec passion, puis s'écarta de lui avant qu'il ait pu la toucher de nouveau.

— J'y serai. Tout ira bien.

Elle fit un pas en arrière et le regarda, debout devant elle. Elle regarda l'homme qu'elle aimait de toute son âme, et dont les yeux brillaient d'amour.

— Mon Dieu, Annie, que je t'aime !

— Je t'aime !

Les Japonais approchaient de la porte.

— Sois là !

Elle acquiesça, et se plaça devant la porte pour empêcher les domestiques de passer. Elle chuchota dans la nuit :

— Richard, fais une prière pour moi.

Les chiens bondirent en direction de la porte. Anne rectifia les plis du lamé et, d'un geste, ordonna aux Japonais de rappeler les chiens, qui menaçaient son élégante robe.

Elle courut à l'escalier de la cave. À mi-descente, elle vit la silhouette d'Éric qui se déplaçait à contre-jour de la lumière du cellier. Elle s'immobilisa. Elle tremblait si violemment qu'elle dut s'agripper à la rampe, en se faisant violence pour ne pas céder à la précipitation. Son unique chance consistait à descendre sans bruit cet escalier et à refermer la porte, dépourvue de poignée à l'intérieur : Éric se trouverait prisonnier, dans sa propre maison.

Il fallait qu'elle atteigne cette porte avant qu'il éteigne et quitte le cellier avec les bouteilles de vin tintant dans le panier. À l'instant précis où son pied se posait sur le sol cimenté, elle entendit le bruit d'une bouteille. Puis d'une autre. Sur la pointe des pieds, elle traversa le faisceau de lumière.

— Pourquoi ne vous êtes-vous pas changée ?

Elle se figea sur place. Il l'avait vue. Elle n'avait pas envisagé cela. Il tournait le dos à la lumière, barrant la porte. Elle ne voyait pas son visage. Et lui, voyait-il ses cheveux mouillés et sa robe tachée par la pluie ?

Sa voix s'étrangla dans sa gorge. Elle passa la main dans ses cheveux humides et essaya de s'exprimer calmement.

— J'ai pensé que ce serait une bonne idée de choisir quelques bouteilles pour le voyage.

Elle n'avait aucune idée de ce qui lui avait inspiré ce projet. Dieu seul le savait. Mais il tenait debout, et cachait du moins le véritable motif qui l'avait amenée là. Désespérant de le faire entrer dans le cellier, elle dit, en maintenant la porte et en promenant son regard sur les étagères qui couvraient le mur noir.

— J'adore le merlot qui se trouve là. Nous pourrions en emporter quelques bouteilles ?

Éric ne bougea pas d'un pouce.

— Je vous ai dit d'aller vous habiller.

La porte demeurait entrebâillée. Aussi longtemps qu'il la regarderait, elle, il ne s'apercevrait pas qu'elle avait démonté la poignée. Elle le fixa dans les yeux et vint s'appuyer contre la porte, dans l'espoir de le faire pénétrer à l'intérieur.

— Vous aimez le merlot...

Dans le panier, les bouteilles tintèrent. Ce fut la seule chose qui bougea. Le visage d'Éric se trouvait dans l'ombre, mais elle l'entendait respirer bruyamment, avec rage.

— Qu'est-ce que tout cela signifie ?

Elle acquiesça : elle reconnaissait que peut-être en effet elle n'avait pas besoin de faire tout ce chemin pour venir lui parler de merlot. Elle cherchait à gagner du temps, priant le ciel qu'il fasse marche arrière entre les rangées de bouteilles.

— Vous avez raison. Je vais aller m'habiller...

Il avait maintenant perdu toute patience. Bouillonnant de colère contenue, il lui saisit le poignet avec une telle violence qu'elle sentit les diamants s'incruster dans sa chair.

— Vous allez me dire ce que veut dire tout ceci, en commençant par vous éloigner de cette porte.

Posant le panier à terre, il agrippa le battant, alors qu'elle se tenait sans défense devant lui : tout ce qu'elle put faire, ce fut s'appuyer de toutes ses forces contre le bois épais.

Il changea légèrement de place, et la lumière cerna ses traits, qu'elle n'avait jamais vus plus tendus. Les muscles de sa mâchoire étaient contractés, ses yeux menaçants. Il vit les siens vaciller.

— Qu'est-ce que vous cherchiez à me cacher ?

Il la repoussa avec une telle force que ce fut elle qui abandonna la porte et en trébuchant passa à l'intérieur du cellier. Il rabattit la porte, et vit aussitôt que la poignée intérieure manquait.

— Qu'est-ce que vous avez essayé de faire ? Fermer cette porte de l'extérieur pour qu'il n'y ait aucun moyen de sortir ? (Il repoussa du pied le panier à bouteilles, et rouvrit la porte.) Si on était enfermé ici, on aurait beau frapper et appeler... Avec ce chêne épais et tout ce bruit là-haut, cela prendrait longtemps avant qu'on songe à chercher ici celui qui s'est fait prendre au piège. Longtemps...

Éric se tourna vers elle, silhouette à peine distincte sur le seuil. Alors elle se laissa aller, avec un soupir de défaite, avouant ainsi qu'elle renonçait, qu'elle avait échoué. Eut-il l'intuition qu'elle rassemblait secrètement ses forces pour un dernier assaut ? Après plusieurs longues respirations, elle réunit toute son énergie, se jeta sur lui à corps perdu, toutes griffes dehors, pour essayer de forcer le passage. Il s'y attendait, et l'empoigna. Elle se mit à hurler, à se débattre pour s'arracher à lui. Elle luttait de toutes ses forces, tordant ses poignets et essayant de le griffer. Finalement, elle réussit à dégager un bras et empoigna la tranche de la porte. Elle la repoussa, et la porte, dans un fracas horrible, les enferma tous deux.

Éric rejeta Anne contre une étagère dans un bruit de bouteilles entrechoquées. Puis il recula d'un pas, et la considéra d'un œil farouche, en se repeignant. Après avoir jeté un regard à la porte, il cracha sa haine.

— Il est là dehors ! Il attend ! (La rage d'Éric emplissait l'étroit caveau : un géant, bouillant de colère.) Mais vous, vous êtes là, avec moi !

Il s'acharna sur la serrure pour apprendre ce qu'il savait déjà : sans la poignée, il n'y avait pas d'issue. « Nom de Dieu ! »

Le juron emplit le cellier.

Anne se fit toute petite. Des bouteilles s'entrechoquèrent. Elle épiait le moindre de ses mouvements. Jamais elle ne l'avait vu dans un tel état de fureur. Brusquement, il parcourut des yeux les étagères, puis le reste du cellier. Que cherchait-il ? Elle réalisa que s'il arrivait à trouver une baguette ou un tournevis, il pourrait l'introduire dans la serrure et faire jouer le pêne.

— Nom de Dieu ! rugit-il de nouveau.

N'ayant rien trouvé, il revint à la porte et se mit à la frapper à coups de poing furieux. Ainsi qu'il l'avait dit, le chêne était épais. Quelqu'un l'entendrait-il ? Il prit son élan et, avec la semelle de sa chaussure, se remit à cogner, encore et encore, faisant trembler le bois robuste, qui ne cédait pas.

— Faites-moi sortir d'ici !

Son cri fut assourdissant. Il tourna vers Anne un tel regard de rage qu'il lui glaça le cœur. C'était un homme capable de tout.

Les vagues venaient mourir sur la plage de sable. Une chaloupe dansait à la crête des brisants. Son projecteur suivait un homme qui courait en portant une valise. Richard, pris dans son faisceau, titubait sous la pluie. Il n'arrivait pas à reprendre son souffle. Dieu merci, la chaloupe attendait à l'endroit exact indiqué par Anne. Il regarda l'eau noire, au-delà du faisceau lumineux. Là, découpé en silhouette contre l'horizon, se trouvait le cargo. Une lumière clignotait.

Il ralentit et se retourna pour regarder derrière lui la colline et le manoir. Aucune trace d'Anne. Pas encore. Un quart d'heure. Elle avait dit un quart d'heure.

Combien de temps avait-il mis pour arriver ici ? Cinq, dix minutes ?

Birgit n'était pas du genre nerveux, mais toute la soirée, elle s'était sentie terriblement anxieuse. Le baron, son baron, quittait le Japon, mais il ne lui avait pas encore donné l'ordre de faire ses propres bagages. Jamais il ne la laisserait derrière, elle le savait. Pourtant, elle avait prêté l'oreille à tout ce qu'il avait dit à table et observé le moindre de ses mouvements.

Elle avait compté les minutes depuis qu'il était descendu au cellier chercher le vin. Puis elle avait commencé à tordre ses grosses mains et était allée jusqu'à la porte de la cave jeter un coup d'œil dans l'escalier. Qu'est-ce qui lui prenait tant de temps ?

— Baron ?

Elle descendit à moitié l'escalier et s'immobilisa. De là où elle se trouvait, elle percevait des coups sourds. Elle descendit encore quelques marches. La cave était à peine éclairée, mais un rai de lumière filtrait sous la porte du cellier.

Elle approcha de la porte secouée.

— Baron ?

S'il se trouvait à l'intérieur, il était dans l'impossibilité de l'entendre. Elle frappa timidement, puis attendit. Rien de plus simple que de tourner la poignée à l'extérieur. Lorsqu'elle le fit, la lumière jaillit et, à la très grande surprise de Birgit, Éric, en fureur, se rua à l'extérieur.

— Maintenez-la ici !

Birgit, laissant passer Éric, le vit écarter de son chemin deux serviteurs japonais hébétés et s'engouffrer dans l'escalier. Au moment où elle se préparait à monter la garde sur sa prisonnière, celle-ci, prête à bouleverser ciel et terre, repoussa contre la porte la grosse femme haletante.

— Ôtez-vous de mon chemin !

Les domestiques, dans l'escalier, battirent en retraite à la vue de cette femme en furie qui, dans sa robe de lamé étincelante, passa comme une trombe sous leur nez.

Elle s'arrêta en haut de l'escalier, pour reprendre sa respiration. Les chiens aboyèrent furieusement lorsqu'elle se précipita à la porte de derrière.

40

Les deux hommes de la chaloupe agitaient le bras et criaient dans une langue que Richard ne comprenait pas, lui donnant l'ordre de franchir le ressac et de monter à bord. Il souleva la valise à bout de bras et leur fit signe qu'il avait entendu. Puis il montra la direction d'où il était venu, le long de la plage, pour leur faire savoir qu'il attendait sa femme.

Le cargo lança un éclat de lumière.

— Vous êtes en retard ! Montez à bord !

Cette fois, on avait crié en anglais, avec l'accent japonais. Richard réalisa que la chaloupe, bien entendu, était japonaise, avec un pilote japonais plus qu'impatient de quitter les lieux dès qu'il aurait transbordé au cargo ses deux riches et importants passagers.

— Dépêchez-vous !

Richard répondit par un nouveau geste du bras : il arrivait.

— Maintenant ! Il faut vous dépêcher ! La voix du pilote reflétait sa panique. Embarquer des passagers dans cette crique en temps de guerre était un acte illégal, un acte de trahison. Aussi était-il sur les nerfs, et à l'affût des sentinelles en train de patrouiller sur la plage et des gardes-côtes qui ratissaient la baie de Tokyo.

— Dépêchez-vous !

— Il faut attendre ! Ma femme arrive !

— On ne peut pas attendre !

Richard mit les mains en entonnoir pour amplifier son cri.

— Il faut que nous attendions ma femme !

Sur la chaloupe, les deux hommes se rapprochèrent l'un de l'autre et se concertèrent. Puis le Japonais, appuyé au plat-bord, se retourna vers l'homme à terre.

— Trop dangereux ! Nous partons !

Le moteur gémit, puis se mit à vrombir à plein régime. En l'entendant, le cœur de Richard lui manqua. Il n'avait nul besoin de montre. Il tremblait en songeant au nombre de minutes écoulées, et maintenant le battement de chaque seconde était plus insistant que celui des vagues en train de déferler. Cela faisait bien plus d'un quart d'heure qu'il s'était séparé d'Anne. Il s'était passé, lui semblait-il, toute une vie depuis qu'elle lui avait chuchoté son plan et lui avait dit que si elle n'arrivait pas moins d'un quart d'heure après leur dernier baiser à la porte, c'était que quelque chose n'aurait pas marché. Un quart d'heure. Si elle n'était pas là, c'est qu'elle ne viendrait pas. En ce cas, elle lui avait demandé de partir sans elle.

Il remonta la plage jusqu'à un monticule d'où il pouvait observer le chemin qu'il avait pris. Personne.

— Mon Dieu, Annie ! S'il te plaît, viens !...

— Dernière chance !

La voix du Japonais emplit l'obscurité grâce à un porte-voix qui couvrait le bruit du moteur. Au sommet de la colline, les chiens hurlaient. Une nouvelle accélération du moteur de la chaloupe se fit entendre, effaçant tous les autres bruits. Richard entra dans l'eau et pataugeant dans l'écume s'approcha de l'embarcation qui tanguait et donnait des gaz.

— S'il vous plaît ! Encore cinq minutes !

Les deux occupants de la chaloupe l'entendirent-ils ? Le moteur accélérait, faisant tournoyer l'eau. Richard était sans recours. Il se maudit d'avoir laissé Anne là-bas à la porte. Mais qu'aurait-il pu faire d'autre ? C'était elle qui avait un plan pour neutraliser Éric et le rejoindre ici.

La chaloupe, soulevée par une vague, était prête à prendre la direction de la haute mer. Pouvait-il faire ce qu'elle lui avait demandé et partir sans elle ? Il ferma les yeux et pria pour qu'un miracle de dernière minute lui épargne cette terrible décision. Puis il jeta un dernier regard sur la plage, derrière lui. N'était-ce pas un éclat de lumière qu'il venait d'apercevoir là-haut ? Il mit cette vision sur le compte de ses larmes, mais, lorsqu'il se fut frotté les yeux à l'aide de ses poings, la lumière était toujours là. Et même plusieurs lumières, blanches, en train de se déplacer. Des torches électriques fouillaient la plage. Il se raidit en voyant une silhouette argentée qui courait dans la lumière. Le faisceau balayeur la perdit dans l'obscurité, puis la cueillit de nouveau alors qu'elle courait vers Richard.

— Anne ! Dieu merci !

Richard obliqua dans sa direction et, bien qu'elle se trouvât à plus de cent mètres, tendit les bras vers elle.

— Attendez ! cria-t-il en se retournant et en criant à l'intention de la chaloupe.

Ses mains étaient tendues vers elle, tous ses muscles en mouvement, en plein effort, tel un coureur qui en encourage un autre. Il criait :

— Attendez !

En haut, dans la maison, les chiens hurlaient. En bas sur la plage, deux des gardes d'Éric passèrent en courant devant un troisième, qui tenait une torche : sa lumière blanche, éblouissante suivait Anne à la trace alors qu'elle se hâtait en trébuchant vers l'homme et la chaloupe.

« Cours, Annie ! Cours ! » Mais ce n'était qu'une prière : Richard n'osait même plus crier.

Ce fut alors qu'il aperçut un autre homme qui courait alternativement dans la lumière et dans l'obscurité, à la poursuite d'Anne. Un homme en tenue de soirée. Éric.

Anne chancela. C'en était trop pour Richard. Elle tomba. La lumière l'atteignit alors qu'elle se relevait en titubant. Chaque fibre de son être la faisait se hâter vers lui. Il serrait les poings. S'il avait pu seulement lui transmettre sa force. « Vas-y, Anne ! » Encore cinquante mètres, et elle serait dans ses bras.

Un coup de feu éclata. La balle siffla au-dessus de lui et alla ricocher contre la coque d'acier. Les deux hommes, à bord, s'aplatirent.

Un nouveau coup de feu. C'était sur lui qu'on tirait.

— Mon Dieu, Annie !

Pataugeant à grandes enjambées, il remonta sur la plage en courant et chercha à se placer dans la lumière pour lui montrer qu'il était là et la presser de le rejoindre. Il courut dans sa direction en criant : ainsi ils étaient réunis avant même de se trouver dans les bras l'un de l'autre.

Vas y ! Tu y es presque, Annie ! Vas-y ! (Il fit volte-face et cria en direction de la chaloupe.) Elle est là !

Il n'y avait plus personne à la barre. Une nouvelle balle claqua contre le métal, obligeant les Japonais à se mettre à l'abri. La chaloupe, abandonnée, se balançait sur l'eau.

Richard se tourna de nouveau vers la lumière et la femme en lamé courant à perdre haleine pour le rejoindre. Maintenant elle était assez près pour qu'il entende son essoufflement.

— Annie !

Il tendait les bras dans sa direction, tout en maudissant cette lumière qui en faisait des cibles pour les hommes armés de carabines. Il jeta un regard, plus loin, dans la direction d'où venaient les coups de feu.

Depuis un tertre qui dominait la plage, un garde se trouvait en train de les mettre en joue. Au bout de sa ligne de mire, dans le réticule de visée, il tenait la femme. Puis il ajusta l'homme. Tous deux étaient sur le point de se rejoindre. L'index allait appuyer sur la détente lorsqu'une main empoigna le canon et l'obligea à baisser son arme. C'était le baron qui ordonnait de ne pas tirer.

Alors que le Japonais inclinait la tête en signe d'obéissance, le baron s'efforça de percer les faisceaux des torches qui s'entrecroisaient autour du couple, sur la plage. Ses yeux s'emplirent de larmes quand il vit la lumière se poser sur la chaloupe. Quelqu'un à bord avait pris la barre et l'embarcation virait pour se trouver face à l'horizon. Anne, dans la robe de lamé que sa mère avait confectionnée pour elle, se tenait à l'arrière. L'Américain émergea de l'eau noire et se hissa dans la chaloupe. Anne se jeta dans ses bras.

Puis elle appuya sa tête contre l'épaule de Richard et l'accélération du moteur les souda l'un à l'autre, alors que la chaloupe bondissait au-dessus des vagues. Retrouvant peu à peu sa respiration, Anne leva la tête pour voir une dernière fois la lumière assassine. La plage était plongée dans le noir.

41

18 avril 1942

Debout à la rambarde du cargo, ils respiraient l'odeur du *breakfast.* Les Portugais faisaient frire des œufs à l'huile d'olive. Le cœur d'Anne en était soulevé. Cependant, elle souriait. Richard, sans un mot, l'emmena sur le pont supérieur, où on pouvait respirer l'air frais du matin. Avril. Le printemps. Le monde attendant que la journée à venir soit pleine de printemps. Ils contemplèrent la sombre étendue de la baie de Tokyo. Les îles qui les entouraient étaient, de même que les promontoires, presque aussi noirs que le ciel. Avant que l'aurore s'en vienne griffer l'orient, le ciel s'éclaira progressivement. Le ciel et la mer se détachèrent l'un de l'autre. Le Japon fit son apparition.

À l'aube comme au coucher du soleil le monde paraît un peu plus froid. Richard retira la veste qui avait appartenu naguère à Kenji et la posa sur les épaules d'Anne. Puis il repoussa ses cheveux en arrière.

Ils quittaient le Japon, mais aucun d'eux ne dit mot. Il l'attira contre lui, puis se pencha vers elle et l'embrassa. Oui, Anne était une femme silencieuse. Il eût voulu que Kenji la connaisse.

J'ai pris plaisir à la douceur du soir
avec celui qui ne dit pas tout ce qu'il pense.

Kenji...

Ce fut alors qu'un bourdonnement se fit entendre. Ils l'avaient perçu au même instant. Ils tendirent l'oreille. Puis se regardèrent. N'était-ce pas le battement de leur propre cœur ? Ni l'un ni l'autre n'osa d'abord se prononcer. Mais si, c'était la pulsation des machines qui montait droit à travers le pont et la plante de leurs pieds. Les pistons se mirent à fonctionner. Ils étaient partis. Ils se serrèrent encore plus fort l'un contre l'autre. Ils allaient entendre le battement de cœur du bateau durant les semaines qu'ils passeraient à traverser l'océan. Ils ne savaient même pas pour quel port. Cela n'avait aucune importance. Ils avaient quitté le Japon. Ils se trouvaient en route. Ils étaient jeunes et s'appartenaient. Tout était possible. Où qu'ils aillent, ils rentreraient dans leur pays. Ils feraient face à la guerre, cette maudite guerre. Richard irait se battre. Elle aussi, peut-être. Ils surmonteraient tout.

Le bruit des machines se fondait avec le battement de leur cœur.

Soudain, le ronflement s'amplifia. Ils se tournèrent l'un vers l'autre au même instant. Oui, ils ressentaient la même chose, ou bien l'entendaient-ils ? Chacun écoutait de toutes ses forces. Cela venait du ciel. Un bourdonnement extrêmement lointain.

Richard fut le premier à lever les yeux. « Shangri-la », murmura-t-il. Anne le regarda. Il paraissait savoir ce qu'était ce bourdonnement qui faisait courir les Portugais sur le pont et les amenait à contempler le ciel. Elle aurait bien voulu l'interroger, mais Richard avait les yeux fermés.

Le bourdonnement se fit grondement. Des avions au-dessus de leur tête, des avions qui étaient la source de ce grondement de plus en plus fort, luisaient comme de l'argent.

Les Portugais étaient de plus en plus nombreux à s'agiter sur le pont. L'un d'eux s'écria :

— Les Américains !

Anne regarda le visage humide de Richard. Il acquiesça. Les avions étaient américains.

— Des B25, dit-il.

Il la serrait si fort contre lui qu'ils ne faisaient plus qu'une seule et même personne. Les avions, en route pour Tokyo, passèrent en grondant au-dessus de leur tête. Quelques minutes plus tard, ils entendirent au loin le martèlement sourd des premières bombes.

Table

J.D. CARR

1

Dr FELL
1933-1935

LE GOUFFRE
AUX SORCIÈRES

LE CHAPELIER FOU

LE HUIT D'ÉPÉES

LE BARBIER AVEUGLE

L'ARME À GAUCHE

2

Dr FELL
1935-1939

TROIS CERCUEILS
SE REFERMERONT

LE MEURTRE DES
MILLE ET UNE NUITS

À RÉVEILLER
LES MORTS

LE NAUFRAGÉ
DU TITANIC

LES YEUX
EN BANDOULIÈRE

J.D. CARR

3

SIR HENRY MERRIVALE 1934-1937

LA MAISON DE LA PESTE

LA MORT DANS LE MIROIR

LA MAISON DU BOURREAU

LES MEURTRES DE LA LICORNE

ARSENIC ET BOUTONS DE MANCHETTE

4

SIR HENRY MERRIVALE 1937-1940

LA POLICE EST INVITÉE

LA FLÈCHE PEINTE

LE LECTEUR EST PRÉVENU

EH BIEN, TUEZ MAINTENANT !

IMPOSSIBLE N'EST PAS ANGLAIS

L'HOMME AU MASQUE DE FER

STEEMAN

1

PÉRIL

ZÉRO

LE DOIGT VOLÉ

SIX HOMMES MORTS

LA NUIT
DU 12 AU 13

LE DÉMON
DE SAINTE-CROIX

UN DANS TROIS

LE MANNEQUIN
ASSASSINÉ

2

LES ATOUTS
DE MONSIEUR WENS

LE TRAJET
DE LA FOUDRE

LE YOYO DE VERRE

L'ENNEMI
SANS VISAGE

LES FILS DE BALAOO

LE LÉVRIER BLEU

FEU LADY ANNE

LA MAISON
DES VEILLES

STEEMAN

3

LES ANNÉES
1937-1945

L'INFAILLIBLE
SILAS LORD

L'ASSASSIN
HABITE AU 21

LA VIEILLE DAME
QUI SE DÉFEND

LA RÉSURRECTION
D'ATLAS

LÉGITIME DÉFENSE
(QUAI DES ORFÈVRES)

CRIMES À VENDRE

4

ÉPHÉMÈRES

UN ROMAN POUR
JEUNES FILLES

LE MYSTÈRE
DU ZOO D'ANVERS
de Sintair et Steeman

LE TREIZIÈME COUP
DE MINUIT
de Sintair et Steeman

LE DIABLE AU COLLÈGE
de Sintair et Steeman

LE MAÎTRE
DE TROIS VIES
de Sintair et Steeman

LE GUET-APENS
de Sintair et Steeman

CÔTÉ CRIME,
CÔTÉ MARTYRE

Composition réalisée par JOUVE

IMPRIMÉ EN ITALIE PAR G. CANALE & C. S.p.A.
- Borgaro T.se (Torino)
Édition 01 - Dépôt édit - 8779 - 11/1996

ISBN : 2-702-42690-5 52/0861/6